권리범위확인심판과 특허침해 실무

권오희

박영사

머리말

특허를 받는 목적은 특허권이 독점배타권이기 때문이다. 특허권을 제대로 행사하기 위해서는 먼저 특허발명의 권리범위를 정확하게 파악해야 한다. 나아가 특허침해시비를 미연에 방지하기 위해서는 특정의 실시형태가 특허권의 권리범위에 속하는지를 파악하는 것이 우선되어야 한다.

실제에 있어 특허권의 행사는 곧바로 침해소송으로 비화하는 경우도 있지만, 권리범위확인심판을 통해 특정의 실시형태가 특허권의 권리범위에 속하는지를 확인하는 절차를 거치는 것이 일반적이다. 권리범위확인심판과 특허침해에 대한 이해의 중요성이 새삼 부각되는 이유이기도 하다. 그렇지만 아직까지 권리범위확인심판이나 특허침해를 전문적으로 다룬 실무서적은 찾아볼 수가 없었다.

이 책에서는 권리범위확인심판과 특허침해에 대하여 중점적으로 다루었다. 특히 확인대상발명의 특정과 균등침해에 대하여는 자세히 서술한 대신, 실무와 관계없는 사항은 과감히 생략하였고, 가급적 최근의 법리와 실무를 중심으로 다양한 사례와 함께, 심판이나 소송에 필요한 전략을 제시하고자 하였다.

기술심리관을 포함하여 15년 넘게 특허심판 · 소송업무를 하면서 익힌 경험을 바탕으로, 수석심판장으로서 다양한 사건의 심리지휘를 하면서 터득한 노하우를 보태어, 부끄럽게도 감히 민낯을 드러내기로 하였다. 이 책이 권리범위확인심판을 더욱 활성화하고 특허침해를 조금이라도 줄이는데 기여할 수 있는 계기가 될 수 있었으면 한다.

이 책의 미흡한 점에 대해선 아낌없는 질타가 있으리라 기대하며, 앞으로 더 보완하고 다듬어 새로운 모습으로 거듭날 것을 약속드린다. 같은 심판부에서 일했던 김경민 총무심판관의 권유가 없었다면 집필을 시도하지 못했을 것이다. 이 지면을 빌려 감사드린다. 세밀하게 편집을 맡아주신 박영사 장유나 차장께도 감사드린다.

애써 획득한 특허권이 제대로 보호받기를 바라는 소망과, 특허침해가 소송으로 비화하기 전에 권리범위확인심판을 통해 원만히 해결될 수 있기를 바라는 소박한 기대를 담아, 이 책이 권리범위확인심판의 길잡이로서 실무에서 효과적으로 활용되고 특허분쟁해결에 일조할 수 있기를 바라마지 않는다.

2023. 6.

권 오 희

일러두기

1. 판례나 논문 등의 인용

□ 기본 판례
◦ 관련 판례

▷ 논문 · 저서 · 외국 판례 등에서 인용
○ 판결 사례

2. 저자 개인의 견해

▶ 저자의 견해나 사안에 대한 심층적 '분석'
◀ 당사자가 효과적으로 활용할 수 있는 '전략'
★ 실무상 중요한 사항 표시

3. 기타

※ 사례의 구분
☜ 체크할 사항
• 또 다른 각주: 가독성과 편집의 용이성을 위하여 사용
[§140②] '특허법 제140조 제2항'을 의미

4. 참고

각주의 판례는 대법원 판례를 우선적으로 인용하였고, 현재 실무에서 이용 정도를 가늠할 수 있도록 가급적 최근 판례 위주로 수록하였다.
책의 지면을 고려하여 각주의 판례는 실무와의 관련성과 중요도를 고려하여 일정수로 제한하였고, 특히 또 다른 각주에서는 2개 이내로 제한하였다.
책의 앞부분에 있는 개략적인 목차 외에도 세부적인 목차를 QR코드로 활용할 수 있도록 하였다. 필요에 따라 세부적인 목차만을 활용할 수도 있을 것이다.

5. 부기

이 책에 실린 판례나 논문 등은 원문 그대로가 아니라, 그 취지를 살리는 범위 내에서 이해의 편의를 위하여 상당부분 해석 · 가공한 것임을 밝힌다.
판례나 논문을 인용하면서 지면을 줄이기 위하여 전체적으로 '참조'를 생략하였다.

차 례

제1장 권리범위확인심판의 개관

제2장 확인대상발명

제3장 침해 판단

제4장 특허권 행사와 특허권 침해의 구제

제5장 권리제한사유와 특허권의 효력제한

제6장 기타 실무상 문제

본 QR코드를 스캔하시면 더 상세한 세부목차를 확인하실 수 있습니다.

제1장

권리범위확인심판의 개관

제1장

권리범위확인심판의 개관

Ⅰ. 권리범위확인심판의 의의

1 권리범위확인심판제도의 취지

□ 특허권의 권리범위확인심판제도는 확인대상발명이 특허권을 침해하는지 여부를 미리 확인하게 함으로써 분쟁을 예방하고 특허권 침해에 대한 신속한 구제를 도모하는 데에 그 취지가 있다.[1]

2 권리범위확인심판의 개념

가. 권리의 효력이 미치는 범위 확정

1) 대상물과의 관계에서 구체적으로 확정

□ 권리범위확인심판은 특허권의 효력이 미치는 범위를 대상물과의 관계에서 구체적으로 확정하는 것이다.[2]

1) 특허법원 2018. 5. 18. 선고 2018허1622 판결, 2017. 11. 3. 선고 2017허4440 판결, 2011. 7. 1. 선고 2011허3544 판결, 2010. 9. 15. 선고 2010허3271 판결
2) 대법원 2023. 1. 12. 선고 2020후11813 판결, 2022. 1. 14. 선고 2019후11541 판결, 2019. 9. 9. 선고 2019후10081 판결, 2012. 4. 13. 선고 2011후3827 판결, 2010. 8. 19. 선고 2007후2735 판결, 1991.

2) 구체적 사실에 대한 관계에서 확정

□ 권리범위확인심판은 당해 특허권의 효력이 미치는 범위를 구체적 사실에 대한 관계에서 확정하는 것이다.[3)]

3) 특허권의 효력이 미치는 객관적 범위 확정

□ 권리범위확인심판은 특허발명의 특허권의 효력이 미치는 객관적 범위를 확정하는 것이다.[4)]

4) 청구인이 심판대상으로 삼은 실시형태에 대하여 확인

□ 권리범위확인심판은 특허발명의 보호범위를 기초로 청구인이 심판대상으로 삼은 실시형태에 대하여 특허권의 효력이 미치는지 여부를 확인하는 것이다.[5)]

나. 특허발명의 권리범위에 속부 확인

1) 확인대상발명의 속부 확인

□ 권리범위확인심판은 확인대상발명이 특허발명의 권리범위에 속하는지 여부를 확인하는 절차이다.[6)]

▷ 권리범위확인심판의 본질은 특허발명 자체의 기술적 범위를 명확히 하기 위한 것이 아니라 구체적인 대상인 확인대상발명과의 관계에서 확인대상발명이 특허발명의 보호범위에 속하는 것인가를 판단하는 것이다.[7)]

2) 어떠한 실시기술의 속부 확인

□ 권리범위확인심판은 특허권을 중심으로 어떠한 실시기술이 적극적으로 특허발명의 권리범위에 속한다거나, 소극적으로 특허발명의 권리범위에 속하지 않는다는 것을 확인하는 것이다.[8)]

---

3. 27. 선고 90후373 판결, 1987. 7. 7. 선고 86후107 판결, 1985. 6. 11. 선고 84후18 판결, 1985. 4. 23. 선고 84후19 판결, 1982. 5. 25. 선고 81후6 판결, 1977. 5. 10. 선고 76후39 판결, 1976. 11. 23. 선고 73후47 판결, 1976. 10. 12. 선고 76후14 판결, 1968. 11. 26. 선고 68후38 판결

3) 대법원 1983. 4. 12. 선고 80후65 판결, 1963. 9. 5. 선고 63후11 판결, 특허법원 2011. 11. 9. 선고 2011허8662 판결, 2010. 10. 8. 선고 2008허4721 판결, 2005. 5. 26. 선고 2005허2014 판결, 1999. 5. 21. 선고 99허2402 판결

4) 특허법원 2021. 1. 22. 선고 2020허5924 판결, 2018. 10. 5. 선고 2017허8114 판결, 2016. 4. 1. 선고 2015허5708 판결

5) 특허법원 2016. 10. 7. 선고 2016허4795 판결, 2016. 3. 25. 선고 2015허7599 판결, 2015. 12. 11. 선고 2015허5166 판결, 2015. 12. 11. 선고 2015허5173 판결, 2010. 8. 18. 선고 2009허7987 판결

6) 대법원 2017. 11. 14. 선고 2016후366 판결

7) 최정열, 권리범위확인심판에 관한 소고, 특허소송연구 제3집(2005), 36면

3) 어느 실시형태의 속부 확인

□ 권리범위확인심판은 어느 실시형태가 특허발명의 권리범위에 속하는지 여부에 대한 확인을 구하는 것이다.9)

다. 특허발명 자체의 내용범위 확정 아님

□ 권리범위확인심판은 단순히 특허발명 자체의 내용범위라고 하는 사실구성의 상태를 확정하는 것이 아니다.10)

3 권리범위확인심판의 목적

가. 확인대상발명에 대하여 특허권의 효력이 미치는지 확인

□ 권리범위확인심판은 특허발명의 보호범위를 기초로 하여 청구인이 심판대상으로 삼은 확인대상발명에 대하여 특허권의 효력이 미치는가를 확인하는 권리확정을 목적으로 한다.11)

나. 특허발명의 기술적 범위를 기초로 특허권의 효력이 미치는지 확인

□ 권리범위확인심판은 특허발명의 기술적 범위를 확인하는 사실관계의 확정을 목적으로 하는 것이 아니고 그 기술적 범위를 기초로 하여 구체적으로 문제된 실시형태와의 관계에 있어서 특허권의 효력이 미치는지 여부를 확인함으로써 권리관계 또는 법률관계의 확정을 목적으로 한다.12)

---

8) 대법원 2016. 4. 28. 선고 2013후2965 판결, 2014. 3. 27. 선고 2013후2316 판결, 2007. 10. 11. 선고 2007후2766 판결, 1996. 12. 20. 선고 95후1920 판결, 1996. 7. 30. 선고 96후375 판결, 1992. 10. 27. 선고 92후605 판결, 1986. 3. 25. 선고 84후6 판결, 1985. 5. 28. 선고 84후5 판결, 1984. 5. 29. 선고 83후105 판결, 1984. 5. 15. 선고 83후107 판결, 1976. 11. 23. 선고 73후47 판결, 1976. 10. 12. 선고 76후14 판결, 1976. 1. 27. 선고 74후58 판결, 특허법원 2022. 11. 17. 선고 2022허2882 판결

9) 특허법원 1999. 9. 16. 선고 99허1669 판결, 1998. 11. 6. 선고 98허2726 판결

10) 대법원 1991. 3. 27. 선고 90후373 판결, 1985. 6. 11. 선고 84후18 판결, 1985. 4. 23. 선고 84후19 판결, 1982. 5. 25. 선고 81후6 판결, 1977. 5. 10. 선고 76후39 판결, 1976. 11. 23. 선고 73후47 판결, 1976. 10. 12. 선고 76후14 판결, 1971. 11. 23. 선고 71후18 판결, 1968. 11. 26. 선고 68후38 판결, 1963. 9. 5. 선고 63후11 판결, 특허법원 2016. 11. 25. 선고 2016허5057 판결

11) 대법원 2013. 2. 14. 선고 2012후1101 판결, 2012. 8. 30. 선고 2012후1958 판결, 2012. 3. 15. 선고 2011후3872 판결, 2010. 12. 9. 선고 2010후289 판결, 특허법원 2014. 1. 17. 선고 2013허7069 판결, 2012. 5. 10. 선고 2012허1804 판결, 2012. 2. 23. 선고 2011허10382 판결, 2011. 8. 26. 선고 2011허4660 판결

12) 대법원 1987. 4. 28. 선고 84후21 판결, 1982. 10. 26. 선고 82후24 판결, 특허법원 2022. 12. 28. 선고 2022허3595 판결, 2022. 12. 28. 선고 2022허3595 판결, 2008. 12. 30. 선고 2008허4936 판결, 2008.

다. 확인대상발명이 특허권의 객관적인 효력범위에 포함되는지 확인

□ 권리범위확인심판은 확인대상발명이 특허권의 객관적인 효력범위에 포함되는지를 확인하는 목적을 가진 절차이다.[13)]

라. 특허권의 효력이 미치는 범위의 객관적 명확화

□ 권리범위확인심판은 특허발명과 확인대상발명을 대비하여 특허권의 효력이 미치는 범위를 객관적으로 명확히 하는 것을 목적으로 한다.[14)]

4 권리범위확인심판의 성격

가. 민사분쟁의 성격

□ 권리범위확인심판은 사실상 당사자 간 특허권의 침해를 둘러싼 민사분쟁의 성격을 띠고 있다.[15)]

▶ 특허권자는 특허발명의 권리범위를 가급적 넓게 해석하려고 하고, 이해관계인은 특허발명의 권리범위를 가급적 좁게 해석하려고 하는 경향이 있어 양자 간에 분쟁이 발생할 수밖에 없다.

나. 침해소송의 선결문제

□ 권리범위확인심판은 특허권의 침해 여부를 둘러싼 민사소송이나 형사사건에서의 유리한 결과를 얻기 위한 것으로서 침해소송에서의 선결문제로 작용한다.[16)]

다. 침해금지청구권이나 손해배상청구권의 존부 확인 성격

□ 권리범위확인심판은 특허발명에 기초한 침해금지청구권이나 손해배상청구권의 존부

---

12. 30. 선고 2008허4943 판결, 2008. 12. 30. 선고 2008허5168 판결, 2008. 12. 30. 선고 2008허5175 판결, 2008. 12. 30. 선고 2008허4950 판결, 2006. 4. 6. 선고 2005허8777 판결

13) 대법원 2023. 2. 2. 선고 2022후10210 판결, 2018. 2. 8. 선고 2016후328 판결, 2014. 3. 20. 선고 2012후4162 전합 판결, 특허법원 2023. 4. 20. 선고 2022나2398 판결, 2021. 10. 29. 선고 2020허6996 판결, 2019. 10. 24. 선고 2019허2066 판결, 2018. 9. 14. 선고 2018허4164 판결, 2018. 8. 24. 선고 2018허1882 판결, 2017. 8. 25. 선고 2017허1168 판결, 2016. 1. 14. 선고 2015허6824 판결, 2015. 9. 10. 선고 2014허4647 판결, 2015. 6. 12. 선고 2014허7554 판결

14) 특허법원 2002. 7. 11. 선고 2002허1591 판결, 2002. 7. 11. 선고 2002허1607 판결, 2002. 7. 11. 선고 2002허1614 판결

15) 특허법원 1998. 7. 3. 선고 98허768 판결

16) 대법원 2001. 9. 28. 선고 99후2808 판결, 특허법원 1999. 11. 11. 선고 99허4170 판결

와 같은 실체적인 권리관계를 확정하는 것은 아니지만,[17] 실제에 있어서는 특허권 침해로 인한 금지청구권이나 손해배상청구권의 존부 확인의 소의 성격을 가지고 있다.[18]

5 권리범위확인심판의 기능

가. 특허발명의 보호범위 확인 기능

□ 권리범위확인심판은 특허발명의 보호범위를 확인해주는 기능을 수행하므로,[19] 특허권자가 아닌 상대방이 구체적으로 실시하거나 실시예정인 확인대상발명이 당해 특허발명의 효력이 미치는 범위에 속하는지 여부에 관하여 당사자 사이에 현실적인 다툼이 있을 때에는 특허권자 · 전용실시권자 또는 이해관계인은 국가기관의 공적 판단을 통하여 당해 특허발명의 보호범위를 확인받음으로써 분쟁의 해결에 사실상의 효과를 거둘 수 있다는 점에 권리범위확인심판의 제도적 의의가 있다.[20]

◀ 특허권자는 특허권 행사의 전제로 권리범위확인심판을 활용할 수 있고, 이해관계인은 사업을 시작하거나 계속할지 여부를 판단하기 위한 전제로서 권리범위확인심판을 활용할 수 있다.

나. 특허분쟁의 사전 예방 기능

□ 권리범위확인심판은 간이하고 신속하게 확인대상발명이 특허권의 객관적인 효력범위에 포함되는지를 판단함으로써 당사자 사이의 분쟁을 사전에 예방하거나 조속히 종결시키는 데에 이바지한다는 점에서 고유한 기능이 있다.[21]

▷ 권리범위확인심판은 특허권과 확인대상발명 사이에 저촉이 있는 경우, 특허발명의 효

---

17) 특허법원 2018. 10. 5. 선고 2017허8114 판결, 2016. 10. 7. 선고 2016허4795 판결, 2016. 4. 1. 선고 2015허5708 판결, 2016. 3. 25. 선고 2015허7599 판결, 2015. 12. 11. 선고 2015허5166 판결, 2015. 12. 11. 선고 2015허5173 판결, 2010. 8. 18. 선고 2009허7987 판결, 2007. 9. 14. 선고 2007허3882 판결

18) 한동수, 확인대상고안의 기술구성을 파악하는 방법, 지식재산 21 통권 105호(2008. 10.), 9면

19) 특허법원 2021. 11. 19. 선고 2021허2953 판결, 2016. 11. 25. 선고 2016허5057 판결, 2016. 1. 14. 선고 2015허6824 판결

20) 특허법원 2003. 5. 23. 선고 2001허4821 판결, 2008. 10. 10. 선고 2008허6406 판결, 2003. 5. 23. 선고 2002허1171 판결

21) 대법원 2023. 2. 2. 선고 2022후10210 판결, 2018. 2. 8. 선고 2016후328 판결, 특허법원 2023. 4. 20. 선고 2022나2398 판결, 2019. 10. 24. 선고 2019허2066 판결, 2018. 9. 14. 선고 2018허4164 판결, 2018. 8. 24. 선고 2018허1882 판결

력이 미치는 보호범위를 확인하여 확인대상발명이 특허발명의 권리에 속하는 것인지를 판단함으로써 특허분쟁을 예방 또는 해결하는 기능이 있다.[22)]

▶ 권리범위확인심판은 침해소송을 거치지 않고서도 특허침해 여부를 미리 확인함으로써 당사자 간의 권리분쟁을 사실상 해결하는 수단으로 기능하는 것이므로, 특허권자와 이해관계인은 권리범위확인심판을 효과적으로 활용하면 당사자 사이의 분쟁을 미연에 방지할 수 있게 된다.

다. 침해소송과 유사한 기능

▷ 권리범위확인심판은 특허침해 여부를 증명하는 유력한 증거로 활용하거나, 특허침해 여부를 확인함으로써 특허침해 관련 분쟁의 해결수단 역할을 한다는 점에서 침해소송과 유사한 기능을 수행하고 있다.[23)]

6 권리범위확인심판의 활용

가. 당사자 간에 현실적인 다툼이 계속되고 있는 경우

□ 권리범위확인심판은 확인대상발명과의 관계에서 특허발명의 효력이 미치는 범위에 관하여 현실적인 다툼이 계속되고 있어, 이를 심결이나 판결을 통하여 확정할 실익이 있는 경우에 그 확인의 이익이 있다.[24)]

나. 실체적 사실관계의 충실한 파악

▶ 권리범위확인심판은 기술의 전문가인 특허심판원의 심판관 합의체가 판단하는 것이므로, 법률의 전문가인 법원의 판사 합의체가 판단하는 침해소송에 비하여 실체적 사실관계를 충실히 파악할 수 있다는 점에서 장점이 있다.

다. 민사소송 제기에 앞서 청구

▶ 권리범위확인심판이 확정되더라도 민사법원의 소송사건을 기속하는 것은 아니지만, 실무에서는 권리범위확인심판의 심결이 특허침해 여부를 증명하는 유력한 증거로 활용되어 민사법원의 판결에 상당한 영향을 미치게 되므로, 민사소송의 제기에 앞서 권리범위확인심판을 활용하는 것이 현실적이다.

---

22) 권오희, 권리범위확인심판의 판단순서에 관한 고찰, 지식재산 21, 특허청(2005. 5.), 113면
23) 권오희, 권리범위확인심판과 민사재판의 차이점 비교, 대한변협신문(2014. 5. 19.), 13면
24) 특허법원 2003. 5. 23. 선고 2001허4821 판결, 2003. 5. 23. 선고 2001허6827 판결, 2003. 5. 23. 선고 2002허1171 판결

라. 권리범위확인심판의 효과적 활용방안[25)]

▷ ① 권리범위확인심판의 심결이 침해소송의 판결보다 선행되도록 절차를 조속히 진행한다. 이를 위하여 특허심판원은 권리범위확인심판을 우선심판 또는 신속심판으로 분류하여 빠른 시일 내에 심결하도록 하고 있다.

② 권리범위확인심판에서 당사자의 모든 주장과 증거가 제출되어 판단될 수 있도록 한다. 이를 위하여 특허심판원은 구술심리를 활성화하여 당사자의 주장과 증거가 모두 나타날 수 있도록 하고 있다.

③ 당사자들도 권리범위확인심판에서 침해소송에서 주장할 수 있는 모든 주장과 증거를 제시해야 한다. 따라서 그 심결 결과를 침해소송 등에 제출하여 재판의 유력한 증거자료로 활용하도록 한다.

7 권리범위확인심판의 종류

가. 적극적 권리범위확인심판

□ 적극적 권리범위확인심판은 피청구인이 실시하고 있는 형태를 확인대상발명으로 하여 특허발명의 권리범위에 속하는지의 판단을 구하는 심판이다.[26)]

나. 소극적 권리범위확인심판

□ 소극적 권리범위확인심판은 청구인이 현재 실시하고 있거나 장래 실시하려고 하는 기술에 관하여 특허권자로부터 권리의 대항을 받는 등으로 법적 불안을 가지고 있는 경우에 이러한 법적 불안을 제거하기 위하여 특허심판원에 그 확인을 구하는 심판이다.[27)]

---

25) 권오희, 권리범위확인심판과 민사재판의 차이점 비교, 대한변협신문(2014. 5. 19.), 13면

26) 특허법원 2021. 7. 9. 선고 2020허4969 판결

27) 특허법원 2017. 8. 31. 선고 2016허6296 판결, 2016. 1. 22. 선고 2015허3436 판결, 2012. 5. 30. 선고 2011허10801 판결, 2008. 10. 23. 선고 2008허1548 판결

Ⅱ. 침해소송과의 관계

1 권리범위확인심판의 기속력

가. 침해소송에의 기속력

1) 확정판결의 효력이 미치는 객관적·주관적 범위 상이

□ 권리범위확인심판의 심결취소소송과 침해소송은 서로 소송물이 다르고 그 확정판결의 효력이 미치는 객관적·주관적 범위도 상이하다.[28)]

2) 확정심결에서의 사실판단 배척 가능

□ 침해소송에서 제출된 다른 증거내용에 비추어 관련 권리범위확인심판사건 등의 확정심결에서의 사실판단을 그대로 채용할 수 없다고 인정될 경우에는 이를 배척할 수 있다.[29)]

3) 특허침해 판단

가) 권리범위확인심판은 특허침해를 가리는 것이 아님

□ 권리범위확인심판은 그 자체로 특허발명에 관한 침해가 있었는지를 가리기 위한 것이 아니다.[30)]

나) 최종적으로 침해소송에서 판단

□ 권리범위확인심판은 특허발명의 보호범위를 확인해주는 한정적 기능을 수행할 뿐이고, 특허권 침해를 둘러싼 개별 당사자 사이의 권리관계에 관한 최종적인 판단은 침해소송에서 다루어지도록 하는 것이 특허법의 기본 구도라고 할 수 있다.[31)]

다) 민사소송의 확정판결에 따라 판단

□ 권리범위확인심판은 확인대상발명이 특허권을 침해하였는지 여부에 관하여 법적 기속

---

28) 특허법원 2017. 7. 21. 선고 2016허2416 판결
29) 대법원 2002. 1. 11. 선고 99다59320 판결
30) 특허법원 2002. 7. 11. 선고 2002허1591 판결, 2002. 7. 11. 선고 2002허1607 판결, 2002. 7. 11. 선고 2002허1614 판결
31) 특허법원 2021. 11. 19. 선고 2021허2953 판결, 2020. 4. 2. 선고 2019허8057 판결, 2019. 3. 28. 선고 2018허9114 판결, 2018. 10. 5. 선고 2017허8114 판결, 2016. 11. 25. 선고 2016허5057 판결, 2016. 4. 1. 선고 2015허5708 판결, 2016. 1. 14. 선고 2015허6824 판결

력을 갖는 것은 아니고 그 침해 여부는 최종적으로 특허권의 침해와 관련된 금지청구나 손해배상소송과 같은 일반 민사소송에 의한 확정판결에 따라 판단된다.[32)]

4) 침해소송의 기속 여부

가) 침해소송의 법원을 기속하지 않음

□ 권리범위확인심판의 심결이 확정된 경우에도 민·형사 침해소송을 담당하는 법원을 기속하는 것은 아닐 뿐만 아니라,[33)] 가처분이의사건을 담당하는 법원을 기속하는 것도 아니다.[34)]

나) 침해소송에 기속력을 미치지 않음

□ 권리범위확인심판은 침해소송과 같이 침해금지청구권이나 손해배상청구권의 존부와 같은 분쟁 당사자 사이의 권리관계를 최종적으로 확정하는 절차가 아니고, 그 절차에서의 판단이 침해소송에 기속력을 미치는 것이 아니다.[35)]

다) 침해소송에 특별한 영향을 미치지 않음

□ 권리범위확인심판의 심결이 확정되어 일사부재리의 효력이 미치는 경우라도, 동일사실·증거에 의하여 다시 '심판'을 청구할 수 없을 뿐이고, 심판의 당사자 또는 제3자가 특허권 침해에 관한 소를 제기하는 데 장애가 될 수는 없으므로, 특허권 침해에 관한 소에 특별한 영향을 미치지 않는다.[36)]

나. 관련 사건에서 인정된 사실의 증거력

1) 유력한 증거

가) 확정된 관련 민사사건에서 인정된 사실

□ 침해소송에 있어서는 다른 민사사건의 판결에서 인정된 사실에 구속받는 것이 아니라 할지라도, 이미 확정된 관련 민사사건에서 인정된 사실은 특별한 사정이 없는 한 유력한 증거가 되고, 특히 전후 두 개의 민사소송의 당사자가 같고 분쟁의 기초가

---

32) 특허법원 2008. 10. 10. 선고 2008허6406 판결, 2003. 5. 23. 선고 2001허4821 판결, 2003. 5. 23. 선고 2002허1171 판결, 대구지법 2011. 5. 12. 선고 2011가합485 판결

33) 대법원 2014. 3. 20. 선고 2011후3698 전합 판결, 2011. 2. 24. 선고 2008후4486 판결, 서울고법 2004. 3. 16. 선고 2003나21126 판결, 2004. 3. 16. 선고 2003나21133 판결

34) 대법원 2011. 2. 24. 선고 2008후4486 판결, 2008. 6. 26. 선고 2006다29235 판결

35) 대법원 2023. 2. 2. 선고 2022후10210 판결, 2018. 2. 8. 선고 2016후328 판결, 2014. 3. 20. 선고 2012후4162 전합 판결, 특허법원 2023. 4. 20. 선고 2022나2398 판결, 2021. 11. 19. 선고 2021허2953 판결, 2018. 9. 14. 선고 2018허4164 판결, 2018. 8. 24. 선고 2018허1882 판결

36) 특허법원 2021. 11. 19. 선고 2021허2953 판결, 2016. 1. 14. 선고 2015허6824 판결

된 사실도 같은 경우에는 더욱 그렇다.[37)]

나) 확정된 관련 심결취소소송에서 인정된 사실

□ 심결취소소송에 있어 다른 심결취소소송의 판결에서 인정된 사실에 구속받는 것은 아니라 할지라도, 이미 확정된 관련 심결취소소송에서 인정된 사실은 특별한 사정이 없는 한 유력한 증거가 된다.[38)]

다) 확정된 관련 권리범위확인심판의 심결에서 인정된 사실

□ 침해소송에 있어서 이미 확정된 관련 권리범위확인심판의 심결에서 인정된 사실은 특별한 사정이 없는 한 유력한 증거가 된다.[39)]

2) 침해소송의 참고자료 활용

가) 확정된 심결과 결론이 같은 판결 가능성

▷ 확정된 권리범위확인심판의 심결은 침해소송에서 증거로 제출되는 경우, 전문기관의 판단으로서 하나의 참고자료가 되고, 실무상 침해소송을 담당하는 법원이 확정된 심결의 결론을 존중하여 그와 결론이 같은 판결을 할 가능성이 많다.[40)]

나) 권리범위확인심판과 결론을 일치시키는 경향

▷ 침해소송을 제기하는 경우에도 권리범위확인심판을 함께 청구하는 사례가 많고, 침해소송을 담당하는 법원은 관련 권리범위확인심판의 결과를 기다려서 권리범위확인심판과 침해소송의 결론을 일치시키는 경향이 있다.[41)]

---

37) 대법원 2018. 8. 30. 선고 2016다46338,46345 판결, 2011. 1. 27. 선고 2008다30703 판결, 2009. 9. 24. 선고 2008다92312,92329 판결, 2009. 3. 26. 선고 2008다48964,48971 판결, 2008. 6. 12. 선고 2007다36445 판결, 2007. 11. 30. 선고 2007다30393 판결, 2003. 8. 19. 선고 2001다47467 판결, 2001. 8. 24. 선고 2000다15661 판결, 2001. 2. 9. 선고 2000다61398 판결, 2000. 7. 4. 선고 2000다20748 판결, 1997. 6. 13. 선고 97누1327 판결, 1990. 12. 11. 선고 90다카7545 판결
- 확정된 민사소송 판결에서 인정된 사실은 특별한 사정이 없는 한 유력한 증거가 된다(대법원 2022. 12. 1. 선고 2020후11622 판결).

38) 특허법원 2015. 11. 5. 선고 2015허2150 판결, 2015. 9. 3. 선고 2015허3085 판결

39) 대법원 2002. 1. 11. 선고 99다59320 판결

40) 유영선, 권리범위확인심판에 있어서 심결취소소송의 소의 이익, 법과 기술 4권 5호, 통권 20호(2008) 107면

41) 권오희, 권리범위확인심판에서의 심판대상물에 관한 고찰, 특허법원 개원 10주년 기념논문집, 특허법원 (2008. 2.), 431면
- 침해소송 건수는 권리범위확인심판청구 건수의 약 10% 정도를 유지하고 있는데, 침해소송에서 권리범위확인심판의 심결 결과를 활용하는 건수가 83%를 보이고 있어, 사실상 권리범위확인심판이 특허에 관한 당사자 간의 분쟁을 해결하는 주요 수단으로 활용되고 있다('권리범위확인심판 심결과 침해소송 판결의 연계성 제고방안' 용역결과보고서).

다. 권리범위확인심판이 계속 중인 경우의 침해소송의 중지 여부

□ 특허권에 대한 침해대상제품과 동일·유사한 발명에 대하여 적극적 권리범위확인심판이 특허심판원에 계속 중에 있더라도, 그 특허권에 기초한 침해금지청구 및 손해배상청구의 침해소송을 중지할 것인지 여부는 법원이 합리적인 재량에 의하여 직권으로 정하는 것이다.[42]

▶ 침해소송에서 선결문제가 되는 특허의 등록무효 여부가 별도로 다투어지고 있는 경우, 급속을 요하지 않는 사건에서는 쌍방 당사자의 의사를 고려하여 기일추정의 방식으로 사실상 소송절차를 중지하고 특허심판원의 심결을 기다리는 경우가 일반적이다. 그러나 신속한 권리구제가 필요한 침해금지가처분사건이나 당사자가 신속한 진행을 원하는 손해배상청구사건에서는 절차를 중지하지 않고 별도로 결론을 내리기도 한다.

2 침해소송계속 중이거나 민사판결이 확정된 경우

가. 침해소송이 계속 중인 경우

□ 침해소송이 계속 중이어서 그 소송에서 특허권의 효력이 미치는 범위를 확정할 수 있다고 하더라도, 이를 이유로 침해소송과 별개로 청구된 권리범위확인심판의 심판청구의 이익이 부정된다고 볼 수는 없다.[43]

나. 민사판결이 확정된 경우

□ 비록 민사승소판결이 확정되었다고 하더라도, 권리범위확인심판절차에서 불리한 심결을 받은 당사자는 유효하게 존속하고 있는 심결의 취소를 구할 소의 이익이 있다.[44]

---

42) 대법원 2009. 10. 15. 선고 2009다46712 판결

43) 대법원 2018. 2. 8. 선고 2016후328 판결, 특허법원 2018. 8. 24. 선고 2018허1882 판결, 2018. 4. 26. 선고 2017허3980 판결, 1999. 11. 25. 선고 99허413 판결

- 특허법이 권리범위확인심판과 소송절차를 각 절차의 개시 선후나 진행경과 등과 무관하게 별개의 독립된 절차로 인정됨을 전제로 규정하고 있는 것도 권리범위확인심판 제도의 기능을 존중하는 취지로 이해된다(대법원 2018. 2. 8. 선고 2016후328 판결).

44) 대법원 2011. 2. 24. 선고 2008후4486 판결

- 특허심판절차에서 불리한 심결을 받은 당사자는 그 심결이 유효하게 존속하고 있는 이상, 그 심결 이후의 사정에 의하여 심결을 취소할 법률상 이익이 소멸되는 등의 특별한 사정이 없는 한 그 심결취소를 구할 소의 이익이 있다(대법원 2009. 5. 28. 선고 2007후3301 판결, 2009. 5. 28. 선고 2007후3318 판결).

▶ 권리범위확인심판과 침해소송은 별개의 소송으로서 각자 고유의 법익을 가지는 것이므로, 어느 한쪽의 결론이 다른 소송에 기속력을 가지는 것은 아니다. 따라서 권리범위확인심판이 확정되더라도 계속 중인 침해소송이 종료되는 것은 아니고, 마찬가지로 침해소송이 종료되더라도 계속 중인 권리범위확인심판이 종료되는 것은 아니다.

다. 침해금지가처분이 확정된 경우

□ 침해금지가처분과 권리범위확인심판은 제도의 취지와 판단기준이 다른 별개의 절차로서 관련 침해금지가처분이 확정되었다고 하여 권리범위확인심판의 확인의 이익이 없다고 할 수 없다.[45)]

3 특허 등에 관한 소의 전속관할

가. 직권조사사항

□ 재판관할권의 유무에 관한 문제는 법원의 직권조사사항이다.[46)]

나. 전속관할 위반은 절대적 상고이유

□ 전속관할 위반은 절대적 상고이유에 해당하고 당사자의 추인으로 그 하자가 치유되지 않으며 상고심의 직권파기사유에 해당한다.[47)]

다. 관할권 유무 기준시점

□ 법원의 관할권 유무는 소 제기시를 표준으로 하여 정해진다.[48)]

라. 침해소송의 관할 집중

1) 제1심은 고법 소재지 법원, 항소법원 일원화

□ 특허 등에 관한 소송사건은 개정 법원조직법에 따라 2016. 1. 1. 이후 최초로 소장이 접수된 사건부터 소재지 관할 고법이 있는 곳의 6개 지법에서 제1심 소송을 담당하고, 그에 대한 항소사건은 특허법원의 전속관할에 속한다.[49)]

---

45) 특허법원 2018. 4. 26. 선고 2017허3980 판결, 2012. 11. 9. 선고 2012허3763 판결, 2007. 6. 1. 선고 2007허562 판결

46) 대법원 1986. 6. 17.자 86마344 결정, 1980. 6. 23.자 80마242 결정, 1978. 7. 20.자 78마207 결정, 1970. 1. 21.자 69마1191 결정, 서울중앙지법 1994. 2. 22.자 94라282 결정

47) 대법원 2017. 12. 22. 선고 2017다259988 판결

48) 서울고법 2020. 7. 7.자 2020라20582 결정, 2016. 5. 24.자 2016나2016427 결정

49) 대법원 2020. 2. 27. 선고 2019다284186 판결, 2019. 4. 10.자 2017마6337 결정, 2017. 12. 28. 선고 2017다259599 판결, 2017. 12. 22. 선고 2017다259988 판결, 특허법원 2021. 10. 14. 선고 2020나

▶ 소재지 관할 고법이 있는 곳의 6개 지법은 서울중앙지법, 대전지법, 대구지법, 부산지법, 광주지법, 수원지법을 말한다.

2) 서울중앙지법은 선택적 중복관할 인정

□ 소재지 관할 고법이 있는 곳의 지법이 서울중앙지법이 아닌 경우 서울중앙지법에도 소를 제기할 수 있다.[50)]

▶ 서울중앙지법은 중복관할을 인정하므로, 대전·대구·부산·광주·수원지법 관할 사건은 서울중앙지법에도 소를 제기할 수 있다.

마. 특허법원의 전속관할 이유

□ 침해소송의 관할에 대하여 별도의 규정을 둔 이유는, 통상적으로 그 심리·판단에 전문적인 지식이나 기술 등에 대한 이해가 필요하므로, 심리에 적합한 체계와 숙련된 경험을 갖춘 전문 재판부에 사건을 집중시킴으로써 충실한 심리와 신속한 재판뿐만 아니라 지식재산권의 적정한 보호에 이바지할 수 있기 때문이다.[51)]

바. 특허법원의 전속관할 판단

1) 판단기준

□ 특허법원의 전속관할에 속하는 유형의 소에는 특허 등과 밀접하게 관련되어 통상적으로 심리·판단에 전문기술적 지식이 필요하게 될 가능성이 있는 경우를 말한다.[52)]

▶ 특허법원의 전속관할에 속하는 소인지는 특허와 관련이 있다는 이유만으로 형식적으로 판단할 것이 아니라 전문기술적 지식이 필요한 사건인지와 같이 그 실체를 보고 판단해야 한다.

1483,1490 판결, 2019. 3. 22. 선고 2018나2124 판결, 부산고법 2021. 1. 14. 선고 2019나13509 판결, 서울고법 2019. 8. 23. 선고 2018나2038452,2038469 판결

• 항소는 '제1심판결'에 대한 상소이고 상고는 '항소심판결'에 대한 상소이다(대법원 2022. 5. 19. 선고 2021도17131,2021전도170 전합 판결).

50) 대법원 2020. 2. 27. 선고 2019다284186 판결, 2019. 4. 10.자 2017마6337 결정, 2017. 12. 28. 선고 2017다259599 판결, 2017. 12. 22. 선고 2017다259988 판결, 특허법원 2021. 10. 14. 선고 2020나1483,1490 판결, 2019. 3. 22. 선고 2018나2124 판결, 부산고법 2021. 1. 14. 2019나13509 판결, 서울고법 2019. 8. 23. 선고 2018나2038452,2038469 판결

51) 대법원 2019. 4. 10.자 2017마6337 결정, 특허법원 2021. 10. 14. 선고 2020나1483,1490 판결, 2021. 3. 25. 선고 2021나1145 판결, 2019. 11. 21. 선고 2019나1548 판결, 부산고법 2021. 1. 14. 2019나13509 판결, 서울고법 2020. 7. 7.자 2020라20582 결정, 2016. 5. 24. 선고 2016나2016427 판결

52) 서울고법 2016. 5. 24.자 2016나2016427 결정

2) 특허법원의 전속관할에 속하는 경우

가) 특허 등에 관한 소의 범위

□ 특허법원의 전속관할에 속하는 소에는 ① 특허권 침해를 이유로 한 금지·폐기·신용회복청구, ② 손해배상청구소송, ③ 특허권 실시계약에 기초한 실시료 지급청구소송, ④ 특허권 이전·말소등록 청구소송, ⑤ 전용·통상실시권의 설정 유무, 귀속에 관한 소송, ⑦ 직무발명에 대한 보상금 청구소송 등이 포함된다.[53]

나) 전용실시권자가 약정대로 실시제품을 제조·판매하였는지

□ 전용실시권의 설정을 받은 사람이 약정대로 실시제품을 제조·판매하였는지 아닌지가 쟁점으로 되는 경우에는 실제로 제조·판매된 제품이 특허발명의 실시제품이라고 평가할 수 있는 것인지 아닌지가 중요한 사실로 되고, 그 판단을 위해서는 특허발명의 내용 외에 실제로 제조·판매된 제품의 구조나 성능 등을 이해할 수 있는 전문기술적 지식이 필요하게 될 가능성이 높다.[54]

3) 특허법원의 전속관할에 속하지 않는 경우

□ 특허권 양도계약에 관한 사해행위취소 및 원상회복을 구하는 소는 채권자의 피보전채권 존재 여부, 채무자와 수익자 사이의 특허권 양도계약이 사해행위에 해당하는지 여부 및 채무자에게 사해의사가 있었는지 여부가 쟁점이므로, 특허 등에 관한 소로 볼 수 없으므로, 전속관할의 대상이 아니다.[55]

○ 대법원 2019. 4. 10. 선고 2017마6337 판결

원고가 피고를 상대로 이 사건 협약에 기한 특허권 지분의 귀속의무 불이행을 원인으로 하는 손해배상을 청구하고 있으므로, 그 청구원인의 당부를 판단하기 위해서는 이 사건 특허권에 대한 원고의 지분 유무와 함께 이 사건 특허권에 대한 원고의 지분비율을 정할 필요가 있다. 원고의 지분비율을 정하기 위해서는 원고의 출연금의 비율뿐만 아니라 피고가 자신의 명의로 등록받은 이 사건 특허권의 가치, 이 사건 협약체결 전부터 피고의 후·박막공정을 이용한 '저 자가방전 초소형 전지'에 대한 기술개발 정도와 그러한 기술이 피고가 등록한 특허권들에 어느 정도 반영되었는지 여부 및 존속기간이 설정된 특허권의 특성 등을 종합적으로 고려해야 한다. 이 사건 소송은 그 심리·판단에 특허권 등의 지식재산권에 관한 전문적인 지식이나 기술에 대한 이해가 필요한 소송으로 민사소송법 제24조 제2항이 규정하는 특허권 등의 지식재산권에 관한 소로 보아야 하고, 2014. 6. 16. 제

53) 특허법원 2021. 10. 14. 선고 2020나1483,1490 판결, 부산고법 2021. 1. 14. 2019나13509 판결, 서울고법 2016. 5. 24.자 2016나2016427 결정
54) 서울고법 2016. 5. 24.자 2016나2016427 결정
55) 서울고법 2020. 7. 7.자 2020라20582 결정

1심 법원에 소가 제기되어 위 개정 법원조직법 시행일 이후인 2017. 7. 12. 제1심 판결이 선고되었으므로 이에 대한 항소사건은 특허법원의 전속관할에 속한다.

Ⅲ. 확인의 이익

1 일반론

가. 직권조사사항

[§ 135](권리범위확인심판)

① 특허권자 또는 전용실시권자는 자신의 특허발명의 보호범위를 확인하기 위하여 특허권의 권리범위확인심판을 청구할 수 있다.

② 이해관계인은 타인의 특허발명의 보호범위를 확인하기 위하여 특허권의 권리범위확인심판을 청구할 수 있다.

1) 당사자의 주장에 관계없이 직권판단

□ 권리범위확인심판에 있어서 확인의 이익의 유무는 직권조사사항이므로, 당사자의 주장 여부에 관계없이 특허심판원이 직권으로 판단해야 한다.56)

2) 대법원에서도 참작

□ 직권조사사항은 사실심 변론종결 이후에 소송요건이 흠결되거나 그 흠결이 치유된 경우에는 대법원에서도 이를 참작해야 한다.57)

---

56) 대법원 2022. 6. 16. 선고 2022다207967 판결, 2021. 7. 21. 선고 2020다300893 판결, 2020. 1. 16. 선고 2019다247385 판결, 2019. 5. 16. 선고 2016다240338 판결, 2017. 10. 12. 선고 2017다17771 판결, 2013. 10. 24. 선고 2012두9826 판결, 2013. 2. 14. 선고 2012후1101 판결, 2006. 3. 9. 선고 2005다60239 판결, 1991. 8. 13. 선고 91다5433 판결, 1991. 7. 12. 선고 91다12905 판결, 1982. 4. 27. 선고 81다358 판결, 서울행법 2016. 8. 11. 선고 2015구합76933 판결

• 직권조사사항은 당사자의 주장이 없더라도 특허심판원이 이를 직권으로 조사하여 판단해야 한다(대법원 2021. 10. 28. 선고 2021도10010 판결, 2021. 9. 15. 선고 2020다297843 판결).

57) 대법원 2021. 9. 15. 선고 2020다297843 판결, 2021. 7. 8. 선고 2020다221747 판결, 2020. 10. 29. 선고 2020다40528 판결, 2020. 9. 25.자 2020마5509 결정, 2020. 1. 16. 선고 2019다247385 판결, 2018. 9. 28. 선고 2016다231198 판결, 2017. 8. 18. 선고 2016두52064 판결, 2017. 5. 17. 선고 2016두40580 판결, 2017. 2. 9. 선고 2016다45946 판결, 2011. 2. 10. 선고 2010다87535 판결, 2010. 11. 25. 선고 2010다64877 판결, 2010. 12. 9. 선고 2007다44354,44361 판결

나. 확인의 이익 여부

1) 확인의 이익의 필요성

가) 확인의 이익 요구 이유

□ 확인의 소에 있어서는 본안판단에 앞서 그 소를 제기할 확인의 이익이 있어야 하는데,[58] 확인의 소에서 확인의 이익을 요구하는 것은 국민에게 재판청구권을 인정하면서도 남소를 억제하여 재판제도가 합리적이고 효율적인 분쟁해결수단으로 자리할 수 있도록 하기 위함이다.[59]

나) 확인의 이익 없으면 각하심결

□ 권리범위확인심판청구는 다툼이 있는 권리관계에 대한 확인의 이익이 필요하고, 확인의 이익이 없으면 심판청구를 각하하는 심결을 해야 한다.[60]

2) 신의칙에 의해 규제

□ 확인의 소에서는 '확인의 이익'을 통해 재판청구권의 행사가 허용되는 것인지 여부를 심사하게 되고, 재판청구권의 행사는 상대방 보호 및 사법기능 확보를 위하여 신의칙에 의하여 규제될 수 있다.[61]

3) 심판청구의 이익

가) 심판청구의 이익이 있어야 청구 가능

□ 권리범위확인심판은 심판청구의 이익이 있는 경우에 한하여 청구할 수 있다.[62]

나) 권리범위확인심판의 적법요건

□ 심판청구의 이익이 있는지는 권리범위확인심판의 적법요건으로서 당사자의 명확한 주장이 없더라도 의심이 있을 때에는 특허심판원이 이를 직권으로 조사하여 밝혀 보아야 할 사항이다.[63]

---

58) 서울고법 1980. 12. 16. 선고 80나2009 판결
59) 대법원 2021. 6. 17. 선고 2018다257958,257965 전합 판결, 2007. 5. 17. 선고 2006다19054 전합 판결
60) 특허법원 2016. 1. 14. 선고 2015허6824 판결
61) 대법원 2021. 6. 17. 선고 2018다257958,257965 전합 판결
62) 대법원 2005. 10. 14. 선고 2004후1663 판결, 특허법원 2018. 9. 14. 선고 2018허4164 판결, 2017. 12. 21. 선고 2016허6142 판결, 2016. 1. 22. 선고 2015허3436 판결, 2014. 12. 5. 선고 2014허2474 판결, 2014. 5. 23. 선고 2013허7403 판결, 2013. 10. 11. 선고 2013허4084 판결, 2013. 9. 13. 선고 2013허5476 판결, 2004. 4. 30. 선고 2003허3020 판결, 2004. 3. 12. 선고 2003허1598 판결
63) 특허법원 2022. 7. 13. 선고 2021허4041 판결
- 확인의 이익은 권리범위확인심판의 적법요건으로 심결시를 기준으로 판단해야 하는데, 위와 같은 권리범위확인심판제도의 특성과 역할에 부합되지 않거나, 당사자들에게 과도하고 불필요한 부담을 주는 경우에

4) 확인의 이익 유무 판단

가) 문제된 권리관계의 존부를 판결로써 확인

□ 확인의 이익 유무는 청구인의 권리 또는 법적 지위에 현존하는 불안·위협을 덜기 위하여 반대의 이해관계인과의 사이에 문제된 권리관계의 존부를 판결로써 확인하는 것이 필요 적절한 것인가를 고려하여 판단해야 한다.[64]

나) 청구인의 법률상 지위에 불안·위험을 초래할 염려

□ 청구인의 권리 또는 법률관계를 다툼으로써 청구인의 법률상 지위에 불안·위험을 초래할 염려가 있다면 확인의 이익이 있다.[65]

5) 당사자적격이 없는 경우

□ 부적법한 심판청구를 각하하지 않고, 실체 판단에 들어가 심판청구를 기각한 잘못이 있더라도 청구인이 심판청구의 당사자적격이 없는 경우에는 심판청구를 기각한 심결취소를 구할 소의 이익도 없으므로 청구인의 심결취소소송은 부적법하여 각하되어야 한다.[66]

다. 판단시점

□ 권리범위확인심판에 있어서 심판청구의 이익은 심결시를 기준으로 판단해야 하고,[67] 확인의 이익이 있는지 여부도 심결시를 기준으로 판단해야 한다.[68] 확인의 이익의 존부에 관한 판단은 소제기시가 아니라 변론종결시이다.[69]

▷ 권리범위확인심판에서의 확인의 이익은 심결을 취소할 법률상 이익이라는 심결취소소송에서의 소의 이익과는 명백히 구별되는 개념으로, 권리범위확인심판의 적법요건일 뿐 심결취소소송의 소송요건은 아니므로, 위 확인의 이익이 있는지 여부는 심결시를 기준으로 판단해야 한다.[70]

는 확인의 이익을 제한적으로 해석할 필요가 있다(특허법원 2016. 1. 14. 선고 2015허6824 판결).

64) 대법원 1977. 4. 26. 선고 74다2036 판결

65) 대법원 2021. 6. 17. 선고 2018다257958,257965 전합 판결

66) 특허법원 1999. 7. 1. 선고 99허1379 판결, 1998. 9. 24. 선고 98허171 판결

67) 특허법원 2023. 2. 9. 선고 2022허4284 판결

68) 대법원 2023. 2. 2. 선고 2022후10210 판결, 특허법원 2020. 6. 12. 선고 2020허1519 판결, 2016. 1. 14. 선고 2015허6824 판결, 2008. 12. 17. 선고 2008허1883 판결, 2004. 7. 1. 선고 2004허1946 판결, 2004. 3. 19. 선고 2003허5941 판결

69) 대법원 1979. 11. 13. 선고 79누242 판결

70) 유영선, 권리범위확인심판에 있어서 심결취소소송의 소의 이익, 법과 기술 4권 5호, 통권 20호(2008), 105면

▶ 권리범위확인심판의 확인의 이익이 있는지 여부나 이해관계인인지 여부는 심결시를 기준으로 판단하므로, 심결 이후에 이해관계를 상실하더라도 심결이 위법하게 되는 것은 아니다.

라. 심판청구의 이익과 소의 이익이 흠결된 경우

▷ 권리범위확인심판의 이익은 심결단계에서는 본안 전 판단사항이 되나, 그 취소소송단계에서는 본안판단사항이다. 따라서 심결취소소송에 있어서 심판청구의 이익뿐만 아니라 소의 이익도 흠결하고 있는 경우에는 본안심리에 들어가기 전에 소를 각하할 것이지, 본안심리에 들어가 심결에 심판청구를 각하하지 않은 위법이 있다고 하여 이를 취소하는 판결을 해서는 안 된다.[71]

2 당사자적격

가. 의의

1) 개념

□ 당사자적격은 구체적인 심판에 있어서 어떤 사람들을 당사자로 하여야 분쟁해결이 유효하고 적절할 것인가의 문제이다.[72]

2) 심판요건

가) 직권조사사항

□ 당사자적격의 존부는 본안심결을 하는 데에 필요한 심판요건으로서 특허심판원의 직권조사사항이다.[73]

나) 피청구인이 다투지 않더라도 심리

---

71) 유영선, 권리범위확인심판에 있어서 심결취소소송의 소의 이익, 법과 기술 4권 5호, 통권 20호(2008), 106면

- 왜냐하면, 권리범위확인심판의 심결에 대한 취소소송에 있어서 소송물은 심결의 위법성 일반이므로, 만일 심판청구의 이익이 없는데도 있는 것으로 잘못 심결을 하였다면 심결취소소송에서는 심판청구의 이익에 대하여 잘못 판단한 위법한 심결을 취소하는 본안판결을 하여야 하기 때문이다(유영선, 권리범위확인심판에 있어서 심결취소소송의 소의 이익, 법과 기술 4권 5호, 통권 20호(2008), 106면).

72) 대법원 1977. 8. 23. 선고 75다1676 판결, 1972. 7. 25. 선고 72다866 판결

73) 대법원 2020. 9. 25.자 2020마5509 결정, 2020. 6. 25. 선고 2019다218684 판결, 2018. 12. 27. 선고 2018다268385 판결, 2018. 7. 20. 선고 2018다220178 판결, 2017. 8. 18. 선고 2016두52064 판결, 2017. 5. 17. 선고 2016두40580 판결, 2017. 2. 9. 선고 2016다45946 판결, 2014. 10. 27. 선고 2013다25217 판결, 2013. 12. 18. 선고 2013다202120 전합 판결, 2011. 2. 10. 선고 2010다87535 판결, 2010. 11. 25. 선고 2010다64877 판결, 2010. 2. 25. 선고 2009다85717 판결

□ 당사자적격 문제에 대하여 피청구인이 이를 다투다가 철회하여도 특허심판원은 이 점을 심리해야 한다.[74]

3) 청구인적격의 규정 취지

□ 권리범위확인심판을 청구할 수 있는 청구인적격을 가진 자로 특허권자, 전용실시권자, 이해관계인을 규정하고 있는 취지는, 특정의 심판사건에 있어서 정당한 당사자로서 심판을 수행하고 심결을 받기에 적합한 자를 한정함으로써 별 가치 없고 불필요한 심판청구나 그에 대한 응소로 인하여 야기되는 무의미한 심판을 배제하기 위한 것이다.[75]

4) 심결취소소송의 피고적격

□ 심결취소소송의 피고적격은 '청구인 또는 피청구인'이고, 여기에는 당사자참가인도 포함되지만, 보조참가인은 '청구인 또는 피청구인'에 해당하지 않으므로 피고적격이 없다.[76]

5) 이해관계인 여부

가) 직권조사사항

□ 이해관계인에 해당하는지 여부는 당사자적격의 문제로서 직권조사사항이다.[77]

나) 이해관계인 여부에 대해 다툼이 없는 경우

□ 이해관계인인지에 관하여 당사자 사이에 다툼이 없다 하여 청구인을 이해관계인으로 단정하였음은 심판청구의 적법 여부에 대하여 심리를 다하지 아니한 위법이 있다.[78]

다) 이해관계가 없다는 사정

□ 이해관계가 없다는 사정은 원칙적으로 심판청구만을 부적법하게 하는 것에 그칠 뿐 소의 이익까지 당연히 소멸시키는 것으로 볼 수 없고, 만일 심결취소를 구할 소의 이익도 없다고 보아 원고의 소를 각하할 경우, 심결은 원고의 심판청구를 기각하는 내용 그대로 형식적으로 확정됨으로써 일사부재리의 효력을 발휘하게 되므로, 원고로서는 심결이 형식적으로 확정되는 것을 막기 위해서는 심결취소를 구할 소의 이익

---

74) 대법원 1971. 3. 23. 선고 70다2639 판결
75) 특허법원 2009. 9. 23. 선고 2008허12098 판결
76) 특허법원 2018. 6. 1. 선고 2017허8138 판결, 2001. 10. 11. 선고 2001허4692 판결
77) 대법원 2001. 2. 23. 선고 99후505 판결, 1994. 2. 25. 선고 92후2380,2403 판결, 1992. 7. 28. 선고 92후162,179 판결, 특허법원 2016. 4. 27. 선고 2015허6985 판결
78) 대법원 1983. 12. 27. 선고 82후58 판결, 1977. 3. 22. 선고 76후7 판결

이 있다.[79]

나. 적극적 권리범위확인심판

1) 청구인적격

가) 회사의 대표이사

(1) 회사의 대표이사와 회사가 공동특허권자인 경우

□ 회사의 대표이사와 회사가 공동특허권자라고 하더라도 사업주체는 회사이므로, 회사의 대표이사는 적극적 권리범위확인심판을 청구할 이익이 없다.[80]

(2) 대표이사에 의하여 심판이 청구된 경우

□ 특허권자인 대표이사에 의하여 적극적 권리범위확인심판이 청구된 경우, 심결취소소송의 원고적격은 대표이사에 한하여 인정됨에도 원고 회사에 의하여 제기된 심결취소소송은 원고적격이 없는 자에 의하여 제기된 것으로서 부적법하다.[81]

나) 피청구인이 특허발명을 실시하거나 실시한 적이 있는 경우

□ 특허권자인 청구인은 피청구인이 특허발명을 실시하거나 실시한 적이 있는 자임이 인정되는 경우는 적극적 권리범위확인심판을 청구할 수 있는 이해관계인에 해당한다.[82]

다) 피청구인이 경고장을 받은 후부터 확인대상발명을 실시하지 않는 경우

□ 피청구인이 청구인으로부터 경고장을 받은 후부터 확인대상발명을 실시하지 않고 있다 하더라도, 종래 확인대상발명의 물품을 생산·판매하는 등 실시한 사실이 있다면 특별한 사정이 없는 한 장래 이를 다시 실시할 가능성이 없다고 할 수는 없으므로, 청구인으로서는 적극적 권리범위확인심판을 청구할 이익이 있다.[83]

라) 전용실시권자

□ 전용실시권을 설정 받은 자는 설정행위로 정한 범위 안에서 업으로서 특허발명을 실시할 권리를 독점하며, 특허권에 대한 전용실시권은 물권에 유사한 대세적 권리로서 일단 등록된 이상, 그 등록된 내용에 반하지 않는 한도에서 설정자는 물론 제3자에 대하여 실시권, 금지권을 독립적으로 행사할 수 있는 것이고, 비록 설정계약에서 당사자

---

79) 특허법원 2010. 5. 26. 선고 2009허7307 판결, 2004. 10. 15. 선고 2003허6524 판결
80) 대법원 1978. 7. 25. 선고 76다847 판결
81) 특허법원 2008. 6. 25. 선고 2008허3070 판결
82) 대법원 1979. 8. 14. 선고 79후45 판결
83) 대법원 1990. 8. 14. 선고 89후1646 판결, 특허법원 2023. 2. 9. 선고 2022허4284 판결, 2023. 1. 12. 선고 2022허3205 판결, 2013. 3. 29. 선고 2012허10525 판결, 2006. 10. 12. 선고 2006허5096 판결, 2006. 10. 12. 선고 2006허5102 판결

사이에 전용실시권의 내용이나, 권리행사의 주체 또는 방법에 제한을 가하는 특약을 하였다고 하더라도 그와 같은 약정의 효력은 당사자 사이에 채권적으로 미칠 뿐이며, 전용실시권자가 제3자와의 관계에서 권리를 행사하는데 아무런 영향을 미치지 않는다.[84] 따라서 전용실시권자는 피청구인을 상대로 확인대상발명이 특허발명의 권리범위에 속한다는 적극적 권리범위확인심판을 청구할 적격이 있다.

2) 피청구인적격

가) 회사의 대표이사

(1) 피청구인이 될 수 있는지

(가) (원칙) 회사가 확인대상발명을 실시한 경우

□ 회사가 확인대상발명을 실시한 경우에는 사업주체는 회사이므로, 이해관계인은 회사이지 회사의 대표이사는 아니어서 회사의 대표이사를 피청구인으로 하는 적극적 권리범위확인심판은 확인의 이익이 없다.[85]

(나) (예외) 회사의 대표이사가 특허권자로부터 경고장을 받은 경우

□ 회사의 대표이사가 특허권자로부터 경고장을 받았던 실시발명을 실시한 적이 있고 현재는 그 실시발명을 실시하고 있지는 않지만 장차 그 실시발명을 다시 실시할 가능성이 없다고 단정할 수 없는 경우에는 특허권자는 회사의 대표이사를 상대로 그 실시발명이 특허발명의 보호범위에 속하는지 여부를 확인하기 위하여 적극적 권리범위확인심판을 청구할 이익이 있다.[86]

(2) 침해금지청구의 경우

□ 특허권의 침해행위를 한 회사의 대표이사가 법인등기부상 취임일자 훨씬 이전부터 회사의 실질적인 경영에 관여하여 오면서 특허권자에 대한 특허권 침해행위를 하여 온 경우, 특허권자는 회사 외에 대표이사 개인을 상대로도 그 독립적인 지위에 기한 특허권 침해행위의 금지 및 예방을 구할 수 있다.[87]

(3) 공동불법행위자로서 손해배상책임

(가) 대표이사가 회사의 특허권 침해행위에 적극 가담하였거나 방조한 경우

□ 특허권자가 특허권 침해로 인한 손해발생기간 동안 대표이사가 회사의 특허발명에

---

84) 특허법원 2002. 11. 14. 선고 2002허819 판결, 2002. 8. 30. 선고 2001허5992 판결, 1999. 6. 25. 선고 98허6131 판결

85) 대법원 1996. 11. 12. 선고 96후863 판결, 특허법원 2003. 6. 13. 선고 2002허7865 판결, 2003. 4. 17. 선고 2002허7858 판결, 2000. 11. 24. 선고 99허7025 판결

86) 대법원 2004. 7. 22. 선고 2003후2836 판결, 특허법원 2003. 11. 14. 선고 2003허267 판결

87) 수원지법 2000. 5. 26. 선고 99가합17091,20783 판결

대한 특허권 침해행위에 적극 가담하였거나 적어도 이를 알면서도 방조한 경우에는 대표이사는 회사와 공동불법행위자로서 특허권 침해행위로 인하여 특허권자가 입은 손해를 배상할 책임이 있다.[88)]

▷ 법인 대표자의 일반적인 감독 또는 고용관계 내에서 법인의 침해행위가 이루어진 것만으로는 특별한 사정이 없는 한 대표자 개인의 책임이 별도로 인정되지 않으나, 법인의 대표자가 적극적으로 법인의 침해행위를 교사·방조하거나 개인적으로 침해행위에 가담한 경우에는 법인과 함께 법인의 대표자 개인도 공동불법행위책임을 진다.[89)]

(나) 대표이사가 고의·과실에 의하여 타인에게 손해를 가한 경우

□ 주식회사의 대표이사가 업무집행을 하면서 고의·과실에 의한 위법행위로 타인에게 손해를 가한 경우, 주식회사와 대표이사가 공동불법행위책임을 부담한다.[90)]

나) 확인대상발명의 일부만을 실시한 경우

□ 피청구인이 확인대상발명의 일부만을 실시한 것이고 그 전체를 실시하였다는 증거가 없는 경우에는, 피청구인은 확인대상발명 전체를 실시하였음을 전제로 한 적극적 권리범위확인심판청구의 이해관계인에 해당하지 않는다.[91)]

다) 피청구인이 확인대상발명이 아니라 실시발명을 실시한 경우

□ 피청구인이 확인대상발명이 아니라 실시발명을 실시하고 있는 경우에는 확인대상발명과 실시발명은 별개이므로 피청구인이 실시하고 있지 않은 확인대상발명을 대상으로 한 적극적 권리범위확인심판은 피청구인에게는 아무런 이해관계가 없다.[92)]

---

88) 대법원 2003. 3. 11. 선고 2000다48272 판결, 1980. 1. 15. 선고 79다1230 판결, 특허법원 2021. 1. 22. 선고 2019나2145 판결, 2017. 11. 24. 선고 2017나1346,1353 판결, 서울고법 2000. 7. 25. 선고 99나47640 판결

89) 김동진, 특허침해소송 사례 연구, 2008년도 변리사 민사소송실무연수, 174면, 대한변리사회

90) 대법원 2013. 4. 11. 선고 2012다116307 판결, 2007. 5. 31. 선고 2005다55473 판결, 특허법원 2022. 2. 11. 선고 2020나2127 판결, 2022. 2. 11. 선고 2020나2271 판결, 2021. 9. 16. 선고 2020나1872 판결, 2019. 2. 22. 선고 2016나1967 판결, 2019. 2. 22. 선고 2017나1063 판결, 서울고법 2014. 11. 13. 선고 2013나80216,80223 판결, 서울중앙지법 2018. 5. 4. 선고 2017가합502502 판결, 2009. 7. 3. 선고 2008가합96210 판결

91) 대법원 1991. 5. 28. 선고 90후854 판결
- 피청구인이 용기의 용기병과 마개 중에서 용기병만을 제조·판매한 것이고 그 마개를 제조·판매하였다는 증거가 없는 경우에는, 피청구인은 그가 확인대상발명의 용기 전체를 제조·판매하였음을 전제로 한 적극적 권리범위확인심판청구의 이해관계인에 해당하지 않는다(대법원 1991. 5. 28. 선고 90후854 판결).

92) 대법원 1979. 3. 27. 선고 78후37 판결

라) 같은 회사에서 근무한 적이 있었던 자

□ 청구인과 피청구인이 같은 회사의 사장과 전무의 관계에 있었어도, 청구인은 피청구인이 자신의 특허권을 실시하고 있는 경우에는 적극적 권리범위확인심판을 청구할 이익이 있다.[93)]

마) 정리절차개시결정이 있는 때의 관리인

□ 정리회사가 특허권자인 특허에 대한 권리범위확인심판에서, 정리회사는 피청구인이 될 수 없고 오로지 관리인만이 피청구인적격이 있다.[94)]

○ 정리절차개시결정이 있는 때에는 회사 사업의 경영과 재산의 관리 및 처분을 하는 권리는 관리인에게 전속하며, 회사의 재산에 관한 소에서는 관리인이 원고 또는 피고가 된다.[95)]

바) 회생절차개시결정이 있는 때의 관리인

□ 회생절차개시결정이 있는 때에도 회생회사에게는 당사자적격이 없고 관리인에게만 당사자적격이 있다.[96)]

다. 소극적 권리범위확인심판

1) 회사의 대표이사

가) (원칙) 직접적인 법률상의 이해관계 없음

□ 회사의 대표이사는 확인대상발명의 제조·판매에 지장이 초래되더라도 대표이사로서 받을 수 있는 배당이나 보수 또는 주식가치의 하락에 의한 손실을 입는 사실상의 경제적인 이해관계가 있을 뿐 직접적인 법률상의 이해관계는 없으므로, 소극적 권리범위확인심판을 청구할 수 있는 이해관계인이 아니다.[97)]

---

93) 대법원 1980. 7. 22. 선고 79후79 판결

94) 대법원 1999. 1. 26. 선고 97후3371 판결, 1999. 1. 26. 선고 97후3388 판결, 1995. 4. 11. 선고 94후296 판결, 1995. 1. 12. 선고 93후1414 판결, 1985. 5. 28. 선고 84다카2285 판결, 1983. 7. 12. 선고 83누180 판결, 특허법원 2007. 1. 26. 선고 2006허5416 판결, 1999. 9. 10. 선고 99허4163 판결

95) 대법원 1999. 1. 26. 선고 97후3371 판결, 1999. 1. 26. 선고 97후3388 판결, 1995. 4. 11. 선고 94후296 판결, 1995. 1. 12. 선고 93후1414 판결, 1985. 5. 28. 선고 84다카2285 판결, 1983. 7. 12. 선고 83누180 판결, 특허법원 2007. 1. 26. 선고 2006허5416 판결, 1999. 9. 10. 선고 99허4163 판결

96) 대법원 2016. 12. 29. 선고 2014후713 판결, 특허법원 2014. 4. 10. 선고 2013허7779 판결

• 확정된 당사자가 관리인이라면 당사자의 표시를 관리인으로 보정하게 한 다음 심리·판단해야 하고, 확정된 당사자가 회생회사라면 당사자적격이 없으므로 심판청구를 각하해야 한다(대법원 2016. 12. 29. 선고 2014후713 판결, 2013. 8. 22. 선고 2012다68279 판결).

97) 특허법원 2004. 10. 22. 선고 2004허905 판결

나) (예외) 특허권자로부터 권리의 대항을 받은 경우

□ 회사의 대표이사는 회사의 업무에 관하여 타인의 특허권을 침해하는 경우 형사처벌을 받을 수 있는 지위에 있을 뿐만 아니라 회사의 특허권을 침해하였다는 이유로 특허권자로부터 현실적으로 권리의 대항을 받았다면, 회사의 대표이사로서 특허발명에 관하여 특허권자를 상대로 소극적 권리범위확인심판을 청구할 이해관계가 있다.[98)]

▶ 회사의 대표이사라도 개인 명의로 고소를 당하거나 경고장을 받은 사실이 있는 경우에는 권리범위확인심판의 청구인적격을 가진다.

다) 특허권자로부터 회사와 함께 특허침해를 이유로 고소를 당한 경우

□ 회사의 대표이사로서 특허권자로부터 회사와 함께 특허발명을 침해하였다는 이유로 고소를 당한 경우에는 소극적 권리범위확인심판을 청구할 이해관계가 있다고 본다.[99)]

라) 대표이사 개인자격의 심판청구

★□ 특허발명과 유사한 발명을 자신이 대표이사로 있는 회사를 통하여 생산·판매하고 있는 자는, ① 개인자격으로 무효심판을 청구할 수 있는 이해관계인에 해당하는 반면,[100)] ② 개인자격으로 소극적 권리범위확인심판을 청구할 수 있는 이해관계인에는 해당하지 않는다.[101)]

▶ 소극적 권리범위확인심판의 이해관계인은 무효심판의 이해관계인보다 그 범위가 더 좁다. 그 이유는, ① 무효인 특허권의 존재는 원래 공익에 반하므로 그 심판청구를 할 이해관계인의 범위를 넓게 해석하지만, ② 소극적 권리범위확인심판은 특허권을 둘러싼 당사자 간의 침해 유무를 확정하는 것이므로, 구체적인 이익이 필요하다.

○ 대법원 1990. 10. 16. 선고 89후568 판결
청구인이 회사의 대표이사로 재직할 때 특허권을 침해하였다고 하여 특허법 위반으로 기소되고 현재 그 형사재판이 진행 중이라면 소극적 권리범위확인심판을 구할 이해관계인에 해당한다.

2) 분쟁이 생길 염려가 있는 자

□ 소극적 권리범위확인심판을 청구할 확인의 이익이 인정되려면, 청구인이 현재 실시

---

98) 특허법원 2005. 5. 6. 선고 2004허1144 판결
99) 특허법원 1999. 3. 25. 선고 99허109 판결
100) 특허법원 2004. 10. 22. 선고 2004허783 판결
101) 특허법원 2004. 10. 22. 선고 2004허905 판결

하고 있거나 장래에 실시하고자 하는 확인대상발명이 특허발명의 권리범위에 속하는지에 대하여 분쟁이 생길 염려가 있어야 한다.102)

○ 대법원 1969. 7. 8. 선고 69후80 판결

청구인은 확인대상장치가 특허발명의 권리범위에 속하지 않는다고 주장하는 반면, 피청구인은 확인대상장치가 특허발명의 권리범위에 속한다고 주장하고 있는 경우에는, 청구인은 소극적 권리범위확인심판을 청구할 수 있는 이해관계인에 해당한다.

○ 특허법원 2009. 9. 23. 선고 2008허12098 판결, 2009. 9. 4. 선고 2008허13503 판결

청구인은 특허권자로부터 확인대상발명에 대하여는 심결일 당시까지 특허발명에 기한 권리행사를 받은 적이 전혀 없었고, 한편 특허권자는 확인대상발명과 특허발명의 구성이 전혀 달라서 확인대상발명에 대하여는 장래에도 청구인을 상대로 민·형사상의 조치를 취할 생각이 전혀 없다고 진술하고 있으므로, 청구인은 적어도 확인대상발명과 관련해서는 특허발명을 상대로 소극적 권리범위확인심판을 청구할 수 있는 이해관계인에 해당하지 않는다.

○ 특허법원 2001. 11. 30. 선고 2001허34 판결

특허권자로부터 특허발명과 동종의 제품을 제작·판매하였다는 이유로 수사기관에 고소를 당하고 무혐의처분을 받은 경우에는 확인대상발명을 실시하였거나 실시하려고 하는 자로서 소극적 권리범위확인심판청구를 할 적법한 이해관계가 있다.

3) 특허권자로부터 권리의 대항을 받을 염려가 있는 자

가) 업무상 손해를 받고 있거나 손해를 받을 염려가 있는 자

□ 소극적 권리범위확인심판에서 심판을 청구할 수 있는 이해관계인이란 특허권자로부터 권리의 대항을 받아 업무상 손해를 받고 있거나 손해를 받을 염려가 있는 자를 말한다.103)

나) 법적 불안을 제거하기 위하여 효과적인 수단이 되는 경우

□ 소극적 권리범위확인심판을 청구하기 위해서는 자신이 현재 실시하고 있거나 장래에

102) 특허법원 2018. 6. 22. 선고 2017허7371 판결, 2017. 11. 29. 선고 2017허1618 판결, 2016. 12. 16. 선고 2015허6916 판결, 2004. 10. 22. 선고 2004허905 판결

103) 대법원 2000. 4. 11. 선고 97후3241 판결, 2000. 4. 11. 선고 97후3258 판결, 특허법원 2020. 7. 23. 선고 2019허8873 판결, 2020. 5. 29. 선고 2019허6020 판결, 2020. 3. 13. 선고 2019허152 판결, 2020. 1. 7. 선고 2019허4734 판결, 2019. 12. 27. 선고 2019허3519 판결, 2017. 7. 20. 선고 2017허202 판결, 2017. 5. 26. 선고 2016허4818 판결, 2016. 7. 15. 선고 2015허7667 판결, 2016. 6. 17. 선고 2016허1352 판결, 2016. 3. 24. 선고 2015허5975 판결, 2015. 12. 3. 선고 2015허3283 판결, 2014. 2. 11. 선고 2013허4855 판결, 2014. 1. 23. 선고 2013허6530 판결

실시하려고 하는 기술에 관하여 특허권자로부터 권리의 대항을 받는 등으로 법적 불안을 가지고 있고, 그 법적 불안을 제거하기 위하여 권리범위확인심판을 청구하는 것이 효과적인 수단이 되는 경우에 심판청구의 이익이 있다.[104)]

다) 확인대상발명을 실시하거나 실시예정인 자에 한정되지 않음

□ 소극적 권리범위확인심판의 이해관계인은 특허권자로부터 권리의 대항을 받아 업무상 손해를 받고 있거나 손해를 받을 염려가 있는 자를 말하는 것이지, 반드시 확인대상발명을 현재 실시하거나 실시예정인 자에 한정되지 않는다.[105)]

라) 확인대상발명의 간접적인 실시나 제3자와의 공모 · 교사 · 방조행위

□ 소극적 권리범위확인심판에서의 이해관계인은 반드시 직접 특허법에서 규정된 실시행위를 하거나 하려는 자에 한정된다고 보기 어렵고, 이에 더하여 제3자에게 확인대상발명에 관한 실시권을 부여하는 방법을 통한 간접적인 실시나 확인대상발명을 실시하는 제3자와의 공모 · 교사 · 방조행위를 통해 특허권 침해에 관한 공동불법행위책임을 부담하게 될 우려가 있는 자로서 특허권자로부터 경고장을 받거나 특허권 침해에 관한 민 · 형사상의 청구를 당하는 권리의 대항을 받아 업무상 손해를 받고 있거나 손해를 받을 염려가 있는 자를 포함한다.[106)]

4) 장래에 업으로 실시하리라고 추측이 가는 자

□ 소극적 권리범위확인심판을 청구할 수 있는 이해관계인에는 권리범위에 속하는지 여부에 관하여 분쟁이 생길 염려가 있는 대상물을 제조 · 판매 · 사용하는 것을 업으로 하고 있는 자에 한하지 않고, 그 업무의 성질상 장래에 그러한 물품을 업으로 제조 · 판매 · 사용하리라고 추측이 갈 수 있는 자도 포함된다.[107)]

---

104) 특허법원 2018. 9. 14. 선고 2018허4164 판결, 2017. 9. 15. 선고 2017허1977 판결, 2016. 1. 22. 선고 2015허3436 판결, 2014. 12. 5. 선고 2014허2474 판결, 2014. 5. 23. 선고 2013허7403 판결, 2013. 10. 11. 선고 2013허4084 판결, 2013. 9. 13. 선고 2013허5476 판결, 2004. 4. 30. 선고 2003허3020 판결, 2004. 3. 12. 선고 2003허1598 판결

105) 특허법원 2020. 5. 29. 선고 2019허6020 판결

106) 특허법원 2020. 5. 29. 선고 2019허6020 판결

107) 대법원 2000. 4. 11. 선고 97후3241 판결, 2000. 5. 26. 선고 98후2832 판결, 2000. 4. 11. 선고 97후3258 판결, 1985. 7. 23. 선고 85후51 판결, 특허법원 2020. 7. 23. 선고 2019허8873 판결, 2020. 5. 29. 선고 2019허6020 판결, 2020. 3. 13. 선고 2019허152 판결, 2020. 1. 7. 선고 2019허4734 판결, 2019. 12. 27. 선고 2019허3519 판결, 2018. 9. 14. 선고 2018허4164 판결, 2017. 7. 20. 선고 2017허202 판결, 2017. 5. 26. 선고 2016허4818 판결, 2016. 7. 15. 선고 2015허7667 판결, 2016. 6. 17. 선고 2016허1352 판결, 2016. 3. 24. 선고 2015허6975 판결

5) 경고장을 받은 자

가) 특허권자와 동종영업에 종사하는 자

□ 특허권자와 동종영업에 종사하고 있고 특허권자로부터 특허권 침해의 경고를 받은 사실이 있는 경우에는 특별한 사정이 없는 한 청구인은 권리범위확인심판청구의 이해관계인에 해당된다.[108]

나) 특허발명과 동종물품을 제조 · 판매하는 자

□ 청구인이 특허발명과 동종의 물품을 제조·판매하는 자로서 특허권자로부터 침해금지를 요청하는 경고장을 받은 경우에는 심판청구를 할 수 있는 이해관계인에 해당하고, 설사 확인대상발명이 청구인의 심판청구 당시 제조·판매해 온 물품이 아니어서 특허권자로부터 경고장을 받게 된 당해 물품이 아니라 하더라도 청구인으로서는 장래 실시하고자 하는 확인대상발명이 특허발명의 권리범위에 속하는지 여부의 확인심판을 청구할 이익이 있다.[109]

6) 전용실시권자

가) 특허발명과 동종제품을 제작하는 경우

□ 전용실시권자가 특허발명의 실시제품과 동종제품을 제작하고 있는 영업에 종사하고 있는 경우에는 소극적 권리범위확인심판을 청구할 이해관계인에 해당한다.[110]

나) 전용실시권 설정에 일정한 의무의 이행이 조건으로 설정되어 있는 경우

□ 전용실시권자라도 전용실시권 설정에 일정한 의무의 이행이 조건으로 설정되어 있는 경우, 실시하는 물건이 전용실시권의 범위에 속하는 것인지 여부에 따라 전용실시권에 수반된 의무이행 여부가 달라지고, 더욱이 그 의무이행을 둘러싸고 다툼이 예정되어 있거나 현재 다툼이 진행되고 있다면 전용실시권자라 하더라도 실시하는 제품을 확인대상발명으로 하여 특허발명과의 사이에서 소극적 권리범위확인심판을 구할 필요성은 존재한다.[111]

---

108) 대법원 1996. 12. 6. 선고 95후1050 판결

109) 대법원 2000. 4. 11. 선고 97후3241 판결, 특허법원 2007. 7. 20. 선고 2007허3769 판결

110) 특허법원 2007. 11. 23. 선고 2007허4816 판결

111) 특허법원 2020. 3. 13. 선고 2019허152 판결, 2012. 2. 10. 선고 2011허7973 판결
(같은 취지) 대법원 2019. 2. 21. 선고 2017후2819 전합 판결, 특허법원 2021. 6. 24. 선고 2020허6941 판결

다) 전용실시권에 일정 대가의 지급조건이 붙어 있는 경우

□ 특허발명의 전용실시권을 설정 받았다 하더라도, 전용실시권에 일정 대가의 지급조건이 붙어 있어 전용실시권에 수반된 의무이행을 하여야 하고 더욱이 그 의무이행을 둘러싸고 현재 다툼이 있다면 위 전용실시권 설정 자체만으로 당사자 사이에 모든 이해관계가 소멸되었다고 볼 수는 없다.[112)]

라) 특허권자의 보조참가신청을 하면서 제기한 심결취소소송

□ 소극적 권리범위확인심판의 인용심결에 대하여 전용실시권자가 불복기간 내에 특허권자의 보조참가신청을 하면서 제기한 심결취소소송은 공동소송참가신청을 하면서 취소소송을 제기한 것으로 볼 수 있으므로 적법하다.[113)]

○ 특허법원 2012. 2. 10. 선고 2011허7973 판결

전용실시권자가 본 계약에 따른 실시권에 대한 대가로 특허권자에게 본건 특허를 사용한 제품의 제조·판매 및 시공 판매로 발생된 총 매출액의 7%를 로열티로 지급하기로 약정한 사실이 있는바, 전용실시권자는 특허발명에 대한 전용실시권 설정계약에 따라 전용실시권의 대가로 제품의 제조·판매 및 시공 판매로 발생된 총 매출액의 7%를 지급해야 할 의무가 있어, 확인대상발명이 특허발명의 권리범위에 속하는지 여부에 따라 전용실시권 설정계약에 따른 지급의무가 달라질 뿐만 아니라, 현재 특허권자와 그 의무의 존부를 둘러싸고 분쟁이 계속되고 있으므로, 전용실시권자는 소극적 권리범위확인심판을 통해 확인대상발명이 특허발명의 권리범위에 속하는지 여부에 대한 확인을 구할 정당한 이해관계인에 해당한다.

7) 심판계속 중에 특허권 양도

□ 청구인이 권리범위확인심판계속 중에 그 특허권에 관한 제조·판매 영업권을 양도하였다 하더라도 이해관계인임에 변함이 없으므로, 영업권 양도는 청구인의 당사자로서의 지위에 아무런 영향을 미치는 것이 아니다.[114)]

8) 승계인

□ 승계인이란 당사자로부터 심판물인 권리의무를 승계하거나 계쟁물에 관한 당사자적격을 승계한 자를 말하고,[115)] 청구인에 대한 심결이나 판결의 효력은 승계인에게도

---

112) 특허법원 2011. 8. 11. 선고 2011허4844 판결

113) 대법원 1973. 10. 23. 선고 71후14 판결
  • 공동소송참가는 신소 제기의 성격이 있다(서울고법 2013. 3. 21. 선고 2012나68738,87982 판결, 특허법원 2008. 11. 13. 선고 2008허7690,11866 판결).

114) 대법원 1977. 12. 27. 선고 76후33 판결

미치는 것이므로, 청구인은 종국에 이르기까지 당사자로서 자기 또는 승계인을 위하여 행위할 당사자적격을 가진다.[116]

9) 동업자단체

□ 동업자단체가 회원을 대표하여 권리범위확인심판청구를 하는 경우에는, 그 개개의 구성원이 이해관계가 있으면 협회나 조합으로서는 그 이해관계가 있다.[117]

10) 청산종결등기가 경료된 경우

□ 법인에 관하여 청산종결등기가 경료되었더라도 청산사무가 종료되었다고 할 수 없는 경우에는 청산법인으로서 당사자능력이 있다.[118] 따라서 권리범위확인심판의 심결취소소송계속 중 권리범위확인심판을 청구한 회사에 대하여 청산종결등기가 경료된 사정만으로는 당사자능력이 상실된다거나 권리범위확인심판의 심결취소를 구하는 소의 이익이 부정된다고 할 수 없다.[119]

11) 행정관청 또는 국가나 법인의 기관

□ 행정관청[120] 또는 국가나 법인의 기관[121]은 권리의무의 주체가 아니므로 이해관계

115) 대법원 1996. 4. 26. 선고 95다52864 판결
- 승계인이 대리인에 대하여 심판승계에 관한 사항을 위임한 사실을 발견할 수 없는 경우에는 적법한 승계의 절차가 있었다고 인정할 수 없다(대법원 1971. 3. 9. 선고 70후69 판결).

116) 대법원 1977. 12. 27. 선고 76후33 판결

117) 대법원 1990. 2. 9. 선고 89후1271 판결, 특허법원 2009. 11. 6. 선고 2008허255 판결

118) 대법원 2021. 6. 30. 선고 2018도14261 판결, 2003. 2. 11. 선고 99다66427,73371 판결, 2001. 7. 13. 선고 2000두5333 판결, 1997. 4. 22. 선고 97다3408 판결, 1994. 5. 27. 선고 94다7607 판결, 1991. 4. 30.자 90마672 판결, 1986. 10. 28. 선고 84도693 판결, 1980. 4. 8. 선고 79다2036 판결, 1976. 4. 27. 선고 75도2551 판결, 1968. 6. 18. 선고 67다2528 판결
- 당사자능력이란 소송당사자가 될 수 있는 소송법상의 능력을 말하는 것으로서 자기의 이름으로 재판을 청구하거나 소송상의 효과를 받을 수 있는 자격을 말한다(부산고법 2004. 11. 29.자 2004라41,42 결정, 청주지법 2008. 11. 13. 선고 2007구합1212 판결).

119) 대법원 2005. 11. 24. 선고 2003후2515 판결
- 당해 특허권자로부터 권리의 대항을 받거나 받을 염려가 있는 회사가 제기한 권리범위확인심판의 심결취소소송계속 중에 그 회사에 대하여 청산종결등기가 경료되었다고 하여도, 청산종결등기 당시 계속 중인 소송은 청산인이 현존사무의 종결로서 처리해야 하므로 그 소송이 종결되기까지는 회사의 청산사무는 종료되지 않고 회사는 청산의 목적범위 내에서 여전히 존속하고 있고, 특허권자는 회사를 상대로 특허권 침해를 이유로 하여 손해배상청구소송을 제기하는 등 필요한 조치를 취할 수도 있기 때문이다(대법원 2005. 11. 24. 선고 2003후2515 판결).

120) 대법원 1993. 11. 23. 선고 93후275 판결, 1989. 4. 25. 선고 87후131 판결, 서울고법 2014. 2. 19. 선고 2013누3018 판결, 특허법원 1998. 9. 17. 선고 98허2757 판결, 수원지법 2016. 3. 30. 선고 2015구합67657 판결, 서울행법 2015. 8. 13. 선고 2015구합61924 판결, 2009. 2. 6. 선고 2008구합22747 판결, 대구지법 2014. 9. 19. 선고 2014구합21105 판결
- 이 경우에는 당사자를 대한민국 명의로 해야 한다(대법원 1997. 9. 26. 선고 96후825 판결).

인이라고 볼 수 없다. 그러나 지방자치법에 따른 지방자치단체나, 기술이전촉진법에 따른 국립대학교는 특허에 관한 권리능력의 주체가 될 수 있다.

라. 특허권이 이전된 경우

1) 심판계속 중에 특허권이 이전된 경우

가) 승계인에게 피청구인의 지위 승계를 명하는 것이 원칙

□ 심판장으로서는 승계인에게 심판절차의 피청구인의 지위를 승계할 것을 명한 후에 심결을 하는 것이 원칙이다.[122)]

나) 구 권리자를 피청구인으로 하여 심결한 경우

□ 구 권리자는 당사자의 지위에는 영향을 받지 않으므로,[123)] 구 권리자를 피청구인으로 하여 심결한 것이 심결의 취소사유가 되지는 않는다.[124)]

다) 구 권리자와 승계인 모두 심결취소소송 제기 가능

□ 구 권리자를 당사자로 하여 심결이 내려진 경우에도 구 권리자는 '당사자'로서 심결에 대한 취소소송을 제기할 원고적격을 갖지만, 승계인도 당사자로서 심결에 대한 취소소송을 제기할 수 있다.[125)]

라) 승계인이 직접 소를 제기하거나 승계참가 신청

□ 승계인은 당사자로서 심결에 대한 취소소송을 제기할 수 있으므로 승계인이 직접 소를 제기하거나 승계참가를 신청한 때에는 구 권리자는 원고적격을 상실한다.[126)]

마) 승계인이 당사자의 지위를 취득할 수 있었던 경우

□ 심판계속 중 승계인이 참가신청을 하지 않더라도 절차의 속행을 통해 당사자의 지위를 취득할 수 있었던 경우에는 원고적격을 인정할 수 있다.[127)]

---

121) 대법원 2012. 4. 17.자 2010마861 결정, 1992. 11. 27. 선고 92누3618 판결, 1960. 11. 28. 선고 59누54 판결, 광주고법 2015. 1. 15. 선고 2014누6141 판결, 서울고법 2010. 12. 9. 선고 2009누38963 판결, 광주지법 2014. 8. 14. 선고 2013구합10564 판결, 서울중앙지법 2010. 6. 4.자 2010카합182 결정, 서울행법 2009. 11. 6. 선고 2008구합50506 판결, 2009. 2. 6. 선고 2008구합22747 판결

122) 특허법원 2018. 7. 19. 선고 2017허8404 판결, 2003. 8. 29. 선고 2003허1697 판결

123) 대법원 1967. 6. 27. 선고 67후1 판결, 특허법원 2018. 7. 19. 선고 2017허8404 판결

124) 특허법원 2003. 8. 29. 선고 2002허7322 판결, 2003. 8. 21. 선고 2002허7346 판결

125) 특허법원 2009. 5. 15. 선고 2009허2166 판결, 2009. 5. 15. 선고 2009허2173 판결, 2008. 11. 5. 선고 2008허7331 판결, 2008. 11. 5. 선고 2008허7348 판결, 2003. 8. 29. 선고 2003허1697 판결

126) 특허법원 2003. 8. 29. 선고 2002허7322 판결, 2003. 8. 29. 선고 2003허1697 판결, 2003. 8. 21. 선고 2002허7346 판결

127) 특허법원 1999. 5. 14. 선고 98허10758 판결

2) 심결 후에 특허권이 이전된 경우

□ 승계인은 그 이전등록 이전에 발생한 침해에 대하여도 당사자의 지위를 승계하므로,[128] 구 권리자와 함께 승계인도 심결취소소송의 원고적격을 가진다.[129] 그러나 특허권자라 하더라도 심결의 당사자가 아니라면 그 심결에 대한 소를 제기할 수 없다.[130]

3 청구기간

가. 심판청구의 적법요건과 심결취소의 소송요건

□ 특허권의 권리범위확인의 심결을 구하는 이익은 심판청구의 적법요건으로서 심결취소소송의 본안에 관한 것으로서 심결시를 기준으로 하고, 특허권의 권리범위를 확인한 심결에 대한 취소의 이익은 본안 전의 소송요건에 관한 것으로서 원칙적으로 사실심 변론종결시를 기준으로 하는 점에서, 엄연히 구별해야 한다.[131]

나. 특허권이 소급하여 소멸한 경우

1) 특허권의 무효

가) 권리범위확인의 이익

(1) 권리범위확인의 이익 소멸

□ 특허권의 권리범위확인심판의 청구는 현존하는 특허권의 범위를 확정하려는 데 그 목적이 있으므로, 특허권이 무효로 되었다면 그에 대한 권리범위확인을 구할 이익이 없어진다.[132]

(2) 심결취소소송 부적법

□ 특허무효심결이 확정되면 그 특허권은 처음부터 없었던 것으로 보게 되므로 결과적으로 존재하지 않는 특허를 대상으로 판단한 심결은 위법하게 되지만, 특허발명이

---

128) 대법원 1995. 9. 26. 선고 94도2196 판결
129) 특허법원 2010. 5. 27. 선고 2009허6779 판결
130) 대법원 2014. 1. 16. 선고 2013후2309 판결
131) 특허법원 2006. 10. 20. 선고 2005허9442 판결
132) 대법원 2009. 10. 15. 선고 2008후2060 판결, 2009. 1. 15. 선고 2007후3141 판결, 2009. 1. 15. 선고 2007후3134 판결, 2008. 6. 26. 선고 2007후4120 판결, 2008. 2. 28. 선고 2006후2387 판결, 2006. 5. 12. 선고 2004후2680 판결, 2004. 11. 25. 선고 2004후1311 판결, 2004. 11. 25. 선고 2004후1779 판결, 2004. 4. 9. 선고 2003후1444 판결, 2004. 1. 15. 선고 2003후670 판결, 2004. 1. 15. 선고 2003후687 판결, 2004. 1. 15. 선고 2003후700 판결, 2002. 5. 17. 선고 2000후2477 판결

무효로 확정된 이상, 그 심결취소를 구할 법률상 이익도 없어졌으므로 심결취소소송 자체가 부적법하다.[133]

(3) 불리한 심결을 받은 당사자의 심결취소이익 소멸

□ 특허권에 관한 권리범위확인심판절차에서 불리한 심결을 받은 당사자가 유효하게 존속하고 있는 심결에 불복하여 심결취소의 소를 제기하였다고 하더라도, 그 심결 이후 특허권이 소멸하게 되면 심결의 취소를 구할 법률상 이익은 소멸하게 된다.[134]

나) 침해금지가처분의 피보전권리 부재

□ 특허무효심결이 확정되면 침해금지가처분신청은 특허발명과 상대방이 수입·판매하고 있는 제품을 대비해 볼 필요 없이 그 피보전권리가 없음이 명백하고,[135] 그 특허권에 기초한 금지청구권을 피보전권리로 하여 가처분을 신청하고 가처분결정을 받아 그 집행을 한 것도 결과적으로 위법하다.[136]

다) 침해소송과 손해배상청구소송의 선결문제

□ 특허가 무효 확정된 경우, 특허무효는 민사법원의 침해소송, 손해배상청구소송에 대하여 선결문제로 기능한다.[137]

라) 침해금지청구는 이유 없음

□ 특허무효심결이 확정되면 특허권이 유효함을 전제로 하는 침해금지청구는 당연히 이유 없고,[138] 타인의 특허권을 침해하였다는 행위가 그 특허무효심결이 확정되기 전

---

133) 대법원 2020. 10. 15. 선고 2020후10766 판결, 2019. 9. 9. 선고 2019후10654 판결, 2016. 9. 8. 선고 2016후823 판결, 2013. 11. 14. 선고 2011후392 판결, 2013. 11. 14. 선고 2011후408 판결, 2010. 6. 10. 선고 2010후548 판결, 2009. 11. 12. 선고 2009후1699 판결, 2009. 8. 20. 선고 2007후289 판결, 2008. 6. 26. 선고 2007후4120 판결, 2008. 5. 8. 선고 2006후1919 판결, 2008. 4. 11. 선고 2006다46124 판결, 2008. 4. 10. 선고 2005후469 판결, 2007. 12. 28. 선고 2007후1855 판결

134) 대법원 2011. 2. 24. 선고 2008후4486 판결, 2009. 5. 28. 선고 2007후3325 판결, 특허법원 2023. 4. 6. 선고 2022허84 판결
- 불리한 심결의 외형을 제거할 사실상의 필요성이 있다는 이유만으로 이미 소멸된 특허권에 관한 권리범위확인심판의 심결취소를 구할 법률상의 이익을 인정하기는 어렵다(특허법원 2023. 4. 6. 선고 2022허84 판결).

135) 대법원 2008. 9. 26. 선고 2006마1174 판결, 2005. 6. 9. 선고 2002다61965 판결, 2005. 3. 3.자 2003마27 결정, 2004. 4. 9. 선고 2002다21554 판결

136) 서울중앙지법 2008. 6. 12. 선고 2007가합43028 판결

137) 서울고법 2009. 1. 13. 선고 2007나105732,105749 판결

138) 대법원 2008. 6. 26. 선고 2006다21996 판결, 2007. 7. 26. 선고 2006다44234 판결, 2007. 1. 26. 선고 2005다13882 판결, 2007. 1. 25. 선고 2005다47199 판결, 2004. 7. 9. 선고 2000다37555 판결, 부산지법 2021. 4. 14. 선고 2019가합42316 판결, 서울동부지법 2010. 7. 7. 선고 2009가합22868 판결, 대구지법 2007. 3. 21. 선고 2002고단5542 판결

에 이루어졌다고 하더라도 그와 같은 행위를 특허권 침해행위에 해당한다고 할 수 없다.[139)]

마) 공소 무효

□ 특허무효심결이 확정되면 무효심결 확정 전의 고소라 하더라도 그러한 특허권에 기한 고소는 고소권자에 의한 적법한 고소로 볼 수 없고, 이러한 고소를 기초로 한 공소는 무효이다.[140)]

2) 특허출원의 취하

□ 권리범위확인심판의 심결이 있은 후에 특허의 출원이 취하되는 경우와 같이 특허권이 소급하여 소멸하는 경우에는 특허권의 권리범위확인심결이 확정되더라도 그 권리범위를 주장할 아무런 이유가 없게 되어 심결취소를 구할 이익도 없다.[141)]

다. 특허권이 소급하지 않고 소멸한 경우

1) 권리범위확인심판의 이익 부정

가) 특허권의 소멸

□ 특허권의 권리범위확인심판의 청구는 현존하는 특허권의 범위를 확정하려는데 그 목적이 있으므로, 일단 적법하게 발생한 특허권이라 할지라도 그 권리가 소멸된 이후에는 그에 대한 권리범위확인을 구할 이익이 없어진다.[142)]

---

139) 서울중앙지법 2009. 5. 22. 선고 2009노551 판결
(같은 취지) 대법원 2006. 3. 10. 선고 2005도3951 판결, 2006. 2. 23. 선고 2005도476 판결, 1996. 5. 16. 선고 93도839 전합 판결, 특허법원 2022. 12. 24. 선고 2021나1534 판결, 서울중앙지법 2021. 5. 21. 선고 2018가합593277 판결, 제주지법 2017. 1. 12. 선고 2016가합222 판결, 창원지법 2007. 11. 29. 선고 2007노436 판결

140) 대법원 2008. 4. 10. 선고 2007도6325 판결, 청주지법 2015. 7. 23. 선고 2014노614 판결, 수원지법 2013. 6. 28. 선고 2011고정2001 판결

141) 특허법원 2006. 10. 20. 선고 2005허9442 판결
(같은 취지) 대법원 2016. 8. 18. 선고 2015후789 판결, 2001. 7. 27. 선고 2001후874 판결, 특허법원 2021. 8. 12. 선고 2020허7562 판결, 2016. 10. 13. 선고 2016허14 판결, 2001. 2. 22. 선고 2000허8239 판결

142) 대법원 2022. 7. 28. 선고 2021후10930 판결, 2021. 4. 29. 선고 2020후11592 판결, 2020. 10. 15. 선고 2020후10766 판결, 2020. 8. 13. 선고 2016후2607 판결, 2019. 9. 9. 선고 2019후10654 판결, 2019. 8. 29. 선고 2018후11780 판결, 2019. 1. 17. 선고 2017후1632,1649 판결, 2015. 9. 15. 선고 2011후3094 판결, 2015. 3. 12. 선고 2014후1891 판결, 2013. 6. 13. 선고 2012후1040 판결, 2013. 6. 13. 선고 2012후1224 판결, 2012. 5. 24. 선고 2011후3414 판결, 2012. 1. 12. 선고 2011후57 판결, 2011. 7. 14. 선고 2011후378 판결, 2011. 3. 10. 선고 2009후1965 판결
• 심판단계에서 특허권이 소멸한 경우에는 각하해야 하지만, ① 각하해야 할 심판청구를 인용한 경우 그 심결은 위법하므로 취소되어야 한다는 판결(특허법원 1998. 9. 17. 선고 98허6292 판결)과, ② 각

▶ 특허권이 존속하는 기간 중에는 언제든지 권리범위확인심판을 청구할 수 있지만, 특허권이 소멸된 후에는 권리범위확인심판을 청구할 수 없다. 특허권 존속기간 중에 청구된 경우라 하더라도 심판계속 중에 그 권리가 소멸된 때에는 부적법한 심판청구로 귀결되어 심결로써 각하한다.

나) 심결취소소송 진행 중 존속기간 경과

□ 심결취소소송 진행 중에 특허발명의 존속기간이 경과하고 그 절차에서 특허권 침해에 대한 증명이 없다면 권리범위확인심판의 이익이 부정될 수 있다.[143)]

2) 권리범위확인심판의 심결취소 이익

가) 심결취소의 이익 부정

(1) 심결취소소송절차 진행 중 존속기간 만료

□ 심결취소소송절차 진행 중에 특허발명이 존속기간 만료로 소멸되었다면 그 권리범위확인심결은 더 이상 효력을 가질 수 없고, 따라서 그에 대한 심결취소소송은 그 취소를 구할 법률상의 이익이 없다.[144)]

(2) 심결취소소송이 상고심계속 중 존속기간 만료

□ 심결취소소송이 상고심계속 중에 특허발명이 존속기간의 만료로 특허권이 소멸한 경우에도 권리범위확인심결의 취소를 구할 법률상 이익이 없으므로 심결취소소송은 부적법하다.[145)]

나) 심결취소의 이익 인정

□ 특허권의 권리범위확인심판의 심결이 있은 뒤, ① 존속기간의 만료, ② 등록료의 불

하해야 할 심판청구를 기각한 경우 그 심결을 취소할 법률상의 이익이 없어 각하되어야 한다는 판결(특허법원 2009. 10. 23. 선고 2009허4513 판결)이 있다.

143) 특허법원 2008. 12. 30. 선고 2008허4936 판결, 2008. 12. 30. 선고 2008허4943 판결, 2008. 12. 30. 선고 2008허5168 판결, 2008. 12. 30. 선고 2008허5175 판결, 2008. 12. 30. 선고 2008허4950 판결

144) 대법원 2009. 4. 9. 선고 2009후221 판결, 2009. 4. 9. 선고 2009후238 판결, 특허법원 2023. 2. 15. 선고 2022허4543 판결, 2021. 3. 25. 선고 2020허6736 판결, 2021. 3. 25. 선고 2020허6767 판결, 2020. 2. 6. 선고 2017허8169 판결, 2020. 2. 6. 선고 2017허8190 판결, 2016. 4. 1. 선고 2015허5586 판결, 2009. 10. 23. 선고 2009허4513 판결, 2003. 11. 14. 선고 2002허6732 판결, 2002. 10. 25. 선고 2002허3320 판결, 2002. 9. 6. 선고 2001허6377 판결, 2002. 5. 2. 선고 2001허5077 판결, 2002. 3. 14. 선고 2001허6285 판결

145) 대법원 2009. 10. 15. 선고 2009후2241 판결, 2006. 10. 13. 선고 2004후1144 판결, 2002. 4. 23. 선고 2000후2439 판결, 2002. 2. 22. 선고 2001후2474 판결, 2000. 7. 6. 선고 99후161 판결, 1996. 9. 10. 선고 94후2223 판결, 특허법원 2022. 11. 30. 선고 2022허3236 판결, 2016. 11. 10. 선고 2015허7070 판결, 2011. 2. 15. 선고 2010허5888 판결, 2006. 1. 26. 선고 2003허564 판결

납, ③ 출원의 포기와 같이 특허권이 소급하지 않고 소멸한 경우에는 등록시부터 소멸시까지의 기간 동안 특허권이 존속한 것으로 되고, 이를 전제로 권리범위확인심판의 심결이 법률상·사실상 효력을 갖게 되므로 불리한 내용의 심결을 받은 당사자는 법원에 당해 심결취소를 구할 법률상 이익이 있다.146)

▷ 특허권의 권리범위확인심판청구는 민사소송상의 확인의 소와 다르고, 권리 그 자체의 존부의 확정이 아니고 권리의 저촉·침해에 관한 분쟁이 있는 경우에 그 전제로서 권리의 기술적 내용인 발명의 범위의 확정을 구하는 것을 취지로 하므로, 그 필요성은 권리의 소멸에 의하여 당연히 소멸하지 않고, 위 권리의 소멸 후라고 하더라도 재판상 단순 재판 외에 있어 권리의 저촉·침해에 관한 분쟁이 생길 우려가 존재하는 등, 특히 그 필요가 인정되는 한 그 권리범위확인심판청구 또는 심결취소소송의 이익을 잃지 않는다.147)

▶ 특허권 소멸 이후의 권리범위확인심결의 취소의 이익

① 특허권이 소멸한 경우에는 특허권이 소급하여 소멸한 경우든 소급하지 않고 소멸한 경우든 가리지 않고 권리범위확인심판청구의 이익과 그에 따른 심결취소의 이익이 소멸된다.

② 특허권이 소급하여 소멸한 경우에는 특허권이 소멸되기 전에 권리범위확인심결이 있었던 경우라면 심결취소의 이익이 소멸되지만, 특허권이 소급하지 않고 소멸한 경우에는 심결취소의 이익의 소멸과 관련하여 제반 상황을 고려할 필요가 있다.

3) 특허권이 소급하지 않고 소멸하는 유형

가) 등록료의 불납

(1) 특허권 침해로 인한 손해배상의무

□ 특허권이 등록료 불납으로 소멸한 경우, 그 권리가 포기된 것으로 취급되어 장래를 향해서만 효력을 가질 뿐 소급적으로 그 권리가 소멸하는 것은 아니므로, 그 권리소멸 전에 발생한 특허권 침해로 인한 손해배상의무에는 아무런 영향이 없다.148)

146) 특허법원 2006. 10. 20. 선고 2005허9442 판결
(같은 취지) 대법원 1994. 3. 22. 선고 93후1117 판결

147) 東京高裁 1982. 4. 14.자 판결
• 특허권이 소멸하기 전에 그 권리에 대한 침해나 저촉이 있어 이와 관련한 분쟁이 있거나 또는 분쟁이 발생할 염려가 있는 경우에는 권리범위확인심판을 청구하거나 유지할 이익이 존재한다(東京高裁 1964. 9. 24.자 판결).

148) 특허법원 2017. 12. 1. 선고 2017나1155 판결

(2) 권리범위확인심판청구의 확인의 이익과 심결취소의 이익 없음

□ 등록료를 납부하지 않아 특허발명이 소멸된 경우에는 소극적 권리범위확인심판을 청구할 확인의 이익이 없고, 그에 따라 그 심판청구를 기각한 심결의 취소를 구할 소의 이익도 없게 된다.149)

나) 특허권의 포기

(1) 포기 전까지는 권리 유효

□ 특허권의 포기는 장래에 향하여 효력이 있을 뿐 포기하기 전까지는 권리가 유효하게 존재한다.150)

(2) 심결취소의 이익 없음

□ 심결취소소송계속 중에 특허권의 포기로 특허발명이 소멸된 경우에도 심결취소를 구할 법률상의 이익이 없다.151)

4) 침해소송은 보전의 필요성에 대한 증명부족

□ 권리범위확인심판의 이익이 인정되는 경우에도 심결취소소송의 진행 중에 특허발명의 존속기간이 경과한 경우, 침해소송에서는 보전의 필요성에 대한 증명부족을 이유로 특허권자의 청구가 부정될 수 있다.152)

5) 통상실시권 소멸

□ 특허권이 그 존속기간의 만료로 소멸하는 경우에는 이에 따른 통상실시권도 함께 소멸한다.153)

라. 가처분의 금지기간 경과

□ 특허권사용금지가처분에서 금지기간을 정한 경우에 그 금지기간의 경과로 가처분의

---

149) 대법원 2005. 3. 10. 선고 2003후2850 판결, 2004. 12. 10. 선고 2003후1826 판결, 2001. 6. 15. 선고 99후1706 판결, 2000. 9. 29. 선고 2000후75 판결, 특허법원 1999. 12. 17. 선고 99허1706 판결

150) 대법원 2010. 7. 22. 선고 2010재후19 판결, 특허법원 2021. 6. 10. 선고 2020허5047 판결, 2016. 10. 7. 선고 2016허2843 판결, 2007. 10. 26. 선고 2006허9470 판결, 2007. 8. 22. 선고 2006허10135 판결, 2007. 5. 10. 선고 2006허6495 판결, 2007. 5. 10. 선고 2006허6501 판결, 2007. 5. 3. 선고 2006허4598 판결, 2003. 11. 20. 선고 2003허1307 판결

151) 대법원 2007. 3. 29. 선고 2006후3595 판결

152) 특허법원 2008. 12. 30. 선고 2008허4936 판결, 2008. 12. 30. 선고 2008허4943 판결, 2008. 12. 30. 선고 2008허5168 판결, 2008. 12. 30. 선고 2008허5175 판결, 2008. 12. 30. 선고 2008허4950 판결

153) 대법원 1996. 5. 10. 선고 95다26735 판결, 대구고법 1996. 10. 24. 선고 96나2768 판결, 1995. 5. 17. 선고 94나3422 판결

효력이 상실되었다면 채무자로서는 일단 더 이상 이의신청으로 가처분의 취소나 변경을 구할 이익이 없다.[154]

4 청구취지

가. 의의

1) 개념

□ 청구취지는 청구인이 특허심판원에 어떠한 심결을 구하는가를 특정하여 요구하는 것을 말하는 것으로서 심결의 주문에 대응하는 것이다.[155]

2) 심판물의 특정

가) 심판물은 청구취지로 특정

□ 권리범위확인심판에서 심판물은 청구취지에 따라 정해지고,[156] 청구이유는 공격방법에 불과하므로,[157] 심판부에서 별도로 파악한 것에 의하여 심판물의 범위가 정해지는 것은 아니다.[158]

나) 심판물의 동일성도 청구취지로 특정

□ 심판물의 동일성도 청구취지만으로 특정된다.[159]

다) 개개 청구항 및 확인대상발명별로 심판물 구성

□ 권리범위확인심판에서 특허권이나 확인대상발명이 달라지면 심판물도 달라지게 되므로,[160] 개개 청구항 및 확인대상발명별로 별개의 심판물이 된다.[161]

---

154) 대법원 2007. 6. 14.자 2006마910 결정
155) 대법원 1991. 5. 28. 선고 90후854 판결, 1987. 11. 24. 선고 86후138 판결, 특허법원 2012. 1. 12. 선고 2011허7393 판결
156) 서울고법 2014. 10. 21. 선고 2014나15172 판결, 지적재산소송실무 제4판, 특허법원 지적재산소송 실무연구회, 박영사(2019), 51면
157) 지적재산소송실무 제4판, 특허법원 지적재산소송 실무연구회, 박영사(2019), 51면
158) 특허법원 2014. 5. 16. 선고 2013허7793 판결, 2014. 5. 16. 선고 2013허7809 판결; 한동수, 확인대상고안의 기술구성을 파악하는 방법, 지식재산 21 통권 105호(2008. 10.), 9면
159) 대법원 1992. 2. 25. 선고 91누6108 판결, 특허법원 2003. 5. 30. 선고 2002허3887 판결, 서울고법 2011. 8. 26. 선고 2009나112116 판결, 1991. 5. 30. 선고 90구18779 판결; 한동수, 확인대상고안의 기술구성을 파악하는 방법, 지식재산 21 통권 105호(2008. 10.), 9면
• 심판물이란 일반적으로 심판의 객체가 되는 심판대상으로서 실체법상의 권리나 법률관계를 의미한다(대법원 2002. 2. 8. 선고 2001다17633 판결).
160) 특허법원 2017. 7. 21. 선고 2016허2416 판결
161) 한동수, 확인대상고안의 기술구성을 파악하는 방법, 지식재산 21 통권 105호(2008. 10.), 9면

3) 직권조사사항

가) 심판물의 특정 여부

□ 심판물의 특정 여부는 특허심판원의 직권조사사항에 속한다.[162)]

나) 청구취지의 특정 여부

□ 청구취지의 특정 여부는 특허심판원의 직권조사사항에 속한다.[163)]

다) 청구취지가 불특정된 경우

(1) 보정명령 후 불응시 각하

□ 청구취지는 그 내용 및 범위를 명확히 알아볼 수 있도록 구체적으로 특정되어야 하고, 청구취지가 특정되지 않은 경우에는 특허심판원은 피청구인의 이의 여부에 불구하고 직권으로 그 보정을 명하고, 이에 응하지 않을 때에는 청구를 각하해야 한다.[164)]

(2) 실질적 기회부여시 보정명령 없이 각하

□ 형식적으로는 청구취지 보정의 기회가 주어지지 않았어도 실질적으로는 이러한 기회가 주어졌다고 볼 수 있을 만한 특별한 사정이 있는 경우에는 보정명령 없이 청구를 각하하더라도 이를 위법하다 할 수 없다.[165)]

4) 청구취지의 기재 정도

□ 청구취지는 심판청구서의 기재에 의하여 어떠한 청구취지인가를 인식할 수 있는 정도이면 충분하다. 따라서 어떠한 한도 내에서 변경을 구하는 것인가를 명확하게 적어야 하는 것은 아니다.[166)]

---

162) 대법원 2013. 3. 14. 선고 2011다28946 판결, 2011. 8. 25. 선고 2011다29703 판결, 2011. 3. 10. 선고 2010다87641 판결

163) 대법원 2019. 3. 14. 선고 2017다233849 판결, 2017. 11. 23. 선고 2017다251694 판결, 2014. 5. 16. 선고 2013다101104 판결, 2014. 3. 13. 선고 2011다111459 판결, 2011. 9. 8. 선고 2011다17090 판결, 2011. 4. 14. 선고 2008다14633 판결, 2011. 2. 10. 선고 2010다94625 판결, 2010. 1. 28. 선고 2009다35828 판결, 2009. 11. 12. 선고 2007다53785 판결, 2008. 10. 9. 선고 2007다5069 판결, 1981. 9. 8. 선고 80다2904 판결, 특허법원 2021. 8. 20. 선고 2020나1391 판결

164) 대법원 2019. 3. 14. 선고 2017다233849 판결, 2019. 1. 31.자 2016마5698 결정, 2017. 11. 23. 선고 2017다251694 판결, 2015. 4. 23. 선고 2011다19102,19119 판결, 2014. 5. 16. 선고 2013다101104 판결, 2014. 3. 13. 선고 2011다111459 판결, 2011. 10. 13. 선고 2011다46647 판결, 2011. 9. 8. 선고 2011다17090 판결, 2011. 4. 14. 선고 2008다14633 판결, 2011. 2. 10. 선고 2010다94625 판결, 2010. 1. 28. 선고 2009다35828 판결, 2009. 11. 12. 선고 2007다53785 판결, 2008. 10. 9. 선고 2007다5069 판결, 1981. 9. 8. 선고 80다2904 판결

165) 대법원 2011. 9. 8. 선고 2011다17090 판결, 광주지법 2017. 10. 26. 선고 2016가합55495,58043 판결

5) 심판물이 특정되지 않은 경우의 기판력

□ 심판물이 특정되지 않았다는 이유로 청구인의 심판청구를 기각한 판결은 기판력이 없다.[167]

▶ 심결에서는 확인대상발명이 특정되지 않았을 경우에 각하한다. 따라서 각하한 심결은 기판력이 없다.

나. 청구취지가 잘못 적힌 경우

□ **석명권 행사하여 보정명령**

특허심판원은 심판청구서에 내용상 불분명한 부분이 있거나, 또는 심판청구서의 전 취지를 합리적으로 해석하여 청구이유 기타 심판청구서상의 다른 기재에 의하여 청구취지가 잘못 적혔음이 분명한 경우에는, 적극적으로 석명권을 행사하여 청구인에게 보정을 명함으로써 불분명한 부분을 분명하게 하거나 청구취지의 잘못된 기재를 바로 잡은 후 심판절차를 진행해야 한다.[168]

다. 청구취지의 합리적 해석

□ 동일한 당사자가 제기한 2건의 심판청구에 대하여 같은 날 심결이 나고 심결 등본이 모두 송달되었으며 그 취소를 구하는 소장의 청구취지에서 어느 한 사건의 취소를 구한다고 기재하면서도 2사건의 심결 등본을 모두 첨부한 경우에는 제소 당사자의 의사를 합리적으로 해석하여 2사건의 심결 모두에 관한 취소소송을 제기한 것으로 봄이 타당하다.[169]

라. 청구취지의 변경 · 추가 · 감축 · 보충의 허용 여부

1) 청구취지의 변경

□ 청구취지를 변경하게 되면 청구 자체를 변경하는 것이 되어 허용될 수 없다.[170]

---

166) 대법원 1987. 11. 10. 선고 86후72,73 판결
167) 대법원 1983. 2. 22. 선고 82다15 판결, 1964. 11. 30. 선고 64다800 판결
• 기판력은 판결이 확정된 경우에 같은 사안이 다시 소송이 되면 법원은 기왕에 확정된 판결에 배치되는 판단을 할 수 없다는 실체적 확정력을 말하는 것으로 이는 그 사실이 동일한 것에 관한 것이다(대법원 1983. 12. 28.자 83사14 결정).
168) 특허법원 2006. 1. 19. 선고 2005허6344 판결
169) 대법원 2004. 8. 16. 선고 2002후1140 판결
170) 대법원 1995. 8. 22. 선고 94후1268,1275 판결, 1991. 5. 28. 선고 90후854 판결, 1987. 11. 24. 선고 86후138 판결, 1987. 1. 20. 선고 85후119 판결, 특허법원 2012. 1. 12. 선고 2011허7393 판결

2) 청구취지의 예비적 추가

□ 청구취지를 예비적으로 추가하는 것은 청구 자체를 변경하는 것이 되어 부적법하다.[171)]

○ 대법원 1991. 5. 28. 선고 90후854 판결

청구인의 본래의 청구취지가 확인대상발명 도면 및 그 설명서 기재내용의 발명 전체의 권리범위확인을 구하는 것이고 그 청구취지를 예비적으로 추가한 것은 피청구인이 용기병만을 제조하였다는 전제 하에 '확인대상발명 도면 및 그 설명서 기재내용의 발명 중의 일부인 용기병이 특허발명의 권리범위에 속한다.'는 것임이 분명하므로 이와 같이 청구취지를 예비적으로 추가하는 것은 청구 자체를 변경하는 것이 되어 부적법하다.

3) 청구취지의 감축

□ 청구취지의 감축은 심판청구의 일부취하와 동일한 효과가 있으므로,[172)] 요지변경에 해당하지 않지만, 답변서의 제출 이후에는 상대방의 동의가 필요하다.[173)]

4) 청구취지의 보충

□ 청구취지의 동일성이 인정되는 범위 내에서는 청구취지의 보충은 허용된다.[174)]

5 다투지 않기로 합의한 경우

가. 심판취하 합의가 있는 경우

1) 심판청구의 이익 소멸

□ 권리범위확인심판청구 후 당사자 사이에 그 심판을 취하하기로 하는 내용의 합의가 이루어졌다면, 그 취하서를 제출하지 않는 이상 사건이 취하로 종결되지는 않지만, 심판의 청구인에게는 권리보호의 이익이 없게 되어 각하되어야 한다.[175)]

---

171) 대법원 1991. 5. 28. 선고 90후854 판결
(같은 취지) 특허법원 2007. 4. 12. 선고 2006허107 판결
172) 청구의 일부취하는 청구취지의 감축으로 본다(대법원 2004. 5. 14. 선고 2002다13782 판결).
173) 특허법원 2012. 1. 12. 선고 2011허7393 판결
174) 대법원 1987. 11. 24. 선고 86후138 판결, 특허법원 2012. 1. 12. 선고 2011허7393 판결
175) 대법원 2013. 7. 12. 선고 2013다19571 판결, 2007. 5. 31. 선고 2007다6949 판결, 2007. 5. 11. 선고 2005후1202 판결, 2005. 7. 29. 선고 2004다4966 판결, 2005. 6. 10. 선고 2005다14861 판결, 1997. 9. 5. 선고 96후1743 판결, 1989. 9. 12. 선고 88후1281 판결, 1982. 3. 9. 선고 81다1312 판결, 1968. 12. 24. 선고 68후45 판결, 1968. 12. 3. 선고 68후46 판결, 1965. 4. 13. 선고 65다15 판결, 특허법원 2020. 1. 16. 선고 2018허193 판결, 2005. 2. 4. 선고 2004허1908 판결, 부산고법 2011. 11. 8. 선고

2) 심판을 계속 유지할 이익 소멸

□ 당사자 간의 심판청구취하에 관한 합의가 실체법상 효력이 소멸된 것이라는 점에 관한 증명이 없는 이상, 청구인으로서는 심판을 계속 유지할 법률상의 이익이 없고, 합의 당사자의 지위를 승계한 피청구인에 대하여도 같다.[176)]

3) 심판청구취하의 효력 유무 판정

□ 심판청구취하는 청구인이 청구한 심판을 철회하여 심판계속을 소멸시키는 청구인의 특허심판원에 대한 심판행위로서 내심의 의사보다 그 표시를 기준으로 하여 효력 유무를 판정해야 한다.[177)] 따라서 적법한 심판청구취하의 서면이 제출된 이상, 착오 등을 이유로 철회할 수 없다.[178)]

4) 심판청구취하와 소취하의 순서에 따른 효과 차이

★▶ ① 소를 취하하기로 하는 합의가 심판계속 중에 이루어졌다면 심판청구가 각하되고, 심결 이후에 이루어졌다면 심결의 취소를 구할 소의 이익이 없으므로 소가 각하된다.

② 소송계속 중 당사자 사이에 합의가 성립되어 심결 내용과는 달리 분쟁을 종료하고자 하는 때에는, 먼저 심판청구를 취하한 후 소를 취하해야 한다. 만약 소를 먼저 취하하면 심결이 확정되는 효과가 발생하기 때문이다.[179)]

③ 소취하가 먼저 되면 심결이 확정되므로 심판청구의 취하는 불가능하고, 심판청구취하가 먼저 되면 심결취소의 소는 소의 이익이 소멸되어 각하된다.[180)]

▶ 소취하는 법원에 대한 의사표시이므로 소취하서를 특허심판원에 제출하는 것만으로는 소취하의 효력이 생기지 않는다. 민사소송의 항소심에서는 소취하만으로 별도의 항소

2009나11501,11570 판결, 인천지법 2006. 6. 16. 선고 2005가합13239 판결

176) 대법원 1989. 9. 12. 선고 88후1281 판결, 1968. 12. 3. 선고 68후46 판결

177) 대법원 2009. 4. 23. 선고 2008다95151 판결, 2004. 7. 9. 선고 2003다46758 판결, 1997. 10. 24. 선고 95다11740 판결, 1997. 6. 27. 선고 97다6124 판결, 1983. 4. 12. 선고 80다3251 판결, 부산지법 2017. 5. 10. 선고 2017가합41029 판결

178) 대법원 2004. 7. 9. 선고 2003다46758 판결, 2001. 10. 26. 선고 2001다37514 판결, 2001. 1. 30. 선고 2000다42939,42946 판결, 1997. 10. 24. 선고 95다11740 판결, 1997. 6. 27. 선고 97다6124 판결, 1980. 8. 26. 선고 80다76 판결, 1971. 7. 27. 선고 71다941 판결

179) 심결취소소송 계속 중에 심판이 취하되면 그 취소를 구할 대상이 존재하지 않게 되어 부적법하게 되므로 심결을 그대로 유지될 수 없어 이를 파기하고, 소를 각하한다(대법원 2001. 4. 24. 선고 98후2849 판결).

180) 심결이 이미 확정된 후에는 심판청구를 취하하더라도 청구취하로서의 효력이 생기지 않는다(서울고법 1979. 3. 22. 선고 74나975 판결).

취하 없이 소송이 종료되나 특허소송계속 중 심판청구취하서를 특허법원에 제출하더라도 그것만으로 특허소송취하의 효력이 생기지 않는다. 심판청구를 취하하려면 특허심판원에 심판청구취하서를 다시 제출해야 하고, 상대방이 이를 특허소송에서 주장하면 소의 이익이 없는 것으로 보아 소를 각하하는 판결을 선고한다.

나. 소취하 합의로 볼 수 없는 경우

1) 상대방이 응소한 이후 상대방의 동의 없는 소취하

□ 상대방이 '본안에 관하여' 준비서면을 제출하거나, 변론준비기일에서 진술을 하거나, 변론을 하였음에도 불구하고 상대방의 동의를 받지 않은 소취하는 그 효력이 없다.[181]

2) 피고가 원고에게 합의서 원본의 반환을 요청하는 내용증명발송

□ 소송계속 중에 원·피고 사이에 소를 취하하기로 합의하였으므로 부적법하다는 취지로 주장하더라도, 피고가 준비서면을 제출하기 전까지 원고와 사이에 소취하 합의가 있었다는 주장을 한 바 없고 피고가 원고에게 합의서 원본을 반환해달라고 요청하는 내용증명을 발송한 적이 있는 경우에는 소를 취하하는 것에 대하여 원·피고 사이에 종국적인 의사의 합치가 있었다고 보기에 부족하다.[182]

다. 소취하 합의가 묵시적으로 해지된 경우

1) 소취하 합의에 대한 포기가 쌍방의 표시행위와 일치하는 경우

□ 소취하 합의도 당사자 사이의 합의에 의하여 해지할 수 있는 것이므로,[183] 합의 후 당사자 쌍방의 계약실현 의사의 결여 또는 포기가 쌍방 당사자의 표시행위에 나타난 의사의 내용에 의하여 객관적으로 일치하는 경우에는 그 합의가 묵시적으로 해지되었다고 볼 수 있다.[184]

2) 청구인이 소를 취하하지 않고 피청구인도 계속 응소한 경우

□ 당사자 사이에 소취하 합의가 있었더라도 청구인이 소를 취하하지 않고 소송을 속행함에 대하여 피청구인도 소취하 항변을 제출하지 않고 계속 응소한 경우라면 묵시적으로 소취하 합의를 해지한 것으로 본다.[185]

---

181) 광주지법 2015. 1. 15. 선고 2014구합1468 판결

182) 특허법원 2017. 3. 23. 선고 2016나1295 판결

183) 대법원 2007. 6. 15. 선고 2004다37904,37911 판결, 2007. 5. 11. 선고 2005후1202 판결, 1994. 8. 26. 선고 93다28836 판결, 특허법원 2020. 4. 24. 선고 2019허3915 판결, 2020. 4. 24. 선고 2019허3922 판결, 2020. 4. 24. 선고 2019허3939 판결

184) 특허법원 2020. 10. 23. 선고 2020나1070,1087 판결, 서울고법 2010. 9. 7. 선고 2009나95211 판결, 서울중앙지법 2009. 9. 16. 선고 2008가합118424 판결

○ 대법원 2007. 5. 11. 선고 2005후1202 판결

청구인과 피청구인은 소송계속 중에 소를 취하하기로 합의하였음에도 불구하고, 청구인과 피청구인은 소취하서를 법원에 제출하지 않은 상태에서, 변론기일에서도 청구인은 소를 취하하지 않고 이를 그대로 유지하였고, 피청구인도 변론종결일에 이르기까지 청구인과의 소취하 합의 사실을 주장하지 않은 채 본안에 관하여 변론하는 등 계속 응소한 경우에는, 소취하 합의약정 후의 여러 가지 정황에 비추어 볼 때 청구인과 피청구인은 위 합의약정이 성립된 후 그 실현을 포기하려는 의사로 이를 방치하였다고 보아야 하므로, 위 합의약정은 특별한 사정이 없는 한 묵시적으로 합의해지 된 것으로 본다.

3) 환송 후 특허법원에서 주장하지 않다가 대법원에서 주장한 경우

□ 청구인과 피청구인 사이에 환송판결 전에 소취하 합의가 있었지만 환송 후 특허법원의 변론기일에서 이를 주장하지 않은 채 본안에 관하여 변론하는 등 계속 응소한 피청구인이 환송 후 판결에 대한 상고심에 이르러서야 소취하 합의 사실을 주장하는 경우에, 합의약정이 성립된 후 그 실현을 포기하려는 의사로 이를 방치하였다면 위 합의약정은 특별한 사정이 없는 한 묵시적으로 합의해지된 것으로 본다.[186]

4) 소취하 합의 후에 장기간 방치한 경우

□ 소취하 합의 후에 당사자 쌍방의 소취하 의사의 결여 또는 포기로 인하여 장기간 이를 방치하였다면, 그 소취하 합의는 당사자 쌍방이 소취하를 실현하지 않을 의사가 일치됨으로써 묵시적으로 합의해지되었다고 본다.[187]

라. 합의로 인하여 이해관계가 소멸한 경우

1) 다투지 않기로 합의한 경우

가) 심판계속 중 그 심판에 관하여 다투지 않기로 합의한 경우

□ 심판청구 당시 이해관계가 있었던 당사자라 하더라도 심판계속 중에 그 심판에 관하여 당사자 사이에 다투지 않기로 하는 합의가 있었다면 특별한 사정이 없는 한 그 이해관계는 소멸된다.[188]

---

185) 대법원 2007. 5. 11. 선고 2005후1202 판결
186) 대법원 2007. 5. 11. 선고 2005후1202 판결
187) 대법원 2011. 2. 10. 선고 2010다77385 판결, 2007. 6. 15. 선고 2004다37904,37911 판결, 2007. 5. 11. 선고 2005후1202 판결, 1996. 6. 25. 선고 95다12682,12699 판결, 1994. 8. 26. 선고 93다28836 판결, 1992. 2. 28. 선고 91다28221 판결, 대구고법 2018. 5. 11. 선고 2017나23241 판결
188) 대법원 2002. 4. 12. 선고 2001후1877 판결, 2001. 6. 29. 선고 99후1331 판결, 2000. 1. 21. 선고 99후2198 판결, 1990. 10. 23. 선고 89후2151 판결, 1980. 9. 30. 선고 79후95 판결, 1979. 10. 10. 선고

나) 권리범위확인심판청구를 포기하기로 합의한 경우

□ 심판청구 당시 이해관계가 있었던 당사자라고 하더라도, 심판계속 중이거나 취소소송이 제기되어 심결이 확정되기 전에 특허권자와의 사이에 확인대상발명이 특허발명의 권리범위에 속함을 인정하고, 권리범위확인심판청구를 포기하기로 하는 합의를 한 경우에는 그 이해관계는 심판청구 당시에 소급하여 소멸한다.[189)]

2) 특허발명의 권리범위에 속한다고 인정한 경우

가) 특허발명의 권리범위에 속한다는 취지의 합의를 한 경우

□ 소극적 권리범위확인심판청구가 제기된 후 권리범위에 속한다는 취지의 합의가 있는 경우, 청구인은 확인대상발명이 특허발명의 권리범위에 속하지 않는다는 확인을 구할 이해관계가 소멸한다.[190)]

나) 특허발명의 권리범위에 속함을 인정하면서 불실시를 합의한 경우

□ 심판청구 당시 이해관계가 있었던 당사자라고 하더라도, 심판이 계속 중이거나 취소소송이 제기되어 심결이 확정되기 전에 특허권자와의 사이에 자신의 실시발명이 특허발명의 권리범위에 속함을 인정하면서 더 이상 확인대상발명을 실시하지 않기로 합의한 경우에는 그 합의 이후로는 청구인에게 확인대상발명이 특허발명의 권리범위에 속하지 않는다는 확인을 구할 이해관계가 소멸한다.[191)]

다) 특허권 침해를 인정하고 손해배상을 합의한 경우

□ 심판계속 중에 확인대상발명을 실시하고 있는 자가 특허권자와 사이에 특허권자의 특허권을 침해하였음을 인정하면서 확인대상발명의 실시로 인한 특허권자의 손해를 배상하며 앞으로 확인대상발명을 실시하지 않을 것임은 물론 위 특허권을 침해하는 행위를 하지 않겠다는 취지의 합의를 한 경우, 확인대상발명을 실시하던 청구인으로서는 더 이상 이해관계가 있다고 할 수 없으므로 소극적 권리범위확인심판은 확인의 이익이 없다.[192)]

77후17 판결, 특허법원 2008. 4. 11. 선고 2007허7471 판결, 2005. 12. 15. 선고 2005허7101 판결, 2005. 7. 7. 선고 2004허6798 판결, 2001. 11. 9. 선고 2001허4371 판결, 2001. 5. 18. 선고 2000허2729 판결, 2000. 7. 14. 선고 2000허1115 판결, 2000. 6. 9. 선고 99허4750 판결

189) 특허법원 2000. 12. 18. 선고 2000허3319 판결

190) 특허법원 1999. 5. 27. 선고 98허8359 판결

191) 특허법원 2000. 12. 18. 선고 2000허3319 판결, 1999. 4. 8. 선고 98허9697 판결

192) 대법원 2001. 9. 28. 선고 99후2808 판결, 특허법원 2002. 11. 14. 선고 2002허3870 판결, 1999. 11. 11. 선고 99허4170 판결, 1999. 5. 27. 선고 98허8359 판결, 1999. 5. 27. 선고 98허8366 판결

3) 부제소합의

가) 직권판단사항

□ 소가 부제소합의에 위배되어 제기된 경우, 법원은 직권으로 소의 적법 여부를 판단할 수 있다.193)

나) 서면으로 표현 필요

□ 부제소합의는 소송당사자에게 재판청구권의 포기와 같은 중대한 소송법상의 효과를 발생시키는 것이어서,194) 서면으로 당사자의 의사가 명백하게 표현되어 있을 것을 요한다.195)

다) 부제소합의에 위배되면 권리보호의 이익 부정

□ 특정한 권리나 법률관계에 관하여 부제소합의를 한 경우, 이에 위배되어 제기된 소는 권리보호의 이익이 없고, 또한 당사자와 소송관계인은 신의에 따라 성실하게 소송을 수행해야 한다는 신의칙에도 어긋난다.196)

라) 소극적 입장에서 해석

□ 부제소합의의 존부 판단에 따라 당사자들 사이에 이해관계가 극명하게 갈리게 되는 소송행위에 관한 당사자의 의사를 해석할 때는 표시된 문언의 내용이 불분명하여 당사자의 의사해석에 관한 주장이 대립할 소지가 있고 나아가 당사자의 의사를 참작한 객관적·합리적 의사해석과 외부로 표시된 행위에 의하여 추단되는 당사자의 의사조차도 불분명하다면, 가급적 소극적 입장에서 그러한 합의의 존재를 부정할 수밖에

---

193) 대법원 2013. 11. 28. 선고 2011다80449 판결, 1980. 1. 29. 선고 79다2066 판결, 서울고법 2017. 12. 7. 선고 2017나2028762 판결, 특허법원 2017. 10. 20. 선고 2017나1520 판결, 서울남부지법 2017. 5. 18. 선고 2016가합108923 판결, 서울중앙지법 2016. 12. 23. 선고 2015가합544755,559283 판결

194) 대법원 2019. 8. 14. 선고 2017다217151 판결, 2013. 11. 28. 선고 2011다80449 판결, 특허법원 2022. 6. 10. 선고 2021허5341 판결, 2022. 6. 10. 선고 2021허5365 판결, 2022. 6. 10. 선고 2021허5372 판결, 2022. 4. 28. 선고 2021나1657 판결, 2020. 6. 18. 선고 2020허1984 판결, 서울고법 2020. 7. 15. 선고 2017나2014657,2014664 판결, 대구지법 2022. 6. 13. 선고 2019가합1774 판결, 서울중앙지법 2021. 7. 8. 선고 2019가합538017 판결, 부산지법 2020. 11. 11. 선고 2018가합44933 판결

195) 특허법원 2014. 1. 23. 선고 2013허6530 판결

196) 대법원 2013. 11. 28. 선고 2011다80449 판결, 1993. 5. 14. 선고 92다21760 판결, 1968. 11. 5. 선고 68다1665 판결, 특허법원 2018. 9. 20. 선고 2018나1497 판결, 2017. 10. 20. 선고 2017나1520 판결, 서울고법 2017. 12. 7. 선고 2017나2028762 판결, 서울행법 2021. 6. 24. 선고 2020구단55681 판결, 서울중앙지법 2018. 4. 13. 선고 2017가합553470 판결, 2018. 3. 23. 선고 2016가합579765 판결, 2017. 8. 9. 선고 2015가합512673 판결, 2016. 12. 23. 선고 2015가합544755,559283 판결, 서울남부지법 2017. 5. 18. 선고 2016가합108923 판결, 광주지법 2016. 7. 14. 선고 2013가합54583 판결

없다.[197)]

○ 대법원 2001. 9. 28. 선고 99후2808 판결

청구인은 피청구인에게 특허발명을 침해하였음을 인정하고, 지금까지 확인대상발명을 실시함에 따라 피청구인에게 발생한 손해에 대하여 배상하기로 하며 피청구인은 청구인에게 대하여 민·형사상의 책임을 묻지 않고, 피청구인은 청구인과 사이의 특허권 침해로 인한 손해배상청구소송과 형사고소를 취하하고 청구인은 피청구인과 사이에 무효심판을 취하하기로 하는 합의서를 작성한 이후로는 확인대상발명은 이미 생산된 재고품은 판매를 허용하되 더 이상은 제조·판매하지 않기로 함으로써, 청구인은 이제는 확인대상발명을 실시할 의사가 없음을 명백히 나타내었을 뿐만 아니라, 권리범위확인심판청구의 취하 여부에 대하여는 위 합의서에 명시적으로 적지 않았다고 하더라도, 위 합의에 의하여 피청구인도 청구인을 상대로 한 민사소송을 취하하고 민·형사상의 책임을 묻지 않기로 약정하였으므로, 위 합의로 인하여 청구인이 확인대상발명을 앞으로 실시할 가능성이나 이를 둘러싼 청구인과 피청구인 사이의 분쟁의 가능성이 없어, 청구인은 소극적 권리범위확인심판을 청구할 수 있는 이해관계가 소멸했다고 할 것이다.

○ 특허법원 1999. 5. 27. 선고 98허8359 판결, 1999. 5. 27. 선고 98허8366 판결

청구인은 피청구인에게 확인대상발명을 실시할 수 있는 금형을 양도하고 지금까지 확인대상발명을 실시함에 따라 피청구인에게 발생한 손해에 대하여 배상하기로 하며 앞으로 특허발명을 비롯한 피고의 특허권을 침해하였을 때에는 민·형사상 책임을 감수한다고 하여, 위 합의를 한 이후로는 확인대상발명에 따른 포도가지 유인 집게를 제조·판매하지 않기로 함으로써, 청구인은 이제는 확인대상발명을 실시할 의사가 없음을 명백히 나타내었을 뿐 아니라, 확인대상발명이 특허발명의 권리범위에 속한다는 것까지 인정하였으므로, 위 합의로 인하여 청구인이 확인대상발명을 실시하고 있거나 앞으로 실시할 가능성이 있음을 전제로 하여 확인대상발명이 특허발명의 권리범위에 속하지 않는다는 확인을 구할 청구인의 이해관계는 소멸했다.

---

197) 대법원 2019. 8. 14. 선고 2017다217151 판결, 2010. 6. 10. 선고 2010다7904 판결, 2007. 11. 29. 선고 2007다52317,52324 판결, 2002. 10. 11. 선고 2000다17803 판결, 특허법원 2022. 6. 10. 선고 2021허5341 판결, 2022. 6. 10. 선고 2021허5365 판결, 2022. 6. 10. 선고 2021허5372 판결, 2022. 4. 28. 선고 2021나1657 판결, 2020. 6. 18. 선고 2020허1984 판결, 서울고법 2020. 7. 15. 선고 2017나2014657,2014664 판결, 대구지법 2022. 6. 13. 선고 2019가합1774 판결, 서울중앙지법 2021. 7. 8. 선고 2019가합538017 판결, 부산지법 2020. 11. 11. 선고 2018가합44933 판결

- 당사자들이 부제소합의의 효력이나 그 범위에 관하여 쟁점으로 삼아 소의 적법 여부를 다투지 않는데도 법원이 직권으로 부제소합의에 위배되었다는 이유로 소가 부적법하다고 판단하기 위해서는 그와 같은 법률적 관점에 대하여 당사자에게 의견진술기회를 주어야 하고, 부제소합의를 하게 된 동기 및 경위, 그 합의에 의하여 달성하려는 목적, 당사자의 진정한 의사 등에 관하여도 충분히 심리할 필요가 있다. 법원이 그와 같이 하지 않고 직권으로 부제소합의를 인정하여 소를 각하하는 것은 예상외의 재판으로 당사자 일방에게 불의의 타격을 가하는 것으로서 석명의무를 위반하여 필요한 심리를 제대로 하지 않는 것이다(대법원 2013. 11. 28. 선고 2011다80449 판결).

○ 특허법원 1999. 4. 8. 선고 98허9697 판결
청구인은 합의 당시 확인대상발명이 특허발명의 권리범위에 속함을 인정하면서, 사용료를 지불하는 조건으로 확인대상발명을 실시하고 그 이후에는 확인대상발명을 실시하지 않기로 약정한 것이므로, 피청구인과 청구인은 위 합의를 준수해야 할 계약상의 의무를 지게 되어 위 합의 이후로는 청구인에게 확인대상발명이 특허발명의 권리범위에 속하지 않는다는 확인을 구할 이해관계가 소멸되었다.

마. 합의로 인하여 이해관계가 소멸했다고 볼 수 없는 경우

1) 적극적 권리범위확인심판

가) 피청구인의 특정의 실시발명에 대해 합의를 한 경우

□ 특허권자와 피청구인 사이에 특정의 실시발명에 대해 피청구인이 생산·판매하는 데에 다투지 않겠다는 취지의 합의서만으로는 피청구인이 생산·판매하는 모든 실시발명에 관하여 특허권자가 이의를 제기하지 않기로 한 것이라거나 특허발명을 포함하여 특허권자의 특허권에 기하여 피청구인의 확인대상발명에 대해 이의를 제기하지 않기로 한 것이라고 인정하기에 부족하고, 확인대상발명을 의미한다면 합의서에 확인대상발명만 기재되었어도 충분함에도 특정의 실시발명이 별도로 기재되어 있는 점까지 더하여 보면, 이 사건 합의로 특허권자가 피청구인을 상대로 하여 적극적 권리범위확인심판청구를 할 이익을 상실하였다고 볼 수 없다.[198]

나) 형사고소의 취소대가로 특허권을 침해하지 않기로 합의한 경우

□ 이 사건 합의는 특허권자가 피청구인을 상대로 한 형사고소를 취소하는 대가로 피청구인이 특허권자의 특허권을 침해하는 행위를 하지 않기로 하는 것일 뿐, 이 사건 합의로써 곧바로 피청구인이 확인대상발명이 특허발명의 권리범위에 속한다고 인정하거나 특허권자가 특허발명의 권리범위확인심판청구권까지 포기하기로 한 것으로 볼 수는 없으므로, 특허권자가 적극적 권리범위확인심판을 청구할 이익이 없어졌다고 할 수는 없다.[199]

다) 특허권자와의 합의가 전용실시권자에게 영향을 미치는지 여부

□ 특허권자와 피청구인 사이에 권리범위확인심판을 청구하지 않기로 하는 합의서가 있다고 하더라도, 그와 같은 합의의 효력은 당사자 사이에 채권적으로 미칠 뿐이며, 전용실시권자가 제3자와의 관계에서 권리를 행사하는데 아무런 영향이 없으므로, 전용

198) 특허법원 2012. 11. 8. 선고 2012허7888 판결
199) 특허법원 2011. 4. 15. 선고 2011허156 판결

실시권자는 제3자인 피청구인을 상대로 하여 피청구인이 실시하는 확인대상발명에 대한 적극적 권리범위확인심판을 청구할 이해관계가 있다.[200)]

라) 부제소합의가 해지된 것으로 보는 경우

□ 특허권자가 청구인에게 특허발명의 실시권을 허여하면서 청구인과 특허권자 사이에 특허발명과 관련하여 일체의 민·형사상 소송과 이의제기를 하지 않기로 약정하였으나, 청구인이 특허발명에 대한 무효심판을 청구하고 특허권자는 청구인을 상대로 적극적 권리범위확인심판을 청구한 경우, 청구인의 무효심판청구가 먼저 이루어진 다음에 특허권자의 적극적 권리범위확인심판이 청구된 것이어서 특허권자의 적극적 권리범위확인심판은 청구인이 무효심판을 청구함에 따른 것으로서 부제소합의를 해지한다는 의사표시가 포함된 것이므로, 특허권자의 적극적 권리범위확인심판은 확인의 이익이 있다.[201)]

마) 합의 후 새로운 확인대상발명에 대한 심판청구

□ 특허권자와 피청구인 사이에 종전 확인대상발명에 대한 심판청구를 취하하기로 합의하였으나, 피청구인이 실시하고 있는 새로운 확인대상발명을 대상으로 하여 적극적 권리범위확인심판을 청구한 것은 종전 확인대상발명과는 그 대상을 달리 하는 것이어서 심판청구의 이익이 인정된다.[202)]

2) 소극적 권리범위확인심판

가) 침해물품을 생산하지 않겠다는 합의를 한 경우

□ 특허발명의 침해가 되는 물품을 생산하지 않겠다는 합의를 한 것만으로는, 특허발명이 신규성이 상실되어 그 권리범위를 인정할 수 없거나 확인대상발명이 자유실시기술에 해당하여 특허발명의 침해로 되지 않는 경우에까지 확인대상발명을 실시하지 않겠다는 합의를 한 것으로 볼 수는 없으므로, 위와 같은 사정만으로 동종의 영업에 종사하고 있는 청구인에게 소극적 권리범위확인심판을 청구할 이해관계가 소멸하지 않는다.[203)]

---

200) 특허법원 2002. 11. 14. 선고 2002허819 판결
201) 특허법원 2009. 12. 23. 선고 2009허2005 판결
202) 특허법원 2010. 2. 5. 선고 2009허5332 판결
203) 대법원 2002. 4. 12. 선고 99후2853 판결, 특허법원 1999. 11. 11. 선고 98허10291 판결
- 권리범위확인심판을 청구하지 않겠다는 명백한 합의가 없이, 단지 특허발명을 실시하지 않겠다는 합의를 한 사실만으로는 소극적 권리범위확인심판의 이해관계가 소멸되었다고 할 수 없다(특허법원 2014. 1. 23. 선고 2013허6530 판결).

나) 특허권에 위반되는 행위를 하지 않겠다는 합의를 한 경우

□ 특허권자와의 사이에 특허발명에 대한 권리를 인정하고 특허권에 위반되는 행위를 하지 않기로 하는 내용의 합의를 하였다고 하더라도, 그 합의로써 곧바로 자신이 실시했던 특정 발명이 특허발명의 권리범위에 속함을 인정하였다거나 특허발명의 권리범위를 확인하는 소극적 권리범위확인심판청구권까지를 포기하기로 한 것으로 볼 수 없으므로, 그와 같은 합의가 있었다는 사정만으로 청구인의 이해관계가 소멸했다고 할 수는 없다.[204)]

다) 심판청구의 취하나 포기에 대한 합의가 없는 경우

□ 청구인과 피청구인 사이의 합의서에는 청구인이 특허발명을 침해한 것에 대한 손해를 배상하고 이미 생산한 물품을 교부하며, 앞으로 침해행위를 하지 않겠다는 내용만이 포함되어 있을 뿐 당시 계속 중이던 소극적 권리범위확인심판청구를 취하하겠다거나 포기한다는 기재가 없는 경우에는, 이미 진행 중인 권리범위확인심판은 취하하지 않고 그에 대한 판단을 받아보겠다는 뜻이고, 따라서 청구인이 향후 특허발명에 대한 침해행위를 하지 않겠다고 약정한 것에는 권리범위확인심판에서 그 실시발명이 특허발명을 침해한 것으로 인정되면 그 실시를 계속하지 않겠다는 약속을 한 것에 불과할 뿐 계류 중인 권리범위확인심판을 포기한 것이라거나 심판의 결과 그 실시발명이 특허발명을 침해한 것으로 인정되지 않는 경우에까지 이를 실시하지 않겠다는 약속을 한 것으로 볼 수는 없으므로, 위와 같은 내용의 그 합의만으로 동종의 영업에 종사하고 있는 청구인의 권리범위확인심판의 이해관계가 소멸했다고 단정할 수는 없다.[205)]

▶ 단순히 특허발명을 침해하지 않겠다는 합의가 있었다는 사실만으로 곧바로 소극적 권리범위확인심판을 청구할 이해관계가 소멸했다고 볼 수는 없고, 합의의 내용, 합의의 경위, 합의 후의 사정을 종합적으로 고려하여 이해관계 여부를 판단해야 한다.

라) 청구인의 패소시 손해배상을 합의한 경우

□ 특허권자가 청구인에게 특허권의 침해중지를 요구하면서 특허침해금지가처분신청을 하여 인용결정되었고, 특허권자와 청구인 사이에 특허권을 행사하지 않는 대신, 청

---

204) 대법원 2001. 1. 30. 선고 2000후839 판결, 1996. 12. 6. 선고 95후1050 판결, 특허법원 2020. 3. 13. 선고 2019허152 판결, 2007. 1. 19. 선고 2006허9265 판결, 2001. 11. 9. 선고 2001허4371 판결, 2000. 6. 9. 선고 99허4750 판결, 1999. 12. 23. 선고 98허8014 판결, 1998. 10. 15. 선고 98허4241 판결

205) 대법원 2004. 4. 16. 선고 2002후2938 판결

구인이 권리범위확인심판 또는 가처분사건에서 패소하는 경우 모든 손해를 배상하기로 합의한 사실이 인정되는바, 위와 같은 특허권자와 청구인의 합의내용에 비추어 볼 때, 청구인은 특허심판원에서 청구인에 대하여 불리한 심결이 있거나 특허권자의 주장대로 특허침해금지가처분신청이 인용될 경우, 그 심결이나 결정에 대하여 불복절차를 밟을 여지를 위 합의로써 배제하겠다는 취지라기보다는, 특허권자의 특허권의 효력이나 위 가처분신청의 당부에 대한 소송이 최종적으로 확정될 경우를 대비하여 미리 특허권자와 손해배상에 대한 합의를 한 것에 불과하므로, 위와 같은 합의로 인하여 소극적 권리범위확인심판의 이해관계가 소멸했다고 볼 수는 없다.206)

마) 확인대상발명이 아니라 청구인의 실시발명에 대해 합의를 한 경우

□ 청구인과 특허권자 사이에 청구인이 실시하고 있는 제품이 특허권자의 특허발명을 침해하였음을 인정하고 그 제품의 생산을 즉시 중지하고 특허권자에게 소송비용을 지급하기로 하며 앞으로 특허발명을 침해하지 않기로 하는 취지의 합의를 하였으나, 청구인이 생산을 중지하기로 한 제품이 확인대상발명과 동일하지 않은 경우, 청구인과 특허권자 사이의 위와 같은 합의는 확인대상발명을 대상으로 이루어진 것이라고 할 수 없으므로, 확인대상발명에까지 위 합의의 효력이 미치는 것이라고 볼 수 없어서 위와 같은 합의로 인하여 소극적 권리범위확인심판의 이해관계가 소멸했다고 볼 수는 없다.207)

바) 확인대상발명에 대해 검찰에서 무혐의결정이 있는 경우

□ 청구인과 특허권자 사이에 형사고소를 취하하는 조건으로 합의금 지급과 특허권 침해사실을 인정하는 사과문을 일간지에 게재하고, 추후 특허권을 침해하지 않되, 이와 관련하여 민·형사상의 소송을 제기하지 않기로 합의하였으나, 위 합의로부터 3년이 지나 확인대상발명을 실시하고 있다는 이유로 형사고소를 당하고 채권이 가압류되어, 검찰청에서 확인대상발명이 특허발명의 권리범위에 속하지 않는다는 이유로 혐의없음 결정을 내린 바가 있는 상태라면, 위 합의가 명시적으로 확인대상발명에 대한 것도 포함하고 있다고 단정하기 어려우므로, 청구인은 소극적 권리범위확인심

---

206) 특허법원 2004. 12. 16. 선고 2004허1502 판결
 • 일반적으로 구체적인 심판절차나 신청사건의 계속 중에 그 당사자 쌍방이 미리 그 결과에 불복하지 않기로 합의하였다면 이러한 당사자의 의사는 부제소합의로서 유효하나, 이러한 합의는 당사자에 대하여 재판청구권의 사전포기와 같은 중대한 소송법상의 효과를 발생시키는 것이어서 서면으로 당사자의 의사가 명백하게 표현되어 있을 것을 요한다(특허법원 2004. 12. 16. 선고 2004허1502 판결, 서울고법 2004. 7. 6. 선고 2003나71053 판결).

207) 특허법원 2000. 4. 20. 선고 98허8083 판결

판을 청구할 이해관계가 있다.[208]

사) 기존 권리범위확인심판의 심결취소소송을 제기하지 않기로 합의한 경우

□ 청구인과 특허권자는 권리범위확인심판사건에 있어서 심결에 대한 취소소송의 제기를 포기하기로 하는 내용의 합의를 한 사실은 인정할 수 있으나, 위와 같은 합의 내용은 당시 계속 중인 권리범위확인심판사건을 더 이상 진행하지 않기로 한 것으로 해석될 뿐 원고가 향후 특허발명의 효력에 관하여 일체 이의를 제기하지 않기로 합의한 것이라고는 해석되지 않으므로, 그 합의로 인하여 청구인이 소극적 권리범위확인심판을 청구할 수 있는 이해관계가 소멸된 것이라고 할 수는 없다.[209]

아) 특허권자가 아닌 자와 특허권 침해사실을 인정하는 각서를 작성한 경우

□ 특허권자가 아닌 자와 특허권 침해사실을 인정하면서 침해물품을 생산·판매하지 않겠다는 각서를 작성하였다고 하더라도 소극적 권리범위확인심판의 이해관계가 소멸했다고 볼 수 없다.[210]

자) 공동청구인 중 1인이 권리범위에 속한다고 합의한 경우

□ 소송계속 중에 소극적 권리범위확인심판의 공동청구인 중의 1인이 특허권자와의 사이에 특허권 침해에 대하여 배상하고 확인대상발명이 특허발명의 권리범위에 속한다고 합의하였다고 하더라도, 나머지 청구인이 위와 같은 내용의 합의를 한 것은 아니므로 나머지 청구인의 권리범위확인심판청구가 부적법하다고 볼 수 없다.[211]

차) 확인대상발명이 청구인의 실시발명 중 일부분에 관한 것인 경우

□ 청구인이 특정한 확인대상발명이 청구인의 실시발명 중 일부분에 관한 것인 경우, 청구인이 확인대상발명에 관한 피청구인의 특허권에 대하여 인정하고 차후 실시하지 않기로 하고 피청구인은 형사고소를 취하하기로 하는 합의를 하였더라도, 확인대상발명에 대해서까지 특허발명을 침해하였다고 인정한 것으로 볼 수는 없으므로 청구인은 소극적 권리범위확인심판을 청구할 이해관계가 있다.[212]

○ 대법원 2001. 6. 29. 선고 99후1331 판결

특허권자와 상대방 사이의 합의서에는 상대방이 특허제품을 제작한 것에 대하여 사과하고, 추후 특

208) 대법원 2004. 4. 16. 선고 2002후2938 판결, 2001. 7. 13. 선고 2000후730 판결
209) 대법원 2004. 7. 22. 선고 2002후1157 판결
210) 대법원 2003. 2. 14. 선고 2002후1324 판결
211) 특허법원 2001. 12. 28. 선고 2000허7779 판결
212) 특허법원 1998. 12. 18. 선고 98허3989 판결

허제품을 제작하지 않겠으며, 기존 특허제품을 폐기하겠다는 내용만 포함되어 있을 뿐, 당시 계속 중이던 무효심판청구 사건의 처리에 관하여는 아무런 기재가 없는 경우, 위 합의는 당사자가 자신이 제작하였던 물품이 특허권자의 특허권의 권리범위에 속한다는 사실을 인정한 것일 뿐, 특허권의 효력에 대하여도 무효심판절차를 통하여 일체 다투지 않겠다는 취지까지 포함된 것으로 보기 어렵고, 비록 상대방이 위 합의 당시 무효심판의 청구사실을 몰랐다고 하더라도 그러한 사정만으로 위 합의의 내용에 무효심판청구의 취하도 포함된 것으로 보기 부족하며, 무효심판계속 중에 그 심판에 관하여 다투지 않겠다는 명시적 약정도 없고, 무효심판까지 포함하여 합의하였다고 볼만한 특별한 사정이 있다고도 보이지 않는 이상, 위와 같은 합의만으로는 무효심판을 유지할 이해관계가 소멸했다고 단정할 수 없다.

○ 대법원 2001. 1. 30. 선고 2000후839 판결, 1996. 12. 6. 선고 95후1050 판결

피청구인이 청구인의 제품이 피청구인의 특허발명을 침해하였다고 주장하면서 청구인을 상대로 형사고소를 하자, 청구인은 피청구인과 사이에, 당시 청구인이 생산·판매하고 있는 제품의 생산을 즉시 중지하고, 피청구인에게 소송비용 등에 대한 보상금을 지급하고, 그 후로는 피청구인의 특허권을 침해하지 않기로 하는 취지의 합의를 하고, 이에 따라 피청구인이 위 고소를 취소하였으나, 형사고소와 그에 따른 합의가 청구인이 확인대상발명을 실시한 것과 관련된 것이었는지, 아니면 확인대상발명과는 다른 발명을 실시한 때문이었는지의 여부가 불분명할 뿐만 아니라, 문언상으로는 위 합의의 취지가 청구인이 피청구인의 특허발명에 대한 정당한 권리를 인정하고 그 권리에 위반되는 행위를 하지 않기로 한 것으로 볼 수 있을 뿐이어서, 위 합의로써 곧바로 청구인이 확인대상발명이 특허발명의 권리범위에 속함을 인정하였다거나 특허발명의 권리범위를 확인하는 소극적 권리범위 확인심판청구권까지를 포기하기로 한 것으로는 볼 수 없으므로 위와 같은 합의가 있었다는 사정만으로 청구인의 이해관계가 소멸했다고 할 수는 없다.

○ 특허법원 2007. 1. 19. 선고 2006허9265 판결

청구인과 피청구인 사이의 특허발명과 관련한 합의는 청구인이 제기한 특허발명에 관한 소극적 권리범위확인심판의 결과가 나오기에 앞서 취할 잠정적인 조치에 관한 것일 뿐, 청구인이 특허발명을 침해한 사실을 확정적으로 인정한 것도 아니고, 청구인으로 하여금 특허발명과 관련하여 일체의 심판 내지 소를 제기하는 것을 금지하는 내용도 아니어서 위 합의 이후 청구인이 확인대상발명을 실시할 가능성이 없다고 볼 수 없을 뿐만 아니라, 현실적으로 청구인이 위 합의 이후 확인대상발명을 생산하지 않고 있다는 사실을 인정할 증거도 없으므로, 권리범위확인심판청구를 할 이익이 없다고 볼 수 없다.

○ 특허법원 2001. 11. 9. 선고 2001허4371 판결, 2000. 6. 9. 선고 99허4750 판결

청구인이 특허발명의 권리를 인정하고 특허권에 위반되는 행위를 하지 않는다는 내용의 약정을 하면서 특허권 침해에 대하여 손해배상을 하였다고 하더라도, 앞으로 특허권에 대하여 권리범위확인

심판을 청구하지 않겠다거나 이미 제기한 심판청구를 취하하기로 약정하지 않은 것이므로, 단지 특허권자의 특허권을 인정하고 특허권에 위반되는 행위를 하지 않기로 한 것으로 볼 수 있을 뿐, 청구인이 실시하고 있는 발명이 특허발명의 권리범위에 속함을 인정한다거나 소극적 권리범위확인심판의 청구권까지 포기하기로 약정한 것으로 볼 수는 없다.

Ⅳ. 권리 대 권리의 권리범위확인심판

1 적극적 권리범위확인심판

가. 원칙

1) 원칙적 불허

가) 심판청구 이익 없음

□ 등록된 두 개의 권리의 내용이 동일·유사한 경우, 특허권자는 후출원 특허권자를 상대로 후출원 특허발명의 무효를 청구할 수 있을 뿐이고 그를 상대로 하는 적극적 권리범위확인심판을 청구할 이익이 없다.[213)]

나) 부적법

□ 특허권자가 후출원 특허권자를 상대로 제기하는 적극적 권리범위확인심판은 등록무효절차 이외에서 등록특허권의 효력을 부인하는 결과가 되어 부적법하므로,[214)] 상대방의 등록특허권의 효력을 부정하는 권리 대 권리의 적극적 권리범위확인심판은 원칙적으로 허용될 수 없다.[215)]

---

213) 대법원 1996. 12. 20. 선고 95후1920 판결, 1996. 9. 6. 선고 96후115 판결, 1996. 7. 30. 선고 96후375 판결, 1992. 10. 27. 선고 92후605 판결, 1986. 3. 25. 선고 84후6 판결, 1985. 5. 28. 선고 84후5 판결, 1984. 5. 29. 선고 83후105 판결, 1984. 5. 15. 선고 83후107 판결, 1982. 6. 8. 선고 81후4 판결, 1976. 1. 27. 선고 74후58 판결, 특허법원 2022. 5. 26. 선고 2021허5075 판결

214) 대법원 2016. 4. 28. 선고 2013후2965 판결, 2007. 10. 11. 선고 2007후2766 판결, 2002. 8. 23. 선고 2000후1139 판결, 1976. 11. 23. 선고 73후47 판결, 1976. 10. 12. 선고 76후14 판결, 특허법원 2022. 11. 17. 선고 2022허2882 판결, 2022. 4. 27. 선고 2021허4348 판결, 2020. 7. 3. 선고 2019허6785 판결, 2019. 10. 25. 선고 2019허2691 판결, 2017. 10. 13. 선고 2017허2390 판결, 2016. 11. 4. 선고 2016허1987 판결, 2017. 9. 14. 선고 2017허660 판결, 2016. 11. 3. 선고 2016허4009 판결, 2015. 6. 26. 선고 2014허7806 판결, 2014. 2. 6. 선고 2013허7410 판결

215) 대법원 2016. 4. 28. 선고 2015후161 판결, 2004. 2. 27. 선고 2002후2075 판결, 2004. 2. 27. 선고

2) 직권조사사항

□ 적극적 권리범위확인심판과 그 심결취소소송에서 확인대상발명의 등록 여부는 심판 또는 소의 이익의 존부의 문제로서 당사자의 주장이 없이도 직권으로 조사하여 판단해야 하는 직권조사사항이다.[216)]

3) 피청구인 적격

□ 후출원 특허권자에 대한 적극적 권리범위확인심판청구가 부적법하게 되는 경우는 그 심판청구가 후출원 '특허권자 또는 전용실시권자'와 같이 대세적 권리를 가진 자를 피청구인으로 하는 경우로 제한된다.[217)]

4) 후출원 특허발명의 권리자가 제3자인 경우

□ 적극적 권리범위확인심판에서의 확인대상발명과 동일한 내용의 발명이 등록되었다 하더라도, 이러한 후출원 특허발명의 권리자가 심판청구의 피청구인이 아닌 제3자인 경우에는 확인대상발명을 실시하는 피청구인이 후출원 특허발명의 전용실시권자이어서 확인대상발명의 실시를 후출원 특허발명의 실시로 볼 수 있는 특별한 사정이 없는 한, 위와 같은 심판청구가 인용된다 하더라도 확인대상발명이 특허발명의 권리범위에 속하는지 여부만 상대적으로 확정될 뿐, 이로 인하여 후출원 특허발명의 권리 자체를 부인하는 것은 아니므로, 권리범위확인심판청구가 부적법하다고 할 수 없다.[218)]

5) 후출원 특허발명의 신규성이 부정되는 경우

□ 특허권자가 후출원 특허권자를 상대로 제기하는 적극적 권리범위확인심판은 후출원 특허발명의 신규성 인정 여하에 따라 그 적용 여부가 달라지는 것은 아니다. 따라서 후출원 특허발명의 신규성이 부정되어 권리범위가 인정되지 않는 경우라고 하더라도, 후출원 특허발명이 무효로 되기 전에는 여전히 권리 대 권리의 적극적 권리범위확인심판에 해당되어 부적법하므로 허용되지 않는다.[219)]

6) 권리 대 권리의 판단시점

2002후2082 판결, 2002. 6. 28. 선고 99후2433 판결, 특허법원 2022. 7. 13. 선고 2021허4041 판결, 2022. 5. 26. 선고 2021허5075 판결, 2022. 4. 27. 선고 2021허4348 판결, 2021. 1. 29. 선고 2020허5368 판결, 2020. 7. 17. 선고 2019허6570 판결, 2020. 7. 3. 선고 2019허6785 판결, 2019. 5. 17. 선고 2018허6108 판결, 2019. 4. 26. 선고 2018허5846 판결

216) 특허법원 2004. 12. 23. 선고 2004허3430 판결

217) 특허법원 2022. 4. 27. 선고 2021허4348 판결

218) 특허법원 2007. 9. 14. 선고 2007허3677 판결

219) 대법원 2016. 4. 28. 선고 2013후2965 판결, 특허법원 2022. 11. 17. 선고 2022허2882 판결

가) 심결시 기준

□ 권리범위확인심판은 심결 당시를 기준으로 확인대상발명이 특허발명의 권리범위에 속하는지 여부를 가리는 것이므로,[220] 권리 대 권리의 적극적 권리범위확인심판에 해당되어 부적법한 것인지 여부는 심결시를 기준으로 판단한다.[221] 따라서 확인대상발명이 등록된 발명인지 여부는 심결시를 기준으로 판단해야 한다.[222]

나) 심결시에 확인대상발명이 등록된 경우

□ 확인대상발명이 심판청구시에는 등록되지 않았다고 하더라도 심결시에는 등록된 경우에는 그 심판청구는 결과적으로 후출원 특허발명을 대상으로 한 권리 대 권리의 적극적 권리범위확인심판에 해당되어 부적법하게 된다.[223]

다) 심결 후에 확인대상발명이 등록된 경우

(1) 결과적으로 부적법한 것으로 되지 않음

□ 심결의 위법 여부는 심결 당시의 법령과 사실 상태를 기준으로 판단해야 하고,[224] 심결 후에 확인대상발명이 등록되었다고 하더라도 권리범위확인심판청구가 결과적으로 권리 대 권리의 적극적 권리범위확인심판에 해당되어 부적법한 것으로 되는 것은 아니다.[225]

▷ 심결이 있기 전에 확인대상발명이 등록된 경우에는 그 적극적 권리범위확인심판이 부적법한 것으로 되지만, 심결이 있고 나서 그 심결에 대한 취소소송계속 중에 확인대상발명이 등록된 경우에는 그 심판 자체가 부적법한 것으로 되는 것은 아니다.[226]

---

220) 특허법원 2008. 9. 11. 선고 2007허8559 판결

221) 특허법원 2011. 11. 9. 선고 2011허8662 판결, 2002. 8. 30. 선고 2001허6407 판결

222) 특허법원 2010. 10. 8. 선고 2008허4721 판결

223) 특허법원 2011. 11. 9. 선고 2011허8662 판결, 2009. 10. 15. 선고 2009허1361 판결, 2002. 8. 30. 선고 2001허6407 판결

224) 대법원 2022. 4. 28. 선고 2021두61932 판결, 2020. 12. 24. 선고 2020두39297 판결, 2020. 1. 16. 선고 2019다264700 판결, 2019. 7. 25. 선고 2017두55077 판결, 2019. 7. 25. 선고 2017두56957 판결, 2019. 7. 25. 선고 2017두70540 판결, 2019. 1. 31. 선고 2017두68110 판결, 2018. 6. 28. 선고 2015두58195 판결, 2018. 4. 26. 선고 2016두64371 판결, 2017. 4. 26. 선고 2016두32688 판결, 2017. 4. 7. 선고 2014두37122 판결, 2016. 7. 22. 선고 2015두59129 판결

- 심결 당시의 사실 상태에 대한 증명은 심결취소소송의 변론종결시까지 할 수 있고, 법원은 심결시까지 제출된 자료뿐만 아니라 변론종결시까지 제출된 모든 자료를 종합하여 심결 당시 존재하였던 객관적 사실을 확정하고 그 사실에 기초하여 심결의 위법 여부를 판단할 수 있다(특허법원 1999. 4. 22. 선고 98허9567 판결).

225) 대법원 2004. 11. 12. 선고 2003후1420 판결, 2002. 4. 12. 선고 99후2211 판결, 특허법원 2012. 2. 17. 선고 2011허8853 판결, 2011. 11. 11. 선고 2011허5977 판결, 2008. 9. 11. 선고 2007허8559 판결

226) 지적재산소송실무 제4판, 특허법원 지적재산소송 실무연구회, 박영사(2019), 411면

(2) 인용심결에 대한 취소소송

□ 적극적 권리범위확인심판의 인용심결 이후에 확인대상발명이 등록된 경우에는 후출원 특허발명에 대한 권리 대 권리로 보지 않으므로 심결을 그대로 유지한다.[227)]

(3) 기각심결에 대한 취소소송

□ 적극적 권리범위확인심판의 기각심결 이후에 확인대상발명이 등록된 경우에는 후출원 특허발명에 대한 권리 대 권리인 경우에 해당하여 부적법하므로 심결취소소송을 각하한다.[228)]

라) 각하심결 후에 후출원 특허발명에 대한 무효심결이 확정된 경우

(1) 각하심결은 위법

□ 특허발명에 대하여 무효심결이 확정된 경우에 특허권은 처음부터 없었던 것으로 보므로, 권리 대 권리의 적극적 권리범위확인심판의 심결 후에 후출원 특허발명인 확인대상발명에 대하여 무효심결이 확정된 경우에는 권리 대 권리의 적극적 권리범위확인심판에 해당되지 않는다. 따라서 후출원 특허발명이 유효하게 등록되어 존속하고 있음을 전제로 실체판단에 나아가지 않고 심판청구를 각하한 심결은 결과적으로 위법하다.[229)]

(2) 본안판단 필요

□ 확인대상발명이 후출원 특허발명이어서 권리 대 권리의 적극적 권리범위확인심판에 해당되므로 부적법하다고 판단한 각하심결이 내려진 후, 후출원 특허발명에 대한 무효심결이 확정된 경우에는 그 소급효에 의하여 각하심결은 위법하게 된다. 따라서 더 이상 권리 대 권리의 적극적 권리범위확인심판에 해당되지 않게 되므로 본안판단에 나아가야 한다.[230)]

7) 권리 대 권리의 판단방법

가) 실질적 동일요건

□ 권리 대 권리의 적극적 권리범위확인심판으로 볼 수 있으려면 확인대상발명과 후출원 특허발명이 실질적으로 동일한 발명에 해당해야 한다.[231)]

---

227) 대법원 2004. 11. 12. 선고 2003후1420 판결, 2002. 4. 12. 선고 99후2211 판결, 특허법원 2012. 2. 17. 선고 2011허8853 판결, 2011. 11. 11. 선고 2011허5977 판결, 2008. 9. 11. 선고 2007허8559 판결

228) 특허법원 2000. 4. 21. 선고 98허9079 판결

229) 대법원 2004. 10. 14. 선고 2003후588 판결, 특허법원 2012. 11. 9. 선고 2012허5387 판결, 2011. 10. 20. 선고 2011허4929 판결, 2010. 9. 16. 선고 2010허2773 판결

230) 특허법원 2011. 10. 20. 선고 2011허4929 판결

나) 후출원 특허발명과 확인대상발명의 실질적 동일 여부

(1) 확인대상발명의 대응구성을 모두 구비하고 있는 경우

□ 후출원 특허발명이 확인대상발명의 대응되는 구성을 모두 구비하고 있는 경우에는 확인대상발명과 동일하다고 볼 수 있다.[232)]

(2) 확인대상발명에 없는 구성요소가 부가되어 등록된 경우

★□ 후출원 특허발명이 확인대상발명의 설명서 및 도면에 없는 구성요소가 부가되어 등록된 경우에는 확인대상발명과 동일하다고 볼 수 없다.[233)]

(3) 확인대상발명의 대응구성과 차이가 있는 경우

□ 후출원 특허발명이 확인대상발명의 대응되는 구성과 차이가 있는 경우에는 확인대상발명과 동일하다고 볼 수 없다.[234)]

다) 확인대상발명과 후출원 특허발명의 동일 판단방법

★▶ 적극적 권리범위확인심판에서, 확인대상발명이 특허 받은 발명이어서 권리 대 권리의 적극적 권리범위확인심판에 해당하는지를 판단할 때에는, ① 확인대상발명이 후출원 특허발명에서 일부구성을 생략한 경우에는 특허 받은 발명으로 볼 수 없지만, ② 확인대상발명이 후출원 특허발명에 추가적인 구성을 더 구비한 경우에는 확인대상발명과 후출원 특허발명을 실질적으로 대비하여 특허 받은 발명인지를 가린다.

▶ 확인대상발명이 등록받은 것인지를 살필 때에는 신규성 판단처럼 1개의 권리와 대비하여야 하는 것이지, 복수의 권리로부터 등록받은 것인지를 살피는 것은 아니다.

나. 이용관계에 대한 예외

1) 이용관계에 따른 적부 판단

가) 이용관계의 예외적 허용

□ 후출원 특허발명을 확인대상발명으로 하여 특허발명의 권리범위에 속한다는 확인을

---

231) 특허법원 2021. 1. 29. 선고 2020허5368 판결, 2020. 7. 17. 선고 2019허6570 판결, 2020. 7. 3. 선고 2019허6785 판결, 2019. 5. 17. 선고 2018허6108 판결, 2019. 4. 26. 선고 2018허5846 판결, 2017. 9. 14. 선고 2017허660 판결, 2000. 4. 21. 선고 98허9079 판결, 1999. 9. 2. 선고 99허1720 판결

232) 대법원 2016. 4. 28. 선고 2013후2965 판결, 특허법원 2008. 2. 21. 선고 2007허685 판결

233) 대법원 2002. 10. 11. 선고 2000후2491 판결, 특허법원 2001. 10. 26. 선고 2000허8444 판결
- 그러한 구성의 차이에 따라 확인대상발명과 후출원 특허발명은 작용효과뿐만 아니라 기술의 범위도 상이하게 되어 서로 동일성의 범주에 속하는 것이라고 할 수 없다(특허법원 2001. 10. 26. 선고 2000허8444 판결).

234) 특허법원 2022. 7. 13. 선고 2021허4041 판결

구하는 적극적 권리범위확인심판에서, 예외적으로 양 발명이 이용관계에 있어 확인대상발명의 등록의 효력을 부정하지 않고 권리범위확인을 구할 수 있는 경우에는 권리 대 권리의 적극적 권리범위확인심판의 청구가 허용된다.[235)]

나) 확인대상발명이 후출원 특허발명의 한 실시예에 해당하는 경우

□ 적극적 권리범위확인심판에서 확인대상발명이 후출원 특허발명의 한 실시예에 해당하는 경우에도, ① 후출원 특허발명과 이용관계에 있는 청구항에 기한 심판청구는 적법하나, ② 그렇지 않은 청구항에 기한 심판청구는 후출원 특허발명의 등록의 효력을 부정하는 결과로 되어 부적법하다.[236)]

다) 통상실시권 허여 및 실시료 지급 해결의 전제

□ 후출원 특허발명과 특허발명 사이에 이용관계가 성립되는 경우에, 특허권자가 후출원 특허발명이 특허발명을 이용하는 관계에 있다고 주장하여 적극적 권리범위확인심판을 청구하는 경우에는 그 심판결과가 양 특허권자 사이에 통상실시권 허여 및 실시료의 지급의 문제 해결을 위한 전제가 되는 것이고, 또한 후출원 특허발명이 무효라는 주장을 전제로 하는 것이 아니어서 그 심판에 의하여 후출원 특허발명의 효력을 부정하는 것도 아니므로 확인의 이익이 있다.[237)]

2) 후출원 특허발명이 무효라고 주장하는 경우

가) 후출원 특허발명이 진보성이 없는 개악발명이라는 주장

□ 특허권자가 후출원 특허발명이 진보성이 없는 개악발명으로서 무효라는 취지로 주장하면서 적극적 권리범위확인심판을 청구한 경우에는 확인의 이익이 인정될 수 없다.[238)]

◀ 후출원 특허발명의 무효를 주장하면서 적극적 권리범위확인심판을 청구한 이상, 실제로 후출원 특허발명이 특허발명과 이용관계에 있는지는 살펴볼 필요가 없이 그 주장 자체로 심판청구를 각하한다. 따라서 확인대상발명이 후출원 특허발명일 경우에는 후

---

235) 대법원 2016. 4. 28. 선고 2013후2965 판결, 2016. 4. 28. 선고 2015후161 판결, 2004. 2. 27. 선고 2002후2075 판결, 2004. 2. 27. 선고 2002후2082 판결, 2002. 6. 28. 선고 99후2433 판결, 특허법원 2022. 7. 13. 선고 2021허4041 판결, 2022. 4. 27. 선고 2021허4348 판결, 2021. 1. 29. 선고 2020허5368 판결, 2019. 5. 17. 선고 2018허6108 판결, 2019. 4. 26. 선고 2018허5846 판결, 2019. 4. 11. 선고 2018허8289 판결, 2017. 10. 13. 선고 2017허2390 판결

236) 특허법원 2007. 10. 5. 선고 2007허647 판결

237) 특허법원 1999. 9. 2. 선고 99허1720 판결

238) 대법원 2002. 6. 28. 선고 99후2433 판결

출원 특허발명이 무효라거나 개악발명이라는 주장을 하지 않은 채 이용관계를 주장해야 한다.

나) 이용관계임에도 후출원 특허발명의 진보성을 부정하는 주장

★□ 후출원 특허발명이 이용관계에 있다는 표현을 사용하고 있더라도, 실질적으로는 후출원 특허발명의 진보성을 부정하여 그 권리가 무효라고 주장하는 경우에는 후출원 특허발명의 효력을 부정하는 내용의 적극적 권리범위확인심판을 청구하는 것이어서 허용될 수 없다.[239]

3) 이용관계의 주장 · 증명책임

□ 적극적 권리범위확인심판에서 후출원 특허발명과 특허발명이 이용관계에 있다는 것은 청구인이 주장 · 증명해야 한다.[240]

4) 이용관계의 주장시점

□ 적극적 권리범위확인심판에서 후출원 특허발명과 특허발명이 이용관계에 있다는 주장은 심판단계에서 하여야 하는 것이고, 심판단계에서는 그러한 주장을 하지 않다가 심판청구를 각하하는 심결이 있은 후 심결취소소송에서 비로소 그러한 주장은 하는 것은 그 주장으로 인하여 부적법한 심판청구가 심판청구시로 소급하여 적법하게 되는 것은 아니어서 허용될 수 없다.[241]

5) 이용관계의 판단방법

가) 특허발명의 구성요소 외에 추가 구성요소를 구비한 경우

□ 후출원 특허발명이 특허발명의 구성요소 모두를 그대로 구비하고 있는 외에 추가 구성요소를 구비하고 있는 경우에는 후출원 특허발명이 특허발명을 이용하는 관계에 있다고 볼 수 있다.[242]

나) 특허발명의 구성요소 중 일부를 결여하고 있는 경우

□ 후출원 특허발명이 특허발명의 구성요소 중 일부를 결여하고 있는 경우에는 특허발명의 구성요소 모두를 그대로 구비하고 있는 것이 아니므로 이용관계에 있다고 볼 수 없다.[243]

---

239) 특허법원 1999. 9. 2. 선고 99허1720 판결
240) 특허법원 2009. 10. 15. 선고 2009허1361 판결
241) 특허법원 2004. 12. 16. 선고 2004허3065 판결, 1999. 9. 2. 선고 99허1720 판결
242) 특허법원 2007. 10. 5. 선고 2007허647 판결, 2005. 11. 17. 선고 2005허858 판결, 1999. 9. 2. 선고 99허1720 판결
243) 특허법원 2006. 2. 9. 선고 2005허2212 판결

다) 특허발명과 구성요소의 재질 및 결합방식이 상이한 경우

★ □ 후출원 특허발명이 특허발명과 그 구성요소의 재질 및 결합방식이 상이한 경우에는 특허발명의 구성요소 모두를 그대로 포함한 것으로 볼 수 없으므로, 이용관계에 있다고 볼 수 없다.[244]

라) 특허발명과 구성이 일부 상이하여 일체성을 상실한 경우

★ □ 후출원 특허발명이 특허발명과 구성이 일부 상이하여 일체성을 상실한 경우에는 이용관계에 있다고 볼 수 없다.[245]

○ 대법원 2016. 4. 28. 선고 2015후161 판결

특허발명은 구이의 눌어붙음 방지, 열원 노출면적 확대 등의 효과를 위하여 선재를 한 방향으로만 형성한 것으로, 하나의 석쇠틀에서 가로·세로 방향으로 선재가 교차되는 확인대상발명의 양방향 구성은 위와 같은 한 방향 구성의 작용효과를 나타낼 수 없어 특허발명과 상이한 구성이라고 할 것이고, 확인대상발명 내에서 특허발명이 발명으로서의 일체성을 유지하고 있다고 볼 수도 없으므로, 양 발명이 이용관계에 있다고 볼 수 없다.

○ 대법원 2001. 9. 7. 선고 2001후393 판결

확인대상발명에서 잔류 최루액을 2차적으로 분출할 수 있도록 하는 피스톤의 구성은 특허발명의 피스톤에 비하여 새로운 기술적 구성요소를 부가한 것으로써, 결국 확인대상발명은 특허발명의 균등발명을 그대로 포함하여 이용하고 있으므로, 특허발명의 권리범위에 속하고, 이는 확인대상발명이 등록되었다고 하더라도 마찬가지이다.

○ 특허법원 2010. 7. 23. 선고 2010허67 판결

확인대상발명은 후출원 특허발명과 같으므로 권리 대 권리의 적극적 권리범위확인심판의 청구에 해당하나, 심판단계에서 원고는 확인대상발명이 특허발명의 요지를 전부 포함하고 있어 특허발명을 이용한 것이라고 주장하였음이 명백하므로, 확인의 이익이 있다.

○ 특허법원 2005. 11. 17. 선고 2005허858 판결

확인대상발명의 필수구성요소 중 하나인 '센서부가 도서 안치부의 일측에 설치된 구성'이 특허발명의 '광센서부를 내장한 광센서 고정부재가 도서받침대의 상단 이동방지단턱부에 설치된 구성'과 문언상 동일하지 않음은 물론, 그 균등물에도 해당하지 않으므로, 결국 확인대상발명은 특허발명과 이용관계에 있다고 볼 수 없다.

---

244) 특허법원 2003. 2. 7. 선고 2002허3061 판결
245) 대법원 2016. 4. 28. 선고 2015후161 판결

다. 본안심리 결과 이용관계가 아닌 경우

1) 확인의 이익 부정

□ 후출원 특허발명인 확인대상발명과 특허발명을 대비한 결과 이용관계에 있지 않은 경우에는 권리 대 권리의 적극적 권리범위확인심판에 해당하므로 확인의 이익이 없다.[246]

2) 권리범위확인심판청구 부적법

□ 청구인이 이용관계에 관한 주장을 하여 본안에 나아가 심리한 결과, 특허발명과 후출원 특허발명인 확인대상발명이 이용관계에 있지 않은 경우에는 권리 대 권리의 적극적 권리범위확인심판에 해당하여 부적법한 것이므로 심결각하한다.[247]

라. 권리 대 권리인 경우의 판단절차

1) 이용관계에 관한 주장이 있는 경우

★▶ ① 원칙적으로 본안에 들어가서 속부 여부를 가린다.

② 이용관계에 관한 주장과 함께 후출원 특허발명의 무효를 주장하는 경우에는, 권리 대 권리의 적극적 권리범위확인심판으로 보아 심결각하한다.

2) 이용관계에 관한 주장이 없는 경우

★▶ ① 후출원 특허발명이 무효라고 주장하는 경우에는, 권리 대 권리의 적극적 권리범위확인심판으로 보아 심결각하한다.[248]

② 후출원 특허발명과 특허발명과의 관계를 살펴서 이용관계에 있는 경우에는, 본안에 들어가서 속부 여부를 가린다.

③ 후출원 특허발명과 특허발명과의 관계를 살펴서 이용관계에 있지 않은 경우에는, 권리 대 권리의 적극적 권리범위확인심판으로 보아 심결각하한다.

3) 본안판단 결과, 권리범위에 속하는 경우

▶ 본안판단 결과, 후출원 특허발명이 특허발명의 권리범위에 속하는 경우에는 이용관계에 있다고 보고 심판청구를 인용한다.

---

246) 특허법원 2009. 11. 12. 선고 2009허4377 판결
247) 특허법원 2009. 4. 15. 선고 2008허7584 판결
248) 이용관계에 관한 주장 여부와 관계 없이 후출원 특허발명의 무효를 주장하는 경우에는, 권리 대 권리의 적극적 권리범위확인심판으로 보아 심결각하한다.

마. 권리 대 권리임을 간과한 경우[249)]

1) 확인대상발명의 등록을 간과하고 기각심결한 경우

가) 소각하로 심결 유지

□ 적극적 권리범위확인심판의 심결 당시 확인대상발명이 등록되어 있어 부적법한 것임에도 이를 간과하여 심판청구를 기각한 경우, 그 심결의 취소를 구할 실익도 없으므로, 소의 이익이 없는 부적법한 소로 귀착된다.[250)]

나) 심결 취소

□ 적극적 권리범위확인심판의 심결 당시 확인대상발명이 등록되어 있었음에도 이를 간과하여 심판청구를 각하하지 않고 실체판단에 들어가 심판청구를 기각한 심결을 취소해야 한다.[251)]

다) (정리) 심결 유지

▶ 심판단계에서 확인대상발명이 등록되었음에도 이를 간과하고 특허발명에 속하지 않는다는 기각심결을 한 경우, 특허권자가 기각심결을 취소해 달라는 것은 각하심결을 해 달라는 것에 귀결되므로 소의 이익이 없어 심결을 유지하는 것이 일반적이다.

2) 확인대상발명의 등록을 간과하고 인용심결한 경우

▶ 심판단계에서 확인대상발명이 등록되었음에도 이를 간과하고 특허발명에 속한다는 인용심결을 한 경우, 피청구인인 상대방이 자신에게 불리한 인용심결을 취소해 달라는 것은 소의 이익이 있어 심결을 취소해야 한다.

2 소극적 권리범위확인심판

가. 심판청구의 이익

□ 권리 대 권리의 소극적 권리확인심판은 만일 인용된다 하더라도, 청구인의 후출원 특허발명이 피청구인의 특허발명의 권리범위에 속하지 않음을 확정하는 것일 뿐이고 이로 말미암아 피청구인의 특허권의 효력을 부인하는 결과가 되는 것은 아니므로, 이를 부적법하다고 할 수 없어 심판을 청구할 이익이 있다.[252)]

---

249) 제3장, Ⅴ.6. '판단을 그르친 경우' 참조
250) 특허법원 2002. 8. 30. 선고 2001허5855 판결
251) 특허법원 2004. 12. 23. 선고 2004허3430 판결
252) 대법원 1996. 7. 30. 선고 96후375 판결, 1992. 4. 28. 선고 91후1748 판결, 1985. 6. 11. 선고 84후18 판결, 1985. 4. 23. 선고 84후19 판결, 특허법원 2010. 7. 23. 선고 2010허4076 판결, 2004. 12. 3. 선

나. 후출원 특허발명의 효력이 부인되는 위험 감수

□ 권리 대 권리의 소극적 권리범위확인심판은 후출원 특허권자 스스로가 후출원 특허발명의 효력이 부인되는 위험을 감수하면서 타인의 특허발명의 범위에 속하는지 여부에 대한 판단을 구하는 것이어서 적법하다.[253)]

다. 등록무효의 개연성과 특허권 침해의 개연성을 확인하여 대비책 강구

□ 권리 대 권리의 소극적 권리범위확인심판은 상대방이 적극적으로 청구인 권리에 대한 등록무효심판을 청구하지 않으면서도 청구인의 권리를 부인하고 자기 권리가 청구인의 등록된 권리에 의하여 침해받고 있다고 주장하는 경우에 청구인이 먼저 절차를 개시하여 이에 대한 판단을 받아 봄으로써 청구인의 권리가 나중에 등록무효로 될 개연성이 과연 큰 것인지, 청구인의 권리가 등록된 것이기는 하지만 결국에는 상대방의 권리를 침해하는 것으로 판명될 개연성이 큰 것인지를 확인하여 그에 대한 대비책을 강구할 수 있게 하는 기능이 있다는 데서 확인의 이익이 인정되는 것이므로, 비록 소극적 권리범위확인심판에서 청구가 기각된다 하여 그에 의하여 청구인의 등록권리가 직접적으로 그 효력에 영향을 받는 것은 아니지만, 위와 같은 확인이 이익이 인정되는 범위에서는 거꾸로 청구인에게 불리하게 작용하는 효과를 발생하게 하여 청구인으로 하여금 그에 대비하게 할 수 있으므로, 소극적 권리범위확인심판에서 청구를 기각하는 것도 가능하다.[254)]

3 침해소송

가. 권리 대 권리의 문제 미발생

□ 등록된 두 개의 특허권이 동일·유사한 경우에도 침해금지나 손해배상을 청구할 수 있으므로, 침해소송에서는 권리 대 권리의 문제가 발생하지 않는다.[255)]

고 2004허3195 판결, 2003. 11. 13. 선고 2003허4603 판결, 1999. 9. 2. 선고 99허5623 판결, 1998. 11. 6. 선고 98허2726 판결

253) 대법원 2007. 10. 11. 선고 2007후2766 판결, 특허법원 2019. 10. 25. 선고 2019허2691 판결
- 소극적 권리범위확인심판도 그 청구가 기각되는 경우, 청구인의 등록된 권리가 피청구인의 등록된 권리의 권리범위에 속하는 결과가 되어 적극적 권리범위확인심판과 다를 바가 없기 때문에 이를 구별하는 것은 부적절하다는 비판이 있다(이회기, 지적재산소송실무, 특허법원 지적재산소송실무연구회, 박영사(2006), 170면).

254) 특허법원 2004. 12. 3. 선고 2004허3195 판결

255) 서울고법 2007. 2. 13. 선고 2006재나302 판결, 전주지법 2003. 6. 20. 선고 2002카합274 판결

나. 권리의 저촉관계

1) 선출원 권리가 우선

□ 후출원 특허권이 타인의 선출원 등록권리와 이용관계에 있거나 타인의 선출원 등록권리와 저촉관계에 있는 경우에는 선출원 권리가 우선하고 후출원 특허권자의 권리가 제한될 수 있고, 선출원 특허권자의 동의를 받지 않은 후출원 특허권자의 권리 행사는 침해로 보는 것이 타당하다.[256)]

2) 선출원 특허발명과 동일·유사한 후출원 특허발명의 실시

□ 특허권자가 특허출원일 전에 출원·등록된 타인의 선출원 특허발명과 동일·유사한 후출원 특허발명을 선출원 특허권자의 동의 없이 실시하였다면 후출원 특허발명의 적극적 효력이 제한되어 후출원 특허발명에 대한 등록무효 심결의 확정 여부와 상관없이 선출원 특허발명에 대한 침해가 성립한다.[257)]

3) 선출원 권리자의 동의 없는 후출원 권리의 실시

□ 지식재산권 상호간에는 선출원 권리가 우선함을 기본원리로 하고 있으므로, 선출원 특허권과 후출원 등록상표권이 저촉되는 경우에, 선출원 특허권자는 후출원 상표권자의 동의가 없더라도 자신의 권리를 자유롭게 실시할 수 있지만, 후출원 상표권자가 선출원 특허권자의 동의를 받지 않고 그 등록상표를 지정상품에 사용하면 선출원 특허권에 대한 침해가 성립한다.[258)]

---

256) 대법원 2021. 3. 18. 선고 2018다253444 전합 판결
• 특허권자라 하더라도 자신의 특허발명이 그 특허출원일 전에 출원된 타인의 선출원 특허발명을 이용하는 경우에는 그 선출원 특허권자의 허락을 얻거나 그에 갈음한 특허청의 통상실시권 허여의 심판을 받지 않고 자기의 특허발명을 업으로 실시할 수는 없다(대전지법 2006. 5. 12. 선고 2003노2903 판결).

257) 대법원 2021. 3. 18. 선고 2018다253444 전합 판결, 특허법원 2022. 7. 22. 선고 2021나1312 판결

258) 대법원 2021. 3. 18. 선고 2018다253444 전합 판결
(같은 취지) 대법원 2006. 9. 11.자 2006마232 결정, 특허법원 2008. 6. 5. 2007허10910 판결, 2008. 6. 5. 2007허10910 판결, 서울중앙지법 2008. 5. 8.자 2007카합3358 결정

제2장

확인대상발명

제2장

확인대상발명

Ⅰ. 특정의 구분

1 청구취지로서 확인대상발명의 특정

가. 권리범위확인심판의 경우

1) 의의

가) 심판대상물의 특정

▶ 청구취지로서 확인대상발명의 특정은 확인대상발명이 사회적으로 다른 것과 구별될 수 있는 정도로 구체적으로 특정된 것을 말하는 것으로서, 심판대상물의 특정에 해당한다. 따라서 청구취지로서 확인대상발명의 특정은 심판대상을 명확히 한다는 점에서 중요하다.

나) 청구취지로서 특정과 청구원인으로서 특정의 판단순서

□ 청구취지로서 확인대상발명의 특정은 심판대상의 특정에 해당하는 것이고, 청구원인으로서 확인대상발명의 특정은 공격방어방법으로서의 특정에 해당하는 것이므로, 청구취지로서 확인대상발명을 먼저 살펴서 청구취지로서의 특정이 명확하다고 판단된 다음에, 비로소 청구원인으로서 확인대상발명이 특정된 것인지 여부를 살펴야 한다.[1)]

다) 청구취지로서 특정과 청구원인으로서 특정의 구별실익

▷ 청구취지와 청구원인의 구별실익은 청구취지로서 특정이 명확하다면 일사부재리의 효과가 미치는 범위가 명확하기 때문에, 청구원인으로서 특정이 불명확하다고 하더라도 각하심결을 하지 않고 본안심결을 할 수 있다는 점이다.[2] 따라서 심판을 구하는 청구의 내용을 명확히 하고 일사부재리의 효력이 미치는 범위를 정한다는 의미에서 청구취지에서의 특정을 별도로 검토할 필요가 있다.[3]

2) 특정의 정도

가) 사회통념상 다른 것과 구별될 수 있는 정도

□ 청구취지로서 확인대상발명은 사회통념상 특허발명의 권리범위에 속하는지를 확인하는 대상으로서 다른 것과 구별될 수 있는 정도로 구체적으로 특정되어야 한다.[4]

◀ 청구취지로서 확인대상발명의 특정 정도는 사회통념상 다른 물건과 명확히 구별될 수 있는 정도로 구체적으로 특정되었는지가 일응의 기준이 되어야 하므로, 확인대상발명이 다른 물건과는 명확히 구별되어 집행이 가능할 정도로는 구체적으로 특정해야 한다.

나) 확인대상발명의 일부 구성이 불명확한 경우

(1) 일사부재리의 효력이 미치는 범위 불명확

★□ 확인대상발명의 일부 구성이 불명확하여 다른 것과 구별될 수 있는 정도로 구체적으로 특정되어 있지 않다면, 심판의 심결이 확정되더라도 그 일사부재리의 효력이 미치는 범위가 명확하다고 할 수 없으므로, 나머지 구성만으로 확인대상발명이 특허발명의 권리범위에 속하는지 여부를 판단할 수 있는 경우라 하더라도 청구취지로서 확인대상발명이 특정되지 못한 것이어서 심판청구를 각하해야 한다.[5]

---

1) (같은 취지) 대법원 2020. 5. 28. 선고 2017후2291 판결, 2011. 9. 8. 선고 2010후3356 판결, 특허법원 2021. 9. 16. 선고 2021허1837 판결, 2021. 7. 9. 선고 2020허4969 판결, 2020. 7. 10. 선고 2020허1991 판결, 2020. 6. 4. 선고 2020허1175 판결, 2018. 11. 28. 선고 2017허4532 판결, 2018. 11. 15. 선고 2018허3444 판결, 2018. 10. 5. 선고 2017허8435 판결
2) 전지원, 확인대상발명의 특정, 대법원판례해설 90호, 법원도서관(2011), 718면
3) 지적재산소송실무 제4판, 특허법원 지적재산소송 실무연구회, 박영사(2019), 418면
4) 대법원 2020. 5. 28. 선고 2017후2291 판결, 2011. 9. 8. 선고 2010후3356 판결, 특허법원 2021. 9. 16. 선고 2021허1837 판결, 2021. 7. 9. 선고 2020허4969 판결, 2020. 7. 10. 선고 2020허1991 판결, 2020. 6. 4. 선고 2020허1175 판결, 2018. 11. 28. 선고 2017허4532 판결, 2018. 11. 15. 선고 2018허3444 판결, 2018. 10. 5. 선고 2017허8435 판결, 2017. 9. 15. 선고 2017허1977 판결, 2016. 12. 16. 선고 2015허6916 판결, 2013. 10. 2. 선고 2012허11436 판결, 2013. 7. 25. 선고 2012허11498 판결, 2011. 9. 23. 선고 2011허293 판결
5) 대법원 2011. 9. 8. 선고 2010후3356 판결, 특허법원 2021. 9. 16. 선고 2021허1837 판결, 2021. 7. 9. 선고 2020허4969 판결, 2020. 7. 10. 선고 2020허1991 판결, 2020. 6. 4. 선고 2020허1175 판결,

▶ 청구취지로서의 특정이 불비한 경우에는 일사부재리의 효력이 미치는 범위가 불명확하기 때문에, 청구원인으로서는 제대로 특정이 된 경우라도 본안심결을 할 수는 없으므로 각하해야 한다.

▶ 확인대상발명이 특허발명에 대비되는 일부 구성이 결여되어 있어 특허발명의 권리범위에 속하지 않음이 명백한 경우에는 청구원인으로서 확인대상발명이 특정된 것이지만, 확인대상발명 자체의 일부 구성이 불명확하여 사회통념상 특허발명의 권리범위에 속하는지를 확인하는 대상으로서 다른 것과 구별될 수 없는 경우에는 청구취지로서 확인대상발명이 특정되었다고 볼 수 없으므로, 결국 확인대상발명은 특정되지 않았다고 보아야 하고 그 자체로서 각하할 것이지 본안판단에 나아갈 수는 없다.

▶ 확인대상발명 자체가 사회통념상 특허발명의 권리범위에 속하는지를 확인하는 대상으로서 다른 것과 구별될 수 있는 정도로 구체적으로 특정되어 있는 경우에는 청구취지로서 특정되었다고 보아야 하므로, 비록 확인대상발명이 특허발명에 대비되는 일부 구성이 결여되었거나 불명확한 경우라도 나머지 구성만으로도 특허발명과 대비하여 차이점을 판단할 수 있다면 청구원인으로서 특정된 것으로 보고, 본안판단에 나아갈 수 있다.

(2) 불특정 구성으로 인한 확인대상발명의 확정 불가

▷ 특정되지 않은 구성이 다수가 존재함으로 인해 확인대상발명이 변경될 수 있는 경우에는 구체적인 확인대상발명이 어떠한 것인지 확정할 수 없게 된다. 확인대상발명이 특정되었다고 하기 위해서는 확인대상발명의 실체가 무엇인지 제3자가 객관적으로 인식할 수 있는 정도로는 최소한 특정을 하여야 한다.[6]

▶ 청구이유를 감안하여 보더라도 확인대상발명을 전혀 알 수 없는 경우에는 청구취지로서 확인대상발명이 특정되지 않은 것으로 보아야 하므로, 권리범위확인심판을 청구할 때에는 특허발명의 권리범위에 속하는지를 확인하는 대상으로서 확인대상발명은 적어도 실체가 무엇인지는 알 수 있도록 특정해야 확인대상발명이 청구취지로서 특정된 것으로 본다.

2017. 9. 15. 선고 2017허1977 판결, 2016. 12. 16. 선고 2015허6916 판결, 2013. 10. 2. 선고 2012허11436 판결, 2013. 7. 25. 선고 2012허11498 판결, 2011. 9. 23. 선고 2011허293 판결

• 확인대상발명의 일부 구성이 불명확하여 다른 것과 구별될 수 있는 정도로 구체적으로 특정되어 있지 않다면, 특허심판원은 요지변경이 되지 않는 범위 내에서 확인대상발명의 설명서 및 도면에 대한 보정을 명하는 등의 조치를 취해야 하며, 그럼에도 불구하고 그와 같은 특정에 미흡함이 있다면 심판청구를 각하해야 한다(대법원 2011. 9. 8. 선고 2010후3356 판결, 특허법원 2021. 9. 16. 선고 2021허1837 판결).

6) 박길채, 확인대상발명의 특정, 2020 TOP10 특허판례 세미나(2021. 4.), 한국특허법학회

※ 청구취지로서 특정된 것으로 본 사례

○ 특허법원 2018. 11. 15. 선고 2018허3444 판결

확인대상발명의 설명서에는 구동부, 신호 입력부, 회전수 및 회전시간 검출부, 제어부, 전류검출부, 전원감시부를 구성요소로 하는 배연창 개폐기인 확인대상발명이 사회통념상 특허발명의 권리범위에 속하는지를 확인하는 대상으로서 다른 것과 구별될 수 있는 정도로 구체적으로 특정되어 있다.

○ 특허법원 2018. 10. 5. 선고 2017허8435 판결

확인대상발명의 설명에 '연결봉'과 '연결판'이 다수 개 더 설치되지 않았다는 사정만으로는 확인대상발명이 적법하게 특정되지 않았다거나 장래 실시가 불가능한 발명이라고 볼 수 없으며, 달리 확인대상발명의 설명에서 특정된 구성에 의해서는 확인대상발명의 실시가 불가능하다거나, 확인대상발명을 특허발명과 대비할 수 없다거나, 확인대상발명의 일부 구성이 불명확하여 사회통념상 다른 것과 구별되지 않았다고 볼 만한 자료도 없다.

○ 특허법원 2018. 11. 28. 선고 2017허4532 판결

확인대상발명의 설명서에는 "확인대상발명의 갱폼 안전 인양 시스템은 상기 수직부재의 양측에 설치된 가이드부재, 가이드부재에 끼워지게 설치되는 안전고리부재를 포함한다."라고 적혀 있고, [도 1] 내지 [도 5]에는 위 수직부재의 양측에 어떠한 부재가 설치되어 안전고리부재가 끼워져 있는 형상이 나타나 있고 이것이 도면부호 '11a'로 표시되어 있어 위 가이드부재를 가리키고 있음을 알 수 있으므로, 확인대상발명의 가이드부재가 위와 같이 특정됨으로써 확인대상발명은 사회통념상 특허발명의 권리범위에 속하는지를 확인하는 대상으로서 다른 것과 구별될 수 있는 정도로 구체적으로 특정되어 있다.

○ 특허법원 2017. 6. 28. 선고 2016허1031 판결, 2017. 6. 28. 선고 2016허1048 판결

확인대상발명은 제1, 2, 3 부형제의 각 평균 입자크기와 부형제 총량에서 차지하는 각 혼합비율을 수치범위로 한정하였고, 각 평균 입자크기의 수치한정범위가 특허발명의 '굵은 부형제'의 평균 입자크기의 수치한정범위와 '미세한 부형제'의 평균 입자크기의 수치한정범위 양자에 모두 걸치는 것도 아니므로, 확인대상발명이 특허발명의 구성요소인 '굵은 부형제'와 '미세한 부형제'를 포함하는지를 판단할 수 있다. 더구나 피청구인의 주장에 의하더라도 확인대상발명의 제1, 2, 3 부형제가 각각 ML006, SV003 및 SV010이라는 단일 제품으로 특정될 수 있다는 것이므로, 확인대상발명은 사회통념상 특허발명의 권리범위에 속하는지를 확인하는 대상으로서 다른 것과 구별될 수 있다.

※ 청구취지로서 특정되지 않은 것으로 본 사례

○ 대법원 2011. 9. 8. 선고 2010후3356 판결

확인대상발명의 설명서에 적힌 구성 중 'HFC, CDMA, 광 등 간선망을 이용한 데이터 통신'에 관한 부분은 명시적으로 적힌 HFC, CDMA, 광 이외에 간선망을 이용한 다른 방식의 데이터 통신의 실시형태까지도 포함하는 것인데, 간선망은 여러 계층 구조로 이루어진 전체 망에서 중추 회선의 기능을 하는 것을 의미할 뿐, 구체적인 데이터 통신 방식을 지칭하는 용어는 아니어서, '간선망을 이용한 데이터 통신'이라는 기재 자체만으로는 데이터 통신을 위하여 어떠한 방식을 이용하는지 객관적·일의적으로 알 수 없고, 따라서 확인대상발명은 일부 구성이 불명확하여 사회통념상 다른 것과 구별될 수 있는 정도로 구체적으로 특정된 것으로 볼 수 없다.

○ 특허법원 2020. 7. 10. 선고 2020허1991 판결

확인대상발명에서 전기분해가 일어나도록 제1 전해장치에 '− 전극'을 공급하는 방법 내지 수단이 여러 가지 존재하는 점을 고려하면, 확인대상발명은 제1 전해장치에 '− 전극'을 공급하는 방법 내지 수단이 특정되지 않음으로써, 확인대상발명의 제1 전해장치가 특허발명의 제1 전해장치와 동일 또는 균등한 구성요소인지를 판단할 수 없게 된 것은 물론, 확인대상발명은 사회통념상 특허발명의 권리범위에 속하는지를 확인하는 대상으로서 다른 것과 구별될 수 있는 정도로 구체적으로 특정된 것으로 볼 수 없다.

○ 특허법원 2013. 7. 25. 선고 2012허11498 판결

확인대상발명의 설명서에는 페이지 이동 횟수 정보를 산출하는 방법 및 페이지 이동 횟수 정보를 이용하여 새로 고침과 새 창 열기를 구분하는 방법에 대하여 아무런 기재가 없다. 따라서 어떠한 방식으로 페이지 이동 횟수 정보를 산출하여 새로 고침과 새 창 열기의 이벤트 유형을 구분하는지 객관적·일의적으로 알 수 없으므로, '접속자 단말의 현재의 접속 정보와 이전의 접속 정보를 비교하여 접속자 단말에서 발생한 이벤트의 유형을 판단하는 단계에서, 접속 정보는 이전 URL 정보 및 현재 URL 정보와 페이지 이동 횟수 정보를 포함하고, 발생 이벤트 유형은 새로 고침 및 새 창 열기를 포함하는 것'은 사회통념상 다른 것과 구별될 수 있는 정도로 구체적으로 특정되었다고 할 수 없다.

○ 특허법원 2011. 9. 23. 선고 2011허293 판결

특허발명의 '본체', '전도판' 및 '제1, 2단자'에는 확인대상발명의 '본체', '전도판' 및 '제1, 2단자'가 대비될 수 있으나, 특허발명의 '본체'의 구성 중 '물리적 형체를 가지는 제1, 2체결단'에 대하여는 그에 대비될 만한 구성을 확인대상발명이 가지고 있는지 여부가 명확하지 않으므로, 확인대상발명은 사회통념상 특허발명의 권리범위에 속하는지를 확인하는 대상으로서 다른 것과 구별될 수 있는 정도로 구체적으로 특정된 것으로 볼 수 없다.

나. 침해소송의 경우

1) 소송물의 특정

가) 청구원인과 청구취지에 의하여 특정

□ 특허권 침해로 인한 침해금지 및 폐기청구 또는 손해배상청구소송에서 특허발명의 특정 청구항에 기한 특허권과 그 특허권을 침해하는 제품 또는 방법이 청구원인사실을 구성하게 되고, 그 청구원인과 청구취지에 의하여 소송물이 특정된다.[7)]

나) 침해금지청구와 손해배상청구는 청구의 기초사실 동일

□ 침해금지청구와 이에 따른 손해배상청구는 각 청구의 기초가 되는 사실이 동일하다.[8)]

2) 특정의 정도

가) 사회통념상 다른 것과 구별될 수 있는 정도

□ 특허권 침해의 금지를 청구하는 경우, 청구의 대상이 되는 제품이나 방법은 사회통념상 침해의 금지를 구하는 대상으로서 다른 것과 구별될 수 있는 정도로 구체적으로 특정되어야 한다.[9)]

나) 집행대상의 식별에 지장이 없는 정도

□ 특허권 침해의 금지청구에 있어서, 특허권자는 제조·판매의 금지를 구하는 침해자의 생산·판매 제품을 침해 여부의 판단 및 집행대상의 식별에 지장이 없도록 구체적으로 특정해야 한다.[10)]

다) 집행기관의 별도의 판단 없이 다른 것과 구별할 수 있는 정도

□ 특허권 침해의 금지 및 침해를 조성한 물건의 폐기를 구하는 소의 청구취지에서 생산·양도 등 금지되는 행위의 객체가 되는 물건 및 폐기 대상이 되는 물건은 그 청구를 인용하는 판결이 확정되었을 경우에 집행기관이 별도의 판단 없이 다른 것과 구별할 수 있는 정도로 구체적·개별적으로 특정되어야 한다.[11)]

---

7) 특허법원 2017. 7. 21. 선고 2016허2416 판결
8) 서울고법 2005. 12. 7. 선고 2003나38858 판결
9) 대법원 2019. 1. 31.자 2016마5698 결정, 2011. 9. 8. 선고 2011다17090 판결, 특허법원 2023. 4. 12. 선고 2021나1527 판결, 2017. 6. 28. 선고 2016허1031 판결, 2017. 6. 28. 선고 2016허1048 판결, 서울중앙지법 2019. 9. 27. 선고 2016가합517422 판결, 2015. 12. 26. 선고 2014가합593842 판결, 2014. 1. 23. 선고 2013가합23162 판결, 2013. 4. 18. 선고 2012가합521324 판결, 광주지법 2017. 10. 26. 선고 2016가합55495,58043 판결, 서울서부지법 2015. 12. 3. 선고 2014가합5302 판결, 대전지법 2014. 5. 15. 선고 2013가합3334 판결
10) 서울고법 2011. 1. 19. 선고 2010나77394 판결, 서울중앙지법 2014. 4. 4. 선고 2013가합59345 판결
11) 특허법원 2019. 9. 6. 선고 2018나1381,1398 판결

▷ 침해소송의 청구취지로서 침해제품의 특정은 기판력의 객관적 범위, 집행력의 범위를 정하는 것과 동시에 특허권 침해를 이유로 하는 손해배상청구권 또는 부당이득반환청구권에 대한 소의 제기에 의하여 소멸시효중단의 효력이 미치는 범위를 정한다는 점에서 의미를 가지기 때문에, 침해제품을 특정할 수 있도록 사회통념상 다른 것과 구별될 수 있도록 적혀야 한다. 실무적으로는 침해금지의 소에 있어서는 특허권자가 소장 말미에 침해제품의 구성이 설명서 및 도면으로 표현된 '침해제품목록' 등을 별지로 첨부하여 이를 청구취지에서 인용하여 침해제품의 특정에 이용하고 있다.[12)]

3) 특정의 방법

가) 제조 · 판매한 물품에 대한 석명

□ 특허권 침해 여부를 심리 · 판단하는 법원으로서는 피고인이 제조 · 판매한 물품이 무엇인지에 관하여 먼저 밝혀보아야 한다.[13)]

나) 침해금지대상제품의 구성과 제조방법에 대한 증명책임

▶ 침해금지청구를 구하는 특허권자는 금지의 대상이 되는 제품 · 방법과 금지를 구하는 침해행위의 태양을 구체적으로 특정해야 하고, 특허권자는 상대방 제품의 구체적인 구성이나 제조방법에 대하여 증명책임이 있다.

다) 침해대상과 침해제품의 특정방법

(1) 침해대상의 특정방법

(가) 특허등록번호를 적는 방법

□ 침해의 대상과 관련하여, 특허등록번호를 적는 방법 등에 의하여 침해대상 특허발명을 특정할 수 있어야 한다.[14)]

(나) 등록번호나 출원번호

□ 침해대상에 관하여는 등록번호나 출원번호는 하나씩만 있으므로 등록번호나 출원번호로도 침해대상 특허발명을 충분히 특정할 수 있다.[15)]

(2) 침해제품의 특정방법

(가) 침해태양의 특정방법

□ 침해의 태양과 관련하여, 침해제품의 제품명, 제품번호 또는 침해제품의 구성을 적는

12) 전지원, 확인대상발명의 특정, 대법원판례해설 90호, 법원도서관(2011), 708~709면
13) 대법원 2007. 6. 29. 선고 2006도6810 판결
14) 대법원 2016. 5. 26. 선고 2015도17674 판결, 2007. 8. 23. 선고 2005도5847 판결
15) 서울중앙지법 2018. 6. 1. 선고 2017가합580144 판결

방법에 의하여 침해제품을 다른 것과 구별할 수 있을 정도로 특정할 수 있어야 한다.[16)]

(나) 실시제품의 특정방법

(ㄱ) 신청취지에 적힌 모델명

□ 실시제품을 특정할 때에는 신청취지에 적힌 모델명 등으로 특정할 수 있다.[17)]

(ㄴ) 제품명, 제품사진

□ 실시제품은 제품명, 모델명, 제품사진, 주요 특징 등을 종합하여 침해의 금지를 구하는 대상이 다른 제품과 구별될 수 있을 정도로 특정되면 충분하다.[18)]

※ 청구취지로서 특정된 것으로 본 사례

○ 서울중앙지법 2015. 12. 26. 선고 2014가합593842 판결

피고 제품은 피고의 카탈로그에서 피고가 제작·판매하는 것으로 특정하고 있는 제품명 및 제품 사진에 의하여 특정되고 있는바, 이는 사회통념상 침해의 금지를 구하는 대상으로서 다른 것과 구별될 수 있는 정도로 구체적으로 특정된 것이다.

※ 청구취지로서 특정되지 않은 것으로 본 사례

○ 대법원 2016. 5. 26. 선고 2015도17674 판결

이 사건 공소사실에는 범죄의 방법에 대하여, "피고인은 2013. 1.경 B목재에서, 피해자 A주식회사가 대한민국 특허청에 특허등록번호 제1111로 등록한 '팔레타이저용 조립형 포장박스'와 그 구성요소가 동일하고, 위 특허의 권리범위에 속하는 포장박스를 제작·생산 및 판매함으로써 피해자 회사의 특허권을 침해하였다."라고만 기재하고 있어서, 피고인이 제작·생산 및 판매하였다는 침해제품인 포장박스가 어떠한 것인지 명확하게 적시되어 있지 않아 이를 특정할 수 없고, 그와 함께 기재된 공소사실의 다른 사항을 고려하더라도 마찬가지이므로, 이 사건 공소는 그 공소사실이 특정되었다고 할 수 없다.

○ 서울중앙지법 2007. 12. 17.자 2007카합3269 결정

채권자가 '침사분리기'에 관한 특허권자인데, 채무자가 특허발명과 동일한 침사분리기를 제조·판매하고 있음을 이유로 '채권자의 특허권과 동일한 침사분리기'의 제조·판매의 금지를 구하면서, 집행

---

16) 대법원 2016. 5. 26. 선고 2015도17674 판결, 2007. 8. 23. 선고 2005도5847 판결
17) 대법원 2019. 1. 31.자 2016마5698 결정
18) 특허법원 2023. 4. 12. 선고 2021나1527 판결
• 청구취지로서 실시제품을 특정함에 있어서 실시제품의 명칭, 모델번호로 특정하는 것으로 충분하다(한규현, 2016년도 법관연수 지식재산소송실무, 사법연수원(2016), 119~120면).

이 가능할 정도로 특정하지 못한 것이다.

○ 서울중앙지법 2007. 12. 6.자 2007카합2071 결정
채권자가 '컴퓨터 다중망 선택장치'에 관한 특허발명의 특허권자인데, 채무자가 특허발명의 구성요소를 그대로 사용하여 '컴퓨터 망 전환장치'를 제조·판매하고 있음을 주장하며, 그 생산·사용·판매 등의 금지를 구하면서, 채권자가 채무자가 실시하고 있는 '컴퓨터 망 전환장치'의 회로도에 관하여 특정하지 않고, 단지 채권자의 특허발명을 이용한 일체의 제품을 생산·판매해서는 안 된다고 주장하고 있음에 불과하여, 집행이 가능할 정도로 채무자 실시발명에 대하여 특정하지 못한 것이다.

2 청구원인으로서 확인대상발명의 특정

가. 권리범위확인심판의 경우

1) 특정의 이유

가) 특정의 필요성

□ 확인대상발명의 특정은 특허발명과의 대비를 위한 것이므로,[19] 확인대상발명을 특허발명과 대비할 수 있을 정도로 구체적으로 특정하도록 요구하는 것은, 그렇지 않고서는 권리범위의 속부 판단을 하기 곤란하기 때문이다.[20]

▷ 권리범위확인심판에서 확인대상발명의 특정 여부를 먼저 살피는 이유는, 심판대상물이 특정되어야만 권리범위의 속부를 판단할 수 있기 때문이다. 따라서 확인대상발명이 특정되지 않았다면 특허발명과 대비하고자 하는 심판대상물이 특정되지 않은 것이므로, 청구취지가 특정되지 않은 것이다.[21]

▶ 청구원인으로서 확인대상발명의 특정은 확인대상발명이 당해 특허발명과 서로 대비할 수 있을 만큼 구체적으로 특정된 것을 말하는 것으로서, 확인대상발명이 특허발명의 보호범위에 속하는지 여부의 전제가 된다.

나) 구체적으로 특정해야 하는 이유

□ 권리범위확인심판에서 확인대상발명을 특허발명과 대비 가능하도록 특정해야 하는 이유는, 각각의 구성요소가 유기적 일체로 결합된 확인대상발명 전체가 특허발명과

---

19) 특허법원 2004. 9. 10. 선고 2003허6531 판결
20) 특허법원 2012. 11. 15. 선고 2012허5127 판결, 2012. 10. 11. 선고 2012허2524 판결
21) 권오희, 권리범위확인심판에서의 심판대상물에 관한 고찰, 특허법원 개원 10주년 기념논문집, 특허법원 (2008. 2.), 441면

실질적으로 동일한 것인지 여부를 가리기 위한 것으로서, 확인대상발명의 불특정으로 말미암아 그 대응 구성요소와의 대비가 불가능하여 권리범위에 속하는지 여부에 대한 판단을 할 수 없는 경우를 배제시키기 위한 것이다.[22]

2) 특정의 정도

가) 특허발명의 구성요소와 대비하여 차이점 판단에 필요한 정도

□ 청구원인으로서 확인대상발명은 당해 특허발명과 서로 대비할 수 있을 만큼 구체적으로 특정되어야 하는데,[23] 그 특정을 위해서는 대상물의 구체적인 구성을 전부 적어야 하는 것은 아니지만,[24] 특허발명의 구성요소에 대응하는 부분의 구체적인 구성을 적어야 하고, 그 구체적 구성의 기재 정도는 특허발명의 구성요소와 대비하여 그 차이점을 판단하는 데 필요할 정도는 되어야 한다.[25]

나) 특허발명의 구성요소와 대응되는 구성요소의 특정

□ 확인대상발명은 특허발명의 구성요소와 대응되지 않는 부분에 대해서까지 특정해야 하는 것은 아니지만,[26] 확인대상발명의 설명서 및 도면에 특허발명의 구성요소에 대응하는 구성요소 외에 구성의 대비에 직접적으로 필요하지 않은 부수적인 구성요소를 상세하게 적었다 하더라도 특허발명의 구성요소와 대응되는 구성요소를 파악하거나 그 차이점을 판단하는 것이 불가능하다고 볼 수는 없으므로, 확인대상발명은 특정된 것으로 보아야 한다.[27]

---

22) 특허법원 2009. 8. 12. 선고 2008허9481 판결, 2005. 8. 25. 선고 2004허8527 판결

23) 대법원 2020. 5. 28. 선고 2017후2291 판결, 2013. 4. 25. 선고 2012후85 판결, 2012. 11. 15. 선고 2011후1494 판결, 2011. 9. 8. 선고 2010후3356 판결, 2010. 5. 27. 선고 2010후296 판결, 2009. 9. 10. 선고 2007후3356 판결, 2007. 11. 15. 선고 2006후1179 판결, 2007. 2. 8. 선고 2005후1240 판결, 2006. 11. 23. 선고 2005후25 판결, 2006. 4. 28. 선고 2004후2826 판결, 2006. 4. 28. 선고 2004후3195 판결, 2005. 9. 29. 선고 2004후486 판결, 2005. 4. 29. 선고 2003후656 판결, 2004. 10. 15. 선고 2003후1727 판결, 2004. 10. 14. 선고 2003후2164 판결, 2004. 2. 13. 선고 2002후2471 판결

24) 특허법원 2017. 2. 17. 선고 2016허6838 판결, 2017. 2. 17. 선고 2016허6845 판결

25) 대법원 2013. 4. 25. 선고 2012후85 판결, 2012. 11. 15. 선고 2011후1494 판결, 2010. 5. 27. 선고 2010후296 판결, 2009. 9. 10. 선고 2007후3356 판결, 2007. 11. 15. 선고 2006후1179 판결, 2007. 2. 8. 선고 2005후1240 판결, 2006. 11. 23. 선고 2005후25 판결, 2006. 4. 28. 선고 2004후2826 판결, 2006. 4. 28. 선고 2004후3195 판결, 2005. 9. 29. 선고 2004후486 판결, 2005. 4. 29. 선고 2003후656 판결, 2004. 10. 15. 선고 2003후1727 판결, 2004. 10. 14. 선고 2003후2164 판결, 2004. 2. 13. 선고 2002후2471 판결, 2004. 10. 14. 선고 2003후2164 판결, 2004. 2. 13. 선고 2002후2471 판결

• 확인대상발명이 어느 정도로 특정되어야 하는지와 관련하여, 확인대상발명이 특허발명의 권리범위에 속하는지 여부를 판단할 수 있을 정도로 특정해야 한다는 것이 일응의 기준이 된다(원유석, 심결취소소송 사례 연구, 2008년도 변리사 민사소송실무연수, 대한변리사회, 138면).

26) 특허법원 2016. 11. 4. 선고 2016허1987 판결, 2003. 11. 14. 선고 2002허7155 판결, 1999. 5. 27. 선고 99허536 판결

▶ 확인대상발명의 특정 여부는 확인대상발명의 설명서 및 도면에 적힌 기술구성 자체만으로 특허발명의 권리범위에 속하는지 여부가 명확하게 가려지게 되는지 여부에 달려있으므로, 확인대상발명이 특정된 것으로 볼 수 있을 정도로 구체적으로 적힌 것인지는 확인대상발명의 설명서 및 도면만으로 확인대상발명이 특허발명의 권리범위에 속하는지 여부를 명확히 가릴 수 있는지를 기준으로 판단한다.

▷ 확인대상발명이 아무리 세부적인 사항까지 자세히 적혀 있다고 하더라도, 특허발명의 구성요소에 대응되는 구성이 불명확하게 적혀 있음으로 인하여 확인대상발명의 설명서 및 도면만으로는 특허발명의 권리범위에 속하는지 여부를 가릴 수 없을 때에는 특정이 미흡한 것으로 보지만, 비록 확인대상발명이 개략적으로 적혀 있다고 하더라도 특허발명의 구성요소에 대응되는 구성이 명확하게 적혀 있음으로 인하여 확인대상발명의 설명서 및 도면만으로도 특허발명의 권리범위에 속하는지 여부를 가릴 수 있을 때에는 적법하게 특정된 것으로 본다.[28)]

▶ 확인대상발명의 특정은 특허발명의 기재 정도에 따라 그 정도가 정해지는 것인데, 확인대상발명의 구성을 특허발명의 구성요소와 대비될 수 있을 정도로 구체적으로 적어야만 확인대상발명이 특허발명의 권리범위에 속하는지 여부를 판단할 수 있게 되므로, 비로소 특정된 것으로 본다.

다) 확인대상발명의 특정이 불비한 유형

(1) 특허발명에 속하는 경우와 불속의 경우를 포함

□ 확인대상발명이 특허발명에 속하는 경우와 속하지 않는 경우를 모두 포함하고 있거나 포함할 수 있는 경우에는 확인대상발명은 특허발명과 대비할 수 있을 만큼 구체적으로 특정된 것으로 볼 수 없다.[29)]

(2) 확인대상발명의 구성요소에 대한 해석에 따라서 속부에 차이

□ 확인대상발명의 구성요소에 대한 해석 여하에 따라서 확인대상발명이 특허발명의 권리범위에 속하는지 여부에 대한 결론이 달라지게 되는 경우에는 확인대상발명은 적법하게 특정된 것으로 볼 수 없다.[30)]

---

27) 특허법원 2004. 8. 19. 선고 2003허5651 판결
28) 권오희, 권리범위확인심판에서의 심판대상물에 관한 고찰, 특허법원 개원 10주년 기념논문집, 특허법원(2008. 2.), 443면
(같은 취지) 대법원 2002. 4. 23. 선고 2000후2323 판결
29) 특허법원 2022. 10. 28. 선고 2022허1377 판결
30) 특허법원 2009. 12. 23. 선고 2009허5417 판결; 권오희, 권리범위확인심판에서의 심판대상물에 관한 고

(3) 확인대상발명의 기술구성이 속부 판단이 곤란할 정도로 애매하게 기재

□ 확인대상발명의 기술구성이 특허발명의 권리범위에 속하는지 여부를 판단하기 곤란할 정도로 애매하게 적힌 경우에는 확인대상발명은 적법하게 특정된 것으로 볼 수 없다.[31)]

라) 특허발명과의 대비가 불가능하여 그 자체로서 부적법한 경우

(1) 처음부터 서로 대비할 수 없는 것을 기술내용으로 하고 있는 경우

□ 확인대상발명이 처음부터 특허발명과는 그 구성요건에 대응하여 서로 대비할 수 없는 것을 그 기술내용으로 하고 있는 경우에는 특허발명과의 대비가 불가능한 경우에 해당하므로 그 자체로서 부적법하다.[32)]

(2) 기술구성을 구체적으로 특정할 수 없는 경우

□ 확인대상발명이 그 기술구성을 구체적으로 특정할 수 없는 경우에는 특허발명과의 대비가 불가능한 경우에 해당하므로 그 자체로서 부적법하다.[33)]

마) 소극적 권리범위확인심판의 특정 정도

(1) 적극적 권리범위확인심판보다 엄격한 특정 요구

□ 소극적 권리범위확인심판은 상대방이 실시하고 있는 기술의 내용을 확인대상으로 하는 적극적 권리범위확인심판의 경우와는 달리, 청구인 스스로가 확인대상발명의 실시자이기 때문에 기술내용을 구체적으로 특정하는 것이 훨씬 쉬우므로, 확인대상발명의 구체적 특정 또한 한층 엄격히 요구해야 한다.[34)]

(2) 특허발명과 대비할 수 있을 만큼 특정

□ 소극적 권리범위확인심판의 청구인은 특허발명의 권리범위에 속하는지 여부에 관하여 분쟁이 생길 염려가 있는 대상물을 특허발명과 대비할 수 있을 만큼 특정하여 청구해야 한다.[35)]

찰, 특허법원 개원 10주년 기념논문집, 특허법원(2008. 2.), 443면

31) 대법원 2001. 8. 21. 선고 99후2372 판결, 2001. 8. 21. 선고 99후2389 판결; 권오희, 권리범위확인심판에서의 심판대상물에 관한 고찰, 특허법원 개원 10주년 기념논문집, 특허법원(2008. 2.), 443면

32) 특허법원 2003. 5. 23. 선고 2001허4821 판결, 2003. 5. 23. 선고 2001허6827 판결, 2003. 5. 23. 선고 2002허1171 판결

33) 특허법원 1998. 10. 29. 선고 98허5343 판결

34) 특허법원 2009. 7. 10. 선고 2008허14339 판결, 2005. 9. 15. 선고 2005허186 판결, 2004. 4. 30. 선고 2003허3020 판결

35) 특허법원 2008. 4. 11. 선고 2007허1640 판결, 2008. 4. 11. 선고 2007허3936 판결

◀ 청구인이 스스로 자기의 실시발명을 특정하는 소극적 권리범위확인심판의 경우에는 적극적 권리범위확인심판의 경우에 비하여 확인대상발명을 더 정확하게 특정할 수 있으므로, 확인대상발명의 특정이 미흡하다는 이유로 각하되는 일이 없도록 유의해야 한다.

3) 과도한 특정 요구 지양

▶ 확인대상발명이 당해 특허발명과 서로 대비할 수 있을 만큼 구체적으로 특정되었음에도 불구하고 필요 이상으로 과도한 특정을 요구하는 경우에는, 확인대상발명과 당해 특허발명의 본안 대비가 실질적으로 불가능하게 되어 당해 특허발명의 권리의 효력이 미치는 범위를 대상물과의 관계에서 구체적으로 확정할 수 없게 될 우려도 있으므로, 일단 특정된 확인대상발명만으로도 당해 특허발명과 대비가 가능하다면 원칙적으로 확인대상발명의 특정 여부는 문제 삼지 않도록 하여야 한다.

나. 침해소송의 경우

1) 특정의 정도

□ 특허권 침해행위의 특정은 금지청구의 대상발명을 특허발명의 구성과 대비할 수 있을 정도로 침해물건에 존재하는 기술적 사상을 정확히 파악하여 문장화하고 도면으로 묘사함으로써 구체적으로 하여야 한다.[36]

▶ 침해물건의 특정은 침해자의 침해물건의 제조·판매나 침해방법의 실시가 특허발명의 기술적 범위에 속한다는 점을 밝히기 위한 전제가 되고, 특허발명의 기술적 범위에 속하는지는 침해물건과 특허발명의 구성요건을 대비하여 판단해야 하므로, 특허권자는 금지청구의 대상인 침해물건을 특허발명의 구성과 대비할 수 있을 정도로 구체적으로 특정해야 한다.

2) 특정의 방법

가) 해당 실시제품의 구체적인 구성 대비

▷ 침해소송에서는 청구원인에서 특허발명과 대비되도록 구성을 적고 있다. 따라서 확인대상발명을 특정함에 있어서도 청구인은 특허발명과 대비되도록 해당 실시제품의 구체적인 구성을 대비하여 권리범위의 속부를 주장하면 된다.[37]

나) 침해물건의 기술적 사상을 파악하여 문장화하고 도면으로 묘사

▶ 청구범위는 기술적 사상의 창작을 문자로 표현한 것이어서 현실적인 침해물건을 그 자

---

36) 서울서부지법 2006. 5. 12. 선고 2003가합677 판결

37) 한규현, 2016년도 법관연수 지식재산소송실무, 사법연수원(2016), 119~120면

체로서 대비하는 것은 어려운 경우가 많으므로, 침해물건에 존재하는 기술적 사상을 정확히 파악하여 이를 문장화하고 도면으로 묘사함으로써 특정해야 하며, 단지 침해물건의 사진만을 첨부한다거나 특허발명과 동일·유사한 실시행위의 금지를 구한다는 것만으로는 침해금지를 구하는 침해물건이 특정되었다고 볼 수 없다.

3) 특정이 불비한 경우의 조치

▷ 침해소송에서는, ① 청구취지로서 특정되지 않은 경우에는 소를 각하하지만, ② 청구원인으로서 특정되지 않은 경우에는 소를 각하하는 것이 아니라 기각한다.[38)]

○ 대법원 2015. 1. 15. 선고 2014도482 판결

피고인 물품의 구체적인 기술적 구성을 알 수가 없다면, 그것이 특허발명과 동일하거나 균등한 관계에 있다고 볼 수 없으므로, 피고인이 특허권을 침해하였다고 할 수가 없다.

Ⅱ. 특정의 실제

1 개요

가. 직권조사사항

□ 확인대상발명의 특정 여부에 관하여 의심이 있을 때에는 당사자의 명확한 주장이 없더라도 특허심판원이 이를 직권으로 조사하여 밝혀보아야 할 사항이다.[39)]

나. 특정의 위치

□ 확인대상발명의 특정 여부는 심판청구의 적법요건이자,[40)] 청구취지의 일부를 구성한다.[41)]

---

38) 지적재산소송실무 제4판, 특허법원 지적재산소송 실무연구회, 박영사(2019), 421면

39) 대법원 2013. 4. 25. 선고 2012후85 판결, 2005. 4. 29. 선고 2003후656 판결, 특허법원 2022. 10. 28. 선고 2022허1377 판결, 2022. 9. 15. 선고 2021허6474 판결, 2022. 7. 13. 선고 2021허4041 판결, 2021. 7. 9. 선고 2020허4969 판결, 2021. 5. 28. 선고 2020허5399 판결, 2020. 7. 10. 선고 2020허1991 판결, 2020. 4. 24. 선고 2019허6402 판결, 2016. 11. 4. 선고 2016허1987 판결, 2011. 5. 12. 선고 2010허5611 판결, 2010. 12. 23. 선고 2010허4564 판결

40) 대법원 2013. 4. 25. 선고 2012후85 판결, 2005. 4. 29. 선고 2003후656 판결, 특허법원 2022. 10. 28. 선고 2022허1377 판결, 2022. 9. 15. 선고 2021허6474 판결, 2022. 7. 13. 선고 2021허4041 판결, 2021. 7. 9. 선고 2020허4969 판결, 2021. 5. 28. 선고 2020허5399 판결, 2020. 7. 10. 선고 2020허1991 판결, 2020. 4. 24. 선고 2019허6402 판결, 2018. 12. 20. 선고 2018허1554 판결, 2018. 8. 24.

▷ 확인대상발명의 특정 여부는 심판대상물의 특정에 관한 것이므로 심판요건에 해당하고, 만일 심판요건의 흠결이 있으면 특허심판원은 본안심결을 해서는 안 되고 청구를 부적법하다고 하여 각하해야 한다.[42]

다. 특정의 중요성

1) 심판대상의 명확화

□ 확인대상발명의 특정 여부는 심판대상을 명확히 하는 것이라는 점에서 매우 중요하다.[43]

2) 특허심판의 적법요건

□ 확인대상발명이 적법하게 특정되었는지 여부는 특허심판의 적법요건으로서 그 특정 여부에 관하여 의심이 있을 때에는 당사자의 명확한 주장이 없더라도 특허심판원이 이를 직권으로 조사하여 밝혀야 한다.[44]

3) 불특정시 부적법 각하

□ 확인대상발명이 특정되지 않은 경우에는 그 심판청구는 청구취지가 특정되지 않아

선고 2018허1301 판결, 2017. 12. 1. 선고 2017허3676 판결

41) 특허법원 2018. 6. 28. 선고 2017허7302 판결, 2016. 11. 4. 선고 2016허4283 판결, 2013. 1. 24. 선고 2011허11668 판결, 2009. 7. 10. 선고 2008허14339 판결, 2005. 4. 1. 선고 2004허3126 판결

42) 김철환, 심결취소소송에서의 소의 이익, 사법논집 38집(2004), 568면

• 확인대상발명의 특정은 심판대상을 명확히 하는 심판청구의 적법요건이다. 권리범위확인심판에서 확인대상발명이 특허발명의 권리범위에 속하는지 여부를 판단하기 위해서는 청구범위 해석의 원칙에 비추어 볼 때 특허발명의 각 구성요소 사이의 유기적 결합관계가 확인대상발명에 그대로 포함되어 있는지의 여부를 대비해야 하므로, 우선 심판청구의 대상인 확인대상발명의 기술적 구성이 특허발명과 서로 대비할 수 있을 만큼 구체적으로 특정되어야 한다. 그렇지 않다면 심판청구서의 청구취지와 이유가 형식적으로 적혀 있으나 그 기재로서 심판대상을 특정할 수 없는 경우에 해당하여 심판청구가 부적법하게 된다(박성수, 특허 명세서에 종래기술로 적힌 기술은 특별한 사정이 없는 한 출원 전 공지기술로 보아야 하는지, 대법원판례해설 56호, 152면).

43) 대법원 2013. 4. 25. 선고 2012후85 판결, 2005. 4. 29. 선고 2003후656 판결, 특허법원 2022. 10. 28. 선고 2022허1377 판결, 2022. 9. 15. 선고 2021허6474 판결, 2022. 7. 13. 선고 2021허4041 판결, 2021. 7. 9. 선고 2020허4969 판결, 2021. 5. 28. 선고 2020허5399 판결, 2020. 7. 10. 선고 2020허1991 판결, 2020. 4. 24. 선고 2019허6402 판결, 2018. 12. 20. 선고 2018허1554 판결, 2018. 8. 24. 선고 2018허1301 판결, 2003. 6. 26. 선고 2002허6268 판결, 2001. 1. 5. 선고 2000허600 판결

44) 대법원 2013. 4. 25. 선고 2012후85 판결, 2005. 4. 29. 선고 2003후656 판결, 특허법원 2022. 10. 28. 선고 2022허1377 판결, 2022. 9. 15. 선고 2021허6474 판결, 2022. 7. 13. 선고 2021허4041 판결, 2021. 7. 9. 선고 2020허4969 판결, 2021. 5. 28. 선고 2020허5399 판결, 2020. 7. 10. 선고 2020허1991 판결, 2020. 4. 24. 선고 2019허6402 판결, 2018. 12. 20. 선고 2018허1554 판결, 2018. 8. 24. 선고 2018허1301 판결, 2017. 12. 1. 선고 2017허3676 판결

부적법한 것이므로 각하되어야 한다.[45]

라. 특정의 판단시점

1) 심결시

가) 확인대상발명의 특정의 기준시점

□ 확인대상발명의 특정은 심판청구의 적법요건으로서 심결시를 기준으로 판단되고, 이에 대한 취소소송은 그러한 심결의 적법 여부만을 판단대상으로 한다.[46]

나) 확인대상발명의 특정 여부를 판단하는 기준시점

▷ 확인대상발명의 특정 여부를 판단하는 기준시점도 심결시인데, 이는 취소소송은 심결의 위법성 여부가 소송물로 되고 그 판단의 기준시점은 심결시로 되는 것이 원칙이기 때문이다.[47]

다) 권리범위 속부의 판단시점

□ 확인대상발명이 특허발명의 권리범위에 속하는지의 여부에 대한 판단의 기준시점도 심결시이다.[48]

라) 확인대상발명의 확정시점

□ 심결의 심판대상인 확인대상발명도 심결시에 확정된다.[49]

2) 심결취소소송에서 확인대상발명의 불특정 주장 불허

□ 확인대상발명의 특정에 책임이 있는 청구인이 소극적 권리범위확인심판단계에서는 확인대상발명의 특정에 관한 주장을 하지 않다가 청구가 기각된 심결의 취소소송에 이르러 확인대상발명이 특정되지 않았다고 주장하는 것은 신의칙상 허용될 수 없다.[50]

3) 확인대상발명의 특정의 판단순서

□ ① 확인대상발명의 자유실시기술 여부를 확인대상발명의 특정 여부에 앞서 판단해야 한다는 판결,[51]

---

45) 특허법원 2003. 6. 26. 선고 2002허6268 판결, 2001. 1. 5. 선고 2000허600 판결
46) 특허법원 2007. 10. 5. 선고 2007허647 판결, 2007. 1. 19. 선고 2006허4406 판결, 2007. 1. 19. 선고 2006허4413 판결
47) '원유석, 심결취소소송 사례 연구, 2008년도 변리사 민사소송실무연수, 142면, 대한변리사회'도 동일한 취지로 적고 있다.
48) 대법원 2023. 2. 2. 선고 2022후10210 판결, 특허법원 2004. 12. 3. 선고 2004허3195 판결
49) 특허법원 2018. 8. 24. 선고 2018허1301 판결
50) 특허법원 2008. 11. 5. 선고 2008허9825 판결
51) 대법원 2003. 9. 23. 선고 2001후1907 판결(소극), 특허법원 2014. 5. 16. 선고 2013허7793 판결(적

② 특허발명의 신규성 여부를 확인대상발명의 특정 여부에 앞서 판단해야 한다는 판결,[52]

③ 확인대상발명의 특정 여부를 확인대상발명의 자유실시기술 여부나 특허발명의 신규성 여부에 앞서 판단해야 한다는 판결이 있는데,[53]

④ 실무는, 본안 전 사항인 확인대상발명의 특정 여부를 먼저 살핀 다음에 본안사항인 확인대상발명의 자유실시기술 여부나 특허발명의 신규성 여부를 살피고 있다.[54]

4) 권리범위확인심판의 종류에 따른 특정의 판단순서

가) 적극적 권리범위확인심판

★▶ ① 본안 전 사항인 확인대상발명의 특정 여부는 청구인에게 불리한 것이고, ② 본안사항인 확인대상발명의 자유실시기술 여부, 특허발명의 무효 여부(기술적 범위 불특정, 실시 불가능, 신규성 부정 등), 출원경과금반언 여부도 청구인에게 불리한 것이므로, 본안 전 사항과 본안사항은 어느 것을 먼저 판단해도 청구인에게 불리한 것이어서 굳이 판단순서를 가리지 않아도 된다(그러나, 원칙에 따라 본안 전 사항인 확인대상발명의 특정 여부를 먼저 살피는 것이 바람직하다).

나) 소극적 권리범위확인심판

★▶ ① 본안 전 사항인 확인대상발명의 특정 여부는 청구인에게 불리한 것인 반면, ② 본안사항인 확인대상발명의 자유실시기술 여부, 특허발명의 무효 여부(기술적 범위 불특정, 실시 불가능, 신규성 부정 등), 출원경과금반언 여부는 청구인에게 유리한 것이므로, 본안 전 사항과 본안사항은 어느 것을 먼저 판단하는지에 따라 청구인의 유·불리에 차이가 있는 것이어서 반드시 확인대상발명의 특정 여부를 먼저 살펴야 한다.

5) 본안 전 사항과 본안사항끼리의 판단순서

가) 본안 전 사항끼리의 판단순서

▶ 본안 전 사항인 확인대상발명의 특정에는, ① 청구취지로서 확인대상발명의 특정, ② 청구원인으로서 확인대상발명의 특정, ③ 확인대상발명의 실시가능성 여부, ④ 적극적 권리범위확인심판에서의 확인대상발명의 실시 여부, ⑤ 적극적 권리범위확인심판에서

극), 2014. 5. 16. 선고 2013허7809 판결(적극) – 자유실시기술

52) 특허법원 1999. 5. 27. 선고 99허536 판결(소극) – 신규성 부정

53) 특허법원 2007. 5. 10. 선고 2006허6907 판결, 2005. 3. 25. 선고 2004허3614 판결

54) 권오희, 권리범위확인심판에서의 심판대상물에 관한 고찰, 특허법원 개원 10주년 기념논문집, 특허법원 (2008. 2.), 446면

권리 대 권리 여부가 있는데, 이는 모두 청구인에게 불리한 것이므로, 어느 것을 먼저 판단해도 결론에서는 차이가 없는 것이어서, 굳이 판단순서를 가리지 않아도 된다. ⑥ 그러나 청구취지로서 확인대상발명의 특정은 심판물의 특정에 관한 것이고, 사회통념상 다른 것과 구별될 수 있어야 심판물의 집행이 가능하게 되는 것이므로 모든 사항에 앞서 먼저 판단해야 한다.

나) 본안사항끼리의 판단순서

▶ 본안사항인, ① 확인대상발명의 자유실시기술 여부, ② 특허발명의 무효 여부, ③ 출원경과금반언 여부는 모두 권리자에게 불리한 것이므로, 어느 것을 먼저 판단해도 결론에서는 차이가 없는 것이어서 굳이 판단순서를 가리지 않아도 된다.

▷ 권리범위확인심판에서는 확인대상발명이 청구취지 및 청구원인으로서 적법하게 특정된 경우에 비로소 본안에 들어가야 하고, 본안에서는 확인대상발명의 자유실시기술 여부와 특허발명의 신규성 여부 등의 무효사유를 살핀 다음에 확인대상발명을 특허발명과 대비하여 그 권리범위에 속하는지 여부를 살피는 것이 원칙이다.[55]

마. 자백의 성립 여부

1) 원칙

가) 심판단계: 불성립

□ 특허심판에 있어서는 직권탐지주의가 적용되므로 자백이 성립되지 않고, 비록 당사자 일방이 상대방의 주장을 자인한 경우라고 하더라도 그것만으로 심결에 영향을 주어서는 안 된다.[56]

▷ 그러나, 자백에 의한 특허법원의 판결이 확정되면 확정판결의 기속력에 따라 특허심판원의 사실인정은 이에 구속될 수밖에 없게 된다.[57]

나) 소송단계: 성립

□ 심결취소소송에서도 원칙적으로 변론주의가 적용되므로 자백이 성립한다.[58]

---

55) 권오희, 권리범위확인심판의 판단순서에 관한 고찰, 지식재산 21, 특허청(2005. 5.), 136면

56) 대법원 1979. 10. 16. 선고 79후9 판결, 1965. 7. 27. 선고 65후3 판결, 특허법원 2014. 2. 6. 선고 2013허7410 판결, 2012. 6. 14. 선고 2012허412 판결

57) 원유석, 심결취소소송 사례 연구, 2008년도 변리사 민사소송실무연수, 136면, 대한변리사회

58) 대법원 2006. 8. 24. 선고 2004후905 판결, 2006. 6. 2. 선고 2005후1882 판결, 2004. 2. 13. 선고 2003후113 판결, 2000. 12. 22. 선고 2000후1542 판결, 1996. 7. 30. 선고 94누15462 판결, 1992. 8. 14. 선고 91누13229 판결, 1992. 2. 25. 선고 91누5297 판결, 1991. 5. 28. 선고 90누1854 판결

• 변론주의는 주요사실에 관하여 당사자가 변론에서 주장해야 한다는 당사자의 주장책임을 인정하는 원

2) 자백의 방법과 대상

가) 자백의 방법

(1) 명시적인 진술이 있거나 자백의 의사를 추론할 수 있는 경우

□ 자백은 명시적인 진술이 있는 경우에 인정되는 것이 보통이지만, 자백의 의사를 추론할 수 있는 행위가 있으면 묵시적으로 자백을 한 것으로 본다.[59)]

(2) 상대방의 주장에 단순한 침묵이나 불분명한 진술

□ 상대방의 주장에 단순히 침묵하거나 불분명한 진술을 하는 것만으로는 자백이 있다고 볼 수 없다.[60)]

나) 자백의 대상

(1) 사실에 한함

□ 자백의 대상은 사실에 한하고, 사실에 대한 법적 판단 내지 평가는 자백의 대상이 되지 않는다.[61)]

(2) 법률효과의 판단에 직접 필요한 주요사실에 대하여만 적용

□ 자백은 법률효과의 판단에 직접 필요한 주요사실에 대하여만 적용된다.[62)]

(3) 직권조사사항은 자백의 대상 아님

□ 직권조사사항은 자백의 대상이 되지 않는다.[63)]

칙이다(서울남부지법 2006. 3. 29. 선고 2005가단36636 판결).

59) 대법원 2021. 7. 29. 선고 2018다267900 판결

60) 대법원 2022. 4. 14. 선고 2021다280781 판결, 2021. 7. 29. 선고 2018다267900 판결

61) 대법원 2016. 3. 24. 선고 2013다81514 판결, 2009. 4. 9. 선고 2008다93384 판결, 2006. 6. 2. 선고 2004다70796 판결, 2006. 6. 2. 선고 2005후1882 판결, 2006. 6. 2. 선고 2004다70789 판결, 2000. 12. 22. 선고 2000후1542 판결, 특허법원 2019. 9. 6. 선고 2018나1381,1398 판결, 2017. 11. 17. 선고 2017허5986 판결, 광주고법 2018. 8. 24. 선고 2017나11918 판결, 서울고법 2018. 5. 16. 선고 2017나2058053 판결, 대전지법 2005. 8. 27. 선고 2014구합4162 판결

62) 대법원 2006. 10. 12. 선고 2006다1831 판결, 서울고법 2013. 1. 10. 선고 2011나100994 판결, 서울중앙지법 2020. 8. 20. 선고 2019가단5189819 판결

• 주요사실이란 법률효과를 발생시키는 실체법상의 구성요건 해당사실을 말한다(대법원 2018. 12. 27. 선고 2015다58440 판결, 1983. 12. 13. 선고 83다카1489 전합 판결).

63) 대법원 2005. 10. 14. 선고 2004두8972 판결, 2004. 12. 24. 선고 2003두15195 판결, 2002. 5. 14. 선고 2000다42908 판결, 2001. 11. 9. 선고 98두892 판결, 1996. 7. 30. 선고 94누15462 판결, 1995. 5. 23. 선고 95다5288 판결, 1995. 4. 14. 선고 94누12777 판결, 1995. 2. 3. 선고 94누910 판결, 1994. 2. 22. 선고 93누21156 판결, 1993. 7. 27. 선고 92누15499 판결, 1993. 1. 15. 선고 92누8712 판결, 1992. 1. 21. 선고 91누1684 판결, 1990. 10. 10. 선고 89누4673 판결

다) 자백의 기속력

(1) 자백한 사실은 증명 불필요

□ 사실에 대하여 특허법원에서 당사자가 자백한 사실은 증명을 필요로 하지 않고, 자백이 성립된 사실은 특허법원을 기속한다.[64)]

(2) 자백이 취소되지 않는 한 법원 기속

□ 일단 자백이 성립하면 그것이 적법하게 취소되지 않는 한 법원은 이에 구속되므로 법원은 자백과 배치되는 사실을 증거에 의하여 인정할 수 없다.[65)]

▷ 자백간주는 재판상의 자백과 달리 당사자에 대한 구속력이 생기지 않는다. 당사자는 자백간주가 있었다하여도 그 뒤 사실심에서 그 사실을 다툼으로써 그 효과를 번복할 수 있다. 따라서 특허심판원에서 자백간주가 있었다하여도 특허법원의 변론종결 당시까지 이를 다투는 한 그 효과가 배제된다.[66)]

3) 자백의 대상인 경우

가) 확인대상발명의 실시

(1) 확인대상발명의 실시 여부

□ 특허심판원이 확인대상발명을 실시하지 않고 있다는 이유로, 적극적 권리범위확인심판청구를 각하한 심결취소소송에서는 그 소송물이 심결의 실체적·절차적 위법성 여부인 이상, 일반원칙에 따라 여전히 자백의 대상이 된다. 피청구인이 그러한 확인대상발명을 실시하고 있는지 여부는 심결의 위법성 여부를 판단하기 위한 본안사항에 해당할 뿐, 그 심결취소의 소 자체가 적법하기 위한 소송요건이라 할 수는 없기 때문이다.[67)]

(2) 확인대상발명과 실시주장발명의 동일 여부

□ 확인대상발명과 실시주장발명의 동일 여부는 피청구인이 확인대상발명을 실시하고 있다는 사실에 관한 것이고 법적 판단 내지 평가의 문제가 아니므로, 자백의 대상이 된다.[68)]

---

64) 대법원 2016. 3. 24. 선고 2013다81514 판결

65) 대법원 2022. 1. 27. 선고 2019다277751 판결, 2018. 10. 4. 선고 2016다41869 판결, 2017. 5. 31. 선고 2017다206472 판결, 2014. 11. 27. 선고 2008다58534,58541 판결, 2013. 6. 27. 선고 2012다86048 판결, 2012. 3. 29. 선고 2010다91046 판결, 2010. 2. 11. 선고 2009다84288,84295 판결, 1999. 3. 9. 선고 98다49364 판결, 특허법원 2022. 2. 17. 선고 2020나2011 판결

66) 이시윤, 신민사소송법, 박영사(2010), 397면

67) 특허법원 2012. 9. 6. 선고 2012허3947 판결, 2012. 7. 26. 선고 2011허11255 판결

(3) 심판단계에서의 자백이 심결취소소송에 미치는 영향

□ 적극적 권리범위확인심판의 심판단계에서 피청구인이 확인대상발명을 실시하고 있다는 사실을 시인한 적이 있다 하더라도, 그러한 진술의 효력이 취소소송에 그대로 미친다고 볼 수는 없다.[69)]

나) 확인대상발명의 구성

(1) 출원 전 공지 여부

□ 확인대상발명의 구성요소가 특허발명의 출원 전에 공지된 것인지는 사실인정의 문제로서, 자백의 대상이 된다.[70)]

(2) 확인대상발명이 어떤 구성을 가진 것인지

□ 확인대상발명이 어떤 구성요소를 가지고 있는지는 침해판단의 전제가 되는 주요사실로서, 자백의 대상이 된다.[71)]

(3) 당사자의 진술 내용과 변론의 진행경과 종합적 고려

□ '확인대상발명이 어떤 구성요소를 가지고 있다.'는 표현이 사실에 대한 진술인지 아니면 그 구성요소가 특허발명의 구성요소와 동일 또는 균등하다는 법적 판단 내지 평가에 관한 진술인지는 당사자 진술의 구체적 내용과 경위, 변론의 진행경과를 종합적으로 고려하여 판단해야 한다.[72)]

(4) 확인대상발명의 어떤 구성요소가 특허발명과 동일한지

▷ 확인대상발명의 어떤 구성요소가 특허발명의 대응 구성요소와 동일한 것인지 여부는 사실의 문제로서, 자백의 대상이 된다.[73)]

다) 자유실시기술 판단에 제공되는 선행기술이 어떤 구성을 가진 것인지

□ 확인대상발명의 자유실시기술 판단에 제공되는 선행기술이 어떤 구성요소를 가지고 있는지는 주요사실로서 당사자의 자백의 대상이 된다.[74)]

---

68) 대법원 2004. 2. 27. 선고 2002후2068 판결, 특허법원 2020. 4. 3. 선고 2019허6211 판결
69) 특허법원 2012. 11. 8. 선고 2012허2852 판결, 2012. 6. 14. 선고 2012허412 판결
(같은 취지) 특허법원 2013. 2. 8. 선고 2012허6335 판결, 2008. 8. 20. 선고 2007허12039 판결
70) 대법원 2017. 1. 19. 선고 2013후37 전합 판결, 특허법원 2022. 10. 6. 선고 2021허4461 판결
(같은 취지) 특허법원 2007. 10. 5. 선고 2007허869 판결, 2007. 10. 5. 선고 2007허2469 판결
71) 대법원 2022. 1. 27. 선고 2019다277751 판결, 특허법원 2022. 2. 17. 선고 2020나2011 판결, 2019. 9. 6. 선고 2018나1381,1398 판결
72) 대법원 2022. 1. 27. 선고 2019다277751 판결, 특허법원 2022. 2. 17. 선고 2020나2011 판결
73) 박성수, 청구범위의 해석에 관한 소고, 법원도서관(2004), 67면
74) 대법원 2006. 8. 24. 선고 2004후905 판결, 서울고법 2020. 5. 28. 선고 2018나2068927 판결

라) 특허발명의 실시를 위한 전용품

□ 어떤 물건의 용도가 특허발명의 실시를 위한 전용품이라는 것은 사실의 문제이므로 자백의 대상이 된다.[75)]

마) 선행기술의 공지시기

□ 특허발명의 신규성 및 확인대상발명의 자유실시기술 여부 판단의 전제가 되는 선행기술의 공지시기는 구체적 사실이므로, 자백의 대상이 된다.[76)]

바) 서증의 진정성립

□ 서증의 진정성립에 관하여는 자백이 성립하므로,[77)] 문서의 진정성립을 인정한 당사자는 자유롭게 이를 철회할 수 없고, 특허심판원도 이에 구속되어 그 문서의 형식적 증거력을 인정해야 한다.[78)]

4) 자백의 대상이 아닌 경우

가) 확인대상발명의 특정 여부

□ 확인대상발명이 특허발명과 서로 대비할 수 있을 만큼 구체적으로 특정되어 있는지 여부는 법적 판단에 관한 사항이므로 자백의 대상이 되지 않는다.[79)]

▷ 확인대상발명의 특정 여부는 사실관계가 아니라 법적 평가의 대상이므로, 자백의 대상이 되지 않는다. 따라서 비록 당사자가 확인대상발명의 특정에 대하여 자백한 경우라 하더라도, 특허심판원은 당사자의 자백에 구속되지 않을 뿐만 아니라 나아가 당사자의 주장 여부와 관계없이 직권으로 확인대상발명의 특정 여부를 판단해야 한다.[80)]

나) 확인대상발명과 후출원 특허발명의 동일 여부

□ 확인대상발명이 후출원 특허발명과 동일한 것인지 여부는 법적 판단에 관한 사항이

---

75) 특허법원 2017. 11. 10. 선고 2017나1001 판결
76) 특허법원 1999. 4. 2. 선고 98허3798 판결, 1999. 4. 2. 선고 98허3804 판결
• 선행발명의 공지일에 관한 주장사실은 자백의 대상이 된다(東京高裁 1971. 3. 30.자 판결).
77) 대법원 2019. 7. 11. 선고 2015다47389 판결, 2007. 1. 25. 선고 2005후2762 판결, 2003. 1. 10. 선고 2002다57584 판결, 2000. 10. 27. 선고 99다59146 판결, 1999. 6. 8. 선고 99다151 판결, 1999. 6. 8. 선고 99다168 판결, 1997. 11. 11. 선고 97다30646 판결, 1996. 2. 23. 선고 94다31976 판결, 1991. 1. 11. 선고 90다8244 판결, 1988. 12. 20. 선고 88다카3083 판결, 1967. 4. 4. 선고 67다225 판결, 1952. 1. 31. 선고 52다111 판결
78) 대법원 2007. 1. 25. 선고 2005후2762 판결, 2001. 4. 24. 선고 2001다5654 판결, 1988. 12. 20. 선고 88다카3083 판결, 특허법원 2016. 12. 9. 선고 2016나1547 판결
79) 특허법원 2012. 6. 14. 선고 2012허412 판결
80) 원유석, 심결취소소송 사례 연구, 2008년도 변리사 민사소송실무연수, 대한변리사회, 138면

므로 자백의 대상이 되지 않고, 적극적 권리범위확인심판의 심판단계에서 특허권자가 확인대상발명이 후출원 특허발명과 동일하다고 시인한 적이 있다 하더라도, 그러한 진술의 효력이 취소소송에 그대로 미친다고 볼 수는 없다.[81)]

다) 확인대상발명이 자유실시기술인지 여부

□ 확인대상발명이 자유실시기술인지 여부는 법적 판단 내지 평가에 해당하므로 자백의 대상이 되지 않는다.[82)]

라) 확인대상발명에 대한 평가

(1) 확인대상발명의 속부

□ 확인대상발명이 특허발명의 권리범위에 속하는지 여부는 사실인정의 문제가 아니라 법적 판단의 문제로서, 그 쟁점에 관한 판단이 종전 침해사건의 판단에 구속되어야 하는 것은 아니다.[83)]

(2) 확인대상발명과 특허발명의 구성요소가 동일 · 균등한지

□ 확인대상발명의 어떤 구성요소가 이에 대응하는 특허발명의 특정 구성요소와 동일하거나 균등하여 이를 구비하였는지 여부는 법적 판단 내지 평가에 해당하므로 자백의 대상이 되지 않는다.[84)]

(3) 특허발명의 구성요소와 유기적 결합관계 구비 여부

□ 확인대상발명이 특허발명의 각 구성요소 및 그 유기적 결합관계를 가지고 있는지 여부는 법적 판단 내지 평가에 해당하므로 자백의 대상이 되지 않는다.[85)]

○ 특허법원 2006. 10. 12. 선고 2005허9077 판결

청구인은 변론준비기일에서 특허발명의 '요철을 형성하는 공정'과 확인대상발명의 '연마하는 공정'이 동일하다는 피청구인의 주장사실을 자백하였으나, 을 제1호증의 기재에 의하면, 확인대상발명에서 '연마' 또한 달리 정의되어 있는 등 별다른 사정이 없는 한 위와 같은 전기도금 분야에서 연마가 갖는 일반적인 의미로 해석되어야 하므로, 확인대상발명에서의 '연마'는 조연마에 의하여 표면의 거

---

81) 특허법원 2014. 2. 6. 선고 2013허7410 판결

82) (같은 취지) 대법원 2006. 10. 27. 선고 2004후2819 판결, 2006. 6. 30. 선고 2005후3147 판결, 특허법원 2013. 2. 7. 선고 2012허9327 판결, 2012. 10. 18. 선고 2012허3527 판결, 2005. 6. 23. 선고 2004허6583 판결, 2003. 8. 14. 선고 2003허1680 판결, 2002. 12. 27. 선고 2001허4760 판결, 2000. 6. 15. 선고 2000허952 판결, 2000. 3. 31. 선고 99허6640 판결

83) (같은 취지) 특허법원 2015. 8. 21. 선고 2013허9768 판결

84) 특허법원 2019. 9. 6. 선고 2018나1381,1398 판결, 2006. 10. 12. 선고 2005허9077 판결

85) 특허법원 2019. 9. 6. 선고 2018나1381,1398 판결

시적인 요철을 평활하게 깎아내리고, 중연마에 의하여 눈매를 다듬으면서, 광연마에 의하여 최종적으로 광택이 있고 흠이 없는 완성면을 얻는 공정이라는 사실을 인정할 수 있으므로, 위 자백은 진실에 반하고 착오로 말미암은 것이고, 따라서 변론기일에서 청구인이 한 취소의 의사표시에 따라 위 자백은 적법하게 취소되었다.

마) 이해관계인 여부

□ 권리범위확인심판을 청구할 이해관계가 있는지 여부는 자백의 대상이 아니다.[86)]

바) 관련 사건인 다른 소송에서의 당사자 주장

□ 관련 사건인 다른 소송에서의 당사자의 주장은 하나의 증거원인이 될 뿐 자백으로서의 구속력이 없다.[87)]

사) 청구범위 해석

(1) 적법한 증거조사 필요

□ 특허발명의 청구범위 해석은 적법한 증거조사를 거쳐 행해야 하는 것으로서 법령의 해석과 마찬가지로 자백의 대상이 되지 않는다.[88)]

(2) 청구인의 불리한 진술에 구속될 필요 없음

□ 청구인이 청구범위의 해석에 관하여 불리한 진술하였다는 것만으로 피청구인이 주장하는 청구범위 해석을 받아들여야 하는 것은 아니다.[89)]

아) 특허권자의 손해액 산정

(1) 비용산출 계산방식

□ 특허권자의 손해액을 산정함에 있어서, 비용산출 계산방식은 주요사실이 아니므로 자백의 대상이 아니다.[90)]

(2) 매출액

□ 특허권자의 손해액을 산정함에 있어서, 매출액은 주요사실이 아니므로 자백의 대상이 아니다.[91)]

---

86) 특허법원 2000. 7. 6. 선고 99허7278 판결
87) 대법원 1998. 2. 13. 선고 97다21895 판결, 1996. 12. 20. 선고 95다37988 판결
88) 특허법원 2001. 10. 25. 선고 2001허959 판결, 2000. 9. 21. 선고 99허5654 판결
89) 특허법원 2000. 9. 21. 선고 99허5654 판결
90) 대법원 2006. 10. 12. 선고 2006다1831 판결
91) 서울고법 2013. 1. 10. 선고 2011나100994 판결

(3) 특허권자 제품의 단위수량당 이익액 산정을 위한 계산방식

▶ 특허권자의 손해액을 산정함에 있어서, 특허권자 제품의 단위수량당 이익액 산정을 위한 계산방식은 주요사실이 아니므로 자백의 대상이 아니다.

2 확인대상발명의 해석과 파악방법

가. 심판대상의 특정

1) 확인대상발명의 설명서 및 도면 기준

가) 설명서 및 도면으로부터 파악되는 발명

□ 권리범위확인심판에서 심판대상은 확인대상발명의 설명서 및 도면으로부터 파악되는 발명을 기준으로 하여야 한다.[92)]

나) 심판청구서에 첨부한 설명서 및 도면

□ 권리범위확인심판에서 심판대상은 청구인이 명시적으로 설명서나 도면을 보정하는 특별한 사정이 없는 한, 심판청구서에 첨부한 확인대상발명의 설명서 및 도면만을 기준으로 확정해야 한다.[93)]

2) 심판청구서에 첨부한 확인대상발명

가) 심판청구서에 첨부한 별지의 확인대상발명

□ 심판청구서에 첨부한 별지의 확인대상발명의 설명서 및 도면에 의하여 특정된 확인대상발명과 청구취지에 적은 확인대상발명이 서로 다른 경우에는 심판청구서에 첨부한 별지의 확인대상발명이 심판대상이 된다.[94)]

나) 청구인이 작성하여 심판청구서에 첨부한 확인대상발명

□ 권리범위확인심판에서 심판대상물은 청구인이 작성하여 심판청구서에 첨부한 확인대상발명의 설명서 및 도면에 의하여 곧바로 특정된다.[95)]

---

92) 특허법원 2019. 2. 15. 선고 2018허1820 판결, 2019. 2. 15. 선고 2018허3819 판결, 2019. 2. 15. 선고 2018허3840 판결, 2013. 11. 7. 선고 2013허5889 판결, 2006. 9. 29. 선고 2005허9558 판결

93) 특허법원 2022. 4. 22. 선고 2022허1025 판결, 2020. 6. 18. 선고 2019허6525 판결, 2018. 6. 28. 선고 2017허7302 판결, 2016. 11. 4. 선고 2016허4283 판결, 2009. 10. 14. 선고 2008허13770 판결, 2009. 7. 15. 선고 2008허10283 판결, 2009. 7. 10. 선고 2008허14339 판결, 2006. 8. 2. 선고 2006허3236 판결, 2005. 4. 1. 선고 2004허3126 판결, 2004. 11. 12. 선고 2004허1717 판결, 2002. 10. 10. 선고 2002허376 판결

94) 특허법원 2010. 6. 24. 선고 2009허8317 판결

95) 대법원 2002. 10. 22. 선고 2001후1549 판결, 특허법원 2018. 10. 26. 선고 2018허3680 판결, 2011. 5. 12. 선고 2010허7310 판결, 2010. 6. 24. 선고 2009허8317 판결, 2009. 10. 14. 선고 2008허13770

다) 청구인이 구체적 대상물을 특정하여 작성한 확인대상발명

□ 확인대상발명의 특정은 오로지 청구인이 구체적 대상물을 특정하여 작성한 확인대상발명의 설명서 및 도면에 따라야 한다.[96)]

3) 청구인이 심판대상으로 삼은 확인대상발명

가) 실제 사용 여부 불문

□ 권리범위확인심판에서의 심판대상은 실제 사용 여부를 불문하고 청구인이 청구대상으로 삼은 확인대상발명이다.[97)]

나) 청구인이 심판대상으로 삼은 구체적인 실시형태

□ 권리범위확인심판에서의 심판대상은 청구인이 심판대상으로 삼은 구체적인 실시형태인 확인대상발명이다.[98)]

다) 현실적으로 실시하고 있는 발명과 구별

□ 특허발명과 대비대상이 되는 확인대상발명은 이해관계인이 현실적으로 실시하였거나 실시하고 있는 발명과는 구별된다.[99)]

판결, 2009. 7. 15. 선고 2008허10283 판결, 2006. 11. 17. 선고 2006허1513 판결, 2005. 5. 27. 선고 2004허3041 판결, 2005. 4. 1. 선고 2004허3126 판결

96) 특허법원 2018. 10. 26. 선고 2018허3680 판결, 2011. 5. 12. 선고 2010허7310 판결, 2009. 10. 14. 선고 2008허13770 판결, 2009. 9. 4. 선고 2008허7089 판결, 2009. 7. 15. 선고 2008허10283 판결, 2006. 11. 23. 선고 2006허1179 판결, 2006. 9. 21. 선고 2005허10442 판결, 2005. 5. 27. 선고 2004허3041 판결, 2005. 4. 1. 선고 2004허3126 판결, 2004. 11. 12. 선고 2004허1717 판결

• 소극적 권리범위확인심판에서, 확인대상발명은 원칙적으로 심판청구서에 첨부된 확인대상발명의 설명서와 도면의 기재에 의하여 특정이 되지만, 청구인이 심판청구서나 심판절차에서 행한 확인대상발명의 특정에 관한 주장과 확인대상발명의 설명서 및 도면에 적힌 확인대상발명과의 사이에 불일치하거나 모순된 점이 있을 때에는 청구인이 판단을 구한 확인대상발명이 구체적으로 어떠한 것인지 석명을 구할 필요가 있고, 확인대상발명의 설명서 및 도면에 나타난 확인대상발명과 청구인이 판단을 구한 확인대상발명이 일치가 되도록 확인대상발명의 설명서 및 도면의 보정을 명해야 한다(특허법원 2000. 6. 15. 선고 2000허181 판결).

97) 대법원 2001. 9. 28. 선고 99후2204 판결, 특허법원 2009. 7. 15. 선고 2008허10283 판결

98) 대법원 2023. 1. 12. 선고 2020후11813 판결, 2022. 1. 14. 선고 2019후11541 판결, 2019. 9. 9. 선고 2019후10081 판결, 2012. 4. 13. 선고 2011후3827 판결, 2010. 8. 19. 선고 2007후2735 판결, 1991. 3. 27. 선고 90후373 판결, 특허법원 2023. 4. 21. 선고 2022허5218 판결, 2022. 9. 1. 선고 2021허3697 판결, 2022. 9. 1. 선고 2021허3703 판결, 2022. 9. 1. 선고 2021허3710 판결, 2022. 1. 14. 선고 2021허2793 판결, 2022. 1. 14. 선고 2021허4270 판결, 2021. 11. 19. 선고 2021허2953 판결, 2021. 7. 9. 선고 2020허4969 판결, 2020. 11. 6. 선고 2019허4154 판결, 2020. 11. 6. 선고 2019허4161 판결

99) 특허법원 2018. 10. 26. 선고 2018허3680 판결, 2011. 5. 12. 선고 2010허7310 판결, 2009. 10. 14. 선고 2008허13770 판결, 2009. 7. 15. 선고 2008허10283 판결, 2005. 5. 27. 선고 2004허3041 판결, 2005. 4. 1. 선고 2004허3126 판결

라) 실시발명을 조작하여 심판을 청구한 경우

□ 청구인이 실제 사용하고 있는 것은 실시발명을 은폐하기 위하여 실시발명을 조작하여 확인대상발명으로 삼아 소극적 권리범위확인심판을 청구한 경우에도 그 심판대상은 확인대상발명이다.[100)]

마) 청구인이 특정한 확인대상물건

□ 특허권침해 여부를 판단함에 있어서는, 특허발명과 청구인이 특정한 확인대상물건을 대비해야 한다.[101)]

▶ 소극적 권리범위확인심판에서 확인대상발명의 설명서 및 도면 외에도 청구인의 실시제품을 보태어서 확인대상발명을 파악하고 이를 기초로 확인대상발명을 특정하는 경우도 있으나, 이는 확인대상발명의 특정에 대한 법리를 위반한 것이어서 허용될 수 없다.

4) 구체적인 실시형태

가) 확인대상발명의 설명서 및 도면에 의하여 특정되는 실시형태

★□ 확인대상발명이 비록 '발명'이라는 표현을 사용하고 있지만, 그 실질은 특허발명과 같은 '기술적 사상'이 아니라 기술적 사상의 범주 내에 포함되는 구체적인 실시형태를 말하고, 이는 심판청구서에 첨부된 확인대상발명의 설명서 및 도면에 의하여 특정되는 실시형태 그 자체를 말한다.[102)]

나) 추상적인 발명 아님

□ 확인대상발명은 청구인에 의하여 심판대상으로 특정된 구체적인 실시형태로서,[103)] 추상적인 발명이어서는 안 된다.[104)]

○ 대법원 2010. 8. 19. 선고 2007후2735 판결

청구인이 특정한 것과 다른 내용을 기준으로 특허발명과 대비하여 그 권리범위에 속하는지 여부를 판단한 이 부분 특허법원 판결에는 권리범위확인심판의 대상에 관한 법리를 오해하여 판결에 영향을 미친 위법이 있다.

---

100) 대법원 1990. 2. 9. 선고 89후1431 판결, 1985. 10. 22. 선고 85후48,49 판결, 특허법원 2013. 1. 3. 선고 2012허6809 판결, 2007. 3. 8. 선고 2006허4246 판결, 2006. 9. 29. 선고 2005허9558 판결, 2006. 2. 23. 선고 2004허6774 판결, 2005. 5. 27. 선고 2004허3041 판결

101) 서울중앙지법 2005. 7. 15. 선고 2003가합74949 판결

102) 특허법원 2020. 11. 20. 선고 2020허1342 판결, 2019. 8. 30. 선고 2018허8906 판결

103) 특허법원 2020. 11. 20. 선고 2020허1342 판결, 2019. 8. 30. 선고 2018허8906 판결, 2005. 5. 27. 선고 2004허4464 판결, 2004. 11. 12. 선고 2004허1717 판결

104) 특허법원 2004. 11. 12. 선고 2004허1717 판결

○ 특허법원 2009. 5. 15. 선고 2008허10825 판결
설사 확인대상발명이 침하 구조물 복원공법 뿐이고, 청구인이 실시하는 발명이 연약지반 보강 후에 침하 구조물을 복원하는 공법으로서 동일하지 않다고 하더라도, 확인대상발명의 실시가능성이 전혀 없지 않은 이상 소극적 권리범위확인심판의 대상은 청구인이 특정한 확인대상발명이다.

○ 특허법원 2007. 3. 8. 선고 2006허4246 판결
비록 청구인의 실시발명이 확인대상발명과 기술내용에 차이가 있다고 하더라도, 이러한 실시발명의 기술내용은 피청구인의 적극적 권리범위확인심판의 대상이 될 뿐, 소극적 권리범위확인심판의 심판대상은 청구인이 특정하여 청구한 확인대상발명이다. 그러므로 특허발명과 구성을 대비·판단함에 있어 실시주장발명의 기술내용은 고려하지 않는다.

5) 특허발명과의 대비표 기재사항

가) 확인대상발명의 설명서의 일부 구성

□ 확인대상발명은 확인대상발명의 설명서 및 도면에 의하여 특정되므로 그 설명서의 일부로 볼 수 있는 특허발명과 확인대상발명의 대비표 기재도 고려하여 그 특정 여부를 판단하고 이를 파악해야 한다.[105)]

나) 확인대상발명의 설명서 및 도면과 함께 전체적으로 판단

□ 확인대상발명의 구성요소를 파악하여 특정할 때는 확인대상발명의 설명서 및 도면뿐만 아니라 그에 포함된 특허발명과의 대비표에 적힌 사항까지 함께 전체적으로 판단해야 한다.[106)]

○ 특허법원 2020. 10. 30. 선고 2020허2758 판결
확인대상발명은 돌출부의 높이가 한정되어 있지 않기는 하다. 그러나 확인대상발명의 특허발명과의 대비표에는, 특허발명의 '사용자의 항문이 접촉되지 않으면서 사용자의 상기 항문에 대응되는 위치 주위를 둘러서 배열되는 2개 이상의 저주파펄스인가용 전극패드' 구성에 대하여 '제1전극 및 제2전극은 돌출부 상에 형성되어 사용자의 항문과 접촉하므로'라는 구성이 명시되어 있다. 그렇다면 확인대상발명은 특허발명과 대비할 수 있을 정도로 구체적으로 적혀 있어 특정되었다고 봄이 타당하다.

---

105) 대법원 2023. 1. 12. 선고 2020후11813 판결
  • 권리범위확인심판에서 확인대상발명의 '특허발명과의 대비표'는 확인대상발명의 설명서와 별개의 것이 아니라 그 일부라고 볼 수 있다(특허법원 2020. 10. 30. 선고 2020허2758 판결, 2020. 3. 13. 선고 2019허5478 판결).

106) 특허법원 2020. 10. 30. 선고 2020허2758 판결, 2020. 3. 13. 선고 2019허5478 판결
  • 확인대상발명의 설명서에는 특허발명과의 구체적인 대비표를 적어야 한다(시행규칙§57①2).

○ 특허법원 2020. 3. 13. 선고 2019허5478 판결

이 사건 심결은 확인대상발명을 특정하면서 '확인대상발명과 제10항 발명 대비표'에 적혀 있는 '하부콘크리트 벽체 형성 가능'이라는 부분을 고려하지 않고, '하부콘크리트 벽체가 형성되지 않은 것'을 전제로 한 1개의 확인대상발명을 특정하여 심리한 것으로 보인다. 그러나 청구인의 확인 심판청구는 '하부콘크리트 벽체가 형성되지 않은 것'뿐만 아니라 '하부콘크리트 벽체가 형성된 것'을 확인대상발명으로 하여 각각에 대하여 제1항, 제10항, 제14항 및 제18항 발명의 권리범위에 속하지 않음을 확인하여 달라는 취지로 보이는바, 이 사건 심결은 '하부콘크리트 벽체가 형성된 것'을 구성으로 하는 확인대상발명 부분에 대하여는 판단을 누락한 위법이 있다.

6) 확인대상발명의 기술적 구성 특정

□ 확인대상발명의 기술적 구성은 그 설명서에 적힌 내용만을 기준으로 특정되어야 한다.[107]

7) 심판대상의 특정시 주의사항

가) 소극적 권리범위확인심판의 경우

(1) 확인대상발명이 실시발명과 다른 경우

□ 소극적 권리범위확인심판에서는, 확인대상발명이 실시발명과 다르더라도 그 심판대상은 청구인이 제출한 확인대상발명의 설명서 및 도면을 기준으로 확인대상발명으로 특정해야 한다.[108]

(2) 확인대상발명의 효과가 특허발명에 비하여 떨어지는 경우

□ 소극적 권리범위확인심판에서는, 확인대상발명의 효과가 특허발명에 비하여 떨어지는 면이 있다고 하더라도 청구인이 특정한 확인대상발명 그 자체가 특허발명의 권리범위에 속하는지 여부를 판단해야 한다.[109]

---

107) 특허법원 2005. 10. 28. 선고 2005허1257 판결, 2005. 10. 28. 선고 2005허1264 판결

108) 대법원 2019. 9. 9. 선고 2019후10081 판결, 2012. 4. 13. 선고 2011후3827 판결, 2010. 8. 19. 선고 2007후2735 판결, 2002. 10. 22. 선고 2001후1549 판결, 1992. 10. 9. 선고 92후438 판결, 1990. 2. 9. 선고 89후1431 판결, 1985. 10. 22. 선고 85후48,49 판결, 특허법원 2022. 5. 26. 선고 2021허4140 판결, 2022. 1. 14. 선고 2021허2793 판결, 2022. 1. 14. 선고 2021허4270 판결, 2021. 11. 19. 선고 2021허2953 판결

109) 특허법원 2018. 6. 1. 선고 2017허6514 판결, 2012. 5. 30. 선고 2011허10801 판결, 2000. 2. 3. 선고 99허420 판결

나) 당사자의 진술이나 실시품의 광고

(1) 당사자의 진술에 의하여 특정될 수 없음

□ 확인대상발명은 그 설명서와 도면에 의하여 특정되어야 하고 당사자의 진술에 의하여 특정될 수는 없다.[110)]

(2) 실시품의 광고에 의하여 특정될 수 없음

□ 확인대상발명은 그 설명서와 도면에 의하여 특정되어야 하고 당사자의 광고전단지 및 인터넷 광고에 의하여 특정될 수는 없다.[111)]

▶ 확인대상발명은 특허발명과 분쟁관계에 있는 구체적인 사실로서, 그 특정은 심판청구서에 첨부된 확인대상발명의 설명서 및 도면에 의하여 곧바로 정해지는 것이지, 실시제품에 의하여 특정될 수는 없다.

○ 특허법원 2009. 9. 4. 선고 2008허7089 판결

확인대상발명의 설명서 기재에 의하여 확인대상발명의 표시부가 제1항 발명의 구성요소 5의 제1 표시수단, 제2 표시수단과 대비하여 그 차이점을 판단함에 필요한 정도로 적혀 있지 않은 이상, 확인대상발명의 실물을 작동시켜 나타나는 결과에 의하여 확인대상발명을 특정할 수는 없다.

나. 확인대상발명의 기재방법

1) 청구범위의 작성방법 적용

□ 확인대상발명을 적을 때에는 청구범위의 작성방법이 동일하게 적용되어야 한다.[112)]

2) 구체적인 실시형태를 특정할 수 있도록 기재

□ 확인대상발명을 특정하기 위한 설명서 및 도면에는 구체적인 실시형태를 특정할 수 있도록 적어야 한다.[113)] 따라서 청구인이나 피청구인이 실시하거나 실시할 구체적 대상물을 특정하여 적도록 하여야 한다.[114)]

▶ 확인대상발명은 그 실체가 발명이 아니라 구체적인 물건 또는 방법이므로, 확인대상발명을 특정하기 위한 설명서 및 도면은 구체적인 실시형태 내지 실시예를 특정할 수 있

---

110) 대법원 2001. 9. 28. 선고 99후2204 판결, 특허법원 2009. 7. 10. 선고 2008허14339 판결, 2006. 11. 23. 선고 2006허1179 판결, 2006. 9. 21. 선고 2005허10442 판결, 2005. 10. 28. 선고 2005허1257 판결, 2005. 10. 28. 선고 2005허1264 판결

111) 특허법원 2008. 5. 14. 선고 2007허11012 판결

112) 특허법원 2012. 1. 12. 선고 2011허7393 판결, 2007. 4. 12. 선고 2006허2486 판결

113) 특허법원 2005. 5. 27. 선고 2004허4464 판결

114) 특허법원 2020. 10. 30. 선고 2020허2758 판결

도록 적어야 한다.

3) 특허발명의 구성요건에 대응하는 부분의 구체적 구성 기재

□ 확인대상발명의 기술내용은 당해 특허발명과 서로 대비할 수 있을 만큼 구체적으로 특정해야 하나, 대상물의 구체적인 구성을 전부 적을 필요는 없고 특허발명의 구성요건에 대응하는 부분의 구체적인 구성을 적으면 된다.[115]

▷ 확인대상발명의 설명서와 도면을 작성할 때에는, 특허발명의 구성요소별로 대응되는 구성요소의 유무나 그 차이점을 구체적으로 적어야 한다.[116] 따라서 확인대상발명의 설명서와 도면을 작성할 때에는 특허발명의 구성요소와 대응하는 구성요소를 구비하고 있는지 여부를 명확히 하여야 한다.

▷ 확인대상발명을 특정하는 방법으로는 일반적으로 특허발명의 명세서에 적힌 실시예와 도면에 상응하는 정도로 표현하는 방법이 사용될 수 있다. 이 경우 쟁점과 관계되는 부분은 비교적 상세하게 적고 관계없는 부분은 요약해서 적을 필요가 있고, 확인대상발명의 구성요소의 명칭은 그 실시자가 실제로 사용하는 명칭으로 특정하거나 특허발명의 구성요소 명칭과 구별되는 가급적 중립적인 표현으로 특정하는 것이 바람직하다. 또한 확인대상발명의 특정은 구체적인 물건이나 방법을 대상으로 하는 것이지만, 그 물건이나 방법 그 자체를 표현하는 것이 아니고 물건이나 방법에 구체화된 기술적 사상을 특허발명의 구성요건과 대비하여 그 차이점을 판단할 수 있을 정도로 적는다.[117]

4) 확인대상발명의 기재가 부적절한 경우

가) 특허발명의 명세서 형식으로 기재

□ 확인대상발명의 설명서 몇 도면이 마치 일정한 권리범위를 갖는 추상적인 발명을 특정하기 위한 특허발명의 명세서 형식으로 적혀 있는 경우에는 확인대상발명을 적은 서면으로서는 부적절하다.[118]

---

115) 특허법원 2007. 4. 6. 선고 2006허5591 판결, 2003. 12. 5. 선고 2002허8080 판결
• 일반적으로 특허발명의 청구범위는 기술적 사상의 창작을 문자로 표현한 것이어서 확인대상발명, 즉 현실적인 침해물건이나 침해방법을 그 자체로서 대비하는 것은 불가능하므로, 특허발명과 침해물건이나 침해방법을 비교하여 권리범위에 속하는지 여부를 판단하기 위해서는 침해물건이나 침해방법에 존재하는 기술적 사상을 정확히 파악하여 이를 문장으로 나타내고 도면으로 묘사함으로써 특정한다(이재웅, 수치한정발명에 대한 확인대상발명의 특정, 특허청(2004)).

116) 지적재산소송실무 제4판, 특허법원 지적재산소송 실무연구회, 박영사(2019), 423면

117) 오충진, 권리범위확인심판에서 확인대상발명의 특정, 특허소송연구 4집(2008), 63면

118) 특허법원 2005. 5. 27. 선고 2004허4464 판결

나) 특허발명의 청구범위처럼 기재

(1) 실시형태를 구체적으로 특정해서 기재

□ 적극적 권리범위확인심판에서 확인대상발명을 적을 때에 피청구인의 실시형태를 구체적으로 특정하지 않은 채 마치 특허발명의 청구범위처럼 적은 것은 부적절하다.[119]

(2) 청구범위의 기재와 동일하게 할 필요 없음

□ 확인대상발명은 특허발명과 대비할 수 있을 정도로 특정되면 족한 것이지, 확인대상발명에 대한 설명의 기재를 청구범위의 기재와 동일하게 할 필요는 없다.[120]

▶ 확인대상발명의 설명서 및 도면을 적을 때에는 먼저 청구범위를 기준으로 특허발명의 구성요소를 파악한 다음, 확인대상발명에 특허발명의 구성요소에 대응되는 구성요소가 있는지 여부와 특허발명과의 차이점이 나타날 수 있도록 실시형태나 실시예 또는 도면에 이를 구체적으로 적어야 한다.

○ 특허법원 2004. 8. 19. 선고 2003허5651 판결

확인대상발명의 설명서 및 도면에는 '고정드럼, 회전프레임, 인터널핀치부, 나선형로울러군, 내측로울러군, 외측로울러군' 등 제1항 및 제2항 발명의 구성요소와 대응되는 구성요소 외에도 구성의 대비에 있어 직접적으로 필요하지 않은 부수적인 구성요소, 예를 들어 인터널핀치부에 공압을 공급하기 위한 '공압구동부' 및 인터널핀치부를 작동시키기 위한 '장치구동부' 등에 관련되는 부품을 지나치게 상세하게 적었다고 하더라도, 이로 인하여 제1항 및 제2항 발명의 구성요소와 대응되는 구성요소를 파악하거나 그 차이점을 판단하는 것이 불가능하다고 볼 수는 없다.

---

119) 특허법원 2021. 7. 9. 선고 2020허4969 판결

120) 특허법원 2015. 12. 3. 선고 2015허3283 판결

- 확인대상발명의 특정이 어려운 이유는, ① 적극적 권리범위확인심판에서 권리자가 확인대상발명에 해당하는 물건이나 방법을 충분히 파악하고 있지 못한 경우, ② 확인대상발명의 기술적 특징을 어느 정도까지 적으면 되는지에 관하여 일정한 기준이 없는데, 권리자는 이해관계인이 장차 구성을 다소 변경할 것을 고려하여 심결의 효력이 미치도록 그 특정을 가능한 한 추상적으로 적으려고 하는 경향이 있고, 이해관계인은 차이점을 부각시키기 위하여 특허발명과의 대비에 있어서 필요 없다고 생각되는 미세한 특징까지도 적으려는 경향이 있는 점, ③ 확인대상발명의 기술적 특징을 표현하는 용어에 관하여 권리자는 확인대상발명이 특허발명의 보호범위에 속한다는 것을 주장하기 위하여 가능한 한 명세서의 청구범위에 적힌 표현에 가깝게 기술하려고 하고, 이해관계인은 반대로 청구범위에 적힌 표현과 가능한 다르게 특정하려고 하는 경향이 있는 점, ④ 특허발명의 내용이 불명확하기 때문에 확인대상발명의 특정도 어려운 경우를 들 수 있다(오충진, 권리범위확인심판에서 확인대상발명의 특정, 특허소송연구 4집(2008), 64면).

다. 확인대상발명의 해석방법

1) 확인대상발명의 구성의 해석방법

가) 청구범위의 해석원리 적용

★□ 특허발명의 청구범위와 확인대상발명의 구성을 대비하기 위해서 확인대상발명의 구성을 해석할 때에는 특허발명의 청구범위를 해석하는 원리가 동일하게 적용되어야 한다.[121]

나) 확인대상발명의 설명서 및 도면에 적힌 대로 해석

□ 확인대상발명의 설명서 및 도면의 기재가 명확한 이상, 그 구성은 설명서 및 도면에 적힌 대로 해석되어야지 다른 사정에 의하여 함부로 확대되거나 축소되어 해석되어서는 안 된다.[122]

다) 특허발명의 청구범위 기준으로 해석 금지

□ 확인대상발명을 해석할 때에는 확인대상발명과 대비되는 특허발명의 청구범위를 기준으로 해석해서는 안 된다.[123]

2) 확인대상발명의 용어의 의미가 불명확한 경우

가) 확인대상발명의 설명서 참작

□ 확인대상발명에서 사용되는 용어의 의미가 불명확할 경우에는 확인대상발명의 설명서를 참작하여 해석해야 한다.[124]

나) 특허발명에서 사용되는 용어의 해석방법 적용

□ 확인대상발명에 사용된 용어의 의미가 불명확할 경우에는 당해 특허발명에서 사용되는 용어의 해석방법에 따라 확정하는 것이 타당하다.[125]

다) 특허발명의 명세서나 출원경과 참작

□ 확인대상발명에 사용된 용어의 의미가 불명확할 경우에는 필요한 경우 확인대상발명의 용어 해석에 당해 특허발명의 명세서나 출원경과도 참작할 수 있다.[126]

---

121) 특허법원 2013. 2. 7. 선고 2012허8423 판결, 2012. 11. 29. 선고 2012허3473 판결, 2012. 1. 12. 선고 2011허7393 판결, 2007. 4. 12. 선고 2006허2486 판결

122) 특허법원 2012. 11. 29. 선고 2012허3473 판결

123) 특허법원 2007. 4. 6. 선고 2006허8590 판결

124) 특허법원 2009. 11. 25. 선고 2008허6314 판결

125) 특허법원 2009. 11. 25. 선고 2008허6314 판결

126) 특허법원 2009. 11. 25. 선고 2008허6314 판결

라. 확인대상발명의 파악방법

1) 확인대상발명의 설명 부분

가) 설명 부분 기준

□ 확인대상발명은 청구범위에 대응하여 구체적으로 구성을 적은 확인대상발명의 설명 부분을 기준으로 파악해야 한다.[127] 따라서 그 설명 부분을 우선하여 파악해야 한다.[128]

나) 청구범위에 대응하는 부분은 설명서 부분

□ 확인대상발명에 있어서 청구범위에 대응하는 부분의 구체적인 구성을 적는 것은 설명서 부분이고 도면 부분은 그 이해를 돕기 위한 것이다.[129]

▶ 확인대상발명의 파악은 확인대상발명의 설명서 중 확인대상발명의 요지 부분에 특허발명과 대비될 수 있는 기재가 있을 경우에는 확인대상발명의 요지에 나타난 기재를 중심으로 하고 나머지 기재로 이를 보충한다.

2) 확인대상발명의 파악시 주의사항

가) 일부 도면에 의한 변경 파악 불허

□ 확인대상발명의 구체적 형상이나 사용용도를 고려하여 일부 생략하거나 변형된 부분이 반영된 도면 일부만을 추출하여 확인대상발명의 구성요소 내지 기술적 특징을 달리 파악할 수는 없으므로,[130] 확인대상발명의 도면 중 설명서에 부합하지 않는 일부 도면만을 근거로 하여 설명 부분을 변경하여 파악해서는 안 된다.[131]

나) 확인대상발명의 설명 부분에 적히지 않은 구성

(1) 확인대상발명의 구성요소로 파악 불가

---

127) 대법원 2005. 11. 25. 선고 2004후3478 판결, 특허법원 2022. 7. 13. 선고 2021허4041 판결, 2021. 11. 18. 선고 2021허2274 판결, 2021. 9. 16. 선고 2021허1837 판결, 2020. 7. 10. 선고 2019허2660 판결, 2019. 11. 8. 선고 2019허3465 판결, 2018. 11. 27. 선고 2018허2595 판결, 2018. 10. 26. 선고 2018허3680 판결, 2018. 6. 1. 선고 2017허6514 판결, 2017. 9. 22. 선고 2017허3195 판결, 2017. 1. 19. 선고 2016허7022 판결, 2015. 1. 29. 선고 2014허5657 판결, 2014. 11. 27. 선고 2013허10232 판결, 2014. 7. 10. 선고 2013허4503 판결, 2014. 6. 26. 선고 2013허8741 판결

128) 특허법원 2010. 12. 9. 선고 2010허5185 판결

129) 특허법원 2012. 11. 30. 선고 2012허6267 판결

130) 2017. 9. 22. 선고 2017허3195 판결

131) 특허법원 2012. 11. 30. 선고 2012허6267 판결

• 이는 청구범위의 이해를 돕기 위하여 명세서 외에 도면을 첨부하는 특허출원의 법리와 동일하게 볼 수 있다(오충진, 권리범위확인심판에서 확인대상발명의 특정, 특허소송연구 제4집(2008), 62면).

□ 확인대상발명의 설명 부분에 적히지 않은 구성은 이에 관한 기재가 없다고 하더라도 그 설명 부분의 전체 기재내용과 기술상식에 비추어 볼 때 확인대상발명의 구성임이 자명하다는 등의 특별한 사정이 없는 한, 확인대상발명의 구성요소로 파악해서는 안 된다.[132)]

(2) 확인대상발명에 내포된 것으로 볼 수 없음

▶ 확인대상발명에 직접적으로 적혀 있지 않은 구성은 비록 기술적 중요도가 낮다고 하더라도 확인대상발명에 내포된 것으로 볼 수는 없다.

(3) 확인대상발명의 구성으로 보고 특허발명과 대비 불허

□ 확인대상발명의 설명서 및 도면에 전혀 적히지 않은 사항을 확인대상발명의 구성으로 보고 특허발명과 대비하는 것은 확인대상발명의 요지를 변경하는 결과가 되므로 허용되지 않는다.[133)]

다) 소극적 권리범위확인심판에서 청구인의 특허공보의 내용 참작 불허

□ 소극적 권리범위확인심판에서, 확인대상발명의 일부 도면이 청구인의 특허공보의 일부 도면과 동일한 경우에도 확인대상발명은 확인대상발명의 설명서의 기재에 의하여 특정되는 것이므로, 청구인의 특허공보의 내용을 참작하여 확인대상발명의 도면을 파악한 후에 확인대상발명을 특정해서는 안 된다.[134)]

라) 심판청구서의 청구취지와 청구이유 고려

□ 권리범위확인심판에서 심판대상은 기본적으로 심판청구서의 청구취지와 확인대상발명의 설명서 및 도면을 중심으로 하되, 청구이유 등 심판청구서 전체의 취지를 고려하여 당사자의 의사를 합리적으로 해석하여 결정해야 한다.[135)]

▶ 확인대상발명은 그 설명서 및 도면의 기재를 통해서 특정하는 것이 원칙이고, 청구이유에서 특허발명과 대비될 수 있을 정도의 기재가 있는 경우에도 특정된 것으로 볼 수는 있지만, 확인대상발명은 청구취지에 포함되는 것이므로 청구이유에서조차 특허발명과 대비될 수 있을 정도의 기재가 없는 경우에는 확인대상발명이 특정되지 않은 것이다.

---

132) 특허법원 2009. 10. 9. 선고 2009허3732 판결

133) 대법원 2010. 8. 19. 선고 2007후2735 판결, 특허법원 2005. 6. 9. 선고 2004허2734 판결, 2004. 1. 9. 선고 2003허2126 판결

134) 특허법원 2020. 7. 10. 선고 2020허1991 판결

135) 특허법원 2020. 4. 24. 선고 2019허6402 판결, 2007. 11. 23. 선고 2007허4816 판결

마. 특허발명과 대비대상의 확정

1) 청구인이 특정한 확인대상발명 기준

□ 확인대상발명이 실시불가능하다고 볼 근거가 없는 이상, 장래에도 이를 실시할 가능성이 전혀 없다고 단정할 수 없으므로 청구인이 특정한 확인대상발명을 기준으로 특허발명과 대비하여 그 권리범위에 속하는지 여부를 판단해야 한다.[136)]

2) 실제 실시기술에만 나타난 구성을 대상으로 대비 불허

□ 청구인이 확인대상발명으로 특정하지 않은 실제 실시기술에만 나타난 구성을 대상으로 특허발명과 대비 판단을 하는 것은 위법하여 허용될 수 없다.[137)]

○ 적극적 권리범위확인심판에서, 확인대상발명이 특허발명의 권리범위에 속하는지 여부를 판단할 때에는 청구인이 특정한 확인대상발명과 특허발명을 대비해야 하는 것이지, 확인대상발명의 설명서나 도면에 없고 실제 실시기술에만 있는 구성을 확인대상발명의 구성으로 보아 이를 대비할 수는 없다.[138)]

3) 특허발명의 구성에 대비되는 확인대상발명의 구성

□ 적극적 권리범위확인심판에서 '권리자가 특정한 확인대상발명의 설명서 및 도면을 토대로 하여 확인대상발명의 내용을 파악한 다음 특허발명의 구성에 대비되는 확인대상발명의 구성이 어느 부분인지를 확정하고, 이를 기초로 권리범위 속부를 판단하는 것'은 특허심판원의 판단 사항에 해당하는 것이므로, 특허발명의 구성에 대비되는 확인대상발명의 구성이 어느 부분인지를 확정할 때에 반드시 권리자가 특정한 대응구성에 특허심판원이 구속되어야 하는 것은 아니다.[139)]

4) 확인대상발명의 설명서에 도면 보충

□ 확인대상발명의 구성은 설명서를 기초로 하되 도면의 내용을 보충하여 확정해야 한다.[140)]

5) 심판청구서에 첨부된 도면과 심판단계에서 제출한 의견서의 도면 종합

---

136) 대법원 2013. 6. 14. 선고 2012후924 판결, 2002. 3. 29. 선고 2000후1115 판결, 특허법원 2020. 5. 8. 선고 2019허6341 판결, 2014. 2. 11. 선고 2013허4855 판결, 2005. 8. 25. 선고 2004허6835 판결, 2005. 3. 17. 선고 2004허3645 판결, 2000. 5. 4. 선고 99허5463 판결
137) 특허법원 2018. 6. 28. 선고 2017허7302 판결
138) 특허법원 2013. 2. 1. 선고 2012허8614 판결
139) 특허법원 2010. 12. 24. 선고 2010허2582 판결
140) 특허법원 2008. 10. 24. 선고 2008허3179 판결

□ 확인대상발명은 심판청구서에 첨부된 확인대상발명의 도면과 함께 심판단계에서 제출한 의견서에 첨부된 도면을 종합하여 특허발명과 대비할 확인대상발명을 확정할 수 있다.[141)]

6) 대비대상 확정시 주의사항

□ 확인대상발명은 그 설명서 및 그 도면의 기재에 의하여 특정되는 것으로서, 설명서 및 도면에 구성요소에 대한 기재가 없는 한, 이를 특허발명의 구성요소와 동일한 것으로 추정·간주하고 설명서 및 도면에 의하여 특정되는 나머지 구성요소만을 대비하여 특허발명의 권리범위에 속하는지 여부를 판단할 수는 없다.[142)]

▶ 확인대상발명의 설명서에서 특허발명의 청구범위에 적힌 구성에 대응되는 구성을 중심으로 그 보호범위에 속하는지 여부를 판단한다.

○ 대법원 2005. 11. 25. 선고 2004후3478 판결

확인대상발명은 '정방기의 상부에 설치된 크릴을 지주를 중심으로 좌우에 우상측심사보빈, 우하측심사보빈, 좌상측심사보빈, 좌하측심사보빈을 수평으로 2층 구조로 설치하고 그 하부에 하우측조사보빈, 하좌측조사보빈을 좌우에 수직으로 설치하여 상기 보빈들은 펙으로 지주에 고정시켜 설치하는' 구성인데, 확인대상발명의 설명서에 첨부된 제1도에는 상부 크릴스탠드의 심사보빈이 수평 방향에서 다소 경사진 것과 같이 도시되어 있으나 확인대상발명의 설명서에는 위와 같이 상부 크릴스탠드의 심사보빈들을 '수평으로' 설치한다고 적혀 있고, 나아가 제1도에 대한 설명에서도 '제1도에 나타난 바와 같이 우상측심사보빈, 우하측심사보빈, 좌상측심사보빈, 좌하측심사보빈을 수평으로 2층 구조로 설치하고'라고 적혀 있어 확인대상발명의 위 구성은 '상부 크릴스탠드의 심사보빈들을 수평으로 설치하는' 구성이라고 보아야 한다.

○ 특허법원 2012. 7. 12. 선고 2012허1699 판결

확인대상발명의 설명서에 따른 '물막이판'의 기술적 구성은 확인대상발명의 도면에 따른 '물막이판'의 기술적 구성보다 더욱 한정된 것으로서 양자는 서로 일치하지 않는다. 따라서 확인대상발명은 적어도 '물막이판'에 관한 한 확인대상발명의 도면에 따른 기술적 구성보다는 더 한정된 범위로서 확인대상발명의 설명서에 따른 구성으로 확정해야 하고, 이와 달리 그 '물막이판'에 관한 기술적 구성을 확인대상발명의 도면에 따른 것으로 확정하는 것은 확인대상발명의 첨부 도면에 의하여 설명부분을 확장 해석하는 방법으로 변경하여 파악하는 결과가 되어 허용될 수 없다.

141) 대법원 2014. 11. 13. 선고 2014후1501 판결, 특허법원 2019. 11. 22. 선고 2019허4703 판결, 2017. 3. 24. 선고 2016허7725 판결, 2015. 12. 24. 선고 2015허2846 판결, 2015. 12. 24. 선고 2015허2853 판결
142) 특허법원 2005. 6. 16. 선고 2004허5795 판결

○ 특허법원 2009. 10. 9. 선고 2009허3732 판결

확인대상발명의 설명서에는 확인대상발명의 물품포장구를 뒤집어서 반전 방식으로도 사용할 수 있다거나 이와 같이 사용하는 경우, 그 측벽부가 반전 기능을 가지게 되는 구성이라는 기재가 전혀 없고, 확인대상발명의 설명서의 전체 기재내용이나 기술상식에 비추어 보더라도 확인대상발명의 측벽부가 반전 기능을 가질 수도 있는 구성이라는 점은 자명하지 않으며, 오히려 확인대상발명의 설명서에는 '측벽부는 반전되지 않는 비반전 측벽부인 것이 특징이다'고 명시적으로 적혀 있어 위 측벽부의 구성은 특허발명의 '반전경사부'의 구성과는 달리 반전 기능이 없는 구성임이 명백하다. 따라서 확인대상발명의 측벽부의 구성은 그 설명서의 기재에 의하여 반전 기능이 없는 구성으로 파악할 수 있을 뿐, 그 설명서에 적혀 있지도 않은 반전 기능을 가지는 구성으로 파악할 수는 없다.

○ 특허법원 2005. 6. 9. 선고 2004허2734 판결

심결에서는 제2항 발명과 관련해서는 '확인대상발명이 실물사진의 도면으로부터' 록클로우의 외주 가장자리측의 굴곡위치가 내측절결부의 가장 안쪽부를 연결하는 가상 원주선을 따라 위치하는 것으로 인정된다고 판단하였고, 제3항 발명과 관련해서는 확인대상발명의 죠인트바디는 슬리브와 칼라로 구성되고 '슬리브는 플라스틱으로 사출성형한 것'이라고 판단하였으나, 이와 같은 내용은 확인대상발명의 설명서 및 도면에 전혀 개시되어 있지 않은 내용인바, 권리범위확인심판에서 특허발명의 권리범위에 속하는지 여부의 판단대상이 되는 발명은 심판청구서에 첨부된 설명서 및 도면에 게재된 것이므로, 심결은 확인대상발명의 설명서 및 도면에 적히지 않은 사항을 확인대상발명의 구성으로 보고 제2항 및 제3항 발명과 대비·판단한 잘못이 있다.

3 구체적 특정방법

가. 확인대상발명의 설명서 및 도면의 첨부

[§ 140](심판청구방식)

③ 권리범위확인심판을 청구할 때에는 특허발명과 대비될 수 있는 설명서 및 필요한 도면을 첨부해야 한다.

1) 설명서 및 도면의 첨부 필요

가) 권리범위확인심판의 청구요건

□ 권리범위확인심판을 청구하기 위해서는 확인대상발명의 설명서와 도면을 첨부해야 한다.[143)]

143) 대법원 2000. 11. 14. 선고 98후2351 판결, 1992. 2. 25. 선고 91후1120 판결, 특허법원 2020. 6. 18. 선고 2019허6525 판결, 2018. 6. 28. 선고 2017허7302 판결, 2016. 11. 4. 선고 2016허4283 판결,

나) 설명서 및 도면의 첨부 이유

□ 특허법 제140조 제3항에서 권리범위확인심판을 청구할 때에는 특허발명과 대비될 수 있는 설명서 및 필요한 도면을 첨부하도록 한 것은 특허법 제140조 제1항 제3호에 정한 '청구취지 및 그 이유'와 함께 청구취지와 그 이유를 명확하게 하기 위하여 심판대상을 확정하는 방법으로 그 대상에 관한 설명서와 도면을 심판청구서에 첨부하도록 하는 취지의 규정에 지나지 않는다.[144]

▶ 특허법 제140조 제3항에서 확인대상발명의 설명서와 도면을 첨부하도록 한 이유는 도면의 인용부호 및 그에 대한 설명을 통해 확인대상발명을 구체적으로 표현할 수 있기 때문이다.

2) 설명서 및 도면이 첨부되지 않은 경우

가) 심판대상의 불특정으로 심판청구 부적법

□ 권리범위확인심판을 청구하면서 심판청구서에 확인대상발명의 설명서와 도면을 첨부하지 않은 경우에는 심판대상이 특정되지 못한 것이므로 그 청구가 부적법하여 각하한다.[145]

▷ 권리범위확인심판에서 심판청구서와 심결에 별지로 첨부되고 청구취지와 주문에 인용되는 확인대상발명의 설명서 및 도면에 적힌 확인대상발명만이 일사부재리의 효력이 미치는 범위를 결정하는 기준이 된다.[146]

나) 심판청구서의 보정이 가능한 경우

(1) 심판청구서에 특허발명의 구성에 대응되는 기재가 있는 경우

□ 권리범위확인심판의 심판청구서에는 특허발명의 청구범위와 발명의 설명에 대응할 정도의 기재가 있는 설명서가 첨부되든지, 아니면 청구이유 중에서 최소한 그와 같은 정도의 기재가 있어야 된다.[147]

2009. 7. 10. 선고 2008허14339 판결, 2007. 7. 20. 선고 2007허3769 판결, 2006. 4. 6. 선고 2005허8777 판결, 2005. 4. 1. 선고 2004허3126 판결, 2001. 5. 11. 선고 2000허3302 판결, 1999. 12. 10. 선고 99허2242 판결, 1999. 2. 11. 선고 98허1198 판결

144) 대법원 1967. 3. 7. 선고 64후20 판결, 특허법원 2007. 7. 20. 선고 2007허3769 판결

145) 대법원 1992. 2. 25. 선고 91후1120 판결

146) 지적재산소송실무 제4판, 특허법원 지적재산소송 실무연구회, 박영사(2019), 428면

147) 대법원 1972. 5. 23. 선고 72후4 판결, 1967. 3. 7. 선고 64후20 판결

(2) 확인대상발명에 관한 사항의 기재 범위 내

□ 권리범위확인심판의 심판청구서에 확인대상발명에 관한 사항이 명시되어 있는 경우에는, 확인대상발명의 설명서 및 도면을 별도로 첨부하지 않았다는 이유만으로 각하해야 하는 것은 아니지만, 이러한 흠결은 보정할 수 있는 것이므로,[148] 보정의 기회를 부여하지 않은 채 각하해서는 안 된다.[149]

(3) 설명서와 도면을 첨부하지 않았다가 추후 보정

□ 특허법 제140조 제3항에는 확인대상발명의 설명서와 도면을 첨부해야 하는 시기에 대하여는 특별히 제한을 두고 있지 않고, 만일 심판청구서에 확인대상발명의 설명서와 도면을 첨부하지 않았다가 추후 이를 심판절차의 지연을 초래하거나 피청구인의 방어권 행사를 곤란케 할 염려가 없이 보정하는 것은 그 청구 자체를 변경한 것이라고 할 수 없어서 요지변경에 해당한다고 할 수 없다.[150]

▶ 확인대상발명의 구체적인 구성이 심판청구서에 적혀 있는 경우에는 확인대상발명의 설명서와 도면을 단순히 첨부하지 않았다는 이유만으로 곧바로 각하할 것은 아니지만, 심판청구서의 이유에 특허발명과 대비할 구체적인 구성이 적혀 있는지 여부와 관계없이 반드시 확인대상발명의 설명서 및 도면이 첨부되어야 한다. 따라서 확인대상발명이 청구의 취지인 점을 감안하면 신청의 이유에 적혀 있는 것과 별도로 반드시 확인대상발명의 설명서 형태로 적어야 한다.

▶ 심판청구서에는 특허발명과 대비할 수 있을 정도로 확인대상발명에 대한 구체적인 기재가 있으나 단지 확인대상발명의 설명서와 도면이 첨부되어 있지 않은 경우라면, 심판단계에서 확인대상발명의 설명서와 도면을 첨부할 수 있는 보정의 기회를 주어야 하지만, 애초부터 심판청구서로부터도 확인대상발명의 기술구성을 유추할 수 없는 경우에는 설령 보정의 기회를 부여하더라도 그러한 보정은 요지변경에 해당하게 될 것이 명백하므로 별도의 보정기회를 부여하지 않고도 부적법한 청구로서 각하할 수 있다.

나. 설명서와 도면의 불일치 여부

1) 설명서와 도면 사이에 불일치가 없는 경우[151]

---

148) 특허법원 2007. 7. 20. 선고 2007허3769 판결
149) 대법원 1967. 3. 7. 선고 64후20 판결
150) 특허법원 2007. 7. 20. 선고 2007허3769 판결
151) 권오희, 권리범위확인심판에서의 심판대상물에 관한 고찰, 특허법원 개원 10주년 기념논문집, 특허법원(2008. 2.), 451면

가) 설명서와 도면을 일체로 해석

(1) 도면을 참고도면 정도로만 이해해서는 안 됨

★□ 확인대상발명의 도면이 예시적인 것에 불과하다는 기재가 없는 한, 확인대상발명의 도면을 단지 참고도면 정도로만 이해해서는 안 되고, 확인대상발명의 설명서와 도면을 일체로 해석하여 확인대상발명의 기술적 구성을 확정해야 한다.[152)]

(2) 설명서와 도면의 기재 전체

□ 확인대상발명의 특정은 확인대상발명 설명서 및 도면의 기재에 의하고, 그 실질적 발명의 내용은 확인대상발명 설명서와 도면의 기재 전체를 일체로 하여 실질적으로 판단해야 한다.[153)]

나) 설명서와 도면에 나타난 사항까지 모두 참작

□ 확인대상발명을 특정하기 위해서는 특허발명과 대비하기 위하여 필요한 한도 내에서는 확인대상발명의 설명서는 물론 그 도면에 나타난 사항까지 모두 참작해야 한다.[154)]

다) 도면 부분에 의하여 설명 부분 보충

★□ 확인대상발명의 구성은 청구범위에 대응하여 구체적으로 구성을 적은 확인대상발명의 설명 부분을 기준으로 파악해야 하지만, 설명서 기재만으로는 기술구성을 알 수 없거나 그 기술적 범위를 확정할 수 없는 경우에는, 확인대상발명의 설명서와 도면이 불일치가 없는 이상 그 도면 부분에 의하여 위 설명 부분을 보충함으로써 확인대상발명의 구성을 실질적으로 확정해야 한다.[155)]

라) 도면의 해석방법

□ 확인대상발명에 첨부된 도면을 해석함에 있어서는 통상의 기술자의 입장에서 확인대

---

152) 특허법원 2020. 10. 30. 선고 2020허2758 판결, 2013. 10. 25. 선고 2013허4794 판결, 2012. 11. 30. 선고 2012허6267 판결, 2012. 10. 18. 선고 2012허856 판결, 2011. 10. 12. 선고 2011허1852 판결, 2011. 10. 12. 선고 2011허1869 판결, 2010. 12. 15. 선고 2010허3646 판결, 2010. 8. 18. 선고 2009허7987 판결, 2008. 4. 25. 선고 2007허10705 판결, 2008. 4. 25. 선고 2007허10712 판결, 2007. 9. 14. 선고 2007허2902 판결, 2000. 5. 4. 선고 99허5463 판결

153) 특허법원 2003. 6. 20. 선고 2002허864 판결

154) 대법원 2007. 2. 8. 선고 2005후1240 판결, 특허법원 2005. 4. 21. 선고 2004허7579 판결, 2004. 11. 12. 선고 2004허1717 판결

155) 특허법원 2016. 7. 7. 선고 2016허151 판결, 2016. 7. 7. 선고 2016허168 판결, 2014. 7. 17. 선고 2014허1266 판결, 2012. 3. 16. 선고 2011허8969 판결, 2011. 5. 27. 선고 2010허8399 판결, 2011. 1. 14. 선고 2010허6058 판결, 2010. 10. 1. 선고 2010허2797 판결, 2010. 6. 11. 선고 2009허7208 판결, 2010. 1. 15. 선고 2009허1613 판결

상발명의 설명서와 도면을 종합적으로 검토하여 도면을 합리적으로 해석하여 그 기술적 내용을 인식해야 한다.156)

마) 확인대상발명이 구체적으로 자세히 언급하고 있지 않은 구성의 경우

□ 확인대상발명이 특허발명의 각 구성에 대응되는 모든 구성을 문언적으로 구체적으로 자세히 언급하고 있지 않더라도 확인대상발명의 설명서와 도면을 종합하면 특허발명의 구성과의 차이점을 대비할 수 있는 경우에는 확인대상발명은 특정된 것으로 본다.157)

▶ 확인대상발명의 설명서와 도면 사이에 불일치가 없는 경우에는 확인대상발명의 설명서와 도면을 종합적으로 고려하여 확인대상발명을 확정한다.

○ 대법원 2020. 5. 28. 선고 2017후2291 판결

확인대상발명의 설명서에 적힌 내용과 도면에 도시된 내용을 종합해보면, 확인대상발명의 내부컵은 탄성을 가진 탄성연결막을 통해 원통형 본체의 하부에 연결되므로, 내부컵이 피부 접촉에 의하여 작용하는 힘의 방향에 따라 탄성연결막이 꺾이면서 고정되어 있는 외부컵의 위치와 상대적으로 비교하여 내부컵이 올라가거나 내려갈 수 있고, 내부컵에 작용하는 힘이 사라지면 탄성력에 의하여 내부컵의 위치가 초기 위치로 복귀하게 되며, 확인대상발명의 내부컵에 힘이 작용하지 않을 때에는 내부컵과 외부컵의 단부가 같은 높이에 있는 것임을 알 수 있다. 확인대상발명의 도면들 중 도 3의 (c)는 내부컵이 외부컵의 위쪽에 위치하고 있는 것으로 볼 수 있으나, 확인대상발명의 설명서에 적힌 나머지 내용과 도면에 비추어 보면, 위 도 3의 (c)만으로 위와 같은 기술적 내용과 다르게 확인대상발명이 특정되었다고 볼 수는 없다. 따라서 확인대상 발명은 특허발명과 대비할 수 있을 정도로 구체적으로 특정되어 있다.

○ 대법원 2007. 2. 8. 선고 2005후1240 판결

확인대상발명의 도면에는 특허발명의 '케이블이 록킹부재에서 제1레버로 직접 연결되는 구성'에 대응하는 구성으로서 '케이블이 지지간에 설치되는 롤러를 지나되 만곡되지 않고 록킹부재에서 제1레버에 연결되는 구성'이 구체적으로 도시되어 있어, 확인대상발명은 특허발명과 대비할 수 있을 정도로 특정되어 있다.

○ 특허법원 2021. 10. 28. 선고 2021허1134 판결

특허발명의 '조임구가 관결합단의 경사면 상단부를 향해 밀착하여 물공급관을 고정시키도록 그 길이가 구성'되는 것을 '관결합단의 경사면 상단부의 폭이 조임구의 내주면 단부의 반경과 같거나 크

156) 특허법원 2020. 1. 31. 선고 2019허4048 판결
157) 특허법원 2008. 4. 17. 선고 2007허7501 판결

게 형성되도록 구성'되는 것으로 제한하여 해석할 수 없고, 확인대상발명 도 4에 개시된 조임구와 관결합단의 구성과 같이 '관결합단의 경사면 상단부의 폭이 조임구의 내주면 단부의 반경보다 작게 형성되는 경우'를 포함하는 것으로 보아야 한다. 따라서 확인대상발명의 도면에는 '조임구가 관결합단의 경사면 상단부를 향해 밀착하여 물공급관을 고정시키도록 그 길이가 구성'되는 구성이 개시되어 있다고 할 것이므로, 확인대상발명의 설명서 기재와 도면에 적힌 조임구와 관결합단의 구성이 불일치한다고 볼 수 없고, 나아가 확인대상발명의 설명서 및 도면에 적힌 조임구와 관결합단의 구성은 특허발명과 대비할 수 있을 정도로 구체적으로 특정되었다.

○ 특허법원 2016. 7. 7. 선고 2016허151 판결

특허발명의 '유동교란용 굽은 몸체는 컵 몸체의 내부에서 콩의 유동을 교란하고, 가로질러 구비되
특허발명의 '유동교란용 굽은 몸체는 컵 몸체의 내부에서 콩의 유동을 교란하고, 가로질러 구비되
어 콩이 위로 회전유동하는 것을 방지하며, 또 절삭공구 위에 배치된' 구성의 유동교란용 굽은 몸체에 대응되는 확인대상발명의 안전커버에 대하여 확인대상발명의 설명서에는 '안전커버는 분쇄칼날을 감싸는 구조로 되어, 사용자가 분쇄칼날에 의하여 손이 베이는 사고를 방지하고, 본체를 쉽게 거치할 수 있다.'고 적혀 있다. 이러한 설명서 기재만으로는 확인대상발명의 안전커버가 특허발명의 위 구성과 대비할 수 있도록 컵 몸체 내부에서 콩의 유동을 교란하고 콩이 위로 회전유동하는 것을 방지하는 기능을 가진 구조인지에 대하여 명확히 알 수가 없다. 그러나 확인대상발명의 도면 중 도 1, 7, 12, 14, 15를 참조하면, 측면에 통공이 형성된 안전커버가 분쇄칼날을 감싸는 구체적 형상, 구조, 분쇄칼날과의 결합관계 및 이에 수반되는 콩의 유동교란 기능 등을 파악할 수 있다. 따라서 확인대상발명은 특허발명과 대비될 수 있을 정도로 특정되었다.

○ 특허법원 2012. 11. 30. 선고 2012허6267 판결

확인대상발명에는 '연결리브'가 한 쌍으로 이루어져 가이드벽의 중간부분을 연결한다는 한정이 없으나, 확인대상발명의 도면들에 일치하여 '한 쌍의 연결리브'가 가이드벽의 중간부분을 연결하는 구성이 도시되어 있어 있는바, 위 도면들이 예시적인 것에 불과하다는 별도의 기재가 확인대상발명의 설명서에 없는 한, 설명서와 도면을 일체로 해석해야 할 것이므로, 확인대상발명의 '연결리브' 역시 '한 쌍'으로 이루어져 가이드벽의 중간부분을 연결하는 구성이라고 판단된다.

○ 특허법원 2007. 9. 14. 선고 2007허2902 판결

확인대상발명은 그 설명 부분에는 특허발명의 '각 앵커부에는 철근을 수용지지할 수 있도록 상측연부로부터 하향절취 형성된 적어도 하나의 철근수용부가 형성'된 구성과 대응되는 구성에 관하여, 특허발명의 청구범위에 적힌 부분과 문언상 동일하게 '각 앵커부에는 철근을 수용지지할 수 있도록 상측연부로부터 하향절취된 철근수용홀'로 적혀 있으나, 확인대상발명의 도면 1, 2에는 복수 개의 철근이 수용되도록 철근수용홀이 장공 형태로 형성되어 있으므로, 확인대상발명의 철근수용홀에 관

한 구성은 앵커부의 상부면이 전체적으로 개방되어 있으며 그 하부는 복수 개의 철근이 수용되도록 장공 형태의 철근수용홀을 형성한 것으로서 그 기술적 구성을 파악해야 한다.

2) 설명서와 도면 사이에 불일치가 있는 경우[158]

가) 확인대상발명의 판단방법

(1) 설명 부분 기준

★□ 확인대상발명은 특허발명의 청구범위에 대응하여 구체적으로 구성을 적은 확인대상발명의 설명 부분을 기준으로 기술적 구성을 파악해야 한다.[159]

(2) 설명 부분에 적히지 않은 구성

□ 확인대상발명의 설명 부분에 적히지 않은 구성이 확인대상발명의 도면에 도시되어 있다고 하여 이를 확인대상발명의 구성으로 파악할 수는 없다.[160]

(3) 도면은 설명 부분의 부족 부분을 일부 보완 가능

□ 확인대상발명의 도면은 설명 부분의 부족 부분을 일부 보완할 수는 있으나 확인대상발명의 설명서에 아무런 기재가 없는 부분까지 보완할 수는 없다.[161]

▷ 특허발명과 대비되는 구성이 도면에만 도시되어 있고 설명서에는 없는 경우에는 확인대상발명이 구체적으로 특정되었다고 볼 수 없다.[162]

(4) 도면에 의한 설명 부분의 변경 파악 불허

□ 확인대상발명의 설명서에 첨부된 도면에 의하여 그 설명 부분을 변경하여 파악하는 것은 허용되지 않는다.[163] 이는 적극적 권리범위확인심판에서 실시주장발명이 확인

---

158) 권오희, 권리범위확인심판에서의 심판대상물에 관한 고찰, 특허법원 개원 10주년 기념논문집, 특허법원(2008. 2.), 451면

159) 특허법원 2011. 10. 12. 선고 2011허1852 판결, 2011. 10. 12. 선고 2011허1869 판결, 2010. 10. 14. 선고 2010허3127 판결, 2010. 8. 19. 선고 2010허159 판결, 2010. 8. 18. 선고 2009허7987 판결, 2009. 10. 9. 선고 2009허3732 판결, 2008. 10. 23. 선고 2008허1548 판결, 2008. 10. 2. 선고 2008허2374 판결, 2008. 4. 25. 선고 2007허10705 판결, 2008. 4. 25. 선고 2007허10712 판결, 2007. 9. 14. 선고 2007허2902 판결

160) 특허법원 2008. 8. 12. 선고 2007허9231 판결, 2008. 8. 12. 선고 2008허439 판결, 2008. 8. 12. 선고 2008허446 판결

161) 특허법원 2007. 2. 28. 선고 2006허2905 판결

162) 심판편람 13판, 특허심판원(2021), 527면

163) 대법원 2005. 11. 25. 선고 2004후3478 판결, 특허법원 2022. 7. 13. 선고 2021허4041 판결, 2021. 11. 18. 선고 2021허2274 판결, 2021. 9. 16. 선고 2021허1837 판결, 2020. 7. 10. 선고 2019허2660 판결, 2019. 11. 8. 선고 2019허3465 판결, 2018. 11. 27. 선고 2018허2595 판결, 2018. 10. 26. 선고 2018허3680 판결, 2018. 6. 1. 선고 2017허6514 판결, 2017. 9. 22. 선고 2017허3195 판결, 2017. 1.

대상발명의 도면에 나타난다고 하더라도 마찬가지이다.[164)]

나) 확인대상발명의 특정방법

(1) 설명서나 도면의 선택에 따라 속부에 영향을 미치는 경우

▷ 확인대상발명의 설명서와 도면 사이에 차이가 나는 부분이 설명서나 도면을 선택함에 따라 권리범위에 속하는지 여부에 영향을 미치는 경우라면 확인대상발명이 특정되지 않은 것으로 보아야 한다.[165)]

▶ 확인대상발명의 설명서와 도면이 일치하지 않아서 확인대상발명의 기술구성을 특정할 수 없는 경우에는 구체적으로 특정되었다고 할 수 없다.

(2) 설명서나 도면의 선택이 속부와 관련이 없는 경우

▷ 확인대상발명의 설명서와 도면 사이에 그 차이가 나는 부분이 설명서나 도면을 선택하더라도 권리범위에 속하는지의 여부와는 관련이 없는 경우라면 도면이 아니라 설명서를 기준으로 확인대상발명을 특정해야 한다.[166)]

▶ 확인대상발명의 기술구성은 확인대상발명의 설명서를 중심으로 파악해야 하므로, 기술적 의미를 정확히 알 수 없는 경우에는 도면의 기재를 참작하여 파악해야 하지만, 도면에 의하여 설명서에 적힌 확인대상발명의 기술구성을 다른 의미로 해석하거나 변경 파악해서는 안 된다. 따라서 특정 구성이 확인대상발명의 설명서에는 적혀 있으나 도면에는 적혀 있지 않은 경우에는 확인대상발명의 기술구성은 설명서에 적힌 대로 확정한다.

다) 확인대상발명의 특정 판단

(1) 특정된 것으로 보는 경우

□ 확인대상발명의 설명서의 기재와 일치하지 않는 일부 도면이 있더라도, 확인대상발명의 설명서에 적힌 나머지 내용과 도면을 종합적으로 고려하여 확인대상발명이 특허발명의 권리범위에 속하는지 여부를 판단할 수 있는 경우에는 확인대상발명은 특정된 것으로 본다.[167)]

---

19. 선고 2016허7022 판결, 2015. 1. 29. 선고 2014허5657 판결, 2014. 11. 27. 선고 2013허10232 판결, 2014. 7. 10. 선고 2013허4503 판결, 2014. 6. 26. 선고 2013허8741 판결

164) 특허법원 2010. 10. 14. 선고 2010허3127 판결

165) 권오희, 권리범위확인심판에서의 심판대상물에 관한 고찰, 특허법원 개원 10주년 기념논문집, 특허법원(2008. 2.), 451면

166) 권오희, 권리범위확인심판에서의 심판대상물에 관한 고찰, 특허법원 개원 10주년 기념논문집, 특허법원(2008. 2.), 451면

(2) 특정된 것으로 보지 않는 경우

(가) 기술구성을 알 수 있더라도 특정된 것으로 보지 않는 경우

□ ① 확인대상발명의 설명서 기재와 도면이 일치하지 않거나, ② 설명서의 내용이 도면에 의하여 충분히 뒷받침되지 않거나, ③ 그 자체로 모순되어 기술구성이나 결합관계를 알 수 없다면, 비록 통상의 기술자가 설명서와 도면 전체를 면밀히 검토하면 그 기술구성을 알 수 있는 경우라 하더라도 확인대상발명은 구체적으로 특정되었다고 볼 수 없다.[168)]

(나) 기술구성을 파악할 수 없는 경우

□ 확인대상발명이 설명서의 내용과 도면이 일치하지 않아 기술구성을 파악할 수 없는 경우에는 구체적으로 특정되었다고 볼 수 없다.[169)]

(다) 확인대상발명의 구성에 대하여 설명서와 도면이 반대로 적힌 경우

□ 확인대상발명의 구성에 대하여 그 설명서와 도면이 반대로 적혀 있는 경우에는 그 구성을 명확히 파악할 수 없어 특정되었다고 볼 수 없다.[170)] 이 경우, 확인대상발명의 도면에 의하여 확인대상발명의 구성을 확인대상발명의 설명서에 적힌 내용과 다른 의미로 해석해서는 안 된다.

▷ 확인대상발명의 설명서와 도면에 적힌 구성이 다르게 해석될 여지가 있는 경우에는 각하할 것이 아니라 설명서를 중심으로 해석해야 하지만,[171)] 확인대상발명의 설명서와 도면이 정반대로 적혀 있는 경우에는 확인대상발명의 특정이 미흡한 것으로서 각하해야 한다.[172)]

---

167) 대법원 2020. 5. 28. 선고 2017후2291 판결, 특허법원 2014. 8. 14. 선고 2014허1808 판결
168) 특허법원 2016. 12. 16. 선고 2015허6916 판결, 2005. 9. 15. 선고 2005허186 판결
169) 특허법원 2006. 12. 14. 선고 2006허5263 판결, 2006. 9. 21. 선고 2005허10442 판결, 2005. 3. 31. 선고 2004허2727 판결
170) 특허법원 2006. 9. 21. 선고 2005허10442 판결
171) 염호준, 확인대상발명의 특정, 특허소송연구 6집(2013), 354면
172) 박성수, 확인대상발명의 설명서와 도면에 다소간의 불일치가 있는 경우에 어느 것이 우선하는지, 대법원판례해설 59호(2006), 301면
• 확인대상발명의 설명서와 도면이 불일치하는 문제가 발생하는 이유는 확인대상발명의 특정이 어렵고, 확인대상발명의 설명서의 기재는 실제로 존재하는 침해라고 주장되는 발명을 어떠한 정도로든 추상화하는 과정에서 실제의 존재와 괴리가 생기기 마련이며, 추상화된 발명을 구체화하여 도면화하는 과정에서 다시 괴리가 발생하기 쉽기 때문이다(오충진, 권리범위확인심판에서 확인대상발명의 특정, 특허소송연구 4집(2008), 62면).

※ 특정된 것으로 본 사례

○ 특허법원 2018. 10. 26. 선고 2018허3680 판결

확인대상발명에는 특허발명과 서로 대비할 수 있을 만큼 특허발명의 구성요건에 대응하는 부분의 구체적인 구성이 적혀 있고, 심판단계에서 특허심판원은 확인대상발명에 대한 보정을 명하는 조치를 취한 점 등에서 볼 때, 확인대상발명의 설명서와 도면이 일부 불일치함에도 불구하고 확인대상발명은 특허발명과 서로 대비할 수 있을 만큼 구체적으로 특정된 것이다.

○ 특허법원 2015. 1. 29. 선고 2014허5657 판결

확인대상발명의 설명서에는 고무밴드로 PVC관을 묶거나 결속한다고만 적혀 있고, X자 형상으로 묶는다고 적혀 있지 않으며, 그러한 설명서의 기재로 확인대상발명의 관련 기술적 구성이나 내용을 확정할 수 있으므로, 도면(도 1f)에 X자 형상으로 결속된 고무밴드가 도시되어 있다고 하여 확인대상발명에서 고무밴드가 X자 형상으로 결속되는 것으로 볼 수 없다.

○ 특허법원 2012. 11. 30. 선고 2012허6267 판결

확인대상발명의 설명서에는 확인대상구성 2로서 '그릴과 후크 연결시 후크가 좌우로 흔들리지 않도록 연결줄 중간에 위치하고, 그릴 상단 좌·우측 그릴프레임 상에 나사에 의하여 고정 설치되는 연결줄고정판에 서로 대칭되게 형성되는 한 쌍의 가이드벽을 연결하는 연결리브'가 적혀 있다. 나아가 확인대상발명의 설명서 중 다른 부분에는 '연결줄 방향으로 형성된 상기 가이드벽', '가이드벽과 가이드벽 사이 공간을 통과하는 연결줄'이라고 적혀 있다. 위 기재들에 의하면, '서로 대칭되게 형성되는 한 쌍의 가이드벽'은 '연결리브'에 의하여 연결되는 구조로서, 연결줄을 사이에 두고 연결줄을 따라 형성된 2개의 서로 대칭되는 가이드벽으로 파악된다. 다만, 확인대상발명의 일부 도면에는 [도 3]과 같이 가이드벽과 가이드벽이 후크를 사이에 두고 'ㄷ'자 모양의 부재를 이루는 것처럼 도시되어 있다. 그러나 위 도면과 같이 한 쌍의 가이드벽이 각자 'ㄷ'자 모양의 부재를 이루게 되면 확인대상발명의 설명서에 적힌 기술내용과 달리 '연결리브'가 한 쌍의 가이드벽을 연결할 수 없게 된다. 한편, 확인대상발명의 다른 도면에는 [도 4]와 같이 가이드벽으로 표시된 부분이 후크를 사이에 두고 좌우로 대칭하고 있지 않아 가이드벽이 각자 'ㄷ'자 모양의 부재를 이룰 수 없고, 오히려 '연결줄을 사이에 두고 연결줄을 따라 길게 형성된 2개의 서로 대칭되는 가이드벽'에 부합되도록 도시되어 있다. 따라서 가이드벽의 형상과 관련하여 확인대상발명의 도면들 중 일부는 확인대상발명의 설명서와 부합하고 일부는 부합하지 않는다. 확인대상발명의 설명서에 '서로 대칭되게 형성되는 한 쌍의 가이드벽'이 '연결줄을 사이에 두고 연결줄을 따라 형성된 2개의 서로 대칭되는 가이드벽'으로 파악되는 이상, 확인대상발명의 도면 중 설명서에 부합하지 않는 일부 도면만을 근거로 하여 위 설명 부분을 변경하여 파악할 수는 없으므로, 확인대상발명은 '연결줄을 사이에 두고 연결줄을 따라 형성된 2개의 서로 대칭되는 가이드벽'과 위와 같이 서로 대칭되게 형성된 '한 쌍의 가이드

벽을 연결하는 연결리브'를 그 구성으로 포함하고 있다. 따라서 확인대상발명은 특허발명과 대비할 정도로 특정된 것이다.

○ 특허법원 2007. 8. 30. 선고 2006허10449 판결

특허발명은 ① 팬츠부와 발걸림부 주위에 다른 부위보다 헐거운 조직으로 이루어진 런닝편직부가, ② 다리삽입부와 발걸림부 주연 부위에는 다른 부위보다 많은 수의 원사를 사용한 보강편직부가 각각 형성되어 있는 구성인데, 확인대상발명의 설명서 부분은 특허발명의 위 구성에 대응하여, ① 팬츠부는 샅 부위의 봉합부위만 헐거운 조직이고 나머지 부분은 다른 부위와 동일한 조직이며, ② 발걸림부 주위는 다른 부위와 동일한 조직이고, ③ 팬츠부와 발걸림부의 주연부위는 다른 조직과 같은 수의 원사로 이루어져 있는 것으로 적고 있어, 특허발명의 위 구성과 대비하여 차이점을 판단할 수 있을 정도로 구체적인 구성이 나타나 있다. 다만, 확인대상발명의 도면 중 도2 내지 도5에는 그와 같은 구성이 명확하게 나타나 있지 않으나, 가사 도면에 다소 애매한 내용이 있다고 하더라도 설명서의 기재가 특허발명의 대응구성과 대비하여 차이점을 판단할 수 있을 정도로 적혀 있는 이상, 확인대상발명은 구체적으로 특정된 것이다.

※ 특정되지 않은 것으로 본 사례

○ 특허법원 2017. 12. 1. 선고 2017허3676 판결

확인대상발명의 설명서에는 조립식 지하 피트 관하여 '상단부에 조립홈이 형성되고, 하단부에 연결돌출부가 형성되며, 중단부 일측에 관통홀이 형성되고, 중간지점마다 엘보형 체결부가 형성되어 지하 매립 공간의 크기에 알맞게 가로방향 또는 세로방향으로 하나씩 조립되면서 장방형의 박스구조를 형성'되어 있다고 적혀 있고, '도 2의 우측 하단에 부호 10으로 표시되어 있는 것'이 '조립식 지하 피트'라고 적혀 있는데, 위 설명서 및 도면의 기재만으로는 위 도면에서 '부호 10'으로 표기된 부분이 위 설명서 기재와 같은 구조를 갖는 '조립식 지하 피트'인지 여부를 확인할 수 없으므로(확인대상발명의 [도 1] 내지 [도 13]은 조립식이 아니라 콘크리트 일체형 벽체 구조로 보인다), '조립식 지하 피트'의 구성이 확인대상발명에 존재하는지 여부를 명확히 알 수 없다. 따라서 확인대상발명은 설명서에 적힌 내용과 [도 1] 내지 [도 13]에 표시된 내용이 서로 일치하지 않고, 도면들 상호간에도 그 내용이 일치하지 않으므로 확인대상발명은 발명의 내용을 명확히 특정할 수 없고, 특허발명과 대비 판단의 대상이 되는 확인대상발명을 [도 14] 내지 [도 26]과 같이 특정할 것인지, [도 1] 내지 [도 13]과 같이 특정할 것인지에 따라 특허발명과의 대비 결과가 달라지므로, 확인대상발명은 특허발명과 대비할 수 있을 정도로 구체적으로 특정되었다고 볼 수 없다.

○ 특허법원 2008. 8. 12. 선고 2008허439 판결(설명서와 도면이 불일치하는 경우)

확인대상발명의 도면에 연통과 불문이 도시되어 있는 것으로 보이나, 확인대상발명의 설명 부분에

없는 구성요소인 연통과 불문이 확인대상발명의 도면에 도시되어 있다고 하여 이들 구성이 확인대상발명의 구성요소인 것으로 파악할 수는 없다.

○ 특허법원 2005. 9. 15. 선고 2005허186 판결

확인대상발명의 설명서에는 '확인대상발명에서는 각도센서가 길이변위센서와 일체형 구조로를 연장 결합되어 있어서 입출력케이블인 신호선이 하나이고 고정용 구멍에 위치한다', '앵커에 길이변위센서를 부착하고'라고 되어 있어, 길이변위센서가 변위센서샤프트와 결합되어 외부 알루미늄샤프트 내부에 설치되는 것으로 되어 있는 도면의 내용과 명백히 모순된다. 따라서 확인대상발명은 그 설명서의 내용이 도면과 일치하지 않고 핵심적인 구성요소의 구성이 불분명하여 특허발명과 대비할 수 있을 정도로 특정되었다고 볼 수 없다.

다. 실물사진이 첨부되거나 실물견본이 제출된 경우

1) 적극적 권리범위확인심판

가) 심판청구서에 첨부한 확인대상발명의 설명서 및 도면 기준

□ 확인대상발명은 청구인 스스로 작성하여 심판청구서에 첨부한 확인대상발명의 설명서 및 도면을 기준으로 하여야 한다.173)

나) 실물사진만을 심판대상으로 한 심결은 위법

□ 청구인이 심판청구의 대상으로 한 것은 어디까지나 확인대상발명의 설명서 및 도면에 나타난 발명이지 피청구인이 실시하고 있는 실물사진의 발명이라고 볼 수 없음에도 불구하고, 심결에서 청구인이 심판청구의 대상으로 삼고 있는 확인대상발명과 특허발명을 대비·판단하지 않고, 심판대상이 아닌 실물사진과 특허발명만을 대비·판단한 것은 심판대상과 직권주의에 관한 규정에 위반한 것이다.174)

다) 확인대상발명의 설명서 및 도면과 실물이 차이가 있는 경우

□ 청구인의 주장이나 실물에 비추어 볼 때 청구인이 확인을 구하고자 하는 대상이 심판청구서에 첨부된 확인대상발명의 설명서 및 도면과 차이가 있어 어느 것을 대상으로 확인을 구하는 것인지가 불분명하다고 볼 만한 사정이 있는 경우에 한하여 청구인에게 어느 것을 확인의 대상으로 삼고 있는지를 석명할 의무가 있다.175)

---

173) 특허법원 2020. 6. 18. 선고 2019허6525 판결, 2005. 4. 1. 선고 2004허3126 판결, 2004. 11. 12. 선고 2004허1717 판결, 2002. 10. 10. 선고 2002허376 판결

174) 특허법원 2006. 4. 4. 선고 2006허633 판결

175) 특허법원 2005. 4. 1. 선고 2004허3126 판결

▶ 확인대상발명의 설명서에 도면 대신 실물사진이 적혀 있는 경우에는 실물사진과 별도로 도면을 제출하도록 하는 것이 바람직하지만, 도면 대신 적힌 실물사진은 특별한 사정이 없는 한 도면과 같이 취급한다.

2) 소극적 권리범위확인심판

가) 확인대상발명의 설명서 및 도면의 기재에 근거

□ 소극적 권리범위확인심판에서 확인대상발명은 확인대상발명의 설명서 및 도면의 기재에 근거하여 특정되는 것이다.[176]

나) 실제 실시제품은 심리대상 아님

(1) 청구인이 특정하여 심판을 청구한 확인대상발명의 설명서 및 도면

□ 확인대상발명은 청구인이 특정하여 심판을 청구한 확인대상발명의 설명서 및 도면이지 이와 다른 실제 실시제품은 심리대상이 아니다.[177]

(2) 확인대상발명의 설명서 및 도면에 나타난 확인대상발명

□ 확인대상발명의 설명서 및 도면에 나타난 확인대상발명을 대상으로 심리해야 하고 실제 실시제품을 가지고 심리해서는 안 된다.[178]

다) 실물견본은 참고자료에 불과

□ 소극적 권리범위확인심판에서 실물견본이 제출되는 경우, 이는 참고자료에 불과하다고 보아야 한다.[179]

▶ 확인대상발명의 설명서와 도면만으로도 특허발명과 대비될 수 있을 정도로 충분히 특정된다면, 확인대상발명의 설명서와 도면이 실물사진과 다르다고 하더라도 확인대상발명은 특정된 것이다.

라) 청구대상물이 확인대상발명의 도면인지 실물견본인지 불분명한 경우

---

176) 대법원 2005. 10. 14. 선고 2004후1663 판결, 특허법원 2010. 7. 1. 선고 2009허9471 판결, 2010. 6. 24. 선고 2009허8317 판결, 2009. 12. 4. 선고 2009허2159 판결, 2007. 3. 8. 선고 2006허4246 판결, 2006. 9. 29. 선고 2005허9558 판결, 2005. 8. 25. 선고 2004허6835 판결, 2005. 3. 17. 선고 2004허3645 판결, 2003. 8. 22. 선고 2002허6626 판결, 1999. 5. 27. 선고 99허536 판결

177) 대법원 2001. 11. 30. 선고 99후2624 판결, 특허법원 2002. 9. 12. 선고 2002허581 판결, 1999. 9. 30. 선고 98허8564 판결

178) 특허법원 2010. 7. 1. 선고 2009허9471 판결, 2006. 12. 21. 선고 2006허3557 판결, 2006. 6. 21. 선고 2005허6368 판결, 1999. 8. 12. 선고 99허2204 판결, 1999. 7. 22. 선고 98허7707 판결

179) 특허법원 1999. 5. 27. 선고 99허536 판결

□ 소극적 권리범위확인심판에서 확인대상발명 설명서 및 도면의 기재와 실물견본의 구성이 상이하고 청구인이 청구하고자 하는 대상물이 확인대상발명 설명서 및 도면의 것인지, 실물견본의 것인지가 불분명한 예외적인 경우에는 석명을 구하여 어떠한 발명에 대하여 확인대상발명으로서 대비·판단을 구하는 것인지 확정해야 한다.[180)]

마) 실물사진에는 나타나 있는 구성의 일부가 도면에는 불명확한 경우

□ 소극적 권리범위확인심판에서 청구인이 제출한 확인대상발명의 설명서 및 도면에 실물사진에는 나타나 있는 구성 중 일부가 불명확하게 적혀 있다면, 심판절차에서는 당연히 그 발명의 기술구성을 명확히 특정하여 이를 확인대상발명으로 삼은 다음 이를 특허발명과 대비해야 한다.[181)]

○ 특허법원 1999. 5. 27. 선고 99허536 판결

확인대상발명 설명서 및 도면의 기재에 의하면, 확인대상발명의 심재는 다수의 합성수지 심선으로 이루어져 있으나, 도면에는 편의상 하나의 단면체로 표현한 것에 불과하고 실물견본의 경우에도 다수의 합성수지 심선으로 심재를 구성하고 있는 사실을 인정할 수 있는바, 이에 의하면 확인대상발명 설명서 및 도면의 기재와 실물견본의 구성이 다르다 할 수 없고, 나아가 특허발명과 대비대상이 되는 구성요소인 브레이드의 재질 및 루프 파일의 존재와 관련하여 확인대상발명을 특정하는데 아무런 문제가 없다.

라. 확인대상발명의 효과 기재

1) 확인대상발명의 구성 특정의 원칙

□ 확인대상발명에서 특정되어야 할 것은 어디까지나 확인대상발명의 '구성'이며, 구성의 차이가 적법하게 확정된 이상 그에 기인한 발명의 효과까지 적어야 하는 것은 아니다.[182)]

2) 화학발명의 특수성

가) 효과가 달라지면 발명의 동일성 상실

□ 화학물질의 제조방법에 있어서 효과가 달라지면 발명의 동일성을 상실한다.[183)]

---

180) 특허법원 1999. 5. 27. 선고 99허536 판결
181) 특허법원 1999. 6. 3. 선고 98허10529 판결
182) 특허법원 2002. 8. 22. 선고 2001허2108 판결, 2002. 8. 22. 선고 2001허2115 판결
183) 특허법원 1999. 3. 25. 선고 98허6162 판결

나) 특허발명의 발명의 설명에 대응되는 기재나 효과 기재

□ 화학발명에서는 확인대상발명도 특허발명의 청구범위의 구성요건에 대응되는 기재 외에도 발명의 설명에 대응되는 기재나 효과에 관한 기재가 있어야 특정된 것으로 보는 경우가 있다.[184]

◀ 화학물질의 제조방법은 청구범위의 기재만으로는 그 작용기전을 명확히 파악하기 어렵고 구체화된 실시형태에 의하여 비로소 그 발명의 실체를 파악할 수 있는 경우가 많으므로, 비록 청구범위에는 포함되어 있지 않더라도 2차적 구성요소와 효과까지도 적음으로써 특허발명과 실질적인 차이점을 대비할 수 있도록 하여야 한다. 또한 화학 관련 발명에서는 구성요소를 대체함으로써 효과의 차이가 발생할 수도 있으므로, 확인대상발명의 설명서를 작성할 때에는 효과에 대하여도 적어야 한다.

다) 효과에 관한 아무런 기재가 없는 경우

(1) 효과를 쉽게 예측할 수 없는 경우

□ 화학발명에서 확인대상발명이 그 효과에 대하여 아무런 기재도 하고 있지 않은 경우, 통상의 기술자가 확인대상발명 설명서의 기재 만에 의하여 그 효과를 쉽게 예측할 수도 없다면 확인대상발명은 특허발명과 그 효과에 차이가 있는지 여부를 대비 · 판단할 수 없으므로, 확인대상발명은 특허발명과 대비할 수 있을 만큼 특정된 것으로 볼 수 없다.[185]

▶ 화학발명과 같이 확인대상발명에 효과의 기재가 필요한 경우에는 보정을 요구하여 효과를 적도록 한 이후에 본안판단에 들어가야 한다.

(2) 구성에 따른 특성이 자명한 경우

□ 특허발명의 구성이 가지는 특성에 대응하는 확인대상발명의 구성이 가지는 특성이 명시적으로 한정되어 있지 않다고 하더라도 그 구성에 따른 특성이 통상의 기술자에게 자명한 경우에는 확인대상발명은 적법하게 특정된 것으로 본다.[186]

○ 특허법원 2013. 10. 25. 선고 2013허4794 판결

확인대상발명의 설명서 및 도면에는 '내열성 스펀지(실리콘 함침된 폴리우레탄 스펀지)' 및 '접착제

184) 대법원 1972. 5. 23. 선고 72후4 판결, 특허법원 2002. 4. 19. 선고 98허5695 판결, 1999. 9. 2. 선고 99허802 판결

185) 특허법원 2002. 4. 19. 선고 98허5695 판결, 1999. 9. 2. 선고 99허802 판결

186) 특허법원 2013. 10. 25. 선고 2013허4794 판결

(실리콘 접착제)'가 절연 특성을 갖는지 여부가 명시적으로 기재되어 있지는 않으나, 위 구성들은 모두 실리콘으로 이루어진 것으로서, 일반적으로 실리콘이 절연 특성을 갖는 재료라는 것은 통상의 기술자에게 자명한 사항이고, 확인대상발명에서 위 구성들이 도전 성분을 포함하는 것으로 한정하고 있지도 않으며, 이 사건 특허발명의 명세서에도 '본 발명에 따르면 바람직하게 절연 발포고무는 실리콘 고무일 수 있고, 절연 비발포고무 코팅층은 액상의 실리콘 고무가 경화되면서 형성될 수 있으며, 액상의 실리콘 고무는 경화 후 절연 발포고무와 내열 폴리머 필름을 접착시키는 역할을 한다'라고 기재되어 있으므로, 통상의 기술자는 확인대상발명의 위 구성들이 절연 특성을 갖는 것으로 인식할 것이다. 따라서 확인대상발명은 특정된 것이다.

○ 특허법원 2002. 4. 19. 선고 98허5695 판결, 1999. 9. 2. 선고 99허802 판결

확인대상발명 설명서는 확인대상발명의 효과에 대하여 아무런 기재도 하고 있지 않고, 통상의 기술자가 확인대상발명 설명서의 기재 만에 의하여 그 효과를 쉽게 예측할 수도 없는 것이므로, 확인대상발명은 특허발명과 그 효과에 차이가 있는지 여부를 대비 판단할 수 없으므로 확인대상발명은 특허발명과 대비할 수 있을 만큼 특정되지 않은 것이다.

마. 수치한정의 경우

1) 확인대상발명의 특정 정도

가) 수치한정발명의 특정방법

(1) 특허발명의 수치한정구성에 대응되는 구성과 구체적인 수치

□ 특허가 수치한정발명인 경우, 확인대상발명이 특허발명에서 수치로 한정하고 있는 구성요소에 대응되는 구성요소를 포함하고 있는지 여부 및 그 수치는 어떠한지가 설명서와 도면 등에 의하여 특정되어야 한다.[187)]

(2) 확인대상발명의 조성성분과 조성비 한정

□ 특허발명에서 조성성분과 조성비가 한정되어 있는 경우에는 확인대상발명도 조성성분과 조성비가 한정되어 있어야 특정된 것이다.[188)]

---

187) 대법원 2005. 4. 29. 선고 2003후656 판결, 특허법원 2022. 9. 1. 선고 2021허3697 판결, 2022. 9. 1. 선고 2021허3703 판결, 2022. 9. 1. 선고 2021허3710 판결, 2020. 6. 4. 선고 2019허5904 판결, 2019. 2. 15. 선고 2018허1820 판결, 2019. 2. 15. 선고 2018허3819 판결, 2019. 2. 15. 선고 2018허3840 판결, 2017. 6. 28. 선고 2016허1031 판결, 2017. 6. 28. 선고 2016허1048 판결, 2007. 3. 28. 선고 2006허6204 판결

188) 대법원 2004. 10. 15. 선고 2003후1727 판결, 특허법원 2006. 9. 1. 선고 2005허6856 판결, 2003. 6. 26. 선고 2002허6268 판결

(3) 확인대상발명의 구성성분과 그 비율

□ 특허발명이 구성성분과 그 비율까지 한정하고 있는 경우에는 확인대상발명도 그 구성성분과 비율까지 특정되어야 한다.189)

(4) 확인대상발명에 특허발명과 대응되는 수치가 한정되어 있지 않은 경우

□ 특허발명의 구성요소에 대한 수치한정과 대비할 수 있을 정도로 확인대상발명에 대응되는 수치가 한정되어 있지 않은 경우에는 확인대상발명은 특허발명과 대비하여 제대로 특정되지 않은 것이다.190)

나) 특허명세서에 수치측정방법의 기재요령

□ 침해물품이 특허발명의 수치범위를 충족하는지 여부가 쟁점이 되는 경우, 특허출원 당시 특허권자 주장의 방법으로 수치를 측정하였다 하더라도 특허권자가 측정방법을 특허발명의 명세서에 명시하지 않고 있는 이상, 특허침해 여부를 가리기 위해서는 해당업계에서 일반적으로 사용되는 측정방법에 의하여 측정된 수치를 판단자료로 삼는 것이 타당하므로,191) 명세서에는 장래 분쟁가능성을 대비하여 가능한 한 측정방법을 명확하게 특정하여 적는 것이 바람직하다.

2) 특허발명의 구성물질에 각종 조건이나 환경이 부과된 경우

□ 특허발명이 구성물질에 대하여 각종 조건이나 환경을 부과하고 있는 경우에는 확인대상발명은 구성물질에 부과될 수 있는 조건이나 환경을 어떻게 특정하느냐에 따라 특허발명의 권리범위에 속하는지 여부가 결정되는 것이므로, 확인대상발명이 위와 같은 조건이나 환경을 부과하고 있지 않은 경우에는 제대로 특정된 것으로 볼 수 없다.192)

3) 확인대상발명에 부가된 조성성분이 있는 경우

□ 확인대상발명에 부가된 조성성분이 있는 경우에는 그 부가된 조성성분으로 인하여 특허발명의 본질적인 일체성이 상실되지 않아야 한다.193)

4) 조성성분과 조성비의 범위가 한정된 경우

가) 임의의 조성비가 특허발명의 조성비 범위 내에 속하는 경우

□ 조성성분과 조성비의 범위가 한정되어 있는 조성물 발명에서, 확인대상발명의 임의

189) 특허법원 2007. 11. 21. 선고 2007허2032 판결
190) 특허법원 1999. 5. 27. 선고 99허536 판결
191) 서울서부지법 2002. 1. 25. 선고 99가합11885 판결
192) 특허법원 2002. 4. 19. 선고 98허5695 판결
193) 특허법원 2006. 9. 1. 선고 2005허6856 판결

의 조성비가 특허발명의 조성비 범위 내에 속하는 경우에는 이에 속하지는 않는 범위를 포함하고 있다 하더라도 확인대상발명은 특허발명의 권리범위에 속한다고 보아야 하므로, 조성성분의 조성비를 특정된 비율이 아닌 일정한 범위로 특정한 확인대상발명은 특허발명과 대비할 수 있을 정도로 특정된 것으로 본다.[194)]

나) 특허발명에 속하는 범위와 불속의 범위를 포함하는 경우

□ 확인대상발명의 조성비가 특허발명의 조성비 범위 내에 속하는 범위와 속하지는 않는 범위를 포함하고 있는 경우, 특허발명의 조성비가 임계적 의의를 가진다고 볼 수 없고 그 수치범위가 보충적이거나 예시적인 경우에는 일부 수치범위가 특허발명의 수치범위를 벗어나더라도 균등관계를 부정할 수 없으므로 특허발명과 대비할 수 있을 정도로 특정된 것으로 본다.[195)]

5) 전체 수치한정범위 내에서 실시가능성 판단

가) 수치한정의 일부 범위에서 실시가 불가능한 경우

□ 확인대상발명이 수치범위로 한정된 경우에 전체 수치한정범위 내에서 실시 가능해야 하므로, 확인대상발명이 그 수치한정범위 중 일부 범위에서 실시가 불가능한 때에는 전체적으로 보아 그 확인대상발명은 실시가 불가능한 것이므로 확인의 이익이 부정된다.[196)]

나) 조성물 발명의 실시가능성 판단방법

(1) 각 성분의 총합이 100중량% 충족 여부

□ 조성물 발명에서 모든 경우에 각 성분의 임계치 중량%를 취하여 정확히 100중량%를 만족시킬 필요는 없는 것이고, 한 성분의 특정 중량%에 대하여 나머지 성분들의 중량%를 취하는 경우, 그 총합이 100중량%를 충족시킬 수 있는지 여부로 그 기재의 명확성을 판단해야 한다. 이에 대한 판단기준의 하나로는 임의의 한 성분의 최대값과 나머지 성분의 최소값의 합이 100중량% 이하가 되는지, 혹은 임의의 한 성분의 최소값과 나머지 성분의 최대값의 합이 100중량% 이상이 되는지 등을 확인하는 방법을

---

194) 특허법원 2006. 9. 1. 선고 2005허6856 판결
(같은 취지) 특허법원 2020. 6. 4. 선고 2019허5904 판결

195) 특허법원 2020. 6. 4. 선고 2019허5904 판결, 1999. 8. 12. 선고 99허2204 판결

196) 특허법원 2018. 6. 22. 선고 2017허7371 판결, 2017. 11. 29. 선고 2017허1618 판결
(같은 취지) 대법원 2015. 9. 24. 선고 2013후518 판결, 2015. 9. 24. 선고 2013후525 판결, 특허법원 2021. 8. 26. 선고 2020허6323 판결, 2020. 2. 6. 선고 2018허9152 판결, 2018. 11. 9. 선고 2017허4044 판결, 2016. 4. 15. 선고 2015허6466 판결

들 수 있고, 이를 만족한다면 중량%의 전체 성분비는 명확한 것으로 볼 수 있다.[197)]

(2) 조성물 발명의 실시가 불가능한 유형

□ 확인대상발명이 조성물 발명인 경우, ① 각 성분의 최대함량비의 합이 100%에 미달하는 경우, ② 각 성분의 최저함량비의 합이 100%를 초과하는 경우, ③ 조성물을 구성하는 한 성분의 최대함량비와 나머지 성분들의 최저함량비의 합이 100%를 초과하는 경우, ④ 조성물을 구성하는 한 성분의 최저함량비와 나머지 성분들의 최대함량비의 합이 100%에 미달하는 경우에 그 한 성분의 최대함량비 또는 최저함량비의 범위 내에서는 조성물을 구성하는 각 성분의 함량비의 합이 100%에 이르도록 하는 것이 산술적으로 불가능하므로 그 조성물을 포함하는 확인대상발명을 실시할 수 없다.[198)]

※ 특정된 것으로 본 사례

○ 대법원 2000. 11. 10. 선고 2000후1276 판결, 2000. 11. 10. 선고 2000후1283 판결

확인대상발명이 특허발명에서와 같이 접촉재의 루우프 파일을 형성하는 합성섬유의 전체 합성섬유에 대한 중량비를 한정하고 있지 않은 것은, 그와 같은 중량비의 한정이 없는 접촉재를 심판대상으로 삼아 판단을 구하는 것이고, 위와 같은 중량비의 한정이 접촉재의 필수적인 구성요소라고 할 수도 없으므로, 확인대상발명에 그와 같은 중량비의 한정이 되어 있지 않다고 하여 확인대상발명이 권리범위확인에 필요한 기본적인 요건을 구비하지 못한 것이라고 할 수 없다.

○ 대법원 1994. 5. 24. 선고 93후381 판결

확인대상발명은 '메틸알콜 60%, 에틸에텔 6%, 물 11%, 장뇌 0.25%, 니트로셀룰로오스 23%를 충분히 혼련하여, 니트로셀룰로오스의 함유량을 23%로 유지하고 그 점성액의 점도는 약 15,000 센티포아즈를 유지하여 수축형 봉함캡을 성형하는 제조방법'이라고 되어 있어, 확인대상발명의 원료와 그 구성비율은 상세하게 적혀 있으나, 혼련시간에 관하여는 '충분히 혼련하여 니트로셀룰로오스의 함유량을 23%로 유지시킨다'고 적혀 있어, 구체적인 시간은 표시되어 있지 않지만 이 정도의 기재만으로도 위 구성 성분비율과 대조하면 통상의 기술자라면 그 혼련에 필요한 시간을 쉽게 알 수 있어 확인대상발명이 특허발명의 권리범위에 속하는 것인지의 여부를 판단할 수 있는 것으로 보이므

---

197) 특허법원 2006. 1. 26. 선고 2005허1684 판결
- 중량%는 각 조성의 중량을 총 중량과의 비율로 나타내는 용어로서 그 비율의 합계는 100이 되어야 하고(특허법원 2002 3. 22. 선고 2001허1167 판결), 중량비의 기재가 기술적인 결함이나 모순이 있어서는 안 된다(특허법원 2006. 1. 26. 선고 2005허1684 판결).

198) 특허법원 2018. 6. 22. 선고 2017허7371 판결, 2014. 9. 5. 선고 2014허249 판결, 2009. 12. 11. 선고 2009허5615 판결, 2007. 3. 28. 선고 2006허4765 판결
- 그러나, 조성물의 합계가 100%에 미달되도록 적힌 경우에도 다른 성분도 포함한다는 기재가 있는 경우에는 확인대상발명의 실시가 불가능하다고 할 수 없다(특허법원 2015. 1. 16. 선고 2014허3897 판결).

로, 확인대상발명은 특정된 것이다.

○ 특허법원 2022. 9. 1. 선고 2021허3697 판결[199)]

특허발명에서 일정한 범위의 수치로 한정하고 있는 구성요소인 펠루비프로펜(유효성분)의 평균 입자직경(1~30㎛) 및 부형제(0.5~50 중량부), 결합제(0.00125~2.5 중량부), 붕해제(0.00125~20 중량부), 활택제(0.00125~2.5 중량부)의 각 함량에 대하여 확인대상발명도 펠루비프로펜(유효성분)의 평균 입자직경(1~30㎛) 및 부형제(0.5~50 중량부), 결합제(0.00125~2.5 중량부), 붕해제(0.0025~20 중량부), 활택제(0.00125~2.5 중량부)의 각 함량을 일정한 수치범위로 한정하고 있음에 비추어 볼 때, 확인대상발명은 특허발명에서 수치로 한정하고 있는 모든 구성요소에 대응하는 요소를 포함하고 있고, 대응하는 각각의 수치범위가 특허발명에서 한정한 범위 밖으로 벗어나지 않고 일치하거나 그 범위에 포함되어 있어서 그 속부 여부가 달라지는 수치를 한정된 수치범위 내에 함께 포함하고 있지도 않으며, 달리 확인대상발명에 한정되어 있는 평균 입자직경 및 부형제 등의 각 함량의 수치범위 내에서 그 값이 변함에 따라 서로 다른 작용·효과를 나타낸다고 볼 만한 객관적 근거도 없다. 나아가, 피고가 확인대상발명에서 한정하고 있는 수치범위를 만족하는 구체적 실시 형태로 확인대상발명을 실시할 가능성은 있다고 보이고, 확인대상발명이 수치범위를 포함한다는 사정만으로 피고가 장래 확인대상발명을 실시할 가능성 자체가 전혀 없다고 단정할 사유 등을 찾을 수 없다. 따라서 확인대상발명은 특정된 것이다.

○ 특허법원 2020. 6. 4. 선고 2019허5904 판결

특허발명의 기술적 구성을 제조방법의 기재를 포함하여 청구범위의 모든 기재에 의하여 특정되는 구조를 가지는 물건으로 해석하면, '다물린 A는 0.7~7%(w/w)이고 다물린 B는 0.5~6%(w/w)를 유효성분으로 포함되는 것을 특징으로 하는 비만, 당뇨 또는 고지혈증의 개선 및 치료용 돌외 추출물'로 파악할 수 있고, 확인대상발명은 수치만으로 보았을 때, 다물린 A 함량이 0.2~3%로 0.7~3%(w/w) 범위에서는 특허발명의 다물린 A 함량 범위 내에 있는 반면 0.2~0.7%(w/w)의 범위에서는 그 범위 밖에 있고, 다물린 B의 경우도 함량이 0.2~3%이므로 0.5~3%(w/w) 범위에서는 특허발명의 다물린 B 함량 범위 내에 있는 반면 0.2~0.5%(w/w)의 범위에서는 그 범위 밖에 있는 것으로 보인다. 그러나 특허발명에서 다물린 A의 함량 0.7~7%(w/w), 다물린 B의 함량 0.5~6%(w/w)의 수치는 임계적 의의를 가진다고 볼 수 없고, 그 수치의 구성이 보충적이거나 예시적인 것이므로, 이 경우 확인대상발명이 특허발명의 수치범위를 일부 벗어나는 점만으로 균등관계를 부정하기 어려워, 권리의 속부를 판단할 수 있을 정도로 특정된 것이다.

○ 특허법원 2006. 7. 14. 선고 2005허9152 판결

확인대상발명에서 특허발명의 '투명비누편을 40~50℃의 온도로 상승시켜 몰드 체이스에 넣고 가

199) (같은 취지) 특허법원 2022. 9. 1. 선고 2021허3703 판결, 2022. 9. 1. 선고 2021허3710 판결

압성형'하는 구성에 대응하는 부분의 구성에 관하여 '별도로 가온시키지 않은 상태의 투명비누편을 겹쳐 금형에 넣고 별도로 온도 상승시키는 과정 없이 가압성형'하는 것을 명시한 이상, 확인대상발명은 특허발명의 위 구성요건에 대응하는 부분의 구성에 관하여 서로 대비하여 그 차이점을 판단함에 필요할 정도로 특정되었고, 심결과 같이 실내·외의 상태 및 계절에 따라 달라지는 가압성형을 하기 전의 투명비누편의 온도까지 구체적으로 한정하지 않았다는 이유로 확인대상발명이 특허발명과 대비할 만큼 특정되지 않았다고는 볼 수 없다.

※ 특정되지 않은 것으로 본 사례

○ 대법원 2005. 4. 29. 선고 2003후656 판결

특허발명의 구성 중 '라벨이 삽입된 한 쌍의 투명비누편을 40~50℃의 온도로 상승시켜 차례로 몰드 체이스에 넣고 프린팅(성형)하는 단계'와 확인대상발명의 '라벨이 삽입된 한 쌍의 투명 비누편을 겹쳐 금형에 넣고 가압성형하는 단계'의 차이점이 있으나, 확인대상발명의 설명서에는 가압성형공정을 하기 전에 투명비누편의 온도를 상승시키는 과정이 포함되었는지 여부는 물론 가압성형공정에 제공하는 투명비누편의 온도에 대하여 아무런 기재를 하지 않고 있으므로, 확인대상발명은 위와 같이 성형에 제공하는 투명비누편의 온도상승 범위를 수치한정하고 있는 특허발명과 대비하여 그 권리범위에 속하는지 여부를 판단할 수 있을 만큼 구체적으로 특정되었다고 할 수 없다.

○ 대법원 2004. 10. 15. 선고 2003후1727 판결

특허발명은 인공소성토의 입자크기 및 조성비가 한정되어 있는 조성물의 발명이므로, 이와 같은 경우에 확인대상발명이 특허발명의 권리범위에 속하는지 여부를 판단함에 있어서는 확인대상발명이 특허발명과 대비할 수 있을 만큼 구체적으로 그 조성물의 입자크기 및 조성비가 특정되어야 할 것인데, 확인대상발명의 붉은 벽돌가루는 그 입자크기 및 함량이 적혀 있음에 반하여 팽창된 질석은 그 함량만 적혀 있을 뿐 그 입자크기는 적혀 있지 않아서, 확인대상발명의 구성은 특허발명과 대비하여 그 권리범위에 속하는지 여부를 판단할 수 있을 만큼 그 조성물의 입자크기 및 조성비가 특정되어 있지 않은 것이다.

○ 대법원 2002. 4. 23. 선고 2000후2323 판결

확인대상발명의 설명서에는 단섬유의 배열과 관련하여 '무작위로 배열되게 하여', '무작위로 배열되어 서로 얽힌', '마찰면에 대하여 방향의 구분이 없이 무작위로 배열 형성되게 한'이라고만 적어 놓고 있는데 위 기재내용 중 '무작위'라는 말이 '뜻에 맞게 일부러 조작하지 않고 우연에 맡기는' 것을 의미하고, '방향의 구분이 없다'는 것은 어떤 형태로든지 마찰면에 대하여 방향성을 가질 수밖에 없는 단섬유 개개의 방향을 구체적으로는 특정할 수 없다는 것을 의미한다고 보여지므로 결국 확인대상발명의 단섬유의 배열은 0°~180°의 범위 내에서 어떤 방향을 갖고 있는 단섬유가 우연히 만들어

내는 어떤 것을 나타내고 있는 것으로서 이는 단섬유가 위 0°~180°까지의 각도 범위 중 어느 부분에 어떤 형태로 어느 정도 분포되어 있는지를 전혀 알 수 없다는 것과 마찬가지이고, 그 결과 확인대상발명이 '마찰면에 인접한 섬유 말단부의 대부분이 마찰면에 대하여 약 45°~135°의 각도를 이루도록 섬유의 대부분이 마찰면에 대하여 주로 횡축으로 배열'된 것을 포함하는 것인지를 알 수 없는 것이어서 확인대상발명이 특허발명의 권리범위 내에 들어가는지 여부를 판단할 수 없으므로 확인대상발명은 특허발명과 서로 대비할 수 있을 만큼 구체적으로 특정되었다고 할 수 없다.

○ 대법원 2001. 10. 12. 선고 2001후461 판결

확인대상발명의 설명서에 적힌 낚시찌의 방수피막층은 '주성분이 비닐클로라이드/비닐아세테이트 코폴리머'인바, 주성분에 대응되는 부성분 내지 보조성분이 특정되지 않아 그 자체로 명확하지 않고, 부성분 내지 보조성분의 종류에 따라 확인대상발명의 내용이 달라지게 되어, 확인대상발명은 방수피막층의 성분이 연질 폴리비닐클로라이드 용액으로 특정된 특허발명과 대비할 수 있을 정도로 구체적으로 기술내용이 특정되었다고 할 수 없다.

○ 대법원 2001. 8. 21. 선고 99후2389 판결[200]

특허발명의 기술적 특징은 미소돌기부의 단위면적당 개수를 1㎠당 50~300개로 한정하고, 이들 미소돌기부 사이에 형성되는 미소요입부의 깊이를 0.05~0.30㎜로 한정하고 있는 점에 있으므로, 확인대상발명이 특허발명의 권리범위에 속한다고 하기 위해서는 원칙적으로 확인대상발명에 있어서도 미소돌기부의 개수와 미소요입부의 깊이가 특허발명에서 한정한 수치범위 내에 있어야 할 것인데, 확인대상발명의 설명서에는 이에 대한 구체적 수치를 제시하지 아니한 채 '극히 미세한 배치 간격 및 깊이를 갖는 격자무늬 모양의 요철부'라고만 적고 있어, 확인대상발명의 미소돌기부의 개수와 미소요입부의 깊이가 특허발명의 위 수치범위 내에 들어가는지 여부를 특정할 수 없으므로(그 결과에 따라 이 사건의 결론이 달라질 수 있다), 확인대상발명은 특허발명과 서로 대비할 수 있을 만큼 구체적으로 특정되었다고 할 수 없다.

○ 특허법원 2022. 10. 28. 선고 2022허1377 판결

(보정 전) 특허발명은 수납공간 부피 8,000~75,000㎤, 수납된 찐 갑각류 중량 1kg~4kg, 액체 용기 부피 300㎖~600㎖, 수납시 액체 용기 온도 70~85℃, 90분 경과 후 내부온도 40℃ 이상으로 적힌 반면, 확인대상발명은 40℃ 내외 또는 실온, 40℃ 이하 또는 실온으로만 적혀 있어, 확인대상발명은 수납공간 부피와 수납된 찐 갑각류의 중량, 액체 용기의 부피, 90분 경과 후 내부온도를 전혀 기재하지 않고 있으므로, 특허발명과 대비할 수 있을 만큼 구체적으로 특정되어 있다고 볼 수 없다.
(보정 후) 확인대상발명은 알루미늄 캔이 '40~68℃의 액체로 채워지거나 실온에서 보관 중에 있는 커피, 녹차, 밀크티 등을 담고 있다.'라는 기재와 '알루미늄 캔(300)의 온도는 40~68℃인 상태로 포

200) (같은 취지) 대법원 2001. 8. 21. 선고 99후2372 판결

장박스에 수납된다.'라는 기재를 병용하고 있다. 그런데 '실온'과 '40~68℃'의 온도 범위는 서로 연속된다거나 중첩된다고 볼 수 없을 뿐만 아니라 그 수치상의 차이도 크며, 이에 따라 수납 후 90분 경과시 온도에도 차이가 나타날 것이 분명하므로, 그 기능과 작용효과에 현저한 차이를 가져올 수 있다. 그리고 수납시 알루미늄 캔의 온도를 실온을 제외한 '40~68℃'만으로 한정하더라도, 찜기에서 나와 포장될 때의 찐 갑각류의 온도가 원고 주장과 같이 45~50℃라고 가정한다면 수납시 알루미늄 캔의 온도가 50℃ 이하일 경우 찐 갑각류를 보온하는 역할을 한다고 보기 어려우므로 특허발명에 속하지 않는다고 볼 수 있다. 반면, 수납시 알루미늄 캔이 50℃ 이상, 특히 68℃ 부근인 경우는 찐 갑각류를 보온하는 역할을 함과 아울러 특허발명의 액체 용기 온도의 하한선인 70℃와 차이도 크지 않으므로, 수납시 액체 용기 온도만을 대비하여 볼 때 특허발명의 권리범위에 포함될 가능성을 배제할 수 없다. 즉, 확인대상발명은 특허발명에 속하지 않는 경우와 속하는 경우를 모두 포함할 수 있어, 제대로 특정된 것으로 볼 수 없다.

○ 특허법원 2018. 6. 22. 선고 2017허7371 판결

확인대상발명의 설명서에 의하면, 확인대상발명에서 인몰드 라벨은 하부필름, 알루미늄 필름, Matte(무광) 처리된 폴리프로필렌 필름, 그라비아 잉크 조성물로 된 인쇄 필름층을 포함하는 것으로, 그라비아 잉크 조성물은 '용제 30 내지 40중량%, 안료 10 내지 30중량%, 아세트산에틸에스터 20 내지 30중량%, 에텐 단일중합체 15 내지 20중량%, 염화비닐 25 내지 35중량%'로 구성된다. 그런데 확인대상발명에서 그라비아 잉크 조성물은 각 성분을 각각의 최저함량비로 할 경우에만 각 성분의 함량비의 합이 100중량%가 되고(= 용제 30중량% + 안료 10중량% + 아세트산에틸에스터 20중량% + 에텐 단일중합체 15중량% + 염화비닐 25중량%), 각 성분 중 어느 하나라도 그 최저함량비를 초과하는 경우에는 각 성분의 함량비의 합이 100중량%를 초과하게 되므로, 확인대상발명은 그라비아 잉크 조성물의 각 성분을 모두 최저함량비로 할 경우에만 실시가능하고, 그라비아 잉크 조성물의 각 성분이 각각의 최저함량비를 벗어나는 범위에서는 실시할 수 없다. 이처럼 확인대상발명의 수치한정범위에는 실시가 불가능한 영역이 상당 부분 존재하므로, 확인대상발명은 전체적으로 보아 실시가 불가능하다고 할 것이므로, 확인의 이익이 인정되지 않는다.

○ 특허법원 2009. 8. 12. 선고 2008허9481 판결

특허발명의 설명에서는 도광판의 두께가 두꺼워지면 클릭감이 떨어지고 슬림화의 구현에 어려움이 있으며, 너무 슬림한 경우, 상대적으로 두꺼운 도광판 보다 발광효율이 떨어지기 때문에, 특허발명은 '도광필름을 50~250㎛ 범위의 두께를 갖는 것'으로 한정함으로서, 발광효율을 너무 떨어뜨리지 않으면서 클릭감을 존치시키기 위한 기술적 의미를 가지고 있는 반면, 확인대상발명은 단순히 도광필름을 적고 있을 뿐 그 수치범위에 대하여는 아무런 기재가 없어, 확인대상발명은 특허발명의 구성요건과 대비하여 그 차이점을 판단할 수 있을 정도로 구체적으로 특정되었다고 볼 수 없다.

○ 특허법원 2007. 2. 28. 선고 2006허2905 판결

특허발명의 청구범위에 절첩의자 다리에 설치되는 발판 중 후방 횡봉은 큰 직경의 횡봉이 결합된다고 하여 후방 횡봉의 굵기를 한정한 구성인바, 이에 대응되는 확인대상발명의 구성은 그 설명서 중 '상기 전/후방선반의 내향으로는 복수개의 봉이 나열되어 있는' 부분으로, 복수개의 봉 중 후방 횡봉의 굵기를 한정하지 않고 있어 다른 횡봉들과 같은 직경의 횡봉을 사용하는지, 더 크거나 작은 직경의 횡봉을 사용하는지에 관하여 아무런 기재가 없는데, 그 굵기 여부에 따라 특허발명의 권리범위에 속하는지 여부와 작용효과가 달라질 수 있으므로, 결국 확인대상발명은 위 부분에 있어서 특허발명과의 차이점을 대비할 수 있을 정도로 특정되었다고 할 수 없다.

○ 특허법원 2007. 1. 12. 선고 2006허6860 판결

특허발명은 금속박막의 두께를 0.001~0.025mm로 한정한 점을 기술적 특징의 하나로 하고 있는데, 확인대상발명의 설명서 및 도면에는 위 금속박판의 두께에 대한 아무런 수치를 제시하지 않은 채 단순히 '금속박판'이라고만 적혀 있을 뿐이고, 그 밖에 특허발명의 출원 전에 당해 기술 분야에서 금속박판은 어느 수치로 특정되는 두께를 갖는다고 정의되어 있다는 사정도 없으므로, 확인대상발명의 금속박판의 두께가 특허발명의 구성요소 2의 위 수치범위 내에 들어가는지의 여부를 특정할 수 없다. 그렇다면 확인대상발명은 특허발명과 서로 대비할 수 있을 만큼 구체적으로 특정되었다고 할 수 없다.

바. 기능적 표현의 경우

1) 구성의 기술적 의미를 명확하게 파악할 수 있을 정도로 적힌 경우

□ 확인대상발명의 구성이 기능적 표현으로 적혀 있는 경우에는, 통상의 기술자가 확인대상발명의 설명서나 도면 등의 기재와 기술상식을 고려하여 그 구성의 기술적 의미를 명확하게 파악할 수 있을 정도로 적혀 있다면, 특허발명과 서로 대비할 수 있을 만큼 확인대상발명의 구성이 구체적으로 적힌 것으로 볼 수 있다.[201)]

▶ 확인대상발명에 적힌 기능적 표현의 기술적 의미를 명확하게 파악할 수 있다면 특허발명과 서로 대비할 수 있을 정도로 특정된 것으로 본다.

2) 구성의 기술적 의미를 명확하게 파악할 수 있을 정도로 적히지 않은 경우

□ 확인대상발명의 구성이 기능적 표현으로 적혀 있는 경우에는, 통상의 기술자가 확인대상발명의 설명서나 도면 등의 기재와 기술상식을 고려하여 그 구성의 기술적 의미를 명확하게 파악할 수 있을 정도로 적혀 있지 않다면, 특허발명과 서로 대비할 수

201) 특허법원 2019. 1. 25. 선고 2018허6061 판결

있을 만큼 확인대상발명의 구성이 구체적으로 적힌 것으로 볼 수 없다.[202]

▷ 일반적으로 확인대상발명의 설명서를 작성할 때 특허발명의 청구항의 구성과 대비할 수 있도록 확인대상발명의 구성을 적는 경우에는 확인대상발명의 불특정 문제가 발생하지 않으나, 기능적 표현으로 적힌 청구항의 구성과 대비되는 구성을 기능적 표현으로 적는 경우에는 확인대상발명의 불특정 문제가 발생할 수 있다.[203]

▶ 확인대상발명의 설명서가 기능적 표현으로 적혀 있는 경우, 확인대상발명의 특정은 설명서와 도면 및 기술상식을 고려하여 그 구성의 기술적 의미를 명확하게 파악할 수 있는지 여부에 따라 좌우된다. 따라서 특허발명의 청구항이 기능적 표현으로 적혀 있는 경우에도 확인대상발명은 기능적 표현으로 적기보다는 가급적 특허발명과 대비될 수 있는 구체적이고 직접적인 구성을 적는 것이 바람직하고, 또한 청구인에게도 유리하다.

※ 특정된 것으로 본 사례

○ 특허법원 2016. 10. 28. 선고 2016허823 판결

확인대상발명의 설명에서는, 확인대상발명의 구성 중 '이송수단'에 대하여 '프레임 일측에 설치되고, 유로폼을 유로폼용 적재장치 방향으로 이송한다', '이송수단이 방향이 전환된 유로폼과 다음 적재대상 유로폼을 상기 적재장치로 동반 이송한다'라고만 적어서 그 기능과 설치 위치만 특정하였을 뿐 그 기술적 구성을 구체적으로 적지는 않았고, '승강수단'에 대하여도 '프레임 중 상기 유로폼의 이송경로 상에 설치되고, 상기 이송수단에 의하여 이송된 상기 유로폼을 승강시키며', '프레임 중 상기 이송수단에 의하여 이송된 유로폼의 하방에 위치하는 초기위치와 초기위치에서 상승하여 유로폼이 그립수단에 접하는 상승위치 사이를 이동하는 승강부 및 프레임 일측에 설치되고, 승강부의 하측에 연결되어 승강부가 상하이동될 수 있도록 구동력을 제공하는 상하구동부를 포함한다'라고만 적어서 그 기능과 설치 위치만 특정하였을 뿐 구체적인 기술적 구성, 특히 상하구동부의 기술적 구성은 구체적으로 적지 않았다. 그런데 확인대상발명의 각 도면에는 도면 부호에 의하여 도면에서 각 구성요소에 해당하는 부분이 특정되었고, 각 도면에 이송수단과 승강수단의 기술적 구성이 구체적으로 잘 드러나 있으므로, 통상의 기술자라면 확인대상발명의 상세한 설명 및 도면과 기술상식을 고려하여 확인대상발명에서 이송수단이 체인과 모터의 결합으로 이루어졌으며, 승강수단 중 승강부는 철

---

202) 대법원 2012. 11. 15. 선고 2011후1494 판결, 특허법원 2022. 1. 11. 선고 2020허7395 판결, 2021. 5. 28. 선고 2020허5399 판결, 2019. 5. 24. 선고 2018허7811 판결, 2017. 2. 24. 선고 2016허8162 판결, 2017. 2. 24. 선고 2016허8179 판결, 2016. 11. 4. 선고 2016허1987 판결, 2016. 10. 28. 선고 2016허823 판결

203) 유영선, 기능적 표현으로 적혀 있는 확인대상발명의 특정 여부 판단 기준, 대법원판례해설 94호(2012), 568~569면

제 막대로 만든 것으로서 '田' 형태이고, 상하구동부는 실린더 기구로 구성되었다는 점을 명확하게 파악할 수 있을 것으로 보인다. 따라서 확인대상발명은 특허발명과 대비될 수 있을 정도로 구체적으로 특정되었다.

※ 특정되지 않은 것으로 본 사례

○ 대법원 2012. 11. 15. 선고 2011후1494 판결

확인대상발명의 구성 중 '내부핸들과 연결되는 중심축 삽입부의 회전동작으로 수직운동을 이루는 프레임' 및 '내부핸들의 회전으로 중심축 삽입부와 맞물려 직선운동하는 프레임'이란 기재와 관련하여, 통상의 기술자가 확인대상발명의 설명서 및 도면 등의 기재를 고려하더라도 중심축 삽입부가 어떻게 회전운동을 하고 프레임과 어떻게 결합되어 수직운동 또는 직선운동으로 변환되는지 알 수 없어 그 구성의 기술적 의미를 명확하게 파악할 수 없으므로, 확인대상발명은 특허발명의 구성과 대비하여 차이점을 판단할 수 있을 정도로 구체적으로 적힌 것으로 볼 수 없다. 나아가 특허발명과 확인대상발명은 모두 외부핸들과는 별도로 내부핸들의 동작만으로 도어를 개방할 수 있게 한 것이라는 점에서 그 과제해결원리가 다르다고 할 수 없고, 다만 특허발명에서는 밑판에 작동플레이트를 밀착시켜 배치하였음에 비하여 확인대상발명에서는 밑판에 아무런 구성이 없는 차이가 있으나, 이는 이들 발명의 본질적인 부분에서의 차이라고 할 수 없으므로, 특허발명과 서로 대비할 수 있을 만큼 구체적으로 적힌 것으로 볼 수 없는 구성을 제외한 나머지 구성만으로 확인대상발명이 특허발명과 균등관계에 있지 않아 그 권리범위에 속하지 않는다고 단정할 수 없다. 따라서 확인대상발명은 특허발명과 대비될 정도로 구체적으로 특정되지 않았다.

○ 특허법원 2021. 5. 28. 선고 2020허5399 판결

특허발명의 '완충 돌기부와 돌기 연결부 중 적어도 어느 하나의 내면에는 항균 기능을 제공하는 항균재가 더 배치'되는 구성에 대응하는 확인대상발명의 설명서 중 '폴리우레탄 폼은 항균성을 가지며'라는 기재는, 구성이 기능적으로 표현되어 있는 경우에 해당하는데, ① 확인대상발명의 폴리우레탄 폼이 '그 자체로' 항균성을 갖는다거나, ② 확인대상발명의 폴리우레탄 폼에 '항균제 성분'을 함유시킨다는 등으로 다의적으로 해석될 수 있으므로, 통상의 기술자가 확인대상발명의 설명서나 도면 등의 기재와 기술상식을 고려하여 그 구성의 기술적 의미를 명확하게 파악할 수 있을 정도의 것으로 보기 어렵고, 확인대상발명의 설명서의 다른 기재나 도면에서도 그 기재의 기술적 의미를 명확하게 파악할 수 있을 정도의 어떠한 기재나 도시가 발견되지 않는다. 따라서 확인대상발명의 설명서에 특허발명과 대응하는 구체적인 구성이 명확하게 적혀 있지 않은 것이다.

○ 특허법원 2019. 5. 24. 선고 2018허7811 판결

확인대상발명의 '가이드폴은 가이드휠 이니셜드릴에 대응한 크기로 마련되어 드릴부재에 의하여 드

릴링된 위치에 결합되어 있고, 이렇게 가이드폴이 드릴부재에 의하여 드릴링된 위치에 결합된 상태에서 보철물의 치관 높이를 확인할 수 있다.'는 기능적 표현과 관련하여, 확인대상발명의 설명서에는 '가이드폴이 드릴부재에 의하여 드릴링된 위치에 결합된 상태에서 보철물의 치관 높이를 확인할 수 있다'라는 기재 이외에 이와 관련된 다른 기재가 없고, 기술상식과 도면을 참조하더라도 '보철물의 치관 높이'와 그것을 '확인할 수 있다'는 것의 기술적 의미를 명확하게 파악할 수 있을 정도로 적혀 있지 않아, 확인대상발명은 특허발명의 '드릴부재에 대응한 크기로 마련되어 드릴부재에 의하여 드릴링된 위치에 결합되어 보철물의 치관 높이를 확인 가능하게 마련된 본 핀'과 대비할 수 있을 만큼 그 구성이 특정되어 있다고 볼 수 없다.

사. 상위개념과 하위개념의 경우

1) 포괄적 상위개념 기재 불허

□ 적극적 권리범위확인심판에서 확인대상발명을 모색적 내지 탐색적으로 포괄적인 상위개념으로 적어 특정하는 행위를 허용하게 된다면, 이는 사실상 피청구인에게 심판대상을 특정할 책임을 전가하는 결과에 이르게 될 뿐 아니라 피청구인으로서는 포괄적인 상위개념에 속하는 세부적인 구성요소 모두를 실시하지 않는다고 일일이 대응해야만 비로소 확인대상발명의 불실시 요건을 충족하는 결과가 되는데, 이는 피청구인의 방어권 행사에 현저한 지장을 초래하게 되어 매우 불합리하므로 형평의 관념상으로도 허용될 수 없다.[204)]

▶ 특허발명의 개별 구성요소에 대응되는 구성요소가 확인대상발명에 그대로 구비되어 있는지에 대하여 명확하게 적혀 있어야 특허발명의 구성요소간의 유기적 결합관계가 확인대상발명에도 그대로 포함되어 있는지에 대하여 판단할 수 있다.

2) 상위개념과 하위개념의 특정방법

가) 특허발명이 상위개념으로 적혀 있는 경우

▷ 특허발명이 상위개념으로 적혀 있는 경우, ① 확인대상발명이 하위개념으로 적혀 있는 경우는 물론, ② 상위개념으로 적혀 있는 경우에도 특별한 사정이 없는 한 특허발명과 대비하여 권리범위에 속하는지 여부를 판단할 수 있으므로 제대로 특정된 것으로 본다.[205)]

---

204) 특허법원 2010. 11. 3. 선고 2010허111 판결
205) 권오희, 권리범위확인심판에서의 심판대상물에 관한 고찰, 특허법원 개원 10주년 기념논문집, 특허법원(2008. 2.), 443면

나) 특허발명이 하위개념으로 적혀 있는 경우

▷ 특허발명이 하위개념으로 적혀 있는 경우, ① 확인대상발명도 하위개념으로 적혀 있어야만 특허발명과 대비하여 권리범위에 속하는지 여부를 판단할 수 있으므로 특정된 것으로 보고, ② 확인대상발명이 상위개념으로 적혀 있다면 특허발명과 대비하여 권리범위에 속하는지 여부를 판단할 수 없으므로 제대로 특정된 것으로 볼 수 없다.[206)]

※ 상위개념

○ 특허법원 2011. 6. 10. 선고 2010허6102 판결

특허발명에서 '변경 정보는 이전 실시간 전송시 입력된 메시지와 현재까지 입력된 메시지 간의 변경된 영역의 위치 정보와, 현재까지 입력된 메시지에서 변경 후 새로 입력된 부분의 정보를 포함하는 것'으로, 확인대상발명에서 '변경 정보는 변경된 영역의 시작 위치 정보, 변경된 영역의 종료 위치 정보, 변경 영역의 대체 내용의 길이 정보, 해당 위치 영역에서 변경 후 새로 입력된 부분에 대한 대체할 메시지 정보를 포함'하는 것으로 각 특정하여, 특허발명과 확인대상발명 모두 문자열의 끝에 문자가 삽입되거나 삭제되는 경우와 문자열의 중간에 문자가 삽입되거나 삭제되는 경우를 포함하는 상위개념으로 적혀 있는 이상, 이와 같이 특정된 확인대상발명은 특허발명과 서로 대비하여 권리범위에 속하는지 여부를 판단할 수 있을 정도로 특정되어 있다.

○ 특허법원 2011. 4. 14. 선고 2010허5482 판결

특허발명에는 냉각방식으로 '쿨링터널'을 경유한다고만 적혀 있고 '쿨링터널'의 의미에 관하여는 청구범위는 물론 발명의 설명에도 아무런 설명이 없고, '쿨링터널'이 특허발명이 속하는 기술 분야에서 특정한 냉각방식을 지칭하는 것으로 일반적으로 이해된다고 볼 만한 자료도 없다. 따라서 그 의미는 사전적으로 해석할 수밖에 없고, '쿨링'은 사전적으로 '냉각'을 의미하는 말에 불과하므로, 특허발명은 냉각방식에 대한 한정 없이 터널로 구획된 구간에서 철판을 상온으로 냉각한다는 의미 정도로 해석된다. 그렇다면, 일정한 구간에서 이뤄지는 확인대상발명의 냉각도 수냉식으로 한정되어 있기는 하지만 실질적으로 상위개념인 특허발명의 냉각 공정에 포함되는 것으로 볼 수 있다.

○ 특허법원 2006. 2. 16. 선고 2005허4799 판결

특허발명은 '방한막의 외피 내측으로 보온내피가 접착재로서 연결되도록 하는 구성'인바, 확인대상발명의 설명서에는 이에 대응하는 구성으로, '외피 내측으로 보온내피를 착설토록 구성'되어 있다는 기재가 있을 뿐이다. 그런데, 확인대상발명에서 외피 내측으로 보온내피를 '착설'한다는 것은 특허발명과 같이 '외피 내측으로 보온내피를 접착제로 연결하는 구성'의 상위개념으로서, 접착 이외에도

---

206) 권오희, 권리범위확인심판에서의 심판대상물에 관한 고찰, 특허법원 개원 10주년 기념논문집, 특허법원(2008. 2.), 443면

내·외피를 재봉하거나, 단추, 지퍼, 매직테이프 등을 이용하여 탈착이 가능하도록 결합하는 것을 포함하여 내피와 외피를 결합하는 모든 수단을 의미하므로, 결국 확인대상발명의 위 구성은 특허발명과 대비될 수 있을 정도로 특정된 것이라 할 수 없다.

※ 하위개념

○ 특허법원 2012. 8. 31. 선고 2012허3640 판결

'대향'이란 서포터 후단부와 베어링 하우징 후단부가 서로 마주보고 있는 상태를 의미하는 것이어서 위 두 부재가 틈새 없이 접하고 있는 경우와 서로 틈새를 두고 있는 경우를 포함할 뿐 아니라 서로 틈새를 두고 있는 경우에도 스테이터의 동심도를 유지할 정도의 미세한 틈새를 두고 있는 경우와 그렇지 않은 경우를 모두 포함하므로, '대향'의 하위개념인 '밀착'은 서포터 후단부와 베어링 하우징 후단부가 서로 틈새 없이 접하는 경우뿐만 아니라 스테이터의 동심도를 유지할 정도의 미세한 틈새를 두고 접하는 경우도 포함할 수 있다. 따라서 특허발명의 '대향'과 확인대상발명의 '밀착'은 모두 베어링 하우징 후단부의 진동을 감소시켜 스테이터의 동심도를 유지할 수 있을 정도로 접촉되는 기술구성으로 파악되므로 확인대상발명은 특허발명과 대비할 수 있을 정도로 특정된 것이다.

○ 특허법원 2002. 6. 21. 선고 2001허4319 판결

확인대상발명 설명서의 기재에 의하면, '판재부품의 제조방법으로서의 확인대상방법은 '판재부품으로서의 확인대상발명'을 제조하는 공정에 관한 기술이라고 볼 수 있는데, 확인대상방법의 공정이 '액체 폴리우레탄을 주입시켜 발포시키는 공정'이고, 발포 폴리우레탄은 폴리우레탄의 하위개념에 해당하므로, '판재부품으로서의 확인대상발명'의 '폴리우레탄 보호대'는 '발포 폴리우레탄 보호대'로 봄이 상당하며, 설령 '판재부품으로서의 확인대상발명'의 '폴리우레탄 보호대'를 '발포 폴리우레탄 보호대'를 포함한 상위개념으로 보더라도 특허발명의 '발포 폴리우레탄 보호대'의 구성과 서로 대비할 수 있을 만큼 구체적으로 특정되었다.

아. 자체적으로 양립할 수 없는 모순된 기재가 있는 경우

□ 확인대상발명의 설명서에 자체적으로 서로 양립할 수 없는 모순된 기재가 있는 경우에는 확인대상발명이 구체적으로 어떠한 결합관계나 작동원리에 의하여 구현되는지를 특정할 수 없으므로, 확인대상발명은 특허발명과 대비할 수 있을 정도로 특정된 것으로 볼 수 없다.[207)]

○ 특허법원 2020. 8. 21. 선고 2020허1755 판결

확인대상발명에는 더블 권선 방식에 이용되는 1차권선 및 2차권선의 권선 방식에 대하여 '제1 더블

권선 방식'은 각 1차권선과 2차권선의 시작위치와 마감되는 결선위치가 상호 마주보게 권선되는 반면에, '제2 더블 권선 방식'은 각 1차권선과 2차권선의 시작위치와 마감되는 결선위치가 상호 동일하게 권선되고 있는바, 확인대상발명에는 서로 양립할 수 없는 모순된 기재가 있어 1차권선과 2차권선의 권선 방식을 특정할 수 없으므로, 확인대상발명은 특허발명과 대비할 수 있을 정도로 특정된 것으로 볼 수 없다.

○ 특허법원 2013. 5. 2. 선고 2012허9969 판결

확인대상발명의 설명서 및 도면에는, 전환밸브가 배출구를 개폐시킬 수 있다는 기재도 있고, 전환밸브가 배출구는 폐쇄하지 않으면서 배출구를 통해 배출되는 해태원초 흐름의 방향만을 변경시키는 기능을 한다는 기재도 있어, 확인대상발명의 전환밸브가 배출구를 폐쇄할 수 있는 것인지 여부가 명확하지 않다. 따라서 확인대상발명은 특허발명과 대비할 수 있을 정도로 특정된 것으로 볼 수 없다.

○ 특허법원 2007. 7. 11. 선고 2006허9371 판결

확인대상발명은 발명의 설명의 전반부 부분에는 "㉮ 전화라인에서 오는 신호를 DTMF 수신기를 통해 컴퓨터 전원의 온, 오프, IP 주소 등의 메시지를 제어부에서 직렬통신 인터페이스부로 전달하여, 컴퓨터를 제어하는 제어부를 포함하는 것을 특징으로 한다"고 적고(제1기재 부분) 있으나, 그 후반부 부분에는 피청구인의 실시주장발명과 같이 "원격지 컴퓨터(피제어 컴퓨터)의 전원이 켜지고 로그인 후에 컴퓨터의 정보(IP 정보 등)가 사용자가 설정한 상태에 따라 휴대폰이나, 메일, 자이젠 홈페이지 등으로 컴퓨터의 정보(IP 정보 등)가 전달된다"고 적고(제2기재 부분) 있다. 즉, 하나의 확인대상발명에 제1기재 부분은 제1방식을, 제2기재 부분은 제2방식을 적고 있는바, 어느 방식을 채택하느냐에 따라 제1방식을 채택한 특허발명의 권리범위에 속하는지 여부가 달라질 수 있으므로, 결국 확인대상발명은 위 부분에 있어서 특허발명의 구성요소와의 차이점을 대비할 수 있을 정도로 특정되어 있지 않은 것이다.

○ 특허법원 2006. 12. 14. 선고 2006허5263 판결

확인대상발명의 설명서 기재에 의하면 '상부캡 돌기'가 상부캡의 구성요소로 되어 있고, '지지판'이 상판의 상부에 삽입·고정되어 볼트가 관통 및 지지되도록 하는 구성으로 되어 있는 반면, 확인대상발명의 도면에서는 '상부캡 돌기'에 대한 구성을 찾아볼 수 없고, 확인대상발명의 설명서의 다른 부분에는 '지지대에 있어서, 상부 내측면에 상부캡이 밀려들어 가지 않고 바닥면을 받쳐 주도록 단턱이 구성되고'라고 적혀 상부캡이 상부캡 돌기에 의해서가 아니라 지지대의 단턱에 의하여 고정되는 것으로 설명되어 있으며, 확인대상발명의 도면에는 지지판이 상판의 상부에 삽입되지 않은 채로

207) 특허법원 2020. 8. 21. 선고 2020허1755 판결, 2007. 7. 11. 선고 2006허9371 판결

안치되어 있는 것으로 도시되어 있다. 이와 같이 확인대상발명의 설명서의 기재 자체가 상충되고 설명서의 기재와 도면이 일치하지 않아서 과연 확인대상발명에, 상부캡 돌기에 대한 구성이 있는지 여부 및 지지판이 상판의 상부에 삽입되는 구성인지 여부를 알 수 없다. 또한, 확인대상발명의 설명서에 상부캡, 지지대 본체, 본체 덮개, 단턱의 도면부호가 혼용되고 있고, 더욱이 도면부호 125는 너트를 표시하기도 하고 단턱을 표시하기도 하며, 설명서와 도면을 대비해 보더라도 도면부호가 서로 일치하지 않거나 도면에 도시되지 않은 도면부호가 설명서에는 있다. 위와 같이 확인대상발명은 그 설명서의 내용과 도면이 일치하지 않고 핵심적인 구성인 상부캡 돌기, 지지판의 기술적 구성과 지지대의 개방된 일측 모서리 부위를 결합하는 기술구성을 알 수 없어서 특허발명의 대응구성과 대비할 수 있을 정도로 구체적으로 특정되었다고 할 수 없다.

4 유형별 검토

가. 확인대상발명과 실시주장발명이 다른 경우

1) 적극적 권리범위확인심판

가) 확인대상발명의 실시 여부

(1) 심판청구의 적법요건

□ 적극적 권리범위확인심판에서 확인대상발명의 '실시'는 심판청구의 적법요건이다.[208]

◀ 적극적 권리범위확인심판은 특허권자가 확인대상발명을 특정하기 때문에 확인대상발명을 특허발명과 동일하게 특정하려는 경향이 있으나, 이는 피청구인의 실시 여부가 문제될 뿐만 아니라, 자유실시기술의 공격 빌미를 줄 수도 있으므로 실시발명을 있는 그대로 구체적으로 특정하는 것이 유리한 경우가 많다.

(2) 직권조사사항

□ 피청구인이 확인대상발명을 실시하는지 여부는 당사자의 주장이 없더라도 특허심판원이 직권으로 살펴 판단해야 한다.[209]

(3) 확인의 이익

(가) 본안판단의 전제조건

□ 확인대상발명이 피청구인에 의해서 실시되고 있어 확인의 이익이 있는 경우에 비로소 본안으로 나아가 특허권의 보호범위에 속하는지 여부를 판단해야 한다.[210]

208) 특허법원 2016. 11. 4. 선고 2016허4283 판결, 2010. 10. 20. 선고 2010허401 판결
209) 특허법원 2016. 11. 4. 선고 2016허4283 판결, 2012. 9. 6. 선고 2012허3947 판결, 2012. 7. 26. 선고 2011허11255 판결

◀ 적극적 권리범위확인심판에서 청구인은 무엇보다도 이해관계인의 실시발명에 대한 정확한 기술내용을 파악하는 것이 우선되어야 한다.

(나) 확인의 이익이 있는 경우

(ㄱ) 피청구인이 실시하고 있는 형태

□ 적극적 권리범위확인심판에서는, 피청구인이 실시하고 있는 형태를 확인대상발명으로 하여 특허발명의 권리범위에 속하는지의 판단을 구하는 것이어야 한다.[211)]

(ㄴ) 피청구인이 실시하였거나 실시하려고 하는 형태

□ 적극적 권리범위확인심판에서는, 피청구인이 확인대상발명을 실시하였거나 실시하려고 하고 있음을 전제로 한다.[212)]

(ㄷ) 과거에 실시한 적이 있는 경우

(i) 장차 다시 실시할 가능성이 있는 경우

□ 피청구인이 이전에 확인대상발명을 실시한 것에 불과한 때에는 제반 사정에 비추어 장차 확인대상발명을 다시 실시할 가능성이 있는 경우에 한하여 예외적으로 확인이 이익이 인정될 수 있다.[213)]

(ii) 장차 다시 실시할 가능성이 없다고 단정할 수 없는 경우

□ 피청구인이 확인대상발명을 과거에 실시한 적이 있고, 장차 다시 실시할 가능성이 없다고 단정할 만한 사정이 없는 경우에는 적극적 권리범위확인심판을 청구할 이익이 있다.[214)]

(다) 확인의 이익이 없는 경우

(ㄱ) 피청구인이 실시하지 않는 경우

□ 피청구인이 확인대상발명을 실시하지 않는 경우에는 적극적 권리범위확인심판청구는 확인의 이익이 없어 부적법하다.[215)]

---

210) 특허법원 2013. 2. 1. 선고 2012허6328 판결
211) 특허법원 2021. 7. 9. 선고 2020허4969 판결
212) 특허법원 2004. 7. 9. 선고 2004허875 판결
213) 특허법원 2021. 12. 16. 선고 2021허1370 판결, 2019. 7. 18. 선고 2018허9169 판결, 2016. 11. 4. 선고 2016허2638 판결, 2016. 7. 14. 선고 2016허1536 판결, 2006. 10. 12. 선고 2006허5102 판결
214) 대법원 2004. 7. 22. 선고 2003후2836 판결, 특허법원 2023. 2. 9. 선고 2022허4284 판결, 2023. 1. 12. 선고 2022허3205 판결, 2021. 12. 16. 선고 2021허1370 판결, 2021. 11. 19. 선고 2021허2960 판결, 2019. 7. 11. 선고 2018허8418 판결, 2019. 7. 11. 선고 2018허8692 판결, 2019. 7. 11. 선고 2019허2592 판결, 2015. 12. 4. 선고 2015허3740 판결, 2006. 5. 12. 선고 2005허3246 판결, 2003. 12. 4. 선고 2003허2195 판결, 2003. 11. 14. 선고 2003허267 판결
215) 특허법원 2016. 11. 4. 선고 2016허4283 판결

(ㄴ) 피청구인이 실시하거나 실시하려고 하지도 않는 경우

□ 적극적 권리범위확인심판에서는, 피청구인이 실시하거나 실시하려고 하지도 않는 확인대상발명에 대한 심판청구는 확인의 이익이 없어 부적법하다.[216)]

(ㄷ) 피청구인이 실시한 적이 없고 실시하려고 하지 않는 경우

□ 피청구인이 확인대상발명을 과거에 실시한 적이 없거나 앞으로도 실시하려고 하지도 않는 경우에는 적극적 권리범위확인심판청구는 확인의 이익이 없어 부적법하다.[217)]

(4) 특허권자와의 법적 불안 해소에 도움이 되는 경우인지의 관점

□ '이해관계인의 실시 여부나 실시가능성 여부'는 특허권자와의 사이에서 법적 불안의 해소에 도움이 되는 경우인지의 관점에서 판단되어야 한다.[218)]

○ 특허법원 2007. 4. 12. 선고 2006허2486 판결

확인대상발명은 우레탄수지와 에폭시수지를 모두 권리범위에 포함하고 있으므로, 피청구인이 그 구성요소를 모두 실시하고 있어야 심판의 이익이 인정된다고 할 것인데, 피청구인은 확인대상발명 중 우레탄수지로 이루어진 표시수단은 실시하지 않는다고 주장하는 반면, 청구인은 피청구인이 이를 실시하고 있음을 증명하지 못하고 있으므로 확인대상발명 전체에 대하여 심판의 이익이 부정된다.

○ 특허법원 2005. 12. 2. 선고 2005허2595 판결

갑 각호증의 기재 및 증인의 증언에 변론 전체의 취지를 종합하면, 피청구인이 판매한 HD22 물품은 청구인이 확인대상발명으로 특정한 발명과 동일한 것으로서 피청구인은 확인대상발명을 실시한 사실이 인정된다. 그렇다면, 심판청구는 피청구인이 실시한 적이 있는 확인대상발명을 대상으로 한 적법한 청구로서 확인의 이익이 있음에도 불구하고, 이와 달리 심판청구가 피청구인이 실시한 적이 없거나 현재 실시하고 있지 않은 확인대상발명을 대상으로 한 것이어서 확인의 이익이 없어 부적법하다는 이유로 본안에 나아가 판단하지 않은 채 심판청구를 각하한 이 사건 심결은 위법하다.

나) 실시의 태양

[§ 2](정의)

이 법에서 사용하는 용어의 뜻은 다음과 같다.

---

216) 대법원 1996. 9. 20. 선고 96후665 판결, 특허법원 2013. 3. 14. 선고 2012허10068 판결, 2011. 9. 29. 선고 2011허4646 판결, 2011. 8. 25. 선고 2011허3810 판결, 2011. 6. 17. 선고 2011허2602 판결, 2010. 12. 23. 선고 2010허4564 판결, 2010. 6. 17. 선고 2009허5226 판결, 2010. 8. 19. 선고 2010허159 판결, 2007. 12. 6. 선고 2007허3578 판결, 2007. 4. 6. 선고 2006허8590 판결, 2007. 3. 22. 선고 2006허4307 판결, 2004. 9. 9. 선고 2004허493 판결

217) 특허법원 2004. 7. 9. 선고 2004허875 판결

218) 특허법원 2020. 5. 29. 선고 2019허6020 판결

3. '실시'란 다음 각 목의 구분에 따른 행위를 말한다.
   가. 물건발명인 경우 : 그 물건을 생산·사용·양도·대여 또는 수입하거나 그 물건의 양도 또는 대여의 청약(양도 또는 대여를 위한 전시를 포함한다. 이하 같다)을 하는 행위
   나. 방법발명인 경우 : 그 방법을 사용하는 행위 또는 그 방법의 사용을 청약하는 행위
   다. 물건의 생산방법발명인 경우 : 나목의 행위 외에 그 방법에 의하여 생산한 물건을 사용·양도·대여 또는 수입하거나 그 물건의 양도 또는 대여의 청약을 하는 행위

(1) 실시의 의미

(가) 물품의 제조행위

□ 특허의 '실시'란 그 특허 내용에 따른 물품을 제조하는 행위 자체를 의미하는 것이다.[219)]

(나) 생산·사용·양도·대여 등의 행위

□ 발명의 실시는 그 물건을 생산하는 것뿐만 아니라 사용·양도·대여 또는 수입하거나 그 물품의 양도 또는 대여의 청약(양도나 대여를 위한 전시를 포함한다) 행위를 총칭하는 것이다.[220)]

(다) 수치한정 물건발명은 수치범위 전체에 걸쳐 실시 판단

□ 발명의 실시란 수치한정 물건발명에서는 수치범위 전체에 걸쳐 그 물건을 생산하거나 사용할 수 있어야 한다.[221)]

(2) 실시에 해당하는 경우

(가) 업으로서의 실시

(ㄱ) 경제활동의 일환으로서의 행위

□ '업으로서'란 경제활동의 일환으로서의 행위를 의미한다.[222)]

---

219) 대법원 1997. 3. 28. 선고 96다50599 판결

220) 특허법원 2022. 9. 1. 선고 2021허3697 판결, 2022. 9. 1. 선고 2021허3703 판결, 2022. 9. 1. 선고 2021허3710 판결, 2019. 2. 19. 선고 2018나1220,1237 판결, 2019. 2. 15. 선고 2018허3819 판결, 2017. 5. 26. 선고 2016허4818 판결, 2011. 4. 15. 선고 2011허156 판결, 2010. 12. 1. 선고 2020허4533 판결, 서울고법 2007. 6. 12. 선고 2006나76103 판결, 서울중앙지법 2008. 1. 31. 선고 2006가합58313 판결, 2007. 12. 6. 선고 2007가합25044 판결

221) 대법원 2015. 9. 24. 선고 2013후518 판결, 2015. 9. 24. 선고 2013후525 판결, 특허법원 2023. 2. 1. 선고 2020허7760 판결, 2021. 8. 26. 선고 2020허6323 판결, 2018. 11. 9. 선고 2017허4044 판결, 2016. 4. 15. 선고 2015허6466 판결

222) 특허법원 2017. 11. 24. 선고 2017나1346,1353 판결

(ㄴ) 특허권 침해행위의 요건

□ 특허권의 침해행위는 당해 특허권을 업으로서 실시하고 있을 것을 그 요건으로 한다.[223)]

(ㄷ) 실시의 횟수나 규모, 이익 여부

□ 업으로서 실시한 것이라면 실시의 횟수나 규모, 그로부터 이익을 얻었는지와 관계없이 특허발명을 실시한 것으로 본다.[224)]

(ㄹ) 1회적인 생산이나 양도

□ 특허법 제2조 제3호는 '실시'에 관하여 '물건을 생산 · 양도 · 대여'하는 행위를 실시의 한 태양으로 규정하고 있고 그 밖에 달리 실시에 대하여 고의나 계속적인 생산 · 양도 의사가 있을 것을 요건으로 하고 있지 않으므로, 비록 고의에 의하지 않은 1회적인 생산이나 양도도 특허법이 규정하고 있는 실시의 한 태양에 포함된다.[225)]

(나) 물건의 생산

□ 물건의 '생산'이 반드시 조립 · 가공 등 물리적 행위를 직접 수행하는 것에 한정하는 것은 아니고, 당사자의 의사, 계약에서 정한 법적 지위, 생산 대상물의 성격, 생산 관련 주된 의사결정의 주체 등 제반 사정을 종합적으로 고려하여 생산의 주체로서 평가할 수 있을 만한 법적 지위에 있었다면 그 직접적인 실시행위자로 판단할 수 있다.[226)]

(다) 물건의 납품

□ 확인대상발명의 물건을 제3자에게 납품한 경우에는 확인대상발명을 실시한 것으로 본다.[227)]

(라) 물건의 사용행위

(ㄱ) 실시에 포함

□ 실시란 특허법 제2조 제3호에 따라 '물건의 사용행위'를 포함한다.[228)]

(ㄴ) 사용과 이용의 구별

□ 특허법 제2조 제3호 (가)목의 실시행위 중 '사용'은 특허발명의 실시행위로서 열거된 '생산 · 양도 · 대여 · 수입, 양도 또는 대여의 청약'에 준하는 정도의 행위로서, '특허침해의 대상이 되는 물건과 밀접한 지배관계를 가지고 이를 일정한 목적이나 기능에

223) 대전지법 2009. 12. 8. 선고 2008재가합56 판결
224) 서울중앙지법 2017. 6. 16. 선고 2016가합554810 판결
225) 특허법원 2010. 10. 20. 선고 2010허401 판결
226) 서울고법 2012. 11. 21. 선고 2012나14441 판결
227) 특허법원 2008. 11. 13. 선고 2008허6000 판결
228) 특허법원 2017. 11. 24. 선고 2017나1346,1353 판결

맞게 쓰는 것'의 의미로 해석해야 하므로, 이는 단순히 물건을 쓰게 됨에 따른 반사적인 이익을 누리는 정도의 의미로서의 '이용'과는 구별된다.[229)]

(마) 카탈로그 게재

□ 확인대상물품을 자신이 생산·판매하고 있는 물품으로 카탈로그에 게재하는 행위는 그 자체로서 확인대상발명을 이용한 물품에 관하여 양도나 대여의 청약(이를 위한 전시가 포함된다)에 해당하므로, 확인대상발명을 실시한 것이다.[230)]

(바) 인터넷상에 게재하거나 인터넷 홈페이지에 게시

□ 물품의 판매를 위하여 확인대상물품을 인터넷상에 직·간접적으로 게재하는 행위는 확인대상발명의 실시에 해당한다.[231)]

(사) 상품의 광고·진열

□ 특허의 양도·대여를 위한 전시는 특허물건을 양도하거나 대여할 목적으로 불특정다수인이 인식할 수 있는 상태로 두는 것을 의미하고, 이는 양도·대여를 위한 청약의 과정에서 주로 상품의 광고·진열의 형태로 이루어진다.[232)]

(아) 컴퓨터 프로그램을 탑재한 장치의 제조·판매

□ 컴퓨터 프로그램은 발명의 실시를 위한 수단의 일부이고, 프로그램이 실행가능하게 설치된 컴퓨터를 탑재한 장치의 제조·판매 등이 물건발명의 실시이며, 또 컴퓨터를 동작시키는 프로그램을 실행하는 공정이 방법발명의 실시이다. 따라서 프로그램 자체의 제작·판매는 일반적으로는 물건발명의 실시에 해당하지 않고, '컴퓨터 관련 발명 심사기준'에서 물건발명의 하나로 인정하고 있는 매체 청구항인 발명에 프로그램을 기록한 컴퓨터로 읽을 수 있는 기록매체의 제조·판매 등의 행위는 매체청구항인 발명의 실시행위에 해당될 수 있는 것에 불과하다.[233)]

(자) 제3자를 통한 생산

□ 제3자에게 특정 기계를 제작하게 하는 방법으로 이를 생산한 경우에도 특허권의 효력이 미친다.[234)] 따라서 완성품의 제작을 위하여 제3자에게 부품을 제작케 하고, 그에 따라 제3자가 부품을 제작하기 위하여 특허발명을 실시한 것은 결국 침해자가 실

229) 서울중앙지법 2017. 11. 2. 선고 2016가합579321 판결
230) 서울고법 2014. 4. 10. 선고 2013나5383 판결, 특허법원 2004. 3. 19. 선고 2003허5941 판결
231) 특허법원 2011. 4. 15. 선고 2011허156 판결, 2004. 3. 19. 선고 2003허5941 판결
232) 서울중앙지법 2012. 1. 13. 선고 2011가합12465 판결
233) 서울고법 2014. 4. 10. 선고 2013나5383 판결
234) 대법원 2014. 9. 4. 선고 2012다113414 판결

시하는 것으로 본다.[235)]

○ 대법원 2006. 4. 27. 선고 2003다15006 판결

특허발명은 CD를 제작하기 위해서는 반드시 실시해야 하는 필수적인 공정에 관한 것으로서 CD 제작을 위한 스탬퍼를 제작함에 있어서는 특허발명을 실시하지 않을 수 없다는 점을 고려할 때, 피고가 특정 CD 제작을 위하여 제3자에게 스탬퍼를 제작하게 하고, 그에 따라 제3자가 스템프를 제작하기 위하여 특허발명을 실시한 것은 결국 피고가 특허발명을 실시하는 것으로 평가해야 한다.

○ 서울중앙지법 2015. 2. 17. 선고 2013가합546931 판결

피고가 스마트폰용 앱의 제작·배포를 통해 원고의 '이동통신 단말을 이용한 주소록 재편성 방법'에 관한 발명을 침해하였는지가 문제된 사안에서, 스마트폰 사용자들은 단계를 수행할지 여부를 승인할 뿐이고, 승인 이후의 각 단계는 피고에 의하여 실시되고 있으므로, 피고가 특허발명의 방법을 사용하는 실질적인 주체에 해당한다.

(3) 실시에 해당하지 않는 경우

(가) 수출

□ 특허법 제2조 제3호 (가)목에서 '수출'은 물건발명의 실시 태양에서 제외되어 있고, 위 규정에서의 '양도'란 국내에서 물건의 소유권을 타인에게 이전하는 것으로서 '수출'과는 구분되는 개념으로 보아야 하므로, 위 '수출'에 '양도'가 수반된다고 볼 수 없다. 따라서 특허권자가 아닌 자가 특허발명인 물건을 수출하는 행위는 특허법 제2조 제3호 (가)목의 '실시'에 해당하지 않아 특허권이 미치지 않는다.[236)]

(나) TV 광고행위

□ 특허를 받은 상품이라는 TV 광고를 하는 행위를 가리켜 특허법 제2조 제3호 (가)목의 '실시'에 해당한다고 볼 수 없다.[237)]

(다) 생동성 시험 후 남은 시험약의 보관행위

□ 생동성 시험 후 남은 시험약을 보관하는 행위가 특허법의 실시라고 볼 수 없으므로 특허발명을 침해하지 않는다.[238)]

---

235) 대법원 2006. 4. 27. 선고 2003다15006 판결

236) 서울고법 2017. 8. 21.자 2015라20296 결정, 2017. 1. 24.자 2016라20312 결정

237) 특허법원 2016. 7. 15. 선고 2015허7490 판결, 서울고법 2007. 6. 12. 선고 2006나76103 판결

238) 특허법원 2008. 12. 30. 선고 2008허4936 판결, 2008. 12. 30. 선고 2008허4943 판결, 2008. 12. 30. 선고 2008허5168 판결, 2008. 12. 30. 선고 2008허5175 판결, 2008. 12. 30. 선고 2008허4950 판결

○ 특허법원 2021. 12. 17. 선고 2021허1653 판결

특허발명은 '필터 부착용 벨크로단 형성부를 포함하는 하부금형과 벨크로단 삽입홀 형성부를 포함하는 상부금형을 제작하는 제1 단계'로부터 '하부금형 및 상부금형 사이에 고압 사출을 수행하여 벨크로 인서팅 타입의 필터교환 방식 범용 합성수지 마스크에 대한 제작을 완료하는 제4 단계'까지의 과정을 거쳐 벨크로가 인서팅된 합성수지 마스크의 생산을 전제로 한 발명에 해당하므로, '물건을 생산하는 방법의 발명'에 해당한다. 따라서 특허발명의 실시는 합성수지 마스크의 제작방법을 사용하는 행위뿐 아니라, 그 제작방법에 의하여 생산된 합성수지 마스크를 사용·양도·대여하는 등의 행위까지 포함한다고 할 수 있다. 그런데 'A테크'가 위와 같이 작동하는 사출장치로 확인대상발명의 합성수지 마스크를 제작하였으므로, 확인대상발명의 설명서 및 도면에 적힌 합성수지 마스크의 제작방법에 따라 합성수지 마스크를 제조하였다고 볼 수 있다. 따라서, 피청구인이 위와 같은 제작방법에 의하여 생산된 합성수지 마스크를 '양도'하는 행위를 한 이상, 피청구인이 위와 같은 제작방법을 직접 사용하지 않았다고 하더라도 확인대상발명을 실시하였다고 봄이 타당하므로 피청구인이 실시하고 있는 발명을 대상으로 한 것이므로 확인의 이익이 있다.

다) 확인대상발명과 실시주장발명의 동일 여부

(1) 심판청구의 적법요건

□ 적극적 권리범위확인심판에서 확인대상발명이 실시주장발명과 동일성 여부는 확인대상발명의 특정에 관한 문제로서, 확인대상발명이 실시주장발명과 동일하지 않은 경우에는 확인대상발명이 특정되지 않은 것으로서 심판청구가 부적법하다.[239] 이러한 이치는 청구인이 특정한 대비되는 발명과 피청구인이 과거에 실시한 적이 있는 발명 사이에 동일성이 문제되는 경우에도 마찬가지로 적용된다.[240]

(2) 직권조사사항

□ 적극적 권리범위확인심판에서 확인대상발명이 실시주장발명과 동일하여 확인의 이익이 있는지 여부는 심판의 적법요건으로서 특허심판원이 직권으로 이를 조사하여 밝혀야 할 사항이다.[241]

---

239) 특허법원 2007. 8. 7. 선고 2006허9814 판결, 2007. 6. 13. 선고 2006허8705 판결

240) 특허법원 2012. 2. 2. 선고 2011허8235 판결

241) 특허법원 2020. 11. 20. 선고 2020허4396 판결, 2020. 1. 31. 선고 2019허5348 판결, 2017. 6. 15. 선고 2017허165 판결, 2014. 11. 27. 선고 2013허10232 판결, 2014. 6. 26. 선고 2013허8741 판결, 2014. 5. 22. 선고 2013허8246 판결, 2014. 5. 8. 선고 2013허5452 판결, 2013. 10. 2. 선고 2012허11436 판결, 2013. 7. 25. 선고 2012허11498 판결, 2013. 4. 4. 선고 2012허8829 판결, 2012. 10. 18. 선고 2012허5509 판결, 2012. 7. 12. 선고 2012허1699 판결, 2012. 2. 2. 선고 2011허8235 판결, 2011. 12. 22. 선고 2011허7188 판결, 2011. 10. 27. 선고 2011허5168 판결

(3) 확인의 이익

□ 확인대상발명과 피청구인이 현실적으로 실시하고 있다고 주장하는 실시주장발명 사이에 동일성이 인정되지 않으면, 확인대상발명이 특허발명의 권리범위에 속한다는 심결이 확정된다고 하더라도 그 심결은 확인대상발명에 대하여만 효력을 미칠 뿐 실시주장발명에 대하여는 아무런 효력이 없으므로 피청구인이 실시하지 않고 있는 확인대상발명에 대한 심판청구는 확인의 이익이 없다.[242)]

▶ 적극적 권리범위확인심판에서는, 실시자가 아닌 권리자가 확인대상발명을 특정하기 때문에 확인대상발명과 실시주장발명이 다르다는 주장이 제기되기 마련이므로 청구인은 확인대상발명을 이해관계인의 실시주장발명 그대로 특정해야 하는데, 만일 확인대상발명과 실시주장발명이 일치하지 않는 경우에는 확인대상발명을 실시주장발명으로 보정하도록 조치해야 하고, 보정조치에도 불구하고 제대로 보정하지 않은 경우에는 각하해야 한다.

(4) 확인대상발명의 특정과 구분되는 심판요건

□ 적극적 권리범위확인심판에서, 확인대상발명이 실시주장발명과 동일한지 여부와 확인대상발명이 특허발명과 대비될 수 있을 정도로 특정된 것인지 여부는 명확히 구분되는 심판청구요건이다.[243)]

(5) 사실적 관점의 동일성

(가) 사실 확정의 문제

□ 확인대상발명과 실시주장발명의 동일성은 피청구인이 확인대상발명을 실시하고 있는지 여부라는 사실 확정에 관한 문제이므로, 이들 발명이 사실적 관점에서 같다고 보이는 경우에 한하여 그 동일성을 인정해야 한다.[244)] 이는 확인대상발명과 과거에

242) 대법원 2012. 10. 25. 선고 2011후2626 판결, 2003. 11. 4. 선고 2001후2672 판결, 2003. 6. 10. 선고 2002후2419 판결, 1996. 9. 20. 선고 96후665 판결, 1995. 6. 29. 선고 94후2179 판결, 특허법원 2023. 2. 1. 선고 2021허4539 판결, 2022. 11. 30. 선고 2022허1766 판결, 2022. 9. 29. 선고 2021허5242 판결, 2022. 5. 19. 선고 2021허4096 판결, 2022. 5. 18. 선고 2021허3727 판결, 2021. 12. 17. 선고 2021허1653 판결, 2021. 12. 16. 선고 2021허1370 판결, 2021. 11. 19. 선고 2021허2960 판결, 2021. 9. 16. 선고 2021허1837 판결, 2021. 8. 20. 선고 2021허500013 판결

243) 특허법원 2016. 10. 21. 선고 2016허2850 판결

244) 대법원 2012. 10. 25. 선고 2011후2626 판결, 특허법원 2023. 2. 1. 선고 2021허4539 판결, 2022. 11. 30. 선고 2022허1766 판결, 2022. 9. 29. 선고 2021허5242 판결, 2022. 5. 19. 선고 2021허4096 판결, 2022. 5. 18. 선고 2021허3727 판결, 2021. 12. 17. 선고 2021허1653 판결, 2021. 9. 16. 선고 2021허1837 판결, 2021. 8. 20. 선고 2021허500013 판결, 2021. 8. 17. 선고 2020허7524 판결, 2021. 7. 22. 선고 2020허7333 판결, 2020. 11. 20. 선고 2020허1342 판결, 2020. 11. 20. 선고 2020허4396

실시한 적이 있는 발명 사이에 동일성이 문제되는 경우에도 마찬가지이다.[245]

(나) 엄격한 동일성 기준

□ 확인대상발명의 실시와 관련하여 문제되는 '사실적 관점에서의 동일성'이란, 단순히 확인대상발명의 구성요소와 같은 형태가 실시주장발명에 물리적으로 존재하기만 하면 된다는 의미가 아니라 그와 같은 구성에 의하여 얻고자 하는 효과를 달성하기에 필요한 정도로 구비되어 있어야 한다는 의미로 보아야 한다.[246] 이러한 엄격한 동일성 기준에 따라 확인대상발명과 실시주장발명의 동일성을 파악해야 한다.

(다) 사실적 관점에서 동일성 요구 이유

□ 적극적 권리범위확인심판에서 확인대상발명과 실시주장발명을 대비할 때에는 권리범위확인심판의 심결의 효력이 미칠 수 있도록 양 발명이 사실적 관점에서 동일해야 한다.[247]

(라) 확인대상발명과 실시주장발명의 동일요건

★□ 확인대상발명이 실시주장발명과 동일한 발명이라고 할 수 있기 위해서는 양 발명의 구성요소가 동일할 뿐만 아니라 그 구성요소 간 결합관계나 그로 인한 작용효과도 동일해야 한다.[248]

(마) 확인대상발명이 실시주장발명과 균등관계에 있는 경우

□ 확인대상발명과 실시주장발명이 사실적 관점에서 동일성이 인정되지 않는다면 비록 확인대상발명과 실시주장발명의 요지가 같아서 균등관계에 있다는 평가를 받을 수 있다고 하더라도 확인대상발명과 실시주장발명이 동일하지 않으므로 확인대상발명에 대한 심판청구는 확인의 이익이 없다.[249] 이는 설령 확인대상발명과 실시주장발명에서 차이가 나는 각 구성의 기술적 사상이 같다고 보더라도 마찬가지이다.[250] 따

판결, 2020. 10. 16. 선고 2019허8972 판결, 2020. 6. 18. 선고 2019허6525 판결

245) 특허법원 2016. 12. 1. 선고 2016허748 판결, 2012. 11. 29. 선고 2012허3473 판결, 2011. 12. 22. 선고 2011허7188 판결, 2011. 10. 27. 선고 2011허5168 판결, 2011. 9. 1. 선고 2011허750 판결

246) 특허법원 2020. 11. 20. 선고 2020허4396 판결

247) 특허법원 2013. 1. 24. 선고 2011허11668 판결

248) 특허법원 2013. 2. 1. 선고 2012허6328 판결

249) 대법원 2000. 5. 26. 선고 2000후44 판결, 1996. 3. 8. 선고 94후2247 판결, 특허법원 2016. 10. 20. 선고 2016허2133 판결, 2013. 2. 1. 선고 2012허8621 판결, 2013. 1. 11. 선고 2012허4735 판결, 2012. 12. 14. 선고 2012허3923 판결, 2012. 12. 14. 선고 2012허3930 판결, 2012. 9. 14. 선고 2012허2029 판결, 2011. 11. 18. 선고 2010허9620 판결, 2010. 7. 2. 선고 2010허586 판결, 2006. 11. 10. 선고 2006허4024 판결, 2006. 11. 10. 선고 2006허4031 판결, 2006. 1. 5. 선고 2005허1882 판결, 2001. 1. 5. 선고 2000허600 판결, 2001. 1. 5. 선고 2000허1290 판결

250) 특허법원 2010. 10. 14. 선고 2010허3127 판결

라서 확인대상발명과 실시주장발명이 사실적 관점에서 다르지만 실질적으로 동일하다고 하더라도 피청구인이 확인대상발명을 실시하고 있다고 단정할 수 없다.[251)]

※ 사실적 관점에서 동일하다고 본 사례

○ 특허법원 2023. 2. 1. 선고 2021허4539 판결

실시제품에서 확인대상발명의 원형고리(와셔)가 구비된 위치와 같은 곳에 원형고리 형상의 부품이 대응구성으로 구비되어 있고, 실시제품의 위 대응구성은 그 구성 및 배치에 비추어 볼 때, '너트 및 볼트와 고정시킬 부분 사이에 들어가는 고리 모양의 부품'이라는 와셔의 일반적 의미에 들어맞는 것으로서, 확인대상발명의 '원형고리(와셔)'와 마찬가지로 회전부재와 고정부재 사이에 끼워진 상태에서 양 부재 사이의 접촉 또는 이격에 의해 접촉면에 마모가 발생하거나 이격공간에서 회전부재가 한쪽으로 치우쳐 회전 구동이 불안해지거나 이격공간으로 양식줄 등의 주변물이 끼는 사고를 방지하는 역할을 할 수 있는 것으로 파악된다. 따라서 확인대상발명에서 특정되는 '원형고리(와셔)'가 실시제품에 사실적 관점에서 동일하게 존재한다. 실시제품의 원형고리 형상의 부재는 확인대상발명의 원형고리(와셔)와 마찬가지로, 통상적인 양식줄 인양장치의 회전 작동부에서 회전부재와 고정부재 사이에 체결된 상태에서 양 부재 사이의 접촉 또는 이격에 따른 부재의 마모나 회전 구동의 불안 또는 주변물의 끼움 사고 등을 해소하기 위해 설치되는 역할을 하는 것이어서, 확인대상발명의 원형고리(와셔)와 사실적으로 동일하다.

○ 특허법원 2013. 5. 8. 선고 2012허11115 판결

피청구인의 실시주장발명은 경매장의 컴퓨터로부터 중고자동차에 대하여 경매가 가능한 중개상품으로 등록을 요청하는 등록요청정보가 홈페이지 운영 서버로 전송되는지 여부가 구체적으로 개시되어 있지 않으나, '물품목록'으로 저장·관리되고 있는 경매출품차량에 대한 경매를 실시하기 위해서는 경매기일이나 그 전에 '물품목록'의 정보가 구매희망자의 경매입찰신청 화면에 나타나도록 하는 행위와 실제 경매가 수행되는 현장 경매장 서버의 컴퓨터로부터 '물품목록'에 포함된 물품에 대하여 경매입찰신청이 가능하도록 요청하는 행위가 어떠한 방식으로든 수행되어야 한다는 것은 통상의 기술자에게 자명하므로, 피청구인의 실시주장발명은 확인대상발명의 '경매장의 컴퓨터로부터 중고자동차에 대하여 경매가 가능한 중개상품으로 등록을 요청하는 등록요청정보가 홈페이지 운영 서버로 수신되면 중개상품정보DB에 중개상품으로 등록하는 단계'와 실질적으로 동일한 구성을 포함하고 있다. 또한 피청구인의 자동차경매장 경매규약에 의하면 낙찰자는 낙찰대금을 낙찰일로부터 3영업일 이내에 경매장이 지정한 계좌에 현금으로 입금해야 하고, 출품차량이 낙찰되었을 경우, 차량의 낙찰대금은 낙찰일로부터 3영업일 이후에 지급되도록 하며 이때 제반 수수료 및 비용은 공제

---

251) 특허법원 2014. 5. 2. 선고 2013허9690 판결

한 차액을 지급하도록 규정하고 있는 사실, 피청구인이 낙찰자로부터 낙찰대금을 피고의 금융계좌로 입금받으면 수수료와 비용을 공제한 차액을 판매자에게 지급하는 사실을 인정할 수 있고, 위와 같은 과정에서 홈페이지 운영 서버가 판매자에게 낙찰대금을 지급하기 위해서는 금융서버로부터 낙찰자의 대금결제정보(입금내역 등)를 수신하고 확인하는 절차를 거쳐야 하는 점은 통상의 기술자에게 자명하므로, 피청구인의 실시주장발명은 확인대상발명의 위 구성과 사실상 동일한 구성을 포함하고 있다. 따라서 확인대상발명과 피청구인의 실시주장발명은 사실상 동일하다.

○ 특허법원 2012. 11. 30. 선고 2012허6267 판결

확인대상발명에서 후크가 '가이드벽과 가이드벽 사이 공간'을 통과하는 연결줄 중간에 결합되는데 비하여, 실시주장발명의 대응구성에서는 후크가 '와이어홈'을 통하여 연결줄 중간에 결합되는 것이어서 표현상 차이가 있으나, 실시주장발명의 대응구성에서의 '와이어홈'이란 확인대상발명의 '후크가 연결줄 중간에 결합되는 가이드벽과 가이드벽 사이 공간'을 달리 표현한 것에 불과하여 실질적으로 차이가 없다. 따라서 확인대상발명과 실시주장발명은 그 구성이 동일하고 각 구성의 결합관계도 동일하므로, 확인대상발명은 실시된 발명이다.

○ 특허법원 2011. 10. 27. 선고 2011허5168 판결

확인대상발명은 잠금장치가 수직 판상 형태로서 절곡부가 형성되어 있지 않은 반면, 실시주장발명은 잠금장치의 중간부분에 절곡부가 형성되어 있으나, 피청구인은 특정브랜드를 사용하고 있고, 이와 같은 특정브랜드가 표시된 잠금장치가 서울에 있는 '답십리 대우아파트', '길음동 뉴타운 3단지', '신당동 삼성아파트', '돈암동 풍림아파트', '하왕십리 한진 그랑빌' 등의 엘리베이터 승강장 도어 실에 설치되어 있는데, 그 설치 제품들에는 확인대상발명과 마찬가지로 잠금장치가 수직 판상 형태로서 절곡부가 형성되어 있지 않은 사실을 인정할 수 있다. 위 인정사실에 의하면, 피청구인은 확인대상발명과 일치하는 제품들을 제작·판매하여 서울 시내 아파트의 엘리베이터 승강장 도어 실에 설치되게 함으로써 확인대상발명을 실시하였다고 보아야 할 것이므로, 이 사건 심판청구는 결국 피청구인이 실제로 실시한 적이 있는 발명을 확인의 대상으로 한 것으로서 확인의 이익이 있어 적법하고, 피청구인이 확인대상발명과 다른 실시발명도 실시하고 있다는 사정만으로 이와 달리 볼 수는 없다.

○ 특허법원 2009. 11. 6. 선고 2009허4452 판결

확인대상발명의 경우 연결링크와 승강실린더가 로터베이터 상부에 어떻게 결합되는지에 관하여 간략하게 적거나 아예 적고 있지 않음에 비하여, 실시주장발명의 경우 연결대(확인대상발명의 연결링크에 해당)와 유압실린더(확인대상발명의 승강실린더에 해당)를 로타리(확인대상발명의 로터베이터에 해당) 상부에 힌지결합하기 위한 수단을 구체적으로 한정한 정도로서, 그와 같은 실시주장발명의 구성은 통상의 기술자라면 용이하게 선택할 수 있는 구성으로 보이고, 확인대상발명의 경우에도 설명서에 기재가 없을 뿐 연결링크와 승강실린더의 힌지결합을 위한 브래킷 구성이 당연히 있을 것으

로 보인다. 그리고 실시주장발명에서 구체적으로 한정한 브래킷 구성은 특허발명과 대비되는 구성에 해당하지 않는 것으로서 피고가 확인대상발명을 특정하면서 위 브래킷 구성을 생략한 것으로 보인다(확인대상발명의 각 도면에는 실시주장발명의 위 브래킷 구성이 그대로 도시되어 있다). 또한 확인대상발명의 걸림턱은 도면에 도시된 바와 같이 받침판에서 돌출 형성되어 있음에 비하여, 실시주장발명의 받침봉은, 비록 도면상으로는 단면 형상이 원형이고 받침판의 바닥면과 받침봉의 바닥면이 일치하지 않는 차이가 있으나, 이는 하나의 실시예에 불과하고, 그 청구범위 제1항에 '써레의 높이조절브라켓의 내측으로 받침판을 용접고정시키는 한편 받침판의 전면에 받침봉을 설치하며'라고 적고 있을 뿐 받침봉의 형상을 한정하고 있지 않고, 받침판과 받침봉의 바닥면의 일치 여부에 관하여도 아무런 한정이 없으므로(확인대상발명의 걸림턱 역시 그 설명서에는 그 형상 및 받침판과 걸림턱의 바닥면의 일치 여부에 관하여 한정하고 있지 않다), 확인대상발명의 걸림턱은 실시주장발명의 받침봉에 포함되는 구성이다. 따라서 양 발명은 사실상 동일하다.

※ 사실적 관점에서 동일하지 않다고 본 사례

○ 대법원 2012. 10. 25. 선고 2011후2626 판결

확인대상발명의 금형은 철판소재가 투입되는 입구 측에 배치된 연결핀 삽입구멍 펀칭기에 의해서만 거푸집 간격유지구의 연결핀 삽입구멍을 펀칭하는 형태로 되어 있음에 반하여, 실시발명의 금형은 철판소재가 투입되는 입구 측에 배치된 제1 커터군 및 철판소재의 양측 외면부와 중앙부에 배치된 제2 커터군에 의해서 거푸집 간격유지구의 통공부를 펀칭하는 형태로 되어 있는 등의 차이가 있고, 이에 따라 철판소재가 가공되어 가는 패턴 및 간격유지구의 각 부분별 가공 순서에도 차이가 있으므로, 확인대상발명은 실시발명과 동일하다고 할 수 없다.

○ 대법원 2003. 6. 10. 선고 2002후2419 판결

특허권자가 특정한 망체와 피청구인이 실제 실시하고 있는 망체를 비교하면, 특허권자가 특정한 망체는 상부망판과 하부망판 사이에 적층간격을 두고 있고 망체 프레임의 상부면 내측으로 개재된 실리콘 고무링과 은납땜부와의 사이에 공간부가 형성되어 있는데 비하여, 피청구인이 실제 실시하고 있는 망체는 상부망판과 하부망판을 납땜에 의하여 접착하는 것으로서 납땜에 의한 접합에 있어서 적층간격을 둘 필요가 없는데다가 두 망판을 밀착하여 접착함에 따라 특허권자가 특정한 망체와 같은 적층간격이 있다고 할 수 없고 그에 따라 효과에 있어서도 차이가 있으며, 피청구인이 실제 실시하는 망체는 하부망판을 프레임의 상부면에 밀착한 후 납땜으로 접착시키는 것으로서 프레임의 상부면 내측에 주입되는 실리콘은 그 재질의 특성상 상부망판과 하부망판 사이에 채워지기 때문에 특허권자가 특정한 망체와 같은 공간부가 형성되지도 않으므로, 특허권자가 특정한 망체와 피청구인이 실제 실시하는 망체는 동일성이 없는 것이다. 특허권자가 특정한 망체에서 말하는 '적층간격'

과 '공간부'는 아무리 미세하더라도 물리적으로 존재하기만 하면 되는 것이 아니라, 그와 같은 구성에 의하여 얻고자 하는 효과를 달성하는데 필요한 정도는 되어야 한다.

○ 대법원 2000. 5. 30. 선고 99후2242 판결

청구인이 권리범위확인심판의 대상으로 삼은 확인대상발명의 구성 중 일부분인 보충수통은 급수밸브의 급수관 연결구가 수직으로 설치되어 있음에 대하여 피청구인이 현실적으로 실시하고 있는 발명은 위 급수관 연결구가 수평으로 설치되어 있어서 그 구성에 차이가 있으므로, 확인의 이익이 없다.

○ 특허법원 2013. 1. 11. 선고 2012허4735 판결

실시발명의 수성아크릴졸에는 확인대상발명의 수성아크릴졸의 성분 중 '메탄올 또는 수성알코올', '탈크', '펄프파우다', '경량 마이크로 셀 및 구상형 필라', '증점제'가 결여되어 있고, 실시발명의 코팅액에는 확인대상발명의 코팅액 성분 중 '메탄올 또는 수성알코올', '왁스 또는 실리콘계 발수제'가 결여되어 있다. 따라서 실시발명은 확인대상발명의 성분 중 일부를 결여하고 있으므로, 각 성분의 함량을 대비하지 않더라도 그 구성이 동일하다고 볼 수 없다.

○ 특허법원 2010. 7. 23. 선고 2009허8454 판결

확인대상발명에는 '연결부재에 형성되어 있는 일정한 형상의 연결홈'이 구비되어 있으나, 실시발명에는 '연결홈'이 형성되어 있는지를 알 수 없으므로, 확인대상발명은 실시발명과 동일하지 않으므로, 확인의 이익이 없다.

○ 특허법원 2009. 2. 4. 선고 2008허6307 판결

온수관 내부에 전열선을 삽입하는 방법에 있어서, 확인대상발명에서는 온수관의 직경과 거의 같은 크기의 볼형 유도기가 펌프의 수압에 의하여 이동하면서 온수관 내부로 전열선을 삽입하는 구성임에 반하여, 실시발명은 온수파이프 내부의 총알형상의 4개의 유도체가 압축공기의 압력에 의하여 온수관 내부를 이동하면서 전열선을 삽입하는 방법으로 된 점에서 현저하게 상이하다. 이와 같이 확인대상발명과 실시발명은 온수관 내부에 전열선을 삽입하는 핵심적인 구성이 현저하게 상이하므로, 나머지 구성의 상이점에 대하여 더 나아가 살펴볼 필요 없이, 확인대상발명은 실시발명과 사실적 관점에서 동일하다고 볼 수 없다.

(6) 확인대상발명과 실시주장발명의 동일성 판단

(가) 실시주장발명과 실제 실시발명이 다른 경우

(ㄱ) 피청구인이 실시주장발명이 아니라 실제로는 실시발명을 실시한 경우

□ 피청구인이 확인대상발명이 아닌 실시주장발명을 실시하고 있다고 인정하였으나 피청구인이 실제로 실시하고 있던 기술은 실시주장발명과 상이한 실시발명이었다고

하더라도, 실시발명이 확인대상발명과 다르다면 피청구인이 확인대상발명을 실시하고 있지 않았다는 점에 차이가 없으므로 여전히 확인의 이익이 없다.[252]

▶ 피청구인이 확인대상발명을 실시하고 있지 않다면, 실시주장발명과 실시발명이 상이한지 여부에 관계없이 피청구인이 현실적으로 실시하고 있지 않은 확인대상발명은 확인의 이익이 없다.

(ㄴ) 피청구인이 확인대상발명을 실시하였다고 단정할 수 있는지

□ 피청구인의 실시주장발명이 실시발명과 상이하다는 사실이 인정된다고 하더라도, 실시발명이 확인대상발명과 다른 제3의 발명에 해당할 수도 있으므로 그러한 사실만으로는 곧바로 피청구인이 확인대상발명을 실시하였다고 단정할 수 없다.[253]

○ 특허법원 2007. 2. 8. 선고 2006허5850 판결

확인대상발명에서 김과 혼합되는 기름은 옥배유, 참기름, 들기름을 혼합한 식용유로서 이들 사이의 혼합비율이 특정되어 있지 않으나, 피청구인의 실시주장발명 설명서에는 김과 혼합되는 기름은 "옥수수기름, 대두유, 올리브유, 홍화유, 해바라기유 및 채종유로부터 선택되는 1종 또는 2종 이상의 식용유와 들기름 또는 참기름이 중량기준으로 2:1~10:1의 비율로 혼합된 것을 사용한다"고 적혀 있다. 청구인은, 피청구인이 실제로 제조하여 판매한 볶음 조미김은 피청구인의 실시주장발명에 의한 볶음 조미김과 상이하므로, 피청구인이 확인대상발명을 실시한 것으로 보아야 한다는 취지로 다투나, 설령 피청구인이 실제로 실시한 발명이 실시주장발명과 상이하다는 사실이 인정된다고 하더라도 그 발명이 확인대상발명과 다른 제3의 발명에 해당할 수도 있으므로, 그러한 사실만으로는 곧바로 피청구인이 확인대상발명을 실시하였다고 단정할 수 없다.

○ 특허법원 2002. 5. 10. 선고 2001허2245 판결

확인대상발명의 '개방된 상부에는 덮개를 끈으로 엮어서 고정하되 후측 덮개는 개폐를 자유롭게 하여 그 밑에 망을 고정하는 구성'에 대응하는 구성으로, 실시발명에는 '함체의 개방된 상부에는 상부 전체에 조밀한 그물형태의 내부 덮개가 덮히고 그 위에 외부 덮개가 덮여 함체에 끈으로 묶이고, 칸막이에는 흡입팬 좌우로 각각 배기관이 설치'되는 구성이 있는데, 이와 같이 대응되는 양 발명의 구성은 함체의 개방된 상부에 덮개를 끈으로 엮어서 고정한다는 점에서 일치하나, 확인대상발명은 후측 덮개가 자유롭게 개폐될 수 있고 후측 덮개 밑에 망이 설치되어 있는데 비하여, 실시발명은 외부 덮개 밑에 함체 상부 전체에 걸쳐서 그물 형태의 내부 덮개가 덮인 점, 실시발명에는 확인대상발명에 없는 '배기관'이 구비되어 있는 점에서 구성상의 차이가 있다. 차이점을 보면, 확인대상발명에서 후측 덮개가 자유롭게 개폐되도록 하고 그 밑에 망을 설치한 것이나 실시발명에서 외부 덮

252) 대법원 1991. 10. 11. 선고 90후2218 판결, 특허법원 2002. 5. 10. 선고 2001허2245 판결
253) 특허법원 2007. 2. 8. 선고 2006허5850 판결

개 밑에 그물 형태의 내부 덮개를 덮은 것은 모두 톱밥 등을 함체에 실을 때 흡입팬에 의하여 톱밥 등과 함께 함체 안으로 흡입되는 공기가 외부로 원활하게 배출되도록 하기 위한 것이지만, 확인대상발명은 톱밥 등을 함체에 실을 때 후측 덮개를 개방해야 하는데 비하여, 실시발명은 외부 덮개를 덮은 채 외부 덮개와 함체 사이의 틈새로 공기가 배출되도록 하는 것이므로, 이러한 후측 덮개의 유무는 작용효과에도 영향을 미치는 실질적 구성상의 차이에 해당하고, 실시발명에서 기계실 칸막이에 배기관을 설치한 것은 함체 상부로 공기를 배출함과 함께 배기관을 통해서도 공기가 배출될 수 있도록 함으로써 함체 안으로 흡입된 공기의 배출을 보다 원활하게 하기 위한 것이라는 기술적 의미를 갖는 것이므로, 이러한 배기관의 유무도 역시 실질적 구성상의 차이에 해당한다. 따라서 실시발명은 확인대상발명과는 사실적 관점에서 서로 동일한 기술에 해당하지 않음이 명백하다. 그러므로 실시주장발명이 실시발명과 다르다고 하더라도 이 사건 심판청구는 피청구인이 실시하였거나 실시하고 있지 않는 확인대상발명을 대상으로 한 것이므로 부적법하다.

(ㄷ) 피청구인이 소송단계에서 심판단계에서와 다른 실시발명을 제출한 경우

□ 피청구인이 심판단계에서 실시주장발명을 제출하면서 확인대상발명을 실시하지 않는다고 주장하였으나, 소송단계에서 새롭게 실시발명을 제출하면서 확인대상발명을 실시하지 않는다고 주장한 경우에도, 확인대상발명이 실시주장발명은 물론 실시발명과도 상이하다면 피청구인은 확인대상발명을 실시하지 않는다고 본다.[254)]

(나) 실시주장발명이 확인대상발명에 추가적인 구성을 더 구비한 경우

(ㄱ) 동일성이 있는 것으로 보는 경우

(i) 특허발명의 구성과 대비되지 않는 부가적 구성인 경우

★□ 실시주장발명에 추가된 구성이 특허발명의 구성과 대비되지 않는 부가적 구성인 경우에는 확인대상발명을 실시주장발명과 동일성이 있는 것으로 본다.[255)]

(ii) 확인대상발명의 실시에 필요한 부가적 구성인 경우

★□ 실시주장발명에 추가된 구성이 확인대상발명의 실시에 필요한 부가적 구성인 경우에는 확인대상발명을 실시주장발명과 동일성이 있는 것으로 본다. 실시주장발명에 추가된 구성이 확인대상발명에는 생략된 것이라고 하더라도 확인대상발명을 실시하고 있는 사실 자체가 달라지지 않는다.[256)]

---

254) 특허법원 2004. 9. 9. 선고 2004허493 판결

255) 특허법원 2007. 4. 6. 선고 2006허8590 판결, 2006. 11. 29. 선고 2006허2516 판결, 2006. 11. 29. 선고 2006허2714 판결, 2004. 2. 13. 선고 2003허687 판결, 2002. 11. 8. 선고 2002허2648 판결

- 이는 적극적 권리범위확인심판에서 확인대상발명과 실시주장발명의 동일성 판단은 특허발명과의 관계를 고려하여 특허발명의 구성요소와 대비되는 구성을 중심으로 파악하기 때문이다.

(ㄴ) 동일성이 있는 것으로 보지 않는 경우

(ⅰ) 추가된 구성으로 인한 현저한 작용효과의 차이가 있는 경우

□ 실시주장발명에 추가된 구성으로 인하여 현저한 작용효과의 차이가 있는 경우에는 확인대상발명을 실시주장발명과 동일성이 있는 것으로 보지 않는다.[257)]

(ⅱ) 추가된 구성으로 인하여 효과가 변형된 경우

□ 실시주장발명에 추가된 구성으로 인하여 효과가 변형된 경우에는 확인대상발명을 실시주장발명과 동일성이 있는 것으로 보지 않는다.[258)]

▶ ① 실시주장발명에 추가된 구성이 특허발명의 구성요소와 대비되지 않으면서 확인대상발명의 실시에는 필요한 구성인 경우에는 부가적인 구성으로 보아 확인대상발명을 실시하는 것으로 보지만, ② 실시주장발명에 추가된 구성으로 인하여 확인대상발명과 현저한 작용효과의 차이가 있는 경우에는 확인대상발명을 실시하는 것으로 보지 않는다.

※ 확인대상발명에 구성이 추가되었으나 동일하다고 본 사례

○ 특허법원 2015. 4. 24. 선고 2014허3712 판결

실시주장발명의 구성 중 확인대상발명에 없는 상하 슬라이드형 내부수직이동바, 그 하부에 부착된 상하 슬라이드형 내부수직이동바 작동용 고압실린더, 압축공기를 공급하는 압축공기 공급용 외부 컴프레셔, 컴프레셔에 연결된 압축공기 공급용 고압에어호스 구성은 피청구인이 확인대상발명을 실시함에 있어 필요에 따라 부가한 구성에 불과한 것이고, 위와 같이 추가된 구성이 청구인이 특정한 확인대상발명에 빠져 있다고 하더라도 피청구인이 확인대상발명을 실시하고 있는 사실 자체가 달라지지 않는다. 따라서 피청구인은 확인대상발명의 구성이 모두 포함된 피청구인 실시 제품을 제조하여 A대학교 병원에 납품·설치함으로써 확인대상발명을 실시하고 있다고 보아야 한다.

○ 특허법원 2007. 4. 6. 선고 2006허8590 판결

특허발명은 청구범위에 정전보상 모드의 구성이 필수 구성요소로 적혀 있지 않고, 피청구인의 실시 물품에 구비된 정전보상 모드의 구성은 정전이 될 때 정정 전의 동작상태를 기억했다가 초기 전원 투입시에 정전 전의 상태로 복귀하여 동작을 계속하여 수행하도록 하는 구성으로서, 피청구인의 실

---

256) 특허법원 2015. 4. 24. 선고 2014허3712 판결

257) 특허법원 2010. 12. 23. 선고 2010허4564 판결, 2010. 6. 24. 선고 2009허8317 판결, 2007. 9. 13. 선고 2007허456 판결

258) 특허법원 2007. 9. 13. 선고 2007허456 판결
- 실시주장발명의 구성이나 효과 중에 일부를 생략하거나 변형시킨 확인대상발명은 실시주장발명과 동일한 것이라 할 수 없다(특허법원 2007. 9. 13. 선고 2007허456 판결).

시발명에 있는 다른 기술적 구성과는 유기적인 결합관계가 긴밀하지 않아 쉽게 부가하거나 삭제할 수 있는 구성이므로, 피청구인의 실시발명에서 정전보상 모드의 구성이 없더라도 피청구인의 실시발명은 별개의 독립된 발명으로서 일체성을 유지한다. 따라서 적극적 권리범위확인심판을 청구하는 청구인으로서는 피청구인이 실시하고 있는 FR-5모델을 확인대상으로 하여 확인대상발명을 특정함에 있어서, 특허발명과 대비하여 그 차이점을 판단할 때 굳이 필요하지 않은 정전보상 모드의 구성에 관한 기재를 생략할 수 있는 것이므로, 확인대상발명에 정전보상 모드의 구성이 적혀 있지 않다고 하더라도 이를 가리켜 피청구인의 실시발명과 상이하다고 할 수 없다.

○ 특허법원 2006. 11. 29. 선고 2006허2516 판결

확인대상발명과 실시주장발명의 스토퍼 구성에 차이가 있는 것은 피청구인 주장대로 스토퍼에 스페이스볼트, 너트, 와셔가 추가 구성되어 있음에 따른 것이고, 실시주장발명에 추가된 위 구성들은 특허발명의 구성요소와 대비되지 않는 부가적 구성에 불과할 뿐만 아니라, 확인대상발명의 모든 구성요소가 실시주장발명에 포함되어 있음은 피청구인도 인정하고 있으므로, 피청구인이 확인대상발명을 실시하고 있다고 할 것이어서, 확인대상발명에는 실시주장발명의 스토퍼 구성요소인 스페이스볼트, 너트, 와셔가 결여되어 있기 때문에 확인대상발명이 실시주장발명과 다르다고 볼 수 없다.

○ 특허법원 2006. 11. 29. 선고 2006허2714 판결

실시주장발명은 써레편의 한쪽 절곡부에 짧은 절곡부를 추가로 형성하고, 써레편의 바닥면에 요홈 및 배수구멍을 추가로 형성한 점에서 확인대상발명의 써레편과 차이점이 있으나, 실시주장발명은 확인대상발명의 구성요소를 모두 포함하고 있고, 실시주장발명에 추가된 위 구성들은 특허발명과는 대비되는 구성요소라고 볼 수 없는 부가적 구성이므로 확인대상발명이 실시주장발명과 다르다고 볼 수 없다.

○ 특허법원 2002. 11. 8. 선고 2002허2648 판결

실시주장발명의 설명서에는 '표면테의 후방 중앙으로 일체로 형성된 삽지테', '삽지테의 후방에 표면테와 동일한 방향으로 연설된 플렌지', '표면테, 삽지테 및 플렌지에 의하여 형성된 삽지홈'이 그 구성의 특징으로 명시되어 있는 점, 도면상 실시주장발명의 돌기의 높이가 확인대상발명의 돌조의 높이에 비하여 다소 낮게 도시되어 있는 점에서 차이가 있지만, 확인대상발명에도 도면상으로 실시주장발명과 같은 삽지테, 플렌지 및 삽지홈에 해당하는 구성이 나타나 있을 뿐만 아니라, 플렌지 및 삽지홈의 구성은 특허발명에 없는 것으로서 특허발명과 확인대상발명을 대비할 때 확인대상발명에서 특정할 필요가 없는 구성에 해당한다. 그리고 양 발명의 도면상 실시주장발명의 돌기와 확인대상발명의 돌조의 상대적인 높이가 다소 다르게 도시되어 있다고 하더라도, 도면에 도시된 높이가 반드시 확인대상발명의 돌기의 높이를 한정하는 것은 아닌 점, 확인대상발명의 설명서에도 돌기의 높이를 한정하지 않은 점, 실시주장발명에도 그 높이의 높고 낮음에 상관없이 돌기가 형성된 이

상, 확인대상발명과 마찬가지로 돌기에 의한 뒤틀림 방지 효과를 얻을 수 있을 것으로 보이는 점 등을 고려하여 볼 때, 실시주장발명은 확인대상발명과 실질적으로 동일한 것이다.

○ 특허법원 2002. 5. 23. 선고 2001허5084 판결

확인대상발명에는 고정축을 지지하기 위한 지지편이 결여되어 있는데 반하여, 실시주장발명은 고정축의 양단부에 인접한 고정판 부위를 수직으로 절곡함으로써 고정축의 지지편을 형성하는 차이가 있으나, 특허발명에는 등받이 각도조절부재를 고정판의 후단부 저면에 축착시키기 위한 고정축외에 별도의 지지편에 대한 기재가 없고, 확인대상발명의 설명서에도 '등받이 각도조절부재는 고정축에 의하여 고정판의 후단부 저면에 축착되어 있다'는 취지로 적혀 있으며, 실시주장발명도 위와 같은 기술구성을 그대로 채택하고 있는 이상, 가사 실시주장발명이 고정축을 더욱 견고히 지지하기 위하여 고정축 양단 고정판 부위를 추가로 절곡, 지지편을 형성하였다 하더라도 이는 특허발명 및 확인대상발명과 동일성의 범주 내에 있는 사소한 설계변경에 지나지 않으며 실시주장발명의 도면 중 해당부분을 살펴보아도 특허발명 및 확인대상발명과 동일성을 해할 정도의 차이는 발견되지 않는다. 따라서 확인대상발명과 실시주장발명의 모든 구성요소가 실질적으로 동일하다.

※ 확인대상발명에 구성이 추가되어 동일하지 않다고 본 사례

○ 특허법원 2010. 12. 23. 선고 2010허4564 판결

실시주장발명과 확인대상발명은 모두 면상발열체의 구성을 특정하고 있지만, 실시주장발명은 확인대상발명의 구성인 상부부직포, 제1상부 LDPE 수지층(상부외피), 하부부직포, 제1하부 LDPE 수지층(하부외피) 외에 확인대상발명에 없는 '제2상부 LDPE 수지층, 제2하부 LDPE 수지층, 상부덮개 접합 LDPE 수지층, 하부덮개 접합 LDPE 수지층, 중간부직포층'을 추가하고 있는 점에서 확인대상발명과 동일한 발명이라고 할 수 없다.

○ 특허법원 2007. 9. 13. 선고 2007허456 판결

권리범위확인심판청구가 적법하기 위해서는 피청구인의 실시주장발명이 확인대상발명과 동일성이 있는 발명이어야 하는바, 확인대상발명은 실시주장발명과 그 구성 및 효과에서 차이가 있으므로, 확인대상발명과 실시주장발명은 서로 동일한 발명이라고 볼 수 없다. 이에 대하여 청구인은 확인대상발명에도 실시주장발명과 동일한 구성이 구비되어 있고, 다만 확인대상발명을 특정함에 있어서는 특허발명과 대비할 수 있을 정도로만 적었기 때문에 일부 구성을 생략한 것에 불과하므로, 확인대상발명은 실시주장발명과 동일한 것이라고 주장하나, 피청구인의 실시주장발명의 구성이나 효과 중에 일부를 생략하거나 변형시킨 확인대상발명이 피청구인의 실시주장발명과 동일한 것이라 할 수 없다.

○ 특허법원 2010. 6. 24. 선고 2009허8317 판결

확인대상발명과 실시주장발명은 모두 간접구본체, 심지 및 방수지를 구성요소로 하고 있지만, 확인대상발명은 간접구본체가 건조된 애엽, 포공영, 익모초, 사상자, 천궁 및 참나무숯 분말로 이루어진 것인 반면, 실시주장발명의 간접구본체는 애엽(약쑥), 포공영, 익모초, 사상자, 천궁, 참숯, 곽향, 향부자, 부평초, 박하를 포함하여 이루어진 것으로서, 실시주장발명의 간접구본체가 확인대상발명의 간접구본체에 비하여 곽향, 향부자, 부평초, 박하를 추가로 함유하고 있는 점에서 일부 구성에는 차이가 있다. 이와 같이 실시주장발명의 간접구본체는 확인대상발명의 간접구본체에 비하여 추가로 전통적인 한방 의약재인 곽향, 향부자, 부평초, 박하를 함유함으로써, 특유의 신체기능 개선, 질환 치료 및 증상 완화 등의 효능을 나타내는 현저한 작용효과가 있다. 청구인이 특정한 확인대상발명의 간접구본체를 구성하는 6가지 성분이 실시주장발명의 간접구본체에 모두 포함되어 있기는 하지만, 그러한 점만으로 양 발명이 동일하다고 할 수는 없다. 따라서 확인대상발명과 실시주장발명은 서로 다른 발명이다.

(다) 실시주장발명이 확인대상발명의 일부 구성을 누락한 경우

(ㄱ) 확인대상발명은 실시주장발명과 동일성 없음

□ 실시주장발명이 확인대상발명의 일부 구성을 누락한 경우에는 확인대상발명과 실시주장발명이 동일성이 있다고 볼 수 없다.[259]

▶ 실시주장발명이 확인대상발명의 구성을 그대로 구비하지 않고 일부를 누락한 경우에는 확인대상발명을 실시하는 것으로 보지 않는다.

(ㄴ) 작용효과에서 차이가 있는 경우에는 동일성 없음

□ 실시주장발명이 확인대상발명과 구성을 그대로 구비하고 있지 않아 작용효과에서 차이가 있는 경우에는 동일성이 있다고 볼 수 없다.[260]

(ㄷ) 확인대상발명과 사실적 관점에서 같다고 평가되는 경우

□ 확인대상발명의 구성 중 일부를 누락하여 실시한 경우에도 확인대상발명을 실시하였다고 인정하기 위해서는, 누락된 구성에도 불구하고 확인대상발명과 실시주장발명이 사실적 관점에서 같다고 평가될 수 있어야 한다.[261]

---

259) 특허법원 2007. 7. 13. 선고 2006허9012 판결, 2006. 4. 7. 선고 2005허2373 판결
260) 특허법원 2008. 3. 26. 선고 2006허6051 판결
261) 특허법원 2013. 7. 23. 선고 2013허655 판결

○ 특허법원 2008. 3. 26. 선고 2006허6051 판결

피청구인의 실시주장발명에 포함되어 있는 CS5460A 칩 내의 워치독타이머는 순간정전 및 복구를 감지하는 기능을 수행하고 있지 않는 것이므로, 확인대상발명의 '워치독타이머부'와 실시주장발명의 '워치독타이머'는 문언상 기재가 동일할 뿐, 실제 기능 및 효과에 있어서는 전혀 상이한 구성으로서, 양 구성이 동일하다 볼 수는 없다. 따라서 확인대상발명은 피청구인이 현실적으로 실시하고 있지 않은 발명을 대상으로 한 것이다.

○ 특허법원 2007. 7. 13. 선고 2006허9012 판결

피청구인이 실시하고 있는 제품에는 확인대상발명의 저수위센서와 이와 관련되는 제어부의 구성이 결여되어 있으므로 청구인이 특정한 확인대상발명과 피청구인이 실제 실시하고 있는 제품 사이에는 서로 동일성이 없어, 청구인의 심판청구는 확인의 이익이 없다.

○ 특허법원 2006. 4. 7. 선고 2005허2373 판결

확인대상발명은 '거래완료'를 클릭한 구매자에게 그 대가로 인센티브를 제공하는 단계를 포함하고 있음에 반하여, 실시주장발명은 위와 같이 인센티브를 제공하는 단계를 결여하고 있어 확인대상발명과 실시주장발명은 동일한 발명이라 할 수 없다.

(라) 확인대상발명의 일부 구성이 실시주장발명보다 상위개념인 경우

□ 적극적 권리범위확인심판에서의 보정의 특칙이 적용되기 전의 구법 하에서는, 피청구인이 실시하고 있는 발명을 있는 그대로 구체적으로 적기가 어려운 점을 감안하여, 권리자가 확인대상발명을 특정함에 있어 피청구인이 실시하고 있는 발명의 기술내용을 파악할 수 있을 정도로 적으면 충분하고 그 구성 중 일부를 그 구성을 포함하는 상위개념으로 적은 경우에는 적법하게 특정된 것으로 볼 수 있다고 본 실무례가 있었다.[262]

▶ 그러나 확인대상발명의 특정은 사실의 문제이고, 적극적 권리범위확인심판에서의 보정의 특칙이 적용되는 이상, 위와 같은 실무례는 더 이상 적용될 수 없다. 따라서 확인대상발명은 상위개념이 아니라 실시주장발명의 구성을 있는 그대로 적어야 한다.

(마) 동일한 실시제품을 청구인과 피청구인이 각각 다르게 특정한 경우

▶ 실무에서는, 피청구인의 실시제품이라고 제출된 사진이나 도면이 피청구인이 현실적으로 실시하고 있다는 데 대해서는 당사자 사이에 다툼이 없으나, 이를 특정하는 방법에 대해서는 청구인과 피청구인의 다툼이 있는 경우가 있다. 이 경우에는 피청구인이 현

262) 특허법원 2000. 10. 26. 선고 2000허273 판결

실적으로 실시하고 있는 제품에 대해 청구인이 특정한 내용을 중심으로 이들이 사실적 관점에서 동일한 것인지를 가려서 피청구인의 실시 여부를 결정한다. 이때 피청구인이 특정한 내용을 참고하는 것은 당연한 수순이다. 이에 따라 청구인의 특정내용과 피청구인의 실시제품이 사실적 관점에서 동일하면 확인대상발명의 실시가 인정되는 것으로 보고 본안에 나아가면 되고, 사실적 관점에서 동일하지 않으면 실시가 인정되지 않으므로 심결각하한다.

라) 확인대상발명의 제조방법과 다른 제조방법으로 제조된 물건

□ 적극적 권리범위확인심판에서, 청구인이 특정한 확인대상발명의 설명서에 확인대상발명의 구조뿐만 아니라 이를 제조하는 방법에 관한 구체적인 기재가 있다면, 피청구인이 위 설명서 및 도면에 의하여 특정한 방법대로 제조하는 물건이 확인대상발명으로 확정된다고 할 것이지, 그러한 방법과 다른 방법으로 제조된 물건은 비록 그 물성이 실질적으로 확인대상발명에 적힌 물건과 동일하다고 하더라도 심판대상으로 특정한 확인대상발명에 포함되지 않는다.[263)]

○ 특허법원 2016. 7. 7. 선고 2015허3412 판결

청구인은 피청구인이 소금을 1,200℃~1,300℃로 용융하여 액화시켜 소금블록을 생산하는 확인대상발명을 실시하고 있다고 주장하나, 피청구인이 생산한 소금블록이 청구인이 특허발명을 실시하여 생산한 소금블록처럼 단층이 없는 사실을 인정할 수 있으나, 그러한 형상의 소금블록 생산이 소금을 용융시키는 온도가 1,200℃ 이상인 경우에만 가능하다고 단정할 수 없고, 특허법원의 검증결과 및 감정인의 감정결과에 의하면, 피청구인이 자신의 공장에서 소금블록을 제조할 때 가열온도 또는 용융된 소금 온도가 1,100℃를 넘지 아니한 상황에서 1분에 2~3개의 소금블록이 제조된 사실이 인정되었으므로 청구인의 적극적 권리범위확인 심판청구는 피청구인이 실시하지 않은 발명을 대상으로 한 것으로서 확인의 이익이 없어 부적법하다.

마) 심판단계에서 확인대상발명의 실시에 대하여 다투지 않는 경우

(1) 확인대상발명을 실시하는 것으로 간주

□ 적극적 권리범위확인심판에서, 피청구인이 확인대상발명을 실시하고 있는지 여부에 관하여 아무런 다툼이 없는 경우에는 확인대상발명을 실시하는 것으로 간주한다.[264)]

▷ 적극적 권리범위확인심판에서 피청구인이 답변서를 통해 확인대상발명의 실시사실을 다투는 내용의 서류를 제출하지 않는 등 확인대상발명의 실시 여부에 대하여 명시적으

263) 특허법원 2019. 8. 30. 선고 2018허8906 판결

264) 대법원 1994. 3. 25. 선고 92후2182 판결, 특허법원 2020. 4. 3. 선고 2019허6211 판결

로 다투지 않을 경우에는, 일응 확인대상발명의 실시에 대하여 자백간주한 것으로 보고 실시 여부를 별도로 문제 삼을 필요는 없다. 따라서 당사자 간에 명백히 다투고 있지 않은 확인대상발명의 실시 여부에 대하여 심판부나 재판부에서 직권으로 증거조사를 하여 확인대상발명을 실시하지 않고 있다는 이유로 심판청구를 각하하는 것은 가급적 지양해야 한다.265)

(2) 실시주장발명에 관한 주장 변경

□ 적극적 권리범위확인심판에서, 피청구인의 실시주장발명에 관한 주장 변경은 방어방법의 변경에 불과하여 소송상 구속력이 있는 것이 아니다.266)

(3) 심판단계와 심결취소소송단계의 주장이 다른 경우

(가) 금반언 내지 신의칙에 위반되지 않음

(ㄱ) 심결취소소송단계에서 확인대상발명의 불실시 주장

□ 심판단계에서 소극적으로 하지 않았던 주장을 심결취소소송단계에서 하였다는 사정만으로 금반언 내지 신의칙에 위반된다고 볼 수 없으므로, 적극적 권리범위심판단계에서 확인대상발명을 실시하고 있지 않다는 주장을 하지 않았다고 하더라도 심결취소소송단계에서 확인대상발명을 실시하고 있지 않다는 주장을 할 수 있다.267)

(ㄴ) 심결취소소송단계에서 확인대상발명과 실시주장발명이 다르다고 주장

□ 적극적 권리범위확인심판에서, 피청구인이 심결취소소송단계에 이르러 비로소 확인대상발명이 실시주장발명과 다르게 특정되었다고 다툰다고 하여 그것이 금반언 내지 신의칙에 위반된다고 볼 수는 없다.268)

(나) 불실시를 주장하면서도 실시주장발명을 제출하지도 않는 경우

□ 심판단계에서는 확인대상발명을 실시하지 않는다는 주장을 전혀 하지 않다가 심결취소소송단계에 이르러 확인대상발명을 실시하지 않는다는 주장을 하면서도 실시주장발명을 제출하지도 않는 경우라면 확인대상발명을 실시하는 것으로 본다.269)

바) 증명책임과 그 전환

265) '원유석, 심결취소소송 사례 연구, 2008년도 변리사 민사소송실무연수, 135~136면, 대한변리사회'도 동일한 취지로 적고 있다.
266) 특허법원 2019. 8. 30. 선고 2018허8906 판결
267) 대법원 2009. 5. 28. 선고 2007후4410 판결
268) 특허법원 2013. 3. 14. 선고 2012허10068 판결, 2011. 9. 29. 선고 2011허4646 판결, 2011. 5. 12. 선고 2010허5611 판결, 2010. 12. 23. 선고 2010허4564 판결
269) 특허법원 2004. 7. 30. 선고 2003허6593 판결

(1) 특허권자의 증명책임

(가) 확인대상발명을 실시하고 있거나 실시한 적이 있다는 사실

□ 적극적 권리범위확인심판에서, 피청구인이 확인대상발명을 실시하고 있거나 과거에 실시한 적이 있다는 사실에 대한 증명책임은 확인대상발명을 특정한 청구인에게 있다.[270)]

(나) 피청구인 제출한 실시주장발명에 대해 청구인이 다투지 않는 경우

□ 적극적 권리범위확인심판에서, 피청구인이 실시주장발명을 스스로 특정하고 있고 이에 대하여 청구인이 다투지 않는 경우에는 청구인이 따로 피청구인이 확인대상발명을 실시하고 있는지에 관한 증거를 제출할 필요 없이 실시주장발명과 확인대상발명이 동일한 발명인지 여부를 살펴보면 된다.[271)]

(다) 확인대상발명과 실시주장발명 사이의 동일성

□ 적극적 권리범위확인심판에서, 확인대상발명과 피청구인의 실시주장발명 사이의 동일성은 심판청구를 한 청구인이 증명해야 한다.[272)]

(라) 실시주장발명이 실제 실시발명과 다른 경우

□ 적극적 권리범위확인심판에서, 비록 피청구인의 실시주장발명이 실제 실시발명과 다르다고 하더라도 실시발명을 특정하여 그것이 확인대상발명과 동일하다는 점에 대한 주장·증명책임은 청구인에게 있다.[273)]

(마) 실시주장발명의 실시가 불가능한 경우

□ 적극적 권리범위확인심판에서, 설령 실시주장발명의 실시가 불가능하다고 하더라도 그와 같은 사정만으로 피청구인이 확인대상발명을 실시하고 있다고 단정할 수는 없다.[274)]

---

270) 특허법원 2022. 5. 19. 선고 2021허4096 판결, 2021. 11. 19. 선고 2021허2960 판결, 2021. 8. 26. 선고 2020허5214 판결, 2021. 8. 20. 선고 2021허500013 판결, 2021. 5. 27. 선고 2020허5177 판결, 2020. 11. 20. 선고 2020허4396 판결, 2020. 1. 31. 선고 2019허5348 판결, 2019. 10. 25. 선고 2019허3175 판결, 2019. 1. 25. 선고 2018허1219 판결, 2017. 6. 15. 선고 2017허165 판결, 2017. 2. 24. 선고 2016허8162 판결, 2017. 1. 13. 선고 2016허3488 판결, 2016. 7. 15. 선고 2015허7490 판결, 2016. 7. 7. 선고 2015허3412 판결, 2016. 1. 22. 선고 2015허2633 판결

271) 특허법원 2011. 9. 1. 선고 2011허2572 판결

272) 특허법원 2012. 12. 6. 선고 2012허5981 판결, 2012. 12. 6. 선고 2012허5998 판결, 2012. 12. 6. 선고 2012허6007 판결, 2012. 12. 6. 선고 2012허6014 판결, 2012. 12. 6. 선고 2012허6021 판결, 2010. 12. 23. 선고 2010허4564 판결, 2010. 12. 3. 선고 2010허3868 판결, 2010. 6. 24. 선고 2009허8317 판결, 2009. 12. 11. 선고 2008허13602 판결, 2008. 1. 3. 선고 2007허2636 판결, 2007. 12. 13. 선고 2006허3014 판결, 2007. 11. 22. 선고 2007허1053 판결

273) 특허법원 2006. 6. 1. 선고 2005허2861 판결

274) 특허법원 2011. 12. 22. 선고 2011허7188 판결

◀ 적극적 권리범위확인심판에서 청구인이 확인대상발명에 대한 피청구인의 실시사실을 증명하지 못하는 경우에는, 실제로 피청구인이 확인대상발명을 실시하고 있었다고 하더라도 심판청구를 각하한다. 따라서 청구인은 피청구인이 확인대상발명을 실시하고 있음을 증명하기 위하여 최선의 노력을 다해야 한다.

(2) 증명책임의 전환 여부

(가) 당사자가 주장사실을 증명할 만한 증거를 제출하지 않은 경우

□ 증명책임이 있는 당사자가 그 주장사실을 증명할 만한 아무런 증거를 제출하지 않은 채, 상대방에게 반대증거의 제출을 요구하였으나 상대방이 이에 응하지 않았다고 하여 그 주장사실이 추정되거나 또는 증명의 필요가 상대방에게 돌아가게 되는 것은 아니다.[275)]

(나) 상대방이 제조방법의 검증을 거절한 경우

□ 제조방법을 둘러싼 침해소송에 있어서는 특허권의 침해 여부를 밝히기 위한 증거가 모두 그 상대방의 지배하에 있는데 상대방이 그 지배하에 있거나 그의 영역에 속하는 시설에 대한 검증을 거절한 결과 특허권자의 증명 부족으로 상대방이 패소를 면한다고 하는 것은 공평에 반하므로, 비록 검증목적물이 상대방의 기술 또는 직업의 비밀에 관한 사항이라 하더라도 특허권자가 당해 검증목적물이 발명의 기술범위에 속하여 특허권이 침해되었을 가능성에 관하여 이를 합리적으로 예측할 수 있는 정도의 소명을 한 경우에는 상대방으로서는 그 목적물의 제출의무를 받아들여야 할 것이고, 만약 특허권자의 소명이 이에 이르지 않은 경우에는 검증목적물의 제출을 거부할 정당한 사유가 있다고 보아야 한다.[276)]

(다) 영업비밀에 관한 사항에 해당하는 경우

□ 영업비밀에 관한 사항에 해당하는 경우에는 검증목적물 제출을 거부함에 관한 근거사유가 될 수는 있지만 그 사유가 있다는 사정만으로 바로 '정당한 사유'에 해당한다고 볼 수는 없고, 다른 사정과 함께 종합적으로 판단하여 정당한 사유 여부를 가려야 한다.[277)]

(라) 피청구인의 과거 확인대상발명 실시사실을 증명한 경우

---

275) 대법원 2003. 3. 31.자 2002마4109 결정, 서울고법 2015. 11. 12. 선고 2015누38506 판결, 2015. 8. 19. 선고 2014누73038 판결, 2014. 2. 21. 선고 2013누45784 판결, 2007. 5. 17. 선고 2006누23861 판결

276) 서울고법 1997. 1. 15. 선고 96라208 판결

277) 서울고법 1997. 1. 15. 선고 96라208 판결

▶ 적극적 권리범위확인심판에서 특허권자가 이해관계인이 과거에 확인대상발명을 실시했던 사실을 증명한 경우에는 장래에 이를 실시할 가능성이 없다는 사실은 이해관계인이 증명해야 한다.

▶ 적극적 권리범위확인심판에서 청구인은 피청구인의 실시발명에 대하여만 심판을 청구할 수 있으므로 청구인은 피청구인이 확인대상발명을 실제로 실시하고 있음을 증명해야 한다. 그러나 청구인은 확인대상발명에 대한 피청구인의 실시사실을 증명하기 위한 충분한 노력을 한 반면, 피청구인은 실시주장발명을 구체적으로 제시하지 않는 경우에는 증명책임 전환에 따라 청구인이 특정한 확인대상발명을 피청구인이 실시하는 것으로 보고 본안판단에 나아갈 수 있다.

2) 소극적 권리범위확인심판

가) 실시 여부와 무관

(1) 장래 실시예정인 것도 가능

□ 소극적 권리범위확인심판에서는 현재 실시하는 것만이 아니라 장래 실시예정인 것도 심판대상으로 삼을 수 있다.[278)]

(2) 실시할 의사가 있으면 충분

□ 소극적 권리범위확인심판에서는 청구인이 확인대상발명을 실제로 실시하였거나 실시하고 있을 필요가 없고 그에게 이를 실시할 의사가 있으면 충분하다.[279)]

(3) 실제 실시발명과 동일할 필요 없음

□ 소극적 권리범위확인심판에서는 확인대상발명은 반드시 청구인이 실제로 실시하고 있는 발명과 동일한 것일 필요는 없다.[280)]

◀ 소극적 권리범위확인심판은 특허권자가 아닌 이해관계인이 확인대상발명을 특정하기 때문에, 실시가능성이 있다면 확인대상발명을 실시발명과 동일하게 특정할 필요는 없다.

---

278) 대법원 2016. 9. 30. 선고 2014후2849 판결, 특허법원 2022. 10. 28. 선고 2022허1377 판결, 2022. 9. 29. 선고 2021허6283 판결, 2022. 9. 1. 선고 2021허3697 판결, 2022. 9. 1. 선고 2021허3703 판결, 2022. 9. 1. 선고 2021허3710 판결, 2022. 5. 26. 선고 2021허4140 판결, 2021. 11. 19. 선고 2021허2953 판결, 2020. 11. 6. 선고 2019허4154 판결, 2020. 7. 17. 선고 2019허6686 판결, 2020. 5. 29. 선고 2019허6020 판결, 2020. 3. 20. 선고 2019허3083 판결, 2020. 1. 16. 선고 2019허5911 판결, 2020. 1. 7. 선고 2019허4734 판결, 2019. 12. 27. 선고 2019허3519 판결
279) 특허법원 2009. 10. 23. 선고 2009허2142 판결
280) 대법원 2016. 9. 30. 선고 2014후2849 판결, 특허법원 2002. 9. 12. 선고 2002허581 판결

(4) 실시발명과 다른 구성도 실시가능성이 있으면 가능

□ 소극적 권리범위확인심판에서는 실시발명과 다른 구성을 확인대상발명으로 청구한 것이라고 하더라도 그것이 장래 실시할 가능성이 전혀 없는 것이라고 인정되지 않는 이상, 그 점만으로 청구가 부적법하다고 할 수는 없다.[281)]

(5) 실시발명보다 넓은 범위도 실시 불가능하지 않으면 가능

□ 소극적 권리범위확인심판에서는 확인대상발명을 실시발명보다 넓은 범위로 청구한 것이라고 하더라도, 확인대상발명의 실시가 불가능한 것이 아닌 한, 청구인이 특정한 확인대상발명으로 특정해야 한다.[282)]

▶ 소극적 권리범위확인심판에서는, 확인대상발명이 실시발명과 반드시 동일할 필요는 없으므로 확인대상발명이 실시발명과 차이가 있다고 하더라도 실시가능성이 있는 경우에는 심판청구가 적법하다.

(6) 실제 실시발명과 다른 경우에는 확인대상발명으로 특정

□ 소극적 권리범위확인심판에서는 확인대상발명이 실시발명과 다르다고 하더라도, 그 심판대상은 청구인이 특정한 확인대상발명이므로 실시발명이 아니라 확인대상발명의 설명서 및 도면을 기준으로 확인대상발명으로 특정해야 한다.[283)]

(7) 청구인이 특정한 확인대상발명을 기준으로 속부 판단

□ 청구인이 자신이 특정한 확인대상발명과는 다른 발명을 실시할 경우에는 이를 확인대상발명으로 특정하여 별개의 사건에서 소극적 권리범위확인심판을 청구해야 할 것이고, 이미 특정된 바에 따른 확인대상발명이 특허발명의 권리범위에 속하는지 여부만 판단하면 된다.[284)]

---

281) 특허법원 2012. 2. 9. 선고 2011허9207 판결, 2011. 12. 8. 선고 2011허6222 판결, 2011. 12. 8. 선고 2011허6277 판결, 2009. 10. 14. 선고 2008허13770 판결, 2009. 7. 15. 선고 2008허10283 판결, 2006. 11. 2. 선고 2006허6396 판결, 2002. 6. 21. 선고 2001허4302 판결, 2002. 6. 21. 선고 2001허4319 판결

282) 특허법원 2009. 7. 16. 선고 2008허6208 판결

283) 대법원 2023. 1. 12. 선고 2020후11813 판결, 2019. 9. 9. 선고 2019후10081 판결, 2010. 8. 19. 선고 2007후2735 판결, 2002. 10. 22. 선고 2001후1549 판결, 1998. 5. 26. 선고 97후1603 판결, 1992. 10. 9. 선고 92후438 판결, 1990. 2. 9. 선고 89후1431 판결, 1985. 10. 22. 선고 85후48,49 판결, 특허법원 2022. 10. 28. 선고 2022허1377 판결, 2022. 1. 14. 선고 2021허2793 판결, 2022. 1. 14. 선고 2021허4270 판결, 2022. 1. 14. 선고 2021허4270 판결

• 소극적 권리범위확인심판에서 설령 청구인이 실제로 실시하고 있는 발명이 확인대상발명과 다르다고 하더라도 심판대상은 확인대상발명이라 할 것이므로, 확인대상발명이 특정되지 않았다고 할 수도 없다(특허법원 2010. 12. 1. 선고 2010허4533 판결).

▶ 소극적 권리범위확인심판에서, 확인대상발명이 실시발명과 다르다는 이유로 당사자 사이에 다툼이 벌어지는 경우도 있으나 확인대상발명을 앞으로도 실시하지 않을 것이 명백하게 밝혀지지 않는 이상, 청구인이 특정한 확인대상발명을 심판대상으로 삼아 본안에 나아가 특허발명의 권리범위에 속하는지 여부를 판단한다.

(8) 심결의 효력이 확인대상발명과 다른 실시발명에는 미치지 않음

□ 소극적 권리범위확인심판이 확정되더라도 그 효력이 확인대상발명과 다른 내용의 실시발명에 미치는 것은 아니므로, 청구인이 확인대상발명과 다른 발명을 실시하는 것에 대하여 면죄부를 주는 것이라고 할 수는 없다.[285]

나) 청구인이 실시 또는 실시하고자 하는지가 문제

□ 소극적 권리범위확인심판에서는, 확인대상발명과 실시발명이 동일한 지의 여부가 문제가 되는 것이 아니고 청구인이 확인대상발명을 실시하는지 또는 실시하고자 하는지가 문제가 된다.[286]

다) 청구인이 최초에 특정한 발명에 한정

□ 소극적 권리범위확인심판에서 확인대상발명과 청구인의 실제 실시발명이 실질적으로는 크게 다를 바가 없다고 하더라도 심판대상은 청구인이 최초에 특정한 확인대상발명에 한정된다.[287]

라) 실제로 사용하는 기능이 아닌 다른 기능도 청구 가능

□ 소극적 권리범위확인심판에서 심판대상은 '청구인이 현재 사용하고 있는 기능이 특허권자의 특허범위에 포함되는지 여부'가 아니라, '청구인이 심판을 구하는 특정한 기능이 특허권자의 권리범위에 포함되는지 여부'이기 때문에, 청구인은 실제로 자신이 사용하는 기능이 아닌 다른 기능들도 얼마든지 심판대상으로 포함시켜 소극적 권리범위확인을 구할 수 있다.[288]

마) 확인의 이익이 부정되는 경우

(1) 확인대상발명이 모색적으로 적힌 경우

□ 소극적 권리범위확인심판을 구하는 청구인은 신의에 따라 성실하게 심판청구를 하여

---

284) 특허법원 2012. 9. 14. 선고 2012허2029 판결
285) 특허법원 2008. 10. 23. 선고 2008허1548 판결
286) 대법원 1988. 11. 8. 선고 86후36 판결
287) 대법원 2005. 10. 14. 선고 2004후1663 판결
288) 헌재 2008. 12. 26.자 2007헌마456 결정

야 하며, 자신이 현재 실시하고 있거나 장래 실시하려고 하는 발명을 사실과 다르게 적거나 모색적으로 적는 것은 상대방에게 확인의 이익이 없는 사건에 대해서까지 심판에 응하도록 하여 과도하고 불필요한 부담을 주는 것이고 권리범위확인심판제도를 남용하는 것이어서 허용될 수 없다.[289)]

(2) 청구인이 별도의 실시발명에 대한 판단을 구하는 경우

□ 소극적 권리범위확인심판에서, 청구인이 자신의 실시발명은 다른 구성을 가진 것이어서 확인대상발명보다 우수한 것이라고 주장하는 경우, 특허심판원은 청구인이 확인을 구하는 대상이 확인대상발명의 설명서 및 도면에 적힌 확인대상발명인지, 아니면 다른 구성을 가진 별도의 실시발명인지를 석명해야 하고, 만약 별도의 실시발명에 대한 판단을 구하는 것이라면 확인대상발명에 대한 확인의 이익이 부정된다.[290)]

(3) 청구인이 실시하거나 실시하려고 하지도 않는 경우

□ 소극적 권리범위확인심판에서, 청구인이 실시하거나 실시하려고 하지도 않는 발명을 확인대상발명으로 삼아 심판청구를 하는 것은 확인의 이익이 없다.[291)]

(4) 청구인이 실시한 사실도 없고 실시예정도 없는 경우

□ 청구인이 심판대상으로 삼은 확인대상발명이 자신이 실시하거나 실시예정인 발명과 다르다면, 설령 확인대상발명이 특허발명의 권리범위에 속하지 않는다는 심결이 확정되어도 그 효력은 확인대상발명에 대하여만 미칠 뿐 청구인이 실시하거나 실시예정인 발명에는 미치지 않으므로, 청구인이 실시한 사실도 없고 실시예정도 없는 발명을 확인대상발명으로 삼은 소극적 권리범위확인심판청구는 확인의 이익이 없다.[292)]

※ 특정된 것으로 본 사례

○ 대법원 1988. 11. 8. 선고 86후36 판결

---

289) 특허법원 2016. 1. 22. 선고 2015허3436 판결

290) 대법원 2001. 9. 28. 선고 99후2204 판결

291) 대법원 2005. 10. 14. 선고 2004후1663 판결, 특허법원 2020. 5. 29. 선고 2019허6020 판결, 2018. 4. 26. 선고 2017허3980 판결, 2017. 12. 21. 선고 2016허6142 판결, 2016. 1. 22. 선고 2015허3436 판결, 2014. 12. 5. 선고 2014허2474 판결, 2013. 10. 11. 선고 2013허4084 판결, 2007. 5. 11. 선고 2006허3144 판결, 2004. 4. 30. 선고 2003허3020 판결

292) 대법원 2005. 10. 14. 선고 2004후1663 판결, 특허법원 2020. 6. 12. 선고 2020허1519 판결, 2018. 4. 26. 선고 2017허3980 판결, 2017. 12. 21. 선고 2016허6142 판결, 2014. 5. 23. 선고 2013허7403 판결, 2013. 10. 11. 선고 2013허4084 판결, 2004. 4. 30. 선고 2003허3020 판결

청구인이 실시주장발명을 사용하는 이상, 그와 기술내용이 같은 확인대상발명을 사용하고자 하고 나아가 사용할 수도 있을 것임은 쉽게 추측할 수 있을 것이며, 특별한 사정이 없는 한 확인대상발명에 대한 소극적 권리범위확인심판청구 자체가 확인대상발명을 실시를 하겠다는 것을 전제로 하는 것으로 보아야 할 것이므로 이와 같은 경우에는 청구인은 소극적 권리범위확인심판을 청구할 수 있다.

○ 특허법원 2009. 7. 16. 선고 2008허6208 판결

확인대상발명이 청구인이 실제로 실시하고 있는 제조방법이 아니라 그보다 넓은 범위의 제조방법을 대상으로 하고 있다 하더라도, 이러한 확인대상발명의 실시가 불가능한 것이 아니고, 청구인이 실제 실시하고 있는 제조방법을 포함하고 있는 것인 이상, 소극적 권리범위확인심판에 있어 확인대상발명의 특정이 위법하다고 할 수는 없다.

※ 특정되지 않은 것으로 본 사례

○ 특허법원 2018. 8. 24. 선고 2018허1301 판결

청구인이 특정한 확인대상발명을 살펴보면, 그 확인대상발명은 가장자리가 아래 방향으로 라운딩지게 연장된 라운딩 처리부로 구성되어 가장자리가 곡면형태의 디스플레이에 부착되는 것으로서, 확인대상발명의 라운딩 처리부가 길이 방향과 폭 방향 모두에 형성되어 있다. 그런데 청구인의 실제 실시제품은 폭 방향에만 라운딩 처리부가 형성되어 있을 뿐 길이 방향에는 라운딩 처리부가 형성되어 있지 않은 사실이 인정되므로, 청구인의 실시제품은 확인대상발명의 길이 방향 라운딩 처리부에 해당하는 구성을 결여하고 있다. 나아가 청구인의 실시제품의 이러한 구성상의 차이(길이 방향 라운딩 처리부의 결여)는 확인대상발명의 구성요소 일부를 결여한 것일 뿐 아니라 이로 인하여 산업상 이용되는 영역도 다르므로, 청구인의 실시제품은 사실적 관점에서 확인대상발명과 같다고 볼 수 없다. 따라서 청구인이 심결절차를 통하여 확인을 받으려고 한 대상인 청구인이 실제 실시제품과 청구인이 특정한 확인대상발명이 사실적 관점에서 같지 않다면, 확인의 이익이 없다.

○ 특허법원 2014. 5. 23. 선고 2013허7403 판결

청구인은 확인대상발명을 실시할 것을 전제로 하여 소극적 권리범위확인심판을 청구한 것인데, 청구인은 변론기일에서 확인대상발명을 실시한 사실이 없고, 앞으로 실시할 의사도 없다고 진술하고 있으므로, 청구인은 확인대상발명을 실시하였거나 장래에 실시할 의사가 있다고는 볼 수 없고, 또한 특허권자로부터 권리의 대항을 받아 업무상 손해를 받고 있거나 손해를 받을 염려가 있다고 할 수는 없다.

○ 특허법원 1999. 3. 25. 선고 98허6162 판결

청구인은 확인대상발명을 실시한 바도 없을 뿐 아니라, 앞으로도 굳이 수율이 낮은 확인대상발명을 실시하지도 않으리라 예상된다. 이와 같이 청구인이 확인대상발명을 실시한 바도 없고 앞으로 실시하지도 않을 것이라면 청구인의 소극적 권리범위확인심판청구는 확인의 이익이 없다.

3) 침해소송

[§ 126의2](구체적 행위태양 제시 의무)

① 특허권 또는 전용실시권 침해소송에서 특허권자 또는 전용실시권자가 주장하는 침해행위의 구체적 행위태양을 부인하는 당사자는 자기의 구체적 행위태양을 제시해야 한다.

② 법원은 당사자가 제1항에도 불구하고 자기의 구체적 행위태양을 제시할 수 없는 정당한 이유가 있다고 주장하는 경우에는 그 주장의 당부를 판단하기 위하여 그 당사자에게 자료의 제출을 명할 수 있다. 다만, 그 자료의 소지자가 그 자료의 제출을 거절할 정당한 이유가 있으면 그러하지 않다.

③ 제2항에 따른 자료제출명령에 관하여는 제132조 제2항 및 제3항을 준용한다. 이 경우 제132조 제3항 중 '침해의 증명 또는 손해액 산정에 반드시 필요한 때'를 '구체적 행위태양을 제시할 수 없는 정당한 이유의 유무 판단에 필요한 때'로 한다.

④ 당사자가 정당한 이유 없이 자기의 구체적 행위태양을 제시하지 않는 경우에는 법원은 특허권자 또는 전용실시권자가 주장하는 침해행위의 구체적 행위태양을 진실한 것으로 인정할 수 있다.

가) 피고의 실제 실시제품 기준

□ 피고가 실제 실시하고 있는 제품은 비례식이고 원고가 청구취지에서 특정한 피고 실시제품은 개폐식으로 차이가 있는 경우, 본안에서 위와 같은 차이점을 고려하여 피고가 실제 실시하고 있는 제품을 기준으로 특허발명의 침해 여부를 판단하면 되고, 위와 같은 차이점이 있다는 사정만으로 원고가 청구취지를 구체적으로 특정하지 않았다고 볼 수는 없다.[293)]

▶ 침해소송에서는 권리범위확인심판에서와는 달리 소송경제를 고려하여 나타난 증거의 범위 내에서 청구취지를 변경하는 것이 허용된다.

나) 동일대상물에 관한 권리범위확인심판과 침해소송의 판단사례

□ ① 적극적 권리범위확인심판에서 확인대상발명이 특허발명의 권리범위에 속한다고 한 판결과,[294)]

293) 수원지법 2018. 8. 7. 선고 2014가합69019 판결
294) 특허법원 2008. 10. 24. 선고 2007허12510 판결

② 소극적 권리범위확인심판에서 확인대상발명이 특허발명의 권리범위에 속하지 않는다고 한 심결이 있는 상태에서,[295)]

③ 침해소송에서 검사는 적극적 권리범위확인심판에서 특정한 확인대상발명이 실시발명이라고 주장하였으나,

④ 침해소송 법원은 소극적 권리범위확인심판에서 특정한 확인대상발명이 실시발명과 구성이 일치한다고 보고, 소극적 권리범위확인심판에서 특정한 확인대상발명이 실시발명이라고 보고 판단한 사례가 있다.[296)]

나. 실시가능성이 없는 경우

1) 장래 실시가능성이 있는 경우

가) 청구인이 현재 실시하지 않는 경우

□ 소극적 권리범위확인심판에서는, 청구인이 현재 실시하고 있지 않는 확인대상발명이라 해도 장래 실시가능성만 있으면 이를 확인대상발명으로 삼을 수 있다.[297)]

나) 현실적 실시 불필요

□ 소극적 권리범위확인심판에서는 확인대상발명을 현실적으로 실시할 것을 요하지 않고 장래에 실시할 가능성만 있으면 확인의 이익이 인정된다.[298)]

다) 실시가능성이 없다고 할 수 없는 경우

□ 확인대상발명의 실시가 불가능하거나 전혀 실시할 가능성이 없지 않는 이상, 이해관계인은 장래 실시하고자 하는 확인대상발명이 특허발명의 권리범위에 속하는지 여부의 소극적 권리범위확인심판을 청구할 이익이 있다.[299)]

▶ 권리범위확인심판에서는 확인대상발명 자체가 현실적으로 실시 가능한 것이어야 하므로, 확인대상발명의 구성의 일부가 실시 불가능한 경우에는 확인의 이익이 없다.

---

295) 특허심판원 2009. 8. 27.자 2008당3827 심결

296) 춘천지법 2011. 2. 21. 선고 2010노272 판결

• 이는 특허권자는 상대방이 실시하는 기술을 특허발명과 대응되도록 특정하려는 경향 때문에 있는 그대로 특정하기가 쉽지 않고, 실시자가 실시하고 있는 기술은 실시자가 제대로 특정하기 쉽다는 반증이라 할 수 있다.

297) 대법원 1990. 2. 9. 선고89후1431 판결, 특허법원 2022. 1. 14. 선고 2021허2793 판결, 2020. 3. 27. 선고 2019허5072 판결, 2016. 12. 16. 선고 2015허6916 판결, 2016. 10. 13. 선고 2015허8691 판결, 2016. 10. 13. 선고 2015허8707 판결, 2007. 12. 6. 선고 2007허5420 판결

298) 특허법원 2013. 11. 7. 선고 2013허5889 판결

299) 특허법원 2008. 10. 23. 선고 2008허1548 판결

2) 확인의 이익이 없는 경우

가) 확인대상발명의 실시가 불가능한 경우

□ 확인대상발명의 실시가 불가능한 경우에는 특별한 사정이 없는 한 확인의 이익이 인정되지 않으므로 소극적 권리범위확인심판청구가 부적법하다.[300)]

나) 확인대상발명의 실시가능성이 없는 경우

□ 확인대상발명이 실시가능성이 없는 경우에는 확인의 이익이 없어 소극적 권리범위확인심판청구가 부적법하다.[301)]

다) 확인대상발명을 실시한 적도 없고 산업상 이용이 곤란한 경우

□ 확인대상발명을 실시한 적도 없고 산업상 이용하는 것이 거의 곤란할 정도로 많은 문제점이 있어서 앞으로도 실시하지 않을 것이 명백한 경우에는 확인의 이익이 없어 소극적 권리범위확인심판청구가 부적법하다.[302)]

라) 확인대상발명을 실시하지 않고 앞으로도 실시할 계획이 없는 경우

□ 확인대상발명을 실제로 실시하고 있지 않고 앞으로도 실시할 계획이 없는 경우에는 확인의 이익이 부정된다.[303)]

마) 확인대상발명을 실시한 적이 없고 실시할 계획도 없음을 자인하는 경우

□ 청구인이 확인대상발명을 실시한 적이 없고 앞으로도 실시할 계획이 없음을 스스로

---

300) 대법원 2000. 5. 26. 선고 98후2832 판결, 특허법원 2018. 6. 22. 선고 2017허7371 판결, 2018. 6. 1. 선고 2017허6514 판결, 2017. 11. 29. 선고 2017허1618 판결, 2012. 5. 30. 선고 2011허10801 판결, 2004. 3. 12. 선고 2003허1598 판결, 2000. 2. 3. 선고 99허420 판결

301) 대법원 2023. 1. 12. 선고 2020후11813 판결, 2019. 9. 9. 선고 2019후10081 판결, 2010. 8. 19. 선고 2007후2735 판결, 2002. 10. 22. 선고 2001후1549 판결, 1998. 5. 26. 선고 97후1603 판결, 1995. 9. 29. 선고 94후975 판결, 1992. 10. 9. 선고 92후438 판결, 1990. 2. 9. 선고 89후1431 판결, 1985. 10. 22. 선고 85후48,49 판결, 특허법원 2022. 10. 28. 선고 2022허1377 판결, 2022. 9. 29. 선고 2021허6283 판결, 2022. 9. 1. 선고 2021허3697 판결, 2022. 9. 1. 선고 2021허3703 판결, 2022. 9. 1. 선고 2021허3710 판결, 2022. 1. 14. 선고 2021허2793 판결

- 청구인이 실제 사용하고 있는 실시발명을 은폐하기 위하여 실시발명을 조작하여 확인대상발명으로 삼아 소극적 권리범위확인심판을 청구함으로써 확인대상발명의 실시가능성이 없는 경우에는 청구인이 이해관계가 없어 그 청구가 부적법하다(대법원 1990. 2. 9. 선고 89후1431 판결, 1985. 10. 22. 선고 85후48,49 판결).

302) 대법원 2005. 10. 14. 선고 2004후1663 판결, 특허법원 2018. 6. 1. 선고 2017허6514 판결, 2016. 1. 22. 선고 2015허3436 판결, 2013. 10. 11. 선고 2013허4084 판결, 2012. 5. 30. 선고 2011허10801 판결, 2007. 5. 11. 선고 2006허3144 판결, 2000. 2. 3. 선고 99허420 판결

303) 특허법원 2005. 8. 11. 선고 2004허6101 판결, 1999. 3. 25. 선고 98허6162 판결

자인하는 경우에도 확인의 이익이 부정되어 소극적 권리범위확인심판청구가 부적법하다.[304)]

3) 실시가능성 판단절차

가) 확인대상발명을 실시하고 있거나 장래에 실시할 것인지 심리 · 조사

★□ 소극적 권리범위확인심판에서 확인대상발명이 특허발명의 권리범위에 속하는지 여부를 판단하기 위해서는 청구인이 확인대상발명을 현재 실시하고 있거나 장래에 실시할 것인지를 먼저 심리 · 조사해야 한다.[305)]

나) 확인대상발명의 실시 또는 실시예정 여부를 심결시까지 석명

□ 소극적 권리범위확인심판의 청구인은 확인대상발명의 적법한 특정 여부, 심결절차의 안정성 및 효율성, 심결의 효력 범위를 명확히 하기 위하여 확인대상발명을 현재 실시하고 있는지 또는 장래 실시예정인지 여부를 적어도 심결시까지 명확히 밝혀야 한다.[306)]

다) 확인대상발명을 청구인의 의사대로 실제 실시하고 있는 제품으로 확정

□ 소극적 권리범위확인심판의 청구인이 심결시까지 자신이 현재 실시하고 있는 제품이 확인대상발명이라고 밝혔다면 특별한 사정이 없는 한 확인대상발명은 청구인의 의사대로 실제 실시하고 있는 제품으로 확정된 것으로 본다.[307)]

라) 확인대상발명의 기술적 구성이 실현 가능한 것인지 심리

★□ 소극적 권리범위확인심판에서는 확인대상발명의 기술적 구성과 작용효과를 자세히 심리하여 그 구성이 실현 가능한 것인지 여부를 살펴본 후에 특허발명과 대비해야 한다.[308)]

▷ 확인대상발명은 이해관계인이 현실적으로 실시 또는 실시한 적이 있거나 실시할 예정이라고 청구인에 의하여 주장된 발명이기 때문에, 실시가능성이 있어야 하고 그 자체로서 완성된 것이어야 한다. 확인대상발명에 적힌 기술구성이 실시 불가능한 것이라면 현재는 물론 앞으로도 실시가능성이 없는 것이므로 구태여 특허발명과 대비 판단할 필요가 없기 때문이다.[309)]

---

304) 대법원 2005. 10. 14. 선고 2004후1663 판결, 특허법원 2004. 4. 30. 선고 2003허3020 판결
305) 대법원 1997. 11. 14. 선고 96후2135 판결
306) 특허법원 2018. 8. 24. 선고 2018허1301 판결
307) 특허법원 2018. 8. 24. 선고 2018허1301 판결
308) 대법원 1995. 9. 29. 선고 94후975 판결
309) 권오희, 권리범위확인심판에서의 심판대상물에 관한 고찰, 특허법원 개원 10주년 기념논문집, 특허법원(2008. 2.), 434면

▶ 실무는, 소극적 권리범위확인심판에서 확인대상발명을 현재 실시하고 있는지, 아니면 장래에 실시예정인지에 대하여 청구인에게 석명한 후 이를 심결문에 적고 있다. 따라서 청구인이 특허권자로부터 권리의 대항을 받은 경우에는 청구인이 특정한 확인대상발명과 민·형사소송의 침해대상발명과 동일한 것인지에 대하여 심판청구서에 적도록 하고 있고, 이에 대하여는 심결문에도 적고 있다.

※ 실시가능성이 있다고 본 사례

○ 특허법원 2020. 7. 17. 선고 2019허6686 판결

청구인은 특허발명과 동종의 물품인 의약품의 제조 등을 업으로 하는 사실, 청구인은 2017. 4. 8. 임상시험 수행기관과 생물학적동등성시험에 관한 용역계약을 체결하고, '생물학적동등성시험계획 승인 신청서'를 식약처에 제출하여 폴라프레징크를 유효성분으로 하는 프레진정에 대한 생물학적동등성시험계획 승인을 받은 사실이 인정되는바, 청구인은 확인대상발명을 업으로 제조·판매할 것으로 추정되며, 달리 청구인이 장래에 확인대상발명을 실시할 가능성이 없다고 볼 만한 사정을 찾아볼 수 없다.

○ 특허법원 2019. 2. 15. 선고 2018허3819 판결

에베로리무스 원료물질에 포함되는 부틸히드록시톨루엔(BHT) 함량이 특허발명에 속하지 않는 범위에 해당하는 다양한 원료물질도 실제로 존재하고 있어 청구인이 확인대상발명에서 특정한 부틸히드록시톨루엔(BHT) 함량을 포함하는 에베로리무스를 취득하여 실시하는 것이 불가능하다고 보이지 않고, 청구인은 거래처로부터 '부틸히드록시톨루엔(BHT)가 에베로리무스의 중량을 기준으로 2.5 중량%의 함량이 포함된 에베로리무스 완제품 물질'을 수입하려고 하는 것으로 보이며, 청구인이 확인대상발명과 동일한 기술 분야의 의약품을 연구개발하고 있는 등 그 업무의 성질상 장래에 확인대상발명을 업으로 제조·판매할 것으로 추측된다. 따라서 확인대상발명이 장래 실시가 불가능한 발명이라고 볼 수 없다.

○ 특허법원 2018. 11. 15. 선고 2018허2687 판결

'말단'이란 '맨 끄트머리'를 뜻하는 말이므로 '봉합사의 비(非) 말단'은 봉합사의 가장 끝부분을 제외한 나머지 부분을 가리키는바, 확인대상발명에서 봉합사 지지체가 봉합사의 비(非)말단에 결합되는 구성은 봉합사 지지체가 봉합사의 가장 끝부분이 아닌 다른 어떤 부분에서든지 결합되는 것을 전부 포함한다. 그런데, 선행발명 1의 [도 7]에는 실 지지부재가 봉합사의 말단이 아닌 부분에 결합되어 있는 구성이 개시되어 있고, 선행발명 2의 [도 20]에는 조직-결속 요소가 봉합사의 말단이 아닌 어느 한 부분에 결합되어 있는 구성이 개시되어 있는 사실을 인정할 수 있으므로, 이에 비추어 봉합사 지지체가 봉합사의 비(非)말단에 결합되어 있는 구성이 실시할 가능성이 없는 것이라고 볼 수

없다. 또한 특허발명의 명세서 [도면 9]에도 봉합사 지지체가 봉합사의 말단이 아닌 부분에 결합되어 있는 구성이 개시되어 있고, 이에 관하여 명세서에는 '이러한 봉합사는 … 콘의 존재로 인하여 봉합완료 후 바늘을 제거하여도 봉합사가 빠질 염려가 없다.'라고 적혀 있는바, 이에 비추어 보면 봉합사의 말단 부분에 봉합사 지지체가 결합되지 않을 경우, 봉합사 말단이 피부나 조직으로 딸려가지 않도록 하는 기능을 할 수 없다고 단정할 수 없다. 따라서 확인대상발명이 내용상 모순되거나 실시불가능하다고 볼 수 없다.

○ 특허법원 2007. 7. 5. 선고 2006허7597 판결

확인대상발명은 '냉동'단계에서, 냉장 및 냉동 온도를 구체적으로 설명하지 않았고, 왜 냉장에서 1~2시간 경과되어야 하는지에 대한 구체적인 설명이 없다. 그런데, 발명의 상세한 설명에 의하면, "상기와 같이 1~2시간 정도의 냉장시간을 갖는 이유는 외부에서 따뜻한 햇볕에 건조되어 온도가 상승된 조기를 갑자기 급냉시키면 온도차가 급변하여 상하거나 변형이 일어날 수 있으므로, 충분히 식혀 온도차를 최소화하여 급냉시킨다."라고 적혀 있는바, 통상의 기술자라면 건조된 조기의 상태와 건조온도를 고려하여 온도차가 급변하지 않도록 냉장 온도와 그 시간을 적절하게 정하고, 조기를 급냉시킬 수 있도록 냉동 온도를 쉽게 정할 수 있다고 할 것이다. 따라서 확인대상발명은 실시가 불가능한 발명에 해당된다고 할 수 없다.

○ 특허법원 2006. 9. 22. 선고 2006허794 판결

확인대상발명이 의도하는 은의 유용한 성분으로 인한 효과는, 은합성수지직조시트와 인체와의 직접적인 접촉에 의해서 뿐만 아니라 간접적인 접촉에 의해서도 어느 정도 달성할 수 있을 것으로 보이는데, 확인대상발명이 합성수지시트의 종류를 특별히 한정하고 있지 않는 이상, 합성수지시트가 은합성수지직조시트로부터 방출되는 은과 인체와의 간접적인 접촉조차도 완전하게 차단한다고 볼 수 없으므로, 확인대상발명의 은합성수지직조시트가 직접적인 접촉에 의한 효과보다 다소 떨어진다 하더라도 이를 실시불가능한 발명이라고는 볼 수 없다.

※ 실시가능성이 없다고 본 사례

○ 대법원 2010. 8. 19. 선고 2007후2735 판결

확인대상발명의 설명서에 의하면 '충격흡수부는 그 재질이 실리콘 스펀지이고 외부로부터의 진동 및 충동을 받더라도 이를 흡수할 수 있고 열전도성과 전기전도성을 갖지 않는 구성'임을 알 수 있다. 따라서 이 경우 설령 확인대상발명의 '충격흡수부'가 열전도성과 전기전도성을 가지고 있어야 하고 그렇지 않은 구성으로는 실시될 가능성이 없어서 심판청구가 부적법하다.

○ 대법원 2002. 1. 11. 선고 99후291 판결

확인대상발명의 도면 제3도에 의하면, 회전원반이 편심된 상태에서 지지축과 직각으로 연결되고 그

직각방향에서 수평상으로 회전되는 것처럼 회전원반과 회전구의 관계가 도시되어 있는바, 그 도면 대로 실시를 하게 되면, 피시술자의 모발 전체를 골고루 가열하는 것은 불가능하게 되어 실시가능성이 없다.

○ 대법원 1995. 9. 29. 선고 94후975 판결

확인대상발명에서는 현장상황을 방청할 수 있는 기능이 있기는 하나, 시청할 수 있는 기능이나 나아가 전화수신자가 원격제어회로를 통하여 현장을 제어한다는 것이 확인대상발명에 의하여 기술적으로 실현가능하다고 볼 사정도 엿보이지 않으므로, 확인대상발명은 특정되지 않은 것이다.

○ 특허법원 2013. 10. 11. 선고 2013허4084 판결

확인대상발명과 같이 플라스틱 주사약 용기의 주입구들의 상단이 개방되어 노출된 상태로 제조·판매될 경우, 운반이나 보관 중에 노출된 주입구 안으로 이물질이 들어가게 되어 오염될 가능성이 높다고 할 것이고, 엄격한 위생관리가 요구되는 주사약 제품의 특성상 청구인과 같은 주사약 용기를 제조·판매하는 업체로서는 주입구들의 상단이 개방되어 노출된 상태로 주사약 용기를 제조·판매하지는 않을 것으로 보이므로, 장래에 확인대상발명과 같은 형태로 실시할 가능성이 있다고 볼 수 없다.

○ 특허법원 2004. 3. 12. 선고 2003허1598 판결

청구인의 확인대상발명은 소정의 판지의 양면에 점착제가 도포되고 상기 판지의 표면에 사진보호용 필름이 점착되도록 하는 통상의 앨범대지에 있어서, 위 점착제는 '천연고무라텍스와 합성고무라텍스의 혼합물'이거나 또는 '이들의 혼합물과 에멀젼 형태의 아크릴계 점착부여제와의 혼합물'에 가소제, 중점제, 안정제, 염료 및 안료 등을 부가하는 구성인데, 그중 하나인 '천연고무라텍스와 합성고무라텍스의 혼합물'만으로는 점착제가 될 수 없으므로 이를 점착제로 삼아 앨범대지를 제조할 수 없음은 분명하다.

다. 확인대상발명이 여러 개인 경우

1) 적극적 권리범위확인심판

가) 원칙적 허용

□ 여러 개의 청구항을 가진 특허발명에서 여러 개의 확인대상발명에 대한 권리범위확인심판을 병합하여 청구하는 것도 가능하고, 현실적으로도 여러 개의 청구항을 가진 특허발명에 대하여 각 청구항에 대응하는 여러 개의 확인대상발명을 특정하여 청구할 필요도 있다.[310)]

310) 특허법원 2012. 1. 12. 선고 2011허7393 판결

나) 확인대상발명이 1개일 필요 없음

□ 특허심판원의 심판편람에는 확인대상발명이 1개여야 한다고 규정하고 있으나,[311] 특허심판원의 심판편람은 그 규정의 성질과 내용상 행정기관 내부의 사무처리준칙을 정한 것에 불과하여 대내적으로 행정기관을 기속함은 별론으로 하고 대외적으로 법원이나 일반 국민을 기속하는 효력은 없다.[312]

다) 단순 병합된 모든 청구 판단

▷ 확인대상발명이 여러 개인 경우, 단순 병합된 확인대상발명들에 대한 각각의 심판청구들에 대하여 모두 판단을 하여야 하고, 선택적·예비적 병합의 형태로 청구하는 것은 부적법하다.[313]

라) 여러 개의 확인대상발명이 동일 구조의 작동원리로 적힌 경우

□ 적극적 권리범위확인심판에서, 여러 개의 확인대상발명이 동일 구조의 작동원리에 속한다는 것을 전제로 청구하는 경우에는 동일한 특허발명의 권리범위에 속하는지 여부의 판단을 구하는 1건의 청구이므로 권리범위확인심판이 허용된다.[314]

마) 여러 개의 확인대상발명이 서로 다른 구조의 작동원리로 적힌 경우

□ 적극적 권리범위확인심판에서, 여러 개의 확인대상발명이 서로 다른 구조의 작동원리로 설명되어 있거나 도시되어 있는 경우에는 확인대상발명이 1개로 적힌 것이 아닌 부적법한 심판청구로서 그 흠결을 보정할 수 없는 경우에 해당한다.[315]

▶ 확인대상발명은 원칙적으로 1개의 구체적인 실시태양을 적는 것이지만, 종속항 형식의 기재와 같이 독립항의 판단이 종속항에 그대로 미치게 되는 경우에는 반드시 1개의 실시태양만이 적혀야 한다고 할 수는 없으나, 이 경우에도 확인대상발명에 포함된 실시형태에 따라 확인대상발명이 특허발명의 권리범위에 속할 수도 있고 속하지 않을 수도 있는 경우에는 확인대상발명은 특허발명과 대비하여 그 권리범위에 속하는지 여부를 판단할 수 있을 만큼 특정되지 않은 것으로 보아야 한다.

◀ 확인대상발명은 1개로 특정하는 것이 원칙이나, 실무와 판례는 여러 개의 확인대상발

311) 심판편람 13판, 특허심판원(2021), 526면
(같은 취지) 특허법원 2013. 7. 26. 선고 2013허1153 판결, 2010. 11. 3. 선고 2010허111 판결
312) 특허법원 2013. 11. 7. 선고 2013허4954 판결
313) 오충진, 권리범위확인심판에서 확인대상발명의 특정, 특허소송연구 제4집(2008), 66면
314) 대법원 1974. 1. 29. 선고 73후26 판결, 1971. 6. 22. 선고 69후18 판결
315) 특허법원 2013. 7. 26. 선고 2013허1153 판결, 2010. 11. 3. 선고 2010허111 판결

명이라도 전체로서 특허발명의 속부가 가려지는 경우에는 특정된 것으로 본다. 따라서 여러 개의 확인대상발명을 선택적으로 적으면서 그중 일부만이 특허발명의 권리범위에 속한다는 취지인 경우에는 심판대상이 불명확한 것이므로 확인대상발명이 제대로 특정되지 못한 것이다.

○ 특허법원 2013. 7. 26. 선고 2013허1153 판결

확인대상발명에는 문언상으로 자석의 상부면에 부착한 GUR 테이프의 상부면과 더스트커버의 저면이 '접하는 상태'의 구성과 자석의 상부면과 더스트커버가 '일정한 간격이 유지된 상태'의 구성을 모두 포함하고 있어, '자석 상부면과 더스트커버의 구성'과 관련하여 '일정한 간격 상태를 유지하는' 구성인지, 자석의 상부면에 부착된 GUR 테이프의 상부면과 더스트커버의 구성이 '접하도록 하는' 구성인지 여부가 문언상 명확하지 않고, 또한 형식상으로는 심판대상물이 1개인 것처럼 적혀 있으나 특허발명의 '자석 상부면과 더스트커버의 구성'에 대응하는 구성에 대하여 서로 다른 2개의 구조가 포함되어 있으므로, 이로 인하여 확인대상발명의 필수적 구성요소 중 어떠한 구성요소를 특허발명의 자석의 상부면 및 더스트커버의 구성과 대비해야 할 것인지가 특정되었다고 볼 수 없다.

바) 확인대상발명이 선택적으로 적힌 경우

(1) 여러 개의 확인대상발명이 선택적으로 적힌 경우

(가) 모두가 권리범위에 속한다는 취지

★□ 여러 개의 확인대상발명 모두가 특허발명의 권리범위에 속한다는 취지라면 확인대상발명의 특정이 불비하다고 할 수는 없다. 따라서 청구인은 각각의 구성에 대하여 모두 심판의 이익이 인정되고 특허발명과 대비될 수 있도록 확인대상발명을 적어야 한다.[316)]

(나) 선택된 일부만이 권리범위에 속한다는 취지

□ 여러 개의 확인대상발명 모두가 특허발명의 권리범위에 속한다는 취지가 아니라 그 중 선택된 일부만이 특허발명의 권리범위에 속한다는 취지라면 확인대상발명의 특정은 불비한 것이다.[317)]

(다) 예비적·선택적 병합 청구인지 단순병합 청구인지 석명 후 판단

★□ 확인대상발명이 여러 개의 발명을 포함하여 작성된 경우, 특허심판원은 여러 개의 확인대상발명이 예비적·선택적 병합의 형태로 청구된 것인지, 아니면 단순 병합된 형태로 청구된 것인지에 대하여 석명을 하게 하거나 보정을 요구하는 방법으로 명확

316) 특허법원 2007. 4. 12. 선고 2006허2486 판결

317) 특허법원 2010. 11. 3. 선고 2010허111 판결, 2006. 10. 20. 선고 2006허1438 판결

하게 한 후 판단해야 한다.[318] 이 경우, 여러 개의 확인대상발명이 예비적·선택적 병합의 형태로 청구된 것은 심판의 대상 자체가 불분명하여 부적법하다.[319]

(2) 확인대상발명의 구성요소가 선택적으로 적힌 경우

(가) 구성요소의 선택에 따라 속부가 달라지는 경우

□ 선택적 구성요소 중 어느 것을 선택하는지에 따라 특허발명에 속할 수도 있고 속하지 않을 수도 있는 경우에는 확인대상발명이 제대로 특정된 것으로 볼 수 없다.[320]

(나) 구성요소를 선택적으로 적더라도 속부가 가려지는 경우

□ 구성요소를 선택적으로 적더라도 확인대상발명이 특허발명과 구성을 대비할 수 있어 권리범위에 속하는지 여부를 가릴 수 있을 정도라면 확인대상발명이 제대로 특정된 것으로 본다.[321]

▷ 하나의 확인대상발명의 하위개념에 속하는 여러 개의 실시예가 적힐 수 있는데, 이들 실시예 모두가 특허발명과 대비하여 속부가 달라지지 않아야 한다.[322] 이처럼 확인대상발명의 실시형태가 여러 개라고 하더라도, 각 실시형태에 상관없이 동일한 결과가 도출된다면 1개의 범주의 실시형태로서 1개의 확인대상발명으로 파악하여 판단하면 되지만, 각 실시형태별로 다른 결과가 도출된다면 1개의 범주의 실시형태가 아니므로 여러 개의 확인대상발명으로 파악하여 보정 또는 석명을 명하고 흠결이 치유되지 않을 경우에는 사안별로 전체로서 각하해야 한다.[323]

○ 특허법원 2012. 1. 12. 선고 2011허7393 판결

청구인의 심판청구취지는 비록 최종적으로는 특허발명 중 3개의 청구항과 관련하여 권리범위확인

---

318) 특허법원 2012. 11. 29. 선고 2012허3473 판결, 2012. 1. 12. 선고 2011허7393 판결

319) 특허법원 2006. 10. 20. 선고 2006허1438 판결

320) 특허법원 2007. 4. 12. 선고 2006허2486 판결, 2006. 10. 20. 선고 2006허1438 판결

321) 특허법원 2007. 4. 12. 선고 2006허2486 판결

- 특허발명에서 청구항 중 일부 구성요소가 'A 또는 B로 이루어진 표시수단'과 같이 선택적으로 적혀 있다면, 이것은 그중 하나만을 권리범위에 포함하고 나머지 하나는 포함하지 않는 것이 아니라, A로 이루어진 표시수단뿐만 아니라 B로 이루어진 표시수단도 모두 권리범위에 포함하되 실시예에서 선택적으로 구현될 수 있다는 의미로 해석되므로, 확인대상발명에도 마쿠시 형식의 청구범위 해석의 원리를 적용하면 확인대상발명 중 'A 또는 B로 이루어진 표시수단'이라는 구성은 'A와 B 중 어느 하나만 포함하고 나머지 하나는 포함하지 않는다.'는 의미가 아니라, 'A와 B 모두 권리범위에 포함하되 다만 이를 구체적으로 실시함에 있어서는 그중 하나만을 선택할 수 있다.'는 의미로 해석된다(특허법원 2007. 4. 12. 선고 2006허2486 판결).

322) 심판편람 13판, 특허심판원(2021), 526면

323) 박길채, 확인대상발명의 특정, 2020 TOP10 특허판례 세미나(2021. 4), 한국특허법학회, 221면

을 구하는 것으로 확정되었다고 할 것이지만, 청구인은 여러 차례에 걸쳐 청구취지와 확인대상발명에 대한 보정을 하면서 특허발명의 여러 청구항에 관하여 권리범위확인을 구한다고 주장하고 있었고, 청구인이 청구한 적극적 권리범위확인심판절차 내에서 피청구인이 확인대상발명을 실시하지 않고 있다고 다투고 있는 상황이었으므로, 특허심판원으로서는 청구인이 심판을 구하고 있는 청구항을 확정한 다음, 청구인의 각 보정에 의한 확인대상발명이 복수로 파악되는 경우, 그 복수의 확인대상발명이 예비적·선택적 병합의 형태로 청구된 것인지 또는 단순병합 형태로 청구된 것인지를 보정을 명하거나 석명을 하게 하는 등의 방법으로 명확하게 하고, 이어 그 복수의 확인대상발명이 단순 병합된 형태로 청구된 것으로 확인되는 경우, 심판청구서와 그에 대한 각 보정에 의하여 위 각 청구항들에 대응하는 확인대상발명이 특정되는지에 관하여 나아가 판단하였어야 한다.

○ 특허법원 2006. 10. 20. 선고 2006허1438 판결

특허발명의 핵심적인 기술적 사상은 안정기 외함의 케이스를 둘레에 방열용 돌출핀이 형성되도록 알루미늄재로 압출성형하여 단일체로 구성하고, 상·하부 커버를 합성수지재로 성형 제작하여 조립할 수 있게 구성하는 것인데, 확인대상발명은 외함구조에 있어서, 방열용 돌출부가 있는 경우와 돌출부가 없어도 되는 경우가 선택적으로 적혀 있고, 또한 외함의 재질도 철 또는 알루미늄으로 선택적으로 적혀 있으며, 상·하부 커버도 철 또는 합성수지계열의 재질로 선택적으로 적혀 있어, 확인대상발명의 필수적 구성요소가 특허발명의 구성요소와 대비할 수 있을 만큼 특정되었다고 볼 수 없다.

사) 확인대상발명의 선택적 구성이 모색적으로 적힌 경우

□ 적극적 권리범위확인심판에서 확인대상발명을 모색적 내지 탐색적으로 선택적인 구성으로 적어 특정하는 행위를 허용하게 된다면, 이는 사실상 피청구인에게 심판대상을 특정할 책임을 전가하는 결과에 이르게 될 뿐 아니라 피청구인으로서는 선택적으로 적힌 확인대상발명의 모든 구성요소를 실시하지 않는다고 일일이 대응해야만 비로소 확인대상발명의 불실시 요건을 충족하는 결과가 되는데, 이는 피청구인의 방어권 행사에 현저한 지장을 초래하게 되어 매우 불합리하므로 형평의 관념상으로도 허용될 수 없다.[324)]

2) 소극적 권리범위확인심판

가) 원칙적 허용

□ 확인대상발명을 여러 개로 하여 권리범위확인심판을 청구하는 것은 결국 여러 개의 청구를 병합하는 것인데, 특별한 사정이 없는 한 확인대상발명이 여러 개라는 것만으로 권리범위확인심판청구가 위법하다고 볼 수는 없다.[325)]

---

324) 특허법원 2010. 11. 3. 선고 2010허111 판결

나) 여러 실시형태가 동일한 결론을 낼 수 있으면 허용

□ 확인대상발명에 여러 가지의 실시형태가 적혀 있는 경우에는 각각의 실시형태가 모두 특허발명과 대비하여 그 권리범위에 속하는지 여부에 있어서 동일한 결론을 낼 수 있다면 확인대상발명을 반드시 1개의 실시형태로 한정해야 하는 것은 아니다.[326]

다) 확인대상발명 설명서에 '……를 포함하는'이라고 표현되어 있는 경우

□ 확인대상발명 설명서에 '……를 포함하는'이라고 표현되어 있어 문언 그대로 확인대상발명 설명서에 적힌 성분 이외에 다른 성분을 추가로 함유할 수도 있으므로, 확인대상발명에 추가될 수 있는 나머지 성분 및 그 조성비가 어떻게 되느냐에 따라 확인대상발명은 특허발명의 권리범위에 속할 수도 있고 속하지 않을 수도 있는 것인 이상, 확인대상발명 설명서에 적힌 확인대상발명의 구성성분 및 조성비만 가지고는 특허발명과 대비하여 그 구성에 차이가 있는지 여부를 판단할 수 없는 것이어서 특정되지 않은 것이다.[327]

라) 특허발명과 확인대상발명이 모두 여러 개인 경우

(1) 확인대상발명과 특허발명의 대비 관계가 불분명한 경우

□ 후출원 특허발명을 확인대상으로 하는 경우에는 후출원 특허발명의 명세서에 적혀 있는 청구범위에 의하여 특정된 것으로 보아야 하므로,[328] 특허발명의 청구항과 확인대상발명이 모두 여러 개이어서 확인대상발명과 대비하고자 하는 특허발명의 청구항의 관계가 불분명한 경우에는, 확인대상발명은 제대로 특정된 것으로 볼 수 없다.[329]

▶ 후출원 특허발명 자체를 확인대상발명으로 한 경우에는 후출원 특허발명의 청구항과 특허발명의 청구항이 모두 여러 개가 되는데, 마치 청구항의 인용형식에서 다중종속항을 복수로 인용하는 경우와 같이 그 관계가 복잡하고 불분명해지기 때문에 허용되지 않는다. 따라서 후출원 특허발명 자체를 확인대상발명으로 할 것이 아니라 확인대상발

---

325) 특허법원 2022. 1. 11. 선고 2020허7395 판결, 2020. 7. 17. 선고 2020허2208 판결, 2020. 3. 13. 선고 2019허5478 판결, 2013. 11. 7. 선고 2013허4954 판결, 2007. 4. 12. 선고 2006허2486 판결

326) 대법원 1974. 1. 29. 선고 73후26 판결

327) 특허법원 1999. 9. 2. 선고 99허802 판결

328) 특허법원 1998. 11. 6. 선고 98허2726 판결, 1998. 11. 6. 선고 98허2733 판결

329) 특허법원 2007. 11. 23. 선고 2007허4816 판결

• 따라서 특허심판원은 요지변경이 되지 않는 범위 내에서 심판청구서의 청구취지와 청구이유 또는 확인대상발명의 설명서 및 도면에 대한 보정을 명하는 등의 조치를 취해야 하며, 그럼에도 불구하고 그 특정이 미흡하다면 그 부분에 대한 심판청구를 각하해야 한다(특허법원 2007. 11. 23. 선고 2007허4816 판결).

명의 설명서 형식으로 별도로 적는 것이 바람직하다.

(2) 확인대상발명을 특허발명과 대비될 수 있는 부분으로 나누어 대비

□ 특허발명이 여러 개의 청구항으로 적혀 있고, 확인대상발명도 물건에 관한 기재와 제조방법에 관한 기재를 모두 포함하고 있는 경우, 확인대상발명을 물건에 관한 기재와 제조방법에 관한 기재로 나누어 각각 특허발명의 청구항과 대비하는 것이 일반적이다.330)

○ 특허법원 2007. 11. 23. 선고 2007허4816 판결

확인대상발명은 물건발명인 제1항과 방법발명인 제2항이라는 2개의 발명으로 특정되어 있음이 분명하고, 심판청구서의 청구이유에 의하면, 확인대상발명 제1항은 제1항, 제4항 발명의 권리범위에 속하지 않고, 확인대상발명 제2항은 제5항 발명의 권리범위에 속하지 않는다는 확인만을 구한다는 내용으로 적혀 있는 반면에, 심판청구서의 청구취지에는 확인대상발명이 제1항, 제4항, 제5항 발명의 권리범위에 속하지 않는 것으로 적혀 있다. 따라서 이와 같은 심판청구서 전체의 기재에 비추어 볼 때, 확인대상발명 제1항이 제5항 발명의 권리범위에 속하지 않고, 확인대상발명 제2항이 제1항, 제4항 발명의 권리범위에 속하지 않는다는 부분까지 심판을 구하는 취지인지가 분명하지 않다. 그러나 심결에서는 확인대상발명 제1항, 제2항 전부가 제1항, 제4항, 제5항의 권리범위에 속하지 않는다는 취지의 심결을 하였다. 그러므로 심결 중 확인대상발명 제1항이 제5항 발명의 권리범위에 속하지 않는다는 부분 및 확인대상발명 제2항이 제1항, 제4항 발명의 권리범위에 속하지 않는다는 부분은 당사자가 심판청구의 대상으로 한 것인지 불분명한 부분으로서 이에 대한 판단은 위법하다.

마) 확인대상발명이 선택적으로 적힌 경우

(1) 확인대상발명 모두가 불속의 취지인 경우

★□ 여러 개의 확인대상발명 모두가 특허발명의 권리범위에 속하지 않는다는 취지인 경우에는 확인대상발명의 특정이 불비하다고 할 수 없다.331)

▶ 확인대상발명의 여러 가지 실시형태가 모두 특허발명의 권리범위에 속하는지 여부에 대하여 동일한 결론을 낼 수 있는 경우에는 확인대상발명은 특허발명과 대비할 수 있을 정도로 특정된 것이다.

330) 특허법원 2002. 4. 19. 선고 98허5695 판결
• 특허법원 2002. 4. 19. 선고 98허5695 판결은 특허발명이 여러 개의 청구항으로 적혀 있고, 확인대상발명이 물건에 관한 기재와 제조방법에 관한 기재를 모두 포함하고 있어 확인대상발명을 물건발명과 제조방법발명으로 나누어 특허발명과 대비한 결과, 확인대상발명은 특허발명과 대비할 수 있을 정도로 구체적으로 특정되지 않았다고 판단하였다.

331) 특허법원 2013. 11. 7. 선고 2013허4954 판결

(2) 확인대상발명 모두가 불속의 취지가 아닌 경우

▶ 여러 개의 확인대상발명 모두가 특허발명의 권리범위에 속하지 않는다는 취지가 아닌 경우에는 확인대상발명의 특정은 불비한 것이다.

▶ 확인대상발명에 포함된 일부 실시형태는 특허발명의 권리범위에 속하고 나머지 실시형태는 특허발명의 권리범위에 속하지 않는다면 확인대상발명은 적법하게 특정되지 못한 것이다.

○ 특허법원 2013. 11. 7. 선고 2013허4954 판결

확인대상발명의 설명서에는 상현보강재에 사용되는 강재가 ‘I형 또는 ㅛ형 단면’이라고 선택적으로 적혀 있으므로, 확인대상발명은 두 개라 할 것이다. 확인대상발명의 설명서에, 상현보강재에 사용되는 강재로는 상현보강재의 내부에 콘크리트를 충전할 수 있는 I형 또는 ㅛ형 강재가 바람직하다고 적혀 있는 점, 이 사건 심판청구는 소극적 권리범위확인 청구인 점, 확인대상발명의 설명서에는 I형 및 ㅛ형 상현보강재를 사용하는 예가 모두 도시되어 있고, 피고가 제1차 변론기일에 상현보강재에 사용되는 강재가 I형 단면이거나 ㅛ형 단면인 경우, 모두를 실시할 예정이라고 진술한 점 등을 종합하여 보면, 확인대상발명의 설명서에 상현보강재에 사용되는 강재를 선택적 형식으로 적은 부분이 있다고 하더라도 이는 I형 단면의 강재와 ㅛ형 단면의 강재 중 하나만을 확인대상발명으로 하는 취지가 아니라, 하나의 수평강판만을 사용하는 특허발명과 대비하여 상현보강재의 내부에 콘크리트 충전이 편리한 I형 또는 ㅛ형 단면의 강재 어느 것을 사용하든 특허발명의 권리범위에 속하지 않으므로 그 모두에 대하여 권리범위확인심판을 구한다는 취지로 해석된다고 할 것이니, 이 사건 심판청구에서 확인대상발명이 복수여서 특허발명과 대비할 수 있을 정도로 명확하게 특정되지 않았다고 할 수도 없다.

바) 후출원 특허발명의 청구항이 여러 개인 경우

□ 소극적 권리범위확인심판에서, 후출원 특허발명의 청구범위의 청구항이 여러 개인 경우에도 청구항마다 청구할 수 있는데, 후출원 특허발명의 여러 개의 청구항 중 1개만이 독립항이고 나머지가 그것을 인용하는 종속항인 경우에는 후출원 특허발명의 독립항에 대한 권리범위의 속부의 결론이 후출원 특허발명의 종속항들에 대하여도 동일하게 유지되므로 후출원 특허발명의 독립항에 대하여만 판단하면 된다.[332]

◀ 소극적 권리범위확인심판에서, 후출원 특허발명을 확인대상발명으로 하는 경우에는 후출원 특허발명의 명세서에 적혀 있는 청구범위에 의하여 특정된 것으로 본다. 다만 특

332) 특허법원 1998. 11. 6. 선고 98허2726 판결, 1998. 11. 6. 선고 98허2733 판결

허발명의 권리범위에 속하는지 여부를 판단함에 있어서는 후출원 특허발명의 독립항을 확인대상발명으로 보고 당해 특허발명과 대비하면 특정에 별다른 무리가 없으므로 반드시 하나의 항으로 특정할 필요는 없다.

라. 독립항과 종속항의 관계

1) 청구항마다 권리범위확인심판청구 가능

[§ 135](권리범위확인심판)

③ 특허권의 권리범위확인심판을 청구하는 경우에 청구범위의 청구항이 둘 이상인 경우에는 청구항마다 청구할 수 있다.

□ 청구항은 독립항이든 종속항이든 상호 독립되어 각 청구항마다 권리범위가 정해지는 것이므로 청구항이 둘 이상인 경우에는 청구항마다 권리범위확인심판을 청구할 수 있고, 이 경우에는 특정한 청구항만을 대상으로 확인대상발명과의 관계를 판단하면 된다.[333]

2) 독립항의 해석방법

가) 종속항의 기술구성이나 특정의 실시예로 제한 해석 불허

★□ 독립항의 기술내용을 파악함에 있어서, 특별한 사정이 없는 한 독립항보다 구체적으로 한정하고 있는 종속항에 적힌 기술구성이나 발명의 설명에 적힌 특정의 실시예로 제한하여 해석해서는 안 된다.[334]

나) 기술적 구성의 구체적 내용을 알 수 없는 경우

★□ 청구범위에 적힌 문언으로부터 기술적 구성의 구체적 내용을 알 수 없는 경우에는 발명의 설명과 도면 등을 보충하여 그 문언이 표현하고 있는 기술적 구성을 확정하여 권리범위를 정해야 하고, 그에 따라 독립항과 그 종속항의 권리범위가 동일하게 된다고 하여도 이러한 해석이 금지되는 것은 아니다.[335]

---

333) 특허법원 2016. 10. 13. 선고 2015허8707 판결, 2012. 1. 12. 선고 2011허7393 판결, 2011. 11. 17. 선고 2011허3018 판결, 2004. 12. 9. 선고 2004허1588 판결, 2004. 7. 2. 선고 2003허6043 판결, 2002. 5. 2. 선고 2001허4579 판결, 2001. 8. 17. 선고 2000허7700 판결, 2001. 8. 17. 선고 2000허7717 판결

334) 대법원 2010. 7. 22. 선고 2008후934 판결, 2007. 9. 6. 선고 2005후1486 판결, 특허법원 2018. 12. 7. 선고 2018허4980 판결, 2014. 8. 14. 선고 2013허8963 판결, 2013. 11. 21. 선고 2013허1658 판결, 2012. 7. 20. 선고 2011허12234 판결, 서울고법 2009. 2. 3. 선고 2008나17757 판결, 2008. 2. 19. 선고 2007나26471 판결, 2008. 2. 19. 선고 2007나26488 판결, 서울중앙지법 2012. 8. 24. 선고 2011가합39552 판결

335) 대법원 2008. 7. 10. 선고 2008후57 판결, 특허법원 2017. 2. 17. 선고 2016허4139 판결, 2009. 7. 10.

다) 용어해석의 법리 적용

□ 용어해석의 법리는 독립항의 기술내용을 파악함에 있어서도 적용되어야 하는데, 그에 따라 독립항과 종속항의 권리범위가 동일하게 된다고 하여도 마찬가지이다.336)

라) 독립항의 기술내용 파악

(1) 원칙

▶ 독립항의 기술내용을 종속항의 기술구성으로 제한하여 해석할 수는 없다.

(2) 예외

★▶ 독립항과 종속항의 관계를 고려하지 않은 채, 명세서 전체로부터 그 용어가 표현하고자 하는 기술적 구성과 권리범위를 확정해야 하는 경우가 있다.

① 독립항의 구체적인 기술구성을 알 수 없는 경우, 발명의 설명과 도면을 참작하여 권리범위를 확정함에 따라 독립항과 그 종속항의 권리범위가 동일하게 되더라도 위법한 것이 아니다.

② 독립항의 용어 해석에 따라 독립항과 그 종속항의 권리범위가 동일하게 되더라도 위법한 것이 아니다.

3) 특정의 판단방법

가) 어느 청구항과의 권리범위확인을 구하는지 불분명한 경우

□ 특허발명의 청구항이 여러 개로 된 특허권에 대한 권리범위확인심판이 청구된 경우, 청구인이 일부의 청구항과의 권리범위확인만을 구하는 것인지 모든 청구항과의 권리범위확인을 구하는 것인지 여부를 검토하여 청구취지와 이유가 서로 모순되거나 그것이 불분명한 경우에는 확인대상발명이 제대로 특정되지 않은 것이다.337)

나) 피고 실시제품이 복수의 특허권에 저촉된다고 주장하는 경우

□ 특허권 침해를 이유로 한 손해배상청구 또는 금지청구에 있어서 피고 실시제품이 복수의 특허권에 저촉된다고 주장하는 경우, 침해되었다고 주장하는 각 특허권은 모두 별개의 권리여서 피고 실시제품이 특허권을 침해하는지 여부 및 침해의 태양은 각각의 특허권별로 독자적으로 판단해야 한다.338)

선고 2008허13800 판결, 서울중앙지법 2016. 5. 26. 선고 2014가합591167 판결

336) 특허법원 2013. 6. 27. 선고 2012허8195 판결

337) 특허법원 2003. 6. 27. 선고 2002허5326 판결

338) 서울고법 2010. 12. 1. 선고 2010나48891 판결

다) 독립항의 속부에 따른 종속항의 특정방법

(1) 독립항에 불속인 경우

□ 확인대상발명이 특허발명의 독립항의 권리범위에 속하지 않는 경우에는, 그 독립항을 인용하고 있는 종속항의 권리범위에도 당연히 속하지 않는 것이므로, 그 종속항의 구성요소 중에서 구체적으로 특정되지 않은 부분이 있다고 하더라도 특정된 것으로 본다.[339] 나아가 본안에 있어서도 확인대상발명이 독립항의 권리범위에 속하지 않는다면 종속항에 대하여는 대비판단을 할 필요가 없다.[340]

(2) 독립항의 권리범위 불인정으로 불속인 경우

★□ 독립항의 권리범위가 인정되지 않는다는 사유로 확인대상발명이 특허발명의 독립항의 권리범위에 속하지 않는 경우에는, 그 독립항을 인용하고 있는 종속항의 권리범위 인정 여부에 따라 종속항의 권리범위에 속하는지 여부가 달라질 수 있기 때문에 종속항의 특정 여부는 개별적·구체적으로 판단해야 한다.[341]

(3) 독립항의 권리범위에 속하는 경우

★□ 확인대상발명이 특허발명의 독립항의 권리범위에 속하는 경우에는, 그 독립항을 인용하고 있는 종속항의 권리범위에 속하는지 여부가 달라질 수 있기 때문에 종속항의 특정 여부는 개별적·구체적으로 판단해야 한다.[342]

◀ 적극적 권리범위확인심판에서는 확인대상발명을 독립항과 동일하게 특정하는 경우가 많아 종속항과의 관계에서도 구체적으로 특정해야 하지만, 소극적 권리범위확인심판에서는 확인대상발명을 독립항과 다르게 특정하는 경우가 많아 종속항의 특정 여부가 문제되지 않는 경우가 많다.

라) 독립항이 무효된 경우의 종속항의 특정방법

□ 여러 개의 청구항에서 독립항이 무효로 된다고 하더라도 그 등록이 유지되어 있는 종속항의 권리범위에 아무런 영향을 주지 않는 것이므로, 종속항을 해석할 때에는 무효된 독립항의 구성을 그대로 가지면서 그 기술적 구성의 일부를 구체적으로 한정

---

339) 대법원 2010. 5. 27. 선고 2010후296 판결, 2008. 9. 11. 선고 2006후3151 판결, 2001. 12. 24. 선고 99다31513 판결, 2001. 6. 15. 선고 2000후617 판결, 특허법원 2012. 5. 16. 선고 2011허10856 판결, 2009. 11. 6. 선고 2009허1286 판결, 2003. 12. 5. 선고 2003허861 판결, 2000. 2. 18. 선고 99허1102 판결, 서울중앙지법 2006. 2. 10. 선고 2004가합95547 판결

340) 특허법원 2001. 5. 10. 선고 2000허5728 판결

341) 대법원 2008. 6. 26. 선고 2006다29235 판결, 대전고법 2006. 4. 19. 선고 2005나7144 판결

342) (같은 취지) 특허법원 2008. 10. 24. 선고 2007허12510 판결

한 발명으로 보아야 하므로, 확인대상발명을 이들 구성을 포함한 발명과 대비되도록 특정해야 한다.343)

※ 특정된 것으로 본 사례

○ 대법원 2012. 3. 29. 선고 2011후3940 판결

비록 확인대상발명의 설명서에 제2항 및 제3항 발명의 특징부 구성에 상응하는 구성들이 적혀 있지 않거나 불명확한 부분이 있다고 하더라도, 확인대상발명이 제1항 발명의 권리범위에 속하지 않는 이상, 확인대상발명은 제1항 발명의 모든 구성을 포함하면서 그 항을 기술적으로 한정하거나 부가하여 구체화한 종속항인 제2항 및 제3항 발명의 권리범위에도 속하지 않는 것이고, 따라서 확인대상발명은 제2항 및 제3항 발명과 대비할 수 있을 정도로 특정된 것이다.

○ 대법원 2010. 5. 27. 선고 2010후296 판결

비록 확인대상발명의 설명서에 제4항 내지 제9항 발명에 적힌 제1윙의 절단 길이에 관한 수치한정 또는 커터 단부의 단면 형상 등에 관하여 적혀 있지 않다고 하더라도, 확인대상발명이 제1항 발명의 권리범위에 속하지 않는 이상, 확인대상발명은 제1항 발명의 모든 구성을 포함하면서 그 항을 기술적으로 한정하거나 부가하여 구체화한 제4항 내지 제9항 발명의 권리범위에도 속하지 않는다고 할 것이고, 따라서 확인대상발명은 제4항 내지 제9항 발명과 대비할 수 있을 정도로 특정된 것이다.

○ 특허법원 2020. 6. 12. 선고 2020허1519 판결

제2항 발명은 제1항 발명의 종속항으로서 제1 척부의 제1 스핀들과 제2 척부의 제2 스핀들의 각 선단부가 '쐐기형'으로 되어 싱글볼의 삽입홀에 각각 삽입된다는 한정사항이, 제3항 발명은 제1항 발명의 종속항으로서 제3 척부의 제3 스핀들과 제4 척부의 제4 스핀들의 각 선단부가 '오목홈 형'으로 되어 싱글볼의 표면에 마찰접촉한다는 한정사항이 각각 부가된 것인데, 확인대상발명의 설명서에는 제1, 2 척부와 제3, 4 척부에 대응하는 수평핀서 어셈블리와 수직핀서 어셈블리의 수평핀서 및 수직핀서의 각 선단부의 형상이 구체적으로 특정되지 않았으므로, 확인대상발명을 제2, 3항 발명의 위와 같은 한정사항과 대비할 수 없기는 하나, 확인대상발명은 제1항 발명의 '싱글볼 공급부'에 대응하는 구성요소가 결여되어 제1항 발명의 권리범위에 속하지 않으므로, 그 종속항인 제2, 3항 발명의 권리범위에도 속하지 않음이 분명하다. 따라서 확인대상발명은 제2, 3항 발명과 대비하여 그 권리범위에 속하는지를 판단할 수 있을 정도로 특정되었다.

343) 특허법원 2010. 7. 9. 선고 2009허9273 판결, 2010. 7. 9. 선고 2009허9280 판결, 2010. 7. 9. 선고 2009허9297 판결, 2010. 7. 9. 선고 2009허9303 판결

※ 특정되지 않은 것으로 본 사례

○ 대법원 2003. 11. 27. 선고 2001후1563 판결

특허발명은 모두 2개의 청구항으로 되어 있다가 제1항 발명에 대하여 대법원계속 중에 무효심결이 확정되었으므로, 권리범위확인심판청구의 당부를 판단하기 위해서는 피청구인의 실시발명이 제1항 발명의 종속항인 제2항 발명과 대비할 수 있을 정도로 구체적으로 특정되었는지의 여부를 살펴야 한다.

○ 특허법원 2008. 10. 24. 선고 2007허12510 판결

확인대상발명은 제1항 발명 및 그 종속항인 제2항 발명의 권리범위에 속하는 것이긴 하지만, 제3항 발명은 제2항 발명의 종속항으로서 '스크린 상단까지의 높이는 하·폐수 배출구의 월류부까지의 높이와 비슷하거나 낮은 것'으로 한정한 것이고, 제4항 발명은 제3항 발명의 종속항 발명으로서 스크린부의 구성을 한정한 것인데, 특허발명의 명세서에는, "스크린 상단까지의 높이가 배출구의 월류부까지의 높이와 비슷하거나 낮아 스크린침사기 케이싱 내의 수위는 스크린 상단보다 높게 되므로, 스크린침사기 케이싱에 유입된 하·폐수중의 부유물은 스크린과 접촉하지 않고 스크린의 상부에 설치되는 중간격벽의 전면부에 잔류하게 된다."라는 기재가 있으므로, 확인대상발명이 위와 같은 한정된 구성을 가지는지 여부를 대비할 수 있어야 한다. 그러나 확인대상발명의 설명서 및 도면에는 스크린과 배출구의 높이를 서로 비교할 수 있는 어떤 기재도 없어 제4항 발명의 위 한정된 구성과 대비할 수 없으므로, 확인대상발명은 특정되지 않은 것이다.

○ 특허법원 2007. 5. 10. 선고 2006허6907 판결

제2항 발명은 제1항 발명의 증기드럼에 힌지브라켓 등의 구성을 부가하는 것이고, 제3항 발명은 제1항 발명의 폐축산투입수단에 가이드레일 등의 구성을 부가하는 것이므로, 확인대상발명이 제1항 발명과 대비할 수 있을 정도로 구체적으로 특정되어 있지 않은 이상, 확인대상발명이 제2, 3항 발명의 나머지 부가 구성들에 대하여 대비할 수 있을 정도로 구체적으로 특정되었는지 여부를 나아가 살필 필요 없이 제2, 3항 발명도 대비할 수 있을 정도로 구체적으로 특정되어 있지 않은 것이다.

마. 특허의 카테고리가 다른 경우

1) 원칙

▶ 카테고리(범주)란 발명의 표현형식을 말하는 것으로, 그 실시형태에 따라, ① 물건발명, ② 방법발명, ③ 제조방법발명으로 대별한다.

▷ 물건발명과 방법발명은 효력범위를 서로 대비할 수 없는 별개의 발명이 아니라 그 카테고리의 차이로 인하여 효력범위의 광협에 차이가 있는 것에 불과하므로, 양 발명은 서로 대비가 가능하다. 따라서 카테고리가 다르더라도 대비가 가능한 범위 내에서는

구체적인 대비를 하여야 한다.[344)]

▷ 확인대상발명은 특허발명의 권리범위에 속하는지 여부를 판단할 수 있을 정도로 특정되면 충분하므로, 확인대상발명이 특허발명과 대비할 수 있도록 구체적으로 특정되어 있다면 카테고리가 일치되어야 하는 것은 아니다.[345)]

▶ 실무에서는, 카테고리가 다르다고 하더라도 확인대상발명에 특허발명과 서로 대비할 수 있는 구성이 적혀 있는 경우에는 특정된 것으로 본다. 따라서 특허발명과 카테고리가 다른 확인대상발명을 채택하여 권리범위확인심판을 청구하기 위해서는 확인대상발명이 특허발명과 서로 대비할 수 있을 정도로 구체적인 구성을 적어야 한다.

2) 특허가 물건발명인 경우

가) 확인대상발명에 제조방법이 부가적으로 적힌 경우

★□ 물건발명의 특허권자는 피청구인이 실시한 물건을 그 제조방법과 관계없이 확인대상발명으로 특정하여 권리범위확인심판을 청구할 수 있고, 이때 확인대상발명의 설명서나 도면에 확인대상발명의 이해를 돕기 위한 부연 설명으로 그 제조방법을 부가적으로 적었다고 하여 그러한 제조방법으로 제조한 물건만이 심판대상인 확인대상발명이 된다고 할 수는 없다.[346)]

나) 확인대상발명이 방법발명인 경우

□ 특허가 물건발명인 경우, 확인대상발명이 방법발명이라고 하더라도, 방법발명인 확인대상발명과 관련된 물건이 물건발명인 특허발명의 구성을 모두 포함하고 있는지 여부를 살펴보는 방법으로 양 발명을 대비하여 권리범위에 속하는지 여부를 판단할 수 있다.[347)]

---

344) 권오희, 권리범위확인심판에서의 심판대상물에 관한 고찰, 특허법원 개원 10주년 기념논문집, 특허법원(2008. 2.), 443면

345) 권오희, 권리범위확인심판에서의 심판대상물에 관한 고찰, 특허법원 개원 10주년 기념논문집, 특허법원(2008. 2.), 443면
- 이에 대하여, 카테고리가 다른 발명의 경우에는 1대상물 원칙 위배의 문제로 보고 카테고리가 동일한 발명의 경우에는 특정의 문제로 다루어야 한다는 견해가 있다(박길채, 확인대상발명의 특정, 2020 TOP10 특허판례 세미나(2021. 4), 한국특허법학회, 220면).

346) 대법원 2022. 1. 14. 선고 2019후11541 판결
- 확인대상발명의 설명서에 제조방법을 부가적으로 적은 부분은 확인대상발명의 이해를 돕기 위하여 추가한 부연 설명에 불과하고, 확인대상발명이 그러한 부연 설명에 따른 제조방법으로 제조한 물건인지에 따라 물건발명인 특허발명의 특허권 효력이 미치는지 여부가 달라지지도 않으므로, 부가적으로 적은 제조방법으로 제조한 물건만이 심판대상인 확인대상발명이 된다고 할 수는 없다(대법원 2022. 1. 14. 선고 2019후11541 판결).

▷ 확인대상발명의 설명서에 물건의 구성에 대하여만 적고 물건에 대한 '특정한 생산방법'에 관한 기재가 없더라도, 그 물건이 특허발명의 목적물질과 동일한 물건인지 여부를 확인할 수 있는 기재가 되어 있다면 이에 의하여 그 효력범위가 미치는지 여부를 판단할 수 있으므로 확인대상발명은 특정된 것으로 본다.[348)]

▶ 특허가 물건발명인 경우, 확인대상발명이 물건발명으로 적혀 있거나 제조방법발명으로 적혀 있더라도, 특허발명의 물건이 제조되거나 사용되는지 여부를 확인할 수 있는 기재가 있다면 특허발명과 대비할 수 있을 정도로 특정된 것으로 본다.

다) 특허가 장치발명이고 확인대상발명이 제조방법발명인 경우

□ 특허가 장치발명이고 확인대상발명이 제조방법발명인 경우, 확인대상발명이 특허발명의 장치를 사용하는 경우에는 확인대상발명은 특허발명의 이용발명으로서 그 권리범위에 속하는 것이므로, 특허발명에 대응되는 장치를 사용하는 확인대상발명은 특허발명과 대비할 수 있도록 특정된 것으로 볼 수 있다.[349)]

※ 특정된 것으로 본 사례

○ 특허법원 2012. 11. 15. 선고 2012허6991 판결

특허발명은 메탈패널에 관한 물건의 발명인데 비하여, 확인대상발명은 메탈패널 제조방법에 관한 제조방법발명이므로 카테고리가 다르기는 하나, 확인대상방법발명과 관련된 물건이 특허발명인 물건의 구성을 모두 포함하고 있는지 여부를 살펴보는 방법으로 양 발명을 대비하여 충분히 권리범위의 속부 여부를 판단할 수 있는 것이므로 특정된 것이다.

○ 특허법원 1998. 11. 6. 선고 98허2498 판결

특허발명은 프레스 성형장치에 관한 것인 반면에 확인대상발명은 세라믹필터의 제조방법에 관한 것이나, 만일 확인대상발명의 일 구성요소로서 특허발명의 프레스 성형장치가 사용된다면 확인대상발명은 특허발명을 이용한 발명으로서 그 권리범위에 속한다. 따라서 장치의 발명과 방법의 발명도 서로 대비의 대상이 될 수 있다.

347) 특허법원 2012. 11. 15. 선고 2012허6991 판결
348) 이회기, 지적재산소송실무, 특허법원 지적재산소송실무연구회, 박영사(2006), 179면
349) 특허법원 1998. 11. 6. 선고 98허2498 판결

※ 특정되지 않은 것으로 본 사례

ㅇ 대법원 2005. 9. 29. 선고 2004후486 판결

특허발명이 조성물의 사용방법 및 제조방법이고, 확인대상발명은 물건발명으로서 조성물의 성상이 적혀 있기는 하지만, 확인대상발명은 특허발명의 구성요소인 사용방법에 대응하는 구체적인 구성의 기재가 없어 특정되지 않은 것이다.

3) 특허가 방법발명인 경우

가) 확인대상발명이 물건발명인 경우

(1) 카테고리의 차이 외에 구성의 실질적인 차이가 없는 경우

□ 특허가 방법발명인 경우, 확인대상발명이 물건발명으로 카테고리가 다르더라도, 카테고리의 다름에 기술적 의미가 없고 카테고리의 다름에 의하지 않은 구성부분의 실질적인 차이가 없다면 확인대상발명은 특정된 것이다.[350]

▷ 특허가 방법발명인 경우, 확인대상발명이 물건발명으로 적혀 있더라도, 그 설명서에 제조방법이 구체적으로 적혀 있어 특허발명의 물건이 제조되거나 사용되는지 여부를 확인할 수 있는 기재가 있다면 그 기재형식에 구애받지 않고 특허발명과 대비할 수 있는 기술구성을 도출하여 확인대상발명이 특허발명의 권리범위에 속하는지 여부를 판단할 수 있으므로, 물건발명으로 특정된 확인대상발명이라 하더라도 특허발명과 대비될 수 있을 정도로 특정된 것으로 본다.[351]

▶ 특허가 방법발명인 경우, 확인대상발명이 물건발명으로 적혀 있더라도, 그 설명서에 생산방법을 구체적으로 특정하고 있고, 그 특정한 생산방법과 대비할 수 있도록 적힌 것이라면 확인대상발명은 특허발명과 대비할 수 있을 정도로 특정된 것으로 본다. 따라서 확인대상발명이 특정 제조방법에 의하여 생산된 물건으로 적힌 경우에도 제조방법발명인 특허발명과 대비할 수 있을 정도로 구체적으로 적힌 것으로 본다.

(2) 확인대상발명으로부터 특허발명과 대비할 수 있는 경우

□ 특허가 방법발명인 경우, 확인대상발명이 물건발명으로 적혀 있더라도 확인대상발명의 설명서 및 도면으로부터 특허발명의 방법과 대비할 수 있는 경우에는 확인대상발명은 특정된 것으로 본다.[352]

---

350) 대법원 2002. 3. 12. 선고 2001다15897 판결, 특허법원 2000. 2. 3. 선고 99허420 판결

351) 권오희, 권리범위확인심판에서의 심판대상물에 관한 고찰, 특허법원 개원 10주년 기념논문집, 특허법원(2008. 2.), 444면

352) 특허법원 2008. 8. 14. 선고 2007허12725 판결

○ 특허법원 2008. 8. 14. 선고 2007허12725 판결

특허발명은 리튬2차전지용 크루드셀의 전극탭 처리방법에 대한 발명으로서 물건을 생산하는 방법발명의 형태로 되어 있는데, 위 발명은 리튬 2차전지용 크루드셀 또는 전극탭의 각 구성요소인 세퍼레이터, 양극판, 음극판, 세퍼레이터를 중심으로 한 양극판 및 음극판의 적층구조, 양극 및 음극 그리드, 양극 및 음극 탭 부재, 각 그리드와 탭 부재의 용접에 의한 결합, 용접부위를 에워싸는 절연 테이프, 용접에 의하여 결합된 그리드와 탭 부재의 굴곡 형태 및 굴곡 부위 등을 방법적인 측면에서 포착하여 구성한 것으로, 그 구성요소를 갖춘 리튬 2차전지용 크루드셀 또는 전극탭을 형성해 나가기 위하여 통상의 기술자가 당연히 행해야 할 작업내용을 단순히 그 순서에 따라 나열한 것에 불과하여, 이러한 시계열적 단계를 통한 방법적인 요소 그 자체에는 별다른 기술적 특이성이 없으므로, 위 발명을 통해 생산되는 물건은 위 발명에 방법적인 요소의 기재가 있다고 하더라도 이로 인하여 새로운 구성이 추가되지는 않는다. 따라서 확인대상발명이 특허발명과 같은 방법적인 요소를 통하여 특정되어 있지 않고 물건만으로 특정되어 있다고 할지라도, 그 설명서 및 도면에 특허발명의 각 해당 구성요소인 세퍼레이터, 양극판, 음극판, 세퍼레이터를 중심으로 한 양극판 및 음극판의 적층구조, 양극 및 음극 그리드, 양극 및 음극 탭 부재, 각 그리드와 탭 부재의 용접에 의한 결합, 용접부위를 에워싸는 절연 테이프 등의 구성요소를 통해 리튬2차전지용 크루드셀의 전체 구성이 완성된 형태로 나타나 있는 이상, 특허발명에 의하여 생산된 물건과 대비하여 그 발명의 권리범위에 속하는지 여부를 판단함에 필요한 정도로 특정되어 있다.

나) 특허가 단순방법발명이고 확인대상발명이 물건발명인 경우

□ 특허가 단순방법발명인 경우에는 그 방법을 사용하는 행위에만 특허권의 효력이 미치는 것이므로, 확인대상발명을 물건으로 특정하여 특허발명의 보호범위에 속하는지 여부의 확인을 구할 수는 없다.[353)]

다) 확인대상발명에 시계열적 배치순서 기재 필요

□ 방법발명이란 특정한 목적을 달성하기 위한 시간상의 일련의 연속적인 단계들로 이루어진 발명으로서, 개별 구성요소의 배치순서가 작용효과 등에 중대한 차이를 가져올 수 있으므로, 방법발명에서는 개별 구성요소의 시계열적인 배치순서 역시 발명의 중요한 요소로 보아야 한다.[354)] 따라서 특허가 방법발명인 경우에는 확인대상발명에도 특허발명에 대응되도록 시계열적인 배치순서를 적어야 한다.

353) (같은 취지) 대법원 2004. 10. 14. 선고 2003후2164 판결, 특허법원 2008. 5. 2. 선고 2007허8252 판결, 2007. 7. 5. 선고 2006허7597 판결

354) 특허법원 2018. 10. 11. 선고 2018허4874 판결, 2005. 1. 20. 선고 2004허3454 판결

▷ 방법발명은 시간적 요소를 필수요건으로 하므로,[355] 특허가 시계열적인 단계를 구성요소로 하는 방법발명인 경우, 확인대상발명의 설명서에도 특허발명의 각 단계에 대응되는 구성요소가 시계열적인 단계로 적혀 있어야 확인대상발명이 제대로 특정된 것으로 본다.[356]

4) 특허가 물건의 생산방법발명인 경우

가) 확인대상발명을 특정한 생산방법에 의하여 생산한 물건으로 특정

□ 특허가 물건의 생산방법발명인 경우, 그 방법에 의하여 생산된 물건에까지 특허권의 효력이 미치는 것이므로, 확인대상발명을 특정한 생산방법에 의하여 생산한 물건으로 특정하여 특허발명의 보호범위에 속하는지 여부의 확인을 구할 수 있다.[357] 따라서 확인대상발명의 설명서 및 도면에는 그 특정한 물건의 생산방법을 구체적으로 특정해야 한다.

나) 물건발명인 확인대상발명에 생산방법이 구체적으로 적힌 경우

□ 특허가 물건의 생산방법발명인 경우, 확인대상발명을 방법발명으로 특정하지 않고 물건발명으로 특정하더라도 확인대상발명의 설명서에 생산방법이 특허발명과 대비할 수 있을 정도로 구체적으로 적혀 있으면 특정된 것으로 본다.[358]

※ 특정된 것으로 본 사례

○ 대법원 2004. 10. 14. 선고 2003후2164 판결

특허발명은 '주름이 형성된 고신축성 의류의 제조방법'에 관한 것이고, 피청구인의 실시발명은 그 명칭이 '주름이 형성된 신축성 의류'에 대한 것이기는 하지만, 피청구인의 실시발명의 설명서에는 신축성 의류의 외형도, 주름부분 확대도, 제조공정 흐름도, 제조공정 참고도가 도시되어 있고, 물품의 목적 및 구성에 관하여, 합성섬유 원단에 주름을 형성하여 풍부한 신축성을 제공하면서 미려한 외관을 갖도록 할 목적으로 다음과 같은 제조공정, 즉 합성섬유 원단으로 원하는 디자인을 하는 디자인공정, 디자인 한 다음 규칙 또는 불규칙 등배수 등으로 주름 간격과 패턴을 설계하는 패턴공정, 원

---

355) 대법원 2002. 8. 13. 선고 2001후492 판결, 2002. 8. 13. 선고 2001후508 판결, 특허법원 2000. 12. 22. 선고 99허1539 판결

356) 권오희, 권리범위확인심판에서의 심판대상물에 관한 고찰, 특허법원 개원 10주년 기념논문집, 특허법원(2008. 2.), 443면

357) 대법원 2004. 10. 14. 선고 2003후2164 판결, 특허법원 2008. 5. 2. 선고 2007허8252 판결, 2007. 7. 5. 선고 2006허7597 판결

358) 대법원 2004. 10. 14. 선고 2003후2164 판결, 특허법원 2016. 10. 13. 선고 2015허8691 판결, 2008. 5. 2. 선고 2007허8252 판결, 2007. 4. 12. 선고 2006허5348 판결

단을 일정한 형태로 자르는 재단공정, 재단된 원단을 재봉하여 의류를 만들고 다림질하는 봉제 및 다림질공정, 원하는 입체감 등을 선택적으로 넣는 주름 모양 디자인 및 주름 형성공정, 원단문양과 주름이 수축되도록 열처리하는 열처리·수축공정, 세탁 및 마무리공정으로 이루어진다고 적어 그 생산방법을 구체적으로 특정하고 있는 사실이 인정되므로, 피청구인의 실시발명은 방법발명인 특허발명과 대비하여 그 차이점을 판단할 수 있을 정도로 그 생산방법이 구체적으로 특정된 것이다.

○ 특허법원 2016. 10. 13. 선고 2015허8691 판결

물건제조방법에 관한 발명은 그 제조방법으로 만들어진 제품에도 권리범위가 미치는 점에 비추어, 물건제조방법에 관한 발명인 특허발명과 물건발명인 확인대상발명은 충분히 대비할 수 있다.

○ 특허법원 2007. 5. 23. 선고 2006허6679 판결

특허발명은 스크류와 압출다이가 설치된 수제비 제조장치를 이용한 수제비 제조방법발명이고, 확인대상발명은 압송스크류와 압출다이가 설치된 수제비 제조장치라는 물건발명으로 발명의 범주를 달리하고 있는바, 확인대상발명은 특허발명의 방법에 대응하는 '일정한 방법에 의하여 생산된 물건'으로 특정되어 있지 않고 '일정한 물건'으로만 특정되어 있으므로, 확인대상발명의 수제비 제조장치가 특허발명의 실시에만 사용되고 있는 물건과 동일 또는 균등물에 해당하는지 여부를 판단하면 된다.

○ 특허법원 2005. 9. 30. 선고 2005허1363 판결

특허발명은 특정의 공정단계로 이루어진 로스트 왁스 주조용 폐왁스를 재생하는 방법에 대한 발명인데, 확인대상발명은 그 설명서에 그 명칭이 '폐왁스 재생장치'로 되어 있기는 하지만, 설명서 중 '폐왁스 재생장치의 동작원리'항 이하 부분에서 첫 번째 탱크에서의 용해, 교반, 수분증발, 불순물 침전 등의 과정, 첫 번째·두 번째 여과수단에서의 여과과정, 두 번째 탱크에서의 보관과정 등이 시간적 순서에 따라 구체적으로 적혀 있어 재생방법도 적혀 있으므로, 확인대상발명은 폐왁스를 재생하는 공정에 관한 방법발명인 특허발명과 대비하여 그 차이점을 판단할 수 있을 정도로 구체적으로 특정된 것이다.

※ 특정되지 않은 것으로 본 사례

○ 대법원 2005. 9. 29. 선고 2004후486 판결

특허발명은 방법발명이고 확인대상발명은 방법에 대하여는 아무런 기재가 없는 물건발명인바, 방법발명의 보호범위는 그 방법을 사용하는 행위에 한하므로, 특허발명은 조성물을 주사의 방법으로 투여하는 방법에만 그 효력이 미칠 것이어서, 물건발명인 확인대상발명이 이와 대비할 수 있을 만큼 구체적으로 특정되어 있지 않은 것이다.

○ 특허법원 2008. 5. 2. 선고 2007허8252 판결

특허발명은 '벌브 생산방법'이라는 물건의 생산방법발명임에 비하여 확인대상발명은 '벌브'라는 물건발명으로만 구성되고 그 생산방법에 관하여는 적혀 있지 않으므로, 확인대상발명은 생산방법에 대응하는 부분의 구체적인 구성이 불명확하여 특허발명과 대비대상이 될 수 있을 정도로 특정되어 있지 않은 것이다.

○ 특허법원 2006. 11. 1. 선고 2005허10947 판결

특허발명의 청구범위에 한정된 사출성형방식은 잠금구멍들 사이의 중앙부위에 있는 용융액 흐름 차단공으로 그 부위의 용융액 이동시간에 변화를 가져와 서로 다른 방향의 용융액이 서로 충돌하는 지점을 힌지부로부터 멀어지게 하는 기술적 구성을 표현하고 있는 것으로, 그와 같은 방법으로 제조된 뚜껑의 힌지부는 접힘과 펼침을 반복함으로 인한 피로현상에 취약하지 않은 물리적 성질을 가지므로, 그와 같은 제조방법은 물건의 특성에 영향을 주는 구성요소이고, 특허발명의 권리범위는 그와 같이 한정된 제조방법에 의하여 특정된 성질이나 특성을 가지는 물건에만 미친다. 그런데 확인대상발명의 설명서에는 '체결날개부가 중앙에 공간부가 형성된 힌지부에 의하여 회동가능하게 연결된 상부 덮개편으로 구성된 뚜껑'이라고만 적혀 있을 뿐, 그 공간부가 잠금구멍과의 사이에 협곡부를 형성하는 용융액 흐름 차단공을 구비하는 사출성형방식으로 제조되는 것인지를 확인할 수 있는 기재가 없으므로, 확인대상발명은 특허발명과 대비할 수 있을 만큼 특정되어 있다고 할 수 없다.

○ 특허법원 2005. 6. 16. 선고 2004허5795 판결

특허발명은 '여과용 주름배수관을 이용한 점토성 연약지반의 탈수 촉진공법'에 관한 방법발명이고, 확인대상발명은 '여과용 주름 배수관을 이용한 연약지반의 탈수촉진용 배수장치'에 관한 물건발명으로서, 양 발명의 카테고리는 서로 다르나, 확인대상발명의 설명서에 의하면 "강관케이싱 내부로 여과포를 씌운 나선형 요철유공주름 수직배수관을 하단부까지 삽입하여, 상기 나선형 요철유공주름 수직배수관의 하단부를 베이스플레이트 상부에 형성된 2개의 길고 짧은 집게로 구성된 철덮개판으로 고정하여 강관케이싱의 하단부에 일체시킨 상태로 연약지반의 지중으로 천공한 후 지상으로 강관케이싱을 회수하면 나선형 요철 유공주름 수직배수관과 철덮개판은 지중내의 토압이나 토사에 의하여 매설되며, 이때 지상으로 회수된 강관케이싱의 하부의 나선형 요철 유공주름 수직배수관을 침하 등을 고려하여 지상으로 돌출되도록 절단한다."라고 하는 시공방법에 관한 부분이 적혀 있으므로, 위와 같은 확인대상발명의 시공방법과 특허발명을 대비하여 보면, 확인대상발명의 설명서 및 도면에는 특허발명의 구성요소인 배수층 및 수평배수관에 대응되는 구성요소에 대한 기재 및 수직배수관과 수평배수관의 연결 관계(특허발명에서는 '걸어 묶음시켜'라고 적혀 있다)에 대응하는 기재가 결여되어 있어, 확인대상발명은 특허발명과 대비하여 그 권리범위에 속하는지 여부를 판단할 수 있을 만큼 구체적으로 특정되었다고 할 수 없다.

바. 확인대상발명에 일부 구성이 적혀 있지 않은 경우

1) 일응 그 구성요소가 결여된 것으로 간주

□ 확인대상발명의 설명서에 특허발명의 특정 구성요소와 대응되는 구성요소에 관하여 아무런 기재가 없는 경우에는, 그 특정 구성요소가 필수적인 구성요소이어서 그것이 없이는 확인대상발명이 미완성 발명에 해당한다는 등의 특별한 사정이 없는 한 일응 그 구성요소는 결여된 것으로 본다.[359)]

▷ 확인대상발명의 설명서에 적혀 있지 않은 구성요소를 결여된 것으로 보는 이유는, 확인대상발명은 설명서 그 자체로 해석해야 하는 것일 뿐만 아니라 확인대상발명의 구성요소가 아닌 경우에는 단순히 특허발명의 구성요소에 대응된다는 이유만으로 가공의 구성요소를 적을 수는 없기 때문이다.[360)]

○ 특허법원 2007. 10. 31. 선고 2007허1411 판결

확인대상발명의 설명서에는 코팅부에 대하여는 아무런 기재가 없으므로 일응 코팅부가 존재하지 않는다고 해석되고, 더구나 확인대상발명은 열가소성 플라스틱 재질로 만들어져 사용 직전에 가열에 의하여 소성 변형되는 치형맞춤부재를 사용하기 때문에 애당초 그 전체에 대한 코팅은 불가능하다고 보이며, 특허발명도 굳이 코팅부를 필수적 구성요소의 하나로 특정하여 청구항에 포함함은 물론 코팅부로 인한 효과를 발명의 특징적인 효과의 하나로 발명의 설명에 반복하여 적고 있는 것에서 알 수 있듯이, 이 기술분야에서 코팅부의 존재가 당연히 전제된다고 볼 수는 없는 점 등을 종합하여 보면, 이 부분에 관하여 아무런 기재가 없는 확인대상발명은 코팅부를 포함하지 않는 구성을 나타낸 것으로 보아야 한다.

2) 특정된 것으로 보는 경우

가) 특허발명의 구성요소에 대응하는 구성이 일부 적혀 있지 않은 경우

(1) 나머지 구성만으로 속부를 판단할 수 있는 경우

□ 확인대상발명의 설명서에 특허발명의 구성요소와 대응하는 구체적인 구성이 일부 적혀 있지 않더라도, 나머지 구성만으로 확인대상발명이 특허발명의 권리범위에 속하는지 여부를 판단할 수 있는 경우에는 확인대상발명은 특정된 것으로 본다.[361)]

---

359) 대법원 2012. 3. 29. 선고 2011후3940 판결, 2000. 11. 10. 선고 2000후1276 판결, 2000. 11. 10. 선고 2000후1283 판결, 특허법원 2011. 4. 15. 선고 2010허6584 판결, 2008. 10. 23. 선고 2008허1548 판결, 2007. 10. 31. 선고 2007허1411 판결, 2006. 11. 29. 선고 2006허1063 판결

360) 권오희, 권리범위확인심판에서의 심판대상물에 관한 고찰, 특허법원 개원 10주년 기념논문집, 특허법원(2008. 2.), 451면

361) 대법원 2012. 11. 15. 선고 2011후1494 판결, 2010. 5. 27. 선고 2010후296 판결, 특허법원 2022. 9. 1. 선고 2021허3697 판결, 2022. 7. 21. 선고 2021허2984 판결, 2022. 1. 11. 선고 2020허7395 판결,

(2) 특허발명과 대비하여 속부를 판단할 수 있는 경우

□ 확인대상발명이 특허발명의 필수적 구성요소들 중 일부를 결여하고 있더라도, 특허발명과 대비하여 그 차이점을 판단하여 특허발명의 권리범위에 속하는지의 여부에 대한 결론을 내릴 수 있다면 특정된 것으로 본다.362)

나) 특정된 구성요소만으로도 불속인 것이 명백한 경우

□ 확인대상발명에 의하여 특정된 구성요소만으로 판단하더라도, 확인대상발명이 특허발명의 대응되는 일부 구성요소를 결여한 것으로 인정되어, 확인대상발명 중 일부 불특정된 부분의 보완 여부를 불문하고 확인대상발명이 특허발명의 권리범위에 속하지 않는 것이 명백한 경우에는 확인대상발명은 특정된 것으로 본다.363)

다) 특허발명과 확인대상발명이 구성의 근본적인 차이로 인한 경우

□ 특허발명과 확인대상발명이 기술구성의 근본적인 차이 때문에 특허발명의 구성에 대응되는 구성이 확인대상발명에 적혀 있지 않은 경우에는 확인대상발명은 특허발명과 대비될 수 있을 만큼 특정된 것이다.364)

3) 주지관용기술에 해당하는 대응구성의 기재가 없는 경우

□ 비록 주지관용기술이라고 하더라도 특허발명의 구성과 대응되는 구성을 가지는지 여부에 관하여 아무런 기재가 없는 경우에는 확인대상발명에는 그 문언의 해석상 특허발명의 구성과 대응되는 구성을 구성요소로 하지 않는 발명뿐만 아니라, 이를 구성요소로 하는 발명도 포함되는 것이어서, 확인대상발명을 그중 어느 것으로 다시 한정하느냐에 따라서 특허발명의 권리범위에 포함되는지 여부의 결론이 달라지게 되므로, 확인대상발명은 특허발명과 대비할 수 있을 만큼 특정되었다고 할 수 없다.365)

2021. 10. 15. 선고 2021허1530 판결, 2021. 8. 13. 선고 2020허7456 판결, 2020. 12. 18. 선고 2020허2949 판결, 2020. 10. 15. 선고 2020허3799 판결, 2020. 6. 12. 선고 2020허1519 판결, 2020. 6. 4. 선고 2019허5904 판결, 2019. 12. 27. 선고 2019허3519 판결, 2019. 5. 24. 선고 2018허7811 판결, 2018. 11. 16. 선고 2018허1981 판결, 2018. 10. 26. 선고 2018허3680 판결

362) 대법원 2002. 8. 27. 선고 2000후2620 판결, 특허법원 2011. 6. 16. 선고 2010허8375 판결, 2009. 10. 23. 선고 2009허2142 판결, 2007. 11. 23. 선고 2007허4816 판결

363) 특허법원 2009. 7. 16. 선고 2008허6208 판결, 2004. 9. 10. 선고 2003허6531 판결

364) 특허법원 2005. 10. 21. 선고 2004허7487 판결, 2005. 9. 30. 선고 2004허7494 판결

365) 특허법원 2011. 12. 2. 선고 2011허3384 판결

4) 특허발명의 구성요소에 대응하는 부분이 없는 경우의 특정방법

가) 대응부분이 없다는 것을 알 수 있도록 특정

□ 만일 확인대상발명에 특허발명의 구성요소와 동일하거나 그와 실질적으로 동일한 작용효과를 갖는 부분이 없어 대응하는 부분이 없는 경우에는 그러한 부분이 없다는 것을 알 수 있도록 특정해야 한다.[366)]

▷ 특허발명의 구성요소에 대응되는 구성이 확인대상발명에 적혀 있지 않더라도, 애초부터 대응되는 구성이 결여된 것일 수도 있고 원래는 있어야 할 구성을 고의나 실수로 누락한 것일 수도 있으므로, 청구인에게 이에 대하여 석명을 구하여 명확히 하여야 한다. 석명결과 고의나 실수로 대응구성을 누락한 것으로 확인된 경우에는 필요에 따라 보정의 기회를 주고 그럼에도 불구하고 치유가 되지 않은 경우에는 각하한다.[367)]

나) 대응구성이 적히지 않은 경우의 조치

▶ ① 원칙적으로, 보정조치를 통해서 확인대상발명이 특허발명의 특정 구성요소와 대응되는 구성요소를 구비하지 않는 것이라는 점을 명확히 하여야 한다.

② 예외적으로, 보정조치 없이 곧바로 심결을 하는 경우에는 확인대상발명이 특허발명의 특정 구성요소와 대응되는 구성요소를 구비하지 않는 것으로 본다.

③ 실무는, 보정조치를 통해서 확인대상발명에 특허발명의 특정 구성요소와 대응되는 구성요소를 구비한 것인지 여부를 명확히 한 다음 본안에 나아간다.

※ 특정된 것으로 본 사례

○ 대법원 2012. 3. 29. 선고 2011후3940 판결

확인대상발명의 설명서 및 도면에는 '반송관이 사료탑의 토출구와 투입유닛의 투입구에 연결된 구성'만이 적혀 있을 뿐, '반송관이 약품통에 연결된 구성'은 적혀 있지 않으므로, 위와 같이 확인대상발명의 설명서 및 도면에 적혀 있지 않은 '반송관이 약품통에 연결된 구성'이 확인대상발명의 구성에 포함된다고 볼 수 없다. 따라서 확인대상발명은 '반송관이 약품통에 연결된 구성'이 결여된 것으로 적법하게 특정된 것이다.

○ 특허법원 2020. 6. 12. 선고 2020허1519 판결

---

366) 특허법원 2017. 2. 7. 선고 2016허3372 판결, 2016. 12. 15. 선고 2016허1260 판결

367) 권오희, 권리범위확인심판에서의 심판대상물에 관한 고찰, 특허법원 개원 10주년 기념논문집, 특허법원(2008. 2.), 451면

확인대상발명에는 특허발명의 '싱글볼 공급부'에 대응하는 구성요소가 없는 것이 분명하고, 따라서 확인대상발명은 특허발명의 권리범위에 속하지 않는다고 판단할 수 있으므로, 확인대상발명은 특허발명과 대비하여 그 권리범위에 속하는지를 판단할 수 있을 정도로 특정된 것이다.

○ 특허법원 2018. 8. 24. 선고 2017허6736 판결

확인대상발명의 설명서에 특허발명의 방수재 상부 및 내부심재 하부의 형상에 대비되는 방수재 상부 및 파티클 보드 하부의 구체적인 형상에 관하여 적혀 있지 않다고 하더라도, 나머지 구성만으로도 확인대상발명이 특허발명의 권리범위에 속하지 않는 이상, 확인대상발명은 특허발명과 대비할 수 있을 정도로 특정된 것이다.

○ 특허법원 2009. 7. 16. 선고 2008허6208 판결

특허발명은 황토담배의 제조방법으로서 '황토용액을 담배를 싸고 있는 종이에 도포하는 것'을 구성요소로 하고 있고, 위 '담배를 싸고 있는 종이'에 대응될 수 있는 확인대상발명의 구성은 '포장지(은박지와 박엽지)' 및 '뚜껑과 케이스'이다. 따라서 양 구성을 대비하려면 적어도 확인대상발명에서 황토가 '포장지 또는 박엽지' 및 '뚜껑과 케이스'에 부가되는 방법에 관한 특정이 있어야 한다. 그런데 확인대상발명은 포장지에 관하여 '포장지는 은박지에 황토가 함유된 박엽지를 라미네이팅 접착'한다고만 하고 있어 박엽지에 황토를 함유시키는 구체적 방법에 관한 특정이 없으므로, 위 특정은 부적절한 측면이 있지만, 확인대상발명은 특허발명의 일부 구성요소를 결여하여 그 권리범위에 속하지 않음이 분명하므로, 확인대상발명은 특정된 것이므로, 특허심판원이 확인대상발명의 보정을 명하지 않고 본안에 관하여 판단하였다고 하더라도 위법하다고는 할 수 없다.

○ 특허법원 2007. 4. 6. 선고 2006허5591 판결

확인대상발명은 특허발명의 필수적 구성요소 중 '배관부의 일측단에 연결되어 수동식으로 농약을 살포시킬 수 있도록 되는 수동식 약제분사장치'에 대응되는 구성요소가 결여되어 있어 특허발명의 권리범위에 속하지 않는 것이 명백한바, 확인대상발명은 나머지 구성요소들이 구체적으로 특정되었는지와는 관계없이 특허발명의 권리범위에 속하는지 여부를 판단할 수 있으므로 확인대상발명은 특정된 것이다.

○ 특허법원 2005. 10. 21. 선고 2004허7487 판결, 2005. 9. 30. 선고 2004허7494 판결

확인대상발명의 설명에는 확인대상발명에 의하여 전사가 이루어지는 과정이 구체적으로 적혀 있고, 특허발명과 대비한 확인대상발명의 차이점은 근본적으로 그 전사방식이 다르다는 것이며, 일부 공정에 있어서 확인대상발명에 특허발명의 구성에 대응되는 구성이 나오지 않는다고 하더라도 이는 양 발명의 이러한 전사방식의 근본적인 차이로 인하여 적지 않은 것이어서, 확인대상발명에 특허발명과 대비되는 전사방식의 차이가 적혀 있고, 구체적인 전사공정이 나와 있는 이상, 확인대상발명

은 특허발명과 대비될 수 있을 만큼 특정되었다.

※ 특정되지 않은 것으로 본 사례

○ 대법원 2012. 11. 15. 선고 2012후2326 판결

특허발명은 매듭구본체의 재질에 관하여 '연질 PVC와 연질 폴리우레탄'으로 구성된 것으로 적혀 있는데 비하여, 이에 대응되는 확인대상발명은 '부드럽고 신축성이 있는 재질'이라고만 적혀 있을 뿐 그 구체적인 재질의 한정이 없어서, 확인대상발명은 특허발명과 대비하여 차이점을 판단할 수 있을 정도로 구체적으로 적힌 것으로 볼 수 없으므로, 확인대상발명은 구체적으로 특정되지 않은 것이다.

○ 대법원 2007. 11. 15. 선고 2006후1179 판결

확인대상발명에는 특허발명의 청구범위의 구성 중 '구동력 전달부재가 사용되는 화상형성장치의 세부 구성'이나 '구동력 전달부재의 구동력 수용 기능 내지 작용관계를 한정한 구성'에 대응하는 구성이 적혀 있지 않아서 확인대상발명은 특허발명과 대비할 수 있을 정도로 구체적으로 특정되지 않은 것이다.

○ 대법원 2004. 2. 13. 선고 2002후2471 판결

생선상자에 관한 특허발명은 어류를 담은 상자의 손잡이를 상자의 안쪽으로 누일 경우, 손잡이의 지지편과 받침편이 이루는 요입홈이 상자 테두리의 양 측면을 잡아줌으로써 상자가 내·외측으로 변형되는 것을 막아주며, 그로 인하여 여러 개의 상자를 안정한 상태로 겹쳐 쌓을 수 있도록 하는 효과를 거두는데 특징이 있으므로, 소극적 권리범위확인심판의 확인대상발명은 특허발명의 지지편과 받침편의 구성과 대비하여 그 차이점을 판단할 수 있을 정도로 그 대응 구성이 구체적으로 특정되어 있어야 하는데, 청구인이 심판청구의 대상이 되는 기술을 특정하기 위하여 작성한 확인대상발명의 설명서 및 도면에 의하면, 그 대응 구성에 관하여 '손잡이의 일단에 형성된 삽착부는 상자 상단 테두리 양단부의 삽착홈에 삽착되도록 하고'라고만 적혀 있을 뿐, 특허발명의 위 구성요소에 대응하는 구성으로서 손잡이 부분 등에 상자의 변형을 막는 구성이 있는지 여부에 관하여는 아무런 언급이 없고 그 도면에서도 이에 관하여 분명하게 표현되어 있지 않으므로, 확인대상발명은 특허발명과 대비할 수 있을 정도로 구체적으로 특정되지 않은 것이다.

○ 특허법원 2020. 6. 4. 선고 2020허1175 판결

확인대상발명은 특허발명의 '이물질회수장치'의 구성과 대비하여 그 차이점을 판단할 수 있을 정도로 그 대응 구성이 구체적으로 특정되어 있어야 하고, 최소한 '오염공기로부터 이물질 등을 여과하는 과정에서 필연적으로 발생하게 되는 저수조 하부에 침전되어 축적되는 이물질 등을 외부로 배출

시키는지 여부'는 물론 '이물질을 외부로 배출시키는 과정에서 물을 다시 저수조로 순환시키는지 여부'에 대하여 설명서나 도면에 의하여 특정되어야 한다. 그런데 확인대상발명의 설명서에는 '손에 든 바가지로 '이물질'을 퍼서 외부로 버릴 수 있다'는 기재만 있을 뿐, '물'은 어떻게 처리한다는 것인지 적혀 있지 않고, 확인대상발명의 도면에도 이러한 점에 관하여 도시되어 있지 않으므로, 특정되지 않은 것이다.

○ 특허법원 2008. 7. 23. 선고 2007허10187 판결

특허발명의 주요구성은, '건조된 누룽지를 낱알 형태로 분쇄하는 단계'(제1단계), '낱알 형태로 분쇄된 누룽지를 팝퍼기로 튀겨내는 단계'(제2단계), '튀겨진 누룽지에 단맛성분 물질 및 부원료를 혼합하는 단계'(제3단계), '누룽지 혼합물을 일정 모양으로 성형하여 스낵화 하는 단계'(제4단계)이다. 이에 대비되는 확인대상발명의 설명서에는, ① 제2단계에 대응되는 구성으로서, '팝퍼기의 누룽지 가열판 2개를 겹치게 하여 팝퍼기 내부에 밀폐된 공간을 조정 형성한 후, 밀폐된 공간의 크기와 밀폐된 공간에 가해지는 열과 압력을 조절하여 누룽지를 팝콘화'한다는 구성만 적혀 있을 뿐이고, ② 제1, 3, 4단계에 대응되는 구성에 대하여는 아무런 기재가 없어, 특허발명과 그 구체적인 구성을 대비할 수 있을 정도로 특정되지 않은 것이다.

사. 확인대상발명에 불명확한 부분이 있는 경우

1) 원칙

가) 임의로 보충하여 본안판단해서는 안 됨

□ 확인대상발명의 내용에 모순이 있거나 기재가 불분명함에도, 설명서와 도면의 해석을 통하여 임의로 이를 보충한 뒤 대비에 나아가는 것은 향후 또 다른 분쟁의 여지를 낳는 것이어서 권리범위확인심판제도의 취지에 부합하지 않는다.[368] 따라서 확인대상발명은 가능한 한 구체적이고 명확하게 적도록 하여야 한다.

나) 나머지 내용과 도면을 종합적으로 고려하여 판단

★□ 확인대상발명의 특정은, ① 확인대상발명의 설명서에 불명확한 부분이 있거나, ② 특허발명의 구성요소와 대응하는 구체적인 구성이 일부 적혀 있지 않거나, ③ 설명서의 기재와 일치하지 않는 일부 도면이 있더라도, 확인대상발명의 설명서에 적힌 나머지 내용과 도면을 종합적으로 고려하여 확인대상발명이 특허발명의 권리범위에 속하는지 여부를 판단할 수 있는 경우에는 확인대상발명은 특정된 것으로 보아야 한다.[369]

368) 특허법원 2005. 9. 15. 선고 2005허186 판결
369) 대법원 2020. 5. 28. 선고 2017후2291 판결, 2010. 5. 27. 선고 2010후296 판결, 2002. 8. 27. 선고

2) 특정된 것으로 보는 경우

가) 속부를 판단할 수 있는 경우

(1) 불특정 구성과 무관

□ 확인대상발명이 특정되지 않은 구성요소와 무관하게 특허발명의 권리범위에 속하는지 여부를 판단할 수 있다면 그 자체만으로도 확인대상발명이 특정된 것으로 본다.[370)]

(2) 나머지 구성만으로 판단

□ 확인대상발명의 설명서에 불명확한 부분이 있다고 하더라도, 나머지 구성만으로 확인대상발명이 특허발명의 권리범위에 속하는지 여부를 판단할 수 있는 경우에는 확인대상발명은 특정된 것으로 본다.[371)]

(3) 특정을 문제 삼지 않는 이유

□ 확인대상발명이 특허발명과 대비될 수 있을 정도로 특정되지 않았다고 하더라도, 그 특정되지 않은 부분을 제외하고 나머지 부분만으로도 특허발명의 대응 구성과 상이하고 균등관계에 있지도 않아서 특허발명의 권리범위에 속하지 않는 경우에는 원칙적으로는 확인대상발명의 불특정을 이유로 심결을 취소해야 하나, 심결을 취소하여 특허심판원이 다시 심리하는 과정에서 확인대상발명 중 불특정부분이 보정을 통해 특정된다고 하더라도 결국 확인대상발명의 다른 부분의 구성으로 인해 확인대상발명이 특허발명의 권리범위에 속하지 않는다는 결론에 이르게 되어 심판청구가 기각될 수밖에 없는데, 이와 같은 상황이라면 심결을 취소하는 것은 청구인으로 하여금 무의미한 절차를 계속 진행하도록 하게 하는 것에 지나지 않으므로 소송경제를 고려하여 특정을 더 이상 문제 삼지 않는다.[372)]

2000후2620 판결, 특허법원 2022. 9. 1. 선고 2021허3697 판결, 2022. 9. 1. 선고 2021허3703 판결, 2022. 9. 1. 선고 2021허3710 판결, 2021. 10. 15. 선고 2021허1530 판결, 2021. 8. 13. 선고 2020허7456 판결, 2021. 8. 13. 선고 2020허7630 판결, 2020. 12. 18. 선고 2020허2949 판결, 2020. 10. 15. 선고 2020허3799 판결, 2020. 6. 12. 선고 2020허1519 판결, 2020. 6. 4. 선고 2019허5904 판결, 2019. 12. 27. 선고 2019허3519 판결,

370) 특허법원 2007. 4. 6. 선고 2006허5591 판결, 2006. 11. 2. 선고 2006허6396 판결

371) 대법원 2012. 11. 15. 선고 2011후1494 판결, 2010. 5. 27. 선고 2010후296 판결, 특허법원 2022. 7. 21. 선고 2021허2984 판결, 2022. 1. 11. 선고 2020허7395 판결, 2021. 10. 15. 선고 2021허1530 판결, 2021. 8. 13. 선고 2020허7456 판결, 2021. 8. 13. 선고 2020허7630 판결, 2020. 12. 18. 선고 2020허2949 판결, 2020. 10. 15. 선고 2020허3799 판결, 2020. 6. 12. 선고 2020허1519 판결, 2020. 6. 4. 선고 2019허5904 판결, 2019. 12. 27. 선고 2019허3519 판결, 2019. 5. 24. 선고 2018허7811 판결, 2018. 11. 16. 선고 2018허1981 판결, 2018. 10. 26. 선고 2018허3680 판결

372) 특허법원 2006. 11. 23. 선고 2006허1179 판결

나) 특허발명의 대응구성과 다른 경우

□ 확인대상발명에 의하여 특정된 구성요소만으로 판단하더라도, 확인대상발명이 특허발명의 대응되는 구성과 다른 것으로 인정되어, 확인대상발명 중 일부 불특정된 부분의 보완 여부를 불문하고 확인대상발명이 특허발명의 권리범위에 속하지 않는 것이 명백한 경우에는 확인대상발명은 특정된 것이다.[373)]

▷ 확인대상발명이 특허발명과 대비하여 명백하게 일부 구성요소가 결여되어 있거나 불명확한 경우, 확인대상발명에서 특정된 부분만을 대비하더라도 특허발명의 대응구성과 상이하여 확인대상발명이 특허발명의 권리범위에 속하지 않는다는 점이 명확하게 가려지는 경우에는, 비록 나머지 구성요소 중에서 구체적으로 특정되지 않은 부분이 있다고 하더라도 특정되지 않은 나머지 구성요소가 결과적으로 권리범위에 속하는지 여부에 영향을 미치지 못하게 되는 것이어서 나머지 구성요소를 나아가 대비해 볼 필요도 없이 양 발명이 서로 실질적으로 동일하지 않음이 분명하므로, 확인대상발명은 특정된 것이다.[374)]

3) 특정된 것으로 보지 않는 경우

가) 나머지 구성만으로는 속부를 판단할 수 없는 경우

★□ 확인대상발명의 설명서에 특허발명의 구성요소와 대응하는 구체적인 구성이 일부 적혀 있지 않거나 불명확한 부분이 있더라도, 나머지 구성만으로는 확인대상발명이 특허발명의 권리범위에 속하는지 판단할 수 없는 경우에 한하여 확인대상발명이 특정되지 않은 것으로 보아야 한다.[375)]

나) 서로 양립할 수 없는 구조의 작동원리를 가진 구성이 있는 경우

□ 확인대상발명에 서로 양립할 수 없는 구조의 작동원리를 가진 구성이 포함된 경우에는 확인대상발명은 적법하게 특정된 것으로 볼 수 없다.[376)]

※ 특정된 것으로 본 사례

○ 대법원 2006. 4. 28. 선고 2004후2826 판결

---

373) 특허법원 2009. 7. 16. 선고 2008허6208 판결
374) 권오희, 권리범위확인심판에서의 심판대상물에 관한 고찰, 특허법원 개원 10주년 기념논문집, 특허법원(2008. 2.), 443면
375) 대법원 2012. 11. 15. 선고 2011후1494 판결
376) 특허법원 2013. 7. 26. 선고 2013허1153 판결, 2010. 11. 3. 선고 2010허111 판결

특허발명은 외측덮개와 내측덮개가 원만한 곡률을 이루며 맞물려 있어 수목의 성장방향에 따라 내측덮개를 끼운 그대로 개구부의 방향만을 회전시킬 수 있는 구조적 특징이 있는 반면, 확인대상발명은 내측부재가 말굽(U)형으로서 그 상태대로 회동시키는 것이 불가능하나, 수목이 굵게 성장하는 등 향후의 수목 상태에 따라 내측부재를 선택적으로 탈·부착시킴으로써 내경을 조절할 수 있는 구조적 특징이 있다. 따라서 확인대상발명은 특허발명과 대비할 정도로 구체적으로 특정된 것이다.

○ 특허법원 2017. 2. 17. 선고 2016허6845 판결, 2017. 2. 17. 선고 2016허6845 판결

확인대상발명의 설명에서 원통홈의 형상을 세부적으로 적지 않고 단순히 원통 형상이라고만 적었다고 하더라도 그러한 기재가 확인대상발명의 도면과 모순되는 것은 아닐 뿐만 아니라 그러한 기재만으로도 특허발명과 대비하기에 충분하다.

○ 특허법원 2006. 11. 23. 선고 2006허1179 판결

확인대상발명에서 중앙서버에 등록되는 것이 무엇인지에 따라 확인대상발명이 실시발명과 동일한지, 그리고 확인대상발명이 특허발명의 권리범위에 속하는지에 영향을 미칠 수 있으므로, 확인대상발명은 특허발명과 차이점을 대비할 수 있을 정도로 특정되었다고 할 수 없지만, 그 특정되지 않은 부분을 제외하고 나머지 부분을 특허발명과 대비할 때, 확인대상발명의 나머지 구성 중 일부 구성이 특허발명의 대응 구성과 상이하고 균등관계에 있지도 않으므로, 확인대상발명은 특허발명의 권리범위에 속하지 않는 것으로 특정된 것이다.

○ 특허법원 2005. 8. 25. 선고 2004허8527 판결

특허발명은 '접거나 펼칠 수 있는 투명외피'인데 비하여, 확인대상발명의 설명서에는 이에 대응하는 구성요소가 '비닐류의 외피로서 앞판과 뒷판이 일체로 연결되어 반으로 접을 수 있도록 되어 있고'라고만 적혀 있는바, 특허발명은 '투명한' 외피를 기술내용으로 한정하고 있으나, 확인대상발명은 이에 관한 아무런 언급이 없이 다만 그 재질만을 '비닐류'로 한정하고 있을 뿐이어서, 확인대상발명에서 외피를 이루는 비닐이 '투명한 것'일 때에는 특허발명과 동일하고, '투명하지 않은 것'일 때에는 특허발명과 동일하지 않게 되므로, 결국 위 투명외피에 관하여 확인대상발명은 특허발명과 대비가능하도록 특정되었다고 볼 수 없으나, 확인대상발명은 특허발명의 필수구성요소 중 하나인 '투명외피의 내측에 책의 표지를 끼우기 위한 주머니'를 결여하고 있어, 나머지 구성요소를 나아가 대비해 볼 필요도 없이 양 발명이 서로 실질적으로 동일하지 않음이 명백하므로, 확인대상발명은 특허발명과 대비할 수 있을 정도로 특정된 것이다.

○ 특허법원 2005. 2. 24. 선고 2004허3829 판결

특허발명의 구성요소는 '상기 발광소자의 리드선이 삽입될 수 있으며, 휠의 주행 중 회전시에 적어도 2개 이상의 발광소자의 빛이 서로 겹치지 않고 분리될 수 있도록 각각 소정 간격 이격되어 형성

된 복수개의 홀을 구비하여, 상기 발광소자들을 쉽게 거치시키는 발광소자거치겸회로판을 더 구비' 한 구성인데 비하여, 확인대상발명의 설명서와 도면에도 '반원형의 회로기판에 발광다이오드가 거치될 수 있는 복수개의 홀들이 소정 간격(90°각도)으로 이격되어 형성되어 있는 발광조립체'의 구성이 기재 및 도시되어 있으며, 다만 특허발명의 발광소자거치겸회로판은 휠의 주행 중 회전시에 적어도 2개 이상의 발광소자의 빛이 서로 겹치지 않고 분리될 수 있도록 형성된 것을 특징으로 하고 있는 반면, 확인대상발명의 회로기판은 휠의 회전시에 발광다이오드의 불빛이 서로 겹치지 않고 분리되는지 여부를 명시하고 있지는 않으나, 특허발명의 휠이 회전할 때에 발광소자의 불빛이 서로 겹치지 않고 분리될 수 있도록 발광소자의 형성 위치와 개수를 설계하는 것은 통상의 기술자에게는 자명한 사항이며, 확인대상발명에서 이와 같이 자명한 사항에 관하여 구체적으로 적혀 있지 않더라도 그 구성이 특정되지 않은 것이라고는 볼 수 없으며, 또한 확인대상발명 역시 빛의 분리 여부에 대하여 명시하고 있지는 않으나, 발광휠로서 정상적인 작동하기 위해서는 발광소자의 불빛이 서로 겹치지 않고 분리될 수 있도록 회로기판 상에 발광소자들이 이격되어 거치되어야 함은 자명하다 할 것인바, 확인대상발명은 특허발명의 구성요소와 대비할 수 있을 정도로 특정된 것이다.

※ 특정되지 않은 것으로 본 사례

○ 대법원 2013. 4. 25. 선고 2012후85 판결

특허발명에서의 '미싱기계에 의한 박음질'은 '미싱기계의 바늘이 로프와 그물을 상하로 관통하면서 꿰매는 방식'을 의미한다. 이는 확인대상발명의 '미싱기계에 의하여 오버로크 봉제'되는 구성과 대응되는바, 만약 확인대상발명에서의 오버로크 방식이 실이 그물과 로프를 함께 완전히 감싸는 형태로 결합되는 경우를 지칭하는 것이라면, 특허발명의 '미싱기계에 의한 박음질' 방식과는 결합 형태는 물론 결합력과 바늘 파손의 염려 등 그 작용효과에도 차이가 있어 서로 동일하거나 균등한 구성이라고 할 수 없는 반면에, 그 나머지의 경우들을 지칭하는 것이라면 특허발명과 동일하거나 균등한 구성이라고 볼 여지가 있으므로, 결국 확인대상발명은 특허발명과 대비하여 그 권리범위에 속하는지 여부를 판단할 수 있을 만큼 구체적으로 특정되지 않은 것이다.

○ 특허법원 2017. 2. 7. 선고 2016허3372 판결

확인대상발명의 조성물이 카스포펀진 아세테이트염을 포함하고 있어서 그로부터 해리된 아세테이트 음이온이 아세테이트 완충액을 형성할 수 있는데, 확인대상발명의 설명서에는 조성물 구성성분의 각 함량이나 제조방법 등이 한정되어 있지 않으므로, 확인대상발명의 조성물이 카스포펀진 아세테이트염을 포함하고 있다고 하여 항상 약제학적으로 허용되는 pH를 제공하는 데 유효하고 약제학적으로 허용되는 양의 아세테이트 완충액을 포함하게 될지 명확하지 않다. 따라서 확인대상발명은 약제학적으로 허용되는 pH를 제공하는 데 유효하고 약제학적으로 허용되는 양의 아세테이트 완충

액을 포함하거나 포함하지 않을 수 있고, 그에 따라 제1항 발명의 권리범위에 속하거나 속하지 않을 수 있으므로, 확인대상발명이 특허발명과 대비하여 차이점을 파악할 수 있을 정도로 구체적으로 특정되지 않은 것이다.

○ 특허법원 2016. 12. 15. 선고 2016허1260 판결

특허발명은 '핀과 몸체로 구성됨과 더불어 몸체의 양측에 오링이 구비되고 몸체의 끝에 결합돌기가 형성된 작동핀'으로서 확인대상발명의 '공이'에 대응된다. 그런데 확인대상발명의 설명서에는 '공이'가 본체 내에 삽입되어 작동구에 밀려서 카트리지의 입구를 뚫어준다고만 적혀 있고, 도면에는 공기가 본체 내에 삽입되어 상단의 뾰족한 부분이 노출된 모습만 도시되어 있으므로, 확인대상발명의 '공이'에 '오링 또는 오링처럼 유동홀로 물이 유통되는 것을 방지하기 위한 수단'이 구비되는지 알 수 없다. 따라서 확인대상발명은 특허발명과 관련하여 대비할 수 있을 정도로 구체적으로 특정되지 않은 것이다.

○ 특허법원 2009. 7. 10. 선고 2008허14339 판결

확인대상발명의 설명서 기재와 도면 전체에 의하더라도, 확인대상발명이 집게와 고정핀을 함께 사용하는 것인지 여부, 확인대상발명에 특허발명의 고정봉에 대응되는 구성이 있는지 여부를 확정할 수가 없고, 확인대상발명의 집게 및 고정핀과 개방용로프 및 폐쇄용로프의 연결구조도 불명확하므로, 확인대상발명의 구체적인 구성을 확정할 수가 없다. 따라서 확인대상발명의 설명서 및 도면으로 확인대상발명이 특허발명의 구성요소에 대비하여 그 차이점을 판단함에 필요한 정도로 구체적으로 특정되지 않은 것이다.

○ 특허법원 2008. 8. 12. 선고 2008허446 판결

확인대상발명의 상판이 외통으로부터 돌출되어 형성되는지 여부, 확인대상발명의 뚜껑에 플랜지가 형성되는지 여부를 확정할 수 없고, 어느 쪽으로 확정되는지에 따라 확인대상발명이 특허발명의 권리범위에 속하는지 여부가 결정되므로, 확인대상발명은 특허발명과 대비할 수 있을 정도로 특정되지 않은 것이다.

아. 속부에 대하여 다툼이 없는 경우

1) 심판청구의 이익 부정

가) 속부에 대하여 당사자 사이에 다툼이 없는 경우

□ 확인대상발명이 특허발명의 권리범위의 속부에 관하여 당사자 사이에 다툼이 없는 경우에는 심판청구의 이익이 없는 것이어서 각하되어야 한다.[377)]

377) 대법원 2009. 7. 23. 선고 2008다44085 판결, 2009. 1. 15. 선고 2008다74130, 1991. 3. 27. 선고 90후373 판결, 1991. 2. 26. 선고 90다13857 판결, 특허법원 2021. 11. 19. 선고 2021허2953 판결,

나) 권리범위에 속한다는 점에 대하여 다툼이 없는 경우

□ 적극적 권리범위확인심판에서, 피청구인이 확인대상발명이 특허발명의 권리범위에 속하지 않는다는 점은 다투지 않은 채, 자신은 실시주장발명만을 실시하고 있을 뿐이라고 주장하는 경우에는 확인대상발명이 특허발명의 권리범위에 속하는 것이라는 점에 관하여 당사자 사이에 다툼이 없는 것으로 보아야 하고,[378] 이 경우에는 심판청구의 이익이 없다.

다) 불속이라는 점에 대하여 다툼이 없는 경우

□ 소극적 권리범위확인심판에서, 당사자 사이에 청구인이 현재 실시하고 있는 발명이 특허발명의 권리범위에 속하는지에 관하여만 다툼이 있을 뿐이고, 청구인이 장래 실시예정이라고 주장하면서 심판대상으로 특정한 확인대상발명이 특허발명의 권리범위에 속하지 않는다는 점에 관하여는 아무런 다툼이 없는 경우에는 그러한 확인대상발명에 대하여는 심판청구의 이익이 없다.[379]

▷ 소극적 권리범위확인심판에서, 특허권자가 확인대상발명과 청구인의 실시발명이 다르다고 주장하면서, 확인대상발명이 특허발명의 권리범위에 속하지 않는다는 데 대하여는 다투지 않는 경우에는 심판청구의 이익이 없다고 보고 권리범위 속부에 대하여는 판단하지 않음으로써 민·형사상 악용가능성의 문제점이 해결된 것으로 볼 수 있다.[380]

2) 심판단계에서 다투었으나 소송단계에서는 다투지 않는 경우

□ 피청구인이 권리관계를 다투어 청구인이 권리범위확인심판을 청구하였고 당해 심판에서 피청구인이 권리관계를 다툰 바 있다면, 특별한 사정이 없는 한 심결취소소송

2016. 11. 25. 선고 2016허5057 판결, 2015. 11. 6. 선고 2015허4507 판결, 2015. 11. 6. 선고 2015허4514 판결, 2015. 11. 6. 선고 2015허4521 판결, 2015. 11. 6. 선고 2015허4538 판결, 2010. 9. 10. 선고 2010허2988 판결, 2009. 9. 23. 선고 2008허12098 판결, 2009. 9. 4. 선고 2008허13503 판결, 2003. 5. 23. 선고 2001허4821 판결, 2003. 5. 23. 선고 2002허1171 판결

378) 대법원 1991. 3. 27. 선고 90후373 판결, 서울지법 1992. 5. 29. 선고 90가합95311 판결

379) 대법원 2016. 9. 30. 선고 2014후2849 판결, 특허법원 2021. 11. 19. 선고 2021허2953 판결, 2020. 11. 6. 선고 2019허4154 판결, 2020. 11. 6. 선고 2019허4161 판결, 2020. 11. 6. 선고 2019허4178 판결, 2020. 11. 6. 선고 2019허4185 판결, 2020. 5. 29. 선고 2019허6020 판결, 2020. 1. 16. 선고 2019허5911 판결, 2019. 12. 27. 선고 2019허3519 판결

- 소극적 권리범위확인심판에서 특허권자가 '청구인이 특정한 확인대상발명에 대해서는 특허권 침해를 주장하지 않고 향후 이를 주장할 의사도 없다.'고 진술하고, 청구인이 현재 실시하고 있는 기술에 대해서만 권리범위의 속부에 다툼이 있는 경우에는 심판청구의 이익이 없다(특허법원 2014. 12. 5. 선고 2014허2474 판결).

380) 김정아, 소극적 권리범위확인심판에서의 심판청구의 이익, Law & technology 12권 5호, 서울대학교 기술과법센터(2016. 9.), 101면

에 이르러 피청구인이 권리관계를 다투지 않는다는 사유만으로 확인의 이익이 없다고 할 수 없다.[381)]

▶ 실무는, 당사자 사이의 다툼이 없는 경우를 엄격하게 해석하여 다투지 않는 것이 명백한 경우를 제외하고는 본안심리를 한다. 구체적으로, ① 과거에 다툰 사실이 있으나 다투지 않는다는 의사표시를 한 경우, ② 소극적 권리범위확인심판에서 특허권자로부터 아무런 대응이 없는 경우에는 본안심리를 한다.

※ 다툼이 있다고 본 사례

○ 특허법원 2020. 1. 16. 선고 2019허5911 판결

피청구인은 심판단계에서 심리종결통지 이후 심리재개신청서를 제출하면서, '확인대상발명이 명확하게 특정되지 않아 각하되어야 한다'는 주장과 함께 '확인대상발명에 특허발명의 구성 일부를 그대로 포함하고 있고, 이를 청구인이 실시하고 있으므로, 확인대상발명은 특허발명의 권리범위에 속한다'는 주장을 한 바 있고, 소송단계에 있어서도 '확인대상발명이 앰플 장착 환형 단턱을 명백히 결여하고 있는지에 관하여는 청구인이 아무런 증명이 없다'고 계속적으로 주장하면서 확인대상발명에 대한 다툼을 지속할 의사를 나타내고 있는 것으로 보이는바, 확인대상발명을 둘러싼 당사자들 사이의 다툼은 여전히 존재한다고 봄이 타당하고, 청구인이 향후 확인대상발명을 실시함에 있어 피청구인으로부터 그 권리의 대항을 받는 등의 법적 불안이 존재하지 않는다고 단정하기 곤란하므로, 소극적 권리범위확인심판은 확인의 이익이 있다.

※ 다툼이 없다고 본 사례

○ 대법원 2016. 9. 30. 선고 2014후2849 판결

① 청구인이 특정한 확인대상발명은 약쑥 및 참나무숯을 사용하지 않고 부유물이 부착되지 않은 훈연제로서, 피청구인이 주장하는 청구인 실시제품과는 구성상 차이가 있는 점, ② 청구인은 현재 확인대상발명을 실시하고 있지는 않지만 향후 확인대상발명을 실시할 계획이라고 주장하는 점, ③ 피청구인은 피청구인이 주장하는 청구인 실시제품에 대하여는 청구인에게 경고장을 보내고 형사고소를 하는 등 특허권 침해를 주장하면서 다투고 있는 반면, 확인대상발명에 대하여는 특허권 침해를 주장한 적이 없고, 향후에도 이를 주장할 의사가 없다고 진술한 점 등을 알 수 있는바, 확인대상발명을 심판대상으로 하는 소극적 권리범위확인심판은 확인의 이익이 없다.

○ 대법원 1991. 3. 27. 선고 90후373 판결

피청구인은 청구인이 심판대상으로 삼고 있는 확인대상발명이 특허발명의 권리범위에 속한다는 점

---

381) 대법원 2009. 1. 15. 선고 2008다74130 판결

은 다투지 않은 채, 다만 자신은 확인대상발명과는 그 기술적 구성이 다른 별개의 실시주장발명만을 실시하고 있을 뿐이라고 주장하고 있어, 확인대상발명이 특허발명의 권리범위에 속하는 것이라는 점에 관한 한 청구인과 피청구인 사이에 다툼이 없다고 볼 여지가 있는바, 확인대상발명이 특허발명의 권리범위에 속하거나 속하지 않는 것이라는 점에 관하여 당사자 사이에 다툼이 없는 경우에는, 확인의 이익이 없다.

○ 특허법원 2021. 11. 19. 선고 2021허2953 판결

소극적 권리범위확인심판에서 청구인이 특정한 확인대상발명은 적층막 형성단계, 적층막 이송단계, 합지부 형성단계, 통로부 형성단계, 적층막 커팅단계 순서로 이루어지고, 적층막 이송단계는 차례로 적층된 적층막을 초음파 융착기로 롤러에 의하여 이송시키며, 합지부 형성단계는 적층막의 3개층 테두리가 초음파 가열 및 융착하는 구성으로, 적극적 권리범위확인심판에서 피청구인이 특정한 확인대상발명과 차이가 있다. 피청구인은 이 사건 심결에서 '적극적 권리범위확인심판에서 피청구인이 특정한 확인대상발명이 청구인이 실시한 발명이고, 소극적 권리범위확인심판에서 청구인이 특정한 확인대상발명은 실제로 실시하지 않거나 실시할 가능성이 없는 발명이다.'라고 주장하면서 청구인이 특정한 확인대상발명의 실시 여부에 대하여만 다투었을 뿐, 청구인이 특정한 확인대상발명이 특허발명의 권리범위에 속하지 않는다는 점에 대하여는 다투지 않았다. 피청구인은 청구인이 특정한 확인대상발명에 대하여는 특허권 침해를 주장한 바는 없고, 제1차 변론기일에 '청구인이 특정한 확인대상발명이 특허발명의 권리범위에 속하지 않는다는 점에서는 다툼이 없고, 확인대상발명에 대하여 특허권 침해를 주장하는 것도 아니고 향후에 이를 주장할 의사도 없다.'라고 진술하였다. 따라서 청구인이 심판대상으로 특정한 확인대상발명이 특허발명의 권리범위에 속하지 않는다는 점에 관하여 당사자 사이에 아무런 다툼이 없는 이상, 그러한 확인대상발명을 심판대상으로 하는 소극적 권리범위확인심판은 확인의 이익이 없다.

○ 특허법원 2016. 11. 25. 선고 2016허5057 판결, 2009. 9. 4. 선고 2008허13503 판결

청구인이 제기한 소극적 권리범위확인심판의 심판절차에서 피청구인이 확인대상발명은 특허발명과 구성이 상이하여 그 권리범위에 속하지 않는다고 주장하였던 사실은 당사자 사이에 다툼이 없는바, 심결일 당시에 청구인과 피청구인 사이에 확인대상발명이 특허발명의 권리범위에 속하지 않는다는 점에 대하여 아무런 다툼이 없었다는 것이 되므로, 소극적 권리범위확인의 심판청구는 확인의 이익이 없다.

자. 기타

1) 대비구성의 분해정도

가) 확인대상발명의 실체적 구성을 쉽게 파악할 수 있는 경우

□ 어떤 장치의 일부를 어느 구성에 포함시킬 것인가의 문제는 분류 기준이나 관점, 관

행에 따라 달라질 여지가 많은 것이므로, 확인대상발명의 구성을 특허발명의 어느 구성과 대비할 것인지의 문제와 관계없이 특허발명과 대응되는 확인대상발명의 전체적인 구조와 기능 등 실체적 구성을 통상의 기술자가 쉽게 파악하여 대비할 수 있다면 확인대상발명이 적법하게 특정된 것으로 본다.[382)]

나) 기능상 단위구성이 구비되어 있는지

★□ 확인대상발명이 청구범위에 적힌 필수구성요소 중 일부를 결여하고 있는지를 판단하기 위하여 발명의 구성을 구분함에 있어서 청구범위에 적힌 세부적인 구성단위 전부에 대하여 각각 확인대상발명에 대응 구성요소가 구비되어 있는지를 판단하는 방법을 취할 경우에는 각 구성요소가 유기적으로 결합한 전체로서의 기술사상을 보호할 수 없으므로, 특허발명의 구성을 기능상 단위로 구분한 후 이렇게 구분된 단위구성이 대비되는 발명에 구비되어 있는지를 판단해야 한다.[383)]

▷ 청구범위의 청구항을 큰 구성요소로 나눔에 따라서 구성요소의 숫자가 적어지고, 따라서 청구범위를 지나치게 넓게 해석하게 되는 위험이, 세부구성요소의 의미를 살리는 방향으로 공통요소인 큰 구성요소를 구성함에 따라서 줄어들게 되며, 결과적으로 주변한정주의를 더욱 엄격하게 적용하는 결과가 될 수 있다. 또한 특허발명의 청구항을 구성요소로 어떻게 분해하는가 하는 것은 법률판단의 문제로 법원의 전권에 속하는 것으로 해석하되, 확인대상발명을 어떠한 구성요소로 분해하고 나아가 그것이 청구항의 구성요소와 동일한 것인지 여부는 사실확정의 문제로 보아 당사자에 의한 자백이 허용된다.[384)]

○ 서울고법 2012. 4. 19. 선고 2011나45820 판결

특허발명에 있어서 '풋 스위치'는 그 자체만으로는 쓰레기 투입구 발명에 있어서 독자적인 기능을

---

382) 특허법원 2007. 1. 18. 선고 2006허3663 판결
383) 서울고법 2012. 4. 19. 선고 2011나45820 판결
384) 박성수, 청구범위의 해석에 관한 소고, 법원도서관(2004), 65~67면
• 청구항으로부터 구성요소를 어떻게 합리적으로 분해할 것인가는, 청구범위에는 발명의 구성에 없어서는 안 되는 사항만으로 적힐 것이 요구되는 특허법 규정에 비추어 원칙적으로 청구범위에 적힌 문언을 기준으로 그 내용과 형식(수식어와 피수식어, 쉼표, 독립된 한정사항 등)에 따라 적절히 분할하되, 각 구성요소는 최소한 발명 전체의 작용효과에 직접 기여하기 위하여 독자적으로 수행하고 있는 어떤 기능 또는 작용을 보유할 정도는 되어야 할 것이고, 각 구성요소가 발명 전체의 작용효과에 대한 관계에서 독자적인 기능을 수행하고 있는지 여부는 청구범위의 해석에 관한 원칙(발명의 설명의 참작, 공지기술의 참작, 출원경과의 참작 등)을 참작하여 합리적으로 판단할 수밖에 없다. 그러나 구성요소를 분할함에 있어서는 청구범위를 이루는 문장의 의미 있는 최소단위, 즉 각 수식어들도 작은 구성요소의 하나로 먼저 파악하여 청구항을 나누어 보고 이들이 존재 의미를 최대한 가질 수 있도록 구성요소를 분할하여 재구성하는 것이 옳다(박성수, 청구범위의 해석에 관한 소고, 법원도서관(2004), 63~64면).

할 수 없고, '투입구 문' 및 '안전커버'와 결합하여 '투입구 문과 안전커버의 개폐'라는 기능을 할 수 있으므로 피고 실시제품에 위와 같은 기능상 단위구성이 구비되어 있는지를 살펴보아야 한다. 그런데 피고 실시제품에도 '투입구 문'과 '안전커버'에 대응되는 '투입구 도어'와 '용적제한밸브' 및 이를 개폐하는 기능을 수행하는 구성을 갖추고 있으므로 '풋 스위치'의 결여만으로는 피고 실시제품이 특허발명의 구성요소 중 일부를 결여하여 그 권리범위에 속하지 않는다고 볼 수는 없다.

○ 특허법원 2007. 1. 18. 선고 2006허3663 판결

확인대상발명의 제1 내지 4버퍼부가 특허발명의 소크챔버나 디소크챔버에 속하는 것으로 볼 것인지 또는 테스트챔버에 속하는 것으로 볼 것인지의 문제와 관계없이, 특허발명과 대응되는 확인대상발명의 전체적인 구조과 기능 등 실체적 구성을 통상의 기술자가 쉽게 파악하여 대비할 수 있으므로 확인대상발명은 적법하게 특정된 것이다.

2) 확인대상발명이 자유실시기술에 해당하는 경우

□ 확인대상발명이 자유실시기술에 해당하는 경우에는 특허발명과 대비할 필요도 없이 특허발명의 권리범위에 속하지 않게 되어 권리범위 속부 판단에 아무런 지장이 없으므로, 특허발명의 구성요소와 대응하는 구체적인 구성이 일부 적혀 있지 않거나 불명확한 부분이 있다고 하더라도, 확인대상발명은 특정된 것으로 본다.[385)]

○ 특허법원 2009. 8. 12. 선고 2008허9481 판결

특허발명이 '도광필름을 50~250㎛ 범위의 두께를 갖는 것'으로 한정함으로서, 발광효율을 너무 떨어뜨리지 않으면서 클릭감을 존치시키기 위한 기술적 의미를 가지고 있는 반면, 확인대상발명은 단순히 도광필름을 적고 그 수치범위에 대한 아무런 기재가 없어, 확인대상발명이 구체적으로 특정되어 있다고 볼 수 없지만, 확인대상발명이 자유실시기술에 해당하여 특허발명의 권리범위에 속하지 않음이 명백하므로, 확인대상발명은 특정된 것으로 본다.

○ 특허법원 2006. 6. 29. 선고 2005허8838 판결

확인대상발명은 선행발명과 목적, 구성 및 효과가 유사하여 통상의 기술자가 선행발명에 의하여 쉽게 실시할 수 있는 자유실시기술에 해당하므로, 확인대상발명은 제1항 발명과 대비할 필요 없이 그 권리범위에 속하지 않는다. 그러나 제2항 발명은 제1항 발명의 구성요소 중 연마재의 분말을 화이트 알루미나로 한정하여 구체화한 종속항이고, 제3항 발명은 제1항 발명의 구성요소에 배출홈과 연마부를 합성수지제 베이스의 '양면'에 형성하는 구성을 부가하여 구체화한 종속항인데, 확인대상발명의 설명서에는 제2항 발명의 연마재를 화이트 알루미나로 하는 구성과, 제3항 발명의 베이스 양

385) 특허법원 2012. 10. 11. 선고 2012허2524 판결. 이에 대하여는 비판적인 견해가 있다.

면에 배출홈과 연마부를 형성하는 구성이 적혀 있지 않으므로, 확인대상발명은 제2, 3항 발명과 대비할 수 있을 만큼 구체적으로 특정되었다고 할 수 없다.

○ 특허법원 2006. 5. 11. 선고 2005허2113 판결

확인대상발명은 선행발명에 의하여 쉽게 실시할 수 있는 자유실시기술에 해당하므로, 제1항 발명의 권리범위와 대비할 필요 없이 그 권리범위에 속하지 않는다. 그러나 확인대상발명 설명서에는 제2항 발명에 대응하는 구성이 적혀 있지 않으므로, 확인대상발명은 제2항 발명과 대비할 수 있을 만큼 구체적으로 특정되었다고 할 수 없다.

3) 특허발명의 일부 구성이 공지된 경우

□ 특허발명에서 공지되지 않은 구성요소만을 필수적 구성요소라고 할 수 없으므로, 특허발명의 일부 구성이 공지된 것인지 여부와 관계없이 확인대상발명은 특허발명의 모든 구성요소와 대비할 수 있을 만큼 구체적으로 특정되어야 한다.386)

4) 심판대상물이 변경된 경우

가) 심결 후 정정이 확정된 경우

(1) 적극적 권리범위확인심판

(가) 정정발명을 채택하여 확인대상발명이 특정되었는지 여부 판단

★□ 특허발명의 명세서 또는 도면에 대하여 정정을 한다는 심결이 확정된 때에는 그 정정 후의 명세서 또는 도면에 의하여 특허출원·출원공개·특허결정 또는 심결 및 특허권의 설정등록이 된 것으로 보아야 하므로, 특허심판원의 심결 이후에 정정 심결이 확정되었더라도 정정 심결에 따라 정정된 정정발명을 채택하여 확인대상발명과 대비하여 확인대상발명이 정정발명과 서로 대비할 수 있을 만큼 구체적으로 특정되었는지 여부를 판단해야 한다.387)

(나) 인용심결 이후에 정정된 경우는 심결 취소

□ 적극적 권리범위확인심판의 심결에서는 확인대상발명이 특허발명과 대비할 수 있으므로 특정되었으나, 취소소송단계에서 정정발명에서 구성이 더욱 한정된 경우, 확인대상발명이 정정발명의 한정된 구성과 대응되는 구성을 구비한 것인지 여부를 알 수 없게 되었으므로 확인대상발명은 정정발명과 대비될 수 있을 정도로 특정이 되지 않은 것이므로 심결을 취소한다.388)

386) 특허법원 2016. 12. 15. 선고 2016허1260 판결

387) 특허법원 2014. 7. 10. 선고 2013허4503 판결, 2014. 7. 10. 선고 2013허4510 판결, 2012. 8. 17. 선고 2011허10580 판결

(2) 소극적 권리범위확인심판

(가) 정정발명을 채택하더라도 심결이 위법해지는 것은 아님

★□ 심결취소소송에서 심결의 위법 여부는 심결 당시의 법령과 사실 상태를 기준으로 판단해야 하고, 원칙적으로 심결이 있은 이후 비로소 발생한 사실을 고려하여 판단의 근거로 삼을 수는 없으므로,[389] 확인대상발명이 특허발명과 대비할 수 있도록 특정되었다고 본 심결 이후 정정발명에 추가된 구성과 대비할 수 없더라도 확인대상발명이 특정되었다고 한 심결이 위법해지는 것은 아니다.[390]

(나) 인용심결 이후에 정정된 경우는 심결 유지

□ 소극적 권리범위확인심판의 심결에서 확인대상발명이 특허발명과 대비할 수 있을 정도로 특정되었으나, 취소소송에서는 정정으로 인하여 구성이 추가됨으로써 확인대상발명이 정정발명의 추가된 구성과 대응되는 구성을 구비한 것인지 여부를 알 수는 없더라도 특허의 정정이 심결 이후 비로소 발생한 사유에 해당하므로, 이를 이유로 확인대상발명이 특정되었다고 한 심결이 위법해지는 것은 아니다.[391] 따라서 심결을 그대로 유지한다.

(3) 정정발명을 채택하여 판단하는지

(가) 불속의 심결 이후에 특허가 정정된 경우

(ㄱ) 적극적 권리범위확인심판

★▶ 적극적 권리범위확인심판에서는, 확인대상발명의 특정과 특허의 정정이 모두 특허권자의 책임이므로 그로 인하여 발생하는 확인대상발명의 불특정 문제는 특허권자에게 귀책사유가 있는 것이고, 확인대상발명의 불특정에 책임이 있는 특허권자에게 책임을 지워야 하기 때문에 확인대상발명의 불특정을 이유로 심결을 취소한다.

(ㄴ) 소극적 권리범위확인심판

★▶ 소극적 권리범위확인심판에서는, 확인대상발명의 특정은 청구인의 책임인 반면 특허의

---

388) 특허법원 2014. 7. 10. 선고 2013허4503 판결, 2014. 7. 10. 선고 2013허4510 판결
389) 대법원 2004. 11. 12. 선고 2003후1420 판결, 2002. 4. 12. 선고 99후2211 판결, 특허법원 2022. 6. 9. 선고 2021허4935 판결, 2022. 6. 9. 선고 2021허4942 판결, 2022. 6. 9. 선고 2021허4959 판결, 2020. 6. 4. 선고 2019허5409 판결, 2018. 11. 15. 선고 2018허2687 판결, 2015. 4. 10. 선고 2014허6469 판결, 2014. 4. 11. 선고 2013허7434 판결, 2014. 4. 11. 선고 2014허10 판결, 2012. 4. 13. 선고 2011허9566 판결, 2012. 2. 17. 선고 2011허8853 판결
390) 특허법원 2018. 11. 15. 선고 2018허2687 판결, 2007. 10. 5. 선고 2007허647 판결, 2007. 1. 19. 선고 2006허4406 판결, 2007. 1. 19. 선고 2006허4413 판결
391) 특허법원 2018. 11. 15. 선고 2018허2687 판결

정정은 특허권자의 책임이므로 그로 인하여 발생하는 확인대상발명의 불특정 문제는 특허권자에게 귀책사유가 있는 것이고, 확인대상발명의 불특정에 책임이 없는 청구인에게 책임을 지워서는 안 되기 때문에 확인대상발명의 불특정을 이유로 심결을 취소하지 않는다.392)

(나) 권리범위에 속한다는 심결 이후에 특허가 정정된 경우

★▶ 권리범위확인심판에서, 확인대상발명이 특허발명의 권리범위에 속한다는 심결 이후에 특허가 정정된 경우에는 심결취소소송에서 확인대상발명의 특정 여부를 살필 때 당연히 정정발명을 채택하여 판단해야 한다. 그 이유는 심결 이후에 특허가 정정된 경우에는 그에 따른 불이익은 정정의 귀책사유가 있는 특허권자가 부담해야 하기 때문이다.

(다) 본안에서는 정정된 특허발명 채택

▶ 권리범위확인심판의 심결 이후에 특허가 정정된 경우, 본안 판단에서는 정정된 특허를 채택하여 확인대상발명과 대비해야 한다.

○ 특허법원 2018. 11. 15. 선고 2018허2687 판결

확인대상발명의 설명서에는 확인대상발명의 구성이 정정 전 특허발명의 구성에 서로 대비될 수 있을 정도로 구체적으로 특정되어 적혀 있음을 알 수 있고, 확인대상발명의 설명서에 봉합사 지지체의 모양과 봉합사에 형성된 미늘의 형태, 봉합사와 봉합사 지지체 간의 결합관계와 같은 추가 구성이 구체적으로 특정되어 있지 않더라도, 정정 전 특허발명과 대비할 수 있을 만큼 확인대상발명을 특정함에 있어 추가 구성은 확인대상발명의 설명서에 적힐 필요가 없었으므로, 심결은 심결 당시를 기준으로 할 때 확인대상발명이 특허발명과 대비될 수 있을 정도로 구체적으로 특정되어 있어 심판청구가 적법하다고 판단하였다. 그런데 심결 이후 피청구인이 추가 구성을 특허발명의 청구범위에 포함하는 것으로 정정하는 내용의 정정심판청구를 하였고, 이를 인용하는 특허심판원의 심결이 확정됨에 따라 결과적으로 추가 구성에 관하여 아무런 기재가 없는 확인대상발명이 정정된 특허발명에 대비될 수 있을 정도로 구체적으로 특정되지 못하게 되었다. 그러나 이는 심결 이후 비로소 발생한 사유에 해당하고, 그로 인하여 특허심판원이 청구인에게 확인대상발명의 설명서 및 도면에 대한 보정을 명하는 등의 조치를 취할 수도 없었으므로, 이를 이유로 심결 당시를 기준으로 심판청구가 적법하다고 판단한 심결이 위법하다고 할 수는 없다.

○ 특허법원 2005. 10. 28. 선고 2003허3587 판결, 2005. 10. 28. 선고 2005허1264 판결

특허발명의 명세서 중 청구범위는 심결 후 특허심판원의 2004. 7. 28.자 2003당2378호 심결에 의하여 정정되었고 그 심결은 같은 해 8. 4. 확정되었는데, 결국 이 법원으로서는 정정 후의 특허발명

392) 결과적으로 특허가 정정되었더라도 확인대상발명이 특허발명의 권리범위에 속하지 않는다는 점에서는 변화가 없으므로, 청구를 인용한 심결이 그대로 유지되어야 할 필요가 있기 때문이다.

을 기준으로 확인대상발명이 그 권리범위에 속하는지 여부를 심리해야 한다.

나) 심결 전에 보정이나 정정이 있었던 경우

(1) 보정이나 정정 후의 청구범위를 기초로 심리 · 판단

□ 특허발명의 내용은 보정서나 정정명세서대로 확정되는 것이므로,[393] 특허발명의 출원절차에서 청구범위에 적법한 보정이 이루어졌거나 등록 이후에 정정이 이루어졌다면 특허심판원은 그 권리범위에 확인대상발명이 속하는지 여부를 심리 · 판단함에 있어, 보정이나 정정된 후의 청구범위를 기초로 심리 · 판단해야 한다.[394]

(2) 보정이나 정정 전 특허발명을 채택한 심결은 위법

□ 특허발명이 보정되었거나 정정되었음에도 불구하고, 보정이나 정정 전의 특허발명을 기준으로 확인대상발명의 특정 여부나 권리범위의 속부를 판단한 경우에는 심판대상물을 잘못 채택한 것이어서 당연히 부적법한 것이고, 심결의 결과는 보정이나 정정된 특허발명에는 미치지 않는다.[395]

(3) 보정이나 정정 전후 특허발명이 실질적으로 동일한 경우

(가) 보정이나 정정 전 특허발명을 채택한 것만으로는 심결취소사유 아님

□ 보정이나 정정 후 특허발명이 보정이나 정정 전 특허발명과 구성 자체는 변경된 것이 없고 단지 표현을 보다 간명하게 한 것에 불과한 경우에는, 심결에서 보정이나 정정 후 특허발명에 대하여 실질적으로 심리 · 판단하였다면 단지 심결에서 그 심판대상을 보정이나 정정 전 특허발명으로 적었다는 사유만으로는 이를 이유로 심결을 취소하지는 않는다.[396]

(나) 보정이나 정정 전 특허발명을 대상으로 한 심결은 그 자체로 위법

□ 보정이나 정정 전의 특허발명을 심판대상으로 한 심결에 대하여 보정이나 정정 전후

---

393) 특허법원 2004. 8. 27. 선고 2003허4870 판결

394) 특허법원 2006. 6. 1. 선고 2005허3857 판결
 • 후출원 특허발명이 정정된 경우, 확인대상발명과 후출원 특허발명이 동일한 것인지 여부는 정정된 후출원 특허발명을 대상으로 실체 판단을 하여야 하는 것임에도 불구하고, 정정 전 후출원 특허발명을 대상으로 잘못 선택한 심결은 위법하다(특허법원 2011. 11. 10. 선고 2011허1258 판결).

395) 특허법원 2010. 7. 2. 선고 2010허2483 판결, 2006. 6. 1. 선고 2005허3857 판결, 2004. 5. 21. 선고 2003허3273 판결
(같은 취지) 대법원 2003. 2. 26. 선고 2001후1617 판결, 1992. 6. 26. 선고 91후1823 판결, 특허법원 2009. 9. 4. 선고 2008허13121 판결, 2006. 8. 3. 선고 2005허5693 판결, 2001. 4. 20. 선고 2000허5056 판결

396) 특허법원 2010. 9. 1. 선고 2009허8294 판결, 2006. 8. 3. 선고 2005허5693 판결

의 내용이 실질적으로 동일하다는 사유만으로 심결을 취소할 정도의 위법이 있지 않다고 하는 해석은 사실상 보정이나 정정에 대한 판단을 생략하는 상태를 용인하여 보정이나 정정의 제도적 의의를 잠탈하는 결과를 초래할 수 있으므로, 보정이나 정정 전 특허발명을 대상으로 한 심결은 그 자체로 위법하다.[397]

(다) 심결취소송에서는 보정이나 정정 후 특허발명을 심리대상으로 심리

□ 특허발명이 보정이나 정정되었음에도 불구하고 보정이나 정정 전 특허발명을 대상으로 삼아 심결하였더라도 보정이나 정정 후 청구범위가 보정이나 정정 전 청구범위와 동일한 경우에는, 심결취소소송에서는 보정이나 정정 후 청구범위를 심리대상으로 삼아 심결의 적법 여부를 가릴 수 있다.[398]

다) 보정 전 확인대상발명을 채택하여 심결한 경우

▶ 확인대상발명이 보정되었음에도 불구하고, 보정 전의 확인대상발명을 채택하여 확인대상발명의 특정 여부나 권리범위의 속부를 판단한 경우에도 심판대상물을 잘못 채택한 것이어서 당연히 부적법한 것이고, 심결의 결과는 보정된 확인대상발명에는 미치지 않는다.

5 사례별 검토

가. 제네릭 의약품

1) 적극적 권리범위확인심판

가) 확인의 이익이 있는 경우

(1) 생동성 시험을 마치고 품목허가 후 약가등재까지 마친 경우

□ 제네릭 의약품 제조업자가 제네릭 의약품에 대한 생동성 시험을 마치고 이에 관한 자료를 제출하여 확인대상발명 의약품에 대하여 식약처로부터 품목허가를 받아 내고 나아가 약가등재까지 마쳤다고 해서, 곧바로 제네릭 의약품이 오리지널 의약품의 권리범위에 속한다고는 할 수 없으므로 청구인은 적극적 권리범위확인심판을 청구할 이익이 있다.[399]

(2) 제네릭 의약품에 대하여 품목허가와 약가등재를 받은 경우

□ 특허발명의 존속기간이 만료되기 과도하게 빠른 시점에서 제네릭 의약품에 대하여 품목허가와 약가등재를 받은 경우에는 이에 대하여 적극적 권리범위확인심판을 청

397) 특허법원 2006. 6. 23. 선고 2005허7903 판결
398) 특허법원 2005. 5. 13. 선고 2004허5573 판결
399) 특허법원 2008. 12. 30. 선고 2008허4936 판결, 2008. 12. 30. 선고 2008허4943 판결, 2008. 12. 30. 선고 2008허5168 판결, 2008. 12. 30. 선고 2008허5175 판결, 2008. 12. 30. 선고 2008허4950 판결

구할 이익이 있다.[400]

(3) 제네릭 의약품에 대한 생동성 시험을 마치고 품목허가를 받은 경우

□ 확인대상발명인 제네릭 의약품에 대한 생동성 시험을 마치고 식약처로부터 품목허가를 받음으로써 확인대상발명을 변경하지 않고 그대로 제조·판매할 것임이 명백하고, 다만 확인대상발명을 제조·판매할 시기가 문제될 뿐인 경우에는 적극적 권리범위확인심판청구의 이익이 있다.[401]

나) 확인의 이익이 없는 경우

(1) 생동성 시험을 하면서 시험약 생산행위

□ 제네릭 의약품 제조업자가 식약처에 제네릭 의약품에 대하여 조건부 허가신청을 하고 생동성 시험을 하면서 그 시험약을 생산한 행위는 특허침해행위로 볼 수 없으므로 이에 대한 적극적 권리범위확인심판은 확인의 이익이 없다.[402]

(2) 생동성 시험 후 남은 시험약 보관행위

□ 생동성 시험을 하면서 시험약을 생산하고, 그 연장으로서 생동성 시험 후 남은 시험약을 보관하는 행위에 대하여 적극적 권리범위확인심판을 구하는 것은 침해를 구성하지 않는 행위에 대한 것이므로 확인의 이익이 없다.[403]

○ 특허법원 2008. 12. 30. 선고 2008허4936 판결, 2008. 12. 30. 선고 2008허4950 판결

원고는 확인대상발명에 대한 생동성 시험을 마치고 식약처로부터 품목허가를 받음으로써 확인대상발명을 변경하지 않고 그대로 제조·판매할 것임이 명백하고, 다만 확인대상발명을 제조·판매할 시기가 문제될 뿐이므로, 장래 실시할 제품이 특정되고 특허기간 만료 전에 실시할 개연성을 배제할 수 없는 경우에는 적극적 권리범위확인심판청구의 확인의 이익이 있다.

2) 소극적 권리범위확인심판

가) 제조·판매품목허가 대상인 의약품과 다른 경우

□ 확인대상발명이 제조·판매품목허가 대상인 의약품과 동일한 경우에만 실시가능성이

---

400) 특허법원 2008. 12. 30. 선고 2008허4936 판결, 2008. 12. 30. 선고 2008허4943 판결, 2008. 12. 30. 선고 2008허5168 판결, 2008. 12. 30. 선고 2008허5175 판결, 2008. 12. 30. 선고 2008허4950 판결

401) 특허법원 2008. 12. 30. 선고 2008허4936 판결, 2008. 12. 30. 선고 2008허4943 판결, 2008. 12. 30. 선고 2008허5168 판결, 2008. 12. 30. 선고 2008허5175 판결, 2008. 12. 30. 선고 2008허4950 판결

402) 특허법원 2008. 12. 30. 선고 2008허4936 판결, 2008. 12. 30. 선고 2008허4943 판결, 2008. 12. 30. 선고 2008허5168 판결, 2008. 12. 30. 선고 2008허5175 판결, 2008. 12. 30. 선고 2008허4950 판결

403) 특허법원 2008. 12. 30. 선고 2008허4936 판결, 2008. 12. 30. 선고 2008허4943 판결, 2008. 12. 30. 선고 2008허5168 판결, 2008. 12. 30. 선고 2008허5175 판결, 2008. 12. 30. 선고 2008허4950 판결

있다고 볼 수도 없고, 확인대상발명과 제조·판매품목 허가의 대상이 되는 의약품이 상이한 것은 허가 과정의 심사를 통해 밝힘으로써 부당한 품목허가를 막아야 하는 것이지 의약품에 한정하여 실시가능성에 대한 특별히 엄격한 기준을 요구할 수 없으므로, 제조·판매품목허가의 대상이 되는 의약품과 확인대상발명이 동일한 것이어야만 확인의 이익이 있다고 할 수는 없다.404)

Ⅲ. 확인대상발명의 보정

1 특정이 미흡한 경우의 조치

가. 확인대상발명의 제대로 특정되지 않은 경우

1) 특정이 미흡한 경우의 처리방법

가) 보정이 가능한 사항에 대하여는 보정명령

□ 확인대상발명의 특정에 미흡한 점이 있다 하더라도, 심판절차에서 확인대상발명의 설명서 및 도면에 대한 보정이 가능한 사항에 대하여는 최초 청구에 대한 특정을 촉구하여 그 보정을 명해야 한다.405)

나) 보정명령 없이 심판청구각하는 위법

□ 확인대상발명이 제대로 특정되어 있지 않은 경우라 하더라도 청구인에게 그 보정을 명하지도 않은 채 곧바로 심판대상이 특정되지 않았다는 이유로 심판청구를 각하하는 것은 위법하다.406)

다) 보정명령 없이 본안에 나아가 속부 판단은 위법

□ 확인대상발명이 불명확하여 특허발명과 대비대상이 될 수 있을 정도로 구체적으로 특정되어 있지 않음에도 불구하고, 아무런 보정명령 없이 본안에 나아가 권리범위의

---

404) 특허법원 2022. 9. 1. 선고 2021허3697 판결, 2022. 9. 1. 선고 2021허3703 판결, 2022. 9. 1. 선고 2021허3710 판결, 2019. 2. 15. 선고 2018허3819 판결, 2017. 5. 26. 선고 2016허4818 판결

405) 대법원 1994. 5. 24. 선고 93후381 판결, 특허법원 2007. 11. 23. 선고 2007허4816 판결, 2006. 10. 20. 선고 2006허1438 판결

406) 특허법원 2016. 10. 21. 선고 2016허2850 판결, 2004. 9. 10. 선고 2003허5538 판결, 2004. 9. 10. 선고 2003허6531 판결

속부를 판단하는 것은 위법하므로, 심결이 취소되어야 한다.[407]

라) 부적법한 심판청구로서 애초부터 그 흠결을 보정할 수 없는 경우

□ 부적법한 심판청구로서 애초부터 그 흠결을 보정할 수 없는 때에는 청구인에게 보정요구를 하지 않고서도 심판청구를 각하할 수 있다.[408] 그러나 이 경우에도 청구인에게 보정기회를 부여한 후에 각하 여부를 판단하는 것이 일반적이다.[409]

2) 특정이 미흡한 경우의 특허심판원의 조치사항

가) 특허발명과 대비할 수 있을 정도로 구체적으로 특정되지 않은 경우

□ 확인대상발명이 불명확하여 특허발명과 대비대상이 될 수 있을 정도로 구체적으로 특정되어 있지 않다면, 특허심판원으로서는 ① 요지변경이 되지 않는 범위 내에서 확인대상발명의 설명서 및 도면에 대한 보정을 요구하는 조치를 취해야 하며, ② 그러한 조치를 취했음에도 불구하고 보정을 하지 않거나 확인대상발명이 여전히 구체적으로 특정되어 있지 않은 경우에는 그 심판청구는 부적법하므로 각하해야 한다.[410]

나) 확인대상발명의 일부 구성요소가 선택적으로 적힌 경우

□ 적극적 권리범위확인심판에서 확인대상발명의 일부 구성요소가 선택적으로 적힌 경우에도 특허심판원으로서는 보정을 요구하여 피청구인이 실시하고 있는 부분을 구체적으로 특정하도록 하여야 하고, 그러한 조치에도 불구하고 보정되지 않은 때에는 확인대상발명을 실시하고 있지 않은 것이라는 이유로 심판청구를 각하해야 한다.[411]

▶ 확인대상발명이 제대로 특정되지 않은 경우에 심판장은 기간을 정하여 그 보정을 명해야 하고 지정기간 내에 보정을 하지 않거나 보정이 요지변경에 해당하는 경우에는 이를 각하해야 하므로,[412] 확인대상발명의 특정에 미흡한 점이 있는 경우에 보정의 기회를 부여하지도 않은 채 선불리 흠결을 보정할 수 없다고 판단하는 것은 청구인에게 보

---

407) 대법원 2001. 8. 21. 선고 99후2372 판결
 • 제3장, V.6.가. '각하해야 할 심판청구를 기각한 경우' 참조
408) 대법원 2000. 11. 14. 선고 98후2351 판결, 특허법원 1999. 2. 11. 선고 98허1198 판결
409) 대법원 2004. 11. 12. 선고 2002후2822 판결
410) 대법원 2013. 4. 25. 선고 2012후85 판결, 2006. 11. 23. 선고 2005후25 판결, 2005. 9. 29. 선고 2004후486 판결, 2005. 4. 29. 선고 2003후656 판결, 2004. 2. 13. 선고 2002후2471 판결, 2001. 8. 21. 선고 99후2372 판결, 2001. 8. 21. 선고 99후2389 판결, 특허법원 2022. 9. 15. 선고 2021허6474 판결, 2020. 6. 4. 선고 2020허1175 판결, 2020. 4. 24. 선고 2019허6402 판결, 2019. 11. 22. 선고 2019허4703 판결, 2019. 2. 22. 선고 2018허3482 판결, 2018. 11. 15. 선고 2018허2687 판결
411) 특허법원 2007. 4. 12. 선고 2006허2486 판결
412) 대법원 2000. 11. 14. 선고 98후2351 판결

정기회를 박탈할 우려가 있으므로, 보정에 의해서도 흠결을 치유할 수 없는 경우가 명백하지 않은 한 원칙적으로는 보정요구를 한 다음 그 이후에도 여전히 특정이 미흡하다고 판단되는 경우에만 각하해야 한다.

○ 대법원 2000. 11. 14. 선고 98후2351 판결

청구인이 현수막에 관한 특허발명에 대한 소극적 권리범위확인심판을 청구하면서 심판청구서에 첨부한 확인대상발명의 도면에서 부호 1을 일반천막이라고 표기한 것은 현수막 몸체의 재질을 나타내는 것이지, 확인대상발명의 대상물품 자체가 일반천막임을 표시하는 것은 아님이 분명하므로, 권리범위확인심판청구가 특허발명과 대상물품을 달리하는 일반천막을 확인대상발명으로 하여 심판을 청구한 것이어서 보정할 수 없는 흠결을 가진 부적법한 청구라고는 볼 수 없다. 따라서 심판절차에서 심판청구를 심결로써 각하하지 않고 보정을 명하여 확인대상발명의 구성을 명확하게 한 후 그 보정된 확인대상발명을 대상으로 심결을 한 것은 적법하다.

○ 특허법원 2018. 8. 24. 선고 2018허1301 판결

특허심판원으로서는 청구인이 특정한 확인대상발명이 청구인이 실제 실시발명과 다름을 지적하여 이를 보정할 수 있는 기회를 부여해야 하고, 청구인이 그러한 기회를 제공받았음에도 이를 보정하지 않았다면 장차 위와 같이 잘못 특정된 확인대상발명이 특허발명의 권리범위에 속하지 않는다는 심결이 확정되더라도 그 기판력이 확인대상발명과 다른 청구인이 실제 실시발명에 미친다고 볼 수 없으므로 이를 각하해야 한다.

○ 특허법원 2004. 9. 10. 선고 2003허5538 판결, 2004. 9. 10. 선고 2003허6531 판결

피청구인은, 청구인이 확인대상발명에 대한 보정을 한다고 하더라도 헬리컬 기어 및 스퍼어 기어의 구동연결 관계를 새로 특정하는 것은 당초 확인대상발명의 요지를 벗어나는 것인 이상, 확인대상발명의 흠결은 보정에 의하여 치유될 수 없는 것이므로, 청구인에게 보정의 기회를 부여하지 않은 심결이 위법한 것은 아니라고 주장하나, 청구인이 현실로 확인대상발명을 보정하지 않은 이상, 장차 청구인이 하게 될 보정이 요지변경이 될 것이라고 미리 단정할 수는 없는 것이고, 가사 청구인이 보정에 의하여 확인대상발명에 있어서의 헬리컬 기어 및 스퍼어 기어의 연결구동관계를 구체적으로 특정한다고 하더라도, 위와 같은 보정은 심판청구서에 첨부된 확인대상발명의 도면 및 설명서에 표현된 구성의 불명확한 부분을 구체화한 것에 지나지 않아서 심판청구의 전체적 취지에 비추어 볼 때 확인대상발명의 동일성이 유지된다고 볼 수도 있으므로, 특허심판원으로서는 청구인에게 확인대상발명의 도면 및 설명서에 대한 보정을 명하였어야 함에도, 이러한 보정을 명함이 없이 곧바로 청구인의 권리범위확인심판청구를 각하한 심결은 위법하다.

○ 특허법원 2001. 5. 11. 선고 2000허3302 판결

청구인이 제출한 명세서 및 도면에 의하여 확인대상발명의 기술구성을 구체적으로 특정할 수 없어 특허발명과의 대비가 불가능한 경우에는, 특허심판원의 심판장은 기간을 정하여 그 흠결의 보정을

명하고 보정명령을 받은 자가 지정된 기간 내에 흠결을 보정하지 않은 경우에는 결정으로 심판청구서를 각하해야 하며, 부적법한 심판청구로서 그 흠결을 보정할 수 없는 때에는 심결로써 이를 각하해야 한다.

나. 보정기회를 부여하지 않고 확인대상발명에 대하여 심결한 경우

□ 특허심판원이 확인대상발명을 보정할 기회를 부여해야 함에도, 그러한 기회를 부여함이 없이 실제 실시발명과 다른 확인대상발명에 대하여 심결을 하였다면, 그러한 심결은 심판대상이 아닌 발명을 심판한 잘못이 있어 위법하고, 이후 그 심결취소소송절차에서 사후적으로 심결에서 승소한 일방 당사자가 위 확인대상발명에 관하여도 확인을 구할 의사가 있다는 의사를 표시하였다고 하여 그 하자가 치유된다고 볼 수도 없다.[413)]

다. 심판청구에 흠결이 있음에도 심판을 각하하지 않고 심결한 경우

□ 심판청구에 흠결이 있더라도 일정한 경우에는 그 보정의 기회를 주고 심리절차를 진행시킬 수도 있는 것이므로, 심판을 각하하지 않은 채 청구인에게 답변서 제출기회를 부여하고 절차를 진행시켰다고 하여 확인대상설명서가 특정된 것이라고 볼 수는 없다.[414)]

라. 침해금지가처분과 침해소송

□ 침해금지가처분과 침해소송에서 확인대상발명이 특정되지 않았거나 허위로 특정되었을 경우에는 가처분신청이나 소를 기각할 뿐, 가처분신청이나 소가 부적법하다는 이유로 각하하지는 않는다.[415)]

2 보정가능시기

가. 심판단계

1) 요지변경 않는 범위 내에서 보정 허용

□ 확인대상발명은 심판단계에서는 그 요지를 변경하지 않는 범위 내에서 보정할 수 있

413) 특허법원 2018. 8. 24. 선고 2018허1301 판결
414) 특허법원 2001. 1. 5. 선고 2000허600 판결
415) 수원지법 2003. 5. 16. 선고 2002카합173 판결
(같은 취지) 대법원 1989. 6. 27. 선고 87다카2478 판결, 대전고법 2021. 5. 27. 선고 2020나16066 판결, 특허법원 2018. 11. 8. 선고 2017나2370 판결, 부산지법 2010. 5. 7. 선고 2010나2654 판결

다.[416)]

2) 적극적 권리범위확인심판에서는 더 넓은 범위의 보정 허용

□ 권리범위확인심판에서 심결이 내려지기 전까지는 확인대상발명의 정확한 특정을 위하여 비교적 넓은 범위의 보정이 허용되고, 특히 적극적 권리범위확인심판에서는 그보다 더 넓은 범위의 보정도 허용된다.[417)]

나. 소송단계

1) 원칙적 불허

가) 소송단계에서는 보정 불허

□ 확인대상발명에 대한 보정은 심판절차에서만 가능할 뿐, 소송단계에 이르러서는 허용되지 않는다.[418)]

○ 소송단계에서 확인대상발명의 보정은 원칙적으로 허용되지 않고, 다만 심판절차에서와는 달리 명백한 오기를 정정하는 경우에 한하여 발명의 동일성이 그대로 유지되는 범위 내에서 허용된다.[419)]

▷ 적극적 권리범위확인심판을 청구하는 권리자는 무엇보다도 상대방이 실시하는 확인대상발명의 기술내용을 정확하게 파악하는 것이 중요하다. 침해소송에서는 항소심단계에서도 원칙적으로 청구의 기초의 동일성을 해하지 않는 범위 내에서 소변경이 가능하므로 상대방이 현실적으로 실시하는 기술내용을 제대로 반영하여 판결의 대상으로 삼을 수 있지만, 특허심판원의 권리범위확인심판과 특허법원의 심결취소소송 사이에는 심급으로서의 연결이 차단되어 있으므로 심결시까지 적법한 보정을 통하여 상대방이 실시

---

416) 특허법원 2012. 4. 13. 선고 2011허9566 판결, 1999. 12. 10. 선고 99허2242 판결, 1999. 2. 11. 선고 98허1198 판결

417) 특허법원 2013. 1. 24. 선고 2011허11668 판결

418) 대법원 2013. 4. 25. 선고 2012후85 판결, 2005. 4. 29. 선고 2003후656 판결, 2001. 8. 21. 선고 99후2372 판결, 2001. 8. 21. 선고 99후2389 판결, 특허법원 2011. 5. 27. 선고 2010허8399 판결, 2007. 10. 5. 선고 2007허647 판결, 2006. 12. 14. 선고 2006허5263 판결, 2005. 10. 28. 선고 2003허3587 판결, 2005. 8. 26. 선고 2005허148 판결, 2001. 5. 11. 선고 2000허3302 판결, 1999. 8. 12. 선고 99허2204 판결, 1999. 7. 8. 선고 98허6452 판결

419) 특허법원 2021. 12. 17. 선고 2021허1653 판결, 2020. 11. 20. 선고 2020허1342 판결, 2020. 10. 16. 선고 2019허8972 판결, 2018. 8. 24. 선고 2018허1301 판결, 2017. 12. 1. 선고 2017허3676 판결, 2014. 11. 7. 선고 2014허2177 판결, 2014. 10. 31. 선고 2014허3576 판결, 2013. 2. 8. 선고 2012허6335 판결, 2013. 1. 24. 선고 2011허11668 판결, 2012. 9. 6. 선고 2012허2791 판결, 2012. 8. 17. 선고 2012허962 판결, 2012. 8. 17. 선고 2012허1484 판결, 2011. 6. 9. 선고 2010허6300 판결, 2011. 5. 12. 선고 2010허5611 판결, 2010. 8. 12. 선고 2010허661 판결

하는 기술내용이 확인대상발명의 설명서와 도면에 제대로 반영되지 않았다면 이를 소송단계에서 보정할 수는 없다.[420]

나) 동일성 없는 다른 확인대상발명으로 변경하는 보정 불허

□ 심결취소소송에서는 심결의 위법 여부를 판단하는 것이고, 이처럼 심결의 위법 여부를 판단하기 위해서는 그 심결에서 판단대상이 되었던 확인대상발명이 심결취소소송절차에 있어서도 동일성을 그대로 유지하고 있어야 할 것이므로, 취소소송절차에서 심결에서 판단대상이 되었던 확인대상발명과 동일성이 없는 다른 확인대상발명으로 변경하는 보정은 허용될 수 없다.[421]

2) 청구취지 변경신청 불허

□ 청구인이 심결취소소송절차에서 심결취소를 구하는 이외에 새롭게 추가된 확인대상발명의 권리범위확인 여부에 대한 판결을 구하는 청구취지 변경신청은 허용될 수 없다.[422]

▶ 청구취지를 변경하게 되면 청구 자체를 변경하는 것이 되므로, 소송단계에서는 실질적인 의미의 확인대상발명의 보정은 불가능하다고 보아야 하고, 실무적으로도 소송단계에서는 보정을 허용하지 않는다. 따라서 소송단계에서 확인대상발명이 특정되지 않은 것으로 판단되는 경우에는 심판청구가 그 자체로 부적법한 것이므로 별도로 확인대상발명의 보정기회를 부여하지는 않는다.

3) 보정 불허 이유

가) 심결전치주의 소송요건 흠결

□ 소송단계에서 확인대상발명의 보정을 허용하지 않는 이유는, 확인대상발명은 심결취소소송의 목적물인데 만일 그 목적물을 확인대상발명과 동일성이 없는 다른 발명으로 변경한다면 소송물이 변경되는 셈이 되어 별개의 소가 되므로, 결국 특허심판원의 심판절차를 경유하지 않고 심리하는 것이 되어 심결전치주의에 반하기 때문이다.[423]

나) 청구취지의 동일성 훼손

□ 확인대상발명은 청구취지의 일부로서 주문을 구성하는 것이므로, 소송단계에 이르러 대비되는 확인대상발명을 보정하여 그 동일성을 훼손하는 것은 심결의 주문을 사후

---

420) 유영일, 특허재판실무편람, 특허법원(2002), 157~158면
421) 특허법원 2008. 3. 27. 선고 2007허4939 판결
422) 특허법원 2007. 4. 12. 선고 2006허107 판결
423) 특허법원 2020. 11. 20. 선고 2020허1342 판결, 2018. 8. 24. 선고 2018허1301 판결, 2014. 10. 31. 선고 2014허3576 판결, 2008. 1. 3. 선고 2007허2636 판결, 1999. 3. 25. 선고 98허6162 판결

에 임의로 변경하는 것과 다름없어서 허용될 수 없다.[424)]

다) 소송물의 변경

□ 적극적 권리범위확인심판에서 확인대상발명을 보정한 경우, 심결취소소송의 소송물은 보정된 확인대상발명임에도 불구하고 소송단계에 이르러 청구인이 소송의 목적물인 심결 당시의 보정된 확인대상발명이 실시주장발명과 상이하다거나 특정되지 않았다고 주장하는 것은, 사실상 소송물을 최초 확인대상발명으로 변경하고자 하는 것으로서 적극적 권리범위확인심판의 심결 및 그에 대한 취소소송의 관계에 비추어 허용되지 않는다.[425)]

○ 특허법원 2021. 12. 17. 선고 2021허1653 판결

청구인은 소송절차에 이르러 준비서면의 제출로써 확인대상발명의 설명서 및 도면에 리브, 경계선 등의 구성과 기능을 추가하는 보정을 하였다. 그러나 이러한 보정이 확인대상발명의 구성과 기능을 추가하는 것에 해당하여 단순히 명백한 오기를 바로잡는 정도를 벗어났을 뿐 아니라, 확인대상발명의 구성 등을 사실상 특허심판원에서의 심판절차에서와는 다른 새로운 내용으로 변경하는 것에 해당하므로, 소송절차에서 한 확인대상발명의 보정은 허용될 수 없다.

3 보정의 판단방법

가. 보정의 의의

1) 보정의 개념

□ 보정이란 확인대상발명의 설명서 및 도면에 흠결이 있거나 불비한 점이 있는 경우에 이를 명료하게 정정하여 확인대상발명의 설명서 및 도면의 명확화를 기하기 위한 것을 말한다.[426)]

2) 요지를 변경할 수 없게 되는 보정의 제한

□ 확인대상발명의 보정은 설명서 및 도면의 보완을 통하여 이루어지는데, 확인대상발명의 설명서 및 도면은 청구취지의 일부이므로, 그 변경은 심판청구서의 청구취지의 변경에 해당하여 요지를 변경할 수 없게 되는 일정한 제한이 따르게 된다.[427)]

---

424) 특허법원 2013. 1. 24. 선고 2011허11668 판결
425) 특허법원 2014. 11. 7. 선고 2014허2177 판결
426) 대법원 1997. 9. 30. 선고 96후2302 판결, 1995. 5. 12. 선고 93후1926 판결, 1989. 2. 28. 선고 86후113 판결, 서울지법 2001. 3. 23. 선고 98가합9965 판결
427) 특허법원 2018. 6. 28. 선고 2017허7302 판결, 2016. 11. 4. 선고 2016허4283 판결, 2009. 7. 10. 선고 2008허14339 판결, 2007. 10. 5. 선고 2007허647 판결, 2005. 4. 1. 선고 2004허3126 판결

3) 보정으로 볼 수 있는지

가) 소송절차에서 기술적 구성에 대한 변경 내지 보충

□ 확인대상발명은 그 설명서에 적힌 내용만을 기준으로 특정되어야 하는 것이므로, 심판절차에서의 적법한 보정절차가 아닌 소송절차에서의 주장을 통하여 그 기술적 구성을 임의로 변경 내지 보충할 수는 없다.[428]

나) 소송단계에서 제품사용설명서에 의하여 대응구성이라고 주장

□ 청구인이 소송단계에 이르러 심결 당시 특정된 확인대상발명을 별도의 자료인 확인대상발명의 제품사용설명서에 의해서 확인대상발명에 없는 특허발명의 대응구성을 구비하고 있다고 주장하는 것은 허용되지 않는다.[429]

▶ 심판절차에서 확인대상발명의 도면 및 설명서에 대한 제품증거를 제출하였고 심판사건 의견서에서 제품증거에 나타난 구성을 주장하였다고 하더라도, 심판대상이 확인대상발명의 설명서 및 도면 이외에 제품증거에 나타난 구성까지 모두 포함하는 것으로 보아야 하거나 또는 그와 같이 보정된 것으로 볼 수는 없다.

○ 대법원 2001. 9. 28. 선고 99후2204 판결

청구인이 확인대상발명의 솔레노이드 밸브는 무동력으로서 개폐판과 작동로드가 솔레노이드 밸브의 역할을 하는 것이라고 진술하였다 하더라도 확인대상발명의 설명서 및 도면에는 솔레노이드 밸브가 무동력이라고 인정할 만한 기재 또는 도시가 없을 뿐만 아니라, 통상의 기술자라면 확인대상발명의 설명서 및 도면에 표시된 배출공 개폐장치가 송수관에서 나오는 분사압력에다가 전원에 의하여 작동하는 솔레노이드의 흡인력이 가미되어 작동되는 것임을 충분히 알 수 있으므로, 확인대상발명의 설명서 및 도면의 기재에 근거하지 않고 청구인의 진술에 의하여 확인대상발명의 발명에서의 솔레노이드 밸브의 구성을 무동력의 것으로 판단한 것은 위법하다.

○ 특허법원 2009. 7. 10. 선고 2008허14339 판결

소극적 권리범위확인심판에서 청구인이 확인대상발명의 보정서를 제출한 적이 없는 상태에서 확인대상발명의 구성은 그 설명서 기재와 달리 '집게와 고정핀을 함께 사용하는 것이다'라는 취지로 진술한 사실이 있다는 사정만으로, 당연히 확인대상발명이 그와 같이 변경되었다고 볼 수는 없다.

○ 특허법원 2005. 4. 1. 선고 2004허3126 판결

청구인은, 확인대상발명의 도면 및 설명서에 대한 증거로서 피청구인이 실제로 실시하고 있는 증거

428) 특허법원 2005. 10. 28. 선고 2005허1257 판결, 2005. 10. 28. 선고 2005허1264 판결
429) 특허법원 2012. 9. 6. 선고 2012허2791 판결

서류를 특허심판원에 증거로 제출하였고 심판사건 의견서에서도 황산, 환원제 및 스케일방지제가 추가되고 있다는 취지로 주장한 적이 있음을 이유로 심판대상은 확인대상발명의 도면 및 설명서 이외에 심판단계에서 제출한 증거서류에 나타난 황산용해조, 환원제용해조 및 스케일방지제용해조까지도 모두 포함하는 것으로 보아야 하거나 그렇지 않더라도 그와 같이 보정된 것으로 보아야 한다고 주장하나, 심판단계에서 제출된 증거서류에 위와 같은 내용이 포함되어 있다고 하더라도 청구인이 심판단계에서 최초심판청구서에 첨부된 확인대상발명의 도면 및 설명서를 변경한 적이 없었던 이상, 당연히 심판대상을 최초심판청구서에 첨부한 확인대상발명의 도면 및 설명서 이외에 심판단계에서 제출된 증거서류에 나타난 황산용해조, 환원제용해조 및 스케일방지제용해조까지 모두 포함하는 것으로 보아야 한다거나 또는 심판대상이 그것을 모두 포함하는 것으로 보정되었다고 볼 수는 없다.

나. 요지변경의 판단

1) 요지변경금지의 취지

□ 심판청구서의 보정은 요지를 변경할 수 없도록 규정한 취지는, 요지변경을 쉽게 인정하게 되면 심판절차의 지연을 초래하거나 피청구인의 방어권 행사를 곤란케 할 우려가 있기 때문이다.[430]

▶ 보정에 의하여 요지가 변경되면 청구취지를 변경하는 것이 되어 심판대상의 특정을 저해하는 것이므로 그와 같은 보정은 허용되지 않는다.

2) 요지변경의 개념

가) 동일성을 해하지 않는 범위 내

□ 심판청구서에서 변경할 수 없는 '요지'란, 청구취지 및 이유 등 심판청구서 전체의 취지를 살펴보아 특허권을 중심으로 하여 적어도 그 동일성을 해하지 않는 범위 내의 것을 말한다.[431]

나) 동일성을 인정할 수 없는 정도의 실질적인 변화

★□ 요지변경이란, 최초로 첨부된 확인대상발명의 설명서에 새로운 요지가 추가 변경되는 등 그 내용에 동일성을 인정할 수 없는 정도의 실질적인 변화를 가져온 것을 뜻

430) 대법원 2014. 2. 13. 선고 2012후610 판결, 2012. 5. 24. 선고 2012후344 판결, 2000. 9. 8. 선고 97후4039 판결, 1995. 5. 12. 선고 93후1926 판결, 1990. 1. 23. 선고 89후179 판결, 특허법원 2022. 10. 28. 선고 2022허1377 판결, 2022. 5. 26. 선고 2021허4140 판결, 2022. 1. 14. 선고 2021허4270 판결, 2021. 10. 14. 선고 2020허226 판결, 2021. 9. 2. 선고 2021허2540 판결, 2020. 11. 6. 선고 2019허4154 판결, 2020. 11. 6. 선고 2019허4161 판결, 2020. 11. 6. 선고 2019허4185 판결

431) 대법원 1987. 1. 20. 선고 85후119 판결, 특허법원 2006. 1. 19. 선고 2005허6344 판결

하고, 그 정도에 이르지 않는 변경이라면 요지변경에 해당하지 않는다.[432)]

다) 발명의 동일성이 유지되는 경우

□ 보정의 정도가 심판청구의 전체적인 취지에 비추어 볼 때 그 발명의 동일성이 그대로 유지된다고 인정되는 경우에는 요지변경에 해당하지 않는다.[433)]

3) 요지변경의 판단기준

가) (원칙) 보정 전후 확인대상발명 자체의 동일성 유지

★□ 확인대상발명에 대한 보정이 요지변경에 해당하는지 여부는, 대비되는 특허발명과의 관계를 고려하는 것이 아니라 보정 전후의 확인대상발명 자체가 그 발명의 동일성이 유지되는지를 기준으로 하여 판단해야 한다. 따라서 확인대상발명이 대비되는 특허발명의 권리범위에 속하는지의 결론에 영향을 미치는 사항이나 특허발명의 권리범위에 관련되는 사항이 변경되는 경우에 한하여 그 보정이 요지변경에 해당한다고 볼 수는 없다.[434)]

나) (예외) 특허발명과의 관계 고려

□ 보정 전의 확인대상발명은 특허발명의 기술적 과제를 달성하지 못하는 반면, 보정 후의 확인대상발명은 특허발명의 기술적 과제를 달성하는 경우에는 보정 전후로 특허발명의 기술적 과제 달성 여부가 달라지므로, 보정 전후로 확인대상발명의 기능과 작용효과에도 차이가 있게 되는데, 이는 발명의 동일성이 유지되지 못하는 것으로서 요지변경에 해당한다.[435)]

다) 심판청구서 내용의 실질적 변경

□ 심판청구서의 보정이 요지변경에 해당하는지 여부는 단순히 그 문면에만 치우칠 것이 아니라, 심판청구서의 전 취지를 합리적으로 해석하여 보정에 의하여 심판청구서의 내용이 실질적으로 변경되는지 여부를 기준으로 판단해야 한다.[436)]

---

432) 대법원 1997. 9. 30. 선고 96후2302 판결, 1995. 5. 12. 선고 93후1926 판결, 1989. 2. 28. 선고 86후113 판결, 특허법원 2021. 9. 2. 선고 2021허2540 판결, 2000. 4. 7. 선고 98허6230 판결, 서울지법 2001. 3. 23. 선고 98가합9965 판결

433) 대법원 2014. 2. 13. 선고 2012후610 판결, 2012. 5. 24. 선고 2012후344 판결, 2000. 9. 8. 선고 97후4039 판결, 1995. 5. 12. 선고 93후1926 판결, 1990. 1. 23. 선고 89후179 판결, 특허법원 2021. 10. 14. 선고 2020허226 판결, 2020. 11. 6. 선고 2019허4154 판결, 2020. 11. 6. 선고 2019허4161 판결, 2020. 11. 6. 선고 2019허4178 판결, 2020. 11. 6. 선고 2019허4185 판결, 2020. 7. 17. 선고 2019허6686 판결, 2020. 6. 12. 선고 2020허1519 판결, 2020. 3. 27. 선고 2019허5072 판결

434) 특허법원 2011. 12. 16. 선고 2011허1890 판결, 2007. 1. 19. 선고 2006허6310 판결

435) 특허법원 2022. 10. 28. 선고 2022허1377 판결

▷ 심판청구서 보정이 요지변경에 해당하는지는, ① 보정 전후 확인대상발명에서 변경된 구성요소의 중요도, ② 보정의 경위, ③ 보정 후 피청구인이 방어권을 제대로 행사하였는지 여부의 사정을 고려하여 규범적으로 판단해야 한다.437)

라) 발명의 동일성 유지

(1) 심판절차의 지연과 피청구인의 방어권 행사 견지에서 파악

□ 심판청구서 보정의 한계를 정하는 기능을 하는 발명의 동일성은 심판절차의 지연을 초래하거나 피청구인의 방어권 행사를 곤란케 할 염려가 있느냐는 견지에서 파악되어야 하는 것이므로, 심판절차의 지연을 초래하거나 피청구인의 방어권 행사를 곤란케 할 염려가 없는 경우에는 그 발명의 동일성이 유지되는 것이어서 요지변경에 해당되지 않는다.438)

(2) 확인대상발명의 동일성의 개념

□ 확인대상발명의 보정에서 발명의 동일성은 특허요건인 신규성이나 확대된 선출원에서의 발명의 동일성과는 다른 개념으로 보아야 하고, 명세서의 보정이나 정정의 요건인 신규사항과도 구별된다. 설령 특허요건에서의 발명의 동일성의 범위를 벗어나거나 명세서의 보정 또는 정정요건에서의 신규사항을 추가하는 것에 해당한다고 하더라도 발명의 동일성이 유지되면 요지변경에 해당하지 않는다.439)

▶ 확인대상발명의 실체가 변경되는 보정은 요지변경에 해당되어 허용될 수 없으므로, 확인대상발명의 보정은 발명으로서의 동일성이 유지되는 범위 내이어야만 한다. 따라서 통상의 기술자가 보아 명백히 생략·누락된 부분의 보충은 가능하지만, 최초 심판청구서에 첨부된 확인대상발명의 설명서에 적혀 있던 구성요소를 삭제하거나 다른 구성요소로 대체하는 보정은 발명의 동일성을 해치는 것이므로 허용될 수 없다.

4) 요지변경의 판단방법

가) 요지변경에 해당하지 않는 유형

(1) 일반적인 유형

★□ 심판청구서의 보정의 정도가 청구인의 확인대상발명에 관하여, ① 명백한 오기를 바

436) 특허법원 2006. 1. 19. 선고 2005허6344 판결
437) 한동수, 확인대상고안의 보정시 요지변경의 의미, 특허판례연구, 박영사(2012), 718면
438) 특허법원 2016. 10. 20. 선고 2016허2447 판결, 2008. 5. 2. 선고 2007허8252 판결, 2007. 6. 1. 선고 2006허10661 판결
439) 특허법원 2016. 10. 20. 선고 2016허2447 판결, 2008. 5. 2. 선고 2007허8252 판결, 2007. 6. 1. 선고 2006허10661 판결

로잡거나, ② 심판청구서에 첨부된 설명서 및 도면에 표현된 구조의 불명확한 부분을 구체화한 것이거나, ③ 처음부터 당연히 있어야 할 구성부분을 부가한 것에 지나지 아니하여 심판청구의 전체적인 취지에 비추어 볼 때 그 발명의 동일성이 유지된다고 인정되는 경우에는 요지변경에 해당하지 않는다.[440]

(2) 구체적인 유형

★□ ① 심판청구서의 내용과 확인대상발명 설명서의 내용의 불일치를 일치시키는 것[441]

② 확인대상발명의 설명이 부족한 부분을 보충하거나, 확인대상발명의 설명서의 내용을 더 구체적으로 설명하는 것[442]

③ 확인대상발명의 도면에만 도시되어 있던 구성을 확인대상발명의 설명서에 적어 구체화하는 것[443]

④ 확인대상발명의 실시예를 단순히 추가한 것[444]

⑤ 확인대상발명의 작동에 중요한 부분을 이루는 구성이나 특허발명의 청구범위에 적혀 있는 구성요소에 상응하는 구성에 대한 기재가 누락되어 있는 것을 추가하는 것[445]

(3) 처음부터 당연히 있어야 할 구성부분을 부가한 유형[446]

★□ ① 도면에 도시된 구성을 설명서에 부가[447]

② 특허발명과 시제품에 의한 구성요소의 부가[448]

③ 생산방법발명의 추정규정에 의한 구성요소의 부가[449]

---

440) 대법원 2014. 2. 13. 선고 2012후610 판결, 2012. 5. 24. 선고 2012후344 판결, 2000. 9. 8. 선고 97후4039 판결, 1995. 5. 12. 선고 93후1926 판결, 1990. 1. 23. 선고 89후179 판결, 특허법원 2022. 10. 28. 선고 2022허1377 판결, 2022. 5. 26. 선고 2021허4140 판결, 2022. 1. 14. 선고 2021허4270 판결, 2021. 10. 14. 선고 2020허226 판결, 2020. 11. 6. 선고 2019허4154 판결, 2020. 11. 6. 선고 2019허4161 판결, 2020. 11. 6. 선고 2019허4178 판결, 2020. 11. 6. 선고 2019허4185 판결, 2020. 7. 17. 선고 2019허6686 판결, 2020. 6. 12. 선고 2020허1519 판결

441) 대법원 1997. 9. 30. 선고 96후2302 판결

442) 대법원 1992. 2. 25. 선고 91후1120 판결, 1990. 1. 23. 선고 89후179 판결

443) 대법원 2012. 5. 24. 선고 2012후344 판결

444) 특허법원 2007. 6. 1. 선고 2006허10661 판결

445) 특허법원 2016. 10. 20. 선고 2016허2447 판결, 2008. 5. 2. 선고 2007허8252 판결, 2007. 6. 1. 선고 2006허10661 판결

446) 심판편람 13판, 특허심판원(2021), 534~535면

447) 대법원 2012. 5. 24. 선고 2012후344 판결, 특허법원 2004. 12. 16. 선고 2004허1502 판결

448) 특허법원 2005. 8. 1. 선고 2004허6102 판결

449) 특허법원 2008. 5. 2. 선고 2007허8252 판결

- 적극적 권리범위확인심판에서 특허가 물건의 생산방법발명인 경우, 최초에 물건만으로 특정된 확인대상발명에 특허발명의 생산방법과 같은 생산방법을 추가로 적은 보정은 요지변경에 해당하지 않는다

④ 확인대상발명에 상품명·제품번호 또는 실물사진이 제출되어 그와 동일하게 하는 보정[450]

⑤ 청구이유 및 심판청구서에 첨부된 증거자료에 적힌 구성의 부가[451]

나) 소극적 권리범위확인심판에서 보정명령에 따라 이루어진 보정

□ 소극적 권리범위확인심판에서 심판장의 보정명령에 따른 청구인의 보정을 요지변경으로 보는데 있어서는 신중해야 한다. 특히 심판장의 보정명령에 따라 청구인이 확인대상발명을 특허발명의 대응구성과 동일하게 보정한 경우에는 요지변경으로 보아서는 안 된다.[452]

▶ 소극적 권리범위확인심판에서 심판장이 해당 구성을 구체적으로 적시하여 보정을 명하였고 그에 따라 청구인에 해당 구성을 보정명령의 취지에 따라 보정한 경우에는 요지변경의 판단에 있어서 유의해야 한다.

▷ 확인대상발명을 정확하게 특정하는 것이 쉽지 않고, 심판단계의 공방과 검증의 절차를 거친 후에야 비로소 확인대상발명을 정확하게 알 수 있게 되는 경우도 적지 않은 사정을 고려해 볼 때, 확인대상발명의 보정을 엄격하게 문제 삼아 보정을 받아들이지 않고 또한 확인대상발명이 실제로 실시되는 발명과 다르다는 이유로 심판청구를 각하함으로써 다시 심판청구를 하도록 하는 것은 부당하며, 따라서 필수적이고 핵심적인 사항을 변경하는 경우를 제외하고는 비교적 널리 보정이 가능한 것으로 보는 것이 소송경제에 부합하고, 나아가 확인대상발명의 설명서 및 도면에 대한 보정이 요지변경에 해당하는 경우로 보인다 하더라도 특허심판원에서 보정을 각하하지 않고 보정된 확인대상발명을 심판의 대상으로 삼았고 피심판청구인도 보정의 적법 여부에 대하여 다투지 않고 보정된 확인대상발명에 대하여 충분히 방어권을 행사한 경우라면 위와 같은 보정에 있어서의 하자는 치유된 것으로 보는 것이 타당하다.[453]

(특허법원 2008. 5. 2. 선고 2007허8252 판결).

450) 대법원 2011. 9. 8. 선고 2010후3356 판결, 2000. 9. 8. 선고 97후4039 판결

451) 대법원 2014. 2. 13. 선고 2012후610 판결, 1995. 5. 12. 선고 93후1926 판결, 특허법원 2008. 5. 2. 선고 2007허8252 판결

• 심판청구서에 첨부된 증거자료인 제품의 카탈로그, 그 사용설명서, 샘플 동영상 등에 적힌 사항과 같게 보정하는 것은 요지변경에 해당하지 않는다(대법원 2014. 2. 13. 선고 2012후610 판결).

452) 특허법원 2018. 10. 26. 선고 2018허3680 판결

453) 오충진, 권리범위확인심판에서 확인대상발명의 특정, 특허소송연구 제4집(2008), 59면

※ 요지변경으로 본 사례

○ 대법원 2001. 10. 12. 선고 2001후478 판결

확인대상발명의 설명서에 적힌 낚시찌의 방수피막층의 성분이 보정에 의하여 '연질 폴리비닐클로라이드'로부터 '주성분이 연질 폴리비닐클로라이드'로 변경되었는바, 이는 발명의 핵심인 방수피막층을 이루는 물질을 그 개념이 명확한 단일물질에서 폴리비닐클로라이드와 다른 물질의 공중합체 또는 그 혼합물로 범위를 확대하여 특허발명과 대비할 대상의 기술내용을 특정하지 못한 것이므로 위와 같은 확인대상발명의 보정은 요지변경에 해당한다.

○ 특허법원 2019. 1. 25. 선고 2018허1202 판결

보정사항은 '0.1N－KMnO4 열산화환원 적정법으로 측정이 가능한 킬레이트제를 0.0~0.03w/v% 사용한 것'인데, 이러한 킬레이트제의 적정법과 함량은 최초 확인대상발명의 설명서에 적혀 있지 않은 구성을 새롭게 부가한 것에 해당할 뿐, 보정 전에 적힌 구성에 대하여 불명확한 부분을 구체화한 것이라고 볼 수 없다. 여기서 '0.1N－KMnO4 열산화환원 적정법'은 상온뿐 아니라 킬레이트제의 함량을 측정할 수 있을 정도의 충분히 높은 온도의 조건에서 측정하여 그 차이에 따라 킬레이트제의 함량을 산출하는 적정법으로 특허발명의 '0.1N－KMnO4 열산화환원 적정법'과 동일한 것이다. 따라서 킬레이트제 함량인 '0~0.03중량%'을 부가한 부분은 최초 확인대상발명에 처음부터 당연히 있어야 할 구성 부분을 부가한 것이라 할 수 없어 요지변경에 해당한다.

○ 특허법원 2011. 7. 22. 선고 2010허8429 판결

확인대상발명에 대한 보정으로 말미암아 새로운 구성 및 효과가 추가되었다면, 피청구인으로서는 이에 대응하여 새로이 추가된 확인대상발명의 구성을 기준으로 특허발명과 구성을 대비하여 동일 또는 균등 여부를 다투거나, 공지된 선행기술에 의하여 자유실시기술인지 여부를 다투어야 하므로, 보정이 심판절차의 지연을 초래하지 않는다거나 피청구인의 방어권 행사에 곤란을 초래하지 않는다고 볼 수도 없으므로 보정은 요지변경에 해당한다.

○ 특허법원 2009. 9. 9. 선고 2009허2227 판결, 2009. 9. 9. 선고 2009허2258 판결

보정 전 확인대상발명이 런너 고정용 공간부의 구성을 가지고 있음에도 런너에 관한 구체적 기재는 없으나, 그것만으로 보정 전 확인대상발명이 런너의 구성을 포함하는지 여부가 불명확하다고 볼 수 없다. 오히려 천정용 마감재와 런너는 일체로 결합되어야 본래의 기능을 발휘하는 것이지만 별도로 제조 또는 판매하는 것도 충분히 가능한 점, 청구인의 주장에 의하더라도 청구인은 런너가 포함된 보정 후의 확인대상발명을 실시하는지는 별론으로 하더라도 런너가 포함되지 않은 보정 전의 확인대상발명을 실제로 실시하고 있었던 것으로 보이는 점 등을 고려하면, 보정 전 확인대상발명은 런너의 구성을 포함하지 않는 것임이 명확하다. 또한, 천정용 마감재가 결합될 수 있는 런너는 여러 형태가 있을 수 있으므로 보정에 의하여 부가된 형태의 런너가 보정 전 확인대상발명에서 처음부터

당연히 있어야 할 구성에 해당한다고 할 수 없다. 따라서 보정 전 확인대상발명에 런너를 부가하는 것은 확인대상발명의 동일성을 상실하게 하는 것이라고 보아야 하므로, 요지변경에 해당한다.

○ 특허법원 2007. 6. 29. 선고 2006허5188 판결

확인대상발명의 보정은 보정 전 확인대상발명에 접착제와 노른지를 부가한 것인데, 보정 전 확인대상발명의 설명서와 도면에는 그에 관한 기재가 전혀 없을 뿐 아니라 노른지를 알루미늄 포일에 접착함으로써 접착제 등 별도의 고정수단이 없더라도 쉽게 확인대상발명을 사용할 수 있다고 하는 새로운 효과가 발생한다. 따라서 확인대상발명의 보정은 보정 전 확인대상발명에 없는 새로운 구성요소를 추가한 것으로서 확인대상발명의 보정에 의하여 보정 전 확인대상발명과 보정된 확인대상발명은 동일성이 상실되었다. 그러므로 확인대상발명을 위와 같이 보정하는 것은 요지변경에 해당하여 부적법하여 허용될 수 없다.

○ 특허법원 2003. 5. 23. 선고 2001허6827 판결

확인대상발명은 충전물을 제조하기 위한 제1공정과 젤라틴 피막의 제조에 관한 제2공정, 그리고 제1공정에서 제조된 충전물을 제2공정의 방법으로 만들어진 젤라틴 피막에 충전하여 캡슐을 만드는 제3공정으로 이루어진 것인데 반하여, 보정된 확인대상발명은 확인대상발명의 제1공정에서 제조되는 충전물인 약학 조성물에 관한 발명인 사실이 인정되므로 보정된 확인대상발명의 약학조성물은 확인대상발명의 연질캅셀과는 다른 물질로서 심판청구의 대상이 변경된 것이므로, 위 보정은 요지변경에 해당한다.

○ 특허법원 2001. 1. 5. 선고 2000허1290 판결

보정 전의 확인대상발명의 방수피막층은 '연질 폴리비닐클로라이드'이고, 보정 후의 확인대상발명의 방수피막층은 '주성분이 연질 폴리비닐클로라이드'인데, 문리해석에 의하면 보정 전의 확인대상발명의 방수피막층은 100% 폴리비닐클로라이드로만 된 방수피막층이라고 할 것이나, 보정된 확인대상발명의 방수피막층은 100% 폴리비닐클로라이드로만 된 방수피막층이 아니라, ① 비닐클로라이드/제3의 성분으로 이루어지는 2원 또는 그 이상의 다원 공중합체, 또는 ② 폴리비닐클로라이드와 다른 제3의 물질이 단순히 섞여서 각자의 화학적 성질을 유지한 채로 공존하는 혼합물로 해석될 여지가 있는 것이어서, 결국 보정은 확인대상발명 설명서의 불명확한 부분을 구체화한 것이거나 처음부터 당연히 있어야 할 구성부분을 부가한 것이 아니고, 오히려 발명의 핵심인 방수피막층을 이루는 물질을 폴리비닐클로라이드라는 그 개념이 명확한 단일물질에서, 폴리비닐클로라이드와 다른 물질의 공중합체, 또는 그 혼합물로 범위를 확대하여 특허발명과 대비할 대상의 기술내용을 특정하지 못한 것이므로 요지변경에 해당한다.

○ 특허법원 1999. 3. 25. 선고 98허6162 판결

확인대상발명 설명서는 그 자체로 실시가 가능한 사실을 인정할 수 있으며, 청구인이 확인대상발명 설명서에 잘못 적었다는 '바나듐 아세테이트, 메틸포메이트, 소디움하이드록사이드'는 허구의 물질이 아니라, 산화제 또는 염기화합물로 사용될 수 있는 실존하는 물질이므로, 확인대상발명 설명서에 통상의 기술자 누구나가 알 수 있는 명백한 오기가 있다고 볼 수 없고, 청구인이 보정된 확인대상발명에서 보정하고자 하는 부분은 특허발명의 청구범위에는 포함되지 않는 2차적 구성요소이기는 하나, 이로 인하여 반응공정의 순서가 달라지게 되고 그에 따라 효과가 달라지게 되므로 보정된 확인대상발명은 보정 전 확인대상발명과 발명의 동일성을 상실하므로 그와 같은 보정은 허용될 수 없다.

※ 요지변경이 아니라고 본 사례

○ 대법원 2012. 5. 24. 선고 2012후344 판결

확인대상발명에 대하여 보정으로 그 기술구성 중 상부 살대와 하부 살대를 연결하기 위한 살대 연결부에 관하여, '상기 연결부를 상·하부 살대에 고정하기 위한 수단은 피스결합수단을 이용하여 결합하고'라는 기재가 추가되었는데, 보정 전 확인대상발명의 설명서에는 '살대 연결부는 살대 결합부와 같은 형상의 결합홈과 천고리를 형성한다'고 적혀 있을 뿐 '살대 연결부를 상·하부 살대에 고정하기 위한 수단'에 관하여는 기재가 없었으나, 확인대상발명의 도면 중 도 2에는 '살대 연결부'와 '상·하부 살대' 외에 '살대 연결부'와 '상·하부 살대' 사이에 별도로 존재하는 매개체인 '살대 연결부를 상·하부 살대에 고정하기 위한 수단'이 더 도시되어 있고, 한편 피스결합수단은 일반적으로 널리 사용되는 나사못으로 결합하거나 핀 등으로 결합하는 수단인 점 등을 알 수 있다. 또한, 보정 전 확인대상발명의 설명서와 도면에는, 이중 파라솔의 상·하부 살대를 연결하기 위한 살대 연결부는 '살대결합부와 같은 형상의 결합홈'과 천 고리를 형성하여 이루어져 있고, 위 살대결합부의 결합은 이중 파라솔용 상하부 허브의 살대 수용홈과 이를 가로지르는 단면이 대략 타원형상인 고정막대에 끼워맞춤으로 결합되는 구성을 가지고 있다는 취지가 나타나 있으므로, 이로부터 살대결합부와 같은 형상의 결합홈을 가지고 있는 살대 연결부도 상·하부 살대에 각각 끼워맞춤으로 결합되는 구성을 가지고 있다고 보인다. 그런데 상·하부 살대는 봉 형태의 부재이므로, 살대 연결부가 상·하부 살대에 끼워맞춤으로 결합되려면, 상·하부 살대에 살대 연결부의 결합홈과 끼워맞춤이 이루어질 수 있는 별도의 수단에 관한 구성이 당연히 있어야 한다. 이러한 사정에 비추어 보면, 확인대상발명의 도 2는 '살대 연결부'가 '살대 연결부를 상·하부 살대에 고정하기 위한 수단'에 끼워맞춤으로 결합되고, '살대 연결부를 상·하부 살대에 고정하기 위한 수단'은 '상·하부 살대'에 결합되는 구성을 도시하고 있다고 할 것이고, 보정사항은 위와 같이 도시된 구성을 명확하게 하기 위하여, 보정 전 설명서에 기재가 생략되어 있었던 '살대 연결부를 상·하부 살대에 고정하기 위한 수단은 피스결합수단을 이용하여 결합한다'는 내용을 추가한 것이다. 따라서, 보정사항은 심판청구서에 첨부

된 도면 및 설명서에 표현된 구조의 불명확한 부분을 구체화한 것이거나 처음부터 당연히 있어야 할 구성부분을 부가한 것에 지나지 않아서, 그 보정에도 불구하고 심판청구의 전체적인 취지에 비추어 볼 때 그 발명의 동일성이 유지된다고 인정되므로, 위 보정사항을 포함하는 보정은 심판청구서의 보정이 그 요지변경에 해당하지 않는다.

○ 대법원 2000. 9. 8. 선고 97후4039 판결

확인대상발명에 관한 보정사항은 당초 제1도 내지 제6도로 작성된 확인대상발명 도면에서 제3도 내지 제6도를 삭제하면서 제2도에 도시된 각 소자에 부호를 표기하고, 또한 보정 전에는 과전압 감지부 및 저전압 감지부가 부하측과 전원측 모두를 감지하는 것으로 적힌 것을 전원측만 감지하는 것으로 정정하면서 과전압 감지부의 저항과 제너다이오드(ZD1)의 순서를 정정하였으나, 삭제된 도면 제3도 내지 제6도는 도면 제2도를 구체적으로 설명한 부가적인 도면에 지나지 않아 이들 도면이 삭제되어도 확인대상발명은 특허발명과 충분히 대비할 수 있을 정도로 특정될 뿐 아니라, 확인대상발명의 도면 제1도 및 제2도는 실물견본과 동일한 구성임을 알 수 있고, 나머지 정정사항 역시 실물견본대로 바로 잡은 것임을 알 수 있어 이러한 보정은 처음부터 당연히 있어야 할 구성으로서 이를 더욱 명료하게 정정한 것에 지나지 않아서 요지변경에 해당하지 않는다.

○ 대법원 1997. 9. 30. 선고 96후2302 판결

권리범위확인심판청구서의 내용과 별첨한 확인대상발명 설명서 사이에 에탄올의 분량 등에서 약간의 모순과 오류가 있어, 청구인이 설명서를 보정하면서, 원료성분은 그대로 둔 채 에탄올의 분량 등만 수정하였다면 설명서의 이와 같은 보정은 심판청구서의 내용과 그에 첨부한 확인대상발명 설명서의 내용의 불일치를 정정하고, 또한 이에 대한 증거로 제시한 의약품제조품목허가증의 내용과 일치시키기 위한 것으로 보이므로 위 보정은 불완전한 설명서의 오기·정정 또는 불명료한 기재를 명확히 한 것에 해당할 뿐이고, 최초 적은 설명서에 새로운 요지가 추가 변경된 것이 아니므로 그 내용에 실질적인 변화를 가져온 것이 아니어서 위 보정은 요지변경에 해당하지 않는다.

○ 대법원 1995. 5. 12. 선고 93후1926 판결

심판청구서의 설명란에 확인대상발명인 패딩포장기의 작동에 중요한 부분을 이루는 '솜을 길이 방향으로 미는 부분'의 기재를 생략하였고, 또한 특허발명의 청구범위에 적혀 있는 '포장재를 씌우는 장치'에 상응하는 부분에 대하여 발명의 설명이 없다고 하더라도 이러한 사유는 어디까지나 그 흠결을 보정할 수 있는 사항에 해당한다 할 것이어서 흠결을 보정할 수 없는 경우로 볼 수 없고, 확인대상발명 도면 설명서에는 이송기구의 설명이 빠져 있기는 하나, 확인대상발명 도면에서는 그 제1도 및 제3도에서 그 중앙에 횡으로 공기압축실린더와 그 선단에 별모양의 취출판을 명백히 도시하였으며, 또 심판청구서의 이유에서 양 발명을 대비하면서 이송기구의 구성과 작용에 대하여도 설명하고 있음을 알 수 있는바, 위 보정은 심판청구서의 설명서 및 도면에 표현된 확인대상발명의 불

명확한 부분을 조금 더 구체적으로 설명하기 위한 것일 뿐 심판청구의 전체적 취지에 비추어 볼 때 이로 인하여 확인대상발명의 요지변경에 해당하지 않는다.

○ 대법원 1992. 2. 25. 선고 91후1120 판결

청구인이 소극적 권리범위확인심판을 청구하면서 최초로 첨부한 확인대상발명 설명서에는, 심판대상이 되는 즉석어묵의 제조방법에 관하여, 어묵을 제조하는데 사용하는 원료와 그 구성비율 각 단계별 제조공정과 그 공정에 필요한 시간 및 온도 기타 작업조건 등이 상세하게 적혀 있고, 제조방법 중 특허출원 전에 공지된 부분에 관하여는 필요한 간행물들을 제조공정의 도면과 함께 첨부하여 제출하고 있어, 확인대상발명 설명서 만에 의하더라도 특허발명의 기술적 범위와 확인대상발명의 기술내용을 서로 대비하여 확인대상발명이 특허발명의 권리범위에 속하는 것인지의 여부를 판단할 수 있는 것으로 보이고, 청구인이 그 후 확인대상발명 설명서를 보정하는 취지의 문서를 제출하였다고 하더라도, 청구인이 최초로 첨부한 확인대상발명 설명서의 요지를 변경하지 않는 범위 내에서 확인대상발명을 조금 더 구체적으로 설명하기 위하여 제출한 것에 지나지 않을 뿐, 이로 인하여 확인대상발명의 요지가 변경된 것이라고 볼 수 없다. 청구인이 그 후 보정에 의하여 원료어묵의 조성비율에 대한 기재를 wt%에서 kg으로 변경하여 적었지만 원료어묵의 조성비율에 대한 기술적 구성에는 변함이 없을 뿐 아니라, 각 단계별 구성에 의하여 달성되는 작용효과를 보충하여 설명하는 기재 역시 최초의 확인대상발명과 동일성을 유지하고 있으므로, 확인대상발명에 대한 보정은 요지변경에 해당하지 않는다.

○ 대법원 1990. 1. 23. 선고 89후179 판결

보정된 확인대상발명은 확인대상발명의 최초 도면에는 적힌 바 없는 접시부분이 복귀되는 구성이 구체적으로 적혀 있으나, 접시부분이 복귀되는 구성은 당연히 있어야 하는 정도의 예견 가능한 것이고, 특허발명과 확인대상발명을 대비함에 있어서 중요한 기술적 구성의 요지가 아니며, 접시의 복귀부분이 부가되었다 하여도 그 정도는 심판청구 당시 제출한 도면 및 설명서에 표현된 구조를 구체화시킨 것에 불과한 것으로서 요지변경에 해당하지 않는다.

○ 특허법원 2021. 10. 14. 선고 2020허226 판결

확인대상발명 보정은 확인대상발명 도면의 불명확한 구조에 대한 피청구인의 지적에 따라 그 내용을 명확히 한 것이므로, 이러한 보정을 인정하더라도 심판절차의 지연을 초래하거나 피청구인의 방어권행사를 곤란케 할 우려가 있다고 볼 수는 없다. 또한 보정 전 확인대상발명의 설명서에는 강섬유는 강섬유저울에서 메인콘베어로 배출된다고만 적혀 있었으나, 도면에는 강섬유저울과 메인콘베어 사이에 별도의 수단이 구비되어 있는 것으로 도시되어 있어 불명확한 부분이 있었고, 확인대상발명의 보정은 보정 전 확인대상발명의 도면 및 설명서에 표현된 구조 중 이러한 불명확한 부분을 구체화한 것이거나 처음부터 당연히 있어야 할 구성 부분을 부가한 것에 지나지 않아 보정 전과 보

정 후 확인대상발명의 동일성이 유지되는 경우에 해당한다. 따라서 확인대상발명의 보정은 요지변경에 해당되지 않는다.

○ 특허법원 2020. 3. 27. 선고 2019허5072 판결

보정사항은 연장부의 내경에 관한 것인바, 보정 전 확인대상발명의 설명서에서는 '상기 연장부는 상기 플랜지로부터 상기 바디의 개구부방향으로 갈수록 내경의 크기가 점차 작아지는 테이퍼 형상'으로 적혀 있는 반면, 확인대상발명의 도 1에는 오른쪽 도면과 같이 연장부의 내경이 일정한 형태로 도시되어 있어 플랜지관의 내경의 형상과 관련하여 확인대상발명의 설명서와 도면의 내용이 서로 일치하지 않았던 것에 대하여 플랜지관의 내경의 형상과 관련하여 확인대상발명의 설명서와 도면의 내용이 일치하도록 보정할 것을 명하는 내용의 보정명령이 있었고 그에 따라 확인대상발명의 도면과 일치하도록 확인대상발명의 설명서를 보정한 점 등에 비추어 보면, 이는 플랜지관의 내경의 형상과 관련하여 확인대상발명의 설명서와 도면이 서로 불일치함으로써 청구서에 첨부된 도면 및 설명서에 표현된 구조의 불명확한 부분을 구체화한 것에 불과하므로 그 발명의 동일성이 유지되는 것으로서 요지변경에 해당되지 않는다.

○ 특허법원 2008. 5. 2. 선고 2007허8252 판결

① 물건의 생산방법발명인 경우에는 당초 물건으로 특정된 보정 전 확인대상발명도 그 생산방법에 관한 추가 기재만 있었더라면 특정에 아무런 문제가 없었을 것이고, ② 이 경우 확인대상발명에 특허발명과 대비할 수 있는 생산방법에 관한 기재가 생략 또는 누락되어 있으면 특허발명과의 대비가 불가하므로 그 생산방법에 관한 기재는 처음부터 당연히 있었어야 할 구성부분으로, 특허심판원으로서는 그 생산방법을 특정하도록 하는 보정을 명하는 등의 조치를 취하였어야 할 사항이며, ③ 통상 확인대상발명이 특허발명의 권리범위에 속한다고 주장되어 제기되는 적극적 권리범위확인심판의 성격, 동일한 물건은 그 특허된 방법에 의하여 생산된 것으로 추정하고 있는 점 및 확인대상발명과 함께 제출되는 심판청구서나 의견서의 주장·증명취지 등으로부터 특허심판원이나 피청구인은 확인대상발명에서 특정된 물건은 그 대비되는 특허발명의 생산방법에 의하여 생산된 물건이라는 주장을 전제로 한 것이라고 쉽게 알 수 있을 것이고, ④ 보정으로 인하여 달리 심판절차의 지연을 초래하거나 피청구인의 방어권 행사를 곤란케 할 우려가 있었던 사정이 엿보이지 않는 점 등을 종합해 보면, 적극적 권리범위확인심판에서 특허발명이 물건의 생산방법발명인 경우, 당초 물건만으로 특정된 확인대상발명에 그 특허발명과 동일한 생산방법을 추가 적은 확인대상발명의 보정은, 처음부터 당연히 있어야 할 구성부분을 부가한 것에 지나지 않아서 심판청구의 전체적인 취지에 비추어 볼 때 그 발명의 동일성이 유지되는 것으로서, 요지변경에 해당되지 않는다.

4 보정의 적부에 따른 조치

가. 확인대상발명의 보정이 부적법한 경우

□ 확인대상발명의 보정이 부적법한 경우에는, 그 이유를 밝혀 보정을 각하하고 보정 전 확인대상발명을 심판대상으로 하여 심리·판단해야 한다.[454)]

나. 확인대상발명의 보정이 적법한 경우

□ 확인대상발명의 보정이 적법한 경우에는, 별도로 의견서 제출기회를 부여할 필요 없이 보정 후 확인대상발명을 심판대상으로 삼아 심리·판단해야 한다.[455)]

다. 적극적 권리범위확인심판에서의 보정의 특칙에 해당하는 경우

□ 확인대상발명의 보정이 적극적 권리범위확인심판에서의 보정의 특칙에 해당하는 경우에는, 그 요지를 변경한 것인지 여부를 판단할 필요 없이 보정 후 확인대상발명을 심판대상으로 삼아 심리·판단해야 한다.[456)]

5 적극적 권리범위확인심판에서 보정의 특칙

[§ 140](심판청구방식)

② 심판청구서의 보정은 요지를 변경할 수 없다. 다만, 다음 각 호의 어느 하나에 해당하는 경우에는 그렇지 않다.

3. 권리범위확인심판에서 심판청구서의 확인대상발명의 설명서 또는 도면에 대하여 피청구인이 자신이 실시하고 있는 발명과 비교하여 다르다고 주장하는 경우에 청구인이 피청구인의 실시발명과 동일하게 하기 위하여 심판청구서의 확인대상발명의 설명서 또는 도면을 보정하는 경우

가. 보정의 특칙의 개념

□ 확인대상발명의 보정의 특칙은 특허권자가 청구인이 되는 적극적 권리범위심판의 경우 피청구인이 실시주장발명과 동일하도록 확인대상발명을 보정할 경우에 한하여 요지변경으로 보지 않는다는 것이다.[457)]

---

454) 특허법원 2013. 7. 12. 선고 2013허2392 판결, 2007. 6. 27. 선고 2006허11268 판결
455) 특허법원 2013. 7. 12. 선고 2013허2392 판결, 2009. 6. 18. 선고 2008허8457 판결, 2004. 12. 16. 선고 2004허1502 판결
456) 특허법원 2013. 7. 12. 선고 2013허2392 판결
457) 특허법원 2022. 10. 28. 선고 2022허1377 판결

나. 보정의 특칙을 둔 이유

1) 확인대상발명 특정에 관한 청구인의 불리함 보상

□ 적극적 권리범위확인심판에서 보정의 특칙을 둔 것은, 적극적 권리범위확인심판은 확인대상발명을 특정할 의무가 있는 자와 실제로 실시하는 자가 다르기 때문에 피청구인의 협력이 없다면 청구인이 확인대상발명을 정확히 특정하는 것이 소극적 권리범위확인심판에 비하여 상당한 어려움이 있을 수 있는 점을 고려하여 확인대상발명 특정에 관한 청구인의 불리함을 보상함으로써 균형을 도모하기 위한 것이다.[458)]

2) 피청구인의 실시발명을 정확하게 특정하기 어려움

▷ 적극적 권리범위확인심판에서 청구인으로서는 피청구인의 실시발명을 정확하게 특정하기 어려운 측면이 있고 특정의 잘못으로 심판청구가 각하됨으로써 분쟁해결이 지연되는 경우가 많은 현실을 감안하여, 피청구인의 실시발명이 청구인이 특정한 발명과 동일성을 벗어날 정도로 다른 경우에도 보정이 가능하도록 하여 정확하고 신속한 분쟁해결이 이루어지도록 한 것이다.[459)]

다. 보정의 특칙의 내용

1) 피청구인이 실시주장발명과 비교하여 다르다고 주장하는 경우

□ 적극적 권리범위확인심판에서, 심판청구서의 확인대상발명의 설명서 및 도면에 대하여 피청구인이 자신이 실시주장발명과 비교하여 다르다고 주장하는 경우에, 청구인이 피청구인의 실시주장발명과 동일하게 하기 위하여 심판청구서의 확인대상발명의 설명서 및 도면을 보정하는 경우에는 심판청구서의 보정이 그 요지를 변경하더라도 허용된다.[460)]

2) 피청구인의 실시주장발명과 동일하게 하기 위한 보정

□ 청구인이 확인대상발명을 피청구인이 주장하는 실시주장발명과 동일하게 하기 위하여 확인대상발명의 설명서 및 도면을 보정하는 경우에는 요지변경 금지의 제한을 받

---

458) 특허법원 2009. 9. 9. 선고 2009허2227 판결, 2009. 9. 9. 선고 2009허2234 판결, 2009. 9. 9. 선고 2009허2241 판결, 2009. 9. 9. 선고 2009허2258 판결

459) 지적재산소송실무 제4판, 특허법원 지적재산소송 실무연구회, 박영사(2019), 416면

460) 특허법원 2021. 12. 17. 선고 2021허1653 판결, 2020. 10. 16. 선고 2019허8972 판결, 2018. 6. 28. 선고 2017허7302 판결, 2017. 12. 1. 선고 2017허3676 판결, 2016. 11. 4. 선고 2016허4283 판결, 2013. 7. 12. 선고 2013허2392 판결, 2013. 5. 8. 선고 2012허11115 판결, 2013. 5. 2. 선고 2012허11177 판결, 2012. 8. 17. 선고 2012허1484 판결, 2011. 5. 12. 선고 2010허5611 판결, 2011. 4. 8. 선고 2010허7624 판결, 2010. 8. 12. 선고 2010허661 판결, 2009. 9. 9. 선고 2009허2227 판결, 2009. 9. 9. 선고 2009허2234 판결, 2009. 9. 9. 선고 2009허2258 판결

지 않는다.[461)]

◀ 적극적 권리범위확인심판에서 상대방의 주장에 따라 확인대상발명을 실시주장발명과 일치시키기 위한 목적의 보정인 경우에는, 동일성의 범위를 넘어서서 실질적으로 기술 내용이 다른 발명으로 보정한 것이 되어 요지변경이 되는 경우에도 보정을 허용함으로써 실질적인 권리행사가 가능하다.

3) 소극적 권리범위확인심판은 미적용

□ 확인대상발명의 보정의 특칙은 확인대상발명의 특정 의무자와 실시자가 동일한 소극적 권리범위확인심판에는 적용되지 않는다.[462)]

라. 확인대상발명의 보정 가능시점

□ 적극적 권리범위확인심판절차에서, 청구인은 심결시까지 확인대상발명을 보정할 수 있다.[463)]

461) 특허법원 2018. 6. 28. 선고 2017허7302 판결, 2016. 11. 4. 선고 2016허4283 판결, 2009. 7. 10. 선고 2008허14339 판결, 2005. 4. 1. 선고 2004허3126 판결

462) 특허법원 2022. 10. 28. 선고 2022허1377 판결, 2018. 6. 28. 선고 2017허7302 판결, 2009. 9. 9. 선고 2009허2227 판결

463) 특허법원 2013. 5. 8. 선고 2012허11115 판결

제3장

침해 판단

제3장

침해 판단

Ⅰ. 자유실시기술의 항변

1 자유실시기술의 의의

가. 자유실시기술의 개념

1) 특허권으로 등록받을 수 있는 범위를 제외한 나머지 범위

□ 자유실시기술이란 어느 누구도 특허권으로 등록받을 수 없는 영역인 공적 영역에 속하는 기술은 누구라도 자유롭게 실시할 수 있다는 것이므로, 자유실시기술에 해당하는 범위는 어느 누군가가 특허권으로 등록받을 수 있는 범위를 제외한 나머지 범위를 의미한다.[1)]

▶ 자유실시기술이란, 특허발명의 출원시점에 있어서 공지된 기술과 동일하거나 그로부터 그 출원시에 통상의 기술자가 쉽게 실시할 수 있는 기술로서, 어떠한 실시기술이 자유기술의 영역에 포함된다면 그 기술에 대하여는 어느 누구도 권리를 주장할 수 없는 공지기술을 의미한다.

1) 특허법원 2015. 2. 6. 선고 2014허4272 판결

2) 자유실시기술에 해당하는 경우

가) 특허발명과 대비할 필요 없이 불속

□ 확인대상발명이 특허발명의 권리범위에 속하는지를 판단함에 있어서 확인대상발명이 자유실시기술에 해당하는 경우에는, 확인대상발명은 특허발명과 대비할 필요 없이 그 권리범위에 속하지 않는다.[2)]

나) 특허권 침해죄 구성 않음

□ 확인대상발명이 자유실시기술에 해당하는 경우에는, 특허발명과 동일·유사한 물품을 제작·판매하였다고 하더라도 특허권 침해죄를 구성하지 않는다.[3)]

나. 자유실시기술의 법리

1) 공지기술에 따라 쉽게 실시할 수 있는 발명은 공공의 영역

□ 자유실시기술의 법리는 기본적으로 특허발명의 출원 전에 통상의 기술자가 공지기술 또는 이들의 결합에 따라 쉽게 실시할 수 있는 발명은 공공의 영역에 있는 것으로 누구나 이용할 수 있어야 한다는 생각에 기초하고 있다.[4)]

2) 대비대상이 공지기술과 확인대상발명

□ 자유실시기술의 법리는 합리적인 분쟁해결을 위해 대비대상을 공지기술과 확인대상발명으로 할 뿐 특허발명을 대비의 대상 자체로 삼지 않는다.[5)]

3) 균등론에 의한 권리범위의 확장 제한

□ 자유실시기술의 법리는 특허발명이 애당초 특허를 받을 수 없었던 부분까지 균등론을 적용하여 권리범위를 확장하는 것을 제한하기 위한 것이다.[6)]

4) 공지기술에 독점권을 부여해서는 안 된다는 특허법의 기본원리

---

2) 대법원 2019. 2. 28. 선고 2016후410 판결, 2019. 2. 28. 선고 2016후427 판결, 2018. 7. 24. 선고 2016후2904 판결, 2017. 11. 14. 선고 2016후366 판결, 2013. 9. 13. 선고 2012후1163 판결, 2013. 9. 12. 선고 2012다36326 판결, 2011. 1. 27. 선고 2009후832 판결, 2009. 12. 24. 선고 2009다72056 판결, 2009. 9. 10. 선고 2007후2964 판결, 2008. 11. 13. 선고 2006후428 판결, 2008. 4. 24. 선고 2006후2493 판결, 2007. 9. 21. 선고 2007다26585 판결, 2007. 6. 29. 선고 2006다40577 판결

3) 대법원 2006. 5. 25. 선고 2005도4341 판결, 서울북부지법 2007. 6. 1. 선고 2005고단2021 판결, 2006. 12. 28. 선고 2005노354 판결, 서울동부지법 2004. 10. 7. 선고 2003고단1163 판결

4) 대법원 2023. 2. 23. 선고 2021후10473 판결, 2023. 2. 23. 선고 2022후10012 판결

5) 특허법원 2021. 5. 7. 선고 2020허5412 판결

6) 특허법원 2016. 11. 24. 선고 2016허2096 판결, 2016. 1. 15. 선고 2015허4019 판결, 서울중앙지법 2017. 4. 7. 선고 2016가합525072 판결

□ 자유실시기술의 항변을 인정하는 것은, 공지기술은 만인 공유의 재산으로 누구나 자유로이 사용할 수 있는 것이어서 이에 대하여 특정 출원인에게만 독점권을 부여해서는 안 된다는 특허법의 기본원리에 입각한 것이다.[7)]

5) 신속하고 합리적인 분쟁해결 도모

□ 자유실시기술의 항변으로 특허발명의 무효 여부를 직접 판단하지 않고 확인대상발명을 공지기술과 대비하는 방법으로 확인대상발명이 특허발명의 권리범위에 속하는지를 결정함으로써 신속하고 합리적인 분쟁해결을 도모할 수 있다.[8)]

6) 오인특허의 권리행사 저지

▷ 자유실시기술의 항변은 실질적으로 무효가 될 개연성이 큰 경우임에도 불구하고 형식적으로는 유효한 권리로 취급되는 오인특허의 권리행사를 저지하는 대항권이라는 개념으로 발전하여 온 것이다.[9)]

다. 자유실시기술 항변의 기능

▷ 자유실시기술의 항변은 대비되는 특허권의 무효심판을 기다리지 않고 사실상 그 권리의 진보성을 부정하여 권리범위의 속부 판단이 결과적 정당성을 확보하는 기능을 한다.[10)]

라. 자유실시기술의 판단순서

1) 특허발명과의 대비 이전 단계에서 판단

가) 특허발명의 권리범위가 인정되는지에 앞서 판단

□ 확인대상발명이 자유실시기술에 해당하는지 여부는 특허발명의 권리범위가 인정되는지 여부에 앞서 판단해야 한다.[11)]

나) 특허발명과의 대비에 앞서 판단

□ 확인대상발명이 자유실시기술에 해당하는지 여부는 특허발명과 균등관계에 있는 것인지 여부 등 특허발명과의 대비에 앞서 판단해야 한다.[12)]

---

7) 특허법원 2012. 7. 12. 선고 2012허1439 판결
8) 대법원 2023. 2. 23. 선고 2021후10473 판결, 2023. 2. 23. 선고 2022후10012 판결, 2017. 11. 14. 선고 2016후366 판결
9) 김동진, 특허침해소송 사례 연구, 2008년도 변리사 민사소송실무연수, 대한변리사회, 184면
10) 한동수, 확인대상고안의 기술구성을 파악하는 방법, 지식재산 21 통권 105호(2008. 10.), 7면
11) 대법원 2000. 5. 26. 선고 98후2832 판결, 1997. 11. 11. 선고 96후1750 판결, 특허법원 1999. 12. 24. 선고 99허1874 판결, 1999. 6. 17. 선고 98허10864 판결, 1999. 1. 14. 선고 98허7523 판결, 1998. 10. 1. 선고 98허7035 판결, 1998. 8. 20. 선고 98허1525 판결, 1998. 7. 9. 선고 98허2252 판결

2) 확인대상발명의 특정과 자유실시기술의 판단순서

□ ① 확인대상발명의 특정 여부를 확인대상발명의 자유실시기술 여부에 앞서 살핀 실무례,13)

② 확인대상발명의 자유실시기술 여부를 확인대상발명의 특정 여부에 앞서 살핀 실무례가 있는데,14)

③ 본안 전 사항인 확인대상발명의 특정 여부를 먼저 살핀 다음에 본안사항인 확인대상발명의 자유실시기술 여부를 살펴야 한다.15)

2 자유실시기술의 판단대상

가. 확인대상발명의 구성 전체

1) 청구인이 특정한 확인대상발명의 구성 전체

★□ 확인대상발명이 자유실시기술에 해당하는지 여부를 판단할 때에는, 확인대상발명을 특허발명의 청구범위에 적힌 구성과 대응되는 구성으로 한정하여 파악할 것은 아니고, 청구인이 특정한 확인대상발명의 구성 전체를 가지고 그 해당 여부를 판단해야 한다.16)

2) 확인대상발명을 하나의 전체 구성으로 파악

□ 확인대상발명은 청구인이 확인대상으로 특정한 실시형태 자체에 의하여 곧바로 정해지는 것이지 그와 대비되는 특허발명의 청구범위의 개개 청구항에 적힌 필수적 구성요소에 대응하는 구성으로 한정되는 것은 아니므로, 확인대상발명이 자유실시기술에

---

12) 대법원 2003. 9. 23. 선고 2001후1907 판결, 특허법원 2014. 5. 16. 선고 2013허7793 판결, 특허법원 2014. 5. 16. 선고 2013허7809 판결

13) 특허법원 2007. 5. 10. 선고 2006허6907 판결, 2005. 3. 25. 선고 2004허3614 판결

14) 대법원 2003. 9. 23. 선고 2001후1907 판결(소극), 특허법원 2014. 5. 16. 선고 2013허7793 판결(적극), 2014. 5. 16. 선고 2013허7809 판결(적극)

15) 권오희, 권리범위확인심판에서의 심판대상물에 관한 고찰, 특허법원 개원 10주년 기념논문집, 특허법원(2008. 2.), 446면

• 제2장, Ⅱ.1.가. '특정의 판단시점' 참조

16) 대법원 2009. 7. 9. 선고 2008후1562 판결, 대법원 2008. 7. 10. 선고 2008후64 판결, 특허법원 2021. 10. 29. 선고 2020허6996 판결, 2021. 9. 2. 선고 2020허6866 판결, 2020. 4. 10. 선고 2019허5652 판결, 2019. 7. 19. 선고 2018허8371 판결, 2019. 7. 19. 선고 2018허8388 판결, 2019. 6. 21. 선고 2018허8227 판결, 2019. 6. 14. 선고 2018허8661 판결, 2017. 4. 21. 선고 2016나1745 판결, 2017. 3. 24. 선고 2016허8568 판결, 2016. 6. 17. 선고 2015허6008 판결, 2014. 10. 16. 선고 2014허1693 판결, 2014. 5. 16. 선고 2013허7793 판결, 2014. 5. 16. 선고 2013허7809 판결

해당하는지의 여부를 살펴볼 때에는 확인대상발명을 하나의 전체 구성으로 파악해야 한다.[17)]

▶ 확인대상발명은 청구취지에 해당하는 것이어서, 특허심판원이 임의로 재단해서는 안 되는 것이므로, 확인대상발명의 자유실시기술 여부를 판단할 때에도 확인대상발명의 설명서에 적힌 구성 전체를 가지고 판단해야 하고 특허발명의 청구범위에 대응되는 구성으로 한정하여 파악해서는 안 된다.

나. 확인대상발명의 특정방법에 따른 차이

1) 확인대상발명의 자유실시기술 여부에 대한 판단 차이

□ 확인대상발명이 어떻게 특정되는가에 따라서 그것이 공지된 것인지 여부에 대한 판단도 달라질 수 있다.[18)]

2) (적극적 권리범위확인심판) 부가구성까지 기재

▶ 적극적 권리범위확인심판에서는 자유실시기술의 항변에 대한 주장을 어렵게 할 수 있도록 확인대상발명을 특허발명의 대응구성 외에도 실제 사용되는 부가구성까지 포함하여 전체적인 구성을 적는 것이 유리할 수 있다.

3) (소극적 권리범위확인심판) 대응구성 위주로 기재

▶ 소극적 권리범위확인심판에서는 자유실시기술의 항변에 대한 주장을 쉽게 할 수 있도록 확인대상발명을 특허발명의 대응구성 위주로 적는 것이 유리할 수 있다.

다. 확인대상발명 전체가 선행문헌에 공지되었는지를 기준

□ 확인대상발명의 자유실시기술 여부 판단은 확인대상발명의 일부 구성이 선행문헌에 공지되었는지를 기준으로 하는 것이 아니라 확인대상발명 전체가 선행문헌에 공지되었는지를 기준으로 하여야 한다.[19)]

3 자유실시기술의 판단방법과 실제

가. 확인대상발명이 문언침해인 경우

□ 자유실시기술의 법리는 특허권 침해 여부를 판단할 때 일반적으로 적용되는 것으로, 확

17) 특허법원 2007. 8. 24. 선고 2007허1541 판결, 2007. 6. 1. 선고 2006허510 판결
18) 특허법원 2002. 10. 11. 선고 2001허5190 판결
19) 특허법원 2016. 10. 28. 선고 2016허823 판결

인대상발명이 결과적으로 특허발명의 청구범위에 나타난 모든 구성요소와 그 유기적 결합관계를 그대로 가지고 있는 문언침해에 해당하는 경우에도 그대로 적용된다.[20]

나. 확인대상발명이 제조방법이 적힌 물건발명인 경우

1) 설명서의 모든 기재에 의하여 특정되는 구조나 성질을 가지는 물건으로 파악

★ㅁ 제조방법이 적힌 물건발명인 확인대상발명의 자유실시기술 여부를 판단함에 있어서, 그 기술적 구성을 제조방법 자체로 한정하여 파악할 것이 아니라 제조방법의 기재를 포함하여 확인대상발명의 설명서의 모든 기재에 의하여 특정되는 구조나 성질을 가지는 물건으로 파악하여 출원 전에 공지된 선행기술과 비교하여 자유실시기술에 해당하는지 여부를 살펴야 한다.[21]

2) (실무 배제) 제조방법 자체는 고려할 필요 없다는 판결

▶ 제조방법이 적힌 물건발명인 확인대상발명의 자유실시기술 여부를 판단함에 있어서, 그 제조방법 자체는 고려할 필요 없이 그 설명서의 기재에 의하여 물건으로 특정되는 발명만을 공지된 발명과 비교하면 된다는 취지의 판결은,[22] 실무에서는 더 이상 적용될 수 없다.

다. 확인대상발명이 물건을 생산하는 방법발명인 경우

ㅁ 물건을 생산하는 방법발명인 확인대상발명의 자유실시기술 여부를 판단함에 있어서, 물건과 제조방법 모두 구성요소로서 대비되어야 하고, 두 구성요소 중 어느 하나라도 실시의 곤란성이 인정된다면 자유실시기술이라고 볼 수 없다.[23]

라. 확인대상발명에 소극적 구성요건이 적힌 경우

ㅁ 확인대상발명에서 그 구성으로 포함되어야 할 적극적 구성요건과 함께 어떤 요소를

---

20) 대법원 2019. 2. 28. 선고 2016후410 판결, 2019. 2. 28. 선고 2016후427 판결, 2018. 7. 24. 선고 2016후2904 판결, 2017. 11. 14. 선고 2016후366 판결, 특허법원 2023. 4. 6. 선고 2022나1210 판결, 2021. 7. 1. 선고 2020허6040 판결, 2021. 5. 27. 선고 2020허5184 판결, 2018. 5. 25. 선고 2017허5696 판결, 2017. 12. 8. 선고 2017허6361 판결

21) 대법원 2021. 12. 30. 선고 2019후10296 판결, 2018. 10. 25. 선고 2017후2758 판결, 2018. 10. 25. 선고 2017후2765 판결, 2015. 6. 11. 선고 2013후631 판결, 2015. 2. 12. 선고 2013후1726 판결, 2015. 1. 22. 선고 2011후927 전합 판결, 특허법원 2023. 2. 2. 선고 2019나1432 판결, 2022. 10. 13. 선고 2021허4546 판결, 2022. 9. 29. 선고 2021허6283 판결, 2022. 8. 25. 선고 2021허6405 판결, 2022. 1. 20. 선고 2021허4249 판결, 2021. 12. 17. 선고 2021허1653 판결, 2021. 10. 14. 선고 2021허1806 판결, 서울중앙지법 2021. 4. 29. 선고 2019가합560113 판결

22) 특허법원 2013. 2. 7. 선고 2012허8423 판결, 2008. 4. 3. 선고 2007허5543 판결

23) 특허법원 2020. 6. 4. 선고 2019허5904 판결

배제되어야 할 것을 내용으로 하는 소극적 구성요건이 적힌 경우, 소극적 구성요건에서 배제하고 있는 어떠한 요소가 없는 상황 하에서만 나머지 구성이 작동한다거나 현저히 효과가 증대된다는 특별한 사정이 있는 경우에만 소극적 구성요건이 기술적으로 의미 있는 구성요건으로 된다. 따라서 그러한 특별한 사정이 인정될 수 없는 경우에는 소극적 구성요건은 별다른 의미를 지니지 못하고 이를 배제한 나머지 구성요건만으로 이루어진 발명과 차이가 없다.[24)]

마. 확인대상발명이 의약발명인 경우

1) 투여용법과 투여용량의 차이 고려

□ 권리범위확인심판에서 확인대상발명이 자유실시기술에 해당하는지를 판단할 때는, 투여용법과 투여용량이라는 새로운 의약용도가 부가된 경우에 투여용법과 투여용량의 차이를 고려해야 한다. 이러한 투여용법과 투여용량은 의약이라는 물건이 효능을 온전하게 발휘하도록 하는 속성을 표현함으로써 의약이라는 물건에 새로운 의미를 부여하는 구성요소가 될 수 있다고 보아야 하기 때문이다.[25)]

2) 예측할 수 없는 현저하거나 이질적인 효과

□ 특정한 투여용법과 투여용량의 차이 때문에 자유실시기술이 아니라고 하기 위해서는 출원 당시의 기술수준이나 공지기술에 비추어 통상의 기술자가 예측할 수 없는 현저하거나 이질적인 효과가 인정되어야 한다.[26)]

---

24) 특허법원 2022. 2. 18. 선고 2021허2946 판결, 2019. 12. 20. 선고 2019허3601 판결, 2009. 5. 29. 선고 2008허6505 판결, 2008. 4. 24. 선고 2007허5765 판결, 2007. 9. 6. 선고 2006허9920 판결

25) 대법원 2015. 5. 21. 선고 2014후768 전합 판결, 특허법원 2022. 5. 20. 선고 2021허3000 판결, 2022. 2. 16. 선고 2020허6187 판결, 2022. 1. 20. 선고 2021허1349 판결, 2021. 1. 15. 선고 2019허9098 판결, 2019. 6. 27. 선고 2018허9329 판결, 2019. 3. 29. 선고 2018허5280 판결, 서울중앙지법 2020. 5. 28. 선고 2019가합523367 판결

• 투여용법과 투여용량은 의약용도가 되는 대상 질병 또는 약효와 더불어 의약이 그 효능을 온전하게 발휘하도록 하는 요소로서 의미를 가진다(대법원 2015. 5. 21. 선고 2014후768 전합 판결, 특허법원 2022. 7. 8. 선고 2021허3772 판결).

26) 대법원 2017. 8. 31. 선고 2014후2702 판결, 2003. 10. 10. 선고 2002후2846 판결, 특허법원 2022. 2. 16. 선고 2020허6187 판결, 2022. 1. 20. 선고 2021허1349 판결, 2021. 1. 15. 선고 2019허9098 판결, 2020. 10. 16. 선고 2020허1274 판결, 2019. 6. 27. 선고 2018허9329 판결, 2019. 3. 29. 선고 2018허5280 판결, 2019. 3. 8. 선고 2018허5099 판결, 2018. 12. 27. 선고 2017허8480 판결, 2018. 12. 20. 선고 2018허3925 판결, 2018. 12. 20. 선고 2018허4522 판결, 2018. 9. 21. 선고 2017허7326 판결

3) 자유실시기술로 보는 경우

가) 투여용량이나 투여주기의 최적화

□ 의약발명에서 공지된 물질의 약리효과는 유지하면서 독성이나 부작용이 나타나지 않는 범위 내에서 투여용량과 투여주기를 최적화하는 것은 통상의 기술자의 통상의 창작능력의 범위 내에 속하는 것이므로,[27] 그 투여방법에 의한 유리한 효과가 통상의 기술자가 예측할 수 있는 범위 내인 경우에는 자유실시기술에 해당한다.[28]

나) 유리한 효과가 예측할 수 있는 범위 내

□ 종래 공지된 의약조성물발명에서 투여방법만을 한정한 기술은 그 투여방법에 의한 유리한 효과가 통상의 기술자의 기술수준에서 예측되는 범위를 넘는 현저한 것이 아니고, 통상의 기술자가 예측할 수 있는 범위 내인 경우에는 자유실시기술에 해당한다.[29]

4) 자유실시기술로 보지 않는 경우

가) 질병의 치료나 예방에 예상하지 못한 효과를 발휘하는 경우

□ 동일한 의약이라도 투여용법과 투여용량의 변경에 따라 약효의 향상이나 부작용의 감소 또는 복약 편의성의 증진과 같이 질병의 치료나 예방에 예상하지 못한 효과를 발휘하는 경우에는 자유실시기술이라고 볼 수 없다.[30]

나) 유리한 효과가 예측되는 범위를 넘는 현저한 경우

□ 특정한 투여용법이나 투여용량으로 인하여 나타난 유리한 효과가 통상의 기술자의 기술수준에서 예측되는 범위를 넘는 현저한 경우이거나, 또는 통상의 기술자가 당해 의약발명의 약리효과가 온전히 유지되면서 독성이나 부작용이 최소화되는 특정한 투여용법이나 투여용량을 선행발명 또는 공지의 발명으로부터 예측할 수 없었던 경우에는 자유실시기술이라고 할 수 없다.[31]

---

27) 특허법원 2017. 2. 3. 선고 2015허7889 판결, 2017. 2. 3. 선고 2015허7896 판결, 2017. 2. 3. 선고 2015허7902 판결, 2017. 2. 3. 선고 2015허7919 판결, 2017. 2. 3. 선고 2015허7933 판결, 2017. 2. 3. 선고 2016허830 판결

28) 대법원 2015. 5. 21. 선고 2014후768 전합 판결

29) 특허법원 2014. 4. 11. 선고 2013허5759 판결, 2014. 4. 11. 선고 2013허8871 판결, 2014. 4. 11. 선고 2013허8888 판결

30) 대법원 2015. 5. 21. 선고 2014후768 전합 판결, 특허법원 2017. 9. 1. 선고 2016나1998 판결, 2017. 9. 1. 선고 2016허7466 판결, 2017. 2. 3. 선고 2015허7889 판결, 2017. 2. 3. 선고 2015허7896 판결, 2017. 2. 3. 선고 2015허7902 판결, 2017. 2. 3. 선고 2015허7919 판결, 2017. 2. 3. 선고 2015허7933 판결, 2017. 2. 3. 선고 2016허830 판결, 서울중앙지법 2016. 11. 4. 선고 2016가합503942 판결

31) 특허법원 2017. 9. 1. 선고 2016나1998 판결, 2017. 9. 1. 선고 2016허7466 판결, 2017. 9. 1. 선고 2016허7473 판결, 2017. 2. 3. 선고 2015허7889 판결, 2017. 2. 3. 선고 2015허7896 판결, 2017. 2. 3.

바. 선행기술의 적격

1) 특허발명의 출원 전에 공지 · 공연실시된 기술

가) 자유실시기술의 근거가 되는 공지기술

□ 자유실시기술의 근거가 되는 공지기술은 확인대상발명이 그 권리범위에 속하는지를 다투는 특허발명의 출원 전에 공지 · 공연실시되었어야 한다.[32]

나) 공지 · 공연실시된 것으로 보는 경우

(1) 물건을 분해하거나 분석하여 기술적 구성을 쉽게 알 수 있는 경우

□ 외관을 통해서는 그 발명의 기술적 구성을 쉽게 알 수 없더라도 통상의 기술자가 그 물건을 분해하거나 분석하여 그 발명의 기술적 구성을 쉽게 알 수 있다면 그 물건이 양도됨으로써 양수인을 비롯한 불특정다수인이 발명의 기술적 구성을 인식할 수 있는 상태에 놓인 것이므로 그 발명은 공연히 실시된 것으로 볼 수 있다.[33]

(2) 선행발명에 개시된 물건이 특허발명과 동일한 구성이나 속성을 갖는 경우

□ 특허발명에서 구성요소로 특정된 물건의 구성이나 속성이 선행발명에 명시적으로 개시되어 있지 않은 경우라도 선행발명에 개시된 물건이 특허발명과 동일한 구성이나 속성을 갖는다는 점이 인정된다면, 이는 선행발명에 내재된 구성 또는 속성으로 볼 수 있다.[34]

(3) 외국에 수출된 경우

□ 특허발명의 제품과 동일한 제품이 그 출원 전에 외국에 수출된 사실이 있다면, 국내에서 그 제품이 생산되지 않았다는 등의 특별한 사정이 없는 한 수출 당시에 당해 특허발명은 국내에서 공연히 실시된 것으로 볼 수 있다.[35]

다) 공지 · 공연실시된 것으로 보지 않는 경우

(1) 과도한 노력을 기울이지 않고 그 조성이나 성분을 알 수 없는 경우

□ 화학물질이나 의약품의 경우에는 통상의 기술자가 특허발명의 출원일 또는 우선권주

선고 2015허7902 판결, 2017. 2. 3. 선고 2015허7919 판결, 2017. 2. 3. 선고 2015허7933 판결, 2017. 2. 3. 선고 2016허830 판결

32) 특허법원 2022. 7. 20. 선고 2021허3338 판결

33) 특허법원 2020. 9. 4. 선고 2019허220 판결, 2018. 12. 6. 선고 2017허5498 판결, 2017. 6. 16. 선고 2016허7930 판결, 2017. 6. 16. 선고 2016허7947 판결

34) 대법원 2021. 12. 30. 선고 2017후1304 판결

35) 대법원 2004. 3. 11. 선고 2002후2341 판결, 1968. 3. 19. 선고 67후32 판결, 특허법원 2000. 8. 25. 선고 2000허747 판결

장일 전에 사용할 수 있었던 분석방법을 통해 과도한 노력을 기울이지 않고 그 조성이나 성분을 알 수 없었다면 비록 공연히 판매되었더라도 불특정다수인이 인식할 수 있는 상태였다고 볼 수 없다.36)

(2) 내부에 특징이 있는 경우

□ 내부에 특징이 있는 발명에 대하여 그 외형 사진만이 게재되어 있는 경우에는 그 발명은 기재된 것이 아니다.37)

2) 미완성 발명 또는 표현이 불충분하거나 일부 내용에 흠결이 있는 경우

□ 확인대상발명의 자유실시기술 판단에 제공되는 대비발명은 기술구성 전체가 명확하게 표현된 것뿐만 아니라, 미완성 발명 또는 자료의 부족으로 표현이 불충분하거나 일부 내용에 흠결이 있다고 하더라도 통상의 기술자가 기술상식이나 경험칙에 의하여 쉽게 기술내용을 파악할 수 있는 범위 내에서는 선행발명이 될 수 있다.38)

3) 선행기술의 범위

가) 선행기술 전체

□ 선행기술을 근거로 확인대상발명이 자유실시기술에 해당하는지를 판단하기 위해서는 선행기술의 일부 기재만이 아니라 선행기술 전체에 의하여 통상의 기술자가 합리적으로 인식할 수 있는 사항을 기초로 대비 · 판단해야 한다.39)

나) 선행기술과 배치되거나 이를 불확실하게 하는 다른 선행기술

□ 선행기술의 일부 기재 부분과 배치되거나 이를 불확실하게 하는 다른 선행기술이 있는 경우에는 그 내용까지도 종합적으로 고려하여 통상의 기술자가 확인대상발명을 쉽게 실시할 수 있는지를 판단해야 한다.40)

---

36) 특허법원 2018. 1. 11. 선고 2016허7954 판결, 2018. 1. 11. 선고 2017나1247 판결

37) 대법원 1997. 12. 23. 선고 97후433 판결, 특허법원 2006. 6. 15. 선고 2005허6283 판결, 2003. 3. 20. 선고 2002허192 판결, 1998. 9. 24. 선고 98허3286 판결, 1998. 7. 9. 선고 98허3767 판결

38) (같은 취지) 대법원 2013. 2. 14. 선고 2012후146 판결, 2012. 6. 14. 선고 2012후320 판결, 2011. 1. 13. 선고 2009후1972 판결, 2008. 11. 27. 선고 2006후1957 판결, 2006. 6. 30. 선고 2004후3409 판결, 2006. 3. 24. 선고 2004후2307 판결, 2003. 12. 26. 선고 2001후2702 판결, 2000. 12. 8. 선고 98후263 판결, 2000. 12. 8. 선고 98후270 판결, 1997. 8. 26. 선고 96후1514 판결, 특허법원 2022. 12. 1. 선고 2022허1834 판결

39) (같은 취지) 대법원 2022. 1. 13. 선고 2019후12094 판결, 2016. 1. 14. 선고 2013후2873,2880 판결, 특허법원 2022. 8. 18. 선고 2022허1315 판결, 2022. 5. 12. 선고 2021허3840 판결, 2019. 2. 22. 선고 2018허1509 판결, 2017. 5. 19. 선고 2016허4931 판결, 2017. 5. 19. 선고 2016허4948 판결, 2017. 2. 17. 선고 2016허4832 판결, 2016. 11. 3. 선고 2016허1192 판결

40) (같은 취지) 대법원 2016. 1. 14. 선고 2013후2873,2880 판결, 특허법원 2022. 6. 17. 선고 2021허5693

4) 공지기술이 신규성 상실 예외 규정이 적용되는 경우

가) 자유실시기술 항변 불허

★□ 신규성 상실 예외 규정의 적용 근거가 된 공지기술 또는 이들의 결합에 따라 쉽게 실시할 수 있는 발명이 누구나 이용할 수 있는 공공의 영역에 있다고 단정할 수 없으므로, 신규성 상실 예외 규정의 적용 근거가 된 공지기술을 기초로 한 자유실시기술 주장은 허용되지 않는다.[41]

○ 신규성 상실 예외 규정의 적용 근거가 된 공지기술을 기초로 한 자유실시기술 주장을 허용하는 것은 특허법이 특허권자와 제3자 사이의 형평을 도모하기 위하여 선사용에 따른 통상실시권 등의 제도를 마련하고 있음에도 공지기술에 대하여 별다른 창작적 기여를 하지 않은 제3자에게 법정 통상실시권을 넘어서는 무상의 실시 권한을 부여함으로써 제3자에 대한 보호를 법으로 정해진 특허권자의 권리에 우선하는 결과가 된다는 점에서도 자유실시기술 주장은 허용될 수 없다.[42]

나) 확인대상발명과 특허발명을 대비하는 방법

□ 확인대상발명이 특허발명의 권리범위에 속하는지를 판단할 때 신규성 상실 예외 규정의 적용 근거가 된 공지기술 또는 이들의 결합에 따라 쉽게 실시할 수 있는 발명이 누구나 이용할 수 있는 공공의 영역에 있음을 전제로 한 자유실시기술 주장은 허용되지 않고, 확인대상발명과 특허발명을 대비하는 방법에 의하여야 한다.[43]

4 침해소송에서 자유실시기술의 항변

□ 침해소송에서 특허의 진보성이 없다는 주장이 있는 경우에는 더 이상 자유실시기술의 항변까지 인정할 필요는 없다. 설령 특허권침해소송에서 자유실시기술의 항변이 인정된다고 하더라도, 침해대상물건이 특허와 동일·균등의 관계에 있는 경우에는 자유실시기술의 항변의 본질은 특허가 출원 전 공지기술에 의하여 진보성이 부정된다는 주장과 실질적으로 같다.[44]

판결, 2017. 5. 19. 선고 2016허4931 판결, 2017. 5. 19. 선고 2016허4948 판결, 2016. 11. 3. 선고 2016허1192 판결

41) 대법원 2023. 2. 23. 선고 2021후10473 판결, 2023. 2. 23. 선고 2022후10012 판결
- 공지기술이 신규성 상실 예외 규정의 적용 근거가 된 경우에는 그 공지기술에 기초한 자유실시기술 항변이 허용되지 않는다(서울중앙지법 2018. 12. 13. 선고 2016가합502475,575398 판결).

42) 대법원 2023. 2. 23. 선고 2021후10473 판결, 2023. 2. 23. 선고 2022후10012 판결

43) 대법원 2023. 2. 23. 선고 2021후10473 판결, 2023. 2. 23. 선고 2022후10012 판결

▶ 침해소송에서는 특허발명의 진보성에 대하여 판단할 수 있으므로 확인대상발명이 자유실시기술인지에 대해서까지 이중으로 판단할 필요가 없다는 점을 감안하여 향후 이를 반영한 제도개선이 필요하다.

Ⅱ. 무효의 항변

1 무효의 항변이 허용되는 경우

가. 무효사유가 명백한 경우

1) 침해금지 또는 손해배상청구 불허

□ 특허발명에 무효사유가 존재하는 것이 명백한 때에는 그 권리범위를 인정할 수 없으므로 그 특허권에 기한 침해금지 또는 손해배상청구는 특별한 사정이 없는 한 권리남용에 해당하여 허용되지 않는다.[45]

2) 특허권 침해죄 구성 않음

□ 특허발명에 무효사유가 존재하는 것이 명백한 때에는 그 권리범위를 인정할 수 없으므로 권리범위가 인정되지 않는 특허발명과 동일 또는 균등한 관계에 있는 발명을 실시하는 행위는 특허권 침해죄를 구성하지 않는다.[46]

▷ 침해소송 법원이 당해 특허가 무효임이 명백하다고 판결하더라도 그 자체로 특허가 무효로 되는 것은 아니고, 권리행사가 제한될 뿐이며, 그 특허를 무효로 하기 위해서는 특허무효심판을 청구하여 무효심결을 받아야 한다.[47]

---

44) 서울중앙지법 2017. 4. 7. 선고 2016가합525072 판결

45) 대법원 2018. 9. 28. 선고 2016다219150 판결, 2015. 10. 15. 선고 2013다84568 판결, 2013. 7. 26. 선고 2012다13392 판결, 2012. 10. 18. 선고 2010다103000 전합 판결, 2012. 7. 12. 선고 2010다42082 판결, 2012. 3. 15. 선고 2010다63133 판결, 2012. 1. 19. 선고 2010다95390 전합 판결, 2008. 5. 15. 선고 2008다11832 판결, 서울중앙지법 2006. 7. 5. 선고 2005가합62919 판결, 最高裁 2000. 4. 11. 선고 1998년(オ)364 판결

46) 대법원 2005. 10. 14. 선고 2005도1262 판결

47) 지적재산소송실무 제4판, 특허법원 지적재산소송 실무연구회, 박영사(2019), 497면

나. 무효가 확정된 경우

1) 특허권 침해의 공소사실은 범죄의 증명이 없는 경우

□ 특허발명이 무효인 경우에는 특허권 침해의 공소사실은 범죄의 증명이 없는 경우에 해당한다.[48]

2) 특허권 침해행위에 해당하지 않음

□ 타인의 특허권을 침해한 행위가 특허발명의 무효 전에 이루어진 경우에도 나중에 특허발명이 무효로 되었다면 특허권은 처음부터 존재하지 않는 것이 되어 그와 같은 행위는 특허권 침해행위에 해당하지 않는다.[49]

▶ 특허권 소멸의 항변이 허용되는 경우로는 ① 특허심판원의 무효심결이 확정된 경우, ② 특허청장의 취소처분이 확정된 경우(§107, 116), ③ 특허권의 존속기간이 만료된 경우(§88), ④ 특허권자가 사망하고 상속인이 없는 경우(§124)가 있다.

2 권리범위가 부정되는 경우

가. 특허발명의 기술적 범위를 특정할 수 없는 경우[50]

1) 직권조사사항

□ 특허발명의 기술적 범위를 특정할 수 있는지 여부는, 당사자의 주장이 없더라도 특허심판원이 직권으로 살펴 판단해야 한다.[51]

2) 기술적 범위 특정의 판단기준

□ 특허발명의 기술적 범위를 특정할 수 있는지 여부는, 통상의 기술자가 발명의 설명, 기타 명세서만으로 청구범위에 속한 기술구성이나 그 결합 및 작용효과 또는 그 기능적 표현의 의미를 일목요연하게 이해할 수 있는지 여부에 의하여 판단해야 한다.[52]

---

48) 대법원 2004. 11. 12. 선고 2004도6113 판결
49) 대법원 2007. 7. 26. 선고 2006도3483 판결, 2004. 2. 27. 선고 2002도4760 판결, 1971. 7. 27. 선고 71도978 판결, 대구지법 2010. 11. 24. 선고 2008고정1902 판결, 2007. 8. 30. 선고 2007노1122 판결, 2007. 3. 21. 선고 2002고단5542 판결
50) Ⅲ.1.나.3) '제한 해석이 허용되는 경우' 참조
51) 대법원 2002. 6. 14. 선고 2000후235 판결, 특허법원 2012. 1. 13. 선고 2011허5755 판결, 2012. 1. 13. 선고 2011허5762 판결, 2011. 1. 14. 선고 2010허5369 판결, 2006. 12. 21. 선고 2006허4680 판결, 수원지법 2009. 2. 19.자 2008카합351 결정, 서울중앙지법 2008. 7. 11. 선고 2007가합23178 판결
52) 서울중앙지법 2008. 7. 11. 선고 2007가합23178 판결

3) 특허발명 자체의 기술적 범위를 특정할 수 없는 경우

가) 발명의 구성요건 일부가 추상적이거나 불분명한 경우

★ㅁ 특허발명의 청구범위 기재나 발명의 설명, 기타 도면의 설명에 의하더라도 발명의 구성요건 일부가 추상적이거나 불분명한 등으로 특허발명 자체의 기술적 범위를 특정할 수 없을 때에는 그 권리범위를 인정할 수 없다.[53)]

나) 기술적 구성을 알 수 없거나 기술적 범위를 확정할 수 없는 경우

ㅁ 청구범위 기재만으로 특허발명의 기술적 구성을 알 수 없거나 알 수 있더라도 기술적 범위를 확정할 수 없어 발명의 설명이나 도면 등 명세서의 다른 기재에 의한 보충을 하더라도 이를 확정할 수 없는 경우에는 그 권리범위를 인정할 수 없다.[54)]

다) 효과 달성에 필요한 필수적 구성요소가 누락된 경우

ㅁ 청구범위에 그 효과 달성에 필요한 필수적 구성요소가 모두 적혔다고 볼 수 없어 특허발명의 기술적 범위를 특정할 수 없는 경우에는 확인대상발명은 특허발명과의 구체적 기술 대비를 할 필요도 없이 그 권리범위에 속하지 않는다.[55)]

라) 청구범위가 발명의 설명에 의하여 뒷받침되지 않는 경우

(1) 발명의 설명에 의하여 뒷받침되는 부분에 한정 해석

★ㅁ 청구범위의 기재가 발명의 설명에 의하여 뒷받침되지 않는 경우, 그 기술적 범위의 해석에 있어서는 청구범위에 적힌 발명을 발명의 설명에 의하여 뒷받침되는 부분에 한정해야 한다.[56)]

---

53) 대법원 2015. 9. 24. 선고 2013후518 판결, 2002. 6. 14. 선고 2000후235 판결, 1989. 3. 28. 선고 85후109 판결, 1985. 3. 26. 선고 83후106 판결, 1983. 1. 18. 선고 82후36 판결, 특허법원 2019. 12. 20. 선고 2018허4041 판결, 2016. 6. 30. 선고 2015허4231 판결, 2016. 6. 30. 선고 2015허4804 판결, 2014. 11. 20. 선고 2014허4456 판결, 2013. 4. 4. 선고 2012허8669 판결, 2012. 1. 13. 선고 2011허5755 판결, 2012. 1. 13. 선고 2011허5762 판결, 2012. 1. 13. 선고 2011허7362 판결, 2011. 1. 14. 선고 2010허5369 판결, 서울중앙지법 2013. 5. 20.자 2012카합515 결정

54) 특허법원 2009. 7. 16. 선고 2008허6208 판결, 2009. 7. 16. 선고 2008허8303 판결

- 청구범위 기재만으로 특허발명의 기술적 구성을 알 수 없거나 알 수 있더라도 기술적 범위를 확정할 수 없는 경우, 발명의 설명이나 도면 등 명세서의 다른 기재에 의한 보충을 하여 명세서 전체로서 그 기술적 구성의 의미나 범위를 확정할 수 있을 때에는 권리범위가 인정된다(특허법원 2009. 7. 16. 선고 2008허6208 판결, 2009. 7. 16. 선고 2008허8303 판결).

55) 대법원 2005. 10. 14. 선고 2005도1262 판결

56) 대법원 1998. 5. 22. 선고 96후1088 판결, 특허법원 2011. 10. 27. 선고 2011허5168 판결, 2003. 8. 29. 선고 2002허7513 판결, 서울남부지법 2007. 2. 28.자 2006카합1095 결정

(2) 기술적 범위를 특정할 수 없으면 권리범위 부정

★ □ 청구범위의 기재가 발명의 설명에 의하여 뒷받침되지 않아 특허발명 자체의 기술적 범위를 특정할 수 없는 경우에는 그 권리범위를 인정할 수 없으므로, 확인대상발명은 특허발명과의 구체적 기술 대비를 할 필요도 없이 그 권리범위에 속하지 않는다.[57)]

▷ 청구범위에 적힌 포괄적·추상적 용어가 발명의 설명에 의하여 뒷받침되지 않아 기재불비로 볼 정도인 경우에는 아예 권리범위 자체를 부인해야 하고, 이와 같은 정도에 이르지 않고 발명의 설명과 도면을 참작하여 발명의 기술사상과 구성을 파악할 수 있다면 청구범위 해석을 통해 구성을 확정해야 하며, 위와 같이 청구범위 해석단계에서 이미 발명의 설명과 도면의 기재를 참작하였으므로 동일한 사유로 보호범위를 축소하지 않도록 하는 것은 통일적인 청구범위의 해석을 위하여 바람직하다.[58)]

○ 대법원 2015. 9. 24. 선고 2013후518 판결

통상의 기술자가 출원시의 기술수준으로 보아 과도한 실험이나 특수한 지식을 부가하지 않고서는 명세서의 기재만으로 특허발명의 청구범위에 한정된 수치범위 전체에 걸쳐 그 물건을 생산할 수 없으므로 명세서 기재요건을 갖추지 않아서 발명 자체의 기술적 범위를 특정할 수 없는 것으로서 그 권리범위를 인정할 수 없다.

○ 대법원 2005. 10. 14. 선고 2005도1262 판결

피고인이 환편기용 실저장 및 공급장치를 제조·판매할 당시 특허발명의 필수적 구성요소가 모두 적혀 있다고 할 수 없는 특허발명의 청구범위는 그 기재가 불비하여 그 권리범위를 인정할 수 없다.

○ 대법원 1998. 5. 22. 선고 96후1088 판결

특허발명의 청구범위는 '중합체성 물질과 복원성 섬유를 포함하며, 상기 복원성 섬유에 의하여 복원이 되는 복원성 복합구조체를 제조하는 방법으로, 상기 중합체성 물질을 교차결합된 복원성 섬유에 도포하는 단계 외에, 상기 중합체성 물질을 교차결합시키는 단계를 포함하는 복원성 복합구조체 및 그 제조방법'이라고 하고 있을 뿐이므로, 이와 같이 교차결합된 복원성 섬유에 중합체성 물질을 도포하고 교차결합시킨다고 하더라도 각종의 조건이나 환경이 부과되지 않고서는 특허발명에서 목적하는 물성, 즉 70% 이상의 복원율을 가지고 고압, 저온, 고습도에 견딜 수 있는 것을 제조할 수

---

57) 특허법원 2013. 4. 4. 선고 2012허8669 판결, 2009. 9. 18. 선고 2009허2432 판결, 2006. 11. 23. 선고 2006허2202 판결, 2006. 11. 23. 선고 2006허2219 판결, 2004. 4. 9. 선고 2003허1857 판결, 서울중앙지법 2012. 5. 1. 선고 2011가합114712 판결

58) 강경태, 청구범위해석론의 재검토, 특허법원 지적재산소송 실무연구회(2008), 30면

있다고 단정할 수는 없으므로, 위 청구범위의 기재는 발명의 설명에 적힌 발명의 공헌도에 비추어 지나치게 넓은 경우이며, 따라서 위 청구범위 중 발명의 설명에 의하여 뒷받침되지 않은 부분에 대하여는 그 권리범위를 인정할 수 없다.

○ 대법원 1989. 3. 28. 선고 85후109 판결

특허발명의 명세서 및 도면에는 '각 고무밴드연부에는 절취부를 형성하여 여러 개의 고무밴드가 연속적으로 연결을 갖게 조직'하는 것으로서 '여러 개의 밴드를 절취부에 의하여 필요에 따라 절취할 수가 있어 사용하기에 편리할 뿐만 아니라' 등으로만 적혀 있을 뿐, 고무밴드의 절취부의 형성에 관하여는 그 구체적인 조직이나 구성수단에 관하여 아무런 기재나 설명이 없으므로 그 절취부를 형성하기 위한 기술수단이 결여된 것인바, 특허발명은 그 구성요건의 일부가 추상적이거나 불분명하여 그 특허발명 자체의 기술적 범위를 특정할 수 없는 경우에 해당하여 그 권리범위를 인정할 수 없다.

○ 대법원 1985. 3. 6. 선고 83후106 판결

특허발명은 고무사를 위사로 편직하였으므로 옆으로만 신축작용을 갖게 되고, 여러 개의 고무밴드 사이에 절취부를 형성하였으므로 필요에 따라 절취할 수가 있어 사용에 편리하고 여러 용도에 사용할 수가 있어 종래의 고무밴드보다 실용성이 크고 여러 개의 밴드를 일시에 편지하므로 작업능률이 향상되는 작용효과가 있다는 것인바, 특허발명의 고무밴드의 구성요부는 절취부의 형성에 의한 밴드의 유기적인 연결이라고 할 것인데 그 절취부의 형성에 관하여는 그 구체적인 조직이나 구성수단에 관하여 아무런 기재나 설명이 없어 그 기술적 사상이 어떠한 내용인지를 특정할 수 없어 그 권리범위를 인정할 수 없다.

○ 대법원 1983. 1. 18. 선고 82후36 판결

특허발명은 연사용 사관제법에서 알루미늄과 줄라루민 및 잉고트를 30 : 35 : 35%의 중량비율로 배합한 원료를 사용한다고 되어 있으나 원래 '잉고트'란 금속의 주괴를 의미하는 일반적인 통칭으로서 동, 아연, 알루미늄 등 각종 개별금속의 잉고트와 이들 금속들의 각종 비율로 된 합금의 잉고트가 있을 뿐 아니라 합금은 함유되는 성분의 미량에 의해서도 그 성질이 크게 달라지는 것인데, 특허발명의 명세서를 살펴보아도 특허발명의 구성시료 3종 중 그 구성비가 35%나 되는 시료 1종이 단지 '잉고트'라고만 적혀 있고 이 잉고트가 과연 어떤 금속이 어느 정도의 비율로 구성된 잉고트인지 설명하는 기재가 전혀 없어서 통상의 기술자라도 위 시료 1종이 무엇인지 알지 못하여 위 특허발명을 실시할 수 없는바, 특허발명은 그 구성요건의 일부가 추상적이거나 불분명하여 그 발명 자체의 기술적 범위를 특정할 수 없어 그 권리범위를 인정할 수 없다.

마) 청구범위가 명확하고 간결하게 적히지 않은 경우

□ 청구범위가 발명이 명확하고 간결하게 적히지 않아 특허발명의 기술적 범위를 특정

할 수 없는 경우에는 확인대상발명은 특허발명과의 구체적 기술 대비를 할 필요도 없이 그 권리범위에 속하지 않는다.[59]

바) 발명의 카테고리가 불분명한 경우

□ 발명의 카테고리가 불분명한 경우에도 그로 인하여 기술적 범위가 특정될 수 없는 것은 마찬가지인 이상, 확인대상발명은 특허발명과의 구체적 기술 대비를 할 필요도 없이 그 권리범위에 속하지 않는다.[60]

4) 청구범위의 일부에 오기가 있더라도 보호범위를 특정할 수 있는 경우

□ 청구범위의 일부에 오기가 있다고 하더라도, 발명의 설명과 도면을 참작해 볼 때 통상의 기술자가 명확하게 이해할 수 있고 오기임이 명백하여 그 특허발명 자체의 보호범위를 특정할 수 있는 경우에는 특허발명의 권리범위를 부정할 수 없다.[61]

○ 대법원 2008. 7. 10. 선고 2008후64 판결

특허발명의 청구범위에 적힌 '동력전달수단'은 발명의 설명과 도면 등을 참작하여 볼 때 '동력이동수단'의 오기임이 명백하여 그 발명 자체의 보호범위를 특정할 수 있으므로, 특허발명의 권리범위를 부정할 수는 없다.

나. 특허발명의 실시가 불가능한 경우

1) 특허심판원의 직권조사사항

□ 특허발명을 실시할 수 있는지 여부는 당사자의 주장이 없더라도 특허심판원이 직권으로 살펴 판단해야 한다.[62]

2) 실시가능성의 의미

□ 실시가능성이란, 그 발명의 성질에 따라 통상의 기술자가 특허출원의 명세서에 적힌 발명의 목적, 구성 및 작용효과를 전체적으로 고려하여 기술적 의미에서 생산 또는 사용할 수 있다는 것을 의미하는 것이지, 그 발명을 통해서 경제적으로 이익을 얻을

---

59) 특허법원 2019. 9. 6. 선고 2018나1381,1398 판결, 2009. 9. 18. 선고 2009허2432 판결, 2006. 10. 12. 선고 2006허466 판결, 2004. 4. 9. 선고 2003허1857 판결, 서울중앙지법 2012. 5. 1. 선고 2011가합114712 판결

60) 특허법원 2012. 11. 15. 선고 2012허6991 판결

61) 대법원 2008. 7. 10. 선고 2008후64 판결, 1995. 10. 13. 선고 94후944 판결, 특허법원 2014. 8. 22. 선고 2013허10041 판결, 2014. 8. 22. 선고 2013허10133 판결, 2014. 8. 14. 선고 2014허1808 판결, 2013. 5. 8. 선고 2012허11115 판결, 2013. 4. 4. 선고 2012허8669 판결, 2013. 2. 28. 선고 2012허5073 판결, 2011. 4. 29. 선고 2010허1916 판결

62) 특허법원 2006. 12. 21. 선고 2006허4680 판결

수 있어야 한다든지 어떠한 기술적 문제점도 수반해서는 안 된다는 것까지 요구하는 것은 아니다.[63]

3) 특허발명의 실시가 불가능하여 권리범위가 인정되지 않는 경우

가) 미완성 발명

□ 미완성 발명은 이론적으로 실시가 불가능하여 '업으로 이용할 수 없는 발명'을 말하는데,[64] 특허발명이 출원당시의 기술수준으로 보아 반복실시가 불가능한 발명은 미완성 발명으로서 권리범위를 인정할 수 없다.[65]

나) 산업상 이용가능성이 없는 발명

★□ 산업상 이용가능성이 없는 발명은 그 권리범위를 인정할 수 없다.[66]

다) 실시가 불가능한 발명

★□ 실시가 불가능한 발명은 그 권리범위를 인정할 수 없다.[67]

라) 발명의 목적을 달성하기 위한 작동이 불가능한 발명

★□ 발명의 목적을 달성하기 위한 작동이 불가능한 발명은 그 권리범위를 인정할 수 없다.[68]

---

63) 서울고법 2005. 12. 7. 선고 2003나38858 판결, 2004. 6. 22. 선고 2003나12511 판결

64) 특허법원 2004. 9. 3. 선고 2003허6401 판결
- 미완성 발명은 발명의 과제를 해결하기 위한 구체적인 수단이 결여되어 있거나 제시된 수단만으로는 과제해결이 명백하게 불가능한 것을 말하고, 구체적으로 ① 발명이 복수의 구성요건을 필요로 하는 경우에는 어느 구성요건을 결여한 경우, ② 해결하고자 하는 문제에 대한 인식은 있으나 그 해결수단을 제시하지 못한 경우, ③ 해결과제·해결수단이 제시되어 있어도 그 수단으로 실행하였을 때 효과가 없는 경우, ④ 용도를 밝히지 못한 경우, ⑤ 발명의 기술적 사상이 실현 가능하도록 완성된 것이지만 그 실시의 결과가 사회적으로 용납되지 않는 위험한 상태로 방치되는 경우 등이 있다(서울고법 2002. 5. 28. 선고 99나42539 판결, 특허법원 2001. 7. 20. 선고 2000허7038 판결).

65) 대법원 2005. 9. 28. 선고 2003후2003 판결, 특허법원 2013. 3. 28. 선고 2012허9846 판결, 서울중앙지법 2005. 12. 29. 선고 2003가합58244 판결

66) 서울고법 2005. 12. 7. 선고 2003나38858 판결, 2004. 6. 22. 선고 2003나12511 판결
- 산업상 이용가능성이 없는 발명은, ① 이론적으로 실시가 불가능하여 '업으로 이용할 수 없는 발명', ② 이론적으로는 가능하다고 하더라도 '현실적으로 명백하게 실시할 수 없는 발명'을 말한다(특허법원 2004. 9. 3. 선고 2003허6401 판결).

67) 대법원 2001. 12. 27. 선고 99후1973 판결, 1985. 4. 9. 선고 80후39 판결, 1980. 9. 30. 선고 80후4 판결, 특허법원 2019. 12. 20. 선고 2018허4041 판결, 2016. 10. 13. 선고 2016허717 판결, 2015. 9. 24. 선고 2015허1362 판결, 2013. 6. 21. 선고 2012허10419 판결, 2013. 3. 28. 선고 2012허9846 판결, 2011. 12. 22. 선고 2011허7140 판결, 2009. 9. 18. 선고 2009허2432 판결, 2006. 12. 21. 선고 2006허4680 판결, 2006. 7. 7. 선고 2005허7040 판결, 2004. 4. 9. 선고 2003허1857 판결, 서울고법 2005. 12. 7. 선고 2003나38858 판결, 2004. 6. 22. 선고 2003나12511 판결

68) 특허법원 2015. 9. 24. 선고 2015허1362 판결

○ 대법원 2008. 6. 12. 선고 2006후640 판결

특허발명이 아크릴 에멀션 수지를 유화중합하기 위한 한 성분으로서 제시하고 있는 '적어도 1종의 카르복실 메타 아크릴 호모 폴리머'는 통상적인 유화중합의 방법으로 아크릴 에멀션 수지를 중합함에 있어 성분으로 사용할 수 없는 물질이고, 특허발명의 발명의 설명에는 위 성분을 사용하여 아크릴 에멀션 수지를 유화중합의 방법으로 구현하기 위한 아무런 기재가 없어서, 통상의 기술자가 발명의 설명의 기재에 의하여 출원시의 기술수준으로 보아 특수한 지식을 부가하지 않고서도 특허발명을 정확하게 이해하거나 재현할 수 없다고 할 것이므로, 특허발명은 그 권리범위를 인정할 수 없다.

○ 대법원 2001. 12. 27. 선고 99후1973 판결

특허발명에 대한 명세서의 청구항에 데이터수신표시부에 관하여 '어드레스 디코더와 신호제어부를 잇는 입·출력선상에 연결되어서 데이터를 수신중임을 표시하는 데이터수신표시부'라고 적혀 있고, 명세서의 발명의 설명에도 '제2도에 도시된 바와 같이 상기 데이터수신표시부는 어드레스 디코더와 신호제어부를 잇는 출력선에 연결되고'라고 적혀 있으며, 도면 제2도에도 그와 같이 표시되어 있는 바, 어드레스 디코더는 컴퓨터 본체에 접속되는 구성요소로서 번지 지정부에 해당하는 슬롯에 연결되어 번지를 지정하는 역할을 수행하므로, 어드레스 디코더는 컴퓨터가 모뎀의 번지를 찾을 수 있도록 하여 주는 번지 지정자일 뿐이고, 어드레스 디코더에서 모뎀의 데이터 입·출력은 전혀 이루어지지 않아, 데이터수신표시부가 데이터를 수신하고 있는 중임을 표시하는 기능을 수행하려면 어드레스 디코더와 신호제어부를 잇는 입·출력선상에 연결되어서는 안 되고, 모뎀에 관련된 각종 기능을 제어하는 신호제어부와 신호변·복조부를 잇는 입·출력선상에 연결되어야만 하기 때문에, 특허발명의 데이터수신표시부는 전혀 작동을 할 수가 없음을 알 수 있으므로, 특허발명은 실시가 불가능한 발명에 해당하여 그 권리범위를 인정할 수 없다.

○ 대법원 1985. 4. 9. 선고 80후39 판결

특허발명은 보온밥통의 온도를 70℃로 유지시킨다는 그 작용효과가 실시 불가능한 발명이므로 권리범위를 인정할 수 없다.

○ 대법원 1986. 2. 11. 선고 85후77 판결

압력단위는 단위면적에서 수직으로 작용하는 힘의 크기의 단위이고 마력단위는 힘이 단위시간에 하는 일의 양을 나타내는 단위로서 별개 단위이며 서로 환산이 불가능하여 특허발명에 표시된 압력단위 1마력/㎠로는 특정압력을 산정할 수 없으므로 결국 특허발명은 통상의 기술자가 쉽게 실시할 수 없는 것이다.

○ 특허법원 2011. 12. 22. 선고 2011허7140 판결

일반적으로 고무계 점착제는 천연고무 또는 합성고무와 점착부여제를 주제로 한 것으로서, 여기에

용도에 따라 산화방지제, 가소제, 안료 등을 첨가하여 만들며, 점착부여제는 고무 자체만으로는 점착력, 점성 등의 점착물성을 발휘할 수 없기 때문에 점착물성의 균형을 이루기 위하여 첨가하는 것이어서 천연고무 또는 합성고무만으로는 점착제가 될 수 없다는 것은 해당업계의 기술상식이라 할 것이므로, '천연고무라텍스와 합성고무라텍스의 혼합물'에 가소제, 중점제, 안정제, 염료 및 안료를 부가한다고 하여도 점착제를 제조할 수 없다 할 것이고, 따라서 특허발명의 점착제 제조방법은 실시가 불가능한 '천연고무라텍스와 합성고무라텍스의 혼합물'을 주제로 한 점착제의 제조방법을 포함하고 있어 그 청구항 중 일부에 실시불가능의 무효 사유가 있다 할 것인데, 1개의 청구범위의 항의 일부에 특허무효의 사유가 있는 경우에는 그 항의 발명은 원칙적으로 그 전부가 무효로 되어야 하므로, 특허발명은 결국 전부가 실시가 불가능한 것이다.

다. 특허발명의 신규성이 부정되는 경우

1) 공지 · 공연 실시된 발명이나 특별히 새로운 발명이라고 볼 수 없는 경우

□ 신규성이 없는 발명에는 공지되었거나 공연히 실시된 발명과 동일한 것뿐만 아니라 그러한 발명과 매우 비슷하여 특별히 새로운 발명이라고 볼 수 없는 것도 해당된다.[69]

2) 무효심판이 없어도 그 권리범위 부정

□ 특허발명이 신규성이 없는 경우에는 그에 대한 무효심판이 없어도 그 권리범위를 인정할 수 없다.[70] 따라서 신규성이 없어 권리범위가 인정되지 않는 특허발명에 대하여는 그와 동일한 확인대상발명을 실시하였다고 하더라도 그 권리범위에 속하지 않는다.[71]

---

69) 대법원 2004. 6. 11. 선고 2002도3151 판결, 2003. 1. 10. 선고 2002도5514 판결, 2001. 8. 21. 선고 99후123 판결, 2001. 8. 21. 선고 99후130 판결, 2001. 3. 23. 선고 98다7209 판결, 2000. 10. 24. 선고 99후2419 판결, 2000. 11. 10. 선고 2000후1283 판결, 1992. 6. 2.자 91마540 결정, 1991. 9. 24. 선고 90후2119 판결, 광주지법 2011. 8. 17. 선고 2011노1094 판결, 서울중앙지법 2009. 10. 7. 선고 2007가합33960 판결, 2007. 1. 11. 선고 2006가합19943 판결, 2004. 8. 18. 선고 2004노2441 판결, 서울서부지법 2006. 2. 8. 선고 2003고단3131 판결

70) 대법원 2009. 9. 24. 선고 2007후2827 판결, 2009. 9. 24. 선고 2009후1040 판결, 2009. 9. 24. 선고 2009후1057 판결, 2009. 9. 24. 선고 2009후1064 판결, 2009. 9. 24. 선고 2009후1071 판결, 2005. 1. 14. 선고 2003후2799 판결, 2004. 6. 11. 선고 2002도3151 판결, 2003. 6. 27.자 2000마7727 결정, 2003. 5. 27. 선고 2001후2047 판결, 2003. 1. 10. 선고 2002도5514 판결, 2003. 1. 10. 선고 2002후1812 판결, 2003. 1. 10. 선고 2002후1843 판결

71) 대법원 2010. 10. 28. 선고 2010도9309 판결, 2008. 9. 25. 선고 2008도3797 판결, 2004. 6. 11. 선고 2002도3151 판결, 2003. 1. 10. 선고 2002도5514 판결, 1987. 6. 23. 선고 86도2343 판결, 1987. 6. 23. 선고 86도2670 판결, 특허법원 2022. 6. 23. 선고 2021나1824 판결, 2012. 2. 8. 선고 2011허10535 판결, 서울중앙지법 2021. 8. 27. 선고 2019가합509576 판결, 2015. 9. 23. 선고 2015가합519087 판결, 광주지법 2011. 8. 17. 선고 2011노1094 판결, 수원지법 2021. 4. 28. 선고 2020가합21070 판결, 2010. 7. 6. 선고 2010노707 판결

3) 신규성에 대하여 직권심리하는 경우

□ 소극적 권리범위확인심판에서 특허발명의 신규성 여부를 특허심판원이 직권으로 심리하는 경우, 신규성이 부정되어 권리범위를 인정할 수 없는지 여부는 청구인에게 유리한 사항으로서 청구인에게 별도의 의견제출기회를 주어야 하는 것은 아니다.[72)]

4) 특허발명의 신규성과 확인대상발명의 특정 및 자유실시기술의 판단순서

가) 특허발명의 신규성과 확인대상발명의 특정의 판단순서

□ ① 확인대상발명의 특정 또는 실시불가능 여부를 특허발명의 신규성 여부에 앞서 판단해야 한다는 판결,[73)]

② 특허발명의 신규성 여부를 확인대상발명의 특정 또는 실시불가능 여부에 앞서 판단해야 한다는 판결이 있는데,[74)]

③ 실무는, 본안 전 사항인 확인대상발명의 특정 또는 실시불가능 여부를 살핀 다음에 본안사항인 특허발명의 신규성 여부를 살피고 있다.[75)]

나) 특허발명의 신규성과 자유실시기술의 판단순서

□ ① 확인대상발명의 자유실시기술 여부를 특허발명의 신규성 여부에 앞서 판단해야 한다는 판결,[76)]

② 특허발명의 신규성 여부를 확인대상발명의 자유실시기술 여부에 앞서 판단해야 한다는 판결,[77)]

③ 이들의 선후 관계가 바뀌어도 심결 결과에 영향을 미치지 않으므로 어느 것을 먼저 판단해도 된다는 판결이 있는데,[78)]

④ 실무는, 자유실시기술 여부와 특허발명의 신규성 여부는 같은 본안사항이므로 특

---

72) 특허법원 2004. 7. 2. 선고 2003허6043 판결
73) 특허법원 2007. 5. 10. 선고 2006허6907 판결, 2005. 3. 25. 선고 2004허3614 판결
74) 특허법원 2003. 11. 14. 선고 2002허4880 판결, 1999. 5. 27. 선고 99허536 판결(소극) – 신규성 부정
75) 권오희, 권리범위확인심판의 판단순서에 관한 고찰, 지식재산 21, 특허청(2005. 5.), 132면
76) 대법원 2000. 5. 26. 선고 98후2832 판결, 1997. 11. 11. 선고 96후1750 판결, 특허법원 1999. 12. 24. 선고 99허1874 판결, 1999. 6. 17. 선고 98허10864 판결, 1999. 1. 14. 선고 98허7523 판결, 1998. 10. 1. 선고 98허7035 판결, 1998. 8. 20. 선고 98허1525 판결, 1998. 7. 9. 선고 98허2252 판결
77) 대법원 1991. 10. 25. 선고 90후2225 판결
- 확인대상발명이 특허발명의 권리범위에 속하는지 여부를 가리는 경우에는 확인대상발명의 공지 여부를 판단할 것이 아니라, 특허발명의 출원 당시 공지 여부를 가려 만약 특허발명이 공지된 기술에 속하는 것이라면 특허발명의 권리범위는 인정되지 않는 것이고, 이와 같은 경우 확인대상발명은 특허발명과 대비할 필요 없이 그 권리범위에 속하지 않는다(대법원 1991. 10. 25. 선고 90후2225 판결).

78) 대법원 1987. 6. 23. 선고 86후178 판결

별히 선후 관계를 구분하여 살피고 있지는 않다.[79]

라. 선출원주의에 위반된 경우

□ 후출원 특허발명에 선출원주의 위반의 무효사유가 있는 경우에는 그 권리범위를 인정할 수 없다.[80]

마. 확대된 선출원에 위반된 경우

□ 확대된 선출원 규정에 위배되어 무효사유가 있는 경우에는 그 권리범위를 인정할 수 없다.[81]

바. 특허발명에 신규사항이 추가된 경우

1) 권리범위 불인정

□ 최초명세서에 적혀 있지 않은 신규사항이 추가되어 무효사유가 있는 경우에는 권리범위를 인정할 수 없다.[82]

2) 무효심판에서 확정된 판단은 권리범위확인심판에도 효력

□ 무효심판에서 확정된 특허발명의 신규사항추가에 대한 판단은 별개의 심판인 권리범위확인심판에도 그대로 효력이 미친다.[83]

사. 특허발명이 국제출원 규정에 위배된 경우

□ 특허발명이 국제출원에 관한 출원번역문에 적혀 있는 발명 이외의 발명에 관하여 특허된 경우에 해당하여 무효사유가 있는 경우에는 권리범위를 인정할 수 없다.[84] 따라서 국제출원 규정에 위배되어 무효사유가 있는 특허권에 기초한 손해배상청구는 허용되지 않는다.

---

79) 권오희, 권리범위확인심판의 판단순서에 관한 고찰, 지식재산 21, 특허청(2005. 5.), 132면
80) 대법원 2009. 9. 24. 선고 2007후2827 판결, 2009. 9. 24. 선고 2009후1040 판결, 2009. 9. 24. 선고 2009후1057 판결, 2009. 9. 24. 선고 2009후1064 판결, 2009. 9. 24. 선고 2009후1071 판결, 특허법원 2022. 9. 15. 선고 2021허6641 판결, 2021. 11. 19. 선고 2021허1752 판결, 2018. 9. 21. 선고 2018허1158 판결, 2012. 2. 17. 선고 2010허6836 판결, 2009. 2. 18. 선고 2007허12961 판결, 서울고법 2008. 2. 12.자 2007라997 결정, 서울중앙지법 2018. 4. 25.자 2018카합20102 결정, 2012. 8. 24. 선고 2011가합39552 판결
81) 특허법원 2012. 2. 17. 선고 2010허6836 판결, 2009. 9. 18. 선고 2009허2432 판결
82) 특허법원 2008. 5. 28. 선고 2007허8542 판결, 서울중앙지법 2012. 8. 24. 선고 2011가합63647 판결
83) 특허법원 2008. 5. 28. 선고 2007허8542 판결
84) 서울고법 2005. 12. 29. 선고 2005나55819 판결

아. 존속기간연장등록에 무효사유가 있는 경우

□ 특허권 존속기간연장등록에 무효사유가 있는 경우에는 권리범위를 인정할 수 없다.[85] 따라서 무효사유가 있는 존속기간이 연장등록된 특허권에 기초한 손해배상청구는 허용되지 않는다.

자. 기타 특허를 받을 수 없는 발명인 경우

1) 공중의 위생을 해칠 우려가 있는 발명

□ 공공의 질서 또는 선량한 풍속에 어긋나거나 공중의 위생을 해칠 우려가 있는 발명은 권리범위를 인정할 수 없다.[86]

2) 거짓의 행위로서 특허를 받은 경우

가) 타인 명의의 시험성적서를 제출하여 특허를 받은 경우

□ 타인 명의의 시험성적서를 마치 자신의 것인 양 특허청에 제출하여 타인이 특허를 받을 수 있는 권리를 자신이 발명한 것처럼 모인하여 특허를 받은 경우에는 거짓의 행위로서 특허권을 받은 경우에 해당한다.[87]

나) 허위의 사실을 적거나 허위의 자료를 첨부하여 특허를 받은 경우

□ 발명품이 명세서 기재의 효과를 이루지 못함에도 불구하고 허위의 사실을 적거나 허위의 자료를 첨부하는 등의 부정한 행위가 밝혀진 경우에는 거짓의 행위로서 특허를 받은 경우에 해당한다.[88]

3 진보성과 모인출원

가. 진보성 판단의 허부[89]

1) 권리범위확인심판

가) 권리범위 부정 안 됨

□ 권리범위확인심판에서는 특허발명의 진보성이 부정된다는 이유로 그 권리범위를 부

85) 서울중앙지법 2016. 6. 10. 선고 2014가합560217 판결

86) 특허법원 2000. 12. 22. 선고 99허1539 판결, 서울중앙지법 2010. 11. 12. 선고 2010가합34123 판결
- 발명이 공중의 위생을 해칠 우려가 있는지 여부는 특허절차에서 심리되어야 할 것이고 이것이 단순히 발명의 실시단계에 있어 제품에 대한 식품위생법 등 관련제품 허가법규에서만 다룰 문제가 아니다(대법원 1991. 11. 8. 선고 91후110 판결, 특허법원 2020. 8. 13. 선고 2020허1618 판결).

87) 대법원 1983. 12. 27. 선고 82도3238 판결, 대구지법 2003. 9. 24. 선고 2003노1388 판결

88) 대구지법 2003. 9. 24. 선고 2003노1388 판결

89) 제4장, Ⅰ.4. '권리남용의 항변' 참조

정해서는 안 된다.[90)]

▷ 권리범위확인심판은 확인대상발명에 대한 관계에 있어서 특허권의 효력이 미치는 범위를 확정하는 것이고 별도의 무효심판절차가 있으므로, 권리범위확인심판에서 진보성이 부정된다는 권리남용의 항변은 허용되지 않는다.[91)]

2) 침해소송

가) 권리남용의 항변이 있는 경우

(1) 특허발명의 진보성 여부 심리 · 판단

□ 침해소송을 담당하는 법원은 특허권자의 침해금지 또는 손해배상청구가 권리남용에 해당한다는 항변이 있는 경우, 그 당부를 살피기 위한 전제로서 특허발명의 진보성 여부에 관하여 심리 · 판단할 수 있다.[92)]

▷ 침해소송에서는 민법의 대원칙인 신의칙이 적용되므로 진보성이 부정된다는 권리남용의 항변이 허용된다.[93)]

(2) 무효될 것이 명백한 경우

□ 특허발명에 대한 무효심결이 확정되기 전이라고 하더라도 특허발명의 진보성이 부정되어 그 특허가 무효심판에 의하여 무효로 될 것임이 명백한 경우에는 그 특허권에

---

90) 대법원 2017. 11. 14. 선고 2016후366 판결, 2014. 3. 20. 선고 2012후4162 전합 판결, 2004. 11. 11. 선고 2004후196 판결, 2003. 6. 27.자 2000마7727 결정, 2003. 1. 10. 선고 2002후1812 판결, 2003. 1. 10. 선고 2002후1843 판결, 2001. 3. 23. 선고 98다7209 판결, 2001. 2. 9. 선고 98후1068 판결, 1998. 12. 22. 선고 97후1016,1030 판결, 1998. 10. 27. 선고 97후2095 판결, 1992. 6. 2.자 91마540 결정, 헌재 2006. 11. 30.자 2006헌마59 결정

• 권리범위확인심판은 청구인이 그 청구에서 심판대상으로 삼은 확인대상발명이 특허권의 효력이 미치는 객관적인 범위에 속하는지 여부를 확인하는 목적을 가진 절차이므로, 그 절차에서 특허발명의 진보성 여부까지 판단하는 것은 권리범위확인심판제도를 두고 있는 목적을 벗어나고 그 제도의 본질에 맞지 않다. 특허법이 심판이라는 동일한 절차 안에 권리범위확인심판과는 별도로 무효심판을 규정하여 특허발명의 진보성 여부가 문제되는 경우, 무효심판에서 이에 관하여 심리하여 진보성이 부정되면 그 특허를 무효로 하도록 하고 있음에도 진보성 여부를 권리범위확인심판에서까지 판단할 수 있게 하는 것은 본래 무효심판의 기능에 속하는 것을 권리범위확인심판에 부여함으로써 무효심판의 기능을 상당부분 약화시킬 우려가 있다는 점에서도 바람직하지 않다(대법원 2014. 3. 20. 선고 2012후4162 전합 판결).

91) 권오희, 권리범위확인심판과 민사재판의 차이점 비교, 대한변협신문(2014. 5. 19.), 13면

92) 대법원 2013. 7. 26. 선고 2012다13392 판결, 2012. 7. 12. 선고 2010다42082 판결, 2012. 3. 15. 선고 2010다63133 판결, 2012. 1. 19. 선고 2010다95390 전합 판결, 특허법원 2023. 4. 6. 선고 2022나1210 판결, 2022. 5. 12. 선고 2020나1971 판결, 2022. 1. 20. 선고 2020나2172 판결, 2021. 10. 8. 선고 2016나1080 판결, 서울동부지법 2020. 6. 10. 선고 2015가합107807 판결, 서울중앙지법 2020. 6. 5. 선고 2018가합587579 판결, 2020. 2. 6. 선고 2017가합588506 판결

93) 권오희, 권리범위확인심판과 민사재판의 차이점 비교, 대한변협신문(2014. 5. 19.), 13면

기초한 침해금지 또는 손해배상청구는 특별한 사정이 없는 한 권리남용에 해당하여 허용되지 않는다.[94)]

(3) 무효될 것이 명백하지 않은 경우

□ 특허가 무효로 될 것이 명백하지 않은 경우에는 함부로 권리를 부정해서는 안 된다.[95)]

(4) 대세적으로 무효로 되는 것은 아님

□ 특허는 일단 등록된 이상 비록 무효사유가 존재한다고 하더라도 무효심판에 의하여 무효로 한다는 심결이 확정되지 않는 한 대세적으로 무효로 되는 것은 아니고,[96)] 무효심결이 확정되면 그 특허권은 소급적으로 소멸한다.[97)]

▶ 침해소송에서 특허발명이 무효로 될 것이 명백하다고 판결한 경우, 그 자체로 무효가 되는 것은 아니고 별도의 무효심판에 의하여 무효로 확정되어야 무효가 된다.

나) 매우 신중하게 판단

□ 특허로서 일단 등록된 이상 무효심판에 의하여 무효심결이 확정되지 않은 경우에는 침해소송을 담당하는 법원으로서는 매우 신중하게 그 특허발명의 진보성 유무를 판단해야 한다.[98)]

나. 모인출원 판단의 허부

1) 권리범위확인심판

가) 권리범위 부정 안 됨

□ 권리범위확인심판에서는 특허발명이 모인출원에 해당한다는 이유로 그 권리범위를 부정해서는 안 된다.[99)]

---

94) 대법원 2013. 7. 26. 선고 2012다13392 판결, 2012. 7. 12. 선고 2010다42082 판결, 2012. 3. 15. 선고 2010다63133 판결, 2012. 1. 19. 선고 2010다95390 전합 판결, 2008. 5. 15. 선고 2008다11832 판결, 2004. 10. 28. 선고 2000다69194 판결, 특허법원 2023. 4. 6. 선고 2022나1210 판결, 2022. 5. 12. 선고 2020나1971 판결, 2022. 1. 20. 선고 2020나2172 판결, 2021. 10. 8. 선고 2016나1080 판결, 2021. 7. 22. 선고 2018나2070 판결, 2021. 4. 23. 선고 2020나1865 판결, 서울중앙지법 2021. 4. 30. 선고 2019가합515953 판결, 2021. 4. 30. 선고 2018가합552887 판결
95) 대법원 2014. 7. 24. 선고 2013두5180 판결, 서울행법 2012. 6. 22. 선고 2011구합44471 판결
96) 대법원 2014. 8. 28. 선고 2013도10713 판결, 2012. 10. 18. 선고 2010다103000 전합 판결, 2012. 7. 12. 선고 2010다42082 판결, 2012. 1. 19. 선고 2010다95390 전합 판결
97) 대법원 2017. 11. 14. 선고 2016후366 판결
98) 인천지법 2012. 7. 19. 선고 2011가합7931 판결, 수원지법 2012. 5. 17. 선고 2011가합2262 판결
99) 특허법원 2014. 9. 26. 선고 2014허1341 판결

나) 권리범위 불인정 사유 아님

□ 특허발명이 모인출원에 의하여 등록되었다는 사유는, 특허발명이 신규성이 없거나 실시할 수 없다거나 명세서의 기재불비 등으로 인하여 그 발명 자체의 기술적 범위를 특정할 수 없어 특허발명의 권리범위를 인정할 수 없는 경우에 해당되지 않는다.100)

2) 침해소송

가) 권리범위 부정

□ 특허발명이 모인출원에 해당하여 무효사유가 있는 경우에는 권리범위를 인정할 수 없다.101)

4 재항변

가. 정정의 재항변 허용

1) 정정심판 등으로 무효사유를 해소할 수 있다는 사정

□ 특허권에 기초한 침해금지 또는 손해배상청구소송에서 그 특허가 무효로 될 것임이 명백하여 특허권자의 청구가 권리남용에 해당한다는 항변이 있는 경우, 특허권자로서는 특허권에 대한 정정심판 등을 통해 정정을 인정받아 그러한 무효사유를 해소했거나 해소할 수 있다는 사정을 그 재항변으로 주장할 수 있다.102)

2) 무효사유가 정정으로 치유될 수 있는 경우

□ 특허발명에 무효사유가 있는 경우 그 무효사유가 정정으로 치유될 수 있다면, 비록 그 정정이 확정되지 않았다고 하더라도, 특별한 사정이 있는 경우에는 무효사유에 대한 재항변이 허용된다.103)

3) 무효사유가 해소될 수 있는 특별한 사정의 존부

□ 침해소송법원에서 무효사유에 기초한 권리남용의 항변은 실질적 정의와 당사자 사이의 형평을 고려하여 예외적으로 인정되는 것이므로, '특별한 사정'을 지나치게 엄격하게 해석해서는 안 될 것이라는 점을 고려하면 '특별한 사정'이란 무효사유가 존재하더라도 정정심결에 따라 특허가 무효라고 말할 수 없게 되는 상황이 도래될 가능

---

100) 특허법원 2006. 10. 12. 선고 2006허466 판결, 2004. 4. 9. 선고 2003허1857 판결

101) 특허법원 2009. 1. 23. 선고 2008허3001 판결

102) 대법원 2020. 1. 22. 선고 2016후2522 전합 판결, 서울중앙지법 2013. 2. 5. 선고 2011가합138404 판결, 2008. 4. 17. 선고 2007가합91423 판결, 2008. 4. 3. 선고 2007가합26931 판결

103) 서울중앙지법 2013. 5. 20.자 2012카합515 결정

성이 있는 경우를 의미하는 것이고, 특히 정정심판이 청구된 경우에는 그 정정이 요건을 충족하여 인정될 개연성이 높고 정정을 통하여 해당 무효사유가 해소되는 사정이 인정된다면 이러한 '특별한 사정'이 있다고 볼 수 있다.[104)]

나. 정정청구 내용으로 심리 가부

□ 특허발명에 대한 정정심판이 청구된 경우, 그 청구가 적법하여 인용될 개연성이 높은 경우에 침해소송에서는 정정이 확정되기 전이라도 그 정정청구된 내용을 특허발명으로 볼 수 있다.[105)]

다. 사실심 변론종결 후 정정의 재항변 제한

□ 특허권 침해를 원인으로 하는 민사소송의 종국판결이 확정되거나 그 확정 전에 특허권자가 정정의 재항변을 제출하지 않았음에도 사실심 변론종결 후에 정정심결의 확정을 이유로 사실심법원의 판단을 다투는 것은 허용되지 않는다.[106)]

---

104) 서울중앙지법 2013. 2. 5. 선고 2011가합138404 판결
- 권리남용을 인정하지 않는 특별한 사정의 예시로서, 서울중앙지법 2008. 4. 17. 선고 2007가합91423 판결, 2008. 4. 3. 선고 2007가합26931 판결은 특허에 무효사유가 있는 것이 분명한 때에는 침해금지와 손해배상청구는 '정정심판의 청구가 되어 있는' 특별한 사정이 없는 한 권리남용에 해당하여 허용되지 않는다고 판시하여 특별한 사정의 의미를 분명히 하였다. 판결이 이와 같이 예시한 취지는 정정심판청구가 되어 있음으로써 특허무효사유가 해소될 것이 확실하게 예측되는 경우를 말한다. 따라서 정정심판청구가 되어 있다고 해서 곧바로 특별한 사정이 있다고 할 수는 없다. 즉, 정정심판청구가 정정요건에 위반하고 있고 이유가 없음이 분명하다고 인정되거나 또는 정정이 인정될 가능성이 있더라도 청구범위의 감축으로 그 침해소송에서 침해행위가 그 보호범위를 충족하지 않은 결과가 되는 경우에는 특별한 사정이 있다고 볼 수 없다(이균용, 특허소송의 주장·증명책임과 방법론, 2008년도 변리사 민사소송실무연수, 99면, 대한변리사회).

105) 서울중앙지법 2018. 7. 20. 선고 2016가합554445 판결, 2016. 1. 22. 선고 2014가합552322 판결, 2013. 5. 20.자 2012카합515 결정

106) 대법원 2020. 1. 22. 선고 2016후2522 전합 판결

Ⅲ. 특허발명의 권리범위 해석

1 특허발명의 권리범위 확정

가. 특허권의 구체적 확정

□ 특허권의 구체적인 확정에는 특허발명의 권리범위가 인정됨을 전제로 그 인정되는 권리범위와 확인대상발명을 대비하여 그 특허권의 효력이 미치는지 여부를 확인하는 것뿐만 아니라, 특허발명의 권리범위 자체가 인정되지 않아 그 특허권의 효력이 확인대상발명에 미치지 않는지 여부를 확인하는 것도 포함된다.[107)]

▷ 확인대상발명이 특허발명의 권리범위에 속하는지 여부의 판단은 논리적으로는 특허발명을 대전제로 하고 확인대상발명을 소전제로 하여 확인대상발명이 특허발명의 권리범위에 포섭되는지 여부를 판단하는 것이므로, 확인대상발명과의 대비에 앞서 특허발명의 권리범위가 확정되어야 한다.[108)] 따라서 특허발명에 대한 속부를 판단하기 이전에 청구범위의 기재로부터 그 특허발명 자체의 기술적 범위를 파악하여 먼저 특허발명의 권리범위를 확정해야 한다.

나. 권리범위 확정의 순서

1) 청구범위 기준

□ 어느 발명이 특허발명의 권리범위에 속하는지를 판단하기 위해서는 먼저 특허발명의 청구범위를 기준으로 그 권리범위를 확정해야 한다.[109)]

2) 발명의 설명, 기타 도면 및 특허출원 당시의 기술적 수준

□ 권리범위를 확정함에 있어서는 먼저 그 청구범위 기재나 발명의 설명, 기타 도면 및 특허출원 당시의 기술적 수준 등에 의하여 특허발명 자체의 기술적 사상이 어떤 내

107) 특허법원 2012. 11. 15. 선고 2012허6991 판결
108) 권오희, 권리범위확인심판의 판단순서에 관한 고찰, 지식재산 21, 특허청(2005. 5.), 132면
109) 대법원 2001. 3. 27. 선고 2000후1016 판결, 2000. 5. 26. 선고 98후2832 판결, 1998. 5. 22. 선고 96후1088 판결, 1997. 11. 28. 선고 96후2333 판결, 1997. 11. 28. 선고 97후266 판결, 1997. 11. 11. 선고 96후1750 판결, 1997. 10. 10. 선고 97후1191 판결, 1997. 7. 22. 선고 96후1989 판결, 1996. 11. 26. 선고 95후1777 판결, 1996. 11. 26. 선고 96후870 판결, 1996. 11. 26. 선고 96후887 판결, 1996. 11. 12. 선고 96다22815 판결, 1996. 2. 23. 선고 94후1176 판결, 1991. 5. 10. 선고 91다4744 판결, 1990. 9. 28. 선고 89후1851 판결, 1989. 7. 11. 선고 88후1045 판결

용인지를 특정해야 한다.[110]

다. 발명의 내용 확정방법

1) 청구범위 기재사항

□ 발명의 내용의 확정은 특별한 사정이 없는 한 청구범위에 적힌 사항에 의하여야 하고 발명의 설명이나 도면 등 명세서의 다른 기재에 의하여 청구범위를 제한하거나 확장하여 해석하는 것은 허용되지 않는다.[111]

2) 구성요소의 일부 배제 불허

□ 청구범위를 해석함에 있어서 그 구성요소의 일부를 배제하는 것은 허용될 수 없으므로,[112] 특허발명의 권리범위를 확정함에 있어서 어느 구성을 무시하거나 제외하는 것은 권리범위를 확장하는 결과가 되어 허락되어서는 안 된다.[113]

라. 권리범위 확정의 구체적 방법

1) 청구범위

[§ 97](특허발명의 보호범위)

특허발명의 보호범위는 청구범위에 적혀 있는 사항에 의하여 정하여진다.

가) 청구범위 기재만으로 권리범위가 명백한 경우

□ 특허발명의 권리범위는 청구범위에 적힌 사항에 의하여 정해지는 것이 원칙이므로,[114] 청구범위의 기재만으로 권리범위가 명백하게 되는 경우에는 청구범위의 기재

---

110) 대법원 1985. 3. 6. 선고 83후106 판결

111) 대법원 2020. 8. 27. 선고 2017후2864 판결, 2009. 7. 23. 선고 2007후4977 판결, 특허법원 2022. 1. 11. 선고 2020허6989 판결, 2021. 1. 15. 선고 2019나1906 판결, 2021. 1. 15. 선고 2019나1913 판결, 2020. 12. 4. 선고 2019허8118 판결, 2020. 12. 4. 선고 2019허8125 판결, 2020. 10. 23. 선고 2020허97 판결, 2020. 10. 23. 선고 2020허103 판결, 2017. 10. 27. 선고 2017허4716 판결, 2017. 7. 20. 선고 2017허202 판결, 2016. 10. 28. 선고 2016허823 판결, 2016. 10. 13. 선고 2015허8455 판결, 2016. 10. 13. 선고 2015허8691 판결, 2016. 10. 13. 선고 2015허8707 판결

112) 대법원 2003. 7. 8. 선고 2002후499 판결, 2001. 12. 24. 선고 99후2181 판결, 특허법원 2008. 11. 13. 선고 2008허2473 판결, 2004. 3. 19. 선고 2003허2096 판결, 2003. 3. 27. 선고 2002허5623 판결, 2002. 6. 21. 선고 2001허5091 판결

113) 특허법원 2000. 11. 10. 선고 2000허1672 판결

114) 대법원 2009. 9. 10. 선고 2007후4151 판결, 2009. 4. 23. 선고 2009후92 판결, 2008. 10. 23. 선고 2007후2186 판결, 2008. 7. 10. 선고 2008후57 판결, 2008. 2. 28. 선고 2005다77350,77367 판결, 2007. 10. 12. 선고 2006후848 판결, 2005. 12. 23. 선고 2005후285 판결, 2005. 11. 25. 선고 2004후3478 판결, 2004. 8. 31.자 2002마2768 결정, 2004. 2. 27. 선고 2002후437 판결, 2003. 11. 28. 선고 2002후130 판결, 2003. 7. 11. 선고 2001후2856 판결

자체만을 기초로 하여야 한다.115)

○ 대법원 2005. 12. 23. 선고 2005후278 판결, 2005. 12. 23. 선고 2005후285 판결
특허발명은 밸브축을 포함하는 압력게이지 보호용 개폐밸브를 대상으로 하지 않고, 압력게이지 보호용 개폐밸브에 구비되는 밸브축을 대상으로 하고 있음이 청구범위의 기재에 의하여 명백하므로 그 명세서의 도면으로부터 유추할 수 있는 구성을 추가하여 권리범위를 파악할 것이 아니다.

나) 청구범위 기준으로 비교 · 고찰

□ 특허발명의 권리범위는 청구범위를 기준으로 특허발명과 확인대상발명을 전체적으로 비교·고찰하여 판단해야 한다.116)

다) 특허법 제97조의 해석방법117)

▷ ① 청구범위에 적힌 사항을 없는 것으로 보아 특허발명의 보호범위를 정할 수는 없다. 청구범위에 적은 사항은 특별한 사정이 없는 한 필수적 구성요소로 보아야 하므로, 확인대상발명이 청구범위에 적힌 구성요소들 중의 일부만을 갖추고 있고 나머지 구성요소를 결여한 경우에는 그 확인대상발명은 특허발명의 보호범위에 속하지 않는다.

② 청구범위에 적혀 있지 않은 사항을 있는 것으로 보아 특허발명의 보호범위를 해석해서는 안 된다. 특허발명의 보호범위는 청구범위에 적힌 사항에 의하여 정해지는바, 청구범위에 기재가 없는 것은 그 기재가 없더라도 청구범위의 기재 자체에서 기재가 생략된 것을 통상의 기술자라면 누구라도 이것을 보고 이해할 수 있는 경우는 별론으로 하고, 그 기재가 있는 것으로 하여 그것에 의하여 특허발명의 보호범위를 정할 수는 없다. 즉, 청구범위에 적혀 있지 않은 사항은 생략된 것이 명백한 경우를 제외하고 기재가 있는 것으로 하여 특허발명의 보호범위를 해석할 수 없다. 설령 발명의 설명에 적혀 있더라도 청구범위에 적혀 있지 않은 것을 있다고 해석할 수는 없다. 이는 청구범위에는 적혀 있지 않은 사항이 발명의 설명에는 적혀 있는 경우, 발명의 설명에 적힌 내용으로 확대 해석할 수 없음을 의미한다.

---

115) 대법원 2005. 12. 23. 선고 2005후285 판결, 특허법원 2013. 6. 21. 선고 2012허11139 판결, 2004. 3. 25. 선고 2003허2270 판결
(같은 취지) 대법원 2010. 6. 24. 선고 2008후4202 판결, 2009. 7. 9. 선고 2008후3360 판결, 2009. 7. 9. 선고 2008후3377 판결, 2008. 9. 11. 선고 2006후2844 판결, 2008. 9. 11. 선고 2006후2851 판결, 2008. 7. 24. 선고 2006후1353 판결, 2006. 10. 13. 선고 2004후776 판결

116) 대법원 1990. 7. 10. 선고 89후1509 판결, 1989. 6. 27. 선고 88후585 판결, 서울고법 1995. 8. 11.자 94라225 결정

117) 한규현, 발명의 요지와 특허발명의 보호범위, 특허소송실무연구회(2007), 9~10면

○ 대법원 2001. 1. 30. 선고 2000후136 판결, 2001. 1. 30. 선고 2000후839 판결

특허발명의 구성요소 중의 하나인 보강돌편은 특허발명의 청구범위에 명시적으로 포함되어 있을 뿐만 아니라, 그 발명의 설명에도 '덮개 좌우에는 보조체결구가 체결되어 있고 보조체결구가 없는 전후 쪽으로는 내저면에 보강돌편이 돌설되어 있어 이들의 작용으로 덮개와 케이스 본체의 밀착이 완벽하고 덮개의 휨이 방지되므로'라고 하여 특허발명이 목적하는 기능을 수행하는 필수적인 구성요소로 적혀 있는 점에 비추어 볼 때, 이를 단순히 보조적인 수단에 불과하다고 할 수 없어 특허발명의 권리범위를 해석함에 있어서 보강돌편을 구성요소에서 제외할 수 없다.

○ 대법원 1996. 12. 6. 선고 95후1050 판결

특허발명은 통화로를 구성하는 케이블의 분기점이나 접속부위에 주로 설치되게 되는 열수축관에 병행 설치되는 각각의 공기 주입용 밸브와 압력 점검용 밸브를 단일체로 집약 구축하여 설치하도록 함으로써 케이블 내부에 건조한 공기를 주입하여 주는 작업 및 케이블 내부에 조성된 공기압의 수치를 점검하는 작업을 병행하여 실시할 수 있도록 한 열수축관용 밸브에 관한 것으로서, 청구범위에 적힌 특허발명은 통화로 케이블에 T형 밸브와 I형 밸브를 함께 설치하는 것이고, 특허발명에 관한 명세서의 발명의 설명에 I형 밸브만의 사용에 관하여 적힌 바가 있다고 하더라도 청구범위에 T형 밸브와 I형 밸브가 함께 구성되는 경우만을 적고 있는 이상, 특허발명의 권리범위는 위 양 밸브가 함께 구성된 경우만으로 보아야 한다.

○ 특허법원 2009. 11. 5. 선고 2009허2623 판결

청구범위가 '스프링의 원주둘레면에 회사명칭, 외경 및 길이, 사용한도표시 및 제조년월일 등의 제원이 인쇄된 마킹면이 형성되어 있는 것을 특징으로 하는 스프링의 마킹구조'인 특허발명은 그 청구범위의 기재만으로 '원주둘레면이나 나선원주면에 제원이 인쇄된 마킹면이 형성된 스프링'을 권리로 청구하고 있음이 명백하므로, 명세서의 발명의 설명과 도면을 참작하여 특허발명을 '잉크젯을 이용한 마킹방법이나 마킹장치'를 권리로 청구하고 있는 것으로 해석할 수는 없다.

○ 특허법원 2006. 6. 23. 선고 2005허5228 판결

제1항 발명의 청구범위는 그 자체의 기재만으로도 그 기술적 구성과 구조 및 권리범위를 명확하게 이해할 수 있는 발명에 해당하는 것이므로, 비록 특허발명의 설명의 기재 또는 도면에 위와 같은 기술구성이 나타나 있더라도, 이러한 구성을 추가하여 제1항 발명의 청구범위를 해석하는 것은 권리범위를 발명의 설명의 기재 또는 도면에 의하여 제한 해석하는 결과로 되는 것이어서 허용될 수 없다.

2) 발명의 설명의 참작

가) 명세서의 기재

(1) 청구범위 기재사항의 해석원칙

★□ 특허발명의 권리범위는 청구범위에 적혀 있는 사항에 의하여 정해지고, 발명의 설명이나 도면에 의하여 보호범위를 제한하거나 확장하는 것은 원칙적으로 허용되지 않지만, 청구범위에 적혀 있는 사항은 발명의 설명이나 도면을 참작해야 기술적인 의미를 정확하게 이해할 수 있으므로, 청구범위에 적혀 있는 사항의 해석은 문언의 일반적인 의미를 기초로 하면서도 발명의 설명이나 도면을 참작하여 문언에 의하여 표현하고자 하는 기술적 의의를 고찰한 다음 객관적·합리적으로 하여야 한다.[118]

▷ 권리범위는 청구범위의 기재에 의하여 정해야 하지만, 그 범위 기재의 의미 내용을 보다 구체적으로 정확하게 판단하는 자료로서 명세서의 다른 부분에 있는 발명의 구조 및 작용효과를 고려하는 것은 아무런 지장이 없다.[119]

(2) 청구범위에 적힌 문언의미의 확정방법

(가) 명세서의 다른 기재 및 도면 참작

□ 특허발명의 권리범위는 청구범위에 적힌 문언으로부터 기술적 구성의 구체적인 내용을 알 수 없는 경우에 한하여, 청구범위에 적힌 문언의 의미를 확정하기 위하여 명세서의 다른 기재 및 도면을 참작할 수 있을 뿐이지, 청구범위에 적혀 있지 않은 사항이 발명의 설명이나 도면에 적혀 있다고 하여 그 부분까지 특허발명의 권리범위로 볼 수는 없다.[120]

(나) 발명의 설명과 도면 참작

□ 청구범위에 적힌 문언의 의미 내용을 해석할 때에는 발명의 설명과 도면을 참작해야 한다.[121]

---

118) 대법원 2023. 1. 12. 선고 2020후11813 판결, 2022. 1. 27. 선고 2019다277751 판결, 2021. 6. 30. 선고 2021다217011 판결, 2021. 6. 30. 선고 2021다217028 판결, 2020. 4. 9. 선고 2018후12202 판결, 2020. 1. 30. 선고 2017다227516 판결, 2019. 10. 17. 선고 2019다222782,222799 판결, 2019. 7. 10. 선고 2017다209761 판결, 2019. 2. 14. 선고 2018후10350 판결, 2018. 4. 10. 선고 2015후1195 판결, 2015. 6. 11. 선고 2015다204588 판결, 2015. 5. 14. 선고 2014후2788 판결, 2014. 10. 30. 선고 2013후1443 판결, 2014. 7. 24. 선고 2012후917 판결

119) 最高裁 1975. 5. 20.자 판결

120) 특허법원 2018. 11. 1. 선고 2018허3345 판결

121) 대법원 2008. 7. 10. 선고 2008후57 판결, 특허법원 2018. 1. 30. 선고 2017허4808 판결, 2017. 2. 17. 선고 2016허4139 판결, 2010. 11. 3. 선고 2010허3479 판결, 2009. 7. 10. 선고 2008허13800 판결, 서울중앙지법 2016. 5. 26. 선고 2014가합591167 판결

▷ 청구범위에 적힌 문언의 의미 내용을 해석함에 있어서는, 그 문언의 일반적인 의미 내용을 기초로 하면서도 발명의 설명에 적힌 발명의 목적, 기술적 과제, 그 과제해결을 위한 기술적 사상, 해결수단, 작용효과 및 도면까지도 참작하여 그 문언에 의하여 표현된 기술적 의의를 고찰한 다음, 객관적·합리적으로 하여야 한다.[122]

(3) 청구범위에 적힌 기술적 구성의 구체적 내용을 알 수 없는 경우

□ 청구범위에 적혀 있는 문언으로부터 기술적 구성의 구체적 내용을 알 수 없는 경우에는, 명세서의 다른 기재 및 도면을 보충하여 그 문언이 표현하고자 하는 기술적 구성을 확정하여 특허발명의 권리범위를 정해야 한다.[123]

(4) 명세서에 적힌 용어의 해석방법

(가) 일반적으로 인식되는 용어의 의미에 따라 해석

□ 특허의 명세서에 적힌 용어는 명세서 전체를 통하여 통일되게 해석해야 하므로,[124] 하나의 용어가 청구범위나 발명의 설명에 다수 사용된 경우에는 특별한 사정이 없는 한 일반적으로 인식되는 용어의 의미에 따라 동일한 의미로 해석해야 한다.[125]

(나) 용어의 의미가 명세서에 정의된 경우

□ 특허의 명세서에 적힌 용어는 그 의미가 명세서에서 정의된 경우에는 그 정의에 따라 해석해야 한다.[126]

---

122) 永野周志, 주해 특허침해판단 인정기준(2006), 52면

123) 대법원 2019. 7. 10. 선고 2017다209761 판결, 2014. 10. 30. 선고 2013후1443 판결, 2014. 7. 24. 선고 2012후917 판결, 2014. 7. 24. 선고 2013두5180 판결, 2014. 5. 29. 선고 2012후498 판결, 2009. 10. 15. 선고 2007다45876 판결, 2009. 10. 15. 선고 2009다19925 판결, 2008. 7. 10. 선고 2008후57 판결, 2006. 12. 22. 선고 2006후2240 판결, 특허법원 2021. 1. 15. 선고 2019나1487 판결, 2021. 1. 15. 선고 2020허5757 판결, 2019. 3. 8. 선고 2018나2025 판결, 2019. 3. 8. 선고 2018허3901 판결, 2019. 2. 22. 선고 2018허6634 판결, 2019. 2. 21. 선고 2018허6474 판결

124) 대법원 2019. 7. 10. 선고 2017다209761 판결, 2010. 12. 23. 선고 2009후436 판결, 2008. 2. 28. 선고 2005다77350,77367 판결, 2002. 4. 12. 선고 2000후1009 판결, 특허법원 2022. 7. 20. 선고 2021나1794 판결, 2021. 9. 2. 선고 2020허5382 판결, 2021. 9. 2. 선고 2021허2540 판결, 2020. 12. 18. 선고 2020허1656 판결, 2019. 12. 6. 선고 2019허3847 판결, 2019. 10. 25. 선고 2019허2912 판결, 2017. 1. 20. 선고 2016나1646 판결, 서울중앙지법 2017. 10. 20. 선고 2016가합567359 판결

125) 대법원 2019. 7. 10. 선고 2017다209761 판결, 특허법원 2022. 7. 20. 선고 2021나1794 판결, 2021. 9. 2. 선고 2020허5382 판결, 2021. 9. 2. 선고 2021허2540 판결, 2020. 12. 18. 선고 2020허1656 판결, 2019. 12. 6. 선고 2019허3847 판결, 2019. 10. 25. 선고 2019허2912 판결, 2017. 1. 20. 선고 2016나1646 판결, 서울중앙지법 2017. 10. 20. 선고 2016가합567359 판결

126) 대법원 2006. 10. 26. 선고 2004후2260 판결, 2005. 9. 29. 선고 2004후486 판결, 1998. 12. 22. 선고 97후990 판결, 1998. 12. 22. 선고 97후1009 판결, 특허법원 2019. 11. 29. 선고 2017허1724 판결, 2019. 11. 29. 선고 2019허2127 판결, 2019. 9. 6. 선고 2019허1544 판결, 2019. 1. 25. 선고 2018허

○ 대법원 2009. 10. 15. 선고 2007다45876 판결, 2009. 10. 15. 선고 2009다19925 판결

제1항 발명에 적힌 '실 인출측에 있는 원주 표면이 실 지지영역에서 실이 풀려서 실 제거 부재로 이동할 때 실에 의하여 축 방향에서 연속적으로 긁히게 되는 것'이라는 내용만으로는 기술적 구성의 구체적인 내용을 알 수 없으므로, 그 내용이 표현하고 있는 기술적 구성을 확정하기 위하여 그 발명의 설명과 도면을 참작하여 보면, 특허발명의 '발명의 설명'에는 "상기 목적을 달성하기 위하여, 실 저장 및 공급장치는 본 발명에 따라, 실 인출림은 드럼 액슬과 동축상에서 최소한 이웃의 지지대 사이에 위치한 영역에서 원주방향으로 연속하며 지지대가 방해받지 않은 방식으로 놓여 있는 회전성 덮개의 방사상 내부로 경사진 원주 표면에 의하여 지지대의 인입경사로 방향에서 인접해있고, 저장 드럼의 실 인출측에서 원주 표면은 실이 실 지지영역에서 감기지 않고 실 제거부재로 이동할 때 실에 의하여 축방향에서 연속적으로 긁히게 되는 것을 특징으로 한다.", "감기지 않은 실을 지지대와 원주 표면 덮개에 전체 표면을 따라 강제로 접촉시키기 위하여, 감기지 않은 실을 위한 링이 자유로이 그러나 손실되지 않도록 덮개의 영역에서 지지대상에 설치될 수 있다."라고 적혀 있고, '도면'에 의하면 도 1 내지 도 4에 '링'이 도시되어 있으나 도 1, 2에는 실 지지영역에서 풀려나오는 실이 링을 통과하지 않는 것으로 도시되어 있으며, '링'은 제1항 발명의 종속항인 제17항 발명에 부가되어 있어서, 이러한 사정들을 고려하면 '링'이 반드시 제1항 발명의 필수구성에 해당한다고 할 수 없다.

○ 대법원 2004. 8. 31.자 2002마2768 결정

특허발명의 설명에 적힌 발명의 목적, 구성, 작용 및 효과, 그 실시예의 기재에 나타난 특허출원 당시의 발명자의 인식, 특허발명의 실시예의 기재만으로는 통상의 기술자가 1개의 인쇄판으로 2가지의 색을 동시에 인쇄하는 방법을 쉽게 적용·실시할 수 없다고 보이는 점 등을 종합하면, 특허발명의 권리범위는 1개의 인쇄판에서 1가지의 색을 인쇄하는 단색인쇄의 경우에만 한정적으로 미친다고 해석해야 한다.

○ 특허법원 2011. 1. 7. 선고 2010허5260 판결

특허발명은 '불판 탈착부에 의하여 상기 불판의 유입단과 배출단에 연결되어 상기 냉각수 순환관을 순환한 냉각수의 온도가 70℃~80℃를 유지하도록 상기 본체의 내부에 설치된 온도 조절부'인데, 위와 같은 청구범위 기재는 온도 조절부의 기능과 함께 온도 조절부가 본체의 내부에 설치된다는 점을 밝히고 있을 뿐, 온도 조절부의 구체적인 구성 내용에 관하여는 명시하고 있지 않으므로, 특허발명의 명세서 전체적인 기재를 참작하면, 특허발명의 온도 조절부는 '열교환기, 냉각수 저장탱크, 공급용 펌프, 냉각팬 및 온도 감지부 등으로 구성되되, 배출되는 냉각수의 온도가 80℃ 이상으로 감지되면 온도 조절부의 온도 감지부가 냉각팬 모터를 켜서 냉각팬이 작동되도록 하고, 배출되

2915 판결, 2015. 7. 17. 선고 2014허9192 판결

는 냉각수의 온도가 70℃ 이하로 감지되면 온도 조절부의 온도 감지부가 냉각팬 모터를 끄도록 하는 것'이다.

○ 특허법원 2003. 7. 11. 선고 2002허6749 판결

특허발명의 '물의 흐름을 선택적으로 개폐할 수 있는 절환레버'에 주분사구와 보조분사구를 동시에 닫을 수 있는 기능이 있는지에 관하여 보건대, 그 청구범위에 단순히 '물의 흐름을 선택적으로 개폐할 수 있는 절환레버'라고만 되어 있어서 그 기재가 명백하지 않아 발명의 설명의 기재를 참작하여 보면 도면 1에서 보는 바와 같이 '물의 흐름을 선택적으로 개폐할 수 있는 절환레버'가 주분사구와 보조분사를 선택적으로 열고, 닫을 수 있을 뿐만 아니라 이를 동시에 닫을 수 있는 기능을 가지고 있는 사실을 알 수 있다.

나) 제한 · 확장 해석 금지

(1) 원칙적 불허

□ 특허발명의 권리범위는 청구범위에 적혀 있는 사항에 의하여 정해지고, 발명의 설명이나 도면을 참작하더라도 발명의 설명이나 도면 등 다른 기재에 의하여 청구범위를 제한하거나 확장하는 것은 원칙적으로 허용되지 않는다.[127]

(2) 청구범위 기재만으로 권리범위가 명백한 경우

(가) 발명의 설명이나 도면에 나타난 구성의 추가 해석 불허

□ 청구범위의 기재만으로 권리범위가 명백한 경우에 그 발명의 설명이나 도면에 나타난 구성을 추가하여 해석하는 것은 특허발명의 권리범위를 발명의 설명의 기재 또는 도면에 의하여 제한 해석하는 결과로 되는 것이어서 허용되지 않는다.[128]

(나) 명세서의 다른 기재로부터 제한 · 확장 해석 금지

(ㄱ) 제한 해석 금지

□ 청구범위의 기재만으로 기술적 범위가 명백한 경우에는 발명의 설명이나 도면 등 명세서의 다른 기재에 의하여 청구범위를 제한 해석할 수 없다.[129]

---

127) 대법원 2023. 1. 12. 선고 2020후11813 판결, 2021. 6. 30. 선고 2021다217011 판결, 2021. 6. 30. 선고 2021다217028 판결, 2020. 4. 9. 선고 2018후12202 판결, 2020. 1. 30. 선고 2017다227516 판결, 2019. 10. 17. 선고 2019다222782,222799 판결, 2019. 2. 14. 선고 2018후10350 판결, 2018. 4. 10. 선고 2015후1195 판결, 2015. 6. 11. 선고 2015다204588 판결, 2015. 5. 14. 선고 2014후2788 판결, 2013. 4. 25. 선고 2012후85 판결, 2012. 12. 27. 선고 2011후3230 판결, 2011. 5. 26. 선고 2010다75839 판결, 2007. 11. 29. 선고 2006후1902 판결

128) 대법원 2005. 11. 10. 선고 2004후3546 판결, 특허법원 2011. 1. 26. 선고 2010허6164 판결, 2010. 6. 3. 선고 2009허9105 판결, 2007. 2. 8. 선고 2006허7580 판결, 2006. 6. 23. 선고 2005허5228 판결

(ㄴ) 확장 해석 금지

□ 청구범위의 기재만으로 기술구성이 명백한 경우에는 명세서의 다른 기재로부터 청구범위를 확장 해석할 수 없다.[130]

(3) 청구범위의 기재만으로 기술적 범위를 확정할 수 없는 경우

(가) 정의와 형평에 따라 합리적으로 해석

★□ 청구범위의 기재만으로 특허권의 기술적 구성을 알 수 없거나 알 수는 있더라도 그 기술적 범위를 확정할 수 없는 경우에는, 특허권의 범위를 확장 해석하지 않는 범위에서 출원된 기술사상의 내용과 명세서의 다른 기재 및 출원인의 의사와 제3자에 대한 법적 안정성을 두루 참작하여 정의와 형평에 따라 특허발명의 기술적 범위를 합리적으로 해석해야 한다.[131]

(나) 청구범위에 발명의 설명이나 도면 보충

(ㄱ) 명세서 전체로서 그 기술적 구성의 의미나 범위 확정

★□ 청구범위의 기재만으로는 특허의 기술구성을 알 수 없거나 설사 알 수는 있더라도 그 기술적 범위를 확정할 수 없는 경우에는, 청구범위에 발명의 설명이나 도면 등 명세서의 다른 기재에 의한 보충을 하여 명세서 전체로서 그 기술적 구성의 의미나 범위를 확정해야 하고,[132] 권리범위를 해석해야 한다.[133]

---

129) 대법원 2021. 1. 14. 선고 2017다231829 판결, 2021. 1. 14. 선고 2017후1175 판결, 2020. 5. 14. 선고 2019후10975 판결, 2016. 12. 29. 선고 2014후1747 판결, 2016. 8. 24. 선고 2015후1188 판결, 2016. 4. 15. 선고 2015후2143 판결, 2016. 1. 28. 선고 2013후3326 판결, 2014. 5. 16. 선고 2012후238,245 판결, 2014. 1. 16. 선고 2013후778 판결, 2014. 1. 16. 선고 2013후785 판결, 2012. 12. 27. 선고 2011후2596 판결, 2012. 3. 29. 선고 2010후2605 판결, 2012. 3. 15. 선고 2010다63133 판결, 2011. 8. 25. 선고 2010후3639 판결, 2011. 6. 10. 선고 2010후3486 판결

130) 특허법원 2008. 9. 18. 선고 2008허1036 판결, 2008. 9. 18. 선고 2008허1043 판결

131) 특허법원 2004. 12. 23. 선고 2004허1618 판결, 2004. 12. 17. 선고 2004허3386 판결, 1999. 4. 15. 선고 98허11157 판결

132) 대법원 2006. 11. 24. 선고 2003후2072 판결, 2006. 11. 24. 선고 2003후2089 판결, 특허법원 2018. 11. 1. 선고 2018허3208 판결 2017. 2. 17. 선고 2016허4139 판결, 2013. 10. 17. 선고 2013허2804 판결, 2013. 4. 17. 선고 2012허7819 판결, 2011. 8. 10. 선고 2011허620 판결, 2009. 12. 23. 선고 2009허2425 판결, 2009. 12. 23. 선고 2009허3695 판결, 2009. 7. 16. 선고 2008허8303 판결, 2009. 6. 18. 선고 2008허8464 판결, 2008. 4. 11. 선고 2007허3936 판결

- 그 경우에도 명세서의 다른 기재에 의하여 권리범위의 확장 해석은 허용되지 아니함은 물론 청구범위의 기재만으로 기술적 범위가 명백한 경우에 명세서의 다른 기재에 의하여 청구범위의 기재를 제한 해석할 수 없다(특허법원 2009. 7. 24. 선고 2008허12234 판결, 서울중앙지법 2005. 5. 30.자 2005카합676 결정).

133) 대법원 2006. 9. 14. 선고 2005후1264 판결, 2004. 2. 13. 선고 2003후113 판결, 1995. 12. 12. 선고 94후1787 판결 특허법원 2011. 2. 16. 선고 2010허3554 판결

(ㄴ) 명세서의 다른 기재에 의한 확장 해석 불허

★□ 청구범위의 기재만으로는 특허의 기술구성을 알 수 없거나 설사 알 수는 있더라도 그 기술적 범위를 확정할 수 없는 경우에는, 명세서의 다른 기재에 의한 보충을 할 수는 있으나, 그 경우에도 명세서의 다른 기재에 의하여 권리범위의 확장 해석은 허용되지 않는다.[134)]

(ㄷ) 명세서 기재에 의하여 쉽게 생각해 낼 수 있을 정도

□ 청구범위의 기재만으로 특허의 기술적 구성을 알 수 없거나 기술적 범위를 확정할 수 없어 명세서의 다른 기재에 의하여 보충할 경우에도 명세서 자체만의 기재에 의하여 통상의 기술자가 쉽게 생각해 낼 수 있을 정도의 것에 한하고 이를 넘어 권리범위를 확장 해석해서는 안 된다.[135)]

(4) 제한 해석 금지 유형

(가) 명세서에 적힌 실시예

□ 명세서에 적힌 실시예가 청구범위에 적힌 사항을 전부 개시한 것이 아니라고 하더라도 권리범위가 실시예에 한정된다고 할 수 없다.[136)]

(나) 명세서의 도면에 도시된 내용

□ 특허발명 명세서의 도면에 도시된 내용은 하나의 실시예에 불과하므로 이는 청구범위의 기재를 제한하여 해석할 수 있는 근거가 될 수 없다.[137)]

---

134) 대법원 2021. 1. 14. 선고 2017다231829 판결, 2021. 1. 14. 선고 2017후1175 판결, 2020. 5. 14. 선고 2019후10975 판결, 2016. 12. 29. 선고 2014후1747 판결, 2016. 8. 24. 선고 2015후1188 판결, 2016. 1. 28. 선고 2013후3326 판결, 2014. 5. 16. 선고 2012후238,245 판결, 2014. 1. 16. 선고 2013후778 판결, 2014. 1. 16. 선고 2013후785 판결, 2012. 12. 27. 선고 2011후2596 판결, 2012. 3. 29. 선고 2010후2605 판결, 2012. 3. 15. 선고 2010다63133 판결, 2011. 8. 25. 선고 2010후3639 판결, 2011. 7. 14. 선고 2010후1107 판결, 2011. 6. 10. 선고 2010후3486 판결

135) 대법원 1996. 2. 9. 선고 94후258 판결, 서울고법 2008. 7. 2. 선고 2007나91680 판결, 특허법원 1998. 11. 26. 선고 98허3972 판결, 서울중앙지법 2008. 1. 10. 선고 2007가합892 판결, 2007. 12. 13. 선고 2006가합103336 판결, 2007. 12. 13. 선고 2006가합103343 판결, 2007. 8. 16. 선고 2006가합51343 판결

136) 서울남부지법 1998. 9. 3. 선고 95가합6749 판결

• 실시예는 특허발명의 효과를 확인할 수 있는 하나의 실험결과를 예시한 것에 불과하므로 그것이 특허발명의 보호범위를 직접적으로 결정하거나 한정하는 것은 아니다(특허법원 2001. 2. 9. 선고 2000허2873 판결).

137) 대법원 2021. 1. 14. 선고 2017다231829 판결, 2021. 1. 14. 선고 2017후1175 판결, 특허법원 2017. 4. 28. 선고 2016나1424 판결

(다) 발명의 설명에만 적혀 있는 사항

□ 청구범위에는 적히지 않고 발명의 설명에만 적혀 있는 사항에 대해서까지 권리범위가 미치는 것도 아니다.[138]

(5) 확장 해석 금지 유형

(가) 명세서의 다른 기재에 의하여 보충하는 경우

(ㄱ) 기술적 구성의 구체적인 내용을 알 수 없는 경우

□ 청구범위에 적힌 용어의 의미가 명료하더라도 그 용어로부터 기술적 구성의 구체적인 내용을 알 수 없는 경우에는, 그 발명의 설명과 도면의 기재를 참작하여 그 용어가 표현하고 있는 기술적 구성을 확정하여 특허발명의 권리범위를 정해야 한다.[139]

(ㄴ) 권리범위를 확정할 수 없는 경우

□ 청구범위의 기재만으로 특허의 기술적 구성을 알 수 없거나 알 수는 있더라도 권리범위를 확정할 수 없는 경우에는 발명의 설명이나 도면 등 명세서의 다른 기재에 의하여 보충하여 명세서 전체로서 권리범위를 확정해야 하지만, 그 경우에도 명세서의 다른 기재에 의하여 권리범위의 확장 해석은 허용되지 않는다.[140]

(ㄷ) 기술적 범위가 분명하지 않은 경우

□ 청구범위의 기재만으로는 그 기술적 범위가 그 등록출원 당시의 기술수준 등에 비추어 분명하지 않을 때에 한하여 명세서 전체에 나타난 작용효과 등에 의하여 보충하고 명확하게 해석해야 하지만, 그렇다고 확장 해석을 해서는 안 된다.[141]

---

138) 대법원 2001. 11. 30. 선고 99후2624 판결, 특허법원 1999. 9. 30. 선고 98허8564 판결

139) 대법원 2007. 6. 14. 선고 2005후834 판결, 2007. 6. 14. 선고 2007후883 판결, 특허법원 2022. 9. 15. 선고 2021나1909 판결, 2022. 1. 21. 선고 2021나1374 판결, 2020. 12. 18. 선고 2020허1656 판결, 2020. 12. 4. 선고 2019허8118 판결, 2020. 12. 4. 선고 2019허8125 판결, 2016. 1. 21. 선고 2015허4491 판결, 2013. 10. 17. 선고 2013허2804 판결, 2009. 6. 12. 선고 2008허11477 판결, 서울고법 2010. 8. 19. 선고 2009나53231 판결, 서울중앙지법 2014. 2. 21. 선고 2011가합130851 판결, 2009. 5. 27. 선고 2008가합70713 판결, 2008. 6. 13. 선고 2007허4328 판결

140) 대법원 2021. 1. 14. 선고 2017다231829 판결, 2021. 1. 14. 선고 2017후1175 판결, 2020. 5. 14. 선고 2019후10975 판결, 2016. 12. 29. 선고 2014후1747 판결, 2016. 8. 24. 선고 2015후1188 판결, 2005. 12. 23. 선고 2005후285 판결, 2005. 11. 25. 선고 2004후3478 판결, 2004. 2. 27. 선고 2002후437 판결, 2003. 5. 16. 선고 2001후3262 판결, 2002. 4. 12. 선고 2001후935 판결, 2001. 10. 12. 선고 99후1348 판결, 2001. 6. 1. 선고 98후2856 판결, 2001. 1. 30. 선고 2000후136 판결, 2001. 1. 30. 선고 2000후839 판결, 2001. 1. 5. 선고 99후1775 판결

141) 대법원 1988. 10. 11. 선고 87후107 판결

(ㄹ) 청구범위에 명백한 오기가 있는 경우

□ 청구범위에 명백한 오기가 있는 경우에는 명세서의 다른 기재에 의하여 보충을 할 수 있지만, 그 경우에도 명세서의 다른 기재에 의하여 권리범위를 확장 해석하는 것은 허용되지 않는다.[142)]

(나) 도면에만 표현된 내용만으로 확장 해석 금지

□ 도면은 발명의 실시예를 구체적으로 표시하여 명세서에 기재된 발명의 구성을 보다 잘 이해할 수 있도록 보조하는 기능을 가지는 것으로서 도면 및 도면의 간단한 설명란의 기재도 발명의 설명과 연관하여 청구범위 해석을 보충할 수는 있을 것이나, 도면은 명세서에 포함되지 않으므로 도면에만 기재된 사항을 바로 청구범위에 포함시킬 수는 없는 것이어서 청구범위를 해석함에 있어 청구범위와 발명의 설명에는 전혀 기재되지 않고 도면에만 표현된 내용만으로 청구범위를 확장 해석할 수는 없다.[143)]

(다) 명확한 목적과 작용효과를 가지는 선택적인 기술구성

□ 청구범위의 구성요소 중 발명의 설명 부분에 명확한 목적과 작용효과를 가지는 것으로 명시된 구성요소를 선택적인 기술구성이라고 하여 이를 제외하고 청구범위를 해석하는 것은 권리범위를 확장 해석하는 것이어서 허용되지 않는다.[144)]

(6) 제한 해석과 참작 해석[145)]

▷ ① 청구항의 의미를 해석하기 위해서 명세서를 이용하는 것과 명세서의 한정사항을 청구항으로 끌어들이는 것은 구별해야 한다.

② 통상의 기술자가 청구항 용어들은 어떻게 이해할 것인가에 초점을 두어야 한다.

③ 명세서가 특정 실시예를 개시하고 있다고 해서 청구항을 그러한 실시예로 제한하지 않도록 유의해야 한다.

④ 특허가 단 하나의 실시예를 기술하고 있더라도 그 실시예로 제한해서 해석하지 않아야 한다.

⑤ 실시예들이 청구항 용어의 외적 범위를 제한하기 위한 것인지 아니면 단순히 예시적인 것인지 판단하기 위해서 특정한 특허발명이라는 관점으로부터 문제를 바라보아야 한다.

---

142) 특허법원 2004. 3. 25. 선고 2003허2270 판결

143) 특허법원 1999. 11. 25. 선고 99허2501 판결, 1999. 11. 25. 선고 99허7308 판결

144) 특허법원 2004. 3. 25. 선고 2003허3143 판결

145) 김병필, 청구범위해석에 있어서 '상세한 설명의 참작'에 관한 최근 대법원 판결 분석 및 외국 사례와의 비교 검토, 지식재산연구 9권 2호(2014. 6.), 72면

○ 대법원 2021. 1. 14. 선고 2017다231829 판결, 2021. 1. 14. 선고 2017후1175 판결

특허발명의 명세서에서 전자기장 발생부에 대한 차단벽의 상대 위치를 한정하고 있지 않은 이상, 전자기장 발생부가 차단벽보다 공간적으로 앞서 위치하는 것이라고 제한하여 해석될 수는 없고, 특허발명 명세서의 도면에 도시된 내용은 하나의 실시예에 불과하므로 이는 청구범위의 기재를 제한하여 해석할 수 있는 근거가 될 수 없다.146)

○ 대법원 2011. 2. 10. 선고 2010후2032 판결

확인대상발명의 간격유지편은 별도의 체결수단 없이 하부에 형성된 나사부에 의하여 거푸집에 고정되는 것이나, 특허발명 중 '알루미늄거푸집에 고정되는 바닥부'는 알루미늄거푸집에 고정되는 방식에 관하여 청구범위에 아무런 한정이 없고 나아가 그 고정방식을 발명의 설명 등에 적힌 실시예와 같이 못이나 피스 등 별도의 체결수단에 의하여 고정되는 것으로만 제한할 특별한 이유도 없으므로, 확인대상발명의 구성 중 '하부에 나사부가 형성된 간격유지편'은 특허발명의 '알루미늄거푸집에 고정되는 바닥부'에 포함된다.

○ 대법원 2008. 9. 11. 선고 2006후3151 판결

특허발명에 계측과정에서 도출된 결과를 연산하여 1주기 중의 작동기간과 정지기간의 값을 설정하여 발생하는 구성인지에 관하여 그 청구범위에는 아무런 한정이 없고, 발명의 설명에도 그와 같이 한정하여 볼 만한 기재가 없으므로, 한정 해석해서는 안 된다.

○ 대법원 2005. 11. 10. 선고 2004후3539 판결

청구범위의 기재 만에 의하여 명백히 드러나는 특허발명의 권리범위를 그 명세서의 도면에 의하여 내부구조에 있어서는 4극성 방식을 취하고 조립순서에 있어서는 측면덮개판에 대한 용접을 마친 후에 자극부재 사이에 영구자석을 삽입시켜서 제작하는 방식을 취하는 것으로 한정하여 볼 것이 아니고, 청구인이 소극적 권리범위확인을 구하고 있는 확인대상발명도 도면에 의하여 그와 같이 한정

146) **(원심)** 특허법원 2017. 4. 28. 선고 2016나1424 판결, 2017. 4. 28. 선고 2016허8797 판결
특허발명에서 '전자기장 발생부'는 전자기장에 의하여 오염 유발 물질을 직선 경로에서 이탈하도록 하는 기능을, '차단벽'은 셀프 플라즈마 윈도우의 앞에 위치하면서 전자기장에 의하여 직선 경로에서 이탈한 오염 유발 물질들이 셀프 플라즈마 챔버의 윈도우까지 도달하는 것을 차단하는 기능을 하는 것인바, 특허발명의 목적, 전자기장 발생부 및 차단벽의 기능, 명세서의 기재 등을 종합적으로 고려할 때 전자기장의 발생으로 오염 유발 물질을 직선 경로에서 벗어나게 하는 단계가 직선 경로에서 이탈한 오염 유발 물질들을 차단하는 단계보다 시간적으로 먼저 적용되는 것이라고 해석될 수는 있으나, 이 사건 특허발명의 명세서에서 전자기장 발생부에 대한 차단벽의 상대 위치를 한정하고 있지 않은 이상 전자기장 발생부가 차단벽보다 공간적으로 앞서 위치하는 것이라고 제한하여 해석될 수는 없다. 따라서 특허발명의 차단벽은 공정 챔버의 뒤에서부터 셀프 플라즈마 윈도우에 이르기까지의 위치에 형성되는 것으로 해석함이 상당하고, 전자기장 발생부의 뒤쪽에 위치하는 것이라고 한정하여 해석할 수는 없다.

하여 파악할 것이 아니다.

○ 대법원 2003. 5. 16. 선고 2001후3262 판결

'통형상의 드럼'은 원래 '그 바깥 테두리가 분리 또는 개방되지 않은 속이 빈 둥글고 긴 통'을 의미하는 것이고, 특허발명이 속하는 기술 분야에서 바깥 테두리의 일부가 개방된 경우에도 이와 같은 용어를 일반적으로 사용하고 있음을 인정할 만한 증거가 없으므로, 특허발명의 설명 중 실시예 2에 관한 기재를 끌어들여 '통형상의 드럼'을 외주면의 일부가 개방, 분리된 경우까지 포함하는 것으로 해석해서는 안 된다.

○ 대법원 2002. 10. 11. 선고 2000후2491 판결

특허발명의 명세서 중 발명의 설명에 청구범위의 기재와 같이 랙레일의 형상이 특별히 한정되지 않은 구성을 제시하고 있고, 다만 실시예 및 도면에서 랙레일의 형상을 아치형으로 한정한 것을 적고 있으나, 이는 하나의 구체적 예를 제시한 것일 뿐 이로 인하여 청구범위의 기재를 제한하여 해석할 수는 없다. 결국 특허발명의 명세서 중 발명의 설명에는 랙레일이 아치형으로 구비된다는 기재가 있기는 하나 청구범위에서 랙레일의 형상을 특정하지 않았으므로 특허발명의 랙레일을 아치형으로 한정하여 해석할 수는 없다.

○ 대법원 1992. 6. 23. 선고 91후1809 판결

명세서의 발명의 설명 부분에는 (2)+(4)→(5), (5)+(6)→(1)의 방법이 적혀 있기는 하지만, 특허발명의 청구범위에는 (2)+(3)→(1)의 방법만이 적혀 있고, 이와 같은 청구범위에 대한 기재형식은 화합물 제조방법에 관한 발명의 기술적 구성요소인 출발물질, 반응수단, 반응물질, 목적물질 등이 명확하게 특정된 것이어서 특허청구의 기술적 범위를 해석하고 확정하는데 어려움이 없다고 보이므로, 특허청구의 권리범위를 명세서에만 적혀 있는 (5)+(6)→(1)의 방법에 까지 확장할 수는 없다.

○ 특허법원 2006. 6. 21. 선고 2005허6269 판결

특허발명은 청구범위 자체에 '각유지수단의 테두리테'라고 하여, 테두리에 위치되어 테두리각을 유지시켜 주는 넓은 의미의 '각유지수단'이 아닌 '각유지수단의 테두리테'를 그 구성요소로 하고 있고, 그 발명의 설명 및 도면에는 테두리와는 구별되는 부재를 테두리와 결합하는 것으로 한정하고 있으므로, 단순히 사전적 의미로 '테두리테'가 둘레의 줄 또는 언저리에 설치되는 것으로 해석된다는 것만으로 청구범위, 발명의 설명 및 도면에서의 설명에 의한 해석을 무시하고, 내부에서 맞대어져 봉재한 결과 자연스럽게 형성되는 끝단까지도 포함하는 '각유지수단'을 의미하는 것으로 확대해석하여 그 권리범위를 확장할 수는 없다.

다) 제한 해석이 허용되는 경우[147)]

(1) 청구범위를 문언 그대로 해석하는 것이 명백히 불합리한 경우

(가) 청구범위의 일부가 발명의 설명에 의하여 뒷받침되지 않는 경우

□ 청구범위에 포함되는 것으로 문언적으로 해석되는 것 중 일부가 발명의 설명에 의하여 뒷받침되지 않는 경우에는 출원된 기술사상의 내용, 명세서의 다른 기재, 출원인의 의사와 제3자에 대한 법적 안정성을 두루 참작하여 특허권의 권리범위를 제한 해석할 수 있다.[148)]

○ 특허법원 2011. 11. 18. 선고 2011허4035 판결

특허발명의 명세서 전체적인 기재내용과, 제18항 발명의 구성 2, 5를 문언 그대로 해석할 경우 그 권리범위가 지나치게 넓어 제3자의 법적 안정성을 해할 우려가 크다는 점 등을 고려하면, 제18항 발명의 '슬롯이 형성된 프레임' 및 '슬롯의 안쪽에 위치되는 접속단자'는 '슬롯이 형성된 프레임이 별도의 추가 구성 없이 그 자체로 받침대로 기능하면서, 얇고 유연한 재질의 필름스피커가 끼워질 수 있도록 깊이를 갖는 좁은 홈(슬롯)을 구비하고 있고, 위 홈에 필름스피커가 끼워지는 것만으로 세워져 지지될 수 있으며, 위와 같이 필름스피커가 끼워지는 좁은 홈을 형성하는 얇은 측벽들 사이에 접속클립이 위치하여, 필름스피커를 위 홈에 끼우면 필름스피커의 두 단자가 접속클립과 통전되도록 이루어진 구성'이라고 제한 해석함이 상당하다.

(나) 청구범위의 일부를 권리범위에서 의식적으로 제외한 경우

□ 출원인이 청구범위에 포함되는 것으로 문언적으로 해석되는 것 중 일부를 특허권의 권리범위에서 의식적으로 제외하고 있다고 보이는 경우에는 출원된 기술사상의 내용, 명세서의 다른 기재, 출원인의 의사와 제3자에 대한 법적 안정성을 두루 참작하여 특허권의 권리범위를 제한 해석할 수 있다.[149)]

---

147) Ⅱ.2.가. '특허발명의 기술적 범위를 특정할 수 없는 경우' 참조

148) 대법원 2009. 9. 10. 선고 2007후4151 판결, 2009. 4. 23. 선고 2009후92 판결, 2008. 10. 23. 선고 2007후2186 판결, 2004. 8. 31.자 2002마2768 결정, 2003. 11. 28. 선고 2002후130 판결, 2003. 11. 28. 선고 2002후147 판결, 2003. 7. 11. 선고 2001후2856 판결, 1998. 5. 22. 선고 96후1088 판결, 특허법원 2022. 12. 28. 선고 2022나1128 판결, 2021. 1. 15. 선고 2019나1906 판결, 2021. 1. 15. 선고 2019나1913 판결, 서울중앙지법 2021. 8. 20. 선고 2016가합522332 판결, 2020. 6. 25. 선고 2019가합562195 판결, 수원지법 안양지원 2020. 8. 27. 선고 2016가합101070 판결

149) 대법원 2009. 9. 10. 선고 2007후4151 판결, 2008. 10. 23. 선고 2007후2186 판결, 2008. 2. 28. 선고 2005다77350,77367 판결, 2004. 8. 31.자 2002마2768 결정, 2003. 11. 28. 선고 2002후130 판결, 2003. 11. 28. 선고 2002후147 판결, 2003. 7. 11. 선고 2001후2856 판결, 1998. 4. 10. 선고 96후1040 판결, 특허법원 2022. 12. 28. 선고 2022나1128 판결, 2021. 1. 15. 선고 2019나1906 판결, 서울중앙지법 2021. 8. 20. 선고 2016가합522332 판결, 2020. 6. 25. 선고 2019가합562195 판결

(다) 청구범위에 적힌 용어의 의미가 불명확한 경우

□ 청구범위에 적힌 용어의 의미가 불명확한 경우에는 출원된 기술사상의 내용과 명세서의 다른 기재 및 출원인의 의사와 제3자에 대한 법적 안정성을 두루 참작하여 정의와 형평에 따라 합리적으로 해석해야 한다.150)

(라) 청구범위의 기술적 의미를 일률적으로 명확히 이해할 수 없는 경우

□ 청구범위에 적힌 사항의 기술적 의미를 일률적으로 명확히 이해할 수 없는 경우에는 명세서의 발명의 설명을 참작하여 청구범위를 해석할 수 있다.151)

(마) 청구범위에 적힌 사항이 오기라는 것이 명백한 경우

□ 청구범위에 적힌 사항이 오기라는 것이 명세서의 발명의 설명에 적힌 사항으로부터 명백한 경우에는 명세서의 발명의 설명을 참작하여 청구범위를 해석할 수 있다.152)

▷ 특허권의 권리범위를 확정할 때에 청구범위의 기재로부터 인정되는 구성을 한정하여 해석하거나 그것에 적히지 않은 구성을 부가하여 해석하는 것이 허용되고 있는 것은, 특허발명이 갖는 실질적 가치를 평가하고 공지기술 및 공지기술의 응용에 지나지 않는 침해태양에 특허권의 효력이 미치지 않도록 하기 위한 것이다.153)

(2) 제한 해석의 일반적인 태양

(가) 청구범위 문언 그대로의 해석이 명백히 불합리한 경우

□ 청구범위를 문언 그대로 해석하는 것이 명세서의 다른 기재에 비추어 보아 명백히 불합리할 때에는 출원된 기술사상의 내용, 명세서의 다른 기재, 출원인의 의사와 제3자에 대한 법적 안정성 등을 두루 참작하여 특허권의 권리범위를 제한 해석할 수 있다.154)

---

150) 대법원 1998. 4. 10. 선고 96후1040 판결, 특허법원 2010. 1. 22. 선고 2009허2456 판결, 2006. 11. 17. 선고 2005허9473 판결, 2002. 8. 8. 선고 99허2464 판결, 2002. 6. 21. 선고 2001허5091 판결, 2002. 4. 4. 선고 2001허1501 판결, 서울고법 2005. 7. 27. 선고 2003나38841 판결, 서울중앙지법 2009. 12. 17. 선고 2008가합128834,2009가합4591 판결, 2009. 6. 4. 선고 2008가합9315 판결, 2007. 2. 9. 선고 2006가합28640 판결, 2006. 11. 10. 선고 2005가합108525 판결

151) 특허법원 1998. 12. 18. 선고 98허4340 판결

152) 특허법원 1998. 12. 18. 선고 98허4340 판결

153) 유영일, 특허재판실무편람, 특허법원(2002), 173면

154) 대법원 2009. 9. 10. 선고 2007후4151 판결, 2008. 10. 23. 선고 2007후2186 판결, 2008. 2. 28. 선고 2005다77350,77367 판결, 2004. 8. 31.자 2002마2768 결정, 2003. 11. 28. 선고 2002후130 판결, 2003. 11. 28. 선고 2002후147 판결, 2003. 7. 11. 선고 2001후2856 판결, 1998. 4. 10. 선고 96후1040 판결, 특허법원 2022. 12. 28. 선고 2022나1128 판결, 2021. 1. 15. 선고 2019나1906 판결, 2021. 1. 15. 선고 2019나1913 판결, 서울중앙지법 2021. 8. 20. 선고 2016가합522332 판결

▷ 청구범위를 해석함에 있어서는 당해 기술 분야에서 통상적으로 인식되는 용어 또는 문장의 의미에 따라야 하고, 그 의미가 불명확하거나 문장 그대로의 해석이 명세서의 다른 기재에 비추어 볼 때 명백히 불합리한 경우에는 특허발명의 기술사상, 명세서의 기타 기재내용, 출원인의 의사 및 제3자에 대한 법적 안정성을 두루 참작하여 정의와 형평에 따라 합리적으로 해석해야 한다.[155]

▷ 특허발명의 권리범위는 청구범위에 적힌 사항에 의하여 정하되, 청구범위에 적힌 문언으로부터 기술적 구성의 구체적 내용을 알 수 없는 경우에는 명세서의 다른 기재 및 도면을 참작하여 그 문언이 표현하고자 하는 기술적 구성을 확정하여 권리범위를 정해야 하고, 문언 그대로의 해석이 명세서의 다른 기재에 비추어 보아 명백히 불합리한 경우에는 출원된 기술사상의 내용과 명세서의 다른 기재 및 출원인의 의사와 제3자에 대한 법적 안정성을 두루 참작하여 정의와 형평에 따라 합리적으로 해석해야 한다.[156]

(나) 발명의 설명에 의하여 뒷받침되는 범위 내

□ 권리범위를 확정할 때에는 청구범위에 적힌 발명을 발명의 설명에 의하여 뒷받침되는 범위 내로 한정 해석해야 한다.[157]

(3) 제한 해석시 주의사항

(가) 확장 해석이나 다른 구성으로 변경 해석 불허

□ 청구항을 문언 그대로 해석하는 것이 명세서의 다른 기재에 비추어 보아 명백히 불합리한 때에는 출원된 기술사상의 내용과 명세서의 다른 기재 및 출원인의 의사와 제3자에 대한 법적 안정성을 두루 참작하여 특허권의 권리범위를 제한 해석하는 경우에도 청구범위를 확장하여 해석하거나 다른 구성으로 변경 해석하는 것은 제3자에 대한 법적 불안정을 가져오므로 허용되지 않는다.[158]

○ 특허법원 2009. 8. 20. 선고 2009허1163 판결

특허발명의 청구범위에는 가이드바가 승강브라켓의 격판에 융착되어 있는 것으로 기재되어 있는바, 융착이란 '녹여서 붙인다'는 의미를 가지고 있어 그 기술적 범위가 명백할 뿐 아니라, 격판과 융착되는 대상이 가이드바가 아니라 승강브라켓이라고 해석하는 것은 청구범위 해석의 범위를 넘어 원

155) 권오희, 권리범위확인심판의 판단순서에 관한 고찰, 지식재산 21, 특허청(2005. 5.), 117면
156) 한규현, 발명의 요지와 특허발명의 보호범위, 특허소송실무연구회(2007), 48면
157) 대법원 1998. 5. 22. 선고 96후1088 판결, 특허법원 2011. 10. 27. 선고 2011허5168 판결, 2009. 7. 16. 선고 2008허6208 판결, 2003. 8. 29. 선고 2002허7513 판결, 2002. 3. 22. 선고 2001허10 판결, 서울남부지법 2007. 2. 28.자 2006카합1095 결정
158) 특허법원 2009. 8. 20. 선고 2009허1163 판결

래의 구성을 전혀 다르게 변경하는 것에 해당하므로 허용될 수 없다.

(나) 청구범위에 적힌 구성요소 무시 금지

□ 특별한 사정이 없는 한, 청구범위에 발명의 필수적 구성요소의 일부로 적은 것을 무시하고 그 권리범위를 해석할 수는 없다.[159]

(다) 발명의 설명에서 제한 또는 배제된 부분은 권리범위에서 제외

□ 청구범위의 문언적 기재내용은 청구범위를 해석함에 있어 최우선적으로 고려되어야 하나, 현실적으로 청구범위는 발명의 설명에 의하여 뒷받침되지 않으면 안 되기 때문에 비록 문언상으로는 청구범위에 적혀 있는 기술사상이라 하더라도 명세서에 개시되어 있지 않은 것이나 발명의 설명에서 제한 또는 배제되어 있는 부분은 권리범위에서 제외되어야 한다.[160]

(라) 도면의 실시예를 참작해야만 기술구성을 파악할 수 있는 경우

□ 특정한 기술구성에 관한 청구범위나 발명의 설명의 기재가 불명확하여 그것만으로는 기술구성을 파악할 수 없고, 명세서에 첨부된 도면에 나타난 실시예를 참작해야만 비로소 기술구성을 파악할 수 있는 경우라면, 그 청구범위에 기초한 권리범위도 도면에 나타난 실시예를 중심으로 제한적으로 인정해야 한다.[161]

▶ 발명의 설명과 도면이 일치하지 않고 발명의 설명 기재에 전후 모순이 있는 경우에는 그 청구범위에 기초한 권리범위는 도면에 나타난 실시예를 중심으로 제한적으로 인정해야 한다.

○ 특허법원 2009. 7. 16. 선고 2008허6208 판결

특허발명의 청구범위는 '담배를 싸고 있는 종이'라는 기술구성을 포함하고 있는데, 다른 구성요소와의 관계에서 그 기술적 구성의 의미 자체를 알 수 없는 것은 아니지만, 일상 언어생활에서 '담배'는 잎담배나 담배각초 외에 궐련을 지칭하기도 하므로, 그것이 잎담배나 담배각초를 싸고 있는 종이 즉 궐련지만을 의미하는지, 아니면 담배갑 내부에서 궐련들을 싸는 포장지에 해당하는 박엽지나 담배갑에 해당하는 백판지까지 포함하는지 여부가 불분명하여 청구범위의 기재만으로는 그 기술적 구성의 범위를 확정할 수 없는바, 명세서의 다른 기재에 의하여 보충하여 이를 확정할 수 있는지에 관하여 보면, 특허발명의 명세서에 특허발명이 담배갑 내부의 포장지나 담배갑의 제조방법을 그 대

---

159) 특허법원 2002. 3. 22. 선고 2001허10 판결
160) 서울서부지법 2002. 1. 25. 선고 99가합11885 판결
161) 특허법원 2005. 8. 11. 선고 2004허7876 판결

상으로 고려하고 있다고 볼 만한 기재를 찾아볼 수 없다. 따라서 유독 '담배를 싸고 있는 종이'만을 포장지나 담배갑까지 포함하는 것으로 보는 것은 명세서 전체의 기술적 범위에 맞지 않을 뿐 아니라, 결과적으로 발명의 설명에서 명시하고 있는 기술적 범위를 넘어 권리범위를 인정하는 것이 되어 타당하다고 할 수 없다. 그러므로 '담배를 싸고 있는 종이'의 기술적 범위는 궐련지만을 포함하는 것으로 확정 또는 제한 해석하는 것이 타당하다.

○ 특허법원 2008. 4. 23. 선고 2007허7174 판결

'맞대어지는'이란 문언상 분리된 어떤 물체가 서로 마주 닿아 서로 붙게 되는 것을 의미하는 것이어서, 청구항에 적힌 '맞대어지는'의 권리범위는, 일응 일측 및 타측 베이스판의 수평연결판이 서로 마주 닿아 붙어 있는 모든 것을 포함한다. 그런데 청구항에 적힌 '맞대어지는'의 문언 자체만으로는 양측 베이스판이 어떻게 닿게 되고, 또 어떻게 서로 견고하게 붙게 되는지 그 기술적 범위의 한계가 불명확하기 때문에 발명의 설명을 참작해야 하는데, '맞대어지는' 부분의 구체적인 기술내용에 관하여, "일측 및 타측 베이스판들은 교각상부의 교좌장치가 위치한 폭방향 양측 모서리에 각기 대향되게 놓여지도록 하고 그 교좌장치를 중심으로 한 주변 둘레에 위치되어서 맞대어지는 수평연결판체들을 용접으로 연결해서 조립설치하게 된다."라고 적혀 있을 뿐인바, 특허발명이 구체적으로 인식한 위 '맞대어지는'의 기술적 구성은 '일측 및 타측 베이스판들이, 교각 상부의 교좌장치를 중심으로, 그 각각의 수평연결판이 서로 마주 닿게 되는 것이고, 그와 같이 마주 닿은 수평연결판이 용접에 의하여 붙게 되는 것'으로 해석해야 한다. 따라서 청구항에 적힌 '맞대어지는'의 권리범위는 양측 베이스판이 수평연결판에 의하여 서로 닿게 되고, 또 그와 같이 닿은 부분이 용접에 의하여 붙게 되는 구성에 대하여만 미친다고 제한 해석해야 한다.

○ 특허법원 2007. 4. 19. 선고 2006허9494 판결

특허발명의 '타측 플레이트'를 '타측 플레이트의 절개편'으로 문언적으로 해석할 수 있다고 하더라도, 절개편이 제외된 나머지 부분의 타측 플레이트로 제한적으로 해석해야 하는데, 그 이유는, 특허발명의 명세서 중 발명의 설명에는, "체결부재인 대각선 방향의 볼트부재가 외부로 돌출되어 건물의 창호용 개구부와 창틀부재 사이에 틈새가 발생하여, 이 부분을 별도로 충전해야 하는 등, 시공이 번거롭고 정밀한 시공이 어려운 실정이다. 플레이트를 부분 절개한 금속재 절개편과 타측 플레이트 사이에 체결볼트를 체결함으로써, 시공법이 간단하면서도 구조적으로 견고하고 내구성 있는 창틀을 달성할 수 있다. 또한, 대각선 방향으로 돌출된 체결볼트 등을 사용하지 않으므로, 창틀 모서리부의 외부면으로 불필요한 돌출부를 억제할 수 있다."라고 적혀 있고, 특허발명의 도면 1, 2에는 한쪽의 플레이트에 형성된 절개편과 다른 쪽의 플레이트를 체결부재로 대각선 방향이 아닌 십자형으로만 연결한 도면이 도시되어 있다. 따라서 특허발명의 명세서의 기재와 도면에 의하면, 대각선 방향으로 체결볼트를 연결하는 것은 제외하고 있고, 체결부재가 십자형으로만 연결되어 있는 것이 기재 및 도시되어 있는 점 등을 종합해 볼 때, 한쪽의 플레이트에 형성된 절개편에 연결되는 부

분은 다른 쪽의 플레이트의 절개편이 제외된 부분이라고 해석해야 한다(한쪽 플레이트의 절개편과 다른 쪽 플레이트의 절개편을 연결하는 구조라면 대각선 방향으로 연결될 수밖에 없다).

○ 특허법원 2006. 7. 7. 선고 2005허11087 판결

특허발명의 청구범위 문언 기재상 탄성스프링의 삽입위치에 대하여 아무런 한정이 없어서, 일응 탄성스프링은 연결부재의 외부 및 내부에 삽입되는 것 모두 포함하는 것으로 해석되기도 하나, 발명의 설명의 기재를 보면 연결부재의 내부에 삽입된다는 기재가 전혀 없을 뿐만 아니라 그러한 암시조차 되어 있지 않고, 더 나아가 특허발명은 탄성스프링이 연결부재의 내부에 삽입될 경우에는 실시불가능한 발명이거나 기재불비에 해당하는 것으로 보일 뿐이다. 따라서 특허발명의 탄성스프링은, 청구범위를 문언 그대로 연결부재의 내부에 삽입되는 것까지 권리범위에 포함된다고 해석하는 것이 명세서의 다른 기재에 비추어 명백히 불합리하므로, 연결부재의 외부에 삽입되는 것으로 한정하여 해석해야 한다.

○ 특허법원 2004. 6. 17. 선고 2003허1321 판결, 2004. 6. 17. 선고 2003허4436 판결

특허발명의 청구범위에는 '제2부재'라는 표현이 있는바, '부재'라는 용어는 '구조의 부분을 이루는 재료'라는 의미만 가지고 있을 뿐 그 자체로서는 어떠한 구성이나 형상을 내포하지 않고 있어서 그 범위를 알 수 없는 표현이고, '제2'라는 표현도 단순히 '두 번째'라는 의미만 있을 뿐이어서, 특허발명에 적힌 '제2부재'는 그 기재만으로 기술적 구성을 알 수 없거나 기술적 범위를 확정할 수 없는 경우에 해당하여 그 합리적인 해석을 위해서는 명세서의 다른 기재를 참작해야 할 것인데, 특허발명의 '제2부재'와 대응되는 표현으로서 발명의 설명란에, '합성카드는 얇은 귀금속판 혹은 금속판과 제2부재 혹은 금속판과 동일한 평면 기하학을 가지고 있는 보강판을 구성한다. 보강판은 금속판 위에서 겹쳐진다.'라고 적혀 있고, '그 차이점은 금속판의 한 표면에 겹쳐지는 보강판 대신에 금속판의 각 표면에 겹쳐지는 보강판 한 쌍이 있다는 것이다.'라고 적혀 있으며, '그 차이점은 금속판의 두 표면만을 덮는 보강판 한 쌍 대신에 두 표면과 금속판의 주변 가장자리를 완전히 덮는 한 쌍의 보강필름이 있다는 것이다.'라고 적혀 있는 사실을 인정할 수 있는바, 특허발명의 청구범위에 적힌 '제2부재'는 명세서의 발명의 설명란의 '보강판', '보강판' 또는 '보강필름'이 대응되는 표현임을 알 수 있고, 한편 이러한 보강판 또는 보강필름의 구성에 대하여 발명의 설명란에 '보강판은 … 금속판과 접촉하는 표면 위에 형성된 거울 같은 마크를 보유한다. 그러므로, 금속판을 보호하고 마크가 보강판을 보호하기에 충분한 기계력을 가지고 있는 투명하고 단단한 물질로 만들어진다. 그런 물질은 변형된 아크릴수지와 수정유리와 같은 유리를 포함한다. 보강판은 반드시 상기에 언급된 단단한 물질로 만들어지지는 않고, 유연한 탄성물질로도 이용될 수도 있다. 보강판이 그런 재료로 만들어질 때, 금속판은 보강판에 의해서 확실하게 보호될 수 있으며, 마크는 보강판을 통해서 바르게 보일 수 있다.'라고 적혀 있는 사실을 인정할 수 있으므로, '제2부재'인 보강판은 금속판을 보호하기에 충분히 단단하거나 탄성이 있는 것이어서 특허발명의 청구범위에 적힌 '제2부재'를 해석함에 있어

서는 특허발명의 명세서에 적힌 대로 금속판을 보호하기에 충분히 단단하거나 탄성이 있는 '보강판', '보강판' 또는 '보강필름'의 구성을 참작해야 한다.

○ 서울중앙지법 2005. 9. 30. 선고 2001가합56305 판결

특허발명의 명세서에는 플랩의 유체투과성에 관하여 별도로 정의되어 있지 않으므로 용어가 가지는 보통의 의미로 해석하면, 유체투과성은 일응 '유체, 즉 액체나 기체를 투과할 수 있는 성질'로 해석할 수 있다 할 것이나, 유체투과성 혹은 유체불투과성이라는 용어는 필연적으로 어느 정도의 범위를 내포할 수밖에 없는 일종의 불확정 개념일 뿐만 아니라, 어떠한 재질이 유체투과성인지 유체불투과성인지의 여부도 그 자체로 결정되어 있기 보다는 그 재질의 구성, 재질에 미치는 압력의 크기, 압력이 미치는 지속시간 등에 따라 가변적인 것이라는 점을 고려하면, 이 사건에서 피고의 제품에 부착된 플랩이 원고의 특허발명의 권리범위에 해당하는지의 여부를 검토함에 있어서는 위와 같은 일응의 해석에 더하여 특허발명의 성질과 목적, 작용효과, 발명의 설명 등 명세서에 적힌 내용, 선행기술의 내용 등을 종합적으로 참작하여 판단해야 할 것인데, 명세서의 도면이나 발명의 설명에 나타난 이 사건 플랩의 구성 및 구조, 미국에서의 출원경과, 발명자의 인식 등 제반 사정을 종합하면, 특허발명인 기저귀 구성부분으로서의 플랩에 관한 한 '유체투과성'은 일반적인 사전적 의미에서의 유체투과성과는 다른 액체투과성, 즉 액체를 투과시키는 성질이라고 제한하여 해석함이 타당하고, 따라서 명세서에 개시된 유체투과성 플랩은 배설물로부터 피부를 격리시켜 피부를 보호함과 동시에, 액체배설물을 플랩 안쪽으로 투과시켜 흡수체에 흡수시키고, 다른 한편으로는 플랩 사이에 배설물을 저장할 수 있는 내측을 향한 제2장벽을 형성하는 작용효과를 갖는 것을 의미한다.

3) 공지기술의 참작[162)]

가) 권리범위 확정시 고려사항

(1) 출원시의 기술수준

□ 특허권의 권리범위를 확정함에 있어서는 출원 당시의 기술수준을 당연히 고려해야 하고,[163)] 그 작용효과를 살펴야 한다.[164)]

---

162) Ⅱ.2.다.1) '신규성이 부정되는 유형' 참조

163) 대법원 2005. 12. 23. 선고 2005후285 판결, 2004. 2. 27. 선고 2002후437 판결, 1998. 12. 22. 선고 97후1016,1030 판결, 1991. 12. 27. 선고 90후1468,1475 판결, 1991. 12. 27. 선고 90후1857 판결, 1991. 3. 16.자 90마995 결정, 1987. 9. 8. 선고 86후99 판결, 1987. 7. 24.자 87마45 결정, 1986. 12. 9. 선고 86도1147 판결, 1986. 7. 22. 선고 85후50,55 판결, 1983. 7. 26. 선고 81후56 전합 판결, 1978. 3. 14. 선고 74다1575 판결, 1975. 12. 9. 선고 74후34 판결, 1971. 3. 23. 선고 70후28 판결, 1970. 3. 31. 선고 70후6 판결

- 청구범위의 해석은 특허출원 당시의 기술수준까지 고려하여 해석되어야 한다(특허법원 2001. 8. 17. 선고 2000허6387 판결).

164) 대법원 1991. 12. 27. 선고 90후1857 판결

(2) 공개된 기술내용의 확정

□ 청구범위에 적힌 문언의 의미 내용을 해석함에 있어서는 공개된 기술의 내용이 무엇인지를 확정하여 이를 기초로 그 권리범위를 정해야 한다.[165)]

(3) 출원시의 기술수준에 대한 개량진보 정도

★□ 출원시의 기술수준에 대한 개량진보의 정도를 고려하여 특허발명의 권리범위가 결정되므로, ① 개량진보의 정도가 큰 발명의 권리범위는 넓게 해석하고, ② 반대로 개량진보의 정도가 작은 발명의 권리범위는 좁게 해석해야 한다.[166)]

나) 출원 당시 공지·공용의 경우

(1) 무효심판 유무에 관계없이 권리범위 부정

□ 특허발명이 출원 당시 공지된 경우에는 무효심판 유무에 관계없이 그 권리범위를 인정할 수 없다.[167)]

(2) 청구범위에 적혀 있다는 이유만으로 권리범위 인정 불가

□ 특허발명이 출원 당시 공지·공용의 것인 경우에는 청구범위에 적혀 있다는 이유만으로 권리범위를 인정할 수는 없다.[168)]

▷ 특허발명의 전부가 공지·공용이라는 것은, 그 특허발명 전체가 출원 전에 공지되었거나 출원 전에 반포된 간행물에 적힌 발명과 동일하여 그 신규성을 인정할 수 없다는 것을 의미한다. 즉, A+B+C로 된 발명에 있어서, 위와 동일한 구성 전체가 하나의 문헌에 그대로 나타나 있거나 그 전체로서 출원 전에 실시되었을 경우를 의미하고, 개별

---

165) 특허법원 2021. 1. 15. 선고 2019나1906 판결, 2021. 1. 15. 선고 2019나1913 판결, 2003. 5. 1. 선고 2002허4477 판결

166) 서울고법 2003. 9. 3. 선고 2002나22597 판결, 서울지법 2002. 3. 29. 선고 2000가합79202 판결, 2002. 3. 29. 선고 2000카합2960 판결, 이수완, 청구범위의 해석, 특허소송연구 제2집, 특허법원(2001), 162면

167) 대법원 2014. 3. 20. 선고 2012후4162 전합 판결, 2005. 12. 23. 선고 2005후285 판결, 2005. 1. 14. 선고 2003후2799 판결, 2004. 10. 28. 선고 2003후2454 판결, 2004. 4. 27. 선고 2002후2037 판결, 2004. 2. 27. 선고 2003도6283 판결, 2003. 11. 27. 선고 2002후48 판결, 2003. 2. 28. 선고 2001후652 판결, 2003. 2. 28. 선고 2001후669 판결, 2003. 2. 28. 선고 2002다16675 판결, 2001. 8. 21. 선고 99후123 판결, 2001. 8. 21. 선고 99후130 판결, 2001. 7. 13. 선고 2000후693 판결, 2001. 3. 23. 선고 98다7209 판결, 2001. 2. 9. 선고 98후1058, 1998. 10. 27. 선고 97후2095 판결

168) 대법원 2014. 3. 20. 선고 2012후4162 전합 판결, 1983. 7. 26. 선고 81후56 전합 판결, 특허법원 2022. 4. 29. 선고 2021나1862 판결, 2017. 8. 25. 선고 2017허1168 판결, 2015. 9. 10. 선고 2014허4647 판결, 1998. 8. 20. 선고 98허3163 판결, 1998. 8. 20. 선고 98허3170 판결, 서울고법 1997. 12. 24. 선고 97나13810 판결, 서울중앙지법 2011. 5. 13. 선고 2010가합79935 판결

구성들이 여러 문헌에 나뉘어 공지된 경우를 뜻하는 것이 아니다.[169)]

다) 특허발명의 일부가 공지된 경우

(1) 일부 공지의 의미

▷ 일부 공지는, 발명이 상위개념으로 기술되어 있는 청구범위에 포함된 하위개념의 일부에 공지부분이 존재하는 경우를 말한다.[170)] 화학발명의 마쿠시 형식의 기재가 이와 같은 경우에 해당할 수 있다.

▷ **특허발명의 일부 구성이 공지된 경우의 의미**

① 구성요소가 공지된 경우, 이를 그 발명 전체에서 차지하는 중요도를 낮게 평가하고 그 결과 나머지 구성요소만이 발명의 특징으로 보아 그 요건을 문언대로 엄격하게 한정해석하여 그 보호범위를 제한하려는 대법원판례는 결과적으로 광의의 공지기술참작의 원칙을 적용한 것으로 타당성이 인정된다.[171)]

② 특허발명의 일부가 공지기술인 경우란, 청구항이 예상하고 있는 발명이 여러 가지인 경우에 그중 일부가 공지기술인 경우를 말한다. 예를 들어 청구항에는 '산과 반응시킨다.'라고 적혀 있는데 염산과 반응시키는 기술이 공지되어 있는 경우, 청구항에 '송진 또는 와셀린을 사용하는 것을 특징으로 하는 땜납용제'라고 적혀 있는데 그중 와셀린을 사용하는 기술이 공지된 경우, 화학발명에서 청구항에 일반식의 치환기 X가 C1~C5인 화합물이 적혀 있는데 공지된 선행발명에 일반식의 치환기 X가 C5인 화합물이 존재하는 경우 등이다.[172)]

---

169) 최성준, 청구범위의 해석에 있어서 몇 가지 문제에 관하여, 특허청 개청 30주년 기념 논문집 Ⅰ, 특허청(2007. 3.), 8면

170) 성기문, 공지부분이 포함된 특허 및 의장을 둘러싼 실무상의 제문제, 특허소송연구 2집, 특허법원(2001), 207면

171) 성기문, 공지부분이 포함된 특허 및 의장을 둘러싼 실무상의 제문제, 특허소송연구 2집, 특허법원(2001), 224면

172) 김철환, 지적재산소송실무, 특허법원 지적재산소송실무연구회, 박영사(2006), 206면

• A+B를 구성요소로 하는 특허권과 A+B′를 구성요소로 하는 확인대상발명을 비교할 경우, A부분은 신규하지만 B와 B′는 공지이므로 B가 발명 전체로 보아 본질적이 아니라고 인정되는 경우, B와 B′의 차이가 있어도 균등하다고 하여 확인대상발명의 A+B′는 A+B인 특허권의 권리범위에 속한다고 해도 좋은 경우가 있다. 또한, 그 반대로 A+B인 특허권과 A+B′인 확인대상발명과의 비교에 있어서 A가 공지이어도 B가 신규한 경우라면, 상대적으로 본질적 부분으로 인정되는 B와 B′의 차이에 의하여 A+B′는 A+B의 권리범위에 속하지 않는다고 해도 좋은 경우가 있다. 전자는 공지사실의 참작에 의한 확장해석의 예이고, 후자는 축소해석의 예이다. 이러한 권리범위 해석방법은 권리범위를 발명의 본질에 대응시키려고 하는 것이고 법적 안정성을 확보하는 요청과 정면으로 대립할 정도는 아니며, 한편에 있어서 특허청과 법원의 직무분장에서 생기는 모순을 수정한다고 하는 역할을 다하는 것이므로 법원의 해석작용으로서 허용해도 좋은 범위라고 생각된다(竹田和彦, 특허의 지식 제6판, 도서출판 명현(2001), 464~465면).

③ 청구범위의 해석에서 공지기술을 권리범위에서 제외한다는 것은 그 기술적 사상을 구체화한 다수의 실시태양 중에서 다른 필수구성요소와 유기적으로 결합되지 않은 공지된 실시태양은 그 권리범위의 보호대상에서 제외된다고 해석해야 한다. 예를 들어, 청구범위가 A+B+C의 구성요소로 되어 있는 경우, 특허발명의 구성요소 B가 공지기술이라 하여 이를 청구범위의 구성요소에서 제외한다면 A+C만이 구성요소가 되므로 발명으로서의 일체성이 파괴될 뿐만 아니라 A+D+C나 A+E+C로 구성된 발명도 그 권리범위에 속할 수 있게 되는 등 특허발명의 보호범위가 오히려 확장되는 부당한 결과가 되기 때문이다.

(2) 특허발명의 구성요소 중 공지부분이 있는 경우

□ 특허발명의 구성요소 중 공지부분이 있는 경우에 공지부분에 대하여는 권리범위가 미치지 않는다거나 공지부분을 제외하고 권리범위에 속하는지 여부를 판단해야 한다는 의미는, 공지부분을 포함하는 복수의 구성요소로 된 특허발명과 확인대상발명이 공지부분을 제외한 구성부분에 있어서 상이한 경우에는 공지의 구성부분이 서로 같다고 하더라도 확인대상발명이 특허발명의 권리범위에 속하지 않는다는 취지로 보아야 한다.[173)]

(3) 권리범위가 인정되는 경우

(가) 공지된 부분의 제외 금지

(ㄱ) 공지된 부분을 제외하고 속부 판단 금지

★□ 특허발명의 구성요소 중 일부가 공지되었다고 하더라도, 확인대상발명이 특허발명의 권리범위에 속하는지 여부를 판단함에 있어서 그 공지된 부분을 제외하고 판단해서는 안 된다.[174)]

(ㄴ) 공지의 구성요소가 신규의 구성요소들과 유기적 결합관계

□ 복수의 구성요소로 이루어진 특허발명에 있어서 일부 구성이 공지된 경우, 각 구성요소가 독립하여 별개의 발명이 되는 것이 아니라 그 구성요소들이 결합된 전체로서 하나의 발명이 되는 것이고, 또한 여기에서 이들 구성요소를 분리하게 되면 그 발명

---

173) 특허법원 2001. 11. 22. 선고 2001허2757 판결

174) 대법원 2006. 11. 9. 선고 2005후1127 판결, 2001. 6. 15. 선고 2000후617 판결, 특허법원 2021. 9. 9. 선고 2020나2103 판결, 2021. 9. 9. 선고2020허7654 판결, 2021. 6. 17. 선고 2020허6316 판결, 2021. 1. 15. 선고 2020허4075 판결, 2021. 1. 15. 선고 2020허4082 판결, 2013. 12. 13. 선고 2013허5346 판결, 2013. 5. 1. 선고 2012허9242 판결, 2012. 3. 29. 선고 2011허8341 판결, 2011. 8. 19. 선고 2011허2589 판결, 2007. 5. 10. 선고 2006허6907 판결, 2006. 7. 19. 선고 2005허2519 판결, 2005. 8. 25. 선고 2004허5498 판결, 서울고법 2009. 12. 24. 선고 2007나117438 판결

의 목적달성은 불가능하게 되고 이러한 공지의 구성요소가 나머지 신규의 구성요소들과 유기적 결합관계를 이루고 있다고 하지 않을 수 없다.[175]

(나) 신규의 기술과 기술적 효과 발생에 유기적으로 결합된 경우

(ㄱ) 공지부분도 권리범위 인정

□ 특허발명의 구성요소 중 일부가 공지된 경우, 신규의 기술과 기술적 효과 발생에 유기적으로 결합되어 있는 때에는 공지부분에까지 권리범위가 미친다.[176]

(ㄴ) 권리범위 확정시 제외 금지

□ 특허발명의 권리범위를 확정함에 있어서는 공지·공용의 기술은 그것이 신규의 기술과 유기적으로 결합된 것이라면 이를 제외할 수 없다.[177]

(다) 공지기술에 별개의 신규한 기술적 사상 부가

□ 공지기술에 신규성이 있는 기술사상에 유기적으로 연결 관계가 없는 공지사유의 부가는 권리의 효력 및 한계에 차이가 생기지 않아 공지기술로 보지만, 별개의 신규한 기술적 사상의 부가는 권리의 효력 및 한계에 차이가 발생하므로 공지기술로 볼 수 없다.[178]

(라) 특허발명의 전부에 대하여 권리범위가 인정되기 위한 요건

□ 특허발명의 전부에 대하여 권리범위가 인정되기 위해서는 특허발명의 공지기술이 아닌 부분이 공지기술 부분과 유기적으로 결합되어 어떠한 새로운 작용효과를 가져오는 것인지가 밝혀져야 한다.[179]

---

175) 대법원 2001. 6. 15. 선고 2000후617 판결, 특허법원 2021. 9. 9. 선고 2020나2103 판결, 2021. 9. 9. 선고2020허7654 판결, 2021. 6. 17. 선고 2020허6316 판결, 2021. 1. 15. 선고 2020허4075 판결, 2021. 1. 15. 선고 2020허4082 판결, 2013. 12. 13. 선고 2013허5346 판결, 2012. 3. 29. 선고 2011허8341 판결, 2011. 8. 19. 선고 2011허2589 판결, 2007. 5. 10. 선고 2006허6907 판결, 2006. 7. 19. 선고 2005허2519 판결, 2005. 8. 25. 선고 2004허5498 판결, 2005. 8. 25. 선고 2005허1493 판결, 2004. 1. 30. 선고 2003허1031 판결, 인천지법 2006. 9. 6. 선고 2006가합998 판결

176) 대법원 1998. 12. 22. 선고 97후1016,1030 판결, 1995. 12. 12. 선고 94후487 판결, 1995. 5. 12. 선고 93후1926 판결, 1994. 1. 11. 선고 92후2229 판결, 1991. 9. 24. 선고 90후2409 판결, 1991. 9. 24. 선고 90후2416 판결, 1991. 9. 13. 선고 91도1012 판결, 1991. 3. 12. 선고 90후823 판결, 1990. 10. 26. 선고 89후2045 판결, 1990. 1. 23. 선고 89후179 판결, 1989. 7. 11. 선고 88후1045 판결, 1989. 7. 11. 선고 88후1052 판결, 1989. 7. 11. 선고 88후1069 판결, 1989. 6. 27. 선고 88후585 판결, 1988. 1. 19. 선고 87후68 판결, 1987. 9. 8. 선고 86후99 판결

177) 특허법원 2007. 6. 29. 선고 2007허333 판결, 2001. 1. 12. 선고 99허7018 판결, 1998. 10. 2. 선고 98허4296 판결, 1998. 10. 2. 선고 98허4302 판결, 1998. 9. 17. 선고 98허3026 판결, 1998. 9. 17. 선고 98허3033 판결

178) 특허법원 1999. 4. 23. 선고 98허4920 판결

179) 대법원 1995. 12. 12. 선고 94후487 판결

(마) 공지부분을 제외하고도 권리범위를 가질 수 있는 경우

□ 특허발명이 공지·공용부분을 제외하고도 별개의 권리범위를 가질 수 있는 신규의 발명이라면 그 권리범위를 기준으로 하여 확인대상발명과의 동일성 여부를 판단해야 한다.[180)]

(바) 청구범위의 전제부가 종래기술인 경우

□ 청구범위의 전제부가 종래기술이라고 하더라도 이를 권리범위에서 제외할 수는 없다.[181)]

(4) 권리범위가 인정되지 않는 경우

(가) 신규의 기술과 기술적 효과발생에 유기적으로 결합되지 않은 경우

(ㄱ) 구성요소 중 공지사유에 대해서까지 권리범위 확장 불허

□ 특허발명의 구성요소 중 일부가 공지된 경우, 신규의 기술과 기술적 효과발생에 유기적으로 결합된 것으로 볼 수 없는 공지사유에 대해서까지 권리범위를 확장할 수 없다.[182)]

(ㄴ) 구성요소 중 공지·공용의 기술은 권리범위에서 제외

□ 특허발명의 구성요소 중 일부가 공지된 경우, 특허발명의 권리범위를 확정함에 있어서는 공지·공용의 기술은 그것이 신규의 기술과 유기적으로 결합된 것이 아니면 권리범위에서 제외되어야 한다.[183)]

(ㄷ) 일부 공지

□ 특허발명의 일부가 공지되었더라도, 신규의 기술과 기술적 효과발생에 유기적으로 결합된 것으로 볼 수 없는 경우에는 권리범위가 인정되지 않는다.[184)]

---

180) 대법원 1990. 8. 28. 선고 89후2120 판결

181) 특허법원 2003. 6. 27. 선고 2002허5326 판결, 2002. 9. 6. 선고 2002허1355 판결

182) 대법원 1998. 12. 22. 선고 97후1016,1030 판결, 1995. 12. 12. 선고 94후487 판결, 1995. 5. 12. 선고 93후1926 판결, 1994. 1. 11. 선고 92후2229 판결, 1991. 9. 24. 선고 90후2409 판결, 1991. 9. 24. 선고 90후2416 판결, 1991. 9. 13. 선고 91도1012 판결, 1991. 3. 12. 선고 90후823 판결, 1990. 10. 26. 선고 89후2045 판결, 1990. 1. 23. 선고 89후179 판결, 1989. 7. 11. 선고 88후1045 판결, 1989. 7. 11. 선고 88후1052 판결, 1989. 7. 11. 선고 88후1069 판결, 1989. 6. 27. 선고 88후585 판결, 1988. 1. 19. 선고 87후68 판결, 1987. 9. 8. 선고 86후99 판결

183) 대법원 2000. 5. 26. 선고 98후2832 판결, 2001. 3. 27. 선고 2000후1016 판결, 1998. 5. 15. 선고 97후693 판결, 1998. 5. 12. 선고 97후709 판결, 1997. 11. 28. 선고 97후266 판결, 1997. 11. 11. 선고 96후1750 판결, 1997. 10. 24. 선고 97후1313 판결, 1997. 10. 10. 선고 97후1191 판결, 1997. 7. 22. 선고 96후1989 판결, 1996. 11. 26. 선고 95후1777 판결, 1996. 11. 26. 선고 96후870 판결, 1996. 11. 26. 선고 96후887 판결, 1996. 11. 2. 선고 96다22815 판결

(나) 개개의 구성요소가 결합된 하나의 발명 단위가 공지된 경우

□ 청구범위의 권리범위에서 제외되는 대상인 공지기술은 개개의 구성요소가 결합된 하나의 발명 단위가 공지된 '공지발명'을 말하는 것이지, 그 발명 단위를 이루는 개개의 '구성요소'가 공지되었을 뿐인 경우는 포함되지 않는다.185)

○ 대법원 2002. 3. 29. 선고 2000후1115 판결

특허발명은 블록의 층 또는 열을 서로 어긋나게 겹쳐 쌓고 핀구멍에 삽입된 핀을 상하의 인접블록의 포켓에 삽입하여 블록을 서로 연결함으로써 수직축조, 만곡축조, 후퇴축조 등 여러 가지 형상의 견고한 벽 구조물을 형성시키는 작용효과를 달성하기 위한 구성을 가지나, 선행발명을 보면, 블록 양측 사이드에 2개의 개구(특허발명의 핀구멍에 대응)를 가지고 중간부에는 보다 큰 개구(특허발명의 포켓에 대응)가 있으며, 하부블록을 나란히 배열하고 그 위에 상부블록을 어긋나게 배열한 후 상부블록의 일측 개구에 삽입된 핀과 인접하는 상부블록의 가까운 측 개구에 삽입된 핀을 하부블록의 중간부에 형성된 보다 큰 수직개구에 함께 삽입하여 상하 블록을 결합함으로써 수직벽을 축조하는 기술이 나타나 있으므로, 특허발명에서 핀구멍과 포켓을 이용하여 단순히 수직축조만을 하는 기술은 이미 공지된 것이고, 따라서 특허발명의 권리범위는 수직축조를 위한 기술을 제외한 나머지 구성, 즉 상부블록과 하부블록을 연결하는 포켓과 핀구멍의 위치관계에 따라 만곡축조나 후퇴축조 등을 하는 구성으로 한정된다.

○ 대법원 2001. 6. 15. 선고 2000후617 판결

선행발명은 차체 등의 표면영역에 광원을 이용하여 빛을 조사하는 과정, 빛이 조사된 표면영역으로부터 반사되어 스크린에 부딪힌 후 조사된 표면영역으로 되돌아오고 그 곳으로부터 다시 반사되는 위치에 렌즈나 매트릭스 포토디텍터로 이루어진 카메라에 의하여 찌그러진 부위를 판단하는 것으로서, 형광등에 의한 상(像)이 직접 차체에 맺혀 이를 통하여 찌그러진 부위의 중심부를 찾는 구성인 특허발명과는 차이가 있음을 알 수 있고, 다만 끝이 뾰족하고 끝부분이 휘어진 작업공구는 이미 특허발명 출원 이전에 을 제8호증에 의하여 공지된 것이어서 제1항 발명은 그중 일부 구성이 공지되기는 하였으나 각 구성요소가 독립하여 별개의 발명이 되는 것이 아니라 그 구성요소들이 결합된 전체로서 하나의 발명이 되는 것이고, 또한 여기에서 이들 구성요소를 분리하게 되면 그 발명의 목적달성은 불가능하게 되고, 이러한 공지의 구성요소가 나머지 신규의 구성요소들과 유기적 결합관계를 이루고 있다고 하지 않을 수 없으므로, 확인대상발명이 특허발명의 권리범위에 속하는지 여부

---

184) 대법원 2004. 2. 27. 선고 2003도6283 판결, 1991. 12. 10. 선고 91후622 판결, 1990. 10. 26. 선고 89후2045 판결, 1987. 6. 23. 선고 86후178 판결, 1984. 7. 10. 선고 81후60 판결, 1983. 7. 26. 선고 81후56 전합 판결, 특허법원 2022. 4. 29. 선고 2021나1862 판결, 서울중앙지법 2011. 5. 13. 선고 2010가합79935 판결, 2007. 1. 11. 선고 2006가합19943 판결

185) 특허법원 2021. 9. 9. 선고 2020나2103 판결, 2021. 6. 17. 선고 2020허6316 판결

를 판단하는 데에도 이 부분을 제외해서는 안 된다.

○ 대법원 1998. 9. 22. 선고 97후1849 판결

특허발명의 요지는 그 청구범위의 기재와 같이 회전의자의 높이조절장치에 있어서 높이조절구의 불필요한 이동을 방지하기 위하여 베어링의 지지링과 높이조절구 사이에 고무링을 끼운데 있다고 할 것인데, 선행발명에도 특허발명의 고무링과 마찬가지로 회전의자에 있어서 높이조절구의 불필요한 이동을 방지하기 위한 장치인 원추형 링이 구성되어 있음을 알 수 있으므로, 높이조절구의 불필요한 이동을 방지하기 위한 장치를 설치하는 기술사상 자체는 이미 공지된 것이고, 다만 특허발명에서는 그러한 장치로서 공지된 원추형 링 대신 고무링을 사용하고 있는 것뿐이므로 특허발명에서의 고무링의 구성 자체가 선행발명에 의하여 공지되었다고 할 것은 아니라고 하더라도 특허발명의 권리범위를 그러한 높이조절구의 불필요한 이동을 방지하는 장치로서 고무링을 사용하지 않는 경우에까지 무작정 확대할 수는 없다 할 것인바, 확인대상발명에는 높이조절구의 불필요한 이동을 방지하는 장치로서 스프링와셔가 구성되어 있으나, 확인대상발명의 스프링 와셔는 강철로서 고무링과는 재질이 다르고 절개부가 있어 하중을 받을 경우, 그 재질 자체의 탄성뿐만 아니라 절개부의 작용으로 변형되는 것을 이용한다는 점에서 고무 자체의 탄성만을 이용하는 특허발명과 동일성이 있다고 보기 어려우므로, 확인대상발명은 특허발명의 권리범위에 속하지 않는다.

○ 대법원 1997. 10. 10. 선고 97후1191 판결

특허발명의 구성 중 뒷굽에 턱을 만들어 뒷굽축을 형성하고 여기에 보호캡을 끼운 다음 뒷굽못으로 박게 한 기술구성은 선행발명과 실질적으로 동일한 구성으로서 선행발명에 의하여 공지된 기술이라고 보아야 한다. 나아가 특허발명에서 위와 같은 공지부분이 그 나머지 부분과 신규성 있는 기술적 효과 발생에 유기적으로 결합되어 있는 것으로 볼 수도 없다고 보이므로, 특허발명 중 공지부분에 관한 한 그 권리범위를 인정할 수 없으며, 따라서 특허발명과 확인대상발명이 동일한 발명인지 대비를 할 때에도 위와 같은 공지부분은 제외하고 비교해야 할 것인데, 특허발명에서 공지부분을 제외한 나머지 부분이라고 할 수 있는 상·하단부의 걸턱과 홈선이 있고 그 걸턱에 상·하단 링을 끼울 수 있는 보호캡의 구성과 같은 것이 확인대상발명에는 없어 결국 특허발명의 권리범위가 확인대상발명에는 미치지 않는다.

○ 특허법원 2012. 3. 29. 선고 2011허8341 판결

'판상의 디딤판'과 '완충부재가 상기 디딤판의 하부에 적어도 삼각구도 배치되는 구조'가 선행발명에 공지되었다 하더라도, 특허발명에서 위와 같이 선행발명에 공지된 부분을 제외한 채, 나머지 구성만으로 확인대상발명과 대비하여 권리범위에 속하는지 여부를 판단할 수는 없다.

4) 출원경과의 참작[186]

□ 청구범위에 포함되는 것으로 문언적으로 해석되는 것 중 일부가 출원인이 특허권의 권리범위에서 의식적으로 제외하고 있다고 보이는 경우와 같이 청구범위를 문언 그대로 해석하는 것이 명세서의 다른 기재에 비추어 보아 명백히 불합리할 때에는, 출원된 기술사상의 내용, 명세서의 다른 기재, 출원인의 의사와 제3자에 대한 법적 안정성을 두루 참작하여 특허권의 권리범위를 제한 해석하는 것이 가능하다.[187]

2 기능식 청구항의 권리범위 해석

가. 기능식 청구항의 해석방법

1) 기능적 기재에 의한 기능·효과·성질 등을 가지는 모든 발명

□ 청구항의 기능적 기재는 그러한 기재에 의하더라도 발명의 구성이 전체로서 명료하다고 인정되는 경우에만 허용되는 것이므로,[188] 기능식 청구항도 원칙적으로 그러한 기능·효과·성질 등을 가지는 모든 발명을 의미하는 것으로 해석해야 한다.[189]

2) 기능적 표현에 의하더라도 발명의 구성이 전체로서 명료한 경우

□ 기능적 표현에 의하더라도 발명의 구성이 전체로서 명료한 경우란, ① 종래의 기술적 구성만으로는 발명의 기술적 사상을 명확하게 나타내기 어려운 사정이 있어 청구항을 기능적으로 표현하는 것이 필요한 경우, ② 발명의 설명과 도면의 기재에 의하여 기능적 표현의 의미 내용을 명확하게 확정할 수 있는 경우를 말한다.[190]

---

186) Ⅳ.1.나.3)나) '출원경과금반언의 원칙' 참조

187) 대법원 2009. 9. 10. 선고 2007후4151 판결, 2008. 10. 23. 선고 2007후2186 판결, 2004. 8. 31.자 2002마2768 결정, 2003. 11. 28. 선고 2002후130 판결, 2003. 11. 28. 선고 2002후147 판결, 2003. 7. 11. 선고 2001후2856 판결, 특허법원 2021. 1. 15. 선고 2019나1906 판결, 2021. 1. 15. 선고 2019나1913 판결, 2019. 9. 19. 선고 2019허2219 판결, 2019. 3. 29. 선고 2018허2717 판결, 서울중앙지법 2021. 8. 20. 선고 2016가합522332 판결, 2020. 6. 25. 선고 2019가합562195 판결

188) 대법원 1998. 10. 13. 선고 97후1344 판결, 대법원 1998. 10. 2. 선고 97후1337 판결, 특허법원 2014. 11. 20. 선고 2014허4197 판결, 2010. 5. 20. 선고 2009허5912 판결, 2010. 4. 28. 선고 2009허3138 판결, 2010. 4. 2. 선고 2009허8430 판결, 2009. 7. 16. 선고 2008허13022 판결, 2007. 10. 11. 선고 2007허6980 판결, 2007. 1. 18. 선고 2006허5737 판결, 2006. 12. 8. 선고 2006허2158 판결, 2006. 11. 23. 선고 2005허7354 판결, 2006. 11. 23. 선고 2005허7620 판결

189) 대법원 2009. 7. 23. 선고 2007후4977 판결, 특허법원 2022. 2. 10. 선고 2019나2077 판결, 2022. 2. 10. 선고 2020허5269 판결, 2022. 2. 10. 선고 2020허5436 판결, 2021. 1. 15. 선고 2019나1906 판결, 2021. 1. 15. 선고 2019나1913 판결, 2022. 1. 11. 선고 2020허6989 판결, 2020. 12. 18. 선고 2020허1656 판결, 2020. 12. 4. 선고 2019허8118 판결

190) 특허법원 2006. 11. 23. 선고 2005허7354 판결, 2006. 11. 23. 선고 2005허7620 판결

3) 청구범위 기재사항에 의하여 확정

□ 기능적 표현으로 기재된 발명의 내용의 확정은 특별한 사정이 없는 한 청구범위에 적힌 사항에 의하여야 하고 발명의 설명이나 도면 등 명세서의 다른 기재에 의하여 청구범위를 제한하거나 확장하여 해석하는 것은 허용되지 않는다.[191)]

4) 권리범위는 구체적 실시예 내지 그 균등물에 한함

▷ 기능식 청구항의 권리범위는 청구항에 적힌 기능을 수행하는 모든 구성을 포함하는 것이 아니라 명세서나 도면에 적힌 구체적 실시예 내지 그 균등물(통상의 기술자가 위 실시예에 기초하여 용이하게 실시할 수 있는 범위)에 한한다고 해석해야 한다. 왜냐하면 만일 청구항에 적힌 기능을 수행하는 모든 구성을 포함하는 것으로 해석한다면 특허권자가 출원 당시에 전혀 인식하지 못한 물건이나 방법에도, 다시 말하면 명세서에 구체적으로 개시하여 특허권을 주장하였던 발명의 내용과는 현저히 다른 물건이나 방법에도 특허권의 효력이 미치게 되어 불합리하기 때문이다.[192)]

나. 기능식 청구항의 기술적 구성의 확정방법

1) 그 기능을 달성하기 위한 구성이 밝혀져 있지 않은 경우

★□ 청구범위가 기능적 기재만으로 적혀 있어 그 기능을 달성하기 위한 구성이 밝혀져 있지 않은 경우에는 그것만으로 그 발명의 기술적 범위를 밝힐 수 없기 때문에 발명의 설명의 기재를 참작하여 그 구성을 확정해야 한다.[193)]

2) 기술적 구성의 구체적 내용을 알 수 없는 경우

★□ 청구항이 기능적 표현으로 적혀 있어 그 용어의 기재만으로 기술적 구성의 구체적

---

191) 대법원 2020. 8. 27. 선고 2017후2864 판결, 2009. 7. 23. 선고 2007후4977 판결, 특허법원 2022. 1. 11. 선고 2020허6989 판결, 2021. 1. 15. 선고 2019나1906 판결, 2021. 1. 15. 선고 2019나1913 판결, 2020. 12. 4. 선고 2019허8118 판결, 2020. 12. 4. 선고 2019허8125 판결, 2020. 10. 23. 선고 2020허97 판결, 2020. 10. 23. 선고 2020허103 판결, 2017. 10. 27. 선고 2017허4716 판결, 2017. 7. 20. 선고 2017허202 판결, 2016. 10. 28. 선고 2016허823 판결, 2016. 10. 13. 선고 2015허8455 판결, 2016. 10. 13. 선고 2015허8691 판결, 2016. 10. 13. 선고 2015허8707 판결

192) 최성준, 청구범위의 해석에 있어서 몇 가지 문제에 관하여, 특허청 개청 30주년 기념 논문집 Ⅰ, 특허청(2007. 3.), 27면

• 기능적 청구항의 경우, 우선 명세서의 발명의 설명을 참작하고, 그것만으로 불충분한 경우에는 기술상식, 주지관용기술 등 통상의 기술자의 입장에서 기술적으로 자명한 사항을 참작하여 그 기술적 사항을 확정해야 하고, 청구범위의 기재가 추상적이라고 하는 이유만으로 실시예에 한정하여 해석해서는 안 된다(성기문, 특허발명의 보호범위와 제 침해에 관한 실무적 고찰, 사법논집(41집), 법원행정처(2005), 437면).

193) 東京地裁 1987. 12. 4.자 판결

내용을 알 수 없는 경우에는 발명의 설명이나 도면 등을 참작하여 특허발명의 기술적 구성을 확정해야 한다.194)

○ 특허법원 2009. 4. 15. 선고 2008허7584 판결

제1항 발명에는 '상기 연결요소는 비틀림 또는 굽힘시 탄성복원할 수 있도록 탄성체를 구비한 것'이라는 기재가 있고, 그 기재 중 '탄성체'는 기술적 구성을 나타내는 표현이 아니라 당해 기술구성의 기능이나 효과 등을 나타내는 기능적 표현에 해당한다. 따라서 명세서와 도면의 기재를 전체적으로 종합하여 제1항 발명의 '탄성체'의 의미를 해석하면, 탄성체라고 함은 앞뒤 스케이트보드가 비틀림이나 굽힘시 탄성복원될 수 있도록 비틀림파이프 속에 장착된 '판스프링' 내지는 비틀림파이프의 양쪽으로 앞뒤 스케이트보드를 연결하여 장착되는 '탄성고무'를 뜻하는 것으로 한정하여 그 의미 내용을 확정할 수 있다.

○ 특허법원 2007. 9. 14. 선고 2007허2902 판결

특허발명의 청구범위 제1항에 기재된 구성 3인 '각 앵커부에는 철근을 수용지지할 수 있도록 상측연부로부터 하향절취 형성된 적어도 하나의 철근수용부' 가운데 '철근을 수용지지할 수 있도록'이라는 부분은 이로 인하여 특허발명의 구성이 불명료해진다고 할 수는 없으나, 철근수용부의 기능이나 작용을 추상적으로 표현한 기능적 표현이어서 그 자체만으로는 기술적 구성의 구체적인 내용을 알 수 없으므로, 명세서의 다른 기재와 도면을 보충하여 그러한 기능적·추상적 기재가 표현하고자 하는 기술적 구성의 명확한 내용을 확정하여야 할 것이다. 따라서 특허발명의 청구범위 제1항에 기재된 위 '철근을 수용지지할 수 있도록'이라는 문언은 1개의 철근의 폭과 형상에 대응되도록 1개의 철근수용부를 형성함으로써 철사 등을 이용하여 철근을 결속할 필요가 없도록 하는 구성으로서 '각 철근수용부에 각 1개의 철근을 수용지지할 수 있도록'이라는 기술적 구성을 표현하고 있다.

3) 발명의 기술적 구성을 알 수 없는 경우

□ 청구범위의 기능적 기재만으로 발명의 기술적 구성을 알 수 없는 경우에는 발명의 설명이나 도면 등 명세서의 다른 부분의 기재를 보충하여 명세서 전체로서 특허발명의 기술적 구성을 확정해야 한다.195)

---

194) 대법원 2008. 2. 28. 선고 2005다77350,77367 판결, 특허법원 2022. 9. 15. 선고 2021나1909 판결, 2022. 1. 21. 선고 2021나1374 판결, 2020. 12. 18. 선고 2020허1656 판결, 2020. 12. 4. 선고 2019허8118 판결, 2020. 12. 4. 선고 2019허8125 판결, 2017. 7. 20. 선고 2017허202 판결, 2012. 3. 29. 선고 2011허8341 판결, 서울중앙지법 2016. 1. 29. 선고 2014가합58462 판결, 2009. 6. 4. 선고 2008가합9315 판결

195) 특허법원 2009. 4. 15. 선고 2008허7584 판결

• 기능적 표현은 발명의 설명이나 도면 등을 참조하여 실질적으로 그 의미 내용 내지 기술적 구성을 확정해야 한다(특허법원 2009. 5. 29. 선고 2008허9627 판결, 2007. 12. 28. 선고 2007허3172 판결).

4) 기술적 구성 및 권리범위 확정방법

가) 발명의 설명이나 도면 참작

□ 기능식 청구항의 경우에 있어서는 발명의 설명이나 도면 등을 참작하여 그 발명이 추구하는 목적 또는 효과를 위한 기술적 구성 및 권리범위를 확정해야 한다.[196)]

나) 권리범위를 확정하기 어려운 경우

□ 기능식 청구항의 경우에 있어서는 그 권리범위를 확정하기 어려운 경우에 명세서의 발명의 설명이나 도면 등을 참작하여 그 청구범위의 의미, 내용 내지 기술적 범위를 확정해야 한다.[197)]

다. 기능적 표현의 해석방법

1) 발명의 설명 등의 기재 참작

□ 기능적 표현이 당해 특허발명이 속한 기술 분야에서 의미가 이해될 수 있다는 사정만으로, 청구범위 기재의 기술적 의미나 기술적 구성의 구체적 내용까지 명료하게 파악된다고 보기는 어려우므로, 발명의 설명 등의 기재를 참작해서 그 의미를 파악해야 한다.[198)]

▷ 청구항에 적힌 표현이 극히 기능적이고 추상적이어서 청구범위의 기재 자체로부터는 그 기술적 의미를 알 수 없고 기술상식으로 그 의미를 확정할 수 없는 경우에는, 명세서에 적혀 있는 구체적인 기술사상을 파악하여 그 의미를 확정해야 한다.[199)]

2) 명세서와 도면의 기재 참고

□ 청구범위의 기재가 기능적 표현으로 이루어진 경우, 명세서와 도면의 기재를 참고하여 실질적으로 그 의미내용을 확정해야 한다.[200)]

3) 실시예의 고려 정도

가) 명세서와 도면에 적힌 실시예를 비롯한 구체적인 구성 고려

□ 기능식 청구항은 권리범위를 명확하게 확정하기 어려운 면이 있으므로 그 권리범위

---

196) 특허법원 2009. 7. 16. 선고 2008허10719 판결, 2008. 8. 22. 선고 2007허9798 판결, 2008. 8. 22. 선고 2007허9989 판결, 2006. 12. 14. 선고 2005허7422 판결
197) 특허법원 2008. 1. 23. 선고 2007허2780 판결
198) 특허법원 2022. 9. 15. 선고 2021나1909 판결
199) 한규현, 발명의 요지와 특허발명의 보호범위, 특허소송실무연구회(2007), 46면
200) 대법원 2001. 6. 29. 선고 98후2252 판결, 대법원 2001. 6. 29. 선고 98후2269 판결, 특허법원 2006. 10. 12. 선고 2005허10596 판결

를 파악하기 위해서는 명세서와 도면에 적힌 실시예를 비롯한 구체적인 구성 등을 고려해야 한다.[201]

나) 발명의 설명이나 실시예에 따라서 해석하고 보호범위 한정

□ 기능적으로 표현된 청구항의 의미는 발명의 설명이나 실시예에 따라서 해석하고 그 보호범위를 한정할 수밖에 없다.[202]

▷ 기능식 청구항에 있어서 침해대상물이 문언침해에 해당한다고 하더라도 침해라 할 수 없고, 그 권리범위를 청구항의 문언보다 축소하여 명세서나 도면에 나타난 구체적인 실시예 또는 그 등가물에만 한정하는 것으로 해석해야 한다.[203]

다) 발명의 설명에 적힌 구체적 실시예로 제한 해석 금지

□ 기능적 표현의 경우에도 발명의 설명에 적힌 구체적 실시예로 제한 해석해서는 안 된다.[204]

4) 용어의 의미가 명세서에 설명되어 있거나 문언해석이 불합리한 경우

□ 청구항이 기능적 표현으로 적혀 있어, 청구범위에 적힌 용어가 가지는 특별한 의미가 명세서의 발명의 설명이나 도면에 정의 또는 설명이 되어 있는 등의 다른 사정이 있거나 청구범위를 문언 그대로 해석하는 것이 명세서의 다른 기재에 비추어 보아 명백히 불합리할 때에는 특허권의 권리범위를 제한 해석할 수 있다.[205]

라. 기능식 청구항의 권리범위 해석방법

1) 발명의 설명이나 도면의 기재를 고려하는 경우

가) 청구항에 적힌 기능을 수행하는 모든 구성을 포함하는 것이 아님

□ 기능식 청구항의 권리범위는 청구항에 적힌 기능을 수행하는 모든 구성을 포함하는 것이 아니라, 청구항의 기재와 발명의 설명 및 도면에 의하여 명확히 확정할 수 있

---

201) 대법원 2006. 11. 24. 선고 2003후2072 판결, 2006. 11. 24. 선고 2003후2089 판결

202) 특허법원 2004. 6. 25. 선고 2003허2324 판결

203) 최성준, 청구범위의 해석에 있어서 몇 가지 문제에 관하여, 특허청 개청 30주년 기념 논문집 Ⅰ, 특허청(2007. 3.), 28면

• 특허가 방법발명인 경우, 확인대상발명이 특허발명과 본질적으로 다른 방법으로 실행되도록 근본적인 변화를 가져온 경우에는 문언침해로 볼 수 있는 경우라고 하더라도 침해로 간주하지 않는다. 이처럼 확인대상발명이 특허발명을 문언상으로 침해하더라도 그 수단이나 공정이 상당부분 변경되어 특허발명의 기능이 사실상 다른 방법으로 수행되는 경우에는 침해가 성립하지 않는데, 이를 역균등론이라 한다.

204) 대법원 2007. 9. 6. 선고 2005후1486 판결, 2005. 4. 28. 선고 2004후1533 판결, 2005. 4. 15. 선고 2004후1090 판결

205) 특허법원 2021. 1. 15. 선고 2019나1906 판결, 2021. 1. 15. 선고 2019나1913 판결

는 구성만을 포함하는 것으로 한정하여 해석해야 한다.[206)]

나) 발명의 설명 및 도면에 의하여 명확히 확정할 수 있는 구성에 한정

□ 청구항이 기능적 표현으로 적혀 있고 통상의 기술자가 발명의 설명이나 도면의 기재와 출원 당시의 기술상식을 고려하여 청구항에 적힌 사항으로부터 특허를 받고자 하는 발명을 명확하게 파악하여 확정할 수 있는 경우, 그 청구항의 권리범위는 청구항에 적힌 기능을 수행하는 모든 구성을 포함하는 것이 아니라, 청구항의 기재와 발명의 설명 및 도면에 의하여 명확히 확정할 수 있는 구성에 한정된다.[207)]

2) 청구항의 기재만으로 기술적 구성이 명확하게 이해되는 경우

□ **청구범위에 적힌 기술구성 자체로 해석**

청구항이 기능적 표현으로 적혀 있더라도 그 기능을 달성하는데 필요한 기술적 구성이 함께 적혀 있어 통상의 기술자가 청구범위의 기재만으로 당해 구성요소의 기술적 구성을 명확하게 이해할 수 있다면, 청구항에 포함된 기능식 표현은 기술적 구성을 기능적인 면에서 설명하기 위한 부가적 부분에 지나지 않으므로 당해 구성요소는 청구항에 적힌 기술적 구성 자체에 의하여 해석되어야 하고, 발명의 설명에 적힌 내용만으로 한정하여 해석될 수 없다.[208)]

▶ 구성요소의 기능과 함께 그 기능을 달성하기 위한 기술적 구성이 함께 적혀 있어, 청구범위의 기재만으로 당해 구성요소의 기술적 구성을 명확하게 이해할 수 있는 경우에는 그 구성요소는 청구범위에 적힌 기술적 구성 자체로 해석해야 한다.

3) 기능적 표현만으로 된 독립항의 기술내용 해석방법

□ 기능적 표현만으로 된 독립항의 기술내용을 종속항에서 부가·한정하고 있는 구성만으로 한정 해석해서는 안 된다.[209)]

---

206) 특허법원 2009. 4. 15. 선고 2008허7584 판결, 2007. 1. 18. 선고 2006허5737 판결, 2006. 11. 23. 선고 2005허7354 판결, 2006. 11. 23. 선고 2005허7620 판결, 2005. 12. 2. 선고 2005허1042 판결, 2004. 12. 23. 선고 2004허1618 판결, 2004. 12. 17. 선고 2004허3386 판결
(같은 취지) 대법원 2007. 6. 14. 선고 2007후883 판결
207) 서울중앙지법 2008. 3. 28. 선고 2006가합65946 판결
208) 특허법원 2008. 5. 8. 선고 2007허10484 판결, 2008. 5. 8. 선고 2007허13889 판결
209) 특허법원 2006. 11. 23. 선고 2005허7354 판결, 2006. 11. 23. 선고 2005허7620 판결

마. 균등 법리 적용

1) 균등관계에 있는 기술적 구성

★□ 기능적 표현의 사용으로 인하여 청구항 기재 자체만으로는 발명의 기술구성을 구체적으로 확정짓기 어려워 명세서의 발명의 설명이나 도면을 참작하여 권리범위를 실질적으로 확정하는 과정이 필수적이기는 하나, 그렇다고 하여 그 권리범위가 명세서에서 적혀 있는 구체적인 구성에 한정된다고는 할 수 없고 균등관계에 있는 기술적 구성 모두가 그 권리범위에 포함된다.[210]

2) 발명의 설명 등으로부터 파악되는 기술적 구성

□ 기능식 청구항의 경우에도 발명의 기술적 구성을 발명의 설명이나 도면에 나타나 있는 실시예 등으로 한정하여 해석해서는 안 되고 발명의 설명 등의 참작을 통해 드러나는 기술사상으로부터 파악되는 기술적 구성 모두를 포함하는 넓은 개념으로 보아야 한다.[211]

3) 실시예를 중심으로 명세서로부터 실시할 수 있는 범위

▷ 기능식 청구항의 보호범위는 명세서의 발명의 설명에 적혀 있는 실시예에 한정되는 것은 아니고 실시예를 중심으로 하여 명세서의 발명의 설명의 기재로부터 통상의 기술자가 실시할 수 있는 범위인지 여부에 따라 보호범위를 확정해야 한다. 즉, 일실시예에 적혀 있는 구성이나 작용에만 한정되는 것은 아니고, 그렇다고 하여 통상의 기술자가 쉽게 실시 가능한 정도로 명세서에 적혀 있지 않은 기술적 사상까지를 포함하는 것으로는 해석할 수 없다.[212]

○ 대법원 2009. 9. 10. 선고 2007후4151 판결

특허발명에 적힌 '철근을 수용지지할 수 있도록'이라는 부분은 기능적 표현이어서 그 자체만으로는 기술적 구성의 구체적인 내용을 알 수 없으므로, 그 명세서의 발명의 설명과 도면을 참작하여 보면, 위 문언은 '각 철근수용부에 각 1개의 철근을 수용지지할 수 있도록'이라는 기술적 구성을 표현하고 있다 할 것이어서, 특허발명의 구체적인 기술적 구성은, '각 앵커부에는 각 철근수용부에 각 1개의 철근을 수용지지할 수 있도록 상측연부로부터 하향절취 형성된 적어도 하나의 철근수용부가 형성되어 있는 것'으로 제한 해석해야 한다.

---

210) 서울고법 2008. 2. 19. 선고 2001나60578 중간판결

211) 특허법원 2008. 8. 22. 선고 2007허9798 판결, 2008. 8. 22. 선고 2007허9989 판결

212) 金井重彦, 지적재산법 중요판례, 학양서방(2005), 65~66면

○ 대법원 2009. 4. 23. 선고 2009후92 판결

특허발명에 적힌 폐축산투입수단의 구성은 '개방구를 통해 폐축산을 증기드럼 내부에 투입시키는 폐축산투입수단'으로 한정되어 있으나, '폐축산투입수단'이라는 용어는 기능적 표현으로서 그 용어 자체만으로는 기술적 구성의 구체적인 내용을 알 수 없으므로, 그 발명의 설명과 도면 등을 참작하여 이를 해석해야 한다. 그런데 발명의 설명과 도면에는, '폐축산투입수단은 폐축산을 힘들이지 않고 증기드럼으로 이동시키는 이송프레임과 상기 이송프레임에 안치되고 폐축산이 놓여지는 이송테이블로 이루어지는 것으로 이송프레임은 사각체의 프레임 하부 다리에 이동가능하게 롤러가 설치되고 프레임 상부 양측에는 길이방향으로 산형의 가이드레일이 설치된다', '가이드레일은 일측이 프레임보다 외측으로 돌출되고 타측은 스토퍼가 형성되어 돌출된 가이드레일 부분이 도 6과 같이 증기드럼 내부의 가이드레일 선단에 가이드레일보다 작은 크기로 형성된 받침레일에 안착됨으로써 이송프레임의 가이드레일 상부에 안치된 이송테이블이 증기드럼 내부의 가이드레일로 매끄럽게 슬라이딩 이송될 수 있게 되고 가이드레일이 별도 수단 없이 쉽게 일직선상으로 유지될 수 있게 된다', '이송테이블은 하부에 가이드레일을 타고 슬라이딩 이송되게 가이드롤러가 설치되고 상부에는 폐축산이 놓여지더라도 상·하부를 통해 스팀이 일률적으로 가해지고 수분배출될 수 있도록 타공판이 설치된다'라고 적혀 있을 뿐이고, 그 이외의 구성에 대한 구체적인 개시는 없으며, 이를 시사하는 표현도 없는바, 이러한 기재 등을 참작하여 보면, 특허발명의 청구범위에 적힌 '폐축산투입수단'은 '폐축산을 안치하여 증기드럼 내부로 슬라이딩 이송시키는 이송테이블 및 이송테이블을 안치하여 증기드럼으로 이동시킬 수 있는 이송프레임으로 이루어진 구성'인 것으로 제한 해석해야 한다.

○ 대법원 2008. 7. 10. 선고 2008후57 판결

제1항 발명에는 '링크수단'의 구조에 관하여 그 청구범위에 '가장 상측 게첨대로부터 가장 하측 게첨대까지 게첨대의 중심을 캐스캐이드방식으로 연결하여 하강시 게첨대의 중심축을 중심으로 젖혀지면서 쌓이도록 구성된 링크수단'이라고 적혀 있을 뿐이어서, 청구범위에 적힌 문언만으로는 '캐스캐이드방식으로 연결하는 링크수단'의 기술적 구성의 구체적 내용을 알 수 없으므로 발명의 설명과 도면 등을 보충하여 이를 해석해야 한다. 그런데 발명의 설명과 도면의 기재를 참작하여 보면, 제1항 발명의 청구범위에 적힌 용어인 '캐스캐이드방식으로 연결하는 링크수단'에서 표현하고 있는 기술적 구성은 링크연결점이 게첨대의 중심축과 상하 링크수단 중 게첨대의 중심축과 연결되는 일측이어서 게첨대들이 차례로 승하강하는 구조로 해석되고, 제1항 발명의 권리범위가 특허발명의 구성 중 '링크수단'을 구체적으로 한정한 종속항인 제2항 발명의 권리범위와 동일하게 된다고 하여도 이러한 해석이 금지되는 것은 아니다.

○ 대법원 2007. 6. 14. 선고 2005후834 판결, 2007. 6. 14. 선고 2007후883 판결

특허발명의 청구범위에 적힌 완충기라는 용어는 인라인스케이트 등이 주행할 때 휠액슬에 가하여지는 충격을 흡수한 후 이를 영구자석에 전달하지 않는 구성을 의미함이 분명하나, '완충기'라는 용

어는 기능적 표현으로서 그 용어 자체만으로는 기술적 구성의 구체적인 내용을 알 수 없으므로, 그 발명의 설명과 도면을 참작하여 보면, 특허발명의 설명에는 완충기의 재질에 대하여는 아무런 기재가 없고, 그 구조에 대하여는 '완충기의 원주상에 탄력성이 양호한 재질로 이루어진 완충날개들이 구비되고, 완충날개들과 영구자석의 사이에는 외부충격으로부터 완충작용을 확실하게 하기 위한 완충공간이 이루어진 구성'만이 기재 내지 도시되어 있어서, 특허발명의 완충기가 표현하고 있는 기술적 구성은 완충날개를 가진 구조나 그와 유사한 구조라 할 것이다.

○ 대법원 2007. 1. 12. 선고 2005후2465 판결

특허발명의 '연결구들을 상호 연결하여 주도록 하는 접속구'라는 기재는 기능적 표현이므로 그 기술적 범위를 확정하기 위하여 특허발명의 명세서의 발명의 설명과 도면을 참작하여 보면, 특허발명의 '접속구'는 박스 형태로서 중앙으로 격벽이 형성되어 있고 그 내측부로는 U자형의 연결편이 형성된 구성으로서, 특허발명은 이 접속구의 연결편을 통하여 연결구가 끼워짐에 따라 각 형광등 본체에 끼워진 연결구간의 접속이 이루어지거나, 접속구의 일측으로 삽입되는 제2연결구 사이로 일정한 간격을 갖는 전선을 연결하여 이 전선을 통하여 각 형광등 본체 간의 전원이 연결되도록 하는 발명이라고 해석된다.

○ 대법원 2006. 12. 22. 선고 2006후2240 판결

청구범위에는 '탄성스프링'의 설치와 관련하여 그 청구범위에 '연결부재에 삽입 구비되어 있어'라고 적혀 있고, '삽입'의 사전적 내지 보통의 의미는 '틈이나 구멍 사이에 다른 물체를 끼워 넣음'이라 할 것인데, 문리적으로는 '탄성스프링'이 연결부재 내부에 삽입되는 것으로 이해될 여지도 있으나 외주에 끼워 넣는 것에 대하여도 삽입이라는 표현이 사용되기도 하므로, 그 청구범위에 적힌 문언의 기재내용만으로는 특허발명의 '탄성스프링'이 연결부재 내부에 삽입·구비되는 것인지, 연결부재 외주에 삽입·구비되는 것인지, 아니면 양자를 포괄하는 것인지 그 의미가 명확하지 않으며, 명세서의 설명 및 도면에는 '탄성스프링'을 연결부재의 외주에 삽입 설치하는 구성을 개시하고 있을 뿐 연결부재 내부에 '탄성스프링'이 삽입 구비될 수 있다는 기재를 찾아볼 수 없고, 특허발명의 '탄성스프링'은 연결부재 상단과 슬라이딩부재 사이 또는 슬라이딩부재와 고정판 사이에서 압축·팽창을 하여 슬라이딩부재가 연결부재의 외부에서 승·하강을 가능하도록 하는 것인데, 만약 '탄성스프링'이 연결부재 내부에 삽입 구비되는 경우에는 '탄성스프링'은 연결부재 상단과 연결부재 외부에 있는 슬라이딩부재 사이 또는 슬라이딩부재와 고정판 사이에서 압축·팽창을 제대로 할 수 없어 별도의 추가적인 구성이 없이는 그 실시가 불가능하여 발명의 목적을 달성할 수 없고, 명세서의 어디에도 그러한 추가적인 구성에 대한 기재 내지 암시가 없으므로 특허발명의 '탄성스프링'은 연결부재의 외주에 삽입 구비되는 것으로 보아야 한다.

3 특허의 카테고리에 따른 차이

가. 특허가 물건발명인 경우

1) 물건 자체를 기준으로 권리범위 확정

□ 특허가 물건발명인 경우, 발명의 구성요소로서 시간의 경과에 따른 시계열적인 요소를 생각하기 어려운 것이므로,[213] 그 구성상 '시간의 경과'라는 요소를 가지고 있지 않다는 점에서 방법발명이나 물건의 생산방법발명과 구별된다.[214] 따라서 물건 그 자체를 기준으로 권리범위를 확정해야 한다.[215]

2) 권리범위 속부 판단방법

가) 특허발명의 구성과 동일한 구성을 가지는 물건

□ 특허가 물건발명인 경우, 어떠한 방법에 의하여 제조되는 것인지의 여부에 관계없이 특허발명의 구성과 동일한 구성을 가지는 물건에 그 권리범위가 미치게 된다.[216]

나) 물건발명과 동일한 구성을 가지는 물건

□ 특허가 물건발명인 경우, 물건발명과 동일한 구성을 가지는 물건이 실시되었다면 제조방법과 관계없이 그 물건에 특허권의 효력이 미친다.[217]

다) 물건의 생산 · 사용 · 양도 · 대여 · 수입 등의 행위

□ 특허가 물건발명인 경우, 그 물건을 생산 · 사용 · 양도 · 대여 또는 수입하거나 그 물건의 양도 또는 대여의 청약을 하는 행위에까지 그 특허권의 효력이 미친다.[218]

라) 생산방법이나 용도에 관계없이 물건의 사용 전부

□ 특허가 물건발명인 경우, 그 권리범위는 생산방법이나 용도에 관계없이 그 물건의

---

213) 특허법원 2003. 6. 20. 선고 2002허864 판결
214) 대법원 2015. 5. 21. 선고 2014후768 전합 판결
215) 특허법원 2021. 9. 2. 선고 2020허5382 판결
216) 특허법원 2009. 6. 11. 선고 2008허10405 판결
217) 대법원 2022. 1. 14. 선고 2019후11541 판결, 특허법원 2018. 12. 20. 선고 2017나2493 판결, 2011. 8. 26. 선고 2010허8382 판결, 서울중앙지법 2017. 11. 2. 선고 2016가합579321 판결, 2017. 6. 30. 선고 2016가합517156 판결, 2017. 6. 30. 선고 2016가합521919 판결
218) 대법원 2022. 1. 14. 선고 2019후11541 판결, 특허법원 2018. 12. 20. 선고 2017나2493 판결, 2011. 8. 26. 선고 2010허8382 판결, 2003. 7. 10. 선고 2002허4385 판결, 2003. 6. 20. 선고 2002허864 판결, 2003. 5. 23. 선고 2001허4821 판결, 2003. 5. 23. 선고 2001허6827 판결, 2003. 5. 23. 선고 2002허1171 판결, 2003. 4. 11. 선고 2002허2617 판결, 서울중앙지법 2017. 11. 2. 선고 2016가합579321 판결, 2017. 6. 30. 선고 2016가합517156 판결, 2017. 6. 30. 선고 2016가합521919 판결, 2008. 1. 31. 선고 2006가합58313 판결

사용 전부에 미친다.[219)]

3) 권리범위 해석방법

가) 제조방법에 의한 제한 불가

ㅁ 특허가 물건발명인 경우, 제조방법에 의하여 권리범위가 제한되지 않는다.[220)]

나) 제조방법은 고려 않음

ㅁ 특허가 물건발명인 경우, 그 권리범위에 속하는지 판단함에 있어서 확인대상발명의 제조방법은 고려할 필요가 없다.[221)]

4) 물건발명과 물건의 생산방법발명의 권리범위 비교[222)]

▷ ① 특허가 물건발명인 경우, 어떤 제조방법에 의하여 제조된 것인지 여부와 관계없이 특허발명과 동일한 물건에 권리범위가 미치게 된다.

② 특허가 물건의 생산방법발명인 경우, 특정의 출발물에 처리수단을 가하여 목적물을 얻는 일련의 과정을 사용하는 제조방법에만 권리범위가 미치게 된다.

③ 물건발명과 물건의 생산방법발명은 그 범주의 차이 때문에 효력범위에 차이가 있는 발명으로서, 물건발명의 권리범위에는 물건의 생산방법발명이 포함된다.

나. 특허가 방법발명인 경우

1) 발명의 실체와 요건

가) (발명의 실체) 시간의 경과에 따른 순서적인 요소

ㅁ 방법발명은 경우에 따라 단일행위만으로 구성되는 형태로 실시순서와는 무관한 경우도 있을 수 있으나, 주로 시간의 경과에 따른 순서적인 요소를 발명의 실체로 한다.[223)]

나) (발명의 요건) 시간의 경과라는 시계열적 요소

ㅁ 방법발명은 일정한 목적을 향하여진 계열적으로 관련 있는 수개의 행위 또는 현상에 의하여 성립한 발명으로 발명의 구성상 시간의 경과라는 시계열적 요소를 요건으로 한다.[224)]

---

219) 수원지법 2012. 2. 16. 선고 2010가합15632 판결
220) 특허법원 2013. 1. 25. 선고 2012허6700 판결
221) 특허법원 2009. 4. 30. 선고 2008허6857 판결
(같은 취지) 특허법원 2008. 9. 4. 선고 2007허8009 판결
222) 오충진, 권리범위확인심판에서 확인대상발명의 특정, 특허소송연구 제4집(2008), 79면
223) 특허법원 2003. 6. 20. 선고 2002허864 판결
224) 특허법원 2000. 12. 22. 선고 99허840 판결, 2000. 12. 22. 선고 99허1539 판결

2) 권리범위 속부 판단방법

가) 각 단계별 구성의 시계열적·유기적 결합관계

□ 특허발명이 방법발명으로 각 단계별 구성이 시계열적·유기적으로 결합되어 있는 경우, 확인대상발명이 특허발명의 권리범위에 속한다고 하기 위해서는 특허발명의 각 단계별 구성을 모두 그대로 사용하고 있을 뿐만 아니라 각 구성 사이의 시계열적·유기적 결합관계까지 그대로 사용하고 있어야 한다.[225]

▷ 특허발명은 물건발명이건 방법발명이건 불문하고 모두 구성요소가 결합의 정도에 차이는 있을지언정 유기적으로 결합된 것으로 보아야 한다.[226]

나) 그 방법을 사용하는 행위

□ 특허가 방법발명인 경우, 그 방법을 사용하는 행위에만 특허권의 효력이 미친다.[227]

3) 방법발명과 물건의 생산방법발명의 구분

▷ 방법발명과 물건의 생산방법발명의 구분과 관련하여, ① 방법을 사용한 결과물이 사용·양도 등의 대상이 되는 한 그것은 생산물이며 그 방법은 명칭 여하에 관계없이 생산방법이고, ② 측정방법, 수리방법, 통신방법, 사용방법, 기계의 운전방법, 가공방법, 분석방법 등과 같이 직접적으로는 물의 생산이 수반되지 않으면서 동일한 효과가 계속 반복되는 것은 방법발명으로 본다.[228]

다. 특허가 물건의 생산방법발명인 경우

[§ 129](생산방법의 추정)

물건을 생산하는 방법의 발명에 관하여 특허가 된 경우에 그 물건과 동일한 물건은 그 특허된 방법에 의하여 생산된 것으로 추정한다. 다만, 그 물건이 다음 각 호의 어느 하나에 해당하는 경우에는 그렇지 않다.

1. 특허출원 전에 국내에서 공지되었거나 공연히 실시된 물건
2. 특허출원 전에 국내 또는 국외에서 반포된 간행물에 게재되었거나 전기통신회선을 통하여 공중이 이용할 수 있는 물건

---

225) 특허법원 2009. 7. 24. 선고 2008허12234 판결, 서울고법 2008. 2. 19. 선고 2001나60578 중간판결

226) 특허재판실무편람, 특허법원(2002), 169면

227) 특허법원 2003. 7. 10. 선고 2002허4385 판결, 2003. 6. 20. 선고 2002허864 판결, 2003. 5. 23. 선고 2001허4821 판결, 2003. 5. 23. 선고 2001허6827 판결, 2003. 5. 23. 선고 2002허1171 판결, 2003. 4. 11. 선고 2002허2617 판결, 서울중앙지법 2008. 1. 31. 선고 2006가합58313 판결, 2007. 12. 6. 선고 2007가합25044 판결

228) 吉藤幸朔, 특허법개설 제13판, 대광서림(2000), 500면; 지적재산권법 제8판, 육법사(2003), 195면

1) 물건의 생산방법발명의 의의

가) 새로운 물질의 생성제법이나 물건의 제조 · 생산공정

□ 물건의 생산방법발명이란, 화학물질 등 새로운 물질을 생성시키는 제법이나 특정 물건을 제조·생산하는데 유용한 공정에 관한 발명으로서, 물건을 생산한다는 것은 원료나 재료 등의 출발물질·물건에 어떠한 수단을 강구하여 그 화학적·물리적 성질·형상을 변화시켜 새로운 물질·물건을 얻는 것이고, 그 발명의 구성은 시간의 흐름에 따른 각 과정별 처리의 구체적 결합으로 표현된다.229)

나) 시간적 요소를 포함하는 다양한 형태의 공정 구비

□ 발명의 실체를 구성하고 있는 내용이 여러 개의 제조공정으로 이루어져 있고 각 제조공정은 모두 시간적 요소를 포함하는 다양한 형태의 공정을 가지고 있는 경우에는 그 발명의 실체를 구성하는 것은 물건의 생산방법발명이라고 본다.230)

다) 시계열적으로 관련 있는 공정들의 수행 순서

□ 물건의 생산방법발명은 시계열적으로 상호 불가분적 관련이 있는 일련의 공정들로 이루어지기 때문에 그 공정들이 수행되는 순서를 바꾸거나 그 공정들 중에 어느 하나의 공정을 생략하느냐에 따라서 발명의 구성과 효과의 차이가 현저하게 나타날 수 있다.231)

2) 생산방법의 추정

가) 생산방법추정 규정의 취지

□ 생산방법추정 규정은 특허권자가 상대방의 생산방법을 증명해야 하는 곤란을 구제하여 주는 데에 그 취지가 있다.232)

나) 생산방법추정의 내용

▶ 특허가 물건의 생산방법발명인 경우, 피청구인이 물건의 구체적 생산방법을 주장·증명할 필요 없이 청구인으로서는 특허방법에 의하여 제조된 물건과 피청구인이 제조한 물건이 동일한 물건이라는 것과, 그 물건이 특허출원 전에 국내에서 공지된 물건이 아니라는 것을 주장·증명함으로써 충분하고, 이를 다투는 피청구인이 자신이 실시하는 구체적 생산방법이 특허발명의 권리범위에 속하지 않는다는 점을 주장·증명해야 하므

---

229) 특허법원 2018. 9. 7. 선고 2016나1738 판결, 서울고법 2005. 9. 6. 선고 2004나91917 판결
230) 특허법원 2003. 5. 23. 선고 2001허4821 판결, 2003. 5. 23. 선고 2002허1171 판결
231) 특허법원 2004. 5. 20. 선고 2003허3563 판결
232) 특허법원 2011. 12. 22. 선고 2011허7188 판결, 2011. 5. 19. 선고 2010허36 판결, 2011. 5. 19. 선고 2010허43 판결, 2006. 4. 27. 선고 2004허6736 판결

로, 피청구인이 실시하는 구체적 생산방법은 피청구인의 주장·증명을 기다려 그에 따라 심리·확정되어야 한다.

다) 생산방법추정의 조건

(1) 특허출원 전에 공개되지 않은 신규한 물건

□ 동일한 물건이 생산방법추정을 받으려면 특허출원 전에 공개되지 않은 신규한 물건이라야 한다.[233] 따라서 특허출원 전에 공지되었거나 공연히 실시된 물건은 생산방법추정을 받지 않으므로 특허권자가 상대방의 생산방법을 증명해야 한다.[234]

(2) 신규의 동일물

□ 신규의 동일물은 동일한 방법에 의하여 생산된 것으로 추정한다.[235]

(3) 특허물건과 동일한 물건

□ 특허물건과 동일한 물건은 그 특허방법에 의하여 생산된 것으로 추정한다.[236]

라) 구체적 내용이 확정되어 있는 경우에는 추정 불가

□ 특허발명과 확인대상발명의 구체적 내용이 확정되어 있는 경우에까지 그 생산된 물건이 동일하다는 이유만으로 양 발명의 생산방법이 동일하다고 추정되는 것은 아니다.[237]

마) 생산방법추정의 복멸

(1) 확인대상물건이 다른 방법에 의하여 제조된 것이 밝혀진 경우

□ 생산방법추정은 확인대상발명에 의하여 제조된 물건이 다른 방법에 의하여 제조된 것이 밝혀지면 번복된다.[238]

---

233) 대법원 2005. 10. 27. 선고 2003다37792 판결, 특허법원 2016. 12. 1. 선고 2016허748 판결, 서울고법 2007. 7. 2.자 2006라941 결정, 2006. 6. 21. 선고 2005나107857 판결, 2005. 9. 6. 선고 2004나91917 판결

• 특허가 신규물건의 생산방법발명인 경우, 통상적으로 그 특허된 방법만이 일반에 알려져 있다고 볼 수 있으므로 그 신규한 물건을 생산한 자는 특허된 방법과 동일한 생산방법을 사용하였을 개연성이 매우 높다고 보는 것이 경험칙에 부합한다.

234) 대법원 2005. 10. 27. 선고 2003다37792 판결

235) 대법원 1994. 5. 24. 선고 93후381 판결, 1991. 10. 11. 선고 90후2201 판결

236) 대법원 2005. 10. 27. 선고 2003다37792 판결, 1991. 10. 11. 선고 90후2201 판결, 특허법원 2016. 12. 1. 선고 2016허748 판결, 서울고법 2007. 7. 2.자 2006라941 결정, 2006. 6. 21. 선고 2005나107857 판결, 2003. 6. 10. 선고 2002카합1012 판결, 서울중앙지법 2004. 11. 19. 선고 2003가합52703 판결

237) 특허법원 2006. 4. 27. 선고 2004허6736 판결

238) 특허법원 2004. 12. 9. 선고 2004허1588 판결

(2) 불속인 다른 생산방법의 제시 및 현실적 사용 증명

□ 생산방법추정을 복멸하기 위해서는 특허된 생산방법의 권리범위에 속하지 않는 다른 생산방법을 제시해야 할 뿐만 아니라 그 생산방법이 특허권 침해가 문제되는 물건을 생산하는 데에 현실적으로 사용되고 있다는 점까지 증명되어야 한다.239)

3) 물건의 생산방법발명의 권리범위

가) 특허권의 효력범위 판단

(1) 생산방법을 사용하거나 생산방법에 의하여 생산된 물건

□ 특허가 물건의 생산방법발명인 경우, 그 특허권의 효력은 그 방법을 사용하거나 그 방법에 의하여 생산된 물건에까지 미친다.240)

(2) 제조방법으로 만들어진 제품

□ 특허가 물건의 생산방법발명인 경우, 그 제조방법으로 만들어진 제품에도 권리범위가 미친다.241)

(3) 생산물건이 특허출원 전에 국내에서 공지·공용된 물건이 아닌 때

□ 특허가 물건의 생산방법발명인 경우, 그 물건이 특허출원 전에 국내에서 공지·공용된 물건이 아닌 때에는 그 방법을 사용하는 행위뿐만 아니라 그 방법에 의하여 생산된 물건을 사용·양도·대여 또는 수입하거나 그 물건의 양도 또는 대여의 청약을 하는 행위에까지 그 특허권의 효력이 미친다.242)

(4) 생산방법이 일부 달라도 물품이 동일한 경우

□ 특허가 물건의 생산방법발명인 경우, 확인대상발명이 특허발명과 대비하여 생산방법에 일부 차이가 있더라도 그 작용효과에 차이가 없어 물품이 동일한 경우에는 확인

---

239) 서울고법 2007. 1. 17. 선고 2005나107130 판결, 수원지법 2005. 11. 4. 선고 2004가합10339 판결, 서울중앙지법 2005. 7. 6. 선고 2003가합59728 판결, 2001. 4. 6. 선고 2000가합54012 판결, 서울남부지법 2003. 10. 30. 선고 2002가합3175 판결

240) 대법원 1991. 10. 11. 선고 90후2201 판결, 서울고법 2003. 6. 10. 선고 2002카합1012 판결, 서울중앙지법 2004. 11. 19. 선고 2003가합52703 판결

241) 대법원 2004. 10. 14. 선고 2003후2164 판결, 특허법원 2016. 10. 13. 선고 2015허8691 판결, 2008. 5. 2. 선고 2007허8252 판결, 2007. 7. 5. 선고 2006허7597 판결

242) 특허법원 2021. 12. 17. 선고 2021허1653 판결, 2018. 9. 7. 선고 2016나1738 판결, 2018. 6. 8. 선고 2017허8503 판결, 2003. 7. 10. 선고 2002허4385 판결, 2003. 5. 23. 선고 2001허4821 판결, 2003. 5. 23. 선고 2001허6827 판결, 2003. 5. 23. 선고 2002허1171 판결, 2003. 4. 11. 선고 2002허2617 판결, 서울고법 2006. 9. 26. 선고 2004나85042 판결, 2005. 9. 6. 선고 2004나91917 판결, 서울중앙지법 2008. 1. 31. 선고 2006가합58313 판결, 2007. 12. 6. 선고 2007가합25044 판결

대상발명은 특허발명의 권리범위에 속한다.[243)]

(5) 실제 생산방법의 차이 고려

□ 특허가 물건의 생산방법발명인 경우, 실제 생산방법과 관계없이 특허발명의 방법으로 생산한 물건과 동일한 물건 모두에 당연히 특허권의 효력이 미친다고 할 수는 없다.[244)]

(6) 구체적인 가공방법의 차이 고려

□ 특허가 물건의 생산방법발명인 경우, 물건의 생산방법발명인 확인대상발명과 대비·분석함에 있어서 결과적으로 형성되는 물품 자체가 아니라 그 물품의 제조공정에 적용되는 구체적인 가공방법에 차이가 있는지 여부를 살펴보아야 한다.[245)]

나) 물건의 동일성 판단

(1) 중요한 성상, 특질의 동일성 구비

□ 특허가 물건의 생산방법발명인 경우, 물건의 동일성 여부는 금지청구의 상대방이 생산·수입하는 물건이 특허방법에 의하여 생산된 물건과 본질상 갖추어야 할 중요한 성상, 특질에 있어서 동일성을 구비하고 있는지 여부에 의하여 판단해야 한다.[246)]

(2) 특허발명의 생산방법과 동일한 생산방법 추가보정 허용

□ 특허가 물건의 생산방법발명인 경우, 그 물건과 동일한 물건은 그 특허된 방법에 의하여 생산된 것으로 추정하고 있기 때문에, 특허심판원이나 이해관계인은 확인대상물건이 특허발명의 생산방법에 의하여 생산된 물건인지를 청구취지로부터 쉽게 알 수 있으므로, 물건의 생산방법발명인 특허와 대비되는 확인대상발명에 생산방법에 관한 기재가 없는 경우에는 특허발명의 생산방법과 동일한 생산방법을 추가하여 보정하는 것이 허용된다.[247)]

4) 물건의 생산방법을 구체적으로 적고 있지 못한 경우

□ 청구범위가 물건의 생산방법으로 적혀 있는 경우에도, 그 생산방법을 구체적으로 적고 있지 못한 경우에는 물 그 자체의 발명으로 본다.[248)] 따라서 물건의 생산방법으로

---

243) 대법원 1979. 7. 24. 선고 79후36 판결, 1965. 8. 24. 선고 64후16 판결
244) 특허법원 2002. 10. 10. 선고 2002허376 판결
245) 서울고법 2005. 1. 25. 선고 2002나60186 판결
246) 서울고법 2003. 6. 10. 선고 2002카합1012 판결, 서울중앙지법 2004. 11. 19. 선고 2003가합52703 판결
247) 특허법원 2008. 5. 2. 선고 2007허8252 판결
248) 대법원 1992. 5. 12. 선고 91후1052 판결, 특허법원 2000. 12. 22. 선고 99허840 판결, 2000. 12. 22. 선고 99허1539 판결

적혀 있는 경우에도 단순히 혼합하는 것 이외에 제조방법에 있어서 아무런 특징이 없고, 발명의 구성상 시간의 경과라는 요소를 요건으로 하지 않는 경우에는 발명의 실체상 물건의 생산방법발명이라고 볼 수 없고 물 그 자체의 발명이라고 본다.[249)]

○ 대법원 2005. 10. 27. 선고 2003다37792 판결

특허발명의 상세한 설명에는 종래의 기술로서 일정한 크기의 통기 구멍을 형성한 비통기성 필름에 통기성 직포 또는 부직포를 접착시켜 만든 발열성 보온팩용 통기성 있는 직포 또는 부직포를 만드는 방법이 자세히 적혀 있고, 특허발명의 목적은 위와 같은 종래기술의 문제점을 해소하기 위하여 비통기성 수지필름이 한쪽면에 열융착되어 코팅된 직포 또는 부직포에 니이들 구멍을 연속적으로 형성할 수 있음과 동시에, 니이들 구멍의 수를 자유로이 선택하여 형성할 수 있는 발열성 보온팩의 니이들 장치 및 방법을 제공함을 그 목적으로 하고 있다고 적고 있는 점에 비추어 볼 때, 이 사건 부직포와 같이 비통기성 수지 필름이 한쪽 면에 열융착되어 코팅된 코팅층을 갖고 통기구멍이 연속적으로 형성된 것을 주된 기술사상으로 하는 직포 또는 부직포는 이미 특허출원 전에 공지되었거나 공연히 실시되었던 것임이 분명하므로, 특허발명에는 특허법 제129조의 추정 규정을 적용할 수 없다. 따라서 특허권 침해를 주장하는 특허권자는 상대방이 특허발명의 방법을 사용하여 침해제품을 생산하였다는 점을 증명해야 한다.

○ 특허법원 2011. 12. 22. 선고 2011허7188 판결

특허발명에 의하여 제조한 혼방사의 레이온 단섬유의 굵기는 25.0㎛이나, 원고가 원단을 제조하면서 사용하는 혼방사의 레이온 단섬유의 굵기는 23.5㎛로 서로 차이가 있는 점, 원고가 제조한 원단을 분해하여 혼방사 중의 단사를 분리하는 과정에서 단사의 굵기가 변할 가능성이 있는 점 등의 사정에 비추어 보면, 특허발명에 의하여 제조한 혼방사와 원고가 원단을 제조하면서 사용하는 혼방사는 동일한 물건이라고 단정할 수 없다. 따라서 원고가 원단을 제조하면서 사용하는 혼방사가 특허법 제129조의 규정에 의하여 특허발명에 의하여 생산된 것으로 추정된다고 할 수 없다.

○ 특허법원 2011. 5. 19. 선고 2010허36 판결, 2011. 5. 19. 선고 2010허43 판결

특허발명에 따라 제조된 세라믹 볼은 주성분이 SiO_2이나, 제3자가 제조한 세라믹 볼은 주성분이 MgO이어서 세라믹 재질의 성분이 다르고, 특허발명에 따라 제조된 세라믹 볼은 평균 744.0N(75.9 Kgf)의 강도를 보이나, 제3자가 제조한 세라믹 볼은 평균 97.6N(6.9 Kgf)의 강도를 보이는 점에서 두 세라믹 볼은 구성 및 조성 성분에서 차이가 있어 서로 다르다. 따라서 제3자가 제조한 세라믹 볼은 특허발명에 따라 제조된 세라믹 볼과 동일한 물건이 아니므로 특허법 제129조를 적용할 수 없다.

---

249) 특허법원 2000. 12. 22. 선고 99허840 판결, 2000. 12. 22. 선고 99허1539 판결

ㅇ 서울고법 1992. 7. 29. 선고 91나53298 판결

원고가 신규개발, 그 제조방법에 관하여 특허등록을 마친 '케토코나졸'로 불리는 화합물을 피고가 원료로 수입, 케토코나졸 제품을 제조·판매하였다면, 위 물질이 원고의 특허출원 당시 국내에서 공지된 물건이라는 점에 대한 주장·증명이 없는 한, 피고가 수입 사용한 위 케토코나졸 원료는 특허법 제129조에 의하여 원고의 위 특허된 방법에 의하여 생산된 것으로 추정되고, 나아가 피고가 위 원료를 사용한 제품을 제조·판매하는 행위는 원고의 특허권을 침해하는 것으로 추정된다.

라. 특허가 제조방법이 적힌 물건발명인 경우

1) 청구범위에 적힌 제조방법의 의미

가) 물건의 구성을 직접 특정하는 방식

□ 물건발명의 청구범위는 특별한 사정이 없는 한 발명의 대상인 물건의 구성을 직접 특정하는 방식으로 적어야 한다.[250)]

나) 물건의 구조나 성질을 특정하는 하나의 수단

□ 제조방법이 적힌 물건발명의 경우, 물건발명의 청구범위에 적힌 제조방법은 최종생산물인 물건의 구조나 성질을 특정하는 하나의 수단으로서 그 의미를 가질 뿐이다.[251)]

다) 발명의 대상은 물건발명

□ 제조방법이 적힌 물건발명의 경우, 제조방법이 적혀 있다고 하더라도 발명의 대상은 그 제조방법이 아니라 최종적으로 얻어지는 물건 자체이므로 '물건발명'에 해당한다.[252)]

---

250) 대법원 2021. 12. 30. 선고 2019후10296 판결, 2021. 1. 28. 선고 2020후11059 판결, 2021. 1. 28. 선고 2020후11066 판결, 2018. 10. 25. 선고 2017후2758 판결, 2018. 10. 25. 선고 2017후2765 판결, 2015. 6. 11. 선고 2013후631 판결, 2015. 2. 12. 선고 2013후1726 판결, 2015. 1. 22. 선고 2011후927 전합 판결, 2009. 9. 24. 선고 2007후4328 판결, 2009. 3. 26. 선고 2006후3250 판결, 2009. 1. 15. 선고 2007후1053 판결, 2008. 8. 21. 선고 2006후3472 판결, 2007. 5. 11. 선고 2007후449 판결, 2006. 6. 29. 선고 2004후3416 판결, 특허법원 2023. 2. 2. 선고 2019나1432 판결

251) 대법원 2021. 12. 30. 선고 2019후10296 판결, 2021. 1. 28. 선고 2020후11059 판결, 2021. 1. 28. 선고 2020후11066 판결, 2018. 10. 25. 선고 2017후2758 판결, 2018. 10. 25. 선고 2017후2765 판결, 2015. 6. 11. 선고 2013후631 판결, 2015. 2. 12. 선고 2013후1726 판결, 2015. 1. 22. 선고 2011후927 전합 판결, 특허법원 2023. 2. 2. 선고 2019나1432 판결, 2022. 12. 1. 선고 2022허1834 판결, 2022. 12. 1. 선고 2022허1834 판결, 2022. 9. 29. 선고 2021허6283 판결

252) 대법원 2021. 12. 30. 선고 2019후10296 판결, 2021. 1. 28. 선고 2020후11059 판결, 2021. 1. 28. 선고 2020후11066 판결, 2018. 10. 25. 선고 2017후2758 판결, 2018. 10. 25. 선고 2017후2765 판결, 2015. 6. 11. 선고 2013후631 판결, 2015. 2. 12. 선고 2013후1726 판결, 2015. 1. 22. 선고 2011후927 전합 판결, 특허법원 2023. 2. 2. 선고 2019나1432 판결, 2022. 8. 25. 선고 2021허6405 판결, 2022. 9. 29. 선고 2021허6283 판결, 2021. 12. 17. 선고 2021허1653 판결, 2021. 1. 21. 선고 2020허3249 판결, 서울중앙지법 2021. 4. 29. 선고 2019가합560113 판결

2) 특허침해단계의 청구범위 해석방법

★ □ 특허침해단계에서 그 특허발명의 권리범위에 속하는지 여부를 판단함에 있어서도, 제조방법이 적힌 물건발명의 청구범위 해석은 제조방법 자체로 한정하여 파악해서는 안 되고 제조방법의 기재를 포함하여 청구범위의 모든 기재에 의하여 특정되는 구조나 성질을 가지는 물건으로 파악해야 한다. 다만 이러한 해석방법에 의하여 도출되는 특허발명의 권리범위가 명세서의 전체적인 기재에 의하여 파악되는 발명의 실체에 비추어 지나치게 넓다는 등의 명백히 불합리한 사정이 있는 경우에는 그 권리범위를 청구범위에 적힌 제조방법의 범위 내로 한정할 수 있다.[253)]

▶ 제조방법이 적힌 물건발명은, 특정 제조방법 이외의 방법으로 제조된 최종 생성물을 제외한 것이라거나 최종 생성물의 범위를 특정 제조방법에 의한 것으로 한정해서는 안 된다. 따라서 특허침해단계에서는 물건의 구조나 성질에 영향을 미치는 범위 내에서 제조방법의 기재도 고려해야 한다.

3) 기술적 구성 파악방법

가) 제조방법 자체로 한정 불가

□ 제조방법이 적힌 물건발명의 경우, 그 기술적 구성을 제조방법 자체로 한정하여 파악해야 하는 것이 아니다.[254)]

나) 청구범위에 의하여 특정되는 구조나 성질을 가지는 물건

★ □ 제조방법이 적힌 물건발명의 경우, 권리범위확인심판에서 그 기술적 구성을 제조방법 자체로 한정하여 파악할 것이 아니라, 제조방법의 기재를 포함하여 청구범위의 모든 기재에 의하여 특정되는 구조나 성질을 가지는 물건으로 파악하여 확인대상발명과 대비해야 한다.[255)]

---

253) 대법원 2015. 2. 12. 선고 2013후1726 판결, 특허법원 2023. 2. 2. 선고 2019나1432 판결, 2022. 9. 29. 선고 2021허6283 판결, 2021. 12. 17. 선고 2021허1653 판결, 2020. 7. 17. 선고 2019허3694 판결, 2020. 7. 17. 선고 2019허6686 판결, 2016. 12. 16. 선고 2015허6916 판결, 2016. 10. 13. 선고 2016허4023 판결, 서울중앙지법 2021. 4. 29. 선고 2019가합560113 판결, 2017. 4. 14.자 2016카합81327 결정, 광주지법 2020. 12. 24. 선고 2019가합54509 판결, 청주지법 2019. 8. 29. 선고 2017가단101119 판결

254) 특허법원 2022. 7. 22. 선고 2021허6894 판결

255) 대법원 2021. 1. 28. 선고 2020후11059 판결, 2021. 1. 28. 선고 2020후11066 판결, 2015. 2. 12. 선고 2013후1726 판결, 특허법원 2022. 12. 1. 선고 2022허1834 판결, 2018. 5. 18. 선고 2017나2271 판결

- 제조방법의 차이로 인하여 물건의 구조나 성질이 달라지게 되는 경우에는 제조방법의 차이가 물건의 동일성을 부정하는 요소로 작용할 수 있다(대법원 2021. 1. 28. 선고 2020후11059 판결).

4) 특정된 성질이나 특성을 가지는 물건

가) 물리적 성질을 달리하거나 화학적 분석으로 구별되는 경우

□ 특정된 성질이나 특성을 가지는 물건이란 일정한 형태를 가지고 있어 외관상 그 형태를 달리하는 경우뿐만 아니라 물리적으로 그 성질을 달리하거나 화학적 분석에 의하여 구별될 수 있는 경우도 포함되는 것으로 보아야 한다.[256)]

나) 물건의 특성에 영향을 주는 구성요소로 명확히 적힌 경우

□ 물건의 제조방법이 물건의 특성에 영향을 주는 구성요소로 명확히 적혀 있다면, 그 효력범위를 정하는데 있어서는 그 물건의 제조방법을 그 발명의 필수적 구성요소로 보아 그 한정된 제조방법에 의하여 만들어져 그 특정된 성질이나 특성을 가지는 물건에만 효력이 미치는 것으로 해석해야 한다.[257)]

○ 대법원 2021. 1. 28. 선고 2020후11059 판결

특허발명과 확인대상발명은 일정 비율과 크기를 한정한 폴라프레징크를 유효성분으로 포함하고 있다는 점에서는 동일하지만, 특허발명은 직접타정법으로 제조됨으로써 특정되는 구조와 성질을 가진 정제인데 반해, 확인대상발명은 습식법으로 제조됨으로써 특정되는 구조와 성질 등을 가진 정제이므로, 확인대상발명에 특허발명의 특유한 해결수단이 기초하고 있는 기술사상의 핵심이 포함되어 있다고 볼 수 없고, 특허발명의 직접타정법과 확인대상발명의 습식법은 실질적 작용효과가 동일하다고 보기 어려우므로, 권리범위에 속하지 않는다.

○ 대법원 2015. 2. 12. 선고 2013후1726 판결

특허발명은 '쑥잎을 메탄올 또는 에탄올로 추출하여 얻은 쑥추출물을 탈지하고 클로로포름으로 용출시켜 소분획물을 얻은 다음 이를 다시 실리카겔 컬럼에 충전하여 용출시키는 방법에 의하여 제조한 자세오시딘을 유효성분으로 하여 이에 약제학적으로 허용되는 물질이 첨가된 위장질환 치료제용 약학적 조성물'로, 약학적 조성물의 유효성분과 관련하여 청구범위가 전체적으로 '자세오시딘'이라는 물건으로 적혀 있으면서 그 제조방법의 기재를 포함하고 있으므로 '제조방법이 적힌 물건발명'에 해당하는데, 그 청구범위에 적혀 있는 자세오시딘의 제조방법이 최종생산물인 자세오시딘의 구조나 성질에 영향을 미치는 것은 아니므로, 특허발명의 권리범위를 해석함에 있어서 그 유효성분은 '자세오시딘'이라는 단일한 물건 자체라고 해석해야 한다. 특허발명과 확인대상발명은 '약제학적으로 허용되는 물질이 첨가된 위장질환 치료제용 약학적 조성물'이라는 점에서는 동일하나, 그 유효성분이 특허발명에서는 '자세오시딘'이라는 단일한 물건임에 반하여, 확인대상발명에서는 '유파틸린 0.80~1.3

256) 특허법원 2006. 11. 1. 선고 2005허10947 판결
257) 특허법원 2006. 11. 1. 선고 2005허10947 판결

중량% 및 자세오시딘 0.25~0.6중량%를 포함하고, 혈액응고 억제작용을 나타내는 수용성 성분을 포함하지 않는 쑥추출물'이라는 점에서 차이가 있다. 따라서 확인대상발명의 경우 그 유효성분인 '쑥추출물'이 특허발명의 유효성분인 '자세오시딘'과 동일하거나 균등하다고 할 수는 없고, 확인대상발명이 특허발명의 기술적 구성을 전부 포함하고 발명으로서의 일체성을 유지하면서 이를 그대로 이용한다고 볼 수도 없으므로, 결국 확인대상발명은 특허발명의 권리범위에 속한다고 할 수 없다.

○ 특허법원 2022. 9. 29. 선고 2021허6283 판결

특허발명은 "표면층을 산화 개질한 입도직경 0.2~1.5mm인 발포성 폴리스티렌 수지입자 100중량부에, 팽창률이 20~500ml/g이며, 입도 직경이 20~300mesh인 팽창흑연 10~50중량부 및 접착성 수지 0.1~15중량부가 코팅되어 가열에 의하여 불연성 발포막이 수지입자에 형성되는 것을 특징으로 하는 팽창흑연이 코팅된 발포성 폴리스티렌 수지입자"로, 청구범위가 전체적으로 '팽창흑연이 코팅된 발포성 폴리스티렌 수지입자'라는 물건으로 적혀 있으면서 그 제조방법의 기재를 포함하고 있으므로 '제조방법이 적힌 물건발명'에 해당한다. 그런데 특허발명은 그 청구범위에 적혀 있는 제조방법이 최종 생산물인 팽창흑연이 코팅된 발포성 폴리스티렌 수지입자의 구조나 성질에 영향을 미치고, 특허발명의 권리범위를 '팽창흑연이 코팅된 발포성 폴리스티렌수지입자'로만 해석하게 되면 그 발명의 실체에 비추어 권리범위가 지나치게 넓어지게 된다. 따라서 특허발명의 권리범위는 청구범위에 적힌 제조방법의 범위 내로 한정해야 한다.

4 청구범위의 기재형식에 따른 차이

가. 청구범위가 '어떤 구성요소들을 포함하는'이라는 형식으로 적힌 경우

□ 청구범위가 '어떤 구성요소들을 포함하는'이라는 형식으로 적힌 경우에는, 그 청구범위에 명시적으로 적힌 구성요소 전부에다가 명시적으로 적혀 있지 않은 다른 구성요소를 추가하더라도 그 적힌 '어떤 구성요소들을 포함하는'이라는 사정에는 변함이 없으므로, 명시적으로 적힌 구성요소 이외에 다른 구성요소를 추가하는 경우까지도 그 특허발명의 기술적 범위로 하는 것이다.[258] 따라서 그와 같아 실시는 권리범위에 속한다.

258) 대법원 2012. 3. 29. 선고 2010후2605 판결, 2006. 11. 24. 선고 2003후2072 판결, 2006. 11. 24. 선고 2003후2089 판결, 특허법원 2022. 12. 28. 선고 2022나1128 판결, 2021. 10. 8. 선고 2016나1080 판결, 2021. 9. 9. 선고2020허7654 판결, 2020. 8. 13. 선고 2019허5461 판결, 2020. 6. 18. 선고 2019허6051 판결, 2020. 4. 9. 선고 2019허4758 판결, 2020. 4. 9. 선고 2019허4765 판결, 2019. 6. 27. 선고 2019허2233 판결, 2015. 1. 16. 선고 2014허3897 판결

나. 청구범위 기재형식에 따른 권리범위의 광협259)

▷ ① 개방형 연결어인 '…을 포함하는'이라는 용어를 사용한 경우, 해당 특허발명의 청구항에 적힌 구성요소들 이외에 다른 구성요소가 추가된 발명이라도 해당 특허발명의 권리범위에 속하는 것으로 해석되어 그 발명의 실시는 침해로 인정된다. 이와 같이 개방형 연결어를 사용하면 청구범위의 권리범위는 넓어지지만, 그 반면에 심사단계에서는 신규성·진보성이 부정될 가능성이 높아진다.

② 폐쇄형 연결어인 '…으로 이루어진' 또는 '…으로 구성된'이라는 용어를 사용한 경우, 원칙적으로 해당 특허발명의 청구항에 적힌 구성요소들만으로 이루어진 발명만이 해당 특허발명의 권리범위에 속하고 새로운 구성요소가 추가된 발명은 침해로 인정될 수 없다. 화학발명의 경우 청구항에 언급되지 않은 미량의 구성요소를 더 포함할 수도 있지만, 추가적으로 포함될 수 있는 구성요소는 제한적이 될 수밖에 없으므로, 폐쇄형 연결어를 갖는 청구항은 그 권리범위가 매우 좁아지는 결과가 된다.

③ 반폐쇄형 연결어인 '실질적으로 …으로 이루어진'이라는 용어를 사용한 경우, 해당 특허발명의 청구항에 적힌 구성요소들에 다른 구성요소가 추가된 발명은 추가된 구성요소가 해당 특허발명의 특성에 물리적 변화를 주지 않는 경우에 한하여 해당 특허발명의 권리범위에 속한다. 물론 폐쇄적 연결어를 사용한 청구항이라도 새로운 구성요소가 부가된 것이 이용발명에 해당할 경우에는 권리범위에 속하고 그 실시가 특허발명의 침해가 된다.

○ 특허법원 2010. 8. 18. 선고 2009허5592 판결

고분자화학분야의 발명의 청구항에 적혀 있는 '포함하는'이라는 기재문언을 해석함에 있어서는 화학발명이 구체적인 실험의 발명이라는 점을 감안해서 청구항에 한정된 구성요소를 포함해서 가능한 조성물을 모두 포함하는 것으로 문언적·기계적으로만 해석해서는 안 되고, 출원발명이 추구하고 있는 목적과 작용효과는 물론이고 명세서의 발명의 설명에 적혀 있는 구체적인 실시예를 바탕으로 해서 청구항에 적힌 '포함하는'의 문구가 갖는 기술적인 의미와 범위를 해석하여 확정하는 것이 바람직하다.

---

259) 최성준, 청구범위의 해석에 있어서 몇 가지 문제에 관하여, 특허청 개청 30주년 기념 논문집 Ⅰ, 특허청(2007. 3.), 41면

Ⅳ. 침해판단의 실제

1 판단의 기초

가. 침해행위

1) 타인의 특허권 실시행위

□ 침해행위란 원칙적으로 권한 없이 타인의 특허권을 실시하는 행위를 말한다.[260] 따라서 특허권자의 허락 없이 특허권을 실시하는 등 직접적으로 특허권의 독점적 권리를 침해하는 경우뿐만 아니라, 이러한 침해를 쉽게 해 주는 직·간접의 모든 행위를 가리킨다.[261]

2) 침해제품의 제조·판매·광고행위

□ 침해제품을 제조하고, 판매·광고한 행위는 특허권 침해행위에 해당한다.[262]

나. 고의·과실의 고려 여부

□ 확인대상발명이 특허발명의 권리범위에 속하는지 여부를 판단함에 있어 확인대상발명 실시자의 고의·과실 등 주관적 요소는 고려대상이 되지 않는다.[263]

다. 판단의 원칙

1) 청구항별 판단

□ 특허침해는 특허의 각 청구항마다 개별적으로 성립해야 하고, 복수의 청구항들에 기초한 특허권 침해를 주장하는 자는 청구항마다 독립적으로 특허권이 있는 것으로 보아 청구항별로 개별적 침해를 주장·증명해야 한다.[264]

2) 청구범위로 판단

가) 침해 여부

□ 특허발명의 침해 여부 및 후출원발명과 동일한 발명인지의 여부 등은 원칙적으로 특허발명의 청구범위의 기재에 의해서만 정해지는 것이고, 명세서의 발명의 설명이나

260) 서울중앙지법 2009. 9. 18. 선고 2009노2119 판결
261) 서울중앙지법 2009. 9. 9.자 2009카합653 결정
262) 대법원 2013. 7. 25. 선고 2013다21666 판결, 서울중앙지법 2020. 1. 31. 선고 2016가합576421 판결
263) 특허법원 2009. 3. 27. 선고 2008허12210 판결
264) 서울중앙지법 2020. 7. 17. 선고 2019가합513377 판결

도면의 기재는 청구범위의 기재가 그 자체만으로는 불명료한 경우에 한하여 이를 참작할 수 있다.[265)]

나) 권리범위 확인

□ 특허발명의 권리범위는 그 청구범위의 문언기재에 의하여 판단해야 하고,[266)] 권리범위를 확인하기 위해서는 청구범위의 구성을 대비해야 한다.[267)]

2 직접침해

가. 문언침해

1) 문언침해의 성립요건

가) 구성요소의 완비

□ 문언침해는 원칙적으로 침해자의 행위에 의하여 특허발명의 구성요소가 완전하게 충족되는 경우에 성립하는 것이므로,[268)] 확인대상발명이 특허발명의 권리범위에 속한다고 하기 위해서는 확인대상발명에 특허발명의 각 구성요소에 대응할 만한 구성이 모두 존재해야 한다.[269)]

나) 구성요소 전부가 동일한 작용효과를 갖고 존재

□ 확인대상발명이 특허발명의 권리범위에 속하는지 여부를 판단함에 있어서는 특허발명의 구성요소 전부가 동일한 작용효과를 갖고 존재하고 있는 경우에는 특허발명의 권리범위에 속한다.[270)]

다) 필수적 구성요소를 모두 구비

□ 청구범위에 적힌 사항은 특별한 사정이 없는 한 발명의 필수적 구성요소로 보아야 하므로,[271)] 확인대상발명이 특허발명의 권리범위에 속하는지 여부를 판단하기 위해

---

265) 특허법원 2003. 7. 24. 선고 2002허7339 판결
266) 특허법원 1999. 7. 1. 선고 98허4425 판결, 의정부지법 2006. 5. 19. 선고 2005노1866 판결
267) 특허법원 2006. 12. 21. 선고 2006허4536 판결
268) 서울고법 2006. 9. 11.자 2005라792 결정
269) 특허법원 2000. 10. 26. 선고 2000허273 판결, 2000. 10. 26. 선고 2000허280 판결, 1999. 1. 15. 선고 98허3897 판결, 서울남부지법 2003. 2. 7. 선고 2001가합8692,11162 판결
270) 특허법원 1999. 8. 13. 선고 98허9116 판결, 1999. 7. 16. 선고 98허11041 판결
271) 대법원 2006. 11. 9. 선고 2005후1127 판결, 2006. 1. 12. 선고 2004후1564 판결, 2005. 5. 13. 선고 2004후462 판결, 2001. 6. 15. 선고 2000후617 판결, 특허법원 2020. 7. 3. 선고 2019허7948 판결, 2020. 1. 22. 선고 2019나1654 판결, 2016. 9. 1. 선고 2016나1066 판결, 2015. 12. 11. 선고 2015허3979 판결, 2012. 6. 1. 선고 2011허11873 판결, 2011. 12. 8. 선고 2011허6017 판결, 서울고법 2017.

서는 먼저 확인대상발명이 특허발명의 필수적 구성요소를 모두 갖추고 있는지 여부를 살펴야 한다.[272)]

라) 청구범위에 적힌 구성요소 모두 포함

□ 특허발명은 청구범위의 모든 구성요소가 필수적 구성요소를 이루고 있는 것이므로 확인대상발명이 청구범위에 적힌 구성요소를 모두 포함하고 있으면 특허발명의 권리범위에 속하는 것으로 되고, 구성요소를 하나라도 결여하고 있으면 특허발명의 권리범위에 속하지 않는 것으로 된다.[273)]

마) 구성요소와 구성요소 간의 유기적 결합관계 포함

□ 확인대상발명이 특허발명의 권리범위에 속한다고 할 수 있기 위해서는 특허발명의 청구범위에 적힌 각 구성요소와 그 구성요소 간의 유기적 결합관계가 확인대상발명에 그대로 포함되어 있어야 한다.[274)]

2) 일부 구성요소가 결여된 경우

가) 원칙적 불속

□ 확인대상발명이 특허발명의 청구항에 적힌 필수적 구성요소들 중의 일부만을 갖추고 있고 나머지 구성요소가 결여된 경우에는 원칙적으로 확인대상발명은 특허발명의 권리범위에 속하지 않는데, 특허발명의 청구항이 복수의 구성요소로 구성되어 있는 경우에는 그 구성요소가 유기적으로 결합한 전체로서의 기술사상이 보호되는 것이지 각각의 구성요소가 독립하여 보호되는 것은 아니기 때문이다.[275)]

---

8. 21.자 2015라20296 결정, 부산고법 2014. 3. 20. 선고 2012나104474 판결, 서울중앙지법 2014. 2. 21. 선고 2011가합130851 판결, 대구지법 2013. 12. 6. 선고 2013노1766 판결

272) 특허법원 2012. 2. 23. 선고 2011허8945 판결, 2006. 5. 11. 선고 2005허9275 판결, 2003. 3. 27. 선고 2002허5623 판결, 수원지법 2003. 12. 24. 선고 2000카합588 판결

273) 대법원 2006. 11. 23. 선고 2005후18 판결, 2001. 12. 27. 선고 2001후980 판결, 특허법원 2009. 12. 4. 선고 2009허2159 판결, 2000. 9. 7. 선고 99허9755 판결, 서울고법 2007. 2. 13. 선고 2005나107833 판결

274) 대법원 2023. 2. 2. 선고 2022후10210 판결, 2022. 10. 14. 선고 2022다223358 판결, 2022. 9. 7. 선고 2021다280835 판결, 2022. 1. 27. 선고 2019다277751 판결, 2022. 1. 14. 선고 2021후10589 판결, 2021. 6. 30. 선고 2021다217011 판결, 2021. 6. 30. 선고 2021다217028 판결, 2021. 3. 11. 선고 2019다237302 판결, 2021. 2. 25. 선고 2019후11152 판결, 2021. 2. 25. 선고 2019후11169 판결, 2020. 4. 29. 선고 2016후2546 판결, 2020. 1. 30. 선고 2017다227516 판결, 2019. 2. 14. 선고 2018후10350 판결, 2019. 1. 31.자 2016마5698 결정, 2019. 1. 31. 선고 2017후424 판결

275) 대법원 2020. 7. 23. 선고 2019도9547 판결, 2017. 9. 26. 선고 2014다27425 판결, 2009. 10. 29. 선고 2009후1606 판결, 2007. 7. 12. 선고 2006도49 판결, 2007. 1. 11. 선고 2005마1097 판결, 2006. 11. 23. 선고 2005후18 판결, 2006. 11. 9. 선고 2005후1127 판결, 2006. 1. 12. 선고 2004후1564 판

나) 일부 구성요소만 실시하는 경우

(1) 전부를 실시해야만 특허침해

□ 청구범위가 복수의 구성요소로 구성되어 있는 경우에는 그 전부를 실시해야만 특허침해로 인정된다.[276)]

(2) 다른 구성요소가 균등이 아니면 특허침해 아님

□ 복수의 구성요소를 가지는 특허침해를 판단함에 있어서 일부 구성요소만 실시하는 경우에는 다른 구성요소가 청구범위에 적힌 구성요소와 균등물이라고 인정되지 않는 한 특허침해로 볼 수는 없다.[277)]

(3) 특허발명의 모든 구성요소와 대비

□ 특허발명의 구성요소 중 일부가 확인대상발명의 구성요소와 동일하여 특허발명의 추구하는 효과를 함께 발휘한다고 하더라도 특허발명의 나머지 구성요소에 관한 검토 없이 확인대상발명이 그대로 특허발명의 권리범위에 속한다고 할 수는 없다.[278)]

3) 본질적 부분이 아니라고 구성요소의 무시 금지

□ 청구범위의 각 구성요소는 자신이 보호받고자 하는 범위를 구체적으로 한정하는 필수적 구성요소를 이루고 있는 것으로 보아야 하므로, 어떤 구성요소가 기술적으로 의미가 없는 무가치한 한정을 하고 있는 것이 아니라면 본질적 부분이 아니라는 이유로 이를 무시하여 그와 동일하거나 균등물에 해당하는 구성요소를 가지고 있지 않은 확인대상발명에까지 권리범위를 확장할 수는 없다.[279)]

결, 2006. 1. 12. 선고 2005후2625 판결, 2005. 11. 10. 선고 2005도5331 판결, 2005. 9. 30. 선고 2004후3553 판결, 2005. 1. 14. 선고 2003다43162 판결, 2003. 11. 28. 선고 2002후130 판결

• 특허발명이 구성 1 내지 3으로 구성된 경우, 구성 2와 구성 3을 각각 독립된 구성으로 보호받고자 한다면, 독립항과 종속항으로 구성할 것이지 이를 하나의 독립항으로 구성한 이상, 그 전체의 구성을 모두 포함한 발명에 대하여만 권리범위를 주장할 수 있다(특허법원 2007. 12. 6. 선고 2007허3448 판결).

276) 특허법원 2013. 5. 15. 선고 2013허402 판결, 2004. 7. 22. 선고 2003허4092 판결, 2000. 11. 10. 선고 2000허1672 판결, 서울중앙지법 2018. 6. 26.자 2018카합67 결정, 2007. 2. 2. 선고 2006가합38319 판결, 2004. 10. 7. 선고 2003가합38530 판결, 부산지법 2005. 6. 30. 선고 2004노4834 판결, 서울서부지법 2002. 1. 25. 선고 99가합11885 판결

277) 대법원 2006. 1. 12. 선고 2005후2625 판결, 특허법원 2005. 10. 21. 선고 2004허7203 판결, 2004. 8. 19. 선고 2003허5651 판결, 2013. 1. 17. 선고 2012허7420 판결, 서울서부지법 2002. 1. 25. 선고 99가합11885 판결

278) 특허법원 2015. 10. 22. 선고 2015허3030 판결

279) 특허법원 2006. 1. 19. 선고 2005허4706 판결, 2005. 2. 24. 선고 2004허3829 판결, 2004. 4. 23. 선고 2003허6050 판결, 2003. 7. 10. 선고 2002허4330 판결, 2003. 7. 10. 선고 2002허4385 판결, 2003. 7. 3. 선고 2002허6404 판결, 2003. 6. 20. 선고 2002허2518 판결, 2002. 11. 8. 선고 2002허

4) 구성과 작용효과

가) 구성 대비 후 작용효과 참작

□ 확인대상발명이 특허발명의 권리범위에 속하는지 여부를 판단하기 위해서는 먼저 특허발명의 청구범위에 적힌 기술구성과 확인대상발명의 기술구성을 대비하고 다음으로 작용효과를 참작해야 한다.[280)]

나) 구성과 작용효과가 같은 경우

□ 확인대상발명이 특허발명과 구성과 작용효과가 같은 경우에는 그 권리범위에 속한다.[281)]

다) 구성과 작용효과가 다른 경우

□ 확인대상발명이 특허발명과 구성과 작용효과가 다른 경우에는 그 권리범위에 속하지 않는다.[282)]

※ 문언침해에 해당한다고 본 사례

○ 대법원 2021. 2. 25. 선고 2019후11152 판결

특허발명의 청구범위에 적혀있는 문언의 일반적인 의미와 내용에 따라 발명의 설명과 도면을 참작하면, 특허발명의 축공은 '받침대 상면 중앙에 형성되어, 회전팬 하면 중앙에 형성된 축돌기가 삽입되거나 분리될 수 있는 구멍'으로 해석되고, 특허발명에서 축돌기가 축공에 삽입된 경우, 회전팬이 받침대 위에 회전 가능하게 설치됨을 알 수 있다. 확인대상발명의 축공 역시 '하부베이스 상면 덮개판 중앙에 형성되어, 회전팬 하면 중앙에 형성된 축돌기가 삽입되거나 분리될 수 있는 구멍'이므로, 확인대상발명의 축공과 축돌기는 특허발명의 축공과 축돌기에 대응된다. 확인대상발명에서도 회전

2488 판결, 2002. 11. 8. 선고 2002허2624 판결, 2002. 11. 8. 선고 2002허2648 판결, 서울중앙지법 2006. 11. 24. 선고 2006가합40350 판결, 2006. 9. 15. 선고 2005가합74615,74691 판결, 청주지법 2004. 7. 30. 선고 2002가합1779 판결, 의정부지법 2004. 7. 12. 선고 2003카합346 판결

280) 서울동부지법 1998. 10. 1. 선고 97가합3383 판결

281) 대법원 1994. 1. 14. 선고 92후2199 판결, 1985. 9. 10. 선고 84다카1608 판결, 서울고법 2012. 6. 27. 선고 2011나71485 판결, 인천지법 2012. 7. 19. 선고 2011가합7931 판결, 2011. 8. 19. 선고 2010가합22961 판결, 수원지법 안양지원 2011. 1. 13. 선고 2010가합4252 판결, 대구지법 2010. 6. 10. 선고 2009가단44492 판결, 2004. 10. 12. 선고 2004가합2155,4519 판결, 수원지법 2005. 11. 22. 선고 2001가단23552 판결

- 특허발명과 확인대상발명의 결합구성과 주요부분의 배치 및 작동공정이 거의 동일한 경우에는 구성과 작용효과가 동일한 것으로 본다(대법원 1994. 1. 14. 선고 92후2199 판결).

282) 대법원 2007. 2. 9. 선고 2005후3369 판결, 2003. 2. 11. 선고 2001후2573 판결, 1989. 9. 26. 선고 86후179 판결, 1986. 9. 9. 선고 85도1891 판결, 서울지법 2003. 9. 24. 선고 2002노7526 판결

팬 하면의 축돌기가 하부베이스 상면 덮개판의 축공에 삽입된 경우, 회전팬이 하부베이스 위에 회전 가능하게 설치된다. 따라서 확인대상발명은 특허발명의 유기적 결합관계를 포함하고 있다.

○ 대법원 2005. 4. 29. 선고 2004도3409 판결

특허발명과 확인대상발명은 테이블레그, 보강프레임, 브라켓, 보강웨지의 구성이 각각 동일하고 그 작용효과도 동일하며, 다만 확인대상발명의 테이블판은 상판과 하판이 일체로 결합하여 하나의 합성수지 테이블판을 이루고 있는 점에서 테이블판이 일체형으로 된 특허발명의 실시예와 차이가 있으나 특허발명의 청구범위에는 테이블판의 형상을 일체형으로 한정한다는 기재가 없으므로, 양 구성은 실질적으로 동일하다.

○ 대법원 2004. 9. 3. 선고 2002다26016 판결

특허발명에서 말하는 스토퍼는 한쪽 고정편에서 다른 고정편 쪽으로 연장 돌출한 부분뿐만 아니라 그 고정편을 고정축과 연결하는 연결 링 부분도 포함함으로써 연결 링 부분에 의하여 고정축에 설치되어 있는 한쪽 고정편의 끝부분을 가리키는 구성이며, 실시발명에서는 그 설명서 및 도면의 기재에 의할 때, '도어 체크'의 내·외측 브래킷을 힌지 축으로 결합하고 있으며, 비상문이 닫힌 상태에서 '도어 체크'의 내·외측 브래킷이 중앙에서 서로 맞닿아 문이 반대편으로 열리지 않도록 하는 스토퍼의 기능을 하고 있음을 알 수 있어, 실시발명은 특허발명의 고정축에 설치한 스토퍼에 해당하는 구성을 갖추고 있으므로, 실시발명은 특허발명의 권리범위에 속한다고 볼 수 있다.

※ 문언침해에 해당하지 않는다고 본 사례

○ 대법원 2019. 9. 9. 선고 2019후10081 판결

특허발명의 '누름판'과 이에 대응하는 확인대상발명의 '안전판 및 한 쌍의 가이드 턱'을 대비하여 보면, 특허발명의 '누름판'은 근위의 내부가 노출되도록 절개 부위의 양측을 가압하여 벌리는 기능을 수행하는 구성인 반면, 확인대상발명의 '안전판과 가이드 턱'은 그 설명서에 적힌 대로 안전판 저면에 돌출 형성된 두 개의 가이드 턱 사이로 근위가 삽입된 채 이동하게 하는 구성으로 근위의 상부 중앙 부위가 흔들리지 않도록 잡아주고 모아주어 근위의 중앙 부위가 절개되도록 하는 작용효과를 갖는 것으로 파악되므로, 그 구성 및 작용효과에 차이가 있어서 문언침해가 인정된다고 볼 수 없다.

○ 대법원 2007. 1. 11. 선고 2005마1097 판결

특허발명은 '밴드 소재에 접착제를 도포한 후 수지피막을 형성하는 공정'과 '수지피막이 형성된 밴드 소재를 일정 길이로 절단하는 공정'을 연속적으로 구현하는 장치인데 비하여, 침해주장 제조장치는 '밴드 소재에 접착제를 도포한 후 수지피막을 형성하는 공정'과 '수지피막이 형성된 밴드 소재를 후프형태로 감는 공정'을 연속적으로 구현하는 장치이므로, 양자는 '수지피막 형성공정'을 구현

하기 위한 구성요소들이 일부 동일한 점은 있으나, 침해주장 제조장치에는 '절단공정'을 구현하는 특허발명의 '커팅머신'과 '제어수단'에 상당하는 구성이 결여되어 있음을 알 수 있고, 설령 침해주장 제조장치에 의하여 제조된 후프형태의 밴드가 결속밴드의 용도로 사용되기 위해서 일정 길이로 절단되는 공정을 거친다고 하더라도, 이러한 절단공정은 침해주장 제조장치에 의해서 구현되는 것이 아니라 별개의 장치에 의하여 구현되는 것이므로 수지피막 형성공정과 절단공정을 연속적으로 구현하는 장치인 특허발명과 실질적으로 동일하다고 할 수는 없을 것이다. 따라서 침해주장 제조장치는 특허발명의 '커팅머신'과 '제어수단'에 상당하는 구성이 결여되어 있어 특허발명의 권리범위에 속한다고 볼 수 없다.

○ 대법원 2006. 11. 9. 선고 2005후1127 판결

특허발명은 '원형홈'의 구성으로 인하여 손잡이몸체를 타이머 케이스에 맞춤 조립될 때 그 조립시간을 단축시킬 수 있고, 눈금 설정을 위하여 손잡이몸체를 좌우로 돌릴 경우에 부드럽게 눈금을 설정할 수 있도록 하는 효과가 있으나, 이러한 구성을 결여하고 있는 확인대상발명에서는 이러한 효과를 기대할 수 없다. 따라서 특허발명과 확인대상발명은 구성에 있어서 '원형홈'의 유무에 차이가 있고 그로 인하여 작용효과에서도 차이가 있는 것이어서, 확인대상발명은 특허발명의 권리범위에 속하지 않는다.

○ 대법원 2003. 8. 22. 선고 2001후2764 판결, 2003. 8. 22. 선고 2002다4504 판결

특허발명은 양 고정편을 연결하는 고정 축에 스토퍼와 스프링을 설치하는 구성이지만, 확인대상발명은 암 경첩의 상부와 하부에 각각 형성된 만곡 돌편과 돌편이 스토퍼 기능을 하고, 고정구와 조절구 사이에 형성된 빈 공간에 스프링을 설치하여 그 스프링의 복원력에 의하여 문이 닫히도록 된 것으로서 특허발명과는 기술적 구성이 다르므로 그 권리범위에 속하지 않는다.

나. 균등침해

1) 개요

가) 의의

(1) 균등론의 개념

□ 균등론은 특허발명의 핵심을 기술적 사상으로 파악하고 그와 동일성의 범주에 속하는 일정한 범위 내에서 그 외연을 넓혀 특허권의 권리범위로 인정하고자 하는 이론이다.[283)]

▶ 균등침해에서 구성의 '변경'은 구성의 '치환'보다 상위개념으로, 이 책에서의 구성의 '변

283) 특허법원 2017. 6. 30. 선고 2016나1929 판결

경'은 구성의 '치환 및 변경'을 포함하는 포괄적인 용어로 사용한다.

(2) 특허발명과 확인대상발명의 대비에 적용

□ 균등관계의 법리는 권리범위확인심판에서 특허권자의 특허발명과 상대방이 실시하고 있다고 특정한 발명을 대비할 때에 적용되는 것이다.[284)]

(3) 균등관계에 있으면 권리범위에 속함

□ 확인대상발명의 구성요소의 일부가 특허발명의 대응되는 구성요소와 문언상으로 동일하지 않다고 하더라도 서로 균등한 관계에 있으면 확인대상발명이 특허발명의 권리범위에 속한다고 본다.[285)]

나) 원칙

(1) 일반적 법리

□ 확인대상발명에서 특허발명의 청구범위에 적힌 구성 중 변경된 부분이 있는 경우에도, ① 특허발명과 과제해결원리가 동일하고, ② 특허발명에서와 실질적으로 동일한 작용효과를 나타내며, ③ 그와 같이 변경하는 것이 통상의 기술자라면 누구나 쉽게 생각해 낼 수 있는 정도라면, ④ 확인대상발명이 특허발명의 출원시 이미 공지된 기술과 동일한 기술 또는 통상의 기술자가 공지기술로부터 쉽게 발명할 수 있었던 기술에 해당하거나, ⑤ 특허발명의 출원절차를 통하여 확인대상발명의 변경된 구성이 청구범위로부터 의식적으로 제외된 것에 해당하는 등의 특별한 사정이 없는 한, 확인대상발명은 특허발명의 청구범위에 적힌 구성과 균등한 것으로서 여전히 특허발명의 권리범위에 속한다.[286)]

(2) 취지

□ 특허의 보호범위가 청구범위에 적혀 있는 사항에 의하여 정하여짐에도 청구범위의 구성요소와 침해대상제품 등의 대응구성이 문언적으로 동일하지는 않더라도 서로 균등한 관계에 있는 것으로 평가되는 경우 이를 보호범위에 속하는 것으로 보아 침해를 인정하는 것은, 출원인이 청구범위를 적는 데에는 문언상 한계가 있기 마련인

---

284) 특허법원 2013. 1. 24. 선고 2011허11668 판결

285) 특허법원 2017. 6. 30. 선고 2016나1929 판결

286) 대법원 2014. 5. 29. 선고 2012후498 판결, 2013. 1. 24. 선고 2012다80118 판결, 2012. 6. 28. 선고 2012도3583 판결, 2012. 6. 14. 선고 2012후443 판결, 2011. 9. 29. 선고 2010다65818 판결, 2011. 7. 28. 선고 2010후67 판결, 2011. 5. 26. 선고 2010다75839 판결
(같은 취지) 대법원 2023. 2. 2. 선고 2022후10210 판결, 2022. 10. 14. 선고 2022다223358 판결, 2022. 9. 7. 선고 2021다280835 판결, 2022. 1. 14. 선고 2021후10589 판결, 2021. 3. 11. 선고 2019다237302 판결, 2020. 4. 29. 선고 2016후2546 판결

데 사소한 변경을 통한 특허침해 회피 시도를 방치하면 특허권을 실질적으로 보호할 수 없게 되기 때문이다.[287)]

(3) 구성이 동일하지 않다는 것을 전제

★□ 균등관계는 양 발명의 구성이 동일하지 않다는 것을 전제로 하는 것이므로, 대비되는 구성이 균등관계에 있다고 주장하면서 아울러 실질적으로 동일하다고 하는 것은 적절하지 않은 표현이다.[288)]

(4) 특허발명의 구성과 확인대상발명의 변경된 구성 대비

□ 균등판단은 확인대상발명에 특허발명의 구성 중 변경된 부분이 있음에도 여전히 특허발명의 특허권을 침해한다고 볼 수 있는지에 대한 판단이므로, 기본적으로 특허발명의 구성과 확인대상발명의 변경된 구성을 대비 · 판단하는 것이다.[289)]

다) 주장 · 증명책임

(1) (적극적 요건) 균등관계를 주장하는 자

□ 적극적 요건인, ① 과제해결원리의 동일성, ② 효과의 동일성, ③ 변경용이성은 균등관계를 주장하는 자가 주장 · 증명해야 한다.[290)]

(2) (소극적 요건) 확인대상발명을 실시하는 자

□ 소극적 요건인, ④ 공지기술배제의 원칙, ⑤ 출원경과금반언의 원칙은 확인대상발명을 실시하는 자가 주장 · 증명해야 한다.[291)]

(3) 당사자가 주장하지 않아도 특허심판원이 판단 가능

★▷ 특허심판원은 변론주의 원칙상 당사자가 주장하는 특허침해의 전제사실에 국한하여 판단할 수 있지만, 그 전제사실을 토대로 하여 균등론을 적용할 것인지의 문제는 법적 평가에 해당하는 것으로서 당사자가 균등침해에 관한 주장을 하지 않았다고 하더라도 특허심판원이 이를 판단할 수 있다.[292)]

---

287) 대법원 2023. 2. 2. 선고 2022후10210 판결
288) 대법원 2003. 5. 27. 선고 2002후604 판결
289) 서울고법 2016. 3. 24.자 2015라20318 결정
290) 서울고법 2009. 2. 2. 선고 2009나28013 판결, 서울중앙지법 2018. 7. 20. 선고 2017가합530224 판결, 2009. 2. 5. 선고 2008가합107677 판결, 2009. 1. 15. 선고 2008가합23281 판결, 2008. 12. 11. 선고 2008가합33608 판결
291) 대법원 2007. 2. 8. 선고 2005후1240 판결, 서울고법 2009. 2. 2. 선고 2009나28013 판결, 서울중앙지법 2009. 2. 5. 선고 2008가합107677 판결, 2009. 1. 15. 선고 2008가합23281 판결, 2008. 12. 11. 선고 2008가합33608 판결
292) 김동진, 특허침해소송 사례 연구, 2008년도 변리사 민사소송실무연수, 대한변리사회, 185면

라) 대응구성이 결여된 경우

(1) 균등관계 적용 불가

□ 균등관계의 법리는 확인대상발명이 특허발명의 청구범위에 적힌 구성을 변경하더라도 그에 대응하는 균등한 구성을 구비하고 있는 경우에는 여전히 특허발명의 권리범위에 속한다는 것이므로, 이와 달리 대응하는 구성을 구비하고 있지 않은 경우에는 적용될 수 없다.[293)]

(2) 결여된 구성요소 대신에 등가관계에 있는 다른 구성요소 사용

□ 형식적으로는 청구범위의 기재를 벗어나 특허발명의 기술적 구성요소를 결여하고 있는 것으로 보이더라도, 그 결여된 구성요소 대신에 등가관계에 있는 다른 구성요소를 사용함으로써 실질적으로는 당해 발명의 모든 기술적 특징을 그대로 사용하고 있는 경우에는 예외적으로 균등론을 적용하여 침해를 인정해야 한다.[294)]

2) 과제해결원리의 동일성

가) 판단기준

(1) 과제해결원리와 관련된 구성요소의 변경

□ 확인대상발명이 균등한 구성요소를 갖는다고 하기 위해서는 특허발명의 과제해결원리와 관련된 구성요소의 변경이 있어야 한다.[295)]

(2) 과제해결원리의 고려 이유

□ 특허발명의 실질적 가치는 선행기술에서 해결되지 않았던 기술과제를 특허발명이 해결하여 기술발전에 기여하였다는 데에 있으므로, 확인대상발명의 변경된 구성요소가 특허발명의 대응되는 구성요소와 균등한지를 판단할 때에는 특허발명에 특유한 과제해결원리를 고려해야 한다.[296)]

---

293) 특허법원 2014. 12. 18. 선고 2014허5213 판결, 2014. 4. 3. 선고 2013허8062 판결

294) 특허법원 2000. 9. 7. 선고 99허9755 판결, 1998. 9. 17. 선고 98허2160 판결

295) 특허법원 2016. 9. 1. 선고 2016나1066 판결
(같은 취지) 서울고법 2016. 3. 24.자 2015라20318 결정, 청주지법 2005. 6. 23. 선고 2002가합400 판결, 2005. 6. 23. 선고 2002카합194 판결

296) 대법원 2020. 4. 29. 선고 2016후2546 판결, 2019. 1. 31.자 2016마5698 결정, 2019. 1. 31. 선고 2017후424 판결, 특허법원 2022. 12. 21. 선고 2022허3458 판결, 2022. 10. 27. 선고 2021허1851 판결, 2022. 10. 13. 선고 2022허1292 판결, 2022. 9. 29. 선고 2021허6283 판결, 2022. 9. 15. 선고 2021허6641 판결, 2022. 9. 1. 선고 2021허3697 판결, 2022. 9. 1. 선고 2021허3703 판결, 2022. 9. 1. 선고 2021허3710 판결, 2022. 8. 18. 선고 2021허4652 판결, 2022. 7. 22. 선고 2021허3628 판결, 2022. 7. 21. 선고 2021허2984 판결, 2022. 6. 23. 선고 2021허2311 판결

◀ 균등침해에서는 과제해결원리의 동일성과 작용효과의 동일성 여부가 주된 쟁점이 되는 경우가 대부분이므로, 균등판단에서는 과제해결원리와 작용효과의 대비에 집중해야 한다.

(3) 과제해결원리의 동일 여부

(가) 특허발명의 과제해결원리가 확인대상발명에도 동일하게 적용된 것인지

★□ 과제해결원리의 동일성은 균등 여부가 문제된 구성이 특허발명의 과제를 해결하는데 있어 기능하는 원리를 파악한 후, 동일한 원리가 확인대상발명의 대응구성에도 적용된 것인지 살펴야 한다.297)

(나) 특허발명의 과제해결원리가 확인대상발명에도 동일하게 유지되고 있는지

□ 과제해결원리는 그 구체적인 구성에 의하여 구현되므로, 당해 사건에서 균등한지 문제되는 구성이 특허발명의 과제를 해결하는 데 기능하는 원리를 파악하여, 확인대상발명에서 그 변경된 부분에도 불구하고 특허발명에서의 과제해결원리가 동일하게 유지되고 있는지 살펴보아야 한다.298)

(4) 특허발명이 복수의 과제해결원리를 가지고 있는 경우

(가) 확인대상발명에 모두 나타난 경우에 한하여 과제해결원리 동일

★□ 특허발명이 복수의 과제해결원리를 가지고 있는 경우, 이러한 복수의 과제해결원리가 확인대상발명에 모두 나타난 경우에 한하여 특허발명과 확인대상발명의 과제해결원리가 동일하다고 보아야 한다.299)

(나) 복수의 과제해결원리가 각각 다른 선행기술에 의하여 공지된 경우

□ 특허발명이 복수의 과제해결원리를 가지고 있고 그 과제해결원리가 각각 다른 선행기술들에 의하여 출원 당시 공지되었다 하더라도, 복수의 과제해결원리의 결합 자체가 공지되거나 통상의 기술자에게 자명한 것이 아니라면 특허발명의 기술사상의 핵심이 모두 공지되었다고 단정할 수 없다. 더욱이 복수의 과제해결원리 중 일부는 공지되었더라도 나머지는 공지된 것으로 볼 수 없고, 균등 여부가 다퉈지는 구성요소는 공지된 과제해결원리와 무관한 것이라면, 양 발명의 과제해결원리의 동일성 여부를 검토하지 않은 채 문제되는 구성요소들의 개별적 기능이나 역할 등의 비교로 나아가서는 안 된다.300)

---

297) 특허법원 2016. 11. 10. 선고 2016허4191 판결, 서울고법 2016. 3. 24.자 2015라20318 결정, 청주지법 2005. 6. 23. 선고 2002가합400 판결, 2005. 6. 23. 선고 2002카합194 판결
298) 서울고법 2016. 3. 24.자 2015라20318 결정
299) 특허법원 2021. 12. 17. 선고 2021허1653 판결
(같은 취지) 서울고법 2016. 3. 24.자 2015라20318 결정

○ 대법원 2018. 5. 30. 선고 2016후2119 판결

특허발명은 'L자형 접속관과 바닥 하수관으로 이루어진 바닥 배수관 장치를 기초 콘크리트 바닥 내부에 설치하는 단계 및 L자형 접속관 상면에 다수개의 작은 구멍이 천공된 취수구를 설치하는 단계'에 관한 것이고 확인대상발명은 '배수연결배관, 천공 연결관, 천공 연장관, 밀봉관을 포함하여 구성되는 배수배관장치를 기포콘크리트 층 내부에 설치하는 것 및 천공 연결관과 천공 연장관에 각각 다수개의 제1 배수 통공과 제2 배수 통공을 형성하는 것'이므로, 양 발명은 모두 기초 콘크리트 바닥 상부와 바닥 마감재 내부의 수분이 쉽게 배출되도록 한다는 과제는 동일하다. 이러한 과제를 해결하기 위하여 특허발명은 '세면욕조실의 기초 콘크리트 바닥 내부에 바닥 배수관 장치를 설치하면서 L자형 접속관 상면에 취수구를 두어 이 취수구를 통해 기초 콘크리트 바닥 상면에 고이는 오수 등을 배출하는 것'을 과제의 해결원리로 하고 있는 반면, 확인대상발명은 '화장실의 기초콘크리트 층이 아닌 그 상부의 기포콘크리트 층 내부에 배수배관장치를 설치하면서 배수배관장치의 천공 연결관과 천공 연장관에 다수개의 구멍을 형성하여 이 구멍을 통해 수분을 배출하는 것'을 과제의 해결원리로 하고 있다. 따라서 양 발명에서 과제의 해결원리가 동일하다고 볼 수 없다.

○ 대법원 2012. 3. 29. 선고 2011후3940 판결

특허발명은 '반송용 스크류가 구비된 반송관이 사료탑과 약품통에 연결된 구성'인 반면에, 확인대상발명은 '반송관이 사료탑의 토출구와 투입유닛의 투입구에 연결된 구성'으로, 양 구성은 사료를 투입시키는 위치를 낮춤으로 인하여 반송관의 길이를 짧게 하고 큰 구동력이나 별도의 지지축·호스 등을 사용하지 않으면서 사료를 쉽게 사료탱크로 반송하고자 한다는 점에서 기술적 과제에 공통점이 있다. 그러나 특허발명의 구성은 위 기술적 과제를 해결하기 위하여 사료탱크 뒷부분에 구비된 기존의 약품통을 반송사료의 투입부로 사용하는 것인 반면에, 확인대상발명의 대응구성은 사료탱크의 최후측에 마련된 저장실에 사료가 투입되도록 사료탱크의 후측에 투입유닛의 투입구를 별도로 형성한 것이어서, 확인대상발명은 특허발명과는 과제해결원리가 동일하다고 할 수 없다.

나) 특허발명의 특징적 구성

(1) 특허발명의 본질적 부분

(가) 본질적 부분의 의미

(ㄱ) 특허발명의 과제해결수단을 뒷받침하는 특징적인 부분

□ 특허발명의 본질적 부분이란 청구범위에 적힌 특허발명의 구성 중에 당해 특허발명이 특별하게 가지고 있는 과제해결수단을 뒷받침하는 특징적인 부분, 즉 그 부분이 다른 구성으로 변경된다면 전체로서의 당해 특허발명의 기술적 사상과 별개의 것으로 평가되는 부분을 말한다.[301]

300) 특허법원 2022. 10. 12. 선고 2021허5266 판결

▷ 본질적 부분은 과제해결원리의 동일성과 내포 개념이 같은 것이라고 볼 수 있다.[302]

(ㄴ) 특허발명의 기술사상의 핵심을 이루는 특징적인 부분

□ 청구범위의 기재 중 당해 특허발명의 특유한 해결수단을 뒷받침하는 기술사상의 핵심을 이루는 특징적인 부분이 특허발명에서의 본질적 부분이라고 이해해야 한다.[303]

(나) 본질적 부분의 파악방법

□ 특허발명에서 본질적 부분을 파악함에 있어서는 단지 청구범위에 적힌 일부를 형식적으로 끄집어내는 것이 아니고, 당해 특허발명의 실질적 가치를 구현하는 구성이 무엇인지를 실질적으로 탐구해서 판단해야 한다.[304]

(다) 확인대상발명과 다른 부분이 비본질적 부분일 것

□ 균등관계가 성립하기 위해서는 우선 청구범위의 구성 중 확인대상발명과 다른 부분이 특허발명의 본질적 부분이 아니어야 한다.[305]

(라) 확인대상발명이 본질적 부분에서 구성이 다른 경우

□ 확인대상발명이 본질적인 부분에서 특허발명의 구성과 다르다면 더 이상 특허발명의 실질적 가치는 미치지 않고 특허발명의 구성과 균등하다고 할 수 없다.[306]

---

301) 서울고법 2009. 2. 2. 선고 2009나28013 판결, 2008. 9. 24. 선고 2007나86671 판결, 서울중앙지법 2009. 2. 5. 선고 2008가합107677 판결, 2008. 12. 11. 선고 2008가합33608 판결, 2008. 8. 14. 선고 2007가합115091 판결, 2008. 3. 27. 선고 2007가합73388 판결, 2007. 12. 13. 선고 2006가합103336 판결, 2007. 12. 13. 선고 2006가합103343 판결, 2007. 10. 18. 선고 2007가합26320 판결, 2007. 8. 30. 선고 2006가합14061 판결, 2007. 8. 16. 선고 2006가합102081 판결, 2007. 5. 31. 선고 2006가합65557 판결

302) 유영일, 특허소송에서의 균등론의 체계적 발전방향, 특허소송연구 2집, 특허법원(2001), 295면

303) 서울고법 2009. 2. 2. 선고 2009나28013 판결, 2008. 9. 24. 선고 2007나86671 판결, 서울중앙지법 2009. 2. 5. 선고 2008가합107677 판결, 2008. 12. 11. 선고 2008가합33608 판결, 2008. 8. 14. 선고 2007가합115091 판결, 2008. 3. 27. 선고 2007가합73388 판결, 2007. 12. 13. 선고 2006가합103336 판결, 2007. 12. 13. 선고 2006가합103343 판결, 2007. 10. 18. 선고 2007가합26320 판결, 2007. 8. 30. 선고 2006가합14061 판결, 2007. 8. 16. 선고 2006가합102081 판결, 2007. 5. 31. 선고 2006가합65557 판결

304) 서울고법 2009. 2. 2. 선고 2009나28013 판결, 서울중앙지법 2009. 2. 5. 선고 2008가합107677 판결, 2008. 12. 11. 선고 2008가합33608 판결, 2007. 12. 13. 선고 2006가합103343 판결

305) 서울고법 2009. 2. 2. 선고 2009나28013 판결, 2008. 9. 24. 선고 2007나86671 판결, 서울중앙지법 2009. 2. 5. 선고 2008가합107677 판결, 2008. 12. 11. 선고 2008가합33608 판결, 2008. 8. 14. 선고 2007가합115091 판결, 2008. 3. 27. 선고 2007가합73388 판결, 2007. 12. 13. 선고 2006가합103336 판결, 2007. 12. 13. 선고 2006가합103343 판결, 2007. 10. 18. 선고 2007가합26320 판결, 2007. 8. 30. 선고 2006가합14061 판결, 2007. 8. 16. 선고 2006가합102081 판결, 2007. 5. 31. 선고 2006가합65557 판결

306) 서울고법 2009. 2. 2. 선고 2009나28013 판결, 2008. 9. 24. 선고 2007나86671 판결, 서울중앙지법

(2) 특징적 구성의 파악방법

(가) 특징적 구성의 의미

▷ '특징적 구성'의 의미에 대하여, 청구범위에 적힌 특정 구성요소 또는 그 구성요소의 결합으로 파악하고 발명의 기술적 과제 내지 목적과는 구분되는 것으로서, 특허발명의 명세서의 발명의 설명에 적힌 종래기술이나 선행기술과 대비하여 특허발명이 객관적으로 가지고 있는 신규하고 진보성이 부정되지 않은 과제해결수단으로 풀이할 수 있는 특허발명에 있는 특유한 해결수단으로 보고 있다. 따라서 해당 구성요소의 기술적 특징이 들어 있는 부분이 아니라 발명을 특정하는 구성, 청구범위에 적힌 구성 자체로 오해해서는 안 된다.[307)]

(나) 명세서에 적힌 발명의 설명과 출원 당시의 공지기술 참작

□ 특허발명의 특징적 구성을 파악함에 있어서는 청구범위에 적힌 구성의 일부를 형식적으로 추출할 것이 아니라 명세서에 적힌 발명의 설명과 출원 당시의 공지기술을 참작하여 선행기술과 대비하여 볼 때, 특허발명의 특유한 해결수단이 기초하고 있는 과제해결원리가 무엇인가를 실질적으로 탐구하여 판단해야 한다.[308)]

(3) 과제해결원리의 동일 판단

(가) 특허발명의 특징적 구성이 확인대상발명에 그대로 존재

□ 과제해결원리가 동일하다는 것은 확인대상발명에서 변경된 구성이 특허발명의 본질적 부분이 아니어서 변경에도 불구하고 특허발명의 특징적 구성이 확인대상발명에 그대로 존재하는 것을 의미한다.[309)]

2009. 2. 5. 선고 2008가합107677 판결, 2008. 12. 11. 선고 2008가합33608 판결, 2008. 8. 14. 선고 2007가합115091 판결, 2008. 3. 27. 선고 2007가합73388 판결, 2007. 12. 13. 선고 2006가합103336 판결, 2007. 12. 13. 선고 2006가합103343 판결, 2007. 10. 18. 선고 2007가합26320 판결, 2007. 8. 30. 선고 2006가합14061 판결, 2007. 8. 16. 선고 2006가합102081 판결, 2007. 5. 31. 선고 2006가합65557 판결

307) 한동수, 균등침해에서 과제해결원리의 동일성 요건, 특허법 연구 11권, 대법원 특별소송실무연구회(2014), 492면.

308) 대법원 2014. 5. 29. 선고 2012후498 판결, 2013. 1. 24. 선고 2012다80118 판결, 2012. 6. 28. 선고 2012도3583 판결, 2012. 6. 14. 선고 2012후443 판결, 2011. 9. 29. 선고 2010다65818 판결, 2011. 7. 28. 선고 2010후67 판결, 2011. 5. 26. 선고 2010다75839 판결, 2010. 5. 27. 선고 2010후296 판결, 2009. 12. 24. 선고 2007다66422 판결, 2009. 10. 15. 선고 2009다46712 판결, 2009. 6. 25. 선고 2007후3806 판결, 특허법원 2022. 4. 27. 선고 2021허4348 판결, 2018. 2. 9. 선고 2017허6033 판결, 서울중앙지법 2021. 4. 30. 선고 2019가합515953 판결

309) 대법원 2014. 5. 29. 선고 2012후498 판결, 2013. 1. 24. 선고 2012다80118 판결, 2012. 6. 28. 선고 2012도3583 판결, 2012. 6. 14. 선고 2012후443 판결, 2011. 9. 29. 선고 2010다65818 판결, 2011. 7. 28. 선고 2010후67 판결, 2011. 5. 26. 선고 2010다75839 판결, 2010. 5. 27. 선고 2010후296 판

(나) 특허발명의 특징적 구성의 구비 여부

(ㄱ) 그대로 구비한 경우

□ 확인대상발명이 특허발명의 특징적 구성을 그대로 가지고 있는 경우에는 과제해결원리가 동일하다.[310)]

(ㄴ) 그대로 구비하지 않은 경우

□ 확인대상발명이 특허발명의 특징적 구성을 그대로 가지고 있지 않은 경우에는 과제해결원리가 동일하지 않다.[311)]

(다) 특징적 구성의 차이

□ 과제해결원리가 다른 경우에는 특허발명과 확인대상발명이 발명의 본질적 부분 내지 특징적 구성에 차이가 있다고 본다.[312)]

▶ 과제해결원리의 동일성 판단기준인 기술적 특징은 '김 절단기 사건'을 계기로,[313)] '특징적 구성'에서 '기술사상의 핵심'으로 실무가 변경되었다. 용어의 변경 외에도 기술사상의 핵심이 공지된 것인지 여부 등에서 상당한 실무의 변화가 있다.

※ 특징적 구성이 동일하다고 본 사례

○ 대법원 2012. 6. 28. 선고 2012도3583 판결, 2012. 6. 14. 선고 2012후443 판결

특허발명의 '약쑥잎, 회엽, 안식향, 참나무 숯 및 창출을 건조 후 물과 혼합하여 분쇄시키며, 점화시 끝까지 연소될 수 있도록 뭉쳐 동결 건조시킨 약쑥탄' 구성과, 실시기술의 '건조된 애엽, 포공영, 익모초, 사상자, 천궁, 부평초, 박하, 곽향, 향부자 및 참나무 숯 분말을 일정한 크기로 성형하여 동결 건조시킨 간접구 본체' 구성은 분쇄된 상태의 약재 또는 분말 상태의 약재를 일정한 크기로 뭉쳐서 동결 건조한 것이라는 점에서 동일하고, 실시기술의 간접구 본체의 구성성분 중 '포공영, 익모초, 사상자, 천궁, 부평초, 박하, 곽향 및 향부자'는 특허발명의 약쑥탄 구성성분 중 '회엽, 안식향 및 창출'

결, 2009. 12. 24. 선고 2007다66422 판결, 2009. 10. 15. 선고 2009다46712 판결, 2009. 6. 25. 선고 2007후3806 판결, 특허법원 2022. 4. 27. 선고 2021허4348 판결, 2018. 2. 9. 선고 2017허6033 판결, 2018. 1. 26. 선고 2017허6408 판결, 서울중앙지법 2021. 4. 30. 선고 2019가합515953 판결

310) 대법원 2012. 6. 28. 선고 2012도3583 판결, 2012. 6. 14. 선고 2012후443 판결, 특허법원 2012. 9. 6. 선고 2012허5936 판결

311) 대법원 2013. 1. 24. 선고 2012다80118 판결, 2012. 4. 13. 선고 2011후3827 판결, 2011. 9. 29. 선고 2010다65818 판결, 2011. 7. 28. 선고 2010후67 판결, 2011. 5. 26. 선고 2010다75839 판결, 2009. 12. 24. 선고 2007다66422 판결, 2009. 10. 15. 선고 2009다46712 판결, 2009. 6. 25. 선고 2007후3806 판결

312) 특허법원 2013. 10. 25. 선고 2013허976 판결

313) 대법원 2014. 7. 24. 선고 2012후1132 판결, 2014. 7. 24. 선고 2013다14361 판결

을 치환한 것이라는 점에서 차이가 있으나, 특허발명의 명세서상 발명의 설명의 기재와 그 출원 당시 공지기술을 참작하여 특허발명을 선행기술과 대비하면, 특허발명은 '약쑥 잎 등의 약재를 분쇄하여 뭉친 후 동결 건조한 약쑥탄' 구성과 '약쑥탄을 상부에 형성하여 연소시키며 약쑥탄의 연소 후 물에 용해되는 부유물' 구성을 채택하여, 좌변기의 물에 띄운 부유물 위에서 약쑥탄을 연소시키고 연소 후에는 좌변기의 물과 함께 재와 부유물을 좌변기로 배출하도록 하여 간편하게 약쑥 훈연과 뒤처리를 할 수 있다는 점에 기술적 의의가 있으므로, 특허발명에서 선행기술과 차별되는 특징적 구성은 '약쑥탄을 상부에 형성하여 연소시키며 약쑥탄이 연소된 후 물에 용해되어 물과 함께 배출되는 부유물' 부분인데, 실시기술은 '약쑥 등의 약재 분말을 일정한 크기로 형성하여 동결 건조한 간접구 본체'를 '종이 재질의 받침판과 수용성 방수지 위에 형성'하는 구성을 채택하여 특허발명의 위와 같은 특징적 구성을 그대로 가지고 있으므로, 실시기술은 특허발명과 과제해결원리가 동일하다.

○ 특허법원 2017. 8. 11. 선고 2017허1939 판결

특허발명과 확인대상발명의 특징적 구성은, 콘크리트 패널과 강을 합성한 빔을 제조하여 시공함에 있어, 콘크리트 패널에 포스트텐션 방식으로 프리스트레스를 도입하되, 1차 프리스트레스와 2차 프리스트레스를 나누어 도입한다는 점에 있으므로, 양 발명은 그 과제해결원리가 동일하다.

○ 특허법원 2014. 7. 10. 선고 2014허1273 판결

특허발명의 상세한 설명의 기재와 출원 당시의 공지기술 등을 참작하여 특허발명을 선행기술과 대비해 보면, 특허발명은 디스플레이부의 상면을 방탄유리로 덮는 구성을 채택함으로써, 사람의 하중에 의하여 유리가 파손되는 것을 방지하는 등의 안정성을 높이는 점에 기술적 의의가 있는 것으로 보인다. 따라서 특허발명에서 선행기술과 차별되는 특징적 구성은 '디스플레이부의 상면을 방탄유리로 덮는다'는 부분이다. 그런데, 확인대상발명도 '디스플레이부의 상면을 강화된 유리로 덮는다'는 구성을 채택함으로써, 사람의 하중에 의하여 유리가 파손되는 것을 방지하는 등의 안정성을 높이는 특허발명의 위와 같은 특징적 구성을 그대로 가지고 있으므로, 확인대상발명은 특허발명과 과제의 해결원리가 동일하다.

○ 특허법원 2014. 6. 26. 선고 2013허6110 판결

특허발명의 목적 및 효과는 자동개폐기와 파워퓨즈 및 피뢰기를 결선하고자 할 때 상기 파워퓨즈 또는 파워퓨즈와 피뢰기를 함께 자동개폐기의 프레임상에 일체로 근접 설치하여, 수전선로에 설치할 때의 공간 확보가 용이함에 따라 작업성이 좋고, 그만큼 작업시간과 인력소모를 줄이며, 고가인 버스바의 사용 길이를 줄일 수 있는 옥내 기중형 부하개폐기의 고장구간 자동개폐기를 제공하는데 있는 점('발명이 이루고자 하는 기술적 과제'부분 및 '발명의 효과' 부분), 특허발명의 명세서에 적힌 종래기술과 다른 특징적인 부분은 파워퓨즈와 피뢰기가 자동개폐기의 프레임상에 설치되는 것인 점 등을 종합하면, 특허발명의 특징적 구성은 '파워퓨즈와 피뢰기가 자동개폐기의 프레임상에 근접

설치되는 것'이라 할 것이다. 따라서 확인대상발명에서 특허발명의 구성과 달리 2차터미널이 3차절연체에 지지되게 설치되는 것은 특허발명의 비본질적인 부분이 치환된 것이고, 확인대상발명도 파워퓨즈와 피뢰기가 자동개폐기의 프레임상에 근접 설치되어 특허발명의 특징적 구성을 그대로 가지고 있어 과제해결원리가 동일하다.

※ 특징적 구성이 동일하지 않다고 본 사례

○ 대법원 2013. 1. 24. 선고 2012다80118 판결

공의 위치 조절 수단에 관하여 특허발명은 작동 홈이 있는 차단판을 센서에 삽입한 후 회전시키면서 하나의 센서가 센싱 카운트를 통해 '회전량을 측정'하면서 제어하는 방식이나, 피고제품은 다수의 감지센서가 이송프레임을 센싱하는 방식, 즉 '높이를 측정'하면서 제어하는 방식이어서 양자는 센서의 위치와 센서의 측정 대상 등 구성에 차이가 있고, 작동홈이 형성된 차단판을 두고 그 외주면 일측에 센서를 구비하는 구성은 특허발명의 특징적 구성인데, 피고제품은 이러한 구성을 갖고 있지 않으므로, 양자는 과제해결원리가 동일하다고 볼 수 없다.

○ 대법원 2012. 4. 13. 선고 2011후3827 판결

특허발명은 명세서 전체의 기재와 출원 당시의 공지기술 등을 참작하여 선행기술과 대비하여 볼 때, 종래의 1번 엮음사가 한번 풀리면 끝까지 모두 풀리게 되어 차양망이 자동분할되는 문제점을 해결하기 위하여, 별도의 2번 엮음사가 1번 엮음사 및 합성수지필름사를 엮어 주도록 하고, 2번 엮음사를 공급하는 2번 바늘대 이송용 캠링크를 가장 크게 한 것이므로, 이는 특허발명의 특징적 구성에 해당하는데, 확인대상발명은 특허발명의 이러한 특징적 구성을 그대로 가지고 있지 않아서 과제해결원리가 동일하다고 할 수 없다.

○ 대법원 2011. 9. 29. 선고 2010다65818 판결

특허발명은 분리자가 입력될 때까지 입력된 키에 상응하는 한글어절과 영문어절을 각각 생성한 다음, 양 어절 모두에 대하여 한영 모드의 판정을 수행하는 구성으로 파악되는 반면, 피고 실시발명은 우선 입력되는 문자키 값에 상응하는 어절문자열만을 생성하여 입력모드의 조건에 맞는지를 검사한 후 여기에 만족하면 대응모드문자열 추가 생성 없이 판정을 종료하고 입력모드의 조건에 불만족하는 경우에만 대응모드문자열을 추가로 생성하여 추가 생성된 어절에 대하여도 판정을 수행하는 점에서 차이가 있어 각 대응구성을 서로 동일한 구성이라 볼 수 없고, 나아가 명세서 전체의 기재와 출원 당시의 공지기술 등을 참작하여 선행기술과 대비하여 볼 때, 특허발명은 한글모드와 영문모드의 구분 없이 입력되는 문자열을 어절별로 판별하여 전환하는 한영 자동 전환 방법을 제공하려는 과제를 해결하기 위하여 '입력모드에 상관없이 분리자가 입력될 때까지 입력된 키에 상응하는 한글어절과 영문어절을 각각 생성하는 구성'을 취함으로써, 양 어절 모두에 대하여 한글인지 또는

영문인지를 판정하도록 하는 점이 선행기술에서 찾아볼 수 없는 특허발명 특유의 해결수단이라 할 것이어서, '입력모드에 상관없이 분리자가 입력될 때까지 입력된 키에 상응하는 한글어절과 영문어절을 각각 생성'하는 구성이 특허발명의 특징적 구성인데, 피고 실시방법은 '우선 입력되는 문자키값에 상응하는 어절문자열만을 생성하여 입력모드의 조건에 맞는지 여부를 검사하는 구성'을 채택함으로써, 입력모드별로 해당 입력모드의 문자조건에 만족하는지 여부를 먼저 검사한 후 여기에 만족하면 대응모드문자열 추가 생성 없이 판정을 종료하고, 입력모드의 조건에 불만족하는 경우에만 대응모드문자열을 추가로 생성하여 추가 생성된 어절에 대하여도 판정을 수행하게 되므로, 피고 실시방법은 특허발명의 특징적 구성을 그대로 가지고 있지 않아서 그 과제해결원리가 동일하다고 할 수 없다.

○ 대법원 2011. 7. 28. 선고 2010후67 판결

특허발명은 연결플레이트의 양측에서 슬라이딩되는 제1, 2링크플레이트의 유동을 방지하는 수단으로 '제1, 2링크플레이트의 측면에 별도의 제1, 2가이드레일을 부가하여, 그 제1, 2가이드레일과 연결플레이트에 형성된 제1, 2유동방지홈이 결합되는 구성'을 통해 연결플레이트의 두께를 가이드레일의 두께 정도까지 줄일 수 있게 됨으로써 링크플레이트가 연결플레이트의 유동방지홈에 직접 결합되는 종래의 유동방지수단에 비하여 슬라이딩개폐장치의 두께를 얇게 할 수 있다는 점에 그 기술적 의의가 있으므로, 가이드레일과 연결플레이트의 유동방지홈이 결합되는 구성은 특허발명의 본질적 부분 내지 특징적 구성인데, 확인대상발명은 회전판의 양측 사이드부에 가이드홈이 형성되어 제1, 2, 3리브를 포함한 S자 형태의 탄성지지판의 오픈된 공간에 회전판이 슬라이딩 삽입되는 것으로서, 리브를 포함한 탄성지지판 자체를 금속 박판으로 할 뿐, 특허발명의 가이드레일과 같이 탄성지지판에 부가되어 회전판의 가이드홈에 결합되는 구성을 별도로 채용하고 있지 않으므로, 확인대상발명은 특허발명의 특징적 구성을 그대로 가지고 있지 않아서 과제해결원리가 동일하다고 할 수 없다.

○ 대법원 2009. 10. 15. 선고 2009다46712 판결

특허발명의 청구범위에 적힌 구성요소 중 '통신절환부' 및 '일순환의 마감에 관한 제어부'에 관한 구성은 명세서의 발명의 설명의 기재와 출원 당시의 공지기술 등을 참작하여 선행기술과 대비하여 볼 때, 특허발명의 본질적인 부분 내지 특징적인 구성이라 할 것인데, 침해대상제품은 특허발명의 이러한 특징적 구성을 그대로 가지고 있지 않아서 특허발명과는 과제해결원리가 동일하다고 할 수 없다.

다) 특허발명의 기술사상의 핵심

(1) 기술사상의 핵심의 파악방법

(가) 발명의 설명의 기재와 출원 당시의 공지기술 참작

□ 특허발명의 기술사상의 핵심은 발명의 설명의 기재와 출원 당시의 공지기술을 참작해서 판단해야 한다.[314]

(나) 기술사상의 핵심 파악시 유의사항

(ㄱ) 내적 증거를 기초로 외적 증거에 대한 추가심리

★▷ 과제해결원리는 우선 내적 증거인 명세서의 발명의 설명에 적힌 종래기술의 문제점, 해결과제, 과제해결수단, 발명의 효과의 기재에 기초하여 판단하되, 필요한 경우 출원경과나 다른 공지의 증거 등 외적 증거에 대한 추가심리를 통하여 기술사상의 핵심을 객관적으로 추출한다.[315)]

(ㄴ) 기술사상의 핵심 구현에 기여하는 정도에 그치는 경우

ㅁ 명세서의 발명의 설명에 당사자가 주장하는 기능이 적혀 있는 경우라도, 이러한 기능은 청구항에 적힌 수단을 통해 특허발명에 특유한 해결수단이 기초하고 있는 기술사상의 핵심을 구현하는 데 기여하는 정도에 그칠 뿐, 기술사상의 핵심으로 파악해서는 안 되는 경우가 있으므로, 기술사상의 핵심을 파악할 때 유의해야 한다.[316)]

(ㄷ) 발명의 기술적 과제나 목적도 고려

▶ 과제해결원리를 판단함에 있어 기술사상의 핵심은 발명의 기술적 과제나 목적과는 구별되는 별개의 개념이지만, 기술사상의 핵심을 파악할 때에는 발명의 기술적 과제나 목적도 고려해야 한다.

▶ 과제해결원리의 동일 여부를 판단할 때에 특허발명에 특유한 해결수단이 기초하고 있는 기술사상의 핵심의 공지 여부를 가려 균등범위의 광협을 정하는 것은 중심한정주의 관점이 반영된 결과이다. 중심한정주의 관점에 따르면 균등범위의 폭이 확대되는 결과가 나타날 수 있는데, 과제해결원리나 작용효과의 동일 여부를 판단할 때에도 중심한정주의 관점에 기초하여 판단해야 한다. 청구범위 해석은 1980년 특허법 개정 이후 주로 주변한정주의 관점이 적용되어 오다가 최근 들어 권리범위확인심판과 침해소송을 위주로 중심한정주의 관점이 더해지고 있는데, 앞으로도 중심한정주의 관점이 더욱 가미되는 형태로 주변한정주의 관점과 중심한정주의 관점이 조화롭게 수렴되어 갈 것으로 전망된다.

---

314) 특허법원 2021. 1. 29. 선고 2020허5368 판결, 2021. 1. 29. 선고 2020허5375 판결

315) 한동수, 균등침해의 요건 중 '양 발명에서 과제의 해결원리가 동일한 것'의 의미와 판단방법, 대법원판례해설 80호(2009), 647면

316) 대법원 2019. 1. 31.자 2016마5698 결정, 2019. 1. 31. 선고 2017후424 판결
(같은 취지) 특허법원 2020. 12. 18. 선고 2020허2949 판결

(2) 과제해결원리의 동일 판단

(가) 과제해결원리의 판단기준과 파악방법

(ㄱ) 판단기준

★□ 확인대상발명과 특허발명의 과제해결원리가 동일한지 여부를 가릴 때에는, 특허발명의 청구범위에 적힌 구성요소의 일부를 형식적으로 추출할 것이 아니라 명세서에 적힌 발명의 설명, 출원 당시의 공지기술을 참작하여 선행기술과 대비하여 볼 때, 특허발명에 특유한 해결수단이 기초하고 있는 기술사상의 핵심이 무엇인가를 실질적으로 탐구하여 판단해야 한다.[317)]

(ㄴ) 파악방법

(i) 기술사상의 핵심의 공지 및 과제해결원리와 직접 관련 여부

▷ 과제해결원리를 파악할 때에는, ① 특허발명의 명세서에 기술사상의 핵심이 공지되었는지 여부, ② 확인대상발명과 차이가 나는 특허발명의 구성이 과제해결원리와 직접 관련이 있는지 여부에 따라 달리 보아야 한다.[318)]

(ii) 발명의 설명에 종래기술이 객관적으로 충분하게 적혀 있는 경우

▷ 발명의 설명에 종래기술이 객관적으로 충분하게 적혀 있는 경우에는 과제해결원리가 해당 청구범위의 구성보다 어느 정도 상위개념화가 가능하다. 확인대상발명의 대응구성이 그러한 발명의 과제해결원리와 직접 관련이 된 구성과 다르다면 균등을 인정할 수 없다.[319)]

(iii) 기술사상의 핵심이 출원 당시 이미 공지된 경우

▷ 발명의 설명에 적힌 기술사상의 핵심이 출원 당시 이미 공지된 경우에는 과제해결원리가 청구범위와 근접하게 파악할 수밖에 없다. 따라서 특허발명의 구성과 다른 확인대상발명의 구성이 과제해결원리와 직접 관련이 있는 구성일 경우에는 균등을 인정하기 어렵고, 확인대상발명의 대응구성이 특허발명의 과제해결원리와 관련이 없는 구성일 경우에도 개별 구성요소의 기능과 작용효과가 다르다고 인정하게 되면 균등관계를 인

---

317) 대법원 2022. 9. 7. 선고 2021다280835 판결, 2022. 1. 14. 선고 2021후10589 판결, 2021. 3. 11. 선고 2019다237302 판결, 2020. 4. 29. 선고 2016후2546 판결, 2019. 2. 14. 선고 2015후2327 판결, 2019. 1. 31.자 2016마5698 결정, 2019. 1. 31. 선고 2017후424 판결, 2019. 1. 31. 선고 2018다267252 판결, 2017. 12. 22. 선고 2017후479 판결, 2015. 8. 27. 선고 2014다7964 판결, 2015. 6. 11. 선고 2015다204588 판결, 2015. 5. 14. 선고 2014후2788 판결, 2014. 9. 25. 선고 2012후2814 판결, 2014. 7. 24. 선고 2012후1132 판결, 2014. 7. 24. 선고 2013다14361 판결

318) 대법원판례해설 124호(2020년 상, 2020년 12월), 267면

319) 대법원판례해설 124호(2020년 상, 2020년 12월), 267면

정할 수 없다.[320]

(나) 과제해결원리의 광협 결정기준

(ㄱ) 특허발명이 기술발전에 기여한 정도에 따라 결정

□ 특허발명이 기술발전에 기여한 정도에 따라 특허발명의 과제해결원리를 얼마나 넓게 또는 좁게 파악할지 결정해야 한다.[321]

(ㄴ) 같은 기술 분야에서 기술사상의 핵심이 공지되지 않은 경우

□ 기술사상의 핵심이 특허발명이 속한 기술 분야에서 출원 당시에 공지되지 않은 경우, 특허발명의 과제해결원리를 청구범위의 기재 보다 넓게 파악한다.[322]

(ㄷ) 같은 기술 분야에서 기술사상의 핵심이 공지된 경우

★□ 기술사상의 핵심이 특허발명이 속한 기술 분야에서 출원 당시에 공지된 경우, 특허발명의 과제해결원리는 청구범위에 적힌 대로(문언범위 내) 좁게 파악한다.[323]

(ㄹ) 인접한 기술 분야에서 기술사상의 핵심이 공지된 경우

★□ 기술사상의 핵심이 특허발명이 속한 기술 분야와 인접한 기술 분야에서 공지된 경우, 특허발명의 과제해결원리를 넓게 파악함에 있어 한계로 작용한다.[324]

(다) 과제해결원리의 동일 판단방법

(ㄱ) 기술사상의 핵심이 공지되지 않은 경우

(i) 청구범위의 문언범위보다 넓게 파악

★□ 기술사상의 핵심이 공지되지 않은 경우, 개척발명처럼 권리범위를 넓게 보호해야 하므로, 청구범위에 적힌 문언범위보다 균등범위를 넓힌다(상위개념화).[325]

(ii) 과제해결원리와 직접 관련된 구성에서 차이가 나는 경우[326]

▷ ① 과제해결원리가 해당 청구범위의 구성보다 어느 정도 상위개념화가 가능하다.

② 상위개념화의 정도는 선행기술과 비교해서 정해지는 발명의 실질적 가치 또는 기술발전에 기여한 정도에 따라 정해진다.

③ 과제해결원리가 동일하면 과제해결원리를 구현하는지의 관점에서 효과가 동일한지

320) 대법원판례해설 124호(2020년 상, 2020년 12월), 267면
321) 특허법원 2021. 12. 17. 선고 2021허1653 판결
322) 특허법원 2021. 12. 17. 선고 2021허1653 판결
323) 특허법원 2021. 12. 17. 선고 2021허1653 판결
324) 특허법원 2021. 12. 17. 선고 2021허1653 판결
325) 대법원 2019. 1. 31. 선고 2018다267252 판결
326) 구민승, 특허 균등침해의 제1,2 요건, 사법 48호, 사법발전재단(2019), 96~97면

를 판단하므로 작용효과도 동일하기 쉽다.

(iii) 과제해결원리와 직접 관련되지 않은 구성에서 차이가 나는 경우[327)]

▷ ① 과제해결원리와 직접 관련된 구성을 함께 갖고 있으므로 과제해결원리는 당연히 같다.
② 과제해결원리를 구현하는지의 관점에서 보면 작용효과도 동일하기 쉽다.
③ 그러나 과제해결원리와 직접 관련되지 않은 구성에서 큰 변화가 있는 경우에는 작용효과가 동일하다고 보기 어려운 경우가 있다.

(ㄴ) 기술사상의 핵심이 공지된 경우

(i) 청구범위의 문언범위대로 좁게 파악

□ 기술사상의 핵심이 공지된 경우, 개량발명처럼 권리범위를 좁게 보호해야 하므로, 청구범위에 적힌 문언범위대로 균등범위를 좁힌다(하위개념화).[328)]

(ii) 과제해결원리와 직접 관련된 구성에서 차이가 나는 경우

▷ 과제해결원리가 해당 청구범위의 관련 구성에 근접한 것으로 파악되어 과제해결원리의 동일범위가 좁아진다.[329)]

(iii) 과제해결원리와 직접 관련되지 않은 구성에서 차이가 나는 경우[330)]

▷ ① 과제해결원리와 직접 관련된 구성은 함께 갖고 있으므로 과제해결원리는 동일하다.
② 특허발명이 선행기술에서 해결되지 않았던 기술과제를 해결한 것이 아니므로 차이 나는 구성요소의 기능이나 역할을 비교하여 작용효과가 동일하지 않다고 본다.

(ㄷ) 과제해결원리의 동일 판단시 유의사항

▷ ① 특허발명과 확인대상발명의 과제해결원리를 확정한 다음 그 동일 여부를 판단하는 것이 아니라, ② 특허발명의 기술사상의 핵심이 무엇인지를 확정한 다음 확인대상발명이 이러한 기술사상의 핵심을 채용하였는지를 검토하여 판단한다.

※ 기술사상의 핵심이 공지되지 않았거나 서로 동일하다고 본 사례

○ 대법원 2022. 10. 14. 선고 2022다223358 판결
특허발명의 설명 및 출원 당시의 공지기술 등을 참작하여 보면, 특허발명의 과제해결원리는 '마주 보며 이격되어 있는 180° 이하의 각도를 이루는 커플링 세그먼트들의 아치형 표면의 곡률을 파이

---

327) 구민승, 특허 균등침해의 제1,2 요건, 사법 48호, 사법발전재단(2019), 96~97면
328) 대법원 2019. 1. 31. 선고 2018다267252 판결
329) 구민승, 특허 균등침해의 제1,2 요건, 사법 48호, 사법발전재단(2019), 96~97면
330) 구민승, 특허 균등침해의 제1,2 요건, 사법 48호, 사법발전재단(2019), 96~97면

프 요소 외부면의 곡률보다 크게 하고, 커플링 세그먼트들의 이격 간격을 파이프 요소에 삽입되기 충분한 간격으로 유지할 수 있도록 밀봉부의 외경 치수를 설정하여, 커플링을 분해하지 않고도 파이프 요소에 삽입할 수 있도록 한 후 연결 부재의 조임에 따라 커플링 세그먼트들의 아치형 표면의 곡률이 누수가 되지 않을 정도로 변형되도록 하여 커플링과 파이프 요소가 신속하게 결합되도록 하는 것'이라고 할 수 있고, 이는 피고 제품에도 그대로 포함되어 있으므로 과제해결원리가 동일하며, 종전에 이와 같은 기술사상이 공지되어 있었다고 볼 수 없다.

○ 대법원 2019. 2. 14. 선고 2015후2327 판결

명세서의 기재와 특허발명의 출원 당시에 공지된 기술 등을 참작하여 볼 때, 특허발명에 특유한 해결수단이 기초하고 있는 기술사상의 핵심은 '스페이서 몸체와 결합하였을 때 쉽게 빠지지 않는 형상의 스페이서 헤드로 두 개의 스페이서 몸체를 연결하고, 이 스페이서 헤드를 트러스거더의 하부에 구비된 각 하현재와 용접 결합할 수 있도록 함으로써 수직하중에 대한 충분한 지지력 내지는 매립력을 확보'하는 데에 있다. 확인대상발명도 '몸체부(스페이서 몸체)와 결합하였을 때 쉽게 빠지지 않는 형상의 받침부(스페이서 헤드)로 두 개의 몸체부를 연결하고, 이 받침부를 트러스거더의 하부에 구비된 각 하현재와 용접 결합할 수 있도록 함으로써 수직하중에 대한 충분한 지지력 내지는 매립력을 확보'하고 있으므로, 기술사상의 핵심에서 특허발명과 차이가 없어 특허발명과 과제해결원리가 동일하다.

○ 대법원 2019. 1. 31.자 2016마5698 결정, 2019. 1. 31. 선고 2017후424 판결

발명의 상세한 설명의 기재를 통하여 파악되는 특허발명에 특유한 해결수단이 기초하고 있는 기술사상의 핵심은 '절단된 각각의 적층 김들이 하강하면서 가이드케이스의 하부에 고정 배치되는 격자형 부품의 외측 경사면을 따라 서로 사이가 벌어지도록 유도'하는 데에 있다. 그리고 발명의 상세한 설명에 가이드케이스가 가압절판의 승강작동을 안정적으로 안내한다고 적혀 있으나, 이러한 기능은 가압절판의 승강작동을 안정적으로 안내하는 것을 통해 특허발명의 기술사상의 핵심을 구현하는 데 기여하는 정도에 그칠 뿐 특허발명에 특유한 해결수단이 기초하고 있는 기술사상의 핵심으로 파악할 수는 없다. 그런데 확인대상발명도 경사면을 구비한 '격자형 박스' 구성에 의하여 '절단된 각각의 적층 김들이 하강하면서 격자형 박스의 외측 경사면을 따라 서로 사이가 벌어지도록 유도'하고 있어 기술사상의 핵심에서 특허발명과 같으므로 과제해결원리가 동일하다.

○ 대법원 2017. 12. 22. 선고 2017후479 판결

특허발명의 명세서에는 '갱폼을 인양하기 위해서는 크레인의 후크를 인양고리부에 건 상태에서 하부의 고정볼트를 해체한 후 크레인을 작동시켜야 하는데, 고정볼트를 해체하는 작업자들은 갱폼 상부의 인양고리부에 크레인의 후크가 걸려있는지 여부를 확인해야 함에도, 이를 확인하지 않은 채 고정볼트를 해체하다가 갱폼이 떨어지거나 작업자가 추락하는 등의 사고가 일어나게 된다. 이러한

문제점을 감안하여 인양고리부가 후크에 걸리지 않은 상태에서는 안전커버가 고정볼트를 덮고 있어 해체가 불가능하고, 인양고리부가 크레인의 후크에 걸린 상태에서만 안전커버가 이동하여 고정볼트를 해체할 수 있게 하여, 사고의 위험을 근본적으로 차단할 수 있다'라는 취지가 적혀 있다. 이러한 명세서의 기재와 특허발명의 출원당시 공지기술 등을 종합하여 보면, 특허발명에 특유한 해결수단이 기초하고 있는 기술사상의 핵심은, 안전고리부에 크레인의 후크를 걸어 들어 올리면 안전커버가 이동하면서 노출되는 고정볼트를 해체할 수 있고, 안전고리부에서 크레인의 후크를 제거하면 스프링의 탄성에 의하여 안전커버가 고정볼트를 덮도록 하여, 안전고리부에 크레인의 후크가 연결되지 않은 상태에서는 고정볼트가 해체될 수 없도록 하는 데 있는데, 확인대상발명도 안전고리에 크레인의 후크가 연결된 경우에만 안전커버 속의 고정볼트가 노출되고, 안전고리와 크레인의 후크가 분리되면 토션스프링의 탄성에 의하여 안전커버가 고정볼트를 덮게 된다. 따라서 확인대상발명은 위와 같은 구성의 변경에도 불구하고, 해결수단이 기초하고 있는 기술사상의 핵심이 특허발명과 차이가 없으므로, 양 발명의 과제해결원리가 동일하다.

○ 대법원 2015. 6. 11. 선고 2015다204588 판결

특허발명의 명세서 중 발명의 설명에 '인버터안치부는 본체의 베이스의 중앙부가 내측 방향의 요홈, 즉 사각형 또는 원형의 평면 형상이 일정 깊이로 들어간 구덩이 형상'이라는 기재 등이 있다. 위 명세서 기재와 출원 당시 공지기술 등을 종합하여 보면, 인버터안치부와 관련하여 특허발명에 특유한 해결수단이 기초하고 있는 기술사상의 핵심은 '베이스 표면으로부터 내측 방향으로 일정 깊이 들어간 공간을 형성'하는 데에 있다. 그런데 피고 실시제품의 인버터안치부도 '요홈'으로 구성됨에 따라 '베이스 표면으로부터 내측 방향으로 일정 깊이 들어간 공간을 형성'할 수 있다. 따라서 피고 실시제품은 위와 같은 구성의 변경에도 불구하고 해결수단이 기초하고 있는 기술사상의 핵심에서 특허발명과 차이가 없으므로 과제해결원리가 동일하다.

○ 대법원 2015. 5. 14. 선고 2014후2788 판결

특허발명의 명세서 중 발명의 설명에 '인버터안치부는 본체의 베이스의 중앙부가 내측 방향의 요홈, 즉 사각형 또는 원형의 평면 형상이 일정 깊이로 들어간 구덩이 형상'이라는 기재와 출원 당시 공지기술 등을 종합하여 보면, 인버터안치부와 관련하여 특허발명에 특유한 해결수단이 기초하고 있는 기술사상의 핵심은 '베이스 표면으로부터 내측 방향으로 일정 깊이 들어간 공간을 형성'하는 데에 있다. 그런데 확인대상발명의 인버터안치부도 '요홈'으로 구성됨에 따라 '베이스 표면으로부터 내측 방향으로 일정 깊이 들어간 공간을 형성'할 수 있다. 따라서 확인대상발명은 위와 같은 구성의 변경에도 불구하고 해결수단이 기초하고 있는 기술사상의 핵심에서 특허발명과 차이가 없으므로 과제해결원리가 동일하다.

○ 대법원 2014. 7. 24. 선고 2012후1132 판결

'종래에는 포장용기들의 각 수납공간 사이의 간격만큼 절단된 각각의 적층 김들의 사이를 벌려 놓는 구조를 제시하지 못했지만, 위 적층 김들을 누르는 가압절판들이 격자형 절단날의 외측 경사면을 따라 서로 사이가 벌어지도록 유도함으로써 수납공정까지 자동화할 수 있다'는 취지가 특허발명의 명세서에 적혀 있다. 이러한 명세서의 기재와 출원 당시 공지기술 등을 종합하여 보면, 특허발명에 특유한 해결수단이 기초하고 있는 기술사상의 핵심은 '절단된 각각의 적층 김들이 하강하면서 가이드케이스의 하부에 고정 배치되는 격자형 부재의 외측 경사면을 따라 서로 사이가 벌어지도록 유도'하는 데에 있다. 그런데 확인대상발명도 경사면을 구비한 '격자형 박스' 구성에 의하여 '절단된 각각의 적층 김들이 하강하면서 가이드케이스의 하부에 고정 배치되는 격자형 박스의 외측 경사면을 따라 서로 사이가 벌어지도록 유도'할 수 있다. 따라서 확인대상발명은 위와 같은 구성의 변경에도 불구하고 해결수단이 기초하고 있는 기술사상의 핵심에서 특허발명과 차이가 없으므로, 양 발명에서 과제의 해결원리가 동일하다.

○ 대법원 2014. 7. 24. 선고 2013다14361 판결

피고 실시제품은 특허발명의 '격자형 부재' 구성처럼 가이드케이스의 하부에 고정 배치되고 아래로 갈수록 그 두께가 선형적으로 넓어지는 경사면을 구비한 '격자형 박스' 구성을 그대로 가지되, 다만 특허발명의 '격자형 칼날' 구성을 상하로 이동되는 절단용 실린더에 연동하고 각 가압절판에 인접하여 수직으로 형성되는 '격자형 절단날' 구성으로 변경한 것이다. 따라서 '격자형 부재'와 일체로 형성되어 가이드케이스의 하부에 고정 배치되는 특허발명의 '격자형 칼날'과 달리, 피고 실시제품은 '격자형 절단날'이 '격자형 박스'와 분리되어 상하로 이동되도록 가이드케이스의 위쪽에 별도로 배치되는 점에서 차이가 있다. 특허발명에 특유한 해결수단이 기초하고 있는 기술사상의 핵심은 '절단된 각각의 적층 김들이 하강하면서 가이드케이스의 하부에 고정 배치되는 격자형 부재의 외측 경사면을 따라 서로 사이가 벌어지도록 유도'하는 데에 있다. 그런데 피고 실시제품도 경사면을 구비한 '격자형 박스' 구성에 의하여 '절단된 각각의 적층 김들이 하강하면서 가이드케이스의 하부에 고정 배치되는 격자형 박스의 외측 경사면을 따라 서로 사이가 벌어지도록 유도'할 수 있다. 따라서 피고 실시제품은 위와 같은 구성의 변경에도 불구하고 해결수단이 기초하고 있는 기술사상의 핵심에서 특허발명과 차이가 없으므로, 과제해결원리가 동일하다.

○ 특허법원 2022. 9. 15. 선고 2021허6641 판결

특허발명은 종래의 상부 인출 그라우팅 방식에서 발견된 작업 효율성이 저하된다는 문제점과 지반 상태에 따른 적절한 그라우트 주입이 어렵다는 문제점을 극복하기 위한 발명으로, 중공관 내부에 복수 개의 구획공간을 형성하여 동시 또는 선택적인 그라우트 주입을 가능하도록 하여 작업 시간을 단축하고 특정 위치에 선택적으로 그라우트 주입이 가능하도록 한 것임을 알 수 있다. 특허발명의 명세서 기재 및 출원 당시의 공지기술 등을 참작하여 볼 때, 특허발명의 특유한 해결수단이 기초하고 있는 기술사상의 핵심은 중공관 내부에 복수 개의 구획공간을 형성하기 위한 구체적인 방법에

해당하는 '내측파이프가 중공관의 길이방향으로 이동할 때 압착부재가 신축부재를 압착하여 중공관 내경면에 밀착되도록 함으로써 중공관 내부에 복수 개의 구획공간을 형성하는 것'에 있다고 인정할 수 있다. 확인대상발명은 내측파이프가 본체관의 길이방향으로 이동하는 경우 압착 플레이트가 신축부재를 압착함으로써 신축부재가 본체관의 내경면에 밀착되도록 함으로써 본체관 내부에 복수 개의 구획공간을 형성하도록 하는 '그라우트 동시주입관'에 관한 발명이다. 따라서 확인대상발명에는 특허명의 기술사상의 핵심이 구현되어 있으므로, 양 발명의 과제 해결원리는 동일하다.

○ 특허법원 2022. 5. 13. 선고 2021허3390 판결

특허발명의 명세서 기재에 의하면, 특허발명은 차선시공의 시작시점과 종료시점에서 도료의 흘림 현상을 방지함은 물론 일정한 넓이의 차선을 시공할 수 있는 차선 시공 장치를 제공하는 것을 그 기술적 과제로 하고, 이를 위하여 '좌우 횡 방향으로 길게 연장하여 개구된 토출구 상에 회전가능하게 설치되고 노면을 향해 도료를 도포 가능한 스프레드노즐을 구비하는 노즐바' 구성을 채택하고 있다. 위와 같은 명세서의 기재를 통하여 파악되는 특허발명에 특유한 해결수단이 기초하고 있는 기술사상의 핵심은 '도료의 흘림 현상을 방지함은 물론 일정한 넓이의 차선을 시공하기 위하여 좌우 횡 방향으로 길게 연장하여 개구된 토출구 상에 회전가능하게 설치되고 노면을 향해 도료를 도포 가능한 스프레드노즐을 구비하는 노즐바를 형성'하는 것이다. 달리 특허발명의 출원 이전에 위와 같은 기술사상의 핵심이 공지되었다고 볼만한 증거가 없다. 그런데 확인대상발명도 '도료의 흘림 현상을 방지함은 물론 일정한 넓이의 차선을 시공하기 위하여 좌우 횡 방향으로 길게 연장하여 개구된 토출구 상에 회전가능하게 설치되고 노면을 향해 도료를 도포 가능한 스프레드노즐을 구비하는 노즐바를 형성'하는 것이므로, 특허발명과 확인대상발명은 과제해결원리가 동일하다.

○ 특허법원 2021. 6. 17. 선고 2020허6316 판결

특허발명의 명세서 기재내용을 참작하여 볼 때, 특허발명의 기술사상의 핵심은 '축전지 극판 컨베이어시스템과 상부의 극판집속체 픽업시스템 사이에 추가적으로 배치된 극판집속체 이송장치를 통하여 컨베이어시스템으로부터 극판집속체를 분리하여 극판집속체 픽업시스템으로 이송할 수 있도록 함으로써, 극판집속체의 픽업시 컨베이어의 작동이 중지될 필요가 없고, 컨베이어의 진행방향에 대하여 정지된 위치에서 상측으로 분리 이송된 극판집속체가 상부의 극판집속체 픽업시스템에 의하여 정확히 픽업될 수 있도록 하는' 것에 있다. 특허발명이 채택하고 있는 기술사상의 핵심은 특허발명의 출원 당시에 공지되어 있었다고 볼 수 없다. 한편 확인대상발명에서도 컨베이어시스템과 상부의 픽업시스템 사이에 배치된 극판집속체 이송장치를 통하여 컨베이어시스템으로부터 극판집속체를 분리하여 픽업시스템으로 이송할 수 있게 함으로써, 상부의 픽업시스템에 의한 극판집속체의 픽업시 컨베이어의 작동이 중지될 필요가 없고, 극판집속체를 정확히 픽업할 수 있도록 하는 구성을 개시하고 있다. 이러한 점에 비추어 보면, 확인대상발명은 특허발명에 특유한 해결수단이 기초하고 있는 기술사상의 핵심을 그대로 가지고 있다 할 것이므로, 특허발명과 동일한 과제해결원리를

채택하고 있다.

○ 특허법원 2020. 11. 19. 선고 2020허3782 판결

특허발명의 명세서 및 선행발명에 비추어 특허발명의 기술사상의 핵심은 '버튼의 누름 또는 누름해제에 의하여 복원스프링에 압축력 또는 복원력이 작용하여, 잠금몸체의 잠금돌기에 의한 잠금홈에의 걸림이 해제되거나 잠금몸체의 잠금돌기가 잠금홈에 끼워지면서 걸림 상태가 되도록 유기적으로 결합된 구성'이라고 할 것이고, 이러한 기술사상의 핵심이 선행발명에 의하여 공지되었다고 볼 수 없다. 한편, 확인대상발명도 버튼(머리부분)의 누름 또는 누름해제에 의하여 복원스프링(스프링)의 압축력 또는 복원력이 작용하여, 잠금돌기(로킹부분)에 의한 잠금홈(단부)에의 걸림이 해제되거나 잠금돌기(로킹부분)가 잠금홈(단부)에 끼워지면서 걸림상태가 되는 구성을 채택하고 있다. 그렇다면 확인대상발명도 특허발명의 기술사상의 핵심을 구현하고 있으므로 특허발명과 확인대상발명은 그 과제해결원리가 서로 동일하다.

○ 서울고법 2016. 3. 24.자 2015라20318 결정

특허발명의 명세서 기재와 출원 당시의 공지기술 등을 참작하여, 특허발명이 구성 7 '가이드케이스의 하부에 고정 배치되고 아래로 갈수록 그 두께가 선형적으로 넓어지는 격자형의 절단날'을 채택함으로써 구현하고 있는 과제해결원리를 살펴보면, '절단된 각각의 적층 김들이 하강하면서 가이드케이스의 하부에 고정 배치되는 격자형 부재의 외측 경사면을 따라 서로 사이가 벌어지도록 유도' 하는 데에 있다. 특허발명의 구성 6 '적층 구이김을 내부로 수용하기 위한 투입구가 일측에 형성되고 그 내측에는 투입중인 구이김을 정확한 절단위치까지 이송하기 위한 인입작동유닛이 구비되어 구이김을 내부로 자동 인입할 수 있게 함과 아울러 가압절판의 승강작동을 안정적으로 안내해주는 가이드케이스'도 구성 7과 유기적으로 결합하여 이러한 과제해결원리를 구현하는 데 기여하고 있다. 이를 구체적으로 살펴보면, 구성 6은 특허발명이 '각 각압절판의 간극이 가변적으로 이격될 수 있도록 작동되는 다수개의 가압봉'의 기술 구성을 채택한 데 따라 수반되는 문제점, 즉 '각각의 가압절판이 수평 방향으로 이탈하거나 흔들려 격자형 부재에 정확하게 출입하지 못하는 문제점'의 해결을 위하여 '가압절판의 승강 작동을 안정적으로 안내'하는 역할을 하고 있는 것이다. 그런데 실시제품의 경우도 경사면을 구비한 '격자형 박스' 구성에 의하여 '절단된 각각의 적층 김들이 하강하면서 격자형 박스의 외측 경사면을 따라 서로 사이가 벌어지도록 유도'하고 있다. 따라서 실시제품에서는 구성 7이 구성 7 대응구성으로 변경되었음에도 그 해결수단이 기초하고 있는 기술사상의 핵심에서 특허발명과 차이가 없으므로, 이 사건 특허발명과 과제의 해결원리가 동일하다. 실시제품의 경우, 가압절판의 승강 작동 과정에서 '회동푸셔와 그 맞은편에 설치된 스토퍼'에 의해서 그 이탈이나 흔들림을 어느 정도 억제하고, 또한 '위쪽 변의 길이가 아래쪽 변의 길이보다 짧은 사다리꼴 형상의 가압절판이 상사점에서 중간판 내측에 형성된 사각케이스 형상의 중공에 끼워져 모이게' 하여 그 이탈이나 흔들림을 추가로 억제함으로써, 가압절판의 승강 작동을 안정적으로 안내하고 있다.

따라서 실시제품에서는 구성 6이 구성 6 대응구성으로 변경되었음에도 그 해결수단이 기초하고 있는 기술사상의 핵심에서 특허발명과 차이가 없으므로, 특허발명과 과제의 해결원리가 동일하다.

※ 기술사상의 핵심이 공지되었거나 서로 동일하지 않다고 본 사례

○ 대법원 2021. 3. 11. 선고 2019다237302 판결

확인대상발명은 특허발명 중 '지지편이 종방향 안내공에 삽입되어 원호형 홀을 따라 회전하며 슬라이딩판의 전·후방이동을 가능하게 하는 구성'과 '상·하부부재 및 슬라이딩판을 관통하여 설치된 핀 부재가 상·하 상대 위치에 의하여 슬라이딩판의 전·후방 이동을 제어하고, 제2 탄성 스프링이 핀 부재의 상·하 유동을 탄성적으로 지지하는 구성'에서 차이가 있는데, 확인대상발명은 특허발명과의 차이점과 관련하여 발명의 설명에서 파악되는 '로터리식 작동부를 조작하여 슬라이딩판을 전·후방으로 이동시키는 기술사상'과 '상면으로 형성된 버튼을 통해 누름부재 또는 핀 부재를 상·하 유동시켜 슬라이딩판의 전·후방 이동을 제어하며, 실수에 의한 버튼 가압을 방지하는 기술사상'은 특허발명의 출원 당시에 공지된 문헌에 나타나 있다. 따라서 위와 같은 기술사상이 특허발명에 특유하다고 볼 수 없고, 특허발명이 선행기술에서 해결되지 않았던 기술과제를 해결하였다고 말할 수도 없다.

○ 대법원 2020. 4. 29. 선고 2016후2546 판결

특허발명은 슬라이더가 지지부재의 이동공에 슬라이딩 가능하게 장착되어 전후 방향으로 이동하는 데 반해, 확인대상발명은 버튼부재가 고정판의 버튼삽입홈에 힌지축을 중심으로 '회전' 가능하게 장착되어, 양 발명은 그 세부 작동 및 구조에서 차이가 있다. 이러한 특허발명의 명세서의 기재와 출원 당시 공지기술 등을 종합해 보면, 특허발명에 특유한 해결수단이 기초하고 있는 기술사상의 핵심은 '슬라이더를 전후방향으로 작동시키는 방식으로 걸림을 해제하여 간단한 구조의 롤방충망 잠금장치를 구현'하는 데에 있다. 그런데 확인대상발명은 버튼부재의 힌지축을 이용한 회전 누름식 잠금장치에 관한 것으로, 특허발명과 같은 과제해결원리를 채택하지 않고 있다.[331)]

---

331) 특허발명은 명세서의 종래기술과 대비해 볼 때 전후 슬라이딩 방식의 해제가 이루어진다는 점에서는 유사하나, 슬라이더가 지지부재의 이동공에 슬라이딩 가능하게 장착되어 전후방향으로 이동하는 점 등에서 종래기술과 차이가 있다. 한편 명세서 외 공지기술과 확인대상발명은 힌지결합에 의한 개폐방식을 채택하고 있는 점에서 특허발명과는 다른 기술사상을 갖고 있다. 명세서 외 공지기술에 개시된 힌지결합방식은 특허발명에 특유한 해결수단이 기초하고 있는 기술사상의 핵심과는 관련이 없으므로, 특허발명의 보호범위를 힌지결합 방식에까지 확장할 수는 없다. 이런 점을 고려해 특허발명에 특유한 해결수단이 기초하고 있는 기술사상의 핵심을 '슬라이더를 전후방향으로 작동시키는 방식으로 걸림을 해제하여 간단한 구조의 롤방충망 잠금장치를 구현'하는 데에 있는 것으로 파악하여 청구범위에 적힌 사항을 상위개념화하지 않고 청구범위에 근접한 수준으로 과제해결원리를 좁게 파악한 다음 확인대상발명과 그 과제해결원리가 동일하지 않다고 판단했다(한규현, 과제해결원리의 동일 여부의 판단방법, 사법 54호, 사법발전재단(2020년 겨울호), 758면).

○ 특허법원 2022. 10. 13. 선고 2022허1292 판결

종래기술의 문제점, 특허발명의 목적, 구성과 작동원리, 작용효과에 관한 특허발명의 명세서의 각 기재에 의하면, 특허발명의 기술사상의 핵심은 측방 접촉 롤러의 승강을 유도하는 기능을 하는 구성을 채택하여 강관의 심 라인을 가용접하기 위한 일련의 자동화공정을 위 공정까지 적용하고 선행기술과 주요한 기능은 동일하지만 다른 방식으로 작동하는 구성요소를 채용한 것에 있다고 할 것이다. 특허발명이 채택하고 있는 위 기술사상의 핵심은 특허발명의 출원 당시에 이미 공지되어 있었다. 따라서 확인대상발명은 특허발명과 같이 강판의 심 라인을 용접하는 공정을 연속적이면서도 신속하고 효율적으로 수행하기 위하여 조준 감지구와 같은 구성이 회전하는 강판의 심 라인을 감지하면 정렬 롤러의 회전을 중지시키는 신호를 출력한다기보다는 조준 감지구와 같은 별도의 구성(센서) 없이 작업자가 직접 마킹부의 일치 여부를 확인하여 이음부를 정위치시키므로 강판의 심 라인을 용접하는 공정을 연속적·효율적으로 수행하기 위한 구성을 갖고 있다고 할 수 없어 특허발명의 기술사상의 핵심이 구현되어 있지 않고 특허발명과 같은 과제해결원리를 채택하고 있다고 볼 수 없다. 또한 강관의 심 라인을 가용접하기 위한 일련의 자동화공정을 측방 접촉 롤러의 승강을 유도하는 공정까지 포함하여 적용한 것도 특허발명의 기술사상의 핵심인데, 확인대상발명은 작업자가 강관의 직경을 직접 입력하면 측면가압롤러가 위와 같이 세팅된 값만큼 상하 방향, 좌우 방향으로 이동하여 강관의 외면에 접촉할 뿐 특허발명과 같이 강판 외주면과의 최단 거리에 측방 접촉 롤러가 접촉하도록 승강을 유도하는 기능 내지 작용을 하지 못하므로, 특허발명의 기술사상의 핵심이 구현되어 있지 않다.

○ 특허법원 2022. 9. 29. 선고 2021허6283 판결

특허발명의 출원 당시 코팅 성능을 향상하기 위하여 발포성 폴리스티렌 수지입자의 표면을 개질하는 기술사상은 이미 공지되어 있었으므로, 특허발명에서 특유한 해결수단이 기초하고 있는 기술사상의 핵심은 발포성 폴리스티렌 수지입자의 표면을 개질하는 방법으로서 '소수성인 발포성 폴리스티렌 수지입자의 표면을 산화하여 친수성으로 개질하는 것', 즉 '발포성 폴리스티렌 수지입자 표면층의 산화 개질'로 보는 것이 타당하다. 그런데 확인대상발명은 '표면층이 개질되지 않은 발포성 폴리스티렌 수지입자의 표면에 이소시아네이트계 화합물을 분사 코팅하고 그 위에 팽창흑연을 분사 코팅하며 그 위에 접착성 수지를 분사함으로써 이소시아네이트계 화합물이 접착성 수지와 반응하여 접착력을 높이는 것에 기술적 특징이 있으므로 기술사상의 핵심이 특허발명의 기술사상의 핵심과는 차이가 있어 그 과제의 해결원리가 동일하다고 볼 수 없다.

○ 특허법원 2022. 9. 15. 선고 2021나1909 판결

종래기술의 문제를 해결하기 위하여 특허발명은 상부케이스의 내측 상부에 설치되고 그 자체가 회동가능한 구조를 가지는 안전통전수단을 구비하여, 상부케이스 및 하부케이스의 내부에서 가열되는 전기히터의 열기를 차단하는 배기분산안내판을 조립하지 않은 상태에서는 가열체(전기히터)에 전원

이 공급되지 않도록 한 전기구이기를 제공하는 데 그 목적이 있다. 그리고 구동모터 측에 전원선이 연결되어, 하부케이스의 모터접속단자부로 공급된 전원을 상부케이스의 접속단자부 및 안전통전수단을 거쳐 히터접속단자부를 통하여 전기히터에 전원을 전달하는 것을 그 기술적 특징으로 하고 있다. 특허발명의 출원일 전에 '전원스위치의 작동 여부를 회동 가능한 레버와 코일스프링을 설치함으로써 배기분산안내판이 조립되지 않은 상태에서는 전기히터에 전기가 공급되지 않도록 하는 구성'이 이미 개시되어 있는 사정을 참작해 보면, 특허발명에서는 '상부케이스의 내측 상부 일측에 회동가능하게 안전통전수단을 설치하고, 배기분산안내판이 상부케이스에 안착되었을 때만 안전통전수단이 그 자체로 회동하여 통전 경로를 형성함으로써 전기히터에 전원이 인가되도록 하는 구성'과 '구동모터 측에 전원선이 연결되어, 하부케이스의 모터접속단자부로 공급된 전원을 상부케이스의 접속단자부, 히터접속단자부를 통하여 전기히터에 전원을 전달'하는 구체적 구성이 이 사건 특허발명에 특유한 해결수단이 기초하고 있는 기술사상의 핵심이라고 할 것이다. 그런데 피고 실시제품은, ① 통전스위치 그 자체는 콘트롤러에 고정된 상태로 설치되어 있고, 방열판이 상부케이스에 안착된 상태에서 컨트롤러가 방열판 위에 장착되면 방열판에 의하여 통전스위치의 구성 중 레버부가 눌리면서 회동하여 레버부에 연결된 버튼스위치가 눌림으로써 전원이 인가되도록 하며, ② 가열체에 전원코드 연결부가 바로 연결되어 있고 특허발명의 접속단자 및 접속단자부에 대응되는 접속단자 2, 3을 하부케이스에 구비하였으며, 특허발명의 안전통전수단에 대응되는 통전스위치를 컨트롤러에 구성한 것이어서, 특허발명의 기술사상의 핵심과는 차이가 있다.

○ 특허법원 2022. 9. 1. 선고 2021허3697 판결, 2022. 9. 1. 선고 2021허3703 판결

특허발명은 펠루비프로펜이 우수한 소염진통 활성성분으로 판명이 났음에도 불구하고 주사제, 첩부제 형태 등 비경구적 경로로만 적용할 수 있을 뿐 복용이 편리한 경구 투여 제형으로는 만들 수 없었는데 처음으로 만들어 냈다거나 경구 투여 제형에서 약물의 용출률에 입자 크기가 영향을 미친다거나 첨가제가 구체적인 물질 종류에 따라 약물과 서로 다른 배합적합성을 보인다는 것을 처음으로 알아내 이를 펠루비프로펜 함유 경구 투여 제형의 설계에 최초로 적용하였다기보다는, 펠루비프로펜을 함유하는 경구 투여 제형을 설계하면서 적절한 용출률이 확보되는 펠루비프로펜의 입자 크기 범위를 찾아내고, 이러한 입자 크기를 갖는 펠루비프로펜과 배합적합성을 가져 제제 안정성에 문제가 되지 않으면서 소정의 기능을 수행할 수 있는 특정한 첨가제들의 조합을 첨가제 스크리닝 실험을 통해 공지의 첨가제들 중에서 찾아낸 것이고, 이 점이 특허발명이 해당 기술 분야의 기술발전에 기여한 정도이며 그 기술사상의 핵심을 형성하는 것이라 할 것이다. 그런데 확인대상발명은 특허발명의 기술사상의 핵심을 형성하는 '특정한 첨가제들의 조합, 즉 유당, 인산수소칼슘, 전분, 만니톨, 아이소말트, 자일리톨에서 선택되는 1 이상의 부형제 및 히드록시프로필셀룰로오스, 잔탄검, 카라기난에서 선택되는 1 이상의 결합제를 포함하는 첨가제들의 조합'이 변경되어 '유당 수화물 및 미결정셀룰로오스인 부형제 및 히드록시프로필메틸셀룰로오스인 결합제를 포함하는 첨가제들의 조합'

을 가져, 확인대상발명에는 특허발명의 기술사상의 핵심을 형성하는, 용출률이 높으면서도 안정성을 갖는 펠루비프로펜 함유 경구 투여용 제제를 위한 조성인 '유당, 인산수소칼슘, 전분, 만니톨, 아이소말트, 자일리톨에서 선택되는 1 이상의 부형제 및 히드록시프로필셀룰로오스, 잔탄검, 카라기난에서 선택되는 1 이상의 결합제를 포함하는 특정 첨가제들의 조합' 자체가 존재하지 아니하므로, 특허발명과 확인대상발명은 그 해결수단이 기초하는 기술사상의 핵심에서 차이가 있어 과제 해결원리가 동일하다고 볼 수는 없다.

○ 특허법원 2022. 1. 20. 선고 2021허2410 판결

종래기술의 문제점, 특허발명의 목적, 구성과 작동원리, 작용효과에 관한 특허발명의 명세서의 각 기재에 의하면, 특허발명은 종래에 온도조절이 어렵고 내부의 온도를 쉽게 식별할 수 있는 수단이 없는 문제점을 해결하기 위하여 커버체를 회전하여 커버체와 수용체의 각 온도조절공이 중첩 배치되는지 여부에 따라 내부의 온열을 외부로 배출하도록 하여 내부의 온도의 조절하고, 온도표시부재를 채용하여 내부의 온도를 외부에서 육안으로 식별하고자 함에 기술사상의 핵심이 있다. 특허발명의 기술사상 중 커버체를 회전하여 커버체와 수용체의 각 온도조절공이 중첩 배치되는지 여부에 따라 내부의 온열을 외부로 배출하도록 하여 내부의 온도의 조절하는 것은 특허발명의 출원 당시에 공지된 선행발명에 나타나 있으므로, 특허발명이 채택하고 있는 위 기술사상의 핵심은 특허발명의 출원 당시에 이미 공지되어 있었다. 확인대상발명의 제3, 4 통기공은 뚜껑과 공기조절링에 평면에서 저면까지 상하로 관통되게 다수가 환상으로 배치 형성되는데 뚜껑에 형성된 제1 표시부에 일치되는 위치에 따라 제3 통기공과 선택적인 연통이 가능하도록 제4 통기공을 구성한다. 따라서 확인대상발명의 공기조절링이 회전하면서 제3, 4 통기공이 연통되는지 여부에 따라 내부의 온열을 외부로 배출하도록 하여 내부의 온도를 조절한다고 하더라도 쑥뜸기 내부의 온도를 외부에서 식별할 수 없어 특허발명의 기술사상의 핵심이 구현되어 있지 않고 특허발명과 같은 과제해결원리를 채택하고 있다고 볼 수 없다.

○ 특허법원 2021. 12. 2. 선고 2021허2939 판결

특허발명의 출원 당시, ① '직사각형 형태의 원단 중앙으로 지지대가 올려진 상태에서 지지대가 원단에 감싸여지고, 지지대의 외측을 따라 초음파 융착에 의하여 형성된 봉합선에 의하여 원단의 절첩된 중앙부에 지지대가 고정되도록 하는 기술사상' 및 ② '장식부재의 끝단에 무늬부를 형성하는 기술사상'은 공지된 것으로 보는 것이 타당하고, 특허발명의 명세서의 기재와 출원 당시 공지된 기술을 참작하여 볼 때, 특허발명에 특유한 해결수단이 기초하고 있는 기술사상의 핵심은 '천과 부직포를 접착제에 의하여 중첩시켜 장식밴드를 제공함으로써 입체감 구현은 물론, 다양한 색상과 디자인 연출도 가능하게 하는 것'에 있다. 그러나 확인대상발명은, '폴리우레탄에 함침된 부직포 원단 등의 기모포지와 그 위에 코팅된 폴리우레탄 즉, 폴리우레탄 합성피혁으로 봉재 파이핑을 구성하는 것'에 기술사상의 핵심이 있는 것으로서, 특허발명의 천을 포함하는 장식밴드와 달리, 다양한 색상

과 디자인 구현은 어려우므로, 특허발명의 기술사상의 핵심이 포함되어 있다고 볼 수 없다. 따라서 특허발명과 확인대상발명은 각자 특유한 해결수단이 기초한 기술사상의 핵심이 다르므로 과제의 해결원리가 다르다.

○ 특허법원 2021. 10. 14. 선고 2020허226 판결

종래기술의 문제점, 특허발명의 목적, 구성과 작동원리, 작용효과에 관한 특허발명의 명세서의 각 기재에 의하면, 특허발명은 종래에 다수의 컨베이어를 직렬로 배열함으로써 강섬유를 자갈과 모래 등과 함께 배출하면서 균일하게 혼합되지 않는 문제점을 해결하기 위하여 이동하는 자갈과 모래의 상면에 강섬유를 투하하여 골재 위에 강섬유가 골고루 분포된 상태에서 믹서로 공급하고자 함에 기술사상의 핵심이 있다. 특허발명이 채택하고 있는 기술사상의 핵심은 특허발명의 출원 당시에 이미 공지되어 있었다. 확인대상발명의 '진동모터가 부착된 경사판'은, 숏크리트 배치 플랜트의 강섬유저울과 컨베이어 사이에 설치하는데, 강섬유저울로부터 배출된 강섬유가 낙하하면서 중력에 의하여 경사판을 거쳐 메인컨베이어 상면으로 이송 중인 자갈과 모래 위로 투입되고, 경사판에 남아있는 일부 강섬유는 진동모터에 의하여 메인컨베이어로 낙하한다. 따라서 확인대상발명의 '진동모터가 부착된 경사판'이 이동하는 자갈과 모래의 상면에 강섬유를 투하한다고 하더라도 특허발명과 같이 골재 위에 강섬유가 골고루 분포된 상태에서 믹서로 공급하지 않아 특허발명의 기술사상의 핵심이 구현되어 있지 않고 특허발명과 같은 과제해결원리를 채택하고 있다고 볼 수 없다.

○ 특허법원 2021. 9. 10. 선고 2021허1721 판결

특허발명의 명세서 기재와 출원 당시의 공지기술 등을 종합하여 볼 때, 특허발명의 특유한 해결수단 및 그 해결수단이 기초하고 있는 기술사상의 핵심은 '주사침 단부가 라운드진 형태로 형성되고, 관체의 중심축보다 낮은 위치로 형성된 수평부 및 경사부로 이루어진 절개부를 구비하며, 하부 내주면 선단으로부터 수직 상방으로 걸림턱부를 형성함으로써, 주사침의 삽입시 피하 조직의 손상을 방지하고 매선 요법 진행시 실이 원활하게 삽입될 수 있도록 하며, 주사침을 피하에 삽입시 실이 자연스럽게 구부러지면서 꺾여 삽입되어 정확한 시술이 가능하게 하는 것'으로 봄이 타당하다. 확인대상발명은 [도 2]에서 보는 바와 같이 주사침의 단부에 평면라운드부 및 측면라운드부를 구비하고, 관체의 중심축보다 낮은 위치로 형성된 수평부 및 경사부를 포함하는 절개부를 형성하고 있다. 따라서 확인대상발명은 이러한 구성을 통해 주사침의 삽입 과정에서 피하 조직의 손상을 방지하고, 매선 요법 진행시 실이 원활하게 삽입될 수 있도록 하고 있고, 이러한 점에서는 확인대상발명도 특허발명의 기술사상의 핵심을 일부 공통적으로 가지고 있다고 볼 수 있다. 특허발명의 걸림턱부는 관체의 하부 내주면 선단으로부터 수직 상방향으로 형성되어 있어, 실이 주사침의 후방에서 내부로 삽입될 경우에는 실 선단이 걸림턱부에 걸리면서 잘 구부러지게 되고, 이로 인하여 주사침을 피하에 삽입할 때 실이 자연스럽게 구부러지면서 꺾여 삽입됨으로써 정확한 시술이 가능해질 수 있게 하는 것이다. 이에 반해 확인대상발명의 걸림턱부는 관체 하부 내주면에서 상부로 갈수록 넓어지는

곡선의 형상을 하고 있어, 실이 주사침의 후방에서 주사침의 내부로 삽입될 경우에는 실이 삽입되는 방향과 반대 방향으로 걸림턱부가 튀어나와 있는 형태로 형성되어 있고, 이로 인하여 특허발명의 수직 상방으로 형성된 걸림턱부와는 달리, 확인대상발명에서 실 선단이 걸림턱부에 걸리면서 잘 구부러지기 어렵다. 따라서 확인대상발명은 주사침을 피하에 삽입할 때 실이 자연스럽게 구부러지면서 꺾여 삽입되어 정확한 시술이 가능하게 하는 특허발명의 기술사상의 핵심을 온전히 포함하고 있지 않고, 결국 특허발명과 과제해결원리가 동일하다고 볼 수 없다.

○ 특허법원 2021. 1. 29. 선고 2020허5368 판결, 2021. 1. 29. 선고 2020허5375 판결

특허발명에 특유한 해결수단이 기초하고 있는 기술사상의 핵심은 '선반의 후면연결판의 일면에 좌·우로 연장된 삽착돌기가 상·하로 복수개 형성되고, 고정프레임에는 위 삽착돌기와 결착되도록 고정구 및 결합홈이 형성되어, 사용자가 원하는 위치의 삽착돌기를 결합홈에 삽착시킴으로써 간편하게 높낮이를 조절할 수 있도록 하는' 것에 있으나, 확인대상발명은 후면연결판에 서로 마주보는 복수개의 결합돌기로 이루어진 끼움레일 내부에 복수개의 레일홈이 형성되고, 창틀에 고정되는 고정프레임에는 이에 대응하여 나사공을 구비하여 나사가 관통하되, 후면연결판의 레일홈을 따라서 끼워지는 별도의 끼움돌출편과 체결되도록 함으로써 고정프레임을 후면연결판에 견고하게 고정하는 것이므로, 특허발명의 기술사상의 핵심이 포함되어 있다고 볼 수 없다. 따라서, 특허발명과 확인대상발명은 각자 특유한 해결수단이 기초한 기술사상의 핵심이 다르므로 과제해결원리가 다르다.

라) 과제해결원리의 동일 판단의 실제

(1) 과제해결원리 동일의 의미

□ 과제해결원리가 동일하다는 것은 종래기술에서 상정되거나 해결되지 못했던 특유한 기술적 과제를 해결하기 위한 수단의 기초가 되는 해결원리가 동일하다는 것을 의미한다.[332)]

(2) 과제해결원리의 동일 판단방법

(가) 구체적인 수단과 작동원리가 다른 경우

★□ 해결하고자 하는 기술적 과제에 공통점이 있더라도, 기술적 과제를 해결하기 위한 구체적인 수단과 작동원리가 서로 다른 경우에는 과제해결원리가 동일하다고 볼 수 없다.[333)]

332) 특허법원 2007. 6. 22. 선고 2007허1008 판결

333) 대법원 2018. 5. 30. 선고 2016후2119 판결, 2012. 3. 29. 선고 2011후3940 판결, 2001. 3. 27. 선고 2000후1016 판결, 특허법원 2015. 5. 1. 선고 2014허7509 판결, 2007. 9. 6. 선고 2006허11251 판결, 2007. 8. 23. 선고 2006허11305 판결, 서울고법 2007. 6. 13. 선고 2005나112439 판결

(나) 구체적인 수단과 작용효과가 다른 경우

□ 해결하고자 하는 기술적 과제에 공통점이 있더라도, 기술적 과제를 해결하기 위한 구체적인 수단이 다르고 그로 인하여 작용효과에서도 차이가 있는 경우에는 확인대상발명은 특허발명의 권리범위에 속하지 않는다.[334]

(다) 특허발명의 종래기술의 문제점을 그대로 가지고 있는 경우

★□ 확인대상발명이 특허발명의 종래기술의 문제점을 그대로 가지고 있는 경우에는 과제해결원리가 동일하지 않다.[335]

(3) 과제해결원리의 동일 판단절차

(가) 당사자가 기술사상의 핵심이 공지라고 주장하는 경우

★□ 당사자가 기술사상의 핵심이 공지라고 주장하는 경우, 특허발명의 기술사상의 핵심이 공지된 것인지를 가린다.[336]

① 특허발명의 기술사상의 핵심이 공지되었으면, 과제해결원리를 좁게 파악하여 결정한다.

② 특허발명의 기술사상의 핵심이 공지되지 않았으면, 과제해결원리를 넓게 파악하여 결정한다.

(나) 당사자가 기술사상의 핵심이 공지라고 주장하지 않는 경우

★□ 당사자가 기술사상의 핵심이 공지라고 주장하지 않는 경우, 명세서에 나타난 공지기술로부터 기술사상의 핵심의 공지 여부를 알 수 있는지를 가린다.[337]

① 명세서에 나타난 공지기술로부터 기술사상의 핵심의 공지 여부를 알 수 있으면, 특허발명의 기술사상의 핵심이 공지된 것인지를 가려서 결정한다.

---

334) 대법원 1986. 9. 9. 선고 85도1891 판결, 서울지법 2003. 9. 24. 선고 2002노7526 판결

335) 특허법원 2007. 9. 20. 선고 2007허3127 판결, 2004. 2. 6. 선고 2003허2355 판결

336) 대법원 2019. 1. 31. 선고 2018다267252 판결, 특허법원 2021. 12. 17. 선고 2021허1653 판결

- 실무에서는, 당사자가 기술사상의 핵심이 공지된 증거를 제출한 경우이거나, 특허발명의 명세서에 적힌 종래기술로부터 기술사상의 핵심이 공지된 것인지를 충분히 파악할 수 있을 경우에 적용된다. 일반적으로는 기술사상의 핵심이 공지된 경우에는 과제해결원리가 서로 차이가 있는 것으로 판단되고, 기술사상의 핵심이 공지되지 않은 경우에는 과제해결원리가 동일하다고 판단한다.

337) 대법원 2014. 7. 24. 선고 2012후1132 판결, 2014. 7. 24. 선고 2013다14361 판결

- 실무에서는, 당사자가 기술사상의 핵심이 공지된 증거를 제출하지 않았고, 특허발명의 명세서에 적힌 종래기술로부터 기술사상의 핵심이 공지된 것인지를 파악할 수 없을 경우에 적용된다. 일반적으로는 확인대상발명이 특허발명의 기술사상의 핵심을 채용한 경우에는 과제해결원리가 동일하다고 판단되고, 확인대상발명이 특허발명의 기술사상의 핵심을 채용하지 않은 경우에는 과제해결원리가 서로 차이가 있는 것으로 판단된다.

② 명세서에 나타난 공지기술로부터 기술사상의 핵심의 공지 여부를 알 수 없으면, 확인대상발명과 특허발명의 기술사상의 핵심을 파악하여 확인대상발명이 특허발명의 기술사상의 핵심을 채용한 것인지를 가려서 결정한다.

(다) 당사자가 기술사상의 핵심에 관한 주장마저도 하지 않는 경우

★ □ 당사자가 기술사상의 핵심에 관한 주장마저도 하지 않는 경우, 기술사상의 핵심을 파악할 수 있는지 여부를 가린다.[338)]

① 확인대상발명과 특허발명의 기술사상의 핵심을 파악할 수 있으면, 확인대상발명이 특허발명의 기술사상의 핵심을 채용한 것인지를 가려서 결정한다.

② 기술사상의 핵심을 파악하기가 쉽지 않거나 확인대상발명이 특허발명의 기술사상의 핵심을 채용한 것인지를 알 수 없으면, 기술적 과제를 해결하기 위한 구체적인 수단이나 작동원리가 서로 동일한지를 가려서 결정한다.

(4) 과제해결원리가 다르면 균등관계 아님

□ 과제해결원리가 다른 경우에는 작용효과의 동일성이나 변경용이성을 살필 필요 없이 균등관계에 있다고 볼 수 없다.[339)]

마) 구체적 판단방법

(1) 균등판단의 대상

★ □ 균등판단의 대상은 청구범위의 개별 구성요소이다.[340)]

▶ 균등판단의 대상은 발명 전체가 아니라 구체적인 구성요소이므로, 균등침해 판단시에는 발명 전체를 대비하는 것이 아니라 구성요소별로 대비해야 한다.

(2) 과제해결원리 파악의 관점

(가) 발명 전체에서 파악

★ □ 균등관계 판단을 위한 과제해결원리는 발명 전체에서 파악해야 하고, 발명 중 일부 구성의 과제해결원리를 기준으로 할 수는 없다.[341)]

---

338) 대법원 2018. 5. 30. 선고 2016후2119 판결, 2012. 3. 29. 선고 2011후3940 판결, 2001. 3. 27. 선고 2000후1016 판결, 특허법원 2015. 5. 1. 선고 2014허7509 판결, 2007. 9. 6. 선고 2006허11251 판결, 2007. 8. 23. 선고 2006허11305 판결, 서울고법 2007. 6. 13. 선고 2005나112439 판결

339) 서울고법 2012. 8. 22. 선고 2011나58352 판결

340) 대법원 2020. 4. 29. 선고 2016후2546 판결

341) 서울고법 2012. 1. 12. 선고 2011나39801 판결
(같은 취지) 대법원 2019. 1. 31.자 2016마5698 결정, 2019. 1. 31. 선고 2017후424 판결, 2019. 1. 31. 선고 2018다267252 판결

▶ 균등판단의 대상이 된 구성요소가 발명 전체 관점에서 파악된 기술사상의 핵심에 포함되지 않는 구성인 경우에는 중심한정주의 관점에서 과제해결원리가 동일한 것으로 간주한다.

(나) 각각의 구성이 유기적으로 결합한 일체로서 파악

(ㄱ) 분리된 구성 자체의 과제해결원리 파악 불가

□ 과제해결원리를 파악할 때는 발명을 떠난 분리된 구성 자체의 과제해결원리를 파악할 것이 아니라, 각각의 구성이 유기적으로 결합한 일체로서 살펴야 한다. 발명에서 과제해결은 가장 중요한 어느 하나의 구성에 의해서만 이루어지는 것은 아니고, 그보다 덜 중요한 구성이라도 다른 구성과 유기적으로 상호 관련을 맺으면서 발명의 과제해결에 일정한 역할을 할 수도 있기 때문이다.[342]

(ㄴ) 분리된 구성 각각의 과제해결원리나 작용효과 파악 불가

□ 발명을 떠난 분리된 구성 각각의 '과제해결원리'나 '작용효과'라는 개념을 상정하는 것은 명세서의 기재에 의하여 파악된 발명을 기초로 하여 운용되는 특허제도의 관점에서 볼 때 부적절하면서도 무용한 것이고, 더욱이 이러한 개념을 토대로 균등을 판단하면 균등을 항상 부정할 수밖에 없는 결과에 이르는 문제점을 야기할 뿐이다. 균등은 구성의 변경이 있음을 전제로 논해지는 것인데, 이 경우 '발명을 떠난 그 구성 자체'의 관점에서 보면 과제해결원리나 작용효과도 항상 달라져 균등하지 않다고 판단될 수밖에 없다.[343]

(3) 선행기술 참작

(가) 명세서 외 공지기술

(ㄱ) 명세서 외 공지기술의 참작 이유

★□ 특허발명의 과제해결원리를 파악할 때, 명세서의 공지기술뿐만 아니라 명세서 외 공지기술까지 참작해야 하는데, 이는 전체 선행기술과의 관계에서 특허발명이 기술발전에 기여한 정도에 따라 특허발명의 실질적 가치를 객관적으로 파악하여 그에 합당한 보호를 하기 위한 것이다.[344]

---

342) 서울고법 2016. 3. 24.자 2015라20318 결정

343) 서울고법 2016. 3. 24.자 2015라20318 결정

344) 대법원 2020. 4. 29. 선고 2016후2546 판결, 2019. 1. 31.자 2016마5698 결정, 2019. 1. 31. 선고 2017후424 판결, 특허법원 2022. 12. 21. 선고 2022허3458 판결, 2022. 12. 2. 선고 2022허2912 판결, 2022. 10. 27. 선고 2021허1851 판결, 2022. 10. 13. 선고 2022허1292 판결, 2022. 9. 29. 선고 2021허6283 판결, 2022. 9. 15. 선고 2021허6641 판결, 2022. 9. 1. 선고 2021허3697 판결, 2022. 9. 1. 선고 2021허3703 판결, 2022. 9. 1. 선고 2021허3710 판결, 2022. 8. 26. 선고 2022허1728 판결,

(ㄴ) 선행기술을 참작하여 과제해결원리의 폭 결정

□ 선행기술을 참작하여 특허발명이 기술발전에 기여한 정도에 따라 특허발명의 과제해결원리를 얼마나 넓게 또는 좁게 파악할지 결정해야 한다. 그에 따라 상위개념화의 수준과 범위가 결정된다.[345)]

▶ 특허발명의 실질적 가치를 반영한 기술사상의 핵심을 추출하기 위해서는 청구범위에 적힌 사항 중에서 어떤 구성이 특유한 해결수단에 관한 것인지 객관적으로 결정되어야 하므로, 발명의 설명을 참작하여 각 구성에 대한 기능과 역할을 확인하는 동시에, 명세서에 적힌 종래기술을 포함하여 명세서 외 공지기술까지 참작해야 한다.

(나) 공지기술에 따른 과제해결원리의 파악방법

(ㄱ) 과제해결수단이 다수 밀집되어 있는 분야에서는 동일성의 폭 좁힘

□ 균등침해 여부를 판단함에 있어서 과제해결원리는 선행기술에 나타난 과제해결원리와 중복되어서는 안 되므로, 어떠한 기술적 과제해결수단이 다수 밀집되어 있는 기술 분야일수록 과제해결원리의 공통 내지 동일성의 폭이 좁아진다.[346)]

(ㄴ) 명세서 외 공지기술은 과제해결원리의 동일범위 판단에 고려

▷ 과제해결원리는 특허발명의 명세서에 근거하여 명세서에 나타난 종래기술과 대비해 볼 때 특허발명에 특유한 해결수단이 기초하고 있는 기술사상의 핵심을 탐구하여 객관적으로 파악해야 한다. 명세서 외 공지기술까지 참작하게 되면, 과제해결원리의 변경·확대·축소·왜곡 등의 문제가 생길 위험이 있으므로 명세서 외 공지기술까지 참작하여 과제해결원리를 파악할 필요는 없다. 과제해결원리를 명세서 외 공지기술과 대비하여 특유한지 여부는 평가할 수 있지만, 과제해결원리 그 자체가 특유한지 여부에 따라 넓게 파악된다거나 좁게 파악된다고는 할 수 없다. 명세서 외 공지기술까지 참작하더라도 명세서 외 공지기술은 과제해결원리의 동일범위 판단에 고려해야 하고, 과제해결원리 그 자체의 광협을 정하는 데 고려해서는 안 된다.[347)]

2022. 8. 18. 선고 2021허4652 판결, 서울중앙지법 2021. 8. 20. 선고 2016가합522332 판결

345) 대법원 2020. 4. 29. 선고 2016후2546 판결, 2019. 1. 31.자 2016마5698 결정, 2019. 1. 31. 선고 2017후424 판결, 특허법원 2022. 10. 27. 선고 2021허1851 판결, 2022. 10. 13. 선고 2022허1292 판결, 2022. 9. 29. 선고 2021허6283 판결, 2022. 9. 15. 선고 2021허6641 판결, 2022. 9. 1. 선고 2021허3697 판결, 2022. 8. 26. 선고 2022허1728 판결, 2022. 8. 18. 선고 2021허4652 판결, 2022. 7. 22. 선고 2021허3628 판결, 2022. 7. 21. 선고 2021허2984 판결, 2022. 6. 23. 선고 2021허2311 판결, 2022. 6. 16. 선고 2021허3901 판결, 서울중앙지법 2021. 8. 20. 선고 2016가합522332 판결

346) 특허법원 2007. 6. 22. 선고 2007허1008 판결

347) 한규현, 과제해결원리의 동일 여부의 판단방법, 사법 54호, 사법발전재단(2020년 겨울호), 737면

• 명세서 외 공지기술은 기술사상의 핵심을 파악하는 데 고려할 것이 아니라, 과제해결원리의 동일 범위

(ㄷ) 과제해결원리의 동일 판단순서[348)]

□ ① 특허발명의 명세서에 적힌 공지기술과의 관계를 중심으로 특허발명에 특유한 해결수단이 기초하고 있는 기술사상의 핵심을 파악하고, 그로부터 과제해결원리를 판단한다.

② 특허발명의 명세서에 적힌 공지기술을 중심으로 당사자가 제출한 명세서 외 공지기술까지 보태어 기술사상의 핵심의 공지 여부를 가리고, 그에 따라 과제해결원리의 폭을 넓힐 것인지 좁힐 것인지 여부를 판단한다.

③ 특허발명의 명세서에 적힌 공지기술을 중심으로 당사자가 제출한 명세서 외 공지기술까지 참작하여 특허발명의 기술사상의 핵심이 기술발전에 기여한 정도에 따라 특허발명의 과제해결원리를 넓게 또는 좁게 파악한 다음, 과제해결원리의 동일 여부를 판단한다.

(다) 과제해결원리의 파악시 유의사항

(ㄱ) 명세서 외 공지기술을 근거로 파악 불가

★□ 특허발명의 과제해결원리를 파악할 때, 명세서 외 공지기술을 근거로 발명의 설명에서 파악되는 기술사상의 핵심을 제외한 채 다른 기술사상을 기술사상의 핵심으로 대체해서는 안 된다. 발명의 설명을 신뢰한 제3자가 발명의 설명에서 파악되는 기술사상의 핵심을 이용하지 않았음에도 위와 같이 대체된 기술사상의 핵심을 이용하였다는 이유로 과제해결원리가 같다고 판단하게 되면 제3자에게 예측할 수 없는 손해를 끼칠 수 있기 때문이다.[349)]

▶ 특허발명의 기술사상의 핵심은 명세서의 공지기술과의 관계에서 파악하되, 명세서 외 공지기술은 과제해결원리의 폭을 정하는데 참작해야 한다. 따라서 명세서 외 공지기술

판단에 고려해야 한다. 명세서 외 공지기술을 참작하여 특허발명이 그 기술발전에 기여한 정도에 따라 상위개념화 여부 및 정도를 평가하여 과제해결원리의 동일 범위의 광협을 정해야 한다(한규현, 과제해결원리의 동일 여부의 판단방법, 사법 54호, 사법발전재단(2020년 겨울호), 737면).

348) (같은 취지) 대법원 2022. 9. 7. 선고 2021다280835 판결, 2022. 1. 14. 선고 2021후10589 판결, 2021. 3. 11. 선고 2019다237302 판결, 2020. 4. 29. 선고 2016후2546 판결, 2019. 2. 14. 선고 2015후2327 판결

349) 대법원 2019. 1. 31.자 2016마5698 결정, 2019. 1. 31. 선고 2017후424 판결, 특허법원 2022. 12. 21. 선고 2022허3458 판결, 2022. 12. 2. 선고 2022허2912 판결, 2022. 10. 27. 선고 2021허1851 판결, 2022. 10. 13. 선고 2022허1292 판결, 2022. 9. 29. 선고 2021허6283 판결, 2022. 9. 15. 선고 2021허6641 판결, 2022. 9. 1. 선고 2021허3697 판결, 2022. 9. 1. 선고 2021허3703 판결, 2022. 9. 1. 선고 2021허3710 판결, 2022. 8. 26. 선고 2022허1728 판결, 2022. 8. 18. 선고 2021허4652 판결, 2022. 7. 22. 선고 2021허3628 판결, 서울중앙지법 2021. 8. 20. 선고 2016가합522332 판결

은 발명의 설명에서 파악되는 특허발명의 기술사상의 핵심을 제외한 채 다른 기술사상을 기술사상의 핵심으로 대체하는데 참작해서는 안 된다.

(ㄴ) 공지기술을 보충적으로 고려하는 정도

★ □ 특허발명의 과제해결원리를 파악하기 위하여 공지기술을 참작한다는 것은 명세서 기재에 의하여 특허발명의 기술사상의 핵심을 파악하되 다만 그 과정에서 공지기술을 보충적으로 고려한다는 의미 정도로 이해해야지, 공지기술의 경우는 모두 특허발명의 기술사상의 핵심에서 제외하는 방식으로 그 과제해결원리를 파악한다는 의미로 이해해서는 안 된다.[350]

(라) 기술사상의 핵심이 하나의 선행기술에 공지

□ 특허발명의 기술사상의 핵심이 공지되었다는 것은 기술사상의 핵심이 하나의 선행기술에 공지된 것을 말하는 것이지, 기술사상의 핵심을 이루는 개개의 구성요소가 선행기술들에 개별적으로 산재하여 공지된 경우에는 기술사상의 핵심이 공지되었다고 볼 수 없다.[351] 이는 마치 발명의 신규성을 판단하는 것과 같다.

(마) 선출원발명 제외

□ 선출원발명은 특허발명의 출원 당시에 공지된 기술로 볼 수 없다.[352]

(4) 균등한지 문제되는 구성의 변경에 따른 과제해결원리의 차이

★ □ 실무상, 균등 여부가 문제되는 변경된 구성이 특허발명이나 확인대상발명의 과제해결원리와 관련하여 어떠한 기술적 의미를 갖는지를 탐색하는 데에 심리가 집중되므로, 같은 특허발명이라고 하더라도 사건마다 균등한지 문제되는 구성이 달라지면 심리대상으로 삼는 과제해결원리도 달라질 수 있다. 따라서 균등 여부가 문제되는 변경된 구성이 서로 같지 않은 다른 사건에서 규명된 '특허발명의 과제해결원리'에 기초해서만 당해 사건에서 문제되는 변경된 구성의 균등 여부를 판단해서는 안 된다.[353]

(5) 청구범위가 다수의 구성요소에 의하여 좁게 한정된 경우

□ 청구범위가 다수의 구성요소에 의하여 좁게 한정되어 있는 경우에는 구체적으로 한정된 구성에 기초하여 과제해결원리를 파악해야 하고, 그보다 상위개념으로 넓게 파

---

350) 특허법원 2017. 1. 20. 선고 2015허7674 판결, 서울고법 2016. 3. 24.자 2015라20318 결정
351) 대법원 2022. 1. 14. 선고 2021후10589 판결, 특허법원 2021. 6. 17. 선고 2020허6316 판결
352) 대법원 2019. 1. 31.자 2016마5698 결정, 2019. 1. 31. 선고 2017후424 판결
353) 서울고법 2016. 3. 24.자 2015라20318 결정

악해서는 안 된다.[354)]

(6) 출원경과 참작

□ 특허발명의 과제해결원리를 파악함에 있어서 그 출원경과도 참작할 수 있다.[355)]

○ 특허법원 2020. 7. 17. 선고 2019허3694 판결

특허청 심사관은 선행발명으로부터 쉽게 발명할 수 있다는 의견제출통지를 하였고, 이에 따라 특허권자는 '직타법으로 제조된'을 청구범위에 추가하는 보정서 및 의견서를 제출하면서, 선행발명과의 차이점을 주장하여 특허등록 되었다. 특허발명 이전에 공지된 폴라프레징크 함유 제형인 과립제와 구강 붕해정의 단점을 극복하기 위한 과정에서 정제 형태로 제조하고자 하는 시도가 이루어졌으나, 저장 안정성, 대량 생산성, 용출률, 생체이용률 등에서 문제점이 나타났고, 특허발명은 이러한 문제점을 유효성분인 폴라프레징크의 입도 누적분포(d90)를 500㎛ 이하로 조절하고 직접타정법으로 정제를 제조함으로써 극복하고자 한 것임을 알 수 있다. 특허발명 출원 당시 직접타정법은 정제의 제조방법의 하나로서 널리 알려져 있었을 뿐만 아니라, '폴라프레징크를 함유하는 정제'를 제조하는 기술사상과 '유효성분의 입도를 500㎛ 이하로 조절함으로서 정제의 저장 안정성 등을 향상시킨다'는 기술사상 역시 공지된 것으로 볼 수 있으므로, 특허발명의 과제해결원리를 '폴라프레징크를 포함하는 정제로서 폴라프레징크의 d90을 500㎛ 이하로 한정한 것'으로 넓게 파악할 수는 없다. 위와 같은 사실로부터 특허발명에 특유한 해결수단이 기초하고 있는 기술사상의 핵심은 '유효성분인 폴라프레징크의 입도 누적분포(d90)를 500㎛ 이하로 조절하여 직접타정법으로 제조함으로써 정제의 저장 안정성 등을 향상시키는' 데에 있다. 반면, 확인대상발명은 활성성분인 폴라프레징크를 '입도 누적분포에서 최대 입도에 대하여 90%에 해당하는 입도(d90) 500㎛ 이하'로 한정하고 이를 습식과립법에 의하여 제조함으로써 정제의 저장 안정성 등을 향상시키는' 데에 기술사상의 핵심이 있는 발명으로서, 직접타정법을 전제로 입도 조절을 통해 정제의 저장 안정성 등을 향상시키려는 특허발명의 기술사상의 핵심이 포함되어 있다고 볼 수 없다. 따라서 특허발명과 확인대상발명은 각자 특유한 해결수단이 기초한 기술사상의 핵심이 다르므로 과제 해결원리가 다르다.

3) 작용효과의 동일성

가) 판단기준

(1) 본질적 작용효과의 면에서 실질적 동일

□ 작용효과가 실질적으로 동일하다고 인정할 수 있으려면, 구성의 변경에 의하더라도 그 과제해결을 위한 본질적인 작용효과의 면에서 확인대상발명이 특허발명과 질적으로 다르거나 양적으로 현저한 차이가 없어야 한다.[356)]

---

354) 특허법원 2017. 8. 25. 선고 2017허1304 판결
355) 특허법원 2020. 7. 17. 선고 2019허3694 판결
356) 대법원 2009. 6. 25. 선고 2007후3806 판결, 서울고법 2016. 3. 24.자 2015라20318 결정

(2) 특허발명의 기술사상의 핵심을 구현할 수 있는 정도

□ '실질적으로 동일한 작용효과'는 완전하게 동일한 작용효과를 나타낼 것까지 요하는 것은 아니고 특허발명의 기술사상의 핵심을 구현할 수 있는 정도의 작용효과를 나타내면 충분하다.[357)]

(3) 실질적으로 동일한 기능 · 방법 · 결과를 얻게 되는 정도

□ 구성의 변경에 의하더라도 실질적으로 동일한 목적과 동일한 작용효과를 나타내어야 한다는 요건은, 균등론이 자의적으로 적용될 경우 청구범위의 기재를 신뢰한 제3자에게 불측의 손해를 입게 하는 등 법적 안정성을 해칠 현실적인 위험을 내포하고 있다는 측면에 비추어 볼 때, 단지 당해 구성요소의 목적이나 효과의 동일성만을 의미하는 것이 아니라 확인대상발명이 실질적으로 동일한 기능을, 실질적으로 동일한 방법으로 수행하여 동일한 결과를 얻게 되는 정도에 이르러야 한다.[358)]

나) 작용효과의 동일 판단

(1) 특허발명이 해결한 과제를 확인대상발명도 해결하는지

□ 작용효과가 실질적으로 동일한지 여부는 선행기술에서 해결되지 않았던 기술과제로서 특허발명이 해결한 과제를 확인대상발명도 해결하는지를 중심으로 판단해야 한다.[359)]

(2) 기술사상의 핵심이 동일한지

□ 기술사상의 핵심이 동일하다면 작용효과도 실질적으로 동일하다고 보는 것이 원칙이다.[360)]

(3) 특허발명의 기술사상의 핵심의 공지증거가 없는 경우

(가) 기술사상의 핵심이 확인대상발명에서도 구현되어 있는지

★□ **(원칙)** 발명의 설명의 기재와 출원 당시의 공지기술을 참작하여 파악되는 특허발명에 특유한 해결수단이 기초하고 있는 기술사상의 핵심이 확인대상발명에서도 구현되어 있다면 작용효과가 실질적으로 동일하다고 본다.[361)]

---

357) 서울고법 2016. 3. 24.자 2015라20318 결정

358) 대전지법 2011. 12. 14. 선고 2011가합11140 판결

359) 대법원 2022. 9. 7. 선고 2021다280835 판결, 2022. 1. 14. 선고 2021후10589 판결, 2021. 3. 11. 선고 2019다237302 판결, 2019. 2. 14. 선고 2015후2327 판결, 2019. 1. 31. 선고 2018다267252 판결, 특허법원 2023. 4. 13. 선고 2022허3823 판결, 2023. 2. 2. 선고 2019나1432 판결, 2022. 12. 21. 선고 2022허3458 판결, 2022. 12. 2. 선고 2022허2912 판결, 2022. 10. 27. 선고 2021허1851 판결, 2022. 10. 13. 선고 2022허1292 판결, 2022. 10. 12. 선고 2021허5266 판결, 2022. 9. 15. 선고 2021허6641 판결, 2022. 8. 26. 선고 2022허1728 판결

360) 특허법원 2022. 10. 12. 선고 2021허5266 판결

(나) 권리범위를 넓게 보호

▶ 특허발명의 기술사상의 핵심의 공지증거가 없는 경우에는, 개척발명처럼 권리범위를 넓게 보호해야 하므로 균등범위를 넓혀서 특허발명의 기술사상의 핵심이 확인대상발명에서도 구현되어 있는지 여부로 작용효과의 동일 여부를 판단한다(상위개념화).

(4) 특허발명의 기술사상의 핵심의 공지증거가 있는 경우

(가) 구성요소의 개별적 기능이나 역할 비교

★□ (**예외**) 기술사상의 핵심이 특허발명의 출원 당시에 이미 공지된 경우에는 기술사상의 핵심이 특허발명에 특유하다고 볼 수 없고 특허발명이 선행기술에서 해결되지 않았던 기술과제를 해결하였다고 말할 수도 없기 때문에, 균등 여부가 문제되는 구성요소의 개별적 기능이나 역할을 비교하여 판단해야 한다.[362]

(나) 권리범위를 좁게 보호

▶ 특허발명의 기술사상의 핵심의 공지증거가 있는 경우에는, 개량발명처럼 권리범위를 좁게 보호해야 하므로 균등범위를 좁혀서 균등 여부가 문제되는 구성요소의 개별적 작용효과(기능이나 역할)를 비교하여 작용효과의 동일 여부를 판단한다(하위개념화).

(5) 작용효과 판단의 종속 여부 및 구분의 실익

(가) 작용효과 판단이 과제해결원리 판단에 종속하는지

▶ 작용효과의 동일 여부의 판단은 과제해결원리의 동일 여부의 판단과 마찬가지로 기술사상의 핵심의 공지 여부 판단에 따라 좌우되므로 과제해결원리의 동일 여부 판단에 종속되는 관계로 볼 수 있다.

(나) 과제해결원리 판단과 작용효과 판단의 구분의 실익

▶ 확인대상발명은 기술사상이 아니라 실시형태 그 자체이므로 특허발명과 비교되는 과제

361) 대법원 2022. 9. 7. 선고 2021다280835 판결, 2022. 1. 14. 선고 2021후10589 판결, 2021. 3. 11. 선고 2019다237302 판결, 2019. 2. 14. 선고 2015후2327 판결, 2019. 1. 31. 선고 2018다267252 판결, 특허법원 2023. 4. 13. 선고 2022허3823 판결, 2023. 2. 2. 선고 2019나1432 판결, 2022. 12. 21. 선고 2022허3458 판결, 2022. 10. 27. 선고 2021허1851 판결, 2022. 10. 13. 선고 2022허1292 판결, 2022. 10. 12. 선고 2021허5266 판결, 2022. 9. 15. 선고 2021허6641 판결, 2022. 8. 26. 선고 2022허1728 판결, 2022. 8. 18. 선고 2021허4652 판결

362) 대법원 2022. 9. 7. 선고 2021다280835 판결, 2022. 1. 14. 선고 2021후10589 판결, 2021. 3. 11. 선고 2019다237302 판결, 2019. 2. 14. 선고 2015후2327 판결, 2019. 1. 31. 선고 2018다267252 판결, 특허법원 2023. 4. 13. 선고 2022허3823 판결, 2023. 2. 2. 선고 2019나1432 판결, 2022. 12. 21. 선고 2022허3458 판결, 2022. 12. 2. 선고 2022허2912 판결, 2022. 10. 27. 선고 2021허1851 판결, 2022. 10. 13. 선고 2022허1292 판결, 2022. 10. 12. 선고 2021허5266 판결, 2022. 9. 15. 선고 2021허6641 판결, 2022. 8. 26. 선고 2022허1728 판결

해결원리의 도출이 쉽지 않은 경우가 있는 반면에, 기술구성에 의하여 달성되는 작용효과는 상대적으로 도출이 쉬운 경우가 많고, 더구나 기술사상의 핵심이 공지된 경우에는 확인대상발명과의 작용효과의 동일 여부에 대한 대비가 수월하다는 점에서 구분의 실익이 있다. 최근에는 실무적으로 기술사상의 핵심의 공지 여부를 가린 다음 작용효과의 차이만을 판단하는 경우가 증가하고 있다.

다) 구체적 판단방법

(1) 대비 · 판단의 대상은 발명의 전체적인 맥락에서 탐구

★□ 특허권 침해를 판단하기 위하여 특허발명과 대비 · 판단의 대상이 되는 구성을 구분할 때는, 이를 형식적으로 분리할 것이 아니라 특허발명이나 확인대상발명의 전체적인 맥락에서 각각의 구성이 가지는 기술적 의미나 작용효과를 실질적으로 탐구해야 한다. 대비 · 판단의 대상이 되는 각각의 구성은 그것이 적용된 기술에 따라 실질적으로 동일한 기술적 의미나 작용효과를 가질 수도 있고 서로 다른 기술적 의미나 작용효과를 가질 수도 있기 때문이다.[363)]

(2) 작용효과는 균등이 문제되는 구성요소별 파악

□ 확인대상발명에도 특허발명의 기술사상의 핵심이 구현되어 있는지 여부는 균등 여부가 문제되는 구성요소별로 파악하여 작용효과가 실질적으로 동일한 것인지를 가린다.[364)]

(3) 구성의 변경으로 인한 부수적인 효과

(가) 부수적인 효과 미고려

□ 확인대상발명이 특허발명의 작용효과 외에 별도의 부수적인 효과를 가진다는 점은 균등 여부의 판단에 있어서 작용효과의 동일성을 부정하는 근거가 될 수 없다고 본다. 이는 확인대상발명이 개량으로 별개의 작용효과를 부가함으로써 침해를 면하는 것이 가능하다고 한다면 균등을 인정하는 취지를 몰각하는 결과가 될 것이기 때문이다.[365)]

(나) 기술사상의 핵심과 관련 없는 부수적인 효과 차이

□ 관용적 기술수단을 채택함에 따른 구성의 변경으로 인하여 기술사상의 핵심과 관련 없는 부수적인 효과의 차이가 생기더라도 이러한 차이는 실질적인 작용효과의 차이로 보지 않는다.[366)]

---

363) 서울고법 2016. 3. 24.자 2015라20318 결정

364) 대법원 2019. 1. 31. 선고 2017후424 판결

365) 특허법원 2016. 12. 9. 선고 2016허2799 판결

366) 대법원 2017. 12. 22. 선고 2017후479 판결, 2014. 7. 24. 선고 2012후1132 판결, 2014. 7. 24. 선고 2013다14361 판결, 특허법원 2022. 10. 12. 선고 2021허5266 판결, 2022. 6. 23. 선고 2021허2311

(다) 특허발명의 효과와 전혀 다른 이질적인 효과 차이

□ 구성의 변경으로 인하여 생긴 부수적인 효과라도 특허발명의 효과와 전혀 다른 이질적인 효과의 차이는 발명의 동일성을 부정하는 작용효과의 차이로 본다.[367)]

※ 작용효과가 동일하다고 본 사례

○ 대법원 2017. 12. 22. 선고 2017후479 판결

확인대상발명은 구성의 변경에도 불구하고, 안전고리에 크레인의 후크를 연결해야만 작업자가 안전커버 속의 고정볼트를 해체할 수 있어, 안전고리를 크레인의 후크에 연결하지 않은 채 고정볼트를 해체함으로써 발생할 수 있는 사고를 예방할 수 있다는 점에서, 특허발명과 실질적으로 동일한 작용효과를 나타낸다. 한편 확인대상발명의 설명서와 도면에 의하면, 안전고리를 크레인의 후크와 연결하고 고정볼트를 해체하는 작업을 하여 갱폼의 인양 이동이 완료되면, 고정볼트를 벽체에 고정시킨 후 안전고리를 끌어올리는 힘을 회수하게 되는데, 이때 토션스프링의 복원력으로 인하여 안전커버가 아래쪽으로 회전하면서 고정볼트를 가압한다고 하더라도, 이미 고정볼트는 갱폼을 건물에 고정하고 있어, 토션스프링의 복원력만으로 고정볼트를 원위치시킬 정도로 가압하는 효과가 나타난다고 볼 수 없다. 또한 토션스프링의 복원력으로 고정볼트를 가압한다고 하더라도, 이는 기술사상의 핵심과 관련 없는 관용적 기술수단을 채택함에 따른 부수적인 것에 불과하므로, 이러한 차이를 들어 실질적인 작용효과에 차이가 있다고 볼 수 없다.

○ 대법원 2014. 7. 24. 선고 2012후1132 판결, 2014. 7. 24. 선고 2013다14361 판결

확인대상발명은 특허발명의 '격자형 칼날' 구성을 상하로 이동되는 절단용 실린더에 연동하고 각 가압절판에 인접하여 수직으로 형성되는 '격자형 절단날' 구성으로 변경하더라도 '절단된 각각의 적층 김들이 포장용기 내에 정확히 위치하도록 사이를 벌려 놓아 수납공정까지 자동화'한다는 점에서 특허발명에서와 실질적으로 동일한 작용효과를 나타내며, 통상의 기술자라면 누구나 쉽게 위와 같은 구성의 변경을 생각해 낼 수 있다고 볼 수 있다. 비록 확인대상발명에서 '격자형 절단날'이 상하로 이동하기 위하여 구조가 다소 복잡해지고 '가압절판'과의 관계에서 구체적인 절단방식이 달라지는 등의 차이가 생긴다고 하더라도, 이는 기술사상의 핵심과 관련 없는 관용적 기술수단을 채택함에 따른 부수적인 것에 불과하다고 보이므로 이러한 차이를 들어 실질적인 작용효과에 차이가 있다고 볼 수 없다.

○ 대법원 2012. 6. 28. 선고 2012도3583 판결, 2012. 6. 14. 선고 2012후443 판결

판결, 2021. 6. 17. 선고 2020허6316 판결, 2016. 6. 30. 선고 2015허4804 판결, 서울고법 2016. 3. 24.자 2015라20318 결정

367) 대법원 2003. 10. 24. 선고 2002후1102 판결

특허발명의 '약쑥 잎, 회엽, 안식향, 참나무 숯 및 창출을 건조 후 물과 혼합하여 분쇄시키며, 점화 시 끝까지 연소될 수 있도록 뭉쳐 동결 건조시킨 약쑥탄' 구성과, 피고인 생산제품의 '건조된 애엽, 포공영, 익모초, 사상자, 천궁, 부평초, 박하, 곽향, 향부자 및 참나무 숯 분말을 일정한 크기로 성형하여 동결 건조시킨 간접구 본체' 구성은 분쇄된 상태의 약재 또는 분말 상태의 약재를 일정한 크기로 뭉쳐서 동결 건조한 것이라는 점에서 동일하고, 피고인 생산제품의 간접구 본체의 구성성분 중 '포공영, 익모초, 사상자, 천궁, 부평초, 박하, 곽향 및 향부자'는 특허발명의 약쑥탄 구성성분 중 '회엽, 안식향 및 창출'을 치환한 것이라는 점에서 차이가 있으나, 비록 피고인 생산제품에 있어 간접구 본체의 구성성분 중 '포공영, 익모초, 사상자, 천궁, 부평초, 박하, 곽향 및 향부자'는 특허발명의 약쑥탄 구성성분 중 '회엽, 안식향 및 창출'을 치환한 것이지만, 그러한 치환에도 불구하고 간접구의 연소 및 연소 후 잔존물의 처리에 있어서 특허발명과 같은 목적을 달성하고 실질적으로 동일한 작용효과를 나타낼 수 있다.

○ 특허법원 2022. 6. 23. 선고 2021허2311 판결

확인대상발명이 '밀착링'을 포함하지 않음으로써 특허발명과 비교하여 통상의 기술자가 예측할 수 없는 특유의 효과가 있다거나, 확인대상발명의 경우 '밀착링'을 반드시 제거해야만 하는 특별한 사정이 있다는 점을 인정할만한 별다른 사정은 역시 엿보이지 않는다. 설령 확인대상발명이 '밀착링'을 구비하고 있지 않는 것으로 인하여 기술사상의 핵심과는 관련 없는 부수적인 효과가 발생한다고 하더라도, 이러한 차이를 들어 실질적인 작용효과에 차이가 있다고 볼 수는 없다.

○ 특허법원 2021. 12. 23. 선고 2021허3284 판결

확인대상발명이 특허발명의 과제해결원리를 그대로 구현하고 있고, 더욱이 몰드탱크의 하부가 밀폐되었는지 아니면 하부까지 개방되었는지 여하에 따라 거푸집의 설치 및 해체 과정을 생략할 수 있다는 작용효과가 달라지는 것은 아니다. 따라서 확인대상발명은 거푸집의 설치 및 해체 과정을 생략할 수 있다는 측면이나 저장물의 유출 방지 및 외부 충격으로부터 저장탱크의 보호라는 측면에서 특허발명과 실질적으로 동일한 작용효과를 나타낸다.

○ 특허법원 2021. 9. 2. 선고 2020허6613 판결

확인대상발명은, '너트 외주에 스프링 가이드 레일을 스냅 방식으로 고정하고, 너트 외주의 위치-제한 표면에 스프링 가이드 레일이 끼워질 수 있게 하여 간편하게 스프링 가이드 레일의 위치를 제한할 수 있게 한' 특허발명의 기술사상의 핵심을 그대로 구현하고 있다. 나아가 '가이드 스프링 레일의 하부에 형성된 하부 정지부에 슬라이딩 링이 직접 접촉하는지', 혹은 '너트의 표면에 돌출된 형상의 정지 돌출부를 별도로 두는지' 여부에 따라 위와 같은 작용효과가 달라진다고 할 수도 없다. 따라서 확인대상발명은 특허발명과 작용효과가 실질적으로 동일하다.

○ 특허법원 2021. 6. 17. 선고 2020허6316 판결

특허발명이 채택하고 있는 기술사상의 핵심은 특허발명의 출원 당시에 공지되어 있었다고 볼 수 없다. 한편 수평지지판(고정부재)을 수직 방향으로 이송시키기 위한 동력전달방법과 관련하여, 확인대상발명이 별도의 체인과 체인 스프로켓 없이 컨베이어시스템의 고정프레임 측면에 유압실린더를 수직으로 배치하여 직접적으로 고정부재에 동력을 전달하는 방식을 사용한다는 점에서, 특허발명의 구성요소 4와는 차이를 보인다. 그러나 위와 같은 차이점에도 불구하고, 확인대상발명은 특허발명과 마찬가지로 역시 '극판집속체 이송장치를 컨베이어시스템과 상부의 픽업시스템 사이에 배치함으로써, 상부의 픽업시스템에 의한 극판집속체의 픽업시 컨베이어의 작동이 중지될 필요가 없고, 극판집속체를 정확히 픽업 가능'하게 한다. 이러한 점에 비추어 보면, 확인대상발명도 특허발명의 기술사상의 핵심을 구현할 수 있을 정도로 실질적으로 동일한 작용효과를 나타낸다고 봄이 타당하다.

○ 서울고법 2016. 3. 24.자 2015라20318 결정

실시제품에서는 '절단된 각각의 적층 김들이 포장용기 내에 정확히 위치하도록 사이를 벌려 놓아 수납공정까지 자동화'한다는 점에서 특허발명에서와 실질적으로 동일한 작용효과를 나타내고, 비록 실시제품에서 '격자형 절단날'이 상하로 이동하기 위하여 구조가 다소 복잡해지고 '가압절판'과의 관계에서 구체적인 절단방식이 달라지는 등의 차이가 생긴다고 하더라도, 이는 특허발명의 기술사상의 핵심과 관련 없는 관용적 기술수단을 채택함에 따른 부수적인 것에 불과하다고 보이므로, 실질적인 작용효과에 차이가 없다.

※ 작용효과가 동일하지 않다고 본 사례

○ 대법원 2022. 9. 7. 선고 2021다280835 판결

특허발명의 과제해결원리가 선행발명들에 공지되어 있으므로, 특허발명과 피고 제품의 작용효과가 실질적으로 동일한지 여부는 차이나는 구성인 특허발명의 '원형 또는 다각형인 평면 돌출판'과 피고 제품의 '두 개의 원형 일부가 겹쳐지면서 가운데가 오목한 표주박 형상의 평면 돌출판'의 개별적 기능이나 역할 등을 비교하여 판단해야 하는데, 피고 제품은 표주박 형상으로 인하여 특허발명과 달리 각질이 넓은 면적으로 절삭될 수 있고, 곡선의 절삭날을 통해 절삭된 각질이 측면날 사이로 모아지면 중앙의 오목한 부분에서 추가로 절삭되어 그 작용효과에 차이가 있다.

○ 대법원 2021. 3. 11. 선고 2019다237302 판결

특허발명의 기술사상이 특허발명의 출원 당시에 공지된 문헌에 나타나 있으므로, 작용효과가 실질적으로 동일한지 여부는 위 기술사상을 구현하는지를 기준으로 삼을 수는 없고, 차이점의 각 대응 구성요소들의 개별적인 기능이나 역할 등을 비교하여 결정해야 할 것인데, 특허발명은 '상·하부부재 및 슬라이딩판을 관통하여 설치된 핀 부재'로 인하여 로터리식 작동부를 회전시키더라도 핀 부

재가 해제되지 않는 한 손잡이가 조리용기에서 분리되지 않는 반면, 확인대상발명은 걸림편이 슬라이딩편으로부터 상부로 경사지게 절곡되어 일체로 형성되어 있기 때문에 손잡이를 부착할 때의 반대 방향으로 레버를 회전시키는 것만으로도 레버와 호형 견인로드로 연결되어 있는 슬라이드편이 전진하여 걸림편이 상부부재 내면에 형성된 스토퍼에 걸림으로써 손잡이와 조리용구가 약간 분리되었다가, 이 상태에서 레버 중앙에 설치된 버튼을 눌러 직접 걸림편을 누르면 걸림편이 스토퍼에서 해제되며 완전 분리상태에 이른다는 점에서 작용효과에 차이가 있다.

○ 대법원 2019. 1. 31. 선고 2018다267252 판결

특허발명의 발명의 설명에 '본 발명의 직접 가압식 용탕 단조공정은 상부 금형이 하강하여 하부 금형에 주입된 용탕 전체 표면에 걸쳐 직접 강압, 예비성형 및 고압단조하고 재차 하부 금형에 의하여 고압으로 가압함으로써 단순히 금형 온도에 크게 의존하는 종래 간접방식에 비하여 단조효과가 월등히 우수할 뿐만 아니라, 응고에 따른 국부적인 체적변화에 대응하는 노크 아웃 실린더가 하부에 장착되어 고압으로 작동하기 때문에 그 단조효과를 더해 주며'라고 적혀 있으나, 발명의 설명에서 파악되는 '상·하부 양방향에서 가압하여 단조효과를 향상시킨다.'는 기술사상은 특허발명의 출원 당시에 공지된 것이어서, 특허발명에 특유하다고 볼 수 없고, 특허발명이 선행기술에서 해결되지 않았던 기술과제를 해결하였다고 말할 수도 없으므로, 작용효과가 실질적으로 동일한지 여부는 위 기술사상을 구현하는지를 기준으로 삼을 수는 없고, 특허발명의 '보온용 전기 가열장치'와 피고제품의 '가스 가열장치'의 개별적인 기능이나 역할 등을 비교하여 결정해야 하는데, 위 두 구성은 금형의 온도를 조절하는 기능이나 착탈 여부 등에서 차이가 나므로 그 실질적 작용효과가 동일하다고 볼 수 없다.

○ 대법원 2012. 4. 13. 선고 2011후3827 판결

특허발명은 종래의 1번 엮음사가 한번 풀리면 끝까지 모두 풀리게 되어 차양망이 자동분할되는 문제점을 해결하기 위하여, 별도의 2번 엮음사가 1번 엮음사 및 합성수지필름사를 엮어 주도록 하고, 2번 엮음사를 공급하는 2번 바늘대 이송용 캠링크를 가장 크게 한 것이므로, 특징적 구성에 해당하는데, 확인대상발명은 특허발명의 이러한 특징적 구성을 그대로 가지고 있지 않아 과제의 해결원리가 동일하다고 할 수 없고, 특허발명의 엮음장치에 의하여 제작되는 차양망은 1번 엮음사가 풀어지더라도 한 올 이상은 풀리지 않는데 비하여, 확인대상발명의 엮음장치에 의하여 제작되는 차양망은 1번 엮음사가 한 올이라도 풀어지면 끝까지 모두 풀리게 되므로 그 작용효과에도 차이가 있다.

○ 대법원 2011. 9. 29. 선고 2011도5403 판결

특허발명은 그 구성요소 중 결합고정부에 중공관의 길이방향으로 절개된 다수개의 분할부가 구비되어 있고 위 결합고정부의 외주연에는 고무부재가 설치됨으로써, 위 고무부재가 결합고정부에 형성된 분할부에 탄성을 가하여 사다리발판부가 고정지지부에 견고하게 고정될 수 있도록 하는 작용효과가 있는 반면, 피고인 실시제품의 대응구성은 사다리발판부가 고정지지부에 단순히 끼워지는

구조로 되어 있을 뿐 그 결합고정부가 길이방향으로 분할되어 있지 않으며 위 고무부재에 대응되는 구성도 없어, 특허발명의 결합고정부 및 고무부재와 실질적으로 동일한 작용효과를 나타낸다고 볼 수 없다. 따라서 균등관계에 있는 발명을 실시한 것이라고 볼 수 없다.

○ 대법원 2003. 10. 24. 선고 2002후1102 판결

특허발명과 확인대상발명은 '고정판에 축공을 형성하는 구성'과 '축봉용 축공이 중앙부에 형성된 장착구를 볼트로 고정판의 하면에 부착하는 구성'을 제외한 나머지 구성은 동일하지만, 특허발명은 축봉을 고정하기 위한 별도의 장착구를 생략함으로써 제조원가를 절감하고 공정을 단순화하며, 축봉과 고정판의 결합을 한층 직접적이고 견고하게 할 수 있는 반면, 확인대상발명은 별도의 장착구를 통해 축봉을 고정함으로써 축공 및 보조축공을 필요로 하지 않고 축공설치로 인한 고정판의 강도저하를 막을 수 있으며 축공에 이상이 생기는 경우 장착구만을 분리·교체할 수 있어 수리가 간편한 효과의 차이가 있다.

○ 특허법원 2022. 8. 26. 선고 2022허1728 판결

특허발명의 명세서의 기재내용을 종합하면, 특허발명은 걸이끈을 덮개부에 결합하는 구조와 걸이끈의 길이를 조절하는 구조가 별도로 구성되어 있어, 구조가 복잡하고 좌·우측조절부재가 귀의 뒷면에 접촉되어 마스크의 초기착용상태를 안정적으로 유지할 수 없는 종래 마스크의 문제점을 해결하기 위해, '마스크본체에 상부밀착공, 하부밀착공 및 끈당김이격공간을 형성함으로써 걸이끈을 덮개부에 결합하는 구조와 걸이끈의 길이를 조절하는 구조를 통합하여 마스크의 구조를 간단히 하면서 마스크의 초기 착용상태를 안정적으로 유지하게 하는 것'에 기술사상의 핵심이 있다고 인정된다. 특허발명의 기술사상의 핵심이 공지된 이상, 특허발명과 확인대상발명의 작용효과가 실질적으로 동일한지 여부는 차이점의 대응 구성요소의 개별적 기능이나 역할 등을 비교하여 판단해야 한다. ① 특허발명은 밀착공부가 마스크본체 후면에 결합되어 있어 밀착공부가 피부에 접촉하여 마스크의 착용감이 떨어지는 반면, 확인대상발명은 밀착공부가 마스크본체 전면에 결합되어 있어 밀착공부가 피부에 접촉하지 않아 마스크와 피부가 맞닿는 부분이 매끈하여 마스크의 착용감이 우수하다는 점에서 작용효과에 차이가 있다. ② 특허발명은 상부밀착공부와 분리된 하부밀착공부를 포함하므로 상·하부밀착공을 각각 형성하는 반면, 확인대상발명은 상부밀착공부와 하부밀착공부가 연결되어 있어 상·하부밀착공이 한 번에 형성될 수 있는 점에서 밀착공부의 제조공정이 간이화되는 차별적 효과가 있다. ③ 확인대상발명은 상 하부밀착공부가 완전히 분리되지 않고 중간·부분이 절개되어 끈당김이격공간이 형성되는바, 그와 같은 구조로 인하여 그 절개부가 펼쳐져, 걸이끈이 피부에 직접 닿지 않게 하면서도 이를 압착하는 기능을 하는 압착부를 자연스럽게 형성할 수 있게 한다는 점에서도 차이가 있다.

○ 특허법원 2022. 8. 18. 선고 2021허4652 판결

명세서의 기재내용에 따르면, 특허발명의 기술사상의 핵심은 '홈파기 공구와 누름판을 장착한 공작

기계를 사용하여 부직포 겹면에 직접 온수 파이프를 수용하는 홈을 형성할 수 있도록 함으로써 작업능률과 생산성 향상을 도모하고, 온수 파이프가 부직포 겹면 위로 돌출되지 않도록 하여 사용자에게 편안한 온수매트를 제작할 수 있도록 하는 것'이라고 판단된다. 특허발명의 출원일 당시 선행발명들에 의하여 특허발명의 특유한 해결 수단이 기초하고 있는 위와 같은 기술사상의 핵심이 공지되어 있었다고 봄이 타당하므로, 특허발명의 위와 같은 기술사상의 핵심은 특유하다고 볼 수 없고, 특허발명이 선행기술에서 해결되지 않았던 기술과제를 해결하였다고 볼 수도 없다. 따라서 특허발명의 기술사상의 핵심이 확인대상발명에서 구현되어 있는지를 가지고 작용효과가 실질적으로 동일한지 여부를 판단할 수 없고, 균등 여부가 문제되는 구성요소의 개별적 기능이나 역할 등을 비교하여 판단해야 한다. 특허발명과 확인대상발명은 차이점과 관련하여 그 구성에 있어서 차이가 있을 뿐만 아니라 이로 인해서 개별적 기능이나 역할, 작용효과에 있어서도 동일하지 않다.

○ 서울중앙지법 2020. 4. 17.자 2019카합21782 결정

노출길이 조정이 쉬운 멀티니들 조립체에 관한 특허발명에 대하여, 주사기용 석션어댑터로서 피부의 일정한 깊이에 주사액을 주사할 수 있는 선행기술 1과 피부시술용 모듈로서 간단한 회전운동 조작에 의하여 피부에 시술되는 깊이를 정밀하게 조절할 수 있는 선행기술 2가 이미 공지되어 있었으므로, 균등의 범위를 보다 좁게 인정하는 해석이 필요하다. 따라서 특허발명은 간단한 조작으로 피부에 시술되는 깊이를 '정확하게' 조정하고 또한 그 깊이를 '확인'할 수 있는 수단을 제공하는 것을 기술사상의 핵심으로 하고 있고, 채무자 제품에 있어 균등 여부가 문제되는 구성요소의 개별적 기능이나 역할을 비교하면, 작용효과가 다르다.

○ 서울중앙지법 2019. 7. 5. 선고 2017가합579373 판결(○ 2019나1609)

특허발명에서 '다수의 돌출된 절삭부를 배열 형성함으로써 각질을 잘라내는 효과를 향상시킨다.'는 기술사상의 핵심이 출원 당시 공지된 이상, 작용효과가 실질적으로 동일한지 여부는 피고 제품이 위 기술사상을 구현하는가에 따라 판단할 수 없고, 균등 여부가 문제되는 구성요소인 '원형 또는 다각형 평면으로 된 돌출부' 구성과 피고 제품의 '표주박 모양으로 된 돌출부' 구성의 개별적인 기능이나 역할 등을 비교하여 결정해야 한다. 그런데 피고 제품은 두 꼭짓점 날 사이에 형성된 측면 날이 서로 대향하고 있어서 두 측면 날 사이로 각질이 수렴하게 되고, 그로 인하여 꼭짓점 사이에서 절삭 효과가 추가로 발생한다. 마이크로 커터의 중심부로 모아진 각질이 더 이상 밀려나갈 곳이 없는 상태로 중앙의 오목한 부분에서 잘리는 효과가 나타나는 것이다. 위와 같은 효과는 곡선의 절삭날이 오목한 지점에서 모이는 구성을 갖춘 경우에 발생하므로, 돌출판의 형상을 '원형 또는 다각형의 평면'으로 한정한 특허발명에서는 기대할 수 없다.

4) 변경의 용이성

가) 판단기준

(1) 변경이 쉽지 않거나 작용효과가 다른 경우

□ 특허발명의 구성으로부터 확인대상발명의 대응구성으로 변경이 쉽지 않거나, 기능과 작용효과가 다른 경우라면 확인대상발명은 특허발명과 균등관계에 있다고 볼 수 없다.[368)]

(2) 판단시점

□ 변경용이성의 판단시점은 특허발명의 출원시가 아니라 확인대상물품의 제조시점이다. 따라서 권리범위확인심판에서는 확인대상발명의 실시시점으로 보고,[369)] 침해소송에서는 침해시로 본다.[370)] 이에 따라 변경용이성이 인정될 가능성이 높다.

▷ 침해소송에서의 침해시는 구체적으로 확인대상발명의 제조행위 개시시를 말하며, 보다 구체적으로는 시작품을 완성하여 제조한 시점을 말한다.[371)]

(3) 특허발명의 출원 이후 공지된 자료

(가) 구성 변경의 용이성 판단에 참작

★□ 특허발명의 출원 이후 침해시까지 사이에 공지된 자료라도 구성 변경의 용이성 판단에 이를 참작할 수 있다.[372)]

(나) 심결시 기준 참작

□ 권리범위확인심판에서는 확인대상발명에 특허발명의 청구범위에 기재된 구성 중 변경된 부분이 있는 경우 심결시를 기준으로 하여 특허발명의 출원 이후 공지된 자료까지 참작하여 그와 같은 변경이 통상의 기술자라면 누구나 쉽게 생각해 낼 수 있는 정도인지를 판단할 수 있다.[373)]

---

368) 특허법원 2010. 10. 20. 선고 2010허401 판결
369) 대법원 2001. 6. 15. 선고 98후836 판결, 특허법원 2019. 7. 18. 선고 2019허2134 판결, 2007. 11. 23. 선고 2006허9654 판결, 2007. 6. 22. 선고 2007허1008 판결, 2000. 9. 7. 선고 99허9755 판결, 2000. 2. 10. 선고 99허5289 판결, 1998. 9. 17. 선고 98허2160 판결
370) 서울고법 2016. 3. 24.자 2015라20318 결정(확인대상발명의 제조·사용이 있었던 시점), 서울중앙지법 2007. 12. 13. 선고 2006가합103336 판결, 2007. 10. 18. 선고 2007가합26320 판결, 2007. 8. 30. 선고 2006가합14061 판결, 2007. 8. 16. 선고 2006가합102081 판결, 2007. 5. 31. 선고 2006가합65557 판결
371) 김동진, 특허침해소송 사례 연구, 2008년도 변리사 민사소송실무연수, 183면, 대한변리사회
372) 대법원 2023. 2. 2. 선고 2022후10210 판결
373) 대법원 2023. 2. 2. 선고 2022후10210 판결

(4) 특허발명의 실체에 기초한 권리범위 설정 관점에서 판단

□ 균등론에서 '구성의 변경이 통상의 기술자라면 누구나 쉽게 생각해 낼 수 있는 정도인지 여부'는, 명세서의 기재에 의하여 파악되는 특허발명의 실체에 기초한 권리범위 설정의 관점에서 독자적으로 판단되어야 하는데, 통상의 기술자에게 그 변경된 구성이 청구범위에 적혀 있는 것과 마찬가지로 인식될 수 있거나 통상의 기술자가 별다른 기술적인 노력 없이 그러한 구성의 변경을 채택할 수 있는 경우라면 변경용이성 요건을 충족한다.[374)]

나) 구체적 판단방법

(1) 발명의 용이성과의 기술적 수준 비교

□ 균등론에서의 변경용이성은 진보성에서 말하는 발명의 용이성보다 기술적으로 더 낮은 수준의 것이다.[375)]

▷ 균등침해의 성립요건은 진보성 요건보다 판단주체의 수준을 낮춰 특허권이 미치는 범위를 진보성이 부정되는 범위보다 축소하고 거기에 과제해결원리의 동일성 및 변경가능성의 요건을 추가하여 특허권의 범위를 좀더 축소한 것이라고 볼 수 있다.[376)]

▷ 균등론의 변경용이성 정도는 실제로는 특허의 요건에서 말하는 추고용이성 보다는 낮은 정도일 경우가 많지만, 판단시점으로 침해시설을 채택하고 침해가 특허출원시보다 뒤로 가면 갈수록 보호정도가 높아져서 경우에 따라서는 오히려 진보성 판단에서의 비자명성보다도 높은 정도의 것이 될 수도 있다.[377)]

▶ 제조·판매에 중점을 두는 균등론의 변경용이성은 연구·개발에 중점을 두는 발명의 진보성보다 수준이 낮으므로 균등의 범위를 더 좁게 파악해야 한다.

(2) 확인대상발명이 특허발명과의 관계에서 진보성이 판단되었던 경우

(가) 확인대상발명의 진보성이 부정된 경우

□ 확인대상발명이 특허발명과의 관계에서 진보성이 부정되었다는 사정만으로는 균등침해라고 단정할 수 없다.[378)]

---

374) 서울고법 2016. 3. 24.자 2015라20318 결정
375) 서울동부지법 2002. 7. 26. 선고 2001가합3236 판결
376) 신동환, 특허요건들 간 상호 연관성에 관한 통합적 고찰, 지식재산과 혁신(2020. 9. 제2호), 특허청, 106면
377) 박성수, 청구범위의 해석에 관한 소고, 법원도서관(2004), 54~58면
378) 서울동부지법 2002. 7. 26. 선고 2001가합3236 판결

(나) 확인대상발명의 진보성이 부정되지 않은 경우

□ 확인대상발명에 대해 특허발명과의 관계에서 진보성이 부정되지 않았다는 사정만으로는 균등침해가 아니라고 단정할 수 없다.[379)]

(3) 변경이 쉬운 유형[380)]

□ ① 특허발명의 단순 설계변경[381)]
② 특허발명의 권리범위와 유기적 · 일체적 결합관계에 있지도 않은 구성의 단순부가[382)]
③ 특허발명의 기술사상을 뛰어넘지 못하는 단순개량[383)]
④ 통상의 기술자가 쉽게 생각해 낼 수 있는 경우[384)]

※ 변경이 쉽다고 본 사례

○ 대법원 2017. 12. 22. 선고 2017후479 판결
확인대상발명처럼 고정브라켓에 부착된 토션스프링을 적용하여 안전커버가 회전되는 방식으로 개폐되도록 하는 것은, 그 기술 분야에서 널리 알려지고 관용적으로 채택되는 기술수단에 불과하므로, 통상의 기술자라면 누구나 쉽게 그와 같은 구성의 변경을 생각해낼 수 있다.

○ 대법원 2012. 6. 28. 선고 2012도3583 판결, 2012. 6. 14. 선고 2012후443 판결
특허발명의 약쑥탄 구성성분 중 '회엽, 안식향 및 창출'이나 피고인 생산제품의 간접구 본체 구성성분 중 '포공영, 익모초, 사상자, 천궁, 부평초, 박하, 곽향 및 향부자'는 모두 한방에서 여성 질환의 치료를 위한 약재로 사용되어 오던 것이므로, 통상의 기술자라면 치료하고자 하는 여성 질환의 증상에 따라 필요한 약재를 적절하게 배합하는 방법으로 특허발명의 약쑥탄 구성성분 중 '회엽, 안식

---

379) 특허법원 1998. 7. 3. 선고 98허676 판결
380) 서울남부지법 2003. 2. 7. 선고 2001가합8692,11162 판결
• 다른 특별한 효과가 나타나지 않아야 한다.
381) 대법원 2001. 11. 13. 선고 99후55 판결, 2000. 11. 24. 선고 98후2313 판결, 1997. 11. 14. 선고 96후1002 판결, 1996. 11. 26. 선고 96후870 판결, 1996. 11. 26. 선고 96후887 판결, 1993. 6. 8. 선고 92후1554 판결, 1991. 11. 26. 선고 91후509 판결, 1987. 6. 23. 선고 87도938 판결, 특허법원 2007. 5. 4. 선고 2006허9821 판결
382) 대법원 1996. 11. 26. 선고 96후870 판결, 1996. 11. 26. 선고 96후887 판결, 특허법원 2007. 5. 4. 선고 2006허9821 판결
383) 대법원 1996. 11. 26. 선고 96후870 판결, 1996. 11. 26. 선고 96후887 판결
384) 대법원 1989. 12. 12. 선고 88후1434 판결, 서울고법 2002. 7. 23. 선고 2001나63546 판결, 2002. 7. 23. 선고 2001나63553 판결, 의정부지법 2003. 6. 5. 선고 2001가합6685 판결, 수원지법 1998. 6 11. 선고 95가합22200 판결

향 및 창출'을 피고인 생산제품의 간접구 본체 구성성분 중 '포공영, 익모초, 사상자, 천궁, 부평초, 박하, 곽향 및 향부자'와 같은 다른 약재로 쉽게 치환할 수 있다.

○ 대법원 1997. 11. 14. 선고 96후1002 판결

확인대상발명은 반죽요입부가 형성된 본체의 양쪽 주변에 여러 개의 공구를 분리시킬 수 있게 연결하고, 이 공구들이 연결된 본체의 나머지 주변에는 다수의 성형요입부를 분리시킬 수 있게 연결한 것이므로, 특허발명에서 특징으로 하는 바의 반죽요입부, 성형요입부 및 공구를 성형구에 일체로 성형함으로써 반죽판 및 여러 가지 공구를 별도로 마련해야 하는 문제점을 해결하도록 한 기술사상은 확인대상발명에서도 동일한 것임을 알 수 있고, 한편 확인대상발명은 특허발명과 비교하여 성형요입부를 본체로부터 분리 가능하도록 본체에 연결시킨 점에서 구성상 다소의 차이는 있으나 그 같은 구성상의 차이에 따라 특허발명이 목적하는 바 이외의 다른 특별한 효과가 예견되지 않을 뿐만 아니라, 오히려 본체로부터 성형요입부를 분리하였을 때 재사용을 위하여 분리된 성형요입부를 별도 보관해야 하는 등의 문제점이 예상되어 확인대상발명의 구성은 특허발명을 단순히 설계변경한 정도에 지나지 않는다.

※ 변경이 쉽지 않다고 본 사례

○ 대법원 2021. 3. 11. 선고 2019다237302 판결

특허발명의 핀 부재가 별도의 탄성부재인 제2 탄성 스프링에 의하여 지지되어 상·하 유동하는 반면, 확인대상발명의 걸림편은 그 자체가 탄성을 가지는데, 선행발명에 나사 결합에 의하여 록킹판과 일체화되어 자체 탄성력에 의하여 걸림·해제 동작을 수행하는 탄동걸림편의 구성이 개시되어 있더라도, 핀 부재를 걸림편으로 변경할 경우, 특허발명의 버튼과 슬라이드편의 상대적인 이동관계뿐만 아니라, 연결 구성들의 배열 관계를 대폭적으로 변경해야 하고, 특허발명에는 핀 부재를 걸림편으로 변경할 암시와 동기가 제시되어 있지도 않다. 이러한 점에서 특허발명의 '상·하부부재 및 슬라이딩판을 관통하여 설치된 핀 부재와 제2 탄성 스프링'의 구성을 확인대상발명의 '걸림편'으로 쉽게 변경할 수 있다고 볼 수 없다.

○ 특허법원 2022. 1. 20. 선고 2021허2342 판결

특허발명의 쑥뜸용 온구기는 '벽체, 공기 조절홈을 포함하는 몸체와 공기 조절구, 회전링부를 포함하는 외통의 유기적 결합관계'로 구성된 반면, 확인대상발명의 쑥뜸기는 '제3 통기공을 포함하는 뚜껑과 제4 통기공을 포함하는 공기조절링의 유기적 결합관계로 구성되어 있는데, 선행발명에 쑥뜸기의 상방에 고정공과 조절공이 형성되어 있어 상방으로부터 유입되는 공기의 양을 조절하는 구성이 개시되어 있더라도, 특허발명의 구성을 확인대상발명의 구성으로 변경할 경우, 특허발명의 외통의 공기 조절구를 상방에 형성하는 것뿐만 아니라 몸체의 공기 조절홈의 기능을 하는 별도의 구성을

형성해야 하는 등 대폭적으로 변경해야 하고, 특허발명에는 특허발명의 구성을 확인대상발명의 구성으로 변경할 암시와 동기가 제시되어 있지도 않다. 이러한 점에서 특허발명의 구성을 확인대상발명의 구성으로 쉽게 변경할 수 있다고 볼 수 없다.

○ 특허법원 2020. 3. 27. 선고 2019허5072 판결
특허발명에서 고정플레이트는 인입부에 설치되어 고정되는 반면, 확인대상발명은 고정플레이트와는 별개로 고정플레이트의 하부에 이격되게 위치한 상태로 회전축을 관통하여 회전축에 고정된 스토퍼핀이 축수용부에 형성된 인입부에 일측이 노출되어 설치되고, 고정플레이트는 축수용부의 상부면에 돌출된 돌부에 끼워져 고정된다는 점에서 그 구성이 상이하다 할 것인데, 특허발명의 발명의 상세한 설명 어디에도 확인대상발명의 스토퍼 핀에 대응되는 기재나 암시가 없고, 위와 같은 구성상의 차이점을 극복하기 위해서는 스토퍼핀을 인입부에 일측이 노출될 수 있도록 회전축에 설치하고, 인입부에 고정된 고정플레이트의 고정 위치를 인입부의 상단으로 변경하는 등의 상당한 구조 변경을 수반할 뿐만 아니라, 확인대상발명과 같이 스토퍼핀을 인입부에 일측이 노출될 수 있도록 회전축에 설치하고 고정플레이트를 인입부의 상단인 축수용부의 상부면에 돌출된 돌부에 끼워 고정하는 구성이 통상의 기술자에게 자명하다고 볼 수도 없으므로, 통상의 기술자가 특허발명의 '축수용부에 형성된 인입부에 고정플레이트의 회전방지부가 고정 설치되는 구성'을 확인대상발명의 '고정플레이트와는 별개로 고정플레이트의 하부에 이격되게 위치한 상태로 회전축을 관통하여 회전축에 고정된 스토퍼핀이 축수용부에 형성된 인입부에 일측이 노출되어 설치되고, 고정플레이트는 축수용부의 상부면에 돌출된 돌부에 끼워 고정되는 구성'으로 변경하는 것이 쉽다고 볼 수 없다.

5) 공지기술배제의 원칙[385]

6) 출원경과금반언의 원칙

가) 출원경과금반언의 의의

(1) 금반언의 개념

□ 금반언의 원칙이란, 자기의 과거의 언동에 의하여 어떤 사실을 표시한 자는 그 사실의 존재를 믿고 어떤 행위를 한 상대방에 대하여 그 사실의 존재를 부정하는 것이 허용되지 않는다는 것이다.[386]

(2) 금반언의 적용요건

□ ① 어떠한 사람의 행위가 그의 선행하는 행위에 모순되는 것이어서 그러한 후행행위에 원래대로의 법적 효과를 부여하면 그 선행행위로 말미암아 야기된 다른 사람의 신

385) 제3장, I.'자유실시기술의 항변' 참조
386) 특허법원 2017. 7. 6. 선고 2017허2215 판결

뢰를 부당하게 침해하게 되는 경우이어야 하고, ② 이를 위해서는 객관적으로 모순되는 선행행위와 후행행위가 있고 그에 대하여 책임을 물을 수 있어야 하며, ③ 선행행위로 인하여 야기된 상대방의 보호받을 가치가 있는 신뢰가 존재해야 한다.387)

(3) 출원경과금반언의 의의

(가) 출원 중에 포기한 보호범위는 균등적용 불허

□ 출원경과금반언의 원칙은 공지기술에 의한 특허거절을 피하기 위한 목적으로 청구범위를 감축하거나 또는 좁게 해석해야 한다고 주장함으로써 특허를 받은 경우, 나중에 출원 중에 포기한 보호범위를 균등론에 의하여 회복하고자 하는 것은 허용하지 않는다는 것이다.388)

(나) 출원절차에서 의식적으로 제외한 경우에는 균등적용 제한

□ 출원경과금반언의 원칙은 원래 특허발명의 균등영역에 속하는 기술이어서 이를 실시하는 행위에 대하여 균등침해가 인정될 수 있는 경우라고 하더라도 특허권자가 출원절차에서 이를 의식적으로 제외한 경우에는 나중에 균등침해를 주장할 수 없도록 함으로써 균등침해의 적용을 제한하기 위한 이론이다.389)

(다) 출원절차를 통하여 청구범위로부터 의식적으로 제외

□ 특허발명의 보호범위를 청구범위의 문언 그대로 확정하여 적용하면 불합리한 결과가 생길 수 있으므로, 청구범위에 적힌 사항에 의하여 공시되는 특허발명의 보호범위를 신뢰하는 일반 공중의 이익을 해하는 일이 없도록 배려하면서 특허발명의 적절한 보호를 도모하기 위하여, '당해 특허발명의 출원절차를 통하여 확인대상발명의 변경된 구성요소가 청구범위로부터 의식적으로 제외되는 등의 특단의 사정이 없을 것'을 비롯한 균등론의 요건을 갖추는 경우에 한하여 특허발명의 보호범위를 문언 그대로의 기재보다 확장하여 균등물도 해당하는 것으로 해석하는 것이다.390)

---

387) 특허법원 2019. 7. 26. 선고 2019허3298 판결, 2019. 7. 26. 선고 2019허3304 판결, 2014. 10. 7. 선고 2014허379 판결, 2012. 12. 20. 선고 2012허7505 판결, 2012. 10. 18. 선고 2012허3527 판결, 2008. 6. 12. 선고 2007허12558 판결, 2005. 10. 13. 선고 2005허5631 판결

388) 서울고법 2008. 3. 19. 선고 2007나9353 판결

• 출원경과금반언의 원칙은 특허발명의 효력범위를 정하는 경우에 적용되는 법리이지, 진보성 판단대상이 되는 특허발명의 기술적 구성을 확정하는 경우에 적용되는 법리가 아니다(특허법원 2007. 8. 24. 선고 2007허2193 판결).

389) 특허법원 2021. 8. 12. 선고 2020허5054 판결, 2013. 12. 20. 선고 2013허5902 판결

390) 특허법원 2001. 6. 22. 선고 2000허6158 판결

나) 출원경과금반언의 요건

(1) 포기한 권리범위를 선행행위와 모순되게 다시 주장 불허

□ 금반언의 원칙상 출원인이 출원·심사과정에서 스스로 철회 또는 포기한 권리범위를 그 선행행위와 모순되게 그것이 권리범위라고 다시 주장하는 것은 허용될 수 없다.[391)]

(2) 출원부터 등록까지의 경과를 통해 나타낸 의사와 반대주장 금지

□ 금반언의 원칙상 특허발명의 권리범위를 해석함에 있어서 출원인은 출원에서부터 등록될 때까지의 경과를 통해 나타낸 의사와 반대되는 주장을 할 수 없다.[392)]

(3) 출원 중에 감축한 내용을 문언의 확장 해석에 의하여 회복 불허

□ 출원인이 공지기술에 의한 거절을 피하기 위한 목적으로 청구범위를 감축하거나 또는 좁게 해석해야 한다고 주장함으로써 특허를 받은 경우, 그와 같은 주장이 명백하여 달리 해석할 여지가 없다면 나중에 출원 중에 감축한 내용을 청구항 문언의 확장 해석에 의하여 권리범위 내로 회복하는 것은 허용되지 않는다.[393)]

▶ 출원경과금반언의 원칙은 심사단계에서 보정서나 의견서를 제출하거나 특허등록 이후에 정정을 한 경우에, 그 보정이나 정정의 이유에 반하는 주장을 할 수 없도록 하는 역할을 한다.

다) 출원경과금반언의 적용범위

(1) 확인대상발명을 청구범위로부터 의식적으로 제외

□ 특허권자가 특허의 출원·등록과정에서 확인대상발명을 특허발명의 청구범위로부터 의식적으로 제외하였다고 볼 수 있는 경우에는, 특허권자가 확인대상발명을 제조·판매하고 있는 자를 상대로 확인대상발명이 특허발명의 보호범위에 속한다고 주장하는 것은 금반언의 원칙에 위배되어 허용되지 않는다.[394)] 따라서 확인대상발명은 특허발명의 보호범위에 속하지 않게 된다.

---

391) 서울고법 2004. 9. 1. 선고 2003나21522 판결, 서울고법 2004. 9. 1. 선고 2003나21539 판결, 특허법원 2000. 12. 15. 선고 98허8243 판결, 1999. 7. 1. 선고 98허4425 판결

392) 특허법원 2006. 10. 13. 선고 2005허10060 판결, 1999. 5. 13. 선고 98허9192 판결

393) 서울고법 2007. 10. 10.자 2005라826 결정

394) 대법원 2018. 8. 1. 선고 2015다244517 판결, 2008. 4. 10. 선고 2006다35308 판결, 2007. 2. 23. 선고 2005도4210 판결, 2006. 6. 30. 선고 2004다51771 판결, 2006. 6. 30. 선고 2004다51788 판결, 특허법원 2022. 9. 1. 선고 2021허3697 판결, 2022. 9. 1. 선고 2021허3703 판결, 2022. 9. 1. 선고 2021허3710 판결, 2022. 6. 23. 선고 2021허2311 판결, 2022. 2. 17. 선고 2020허5832 판결, 2021. 12. 2. 선고 2021허2939 판결, 2020. 3. 20. 선고 2019허3083 판결, 서울중앙지법 2020. 6. 4. 선고 2019가합508344 판결, 2020. 5. 28. 선고 2019가합523367 판결

(2) 대상제품이나 구성요소를 청구범위로부터 의식적으로 제외

□ 출원경과금반언의 원칙은 특허권자가 특허의 출원·등록과정 등에서 대상제품이나 구성요소를 청구범위로부터 의식적으로 제외한 경우에 적용되므로,[395] 특허발명의 출원·등록절차를 통하여 확인대상발명의 변경된 구성이 청구범위로부터 의식적으로 제외된 것에 해당하는 경우에는 균등침해가 성립하지 않는다.[396]

(3) 명세서에서 의식적으로 제외

★□ 출원과정에서 보정이 이루어진 경우에 항상 출원경과금반언의 원칙이 적용되는 것이 아니고 명세서에서 의식적으로 제외한 부분에 한하여 출원경과금반언의 원칙이 적용된다.[397]

라) 출원경과금반언의 판단방법

(1) 의식적 제외 여부

(가) 의식적 제외의 판단기준

★□ 특허발명의 출원·등록과정에서 어떤 구성이 청구범위에서 의식적으로 제외된 것인지 여부는, ① 명세서뿐만 아니라, ② 출원에서부터 특허될 때까지 특허청 심사관이 제시한 견해, ③ 출원인이 출원과정에서 제출한 보정서와 의견서 등에 나타난 출원인의 의도, ④ 보정이유 등을 고려하여 판단해야 한다.[398]

(나) 의식적 제외의 판단방법

(ㄱ) 어떤 구성을 권리범위에서 제외하려는 의사가 존재

★□ 거절이유통지에 제시된 선행기술을 회피하기 위한 의도로 그 선행기술에 나타난 구성을 배제하는 감축을 한 경우와 같이 보정이유를 포함하여 출원과정에 드러난 여러 사정을 종합하여 볼 때 출원인이 어떤 구성을 권리범위에서 제외하려는 의사가 존재한다고 볼 수 있을 때에 이를 인정할 수 있다.[399]

---

395) 특허법원 2023. 4. 12. 선고 2021나1510 판결, 2022. 9. 15. 선고 2021허6641 판결
396) 서울고법 2015. 9. 24. 선고 2014나38090 판결, 2002. 6. 11. 선고 2001라489 판결
397) 서울고법 2002. 11. 26. 선고 2002나19515 판결
398) 대법원 2023. 2. 2. 선고 2022후10210 판결, 2018. 8. 1. 선고 2015다244517 판결, 2017. 4. 26. 선고 2014후638 판결, 2008. 4. 10. 선고 2006다35308 판결, 2007. 2. 23. 선고 2005도4210 판결, 2006. 6. 30. 선고 2004다51771 판결, 2006. 6. 30. 선고 2004다51788 판결, 2002. 9. 6. 선고 2001후171 판결, 특허법원 2022. 9. 1. 선고 2021허3697 판결, 2022. 9. 1. 선고 2021허3703 판결, 2022. 9. 1. 선고 2021허3710 판결, 2022. 6. 23. 선고 2021허2311 판결, 2022. 4. 27. 선고 2021허4348 판결, 2022. 2. 17. 선고 2020허5832 판결, 서울중앙지법 2020. 9. 2. 선고 2018가합527287 판결
399) 대법원 2023. 2. 2. 선고 2022후10210 판결, 2017. 4. 26. 선고 2014후638 판결, 특허법원 2022. 4. 27. 선고 2021허4348 판결, 2022. 2. 17. 선고 2020허5832 판결, 2021. 11. 25. 선고 2021허3185 판

(ㄴ) 출원인 행동의 객관적 의미 해석에 기초하여 결정

★▷ 청구범위로부터의 '의식적 제외'는 출원인의 인식을 기초로 한 의도적 행위가 있는 경우뿐만 아니라 외형적으로 그와 같이 해석되는 행동을 한 경우도 포함하므로, 궁극적으로 출원인의 행동의 객관적 의미 해석에 기초하여 결정된다.[400]

(다) 의식적 제외 판단시 주의사항

★□ 출원과정에서 청구범위의 감축이 이루어졌다는 사정만으로 감축 전의 구성과 감축 후의 구성을 비교하여 그 사이에 존재하는 모든 구성이 청구범위에서 의식적으로 제외되었다고 단정해서는 안 된다.[401]

▶ 출원과정에서 심사관의 거절이유에 대응한 보정의 목적과 선행기술의 내용 등을 종합적으로 검토하여 출원인이 의식적으로 제외하고자 한 구성을 파악해야 하고, 단순히 제외된 구성은 모두 권리범위에서 제외되어야 한다고 볼 수는 없다.

(2) 특허발명 전체를 종합적 관찰

★□ 다항제로 이루어진 특허발명의 출원에 있어 의식적 제외인지 여부를 판단함에 있어서도, 개별 청구항 각각의 보정 여부를 분리하여 검토할 것이 아니라 특허발명 전체를 종합적으로 관찰하여 출원인이 심사과정에서 제출한 보정서와 의견서를 통하여 출원인이 보인 의도 또는 특허청 심사관이 제시한 견해를 참작하여 출원인이 보호받고자 한 범위를 합리적으로 확정해야 한다.[402] 따라서 독립항에 의식적 제외가 적용되는 이상, 그 종속항에도 당연히 의식적 제외가 적용된다.

(3) 청구항별로 개별적 고찰

(가) 청구항별 출원경과의 개별적 고찰

□ 청구범위가 여러 개의 항으로 이루어진 발명에 있어서는 특별한 사정이 없는 한 각

결, 2021. 9. 2. 선고 2020허6613 판결, 2021. 9. 2. 선고 2020허6866 판결, 2021. 7. 1. 선고 2016허9547 판결, 2021. 1. 15. 선고 2020허4075 판결, 2021. 1. 15. 선고 2020허4082 판결, 2020. 5. 29. 선고 2020허1298 판결, 2019. 7. 25. 선고 2018허9015 판결, 2019. 2. 15. 선고 2018허1820 판결, 2019. 2. 15. 선고 2018허3840 판결, 서울중앙지법 2020. 9. 2. 선고 2018가합527287 판결

400) 유영일, 특허소송에서의 균등론의 체계적 발전방향, 특허소송연구 2집, 특허법원(2001), 308면

401) 대법원 2023. 2. 2. 선고 2022후10210 판결, 2017. 4. 26. 선고 2014후638 판결, 특허법원 2022. 4. 27. 선고 2021허4348 판결, 2022. 2. 17. 선고 2020허5832 판결, 2021. 11. 25. 선고 2021허3185 판결, 2021. 9. 2. 선고 2020허6613 판결, 2021. 9. 2. 선고 2020허6866 판결, 2021. 7. 1. 선고 2016허9547 판결, 2021. 1. 15. 선고 2020허4075 판결, 2021. 1. 15. 선고 2020허4082 판결, 2020. 5. 29. 선고 2020허1298 판결, 2019. 7. 25. 선고 2018허9015 판결, 2019. 2. 15. 선고 2018허1820 판결, 2019. 2. 15. 선고 2018허3840 판결, 서울중앙지법 2020. 9. 2. 선고 2018가합527287 판결

402) 특허법원 2020. 3. 20. 선고 2019허3083 판결, 2020. 3. 20. 선고 2019허3113 판결

청구항의 출원경과를 개별적으로 살펴서 어떤 구성이 각 청구항의 권리범위에서 의식적으로 제외된 것인지를 확정해야 한다.[403]

(나) 각 특허발명 및 청구항별로 개별적 판단

□ 출원경과금반언의 원칙은 특허권의 권리범위를 판단함에 있어서 적용되는 소극적인 요건에 해당하고, 특허권의 성립 여부와 권리범위는 각 특허발명 및 청구항별로 개별적으로 판단되어야 한다.[404]

(4) 이용관계에도 의식적 제외 적용

□ 이용발명의 실시는 특허발명의 권리범위에 속한다고 볼 수 있으나, 실시자가 특허발명에서 의식적으로 제외한 구성을 부가하거나 실시자가 부가한 구성으로 인하여 특허권자가 특허발명의 권리범위에서 의식적으로 제외한 실시형태가 된 경우에는 이용관계에 해당하더라도 특허발명의 권리범위에 속한다고 볼 수 없으므로, 특허권자의 허락을 받을 필요는 없다.[405]

(5) 하위개념으로 한정하여 보정한 경우의 나머지 하위개념

□ 출원과정에서 상위개념의 구성요소를 하위개념의 구성요소로 한정하여 보정하였다고 하더라도, 그와 같이 한정된 하위개념의 구성요소를 제외한 나머지 하위개념 모두가 당연히 권리범위에서 제외되는 것이라고 할 수는 없다.[406]

(6) 침해제품의 구성을 청구범위에 적지 않은 경우

□ 출원인이 출원시에 균등 여부가 문제 되는 침해제품의 구성을 용이하게 생각해 낼 수 있었음에도 그것을 청구범위에 적지 않은 경우라도, 그것만을 이유로 위 구성요소가 특허발명의 출원절차에 있어서 청구범위로부터 의식적으로 제외된 것에 해당하는 등의 특별한 사정이 존재한다고 할 수는 없다.[407]

(7) 출원경과금반언에도 균등 법리 적용

★□ 설령 출원경과금반언의 원칙을 적용한다고 하더라도 그것은 균등론에 의하여 확장되

---

403) 대법원 2002. 9. 6. 선고 2001후171 판결, 특허법원 2019. 1. 25. 선고 2018허5181 판결, 2017. 4. 20. 선고 2016허8490 판결, 2017. 1. 26. 선고 2016허328 판결, 2017. 1. 26. 선고 2016허335 판결, 2017. 1. 26. 선고 2016허342 판결, 2017. 1. 26. 선고 2016허359 판결, 2016. 11. 11. 선고 2016허4320 판결, 2016. 10. 13. 선고 2015허8691 판결, 2016. 10. 13. 선고 2015허8707 판결, 2016. 9. 30. 선고 2015허8745 판결, 서울중앙지법 2017. 8. 31. 선고 2015가합530534 판결

404) 특허법원 2013. 12. 20. 선고 2013허5902 판결

405) 특허법원 2014. 12. 23. 선고 2014허2269 판결

406) 특허법원 2003. 3. 27. 선고 2002허6046 판결

407) 대법원 2019. 1. 31.자 2016마5698 결정

는 권리범위의 외연을 정하는 것이지 균등론 자체가 적용될 수 없는 것은 아니다.408)

마) 출원경과금반언의 적용 유형

(1) 명세서 외에도 출원인이 제출한 보정서와 의견서 참작

□ 권리범위를 명확하게 이해하기 위해서는 명세서뿐만 아니라 출원에서부터 특허등록에 이르기까지 출원인이 심사과정에서 제출한 보정서와 의견서를 통해 출원인이 보인 의도 또는 특허청이 제시한 견해까지도 참작해야 한다.409)

(2) 명세서를 통해 어떤 구성을 권리범위에서 제외하려는 의사

□ 비록 출원과정에서 보정서나 의견서 제출이 없었더라도, 출원인이 명세서를 통해 어떤 구성을 권리범위에서 제외하려는 의사가 존재한다고 볼 수 있을 때에는 의식적으로 제외된 것으로 본다.410)

(3) 특허발명의 명세서에 적힌 종래기술의 구성

(가) 특허발명의 명세서에 문제점이 적힌 종래기술의 구성

□ 특허발명의 명세서에 문제점이 있다고 적힌 종래기술의 구성은 권리범위에서 의식적으로 제외된 것으로 볼 수 있다.411)

○ 특허법원 2007. 2. 1. 선고 2006허5904 판결

확인대상발명의 대응구성이 특허발명의 구성요소 4와 과제해결원리나 그 목적 및 작용효과에 있어서 의미 있는 차이가 없고 쉽게 치환할 수 있다고 볼 여지가 있다 하더라도, 특허발명의 명세서 중 발명의 설명에 의하면, 모터구동장치의 제어회로를 종래와 같이 하드웨어로 구성할 경우에 발생되는 문제점, 즉 구성이 복잡하여 원가상승의 원인이 되고 기능의 추가나 검출레벨의 수정시 부품을 교체해야 하는 어려운 점을 극복하기 위해서, 특허발명은 PWM 펄스 발생회로를 포함한 모터 구동장치의 제어회로를 하드웨어가 아닌 MPU 내부에서 소프트웨어로 구현하는 구성임을 알 수 있으므로, 모터 구동장치의 제어회로를 하드웨어로 한 구성은 발명자가 종래의 문제점을 극복하기 위하여 특허발명에서 의식적으로 제외하였다고 할 것인바, 확인대상발명에서 모터 구동장치의 제어회로의 핵심적 구성인 PWM 발생모듈을 MPU 외부에서 별도의 하드웨어로 구현하는 구성은, 종래의 문제점을 그대로 가지고 있고 모터 구동장치의 제어회로에서 PWM 발생모듈이 차지하는 비중 등을 고

---

408) 서울고법 2002. 11. 26. 선고 2002나19515 판결
(같은 취지) 대법원 2002. 9. 6. 선고 2001후171 판결, 특허법원 2016. 7. 7. 선고 2016허151 판결

409) 특허법원 2000. 12. 15. 선고 98허8243 판결, 1999. 7. 1. 선고 98허4425 판결

410) 특허법원 2021. 12. 2. 선고 2021허2939 판결, 서울고법 2002. 6. 11. 선고 2001라489 판결

411) 특허법원 2021. 12. 2. 선고 2021허2939 판결, 2007. 2. 1. 선고 2006허5904 판결

려할 때 특허발명의 권리범위에서 의식적으로 제외되었다.

(나) 특허발명의 명세서에 종래기술로 적힌 발명이 구비한 구성

□ 특허발명의 명세서에 종래기술로 적힌 발명이 구비한 구성이라고 하여 권리범위에서 의식적으로 제외되었다고 볼 수는 없다.[412)]

○ 특허법원 2012. 8. 10. 선고 2012허2104 판결

특허발명의 명세서 중에 을 제1호증의 발명이 종래기술로 적혀 있는 이유는, 을 제1호증의 발명이 채묘사가 몸체와 상판에 형성된 침봉에 의하여 꽂혀져서 고정되도록 구성되어 있기 때문에 그 고정상태가 견고하게 유지될 수 없다는 문제점을 지적하기 위한 것이지, 을 제1호증의 발명이 상판의 누름판을 3개로 형성함으로써 어떠한 문제가 발생한다거나 특허발명이 그러한 문제를 해결하기 위한 것이라는 점을 설명하기 위한 것이 아니므로, 특허발명의 명세서 중에 을 제1호증의 발명이 종래기술로 적혀 있음을 근거로 특허발명의 권리범위에서 상판에 누름판이 3개 형성되어 있는 구성이 의식적으로 제외되었다고 볼 수는 없다.

(다) 확인대상발명이 특허발명에서 생략된 종래기술의 구성을 채택한 경우

□ 특허발명이 종래기술에서 일반적으로 사용되던 기술적 수단을 생략하는 것에 구성상 특징이 있는 경우, 확인대상발명이 그 생략된 기술적 수단을 명시적으로 채택하고 있다면 그 확인대상발명은 특허발명의 위 구성을 갖추지 못한 것으로서 특허발명의 권리범위에 속하지 않는다.[413)]

(4) 특허거절사유를 극복하기 위한 보정

(가) 보정절차에서 나타나는 출원인의 의사와 행위 반영

□ 출원과정에서 이루어지는 보정은 기재불비, 진보성 흠결 등 특허거절사유를 극복하기 위하여 이루어지는 것이므로, 그러한 보정절차에서 나타나는 출원인의 의사와 행위를 반영하여 청구범위를 해석한다고 하여 그것이 불합리하다고 보기 어렵고, 의식적 제외 법리는 출원경과를 통하여 형성된 공중의 신뢰를 보호한다는 목적 이외에도 심사관의 보정명령에 대하여 불복이 있을 경우, 심판이나 소송절차를 밟아 다툴 수 있는 기회가 있음에도 스스로 그 절차를 포기하고 청구범위를 감축하는 보정을 하여 특허를 받음으로써 보정의 부당성을 다툴 수 있는 절차적 권리가 소멸된 출원인이

412) 특허법원 2012. 8. 10. 선고 2012허2104 판결

413) 대법원 2006. 11. 23. 선고 2005후18 판결, 특허법원 2007. 3. 23. 선고 2006허10838 판결, 서울고법 2007. 2. 13. 선고 2005나107833 판결

이후 스스로 감축한 부분까지도 특허발명의 권리에 포함된다고 주장하는 것은 금반언의 원칙에도 반한다.[414)]

(나) 신규성 · 진보성 외의 사유

(ㄱ) 기재불비의 거절이유를 극복하기 위한 경우

□ 명세서를 보정하는 목적 내지 동기는 그 발명의 신규성·진보성을 좌우하는 선행기술을 회피하기 위한 경우이거나 기재불비의 거절이유를 극복하기 위한 경우이거나 가리지 않고 출원한 발명의 특허를 받기 위한 것이라는 점에서 차이가 없으며, 출원과정에서 심사관의 거절이유통지에 따라 제출된 보정서에 의하여 당해 청구범위의 구성요건을 좁게 한정하였다면 출원인은 심사관의 부당한 거절이유통지에 대하여 의견서를 제출하고 그래도 거절결정이 될 경우에는 이에 대한 심판청구, 제소 등의 불복절차로 다툴 수 있음에도 스스로 청구범위를 감축하여 자신의 절차적 권리를 포기한 것이므로 그 후로는 감축한 청구범위에 관하여 청구범위를 확장하여 주장할 수는 없다.[415)]

(ㄴ) 그 밖의 사유로 인하여 청구범위를 보정한 경우

□ 출원경과금반언의 원칙은 단지 특허발명의 보정이 신규성·진보성의 문제를 극복하기 위한 경우에만 적용되는 것이 아니라 그 밖의 사유로 인하여 청구범위를 보정한 경우에도 적용되는 것이기는 하나, 적어도 출원인이 그 보정으로 인하여 어떠한 기술구성부분을 청구범위로부터 의식적으로 제외하였다고 볼 만한 사정이 인정되어야 한다.[416)]

(다) 심사관의 거절이유통지에 따라 제출된 보정서

□ 출원과정에서 특허청 심사관의 거절이유통지에 따라 제출된 보정서에 의하여 어떤 구성부분을 청구범위에서 의식적으로 제외하였다면, 출원인은 심사관의 부당한 거절이유통지에 대하여 의견서를 제출할 수 있고 그래도 거절결정이 될 경우에는 이에 대한 심판청구, 제소 등의 불복절차로 다툴 수 있음에도 스스로 청구범위를 감축하여 자신의 절차적 권리를 포기한 것이므로 출원경과금반언 원칙에 따라 그 후로는 보정으로 제외하였던 구성부분에 관하여 다시 균등관계라는 이유로 청구범위를 확장하여 주장할 수 없다.[417)]

---

414) 특허법원 2020. 3. 20. 선고 2019허3083 판결, 2020. 3. 20. 선고 2019허3113 판결
415) 특허법원 2001. 6. 22. 선고 2000허6158 판결
416) 서울중앙지법 2005. 5. 25. 선고 2004노3001 판결
417) 서울중앙지법 2005. 5. 25. 선고 2004노3001 판결
• 비록 명세서 기재불비의 이유에 대한 보정이 더 나은 설명을 위한 목적이더라도 청구범위를 감축·삭

(라) 특허발명의 무효를 피하기 위한 의식적 청구범위 감축

□ 특허발명이 무효로 되는 것을 피하기 위하여 의식적으로 청구범위를 감축하여 자신의 권리를 포기한 경우에는 금반언의 원칙에 의하여 감축한 청구범위에 관하여 청구범위를 확장하여 주장할 수는 없다.[418] 따라서 출원경과금반언의 원칙을 특허성과 관련되고, 선행기술에 의하여 신규성·진보성이 부정되는 것을 회피하기 위한 보정에 한정하여 적용해야 하는 것은 아니다.[419]

▶ 미국 연방대법원의 Festo 판결도, 금반언의 원칙은 선행기술을 회피하기 위한 경우뿐만 아니라 법정 특허요건을 만족시키기 위하여 행해진 모든 청구범위의 보정에 해당한다고 하여 기재불비의 요건을 충족시키기 위하여 행해진 보정에도 금반언의 원칙을 적용한다.

(마) 의견서 기재

(ㄱ) 청구범위의 감축 없이 의견서 제출을 통한 의견진술

□ 출원경과금반언의 원칙은 청구범위의 감축 없이 의견서 제출 등을 통한 의견진술이 있었던 경우에도 적용된다.[420]

(ㄴ) 출원절차에서 청구범위를 한정하는 의견 표시

□ 청구범위의 기재가 명확하다고 하여도 출원절차에서 출원인이 청구범위를 한정하는 의견 표시를 하였고 그와 같이 의견을 진술한 것은 누구라도 그 출원경과에 관한 기록을 봄으로써 알 수 있으므로, 권리범위확인심판 등 그 특허권을 행사하는 단계에서 이에 어긋나는 주장을 하는 것은 신의칙에 어긋나는 것으로서 허용할 수 없어 그 표시된 의견의 객관적 의미에 따라 청구범위를 한정할 수 있다.[421]

○ 서울중앙지법 2020. 5. 28. 선고 2019가합523367 판결

제8항 발명의 청구범위에는 조성물이 '물과 혼합되어 제1항의 결장세척 용액의 제조를 위한 조성

제시키는 경우에는 금반언의 원칙이 적용된다(강기중, 대법원판례해설 제43호(2002), 498면).

418) 서울고법 2002. 11. 26. 선고 2002나19515 판결, 특허법원 2002. 8. 30. 선고 2001허5992 판결

419) 특허법원 2001. 6. 22. 선고 2000허6158 판결

420) 대법원 2017. 4. 26. 선고 2014후638 판결, 특허법원 2021. 11. 25. 선고 2021허3185 판결, 2021. 9. 2. 선고 2020허6613 판결, 2021. 9. 2. 선고 2020허6866 판결, 2021. 7. 1. 선고 2016허9547 판결, 2021. 1. 15. 선고 2020허4075 판결, 2021. 1. 15. 선고 2020허4082 판결, 2018. 6. 28. 선고 2017허7432 판결, 2017. 7. 14. 선고 2017허776 판결, 2008. 12. 17. 선고 2008허2930 판결, 2002. 8. 30. 선고 2002허635 판결, 서울중앙지법 2020. 9. 2. 선고 2018가합527287 판결, 2020. 5. 28. 선고 2019가합523367 판결, 2018. 7. 20. 선고 2017가합530224 판결

421) 특허법원 2002. 8. 30. 선고 2002허635 판결

물'로 한정되어 있고, 위와 같은 제8항 발명은 제1항 발명이 정한 아스코르베이트 음이온의 농도 역시 그 구성요소로 포함하는 발명이라고 해석해야 한다. 청구범위의 감축 없이 의견서 제출 등을 통한 의견진술이 있었던 경우에도 출원경과금반언의 원칙이 적용될 수 있다는 법리에 따라, 특허권자가 제1항 발명에 대한 거절결정을 피하기 위하여 제1항 발명이 극복하였다고 적극적으로 의견을 개진한 선행기술의 아스코르베이트 성분 농도를 사용하는 제품은 제1항 발명의 청구범위로부터 의식적으로 제외된 것이다.

(바) 전제부로 한정

(ㄱ) 전제부에 적힌 구성이라도 권리범위에서 제외 불가

□ 특허발명의 청구범위에 적힌 구성은 그것이 청구범위의 전제부 또는 특징부의 어느 곳에 적혀 있는지 여부,[422] 특허발명에서 중요한지 여부 및 이를 생략하는 것이 쉬운지 여부에 관하여 살필 필요도 없이 특허발명의 필수적 구성요소의 하나라 할 것이므로,[423] 이를 특허발명의 권리범위 해석에서 제외할 수는 없는 것이고, 권리범위 해석에 있어서 청구범위가 젭슨 타입으로 적힌 경우에 전제부에 적힌 구성요소라고 하여 특허발명의 권리범위에서 제외해서는 안 된다.[424]

(ㄴ) 인용참증에 저촉되는 부분을 공지기술로 하여 전제부로 적은 경우

□ 심사관의 진보성 거절이유 극복을 위하여 인용참증에 저촉되는 부분을 공지기술로 하여 전제부로 적은 보정을 한 경우에는 전제부 기재사항은 의식적 제외로 본다.[425]

(ㄷ) 전제부를 권리범위로 주장하지 않겠다는 의사를 분명히 한 경우

□ 출원인이 공지기술 부분을 전제부로 새롭게 창안한 기술 부분을 특징부로 나누어 청

---

422) 서울고법 2013. 1. 17. 선고 2012나54302 판결, 특허법원 2006. 12. 21. 선고 2006허4697 판결, 2004. 11. 19. 선고 2003허6012 판결, 2004. 3. 19. 선고 2003허2096 판결, 2002. 6. 21. 선고 2001허5091 판결, 2002. 1. 25. 선고 2001허3019 판결, 2001. 6. 28. 선고 2000허4947 판결

423) 특허법원 2005. 3. 31. 선고 2004허4518 판결

424) 특허법원 2009. 7. 10. 선고 2008허11187 판결

• 대부분의 판결이 '…에 있어서' 부분의 구성이 그 이후의 부분에 나열되어 있는 구성과 동등한 지위를 가지고 있는 것으로 보아 양자를 동일하게 취급하는, 즉 신규성·진보성 판단을 하거나 권리범위에 속하는지 여부를 판단함에 있어서 전제부에 적힌 구성을 포함한 모든 구성요소를 선행발명이나 확인대상발명과의 대비의 대상으로 삼고 있다. 따라서 명확한 증거 없이 '…에 있어서' 부분에 적혀 있다는 사정만으로 공지기술이라고 인정해서도 안 되고, 당해 특허발명의 필수구성요소에서 제외해서도 안 된다. 그 이유로 젭슨형의 전제부에는 종래기술이나 배경기술이 올 수도 있지만 특징부를 강조하기 위하여 전제부가 사용되기도 하고 동일인에 의한 연속적인 출원이 있을 때에도 전제부가 사용되기도 하는 등 여러 가지 가능성이 있다는 점을 간과해서는 안 되기 때문이다(최성준, 청구범위의 해석에 있어서 몇 가지 문제에 관하여, 특허청 개청 30주년 기념 논문집 Ⅰ, 특허청(2007. 3.), 11면).

425) 특허법원 2000. 9. 7. 선고 99허9755 판결

구범위를 적은 경우에, 출원인이 출원과정에서 선행기술과의 관계에서 신규성 · 진보성 결여의 거절이유를 극복하기 위하여 구성요소 중 일부를 전제부로 돌리는 방법에 의하여 전제부에 대하여는 권리범위로 주장하지 않겠다는 의사를 분명히 한 때에는, 특징부를 포함하지 않고 단지 전제부만으로 구성된 기술, 특히 상위개념 또는 다양한 실시예를 포함할 수 있는 구성요소를 전제부로 돌리고 특징부에서 당해 구성요소를 더욱 한정하여 다양한 실시예 중 일부만을 선택하여 적은 경우에 있어서 특징부에는 해당하지 않고 전제부에만 해당하는 균등한 구성요소를 포함하는 기술의 실시에 대하여는 권리범위를 주장하지 않겠다는 의사로 볼 수 있다.[426)]

○ 특허법원 2009. 7. 10. 선고 2008허11187 판결

전제부 구성이 권리범위에서 제외되는지에 대하여, 특허발명의 명세서에는 '특허공개 제85-1180호는 때밀이 타월을 고무제 몸통에 덮어씌우고 몸통은 상부 손잡이에 삽입 고정하여 사용함에 따라 때밀이 타월이 지지력이 약한 고무제 몸통의 테두리로부터 벗겨질 우려가 있고, 또한 몸통 역시 상부 손잡이로부터 분리될 우려가 있을 뿐만 아니라, 사용 중 피부에 접하는 때밀이 타월이 몸통으로부터 움직이게 되므로 때가 잘 밀리지 않게 되어 때밀이 용구로서의 제 기능을 다할 수 없게 되는 폐단이 있으며', '본 발명은 이와 같은 종래의 여러 가지 문제점 등을 없애기 위하여, 손잡이가 일체화된 상판과 접찰돌기를 저면에 형성한 하판 간에 착탈식으로 결합하되'라고 적혀 있는바, 이에 의하면, ① 때밀이 타월이 몸통의 테두리로부터 잘 벗겨지는 문제점, ② 몸통이 손잡이로부터 분리되는 문제점, ③ 때밀이 타월이 몸통으로부터 움직이는 문제점이 종래기술에 있었고, 특허발명은 위 문제점 중 ②의 문제점의 해결을 위하여 '손잡이와 일체화된 상판'의 구성을 채택하고, ③의 문제점을 해결하기 위하여 '하판의 저면에 접찰돌기를 형성하는' 구성을 채택하였다고 볼 것이고, 따라서 전제부 구성이 위 문제점 해결수단인 '손잡이와 일체화된 상판'의 구성을 포함하고 있는 이상, 전제부 구성은 특허발명의 필수구성요소로 보아야만 한다.

○ 특허법원 2007. 4. 26. 선고 2006허9142 판결

특허발명의 전제부 구성 중 '통학버스를 포함한 비정기적으로 운영되는 차량의 운행정보를 서비스하는 고객예약정보를 이용한 차량정보 제공서비스'는 확인대상발명에서 '정기적으로 운영되는 노선버스에 대한 서비스'와 대응되는데, 전제부의 구성은 비정기적으로 운영되는 차량정보 제공서비스라는 점에서 정기적으로 운영되는 노선버스에 대한 서비스인 확인대상발명의 위 대응구성과 차이가 있다. 다만, 특허발명의 명세서 중 발명의 설명 가운데 발명의 구성 및 작용에는 "본 발명에서는 비정기적으로 운행되는 차량에 적용한 경우를 예시하였으나, 본 발명이 정기적으로 운행되는 대중

426) 대법원 2002. 6. 14. 선고 2000후2712 판결, 특허법원 2007. 10. 5. 선고 2007허869 판결, 2007. 10. 5. 선고 2007허2469 판결, 서울동부지법 2011. 7. 13. 선고 2010가합17916 판결

교통수단에 응용될 수 있음은 주지의 사실이다"라고 적혀 있으나, 청구범위는 발명의 설명에 개시된 사항 중에서 권리로 보호받고자하는 사항이 출원인의 의사에 의하여 자유로이 적히는 것이고 그에 대한 보정이나 정정의 기회가 충분히 주어진다는 점 등을 고려할 때, 이러한 기재만으로 특허발명의 권리범위에 확인대상발명과 같이 정기적으로 운영되는 노선버스도 포함되는 것으로 볼 수 없고, 특허발명은 그 문언상 비정기적으로 운영되는 차량에 대한 것만을 권리범위로 청구하고 있는 것으로 해석된다.

(5) 원출원발명 중 일부를 별개의 발명으로 한 분할출원

(가) 보정발명의 보호범위로부터 의식적 제외

□ 특허출원인이 특허청 심사관으로부터 기재불비 및 진보성 흠결을 이유로 한 거절이유통지를 받고서 거절결정을 피하기 위하여 원출원의 청구범위를 한정하는 보정을 하면서 원출원발명 중 일부를 별개의 발명으로 분할출원한 경우, 위 분할출원된 발명은 특별한 사정이 없는 한 보정된 발명의 보호범위로부터 의식적으로 제외된 것이라고 보아야 한다.[427]

(나) 분할출원 없이도 의견서 제출을 통한 청구범위 감축행위

★□ 분할출원이 없더라도, 특허출원인이 의견서 제출을 통하여 특허청 심사관의 거절이유에 승복한다는 의사를 표시하고 기재불비 내지 진보성 흠결의 거절이유를 극복하기 위하여 청구범위를 감축하는 행위를 하였다면, 그러한 감축으로 인하여 제외된 부분은 특별한 사정이 없는 한 보정된 발명의 보호범위로부터 의식적으로 제외된 것이라고 보아야 한다.[428]

(다) 원출원에서의 출원경과와 분할출원의 관계

□ ① 원출원에서의 보정 등의 출원경과가 분할출원 전에 행해진 경우에는, 원출원의 보정 등의 출원경과가 분할출원에도 영향을 미친다고 보는 것이 합리적이다.

② 원출원에서의 보정 등의 출원경과가 분할출원 후에 행해진 경우에는, 원출원과 분할출원은 별개로 보아야 하기 때문에, 원출원의 보정 등의 출원경과가 분할출원에는 영향을 미치지 않는다고 보는 것이 합리적이다.[429]

---

427) 대법원 2008. 4. 10. 선고 2006다35308 판결, 특허법원 2020. 3. 20. 선고 2019허3083 판결, 2020. 3. 20. 선고 2019허3113 판결

428) 특허법원 2020. 3. 20. 선고 2019허3083 판결, 2020. 3. 20. 선고 2019허3113 판결

429) 특허심판원 2022. 8. 1.자 2022당798 심결, 2022. 8. 1.자 2022당799 심결
(같은 취지) 서울고법 2005. 11. 23. 선고 2003나22112 판결

(6) 정정

(가) 정정에도 의식적 제외 적용

□ 출원경과금반언의 원칙은 특허등록 후 이루어지는 정정을 통해 청구범위의 감축이 있었던 경우에도 적용된다.[430)]

(나) 정정을 통한 청구범위의 감축

□ 정정을 통한 청구범위의 감축이 정정발명이 선행발명에 의하여 무효로 되는 것을 피하기 위하여 의식적으로 한정한 것인 경우에는, 스스로 청구범위를 감축하여 자신의 권리를 포기한 것으로서 그 후로는 금반언의 원칙에 의하여 감축한 청구범위에 관하여 청구범위를 확장하여 주장할 수는 없다.[431)]

(7) 선등록된 후에 기술평가가 이루어지는 경우

□ 출원경과금반언의 원칙은 무심사에 의해 선등록된 후에 기술평가가 이루어지는 경우에도 마찬가지로 적용된다.[432)]

(8) 보정에 의하여 추가된 청구항

□ 보정에 의하여 추가된 청구항도 최초출원시에 소급하여 출원된 것으로 보아야 하므로, 특허권자가 추가된 청구항에 기하여 확인대상발명이 그 권리범위에 속한다고 주장하는 것은 자신의 적법한 권리행사로서 권리남용에 해당하거나 출원경과금반언의 원칙에 반하지 않는다.[433)]

바) 출원경과금반언의 실제

(1) 당사자의 주장이 없는 경우에는 직권고려사항 아님

★□ 특허발명의 출원경과에 관한 주장은 청구범위 해석원칙에 대한 예외의 하나로서 이에 대한 당사자 주장이 없는 경우에 특허심판원이 이를 직권으로 고려할 성질의 것이 아니다.[434)]

---

430) 대법원 2018. 8. 1. 선고 2015다244517 판결

431) 대법원 2004. 11. 26. 선고 2003다1564 판결, 2004. 11. 26. 선고 2002후2105 판결, 서울고법 2002. 11. 26. 선고 2002나19515 판결, 특허법원 2007. 4. 12. 선고 2007허1862 판결, 2002. 8. 30. 선고 2001허5992 판결

432) 특허법원 2009. 10. 8. 선고 2009허2333 판결

433) 특허법원 2001. 4. 12. 선고 99허9656 판결

434) 특허법원 2003. 11. 21. 선고 2002허6251 판결

(2) 다른 절차에서의 주장

(가) 공격방어방법의 자유로운 선택

□ 원칙적으로 심판 또는 소송절차에서 당사자는 자신의 판단에 따라 공격방어방법을 선택할 수 있다.[435)]

(나) 다른 심판사건에서의 심결이유나 결론에 기속되지 않음

□ 특허심판원이 심결을 함에 있어 다른 심판사건에서의 심결이유나 결론에 기속되어야 하는 것은 아니므로 가사 이 사건 심결이유나 결론이 종전의 다른 심판사건에서의 심결이유나 결론과 모순된다고 하더라도 그와 같은 사정만으로는 이 사건 심판의 심결이 당연히 위법하다고 할 수 없다.[436)]

(다) 금반언의 원칙이 적용되지 않는 유형

(ㄱ) 종전 심판절차에서의 주장과 다른 주장

□ 종전 심판절차에서의 주장과 다른 주장을 하였다는 점만으로 당해 심판에서의 주장이 금반언의 원칙에 어긋난다고 할 수는 없다.[437)]

(ㄴ) 쟁점이 동일하지 않은 종전소송에서의 주장과 다른 주장

□ 쟁점이 동일하지 않은 종전소송에서의 주장과 다소 다른 주장을 하였다는 사정만으로 당해 소송에서의 주장이 금반언의 원칙에 어긋난다고 할 수는 없다.[438)]

(ㄷ) 별개의 소송사건에서의 주장과 상반되는 주장

□ 특허권자가 별개의 소송사건에서의 주장과 상반되는 주장을 한 사실이 있다는 사정만으로는 특허권자의 당해 소송에서의 주장이 금반언의 원칙에 어긋난다고 할 수는 없다.[439)]

---

435) 특허법원 2003. 12. 11. 선고 2003허4924 판결, 2003. 12. 11. 선고 2003허4931 판결, 2003. 7. 3. 선고 2003허1628 판결, 2003. 7. 3. 선고 2003허1635 판결

436) 대법원 2004. 6. 10. 선고 2002후2655 판결, 2004. 6. 10. 선고 2002후2662 판결, 2004. 6. 10. 선고 2002후2679 판결, 2004. 6. 10. 선고 2002후2686 판결

437) 특허법원 2003. 12. 11. 선고 2003허4924 판결, 2003. 12. 11. 선고 2003허4931 판결, 2003. 7. 3. 선고 2003허1628 판결, 2003. 7. 3. 선고 2003허1635 판결

438) 특허법원 2023. 4. 12. 선고 2021나1510 판결, 수원지법 2012. 5. 24. 선고 2010가합17614 판결
- 쟁점이 동일하지 않은 종전소송에서 이루어진 청구범위에 관한 해석이 당해 사건에서도 일률적으로 적용되어야 한다고 할 수는 없다(서울행법 2012. 6. 22. 선고 2011구합44471 판결, 수원지법 2012. 5. 24. 선고 2010가합17614 판결).

439) 특허법원 2022. 9. 15. 선고 2021허6641 판결, 2012. 10. 11. 선고 2012허4254 판결, 2012. 2. 2. 선고 2011허7492 판결, 2005. 5. 13. 선고 2004허8251 판결, 2001. 11. 15. 선고 2001허1532 판결, 수원지법 2012. 5. 24. 선고 2010가합17614 판결

(ㄹ) 소송대리인이 별개의 심판사건에서의 주장과 다른 주장

□ 소송대리인이 별개의 심판사건에서와 다른 주장을 한 사실이 있다는 사정만으로는 당해 소송에서의 주장이 금반언의 원칙에 어긋난다고 할 수는 없다.[440]

(ㅁ) 특허발명이 아닌 별개의 발명과 관련된 소송에서의 주장과 다른 주장

□ 특허발명이 아닌 별개의 발명과 관련된 소송에서와 다른 주장을 하였다는 사정만으로는 당해 소송에서의 주장이 금반언의 원칙에 어긋난다고 할 수는 없다.[441]

(라) 다른 절차에서 금반언의 적용관계

(ㄱ) 권리범위확인심판절차에도 적용

□ 특허발명에 대한 무효심판이나 권리범위확인심판절차에도 적용된다.[442]

(ㄴ) 다른 무효사유에는 미적용

□ 특허발명에 대한 무효심판이나 권리범위확인심판절차에서와 다른 무효사유에는 적용되지 않는다.[443]

(ㄷ) 특허발명과 별개의 출원절차에서의 출원경과는 미고려

□ 특허발명과 별개의 출원절차에서의 출원경과는 참작하거나 고려해야 할 사항이 아니다.[444]

(마) 심판절차에서 실시를 인정하였으나 소송단계에서 다투는 경우

□ 적극적 권리범위확인심판의 심판절차에서 피청구인이 확인대상발명의 실시를 인정한 적이 있다고 하더라도, 심결취소소송에서 실시사실을 다투는 경우에 이를 금반언의 원칙에 위배되는 것으로 볼 수는 없다.[445]

---

440) 특허법원 2002. 7. 12. 선고 2002허1126 판결
441) 특허법원 2006. 4. 27. 선고 2005허4935 판결
442) 특허법원 2011. 12. 8. 선고 2011허6017 판결
- 거절결정불복심판과 권리범위확인심판은 별개의 것으로서 상호 그 기속력이 없으나, 전자의 심판에 있어서 그 발명의 기술적 사상에 대한 판단부분은 유력한 증거가 된다 할 것인데, 달리 특별한 사정이 없는 경우에 특별한 이유설시도 없이 권리범위확인심판에서 증거가 되는 전자의 심판에서의 그 발명의 기술적 사상에 대한 판단부분을 배척한 것은 채증법칙에 위배된다(대법원 1979. 1. 30. 선고 78후25 판결).

443) 특허법원 2012. 4. 27. 선고 2011허8556 판결
444) 특허법원 2013. 12. 20. 선고 2013허5902 판결
445) 특허법원 2013. 2. 8. 선고 2012허6335 판결, 2008. 8. 20. 선고 2007허12039 판결
(같은 취지) 특허법원 2012. 11. 8. 선고 2012허2852 판결, 2012. 6. 14. 선고 2012허412 판결

(바) 심판절차에서 자백간주로 실시사실이 인정된 경우

▷ 특허심판원에서 자백간주로 확인대상발명의 실시사실이 인정된 경우에는 당사자에 대한 구속력이 생기지 않으므로, 심결취소소송절차에서 확인대상발명을 실시하지 않는다고 다투더라도 이를 금반언의 원칙에 위배되는 것으로 볼 수 없다.[446]

(3) 외국에서의 동일출원 건의 경과

(가) 외국 출원과정에서 당사자의 주장

□ 특허권은 각 나라별로 별개로 성립하는 것이고 그 권리범위에 대한 해석이나 균등에 대한 판단은 법제와 관습이 다른 각 나라별로 별개로 이루어져야 하는 것이므로, 외국에서의 출원과정에서의 당사자의 주장이나 외국 법원의 판결 내용을 근거로 하여 특허발명의 권리범위를 해석하거나 확인대상발명과의 균등 여부를 판단할 수는 없다.[447]

(나) 우선권주장의 기초가 된 외국출원

(ㄱ) 외국출원의 명세서 기재나 출원경위

□ 특허발명의 해석에 있어서 우선권주장의 기초가 된 외국출원의 명세서 기재나 출원경위가 고려될 수 있다.[448]

(ㄴ) 이미 국내에서 특허등록을 마친 경우

□ 이미 국내에서 특허등록을 마친 경우에는 비록 그 이후 외국에서 국내특허와 같은 내용의 특허를 출원하였다가 그 출원·등록과정에서 청구범위를 의식적으로 축소하였다고 하더라도, 그와 같은 외국에서의 출원·등록과정에서의 청구범위 축소를 전제로 한 출원경과금반언의 원칙에 따른 해석이 이미 등록을 마친 국내특허의 청구범위 해석에 그대로 적용된다고는 볼 수 없다.[449]

(4) 당사자 사이의 공동사업약정

□ 과거 청구인과 피청구인 사이에 공동사업약정이 체결된 적이 있고, 피청구인이 출원비용을 부담하여 피청구인 제품에 관한 청구인 명의의 특허출원을 시도한 바 있다는 사정만으로는 청구인의 특허침해주장이 금반언의 원칙에 위배된다거나 권리남용에 해당한다고 볼 수 없다.[450]

---

446) 원유석, 심결취소소송 사례 연구, 2008년도 변리사 민사소송실무연수, 대한변리사회, 136면
447) 특허법원 2021. 9. 2. 선고 2020허6866 판결
448) 서울고법 2005. 11. 23. 선고 2003나22112 판결
449) 서울고법 2007. 10. 24. 선고 2006나57768 판결
450) 서울중앙지법 2013. 8. 23. 선고 2012가합76619 판결

(5) 변리사가 아니라는 사정

□ 특허발명의 권리범위 해석에 금반언의 원칙을 적용하는 것은 보정서나 의견서에 나타난 출원인의 의사를 파악하여 출원인이 권리범위로부터 의식적으로 제외한 부분을 밝혀 궁극적으로는 특허발명의 권리범위를 확정하는 것이므로, 보정서나 의견서를 작성한 자가 변리사가 아니라는 사정만으로 금반언의 원칙의 적용 자체를 완화하는 것은 청구범위의 기재 이외의 다른 사정을 들어 권리범위를 확장 해석하는 것으로서 허용될 수 없다.[451)]

(6) 금반언의 원칙이 적용되지 않는 경우

□ 자백의 대상이 아닌 경우에 대해서는 당연히 금반언의 원칙이 적용될 수도 없다.[452)]

(7) 출원경과금반언 관련 전략

◀ 출원과정에서 어느 사항을 명세서 및 청구범위에 개시할 것인지는 출원경과금반언의 원칙과 관련하여 매우 중요한 특허전략이다. 따라서 최초 출원과정에서 무조건 권리범위를 넓게 포섭하는 전략을 구사하다가 심사관의 의견제출통지를 받고 그 거절이유를 회피하기 위하여 권리범위를 좁히는 것은 바람직하지 않다. 마찬가지로 어느 구성에 대하여 불필요하게 기술적 의의를 적는 것도 사후 권리행사와 연계하여 신중을 기해야 한다. 결국 특허를 받는 것이 우선인가 아니면 특허권 행사가 우선인가를 고려해야 하지만, 특허권 행사를 고려한 종합적인 특허권 획득전략이 필요하다.

※ 출원경과금반언 인정사례

○ 대법원 2018. 8. 1. 선고 2015다244517 판결

청구인이 특허발명이 무효로 되는 것을 피하기 위하여 특허발명의 구성 5를 '절연 탄성 코어의 하면은 그 수직 횡단면이 이등변 삼각형의 빗변을 형성하도록 폭방향 양 모서리에서 상기 하면 중앙부분을 향해 파인 형상으로 경사지게 형성되는 것'으로 한정하는 내용으로 정정하면서, 이러한 구성을 통해 리플로우솔더링시 전기접촉단자의 하면 양측이 용융 솔더에 균일하게 접촉될 수 있다고 주장함으로써 피청구인 실시제품과 같은 좌우 비대칭인 탄성 코어의 하면 형상은 특허발명의 청구범위로부터 의식적으로 제외한 것으로 볼 수 있다.

○ 대법원 2008. 4. 10. 선고 2006다35308 판결

---

451) 특허법원 2013. 11. 7. 선고 2013허4954 판결
452) 특허법원 1999. 6. 3. 선고 99허1027 판결

특허청 심사관이 보정 전 화학식으로 표기된 화합물은 발명의 설명에 그 생성확인자료가 객관적·구체적으로 제시되어 있지 않아서 통상의 기술자가 쉽게 실시할 수 있도록 적혀 있지 않고, 발명의 설명에 의하여 넓은 청구범위가 뒷받침되지 않으며, 선행문헌과 비교하여 볼 때에도 위 화합물에 진보성이 없다는 등의 이유로 출원발명에 대하여 등록거절이유를 통지한 사실, 청구인은 거절이유 통지를 받은 후출원발명 중 청구범위 제9항을 제외한 나머지 청구항을 모두 삭제하고, 청구범위 제9항의 보정 전 화학식으로 표기된 화합물을 단일 화합물인 이 사건 화합물로 특정하는 보정서를 제출한 사실, 이때 청구인은 이 사건 화합물로 축소된 보정서의 청구범위는 기재불비 및 진보성의 거절이유를 극복한 것이고 이 사건 화합물을 제외한 나머지 청구범위에 대하여는 분할출원하였다는 취지의 의견서를 함께 제출한 사실, 한편 청구인은 위 보정서를 제출한 날 보정 전 화학식으로 표기되는 화합물 중 이 사건 화합물을 제외한 나머지 화합물에 대한 부분을 분할출원한 사실을 알 수 있는바, 특허발명에 대한 출원과정에서 특허청 심사관의 거절이유통지의 내용, 청구인의 이에 대응한 보정서와 의견서의 내용, 청구인이 출원발명으로부터 이 사건 화합물을 제외한 나머지 화합물에 대한 부분을 분할출원을 한 경위 등을 참작하면, 청구인은 심사관으로부터 거절이유통지를 받고서 선행기술을 회피하고 명세서 기재요건을 충족시키기 위하여 출원발명의 화합물을 이 사건 화합물로 감축보정하면서 이를 제외한 나머지 화합물들을 별개의 발명으로 분할출원함으로써 이들을 특허발명의 청구범위로부터 의식적으로 제외한 것이다.

○ 대법원 2007. 2. 23. 선고 2005도4210 판결

특허발명의 출원인은 건조실의 작용효과에 관한 거절이유를 극복하고 특허를 받기 위하여 최초출원당시 '접착제가 도포된 원지의 상면 및 하면이 건조실을 각 1회 통과하는 구성'을 포함하고 있던 특허발명의 청구범위를 '접착제가 도포된 원지의 상면 및 하면이 건조실을 각 2회 통과하는 구성'으로 한정하고 그에 따른 작용효과로서 '접착제의 완전 건조 및 건조실 공간의 축소에 따른 경제성' 등을 발명의 설명에 추가하여 보정한 것이므로, 피고인의 앨범대지 생산기계와 같이 '접착제 내지 점착제가 도포된 원지의 상면 및 하면이 건조실을 각 1회 통과하는 구성'을 채용하고 있는 장치를 특허발명의 청구범위로부터 의식적으로 제외하였다고 봄이 상당하다.

○ 대법원 2007. 2. 8. 선고 2005후1011 판결

케이블 연결구성에 있어 특허발명은 케이블에 의하여 록킹부재와 제1레버를 연결함에 있어 가이드 풀리 등의 사용을 배제하고 직접 연결한 것임에 비하여, 확인대상발명은 케이블에 의하여 잭레버와 제1작동레버를 연결함에 있어 상·하부 가이드롤러 사이를 경유하여 연결한 것이라는 점에서 차이가 있고, 특허발명의 위와 같은 케이블 연결구성은 별도의 가이드 풀리를 갖지 않아 구조가 간단하고 케이블의 피로가 저감된다는 것을 기술적 특징으로 하는 것인바, 확인대상발명의 위와 같은 케이블 연결구성은 잭레버와 제1작동레버 사이에 가이드 풀리와 같은 작용을 하는 상·하부 가이드롤러를 구비한 지지간 구성을 채택한 것으로, 확인대상발명 내에 특허발명의 케이블 연결구성이 발명

으로서의 일체성을 유치한 채 그대로 이용되고 있다고 볼 수 없는바, 특허발명은 그 명세서에 '단일의 연결용 케이블에 의하여 록킹부재, 제1레버, 제2레버 및 복귀 스프링세트를 연속적으로 연결한 구성을 채택함으로서 케이블을 굴곡시켜 진행방향을 변화시키는 가이드 풀리를 사용하지 않은 것'을 기술적 목적으로 한다는 취지로 적고 있고, 이의신청심사과정에서 특허권자인 원고는 특허발명의 청구범위 중 '중간부분은 제1레버를 지나서 제2레버로 연장되어'라는 부분을 '중간부분은 직접 제1레버에 고정되어 안내되고 수평하게 연장되며 제2레버에 고정되고 안내되어'로 정정함으로써 특허발명의 청구범위에서 가이드 풀리를 사용하는 구성을 의식적으로 제외하였음을 알 수 있는바, 확인대상발명의 '케이블을 상·하부 가이드롤러로 안내하여 제1작동레버에 고정하는 구성'은 특허발명의 출원 및 이의신청과정에서 의식적으로 제외된 것이므로, 이제 와서 확인대상발명의 위 구성이 특허발명의 '케이블을 직접 제1레버에 고정하는 구성'의 균등구성이라는 주장은 금반언의 원칙상 허용될 수 없다.

○ 대법원 2006. 12. 7. 선고 2005후3192 판결

청구인이 특허발명을 당초 4개의 청구항으로 출원하였다가, 특허청 심사관으로부터 선행발명으로부터 진보성이 부정된다는 거절이유통지를 받게 되자, 종속항인 보정 전의 청구항 2, 3, 4에 있던 구성을 청구항 1에 포함시키고 그 종속항을 모두 삭제하였고, 그 결과 보정 전의 청구항 1에서는 특허발명의 투명수지층에 사용하는 '투명수지의 재질'과 '자외선 경화형 도료의 도포방법'에 대하여 아무런 한정이 없었으나, 보정 후의 청구항 1에서는 '투명수지층의 재질'이 '폴리에스테르계 또는 에폭시 폴리에스테르계'로, '자외선 경화형 도료의 도포방법'이 '커튼코팅방법'으로 각 한정되었으므로, 보정 후의 청구항 1에서 한정한 투명수지의 재질과 자외선 경화형 도료의 도포방법을 제외한 나머지 투명수지의 재질과 자외선 경화형 도료의 도포방법은 특허발명의 청구범위에서 의식적으로 제외되었다고 할 것이다.

○ 대법원 2006. 6. 30. 선고 2004다51771 판결, 2006. 6. 30. 선고 2004다51788 판결

자력이 부여된 마그네트로 버저를 완성하는 피청구인 제품은 청구인이 특허발명의 출원·등록과정에서 특허발명이 선행발명에 의하여 진보성이 부정된다는 거절이유를 극복하기 위하여 특허발명의 청구범위로부터 의식적으로 제외하였던 것에 해당하여 특허발명의 보호범위에 속하지 않는다. 따라서 청구인이 소송절차에서 피청구인 제품이 특허발명의 보호범위에 속하여 피청구인이 청구인의 특허권을 침해하고 있다고 주장하는 것은 금반언의 원칙상 허용되지 않는다.

○ 대법원 2004. 11. 26. 선고 2003다1564 판결, 2004. 11. 26. 선고 2002후2105 판결

피청구인 실시발명의 제1구동부의 구성은 정정발명의 제1구동부의 구성과 균등관계에 있다고 볼 수 있기는 하지만, 청구인이 특허발명에 대한 무효심판절차에서 공지기술로 제시된 선행발명의 받침대를 회전시키는 구성과 정정 전의 제1구동부의 구성을 차별화하기 위하여 정정에 의하여 정정발명의 구성으로 구체적으로 특정하였고, 피청구인 실시발명의 제1구동부의 구성은 위와 같은 정정

절차에 의하여 제외된 구동장치에 속하는 것이므로, 청구인이 위 정정이 있은 후에 피청구인 실시발명의 제1구동부의 구성이 정정발명의 제1구동부의 구성과 균등관계에 있다는 이유로 피청구인 실시발명이 특허발명의 권리범위에 속한다고 주장하는 것은 금반언의 원칙상 허용되지 않는다.

○ 대법원 2003. 12. 12. 선고 2002후2181 판결

청구인이 특허발명의 출원시에 단순히 '엠보싱 가공을 한 부직포'를 그 청구범위로 적었다가 특허청으로 부터 '부직포의 일면 또는 양면에 엠보싱을 하는 기술'이 이미 공지되었다는 이유로 거절이유통지를 받자 '부직포에 처리되는 엠보싱을 표면과 이면의 양측 동일한 위치에 형성되게 하는 구성'만을 청구범위로 적은 보정서를 제출하여 특허를 받은 것이므로, 특허발명의 권리범위는 위와 같이 한정된다고 할 것이어서, 출원경과금반언의 원칙상 부직포 일면에만 엠보싱을 형성한 확인대상발명에 대하여는 특허발명의 권리범위를 주장할 수 없다.

○ 대법원 2002. 6. 14. 선고 2000후2712 판결

특허청 심사관으로부터 선행발명에 의하여 통상의 기술자가 쉽게 발명할 수 있다는 이유로 거절이유통지를 받고, 의견서 및 보정서를 제출하면서 선행발명에 저촉되는 부분을 공지기술로 하여 청구범위를 대폭 축소 한정한다고 주장함과 아울러 제1항 발명과 제2항 발명을 결합하여 하나의 항으로 만들되 제1항 발명에 있던 부분을 모두 전제부로 적고 제2항 발명에 있던 부분을 특징부에 적은 경우, 출원인 스스로 전제부의 기재사항인 '등받이와 보조받침을 직접 연결하여 연계동작을 하는 연결레버를 안내부가 안내하도록 하는 구성'을 공지기술로 한정한 것이라고 하겠고, 나아가 다시 특징부에서 위 안내부를 '한 쌍의 롤러'로 한정한 것은 출원인이 이와 균등관계에 있는 구성에 대하여는 그 권리범위를 주장하지 않겠다는 취지로 볼 것이므로, 결국 출원경과금반언의 원칙상 등받이와 보조받침을 직접 연결하여 연계동작을 하는 연결레버를 안내부가 안내하도록 함에 있어서 그 안내부를 슬라이드관으로 구성하는 것은 특허발명의 출원인이 의식적으로 그 보호범위로부터 제외한 것이므로, 확인대상발명의 슬라이드관은 제1항 발명의 롤러의 균등물이 될 수 없다.

※ 출원경과금반언 부정사례

○ 대법원 2002. 9. 6. 선고 2001후171 판결

특허발명의 청구범위 제1항의 보정은 위 청구항이 선행발명에 비하여 신규성·진보성이 없다는 피청구인의 이의신청에 대응하여 행하여진 것으로서 청구인이 그 보정과 함께 제출한 이의답변서에서 선행발명에는 염기서열이 전혀 적혀 있지 않으므로 염기서열의 기재를 추가한 정정 후의 제1항은 신규성·진보성이 있고, 삭제 전의 청구범위 제2항의 내용을 제1항에 결합시킴으로써 EPO를 제조하는 방법을 DNA 서열로써 더욱 특정한 것이라는 취지로 진술하고 있고, 실제로 선행발명에는 보정에 의하여 추가된 DNA 서열과 직접 연관지을 만한 내용이 나타나 있지도 않으므로 청구인이

청구범위 제1항에 DNA 서열의 기재를 추가하여 보정을 함에 있어서 추가된 DNA 서열과 균등관계에 있는 것을 자신의 권리범위에서 제외할 의도였다고 단정할 수는 없다.

○ 특허법원 2021. 9. 2. 선고 2020허6613 판결

특허발명의 출원과정에서 특허청 심사관이 '스냅-방식 위치-제한 표면'이 너트에 어떠한 구조로 형성되는 것인지에 관하여 의미가 불명확하다는 취지의 거절이유를 들며 피청구인에 대하여 의견제출통지를 한 바는 있으나, 피청구인은 이에 대응하여 특허발명 명세서의 '도 2'를 그 예로 들면서 '스냅-방식 위치-제한 표면'의 구체적인 형상이 특허발명의 명세서에 나타나 있다는 취지로 의견을 제출하였을 뿐, 해당 청구항을 보정하여 그 권리범위를 제한하는 등으로 너트의 표면에 홈 형태의 위치-제한 표면이 형성되지 않은 구성을 의식적으로 제외한 바 없다. 따라서 너트의 표면에 홈 형태의 위치-제한 표면이 형성되지 않은 형태로 되어 있는 확인대상발명이 특허발명의 권리범위에서 의식적으로 제외된 것이라 볼 수는 없다.

○ 특허법원 2021. 9. 2. 선고 2020허6866 판결

특허발명은 그 출원에 대한 심사과정에서 심사관으로부터 어떠한 거절이유도 통지받지 않고 등록되었으므로, 출원 경과에 비추어 보더라도 확인대상발명과 같은 형태가 특허발명의 권리범위에서 의식적으로 제외되었다고 볼 수 없고, 달리 이를 인정할 증거가 없다. 따라서 확인대상발명이 특허발명의 권리범위에서 의식적으로 제외된 것이라 볼 수는 없다.

○ 특허법원 2021. 7. 1. 선고 2016허9547 판결

특허발명의 권리범위 중 '베이스필름층의 상부면 전체에 도포되거나 또는 도전라인이 형성된 부위 전체에 도포되는 코팅층' 및 '상부보호필름층의 상부면 전체에 도포되는 코팅층'은 일응 특허발명의 청구범위로부터 의식적으로 제외된 것으로 보아야 한다. 그러나 위와 같이 특허발명에서 의식적으로 제외된 구성은 확인대상발명의 '누액 검출층이 개구 밑에 형성'된 구성과는 상이한 것이고, 위 의식적 제외 부분을 고려하더라도 특허발명의 권리범위가 '센싱홀만을 산성용액에 의하여 용해되는 물질이 메꾸도록 구성된 것'만으로 제한된다고 할 수 없으며, 달리 특허발명과 작용효과 등에서 실질적으로 차이가 없는 확인대상발명의 '누액 검출층이 개구 밑에 형성'된 구성까지 이 사건 특허발명의 보호범위로부터 의식적으로 제외된 것으로 볼만한 사정은 없다.

○ 특허법원 2016. 7. 7. 선고 2016허151 판결

특허발명의 유동교란용 굽은 몸체는 컵 몸체의 내부에서 콩의 유동을 교란하고, 가로질러 구비되어 콩이 위로 회전유동하는 것을 방지하며, 또 절삭공구 위에 배치된 구성에서 유동교란용 굽은 몸체는 그 주연부의 최하단이 모두 절삭공구의 위에 배치되는 구조만으로 제한되어야 할 이유가 없고, 위와 같은 기능을 수행하면서 주연부의 일부는 절삭공구 위에 배치되고, 일부는 절삭공구 아래에 배치되는 구조까지 포함한다고 보아야 할 것이므로, 확인대상발명과 같이 안전커버의 주연부 끝단

일부가 분쇄칼날보다 아래쪽으로 위치되어 감싸는 구조가 의식적으로 제외된 것이라고 볼 수 없다. 설령 특허발명에서 '유동교란용 굽은 몸체의 주연부 전체가 절삭공구의 위에 배치된 것'으로 한정 해석되고, 이에 의하여 확인대상발명의 '감싸는 구조 또는 형태'를 포함하지 않는 차이가 있어 균등론이 적용된다고 하더라도, 특허발명이 보정을 통해 '가로질러 구비되어'를 한정한 것은 유동교란용 굽은 몸체가 콩이 위로 회전유동하는 것을 방지하기 위한 기술수단을 보다 구체화하기 위한 것에 불과할 뿐이어서, 결국 회전칼날을 포위하는 돔 상의 안전커버부를 개시하고 있는 선행발명과 같이 안전커버가 완전히 밀폐되어 분쇄칼날 전체를 완전히 감쌈으로써 콩의 유동이 안전커버 하부에서만 발생하는 등 특허발명의 위 구성과 확연히 다른 정도의 구조나 작용효과를 가지는 것이 명백한 경우만을 의식적으로 제외한 것으로 볼 수 있고, 이와 달리 일부만을 감싸는 구조까지 제외된 것으로 볼 수 없다.

○ 서울중앙지법 2011. 5. 13. 선고 2010가합79935 판결

기재불비에 대한 거절이유를 극복하기 위하여 특허발명 기재를 '투입구도어 개폐 로드의 상부에 설치되는 공압실린더 또는 기어드 모터를 이용하여 개폐가 이루어지는' 것으로 출원서를 보정한 사실을 인정할 수 있는바, 이는 투입구 도어의 개폐를 조절하기 위하여 공압실린더를 이용하는 공압시스템의 구조적 특징을 보다 명확히 하기 위한 것일 뿐, 투입구도어 개폐 로드의 상부에 설치되는 공압실린더 또는 기어드 모터를 이용하여 개폐가 이루어지는 것으로 한정하고 그 이외의 것을 제외함으로써 거절이유를 극복한 것이 아니므로, 위 보정사실만으로는 투입구 도어를 투입구도어의 뒷면에 직접 연결된 공압실린더를 이용하여 개폐가 이루어지도록 하는 구성을 청구범위에서 의식적으로 제외시킨 것으로는 볼 수 없다.

7) 균등판단에서 고려할 사항

가) 고안은 특허에 비하여 균등범위 좁게 해석

- 고안은 발명과는 달리 고도의 창작성을 요하지 않아 특허에 비하여 그 기술적 보호의 범위가 좁게 해석이 되므로, 균등의 범위도 좁게 해석되어야 한다.[453)]

나) 특허가 수치한정발명인 경우

(1) 수치한정발명의 균등 적용

- 수치한정발명의 경우, 그 범위 밖의 수치가 균등한 구성요소에 해당한다는 등의 특별한 사정이 없는 한, 특허발명의 청구범위에서 한정한 범위 밖의 수치를 구성요소로 하는 확인대상발명은 원칙적으로 특허발명의 권리범위에 속하지 않는다.[454)]

---

453) 서울중앙지법 2006. 2. 8. 선고 2004가합85403 판결
(같은 취지) 대법원 2019. 7. 25. 선고 2018후12004 판결

454) 대법원 2005. 4. 29. 선고 2003후656 판결, 2001. 8. 21. 선고 99후2372 판결, 2001. 8. 21. 선고 99후

(2) 단순수치한정발명도 균등 적용

□ 수치한정발명의 경우, 확인대상발명이 특허발명의 청구범위에 적힌 구성과 균등하다고 보기 위해서는 확인대상발명이 특허발명의 청구범위에 적힌 수치와 균등한 범위의 수치를 가지는 것임이 밝혀져야 하고, 이는 특허발명의 수치한정이 단순히 발명의 적당한 실시 범위나 형태를 제시하기 위한 것으로서 그 자체에 별다른 기술적 특징이 없어 통상의 기술자가 적절히 선택하여 실시할 수 있는 정도의 단순한 수치한정에 불과하더라도 마찬가지이다.[455]

(3) 수치한정에 기술적 의의가 없는 경우

(가) 의식적 제외로 볼 여지없음

□ 통상의 기술자는 여러 물질이 조합된 조성물을 만들 때 각 구성 물질이 포함될 양을 강구하여 최적의 함량 범위를 선택해야 하므로, 특허발명에서 한정된 수치범위가 '최적이라 여겨지는 적절한 함량 범위' 이상의 기술적 의의를 가진다고 볼 자료가 없는 경우에는 의식적 제외로 볼 여지가 없다.[456]

(나) 수치한정 자체의 기술적 특징이 명세서에 적혀 있지 않은 경우

□ 수치한정 자체에 기술적 특징이 있다면 그 기술적 특징이 무엇이고 그로 인하여 어떠한 효과가 있는지 명세서에 적혀 있지 않으면 특별한 사정이 없는 한 그와 같이 한정한 수치범위 내외에서 현저한 효과의 차이가 생긴다고 볼 수 없다.[457]

(다) 수치한정의 임계적 의의에 관하여 아무런 기술적 설명이 없는 경우

□ 수치한정이 갖는 임계적 의의에 관하여 아무런 기술적 설명이 없다면, 기술적 특이성이 없는 단순한 수치한정에 해당한다.[458]

2389 판결, 특허법원 2022. 9. 1. 선고 2021허3697 판결, 2022. 9. 1. 선고 2021허3703 판결, 2022. 9. 1. 선고 2021허3710 판결, 2020. 6. 4. 선고 2019허5904 판결, 2019. 11. 8. 선고 2018나1350 판결, 2019. 2. 15. 선고 2018허1820 판결, 2019. 2. 15. 선고 2018허3819 판결, 2019. 2. 15. 선고 2018허3840 판결, 2017. 6. 28. 선고 2016허1031 판결, 2017. 6. 28. 선고 2016허1048 판결, 2016. 9. 30. 선고 2015허8745 판결, 2013. 5. 1. 선고 2012허9242 판결

455) 특허법원 2019. 11. 8. 선고 2018나1350 판결

456) 특허법원 2020. 6. 18. 선고 2019허6051 판결, 특허심판원 2022. 11. 30.자 2022당603 심결, 2022. 11. 30.자 2022당718 심결, 2022. 11. 30.자 2022당744 심결

457) 대법원 2011. 10. 13. 선고 2010후2582 판결

458) 대법원 2002. 11. 13. 선고 2000후1368 판결, 특허법원 2017. 8. 11. 선고 2016허9226 판결, 2009. 11. 5. 선고 2008허14193 판결, 2007. 4. 12. 선고 2006허114,121 판결, 2004. 8. 6. 선고 2003허4818 판결, 2004. 7. 22. 선고 2003후2195 판결

(라) 수치범위가 특허발명의 수치범위를 벗어나는 경우

□ 특허가 수치한정발명인 경우, 그 수치범위가 단순한 수치한정에 불과하여 나머지 수치범위를 그 권리범위에서 제외시키려는 의사가 특허권자에게 존재한다고 볼 수 없는 경우에는 확인대상발명의 수치범위가 단순히 특허발명의 수치범위를 벗어난다는 사정만으로 그 권리범위에 속하지 않는다고 볼 수는 없다.459)

(4) 수치한정에 기술적 의의가 있는 경우

(가) 한정한 수치범위를 벗어난 경우에는 의식적 제외

▶ 특허발명이 한정한 수치범위 내외에서 임계적 의의가 인정되어 특허를 받은 경우에는 수치한정이 특허발명의 기술사상의 핵심에 해당하므로, 한정한 수치범위를 벗어난 경우에는 의식적 제외로 본다.

(나) 수치한정의 기술적 의의 인정요건

(ㄱ) 작용효과와의 인과관계와 수치범위 전체에서 유리한 효과

□ 수치한정의 기술적 의의는, ① 특정한 수치와 당해 발명의 작용효과 사이에 인과관계가 분명해야 하고, ② 수치한정한 범위 전체에서 이질적이거나 양적으로 현저한 효과가 있다는 점이 통상의 기술자가 명세서의 기재 자체를 통하여 인식할 수 있을 정도로 적혀 있어야 한다.460)

(ㄴ) 수치범위 내에서는 모든 점에서 현저한 효과

□ 수치한정에 기술적 의의가 있다고 하기 위해서는 그 수치범위에 현저한 효과가 있는 부분이 있다고 하는 것만으로는 충분하지 않고, 그 범위 내에서는 모든 점에서 현저한 효과가 있다는 것이 확인되든지 적어도 추인되는 것이 필요하다.461)

※ 균등관계로 본 사례

ㅇ 특허법원 2015. 6. 26. 선고 2014허8441 판결

특허발명의 진열부재는 두께가 15~30㎜라는 구성요소가 부가되어 있고, 진열부 바닥면의 두께는 한정되어 있지 않은데, 확인대상발명의 렌즈진열판의 두께는 10㎜로서 특허발명이 부가 구성요소에서 한정하고 있는 수치범위에 포함되지 않는다. 특허발명의 부가 구성요소와 관련한 기술사상의 핵심과 작용효과는 청구범위 기재에서 알 수 있듯이 '진열부재가 렌즈가 물속에 잠긴 상태로 수용

---

459) 특허심판원 2021. 5. 28.자 2020당423 심결

460) 특허법원 2007. 12. 21. 선고 2006허11190 판결, 2007. 12. 7. 선고 2007허2490 판결

461) 특허법원 1998. 11. 6. 선고 98허2481 판결

될 수 있는 수용구멍을 형성할 수 있는 정도의 두께를 갖는 것'이고, 그러한 수단을 통하여 '수용구멍에 수용된 렌즈가 물속에 잠긴 상태를 유지할 수 있게 하는 것'인데, 확인대상발명의 렌즈진열판도 렌즈가 식염수에 잠긴 상태로 수용될 수 있는 원형 홈을 형성할 수 있는 10㎜의 두께를 가짐으로써 원형 홈에 수용된 렌즈가 식염수에 잠긴 상태를 유지할 수 있게 하므로, 양 대응 구성요소는 기술사상의 핵심에서 차이가 없고, 작용효과도 실질적으로 동일하다. 따라서 양 발명의 대응 구성요소는 균등관계에 있다.

○ 특허법원 2014. 5. 2. 선고 2013허9379 판결

특허발명은 제거날부가 장착부를 기준으로 20~40도의 경사를 갖는데 비하여 확인대상발명은 치즐의 끌부의 끝단이 상측 방향으로 1차로 3.5도의 경사각도를 형성하고, 다시 2차로 14도의 경사각도를 형성하고 있어서, 그 구체적인 경사각도에 있어 차이가 있지만, 확인대상발명에서 특허발명의 '장착부를 기준으로 20~40도의 경사를 갖는 제거날부'을 '끝단이 1차로 3.5도의 경사각도를 형성하고, 다시 2차로 14도의 경사각도를 형성하는 치즐의 끌부'로 치환한 것은 특허발명의 특징적 구성을 치환한 것이 아니라, 비본질 부분을 치환한 것에 불과하므로, 균등관계에 있다.

○ 특허법원 2009. 12. 18. 선고 2008허13299 판결

확인대상발명에서의 임펠라의 회전속도는 1,450rpm으로서 특허발명에서의 임펠라 회전속도 3,000rpm과 다소 차이가 있기는 하나, 그 차이에도 불구하고 이들 발명에서 과제의 해결원리가 동일하고, 임펠라의 속도를 3,000rpm에서 1,450rpm으로 치환한다고 하더라도 특허발명에서와 같은 목적을 달성할 수 있고 실질적으로 동일한 작용효과를 나타내며, 그와 같이 치환하는 것이 통상의 기술자라면 누구나 용이하게 생각해 낼 수 있는 정도로 자명하므로, 위와 같은 임펠라 회전속도의 차이는 균등한 기술구성의 범위 내에 있다.

※ 균등관계가 아니라고 본 사례

○ 특허법원 2013. 6. 21. 선고 2012허10419 판결

확인대상발명은 특허발명의 본질적 부분인 추출 용매 '70~100% 에탄올'을 '100% 이소프로판올'로 치환함으로써 특허발명과 과제의 해결원리가 동일하지 않고, 그 치환에 의하여 특허발명과는 다른 새로운 목적과 작용효과를 나타내고 있으므로, 설령 이소프로판올이 에탄올 등과 함께 청호, 호초, 유칼리투스, 정향, 감초, 자라 등의 식물 내지 천연물에 대한 추출 용매로 사용되고 있다거나 특정한 식물 내지 천연물에 대하여 에탄올과 이소프로판올로 추출한 유효성분에 차이가 없어 통상의 기술자가 위 각 추출 용매의 치환을 용이하게 생각해 낼 수 있다고 하더라도, 확인대상발명의 구성은 특허발명의 구성과 균등관계에 있다고 할 수 없다.

○ 특허법원 2012. 9. 19. 선고 2012허3299 판결

특허발명은 배경기술인 선행발명으로부터 깊이비의 한정을 개량하여 공기믹싱효율을 향상시키고 압력강하를 억제하는데 기술적 특징이 있으므로, 깊이비를 수치한정한 구성은 특허발명의 특징적 구성으로 본질적인 부분에 해당한다. 또한, 특허발명의 최초출원명세서의 기재내용, 출원에서부터 특허등록 될 때까지 특허청 심사관이 제시한 견해 및 출원인이 심사과정에서 제출한 보정서와 의견서 등에 나타난 출원인의 의도 등을 참작하면, 특허발명의 깊이비를 약 0.25 내지 0.35로 한정한 구성은 확인대상발명의 깊이비를 0.17~0.21로 한정한 구성을 청구범위에서 의식적으로 제외하였다고 판단되므로, 균등한 것으로 볼 수 없다.

○ 특허법원 2004. 1. 9. 선고 2001허6834 판결

물건을 생산하는 방법발명인 특허발명과 물건발명인 확인대상발명이 소마토트로핀의 중량%에서 10중량%와 20중량%로 차이가 있는 이상, 확인대상물건이 특허 생산방법에 의하여 생산되었다고 볼 수 없으므로 확인대상발명은 특허발명의 권리범위에 속하지 않는다.

다) 특허가 물건의 생산방법발명인 경우

(1) 효과의 동일성은 생산방법의 기술적 장·단점 전체 고려 판단

□ 특허가 물건의 생산방법발명인 경우, 특허발명과 확인대상발명을 실시하여 생산된 물건의 형상이나 성질이 실질적으로 동일하다는 이유만으로 곧바로 양 발명이 균등관계에 있다고 할 수는 없는데, 이는 서로 다른 방법을 통해서 같은 물건을 제조하는 것도 얼마든지 가능하기 때문이다. 결국 방법발명에 있어서의 효과의 동일성 여부는 그와 같은 방법 자체가 가지는 기술적 장·단점 전체를 고려하여 판단되어야 하고, 오로지 그와 같은 방법을 통하여 생산된 물건의 성질만을 방법발명에 있어 효과 판단의 기준으로 삼을 수는 없다.[462)]

(2) 출발물질과 목적물질이 동일한 경우

□ 출발물질과 목적물질이 동일하면, 반응물질이 다르더라도 확인대상발명은 특허발명의 권리범위에 속한다.[463)]

다. 이용침해

[§ 98](타인의 특허발명과의 관계)

특허권자·전용실시권자 또는 통상실시권자는 특허발명이 그 특허발명의 특허출원일 전에 출원

---

462) 특허법원 2006. 4. 27. 선고 2004허6736 판결

463) 대법원 2000. 7. 28. 선고 97후2200 판결, 1990. 3. 23. 선고 89후773 판결, 서울서부지법 2002. 1. 25. 선고 99가합11885 판결

된 타인의 특허발명·등록실용신안 또는 등록디자인이나 이와 유사한 디자인을 이용하거나 특허권이 그 특허발명의 특허출원일 전에 출원된 타인의 디자인권 또는 상표권과 저촉되는 경우에는 그 특허권자·실용신안권자·디자인권자 또는 상표권자의 허락을 얻지 않고는 자기의 특허발명을 업(業)으로써 실시할 수 없다.

1) 의의

가) 특허발명의 구성요건에 새로운 기술적 요소를 덧붙인 경우

- □ 개량발명 중 특허발명의 구성요건상의 특징을 전부에 걸쳐 실시하고는 있지만 거기에 새로운 기술적 요소를 덧붙인 경우를 지칭하여 이용발명이라 한다.[464]

나) 특허발명에는 없는 부가적 구성요소를 더 포함하는 경우

- □ 확인대상발명이 특허발명의 권리범위에 속하는지 여부는 확인대상발명이 특허발명의 필수구성요소 내지 그와 균등한 구성요소를 모두 포함하고 있는지 여부에 의해서 결정되는 것이므로, 확인대상발명이 특허발명에는 없는 부가적 구성요소를 더 포함하고 있다고 하더라도 권리범위 속부 판단에 아무런 영향을 미치지 않는다.[465]

2) 이용관계의 성립요건

가) 확인대상발명 내에서 특허발명이 발명으로서의 일체성을 유지하는 경우

(1) 특허발명의 요지를 전부 포함

- □ 특허발명과 확인대상발명이 이용관계에 있는 경우에는 확인대상발명은 특허발명의 권리범위에 속하게 되는데, 이러한 이용관계는 확인대상발명이 특허발명의 기술적 구성에 새로운 기술적 요소를 부가하는 것으로서 확인대상발명이 특허발명의 요지를 전부 포함하고, 이를 그대로 이용하되 확인대상발명 내에서 특허발명이 발명으로서의 일체성을 유지하는 경우에 성립한다.[466]

(2) 특허발명의 구성요소와 구성요소들 간의 유기적 결합관계를 그대로 포함

- □ 특허발명과 확인대상발명이 이용관계에 있는 경우에는 확인대상발명은 특허발명의

---

464) 서울고법 1992. 1. 15. 선고 91나2993 판결

465) 특허법원 2010. 8. 27. 선고 2010허1657 판결, 2004. 4. 9. 선고 2003허1857 판결, 2003. 6. 20. 선고 2002허2518 판결, 서울남부지법 2003. 2. 7. 선고 2001가합8692,11162 판결

466) 대법원 2019. 10. 17. 선고 2019다222782,222799 판결, 2017. 12. 22. 선고 2015다57935 판결, 2016. 4. 28. 선고 2015후161 판결, 2015. 6. 11. 선고 2015다204588 판결, 2015. 5. 14. 선고 2014후2788 판결, 2011. 12. 8. 선고 2011다69206 판결, 2007. 2. 8. 선고 2005후1011 판결, 2005. 7. 14. 선고 2003후1451 판결, 2004. 10. 14. 선고 2003후588 판결, 2004. 8. 31.자 2002마2768 결정, 2003. 9. 26. 선고 2001후2948 판결, 2003. 2. 11. 선고 2002후1027 판결, 2002. 12. 10. 선고 2001후1754 판결, 2001. 9. 7. 선고 2001후393 판결, 2001. 8. 21. 선고 98후522 판결

권리범위에 속하게 되는데, 이러한 이용관계는 확인대상발명이 특허발명의 청구범위에 적힌 구성요소와 구성요소들 사이의 유기적 결합관계를 그대로 포함하고, 이를 그대로 이용하되 확인대상발명 내에서 특허발명이 발명으로서의 일체성을 유지하는 경우에 성립한다.[467)]

나) 특허발명의 기술적 구성에 새로운 기술적 요소 부가

□ 이용관계에서 확인대상발명이 특허발명의 기술적 구성에 새로운 기술적 요소를 부가한다는 것은, 확인대상발명이 특허발명의 청구범위에 적힌 각 구성요소와 그 구성요소 간의 유기적 결합관계를 그대로 포함하면서 새로운 기술적 요소를 부가하는 것을 의미한다.[468)]

다) 특허발명의 일부 구성을 포함하지 않거나 그 구성과 상이한 경우

□ 확인대상발명이 특허발명의 구성요소를 모두 포함하고 있지 않거나 특허발명의 구성과 상이하여 특허발명의 권리범위에 속하지 않는 경우에는 이용관계가 성립하지 않는다.[469)]

3) 부가적 구성을 구비한 경우

가) 특허발명에 부가적 구성을 추가로 구비한 경우

□ 확인대상발명이 특허발명에 부가적 구성을 추가로 구비한 경우에도 나머지 구성이 특허발명의 균등물에 해당한다면 부가적 구성에도 불구하고 여전히 특허발명의 권리범위에 속한다.[470)]

나) 특허발명의 작용효과를 발휘할 수 있는 경우

★□ 확인대상발명이 특허발명의 핵심적인 기술사상을 모두 포함하면서, 부가적인 구성을 더 구비하더라도 특허발명의 작용효과를 발휘할 수 있는 경우에는 이용관계가 성립한다.[471)]

---

467) 대법원 2020. 5. 28. 선고 2017후2291 판결, 특허법원 2021. 1. 15. 선고 2020허4075 판결, 2021. 1. 15. 선고 2020허4082 판결, 2017. 9. 14. 선고 2017허660 판결

468) 특허법원 2017. 9. 14. 선고 2017허660 판결, 2012. 5. 2. 선고 2011허10863 판결

469) 특허법원 2006. 7. 7. 선고 2005허11087 판결

470) 대법원 2006. 1. 26. 선고 2004후59 판결, 특허법원 2001. 1. 11. 선고 2000허1191 판결

471) 대법원 1997. 11. 28. 선고 96후2333 판결, 1997. 10. 24. 선고 96후1996 판결, 1996. 11. 26. 선고 96후870 판결, 1996. 11. 26. 선고 96후887 판결

- 특허발명의 작용효과를 발휘할 수 있는 경우란, 특허발명의 기술사상을 뛰어넘어 더 우수한 작용효과가 있다고 인정할 정도의 새로운 발명이라고 할 수 없는 경우를 말한다(대법원 1997. 10. 24. 선고 96후1996 판결).

다) 특허발명의 작용효과가 유지되면서 새로운 작용효과가 나타난 경우

□ 부가적인 구성을 더 구비하더라도 특허발명의 작용효과가 그대로 유지되면 새로운 작용효과가 나타나더라도 발명으로서의 일체성이 유지되는 것이므로 이용관계가 성립한다.[472]

▶ 부가적인 구성으로 인하여 특허발명에 비하여 새롭거나 상승된 효과가 나타나더라도 통상의 기술자가 쉽게 생각해낼 수 있는 정도의 것이라면 이용관계가 성립한다.

라) 특허발명의 작용효과를 발휘할 수 없는 경우

★□ 확인대상발명이 특허발명의 구성 외에 부가적인 구성을 더 구비함으로써 특허발명의 작용효과를 발휘할 수 없는 경우에는 이용관계가 성립하지 않는다.[473]

마) 새로운 작용효과가 나타나면서 특허발명의 작용효과가 없어진 경우

□ 부가적인 구성을 더 구비함으로써 새로운 작용효과가 나타나면서 특허발명의 작용효과가 없어지게 되면 발명으로서의 일체성이 유지되는 것이 아니므로 이용관계가 성립하지 않는다.[474]

▶ 부가적인 구성으로 인하여 특허발명이 목적으로 하는 작용효과가 상실되고 다른 작용효과가 나타나는 경우에는 유기적 일체성이 유지된다고 볼 수 없어 이용관계에 해당한다고 볼 수 없다.

4) 구체적 판단방법

가) 균등발명에도 이용관계 성립

□ 이용관계는 확인대상발명이 특허발명과 동일한 발명뿐만 아니라 균등한 발명을 이용하는 경우에도 성립한다.[475]

---

472) 대법원 2017. 12. 22. 선고 2017후479 판결, 2015. 6. 11. 선고 2015다204588 판결, 특허법원 2017. 6. 16. 선고 2016허9295 판결, 2006. 10. 20. 선고 2005허10589 판결

473) 대법원 2002. 3. 29. 선고 2000후1115 판결, 특허법원 2000. 5. 4. 선고 99허5463 판결

474) 대법원 2011. 12. 8. 선고 2011다69206 판결

475) 대법원 2015. 6. 11. 선고 2015다204588 판결, 2015. 5. 14. 선고 2014후2788 판결, 2007. 2. 8. 선고 2005후1011 판결, 2005. 7. 14. 선고 2003후1451 판결, 2003. 9. 26. 선고 2001후2948 판결, 2003. 2. 11. 선고 2002후1027 판결, 2002. 12. 10. 선고 2001후1754 판결, 2001. 9. 7. 선고 2001후393 판결, 2001. 8. 21. 선고 98후522 판결, 1991. 11. 26. 선고 90후1499 판결, 특허법원 2021. 1. 29. 선고 2020허5368 판결, 2021. 1. 15. 선고 2020허4075 판결, 2021. 1. 15. 선고 2020허4082 판결, 2017. 11. 29. 선고 2017허4792 판결, 서울중앙지법 2017. 4. 20.자 2017카합80168 결정

나) 주요하거나 본질적인 부분에 대한 이용관계

□ 이용관계가 인정되기 위해서는 주요하거나 본질적인 부분에 대한 이용관계가 존재하면 족하다. 만일 특허발명의 주요한 부분을 이용하되 약간의 변경을 가한 행위에 대하여 그 요지를 전부 포함하지 않았다는 이유로 이용관계를 부정한다면 특허발명에 관한 정당한 권리가 쉽게 침해될 소지가 있기 때문이다.[476)]

다) 촉매의 부가로 인하여 수율의 현저한 상승을 가져온 경우

□ 촉매의 부가로 인하여 수율의 현저한 상승을 가져온 경우라고 하더라도 달리 특별한 사정이 없는 한 선행발명의 기술적 요지를 그대로 포함하는 이용발명에 해당한다. 화학물질의 제조방법발명에 있어서 촉매의 부가로 그 제조방법발명의 기술적 구성의 일체성, 즉 출발물질에 반응물질을 가하여 특정한 목적물질을 생성하는 일련의 유기적 결합관계의 일체성이 상실된다고 볼 수는 없기 때문이다.[477)]

라) 출발물질에 다른 물질을 추가한 경우

□ **반응경로가 종전과 일체성 상실 정도로 달라지는지 여부**

복수의 물질을 화학적으로 반응시켜 목적물질을 제조하는 방법의 특허와 관련하여 그 방법에서의 복수의 출발물질을 같이하면서 거기에 또 다른 물질을 더 추가하는 방법으로 반응시켜 역시 동일한 목적물질을 제조하는 경우, 기존의 특허의 권리범위에서 벗어나려면 그와 같은 제조방법을 실시하고 있으면서 그 반응경로가 특허발명의 그것과 다르다고 주장하는 자가 그 다른 물질을 더 추가함으로써 반응경로가 종전의 그것과 일체성을 상실할 정도로 달라지게 된다는 점을 증명해야 한다.[478)]

마) 부분품과 그 부분품을 포함하는 완성품의 관계

□ 특허발명은 부분품에 관한 것이고 확인대상발명은 그 부분품을 포함하는 완성품에 관한 것으로서 대상물품이 서로 다르더라도, 확인대상발명의 실시를 위해서는 필연적으로 특허발명의 부분품의 실시가 전제되어 있는 경우에는 확인대상발명은 특허발명을 이용하는 관계에 있다.[479)]

---

476) 수원지법 2019. 6. 14. 선고 2018노1443 판결

477) 대법원 2001. 8. 21. 선고 98후522 판결, 특허법원 2009. 7. 2. 선고 2008허11019 판결
 • 촉매란, 반응에 관여하여 반응속도 내지 수율에 영향을 줄뿐 반응 후에는 그대로 남아 있고 목적물질의 화학적 구조에는 기여를 하지 않는다.

478) 특허법원 2004. 5. 21. 선고 2002허3962 판결

479) 대법원 1999. 8. 24. 선고 99후888 판결

바) 후출원 특허발명의 명세서에 특허발명이 종래기술로 적힌 경우

□ **이용관계 성립 가능**

확인대상발명과 동일한 후출원 특허발명의 명세서 중에 특허발명이 종래기술로서 적혀 있음에도 특허로 등록되었다고 하여 확인대상발명과 특허발명의 이용관계까지 부정해야 하는 것은 아니다.[480]

※ 이용관계라고 본 사례

○ 대법원 2015. 6. 11. 선고 2015다204588 판결

확인대상발명의 일부 중복배열의 구성은 특허발명의 기술적 구성에 부가된 새로운 기술적 요소로서 단지 LED 모듈이 배열되는 영역이 추가된 것에 불과하므로, 확인대상발명은 특허발명의 요지를 전부 포함하여 이용하고 있다고 볼 수 있고, 특허발명이 전체 구성을 통하여 달성할 수 있는 '확산커버의 내부 공기가 본체의 내부공간부로 유입되어 본체의 공기배출구를 통하여 배출되는 자연적인 대류에 의하여 LED 모듈이 냉각'되도록 한다는 작용효과는 확인대상발명에서도 그대로 실현될 수 있으므로, 확인대상발명 내에 특허발명이 발명으로서의 일체성을 유지하고 있다고 보아야 한다. 비록 확인대상발명은 LED 모듈의 일부를 인버터의 영역에까지 중복배열함으로써 '빛의 음영 부분이 없도록' 하는 효과도 추가로 실현할 수 있기는 하나, 그와 같은 사정을 들어 특허발명이 확인대상발명 내에서 발명으로서의 일체성을 유지하고 있지 않다고 볼 수는 없다.

○ 대법원 2007. 2. 8. 선고 2005후1240 판결

특허발명은 케이블을 중간 풀리 없이 록킹부재에서 제1작동레버에 직접 연결 고정함으로써 고속으로 작동되는 케이블이 중간 풀리에 의하여 피로 파손되는 것을 방지하는 것을 주요한 기술적 특징으로 하는 것인데, 확인대상발명도 특허발명과 같이 케이블의 경로를 급격하게 만곡시켜 피로를 일으키는 중간 풀리 없이 케이블이 록킹부재와 제1작동레버 사이에 곧게 뻗어 일직선으로 연결하는 구성이므로 양 구성은 서로 동일하고, 다만, 확인대상발명은 그 일직선으로 뻗은 케이블 중간 정도에 케이블의 만곡을 방지하며 케이블의 진동 방지를 위한 롤러를 구비한 지지간이 설치되어 있으나, 이러한 구성은 확인대상발명이 특허발명의 구성을 그대로 포함하면서 추가적으로 구비한 것에 불과하여 확인대상발명의 구성은 특허발명의 구성을 이용하는 관계에 있다.

○ 대법원 2006. 10. 12. 선고 2005후261 판결

특허발명의 스프링요소의 고정 구성은, 발명의 설명 및 도면을 참작해 볼 때 중간 가로대에 의하여 스프링요소의 일단부가 고정되고 등받이 외판의 중앙지역 한 지점에서 스프링요소의 일단부가 고

480) 특허법원 2012. 8. 10. 선고 2012허2104 판결

정된 것으로 해석할 수 있고, 이에 대하여 확인대상발명의 탄성부재의 고정 구성은 백플레이트에 탄성부재의 중간 지점이 고정되고 위 고정점을 기준으로 등시트의 중앙지역 상·하부의 두 지점에서 탄성부재의 양 단부가 각각 고정된 것이므로, 양 발명의 스프링요소(탄성부재)의 고정 구성이 동일하다고 볼 수는 없으나, 양 발명의 스프링요소(탄성부재)의 고정 구성은 모두 중간 가로대(백플레이트)에 대하여 등받이 외판(등시트)을 공간상에서 자유롭게 탄성 회전할 수 있도록 스프링요소(탄성부재)를 결합하는 구성이고 그 작용효과에 있어서도 서로 차이가 없으므로 서로 균등한 구성에 해당하고, 확인대상발명의 등시트의 형상에 관한 구성은 특허발명의 등받이 외판의 형상에 관한 구성과 동일하며, 확인대상발명은 위 두 구성 외에 더 추가된 구성을 가지고 있으나 이러한 구성은 위 두 구성의 일체성에 영향을 주지 않으면서 거기에 단순 부가된 것에 불과한 것으로 보이므로, 결국 확인대상발명은 특허발명과 균등한 발명을 이용하는 관계에 있다.

○ 대법원 2001. 1. 30. 선고 2000후1191 판결

특허발명은 본체에 체결볼트를 접착고정한 것인데 대하여 확인대상발명은 본체에 볼트를 일체 성형한 차이가 있으나, 특허발명은 그 명세서의 발명의 설명에서 본체 중앙부에 체결볼트를 접착 고정한 이유에 대하여 본체의 재질이 열경화성수지로 구성되어 있어 일체로 사출성형이 곤란하기 때문이라고 적고 있고, 그 명세서의 전체의 기재내용을 살펴보면, 특허발명의 기술요지는 본체의 중앙부에 체결볼트를 접착 고정하는 고정수단 그 자체에 있는 것이 아니라, 실린더상에 장력유지판을 결합할 때 실린더핀이 결합된 상태에서도 결합이 가능케 함과 동시에 보관시에는 고정봉상에 여러 개의 장력유지판을 동시에 끼워 보관할 수 있도록 하기 위하여 체결볼트 내면에 관통공을 형성한 구성에 그 기술적인 의의가 있는 것이라고 보아야 할 것이어서, 확인대상발명에서 본체의 중앙부에 체결볼트를 형성하는 수단으로 일체 성형의 방법을 택한 것은 특허발명의 구성에 대한 단순 설계변경이나 구조상의 사소한 차이에 불과하여 실질적인 차이가 없으므로 결국, 확인대상발명은 특허발명에 적힌 구성요소 모두를 그대로 가지고 있으면서 덮개 부분에 새로운 기술적 요소를 추가한 것으로서 특허발명을 이용한 것이므로 특허발명의 권리범위에 속한다.

○ 대법원 1997. 11. 28. 선고 96후2333 판결

확인대상발명은 특허발명의 핵심적인 기술사상을 모두 포함하면서, 단지 작동편의 긴축스프링을 브래킷이 아닌 캠형걸편에 연결하고 작동로드와 작동편을 일체로 하는 한편, 작동편의 모양에 있어서, 특허발명이 다각형 모양의 중간에 수직으로 솟은 걸림돌기가 브래킷을 관통하여 반대편의 캠형걸편과 접촉되게 한 것에 비하여, 직사각형 모양의 작동편의 끝부분을 수직으로 절곡되게 하여 그 절곡부위가 캠형걸편과 접촉되게 구성한 점이 서로 다르나, 확인대상발명에서 작동편의 긴축스프링을 브래킷이 아닌 캠형걸편에 연결한 것은 통상의 기술자가 쉽게 선택하여 실시할 수 있는 것이고, 다만 확인대상발명은 작동로드와 작동편을 일체로 하고 작동편의 모양을 달리함으로써 이 부분에 관한 한 특허발명보다 구성을 단순하게 하면서 작용효과를 동일하게 한 점에서 특허발명과 이용관

계에 있다.

○ 특허법원 2022. 7. 20. 선고 2021허3338 판결

특허발명의 구성요소 4는 진동판이 케이싱에 일단이 직접 고정되는 구성인데 반하여, 확인대상발명의 대응 구성은 케이싱의 내부 공간에 링 형상의 테두리부를 더 구비하고, 진동장치의 일단이 테두리부에 고정된다는 점에서 다소 차이가 있으나, 나머지 구성인 구성요소 4의 하나 이상의 진동판, 진동판의 타단 끝단부에 부착되는 제1자석 및 케이싱에 위치되어 제1자석과 척력 작용을 하는 척력자석이 포함되는 구성과 확인대상발명의 3개의 진동판, 진동판의 타단 끝단부에 부착되는 제1자석 및 케이싱에 위치되어 상기 제1자석과 척력 작용을 하는 척력자석이 포함되는 구성은 실질적으로 동일하다. 그렇다면, 확인대상발명은 특허발명의 구성요소 4를 그대로 포함하고, 거기에 링 형상의 테두리부만을 더 부가한 것이다. 또한, 확인대상발명과 특허발명은 '보행시 발생되는 진동판의 진동을 배가시키기 위하여 자석간 척력을 이용한다.'는 측면에서 기술적 사상 및 작동원리가 동일하다. 따라서 확인대상발명은 특허발명의 기술적 사상 및 구성을 그대로 포함하고 '테두리부'라는 새로운 구성만 더 부가한 것이므로 확인대상발명은 특허발명을 이용한 발명으로서 특허발명의 권리범위에 속한다.

○ 대구고법 2003. 5. 15. 선고 2002나7405 판결

확인대상발명은 특허발명의 요지를 그대로 이용하면서, 다만 그 분사방법에 있어서 특허발명이 단순한 형태의 분사노즐로 분사하고 있던 것을 다수의 분사공이 형성된 분사관을 끼움홈에 고정하여 분사범위를 확대시키는 새로운 기술적 요소를 부가한 것으로서, 이들은 서로 발명으로서의 일체성을 유지하고 있다 할 것이므로, 확인대상발명은 특허발명과 이용관계에 있다.

※ 이용관계가 아니라고 본 사례

○ 대법원 2011. 12. 8. 선고 2011다69206 판결

확인대상발명에 9%씩 포함되어 있는 오리나무 추출물과 마가목 추출물이 전체 조성물에서 차지하는 비중이 크지 않고, 위 2가지 물질이 확인대상발명에 추가되어 있는 다른 32가지의 물질과 어떠한 상대적 화학반응을 하는지 여부를 알 수 있는 자료가 없어, 설령 확인대상발명이 특허발명과 같은 숙취해소 효과가 있다고 하더라도, 상대적 비중이 낮은 오리나무 추출물과 마가목 추출물이 다른 물질의 감쇄작용에 의하여 숙취해소 효과를 상실하고 추가된 다른 물질의 작용에 의하여 그러한 효과가 발현되었을 가능성을 배제할 수 없는 이상, 확인대상발명에 포함된 위 2가지 추출물이 특허발명이 가지는 숙취해소 효과를 그대로 지니고 있어 발명으로서의 일체성을 유지하고 있다고 할 수 없어 이용관계에 있다고 할 수 없다.

○ 대법원 2004. 9. 3. 선고 2002다26016 판결

확인대상발명은 경첩의 스프링을 양 고정편을 연결하는 고정축에 끼우지 않고 그것과 별도로 마련한 고정축에 설치한 구조로 되어 있어, 양 고정편을 연결하는 하나의 고정축에 스프링과 스토퍼를 모두 설치하는 특허발명과는 구성이 달라서 특허발명의 요지를 전부 포함하면서 이를 이용하는 관계에 있다고 할 수 없다.

○ 대법원 2004. 8. 31.자 2002마2768 결정

특허발명의 기술요지는 1개의 인쇄판에서 1가지의 색을 인쇄하는 것임에 비하여, 확인대상발명은 1개의 인쇄판에서 2가지의 색을 동시에 인쇄하는 인쇄방법에 관한 것이어서 그 구성요소가 상이하므로, 확인대상발명이 특허발명의 요지를 전부 포함하고 이를 그대로 이용하는 관계에 있다고 볼 수 없다.

○ 대법원 2003. 5. 16. 선고 2001후3262 판결

특허발명의 '통형상의 드럼'과 확인대상발명의 드럼체를 비교하여 보면, 특허발명은 단면이 원형인데 비하여, 확인대상발명은 단면이 반원형과 호형이 합쳐진 모양이 좌·우 대칭으로 되어 있는 것이어서, 확인대상발명의 드럼체를 특허발명의 '통형상의 드럼'과 동일성이 있는 형상과 구조라고 할 수 없으므로 확인대상발명이 특허발명과 동일한 구성을 이용하고 있는 관계에 있다고 할 수 없다.

○ 대법원 1995. 12. 5. 선고 92후1660 판결, 1992. 1. 21. 선고 91후1229 판결

특허발명은 에틸렌비닐아세테이트(EVA) 폼의 낚시찌에 방수처리를 함에 있어 특정재료를 선택한 것인데, 특허발명은 방수피막층을 이루는 재료가 단순 중합체인 연질 폴리비닐클로라이드(PVC)임에 비하여 확인대상발명은 에틸렌초산비닐(EVA) 공중합체 및 열가소성 고무로서 그 재질이 상이한 것이므로, 확인대상발명은 특허발명의 이용하는 관계에 있다고 볼 수 없다.

라. 우회침해

1) 우회침해의 개념

▶ 우회발명이란, 선행특허발명과 기술사상을 같이하는 것이면서도 그 보호범위를 벗어나기 위하여 무용의 물질이나 공정을 부가하여 일부러 우회의 길을 가는 것으로서, 결국 발명으로서는 동일한 것으로 귀착되는 관계에 있는 것을 말한다.

2) 우회침해의 요건

가) 무용의 물질이나 공정을 부가하여 동일한 결과를 얻는 관계

□ 우회침해에 해당하기 위해서는, 확인대상발명이 특허발명과 본래 그 기술사상을 같이 하면서도 그 보호범위를 벗어나기 위하여 무용의 물질이나 공정을 부가하여 일부러 우회의 길을 선택하고 있을 뿐, 발명으로서는 동일한 결과를 얻는 관계에 있는

것을 말한다.[481]

나) 출발물질과 목적물질이 동일

▷ 우회발명은 주로 화학발명에서 문제가 되는데, 우회 여부는 출발물질과 목적물질과의 관계에서 판단되어야 하고, A→B의 공정을, ① A→A'→B로 하거나, ② A→B'→B로 하거나, ③ A→A'→B'→B로 하는 경우에 국한되어야 한다.[482]

3) 우회침해의 유형

가) 외형상 공정은 특허발명과 다르지만 본질적으로는 동일발명

□ 확인대상발명이 특허발명에 불필요한 공정을 추가하여 외형상의 공정은 특허발명과 다르지만 본질적으로는 동일한 발명에 해당하는 경우, 위 불필요한 공정이 특허발명의 권리를 회피하기 위한 수단에 불과하다면 우회발명에 해당하여 권리범위에 속한다.[483]

나) 특허발명에 일부 기술적 구성을 부가함으로써 오히려 작용효과 감소

□ 확인대상발명이 특허발명과 기술적 구성의 핵심적인 부분과 목적이 동일하나, 특허발명에 일부 기술적 구성을 부가함으로써 특허발명보다 오히려 그 작용효과가 감소되었다면 위와 같은 기술적 구성의 차이는 유해적 공정의 부가에 지나지 않은 것으로 우회발명에 해당하여 권리범위에 속한다.[484]

다) 특허발명과 수단 및 작용효과가 동일함에도 무용한 공정 추가

□ 확인대상발명이 특허발명의 핵심적인 기술을 전부 사용하여 달성되거나 특허발명과 본질적으로 일치하는 수단이고 그 작용효과가 실질적으로 동일한 것임에도 무용한 공정을 추가함으로써 특허발명의 권리를 회피하기 위한 것인 경우에는 우회발명에 해당하여 권리범위에 속한다.[485]

4) 구체적 판단방법

가) 화학발명의 우회침해 판단

(1) 출발물질이 동일하고 중간체를 경유하는 경우

□ 출발물질이 동일한 경우, 반응물질이 보호기를 결합시킨 중간체를 경유하는 경우에

---

481) 특허법원 2007. 10. 18. 선고 2007허1145 판결
482) 竹田和彦, 특허의 지식, 도서출판 명현(2001), 388면
483) 특허법원 2009. 4. 24. 선고 2008허10009 판결
484) 대법원 1994. 10. 14. 선고 93후2035 판결, 1994. 10. 14. 선고 93후2042 판결, 1993. 3. 23. 선고 92후1493 판결, 1993. 3. 23. 선고 92후1509 판결
485) 대법원 1997. 11. 14. 선고 96후2135 판결

도 주반응의 반응기전을 그대로 이용한다는 점에서 그 기술적 사상과 핵심적인 구성이 동일하고 작용효과도 현저하게 향상된 것으로 볼 수 없으므로 특허발명의 권리범위에 속한다.[486)]

▶ 출발물질이 동일한 경우, 중간체 형성의 부가적 공정으로 인한 작용효과의 현저한 차이가 있는지 여부에 따라 결정된다.

(2) 출발물질이 상이한 경우

□ 출발물질이 상이한 경우, ① 확인대상발명의 출발물질이 그 제조시점에서 신규물질이라면 특허발명의 권리범위에 속하지 않지만, ② 반응계에서 출발물질이 특허발명과 동일한 물질로 변환되어 그 이후의 반응이 특허발명과 동일하게 된다면 특허발명의 권리범위에 속한다.[487)]

▶ 출발물질이 상이한 경우, 특허발명의 출발물질을 확인대상발명의 출발물질로 변경하는 것이 자명한 것인지 여부에 따라 결정된다. 이 경우에는 실제로 반응계 내에서 반응물질과 결합한 물질이 무엇인가를 밝히는 것이 관건이 된다.

나) 2차적 구성요소로 인한 반응공정의 순서와 효과 차이

□ 화학물질의 제조방법발명에서, 확인대상발명의 속부를 가리기 위해서는 특허발명의 청구범위에 대응하는 구성요소뿐만 아니라 청구범위에는 포함되지 않는 2차적 구성요소로 인한 반응공정의 순서와 효과의 차이 여부도 종합적으로 고려해서 판단해야 한다.[488)]

○ 대법원 2000. 7. 4. 선고 97후2194 판결

확인대상발명은 그 출발물질, 반응물질 및 목적물질이 특허발명과 동일하고 그 제조방법도 반응물질인 피페라진을 출발물질의 C－7 위치에 결합시켜 목적물질을 만드는 특허발명의 주반응의 반응기전을 그대로 이용한다는 점에서 그 기술적 사상과 핵심적인 구성이 동일하며, 다만 확인대상발명이 출발물질에 알루미늄클로라이드를 반응시켜 중간체를 거치는 구성을 부가한 차이가 있기는 하지만, 이 부가공정은 주지관용기술에 의하여 쉽게 부가시킬 수 있는 공정에 불과하고, 그 작용효과 역시 주지관용기술을 부가함으로 인한 효과 이상으로 우월하거나 현저하게 향상되었다고 보기 어려우므로, 확인대상발명은 특허발명과 상이한 발명이라고 볼 수 없다.

---

486) 대법원 2000. 7. 4. 선고 97후2194 판결
487) 대법원 2001. 6. 15. 선고 98후836 판결
488) 특허법원 1999. 3. 25. 선고 98허6162 판결

○ 대법원 1994. 10. 14. 선고 93후2035 판결, 1994. 10. 14. 선고 93후2042 판결, 1993. 3. 23. 선고 92후1493 판결, 1993. 3. 23. 선고 92후1509 판결

특허발명의 기술요지는 다량의 악세사리용 구슬을 단시간 내에 능률적으로 도장하는 방법으로서 종래 구멍이 없는 구슬은 그 도장 자체가 곤란하였고 구멍이 있는 구슬도 일일이 손으로 구슬의 구멍에 철사 등을 끼워서 도장액 속에 담궈서 도장해야 하는 불편을 해결한 점에 그 핵심적인 특징이 있고, 위 발명의 기술적 핵심은 평판에 접착면을 형성하고 그곳에 구슬을 접착시켜 도장한다는 점에 있다 할 것이어서, 특허발명과 확인대상발명은 접착면에 구슬을 접착시켜서 도장한다는 기술적 구성의 핵심적인 부분이 동일하고 또 특허발명의 방법에 의하더라도 일일이 수공으로 작업을 하면 확인대상발명에 있어서와 같이 반구형 구슬의 도장이 가능하므로 그 목적에 있어서도 확인대상발명은 특허발명과 동일범위 내에 있으며, 그 작용효과에 있어서도 특허발명은 단시간에 다량의 구슬을 효율적으로 도장할 수 있는데 비하여 확인대상발명은 일일이 손으로 구슬을 배열하거나 위치를 이동시켜서 도장해야 하므로 비효율적임을 알 수 있는바, 이는 확인대상발명에 있어서 특허발명과 달리 안착돌부의 형성이라는 기술적 구성을 부가함에 기인하는 것이고 그로 인하여 특허발명보다 오히려 그 작용효과가 감소되었으므로 확인대상발명은 특허발명과 일부 기술적 구성과 작용효과가 다르지만 그 기술적 구성의 핵심적인 부분이 동일할 뿐 아니라, 기술적 구성의 일부 변경으로 인하여 그 작용효과가 오히려 감소되었으므로 위와 같은 기술적 구성의 차이는 유해적 공정의 부가에 지나지 않는다고 보여져 결국 확인대상발명은 특허발명과 동일한 영역에 있는 것으로서 특허발명의 권리범위에 속한다.

○ 특허법원 2004. 5. 21. 선고 2002허3962 판결

확인대상발명의 사용방법 중 테크네튬 환원 이후의 단계에 있어서는 출발물질 2개 및 목적물질이 특허발명의 그것과 서로 동일하나, 확인대상발명의 키트에는 특허발명에는 없는 아스코르빈산이 더 추가되어 있는바, 이와 같이 복수의 물질을 화학적으로 반응시켜 목적물질을 제조하는 방법의 특허와 관련하여 그 방법에서의 복수의 출발물질을 같이하면서 거기에 또 다른 물질을 더 추가하는 방법으로 반응시켜 역시 동일한 목적물질을 제조하는 경우, 기존의 특허의 권리범위에서 벗어나려면, 그와 같은 제조방법을 실시하고 있으면서 그 반응경로가 특허권의 그것과 다르다고 주장하는 자가 그 다른 물질을 더 추가함으로써 반응경로가 종전의 그것과 일체성을 상실할 정도로 달라지게 된다는 점을 증명해야 하므로, 위 2개의 출발물질만을 반응시켜 위 1개의 목적물질을 제조할 때 일어나는 반응경로가 아스코르빈산을 첨가함으로써 그 일체성을 상실할 정도로 전혀 달라지게 되는지 여부를 보면, 확인대상발명의 사용방법에 있어서 아스코르빈산의 추가로 인하여 그 반응경로가 달라진다고 볼 수 없다. 따라서 확인대상발명의 정해진 용도에 따른 사용방법은 특허발명의 제조방법과 동일한 과정을 수반하게 된다고 볼 것이므로, 확인대상발명은 특허발명의 제조방법의 실시에만 사용하는 물건에 해당하고, 그에 따라 확인대상발명은 특허발명의 권리범위에 속한다.

마. 생략침해와 불완전이용침해

1) 개념

▶ 생략발명이란, 특허발명의 구성요소 중 비교적 중요성이 낮은 구성요소를 생략하여 특허발명의 작용효과보다 열악하거나 동일한 효과를 나타내는 발명으로 개악발명이라고도 한다.

▶ 불완전이용발명이란, 생략발명에 일정한 구성요소를 부가한 발명을 말한다.

2) 균등침해와의 관계

▷ 생략침해나 불완전이용침해는 구성요소가 생략된 경우에 관한 것이고, 균등침해는 구성요소가 변경된 경우에 관한 것이므로, 일응 구성요소의 변경에는 구성요소의 생략이 포함되지 않는 것으로 본다. 따라서 실무에서는 구성요소의 변경이냐 생략이냐를 가리는 것이 중요한 문제로 대두되는데, 구성요소를 어느 정도 단위로 파악하느냐에 따라 동일한 사안에 대하여 변경으로 볼 수도 있고 생략으로 볼 수도 있게 된다.[489]

▷ 균등론의 적용요건 중 '구성의 치환'을 이보다 더 포괄적 상위개념인 '구성의 변경'으로 표현함으로써 향후 생략침해를 포섭할 수 있고, 균등론 적용시 청구항에 적힌 구성과 확인대상발명의 구성은 반드시 '일 대 일' 대응을 요구하지 않고 일정한 분해와 결합을 통하여 '일 대 다' 또는 '다 대 일'의 대응도 충분히 가능하게 된 것으로 볼 수 있다.[490]

▷ 특허발명에서 일부 구성요소가 생략된 경우, 원칙적으로 구성요소 완비의 원칙에 의하여 균등침해도 성립하지 않을 것이나, 외견상 생략된 것처럼 보이는 구성요소의 기능·방식 및 효과를 다른 구성요소에서 실질적으로 수행하는 경우에는 구성요소의 변경으로 볼 수 있어 균등침해에 해당할 수 있다.[491]

3) 법리의 인정 여부

가) 법리 자체를 부정한 경우

(1) 특허법의 범위 내에서 검토

(가) 현행 특허법상 채용 불가

□ 생략된 사항이 당해 발명에 있어서 중요한 사항인지 여부와 그 사항을 생략하는 것이 용이하게 할 수 있는지 여부 등의 사실에 대하여 검토할 필요도 없이 생략발명론

489) 김철환, 생략발명과 불완전이용론에 관한 소고, 특허소송연구 3집, 특허법원(2005), 93면
490) 한동수, 판례평석: 균등침해에서 과제해결원리의 의미, 법률신문(2014. 10. 31.)
491) 조현래, 생략발명과 특허침해, 창작과 권리 69호(2012. 겨울호), 세창출판사(2012)

내지 불완전이용론은 현행 특허법상 받아들일 만한 것이라고 할 수 없다.[492]

(나) 특허법의 취지에 어긋남

□ 확인대상발명이 특허발명의 구성요건에 대응하는 구성의 일부를 갖추고 있지 않다고 하더라도 그것이 비교적 중요한 부분이 아닌 한, 확인대상발명에 구현되어 있는 구성과 당해 특허발명이 동일성을 잃지 않는다고 해석하는 것은 기술사항으로서 특허발명의 일체성을 무시하고 특허발명의 동일성이 인정되는 물건이나 방법만을 확인대상발명으로서 인정하고, 그 제작·판매를 금지하는 특허법의 취지에도 어긋난다.[493]

(2) 권리행사단계에서 구성요소에 대한 다른 해석 금지

(가) 구성요소의 일부 무시 불허

□ 특허발명의 청구범위에 적힌 구성요소는 모두 그 특허발명의 구성에 없어서는 안 되는 필수적 구성요소로 보아야 하므로, 구성요소 중 일부를 권리행사단계에서 특허발명에서 비교적 중요하지 않은 사항이라고 하여 무시하는 것은 사실상 청구범위의 확장적 변경을 사후에 인정하는 것이 되어 허용될 수 없다.[494]

(나) 구성요소의 일부 제외 불허

□ 특허가 등록된 후 권리를 행사하는 단계에 이르러 청구범위 중 일부분을 제외한 나머지를 가지고 확인대상발명과 대비하여 동일·유사성이 있다고 주장하는 것은 사실상 청구범위를 사후적으로 확장·변경하는 것으로서 허용될 수 없다.[495]

(다) 권리범위 확정시 일부 구성의 무시·제외 불허

□ 특허발명의 권리범위를 확정함에 있어서 어느 구성을 무시·제외하는 것은 권리범위를 확장하는 결과로 되어 허락되어서는 안 된다.[496]

---

492) 서울중앙지법 2008. 8. 14. 선고 2007가합115091 판결, 2007. 8. 16. 선고 2006가합51343 판결

493) 서울중앙지법 2008. 8. 14. 선고 2007가합115091 판결, 2007. 8. 16. 선고 2006가합51343 판결

494) 대법원 2020. 7. 23. 선고 2019도9547 판결, 2005. 9. 30. 선고 2004후3553 판결, 특허법원 2022. 12. 21. 선고 2022허3434 판결, 2022. 11. 16. 선고 2022나1005 판결, 2022. 6. 24. 선고 2020허6774 판결, 2022. 1. 21. 선고 2021나1374 판결, 2022. 1. 20. 선고 2021허2410 판결, 2021. 9. 2. 선고 2021나1053 판결, 2021. 8. 24. 선고 2021허18 판결, 2021. 7. 22. 선고 2020허6309 판결, 서울중앙지법 2022. 5. 26. 선고 2020가합558932 판결, 2021. 12. 16. 선고 2020가합528894 판결, 2021. 4. 16. 선고 2018가합543693 판결, 수원지법 2021. 6. 9. 선고 2020가합17200 판결

495) 서울고법 2005. 9. 30.자 2005라208 결정

496) 특허법원 1999. 12. 16. 선고 98허3019 판결

(3) 청구범위 해석시 유의사항

(가) 청구범위에 적힌 구성요소는 필수적 구성요소

□ 특허발명은 모든 구성요소가 유기적으로 결합되어 소정의 효과를 나타내는 것이므로 특허발명의 청구범위에 적혀 있는 구성요소 중 그 중요도가 낮다고 하여 필수적 구성요소가 아니라고 할 수는 없다.[497)]

(나) 구성요소의 일부 배제 불허

□ 청구범위를 해석함에 있어서 출원경위에 나타난 출원인의 의사를 참작한다고 하더라도 그 구성요소의 일부를 배제하는 것은 허용될 수 없다.[498)]

(다) 특허발명의 일부 구성을 보조수단이라고 하여 제외 금지

□ 특허발명의 청구범위에 적힌 구성요소는 단순한 부수적인 수단이라고는 볼 수 없고, 설령 일부 구성이 부수적인 것이라 하여 이를 제외하는 경우에는 그것이 제외되지 않은 경우에 비하여 특허발명의 청구범위가 부당하게 확대되는 결과를 초래하게 되므로 특허발명의 일부 구성을 보조수단이라고 하여 그 부분을 제외하고 특허발명의 권리범위를 해석할 수는 없다.[499)]

(4) 구성요소의 일부를 생략한 발명의 경우

(가) 생략이 쉬운지 여부에 대하여 살필 필요 없이 불속

□ 생략된 구성요소가 특허발명에 있어서 중요한지 여부, 이를 생략하는 것이 쉬운지 여부에 대하여 살필 필요 없이 특허발명의 청구범위에 적힌 구성요소의 일부를 생략한 확인대상발명은 특허발명의 권리범위에 속한다고 할 수 없다.[500)]

(나) 생략침해나 불완전이용침해 아님

□ 구성요소 중 비교적 중요하지 않다거나 사소한 사항이라고 하여 이를 무시하여 이를 결여한 확인대상발명을 특허발명의 생략침해나 불완전이용침해에 해당한다고 할 수는 없다.[501)]

---

497) 특허법원 2008. 12. 5. 선고 2008허6550 판결

498) 대법원 2001. 12. 24. 선고 99후2181 판결, 특허법원 2008. 11. 13. 선고 2008허2473 판결, 2003. 3. 27. 선고 2002허5623 판결

499) 특허법원 1999. 6. 3. 선고 98허8632 판결

500) 서울고법 2008. 7. 2. 선고 2007나91680 판결, 특허법원 2005. 9. 16. 선고 2004허3799 판결, 2004. 11. 19. 선고 2003허6012 판결, 2000. 9. 1. 선고 2000허860 판결, 서울중앙지법 2008. 8. 14. 선고 2007가합115091 판결, 2007. 8. 16. 선고 2006가합51343 판결

501) 특허법원 2007. 10. 16. 선고 2007허4007 판결, 2007. 10. 16. 선고 2007허4021 판결

나) 법리 자체는 인정한 경우

(1) 구성의 생략에도 작용효과에 별다른 차이가 없는 경우

□ 확인대상발명이 특허발명의 일부 구성을 생략하고 있더라도, 통상의 기술자가 쉽게 일부 구성요소를 생략할 수 있고 그러한 생략에도 불구하고 작용효과에 별다른 차이가 없다면 확인대상발명은 특허발명과 동일성이 있는 발명에 해당하여 권리범위에 속한다.502)

(2) 구성요소의 생략이 쉽고, 기술적으로 생략할 이유가 없는 경우

□ 일부 구성요소가 생략된 경우, 특허발명과 그 과제해결원리가 동일하고 실질적으로 동일한 작용효과를 나타내며 비교적 중요도가 낮은 것을 생략시켜 특허권 침해를 회피할 목적을 제외하고는, 그 생략이 쉽고 기술적으로 그와 같은 생략을 할 이유가 없다는 특별한 사정이 있는 경우에 한하여 생략발명이 인정된다.503)

(3) 부수적인 구성의 생략으로 작용효과에 전혀 차이가 없는 경우

□ 권리행사단계에서 그 생략된 구성이 극히 부수적인 구성에 불과하며 구성요소의 생략에도 불구하고 발명의 작용효과에 전혀 차이가 없는 등의 극히 이례적인 경우 이외에는 허용되어서는 안 된다.504)

▶ 대법원에서 생략침해나 불완전이용침해의 법리를 정면으로 다룬 판결은 없지만, 하급심에서는 실무적으로 이를 반영한 판결이 내려지고 있다. 일반적으로는 양 발명에서 실질적인 작용효과의 차이가 없다면 생략된 구성을 어느 단위의 구성과 쪼개어 대비하느냐에 따라 생략침해나 불완전이용침해의 성립 여부가 결정될 수 있다.

4) 생략침해와 불완전이용침해의 조건

가) 생략침해

(1) 특허발명의 주된 작용효과 발휘

★□ 생략침해나 불완전이용침해에 해당한다고 하려면, ① 특허발명과 동일한 기술사상을 가지고 있으면서 청구범위 중 비교적 중요하지 않은 구성요소를 생략한 경우에 그와 같은 생략에 의해서도 특허발명이 목적으로 하는 특별한 작용효과를 발휘하는 경우이어야 하고, ② 이와 달리 특허발명의 필수적 구성요소를 결여함으로써 특허발명이

502) 대법원 1998. 1. 23. 선고 97후2330 판결, 1997. 4. 11. 선고 96후146 판결, 특허법원 2022. 2. 17. 선고 2020나2011 판결, 2009. 4. 24. 선고 2008허10009 판결

503) 부산지법 2005. 6. 30. 선고 2004노4834 판결

504) 특허법원 2003. 6. 19. 선고 2002허6718 판결

목적으로 하는 주된 작용효과를 발휘하지 못하는 경우에는 이에 해당한다고 할 수 없다.[505)]

(2) 생략침해의 성립요건

□ 생략침해나 불완전이용침해가 성립하기 위해서는, ① 특허발명의 일부 구성요소가 기술적으로 아무런 의미가 없거나 무가치한 한정을 하고 있는 것이 명백한 경우, ② 확인대상발명이 그와 같은 구성요소만을 제외한 나머지 구성요소 전부를 동일하게 구비하고 있는 예외적 사정이 인정되어야 한다.[506)]

▶ 생략발명이 성립하기 위해서는, ① 양 발명이 동일한 기술사상을 가지고 있으면서, ② 생략된 구성요소가 비교적 중요하지 않은 구성요소이어야 하고, ③ 그와 같은 생략에 의해서도 특허발명이 목적으로 하는 특별한 작용효과를 발휘할 수 있어야 한다.

나) 불완전이용침해

(1) 구성요소 중 일부 결여

□ 확인대상발명이 특허발명의 구성요소 중 일부라도 결여하고 있다면, ① 그 결여된 구성요소가 특허발명에 있어서 단순한 부가요소에 불과하여 특허발명과 확인대상발명이 균등한 것으로 간주될 수 있든가, ② 단순한 부가요소는 아닐지라도 그 기술적 중요도가 낮아 확인대상발명이 특허발명의 불완전이용발명에 해당하지 않는 한 특허발명의 권리범위에 속한다고 할 수 없다.[507)]

(2) 불완전이용침해의 성립요건[508)]

▷ ① 특허발명과 동일한 기술사상에 기한 것으로써 청구범위에 적힌 사항 가운데 비교적 중요도가 낮은 요소가 생략될 것

② 그 구성요소가 이미 공지되어 있어 생략하는 것이 매우 쉬울 것

③ 생략에 의하여 특허발명보다 효과가 열등한 것이 명백할 것(따라서 기술적인 완전성이

505) 특허법원 2013. 5. 15. 선고 2013허402 판결, 2004. 9. 23. 선고 2004허1236 판결, 2002. 9. 6. 선고 2002허1355 판결, 2001. 10. 25. 선고 2001허298 판결, 2001. 10. 25. 선고 2001허928 판결, 2001. 7. 13. 선고 2001허812 판결, 2001. 3. 23. 선고 2000허2279 판결, 2001. 3. 23. 선고 2000허2286 판결, 1999. 12. 23. 선고 98허8014 판결, 1999. 5. 13. 선고 98허9918 판결, 서울고법 2002. 6. 12.자 2001라467 결정, 서울중앙지법 2018. 6. 26.자 2018카합67 결정

506) 대법원 2006. 1. 12. 선고 2005후2625 판결, 특허법원 2005. 8. 25. 선고 2004허8527 판결, 2001. 3. 23. 선고 2000허2279 판결, 1998. 11. 26. 선고 98허1747 판결

507) 특허법원 1999. 7. 2. 선고 98허10369 판결, 1999. 3. 5. 선고 98허4883 판결, 1998. 12. 18. 선고 98허5312 판결, 1998. 11. 18. 선고 98허3989 판결

508) 吉藤幸朔, 특허법개설 13판, 대광서림(2000), 604면
(같은 취지) 특허법원 2000. 6. 23. 선고99허2419 판결

당연히 기대되지 않을 것, 즉 청구범위를 알고 고의로 이것을 회피하기 위하여 기술적으로 열등한 것이 수단으로 채용되었다고 명백하게 인정할 수 있을 것)

④ 생략에 의해서도 특허발명의 출원 전의 종래기술에 비해서는 작용효과가 특히 뛰어날 것

5) 변경구성이 과제해결에 아무런 역할을 하지 않는 경우

★□ 균등한지 문제되는 변경구성이 특허발명의 과제해결에 아무런 역할을 하지 않는 경우에는 생략발명에서도 발명의 과제해결원리는 동일하게 유지될 것이므로, 그 구성의 생략에 의하더라도 실질적으로 동일한 작용효과를 나타내고, 그 구성의 생략이 통상의 기술자라면 누구나 쉽게 생각해 낼 수 있는 경우에는 균등한 구성으로 볼 수 있다.[509)]

▶ 주변한정주의 관점에서는 생략침해가 허용될 수 없지만 중심한정주의 관점에서는 생략침해가 허용될 수 있고, 생략침해의 균등도 인정될 수 있다. 최근의 중심한정주의 관점이 강화되는 추세에 비추어 생략침해는 전향적으로 수용할 수 있을 것으로 본다.

※ 생략침해나 불완전이용침해로 볼 여지가 있는 사례

○ 대법원 1998. 1. 23. 선고 97후2248 판결

특허발명과 확인대상발명이 공기배출 경로에 약간의 차이가 있지만 이로 인한 작용효과상의 차이는 없고, 물을 보충할 때는 확인대상발명과 특허발명은 급수밸브를 여닫기 위한 기술구성이 약간 다르고, 부구의 중앙이 관통되거나 상부에 연장 배출관이 형성되지 않은 단순한 통형상의 부구인 점, 그리고 연결구의 일부가 보충수통 내부로 돌출되지 않은 점 등에서 약간의 차이가 있을 뿐인바, 이러한 차이는 보일러 전체의 순환계통에서 급수와 공기배출이라는 목적을 달성하기 위하여 통상의 기술자가 쉽게 일부 구성의 생략을 통하여 도달할 수 있는 정도에 불과한 것이다.

○ 대법원 1998. 1. 23. 선고 97후2330 판결

특허발명과 확인대상발명은 모두 '상부의 일측면에는 공기 배출용 배출구가 형성된 보충수통과, 보충수통의 내부에는 물의 양에 따라 상하로 작동되는 부구를 설치하고, 부구의 상하운동에 따라 개폐밸브가 작동하여 보충수가 보충수통으로 공급되도록 하는 부구 및 보충수 유입장치와, 보충수통으로 공급된 물은 관로의 공기가 빠져나가는 통로와 동일한 통로인 보충수유입 및 공기배출관을 통하여 관로로 유입되도록 하는 장치'로 구성된 기술이라는 점에서 실질적으로 그 차이가 없고, 다만

509) 서울고법 2016. 3. 24.자 2015라20318 결정

확인대상발명과 특허발명은 부구의 중앙이 관통되거나 상부에 연장배출관이 형성되지 않는 단순한 통형상의 부구인 점, 그리고 보충수공급 및 공기배출관 또한 보충수통 내부로 돌출고정되지 않은 구성이라는 점 등에서 약간의 차이가 있을 뿐인데, 이러한 차이는 보일러 전체의 순환계통에서 급수와 공기배출이라는 목적을 달성하기 위하여 통상의 기술자가 쉽게 일부 구성의을 생략을 통하여 도달할 수 있는 정도에 불과한 것이다.

○ 대법원 1997. 4. 11. 선고 96후146 판결

확인대상발명의 구성 중 강화 플라스틱이 특허발명에서의 이형제, 불포화 폴리에스테르 및 유리섬유와 재질에 있어서 동일성이 있으므로 확인대상발명이 특허발명과 동일한 기술구성으로 되어 있고, 접착방법의 구성에 있어서 확인대상발명에 특허발명과 같은 직물에 관한 구성을 포함하고 있지 않은 차이가 있다고 하더라도 이로 인한 작용효과가 동일하거나 적어도 예측하는 효과 이상의 작용효과가 있다고 볼 수 없으며 통상의 기술자가 쉽게 위와 같은 구성요소를 제외할 수 있는 것이어서 전체적으로 양 발명은 동일성이 있는 것이어서 확인대상발명은 특허발명의 권리범위에 속한다.

○ 대법원 1986. 12. 9. 선고 86후22 판결

특허발명의 주요부분의 하나인 가열실을 삭제하고 통체와 유조의 장착방법에 미차에 있는 정도의 차이뿐인 확인대상발명이 통상의 기술자이면 특허발명으로부터 쉽게 실시할 수 있는 것이고 이와 같은 구성의 삭제나 변경에 의하여 특별한 상승적인 작용효과가 있다고도 인정되지 않으므로 특허발명의 권리범위에 속한다.

○ 대법원 1985. 4. 9. 선고 84후32 판결

특허발명에는 제3공정에 있어 스크린 인쇄 이후 호마이카를 도충하고 그 위에 실리콘필름을 깔고 로울러로서 가압한 후 필름을 제거하는 공정이 있는데 대하여 확인대상발명에는 이와 같은 과정에 대하여는 적혀 있지 않다 하더라도 특허발명의 제1공정인 진주박도료 도충공정과 제2공정인 진주무늬 착색공정 및 제3공정 중 스크린 인쇄공정까지의 중간공정과는 그 제조방법이 동일할 뿐 아니라 그 중간 제조공정에서 얻어진 중간물질도 서로 동일한 것임을 볼 때 결국 확인대상발명은 특허발명의 권리범위에 속한다.

※ 생략침해나 불완전이용침해로 볼 여지가 없는 사례

○ 대법원 2005. 7. 22. 선고 2003후1734 판결

확인대상발명은 특허발명의 필수구성요소나 데이터 요소의 일부를 포함하고 있지 않거나, 특허발명의 데이터와는 그 구체적인 내용이나 기능이 상이한 데이터 요소를 포함하고 있고, 그 결과 특허발명과 현저한 작용효과상의 차이가 있으므로, 확인대상발명이 특허발명과의 관계에서 생략발명이라

거나 불완전이용발명이라고 볼 수 없다.

○ 대법원 2003. 2. 11. 선고 2001후2573 판결

특허발명의 청구범위에는 몸체부와 거름망부재, 지지부재, 전등부재를 구성요소로 하는 발명이 적혀 있고, 거름망부재, 지지부재, 전등부재가 형성되어 있어 화분 내부의 흙이 노출되지 않고 화분 내의 수분 증발이 최소화되며, 화분의 관리 및 취급이 쉽게 되는 등의 작용효과가 나타나므로, 이러한 구성요소들은 몸체부와 유기적인 결합관계를 가지면서 특허발명의 목적을 달성하기 위한 필수구성요소에 해당하고, 따라서 이러한 필수구성요소들이 없는 확인대상발명을 특허발명의 생략발명 또는 불완전이용발명에 해당한다고 볼 수도 없다.

○ 대법원 2002. 3. 29. 선고 2000후1115 판결

특허발명에서 포켓과 핀구멍이 어긋나게 배치되고 이러한 어긋나는 위치관계의 변화에 따라 후퇴축조, 만곡축조의 효과를 달성하는 것은 필수구성요소이므로, 이러한 구성요소를 갖고 있지 않은 확인대상발명이 개악발명에 해당한다고 볼 수 없을 뿐만 아니라, 확인대상발명은 위 부가적인 구성요소로 인하여 블록층의 수직축조시 상·하 블록층들의 결합을 확실히 할 수 있도록 하는 효과가 있을 것으로 보이므로, 위 부가적 구성요소가 유해적 요소의 부가라고 볼 수도 없다.

○ 특허법원 2014. 3. 28. 선고 2013허5483 판결

확인대상발명에는 특허발명의 '적외선램프의 하측에는 방열핀이 설치되는 구성'이 결여되어 있는데, 특허발명의 위 구성은 적외선램프의 온열이 적외선램프와 연결된 전선이나 접점에 영향을 주지 않도록 하여 좌욕기의 안전성을 높일 수 있도록 하는 특유의 해결수단으로 특징적 구성이라고 할 것이므로 비교적 중요성이 낮은 구성요소를 생략한 경우인 생략발명 또는 불완전이용발명에 해당한다고 볼 수 없다.

○ 특허법원 2008. 10. 24. 선고 2008허3315 판결

확인대상발명은 특허발명의 고속초퍼에 대응하는 구성요소를 가지고 있지 않고, 그로 인하여 확인대상발명은 특허발명과 달리 '혼합날개에서 혼합되지 않은 입상물질 덩어리를 잘게 부숴 이송시켜서 입상물질의 건조를 원활하게 하는' 기능이나 효과를 가지지 않은바, 특허발명의 청구항에 적혀 있는 고속초퍼를 그 중요도가 낮다고 하여 필수적 구성요소가 아니라고 할 수는 없고, 특허발명은 고속초퍼를 포함한 전 구성요소가 유기적으로 결합되어 소정의 효과를 발휘하고 있으므로, 확인대상발명은 특허발명의 권리범위에 속하지 않는다.

바. 선택침해

1) 개념

▶ 선택발명이란, 화학분야에서 선행발명을 상위개념으로 할 때 하위개념의 관계에 있고 선행발명의 명세서에 구체적으로 개시되어 있지 않아 선행발명이 인식하지 못하였으며 선행발명이 지적한 효과에 비하여 우수한 작용효과를 가져오는 발명을 말한다.

2) 선택침해의 판단

가) 권리범위에 관한 시각에서 접근

□ 선택발명이 본질적으로 중복발명인지 여부는 특허발명과 확인대상발명의 권리범위에 관한 시각에서 접근해야 한다.[510)]

나) 확인대상발명이 특허발명의 하위개념으로서 현저한 효과를 가진 경우

□ 선택발명의 본질은 어디까지나 새로운 효과의 발견에 있는 것으로,[511)] 상위개념인 특허발명이 특별히 인식하지 못한 현저한 효과를 가진 하위개념으로 이루어진 경우에 성립하는데,[512)] 확인대상발명이 특허발명에 적힌 상위개념에 포함되는 것이라 하더라도, 특허발명의 명세서에 확인대상발명에 대하여 구체적으로 개시하지 않고 있으면서 확인대상발명이 특허발명에 비하여 현저히 향상된 작용효과가 있는 경우에는 권리범위에 속하지 않게 된다.[513)]

○ 상위개념을 포함하고 있는 선행발명에서 인식하지 못했던 현저히 향상된 효과, 즉 새로운 기술적 사상을 특정한 하위개념에서 포착하였다면 이러한 발명은 선행발명과 동일하다고 볼 수 없다. 이와 같이 선택발명의 현저한 효과는 외관상 중복된 발

---

510) 특허법원 2019. 3. 29. 선고 2018허2717 판결, 서울중앙지법 2019. 4. 23.자 2019카합20049 결정, 2019. 4. 23.자 2019카합20050,20051 결정, 2019. 4. 23.자 2019카합20063 결정

511) 특허법원 2019. 3. 29. 선고 2018허2717 판결

512) 특허법원 2007. 11. 9. 선고 2007허2285 판결, 2005. 11. 3. 선고 2004허6521 판결

- 현저한 효과란 단순히 특허발명이 예측한 정도보다 다소 나은 정도의 효과가 아니라, 특허발명에서 인식한 정도와는 현저하게 달라서 그것이 특허발명의 효과와 동종의 것인지 아니면 이종의 것인지를 묻지 않고, 특허발명과는 별도의 새로운 특허를 부여할 만한 새로운 발명이라고 할 수 있을 정도의 것을 의미한다(특허법원 2002. 9. 13. 선고 2001허997 판결).

513) 대법원 1991. 11. 12. 선고 90후960 판결

- 선택발명은 통상 새로운 기술적 요소의 내적 부가가 있고 선행발명의 요지를 전부 포함하고 그대로 이용하며 선행발명의 일체성을 유지하므로 선행발명의 이용발명으로서 선행발명의 권리범위에 속한다고 볼 수 있으나, 선행발명이 출원당시에 인식하지 못했던 구성요소의 선택과 그에 의하여 선행발명에서 예측하지 못했던 새로운 또는 놀랄만한 효과를 나타내게 된 경우에는 선행발명 명세서의 개시범위와 해당분야의 기술수준을 고려하여 이용발명의 범주에 속하지 않는 것으로 판단될 수도 있다(이미정, 선택발명 및 의약용도발명, 세미나 발표자료(2007)).

명으로 보임에도 불구하고 선행발명의 권리범위에 속하지 않는 것을 정당화하는 중요한 근거이다.[514]

▶ 선택발명이 특허발명에 비하여 현저히 향상된 작용효과가 있으면 특허발명의 침해로 보지 않지만, 선택발명이 특허발명의 기술적 사상을 그대로 가지고 있으면서 일체성을 유지하고 있다면 특허발명의 침해로 본다.

다) 불속으로 판단할 수 있는 경우

ㅁ 확인대상발명이 특허발명의 권리범위에 속하지 않는다고 판단할 수 있는 경우는, ① 특허발명에 확인대상발명을 배제하는 부정적 교시 또는 시사가 있거나, ② 특허출원 당시의 기술수준에 비추어 특허발명의 상위개념으로 일반화하여 확인대상발명의 하위개념으로까지 확장할 수 있는 내용이 개시되어 있지 않는 경우에 한한다.[515]

라) 선택침해와 이용관계[516]

▷ ① 선택발명은 특허발명의 구성요소를 모두 가지고 있기 때문에 문언침해를 구성하는 동시에 구성요소를 한정하여 선택함으로써 특허성을 취득하게 되는 경우이므로 이용침해에 해당하고, 다만 선행특허발명은 상위개념의 화학물질의 제조방법이지만 목적물의 진통제 효과가 인정되어 특허된 것인데 비하여, 하위개념에 상당하는 후행확인대상발명은 목적물에 진통제 효과가 아닌 염색성이 있다고 하여 특허된 경우처럼, 형식적으로는 구성요소가 중복되는 것처럼 보이지만 기본발명과는 실질적으로 전혀 다른 방식으로 과제를 해결하거나 전혀 이질적인 결과를 초래하여 기본발명의 기술적 사상을 이용하고 있는 것으로 볼 수 없는 때에는 특허침해를 부정할 수도 있다.

② 선택발명은 기본발명의 구성요소 전부를 포함하고 여기에 선택적 구성요소를 부가한 것이므로 이용발명의 하나의 태양일 수는 있으나, 모든 선택발명이 이용관계를 가지는 것은 아니고 선행특허발명의 출원 당시의 기술수준을 참작하여 선출원의 기술적 범위와 그 기술 개시내용에 따라 이용관계 여부가 판단되어야 하므로, 선출원 발명자가 출원 당시에 인식하지 못했던 구성요소의 선택과 그에 의하여 선출원발명이 예측하지 못하던 새로운 또는 놀랄만한 작용효과를 발휘하는 기술사상에 대해서까지 특허발명의 권리범위가 확장될 수 없음이 명백하므로 양자는 원칙적으로 별개

---

514) 서울중앙지법 2019. 12. 13. 선고 2018가합534865 판결

515) 특허법원 2019. 3. 29. 선고 2018허2717 판결, 서울중앙지법 2019. 4. 23.자 2019카합20049 결정, 2019. 4. 23.자 2019카합20050,20051 결정, 2019. 4. 23.자 2019카합20063 결정

516) 특허재판실무편람, 특허법원(2002), 215면

의 것이고 이용관계도 존재하지 않는다.

○ 대법원 1991. 11. 12. 선고 90후960 판결

확인대상발명에서 출발물질에 작용하는 아실화제가 특허발명의 청구범위에 적힌 아실화제의 반응성유도체의 하나로서 확인대상발명이 청구범위에 적힌 상위개념에 포함되는 것이라 하더라도 특허발명의 명세서에는 확인대상발명의 아실화제를 사용하는 것에 관한 기술이 전혀 없는 반면에, 확인대상발명에서는 그 설명서에 확인대상발명의 아실화제를 특정하여 이를 제조·사용함으로써 특허발명에서 예상되지 않은 것으로 보이는 작용효과를 나타내고 있다고 명기되어 있는바, 확인대상발명에 있어서 특허발명에 비하여 제조공정, 반응온도, 아실화수율 등에 차이가 있다면 이는 확인대상발명이 특허발명에 존재하지 않는 현저히 향상된 작용효과가 있는 것이므로 화학물질의 제조방법의 경우에 확인대상발명과 특허발명은 서로 다른 발명으로 보아야 하는 것이어서, 확인대상발명은 특허발명의 권리범위에 속하지 않는다.

3 간접침해

가. 의의

1) 간접침해의 개념

▷ 간접침해는 특허발명의 구성요건의 전부 실시를 충족하지 않기 때문에 아직 직접침해는 성립하지 않으나, 그 상태를 방치해 두면 장래에 직접침해에 필연적으로 이르는 행위에 관하여 장래에 있어서 직접침해의 배제의 실효를 높이기 위하여 그 전 단계에 있어서 침해로 간주하여 직접침해와 같은 법적 취급을 받는 침해이다.[517)]

▷ 간접침해는 직접침해를 교사 또는 방조한 것에 위법성을 인정한 것인데 간접침해대상물이 특허발명의 구성요소와 동일 또는 균등하지 않더라도 특허발명 실시를 위한 도구나 원료로 사용되는 것과 같이 특허발명 실시에 기여하는 경우가 있을 수 있고, 이때에도 위법성을 인정하여 특허권자를 보호할 필요성이 있다.[518)]

▷ 간접침해는 특허권의 확장이 아니라 강화에 불과하여 직접침해와 논리적 구조를 달리하므로, 간접침해대상물은 청구범위에 적힌 발명의 구성요소, 즉 발명을 특정하는 사항과는 다른 개념으로 파악해야 한다.[519)]

---

517) 홍광식, 특허침해의 제유형, 지적소유권에 관한 제문제(上), 법원행정처(1992), 309면
518) 곽민섭, 지식재산권 침해소송 실무와 최근의 판례 동향, 특허심판원(2009. 5.), 17면
519) 곽민섭, 지식재산권 침해소송 실무와 최근의 판례 동향, 특허심판원(2009. 5.), 17면

2) 간접침해의 취지

[§ 127](침해로 보는 행위)

다음 각 호의 구분에 따른 행위를 업으로서 하는 경우에는 특허권 또는 전용실시권을 침해한 것으로 본다.

1. 특허가 물건발명인 경우 : 그 물건의 생산에만 사용하는 물건을 생산·양도·대여 또는 수입하거나 그 물건의 양도 또는 대여의 청약을 하는 행위
2. 특허가 방법발명인 경우 : 그 방법의 실시에만 사용하는 물건을 생산·양도·대여 또는 수입하거나 그 물건의 양도 또는 대여의 청약을 하는 행위

가) 장래의 특허권 침해에 대한 권리 구제의 실효성 확보

□ 간접침해제도는 어디까지나 특허권이 부당하게 확장되지 않는 범위 내에서 장래의 특허권 침해에 대한 권리 구제의 실효성을 확보하고자 하는 것이다.[520)]

나) 장래의 특허권 침해에 대한 권리 구제의 실효성 제고

(1) 특허가 물건발명인 경우

□ 특허가 물건발명인 경우, 발명의 모든 구성요소를 가진 물건을 실시한 것이 아니고 그 전단계에 있는 행위를 하였더라도 발명의 모든 구성요소를 가진 물건을 실시하게 될 개연성이 큰 경우에는, 장래의 특허권 침해에 대한 권리 구제의 실효성을 높이기 위하여 일정한 요건아래 이를 특허권 침해로 간주하는 것이다.[521)]

(2) 특허가 방법발명인 경우

□ 특허가 방법발명인 경우, 그 방법을 직접 실시하지 않더라도 그 방법의 실시에만 사용하는 물건을 생산·판매하는 등 결국 그 방법이 실시될 개연성이 큰 경우에는, 장래의 특허권 침해에 대한 권리 구제의 실효성을 높이기 위하여 이를 특허권 침해로 간주하는 것이다.[522)]

---

520) 대법원 2019. 2. 28. 선고 2017다290095 판결, 2015. 7. 23. 선고 2014다42110 판결, 서울고법 2017. 1. 24.자 2016라20312 결정, 서울중앙지법 2012. 8. 24. 선고 2011가합39552 판결

521) 대법원 2015. 7. 23. 선고 2014다42110 판결, 2009. 9. 10. 선고 2007후3356 판결, 특허법원 2021. 8. 26. 선고 2021허2403 판결, 2020. 10. 15. 선고 2020허3799 판결, 2020. 7. 10. 선고 2019허7672 판결, 2018. 12. 20. 선고 2017나2493 판결, 2018. 8. 24. 선고 2017허6736 판결, 2018. 8. 24. 선고 2017허6736 판결, 서울고법 2017. 1. 24.자 2016라20312 결정, 수원지법 2021. 4. 30.자 2021카합10069 결정, 서울중앙지법 2018. 2. 12.자 2017카합80153 결정, 2017. 7. 17.자 2016카합81684 결정

522) 서울중앙지법 2012. 8. 24. 선고 2011가합39552 판결

다) 직접침해에 이르지 않은 전단계적 행위를 특허권 침해로 의제

□ 복수의 구성요소로 이루어진 특허발명에 대하여 그중 일부의 구성요소만을 실시·행사하는 것은 특허권의 직접침해를 구성하지는 않지만, 직접침해에 필연적으로 도달하게 될 예비적 침해행위를 특허권 침해로 간주함으로써 직접침해의 원천을 미리 차단한다면 침해배제의 실효성을 높여 특허권자를 두텁게 보호할 수 있으므로, 간접침해라는 이름하에 직접침해에 이르지 않은 전단계적 행위를 특허권 침해로 의제하고 있다.[523)]

3) 직권심리 여부와 주장·증명책임

가) 직권심리 불가

★□ 간접침해에 대하여는 청구인의 주장이 있어야 판단할 수 있다. 따라서 확인대상물건이 그 물건의 생산에만 사용되는 물건이나 그 방법의 실시에만 사용되는 물건으로 특정된 것으로 보이는 경우에도 청구인의 주장을 기다려서 간접침해 여부를 판단해야 한다.[524)]

나) 간접침해의 주장·증명책임

□ 간접침해에 해당한다는 점은 특허권자가 주장·증명해야 한다.[525)]

나. 간접침해의 확인과 침해제품의 특정방법

1) 간접침해의 확인

가) 특허가 물건발명인 경우

(1) 적극적 권리범위확인심판

□ 특허권자는 그 물건의 생산에만 사용하는 물건과 대비되는 물건을 확인대상발명으로 특정하여 특허권의 보호범위에 속하는지 여부의 확인을 구할 수 있다.[526)]

(2) 소극적 권리범위확인심판

□ 이해관계인은 그 물건의 생산에만 사용하는 물건과 대비되는 물건을 확인대상발명으로 특정하여 특허권의 보호범위에 속하는지 여부의 확인을 구할 수 있다.[527)]

---

523) 서울고법 1999. 9. 21. 선고 98나41072 판결
524) 대법원 2005. 9. 29. 선고 2004후486 판결, 특허법원 2016. 11. 24. 선고 2015허6442 판결, 서울중앙지법 2008. 11. 20. 선고 2006가합21168 판결
525) 청주지법 2007. 7. 19. 선고 2007가합412 판결
526) 특허법원 2011. 9. 14. 선고 2011허2909 판결
(같은 취지) 2014. 7. 24. 선고 2014허1600 판결
527) 특허법원 2011. 9. 14. 선고 2011허2909 판결

나) 특허가 방법발명인 경우

(1) 적극적 권리범위확인심판

□ 특허권자는 그 방법의 실시에만 사용하는 물건과 대비되는 물건을 확인대상발명으로 특정하여 특허권의 권리범위에 속하는지 여부의 확인을 구할 수 있다.[528)]

(2) 소극적 권리범위확인심판

□ 이해관계인은 그 방법의 실시에만 사용하는 물건과 대비되는 물건을 확인대상발명으로 특정하여 특허권의 권리범위에 속하는지 여부의 확인을 구할 수 있다.[529)]

2) 침해제품의 특정방법

가) (적극적 권리범위확인심판) 상대방의 실시물건 자체만으로 특정

★□ 적극적 권리범위확인심판에서, 상대방의 실시물건이 특허발명의 생산에만 사용되는 물건에 해당하여 특허발명의 간접침해를 구성함으로써 특허발명의 권리범위에 속한다는 판단을 구하기 위해서는, 확인대상발명을 자신의 특허발명 전체가 아닌 상대방의 실시물건 자체만으로 특정해야 한다.[530)]

▶ 간접침해에서 확인대상발명을 특정할 때에는, 특허발명 전체와 대비되게 전체물품으로 특정해서는 안 되고, 그 물건의 생산에만 사용하는 물건과 대비되는 물건만으로 특정해야 한다.

나) (소극적 권리범위확인심판) 자신의 실시물건 자체로 특정

★□ 소극적 권리범위확인심판에서, 자신의 실시물건이 특허발명의 생산에만 사용되는 물건에 해당하지 않으므로 특허발명의 간접침해에 해당하지 않는다는 판단을 구하기 위해서는, 확인대상발명을 특허발명 전체와 대비되게 특정하는 것이 아니라 자신의 실시물건 자체가 특허발명의 생산에만 사용되는 물건인지 여부를 대비할 수 있을 정도로 특정하면 된다.[531)]

(같은 취지) 2014. 7. 24. 선고 2014허1600 판결

528) 특허법원 2021. 8. 26. 선고 2021허2403 판결, 2020. 10. 15. 선고 2020허3799 판결, 2016. 11. 24. 선고 2015허6442 판결, 2015. 5. 1. 선고 2014허6025 판결, 2010. 1. 15. 선고 2009허4766 판결, 2007. 4. 12. 선고 2006허5348 판결

529) 대법원 2005. 7. 15. 선고 2003후1109 판결, 특허법원 2018. 8. 24. 선고 2017허6736 판결, 2007. 5. 23. 선고 2006허6679 판결, 2006. 6. 7. 선고 2005허6863 판결

530) 특허법원 2007. 7. 5. 선고 2006허6716 판결, 2007. 7. 5. 선고 2006허6723 판결

531) 특허법원 2017. 5. 26. 선고 2016허7169 판결

다) (침해소송) 완제품의 일부분을 대상물건으로 특정

□ 완제품의 일부분을 대상물건으로 특정함에 있어 완제품 중 그와 구조 및 기능상 밀접하게 관련된 다른 부분이 다소 언급되었다고 하더라도, 그것이 대상물의 구조·기능을 표현하는데 있어 필요한 것이어서 특정을 위하여 보조적으로 사용된 정도라면 그로 인하여 특정이 불비하다거나 상대방의 실시물건과 다르다고 볼 수 없다.[532)]

다. 간접침해의 판단방법

1) 간접침해의 성립요건

가) 직접침해가 전제조건

(1) 특허가 물건발명인 경우

□ 간접침해가 성립하기 위해서는 생산된 결과물은 특허발명의 모든 구성요소와 동일하거나 균등한 구성요소를 포함하고 있거나 이용하고 있어야 한다.[533)]

▶ 간접침해는 부품이 제3자에 의하여 완제품의 실시에 사용되어야만 침해로 보는 것이므로, 제3자가 부품 자체를 이용하여 완제품을 생산한 것이 아닌 경우에는 그 부품은 완제품에만 사용되는 것이라고 볼 수 없으므로 간접침해가 성립되지 않는다.

(2) 특허가 방법발명인 경우

□ 확인대상물건의 간접침해가 성립하기 위해서는, 확인대상물건이 그 방법의 실시에만 사용하는 물건이어야 하므로 그 확인대상물건을 사용하여 실시되는 발명이 특허발명의 구성요소와 동일하거나 균등한 구성요소 모두를 그대로 포함하거나 이용하고 있어야 한다.[534)]

나) 직접침해의 전제조건 관련 판결

(1) 독립설의 입장

□ 간접침해는 직접침해의 전단계로서 완제품이 특허권을 직접침해하지 않더라도 간접침해의 성립을 인정해야 한다.[535)]

---

532) 서울남부지법 2005. 10. 7. 선고 2002가합9760 판결
533) 특허법원 2020. 10. 15. 선고 2020허3799 판결, 2018. 8. 24. 선고 2017허6736 판결, 2017. 5. 26. 선고 2016허7169 판결, 2017. 5. 25. 선고 2016허7305 판결, 2014. 7. 24. 선고 2014허1600 판결, 2013. 1. 17. 선고 2012허7420 판결, 2007. 5. 23. 선고 2006허6679 판결
534) 서울중앙지법 2015. 12. 26. 선고 2014가합593842 판결
535) 대법원 2001. 1. 30. 선고 98후2580 판결, 1996. 11. 27.자 96마365 결정

(2) 종속설의 입장

□ 간접침해의 취지를 감안하여 완제품이 특허권을 직접침해하는 경우에만 간접침해의 성립을 인정해야 한다.[536)]

(3) 절충설의 입장

▷ 간접침해가 인정되기 위해서 침해대상물을 사용함으로써 특허발명의 구성요건을 충족하여 특허권 침해에 이르게 될 고도의 개연성이 있는 경우이어야 한다는 것은 간접침해가 성립하기 위하여 반드시 직접침해가 사실적·법률적으로 존재해야 할 것을 요하는 것은 아니나, 적어도 침해대상물을 사용함으로써 직접침해가 성립할 고도의 개연성이 있어야 한다는 것이다.[537)]

2) 전용품 요건의 주장·증명책임

가) 특허권자의 책임

(1) 특허가 물건발명인 경우

□ 특허가 물건발명인 경우, '특허물건의 생산에만 사용하는 물건'에 해당한다는 점은 침해를 주장하는 특허권자가 주장·증명해야 한다.[538)]

(2) 특허가 방법발명인 경우

□ 특허가 방법발명인 경우, '특허방법의 실시에만 사용하는 물건'에 해당한다는 점은 침해를 주장하는 특허권자가 주장·증명해야 한다.[539)]

나) 특허권자 증명책임의 현실화 시점

□ 확인대상발명 물건이 그 자체로 범용성이 있는 물건이 아닌 한, 특허발명의 실시에 사용된다는 점이 증명된 상태에서는 공평의 원칙상 피청구인이 특허발명의 실시 이외의 다른 용도를 가진다는 취지의 구체적이고 합리적인 주장을 하는 경우에 비로소 특허권자의 증명책임이 현실화된다.[540)]

---

536) (같은 취지) 대법원 2015. 7. 23. 선고 2014다42110 판결

537) 곽민섭, 특허법상 간접침해 규정의 해석과 간접침해자의 책임 및 관련 판례의 검토, 특허법원 지적재산소송 실무연구회(2007), 36면

538) 대법원 2002. 11. 8. 선고 2000다27602 판결, 2001. 1. 30. 선고 98후2580 판결, 특허법원 2021. 8. 26. 선고 2021허2403 판결, 2020. 10. 15. 선고 2020허3799 판결, 2020. 7. 10. 선고 2019허7672 판결, 2018. 12. 20. 선고 2017나2493 판결, 2018. 8. 24. 선고 2017허6736 판결, 2017. 5. 25. 선고 2016허7305 판결, 수원지법 2021. 4. 30.자 2021카합10069 결정, 서울중앙지법 2018. 2. 12.자 2017카합80153 결정, 2017. 7. 17.자 2016카합81684 결정, 2017. 4. 27. 선고 2015가합564148 판결, 2016. 3. 4.자 2015카합81245 판결, 2015. 2. 17. 선고 2013가합546931 판결

539) 서울중앙지법 2017. 9. 22. 선고 2016가합543605 판결

다) 다른 용도에 해당하지 않는다는 점

□ 특허권자는 실시자가 주장하는 용도가 사회통념상 통용되고 승인될 수 있는 경제적·상업적·실용적인 용도에 해당하지 않는다는 점을 증명할 책임을 부담한다.[541)]

▶ 간접침해제품이 그 자체로 범용성이 있는 물건임이 명백하지 않는 한, 특허권자의 간접침해 주장에 대하여 침해자가 자신이 생산한 간접침해제품이 객관적으로 특허발명의 실시 이외에도 사용될 수 있는 가능성에 관하여 일응의 합리적인 주장을 하는 경우에 특허권자가 그 사용이 경제적·상업적·실용적인 용도에 해당하지 않는다는 점을 증명하는 방식으로 이루어진다.

○ 특허법원 2020. 7. 10. 선고 2019허7672 판결

피청구인은 심결에서부터 소송단계에 이르기까지 확인대상발명이 특허발명의 실시 외의 다른 용도, 즉 도금 작업에서 사용되었다고 주장하고 있고, 법원에서는 사실조회 회신 등 반증까지 제출하였는데, 청구인은 주로 위 반증이 믿기 어렵다는 사정만 들고 있을 뿐 확인대상발명이 특허발명의 생산에만 사용되는 물건이라는 점에 대한 증명책임을 다하였다고 볼 수 없다.

3) 다른 용도의 판단시점

□ 간접침해에서, ① 확인대상발명의 물건이 특허발명의 물건의 생산이나 실시에만 사용되는 것인지는 심결시를 기준으로 한다.[542)] ② 침해소송에서는 사실심 변론종결시를 기준으로 하고, ③ 손해배상청구소송에서는 침해시를 기준으로 한다.

4) 실시에만 사용하는 경우

가) 특허가 물건발명인 경우

(1) 직접침해에 필연적으로 도달하게 될 예비적 침해행위

□ 직접침해의 성립 여부와 관계없이 간접침해의 요건만 충족하면 바로 간접침해가 성립하므로, 복수의 구성요소로 이루어진 특허발명에 대하여 그중 일부의 구성요소만을 실시·행사하는 것은 특허권의 직접침해를 구성하지는 않지만 직접침해에 필연적

540) 특허법원 2017. 5. 25. 선고 2016허7305 판결, 서울중앙지법 2017. 9. 22. 선고 2016가합543605 판결
 • 다른 용도가 존재하지 않는다는 사실을 증명하는 것은 사회통념상 불가능하거나 상당히 곤란한 반면, 다른 용도가 존재한다는 사실을 주장·증명하는 것이 보다 쉽고 더욱이 직접 생산하는 피청구인이 그 물건의 용도를 보다 쉽게 파악할 가능성이 높기 때문이다(특허법원 2017. 5. 25. 선고 2016허7305 판결, 서울중앙지법 2017. 9. 22. 선고 2016가합543605 판결).

541) 특허법원 2017. 5. 25. 선고 2016허7305 판결, 서울중앙지법 2017. 9. 22. 선고 2016가합543605 판결

542) 대법원 2009. 9. 10. 선고 2007후3356 판결

으로 도달하게 될 예비적 침해행위는 간접침해에 해당한다.[543)]

(2) 특허권자의 허락 없이 업으로서 생산

□ 물건을 실제로 사용함에 있어서 이를 부품으로 하는 완성품에 결합하여 사용할 것이 예정되어 있더라도 특허발명의 기술적 특징을 갖춘 물건을 특허권자의 허락 없이 업으로서 생산하였다면 바로 특허침해가 완성되고, 그 물건을 생산한 후에 현실적으로 이를 부품으로 하는 완성품에 결합하여 사용해야만 비로소 특허침해가 성립하는 것은 아니다.[544)]

(3) 전체 물건 중 개별 물건의 생산

(가) 전체 물건의 생산으로 보는 경우

□ 복수의 개별 물건을 구성요소로 하는 물건발명의 경우, 그 구성요소인 개별 물건을 모두 만들어낸 것만으로 바로 발명의 대상인 전체 물건을 생산하였다고 할 수는 없지만, 그 발명에서 이들 개별 물건이 추가적으로 가공·조립 또는 결합되는 것까지 기술구성으로 하고 있지는 않고, 또한 이들 개별 물건이 단일주체의 지배·관리 아래에서 일체로 처분될 수 있기 때문에 사회적·경제적 측면에서 보았을 때 추가적인 생산과정 없이도 그 발명의 기술구성이 유기적으로 결합한 일체로서 가지는 것과 마찬가지의 작용효과를 구현할 수 있는 상태에 이르렀다고 판단되는 경우에는 그 물건발명의 대상인 전체 물건을 생산하였다고 본다.[545)]

(나) 완성품에 사용되는 부품의 하나 또는 모두를 제조

□ 각각의 부품을 결합하여 완성되는 물건발명인 경우, 그 부품 어느 하나를 제조하거나 각각의 부품 모두를 제조·판매하는 것은 물건발명에 대한 간접침해가 된다.[546)]

나) 특허가 방법발명인 경우

(1) 직접 실시하지 않더라도 실시의 개연성이 큰 경우

□ 특허가 방법발명인 경우, 그 방법을 직접 실시하지 않더라도 그 방법의 실시에만 사용하는 물건을 생산·판매함으로써 그 방법이 실시될 개연성이 큰 경우에는 간접침해가 성립한다.[547)]

---

543) 서울고법 1999. 9. 21. 선고 98나41072 판결
544) 대법원 2006. 10. 12. 선고 2006다1831 판결
545) 특허법원 2020. 7. 10. 선고 2019허8538 판결, 2019. 2. 19. 선고 2018나1220,1237 판결, 서울고법 2017. 1. 24.자 2016라20312 결정
546) 대법원 1996. 11. 27.자 96마365 결정
547) 서울중앙지법 2012. 8. 24. 선고 2011가합39552 판결

(2) 확인대상물건이 특허제조방법의 실시에만 사용되는 물건

□ 확인대상발명의 사용방법이 특허제조방법과 동일 여부

확인대상발명이 키트 그 자체인 경우, 확인대상발명의 키트사용방법과 특허제조방법을 직접 대비하여 그 권리범위에 속하는지 여부를 판단하는 것이 아니라 단지 확인대상발명의 키트가 특허제조방법의 실시에만 사용되는 물건인지 여부를 판단하기 위하여 확인대상발명의 키트사용방법이 특허제조방법과 동일한 과정을 수반하는지 여부를 판단하는 것이다.[548)]

라. 간접침해의 쟁점별 판단

1) '생산'과 가공 · 수리 · 조립

가) 국내 생산

(1) 특허권의 속지주의 원칙

(가) 완성품이 국외에서 생산되면 간접침해 성립 불가

★□ 물건의 생산에만 사용하는 물건에서 '생산'이란 특허권의 속지주의 원칙상 국내에서의 생산을 의미하는 것이므로, 생산이 국외에서 일어나는 경우에는 그 전단계의 행위가 국내에서 이루어지더라도 간접침해가 성립하지 않는다.[549)]

(나) 특허권이 등록된 국가 외에서는 특허권 침해 발생 불가

□ 특허권이 등록된 국가 외에서는 특허권의 침해가 발생할 수 없어 이를 사용하거나 그 사용의 대가를 지급한다는 것은 상정할 수 없기 때문이다.[550)]

(다) 특허권이 등록된 국가의 영역 내에서만 효력

□ 물건발명에 관한 특허권자가 물건에 대하여 가지는 독점적인 특허실시에 관한 권리는 특허권이 등록된 국가의 영역 내에서만 그 효력이 미친다.[551)] 따라서 특허발명의 실시에 전용되는 부품이나 반제품을 국내에서 생산하여 국외에 수출한 이후, 모두 국외에서 최종 조립되어 완제품으로 생산된 경우에는 원칙적으로 특허권 침해가 성립하지 않는다.

548) 특허법원 2004. 5. 21. 선고 2002허3962 판결

549) 대법원 2015. 7. 23. 선고 2014다42110 판결, 특허법원 2018. 11. 8. 선고 2017나2370 판결, 서울고법 2017. 1. 24.자 2016라20312 결정, 2014. 5. 29. 선고 2013나70790 판결

550) 대법원 2022. 2. 10. 선고 2018두36592 판결, 2022. 2. 10. 선고 2019두50946 판결, 2018. 12. 27. 선고 2016두42883 판결, 2014. 11. 27. 선고 2012두18356 판결, 서울행법 2020. 4. 10. 선고 2019구합78692 판결, 2016. 12. 9. 선고 2016구합57601 판결

551) 대법원 2019. 10. 17. 선고 2019다222782,222799 판결, 2007. 9. 7. 선고 2005두8641 판결, 1992. 5. 12. 선고 91누6887 판결, 특허법원 2020. 8. 28. 선고 2019나1869,1876 판결

(2) 완성품이 장래에 생산될 개연성이 큰 경우

□ 특허발명의 모든 구성요소를 가진 물건이 국내에서 '생산'될 것을 그 요건으로 하고, 이 경우 '생산'에는 그 물건이 국내에서 실제로 생산된 경우뿐만 아니라 장래에 생산될 개연성이 큰 경우도 포함된다.552)

나) 속지주의 예외 적용요건

□ 속지주의의 예외로서, ① 국내에서 특허발명의 실시를 위한 부품 또는 구성 전부가 생산되거나 대부분의 생산단계를 마쳐 주요 구성을 모두 갖춘 반제품이 생산되고, ② 이것이 하나의 주체에게 수출되어 마지막 단계의 가공·조립이 이루어질 것이 예정되어 있으며, ③ 그와 같은 가공·조립이 극히 사소하거나 간단하여, ④ 위와 같은 부품 전체의 생산 또는 반제품의 생산만으로도 특허발명의 각 구성요소가 유기적으로 결합한 일체로서 가지는 작용효과를 구현할 수 있는 상태에 이르렀다면, 국내에서 특허발명의 실시제품이 생산된 것과 같이 본다.553)

다) 생산의 범위

(1) 전체 물건을 만들어내는 행위

(가) 전체 물건을 새로 만들어내는 모든 행위

□ '생산'이란 발명의 구성요소 일부를 결여한 개별 물건을 사용하여 발명의 모든 구성요소를 가진 전체 물건을 새로 만들어내는 모든 행위를 의미한다.554)

(나) 발명의 결과인 물을 만들어 내는 모든 행위

□ '생산'이란 특허발명을 유형화하여 발명의 결과인 물을 만들어 내는 모든 행위를 의미한다.555)

---

552) 서울고법 2017. 1. 24.자 2016라20312 결정

553) 대법원 2019. 10. 17. 선고 2019다222782,222799 판결, 특허법원 2020. 8. 28. 선고 2019나1869,1876 판결

554) 대법원 2015. 7. 23. 선고 2014다42110 판결, 2009. 9. 10. 선고 2007후3356 판결, 특허법원 2021. 8. 26. 선고 2021허2403 판결, 2020. 10. 15. 선고 2020허3799 판결, 2020. 8. 28. 선고 2019나1869,1876 판결, 2020. 7. 10. 선고 2019허7672 판결, 2020. 7. 10. 선고 2019허8538 판결, 2019. 2. 19. 선고 2018나1220,1237 판결, 2018. 8. 24. 선고 2017허6736 판결, 서울고법 2017. 8. 21.자 2015라20296 결정, 대전지법 2019. 11. 7. 선고 2017가합104488 판결, 서울중앙지법 2019. 9. 6. 선고 2018가합543869 판결, 2018. 2. 12.자 2017카합80153 결정, 2017. 7. 17.자 2016카합81684 결정

555) 서울고법 2007. 8. 1. 선고 2006나89079 판결, 2006. 9. 11.자 2005라792 결정, 2004. 7. 6. 선고 2003나71053 판결, 1999. 9. 21. 선고 98나41072 판결, 1996. 2. 22.자 95라135 결정, 특허법원 1998. 10. 29. 선고 98허4661 판결, 서울남부지법 2007. 10. 12. 선고 2006고정407 판결, 서울중앙지법 2006. 8. 23. 선고 2005가합48548 판결

(다) 특허발명의 구성요건을 충족하는 물건을 만들어내는 모든 행위

□ '생산'이란 특허발명의 구성요건을 충족하지 않은 물건을 받은 자가 이를 사용하여 특허발명의 구성요건을 충족하는 물건을 만들어내는 모든 의식적 행위를 의미한다.[556)]

(2) 공업적 생산 이외에 생산에 포함되는 경우

(가) 가공 · 수리 · 조립행위

□ '생산'이란 공업적 생산에 한하지 않고 가공 · 수리 · 조립 행위도 포함한다.[557)]

(나) 주요한 조립, 핵심적인 부품의 장착, 주요부분의 수리

□ '생산'에는 공업적 생산물의 생산 이외에도 주요한 조립, 핵심적인 부품을 기계 본체에 장착하는 것, 기타 재조립과 동일시할 수 있는 주요부분의 수리도 포함한다.[558)]

(3) 범용품을 특허발명의 실시만을 위하여 제조 · 판매하는 경우

□ 다른 용도를 갖는 범용품이라 하더라도 그것이 특허발명의 실시만을 위하여 제조 · 판매하는 경우에는 간접침해로 볼 수도 있다.[559)]

(4) 범용품이나 일상적인 소모품 제조행위 제외

□ '생산'에는 범용품이나 일상적인 소모품을 만들어 내는 행위는 포함하지 않는다.[560)]

라) 수리나 부품의 교체

(1) 수리나 부품의 교체가 특허권 침해인지

(가) 특허가 물건발명인 경우

(ㄱ) 본질적 부분을 구성하는 수리나 부품의 교체

★□ 특허발명의 본질적 부분을 구성하는 수리나 부품의 교체는 원래 제품과의 동일성을 해할 정도에 이르는 재생산으로 보아 특허권 침해로 본다.[561)]

---

556) 특허법원 2007. 7. 13. 선고 2006허3496 판결

557) 대법원 2015. 7. 23. 선고 2014다42110 판결, 2009. 9. 10. 선고 2007후3356 판결, 특허법원 2021. 8. 26. 선고 2021허2403 판결, 2020. 10. 15. 선고 2020허3799 판결, 2020. 8. 28. 선고 2019나1869,1876 판결, 2020. 7. 10. 선고 2019허7672 판결, 2020. 7. 10. 선고 2019허8538 판결, 2019. 2. 19. 선고 2018나1220,1237 판결, 2018. 8. 24. 선고 2017허6736 판결, 서울고법 2017. 8. 21.자 2015라20296 결정, 대전지법 2019. 11. 7. 선고 2017가합104488 판결, 서울중앙지법 2019. 9. 6. 선고 2018가합543869 판결, 2018. 2. 12.자 2017카합80153 결정, 2017. 7. 17.자 2016카합81684 결정

558) 서울고법 2006. 9. 11.자 2005라792 결정, 1999. 9. 21. 선고 98나41072 판결, 1996. 2. 22.자 95라135 결정, 특허법원 1998. 10. 29. 선고 98허4661 판결

559) 서울남부지법 1993. 10. 22. 선고 90가합12107 판결

560) 서울고법 1996. 2. 22.자 95라135 결정

561) 서울중앙지법 2006. 8. 23. 선고 2005가합48548 판결

• 가공이나 수선을 통해 새로 생성된 제품에 종전 제품에 표시된 특허번호를 그대로 표시하는 경우에는

(ㄴ) 본질적 부분을 구성하는 주요부분의 재구성

□ 특허물품을 적법하게 양수한 자가 그 특허물품이 그 효용을 다하여 그 특허물품에 있어서 특허발명의 본질적 부분을 구성하는 주요부분을 재구성하는 행위를 한 경우에는, 특허권자만이 독점하고 있는 생산행위를 하는 것이 되어 특허권 침해를 구성한다.562)

(ㄷ) 본질적 부분과 무관한 수리나 부품의 교체

★□ 특허발명의 본질적 부분과 무관한 수리나 부품의 교체는 단순히 물품을 계속 사용하기 위해 필요한 행위로서 원래 제품과의 동일성을 해할 정도에 이르지 않는 것으로 보아 특허권 침해로 보지 않는다.563)

(나) 특허가 방법발명인 경우

(ㄱ) 특허권 침해로 보는 경우

(i) 원래 제품과의 동일성을 해할 정도에 이른 경우

★□ 방법발명 제품의 양수인이 수리 또는 소모품이나 부품을 교체하는 경우에도 그로 인하여 원래 제품과의 동일성을 해할 정도에 이른 경우에는, 실질적으로 생산행위를 하는 것과 마찬가지이므로 특허권 침해로 본다.564)

(ii) 제3자가 업으로서 부품을 생산 · 양도 · 대여 · 수입하는 경우

□ 제3자가 업으로서 수리 또는 부품의 교체를 위한 소모품 내지 부품을 생산·양도·대여 또는 수입하는 경우에는 간접침해가 성립한다.565)

(ㄴ) 특허권 침해로 보지 않는 경우

(i) 원래 제품과의 동일성을 유지하는 경우

★□ 방법발명 제품의 양수인이 수리 또는 소모품이나 부품을 교체하는 경우에도 그로 인하여 원래 제품과의 동일성을 유지하는 경우에는, 수리로서 특허권 침해로 보지 않

특허권자의 권리를 침해한 것이다(대법원 2009. 10. 15. 선고 2009도3929 판결).

562) 서울고법 2007. 8. 1. 선고 2006나89079 판결, 서울남부지법 2007. 10. 12. 선고 2006고정407 판결, 서울중앙지법 2006. 8. 23. 선고 2005가합48548 판결

563) 서울중앙지법 2006. 8. 23. 선고 2005가합48548 판결

• 일반적인 수리나 부품의 교체가 특허된 원래의 제품과 동일한 형태로 복원하는 정도에 그치는 경우에는 물품을 새로 생산하는 행위에 해당한다고 볼 수 없으므로 그 특허권을 침해하지 않는다(대법원 1999. 12. 7. 선고 99도2079 판결).

564) 대법원 2009. 10. 15. 선고 2009도3929 판결, 2003. 4. 11. 선고 2002도3445 판결, 서울중앙지법 2009. 4. 17. 선고 2008노4518 판결

565) 특허법원 2017. 11. 10. 선고 2017나1001 판결, 2017. 11. 10. 선고 2017나1018 판결

는다. 이는 특허발명이 구현된 제품을 양도한 경우에 가공·수선을 하는 때에도 마찬가지다.[566)]

▶ 적법하게 양수한 제품을 단순히 수리하는 것이라면 특허권 침해에 해당하지 않지만, 단순한 수리를 넘어 재생산에 해당하는 것이라면 특허권 침해에 해당하는데, 이는 원래 제품과의 동일성을 해할 정도에 이른 것인지를 기준으로 한다. 즉, 원래 제품과의 동일성을 해할 정도의 가공이나 수선을 하는 경우에는 실질적으로 생산행위를 하는 것과 마찬가지이다.

(ii) 동일성이 유지되고, 부품이 별도의 특허 대상이 아닌 경우

□ 수리 또는 소모품 내지 부품이 제품의 일부에 관한 것이어서 수리 또는 소모품 내지 부품의 교체 이후에도 원래 제품과의 동일성이 유지되고 그 소모품 내지 부품 자체가 별도의 특허 대상이 아닌 한, 그러한 수리행위나 부품 교체행위는 방법발명 제품 사용의 일환으로 허용되는 수리에 해당하므로, 특별한 사정이 없는 한 양수인의 그러한 수리행위나 부품 교체행위가 방법발명의 특허권 침해로 볼 수는 없다.[567)]

(2) 수리나 부품의 교체가 특허권을 침해하는지

(가) 생산행위에 해당되는지의 여부에 따라 판단

□ 수리나 부품의 교체행위가 특허권을 침해하는지 여부는 그러한 행위가 특허권자만이 독점하고 있는 생산행위에 해당되는지의 여부에 따라 판단되어야 한다.[568)]

(나) 제품의 동일성을 해하는지의 판단기준

□ 수리행위 내지 부품 교체행위가 제품의 동일성을 해할 정도에 이르러 생산행위에 해당하는지 여부는, ① 당해 제품의 객관적인 성질, ② 이용형태, ③ 특허법의 규정취지 등을 종합하여 판단해야 한다.[569)]

(3) 공지의 물건에 개선된 다른 구성을 결합한 경우

□ 확인대상발명 물건이 특허발명의 물건의 생산에만 사용되는 전용품인 경우에는, 공지의 물건에 개선된 다른 구성을 결합한 경우에도 간접침해가 성립한다.[570)]

---

566) 특허법원 2017. 11. 10. 선고 2017나1001 판결, 2017. 11. 10. 선고 2017나1018 판결, 창원지법 2001. 10. 25. 선고 2001고단222 판결

567) 특허법원 2017. 11. 10. 선고 2017나1001 판결, 2017. 11. 10. 선고 2017나1018 판결

568) 제주지법 1999. 4. 28. 선고 99노55 판결

569) 대법원 2009. 10. 15. 선고 2009도3929 판결, 2003. 4. 11. 선고 2002도3445 판결, 특허법원 2017. 11. 10. 선고 2017나1001 판결, 2017. 11. 10. 선고 2017나1018 판결, 서울중앙지법 2009. 4. 17. 선고 2008노4518 판결

570) 대법원 2001. 1. 30. 선고 98후2580 판결

2) '에만'의 의미

가) 특허가 물건발명인 경우

(1) 특허물건의 생산에 도달

□ 실시한 물건이 당해 특허물건의 생산'에만' 사용되는 것이어야 하므로, 그 물건을 사용하는 한 반드시 당해 특허물건의 생산에 도달해야 한다.571)

(2) 생산'에만' 사용하는 물건

(가) 간접침해 성립

□ 확인대상물건이 특허물건의 생산에만 사용하는 물건에 해당하는 경우에는 확인대상발명은 특허발명의 권리범위에 속한다.572)

(나) 다른 용도로는 사용되지 않는 것

□ 생산'에만'의 의미는 공업적 생산물이 특허발명에만 사용되는 물건으로서 다른 용도로는 사용되지 않는 것을 말한다.573)

(다) 직접침해에 불가피하게 결부되고 기본적으로 중요한 것

□ 생산'에만' 사용하는 물건이란 발명에 관한 물품의 생산에 사용되는 물건이 객관적·기술적으로 보아 특허권에 대한 직접침해에 불가피하게 결부되고 그 기술사상에 있어서 기본적으로 중요한 것임을 의미한다.574)

(3) 생산'에만' 사용하는 물건의 요건

(가) 일반적인 요건

★□ 특허발명의 대상이거나 그와 관련된 물건을 사용함에 따라 마모되거나 소진되어 자주 교체해 주어야 하는 소모부품일지라도, 그러한 물건이 '특허 물건의 생산에만 사용하는 물건'에 해당하기 위해서는, ① 특허발명의 본질적인 구성요소에 해당하고, ② 다른 용도로는 사용되지 않으며, ③ 일반적으로 널리 쉽게 구할 수 없는 물품으로서, ④ 당해 발명에 관한 물건의 구입시에 이미 그러한 교체가 예정되어 있었고, ⑤ 특허권자가 그러한 부품을 따로 제조·판매하고 있어야 한다.575)

---

571) 특허법원 2010. 1. 15. 선고 2009허4766 판결, 2008. 1. 11. 선고 2007허7891 판결, 2007. 7. 13. 선고 2006허3496 판결, 서울중앙지법 2009. 7. 15. 선고 2008가합113993 판결

572) 특허법원 1998. 10. 29. 선고 98허4661 판결

573) 서울고법 2006. 9. 11.자 2005라792 결정, 1999. 9. 21. 선고 98나41072 판결

574) 서울고법 2007. 8. 1. 선고 2006나89079 판결, 서울남부지법 2007. 10. 12. 선고 2006고정407 판결, 서울중앙지법 2006. 8. 23. 선고 2005가합48548 판결

575) 대법원 2002. 11. 8. 선고 2000다27602 판결, 2001. 2. 23. 선고 99다63237 판결, 2001. 1. 30. 선고

(나) 다른 용도가 없을 것

□ 특허물건의 생산'에만' 사용하는 물건에 해당되기 위해서는, 사회통념상 통용되고 승인될 수 있는 경제적·상업적·실용적인 다른 용도가 없어야 한다.[576)]

(다) 본질적인 구성요소로서 널리 쉽게 구할 수 없는 것

□ 그 생산'에만' 사용한다는 것은 특허발명의 본질적인 구성요소에 해당하고 다른 용도로는 사용되지 않으며 일반적으로 널리 쉽게 구할 수 없는 것을 의미한다.[577)]

▷ 간접침해가 성립할 수 있는 대상물은 특허발명에 관계된 물건의 생산 또는 방법의 사용에만 사용되는 것이어야 한다. 따라서 간접침해대상물은 특허발명의 실시 이외의 용도를 갖는 것이어서는 안 된다. 특허발명의 실시에만 사용되는 것이면 충분하므로 반드시 특허발명의 본질적 또는 신규의 구성요소를 포함하고 있을 필요는 없다.[578)]

나) 특허가 방법발명인 경우

(1) 통상실시권자의 전용품의 생산·실시 금지약정 위반

□ 특허권자가 통상실시권자와 실시계약에서 전용품을 스스로 생산하여 방법발명을 실시하는 행위를 금지하는 것으로 특별히 약정한 경우, 이러한 약정에 위반하였다면 통상실시권자에 대하여는 채무불이행책임을, 이러한 약정의 존재를 알면서 위반에 가담한 제3자에 대하여는 별도의 불법행위에 기한 손해배상책임을 묻을 수 있다.[579)]

(2) 간접침해로 보지 않는 경우

(가) 실시권자가 스스로 전용품을 제작한 방법발명의 실시행위

□ 방법발명에 관한 실시권자가 스스로 방법발명의 실시에만 사용하는 전용품을 제작하

98후2580 판결, 1996. 11. 27.자 96마365 결정, 특허법원 2012. 2. 10. 선고 2011허7973 판결, 2008. 4. 10. 선고 2007허5772 판결, 2007. 4. 12. 선고 2006허5348 판결, 서울고법 2007. 8. 1. 선고 2006나89079 판결, 2006. 1. 18. 선고 2005나40398 판결, 1999. 9. 21. 선고 98나41072 판결, 수원지법 2021. 4. 30.자 2021카합10069 결정, 서울중앙지법 2010. 7. 14.자 2009카합3316 결정, 2006. 8. 23. 선고 2005가합48548 판결, 서울남부지법 2007. 10. 12. 선고 2006고정407 판결

576) 대법원 2009. 9. 10. 선고 2007후3356 판결, 특허법원 2021. 8. 26. 선고 2021허2403 판결, 2020. 10. 15. 선고 2020허3799 판결, 2020. 8. 28. 선고 2019나1869,1876 판결, 2020. 7. 10. 선고 2019허7672 판결, 2019. 2. 19. 선고 2018나1220,1237 판결, 2018. 8. 24. 선고 2017허6736 판결, 2017. 5. 26. 선고 2016허7169 판결서울고법 2017. 8. 21.자 2015라20296 결정, 2017. 1. 24.자 2016라20312 결정, 서울중앙지법 2018. 2. 12.자 2017카합80153 결정, 2017. 9. 22. 선고 2016가합543605 판결, 2017. 7. 17.자 2016카합81684 결정, 2016. 5. 25.자 2016카합80364 결정

577) 서울고법 2004. 7. 6. 선고 2003나71053 판결, 1998. 5. 13.자 97라217 결정

578) 곽민섭, 지식재산권 침해소송 실무와 최근의 판례 동향, 특허심판원(2009. 5.), 23면

579) 특허법원 2017. 11. 16. 선고 2016나1455 판결

여 방법발명을 실시하는 행위는 간접침해로 볼 수 없다.[580]

(나) 제3자가 실시권자에게 전용품의 제작 · 납품행위

□ 실시권자가 제3자를 통하여 전용품을 공급받아 방법발명을 실시하는 경우에 제3자가 특허발명의 실시권자에게 방법발명의 실시에만 사용하는 전용품을 제작·납품하는 행위는 간접침해로 볼 수는 없다.[581]

(다) 제3자가 실시권자에게 제작 · 납품하기 위한 검수 · 시연행위

□ 제3자가 특허발명의 실시권자에게 방법발명의 실시에만 사용하는 전용품을 제작·납품하기 위하여 그러한 제작·납품행위에 필수적으로 수반되는 검수·시연행위를 별도로 간접침해라고 볼 수 없다.[582]

(라) 실시권자에게 납품하기 위한 제3자의 전용품 생산 · 양도행위

□ 방법발명의 특허권자로부터 허락을 받은 실시권자가 제3자에게 그 방법의 실시에만 사용하는 전용품의 제작을 의뢰하여 그로부터 전용품을 공급받아 방법발명을 실시하는 경우에 있어서, 그러한 제3자의 전용품 생산·양도 행위는 특허권의 간접침해에 해당한다고 볼 수 없다.[583]

3) 다른 '용도'의 의미

가) 사실의 문제로서 자백의 대상

□ 어떤 물건의 용도가 특허발명의 실시를 위한 전용품이라는 것은 사실의 문제이지 법적 판단 내지 평가의 문제가 아니므로 자백의 대상이 된다.[584]

---

580) 특허법원 2017. 11. 16. 선고 2016나1455 판결
581) 대법원 2019. 2. 28. 선고 2017다290095 판결, 특허법원 2017. 11. 16. 선고 2016나1455 판결
 • 통상적으로 특허권자는 이미 실시계약을 체결할 때 제3자로부터 전용품을 납품받아 특허를 실시할 것까지 예상하여 실시료를 책정할 수 있으므로 특허권자를 보호할 필요성은 크지 않은 반면, 제3자의 제작·납품행위까지 간접침해로 보게 되면 특허권을 부당하게 확장하는 결과를 초래할 수 있다(특허법원 2017. 11. 16. 선고 2016나1455 판결).
582) 대법원 2019. 2. 28. 선고 2017다290095 판결
583) 대법원 2019. 2. 28. 선고 2017다290095 판결
 • 그 이유는, 실시권자의 실시권에 부당한 제약을 가하게 되고, 특허권이 부당하게 확장되는 결과를 초래할 뿐만 아니라 특허권자는 실시권을 설정할 때 제3자로부터 전용품을 공급받아 방법발명을 실시할 것까지 예상하여 실시료를 책정하는 방법으로 당해 특허권의 가치에 상응하는 이윤을 회수할 수 있으므로, 실시권자가 제3자로부터 전용품을 공급받는다고 하여 특허권자의 독점적 이익이 새롭게 침해된다고 보기 어렵기 때문이다(대법원 2019. 2. 28. 선고 2017다290095 판결).
584) 특허법원 2017. 11. 10. 선고 2017나1001 판결

나) 물건의 본래 용도 판단기준

□ 어떤 용도가 사회통념상 인정되는 그 물건의 본래 용도인지는, ① 그 용도가 경제적·상업적 또는 실용적인지 여부, ② 그 물건의 구성에 별다른 변경 없이 적용될 수 있는지 여부를 종합적으로 고려하여 판단해야 한다.[585)]

다) 다른 용도의 존부 판단방법

(1) 특허가 물건발명인 경우

(가) 다른 용도의 조건

□ '다른 용도'란 단순히 특허발명 이외의 다른 용도로 사용할 수 있다는 추상적·시험적 가능성만으로는 부족하며, 사회통념상 경제적·상업적·실용적으로 인정되는 용도가 존재함을 의미한다.[586)]

(나) 다른 용도의 인정요건

□ '다른 용도'가 있다고 하려면 경제적·상업적·실용적인 용도로서 사회통념상 통용되거나 승인될 수 있는 경우에 한하여 인정되어야 한다.[587)]

(다) 물건의 본래 용도라고 볼 수 없는 경우

□ 단순히 특허물건 이외의 물건에 사용될 이론적·실험적·일시적 사용가능성이 있는 정도에 불과한 경우에는 간접침해의 성립을 부정할 만한 다른 용도가 있다고 할 수 없다.[588)]

(2) 특허가 방법발명인 경우

(가) 다른 용도가 없다고 하기 위한 요건

□ 사회통념상 인정되는 물건의 본래 용도가 방법발명의 실시뿐이고 다른 용도는 없다고 하기 위해서는, 그 물건에 사회통념상 통용되고 승인될 수 있는 경제적·상업적 또는 실용적인 다른 용도가 없어야 한다.[589)]

---

585) 특허법원 2017. 11. 10. 선고 2017나1001 판결, 2017. 11. 10. 선고 2017나1018 판결

586) 서울고법 1999. 9. 21. 선고 98나41072 판결

587) 특허법원 2010. 1. 15. 선고 2009허4766 판결, 2008. 1. 11. 선고 2007허7891 판결, 2007. 7. 13. 선고 2006허3496 판결, 서울중앙지법 2009. 7. 15. 선고 2008가합113993 판결

588) 대법원 2009. 9. 10. 선고 2007후3356 판결, 특허법원 2021. 8. 26. 선고 2021허2403 판결, 2020. 10. 15. 선고 2020허3799 판결, 2020. 8. 28. 선고 2019나1869,1876 판결, 2020. 7. 10. 선고 2019허7672 판결, 2019. 2. 19. 선고 2018나1220,1237 판결, 2018. 8. 24. 선고 2017허6736 판결, 2017. 5. 26. 선고 2016허7169 판결, 2017. 5. 25. 선고 2016허7305 판결, 2016. 10. 14. 선고 2016허2676 판결, 서울고법 2017. 8. 21.자 2015라20296 결정, 서울중앙지법 2018. 2. 12.자 2017카합80153 결정, 2017. 9. 22. 선고 2016가합543605 판결, 2017. 4. 27. 선고 2015가합564148 판결

(나) 물건의 본래 용도라고 볼 수 없는 경우

□ 단순히 특허방법 이외의 다른 방법에 사용될 이론적·실험적·일시적 사용가능성이 있는 정도에 불과한 경우에는 그 용도는 사회통념상 인정되는 그 물건의 본래 용도라고 볼 수 없다.[590)]

라) 간접침해가 성립하는 경우

(1) 다른 구성요소가 부가된 다기능 제품

□ '특허방법의 실시에만 사용하는 물건'에 다른 구성요소를 부가하여 특허방법 이외에 다른 용도를 창출해 낸 경우라고 하더라도, '특허방법의 실시에만 사용하는 물건' 자체의 구성이 변경되거나 '특허방법의 실시에만 사용하는 물건'을 구성하는 부분 자체에서 특허방법 실시 이외에 다른 용도가 생겨난 것이 아니라 단순히 새롭게 부가한 다른 구성요소로 인하여 다른 용도가 생겨났을 뿐 '특허방법의 실시에만 사용하는 물건'을 구성하는 부분 자체로는 여전히 특허방법의 실시 이외에 다른 용도가 없는 경우에는, '특허방법의 실시에만 사용하는 물건'에 다른 구성요소를 부가한 물건을 생산·판매하는 행위도 간접침해에 해당한다.[591)]

(2) 특허물건에만 사용하는 물건의 생산·양도·대여 등의 행위

□ 그 물건이 특허물건의 생산에만 사용하는 물건에 해당하는 경우에는 특허물건에만 사용하는 물건을 생산·양도·대여 등을 행함으로써 간접침해가 성립한다.[592)]

(3) 기술구성의 일부가 종래기술을 개량한 것

□ 확인대상발명이 그 물건의 생산에만 사용하는 물건에 해당한다면 확인대상발명이 가지고 있는 기술구성의 일부가 종래의 기술을 개량한 것으로서 그 자체에 특허성이 있는 것이라고 하더라도 간접침해가 성립한다.[593)]

---

589) 대법원 2019. 1. 31. 선고 2017다289903 판결, 2019. 1. 31. 선고 2017다289910 판결, 특허법원 2016. 10. 20. 선고 2016나1011 판결, 2013. 1. 17. 선고 2012허7420 판결, 서울고법 2010. 3. 17. 선고 2009나76203 판결, 서울중앙지법 2012. 8. 24. 선고 2011가합39552 판결, 2011. 11. 25. 선고 2011가합14812 판결

590) 대법원 2019. 1. 31. 선고 2017다289903 판결, 2019. 1. 31. 선고 2017다289910 판결, 특허법원 2017. 11. 10. 선고 2017나1001 판결, 2017. 11. 10. 선고 2017나1018 판결

591) 서울중앙지법 2012. 8. 24. 선고 2011가합39552 판결

• 그렇지 않게 되면, 특허방법의 실시에 사용될 개연성이 높은 '특허방법의 실시에만 사용하는 물건'에 다른 구성요소를 임의로 부가하는 것만으로 언제나 간접침해를 회피할 수 있게 되어 부당한 결과를 초래하게 된다(서울중앙지법 2012. 8. 24. 선고 2011가합39552 판결).

592) 인천지법 2003. 4. 23. 선고 2003카합35 판결

593) 특허법원 1998. 10. 29. 선고 98허4661 판결

(4) 설계변경제품이 다른 물건에 사용가능성이 있는 경우

□ 확인대상발명의 기술사상을 채택하되 설계변경에 의하여 확인대상발명과 다른 제품을 만드는 경우에 그것이 특허발명의 실시물건 이외의 물건에 사용될 가능성이 있다는 것만으로는 확인대상발명이 특허발명의 권리범위를 벗어날 수 없다.[594)]

마) 간접침해가 성립하지 않는 경우

(1) 다른 용도가 있는 경우

□ 실시한 물건에 특허물건의 생산 이외에 사용될 수 있는 다른 용도가 있는 경우에는 그 물건을 실시하더라도 간접침해가 성립하지 않는다.[595)]

▶ 부품이 완제품의 실시 이외의 다른 용도를 가지는 경우에는 간접침해가 성립하지 않는다.

(2) 현실에서 다른 용도로도 사용되고 있는 경우

□ 그 물건이 현실에서 다른 용도로도 사용되고 있는 경우에는 간접침해가 성립하지 않는다.[596)]

(3) 기초상품이나 범용품 등 중성적 물건

□ 다양한 용도에 널리 사용될 수 있는 기초상품이나 시중에서 쉽게 취득할 수 있는 범용품 등 중성적 물건에 관하여는 그것이 특허발명의 구성요소에 속한다 하더라도 간접침해가 성립하지 않는다.[597)]

(4) 출원 전에 공지된 물건의 제조 · 판매

□ 특허발명의 출원 전에 공지된 물건은 특허물건의 생산에만 사용되는 물건이라고 볼 수 없으므로 특허발명의 출원 전에 공지된 물건을 제조·판매하는 것은 간접침해에 해당하지 않는다.[598)]

▷ 공지의 구성요소만으로 된 경우에는 다용도품으로서 전용성을 결여한 것으로 볼 가능성이 많다.[599)]

---

594) 대법원 2001. 1. 30. 선고 98후2580 판결, 특허법원 1998. 10. 29. 선고 98허4661 판결
595) 특허법원 2010. 1. 15. 선고 2009허4766 판결, 2008. 1. 11. 선고 2007허7891 판결, 2007. 7. 13. 선고 2006허3496 판결, 서울중앙지법 2009. 7. 15. 선고 2008가합113993 판결
596) 인천지법 2003. 4. 23. 선고 2003카합35 판결
597) 서울고법 1999. 9. 21. 선고 98나41072 판결
598) 대법원 2002. 11. 8. 선고 2000다27602 판결
599) 지적재산소송실무 제4판, 특허법원 지적재산소송 실무연구회, 박영사(2019), 479면

4) '사용'의 의미

가) 특허의 '사용'에 해당하는 경우

(1) 특허가 물건발명인 경우

(가) 물건을 그 본래의 용도대로 이용하는 것

□ 특허의 사용이란 발명의 대상인 물건을 그 본래의 용도대로 이용하는 것을 말한다.[600)]

(나) 발명의 목적을 달성하거나 발명의 기술적 효과 실현

□ 특허의 사용이란 발명의 목적을 달성하는 방법으로 특허물건을 이용하거나 발명의 기술적 효과를 실현시키는 일체의 행위를 의미한다.[601)] 따라서 부품이 완제품에 하나의 부품으로 이용되는 경우이어야 한다.

(다) 부품이 완제품에 하나의 부품 또는 생산요소로 이용되는 것

▷ 간접침해가 성립하기 위해서는 부품이 제3자에 의한 특허발명의 실시에 사용되는 것이어야 한다. 여기서 '사용'이란 부품이 제3자의 완제품에 하나의 부품 또는 생산요소로 이용되는 것을 의미한다. 따라서 제3자가 부품 자체를 이용하여 완제품을 생산한 것이 아니라면, 설령 그것과 균등한 요소를 이용하였더라도 부품의 완제품 생산에 대한 공용성은 부정된다.[602)]

(2) 특허가 방법발명인 경우

□ 발명의 목적을 달성하는 방법으로 이용

특허의 '사용'이란 물건발명에 있어서의 사용과 마찬가지로 발명의 목적을 달성하는 그러한 방법으로 그 해당방법을 이용하는 것을 말한다.[603)]

나) 특허의 '사용'에 해당하지 않는 경우

□ 발명의 목적을 달성하지 않는 방법으로 이용

비록 특허방법을 사용하더라도 그 발명의 목적을 달성하지 않는 그와 같은 방법으로 이용한다면 사용에 해당하지 않는다.[604)]

---

600) 특허법원 2017. 11. 24. 선고 2017나1346,1353 판결
601) 서울중앙지법 2012. 1. 13. 선고 2011가합12465 판결, 2007. 12. 6. 선고 2007가합25044 판결
602) 지적재산소송실무 제4판, 특허법원 지적재산소송 실무연구회, 박영사(2019), 477면
603) 이는 특허법의 목적이 산업의 발전이라고 하는 관점에 비추어 발명의 목적과 관계가 없는 형태로의 사용을 위법하다고 할 필요가 없기 때문이다.
604) 서울중앙지법 2007. 12. 6. 선고 2007가합25044 판결

다) 실시제품이 특허발명의 실시에 공용되는 경우

□ **특허발명과 실시제품이 출원 전부터 같은 용도로 널리 사용되던 것**

특허발명과 실시제품이 과제해결원리와 작용효과가 실질적으로 동일하며, 특허발명과 실시제품이 모두 특허발명의 출원 전부터 같은 용도로 널리 사용되던 것이라면 균등관계가 인정되므로, 실시제품이 특허발명의 실시에 공용된다고 볼 수 있다.[605)]

▷ 간접침해대상물이 특허발명의 구성요소와 동일 또는 균등할 것이 반드시 요구된다고 볼 수 없고, 특허발명의 구성요소와 관련을 가지고 특허발명의 실시에 기여하는 것이라면 특허발명 실시에 대한 공용성을 인정해야 한다. 그러나 간접침해는 간접침해대상물이 이용발명에 사용되는 것을 문제 삼는 것이 아니고 궁극적으로 간접침해대상물이 특허발명의 실시와 밀접한 관련성을 가지고 특허발명의 실시에 사용되는 때에 한하여 인정되는 것이므로, 간접침해대상물이 특허발명의 구성요소와 관련됨이 없이 이용되는 경우에 이를 특허발명의 실시에 사용되었다고 보는 것은 공용성의 범위를 지나치게 넓혀 거래의 안전을 해하는 결과를 초래할 수 있으므로 타당하지 않다.[606)]

5) '실시'의 의미

가) 발명의 실시

(1) 특허가 물건발명인 경우

(가) 그 물건을 생산하는 행위

□ 물건발명의 발명의 실시란 그 물건을 생산하는 등의 행위를 말한다.[607)]

---

605) 특허법원 2016. 10. 20. 선고 2016나1011 판결

606) 곽민섭, 지식재산권 침해소송 실무와 최근의 판례 동향, 특허심판원(2009. 5.), 17~18면

• 만약 제3자가 간접침해대상물(a)에 나머지 구성요소와 균등한 구성요소(b')를 결합하였다면, 완제품은 특허발명과 균등물이거나{P(=a+b)≒F(a+b')} 균등물을 포함한 이용관계에 있게 되나{P(=a+b) 〈 F(a+b'+c)}, 이 경우에도 특허발명의 실시에 대한 간접침해대상물의 공용성을 긍정할 수 있다. 그러나 제3자가 간접침해대상물(a)을 변경하여 그것과 균등요소(a')를 이용하여 완제품을 생산하였다면, 설령 특허발명의 나머지 구성요소를 결합하였다고 하더라도, 간접침해대상물 자체가 완제품에 이용되었다고 볼 수 없으므로 특허발명의 실시에 대한 공용성을 부정해야 할 것이다(곽민섭, 지식재산권 침해소송 실무와 최근의 판례 동향, 특허심판원(2009. 5.), 16~17면).

607) 대법원 2021. 12. 30. 선고 2017후1298 판결, 2018. 10. 25. 선고 2016후601 판결, 2016. 5. 26. 선고 2014후2061 판결, 2015. 9. 24. 선고 2013후518 판결, 2015. 9. 24. 선고 2013후525 판결, 특허법원 2023. 2. 9. 선고 2021허6092 판결, 2023. 2. 1. 선고 2020허7760 판결, 2022. 11. 29. 선고 2021허6139 판결, 2022. 1. 13. 선고 2020허5030 판결, 2021. 8. 26. 선고 2020허6323 판결, 2021. 4. 15. 선고 2019허7368 판결, 2021. 4. 15. 선고 2019허7399 판결, 2019. 12. 20. 선고 2018허4041 판결, 서울중앙지법 2020. 1. 31. 선고 2016가합515013,578397 판결

(나) 그 물건을 사용하는 행위

ㅁ 물건발명을 실시하는 것은 그 물건을 사용하는 행위도 포함한다.[608)]

(다) 그 물건의 생산에만 사용하는 물건의 실시

ㅁ 그 물건의 생산에만 사용하는 물건을 생산·양도·대여 또는 수입하거나 그 물건의 양도 또는 대여의 청약을 하는 행위를 업으로서 한 때에는 특허권을 침해하는 것으로 본다.[609)]

(2) 특허가 방법발명인 경우

(가) 방법발명의 실시로 볼 수 없는 경우

ㅁ 간접침해의 법리에 따라 방법발명을 사용하지 않으면서 그 방법발명의 실시에만 사용하는 물건을 생산·사용·양도·대여 또는 수입하거나 그 양도 또는 대여의 청약을 하는 행위는 방법발명을 실시한 것으로까지 볼 수는 없다.[610)] 다만, 그러한 행위는 그 방법발명을 침해한 것으로 볼 수는 있다.

○ 특허법원 2015. 5. 1. 선고 2014허6025 판결

확인대상발명은 '기판의 접합방법'에 관한 것으로서 방법발명이고, 피청구인이 LCD 모듈과 터치스크린 모듈을 서로 접합하는 '기판합착장치'를 생산·양도할 뿐, 그러한 '기판합착장치'를 이용하여 확인대상발명으로 특정된 '기판의 접합방법' 자체를 사용하지 않은 사실은 당사자 사이에 다툼이 없으므로, 피청구인이 업으로서 생산·양도하는 '기판합착장치'가 확인대상발명인 '기판의 접합방법'의 실시에만 사용되었다고 하더라도, 피청구인이 확인대상발명인 '기판의 접합방법'을 사용하지 않은 이상 확인대상발명을 실시한 것으로 볼 수는 없다. 따라서 특허권자의 적극적 권리범위확인심판 청구는 피청구인이 실시하지 않은 발명을 대상으로 한 것으로서 확인의 이익이 없어 부적법하다.

(나) 그 방법의 실시에만 사용하는 물건의 실시

ㅁ 그 방법의 실시에만 사용하는 물건을 생산·양도·대여·수입하거나 그 물건의 양도

---

608) 대법원 2021. 12. 30. 선고 2017후1298 판결, 2018. 10. 25. 선고 2016후601 판결, 2016. 5. 26. 선고 2014후2061 판결, 2015. 9. 24. 선고 2013후518 판결, 2015. 9. 24. 선고 2013후525 판결, 특허법원 2023. 2. 9. 선고 2021허6092 판결, 2023. 2. 1. 선고 2020허7760 판결, 2022. 11. 29. 선고 2021허6139 판결, 2022. 1. 13. 선고 2020허5030 판결, 2013. 9. 27. 선고 2013허686 판결, 2003. 5. 30. 선고 2002허4620 판결

609) 서울고법 2017. 8. 21.자 2015라20296 결정, 2014. 5. 29. 선고 2013나70790 판결, 2006. 10. 24. 선고 2006나24706 판결, 1996. 2. 22.자 95라135 결정, 특허법원 2009. 8. 27. 선고 2008허12876 판결, 2005. 6. 24. 선고 2004허4778 판결, 서울중앙지법 2016. 5. 25.자 2016카합80364 결정, 의정부지법 고양지원 2014. 8. 14. 선고 2011가합12071 판결, 춘천지법 2011. 7. 13. 선고 2008가합1729 판결

610) 특허법원 2015. 5. 1. 선고 2014허6025 판결

또는 대여의 청약을 하는 행위는 특허권을 침해하는 행위이다.[611)]

(다) 직접 실시하지도 않은 방법발명

□ 특허권 침해행위로서 금지되는 행위는 물건을 생산·양도·대여하는 행위 그 자체일 뿐이고, 물건을 생산하는 행위를 하는 자에 대하여 직접 실시하지도 않은 방법발명의 보호범위에 속하는 방법의 사용금지를 청구할 수는 없다.[612)]

(3) 특허가 물건의 생산방법발명인 경우

(가) 그 방법을 사용하는 행위

□ 그 발명의 실시란, 그 방법을 사용하는 행위를 말한다.[613)]

(나) 전체에 걸쳐 그 생산방법 사용

□ 수치한정발명에 있어서는 그 수치범위 전체에 걸쳐 그 생산방법을 사용할 수 있으면 된다.[614)]

나) '업으로서 실시'하는 행위

(1) 판단기준

□ 어떤 일을 '업으로' 하는 것에 해당하는지는 행위의 반복·계속성, 영업성 등의 유무, 그 목적이나 규모, 횟수, 기간, 태양 등의 여러 사정을 종합적으로 고려하여 사회통념에 따라 판단해야 한다.[615)]

(2) 물건을 그 용도대로 사용

□ '업으로서 특허발명을 실시'하는 행위는 경제활동을 영위하는 사람이 특허발명의 대상이 되는 물건을 그 용도대로 사용하는 것을 말한다.[616)]

(3) 같은 행위를 계속하여 반복

□ 어떤 일을 '업으로' 한다는 것은 같은 행위를 계속하여 반복하는 것을 의미하고, 반복 계속할 의사로써 그 행위를 하면 단 1회의 행위도 업으로서 하는 것에 해당한

---

611) 특허법원 2005. 9. 22. 선고 2005허827 판결, 서울중앙지법 2008. 11. 20. 선고 2006가합21168 판결
612) 서울중앙지법 2008. 11. 20. 선고 2006가합21168 판결
613) 특허법원 2020. 2. 6. 선고 2018허9152 판결
614) 특허법원 2020. 2. 6. 선고 2018허9152 판결
615) 대법원 2013. 12. 26. 선고 2012다58883 판결, 2013. 9. 27. 선고 2013도8449 판결, 2012. 7. 12. 선고 2012도4390 판결, 2012. 6. 14. 선고 2010다86525 판결, 2012. 3. 29. 선고 2011도1985 판결, 2007. 5. 10. 선고 2007도1674 판결, 2003. 6. 13. 선고 2003도935 판결, 1999. 7. 23. 선고 98도1914 판결, 1988. 8. 9. 선고 88도998 판결, 대구고법 2016. 5. 3. 선고 2015노684 판결
616) 특허법원 2017. 11. 24. 선고 2017나1346,1353 판결

다.[617)]

▶ 어떤 일을 업으로서 한다는 것은 사업으로서 하는 것을 의미하고, 반드시 영리를 목적으로 할 것을 요하지 않으나 개인적·가정적으로 하는 것은 제외된다.

마. 간접침해의 실제

1) 이용관계의 성립

□ 확인대상물건이 특허발명에 없는 구성요소를 가지고 있고 그 구성요소가 특허발명보다 더 우수한 작용효과를 가지고 있다고 하더라도, 확인대상물건의 사용으로 특허발명의 구성요건을 모두 충족하게 되는 경우에는 이용관계의 성립이 인정되어 간접침해가 성립된다.[618)]

▶ 간접침해는 확인대상발명의 최종생산물이 특허물건에 다른 구성요소가 부가되어 있는 이용발명의 경우에도 성립한다.

2) 균등론

가) 전용품의 균등론 적용

★□ 특허발명의 생산 또는 실시에만 사용되는 물건과 동일한 물건뿐만 아니라 이와 균등하다고 평가받는 물건에도 적용된다.[619)]

나) 균등범위 축소 해석

▶ 간접침해에서도 균등론이 적용되므로 전용품이 균등물에 해당하는지도 살펴야 하지만, 균등론의 범위를 넓히게 되면 목적물인 완성품이 다르게 될 수도 있으므로 직접침해에서와는 달리 가급적 균등의 범위를 좁혀서 해석하는 것이 제도의 취지에 부합한다.

○ 대법원 2007. 11. 29. 선고 2006후1902 판결

특허발명에는 '우산살삽입구멍을 가진 홀더의 몸체 양측에 받침날개를 형성하고'라고 되어 있는바, 특허발명의 '받침날개'는 몸체의 저면 형상과 다르게 몸체의 양측에 날개 형상으로 형성되어 받침날개를 관통한 스테이플러침 끝이 홀더 저면에 받쳐진 별도의 몰드에 접촉되면서 내측으로 동시에

617) 대법원 2013. 12. 26. 선고 2012다58883 판결, 2013. 9. 27. 선고 2013도8449 판결, 2012. 7. 12. 선고 2012도4390 판결, 2012. 6. 14. 선고 2010다86525 판결, 2012. 3. 29. 선고 2011도1985 판결, 2007. 5. 10. 선고 2007도1674 판결, 2003. 6. 13. 선고 2003도935 판결, 1999. 7. 23. 선고 98도1914 판결, 1988. 8. 9. 선고 88도998 판결, 대구고법 2016. 5. 3. 선고 2015노684 판결
618) 대법원 2009. 9. 10. 선고 2007후3356 판결, 특허법원 2007. 7. 13. 선고 2006허3496 판결
619) 특허법원 2016. 11. 24. 선고 2015허6442 판결, 2007. 5. 23. 선고 2006허6679 판결

구부러진 형태로 체결될 수 있도록 하는 기능을 하는 것으로 해석해야 하고, 이러한 형상 및 기능을 하지 않는 구성은 특허발명의 홀더에 포함되지 않는 것으로 보아야 한다. 그런데 확인대상발명의 받침부는 직육면체 형상으로 날개 형태의 부재를 찾아볼 수 없고, 스테이플러침이 받침부를 관통한 후 구부러져 체결되는 방식이 아니라, 그 선단이 고정구멍에 위치하는 형태로서, 특허발명의 받침날개와는 그 형상이 상이하고 그 기능을 수행하는 방식과 과제해결원리에 차이가 있다. 그렇다면 확인대상발명은 특허발명의 홀더와 동일하거나 균등하다고 할 수 없으므로, 특허발명의 실시에만 사용하는 물건에 해당한다고 볼 수 없다.

3) 자유실시기술의 항변

가) 자유실시기술의 판단대상은 대응제품의 구성 전체

★□ 간접침해를 전제로 한 적극적 권리범위확인심판에서 확인대상발명이 자유실시기술에 해당하는지 여부를 판단할 때에는, 피청구인이 실시하는 부분이 특허발명에 대응하는 제품의 일부 구성에 불과하여 그 자체만으로는 침해가 성립되지 않는 경우에도 확인대상발명을 위 실시 부분의 구성만으로 한정하여 파악할 것은 아니고, 그 실시 부분의 구성과 함께 청구인이 그 생산에만 사용되는 것으로 특정한 대응제품의 구성 전체를 가지고 그 해당 여부를 판단해야 한다.[620]

▶ 간접침해가 주장된 적극적 권리범위확인심판에서, 확인대상발명으로 특정된 상대방의 실시 부분의 구성뿐만 아니라 권리자가 그 생산에만 사용되는 것으로 특정한 대응제품의 구성 전체를 대상으로 하여 자유실시기술에 해당하는지 여부를 판단한다.

나) 부품에 대한 주장인지 완제품에 대한 주장인지 석명

▶ 확인대상발명 부품에 대한 자유실시기술 여부는 간접침해 여부와는 아무런 관련이 없으므로, 자유실시기술 항변이 제기되면 먼저 상대방의 주장이 부품에 대한 주장인지 완제품에 대한 주장인지를 석명해야 하고, 만약 부품에 관한 주장이라면 부품의 범용성 여부에 대하여 판단해야 하지만,[621] 완제품에 관한 주장이라면 완제품 전체를 대상으로 대한 자유실시기술 여부를 판단해야 한다.

4) 특허권 침해죄의 성립 부정

□ 간접침해 규정은 특허권자를 보호하기 위하여 민사책임을 부과시키는 정책적 규정일 뿐, 이를 특허권 침해행위를 처벌하는 형벌법규의 구성요건으로서 까지 규정한 취지

620) 특허법원 2009. 1. 23. 선고 2008허4523 판결
621) 부품이 공지라는 주장이라면 부품의 전용성을 부정할 수 있는 유력한 근거가 될 수 있다.

는 아니다.622) 이는 특허권 침해의 미수범에 대한 처벌규정이 없어 특허권 직접침해의 미수범은 처벌되지 않음에도 특허권 직접침해의 예비단계행위에 불과한 간접침해행위를 특허권 직접침해의 기수범과 같은 벌칙에 의하여 처벌할 때 초래되는 형벌의 불균형성을 감안한 것이다.623)

▶ 특허권 침해의 예비행위에 해당하는 간접침해만으로는 형사처벌 규정인 특허권 침해죄는 성립하지 않는다. 그러나 일본은 간접침해자에게도 5년 이하의 징역 또는 5백만 엔 이하의 벌금을 부과하고 있다.

▷ 간접침해에서 형사사건과 민사사건은 다르게 취급된다. 특허법 제127조에는 간접침해 규정이 있어 이와 같은 침해에 대하여 확장해석을 금지하는 죄형법정주의의 원칙과 간접침해행위의 예비적 성격을 들어 특허권 침해죄에 해당하지 않는다고 본다. 다만 간접침해의 경우에도 직접침해행위가 있고 자신의 행위가 그 직접침해행위에 기여함을 알면서도 간접침해행위를 한 자는 직접침해행위에 대한 특허권 침해죄의 방조범으로 처벌받을 수 있다.624)

5) 손해배상청구권

가) 손해배상청구 가능

□ 특허권자는 간접침해로 인하여 손해가 발생한 경우에 그로 인해 입은 손해배상을 청구할 수 있다.625)

나) 과실추정규정 적용

□ 간접침해의 경우에도 침해행위에 대한 과실추정규정이 그대로 적용된다.626)

6) 간접침해제품의 소진

가) 특허가 물건발명인 경우

□ 특허권자가 그 물건의 생산에만 사용하는 물건을 양도한 경우에는 특허권이 소진된다.627)

---

622) 대법원 1993. 2. 23. 선고 92도3350 판결, 서울지법 2001. 5. 9. 선고 2001노1128 판결, 1992. 11. 27. 선고 92노4755 판결
623) 대법원 1993. 2. 23. 선고 92도3350 판결
624) 지식재산권범죄 실무사례집, 서울중앙지검(2012. 7.), 12면
625) 서울중앙지법 2009. 1. 8. 선고 2008가합1588 판결
626) 대법원 2019. 10. 17. 선고 2019다222782,222799 판결
627) (같은 취지) 서울중앙지법 2012. 8. 24. 선고 2011가합39552 판결

나) 특허가 방법발명인 경우

□ 특허권자가 국내에서 그 방법의 실시에만 사용하는 물건을 양도한 경우에는 양수인이 그 물건을 이용하여 그 방법발명을 실시하는 것과 관련해서는 특허권이 소진된다.[628]

바. 간접침해의 사례

1) 특정의 판단사례

※ 간접침해제품이 특정된 것으로 본 사례

○ 대법원 2005. 7. 15. 선고 2003후1109 판결

특허발명은 우산살삽입구멍, 받침날개, 타정홈, 덮개날개, 절개부 등으로 구성된 홀더를 형성하고, 그 절개부에 우산포를 삽입하고, 타정홈에 스테이플러침을 타정하여 우산포를 결합하고, 홀더와 우산살을 결합하는 단계로 되어있는 파라솔의 우산살과 우산포를 결합하는 방법에 관한 발명이고, 확인대상발명은 그 설명서에 발명의 명칭이 '파라솔천 결합구'로 표현되어 있고, 덮개부, 받침부, 고정돌기 등 파라솔천 결합구의 형상 및 구조가 도면을 참조하여 설명되어 있으며, 그 도면에 파라솔천 결합구의 사시도, 정면도, 평면도, 측면도, 단면도가 나타나 있는 등 그 설명서 및 도면의 내용에 비추어 볼 때 '파라솔천 결합구'라는 물건발명이고, 다만 그 설명서 및 도면에 파라솔천 결합구에 파라솔천 및 파라솔 살대를 결합하는 과정이 설명되어 있기는 하지만, 이는 확인대상발명의 구성요소가 아니라 확인대상발명인 '파라솔천 결합구'의 형상 및 구조에 대한 이해를 돕기 위하여 그 사용방법을 부연설명하고 있는 것에 불과하여 이를 확인대상발명의 일부라고 할 수 없으므로 그 설명서 및 도면에 위와 같은 기재가 있다고 하여 확인대상발명이 어느 발명에 속하는지가 명확하지 않다고 볼 수는 없고, 더구나 피고는 파라솔 완제품의 부품인 '파라솔천 결합구'를 생산하고 있을 뿐 피고가 파라솔천 결합구에 파라솔천 및 파라솔 살대를 결합하는 공정을 실시하고 있다고 볼만한 자료도 없다. 한편 확인대상발명의 설명서 및 도면에는 특허발명의 위 '홀더'와 대비하여 그 차이점을 판단함에 필요할 정도로 위 '홀더'의 구성에 대응하는 구성이 적혀 있다. 그렇다면 확인대상발명과 특허발명을 대비하여 확인대상발명이 특허발명의 방법의 실시에만 사용되는 물건에 해당하는지의 여부 등을 심리하여 확인대상발명이 특허발명의 권리범위에 속하는지의 여부를 판단해 보아야 한다.

○ 특허법원 2017. 5. 26. 선고 2016허7169 판결

청구인이 특정한 확인대상발명의 섬유여재는 자신의 실시제품 자체로서, 그 형태와 적용 물품 및 여과공극에 의한 이물질 여과 효과 등을 통해 특허발명의 생산에만 사용되는 것인지 여부를 판단할 수 있을 정도로는 특정되었고, 그 결과 소극적 권리범위확인심판청구에 있어서의 확인대상발명으로

---

628) 특허법원 2009. 12. 18. 선고 2008허13299 판결

서 적법하게 특정된 것이다.

※ 간접침해제품이 특정되지 않은 것으로 본 사례

○ 특허법원 2007. 7. 5. 선고 2006허6716 판결, 2007. 7. 5. 선고 2006허6723 판결

청구인은 피청구인의 실시품인 스팽글이 특허발명의 생산에만 사용하는 것이어서 간접침해에 해당한다고 주장하면서도, 확인대상발명을 스팽글로 특정한 것이 아니라 스팽글이 봉착된 자수물로 특정한 것이므로, 상대방의 실시품 자체만으로 특정하지 못한 것이어서, 제대로 특정되었다고 볼 수 없다.

2) 침해의 판단사례

※ 간접침해로 볼 수 있는 사례

○ 대법원 2019. 10. 17. 선고 2019다222782,222799 판결

피고는 카테터와 허브, 봉합사, 봉합사 지지체의 개별 제품을 생산함으로써 제6항 발명의 실시를 위한 구성 전부를 생산하였다. 제6항 발명의 청구범위와 명세서의 기재를 종합하면, 의료용 실 지지체를 의료용 실의 단부에 결합·고정하는 방법은 통상의 기술자가 적절하게 선택할 수 있는 정도에 불과하다. 위 시술 전 또는 시술 과정에서 이와 같이 의료용 실의 단부에 의료용 실 지지체를 배치하여 고정시키는 것은 통상의 기술자에게 자명하고, 통상의 기술자라면 별다른 어려움 없이 위 개별 제품들을 각 기능에 맞게 조립·결합하여 사용할 수 있다. 따라서 피고가 카테터와 허브, 봉합사, 봉합사 지지체의 개별 제품을 생산한 것만으로도 국내에서 제6항 발명의 각 구성요소가 유기적으로 결합한 일체로서 가지는 작용효과를 구현할 수 있는 상태가 갖추어진 것으로서 그 침해가 인정된다.

○ 대법원 2009. 9. 10. 선고 2007후3356 판결

소극적 권리범위확인의 확인대상발명은 특허발명의 구성 중 대형유동채널 및 균일한 고체 중합체 시트와 동일한 구성을 가지면서 소형유동채널이 결여되어 있고 마이크로 홀이 부가되어 있는 점에서 차이가 있으나, 확인대상발명의 물건을 공급받은 사람이 연마패드를 사용하여 화학적 기계적 평탄화(CMP) 공정을 수행하는 때에는 다수의 다이아몬드입자가 부착된 컨디셔너로 연마패드의 표면을 압착하여 문지르는 컨디셔닝 공정이 필수적으로 부가되고, 이러한 컨디셔닝 공정을 수행하는 경우에 확인대상발명의 연마패드에는 특허발명의 소형유동채널의 수치범위 내에 있는 폭과 깊이 및 밀도를 가지고서 연마슬러리를 이동시키는 통로로 작용함으로써 특허발명의 소형유동채널과 동일한 구조와 기능을 하는 줄무늬 홈이 반드시 형성된다. 따라서 확인대상발명의 물건은 특허발명의 물건의 생산에만 사용되는 것이어서 원고가 업으로서 확인대상발명의 물건을 생산·판매한 행위는

권리범위확인심판의 심결시를 기준으로 하여 특허발명에 대한 간접침해에 해당된다.

○ 대법원 2006. 10. 12. 선고 2004다36505 판결

특허발명은 화상형성장치 내지 주조립체의 복수개의 코너부가 있는 비원형 횡단면을 가진 비틀린 구멍에 결합되어 회전구동력을 전달받을 수 있도록 비원형 횡단면을 가진 돌출부를 갖춘 것을 기술적 특징으로 하는 감광드럼에 관한 발명으로서, 이러한 감광드럼을 실제로 사용함에 있어서는 위와 같은 구멍을 갖춘 화상형성장치 내지 주조립체에 결합되어 사용될 것임이 위 각 청구항의 기재에 의하여 분명하다고 하더라도, 특허발명은 감광드럼에 관한 물건발명으로서, 위와 같은 기술적 특징을 갖춘 감광드럼을 특허권자의 허락 없이 업으로서 생산하였다면 바로 특허권 침해가 완성되고, 위 감광드럼을 생산한 후에 현실적으로 위와 같은 구멍을 갖춘 화상형성장치 내지 주조립체에 결합되어 사용되어야만 비로소 특허권 침해가 성립하는 것은 아니다.

○ 대법원 2001. 1. 30. 선고 98후2580 판결

확인대상발명의 감광드럼카트리지는 전체적으로 특허발명을 채택한 레이저 프린터에 꼭 맞는 구성을 취하고 있고, 현재 확인대상발명의 감광드럼카트리지는 전량 특허발명을 채택한 레이저 프린터에만 사용되고 있으며, 특허발명을 채택하지 않은 레이저 프린터 중 확인대상발명의 감광드럼카트리지를 사용할 수 있는 것은 없고, 위 감광드럼카트리지는, 특허발명의 본질적인 구성요소이고, 다른 용도로는 사용되지도 않으며, 일반적으로 널리 쉽게 구입할 수도 없는 물품일 뿐만 아니라, 레이저 프린터의 구입시에 그 교체가 예정되어 있었고, 특허권자인 피고 측에서 그러한 감광드럼카트리지를 따로 제조·판매하고 있으므로, 확인대상발명의 감광드럼 카트리지는 특허발명의 물건의 생산에만 사용하는 물건에 해당한다. 따라서 확인대상발명의 감광드럼카트리지가 특허발명의 물건의 생산에만 사용되는 이상, 확인대상발명이 공지의 감광드럼카트리지에 개선된 폐토너 회수통을 결합한 것이라고 하더라도, 간접침해가 성립한다.

○ 서울중앙지법 2016. 12. 9. 선고 2015가합577366 판결

피고 실시제품은 LEVEL 3과 연계되도록 주문제작된 것으로 LEVEL 3으로부터 '물류관리를 위한 정보'를 받아서 사용할 것을 전제로 만들어진 것이므로, 이는 발명의 모든 구성요소를 가진 물건을 실시하지 않았더라도 적어도 그 전 단계의 행위를 한 것이어서 간접침해가 성립된다.

※ 간접침해가 아니라고 본 사례

○ 대법원 2002. 11. 8. 선고 2000다27602 판결

일면에 접착제가 도포되어 롤에 감겨 있는 합성수지필름이 특허발명에 있어 증명서의 피복재로 없어서는 안 될 소모품으로서 열융착시 증명서와 접합되는 물건이라는 점만 알 수 있을 뿐, 나아가

위 합성수지 접착필름이 오로지 특허발명의 증명서 자동피복장치의 생산에만 사용되는 물건이라고 인정할 만한 자료를 찾아볼 수 없고, 오히려 특허발명의 출원 전에 반포된 선행발명을 보면 위 합성수지 접착필름은 이미 특허발명의 출원 전에 공지된 것임을 알 수 있는바, 위 합성수지 접착필름은 특허발명의 증명서 자동피복장치의 생산에만 사용되는 물건이라고 보기 어려우므로, 피고가 이를 제작·판매하는 행위가 특허발명의 간접침해에 해당한다고 볼 수 없다.

○ 특허법원 2020. 10. 15. 선고 2020허3799 판결

확인대상발명은 사용자가 그 필요에 따라 각각의 접점단자의 연결이나 작동 조건을 다르게 설정할 수 있어서, 전원을 계속해서 공급해야 할 필요성이 있는 소방전원 분야뿐만 아니라 선행발명과 같이 사용자의 우선순위 설정에 따라 선택적으로 부하 차단을 제어하는 분야에도 사용될 수 있고, 정전부하에 연결시키지 않고 적절한 설정을 할 경우 피더 컨트롤러의 기능만을 제공한다고 볼 수 있다. 따라서 확인대상발명은 특허발명의 소방전원 보존형 자가발전기의 생산에만 사용되는 물건이라고 할 수 없으므로, 확인대상발명의 실시행위는 특허발명을 간접침해한다고 볼 수 없다.

○ 특허법원 2018. 8. 24. 선고 2017허6736 판결

청구인은 단순히 경험칙상 확인대상발명의 물건은 화장실 이외의 물기가 없는 환경의 칸막이로 사용될 수 없고, 조립식 화장실에 있어서 모든 칸막이 판재의 하단부에는 PVC 엣지와 같은 마감재가 설치되어 있다고 주장하고 있을 뿐 이를 인정할 만한 객관적인 자료를 제출하지 못하고 있는 점, 오히려 확인대상발명의 화장실 칸막이 판재는 화장실 시공에 사용되는 물건으로서 청구인 스스로도 자신의 웹사이트에서 방수재 하부 표면에 PVC 엣지가 부착되지 않는 것으로 보이는 하부 방수용 화장실 칸막이 판재를 소개하고 있는 점 등에 비추어 보면, 방수재 하부 표면에 PVC 엣지가 부착되지 않은 확인대상발명의 화장실 칸막이 판재는 그 물건 자체로 독자적인 용도를 가지는 것으로 보이므로, 사회통념상 통용되고 승인될 수 있는 경제적·상업적·실용적인 다른 용도를 가진다고 봄이 상당하고, 달리 특허발명의 화장실 칸막이 판재의 생산에만 사용되는 물건에 해당한다거나 단순히 위 특허 물건 이외의 물건에 사용될 이론적·실험적·일시적인 사용가능성이 있는 정도에 불과하다고 볼 만한 증거도 없다. 따라서 확인대상발명의 물건이 특허발명의 물건의 생산에만 사용되는 물건이라고 볼 수도 없다. 그렇다면 확인대상발명의 물건을 생산하는 것은 특허발명의 물건의 생산에만 사용하는 물건을 생산하는 행위에 해당한다고 볼 수 없으므로, 확인대상발명의 물건의 생산은 특허발명의 간접침해에 해당하지 않는다.

○ 특허법원 2014. 7. 24. 선고 2014허1600 판결

특허발명의 '장착부'를 구비하고 있지 않은 확인대상발명의 결함 검사장치가 특허발명의 생산에만 사용하는 물건에 해당하기 위해서는 확인대상발명의 결함 검사장치가 특허발명의 '장착부'를 제외한 나머지 구성인 조명부, 촬영부와 동일하거나 균등한 구성을 모두 갖추고 있음을 전제로 하여야

하는데, 확인대상발명은 특허발명의 '조명부' 및 '촬영부'와 동일하거나 균등한 구성을 갖추고 있지 않으므로, 확인대상발명은 특허발명의 생산에 사용하는 물건이라고 할 수 없다. 따라서 간접침해에 해당한다고 볼 수 없다.

4 유형별 검토

가. 특허권자의 증명책임

1) 상대방의 실시기술 내용과 특허권 침해

□ 특허권 침해를 주장하는 자는 상대방이 실시하는 기술의 내용 및 그 내용이 자신의 특허권의 권리범위에 속한다는 점을 증명해야 한다.[629]

2) 상대방의 특허발명 실시

□ 특허침해를 원인으로 한 침해금지청구의 소에서 상대방의 특허발명의 실시에 대한 증명책임은 특허권자에게 있다.[630]

3) 증명책임의 전환

□ **물건의 생산방법발명에서의 생상방법추정**

특허가 물건의 생산방법발명인 경우, 그 물건과 동일한 물건은 그 특허된 방법에 의하여 생산된 것으로 추정함으로써 증명책임을 전환하여 특허권자의 증명부담을 경감시켜 주고 있다.[631]

나. 하나의 장치가 여러 특허발명의 구성요소를 모두 포함하는 경우

□ **각 특허발명의 권리범위에 모두 속함**

하나의 장치가 여러 특허발명의 구성요소를 모두 포함하는 경우, 그 장치는 각 특허발명의 권리범위에 모두 속하는 것이지, 어느 한 특허발명의 권리범위에 속한다고 하여 다른 특허발명의 권리범위에 속하지 않게 되는 것은 아니다.[632]

---

629) 대전지법 2010. 11. 25. 선고 2009가합10816 판결, 서울중앙지법 2010. 5. 20. 선고 2009가합147818 판결
630) 서울중앙지법 2012. 8. 24. 선고 2011가합39552 판결
631) 특허법원 2018. 9. 7. 선고 2016나1738 판결, 서울고법 2006. 9. 26. 선고 2004나85042 판결, 2005. 9. 6. 선고 2004나91917 판결.
632) 서울중앙지법 2005. 10. 21. 선고 2004가합54300 판결

다. 권리범위확인심판에서의 일사부재리 판단

[§ 163](일사부재리)

이 법에 따른 심판의 심결이 확정되었을 때에는 그 사건에 대하여는 누구든지 동일사실·증거에 의하여 다시 심판을 청구할 수 없다. 다만, 확정된 심결이 각하심결인 경우에는 그렇지 않다.

1) 의의

가) 개념

(1) 확정심결에 대하여 누구든지 동일사실·증거에 의한 재심판청구 금지

□ 심결이 확정되면 당사자뿐만 아니라 당해 심판절차에 관여하지 아니한 제3자에 대하여도 대세적 효력이 미치는바,[633] 일사부재리의 원칙은 확정된 심결에 대하여 누구든지 동일사실·증거에 의한 재심판청구를 금지하는 것이다.[634]

(2) 권리범위확인에 관한 확정심결·판결에도 적용

□ 권리범위확인에 관한 확정심결·판결에도 일사부재리의 원칙이 적용된다.[635]

나) 취지

□ 일사부재리의 원칙은 이미 확정된 심결과 모순·저촉되는 후행심결을 방지하고, 남용적인 심판청구를 규율함으로써 심판절차의 경제성을 도모하려는 데 그 취지가 있다.[636]

다) 직권조사사항

▶ 일사부재리에 위배되는지 여부는 직권조사사항이다.

라) 심판청구의 적법요건

□ 일사부재리 원칙은 심판청구의 적법요건이다.[637]

---

633) 특허법원 2017. 9. 22. 선고 2017허3478 판결, 2003. 3. 27. 선고 2002허6992 판결, 2002. 5. 30. 선고 2001허6803 판결

634) 대법원 2021. 6. 3. 선고 2021후10077 판결, 2020. 4. 9. 선고 2018후11360 판결, 2006. 6. 28. 선고 2004후3171 판결, 1989. 5. 23. 선고 88후73 판결, 1986. 9. 9. 선고 85후12 판결, 1990. 7. 10. 선고 89후1509 판결, 특허법원 2019. 11. 28. 선고 2018허162 판결, 2008. 11. 5. 선고 2008허8112 판결, 2002. 6. 12. 선고 2002허1447 판결

635) 대법원 1992. 4. 28. 선고 91후1731 판결, 1986. 9. 9. 선고 85후12 판결, 1970. 6. 30. 선고 70후13 판결, 특허법원 2001. 11. 9. 선고 2001허2559 판결

636) 대법원 2021. 6. 3. 선고 2021후10077 판결, 특허법원 2022. 10. 27. 선고 2021허5907 판결, 2017. 9. 22. 선고 2017허3478 판결, 2005. 3. 10. 선고 2004허4228 판결, 2003. 3. 27. 선고 2002허6992 판결, 2002. 5. 30. 선고 2001허6803 판결

637) 대법원 2021. 6. 3. 선고 2021후10077 판결

마) 민사판결의 기판력과의 비교

□ ① 일사부재리와 민사판결의 기판력은 확정된 심결과 모순·저촉되는 후행심결을 방지하고자 한다는 점에서 유사하나, ② 일사부재리는 특허권의 존부나 권리범위에 관한 심결이 확정되면 대세적 효력을 가지는 반면, 민사판결의 기판력은 당사자 사이에서만 효력을 가지는 점에서 차이가 있다.[638)]

바) 기준시점

(1) 심판청구시

(가) 심판청구의 부적법 여부

★□ 일사부재리의 원칙에 따라 심판청구가 부적법하게 되는지 여부를 판단하는 기준시점은 심판청구시로 보아야 한다.[639)]

(나) 선행심결의 확정

□ 선행심결의 확정과 관련해서만 그 기준시점을 심결시가 아니라 심판청구시로 본다.[640)]

(다) 심판청구 후에 다른 심판의 심결이 확정 등록된 경우

□ 심판청구 후에 비로소 동일사실·증거에 의한 다른 심판의 심결이 확정 등록된 경우에는 당해 심판청구를 일사부재리의 원칙에 의하여 부적법하다고 할 수 없다.[641)]

(2) 심판청구가 동일사실·증거에 기초한 것인지는 심결시

★□ 심판청구가 동일한 사실·증거에 기초한 것이라서 일사부재리의 원칙에 위배되는지는 심결시를 기준으로 판단해야 한다. 따라서 특허심판원은 심판청구 후 심결시까지 보정된 사실과 이에 대한 증거를 모두 고려하여 심결시를 기준으로 심판청구가 선행 확정심결과 동일한 사실·증거에 기초한 것이라서 일사부재리의 원칙에 위반되는지 여부를 판단해야 한다.[642)]

---

638) 특허법원 2001. 3. 9. 선고 2000허2743 판결
• 기판력은 당사자 사이에 한하여 생기고, 제3자에게는 미치지 않는다(대법원 2013. 4. 26. 선고 2011다37001 판결, 1995. 10. 13. 선고 94다44996 판결).

639) 대법원 2020. 4. 29. 선고 2016후2317 판결, 2020. 4. 9. 선고 2018후11360 판결, 2012. 1. 19. 선고 2009후2234 전합 판결, 특허법원 2018. 7. 26. 선고 2018허1523 판결, 2018. 4. 13. 선고 2015허4774 판결

640) 대법원 2020. 4. 29. 선고 2016후2317 판결, 2020. 4. 9. 선고 2018후11360 판결

641) 대법원 2012. 1. 19. 선고 2009후2234 전합 판결, 특허법원 2018. 4. 13. 선고 2015허4774 판결

642) 대법원 2020. 4. 9. 선고 2018후11360 판결, 특허법원 2021. 5. 28. 선고 2020허7050 판결, 2020. 12. 10. 선고 2020허3584 판결, 2020. 9. 11. 선고 2020허2017 판결

2) 일사부재리의 효력

가) 효력의 발생요건

(1) 동일사실 · 증거

□ 일사부재리의 효력은 확정심결과 동일사실 · 증거에 의하여 다시 심판청구를 하는 경우에 한하여 미친다.[643)]

(2) 동일 종류의 심판

□ 일사부재리의 효력은 원칙적으로 동일 종류의 심판에 한하여 미치므로,[644)] 심판의 종류가 다른 경우에는 일사부재리의 효력이 미치지 않는다.[645)]

○ 다시 심판을 청구할 수 없는 '심판'이란 '확정된 심결'과 청구취지가 동일한 심판, 즉 청구취지의 대상이 되어 있는 권리가 동일하고 종류가 동일한 심판을 의미한다.[646)]

(3) 청구취지의 동일

□ 청구취지의 대상이 되어 있는 권리가 동일한 경우에는 일사부재리가 적용되지만,[647)] 청구취지가 다른 경우에는 일사부재리의 효력이 미치지 않는다.[648)]

(4) 확정심결 · 판결의 존재

□ 일사부재리의 원칙은 확정심결이나 확정판결이 있을 때에 적용되는 것이고,[649)] 미확정의 파기환송판결에 대해 적용되는 것이 아니다.[650)]

나) 일사부재리의 효력 범위

(1) 당사자 및 제3자

□ 심결이 확정되면 심판의 당사자뿐만 아니라 제3자에게도 일사부재리의 효력이 미친다.[651)]

---

643) 대법원 2023. 3. 9. 선고 2022후10289 판결, 특허법원 2005. 3. 10. 선고 2004허4228 판결
644) 특허법원 2009. 4. 24. 선고 2009허1729 판결, 2004. 10. 8. 선고 2003허7268 판결, 2001. 7. 26. 선고 2001허1723 판결
645) 대법원 2023. 3. 9. 선고 2022후10289 판결, 특허법원 2012. 2. 17. 선고 2011허7782 판결, 2001. 7. 26. 선고 2001허1723 판결
646) 특허법원 2022. 4. 20. 선고 2021허2694 판결
647) 특허법원 2009. 4. 24. 선고 2009허1729 판결
648) 대법원 2023. 3. 9. 선고 2022후10289 판결
649) 대법원 1991. 6. 28. 선고 90후1123 판결, 1991. 6. 28. 선고 90후1130 판결, 1989. 6. 13. 선고 88도1983 판결
650) 대법원 1991. 6. 28. 선고 90후1123 판결, 1991. 6. 28. 선고 90후1130 판결
651) 대법원 2020. 4. 9. 선고 2018후11360 판결, 2013. 2. 14. 선고 2012후1101 판결, 2012. 3. 15. 선고

(2) 해당 사건

□ 일사부재리 효력은 해당 사건에 대하여만 미친다.[652]

(3) 후에 제기되는 심판

□ 일사부재리의 효력은 심결 후에 제기되는 심판에 대하여만 영향을 미칠 뿐 법원의 판결에는 영향을 미치지 않는다.[653]

다) 확정심결이 각하심결인 경우

(1) 일사부재리 미적용

□ 확정된 심결이 심판청구의 적법요건을 갖추지 못한 각하심결인 경우에는 일사부재리가 적용되지 않는다.[654]

(2) 실시발명을 달리하는 경우

□ 확인대상발명이 동일하더라도, 확정판결이 확인대상발명과 실시발명의 동일성 등을 사유로 심판청구의 확인의 이익이 없음을 내용으로 하는 각하심결인 경우에는 실시발명을 달리하는 것을 새로운 증거로 하여 심판청구를 한 것이라면 이는 일사부재리의 원칙에 위배되지 않는다.[655]

(3) 실체적 판단 선행

□ 후행 심판에서 새로 제출된 증거가 확정심결의 증거와 동일증거인지 판단하기 위해서는 선행 확정심결을 번복할 수 있을지를 심리·판단하게 되고, 새로 제출된 증거가 선행 확정심결을 번복할 수 있을 만큼 유력한 증거인지에 관한 심리·판단이 이루어진 후 선행 확정심결과 동일증거에 의한 심판청구라는 이유로 각하된 심결인 경우에도 일사부재리 원칙은 동일하게 적용된다.[656]

2011후3872 판결, 특허법원 2018. 10. 5. 선고 2017허8114 판결, 2018. 5. 18. 선고 2018허1622 판결, 2016. 4. 1. 선고 2015허5708 판결

652) 특허법원 2018. 11. 23. 선고 2018허2144 판결

653) 대구지법 2011. 5. 12. 선고 2011가합485 판결

654) 대법원 2021. 6. 3. 선고 2021후10077 판결, 특허법원 2009. 7. 2. 선고 2008허10030 판결, 2006. 1. 13. 선고 2005허7866 판결

655) 특허법원 2011. 11. 11. 선고 2011허5397 판결

656) 대법원 2021. 6. 3. 선고 2021후10077 판결

3) 일사부재리의 판단방법

가) 심판물의 동일

(1) 동일사실

□ 동일사실이란 청구원인사실의 동일성으로서,[657] 당해 특허권과의 관계에서 확정이 요구되는 구체적 사실이 동일한 것을 말한다.[658]

(2) 확인대상발명의 동일

(가) 확인대상발명이 서로 동일한 경우

□ 동일한 특허발명에 대하여 청구된 권리범위확인심판에서 전후 사건의 확인대상발명이 서로 동일한 경우에는 동일사실에 해당한다.[659]

(나) 확인대상발명이 서로 동일하지 않은 경우

□ 전후 사건의 확인대상발명이 서로 동일하지 않다면 동일사실에 기한 심판청구라 할 수 없다.[660]

(3) 확정이 요구되는 구체적 사실

□ 권리범위확인심판에 있어 확정이 요구되는 구체적 사실에는, ① 확인대상발명이 특허발명의 권리범위에 속하는지 여부, ② 특허발명이 선출원 특허발명과 동일·유사한지 여부, ③ 확인대상발명이 선출원 특허발명과 동일·유사한지 여부도 포함된다.[661]

(4) 청구원인사실의 동일

(가) 확정심결의 청구원인과 다른 사실을 주장한 경우

□ 확정된 심결에서 주장한 청구원인과 다른 사실을 주장하여 새로운 심판청구가 제기되거나, 그로 인하여 전후 사건의 판단대상이 되는 심판물 자체가 달라진다면 동일사실에 기한 심판청구라 할 수 없다.[662]

---

657) 대법원 1987. 7. 7. 선고 86후107 판결, 특허법원 2017. 9. 22. 선고 2017허3478 판결, 2002. 6. 12. 선고 2002허1447 판결, 2001. 7. 27. 선고 2001허355 판결
- 동일사실이란 동일한 권리에 대하여 동일한 원인을 이유로 하는 특정한 사실을 말한다(특허법원 2016. 10. 7. 선고 2016허3471 판결, 2016. 10. 7. 선고 2016허3990 판결).

658) 대법원 2012. 5. 24. 선고 2012후757 판결, 2006. 5. 26. 선고 2003후427 판결, 2001. 6. 26. 선고 99후2402 판결, 2001. 4. 10. 선고 2000후2910 판결, 1989. 5. 23. 선고 87후98 판결, 1989. 5. 23. 선고 87후99 판결, 1989. 5. 23. 선고 87후100 판결

659) 특허법원 2011. 12. 8. 선고 2011허6277 판결, 2010. 2. 18. 선고 2009허6854 판결, 2008. 12. 17. 선고 2008허4158 판결, 2007. 8. 22. 선고 2007허4472 판결, 2006. 11. 17. 선고 2006허1513 판결, 2002. 7. 12. 선고 2001허3095 판결

660) 특허법원 2022. 1. 14. 선고 2021허4270 판결, 2001. 3. 9. 선고 2000허2743 판결

661) 특허법원 2006. 9. 22. 선고 2006허4338 판결

(나) 확정심결에 자유실시기술의 항변 사유가 새로 추가된 경우

□ 권리범위확인심판청구에 관하여 종전에 확정된 심결이 있더라도 종전심판에서 청구원인이 된 속부 사유 외에 자유실시기술의 항변 사유가 새로 추가된 경우에는 새로운 심판청구는 그 자체로 동일사실에 의한 것이 아니어서 일사부재리의 원칙에 위배되지 않는다.[663]

(다) 확정심결에 특허발명의 무효사유가 새로 추가된 경우

□ 확정된 심결에서는 확인대상발명이 특허발명을 문언침해 및 균등침해하지 않는 다는 주장인 반면, 새로운 심판청구에서는 특허발명의 신규성 부정을 주장하거나,[664] 특허발명이 미완성 발명이라는 주장이나,[665] 특허법 제42조 각 항의 무효사유를 새롭게 주장하면서 권리범위가 부정된다는 주장을 하는 경우에는 새로운 심판청구는 그 자체로 동일사실에 의한 것이 아니어서 일사부재리의 원칙에 위배되지 않는다.[666]

(5) 동일사실 해석시 주의사항

(가) 종전 심결이유에서 구체적으로 판단되었던 것에 한정

□ 동일사실은 종전의 심결이나 판결이유에서 구체적으로 거론되고 판단되었던 것에 한정된다.[667]

(나) 종전 심결에서 판단된 것과 동일한 청구원인사실

□ 종전 심결에서 판단된 것과 동일한 청구원인사실만 동일사실에 포함된다. 따라서 동일성이 없는 청구원인사실은 가사 그것이 종전 심결을 번복할 수 있을 정도로 유력하지 않더라도 이에 포함된다고 볼 수 없다.[668]

(다) 심결의 결론에 영향을 미치지 않는 사실

□ 동일사실을 특허발명의 청구범위에 적힌 필수적 구성요소에 대응하는 구성이 같은 경우로 한정하거나, 동일한 사실 외에 확정된 심결의 결론에 영향을 미치지 않는 정

---

662) 특허법원 2001. 3. 9. 선고 2000허2743 판결
 • 이 사건은 확인대상발명이 달라진 경우에 관한 것이다.

663) (같은 취지) 대법원 2017. 1. 19. 선고 2013후37 전합 판결, 특허법원 2018. 6. 29. 선고 2017허7005 판결, 2006. 9. 22. 선고 2006허4338 판결

664) 특허법원 2013. 5. 9. 선고 2013허82 판결

665) 특허법원 2010. 6. 4. 선고 2009허7444 판결, 2007. 12. 5. 선고 2007허1787 판결

666) 특허법원 2011. 5. 26. 선고 2010허6959 판결, 2011. 4. 8. 선고 2010허5918 판결

667) 특허법원 2009. 5. 29. 선고 2008허9627 판결, 2001. 11. 9. 선고 2001허2559 판결, 2000. 3. 10. 선고 98허4739 판결, 1999. 2. 11. 선고 98허1198 판결

668) 특허법원 2007. 12. 28. 선고 2007허3530 판결

도의 사실까지 포함하는 것으로 해석해서는 안 된다.[669]

▶ 확인대상발명에 확정된 심결의 결론에 영향을 미칠 수 있는 정도의 사실이 있으면 동일사실로 보지 않는다.

(라) 종전 심결의 기판력이 심판대상이 된 심결이 동일하지 않은 사건

□ 별개의 심결에 대하여 각각 제기된 취소소송이 중복제소에 해당한다거나, 각각 제기된 심결취소소송의 당사자가 동일하다는 이유만을 들어 어느 하나의 심결취소소송에서 먼저 확정된 심결의 기판력이 심판의 대상이 된 심결이 동일하지 않은 사건에까지 미친다고 할 수 없다.[670]

(마) 특허발명이 동일하지 않은 사건

□ 별개의 특허발명에 대한 각각의 권리범위확인심판청구에 있어서 어느 하나의 심결이 먼저 확정된 경우에 그 확정 후에 제기된 심판청구에서 이미 확정된 심결에서와 동일한 주장이나 증거를 제출한다고 하더라도 일사부재리의 원칙이 적용되지 않는다.[671]

(6) 이용관계에 관한 법률적 주장만을 달리한 경우

□ 기존 권리범위확인심판에서 확인대상발명이 특허발명의 권리범위에 속하는지 여부가 확정된 이상, 새로운 권리범위확인심판에서 특허발명과 확인대상발명을 그대로 둔 채 이용관계에 관한 법률적 주장만을 달리하는 경우에는 일사부재리에 해당한다.[672]

(7) 법률 적용을 잘못한 위법사유가 있다는 주장만을 하는 경우

□ 확정된 심결이 법률 적용을 잘못한 위법사유가 있다는 주장만을 하는 경우에는 일사부재리의 원칙에 저촉된다.[673]

○ 대법원 2005. 4. 28. 선고 2004후493 판결

피고가 원고를 상대로 소극적 권리범위확인을 구하여 이미 확정된 권리범위확인심판사건에서 피고가 스스로 자신이 실시하는 확인대상발명이라고 특정한 발명과 이 사건에서 원고가 특정한 피고의 실시발명을 대비하여 보면, 위 확정된 사건의 실시발명은 이 사건에서의 실시발명의 구성 중 보강웨지의 구성이 결여되어 있음을 알 수 있고, 특허발명의 청구범위에 의하면, 비치파라솔 거치용 테이블에 있어서 보강웨지의 구성은 합성수지브라켓을 테이블판 저면에 일체로 형성하여 사용하여도

669) 특허법원 2006. 11. 17. 선고 2006허1513 판결
670) 대법원 2004. 5. 14. 선고 2002후1256 판결
671) 대법원 2004. 5. 14. 선고 2002후1256 판결
672) 특허법원 2010. 2. 18. 선고 2009허6854 판결, 2007. 8. 22. 선고 2007허4472 판결
673) 특허법원 1999. 8. 19. 선고 99허3474 판결

쉽게 파손되지 않도록 하는 필수구성요소이므로, 이 사건은 확정된 심결과 그 심판대상물이 달라 동일사실에 의한 동일한 심판청구라고 할 수 없다.

○ 특허법원 2006. 11. 17. 선고 2006허1513 판결
확인대상발명 1, 2의 사이에는 기술구성상 차이가 있으므로 이 사건 심결과 종전심결에서 특허발명과의 관계에서 요구되는 구체적 사실이 달라서 동일사실에 해당하지 않고, 설사 확인대상발명 1, 2가 특허발명의 필수적 구성요소를 공통으로 가지고 있어서 특허발명의 권리범위에 속하는지의 결론에 영향을 미치지 못할 가능성이 매우 높다고 하더라도 달리 볼 것은 아니다.

나) 당사자나 증거해석을 달리하는 경우

□ 당사자를 달리하거나 증거의 해석을 달리하는 것만으로 일사부재리 원칙이 배제되는 것은 아니다.[674)]

다) 증거의 동일

(1) 동일증거

□ 동일증거란 증거내용의 동일성을 말하는 것으로서,[675)] 구체적 사실과 관련성을 가진 증거를 말한다.[676)]

(2) 증거의 이동(異同)

□ 권리범위확인심판에서 특허발명의 신규성의 유무를 판단하기 위해서는 새로운 증거의 제출이 있을 수 있고 따라서 동일사실을 청구원인으로 하는 경우라도 증거의 이동(異同)문제가 생길 수 있다.[677)]

(3) 새로운 증거의 제출

(가) 확정심결을 번복할 수 있는 새로운 증거

□ 동일사실에 관한 것이라도, 확인대상발명이 자유실시기술임을 번복할 수 있는 새로운 증거를 제출한 경우에는 일사부재리의 원칙에 위배되지 않는다.[678)] 이 경우, 확

674) 대법원 1990. 7. 10. 선고 89후1509 판결
675) 대법원 1987. 7. 7. 선고 86후107 판결, 특허법원 2017. 9. 22. 선고 2017허3478 판결, 2001. 7. 27. 선고 2001허355 판결, 1999. 8. 13. 선고 98허8700,8717 판결
676) 대법원 2001. 6. 26. 선고 99후2402 판결, 2001. 4. 10. 선고 2000후2910 판결, 1989. 5. 23. 선고 87후98 판결, 1989. 5. 23. 선고 87후99 판결, 1989. 5. 23. 선고 87후100 판결, 1976. 6. 8. 선고 75후18 판결, 특허법원 2021. 11. 25. 선고 2021허3680 판결, 2021. 6. 10. 선고 2020허6194 판결, 2021. 6. 10. 선고 2020허6200 판결, 2021. 5. 28. 선고 2020허7050 판결, 2020. 9. 11. 선고 2020허2017 판결, 2020. 5. 29. 선고 2018허9237 판결, 2019. 12. 19. 선고 2019허4567 판결
677) 대법원 1977. 2. 22. 선고 76후19 판결

정심결의 결론에 영향을 미칠 수 있는 새로운 증거를 부가한 경우에는 일부 동일증거가 있더라도 일사부재리의 원칙에 위배되지 않는다.679)

(나) 확정심결의 증거와 전혀 다른 새로운 증거만을 제출한 경우

★□ 전에 확정된 심결의 증거와 전혀 다른 새로운 증거만을 제출하는 경우에는 그 새로운 증거가 전에 확정된 심결과 다른 결론을 내릴 수 있을 만한 것인지의 여부에 관계없이 동일증거라고 할 수 없으므로 일사부재리의 원칙에 위반되지 않는다.680) 따라서 동일사실에 관한 것이라도 특허발명이 공지·공용의 것이라는 점에 관하여 전에 확정된 심결에서는 제출되지 않은 전혀 다른 새로운 증거만을 제출하는 경우에는 후 사건 심판청구는 일사부재리의 원칙에 위배되지 않는다.681)

○ 이 사건과 확정심결이 동일증거에 의한 것이라고 인정하려면 확정심결에서 제출된 증거들이 어떠한 것이었는지를 알아본 다음, 그 증거들과 이 사건 증거들이 동일증거인지 여부를 따져 보아야 하고, 그 결과 확정심결과는 동일증거가 아닌 다른 증거가 제출된 경우에는 그 청구를 일사부재리의 원칙에 위배되는 청구라고 볼 수 없다.682)

(다) 새로 제출된 증거가 그 구체적인 내용이 다른 경우

□ 새로 제출된 증거가 확정심결의 증거에 부가된 증거가 아니라 독립한 증거로서 그 구체적인 내용이 다른 경우에는 그 증거가 전에 제출된 증거와 유사한 형식과 내용의 문헌이라는 사정만으로 이를 동일한 증거라고 단정할 수는 없다.683)

---

678) 특허법원 2005. 6. 17. 선고 2004허5245 판결
(같은 취지) 대법원 2021. 1. 14. 선고 2020후10810 판결, 2013. 9. 13. 선고 2012후1057 판결, 2005. 3. 11. 선고 2004후42 판결, 2004. 7. 22. 선고 2002후1157 판결, 2003. 12. 26. 선고 2003후1567 판결, 2001. 4. 10. 선고 2000후2910 판결, 2001. 2. 13. 선고 99후2518,2525 판결, 2000. 11. 10. 선고 99후1386 판결, 2000. 10. 27. 선고 2000후1412 판결, 1991. 11. 26. 선고 90후1833 판결, 1991. 11. 26. 선고 90후1840 판결

679) 대법원 1989. 5. 23. 선고 88후73 판결, 특허법원 2005. 3. 10. 선고 2004허4228 판결, 2000. 4. 28. 선고 99허550 판결, 1999. 8. 13. 선고 98허8700,8717 판결

680) 특허법원 2006. 9. 28. 선고 2006허732 판결
• 확정심결에서는 선행발명 1, 2가 제출되었고, 후행심결에서는 선행발명 3, 4, 5가 제출된 사안에서, 확정심결과 후행심결에서 제출된 각 증거들이 서로 다르기는 하지만, 후행심결에서 제출된 증거에 의해서도 확정심결의 결론을 번복할 수 없다는 이유로 유력한 증거로 볼 수 없어 일사부재리의 원칙에 위배된다는 특허법원 2003. 3. 21. 선고 2002허2266 판결은 그 자체로서 더 이상 채택할 것이 못된다.

681) 대법원 1991. 11. 26. 선고 90후1840 판결, 특허법원 2021. 11. 25. 선고 2021허3680 판결, 2020. 8. 14. 선고 2020허1168 판결, 2006. 9. 28. 선고 2006허732 판결, 2004. 12. 3. 선고 2004허1809 판결

682) 대법원 1978. 5. 23. 선고 77후29 판결

683) 특허법원 2003. 3. 27. 선고 2002허6992 판결

(4) 동일증거 해석시 주의사항

(가) 일사부재리의 입법취지 고려

□ 구체적인 사건에서 어떠한 경우에 동일사실 및 동일증거에 해당하는지를 판단함에 있어서는 일사부재리의 입법취지를 고려하여 합리적으로 판단해야 한다.[684)]

(나) 심판절차 및 심결취소소송에서 제출되어 사용된 증거

□ 증거란 심판절차에서 제출된 증거뿐만 아니라, 그 심결의 취소소송절차에서 제출되어 심결의 위법 여부를 판단하는데 사용된 증거도 포함한다.[685)]

(다) 종전 심결이유에서 구체적으로 판단되었던 것

□ 동일증거는 확정된 종전 심결이나 판결이유에서 구체적으로 거론되고 판단되었던 것에 한정된다.[686)]

(라) 종전 심결을 번복할 수 있을 정도로 유력하지 않은 증거 부가

□ 동일증거란 전에 확정된 심결의 증거와 동일한 증거만이 아니라 그 심결을 번복할 수 있을 정도로 유력하지 않은 증거가 부가되는 것도 포함한다.[687)] 따라서 전에 확정된 심결에 영향을 미치지 않을 새로운 증거들을 전에 확정된 심결의 증거에 부가하였다고 하더라도 이는 동일증거로 인정된다.[688)]

(마) 종전 증거와 구체적인 내용이 다르거나 반박할 수 있는 증거

□ 새로 제출된 증거가 확정심결의 증거와 그 구체적인 내용이 다르고 이로 인하여 확

---

684) 특허법원 2017. 9. 22. 선고 2017허3478 판결

685) 특허법원 2013. 1. 17. 선고 2012허9303 판결, 2011. 8. 11. 선고 2011허2053 판결, 2010. 5. 12. 선고 2009허6236 판결, 2007. 8. 30. 선고 2007허4526 판결

686) 특허법원 2017. 9. 22. 선고 2017허3478 판결, 2016. 10. 7. 선고 2016허3471 판결, 2016. 10. 7. 선고 2016허3990 판결, 2013. 1. 17. 선고 2012허9303 판결, 2012. 12. 13. 선고 2012허7123 판결, 2011. 8. 11. 선고 2011허2053 판결, 2006. 11. 17. 선고 2006허1513 판결, 2005. 3. 10. 선고 2004허4228 판결, 2003. 12. 11. 선고 2003허1475 판결, 2001. 11. 9. 선고 2001허2559 판결, 2000. 6. 9. 선고 99허5753 판결, 2000. 3. 10. 선고 98허4739 판결, 1999. 4. 29. 선고 98허10536 판결, 1999. 2. 11. 선고 98허1198 판결

687) 대법원 2021. 6. 3. 선고 2021후10077 판결, 2021. 1. 14. 선고 2020후10810 판결, 2005. 3. 11. 선고 2004후42 판결, 2004. 7. 22. 선고 2002후1157 판결, 2003. 12. 26. 선고 2003후1567 판결, 2001. 6. 26. 선고 99후2402 판결, 2001. 4. 10. 선고 2000후2910 판결, 2001. 2. 13. 선고 99후2518,2525 판결, 2000. 11. 10. 선고 99후1386 판결, 2000. 10. 27. 선고 2000후1412 판결, 1991. 11. 26. 선고 90후1833 판결, 1991. 11. 26. 선고 90후1840 판결, 1991. 1. 15. 선고 90후212 판결

688) 대법원 1989. 5. 23. 선고 87후98 판결, 1989. 5. 23. 선고 87후99 판결, 1989. 5. 23. 선고 87후100 판결, 1978. 3. 28. 선고 77후28 판결, 특허법원 2002. 3. 29. 선고 2000허6400 판결, 2000. 9. 22. 선고 2000허4046 판결

정된 심결을 번복할 가능성이 있는 경우에는 비록 그 증거가 확정된 심결에서 배척된 선행발명과 동일한 발명에 관한 내용을 담고 있는 것이라고 하더라도 그와 같은 사정만으로 이를 동일한 증거라고 할 수는 없다.[689] 설령 양 증거가 통상의 기술자들 대부분에게는 실질적으로 동일한 증거로 여겨질 가능성이 크다고 하더라도, 새로운 증거가 전 심판의 심결이유를 정면으로 반박할 수 있는 명시적인 내용을 담고 있는 유력한 증거에 해당한다면 이를 일사부재리의 원칙에서 말하는 동일증거라고 할 수는 없다.[690]

(5) 종전심판에서 청구원인이 된 사유 외에 새로운 사유가 추가된 경우

★ □ 종전심판에서 청구원인이 된 사유 외에 새로운 사유가 추가된 경우에도, 종전에 확정된 심결에서 판단이 이루어진 청구원인과 공통되는 부분에 대하여는 일사부재리의 원칙 위배 여부의 관점에서 그 확정된 심결을 번복할 수 있을 정도로 유력한 증거가 새로이 제출되었는지를 따져 종전심결에서와 다른 결론을 내릴 것인지를 판단해야 한다.[691]

○ 특허법원 2006. 5. 12. 선고 2005허5099 판결

원고는, 이 사건 권리범위확인심판청구는 피고가 특허발명에 대하여 등록무효심판을 청구하였다가 확정된 사건과 동일하게 특허발명에 관한 것이고, 대비되는 발명 역시 동일하거나 동일하지 않다 하더라도 확정된 심결을 번복할 수 있을 정도로 유력한 증거가 아니어서, 일사부재리에 반하는 심판청구임에도 이를 간과한 위법이 있다고 주장하나, 위 등록무효심판청구 사건은 참고발명과 대비하여 이 사건 정정 전 특허에 관한 등록무효심판청구 사건임에 비하여, 이 사건은 확인대상발명이 특허발명의 권리범위에 속하는지 여부를 가리는 권리범위확인심판청구 사건이어서 양 심판청구사건은 사건의 종류와 대상을 달리하는 것이므로 양 심판청구사건은 증거의 동일 여부에 관하여 나아가 살펴볼 필요 없이 일사부재리에 해당하지 않는다.

○ 특허법원 2005. 6. 17. 선고 2004허5245 판결

이 사건 심판청구는 확정된 심결과 특허발명과 확인대상발명이 동일하므로 동일사실에 의한 심판청구이다. 한편 원고가 제출한 선행발명에는 확인대상발명의 특징적인 구성인 일체로 이루어져 있던 얀가이드부재를 얀가이드부재와 중간부재로 나누고, 얀가이드부재는 잘 마모되지 않도록 세라믹

689) 특허법원 2002. 5. 30. 선고 2001허6803 판결, 1999. 8. 13. 선고 98허8700,8717 판결
690) 특허법원 2004. 12. 3. 선고 2004허1809 판결
691) 대법원 2017. 1. 19. 선고 2013후37 전합 판결, 특허법원 2022. 4. 28. 선고 2021허3062 판결, 2021. 10. 29. 선고 2021허1608 판결, 2021. 6. 10. 선고 2020허6194 판결, 2021. 6. 10. 선고 2020허6200 판결, 2021. 5. 28. 선고 2020허7050 판결, 2020. 8. 14. 선고 2020허1168 판결, 2018. 7. 26. 선고 2018허1523 판결

재로 만든 구성이 나와 있어서, 일부 구성상의 차이에도 불구하고 확인대상발명은 선행발명으로부터 쉽게 발명할 수 있어 자유실시기술이므로, 특허발명과 비교할 필요 없이 특허발명의 권리범위에 속하지 않는다. 따라서 비록 이 사건 심판청구가 전에 확정된 권리범위확인사건과 동일사실에 의한 것이기는 하나, 이 사건 심판에서 새로이 제출된 선행발명이 확인대상발명이 자유실시기술임을 인정하여 확정된 심결을 번복할 수 있을 정도로 유력한 증거여서, 이 사건 심판청구가 일사부재리에 해당하지 않는다.

라) 실질적 저촉 여부

(1) 실질적 저촉이 있는 경우

□ 동일사실에 의한 동일한 심판청구에 대하여 확정심결의 증거에 대한 해석을 다르게 하는 등으로 그 심결의 기본이 된 이유와 실질적으로 저촉되는 판단을 하는 것은 일사부재리의 원칙의 취지에 비추어 허용되지 않는다.[692)]

(2) 실질적 저촉이 없는 경우

□ 전에 확정된 심결의 증거를 그 심결에서 판단하지 않았던 사항에 관한 증거로 들어 판단하거나 그 증거의 선행기술을 확정된 심결의 결론을 번복할 만한 유력한 증거의 선행기술에 추가적·보충적으로 결합하여 판단하는 경우 등과 같이 후행심판청구에 대한 판단내용이 확정된 심결의 기본이 된 이유와 실질적으로 저촉된다고 할 수 없는 경우에는, 확정된 심결과 그 결론이 결과적으로 달라졌다고 하더라도 일사부재리의 원칙에 반한다고 할 수 없다.[693)]

마) 무효심판절차에서 정정청구가 있는 경우

□ 무효심판절차에서 정정청구가 있는 경우, 정정의 인정 여부를 심리하여 정정청구가 적법하다고 인정된다면 그 정정된 발명의 내용에 대하여 심결시를 가준으로 심판청구가 일사부재리 원칙에 위반되는지 여부를 판단해야 한다.[694)]

바) 권리범위확인심판의 종류별 관계

(1) 권리범위확인심판의 종류가 달라도 일사부재리에 해당

□ 권리범위확인심판에서 확정이 요구되는 구체적인 사실은 적극적 권리범위확인심판에서의 그것과 소극적 권리범위확인심판에서의 그것을 달리 볼 것이 아니므로, 적극

692) 대법원 2013. 9. 13. 선고 2012후1057 판결, 1990. 7. 10. 선고 89후1509 판결
693) 대법원 2013. 9. 13. 선고 2012후1057 판결, 1990. 7. 10. 선고 89후1509 판결
694) 특허법원 2021. 10. 29. 선고 2021허1608 판결, 2020. 9. 11. 선고 2020허2017 판결

적 권리범위확인심판의 심결이 확정 등록된 때에는 그 일사부재리의 효력이 소극적 권리범위확인심판청구에 대하여도 그대로 미친다.[695]

(2) 동일한 사실에 기초

□ 적극적 권리범위확인심판과 소극적 권리범위확인심판이 실질적으로 동일한 특허발명과 확인대상발명을 대상으로 하여 권리범위확인심판을 청구하는 것이라면, 특허발명, 확인대상발명, 선행발명들이 서로 동일한지 상이한지에 관한 동일한 사실을 기초로 하는 것이다.[696]

○ 대법원 2012. 5. 24. 선고 2012후757 판결

피고가 원고를 상대로 제기하여 심결이 확정된 특허심판원 2010당603호 소극적 권리범위확인심판청구 사건의 확인대상발명과 적극적 권리범위확인심판청구 사건의 확인대상발명은 동일한 것이 아니어서, 소극적 권리범위확인심판청구 사건에서 확정이 요구되는 사실관계와 적극적 권리범위확인심판청구 사건에서 확정이 요구되는 사실관계는 동일하지 않으므로, 소극적 권리범위확인심판에서 확정된 심결의 일사부재리 효력이 이 사건에 미친다고 볼 수 없다.

4) 일사부재리인 경우의 처리

□ 일사부재리인 경우, ① 심판단계에서는 심판청구가 부적법하기 때문에 각하하는 반면, ② 소송단계에서는 전소의 기판력에 의하여 확정판결과 모순되는 판단을 할 수 없기 때문에 청구를 기각한다.[697]

5) 일사부재리 위반의 각하심결 취소소송

가) 심결시를 기준으로 동일사실 · 증거 심리

□ 일사부재리의 원칙 위반을 이유로 심판청구를 각하한 심결에 대한 취소소송에서 심결시를 기준으로 동일사실과 동일증거를 제출한 것인지를 심리하여 일사부재리의 원칙 위반 여부를 판단해야 한다.[698]

---

695) 대법원 2012. 5. 24. 선고 2012후757 판결, 2006. 5. 26. 선고 2003후427 판결, 2001. 4. 10. 선고 2000후2910 판결, 1976. 6. 8. 선고 75후18 판결, 특허법원 2022. 7. 7. 선고 2021허5006 판결, 2019. 4. 12. 선고 2018허8852 판결, 2010. 2. 18. 선고 2009허6854 판결, 2003. 10. 10. 선고 2002허7421 판결, 서울중앙지법 2009. 11. 26. 선고 2009가합133116,141452 판결

696) 특허법원 2003. 1. 17. 선고 2002허6763 판결, 2000. 9. 22. 선고 2000허4046 판결

697) 대법원 1989. 6. 27. 선고 87다카2478 판결, 대전고법 2021. 5. 27. 선고 2020나16066 판결, 특허법원 2018. 11. 8. 선고 2017나2370 판결, 부산지법 2010. 5. 7. 선고 2010나2654 판결

698) 대법원 2020. 4. 9. 선고 2018후11360 판결, 특허법원 2020. 12. 10. 선고 2020허3584 판결, 2020. 9. 11. 선고 2020허2017 판결

나) 새로운 사유에 대한 심리범위 제한

□ 일사부재리의 원칙 위반을 이유로 심판청구를 각하한 심결에 대한 취소소송에서 청구인이 심판절차에서 주장하지 않은 새로운 사유를 주장하는 것은 허용되지 않는다. 따라서 이러한 새로운 사유의 주장을 이유로 각하심결을 취소할 수 없고, 새로운 사유에 대하여 판단할 수도 없다.[699]

라. 권리범위확인심판에서의 중복심판

1) 의의

가) 취지

□ 중복심판청구 금지는 동일당사자에 의한 심판청구권 남용을 방지함으로써 심결의 모순·저촉을 방지하고 심판절차의 경제를 꾀하기 위한 것이다.[700]

나) 직권조사사항

□ 중복심판청구에 해당하는지는 직권조사사항이다.[701]

다) 심판청구의 적법요건

□ 중복심판청구 금지는 심판청구의 적법요건이다.[702]

라) 일사부재리와의 비교

(1) 일부 취지 동일

□ 중복심판청구 금지는 심판청구권 남용을 방지함으로써 심결의 모순·저촉을 방지하고 심판절차의 경제를 꾀하고자 한다는 점에서 일사부재리의 원칙과 일부 취지를 같이 한다.[703]

(2) 요건 및 적용범위의 차이

□ 일사부재리는 심결이 확정된 후에는 누구든지 '동일사실·증거'에 의하여 다시 심판을 청구할 수 없는 것인 반면, 중복심판청구는 '전심판계속 중 동일당사자 사이에서 동일한 후심판'을 청구할 수 없다는 것으로서 그 요건 및 적용범위에 차이가 있다.[704]

---

699) 대법원 2020. 4. 9. 선고 2018후11360 판결, 특허법원 2021. 5. 28. 선고 2020허7050 판결
700) 대법원 2020. 4. 29. 선고 2016후2317 판결
701) 대법원 2013. 1. 16. 선고 2011다66917,66924 판결, 1990. 4. 27. 선고 88다카25274,25281 판결, 1982. 9. 14. 선고 80후114 판결
702) 대법원 2020. 4. 29. 선고 2016후2317 판결
703) 대법원 2020. 4. 29. 선고 2016후2317 판결

(3) 일사부재리와 중복심판의 대비

▶ ① 일사부재리는 전심결이 확정된 경우에 적용되고, 중복심판은 전심판이 계속 중인 경우에 적용된다.

② 일사부재리와 중복심판은 모두 청구가 동일해야 한다. 따라서 특허발명과 확인대상발명이 동일한 경우에 적용된다.

③ 일사부재리에 따라 심판청구가 부적법한지는 심판청구시를 기준으로 하되, 그 위배 여부는 심결시를 기준으로 판단하고, 중복심판에 해당하는지는 후심판의 심결시를 기준으로 판단한다.

④ 일사부재리는 당사자가 동일할 필요는 없지만, 중복심판은 당사자가 동일해야 한다.

⑤ 권리범위확인심판의 종류가 다른 경우에, 일사부재리에는 해당하지만 중복심판에는 해당하지 않는다고 보는 것이 일반적이다.

⑥ 청구가 부적법한 경우에, 일사부재리는 심판단계에서는 각하하고 소송단계에서는 기각하지만, 중복심판은 심판단계와 소송단계에서 모두 각하한다.

⑦ 일사부재리에 비하여 중복심판에서의 허용 폭이 더 넓다고 볼 수 있는데, 이는 전심결이 이미 확정된 일사부재리에 비하여 전심결이 아직 확정되지 않은 중복심판에서 후심판을 더 엄격하게 제한할 필요는 없다고 보아야 하기 때문이다.

마) 기준시점

(1) 후심판의 심결시

(가) 후심판의 중복심판청구 해당 여부

□ 후심판이 중복심판청구에 해당하는지의 판단기준시는 후심판의 심결시이다.[705)]

(나) 전심판의 심판계속 여부에 따라 판단

□ 후심판의 심결시를 기준으로 한 전심판의 심판계속 여부에 따라 후심판의 적법 여부를 판단해야 한다.[706)]

(2) 후심판의 심결시에 전심판이 소멸된 경우

(가) 후심판은 중복심판청구에 해당하지 않음

□ 후심판의 청구 당시에 동일한 전심판이 계속 중이었더라도, 후심판의 심결시에 전심판의 계속이 소멸되었으면 후심판은 중복심판청구에 해당하지 않는다.[707)]

---

704) 특허법원 2016. 9. 30. 선고 2016허4405 판결

705) 대법원 2020. 4. 29. 선고 2016후2317 판결, 특허법원 2016. 9. 30. 선고 2016허4405 판결
(같은 취지) 대법원 2021. 5. 7. 선고 2018다259213 판결

706) 대법원 2020. 4. 29. 선고 2016후2317 판결

(나) 전심판의 취하·각하 등에 의한 심판계속 소멸

□ 전심판이 후심판의 심결시까지 취하·각하 등에 의하여 심판계속이 소멸되면 후심판은 중복심판에 해당하지 않는다.[708)]

(3) 전심판이 각하되어야 하는 경우

□ 전심판이 부적법하여 각하되어야 하는 경우에도 후심판은 중복심판에 해당하지 않는다.[709)]

2) 중복심판의 판단방법

가) 중복심판의 요건

□ ① 당사자가 동일하고, ② 심판청구(심판물)가 동일하며, ③ 전심판의 계속 중에 후심판을 청구해야 한다.[710)]

나) 심판물의 동일 판단방법

(1) 당사자, 특허발명, 확인대상발명이 모두 동일한 경우

□ 권리범위확인심판에서, ① 당사자, ② 특허발명, ③ 확인대상발명이 모두 동일하면 동일한 사건이다.[711)] 따라서 동일당사자 사이에 특허발명과 확인대상발명이 동일한 사안을 중복 청구한 경우에는 중복심판에 해당한다.[712)]

(2) 심판물이 서로 다른 경우

□ 전심판청구와 후심판청구의 심판물이 서로 다른 경우에는 중복심판에 해당하지 않는다.[713)]

(3) 특허발명이나 확인대상발명이 다른 경우

□ 동일당사자 사이의 청구라고 하더라도 특허발명이나 확인대상발명이 다른 경우에는 중복심판에 해당하지 않는다.[714)]

---

707) 대법원 2020. 4. 29. 선고 2016후2317 판결, 특허법원 2016. 9. 30. 선고 2016허4405 판결
708) 대법원 2021. 5. 7. 선고 2018다259213 판결, 2020. 4. 29. 선고 2016후2317 판결, 2017. 11. 14. 선고 2017다23066 판결, 2012. 11. 29. 선고 2010두7796 판결, 1998. 2. 27. 선고 97다45532 판결, 특허법원 2019. 9. 6. 선고 2018나1381,1398 판결
709) 대법원 2013. 12. 18. 선고 2013다202120 판결
710) 특허법원 2016. 9. 30. 선고 2016허4405 판결, 2014. 7. 10. 선고 2013허9805 판결, 2006. 3. 31. 선고 2005허10466 판결, 2004. 7. 26. 선고 2004허3102 판결, 서울고법 2011. 2. 23. 선고 2010나14461,121109 판결
711) 특허법원 2009. 10. 23. 선고 2009허3251 판결
712) 특허법원 1999. 7. 15. 선고 99허833 판결
713) 특허법원 2011. 6. 22. 선고 2011허2749 판결, 2009. 12. 4. 선고 2009허7413 판결

○ 특허법원 2014. 7. 10. 선고 2013허9805 판결

이 사건 심판청구는 2012. 9. 5. 2012재당1호로 제기된 전 심판청구와 ① 청구인 및 피청구인이 동일하고, ② 원심결과 청구가 동일하며, ③ 전 심판청구에 대한 심결취소소송이 계속 중이어서 전 심판절차에서 내려진 심결이 확정되지 않은 상태에서 청구되었으므로 중복심판청구에 해당한다.

○ 특허법원 2013. 3. 28. 선고 2012허10617 판결

이 사건 권리범위확인심판의 당사자, 대상권리와 확인대상발명은 이 사건 권리범위확인심판에 앞서 제기된 특허심판원 2012당215 사건의 당사자, 대상권리 및 확인대상발명과 동일하고, 위 특허심판원 2012당215 사건의 심결에 대한 취소소송절차가 계속 중이어서 완결되지 않았으므로, 이 사건 권리범위확인심판은 위 특허심판원 2012당215 사건과의 관계에서 중복된 심판청구에 해당한다.

○ 특허법원 2011. 6. 9. 선고 2010허6317 판결

확인대상발명은 특허발명과 대비·판단할 수 있을 정도로 특정된 것인 데에 비하여, 종전 '2010당243호 확인대상발명'은 특허발명과 대비·판단할 수 있을 정도로 특정되지 않았고, 양 확인대상발명의 구성도 상이하므로 양 확인대상발명은 동일한 발명이라 할 수 없어, 소극적 권리범위확인심판청구가 중복심판청구에 해당한다고 볼 수는 없다.

○ 특허법원 2009. 10. 23. 선고 2009허3251 판결

소극적 권리범위확인심판사건에서 당사자와 특허발명, 확인대상발명이 동일하다면 동일한 사건이라고 할 것이고, 이 사건 심판청구사건과 이 사건 전의 심판청구사건은 당사자와 특허발명이 각각 동일하므로 확인대상발명의 동일 여부에 따라 동일 사건인지 여부가 결정될 것인데, 이 사건 전의 심판청구사건과 이 사건 심판청구사건은 확인대상발명이 서로 달라 동일 사건이라고 보기 어려우므로 중복심판에 해당한다고 할 수 없다.

○ 특허법원 2006. 7. 13. 선고 2005허5105 판결

특허심판원 2004당1224호 사건의 확인대상발명 설명서에는 '두 개의 마주보는 수직면 사이에서 군데군데 공조용 개구부가 형성되는 구성'이 적혀 있으나, 확인대상발명의 설명서에는 이에 대응하는 구성이 적혀 있지 않다. 또한, 특허심판원 2004당1224호 사건의 확인대상발명 설명서에는 "상기 제1, 제2 삽입부에는 양측이 경사진 다리와 이들을 가운데서 연결하는 돌출부로 이루어진 탄성부재를 포함한다."라고 적혀 있어 삽입부와 탄성부재의 결합관계에 관한 기술적 구성을 알 수 있다. 그러나 확인대상발명의 설명서에는 '상기 제1 삽입레일에는 탄성부재가 더 설치'되어 있다고 적혀 있을 뿐, 제1 삽입레일과 탄성부재의 결합관계에 관한 기술적 구성이 나타나 있지 않다. 따라서 확인

714) 대법원 1983. 4. 12. 선고 80후65 판결, 특허법원 2011. 6. 9. 선고 2010허6317 판결, 2009. 10. 23. 선고 2009허3251 판결, 2006. 7. 13. 선고 2005허5105 판결

대상발명은 특허심판원 2004당1224호 사건의 확인대상발명과 기술적 구성이 상이하여 동일한 발명에 해당한다고 볼 수 없고, 결국 이 사건 심판은 특허심판원 2004당1224호 사건과 심판대상이 달라 중복심판에 해당하지 않는다.

○ 특허법원 1999. 7. 15. 선고 99허833 판결

청구인이 피청구인의 동일권리에 대하여 2회 소극적 권리범위확인심판을 청구한 경우에, 두 확인대상발명의 차이는 단순 표현상의 차이에 불과한 것으로서 실질적으로 동일한 것으로 볼 수 있다면, 뒤에 청구한 권리범위확인심판은 동일당사자 간에 동일한 사안을 중복하여 청구한 것으로서 그 흠결을 보정할 수 없는 것이어서 부적법하다.

다) '전심판 계속 중'의 의미

□ '전심판의 계속 중'은 '전심판이 특허심판원에 계속 중인 경우뿐만 아니라 전심판절차에서 내려진 심결이 아직 확정되지 않은 경우'도 포함한다.[715)]

라) 청구취지와 청구원인의 경우

(1) 청구취지와 청구원인의 동일 판단순서

□ 전심판과 후심판의 심판물이 동일한지는, ① 먼저 청구취지가 동일한지를 살핀 후, ② 청구취지가 동일한 경우에는 청구원인이 동일한지를 따져 보아야 한다.[716)]

(2) 청구취지를 달리한 경우

□ 동일한 권리관계에 관하여, 청구취지가 다른 경우에는 동일사건으로 볼 수 없으므로 중복심판에 해당하지 않는다.[717)]

(3) 청구원인을 달리한 경우

□ 동일한 권리관계에 관하여, 청구원인을 달리한 경우에는 동일사건으로 볼 수 없으므로 중복심판에 해당하지 않는다.[718)]

---

715) 특허법원 2016. 9. 30. 선고 2016허4405 판결, 2014. 7. 10. 선고 2013허9805 판결

716) 서울고법 2006. 12. 1. 선고 2006나60535 판결

717) (같은 취지) 대법원 2023. 3. 9. 선고 2022후10289 판결, 서울고법 2006. 12. 1. 선고 2006나60535 판결
- 청구취지를 달리함에 불과한 경우에는 동일사건으로 보아야 한다는 서울고법 1996. 12. 19. 선고 93구32875 판결은 실무와 배치된다.

718) 대법원 2008. 9. 11. 선고 2005다9760,9777 판결, 1989. 3. 28. 선고 88다1936 판결, 서울고법 2006. 12. 1. 선고 2006나60535 판결, 제주지법 2005. 6. 1. 선고 2004나1639 판결, 서울지법 1992. 7. 31. 선고 90가합83011 판결
- 청구원인이란 실체법상 청구권의 존부에 관한 사실로서 손해배상액을 제외한 사실 전부를 말한다(서

(4) 청구취지와 청구원인을 모두 달리한 경우

□ 동일한 권리관계에 관하여, 청구취지와 청구원인을 모두 달리한 경우에는 동일사건으로 볼 수 없으므로 중복심판에 해당하지 않는다.[719)]

마) 권리범위확인심판의 종류에 따른 판단

(1) 권리범위확인심판의 종류가 다르면 중복심판 아님

□ 동일한 확인대상발명에 대하여 적극적 권리범위확인심판이 청구된 이후 소극적 권리범위확인심판을 청구한 경우, 소극적 권리범위확인심판은 그 확인의 이익이나 심판청구의 이익이 결여된다고 볼 수 없다. 당사자로서는 동일한 확인대상발명에 대한 심결이 있었다고 하더라도 그 심결의 결론이 오판일 가능성도 배제할 수 없으므로, 그 심결이 확정되어 일사부재리 효력이 발생하지 않은 이상, 불이익한 판단을 받은 반대 당사자는 그 심결에 대한 심결취소소송을 제기하는 외에 자신이 주체가 되어 별도의 권리범위확인심판을 청구하여 새로운 판단을 받을 필요도 인정되고, 더구나 권리범위확인심판의 심결에 대한 심결취소소송이 제기되는 중이더라도 청구인에 의하여 당해 심판청구 자체가 취하될 수도 있기 때문이다.[720)]

(2) 권리범위확인심판의 종류가 달라도 중복심판에 해당

□ 동일한 확인대상발명에 대하여 적극적 권리범위확인심판이 청구된 이후 소극적 권리범위확인심판을 청구한 경우, 소극적 권리범위확인심판은 중복심판에 해당하고 그 심판청구의 이익이 부정된다. 청구인으로서는 적극적 권리범위확인심판 또는 그 심결에 대한 취소소송 결과에 따라 특허발명의 효력이 확인대상발명에 미치는지 여부를 확정할 수 있기 때문이다.[721)]

(3) (정리) 권리범위확인심판의 종류가 다르면 중복심판이 아니라고 봄

▶ 권리범위확인심판이 적극적 권리범위확인심판과 소극적 권리범위확인심판으로 그 종류가 다른 경우에는 중복심판에 해당하지 않는다고 보는 것이 타당하다. ① 전심결이 오판일 가능성을 배제할 수 없는 점, ② 전심결이 취하될 가능성이 있는 점, ③ 청구인으로서 적극적인 공격방법과 피청구인으로 소극적인 방어방법이 반드시 동일하다고 볼 수 없는 점, ④ 전심결이 확정되면 일사부재리가 적용되기 때문에 다시 판단할 기회가 있는 점 등을 감안하면, 미리 중복심판에 해당한다고 보아 심판청구를 제한하는 것은

울고법 2008. 2. 19. 선고 2001나60578 중간판결).

719) 대법원 2001. 7. 24. 선고 2001다22246 판결, 1965. 9. 28. 선고 65다1561 판결

720) 특허법원 2009. 7. 10. 선고 2008허12289 판결

721) 특허법원 2023. 4. 21. 선고 2022허5225 판결, 2016. 7. 1. 선고 2016허2249 판결

바람직하지 않다.

3) 중복심판인 경우의 처리

□ 중복심판인 경우, ① 심판단계에서는 심판청구가 부적법하기 때문에 각하하고, ② 소송단계에서도 중복제소에 해당하여 부적법하기 때문에 각하한다.[722]

마. 정정에 따른 심판대상

1) 정정심결이 확정된 경우

가) 정정 후의 명세서 기준으로 속부 판단

(1) 정정의 적부는 심리·판단 불가

□ 특허심판원의 심결 후 정정심결이 확정된 경우, 특허법원은 확인대상발명이 정정 후 특허발명의 권리범위에 속하는지 여부만을 심리·판단할 수 있을 뿐, 정정의 적법 여부를 심리·판단할 수는 없다.[723]

(2) 정정 자체를 이유로 심결의 위법 판단 불가

□ 특허심판원의 심결 후 정정심결이 확정된 경우, 특허법원은 정정 후의 명세서를 기준으로 하여 확인대상발명이 그 권리범위에 속하는지 여부를 심리·판단하면 충분할 뿐, 특허발명의 정정 자체를 이유로 심결이 위법하다고 할 것은 아니다.[724]

나) 특허법원 변론종결 후 정정이 확정된 경우

(1) 대법원의 판단대상(정정 전)

□ 원심 변론종결 후 정정심결이 확정되었더라도, 상고심은 정정심결이 확정되기 전의 정정 전 명세서를 기초로 특허법원 판결의 권리범위 속부에 대한 판단의 법리오해 여부를 판단해야 한다.[725]

---

722) 대법원 2022. 1. 27. 선고 2019다277751 판결, 2017. 11. 14. 선고 2017다23066 판결, 2016. 9. 23. 선고 2016다226806 판결, 2012. 11. 29. 선고 2010두7796 판결, 2006. 4. 13. 선고 2003다70331 판결, 1998. 2. 27. 선고 97다45532 판결, 1995. 4. 14. 선고 94다29256 판결, 1994. 11. 25. 선고 94다12517,12524 판결, 1982. 9. 14. 선고 80후114 판결

723) 특허법원 2009. 9. 3. 선고 2009허2784 판결
(같은 취지) 특허법원 2016. 10. 21. 선고 2015허8288 판결, 2000. 11. 16. 선고 99허7971 판결

724) 특허법원 2006. 6. 7. 선고 2005허4058 판결

725) 대법원 2021. 1. 14. 선고 2017다231829 판결, 2021. 1. 14. 선고 2017후1175 판결
(같은 취지) 대법원 2022. 6. 16. 선고 2019후10456 판결, 2021. 12. 30. 선고 2019후10296 판결, 2021. 7. 15. 선고 2019후10685 판결, 2021. 1. 14. 선고 2018후11124 판결, 2020. 12. 24. 선고 2016후2560 판결, 2020. 11. 26. 선고 2017후2055 판결

(2) 특허심판원의 판단대상(정정 후)

□ 원심 변론종결 후 정정심결이 확정된 경우, 특허심판원은 정정심결이 확정된 정정 후의 청구항을 대상으로 심리를 진행해야 한다.[726)]

(3) 정정 전 명세서로 판단한 특허법원 판결은 재심사유 없음

□ 특허권자가 정정심판을 청구를 하여 권리범위확인심판에 대한 심결취소소송의 사실심 변론종결 이후에 정정심결이 확정되더라도, 정정 전 명세서로 판단한 특허법원 판결에 재심사유가 있다고 볼 수 없다.[727)]

2) 정정심결이 확정되지 않은 경우

가) 정정청구 전 특허발명 기준

□ 특허발명에 대한 무효심판절차에서 정정청구가 이루어졌고 아직 그 정정심결이 확정되지 않은 상태에서는, 특허발명이 정정청구된 내용대로 확정되었다고 볼 수 없으므로 권리범위확인심판이나 침해소송에서는 일단 정정청구 전 특허발명의 내용에 따라 침해 여부를 판단해야 한다.[728)]

나) 침해법원과 가처분법원은 정정에 대하여 판단 가능

□ 침해법원은, ① 정정청구가 적법한 것으로 받아들여질 가능성이 있는지, ② 정정청구에 의하여 피고가 문제 삼은 기존의 무효사유가 해소되었는지, ③ 정정청구 후 특허발명에 의해서도 여전히 특허침해가 성립하는지에 대하여 심리·판단할 수 있다.[729)]

---

726) 대법원 2021. 7. 15. 선고 2019후10685 판결, 2021. 1. 14. 선고 2018후11124 판결, 2020. 11. 26. 선고 2017후2055 판결

727) 대법원 2021. 1. 14. 선고 2017다231829 판결, 2021. 1. 14. 선고 2017후1175 판결, 2020. 1. 22. 선고 2016후2522 전합 판결

728) 서울고법 2015. 8. 20. 선고 2014나36056 판결, 2014. 5. 29. 선고 2013나70790 판결, 2014. 2. 20. 선고 2013나10293 판결, 2010. 10. 14. 선고 2009나117944 판결, 특허법원 2008. 10. 9. 선고 2008허2602 판결, 서울중앙지법 2022. 1. 28. 선고 2019가합548250 판결, 2020. 1. 17. 선고 2018가합525526 판결, 2019. 5. 17. 선고 2018가합504208 판결, 2019. 5. 14.자 2018카합21690 결정, 2017. 5. 25. 선고 2016가합514492 판결, 2017. 2. 10. 선고 2015가합548559 판결, 2016. 11. 4. 선고 2016가합503942 판결

- 무효심판절차에서 정정청구가 있는 경우, 정정의 인정 여부는 무효심판절차에서 함께 심리되는 것이므로, 정정청구 부분은 무효심판의 심결이 확정되는 때에 함께 확정된다(대법원 2020. 1. 22. 선고 2016후2522 전합 판결, 2011. 2. 10. 선고 2010후2698 판결).

729) 서울중앙지법 2022. 1. 28. 선고 2019가합548250 판결, 2020. 1. 17. 선고 2018가합525526 판결, 2019. 5. 17. 선고 2018가합504208 판결, 2019. 5. 14.자 2018카합21690 결정
(같은 취지) 특허법원 2009. 8. 12. 선고 2008허9474 판결, 2009. 8. 12. 선고 2008허9498 판결, 2007. 7. 12. 선고 2005허10213 판결

3) 권리범위확인심판에서도 정정에 따른 금반언 적용

□ 특허권자가 정정심판절차에서 정정된 사항으로 인하여 새롭게 발생하는 작용효과를 부인하면서도, 그 권리범위확인심판 또는 침해소송에서 이해관계인의 실시기술이 정정된 특허발명의 권리범위에 속하는지에 관하여는 이와 달리 그러한 작용효과가 있다면서 권리범위에 속한다고 주장하는 것은 신의칙 또는 금반언의 원칙에 반하여 허용되지 않는다. 따라서 이 경우에는 정정된 특허발명에 실제로 그러한 작용효과가 있는지 여부와는 관계없이 그러한 작용효과는 없음을 전제로 하여 정정된 특허발명의 권리범위에 속하는지 여부를 판단해야 한다.[730)]

5 사례별 검토

가. 존속기간이 연장된 특허권

1) 존속기간연장제도

[§ 88](특허권의 존속기간)

① 특허권의 존속기간은 설정등록에 따라 특허권을 설정등록한 날부터 특허출원일 후 20년이 되는 날까지로 한다.

[§ 89](허가에 따른 특허권의 존속기간의 연장)

① 특허발명을 실시하기 위하여 다른 법령에 따라 허가를 받거나 등록을 하여야 하고, 그 허가 등을 위하여 필요한 유효성·안전성 시험으로 인하여 장기간이 소요되는 대통령령으로 정하는 발명인 경우에는 특허권의 존속기간에도 불구하고 그 실시할 수 없었던 기간에 대하여 5년의 기간까지 그 특허권의 존속기간을 한 차례만 연장할 수 있다.

② 허가를 받은 자에게 책임 있는 사유로 소요된 기간은 '실시할 수 없었던 기간'에 포함되지 않는다.

[§ 95](허가에 따른 존속기간이 연장된 경우의 특허권의 효력)

특허권의 존속기간이 연장된 특허권의 효력은 그 연장등록의 이유가 된 허가의 대상물건(그 허가에 있어 물건에 대하여 특정의 용도가 정하여져 있는 경우에는 그 용도에 사용되는 물건)에 관한 그 특허발명의 실시행위에만 미친다.

가) 의의

(1) 특허발명을 실시할 수 없었던 기간만큼 연장

□ 존속기간연장제도는 의약품 발명을 실시하기 위해서는 국민의 보건위생을 증진하고 안전성 및 유효성을 확보하기 위하여 약사법에 따라 허가를 받아야 하는데 특허권자

730) 서울고법 2015. 8. 20. 선고 2014나36056 판결

는 이러한 허가를 받는 과정에서 특허발명을 실시하지 못하는 불이익을 받게 되므로, 위와 같은 불이익을 구제하고 의약품 발명을 보호·장려하기 위하여 약사법에 의한 허가를 받기 위하여 특허발명을 실시할 수 없었던 기간만큼 특허권의 존속기간을 연장해 주는 것이다.[731]

(2) 연장기간의 범위(5년)

□ 존속기간연장제도는 특허권의 존속기간 중 특허발명을 실시하기 위하여 법령이 규정하는 허가를 받아야 하고 이에 필요한 시험으로 인하여 장기간이 소요되는 발명에 대하여 5년의 기간 내에서 특허발명을 실시하지 못한 기간만큼 존속기간을 연장시켜 주는 제도이다.[732]

나) 취지

(1) 특허법 제89조의 취지

□ 의약품 발명의 경우, 안전성 및 유효성 확보를 목적으로 하는 약사법에 의한 허가를 받아야 하고 이를 위하여 필요한 시험·심사에 장기간이 소요된다. 이러한 경우, 특허권자는 비록 특허권이 존속하고 있다고 하더라도 위 기간 동안에는 특허발명을 실시하지 못하고 권리의 독점에 의한 이익을 누릴 수 없게 되어 연구개발에 필요한 비용을 회수할 수 없게 되는 불이익을 입게 되고, 다른 산업 분야의 특허권과 비교할 때 형평성을 잃는 결과가 초래된다. 그리하여 특허법 제89조는 위와 같은 불합리를 해소하고 의약품 발명을 보호·장려함으로써 그 분야의 기술발전을 촉진시키기 위하여 5년의 기간 범위 내에서 약사법에 의한 허가를 받기 위하여 특허발명을 실시할 수 없었던 기간만큼 특허권의 존속기간을 연장해 주도록 한 것이다.[733]

---

731) 대법원 2019. 1. 17. 선고 2017다245798 판결, 2018. 10. 4. 선고 2014두37702 판결, 2017. 11. 29. 선고 2017후844,875 판결, 2017. 11. 29. 선고 2017후882,899 판결, 특허법원 2019. 8. 23. 선고 2017허7128 판결, 2019. 7. 5. 선고 2018허2243 판결, 2019. 7. 5. 선고 2018허2250 판결, 2019. 7. 5. 선고 2018허2267 판결, 2019. 7. 5. 선고 2018허2274 판결, 2019. 7. 5. 선고 2018허2281 판결, 2018. 2. 1. 선고 2016허3549,5132 판결

732) 특허법원 2019. 12. 20. 선고 2018허4041 판결, 2019. 12. 20. 선고 2018허4058 판결, 2019. 12. 20. 선고 2018허4065 판결, 2019. 12. 20. 선고 2018허4089 판결, 2019. 12. 20. 선고 2018허4096 판결, 2019. 12. 20. 선고 2018허4102 판결, 2019. 12. 20. 선고 2018허4119 판결, 2018. 8. 10. 선고 2016허3495,3532 판결, 2018. 8. 10. 선고 2016허4535 판결, 2018. 8. 10. 선고 2016허5828,5897 판결, 2018. 8. 10. 선고 2016허6005,6593 판결, 2018. 8. 10. 선고 2016허6494 판결

733) 특허법원 2018. 8. 10. 선고 2016허3495,3532 판결, 2018. 8. 10. 선고 2016허4535 판결, 2018. 8. 10. 선고 2016허5828,5897 판결, 2018. 8. 10. 선고 2016허6005,6593 판결, 2018. 8. 10. 선고 2016허6494 판결, 2018. 8. 10. 선고 2016허6517 판결, 2018. 8. 10. 선고 2017허4518 판결, 2018. 8. 10. 선고 2017허4525 판결, 2017. 12. 21. 선고 2016허9011 판결, 2017. 11. 29. 선고 2016허4634,4719

(2) 특허법 제95조의 취지

□ 특허법 제95조가 특허발명의 일반적인 보호범위를 정한 특허법 제97조와 달리 존속기간이 연장된 특허권의 효력 범위를 '연장등록의 이유가 된 허가의 대상물건에 관한 실시행위'에 한정하는 것은, 다른 법령에 의한 허가를 받음으로써 그 다른 법령상의 금지가 해제된 범위와 특허발명의 보호범위가 중복하는 한도 내에서만 존속기간이 연장된 특허권의 효력이 미치며 중복하지 않는 부분에는 연장된 특허권의 효력이 미치지 않는다는 점을 명시한 것이다.[734)]

다) 존속기간연장등록의 대상

□ 연장등록의 대상은 ① 약사법에 따라 품목허가를 받은 의약,[735)] ② 농약관리법에 따라 품목허가를 받은 농약,[736)] ③ 마약류관리법에 따라 품목허가를 받은 마약[737)] 등이며, 그 허가를 위하여 필요한 활성·안전성 등의 시험으로 인하여 장기간이 소요되는 경우인지로 판단하고 신약(신물질)에 대한 허가인지, 자료제출의약품에 대한 허가인지로 구분하지는 않는다.[738)]

라) 존속기간연장등록의 허가 신청

(1) 특허권자의 귀책사유 해석

□ 특허권 존속기간의 연장등록을 받는데 필요한 허가를 신청할 수 있는 자의 범위에는 특허권자 외에 전용실시권자와 통상실시권자가 포함되므로, '특허권자에게 책임 있는 사유'를 판단할 경우에도 위 허가를 신청한 전용실시권자와 통상실시권자에 관한 사유가 포함된다.[739)]

판결, 2017. 6. 30. 선고 2016나1929 판결, 2017. 3. 16. 선고 2016허21,45 판결, 2017. 12. 21. 선고 2016허9028 판결, 2017. 11. 29. 선고 2016허4634,4719 판결

734) 서울중앙지법 2016. 11. 3. 선고 2016가합525317 판결

735) 대법원 2019. 1. 17. 선고 2017다245798 판결, 2018. 10. 4. 선고 2014두37702 판결, 2017. 11. 29. 선고 2017후844,875 판결, 2017. 11. 29. 선고 2017후882,899 판결

736) 서울남부지법 2001. 6. 15.자 2001카합1074 결정

737) 특허법원 2019. 7. 5. 선고 2018허2243 판결, 2019. 7. 5. 선고 2018허2250 판결, 2019. 7. 5. 선고 2018허2267 판결, 2019. 7. 5. 선고 2018허2274 판결, 2019. 7. 5. 선고 2018허2281 판결

738) 특허법원 2016. 1. 29. 선고 2015허1256 판결

739) 대법원 2017. 11. 29. 선고 2017후844,875 판결, 2017. 11. 29. 선고 2017후882,899 판결, 특허법원 2020. 10. 29. 선고 2019허3588 판결, 2020. 10. 29. 선고 2019허3595 판결, 2018. 8. 10. 선고 2016허3495,3532 판결, 2018. 8. 10. 선고 2016허5828,5897 판결, 2018. 8. 10. 선고 2016허6005,6593 판결, 2018. 8. 10. 선고 2016허6517 판결, 2018. 8. 10. 선고 2017허4518 판결, 2018. 8. 10. 선고 2017허4525 판결, 2018. 1. 12. 선고 2016허9639,9653 판결, 2017. 12. 8. 선고 2017허639,1465 판결

(2) 통상실시권자의 연장등록 요건

□ 통상실시권자도 특허권 존속기간의 연장등록을 받는 데 필요한 허가를 신청할 수 있는 자의 범위에 포함되지만, 그 통상실시권의 등록이 연장등록출원서의 필수적 기재사항 및 증명자료임에 비추어 그것이 누락된 채로 연장등록이 이루어진 경우에는 적법한 연장등록 요건을 갖추지 못한 것이다.[740] 따라서 특허청 심사관이 연장등록여부결정등본을 송달하기 전까지 통상실시권자의 통상실시권의 등록 및 그에 관한 증명자료의 제출이 이루어져야 한다.[741]

(3) 존속기간의 연장등록결정시까지 통상실시권 등록

□ 허가를 신청한 통상실시권자가 그 신청 당시부터 통상실시권의 등록을 마치고 있어야만 하는 것은 아니므로, 통상실시권의 등록은 연장등록결정시까지만 하면 된다.[742]

(4) 특허권자 · 전용실시권자 · 통상실시권자에 의한 허가신청 필요

□ 특허권의 설정등록일 이후 약사법에 의한 허가의 신청이 이루어진 경우, 그 이후의 기간이 '실시할 수 없었던 기간'에 포함되기 위해서는 특허권자 또는 그를 갈음하여 특허발명을 적법하게 실시할 수 있는 전용실시권자 또는 통상실시권자에 의하여 그 허가의 신청이 이루어져야 한다.[743]

(5) 통상실시권자는 합의로 가능

□ 통상실시권자에 해당하기 위해서는 약사법에 의한 허가의 신청 당시 위와 같은 합의만 있으면 충분하고 반드시 통상실시권의 등록까지 마치고 있어야 할 필요는 없다.[744]

---

740) 대법원 2017. 11. 29. 선고 2017후844,875 판결, 2017. 11. 29. 선고 2017후882,899 판결, 특허법원 2018. 8. 10. 선고 2016허3495,3532 판결, 2018. 8. 10. 선고 2016허5828,5897 판결, 2018. 8. 10. 선고 2016허6005,6593 판결, 2018. 8. 10. 선고 2016허6517 판결, 2018. 8. 10. 선고 2017허4518 판결, 2018. 8. 10. 선고 2017허4525 판결, 2018. 1. 26. 선고 2016허5156,6128 판결, 2018. 1. 19. 선고 2016허9554,9646 판결, 2018. 1. 19. 선고 2017허844 판결, 2017. 11. 29. 선고 2016허4634,4719 판결, 2017. 11. 29. 선고 2017허967,1007 판결, 2017. 3. 16. 선고 2016허21,45 판결

741) 특허법원 2017. 3. 16. 선고 2016허21,45 판결, 2017. 3. 16. 선고 2016허4498,5620 판결

742) 대법원 2017. 11. 29. 선고 2017후844,875 판결, 2017. 11. 29. 선고 2017후882,899 판결, 특허법원 2018. 8. 10. 선고 2016허3495,3532 판결, 2018. 8. 10. 선고 2016허5828,5897 판결, 2018. 8. 10. 선고 2016허6005,6593 판결, 2018. 8. 10. 선고 2016허6517 판결, 2018. 8. 10. 선고 2017허4518 판결, 2018. 8. 10. 선고 2017허4525 판결, 2018. 1. 26. 선고 2016허5156,6128 판결, 2018. 1. 19. 선고 2016허9554,9646 판결, 2018. 1. 19. 선고 2017허844 판결, 2017. 11. 29. 선고 2016허4634,4719 판결, 2017. 11. 29. 선고 2017허967,1007 판결, 2017. 3. 16. 선고 2016허21,45 판결

743) 특허법원 2018. 1. 26. 선고 2016허5156,6128 판결, 2017. 3. 16. 선고 2016허21,45 판결, 2017. 3. 16. 선고 2016허4498,5620 판결

744) 특허법원 2018. 1. 26. 선고 2016허5156,6128 판결, 2017. 3. 16. 선고 2016허21,45 판결, 2017. 3.

마) 존속기간연장등록에 대한 무효주장 · 증명책임

□ 허가를 받은 자의 귀책사유로 인하여 약사법에 따른 허가의 절차가 지연된 기간이 연장등록에 의하여 연장된 기간 안에 포함되어 있어 연장된 기간이 특허발명을 실시할 수 없었던 기간을 초과한다는 사유로 존속기간연장등록에 대하여 무효를 주장하는 자는 그 사유에 대하여 주장·증명할 책임을 진다.745)

2) 존속기간이 연장된 특허권의 효력이 미치는 범위

가) 판단기준

(1) 청구범위 기준 아님

□ 존속기간이 연장된 의약품 특허권의 효력이 미치는 범위는 청구범위를 기준으로 하지 않는다.746)

(2) 허가대상 '품목'의 실시로 제한 않음

□ 존속기간이 연장된 의약품 특허권의 효력이 미치는 범위는 그 연장등록의 이유가 된 허가의 대상물건에 관한 특허발명의 실시로 규정하고 있으므로 허가대상 '품목'의 실시로 제한하지는 않는다.747)

(3) 특정한 유효성분 · 치료효과 · 용도의 동일 여부

□ 존속기간이 연장된 의약품 특허권의 효력이 미치는 범위는 특허발명을 실시하기 위하여 약사법에 따라 품목허가를 받은 의약품과 특정 질병에 대한 치료효과를 나타낼 것으로 기대되는 ① 특정한 유효성분, ② 치료효과, ③ 용도가 동일한지 여부를 중심으로 판단해야 한다.748)

---

16. 선고 2016허4498,5620 판결

745) 대법원 2017. 11. 29. 선고 2017후844,875 판결, 2017. 11. 29. 선고 2017후882,899 판결, 특허법원 2020. 10. 29. 선고 2019허3588 판결, 2020. 10. 29. 선고 2019허3595 판결, 2018. 8. 10. 선고 2016허3495,3532 판결, 2018. 8. 10. 선고 2016허5828,5897 판결, 2018. 8. 10. 선고 2016허6005,6593 판결, 2018. 8. 10. 선고 2016허6517 판결, 2018. 8. 10. 선고 2017허4518 판결, 2018. 8. 10. 선고 2017허4525 판결, 2018. 1. 12. 선고 2016허9639,9653 판결

746) 대법원 2019. 1. 17. 선고 2017다245798 판결, 특허법원 2019. 12. 20. 선고 2018허4041 판결, 2019. 12. 20. 선고 2018허4058 판결, 2019. 12. 20. 선고 2018허4065 판결, 2019. 12. 20. 선고 2018허4089 판결, 2019. 12. 20. 선고 2018허4096 판결, 2019. 12. 20. 선고 2018허4102 판결, 2019. 12. 20. 선고 2018허4119 판결, 서울중앙지법 2019. 5. 14.자 2018카합21690 결정

747) 대법원 2019. 1. 17. 선고 2017다245798 판결, 특허법원 2019. 12. 20. 선고 2018허4041 판결, 2019. 12. 20. 선고 2018허4058 판결, 2019. 12. 20. 선고 2018허4065 판결, 2019. 12. 20. 선고 2018허4089 판결, 2019. 12. 20. 선고 2018허4096 판결, 2019. 12. 20. 선고 2018허4102 판결, 2019. 12. 20. 선고 2018허4119 판결, 서울중앙지법 2019. 5. 14.자 2018카합21690 결정

748) 대법원 2019. 1. 17. 선고 2017다245798 판결, 특허법원 2019. 12. 20. 선고 2018허4041 판결, 2019.

나) 존속기간 연장승인대상의 의미 해석

□ 특허권 존속기간 연장승인대상의 의미를 해석할 때에는 입법취지, 목적 및 개정입법의 내용을 참작하여 그에 부합되도록 새겨야 한다.749)

다) 구체적 판단방법

(1) 염 변경 의약품의 경우

□ 특허권자가 약사법에 따라 품목허가를 받은 의약품과 침해소송에서 침해제품이 약학적으로 허용 가능한 염 등에서 차이가 있더라도, ① 통상의 기술자라면 쉽게 이를 선택할 수 있는 정도에 불과하고, ② 인체에 흡수되는 유효성분의 약리작용에 의하여 나타나는 치료효과나 용도가 실질적으로 동일하다면 존속기간이 연장된 특허권의 효력이 침해제품에 미치는 것으로 보아야 한다.750)

▷ 연장등록은 허가 받은 모든 의약품에 대한 대상 특허권을 연장하기 위한 것이 아니고 새로운 유효성분을 포함하고 있는 의약품에 대하여 시장에 시판하기 위한 최초의 허가인 경우를 그 대상으로 하는 것으로 해석하는 것이 타당하다. 따라서 기 허가의약품의 염, 에스테르, 구조이성질체, 광학이성질체 등이 달라 새로운 생물학적 활성을 나타내는 경우라면 대상의약품에 의하여 비로소 활성, 안전성이 확인된 것이고, 이는 대상의약품에 대한 '최초의 허가'로 볼 수 있다.751)

---

12. 20. 선고 2018허4058 판결, 2019. 12. 20. 선고 2018허4065 판결, 2019. 12. 20. 선고 2018허4089 판결, 2019. 12. 20. 선고 2018허4096 판결, 2019. 12. 20. 선고 2018허4102 판결, 2019. 12. 20. 선고 2018허4119 판결, 2019. 8. 23. 선고 2017허7128 판결

749) 대법원 2018. 10. 4. 선고 2014두37702 판결, 특허법원 2019. 7. 5. 선고 2018허2243 판결, 2019. 7. 5. 선고 2018허2250 판결, 2019. 7. 5. 선고 2018허2267 판결, 2019. 7. 5. 선고 2018허2274 판결, 2019. 7. 5. 선고 2018허2281 판결, 서울고법 2014. 5. 16. 선고 2013누48417 판결

750) 대법원 2019. 1. 17. 선고 2017다245798 판결, 특허법원 2019. 12. 20. 선고 2018허4041 판결, 2019. 12. 20. 선고 2018허4058 판결, 2019. 12. 20. 선고 2018허4065 판결, 2019. 12. 20. 선고 2018허4089 판결, 2019. 12. 20. 선고 2018허4096 판결, 2019. 12. 20. 선고 2018허4102 판결, 2019. 12. 20. 선고 2018허4119 판결, 2019. 8. 23. 선고 2017허7128 판결, 서울중앙지법 2019. 5. 14.자 2018카합21690 결정

751) 손천우, 특허권의 존속기간 연장등록의 요건과 연장된 특허권의 효력범위, 사법 47호, 2019 봄호, 사법발전재단, 373면

- 이 사건 의약품은 기존에 품목허가를 받은 의약품들과 상이한 만성 손 습진 치료효과를 갖는 동시에 '기존에 허가된 의약품들과 비교하여 위와 같은 치료효과를 나타내는 부분의 화학구조가 새로운 물질'을 유효성분으로 하여 제조한 것으로서 최초로 품목허가를 받은 의약품으로 봄이 타당하다(특허법원 2017. 12. 21. 선고 2016허9035 판결).

(2) 존속기간을 연장할 수 있는 특허발명

□ 제조품목허가를 받아야 하는 의약품과 수입품목허가를 받아야 하는 의약품은 모두 활성·안전성 시험을 거쳐 허가를 받는 과정에서 그 특허발명을 실시하지 못한다는 점에서 차이가 없으므로, 1987년 특허법 제53조 제2항, 제3항에 의하여 존속기간을 연장할 수 있는 특허발명에는 제조품목허가뿐만 아니라 '수입품목허가'를 받아야 하는 의약품 발명도 포함되는 것으로 해석할 수 있다.[752]

(3) 존속기간 연장대상 의약발명의 종류

□ 존속기간 연장의 대상적격이 될 수 있는지가 문제되는 의약발명에는 의약용도발명, 선택발명, 이성질체 발명, 염 발명, 결정형 발명, 제형발명, 투여용법 내지 투여용량을 구성요소로 하는 의약용도발명, 제법발명 등이 있다.[753]

라) 특허권의 효력 제한

(1) 존속기간이 연장된 특허권의 효력

(가) 허가대상물건에 관한 특허발명의 실시행위로 한정

□ 존속기간이 연장된 특허권의 효력은 그 연장등록의 이유가 된 허가 등의 대상물건(그 허가 등에 있어 물건이 특정의 용도가 정하여져 있는 경우에 있어서는 그 용도에 사용되는 물건)에 관한 그 특허발명의 실시외의 행위에는 미치지 않는다.[754] 따라서 그 효력은 당해 특허발명의 전 범위에 미치는 것이 아니라, 원칙적으로 그 연장등록의 이유가 된 허가의 대상물건에 관한 그 특허발명의 실시행위, 즉 그 연장등록의 이유가 된 약사법에 정한 제조·판매·수입품목허가를 받은 범위에만 미친다.[755]

(나) 허가대상물건과 실질적으로 동일한 품목

(ㄱ) 별도로 의약품 제조·수입품목 허가를 받을 필요가 없는 의약품

□ 존속기간이 연장된 특허권의 효력은, ① 제조·수입품목 허가사항에 의하여 특정된

---

752) 대법원 2018. 10. 4. 선고 2014두37702 판결
- 1987년 특허법 시행령 제92의 2 제1항이 의약품 '수입품목허가'에 관한 약사법 제34조 제1항을 규정하지 않은 것은 입법의 미비에 해당한다.

753) 특허법원 2017. 12. 21. 선고 2016허9035 판결

754) 특허법원 2013. 9. 5. 선고 2013허2828 판결

755) 특허법원 2017. 6. 30. 선고 2016나1929 판결, 2017. 6. 30. 선고 2016허8636,9189 판결, 서울중앙지법 2016. 11. 3. 선고 2016가합525317 판결
- '솔리페나신 숙신산염'을 주성분으로 하는 의약품에 대한 수입품목허가를 이유로 존속기간이 연장된 특허발명의 특허권의 효력은 그 대상물건에 관한 특허발명의 실시행위와는 무관한 '솔리페나신 푸마르산염' 또는 '솔리페나신 타르타르산염'을 주성분으로 하는 확인대상발명에는 미치지 않는다(특허법원 2017. 6. 30. 선고 2016나1929 판결, 2017. 6. 30. 선고 2016허8636,9189 판결)

의약품뿐만 아니라, ② 실질적으로 동일한 품목으로 취급되어 하나의 제조·수입품목 허가를 받을 수 있도록 규정된 의약품, ③ 이미 의약품 제조·수입품목 허가를 받은 의약품과 실질적으로 동일하여 별도로 의약품 제조·수입품목 허가를 받을 필요가 없는 의약품에도 미친다.[756]

(ㄴ) 허가대상물건과 실질적으로 동일한 품목으로 보는 경우

□ 의약품 제조·수입품목 허가의 대상인 의약품의 품목은, ① 형식적으로는 의약품의 제품명, 분류번호 및 분류, 원료약품 및 그 분량, 성상, 제조방법, 효능·효과, 용법·용량 등 의약품 제조·수입품목 허가사항에 의하여 특정되는 것이기는 하지만, ② '의약품·의약외품의제조·수입품목허가신청서검토에관한규정'에서 실질적으로 동일한 품목으로 취급하여 하나의 제조·수입품목 허가를 받을 수 있도록 하고 있거나, ③ 이미 의약품 제조·수입품목 허가를 받은 의약품과 실질적으로 동일하여 별도로 의약품 제조·수입품목 허가를 받을 필요가 없어 의약품 제조·수입품목 허가의 대상으로 규정하고 있지 않은 경우 등 일정한 범위에서는 비록 그 의약품의 품목이 제조·수입품목 허가를 받은 의약품과 상이하다 하더라도 약사법에 정한 제조·수입품목허가를 받은 의약품과 실질적으로 동일한 '허가대상물건'에 해당한다고 보아야 한다.[757]

(다) 허가대상물건으로 한정하는 이유

(ㄱ) 특허권자와 제3자의 형평을 잃는 결과 때문

□ 존속기간이 연장된 특허권의 효력이 특허권자가 약사법에 정한 제조·수입품목허가를 받은 범위를 초과해서까지 미치도록 한다면, 연장된 특허권의 효력을 '연장등록의 이유가 된' 허가의 대상물건에 관한 실시행위로 제한하고 있는 특허법 제95조의 문언에 반할 뿐 아니라 당해 특허발명을 실시할 수 없었던 기간의 회복에 따른 불이익의 해소를 넘어 특허권자에게 부당한 이익을 주는 것이어서 특허권자와 제3자의 형평을 잃는 결과가 되기 때문이다.[758]

---

756) 특허법원 2017. 6. 30. 선고 2016나1929 판결, 2017. 6. 30. 선고 2016허8636,9189 판결
757) 특허법원 2017. 6. 30. 선고 2016나1929 판결, 2017. 6. 30. 선고 2016허8636,9189 판결
758) 특허법원 2017. 6. 30. 선고 2016나1929 판결, 2017. 6. 30. 선고 2016허8636,9189 판결
• 미국 특허법은 제156조(b), 제156조(f)(2)에서 존속기간이 연장된 특허권의 효력이 미치는 물건의 범위를 의약품의 경우 유효성분의 염 또는 에스테르를 포함한다는 취지의 정의 규정을 따로 두고 있지만 우리나라 법제상으로는 이러한 취지의 규정이 전혀 마련되어 있지 않고, 그 밖에 특허권 존속기간 연장제도의 인정 여부, 그 요건 및 허용범위, 연장된 특허권의 효력이 미치는 범위 등은 각국이 처한 구체적 사정과 입법정책에 따라 달리 정해질 수 있다(특허법원 2017. 6. 30. 선고 2016나1929 판결, 2017. 6. 30. 선고 2016허8636,9189 판결).

(ㄴ) 존속기간연장등록제도의 취지에 반하기 때문

□ '허가대상물건'을 제조·수입품목 허가사항에 의하여 특정된 의약품과 형식적으로 전부 일치하는 의약품으로만 해석한다면 제3자가 약사법의 관계 규정에 따라 의약품 제조·수입품목 허가를 받지 않고도 특허발명을 실시할 수 있는 경우가 생길 수 있게 되고 그 결과 존속기간연장등록을 받은 특허권자에 의한 금지 등의 정당한 권리 행사를 회피할 가능성이 있게 되는데, 이는 특허권자가 제조·수입품목허가를 받기 위하여 특허발명을 실시할 수 없었던 기간을 회복하여 주고자 하는 존속기간연장등록제도의 취지에 반할 뿐 아니라 형평의 이념에도 어긋나기 때문이다.[759]

(ㄷ) 그 효력범위가 지나치게 넓어지게 되는 불합리한 결론 때문

□ 존속기간이 연장된 특허발명에 대비되는 침해대상물에서 그 특허발명이 갖고 있는 구성요소의 변경이 있다고 하더라도, 그 침해대상물이 연장등록의 이유가 된 '허가대상물건'과 실질적으로 동일하다고 볼 수 없는 경우에 있어서까지 양자의 과제해결원리가 동일하고 실질적으로 동일한 작용효과를 나타내며 그와 같이 변경하는 것이 통상의 기술자가 쉽게 생각해 낼 수 있을 정도로 자명하다는 이유만으로 존속기간이 연장된 특허발명의 효력범위에 속한다고 본다면, 이는 그 연장등록된 특허권의 효력범위를 제한하고 있는 특허법 제95조의 규정취지에 반하여 그 효력범위가 지나치게 넓어지게 되는 불합리한 결론에 이르게 된다.[760]

(2) 허가를 위한 활성·안정성 시험의 주체

□ 특허권자가 실질적으로 해당 특허발명에 관한 허가를 위하여 필요한 활성·안정성 시험으로 인하여 특허발명을 실시할 수 없었다면 그 특허권에 관한 존속기간연장등록이 이루어질 수 있는 것이지, 반드시 위와 같은 시험을 특허권자나 그 전용실시권 또는 등록된 통상실시권을 가진 자가 직접 하였어야만 특허권 존속기간연장등록이 이루어질 수 있는 것은 아니다.[761]

(3) 책임 있는 사유로 소요된 기간

(가) 실시할 수 없었던 기간의 시기(始期)와 종기(終期)

□ ① 실시할 수 없었던 기간의 시기(始期)는 특허권자가 약사법에 의한 허가를 받는 데 필요한 활성·안전성 시험을 개시한 날 또는 특허권 설정등록일 중 늦은 날이 되고,

---

759) 특허법원 2017. 6. 30. 선고 2016나1929 판결, 2017. 6. 30. 선고 2016허8636,9189 판결
760) 특허법원 2017. 6. 30. 선고 2016나1929 판결
761) 서울중앙지법 2016. 6. 10. 선고 2014가합560217 판결

② 실시할 수 없었던 기간의 종기(終期)는 약사법에 의한 허가 처분이 그 신청인에게 도달함으로써 그 처분의 효력이 발생한 날이 된다.[762)]

(나) 일부 심사부서의 보완요구가 있었던 경우

(ㄱ) 다른 심사부서에서 심사절차가 계속 진행되고 있었던 경우

□ 식약처 내 어느 심사부서에서 보완요구가 이루어지고 그 결과 보완자료를 제출할 때까지 그 보완요구 사항에 대한 심사가 진행되지 못하였다 하더라도, 그동안 식약처의 다른 심사부서에서 그 의약품의 제조·판매·수입품목 허가를 위한 심사의 절차가 계속 진행되고 있었던 경우에는 다른 특별한 사정이 없는 한 그 기간 역시 허가를 위하여 소요된 기간으로 볼 수 있으므로, 이를 가지고 허가를 받은 자의 귀책사유로 인하여 허가의 절차가 지연된 기간이라고 단정할 수 없다.[763)]

(ㄴ) 사항별 심사진행은 허가를 위한 하나의 절차로 평가

□ 식약처의 의약품 제조판매·수입품목허가는 그 허가신청에 대하여 해당 심사부서에서 심사를 진행하고 이에 따라 보완요구를 비롯한 구체적인 심사절차도 해당 심사부서의 내부 사정에 따라 진행되지만 이러한 해당 심사부서별 심사는 식약처 내의 업무분장에 불과하고, 또한 그 심사절차가 모두 종결되어야 허가가 이루어질 수 있으므로, 심사부서별 심사절차 진행은 최종 허가에 이르는 중간과정으로서, 전체적으로 허가를 위한 하나의 절차로 평가할 수 있다.[764)]

762) 특허법원 2018. 2. 1. 선고 2016허3549,5132 판결, 2018. 1. 26. 선고 2016허5156,6128 판결, 2018. 1. 26. 선고 2016허6760 판결, 2018. 1. 19. 선고 2016허9554,9646 판결, 2018. 1. 19. 선고 2017허356 판결, 2018. 1. 19. 선고 2017허844 판결, 2018. 1. 19. 선고 2017허1557 판결, 2017. 11. 29. 선고 2016허4634,4719 판결, 2017. 11. 29. 선고 2016허5521 판결, 2017. 3. 16. 선고 2016허21,45 판결, 2017. 3. 16. 선고 2016허4498,5620 판결

763) 대법원 2017. 11. 29. 선고 2017후844,875 판결, 2017. 11. 29. 선고 2017후882,899 판결, 특허법원 2018. 8. 10. 선고 2016허3495,3532 판결, 2018. 8. 10. 선고 2016허5828,5897 판결, 2018. 8. 10. 선고 2016허6005,6593 판결, 2018. 8. 10. 선고 2016허6517 판결, 2018. 8. 10. 선고 2017허4518 판결, 2018. 8. 10. 선고 2017허4525 판결, 2018. 2. 1. 선고 2016허3549,5132 판결, 2018. 1. 26. 선고 2016허5156,6128 판결, 2018. 1. 26. 선고 2016허6760 판결, 2018. 1. 26. 선고 2016허83 판결, 2018. 1. 19. 선고 2016허9554,9646 판결, 2017. 11. 29. 선고 2016허4634,4719 판결

764) 대법원 2017. 11. 29. 선고 2017후844,875 판결, 2017. 11. 29. 선고 2017후882,899 판결, 특허법원 2018. 8. 10. 선고 2016허3495,3532 판결, 2018. 8. 10. 선고 2016허5828,5897 판결, 2018. 8. 10. 선고 2016허6005,6593 판결, 2018. 8. 10. 선고 2016허6517 판결, 2018. 8. 10. 선고 2017허4518 판결, 2018. 8. 10. 선고 2017허4525 판결, 2018. 2. 1. 선고 2016허3549,5132 판결, 2018. 1. 26. 선고 2016허5156,6128 판결

(ㄷ) 식약처 내부 심사과정의 구조적 원인

□ 식약처 내의 각 심사부서가 허가 신청서류에 대하여 독립적으로 심사를 진행하고 그에 따라 보완요구도 각 부서마다 개별적으로 이루어지므로, 식약처 내 각 담당부서의 보완요구가 서로 시기를 달리하여 이루어짐에 따라 보완자료를 서로 다른 시기에 제출하느라 허가에 소요된 기간이 늘어나게 된 것은 식약처 내부 심사과정의 구조적 원인에 기인하는 것이므로, 그 책임을 특허권자에게 귀속시킬 수 없다.[765)]

(ㄹ) 보완자료 제출로 인하여 허가가 지연된 경우

□ 특허권자가 그에 따라 보완자료를 서로 다른 시기에 제출하느라 허가에 소요된 기간이 늘어나게 되었다고 하더라도, 이는 특허권자의 책임영역을 벗어난 식약처 내부 심사과정의 구조적 원인 내지 그 내부의 사정에 기인하는 것으로 봄이 상당하므로 그 책임을 특허권자에게 귀속시킬 수는 없다.[766)]

○ 식약처 내부 심사과정에서 현실적으로 존재하는 구조적·절차적 문제를 도외시한 채, 현실의 심사·허가 과정을 단지 가상의 이상적인 심사·허가 과정으로 대체하여 특허권자에게 책임 있는 사유로 인하여 허가가 지연된 기간을 산정하려는 방법은 타당하다고 할 수 없다.[767)]

(다) 특허발명을 실시할 수 없었던 기간에서 제외

(ㄱ) 특허권자에게 책임 있는 사유로 소요된 기간

□ 당초 설정된 특허권의 존속기간 만료 후 자유로이 그 특허발명을 실시할 수 있었던 제3자로서는 존속기간의 연장으로 인하여 다시 연장된 존속기간까지 그 특허발명을 실시할 수 없는 불이익을 입게 되므로, 특허권자와 제3자의 이해관계를 조절하고 특허권자로 하여금 성실하고 신속하게 허가의 절차를 밟도록 하기 위하여 특허권자에게 책임 있는 사유로 소요된 기간은 특허발명을 실시할 수 없었던 기간에서 제외한다.[768)]

765) 대법원 2017. 11. 29. 선고 2017후844,875 판결, 2017. 11. 29. 선고 2017후882,899 판결, 특허법원 2017. 11. 29. 선고 2016허4634,4719 판결, 2017. 11. 29. 선고 2016허5521 판결

766) 특허법원 2017. 3. 16. 선고 2016허4498,5620 판결

767) 특허법원 2017. 3. 16. 선고 2016허4498,5620 판결

768) 특허법원 2018. 8. 10. 선고 2016허3495,3532 판결, 2018. 8. 10. 선고 2016허4535 판결, 2018. 8. 10. 선고 2016허5828,5897 판결, 2018. 8. 10. 선고 2016허6005,6593 판결, 2018. 8. 10. 선고 2016허6494 판결, 2018. 8. 10. 선고 2016허6517 판결, 2018. 8. 10. 선고 2017허4518 판결, 2018. 8. 10. 선고 2017허4525 판결, 2017. 11. 29. 선고 2016허4634,4719 판결, 2017. 11. 29. 선고 2016허5521 판결, 2017. 3. 16. 선고 2016허21,45 판결, 2017. 3. 16. 선고 2016허4498,5620 판결

(ㄴ) 특허권자의 귀책사유로 허가절차가 지연된 경우

□ 허가를 받은 자의 귀책사유로 약사법에 따라 허가의 절차가 지연된 경우에는 그러한 귀책사유가 인정되는 기간은 특허권 존속기간연장의 범위에 포함되어서는 안 된다.[769)]

(라) 특허권자의 귀책사유로 소요된 기간의 판단

(ㄱ) 사회통념상 일반적으로 요구되는 정도의 주의의무

□ '특허권자에게 책임 있는 사유로 인하여 소요된 기간'을 판단함에 있어서는 식약처의 심사·허가 절차 및 구조 등 현실의 주어진 여건 하에서 특허권자가 사회통념상 일반적으로 요구되는 정도의 주의의무를 게을리 하여 허가가 얼마만큼 지연되었다고 볼 수 있는지를 판단해야 한다.[770)]

(ㄴ) 귀책사유와 허가지연 사이에 상당인과관계 인정기간

□ '책임 있는 사유로 인하여 소요된 기간'이란 특허권자의 귀책사유로 말미암아 약사법의 허가가 실제로 지연된 기간, 즉 특허권자의 귀책사유와 약사법에 의한 허가의 지연 사이에 상당인과관계가 인정되는 기간을 의미한다.[771)]

(4) 균등적용 배제

★□ 존속기간이 연장된 특허권의 효력에 대하여는 '허가의 대상물건'의 범위가 문제될 뿐, 균등침해이론이 적용될 여지가 없다.[772)]

▷ 균등침해는 청구항의 문언적 범위를 벗어나는 확인대상발명에 대하여도 특허발명의 효력이 미치는지의 문제인데 반해, 존속기간이 연장된 특허발명의 효력범위는 청구항 문언범위 내에서 효력범위에 속하는지 문제이다.[773)] 따라서 연장된 특허권은 연장되기 전의 특허권과 같이 균등영역에까지 그대로 효력이 인정된다고 볼 수 없다.[774)]

---

769) 대법원 2017. 11. 29. 선고 2017후844,875 판결, 2017. 11. 29. 선고 2017후882,899 판결, 특허법원 2020. 10. 29. 선고 2019허3588 판결, 2020. 10. 29. 선고 2019허3595 판결, 2018. 8. 10. 선고 2016허3495,3532 판결, 2018. 8. 10. 선고 2016허5828,5897 판결, 2018. 8. 10. 선고 2016허6005,6593 판결, 2018. 8. 10. 선고 2016허6517 판결, 2018. 8. 10. 선고 2017허4518 판결, 2018. 8. 10. 선고 2017허4525 판결, 2018. 1. 12. 선고 2016허9639,9653 판결

770) 특허법원 2017. 3. 16. 선고 2016허4498,5620 판결

771) 특허법원 2020. 10. 29. 선고 2019허3588 판결, 2020. 10. 29. 선고 2019허3595 판결, 2017. 11. 29. 선고 2016허4634,4719 판결, 2017. 11. 29. 선고 2016허5521 판결, 2017. 3. 16. 선고 2016허21,45 판결, 2017. 3. 16. 선고 2016허4498,5620 판결

772) 서울중앙지법 2016. 11. 3. 선고 2016가합525317 판결

773) 손천우, 특허권의 존속기간 연장등록의 요건과 연장된 특허권의 효력범위, 사법 47호, 사법발전재단(2019), 390면

774) 박준석, 존속기간 연장된 특허권의 효력범위, 산업재산권 62호(2020), 21면

▶ 존속기간이 연장된 특허권의 효력은 청구범위의 문언범위에 속하는지를 판단해야 하는 것이지 청구범위의 균등범위에까지 확장할 수는 없다.

3) 존속기간연장등록 무효심결의 취소범위

□ 기간 1, 2가 무효라고 판단한 존속기간연장등록의 무효심결에 대한 취소소송에서, 기간 2에 대한 취소를 구하는 부분은 이유 없으나, 기간 1에 대한 취소를 구하는 부분은 이유 있어 이를 인용하는 경우, 연장등록된 기간 전체에 영향을 미치게 되므로 모두 함께 취소해야 하지만, 특허심판원은 심결취소 후 환송심결에서 기간 2에 대하여만 연장등록을 무효로 하는 심결을 해야 한다.[775)]

※ 권리범위에 속한다고 본 사례

○ 대법원 2019. 1. 17. 선고 2017다245798 판결
특허발명의 명세서는 암모늄염 외에 숙신산, 푸마르산 등을 유효성분인 솔리페나신과 염을 형성할 수 있는 선택 가능한 유기산으로 적고 있고, 피고 제품의 푸마르산염은 숙신산염과 함께 흔히 사용되는 약학적 염인 '클래스 1'로 분류되고, 솔리페나신 숙신산염의 체내 투여 및 흡수과정은 솔리페나신 푸마르산염의 경우에도 동일하다는 것은 널리 알려져 있으므로, 숙신산염을 푸마르산염으로 변경하는 것은 통상의 기술자라면 누구나 쉽게 선택할 수 있는 사항에 불과하고, 피고 제품은 허가대상 의약품과 염에서 차이가 나지만, 통상의 기술자가 그 변경된 염을 쉽게 선택할 수 있고, 인체에 흡수되는 치료효과도 실질적으로 동일하므로, 존속기간이 연장된 특허발명의 권리범위에 속한다.

○ 서울중앙지법 2016. 4. 26.자 2016카합80445 결정
연장등록의 이유가 된 허가 등의 대상물건은 이지트롤정의 유효성분으로서 채권자가 의약품 수입품목허가를 받기 위하여 필요한 임상실험을 실시한 에제티미브이고, 연장등록의 기초가 된 허가는 에제티미브를 주성분으로 하여 원발성 고콜레스테롤혈증 등의 치료용도로 사용하는데 대한 것이다. 따라서 존속기간연장등록에 의한 특허권의 효력은 주성분인 에제티미브를 원발성 고콜레스테롤혈증 등의 치료용도에 사용하는 것에 미친다.

○ 서울중앙지법 2019. 5. 14.자 2018카합21690 결정
채무자 제품은 채권자 제품과 유효성분이 '바레니클린'으로 동일하고 염만 '타르타르산'에서 '옥살산'으로 변경한 것인데, 통상의 기술자가 채권자 제품의 염인 타르타르산을 옥살산으로 변경하는

---

775) 특허법원 2020. 10. 29. 선고 2019허3595 판결
- 이에 대하여 원고는 그 판결이유에 제시된 기간 2 부분의 판단을 다투면서 상고를 제기하였는데, 기간 2 부분 판단에 대하여는 취소판결의 기속력이 발생하지 않는다(대법원 2021. 10. 28. 선고 2020후11752 판결).

것이 용이하고, 용해도의 차이로 인하여 실질적으로 어떠한 치료효과의 차이가 있는지에 관하여는 아무런 자료도 제출되어 있지 않고, 고온·다습한 환경에서의 순도변화 및 제제 유동성에 관한 차이는 제제의 보관·유통과 관련된 사항으로서 이로 인하여 치료효과 및 용도에 실질적인 차이가 발생한다고 볼 수도 없다. 따라서 채무자 제품은 염을 변경하였어도 인체에 흡수되는 유효성분의 약리작용에 의하여 나타나는 치료효과나 용도가 채권자 제품과 동일하므로, 존속기간이 연장된 특허발명의 권리범위에 속한다.

※ 권리범위에 속하지 않는다고 본 사례

○ 서울중앙지법 2016. 6. 10. 선고 2014가합560217 판결

피고가 제4상 임상실험을 시작한 시가는 특허권의 연장된 존속기간 만료일로부터 약 2년 전이고, 이후 피고는 특허권의 연장된 존속기간 만료 전에 피고 실시제품을 제조·판매한 점을 보면 피고가 제4상 임상실험을 한 이유 주에는 피고 실시제품을 홍보하고자 한 것도 있으리라고 보이지만, 특허법의 원칙상 특허권자는 그 특허권의 존속기간 중에서만 독점적인 이익을 누릴 수 있는바, 피고가 제4상 임상실험을 통해 피고 실시제품의 홍보효과를 보았다고 하더라도, 피고 실시제품이 실제로 제조·판매된 시기가 특허권의 존속기간 만료일 후라면 원고는 피고에게 손해배상을 청구할 수 없다.

나. 제네릭 의약품

1) 상당인과관계 여부

□ 제네릭 의약품제조업체가 오리지널 의약품제조업체의 특허권을 침해하는 제네릭 의약품에 대하여 품목허가 및 약가등재절차를 완료한 다음 특허법원에서 오리지널 의약품제조업체의 특허권이 무효라는 판결이 선고되자 그 판매예정시기를 '등재 후 즉시'로 변경함에 따라 보건복지부장관이 오리지널 의약품인 오리지널 의약품제조업체 제품의 약제급여 상한금액을 종전 금액의 80%로 인하한 사안에서,

가) 상당인과관계 인정

□ 오리지널 의약품제조업체 제품의 약제급여 상한금액의 인하로 인하여, 오리지널 의약품제조업체가 입은 손실과 제네릭 의약품제조업체의 행위 사이에 상당인과관계가 인정되므로, 제네릭 의약품제조업체의 손해배상책임이 인정된다.[776)]

776) 서울중앙지법 2017. 9. 15. 선고 2014가합556560 판결, 특허법원 2018. 2. 8. 선고 2017나2332 판결 ☞ 대법원 2020. 11. 26. 선고 2018다221676 판결에 의하여 파기

나) 상당인과관계 불인정

□ 오리지널 의약품제조업체 제품의 약제급여 상한금액의 인하에도 불구하고, 오리지널 의약품제조업체가 입은 손실과 제네릭 의약품제조업체의 행위 사이에 상당인과관계가 인정되지 않으므로, 제네릭 의약품제조업체의 손해배상책임이 인정되지 않는다.[777)]

다) (정리) 손해배상책임 불인정

□ 오리지널 의약품제조업체 제품의 약제급여 상한금액의 인하로 인하여 오리지널 의약품제조업체가 입은 손실과 제네릭 의약품제조업체의 행위 사이에 상당인과관계가 인정되지 않으므로, 제네릭 의약품제조업체의 손해배상책임이 인정되지 않는다.[778)]

○ 특허법원 2018. 2. 8. 선고 2017나2332 판결 ☜ 2018다221676 판결에 의하여 파기

오리지널 의약품제조업체 제품의 약가 인하가 이 사건 고시에 의하여 정해지기는 하였으나, 국민건강보험제도 하에서는 요양급여 시장은 국민건강보험공단이 수요를 독점하고 보건복지부장관이 가격을 결정하는데, 보건복지부장관이 제네릭 의약품제조업체 제품의 출시로 인하여 '올란자핀' 성분의 의약품 시장에 원고 제품 외의 대체제가 발생한 사정을 들어 오리지널 의약품제조업체 제품의 가격을 인하한 이상 이는 수요·공급의 원칙이 작동하는 일반 시장에서 제네릭 의약품제조업체 제품의 시장 진입으로 인하여 오리지널 의약품제조업체 제품의 가격이 인하되는 것과 그 구조가 다르지 않고, 단지 시장 가격의 결정 방식에서 차이가 있을 뿐이므로, 이 사건 고시를 통해 오리지널 의약품제조업체 제품의 약가가 인하되었다는 사정만으로 제네릭 의약품제조업체의 불법행위와 오리지널 의약품제조업체가 입은 손해 사이에 인과관계가 단절된다고 볼 수 없다. 또한, 이 사건 고시는 국민건강보험 요양급여의 기준에 관한 규칙 13조 4항 5호, 약제의 결정 및 조정기준 8조 2항 6호 및 [별표 1] 약제 상한금액의 산정 및 조정기준 3호 가목의 기준에 따른 것이고, 보건복지부장관이 그 재량권을 일탈·남용한 위법이 없으므로, 오리지널 의약품제조업체가 이 사건 고시에 대하여 불복하지 않았다고 하여 제네릭 의약품제조업체의 불법행위와 원고가 입은 손해 사이에 인과관계가 단절된다고 볼 수 없다.

○ 서울고법 2016. 10. 6. 선고 2015나2040348 판결

제네릭 의약품제조업체의 판매예정시기 변경신청행위가 있은 후에도 위원회의 심의와 평가를 통하여 오리지널 의약품제조업체 제품의 상한금액 인하의 적정성 및 인하시기 등을 심사한 후 보건복지부장관의 판단에 따라 오리지널 의약품제조업체 제품의 상한금액이 인하된 것으로 보인다. 오리지널 의약품제조업체도 보건복지부장관의 이러한 처분에 대하여 행정심판 및 행정소송 등으로 불복

777) 서울중앙지법 2015. 6. 19. 선고 2014가합526972 판결, 서울고법 2016. 10. 6. 선고 2015나2040348 판결 ☜ 대법원 2020. 11. 26. 선고 2016다260707 판결에 의하여 지지

778) 대법원 2020. 11. 26. 선고 2016다260707 판결, 2020. 11. 26. 선고 2018다221676 판결

한 바 없었다. 이러한 경위에 비추어 보면 제네릭 의약품제조업체 제품의 약제 상한금액이 인하됨에 있어, 보건복지부장관이 법령상 절차를 거쳐 이 사건 고시로서 재량권을 행사함으로써 상한금액의 인하 여부 및 인하시기 등을 판단하고 결정한 것으로 볼 수 있다. 제네릭 의약품제조업체의 신청이 최초의 원인이 되어 결과적으로 약가가 인하되기에 이르렀다고 하여, 제네릭 의약품제조업체의 행위와 오리지널 의약품제조업체의 손실 사이에 상당인과관계가 존재한다고 단정할 수 없다.

다. 용도발명과 용도한정 물 발명

1) 용도발명

가) 용도발명의 개념

□ 용도발명이란 특정 물질이 가지고 있는 어떤 특정한 용도의 새로운 발견 자체를 기술적 구성의 하나로 하는 발명으로서,[779] 공지된 물건을 어떤 특정한 새로운 용도로 이용하는 과정에서 기술성 사상의 창작이 존재하는 발명을 말한다.[780]

나) 용도발명의 성립요건

(1) 그 용도가 당시까지 알려지지 않았던 새로운 것

□ 용도발명이란 그 용도가 당시까지 알려지지 않았던 새로운 것이면 충분하고, 그 물이나 그 물의 다른 용도가 이전에 공지되어 있어야만 하는 것은 아니다.[781]

(2) 새로운 용도로서 유용성을 찾아내는 것이 자명하지 않은 경우

□ 용도발명이란 기존 공지의 물질의 새로운 용도로서 유용성을 찾아내는 것이 통상의 기술자에게 자명하지 않은 경우에 인정된다.[782]

(3) 물질의 특정한 용도만이 특허대상

□ 물질발명은 그 물질 자체를 보호대상으로 하는데 반하여 용도발명은 물질 자체는 알려진 것이라고 하더라도 그 물질의 특정한 용도만을 새롭게 특허의 대상으로 하는 것이므로, 원칙적으로 동일한 발명이라고 할 수 없다. 따라서 용도발명은 물질발명과 구분되는 별개의 발명으로서, 특허로서 보호받고자 하는 대상이 서로 상이하다.[783]

---

779) 특허법원 2012. 8. 24. 선고 2012허2166 판결, 2009. 4. 24. 선고 2008허4141 판결, 서울중앙지법 2020. 8. 18.자 2020카합20372 결정

• 용도발명은 물건발명을 그대로 이용한 것이므로 선출원 물건발명의 이용관계에 있다.

780) 서울중앙지법 2013. 11. 1. 선고 2012가합88391 판결

781) 특허법원 2012. 8. 24. 선고 2012허2166 판결

782) 서울중앙지법 2013. 11. 1. 선고 2012가합88391 판결

783) 특허법원 2018. 9. 7. 선고 2017허6699 판결

다) 용도발명의 침해요건

(1) 용도발명의 침해성립요건

□ 용도발명에 관한 특허침해가 성립하기 위해서는, ① 문제되는 확인대상발명이 단순히 그 특정 물질을 구성성분으로 포함하고 있다는 점뿐만 아니라, ② 당해 용도발명에 의하여 제시된 특정 용도를 그 주된 용도 또는 부수적 용도로 포함하고 있다는 점까지 인정되어야 한다.[784)]

(2) 용도발명의 용도 포함 여부 판단방법

□ 확인대상발명의 용도에 당해 용도발명에 의하여 제시된 용도가 포함되어 있는지 여부를 판단함에 있어서는, ① 명세서의 기재, ② 확인대상발명이 속하는 제품군의 일반적인 기능과 용도, ③ 확인대상발명 자체 또는 그 포장지, ④ 포장용기에 표기된 확인대상발명의 기능 내지 효능, ⑤ 확인대상발명에 관한 광고 내지 홍보 내용, ⑥ 수요자나 거래자들에게 객관적으로 인식되는 확인대상발명의 기능 내지 효능을 종합적으로 고려해야 한다.[785)]

○ 서울중앙지법 2020. 8. 18.자 2020카합20372 결정

① 채무자는 채무자 제품을 홍보하기 위하여 주름개선, 기미, 미백, 아토피, 탈모 예방 등의 효능이 있다는 취지로 표시·광고한 점, ② 특허발명의 명세서에는 조성물의 제형에 관한 예시로 '비누'를 들고 있는 점, ③ 채무자는 아토피, 지루성 피부염 등 피부 질환이나 피부 개선에 관심이 있는 회원들이 활동하는 네이버 카페에서 두피 트러블이 있는 회원들을 대상으로 채무자 제품에 대한 체험단을 모집하면서 대한아토피협회와 함께 '아토피케어로드맵' 전시회를 개최하였다고 홍보한 점, ④ 채무자가 본안소송 제기 후 광고 또는 홍보물에서 탈모방지 및 발모촉진효과 등에 관한 내용을 모두 삭제하였다고 하더라도, 이를 이유로 채무자 제품들의 객관적 용도를 달리 판단할 수는 없는 점 등을 종합하여 보면, 채무자 제품은 그 객관적인 용도로 적어도 특허발명에서 정하는 용도를 포함하고 있다.

○ 서울중앙지법 2017. 6. 30. 선고 2016가합517156 판결

특허발명은 중추신경계 장애(간질 등) 치료제로 공지된 특정 화합물이 '통증' 치료 용도에 새롭게 사용될 수 있음을 밝혀낸 데에 그 기술적 의의가 있어 의약용도발명에 해당하는데, 제1항 발명은 그 화합물을 프레가발린 등으로 한정하고 있고, 제5항 발명은 제1항 발명의 구성요소 중 치료되는 통증을 '신경병질증 통증'으로 한정하고 있으며, 제16항 발명은 제1항 발명의 구성요소 중 치료되는

784) 서울중앙지법 2020. 8. 18.자 2020카합20372 결정
785) 서울중앙지법 2020. 8. 18.자 2020카합20372 결정

통증을 '섬유근육통'으로 한정하고 있다. 그러므로 프레가발린이 주원료인 피고 의약품이 의약용도 발명인 제5항, 제16항 발명의 보호범위에 포함되기 위해서는, 피고 의약품이 제5항, 제16항 발명의 구성요소인 의약용도, 즉 '신경병질증 통증', '섬유근육통'의 치료 용도로 실시되어야 한다. 그런데 피고가 피고 의약품의 효능·효과 중 신경병증성 통증 및 섬유근육통 치료 용도를 명시적으로 제외하는 내용의 변경허가를 받은 이상, 의약용도가 신경병증성 통증, 섬유근육통 치료인 제5항, 제16항 발명과 의약용도가 간질 치료인 피고 의약품은 그 용도가 실질적으로 구별되어 발명의 구성을 달리한다.

○ 서울중앙지법 2016. 4. 15. 선고 2013가합560128 판결

용도발명을 침해하는 의약품이 특허발명의 용도 이외의 용도로 품목허가를 받은 경우, 특허권의 침해를 예방하기 위해서는 피고가 특허발명의 용도를 제외하는 품목허가변경을 받기 전에는 '어떠한 용도 목적'으로도 피고제품을 실시하지 못하게 금지할 필요가 있다.

라) 용도발명의 권리범위

(1) 조성물과 용도의 동일 내지 균등범주

□ 용도발명의 효력은 물 측면과 용도 측면 모두 동일 내지 균등한 범위에 미친다.[786) 용도발명은 '용도'와 '물'을 필수구성요건으로 하고 있고 특허발명은 유효성분을 공지된 화합물인 '시부트라민 염산염 또는 그의 일수화물'로 한정한 비만증 치료용 약제학적 조성물로 구성되어 있는 경우, 그 권리범위는 ① 물 측면에서는 시부트라민 염산염 또는 그의 일수화물을 유효성분으로 한 약제학적 조성물과, ② 용도 측면에서는 비만증 치료용과, 각각 동일 내지 균등한 범위에만 미친다.[787)]

(2) 조성물 내지 균등물과 동일범주의 용도

□ 용도발명의 권리범위는 특허발명의 화합물을 유효성분으로 하는 약제학적 조성물 내지 그의 균등물과 동일하다고 볼 수 있는 범주의 용도로 사용하는 경우에 한정되고, 발명의 대상이 되는 화학물질과 대비하여 신규성·진보성이 인정되어 별도로 특허를 받은 신규의 화학물질을 발명의 대상이 되는 용도로 사용하는 경우까지 용도발명의 권리범위에 속한다고 볼 수는 없다.[788)]

786) 특허법원 2006. 11. 15. 선고 2005허10459 판결
  • 용도발명은 그 용도에 대하여만 독점배타권이 인정된다(東京地裁 2005. 8. 31. 선고 2003년(ワ)29080 판결).
787) 특허법원 2006. 11. 15. 선고 2005허10459 판결
788) 서울중앙지법 2006. 11. 17. 선고 2005가합63349 판결

마) 용도발명 침해제품의 폐기범위

□ 용도발명을 침해하는 제품이 특허발명의 용도 이외의 용도로 사용할 수 있는 경우에, 침해되는 용도와 그렇지 않은 용도의 사용을 구분할 수 없기 때문에 전체적으로 금지 및 폐기를 명한다.789)

2) 용도한정 물 발명

가) 물건발명의 용도는 발명의 기술내용 아님

□ 물건발명에 있어서 '물건의 용도'는, 그것이 비록 청구범위에 적혀 있다 하더라도 발명의 대상인 물건의 구성에 영향을 미치는 것이 아닌 한, 발명의 최적의 사용상태를 설명하는 것에 불과하여, 발명의 기술내용으로 볼 수 없다.790)

나) 용도발명이 아니면 작용효과를 달리 한정하더라도 권리범위에 속함

□ 동일한 구성을 갖는 발명에서 용도발명으로 인정되지 않는 한, 다른 목적과 작용효과를 한정한다 하더라도 다른 발명이 되는 것이라 볼 수 없으므로 권리범위에 속한다.791)

▷ 물건발명이나 물건을 생산하는 방법발명에 있어서 용도의 기재는 특별한 경우, 즉 나머지 청구범위의 기재인 발명의 구성에 영향을 주는 예외적인 경우를 제외하고 발명의 구성으로 보지 않는 것이 옳은 것 같다. 왜냐하면 청구범위의 이러한 용도 기재를 제외한 나머지 구성요소에 의하여 발명은 완성되고, 용도의 기재에 의하여 발명의 모습이 달라지지 않기 때문이다.792)

라. BM 발명

1) BM 발명의 개념

□ BM 발명은 청구항이 사람의 정신활동 등을 이용한 것이거나 단순히 컴퓨터나 인터넷의 범용적인 기능을 이용하고 있는 것이어서는 안 되고, 소프트웨어가 컴퓨터에 읽혀져서 하드웨어와 구체적인 상호 협동수단에 의하여 특정한 목적달성을 위한 정보처리를 구체적으로 수행하는 정보처리장치 또는 그 동작방법이 구축되어 있는 것을 말한다.793)

---

789) 서울중앙지법 2016. 4. 15. 선고 2013가합560128 판결

790) 특허법원 2022. 11. 24. 선고 2021허6566 판결, 2011. 8. 18. 선고 2010허9309 판결, 2009. 12. 9. 선고 2008허12524 판결, 2008. 4. 25. 선고 2007허11999 판결, 2007. 12. 28. 선고 2007허4571 판결 (같은 취지) 특허법원 2012. 2. 17. 선고 2011허8105 판결, 2009. 1. 9. 선고 2008허644 판결

791) 특허법원 2003. 8. 22. 선고 2002허4002 판결

792) 강경태, 특허법상 주요쟁점에 관한 고찰, 특허청 열린특허교실(2008), 29면

793) 특허법원 2007. 12. 26. 선고 2007허2957 판결, 2007. 6. 27. 선고 2006허8910 판결

2) BM 발명의 요건

가) BM 발명의 해당요건

□ BM 발명에 해당하기 위해서는 컴퓨터상에서 소프트웨어에 의한 정보처리가 하드웨어를 이용하여 구체적으로 실현되고 있어야 한다.[794)]

나) BM 발명의 성립요건

□ BM 발명이 성립하려면, 전체로서 판단된 청구항이 사람의 정신활동 등을 이용한 것이거나 단순히 컴퓨터나 인터넷의 범용적인 기능을 이용하고 있는 것이어서는 안 되고, 컴퓨터 시스템상에서 소프트웨어와 하드웨어의 구체적인 상호 협동수단에 의하여 특정한 목적달성을 위한 정보처리를 구체적으로 수행하는 정보처리장치 또는 그 동작방법이 구축됨으로써 컴퓨터나 인터넷이 단순히 이용되는 것 이상의 새로운 효과를 발휘할 수 있는 것이어야 한다.[795)]

다) BM 발명의 완성요건

□ BM 발명이 발명으로서 완성되기 위해서는 청구범위의 기재가 단순한 아이디어를 제기하는 수준에 머물러서는 안 되고, 발명의 목적을 달성하기 위한 필수불가결한 모든 구성들이 구체적이고 명확하게 적혀야 한다.[796)]

3) BM 발명의 권리범위

가) BM 발명의 권리범위 인정요건

□ BM 발명의 권리범위는 정보처리장치 또는 그 동작방법이 구축되어 있는 범위 내에서 인정되어야 한다.[797)]

---

794) 대법원 2018. 3. 29. 선고 2017후1885 판결, 2008. 12. 24. 선고 2007후265 판결, 2008. 12. 11. 선고 2007후494 판결, 2003. 5. 16. 선고 2001후3149 판결, 특허법원 2016. 11. 17. 선고 2015허4880 판결, 2010. 11. 17. 선고 2010허2087 판결, 2009. 5. 20. 선고 2008허7850 판결, 서울중앙지법 2009. 12. 17. 선고 2008가합128834,2009가합4591 판결

- BM 발명에서 '소프트웨어에 의한 정보처리가 하드웨어를 이용하여 구체적으로 실현되고 있어야 한다'란 소프트웨어가 컴퓨터에 의하여 단순히 읽혀지는 것에 그치지 않고, 소프트웨어와 하드웨어가 구체적인 상호 협동수단에 의하여 사용목적에 따른 정보의 연산 또는 가공을 실현함으로써 사용목적에 대응한 특유의 정보처리장치 또는 그 동작방법이 구축되는 것을 말한다(특허법원 2006. 12. 21. 선고 2005허11094 판결, 2006. 12. 21. 선고 2006허4697 판결).

795) 특허법원 2007. 6. 27. 선고 2006허8910 판결

- BM 발명은 특허발명의 청구범위와 발명의 설명에 컴퓨터상에서 소프트웨어에 의한 정보처리가 하드웨어를 이용하여 구체적으로 실현되는 기술적 구성이 구체적으로 명확하게 적혀 있어야 한다(특허법원 2006. 12. 21. 선고 2006허4680 판결, 2006. 12. 21. 선고 2006허4697 판결).

796) 특허법원 2006. 12. 21. 선고 2005허11094 판결

797) 특허법원 2007. 12. 26. 선고 2007허2957 판결

나) BM 발명의 권리범위에 속하기 위한 요건

□ 확인대상발명이 BM 발명의 권리범위에 속한다고 하려면 확인대상발명에 BM 발명의 특성이 구현된 특허발명의 구성요소와 구성요소 사이의 유기적 결합관계가 그대로 포함되어 있어야 한다.[798]

다) BM 발명 권리범위의 엄격한 해석

□ BM 발명은 통상의 특허발명보다 그 권리범위를 엄격하게 해석해야 한다.[799]

V. 주문의 기재방법

1 주문의 기재원칙

가. 주문 자체에 의하여 특정할 수 있도록 기재

□ 심결의 주문은 그 내용이 특정되어야 하고 그 주문 자체에 의하여 특정할 수 있어야 한다.[800]

▷ 권리범위확인심판에서는 적극적 권리범위확인심판이나 소극적 권리범위확인심판을 불문하고 확인대상발명이 특허발명의 일부 청구항에만 속한다는 결론을 얻었다면, 대세적 효력을 가지는 특허발명의 권리관계의 정확한 공시를 가능케 하기 위해서는 심결주문에 청구항을 특정하여 개별적으로 그 권리관계를 밝혀주는 것이 바람직하다.[801]

나. 확인대상발명의 설명서 및 도면이 첨부되지 않은 경우

1) 확인대상발명을 특정할 수 없어 심결 취소

□ 심결의 주문에서 확인대상발명이 특허발명의 권리범위에 속한다고 하면서도 심결에 확인대상발명의 설명서 및 도면이 첨부되지 않은 경우에는, 특허발명의 권리범위에 속한다고 한 확인대상발명이 무엇인지를 특정할 수 없어 명확성을 결여한 것이므로

---

798) 특허법원 2007. 12. 26. 선고 2007허2957 판결
799) 서울중앙지법 2004. 10. 7. 선고 2003가합38530 판결, 2003. 4. 4.자 2003카합322 결정, 2003. 4. 24.자 2002카합3054 결정
800) 대법원 1989. 11. 14. 선고 88후97 판결
801) 유영일, 특허재판실무편람, 특허법원(2002), 164~165면

심결은 취소되어야 한다.[802)]

2) 부주의로 누락한 경우에는 심결경정사유

□ 심결의 주문과 이유에 별지기재 확인대상발명이라고 하면서 심결문 말미에 확인대상발명이 첨부되어 있지 않더라도, 그 목록이 심판청구서에 첨부된 목록과 동일한 것임이 분명하고 특허심판원이 심결문을 작성함에 있어 부주의로 이를 누락한 것이 명백하다면 위와 같은 잘못은 심결경정사유로 삼을 수 있다.[803)]

다. 심판청구를 각하하면서 동시에 기각하는 심결 불허

□ 하나의 권리범위확인심판청구에 대한 심결의 주문은 하나이어야 하고, 서로 양립할 수 없는 두 개의 주문을 동시에 적을 수는 없다. 따라서 하나의 심판청구를 각하하면서 동시에 기각하는 심결은 그 심결 확정 후 일사부재리의 효력 적용과 관련해서도 허용될 수 없다.[804)]

▶ 권리범위확인심판청구가 부적법하여 각하되어야 하는 사유와 함께 본안을 판단한 결과 기각되어야 하는 사유가 있는 경우에는 주문에서 '각하'로 적어야 하고, '각하 또는 기각'으로 적어서는 안 된다.

라. 권리범위확인심판의 종류에 따른 주문의 기재요령

1) 심판청구 인용시의 기재방법

★▶ 청구취지에는 심판청구가 인용될 경우에 심결의 주문에 적을 것을 표시하는 것이므로, 주문의 기재방법에 있어 심판청구를 인용하는 경우에는 청구인의 청구취지에 적힌 대로 주문에 적으면 된다. 따라서 심판청구가 이유 있어 인용하는 경우, ① 적극적 권리범위확인심판에서는 '확인대상발명은 특허발명의 권리범위에 속한다.'로 적고, ② 소극적 권리범위확인심판에서는 '확인대상발명은 특허발명의 권리범위에 속하지 않는다.'로 적는다.

2) 심판청구 기각시의 기재방법

★▶ 심판청구가 이유 없어 기각하는 경우, ① 적극적 권리범위확인심판과 소극적 권리범위확인심판은 모두 '이 사건 심판청구를 기각한다.'로 적으면 된다. ② 소극적 권리범위확인심판에서 '확인대상발명은 특허발명의 권리범위에 속한다.'고 주문에 적는 것은 처

802) 대법원 1989. 11. 14. 선고 88후97 판결
803) 대법원 1989. 10. 13. 선고 88다카19415 판결, 1980. 7. 8.자 80마162 결정, 1970. 4. 28. 선고 70다322 판결
804) 특허법원 2017. 1. 13. 선고 2016허1956 판결

분권주의에 위배되므로 그 자체로 심결취소사유가 된다.

마. 확인대상발명이 여러 개인 경우

1) 원칙적으로 별도 심판청구

▷ 확인대상발명이 여러 개인 경우에는 여러 개의 서로 다른 청구취지를 가진 여러 개의 심판을 하나의 심판으로 청구하는 경우로서, 원칙적으로 별도의 심판청구를 하여야 하고 병합하여 심결하는 경우에는 청구취지에 따라 주문을 달리 적어야 한다.805)

2) 확인대상발명별로 주문 기재

□ 적극적 권리범위확인심판에서, 청구인이 여러 개의 확인대상발명에 대하여 예비적·선택적 병합의 형태로 청구하면서 그 모두가 특허발명의 권리범위에 속한다는 취지인 경우에는 병합된 확인대상발명들에 대한 각각의 심판청구들에 대하여 모두 판단을 하여야 하고, 그 결과 일부 확인대상발명만이 특허발명의 권리범위에 속하는 경우에는 일부 인용, 일부 기각의 주문을 내어야 한다.806)

2 적극적 권리범위확인심판

가. 여러 청구항에 관한 단순병합이나 선택적 병합 청구

□ 특허권은 청구항마다 별개의 권리로 성립하므로 특허권자는 하나의 실시제품에 대하여 여러 개의 청구항에 관한 특허권 침해를 주장하여 이를 단순병합관계 혹은 선택적 병합관계로 청구할 수 있다.807)

나. 심결주문에서 청구항을 특정하지 않은 인용심결

□ 심결주문에서 특허발명의 청구항을 특정하지 않고 확인대상발명이 특허발명의 권리범위에 속한다고 심결한 경우에는 확인대상발명이 특허발명의 청구범위 모두에 속한다는 판단을 한 것으로 본다.808)

다. 하나의 청구항에만 속하는 경우에도 인용심결

□ 적극적 권리범위확인심판에서는, 확인대상발명이 여러 개의 청구항 중 어느 한 항에만 속한다고 하더라도 심판청구를 인용해야 할 것이고, 청구인이 확인대상발명은 특

805) 심판편람 13판, 특허심판원(2021)
806) 특허법원 2012. 1. 12. 선고 2011허7393 판결
807) 서울중앙지법 2019. 9. 27. 선고 2016가합530982 판결
808) 특허법원 2006. 11. 29. 선고 2006허2516 판결, 2004. 4. 9. 선고 2003허1857 판결

허발명의 청구항 모두에 속한다는 취지의 확인을 구하지 않는 이상, 청구항별로 심판청구를 인용하거나 기각해야 하는 것은 아니다.[809)]

▷ 적극적 권리범위확인심판에서, 여러 개의 청구항을 가진 특허발명에 대한 청구취지가 '확인대상발명은 특허발명의 권리범위에 속한다.'는 것인 경우, 청구인은 확인대상발명이 어느 한 항에라도 속하면 청구의 목적이 달성되므로 법원에서는 선택적 병합으로 보고 처리하는 경향이므로 일부 인용하는 것은 허용되지 않는다는 견해와,[810)] 일부 기각이라는 표시를 주문에 표시하는 것은 선택적 병합의 성질에 반하는 것이므로 허용되지 않는다는 견해가 있다.[811)]

라. 어느 청구항에 불속인지 구체적으로 특정

□ 특허발명이 여러 개의 청구항으로 이루어져 있음에도 확인대상발명이 어느 청구항의 권리범위에 속하지 않는지를 구체적으로 특정하지 않은 것은 부적절하지만, 그 자체로서 심결을 취소할 사유는 아니다.[812)]

★▷ 청구인이 여러 개의 청구항을 가진 특허발명의 일부의 청구항만을 특정하여 그 권리범위확인심판을 청구한 경우에는 특정한 청구항만을 대상으로 확인대상발명과의 관계를 판단하면 되지만, 일부의 청구항을 특정하지 않은 채 권리범위확인심판을 청구한 경우에는 이를 단순병합으로 보고 청구항별로 판단해야 하고, 실무도 일부 인용, 일부 기각의 주문을 내고 있다.[813)]

▶ 적극적 권리범위확인심판의 경우에도 확인대상발명이 어느 항의 권리범위에도 속하지 않는다면 단순병합으로 보아 소극적 권리범위확인심판의 경우와 마찬가지로 모든 청구항에 대한 판단을 하여야 한다.

○ 대법원 2005. 4. 28. 선고 2004후493 판결, 2001. 12. 11. 선고 99후2297 판결

---

809) 대법원 2005. 4. 28. 선고 2004후493 판결, 2001. 12. 11. 선고 99후2297 판결, 특허법원 2004. 1. 15. 선고 2002허8189 판결, 1999. 7. 8. 선고 98허6452 판결

810) 이태종, 2008년도 하반기 변리사 민사소송실무연수, 대한변리사회

811) 유영일, 특허재판실무편람, 특허법원(2002), 164면

• 청구항 중 일부를 선택하여 판단한 결과 확인대상발명이 그 청구항의 권리범위에 속한다면 나머지 청구항에 대한 판단 자체를 하지 않을 수도 있으나, 이와 같이 선택적인 판단의 결과 확인대상발명이 일부 청구항의 권리범위에 속한다는 결론을 내렸다면 그 청구항을 특정하여 확인대상발명이 그 권리범위에 속한다는 내용을 주문에 표시해야 한다(유영일, 특허재판실무편람, 특허법원(2002), 164~165면).

812) 대법원 2003. 10. 24. 선고 2002후1102 판결

813) 권오희, 권리범위확인심판의 판단순서에 관한 고찰, 지식재산 21, 특허청(2005. 5.), 120면

확인대상발명이 제1항 발명의 권리범위에 속하는 이상, 나머지 청구항의 권리범위에 속하는지의 여부에 대하여는 살펴볼 필요도 없이 확인대상발명은 특허발명의 권리범위에 속한다.

○ 특허법원 2006. 11. 29. 선고 2006허2516 판결, 2004. 4. 9. 선고 2003허1857 판결

확인대상발명은 제1항 발명의 권리범위에 속하고, 제2항 발명의 권리범위에는 속하지 않는데도, 심결에서는 '확인대상발명이 특허발명의 권리범위에 속한다'고 하였으므로, 심결 중 제1항 발명에 관한 부분은 적법하고, 제2항 발명에 관한 부분은 부적법하므로, 그 취소를 구하는 원고의 청구는 일부 이유 있어 제2항 발명에 관한 부분을 인용하고, 나머지 청구를 기각한다.

○ 특허법원 1999. 7. 8. 선고 98허6452 판결

적극적 권리범위확인심판에서, 확인대상발명이 제1항 발명에는 속하나, 제2항 발명에는 속하지 않는 경우라고 하더라도, 심결은 제2항 발명에 대한 판단에 있어서는 위법하나 제1항 발명에 대한 판단에 있어서는 적법한 이상, 위와 같은 위법이 심판청구를 인용한 심결의 결론에는 영향을 미치지 않는다.

3 소극적 권리범위확인심판

가. 확인대상이 일부 청구항인지, 모든 청구항인지 석명

□ 청구항이 여러 개인 특허발명에 대한 권리범위확인심판에서는 심판청구서에 적힌 청구취지와 이유, 특허발명과 대비될 수 있는 설명서 및 필요한 도면을 살펴서 청구인이 일부의 청구항과의 권리범위확인만을 구하는 것인지, 모든 청구항과의 권리범위확인을 구하는 것인지 여부를 검토하여 청구취지와 이유가 서로 모순되거나 그것이 불분명한 경우에는 이에 대한 보정을 요구해야 한다.[814]

나. 청구항이 여러 개인 경우에는 단순병합의 성격

1) 모든 청구항에 대한 판단을 요구하는 취지

□ 소극적 권리범위확인심판은 단순병합의 성격을 가지는 것이어서, 특허발명의 청구항이 여러 개인 경우, 확인대상발명이 특허발명의 권리범위에 속하지 않음을 확인하여 줄 것을 구하는 것은 확인대상발명이 독립항뿐만 아니라 나머지 청구항의 권리범위에도 속하지 않음을 확인하여 달라는 취지로 보아야 한다.[815]

814) 특허법원 2003. 6. 27. 선고 2002허5326 판결
815) 특허법원 2004. 12. 9. 선고 2004허1588 판결, 2004. 7. 2. 선고 2003허6043 판결, 2001. 5. 10. 선고 2000허5728 판결

2) 모든 청구항에 대한 개별적 판단

□ 소극적 권리범위확인심판은 청구인이 특정한 확인대상발명이 특허발명의 권리범위에 속하지 않는다는 것을 확인하기 위한 것이므로, 확인대상발명과 특허발명의 모든 청구항들을 개별적으로 대비하여 그 권리범위에 속하는지 여부를 판단해야 한다.816)

3) 청구항마다 권리범위를 특정하고 속부 판단

□ 소극적 권리범위확인심판에서 청구인이 명시적으로 청구항을 특정하여 권리범위확인을 청구하고 있지 않는 한, 청구항마다 권리범위를 특정하고 확인대상발명이 각 청구항마다 특허권의 권리범위에 속하는지 여부를 판단해야 한다.817)

4) 일부 청구항 이외의 나머지 청구항에 관한 이유기재 누락은 위법

□ 소극적 권리범위확인심판에서 청구항이 여러 개인 경우에 일부 청구항 이외의 나머지 청구항에 관하여 그 이유의 기재를 누락한 채 심판청구를 기각한 것은 위법하다.818)

다. 당사자 처분권주의 적용

1) 당사자가 신청하지 않은 사항은 심결 불가

□ 권리범위확인심판에서도 당사자 처분권주의가 적용되므로 당사자가 신청하지 않은 사항에 대하여는 심결하지 못한다.819)

2) 변론주의 원칙

가) 당사자의 주장에 대하여만 판단

□ 법원은 변론주의 원칙상 당사자의 주장에 대하여만 판단해야 하고 당사자가 주장하지 않은 사항에 관하여는 판단하지 못한다.820)

---

816) 특허법원 2004. 11. 25. 선고 2004허3171 판결, 2004. 11. 25. 선고 2004허3188 판결

817) 특허법원 2011. 11. 17. 선고 2011허3018 판결, 2004. 3. 5. 선고 2003허1284 판결, 2001. 8. 17. 선고 2000허7700 판결, 2001. 8. 17. 선고 2000허7717 판결,

818) 특허법원 2010. 5. 20. 선고 2009허7031 판결, 2004. 12. 9. 선고 2004허1588 판결, 2004. 7. 2. 선고 2003허6043 판결, 2004. 3. 5. 선고 2003허1284 판결, 2001. 8. 17. 선고 2000허7700 판결, 2001. 8. 17. 선고 2000허7717 판결, 2001. 5. 10. 선고 2000허5728 판결

819) 대법원 1992. 6. 26. 선고 92후148 판결, 특허법원 2016. 10. 13. 선고 2015허8707 판결, 2011. 4. 8. 선고 2010허7624 판결, 2002. 5. 2. 선고 2001허4579 판결, 1999. 7. 2. 선고 99허1584 판결, 1999. 7. 2. 선고 99허1591 판결
(같은 취지) 대법원 1995. 4. 28. 선고 95누627 판결, 1992. 3. 10. 선고 91누6030 판결, 1987. 11. 10. 선고 86누491 판결, 1981. 4. 14. 선고 80누408 판결

820) 대법원 2022. 2. 24. 선고 2021다291934 판결, 2015. 6. 11. 선고 2015다7565 판결

나) 당사자가 주장하지 않은 법률요건은 판단 불가

□ 법원이 당사자가 주장하지 않은 법률요건에 대하여 판단하는 것은 변론주의 원칙에 위배된다.[821)]

3) 소극적 권리범위확인심판

가) 권리범위에 속하는 경우에는 기각심결

★□ 소극적 권리범위확인심판에서 확인대상발명이 특허발명의 권리범위에 속한다고 인정되는 경우는 심판청구를 기각하면 되는 것이지, 더 나아가 확인대상발명이 특허발명의 권리범위에 속한다는 적극적 확인심결을 할 수는 없다.[822)]

나) 권리범위에 속한다는 심결은 위법

★□ 소극적 권리범위확인심판에서 그 심판청구가 이유 없는 경우에 그 청구를 배척함에 그치지 않고 특허발명의 권리범위에 속한다고 심결하는 것은 청구인이 청구하지 아니한 것을 심결한 것이어서 위법하다.[823)]

라. 주문의 기재 사례

1) 일부 청구항에 속하는 경우

□ 소극적 권리범위확인심판에서, ① 확인대상발명이 여러 개의 청구항 중 어느 한 항에 속하는 경우에는 나머지 청구항의 권리범위에 속하는지의 여부에 대하여 살펴볼 필요도 없이 확인대상발명은 특허발명의 권리범위에 속하는 것이므로 심판청구를 기각해야 한다는 실무례와,[824)] ② 확인대상발명이 청구항 모두에 속하면 전부 기각 주문을, 그중 일부에라도 속하지 않으면 일부 인용 주문을 내어야 한다는 실무례가 있다.[825)]

▷ 소극적 권리범위확인심판의 경우에 청구인은 확인대상발명이 여러 개의 청구항 중 어느 하나의 권리범위에도 속하지 않는다는 확인을 구하는 것으로 볼 수밖에 없다. 따라서 이러한 심판청구는 청구의 단순병합의 성격을 가지므로, 모든 청구항에 대하여 판

---

821) 대법원 2011. 3. 24. 선고 2010후3509 판결, 특허법원 2014. 3. 27. 선고 2013허8598 판결
822) 대법원 1992. 6. 26. 선고 92후148 판결, 특허법원 2000. 7. 14. 선고 2000허2552 판결
823) 대법원 1972. 1. 31. 선고 71후41 판결, 1970. 12. 22. 선고 70후20 판결, 1967. 9. 19. 선고 67후16 판결, 1967. 9. 5. 선고 67후17 판결
824) 대법원 2002. 3. 29. 선고 2000후1108 판결, 특허법원 2003. 1. 17. 선고 2002허2938 판결, 2001. 4. 12. 선고 99허9656 판결, 2000. 5. 25. 선고 98허8540 판결, 2000. 5. 4. 선고 99허5456 판결
825) 특허법원 2011. 11. 17. 선고 2011허3018 판결, 2004. 3. 5. 선고 2003허1284 판결, 2001. 8. 17. 선고 2000허7700 판결, 2001. 8. 17. 선고 2000허7717 판결

단을 하여야 한다. 이와 같이 모든 청구항에 대한 판단을 한 결과 확인대상발명이 일부 청구항에만 속하는 경우에 일부 인용, 일부 기각의 주문을 내야 하는지, 아니면 원고의 청구를 기각하는 전부 기각의 주문을 내야 하는지에 대하여는 견해가 엇갈리고 있으나, 전자에 따라 청구항별로 판단하는 것이 바람직하다.[826)]

★▷ 실무는, 소극적 권리범위확인심판에서 확인대상발명이 일부 청구항의 권리범위에 속한다고 하더라도 나머지 청구항에 대하여도 판단하고 있으며, 그 결과 일부 청구항의 권리범위에 속하는 경우에는 심결의 주문에는 전부 기각이 아니라 일부 인용, 일부 기각의 취지를 표시하고 있다.[827)]

2) 모든 청구항에 불속인 경우

□ 소극적 권리범위확인심판에서 독립항을 한정하여 권리범위확인을 구하는 것이 아님이 명백한 경우에는 확인대상발명과 특허발명의 청구항 전부를 대비한 후 확인대상발명이 그 청구항 중 어느 것에도 속하지 않는 경우에 한하여 청구인의 청구를 전부 인용하는 주문을 내어야 하고,[828)] 일부에만 속하지 않는 경우에는 일부 인용하는 주문을 내어야 한다.

○ 대법원 2002. 3. 29. 선고 2000후1108 판결

확인대상발명이 제1항의 발명의 권리범위에 속하는 이상, 나머지 청구항들의 권리범위에 속하는지의 여부에 대하여는 살펴볼 필요도 없이 확인대상발명은 특허발명의 권리범위에 속한다.

○ 특허법원 2011. 11. 17. 선고 2011허3018 판결

소극적 권리범위확인심판은 청구항을 한정하여 권리범위의 확인을 구하는 사건이 아님이 명백하므로, 특허심판원은 확인대상발명이 제1항 내지 제5항 발명의 각 권리범위에 속하는지 여부에 관하여 판단하여 확인대상발명이 특허발명의 청구항 모두의 권리범위에 속하면 전부기각 주문을, 그중 일부에라도 속하지 않으면 일부 인용의 주문을 내었어야 한다.

○ 특허법원 2010. 5. 20. 선고 2009허7031 판결

특허발명의 전항에 대하여 소극적 권리범위확인심판을 청구한 경우, 청구인의 이 사건 심판청구는 확인대상발명이 제2, 4항 발명뿐만 아니라, 제1, 3항 발명의 권리범위에도 속하지 않음을 확인하여 달라는 취지라고 할 것인바, 이 사건 심결의 주문란에는 '이 건 심판청구를 기각한다.'라고 적혀 있으므로, 이 사건 심결은 확인대상발명이 제1, 3항 발명을 포함한 특허발명 전부의 권리범위에 속함

826) 유영일, 특허재판실무편람, 특허법원(2002), 164~165면)
827) 권오희, 권리범위확인심판의 판단순서에 관한 고찰, 지식재산 21, 특허청(2005. 5.), 120면
828) 특허법원 2001. 5. 10. 선고 2000허5728 판결

을 주문에서 판단하였다고 할 것이나, 그 이유란에는 제2, 4항 발명의 권리범위에 확인대상발명이 속하는지 여부만을 판단하고 있을 뿐 제1, 3항 발명의 권리범위에 확인대상발명이 속하는지 여부에 관하여는 전혀 기재가 없고, 확인대상발명이 제2, 4항 발명의 권리범위에 속한다고 하여 제1, 3항 발명의 권리범위에도 당연히 속한다고 볼 수도 없으므로, 제1, 3항 발명에 관하여는 그 이유의 기재를 누락한 위법이 있다.

○ 특허법원 2004. 12. 9. 선고 2004허1588 판결, 2004. 7. 2. 선고 2003허6043 판결

심결의 주문란에는 '심판청구를 기각한다. 심판비용은 청구인의 부담으로 한다.'라고 적혀 있으므로, 심결은 제2항 발명을 포함한 특허발명 전부에 대하여 그 권리범위에 확인대상발명이 속하지 않는다고 할 수 없음을 주문에서 판단하였다고 볼 수밖에 없으나, 그 이유란에는 제1항 발명의 권리범위에 확인대상발명이 속하는지 여부만을 판단하고 있을 뿐 제2항 발명의 권리범위에 확인대상발명이 속하는지 여부에 대하여는 전혀 기재가 없으며, 확인대상발명이 제1항 발명의 권리범위에 속하는 이상, 제2항 발명의 권리범위에도 당연히 속한다고 볼 수도 없으므로 제2항 발명에 관하여는 그 이유의 기재를 누락한 위법이 있다.

○ 특허법원 2004. 3. 5. 선고 2003허1284 판결

확인대상발명은 제1, 2, 3항 발명의 권리범위에는 속하지 않고 제4, 5항 발명의 권리범위에는 속함에도 불구하고, 심결은 확인대상발명이 제1항 발명의 권리범위에 속한다고 잘못 판단하였을 뿐만 아니라, 심판청구가 제1항 발명에 한정하여 권리범위확인을 구하는 사건이 아닌데도 확인대상발명이 제1항 발명의 권리범위에 속한다는 이유만으로 나머지 청구항의 권리범위에 속하는지 여부를 판단하지 않은 것은 위법하다.

○ 특허법원 2003. 6. 27. 선고 2002허5326 판결

청구인은 심판청구서에서 '확인대상발명은 특허발명의 권리범위에 속하지 않는다'고 청구하고 있으나, 청구이유와 확인대상발명의 설명서와 도면에서 확인대상발명과의 권리범위확인을 구하고 있는 특허발명의 청구범위는 제1항 발명만이므로, 이 경우에는 특허심판원 심판장은 청구인으로 하여금 청구취지가 청구이유와 확인대상발명의 설명서와 도면과 일치하도록 심판청구서의 보정을 명해야 함에도 이러한 보정절차를 거치지 않은 채 확인대상발명이 제2항 내지 제7항 발명의 권리범위에 속하는지 여부에 관한 본안판단에까지 나아간 것은 위법하다.

○ 특허법원 2002. 5. 2. 선고 2001허4579 판결

청구인이 심결에서 '확인대상발명이 제1항 발명의 권리범위에 속하지 않는다'는 확인만을 구하였음에도 특허심판원은 '확인대상발명이 특허발명 전부의 권리범위에 속하지 않는다'는 취지의 심결을 하였는바, 이는 청구인이 청구한 바 없는 제2항 발명의 권리범위에 관한 판단을 아울러 한 것으로

서, 당사자 처분권주의에 위반하여 부적법하므로, 이 사건 심결은 취소를 면할 수 없다.

○ 특허법원 2001. 8. 17. 선고 2000허7700 판결, 2001. 8. 17. 선고 2000허7717 판결
심판청구는 청구항을 한정하여 권리범위의 확인을 구하는 사건이 아님이 명백하고, 또한 확인대상 발명은 제1항 내지 제9항 발명 전부의 권리범위에 속하지 않음에도, 심결은 확인대상발명이 제9항 발명의 권리범위에 속하는지 여부를 판단하지 않았을 뿐 아니라, 그 심결이유에서 확인대상발명이 제1항 내지 제7항 발명의 권리범위에 속하지 않는다고 하면서도 이 부분에 관한 원고의 심판청구를 일부 인용하는 주문을 내지 않고 확인대상발명이 제8항 발명의 권리범위에 속한다고 잘못 판단하여 원고의 심판청구 전부를 기각한 것은 위법하다.

4 침해소송

가. 여러 청구항의 특허침해는 선택적 병합관계

□ 여러 청구항에 기한 특허침해로 인한 청구가 하나의 소송으로 심리되는 경우에는 그 청구는 소송법상 선택적 병합관계에 있다.829)

나. 각 청구항별 특허침해는 하나의 특허침해

□ 여러 청구항에서 침해는 개별적으로 성립하지만 그 기술적 의의 내지 가치를 달리 평가할 근거가 없으므로, 각 청구항마다 개별적으로 성립하는 특허침해로 인한 침해금지, 손해배상 등의 법률효과는 모두 하나의 특허의 침해로 인한 것으로서 서로 다른 것이라고 볼 수 없다.830)

다. 하나의 심판청구가 인용되면 나머지 청구는 판단 불필요

□ 선택적으로 병합된 심판청구 중에서 어느 하나의 심판청구가 인용된 경우에는 나머지 심판청구에 대하여는 판단할 필요가 없다. 그러나 나머지 청구를 판단하였다 하더라도 위법한 것은 아니다.831)

829) 서울고법 2012. 11. 21. 선고 2012나14441 판결
830) 서울고법 2012. 11. 21. 선고 2012나14441 판결
831) 대법원 2008. 11. 13. 선고 2006다22722 판결

5 판단을 그르친 경우

가. 각하해야 할 심판청구를 기각한 경우

1) 확인대상발명이 불특정으로 판단된 경우

□ 본안 전 사항인, ① 확인대상발명이 특정되지 않은 경우, ② 확인대상발명의 실시가 불가능한 경우, ③ 권리 대 권리의 적극적 권리범위확인심판인 경우, ④ 적극적 권리범위확인심판에서 피청구인이 확인대상발명을 실시하고 있지 않은 경우에, 심판청구가 부적법하다는 이유로 각하해야 할 것을 본안에서 기각한 경우의 판단에 있어서,

가) 심결을 그대로 유지

□ 설령 청구인의 청구를 받아들여 심결을 취소하더라도 특허심판원에서는 취소판결의 기속력에 의해서 심판청구를 각하해야 하므로 심결을 취소할 소의 이익이 인정되지 않아, 심결을 그대로 유지해야 한다.[832)]

나) 심결 취소

□ 청구인의 심판청구를 각하하지 않고 본안에서 기각한 것은 위법하므로, 심결을 취소해야 한다.[833)]

다) (정리) 심결을 취소하지 않음

□ 부적법한 심판청구를 각하하지 않고 기각한 경우, 본안에 관하여 기판력이 생기지 않으므로 이 점을 들어 심결을 취소하지는 않는다.[834)]

---

832) 특허법원 2011. 5. 11. 선고 2010허9712 판결, 2008. 7. 9. 선고 2007허13896 판결, 2006. 2. 9. 선고 2005허2212 판결, 2005. 11. 17. 선고 2005허858 판결

833) 대법원 2001. 8. 21. 선고 99후2372 판결, 특허법원 2018. 6. 28. 선고 2017허7302 판결, 2008. 6. 27. 선고 2007허13506 판결, 2007. 6. 13. 선고 2006허8705 판결

• 각하심결과 기각심결은 법률상 효력이 상이하고, 기각심결이 확정되면 그 심결에는 일사부재리의 효력이 발생하여 동일한 확인대상발명에 대하여는 권리범위확인심판을 청구하지 못하는 효과가 발생하며, 후출원 특허발명이 무효로 되거나 소멸하게 될 경우에는 권리 대 권리의 적극적 권리범위확인심판에 해당하지 않게 되어 동일한 확인대상발명에 관하여 적극적 권리범위확인심판을 청구할 수 있어야 함에도, 확정된 기각심결의 일사부재리의 효력에 의하여 심판청구를 할 수 없는 법률상 불이익이 발생하게 되기 때문이다(특허법원 2006. 8. 18. 선고 2005허10510 판결). 이 경우에도 소송비용은 확인대상발명을 제대로 특정하지 않은 청구인이 부담한다.

834) 대법원 2002. 9. 4. 선고 98다17145 판결, 1995. 6. 21.자 95두26 결정, 1994. 12. 27. 선고 92다22473,22480 판결, 1993. 7. 13. 선고 92다48857 판결, 1992. 11. 24. 선고 91다29026 판결, 1992. 10. 9. 선고 92다11046 판결, 1991. 8. 27. 선고 91다13243 판결, 1981. 8. 21.자 81마292 결정, 1979. 11. 27. 선고 79다575 판결, 서울고법 2010. 6. 25.자 2010루121 결정

(같은 취지) 대법원 1993. 12. 6.자 93마524 전합 결정

• 제1장,Ⅳ.1.마. '권리 대 권리를 간과한 경우' 및 제2장,Ⅲ.1.가. '확인대상발명의 특정이 미흡한 경우' 참조

★▶ 확인대상발명의 특정 불비는 청구인에게 불리하고, 심판청구가 기각되는 것도 청구인에게 불리한 것이어서, ① 확인대상발명이 특정되지 않은 경우, ② 권리 대 권리의 적극적 권리범위확인심판인 경우, ③ 적극적 권리범위확인심판에서 피청구인이 확인대상발명을 실시하고 있지 않은 경우에, 심판청구가 부적법하다는 이유로 각하해야 할 심판청구를 기각한 경우에는 청구인의 유·불리에 차이가 없으므로, 심결을 취소할 사유로는 되지 않는다.[835)]

2) 특허법원에서 각하하는 경우

가) 청구인의 당사자적격이 없는 경우

□ 청구인이 당사자적격이 없는 경우에는 심결취소를 구할 소의 이익도 없으므로 각하한다.[836)]

나) 심판단계에서 특허권이 소멸한 경우

□ 심판단계에서 특허권이 소멸한 경우, 각하해야 할 심판청구를 기각한 심결을 취소할 법률상의 이익이 없어 각하되어야 한다.[837)]

나. 기각해야 할 심판청구를 각하한 경우

1) 불이익변경금지 원칙상 심결 유지

가) 청구기각 판결 선고 불가

□ 심판청구를 각하한 심결을 취소한다 하더라도 어차피 청구가 기각될 운명에 있다면, 청구인만이 취소소송을 제기한 사건에 있어서 불이익변경금지 원칙상 청구인에게 더 불리한 청구기각 판결을 선고할 수는 없으므로 심결을 유지해야 한다.[838)]

---

835) 제2장, Ⅱ.1. '특정 여부의 판단시점' 참조
836) 대법원 1977. 4. 26. 선고 74다2036 판결
837) 특허법원 2009. 10. 23. 선고 2009허4513 판결
838) 대법원 2011. 3. 24. 선고 2010다96997 판결, 2006. 7. 28. 선고 2004두13219 판결, 1999. 6. 8. 선고 99다17401,17418 판결, 1999. 4. 9. 선고 98다46945 판결, 1996. 10. 11. 선고 96다3852 판결, 1995. 7. 11. 선고 95다9945 판결, 1994. 12. 2. 선고 93누623 판결, 1994. 9. 9. 선고 94다8037 판결, 1993. 7. 13. 선고 93다3721 판결, 1992. 11. 107. 선고 92누374 판결, 1989. 3. 28. 선고 88다카9012 판결, 1988. 10. 11. 선고 87다카21 판결, 1987. 7. 7. 선고 86다카2675 판결
• 불이익변경금지 원칙이란, 당사자가 신청하지 아니한 사항에 대하여는 법원이 결정할 수 없다는 처분권주의가 상소심의 심판범위와 관련하여 발현된 것으로, 이에 의하면 상소인이 상소로서 신청한 것만을 그 불복의 범위 안에서 심리·판단할 수 있으므로, 상소법원은 상소인에게 제1심결정보다 불이익한 결정을 할 수 없다(서울고법 2010. 8. 30.자 2009라1631 결정).

나) 당사자가 신청한 불복의 한도를 넘어 심결의 당부 판단 불허

□ 특허법원은 당사자의 불복신청 범위 내에서 특허심판원 심결의 당부를 판단할 수 있을 뿐이므로, 설령 특허심판원 심결이 부당하다고 인정되는 경우라 하더라도 그 심결을 불복당사자의 불이익으로 변경하는 것은 당사자가 신청한 불복의 한도를 넘어 특허심판원 심결의 당부를 판단하는 것이 되어 허용될 수 없다.[839)]

다) 효과에 있어서 별다른 차이가 없으므로 소송경제 고려

□ 기각되어야 할 심판청구를 각하한 잘못이 있기는 하나, 심판청구의 기각심결과 각하심결은 그 효과에 있어서 별다른 차이가 없으므로, 소송경제를 고려하여 심결을 그대로 유지한다.[840)]

▶ 적극적 권리범위확인심판에서 기각해야 할 심판청구를 각하한 경우, 심결에서 이를 각하한 것은 잘못이지만 어차피 심판청구는 기각될 운명에 있어 패소하는 것이 확실하므로 심결을 그대로 유지해야 한다.

2) 불이익변경금지 원칙상 상고 기각

□ 적극적 권리범위확인심판에서 확인대상발명이 특허발명의 권리범위에 속하지 않음이 명백한 경우, 특허법원으로서는 같은 취지로 판단한 심결취소를 구하는 원고의 청구를 기각해야 할 것임에도 소를 각하한 것이므로 법리오해의 위법이 있으나, 원고만이 상고한 사건에서 불이익변경금지 원칙상 원고에게 더 불리한 청구기각 판결을 선고할 수는 없으므로, 원고의 상고를 기각할 수밖에 없다.[841)]

다. 각하해야 할 심판청구를 인용한 경우

1) 확인대상발명의 특정이 불비한 경우

□ 권리범위확인심판에서 확인대상발명이 불특정된 경우이거나, 적극적 권리범위확인심판에서 피청구인이가 현실적으로 실시하지 않는 확인대상발명에 대한 심판청구는 확인의 이익이 없어 부적법하므로 각하되어야 할 것인데, 본안에 나아가 판단한 결과 심판청구를 인용한 심결은 위법하다.[842)]

▶ 확인대상발명의 특정 불비는 청구인에게 불리하고, 심판청구가 인용되는 것은 청구인에

839) 대법원 2022. 8. 25. 선고 2022다211928 판결, 2005. 8. 19. 선고 2004다8197 판결, 1983. 12. 27. 선고 83다카1503 판결, 서울고법 2018. 4. 18. 선고 2016나2007003,2070414 판결
840) 특허법원 2010. 7. 23. 선고 2010허67 판결
841) 대법원 2004. 10. 14. 선고 2003후588 판결
842) 특허법원 1999. 12. 9. 선고 99허3306 판결

게 유리한 것이어서, ① 확인대상발명이 특정되지 않은 경우, ② 권리 대 권리의 적극적 권리범위확인심판인 경우, ③ 적극적 권리범위확인심판에서 피청구인이 확인대상발명을 실시하고 있지 않은 경우에, 심판청구가 부적법하다는 이유로 각하해야 심판청구를 인용한 경우에는 청구인의 유·불리에 차이가 있으므로, 당연히 심결이 취소되어야 한다.[843)]

2) 심판단계에서 특허권이 소멸한 경우

□ 심판단계에서 특허권이 소멸한 경우, 각하해야 할 심판청구를 인용한 심결은 위법하므로 취소되어야 한다.[844)]

라. 인용해야 할 심판청구를 각하한 경우

▶ 심판청구가 인용되는 것은 청구인에게 유리하고, 확인대상발명의 특정 불비는 청구인에게 불리한 것이어서, ① 확인대상발명이 특정되지 않은 경우, ② 권리 대 권리의 적극적 권리범위확인심판인 경우, ③ 적극적 권리범위확인심판에서 피청구인이 확인대상발명을 실시하고 있지 않은 경우로 보아, 청구인의 심판청구가 이유 있어 인용해야 할 것을 심판청구가 부적법하다는 이유로 각하한 경우에는 청구인의 유·불리에 차이가 있으므로, 당연히 심결이 취소되어야 한다.[845)]

6 심판의 누락과 심결의 경정

가. 심판의 누락

1) 심판누락의 판단방법

가) 주문 위주로 판단

(1) 주문의 기재에 의하여 판정

□ 심결에는 결론을 주문에 적도록 되어 있으므로 심판의 누락이 있는지 여부는 주문의 기재에 의하여 판정해야 한다.[846)]

---

843) 제1장,Ⅳ.1.마. '권리 대 권리를 간과한 경우' 참조
- 따라서 심리결과 심판청구가 인용으로 판단되는 경우에는, 확인대상발명의 특정 여부, 권리 대 권리의 적극적 권리범위확인심판인지 여부, 적극적 권리범위확인심판에서 피청구인이 확인대상발명을 실시하는지 여부에 대하여 원점에서 자세히 살펴야 한다.

844) 특허법원 1998. 9. 17. 선고 98허6292 판결

845) 따라서 심리결과 심판청구가 각하로 판단되는 경우에는, 확인대상발명의 특정 여부, 권리 대 권리의 적극적 권리범위확인심판인지 여부, 적극적 권리범위확인심판에서 피청구인이 확인대상발명을 실시하는지 여부에 대하여 원점에서 자세히 살펴야 한다.

846) 대법원 2019. 7. 24. 선고 2019다218011 판결, 2017. 12. 5. 선고 2017다237339 판결, 2017. 7. 11. 선고 2017다15218 판결, 2015. 10. 29. 선고 2014다13044 판결, 2014. 10. 30. 선고 2011다113455,113462 판결, 2009. 11. 26. 선고 2009다58692 판결, 2009. 7. 9. 선고 2009다22266,22273

(2) 주문에 설시가 없으면 심판누락

□ 심결이유에서 그 당부를 판단하였더라도, 주문에 설시가 없으면 특별한 사정이 없는 한 그에 대한 심판은 누락된 것으로 본다.[847]

나) 청구취지와 심결이유 참작

□ 청구를 기각하는 심결의 경우, 주문에 청구 전부에 대한 판단이 적혀 있는지 여부는 청구취지와 심결이유의 기재를 참작하여 판단해야 한다.[848]

○ 심결이유는 심결의 주문이 정당하다는 것을 인정할 수 있을 정도로 청구취지 외에 그 이유의 요지를 적으면 충분하고, 더 나아가 민사소송에서와 같이 반드시 당사자의 주장, 그 밖의 공격·방어방법에 관한 판단이 표시되어야 하는 것은 아니다.[849]

다) 주문의 판단 유무가 불명확하고 이유의 기재도 없는 경우

□ 주문에는 판단의 유무가 명확히 판명되지 않는 경우라도 이유 중에 판단을 하지 않은 경우에는 심판의 누락이 있다고 본다.[850]

2) 심판이 누락된 경우

가) 심결이 없는 상태

□ 심판청구가 이유 없다고 심결이유에서 판단하였더라도, 주문에 설시가 없으면 심결주문이 누락되어 아직 심결이 없는 상태이다.[851]

나) 심판계속 중이어서 불복대상 아님

□ 심판의 누락이 있으면 그 부분 심판은 아직 특허심판원에 계속 중이라고 할 것이어서 불복의 대상이 되지 않으므로, 그 부분에 대한 불복은 불복의 대상이 존재하지

판결, 2009. 5. 28. 선고 2007다354 판결, 2008. 11. 27. 선고 2007다69834,69841 판결, 2007. 11. 16. 선고 2005두15700 판결, 2007. 8. 23. 선고 2006다28256 판결, 2005. 5. 27. 선고 2004다43824 판결, 2004. 8. 30. 선고 2004다24083 판결, 2003. 5. 30. 선고 2003다13604 판결

847) 대법원 2019. 7. 24. 선고 2019다218011 판결, 2017. 12. 5. 선고 2017다237339 판결, 2017. 7. 11. 선고 2017다15218 판결, 2015. 10. 29. 선고 2014다13044 판결, 2009. 11. 26. 선고 2009다58692 판결, 2009. 7. 9. 선고 2009다22266,22273 판결, 2009. 5. 28. 선고 2007다354 판결, 2008. 11. 27. 선고 2007다69834,69841 판결, 2007. 11. 16. 선고 2005두15700 판결, 2007. 8. 23. 선고 2006다28256 판결, 2004. 8. 30. 선고 2004다24083 판결, 1981. 4. 14. 선고 80다1881,1882 판결, 1969. 6. 24. 선고 69다605 판결, 인천지법 2009. 11. 20. 선고 2009나12276,12283 판결

848) 대법원 2014. 12. 24. 선고 2012다74304 판결, 2003. 5. 30. 선고 2003다13604 판결

849) 특허법원 2011. 7. 1. 선고 2011허3544 판결, 2009. 4. 30. 선고 2008허6482 판결

850) 대법원 2014. 11. 13. 선고 2014도6341 판결

851) 대법원 1984. 4. 25.자 84마118 결정, 1981. 12. 22. 선고 80후25 판결, 1979. 7. 25.자 79마172 결정

않아 부적법한 것이어서 각하되어야 한다.[852)]

3) 심판이 누락되지 않은 경우

가) 주문에는 적혀 있으나 심결이유에는 판단이 없는 경우

□ 주문에 청구의 전부에 대한 판단이 적혀 있으나 이유 중에 청구의 일부에 대한 판단이 빠져 있는 경우에는 이유를 붙이지 않은 위법이 있다고 볼 수 있을지언정 심판의 누락이 있다고 볼 수는 없다.[853)]

나) 주문에 '나머지 청구를 기각한다'라는 기재가 있는 경우

□ 심결이유 중에 설시가 없는 경우에도 청구취지와 주문 중에 '나머지 청구를 기각한다'라는 기재가 있으면 심판을 누락하였다고 할 수 없다.[854)]

다) 주문에는 기각으로 적고도 심결이유에 판단이 없는 경우

□ 주문에서 기각으로 적고도 그 심결이유에는 이에 관한 아무런 판단을 적지 않았다면, 불복의 이유로 할 수 있다.[855)]

라) 심판의 누락이 있다고 주장하면서 추가심결을 신청하는 경우

□ 당사자가 심판의 누락이 있다고 주장하면서 추가심결을 신청하는 경우, 그 심판이 누락되었다는 부분에 관한 원래의 심판이 아직 종료되지 않았으니 절차를 속행하여 그 부분에 관한 심결을 하여 달라는 의미이므로, 특허심판원은 심판의 누락이 없어 그 신청이 이유 없다고 인정하는 때에는 원래의 심결로써 심판이 이미 종료되었음을 선언해야 한다.[856)]

---

852) 대법원 2019. 7. 24. 선고 2019다218011 판결, 2017. 12. 5. 선고 2017다237339 판결, 2017. 7. 11. 선고 2017다15218 판결, 2015. 10. 29. 선고 2014다13044 판결, 2015. 6. 23. 선고 2013므2397 판결, 2014. 10. 30. 선고 2011다113455,113462 판결, 2013. 8. 23. 선고 2011두13262 판결, 2009. 7. 9. 선고 2009다22266,22273 판결, 2009. 11. 26. 선고 2009다58692 판결, 2009. 9. 24. 선고 2009두8199 판결, 2009. 5. 28. 선고 2007다354 판결, 2008. 11. 27. 선고 2007다69834,69841 판결, 2008. 10. 24.자 2007마1377 결정, 2007. 11. 6. 선고 2005후15700 판결

853) 대법원 2003. 5. 30. 선고 2003다13604 판결, 2002. 5. 14. 선고 2001다73572 판결

854) 대법원 1968. 5. 28. 선고 68다508 판결

• 특허심판원의 심결에 당사자가 주장한 사항에 대한 구체적·직접적인 판단이 표시되어 있지 않더라도 심결이유의 전반적인 취지에 비추어 그 주장을 인용하거나 배척하였음을 알 수 있는 정도라면 심판누락이라고 할 수 없다(대법원 2022. 9. 29. 선고 2019다299065 판결, 2022. 9. 15. 선고 2018두37755 판결).

855) 대법원 2014. 11. 13. 선고 2014도6341 판결

856) 청주지법 2012. 10. 9. 선고 2011재나39-1 판결

4) 심결문의 이유 기재

가) 심결이유를 적은 서면

□ 특허심판원의 심결은 '심결이유'를 적은 서면으로 하여야 한다.[857]

나) 주문이 정당하다는 것을 인정할 수 있을 정도

□ 심결문의 이유에는 주문이 정당하다는 것을 인정할 수 있을 정도로 당사자의 주장, 그 밖의 공격방어방법에 관한 판단을 표시하면 되고, 그러한 판단에 이르는 이유를 빠짐없이 설시해야 하는 것은 아니며, 당사자의 모든 주장이나 공격방어방법에 관하여 판단할 필요가 없다.[858]

나. 심결의 효력 범위 판단

□ **심결문의 기재사항 기준**

특허심판원이 행하는 심결의 효력이 미치는 주관적 범위 및 객관적 범위는 오로지 그 심결을 기록한 서면인 심결문의 기재사항만을 기준으로 판단해야 할 것이고, 심판사건의 기록이나 사후의 다른 자료 등에 의하여 이를 확장하거나 축소 변경할 수는 없다.[859]

다. 심결의 하자

1) 심리방법

□ 특허심판원으로서는 신청인의 소명자료 외에도 당사자나 이해관계인 등을 심문하여 보는 등의 방법으로 심결에 분명한 잘못이 있는지 여부를 심리할 수 있다.[860]

2) 취소 · 철회 · 변경 불허

□ 특허심판원이 행하는 심결은 준사법적 행위로서 그 절차, 불복방법, 효력 등이 법률에 엄격하게 규정되어 있는 행위이므로, 심결이 일단 행하여진 경우에는 설사 그 심결에 어떤 흠이 있다고 하더라도 오기, 기타 이에 유사한 잘못임이 명백한 것을 바로잡는 경우를 제외하고는 특허심판원 스스로도 이를 취소 · 철회 또는 변경하는 것은 허용되지 않는다.[861]

---

857) 특허법원 2018. 8. 31. 선고 2018허1295 판결, 2016. 5. 27. 선고 2015허7346 판결

858) 대법원 2022. 9. 29. 선고 2019다299065 판결, 2022. 9. 15. 선고 2018두37755 판결, 2021. 5. 7. 선고 2020다292411 판결, 2021. 4. 29. 선고 2016두39856 판결, 2021. 2. 25. 선고 2017두237 판결, 헌재 2016. 12. 29.자 2016헌바43 결정

859) 특허법원 2005. 4. 22. 선고 2004허4693 판결

860) 대법원 2011. 10. 5.자 2011그200 결정

라. 심결의 경정

1) 경정결정의 의의

□ 경정결정은 일단 송달된 심결에 대하여 그 내용을 실질적으로 변경하지 않는 범위에서 표현상의 기재 잘못이나 계산의 착오 또는 이와 유사한 잘못을 특허심판원 스스로 결정으로써 정정 또는 보충하는 것이다.[862)]

2) 경정대상

□ 경정대상에는 특허심판원의 과실로 생긴 경우뿐만 아니라 당사자의 청구에 잘못이 있어 생긴 경우도 포함된다.[863)]

3) 경정결정시 참작하는 자료

□ 경정결정을 할 때에는 심판의 모든 과정에 나타난 자료는 물론 경정대상인 심결 이후에 제출된 자료도 다른 당사자에게 아무런 불이익이 없는 경우나 이를 다툴 수 있는 기회가 있었던 경우에는 심판경제상 이를 참작하여 그 잘못이 명백한지 여부를 판단할 수 있다.[864)]

4) 당사자의 신청에 따른 심결의 경정

□ 당사자의 신청에 따라 심결의 경정을 하는 경우에는 우선 신청당사자가 심결에 위와 같은 잘못이 있음이 분명하다는 점을 소명해야 한다.[865)]

5) 경정결정의 주체

가) 특허심판원

□ 특허심판원에서 확정된 심결부분에 대하여는 특허법원은 그 부분에 대한 심판권이

861) 특허법원 2005. 4. 22. 선고 2004허4693 판결
862) 대법원 2020. 3. 16.자 2020그507 결정, 2014. 10. 30.자 2014스123 결정, 2012. 2. 10.자 2011마2177 결정, 2008. 12. 11.자 2008마1090 결정, 2006. 2. 14.자 2004마918 결정, 2001. 12. 4.자 2001그112 결정, 2000. 12. 12.자 2000즈3 결정, 2000. 5. 30.자 2000그37 결정, 2000. 5. 24.자 98마1839 결정, 2000. 5. 24.자 99그82 결정, 1999. 12. 23.자 99그74 결정, 1999. 4. 12.자 99마486 결정, 1996. 10. 16.자 96그49 결정, 1996. 3. 12.자 95마528 결정, 1996. 1. 9.자 95그13 결정
863) 대법원 2020. 3. 16.자 2020그507 결정, 2000. 5. 24.자 98마1839 결정, 2000. 5. 24.자 99그82 결정, 1988. 1. 30.자 87그34 결정, 1994. 5. 23.자 94그10 결정, 1992. 3. 4.자 92그1 결정, 1990. 5. 23.자 90그17 결정, 1990. 1. 12.자 89그48 결정, 1988. 9. 5.자 88그51 결정, 1987. 1. 28.자 86그160 결정, 1985. 10. 17.자 85그89 결정, 1985. 7. 15.자 85그66 결정, 1984. 10. 31.자 84그60 결정, 1983. 4. 19.자 83그7 결정, 1983. 3. 24.자 83그8 결정
864) 대법원 2020. 3. 16.자 2020그507 결정, 2000. 5. 24.자 98마1839 결정, 2000. 5. 24.자 99그82 결정
865) 대법원 2018. 11. 21.자 2018그636 결정, 2011. 10. 5.자 2011그200 결정

없으므로 그 부분에 관한 소송기록이 공동소송관계로 우연히 특허법원에 있다 하더라도 이미 특허심판원에서 확정된 심결부분을 경정할 권한이 특허법원에 생긴다고 할 수 없다.[866)]

나) 상소심법원은 경정권한 없음

□ 판결경정결정은 원칙적으로 당해 판결을 한 법원이 하는 것이고,[867)] 통상공동소송이었던 다른 당사자 간의 소송사건이 상소의 제기로 상소심에 계속된 결과, 상소를 하지 아니한 당사자 간의 원심판결의 원본과 소송기록이 우연히 상소심법원에 있다고 하더라도, 상소심법원이 심판대상이 되지도 않은 부분에 관한 판결을 경정할 권한을 가지는 것은 아니다.[868)]

6) 경정결정의 방법

□ 경정결정은 이를 주문에 적어야 하고, 심결이유에만 적은 경우 경정결정이 이루어졌다고 할 수 없다.[869)]

7) 경정사유

가) 주문과 이유의 불일치

□ 주문과 이유가 일치하지 않는 잘못은 심결의 주문표시에 오기가 있는 것이 명백한 경우에 해당하여 심결경정사유가 된다.[870)]

나) 심결문에 확인대상발명의 미첨부

□ 심결문에 확인대상발명이 첨부되지 않은 경우에는 심결의 취소사유에 해당하지만,[871)] 심결의 주문과 이유에 별지기재 확인대상발명이라고 하면서 심결문 말미에 그 별지가 첨부되어 있지 않더라도, 그 목록이 심판청구서에 첨부된 목록과 동일한 것임이 분명하고 특허심판원이 심결문을 작성함에 있어 부주의로 이를 누락한 것이

---

866) 대법원 1987. 9. 2. 선고 87카55 판결, 1970. 8. 31.자 70카25 결정

867) 대법원 2008. 10. 21.자 2008카기172 결정, 2007. 5. 10.자 2007카기35 결정, 1992. 1. 29.자 91마748 결정, 서울고법 2010. 8. 30.자 2009라1631 결정

868) 대법원 2008. 10. 21.자 2008카기172 결정, 2007. 5. 10.자 2007카기35 결정, 1987. 9. 2. 선고 87카55 판결, 1970. 8. 31.자 70카25 결정

869) 대법원 2021. 4. 29. 선고 2021도26 판결, 2021. 1. 28. 선고 2017도18536 판결, 2015. 6. 11. 선고 2015도2435 판결

870) 대법원 2001. 10. 12. 선고 2001다35372 판결, 1967. 1. 31. 선고 66후14 판결
- 주문 제1항과 심판번호가 오기임이 명백한 경우에는 심결경정사유가 된다(대법원 2000. 11. 24. 선고 98후2313 판결).

871) 대법원 1989. 11. 14. 선고 88후97 판결

명백하다면 위와 같은 잘못은 심결경정사유로 삼을 수 있다.[872)]

다) 잘못된 계산이나 기재 등

□ 심결경정은 심결에 잘못된 계산이나 기재, 그 밖에 이와 비슷한 잘못이 있음이 분명한 경우에 허용된다.[873)]

라) 계산상 착오나 오기 · 오류

□ 심결에 계산상 착오나 오기 · 오류는 심결경정사유에 불과하고 심결을 취소할 사유는 아니다.[874)]

마) 정정 전의 청구취지 기재

□ 심결에서 청구취지의 정정에도 불구하고 그 심결에 정정 전의 청구취지를 적은 경우에는 잘못된 기재가 분명하므로 심결경정사유에 해당하고 심결을 취소할 사유는 아니다.[875)]

바) 환송 전의 확정된 청구항에 대한 청구취지 기재

□ 환송 후 특허심판원은 환송 받은 부분인 심결 중 제1항 발명에 관한 부분의 취소청구에 대하여만 심리 · 판단하면서도, 그 심결에 심결 전부의 취소를 구하는 것으로 청구취지를 적고 청구인의 청구를 기각하였는바, 환송 후 특허심판원으로서는 이미 확정된 심결 중 제2항 발명에 관한 부분의 취소청구에 대하여는 심판할 수 없을 뿐만 아니라, 실제로 그 부분에까지 나아가 심리 · 판단을 한 바 없음에도, 그 심결에 심결 전부의 취소를 구하는 것으로 청구취지를 적은 것은 잘못된 기재임이 분명하나, 이는 심결의 경정사유에 불과하고 환송 후 특허심판원 심결을 취소할 사유는 아니다.[876)]

---

872) 대법원 1989. 10. 13. 선고 88다카19415 판결, 1980. 7. 8.자 80마162 결정, 1970. 4. 28. 선고 70다322 판결

873) 대법원 2022. 9. 29.자 2022그637 결정, 2022. 7. 28. 선고 2022도5388 판결, 2022. 3. 29.자 2021그713 결정, 2021. 4. 29. 선고 2021도26 판결, 2021. 1. 28. 선고 2017도18536 판결, 2020. 3. 16.자 2020그507 결정, 2018. 11. 21.자 2018그636 결정, 2017. 4. 26. 선고 2016도21439 판결, 2014. 10. 30.자 2014스123 결정, 2012. 2. 10.자 2011마2177 결정, 2008. 12. 11.자 2008마1090 결정, 2006. 2. 14.자 2004마918 결정, 2001. 12. 4.자 2001그112 결정, 2000. 12. 12.자 2000즈3 결정

874) 대법원 2016. 2. 18. 선고 2014다31806 판결, 2009. 9. 10. 선고 2009다32850,32867 판결, 2009. 8. 20. 선고 2007다7959 판결, 2007. 7. 26. 선고 2007다30317 판결, 2002. 1. 25. 선고 2000다10666 판결, 1996. 11. 29. 선고 96다40912 판결, 1994. 5. 23.자 94그10 결정, 1970. 1. 27. 선고 67다774 판결

875) 대법원 2009. 9. 10. 선고 2009다42017 판결

876) 대법원 2010. 6. 24. 선고 2009후3077 판결

8) 경정의 범위

□ 심결의 경정은 그 심결의 내용을 실질적으로 변경하지 않는 범위 내에서만 허용된다.[877)]

9) 심결에 경정사유가 있는 경우의 조치

□ 심결에 경정사유가 있는 경우에는 심결경정절차를 통하여 시정하면 되는 것이지, 이를 심결취소소송의 방법으로 다툴 것은 아니다.[878)]

10) 경정결정의 효력

□ **원심결이 송달된 때로 소급**

경정결정은 원심결과 일체가 되어 처음부터 경정된 내용의 심결이 있었던 것과 같은 효력이 있으므로, 원칙적으로 당초 원심결이 송달된 때에 소급하여 경정된 내용의 심결의 효력이 발생한다.[879)]

---

877) 대법원 1996. 5. 27.자 95마528 결정
878) 대법원 2001. 10. 12. 선고 2001다35372 판결, 1967. 1. 31. 선고 66후14 판결
879) 대법원 1999. 12. 10. 선고 99다42346 판결

제4장

특허권 행사와 특허권 침해의 구제

제4장

특허권 행사와 특허권 침해의 구제

Ⅰ. 특허권 행사

1 과실추정

[§ 130](과실의 추정)[1]

타인의 특허권 또는 전용실시권을 침해한 자는 그 침해행위에 대하여 과실이 있는 것으로 추정한다.

가. 특허권 침해행위에 대한 과실추정의 취지

□ 특허권 침해에 대한 주의의무 부과가 정당

특허권 침해행위에 대한 과실추정규정의 취지는 특허발명의 내용은 특허공보 또는 특허등록원부에 의하여 공시되어 일반 공중에게 널리 알려져 있을 수 있고, 또 업으로서 기술을 실시하는 사업자에게 당해 기술 분야에서 특허권 침해에 대한 주의의무를 부과하는 것이 정당하다는 데 있다.[2]

---

1) 특허법(§130), 실용신안법(§30), 식물신품종보호법(§86), 디자인보호법(§65①), 상표법(§68), 저작권법(§125④)은 모두 침해자의 과실추정규정을 두고 있다.

2) 대법원 2019. 10. 17. 선고 2019다222782,222799 판결, 2006. 4. 27. 선고 2003다15006 판결, 2003. 3. 11. 선고 2000다48272 판결, 특허법원 2022. 1. 20. 선고 2021나1268 판결, 2021. 8. 19. 선고 2020

나. 타인의 특허권을 침해한 자

□ 타인의 특허권을 침해한 자는 그 침해행위에 대하여 과실이 있는 것으로 추정한다.3)

다. 과실추정의 복멸요건

□ 침해자가 과실추정을 벗어나기 위해서는, ① 특허권의 존재를 알지 못하였다는 점을 정당화할 수 있는 사정이 있다거나, ② 자신이 실시하는 기술이 특허발명의 권리범위에 속하지 않는다고 믿은 점을 정당화할 수 있는 사정이 있다는 것을 주장·증명해야 한다.4)

라. 과실추정이 번복되지 않는 경우

1) 특허권이 등록된 사실을 알지 못한 경우

□ 특허권을 침해한 자가 비록 그 특허권이 등록된 사실을 몰랐고 또한 제3자와의 계약에 의하여 그 제3자가 제공한 기술과 장비, 부품으로 물품을 제조한 다음 제3자의 상호와 마크를 부착하여 전량 제3자에게 납품하였다고 하더라도, 그 생산행위 자체가 특허권을 침해한 것으로 추정되는 실시행위로서 그와 같은 사유만으로는 과실이 없다거나 과실의 추정을 번복할 사유가 되지 못한다.5)

▷ 특허공보가 있는 이상, 특허권의 존재를 알지 못하였다는 것은 상상하기 어렵고, 변리

나1537 판결, 2020. 12. 11. 선고 2019나2091 판결, 2020. 8. 28. 선고 2019나1869,1876 판결, 2019. 5. 9. 선고 2018나1701 판결, 서울중앙지법 2021. 4. 30. 선고 2018가합552887 판결, 2020. 6. 18. 선고 2019가합518594 판결, 2017. 9. 15. 선고 2014가합556560 판결, 2016. 7. 15. 선고 2015가단5341954 판결, 광주지법 2021. 2. 18. 선고 2019가합59269 판결

3) 대법원 2013. 7. 25. 선고 2013다21666 판결, 1997. 2. 14. 선고 96다36159 판결, 특허법원 2020. 1. 31. 선고 2019나1685 판결, 2019. 7. 19. 선고 2017나2776 판결, 2019. 2. 22. 선고 2016나1967 판결, 2019. 2. 22. 선고 2017나1063 판결, 2018. 10. 5. 선고 2017나1148 판결, 서울중앙지법 2021. 7. 8. 선고 2019가합538017 판결, 2019. 6. 21. 선고 2016가합547874 판결, 광주지법 2021. 2. 18. 선고 2019가합59276 판결, 2021. 2. 18. 선고 2019가합59283 판결, 수원지법 안양지원 2020. 8. 27. 선고 2016가합101070 판결, 부산지법 2019. 10. 2. 선고 2018가합45431 판결

• 특허임을 표시한 타인의 특허권을 침해한 자는 그 침해행위에 대하여 그 특허가 이미 등록된 사실을 알았던 것으로 추정한다(서울중앙지법 2021. 5. 7. 선고 2019가합524216 판결, 부산지법 2017. 5. 10. 선고 2017가합41029 판결).

4) 대법원 2019. 10. 17. 선고 2019다222782,222799 판결, 2013. 7. 25. 선고 2013다21666 판결, 2009. 1. 30. 선고 2007다65245 판결, 2006. 4. 27. 선고 2003다15006 판결, 특허법원 2022. 7. 22. 선고 2021나1312 판결, 2022. 1. 20. 선고 2021나1268 판결, 2020. 8. 28. 선고 2019나1869,1876 판결, 서울고법 2012. 11. 21. 선고 2012나14441 판결, 서울중앙지법 2021. 4. 30. 선고 2018가합552887 판결, 2019. 12. 20. 선고 2017가합528366 판결, 광주지법 2021. 2. 18. 선고 2019가합59269 판결, 대구지법 2020. 1. 9. 선고 2017가합204647,205473 판결, 2019. 11. 14. 선고 2017가합202061 판결

5) 대법원 1997. 2. 14. 선고 96다36159 판결, 대구지법 2005. 5. 24. 선고 2003가합15888 판결

사로부터 특허권 침해가 아니라는 감정결과를 통보받고 특허등록까지 되더라도 특허권 침해가 된다는 판례에 비추어 볼 때 고도의 주의의무라 할 수 없다.[6)]

○ 대법원 2006. 4. 27. 선고 2003다15006 판결

피고가 특허발명의 존재를 모르고 고가의 CD복제용 기계를 구입하여 설명서대로 조작한 것뿐이라거나 특허발명을 실시한 결과물이 유형적 형상으로 남아 있지 않다는 등의 사정만으로 피고가 특허발명의 존재를 몰랐다는 점 또는 자신이 실시하도록 한 기술이 특허발명의 권리범위에 속하지 않는다고 믿었던 점을 정당화할 수 있는 사정이 증명되었다고 할 수 없으므로, 피고에 대하여는 여전히 특허권 침해에 관하여 과실이 있는 것으로 추정된다.

○ 대법원 2003. 3. 11. 선고 2000다48272 판결

피고는 지관 제조업 분야에 종사하는 자로서 지관가공의 전 공정을 최초로 자동화한 원고들의 특허발명이 존재한다는 사실을 알 수 있는 위치에 있었다고 볼 수 있을 뿐만 아니라, 비록 원고 甲이 소외 丙으로부터 지관가공장치를 구입하여 사용하여 왔고 또 특허발명의 침해사실을 안 때로부터 4년 이상이나 소외 丙에 대하여 아무런 이의를 제기하지 않았다고 하더라도, 그와 같은 사정만으로 피고가 소외 丙으로부터 매수하여 사용한 실시발명에 의한 지관가공장치가 특허발명의 권리범위에 속하지 않는다고 믿은 데 대하여 상당한 이유가 있다고 보기 어려우므로, 결국 피고에게 과실이 없다거나 위 과실의 추정을 번복할 사유가 된다고 볼 수 없다.

○ 전주지법 군산지원 2018. 1. 12. 선고 2014가합12098 판결

특허법 제130조에 의하여 타인의 특허권 등을 침해한 자는 그 침해행위에 대하여 과실이 있는 것으로 추정되므로, 위 피고들은 공동불법행위자로서 공동하여 원고 상명이엔텍에게 전용실시권 침해로 인한 손해를 배상할 책임이 있다.

○ 수원지법 2009. 1. 22. 선고 2008노1077 판결

피고인 甲은 현대금속으로부터 특허발명 의자의 부품을 납품받아 이를 판매하기도 하였던 점, 현대금속 직원 乙은 검찰에서 피고인 甲이 2006. 3.경 중국 전시회에서 특허발명 의자를 판매하려고 하여 피고인 甲에게 "특허발명 제품이니 맘대로 판매를 하면 안 된다."라는 말을 하였다고 진술한 점 등을 종합해 보면, 피고인 甲은 특허발명 의자를 육군복지단에 판매할 2006. 6.경에는 당시 그 의자가 특허청에 등록되었음을 알고도 이와 유사한 의자들을 판매한 사실을 충분히 인정할 수 있다.

2) 자신의 실시발명이 등록받았다가 무효된 경우

□ 침해자가 자신의 실시발명이 등록받았다가 무효로 된 경우에는, 그 특허권은 처음부터 없었던 것으로 보게 되므로, 침해자가 특허발명의 침해 당시 실시발명을 자신의

6) 곽민섭, 지식재산권 침해소송 실무와 최근의 판례 동향, 특허심판원(2009. 5.), 212면

등록권리에 기해 제작한 것이라고 믿었더라도 그러한 점만으로는 과실 추정이 번복되지 않으므로 실시발명이 특허발명의 권리범위에 속하지 않는다고 믿었던 점을 정당화할 수 있는 사정에 해당한다고 할 수 없다.[7)]

3) 특허권 침해 후 특허가 정정된 경우

□ **과실추정의 법리는 그대로 유지**

특허권을 침해하는 제품을 생산·판매한 후에 청구범위를 정정하는 심결이 확정되었더라도, 정정으로 인하여 청구범위에 실질적인 변경이 있다고 할 수 없으므로 특허권 침해행위에 과실이 있는 것으로 추정하는 법리는 정정을 전·후하여 그대로 유지된다.[8)] 따라서 정정심결 전이라도 특허침해자는 특허발명을 침해한 때로부터 손해배상책임을 진다.[9)]

마. 과실추정이 번복되는 경우

□ **특허발명을 개량·등록받아 자신의 특허발명을 실시한 경우**

특허권자로부터 납품받은 특허발명의 실시품을 개량하여 피고인이 별도의 특허를 받은 다음, 피고인의 특허발명에 따른 실시품을 제작·납품한 경우라면, 피고인에게 특허권 침해의 고의가 있다고 볼 수는 없다.[10)]

2 특허권자의 권리행사

가. 권리행사의 정당성

1) 특허권 행사 가능

□ 특단의 사정이 없는 한, 특허권자로서는 자신의 권리가 적법·유효한 것으로 믿고 이를 행사하는 것이 보통이므로, 법률상 권리가 인정된 자는 그 권리를 행사할 수 있고 그 권리행사로 인하여 다른 사람에게 손해를 끼친다고 하여 그것만으로서 권리행사가 금지될 수는 없다.[11)]

---

7) 대법원 2009. 1. 30. 선고 2007다65245 판결
8) 대법원 2009. 10. 15. 선고 2007다45876 판결, 2009. 10. 15. 선고 2009다19925 판결
9) 대법원 2009. 10. 15. 선고 2009다19925 판결, 서울고법 2009. 2. 3. 선고 2008나17757 판결, 서울동부지법 2007. 12. 26. 선고 2006가합8618 판결
10) 대법원 2010. 1. 14. 선고 2008도639 판결
11) 대법원 2010. 10. 28. 선고 2009도4949 판결, 1964. 11. 24. 선고 64다803 판결

2) 특허권 행사 부인 금지

□ 특허권이 등록된 이상, 함부로 특허권 행사를 부인해서는 안 된다.[12] 판결이 형식상 유효하게 확정되면, 설사 당사자가 법원을 기망하여 승소판결을 얻은 경우라 하더라도 그 판결은 법적 절차에 의하여 취소될 때까지는 유효하게 존속하는 것이다.[13]

3) 적극적 권리범위확인심판청구

□ 특허발명에 대한 등록무효가 아직 확정되지 않은 이상, 특허권자의 권리범위확인심판청구를 권리남용이라고 할 수는 없다.[14]

4) 특허사용료 요구

□ 특허권자가 적법하게 등록된 자신의 특허권이 침해된 경우, 침해의 상대방에 대하여 중지를 구하고 특허사용료를 요구하는 행위는 특허권의 정당한 행사일 뿐 이를 가리켜 권리남용이라 할 수 없다.[15]

5) 침해금지청구

□ 특허권자의 특허발명이 무효로 될 개연성이 높다거나 상대방의 발명이 특허권자의 특허발명의 권리범위에 속하지 않음이 명백하지 않는 한, 특허권자가 특허침해의 개연성이 농후한 침해자를 상대로 침해행위의 중지를 요청하는 것은 특허권자의 정당한 권리행사에 해당한다.[16]

6) 민·형사상의 침해구제방법 행사

□ 특허권자는 특허가 무효로 되기 전까지는 특허발명을 업으로 실시할 권리를 독점하고, 특허권을 침해한 자 또는 침해할 우려가 있는 자에게 그 침해금지 또는 예방을 청구할 수 있는 권리가 발생하여 특허권 침해행위에 대하여는 민·형사상의 침해구제방법을 정당하게 행사할 수 있다.[17]

7) 검찰의 불기소처분 자제

□ 특허권 침해로 고소된 사건에 검찰은 특허가 무효로 될 개연성이 있다는 사유로 불

---

12) 서울고법 1992. 7. 29. 선고 91나67228 판결
13) 대법원 1961. 1. 26. 선고 61다190 판결
14) 특허법원 2012. 10. 12. 선고 2012허5189 판결, 2010. 8. 18. 선고 2009허7987 판결
15) 서울고법 2000. 5. 2. 선고 99나59391 판결
16) 인천지법 2007. 10. 15.자 2007카합576 결정
17) 대구지법 2003. 9. 24. 선고 2003노1388 판결
(같은 취지) 대법원 1996. 7. 26. 선고 96도521 판결

기소처분하는 것은 고소인의 평등권과 재판절차진술권을 침해하는 것이므로 매우 신중해야 한다.[18]

8) 소제기

가) 원칙적 정당행위

□ 법적 분쟁의 당사자가 법원에 대하여 당해 분쟁의 종국적인 해결을 구하는 것은 법치국가의 근간에 관계되는 중요한 일이므로 재판을 받을 권리는 최대한 존중되어야 하고, 제소행위나 응소행위가 불법행위가 되는가를 판단함에 있어서는 적어도 재판제도의 이용을 부당하게 제한하는 결과가 되지 않도록 신중하게 배려해야 하므로, 법적 분쟁의 해결을 구하기 위하여 소를 제기하는 것은 원칙적으로 정당한 행위이다.[19]

나) 동일당사자 상대 재소

□ 일반 민사소송절차에서 패소한 당사자가 동일당사자를 상대로 동일청구에 대하여 다시 소를 제기하는 경우, 확정판결의 기판력의 법리에 따라 판결하는 것이 보통이고, 수회에 걸쳐 같은 이유로 청구가 기각당하여 확정되었음에도 법률상 받아들일 수 없음이 명백한 이유를 들어 거듭 청구하는 등의 특별한 사정이 없는 한 이를 권리남용 또는 소권남용으로 의율하지는 않는다. 이는 패소 확정판결을 받은 당사자가 억울하다고 여기는 부분이 있어 권리구제를 받기 위하여 동일당사자를 상대로 다시 소 제기를 하는 것을 가리려 곧바로 그릇된 재판청구권의 행사라고 보기는 어렵기 때문이다.[20]

나. 부당제소로 인한 불법행위

1) 주장 · 증명책임

□ 소의 제기가 상대방에 대하여 위법한 행위가 된다는 점은 상대방이 이를 주장 · 증명해야 한다.[21]

---

18) 헌재 2004. 12. 16.자 2002헌마511 결정

19) 대법원 2013. 3. 14. 선고 2011다91876 판결, 2010. 6. 10. 선고 2010다15363,15370 판결, 2008. 2. 28. 선고 2007다79152 판결, 2002. 5. 31. 선고 2001다64486 판결, 1999. 4. 13. 선고 98다52513 판결, 특허법원 2022. 4. 28. 선고 2021나1657 판결, 서울중앙지법 2021. 7. 8. 선고 2019가합538017 판결, 2020. 1. 31. 선고 2016가합515013,578397 판결, 인천지법 2020. 2. 12. 선고 2019가단211583 판결, 광주지법 2017. 9. 14. 선고 2017가합126 판결, 부산지법 2017. 8. 8. 선고 2015가단238723 판결

20) 특허법원 2016. 9. 30. 선고 2016허4405 판결

21) 대법원 2008. 2. 28. 선고 2007다79152 판결

2) 불법행위의 성립요건

가) 현저하게 상당성을 잃었다고 인정되는 경우

□ 민사소송을 제기한 사람이 패소판결을 받은 경우에 그와 같은 소의 제기가 상대방에게 대하여 위법한 행위가 되는 것은 소의 제기가 재판제도의 취지와 목적에 비추어 현저하게 상당성을 잃었다고 인정되는 경우에 한한다.[22)]

나) 구체적인 유형

□ 민사소송을 제기한 사람이 패소판결을 받은 경우에 그와 같은 소의 제기가 상대방에게 대하여 위법한 행위가 되는 것은 구체적으로 ① 실체상 권리보호의 청구권이 없고, ② 권리보호청구권이 없음에 관하여 고의·과실로 인하여 그 권리 없음을 알지 못하였으며, ③ 당해 제소에 의하여 상대방의 법익을 침해하고, ④ 그 법익침해에 관하여 고의·과실이 있어야 한다.[23)]

3) 패소판결을 받은 사실

□ 민사소송을 제기한 사람이 패소판결을 받은 경우에 패소판결을 받은 사실이 있었다는 사실만으로서 소의 제기가 위법행위라고 할 수는 없다.[24)]

다. 장기간 특허권을 불행사한 경우

1) 권리행사의 원칙적 허용

가) 손해배상책임의 제한 금지

□ 특허발명이 등록된 지 상당기간 지나서야 특허권을 행사하였다는 사유를 들어 침해행위로 인한 손해배상책임을 제한할 수는 없다.[25)]

○ 대법원 2003. 3. 11. 선고 2000다48272 판결

특허권자가 특허발명이 등록된 지 6년가량 지나서야 그 특허권을 행사하였다고 하여 특허권자가

---

22) 대법원 2012. 5. 10. 선고 2012다14494 판결, 2010. 6. 10. 선고 2010다15363,15370 판결, 2009. 6. 23. 선고 2007다3650,3667 판결, 2008. 2. 28. 선고 2007다79152 판결, 2002. 5. 31. 선고 2001다64486 판결, 1999. 4. 13. 선고 98다52513 판결

23) 창원지법 통영지원 2008. 3. 7. 선고 2007가단2694 판결
(같은 취지) 대법원 2012. 5. 10. 선고 2012다14494 판결, 2010. 6. 10. 선고 2010다15363,15370 판결, 2009. 6. 23. 선고 2007다3650,3667 판결, 2008. 2. 28. 선고 2007다79152 판결, 2002. 5. 31. 선고 2001다64486 판결, 1999. 4. 13. 선고 98다52513 판결

24) 대법원 1972. 5. 9. 선고 72다333 판결

25) 대법원 2003. 3. 11. 선고 2000다48272 판결
(같은 취지) 서울고법 1993. 4. 27. 선고 92나33970 판결

고의로 그 특허권 행사를 게을리 하였다고 단정하기도 어렵거니와, 가사 특허권자가 특허권 행사를 게을리 함으로써 특허권의 침해행위가 그 기간만큼 가능하게 되었다고 하더라도, 위 침해행위가 특허권자가 특허권 행사를 게을리 한 것에 의하여 유발된 것이 아니어서 특허권자가 그 특허권 행사를 게을리 한 것이 침해행위로 인한 손해의 발생 또는 그 확대의 한 원인이 되었다고 볼 수는 없을 것이고, 특허권자가 특허권 행사를 게을리 하였다는 사유를 들어 침해행위로 인한 손해배상책임을 제한하는 것이 공평 또는 신의칙의 견지에서 타당하다고 할 것도 아니다.

나) 권리를 행사하지 않을 것으로 믿을 만한 정당한 사유

□ 특허권자가 장기간에 걸쳐 그 권리를 행사하지 않아 새삼스럽게 그 권리를 행사하는 것이 신의성실의 원칙에 위반되어 허용되지 않는다고 하기 위해서는, 상대방이 더 이상 권리자가 그 권리를 행사하지 아니할 것으로 믿을 만한 정당한 사유가 있어야 한다.[26)]

2) 실효의 원칙 적용요건

가) 상당한 기간 권리를 불행사한 경우

□ 권리의 행사는 신의에 좇아 성실히 하여야 하고 권리는 남용하지 못하는 것이므로 권리자가 실제로 권리를 행사할 수 있는 기회가 있었음에도 불구하고 상당한 기간이 경과하도록 권리를 행사하지 않아 의무자인 상대방으로서도 이제는 권리자가 권리를 행사하지 않을 것으로 신뢰할 만한 정당한 기대를 가지게 된 다음에 새삼스럽게 그 권리를 행사하는 것이 법질서 전체를 지배하는 신의칙에 위반하는 것으로 인정되는 결과가 될 때에는 실효의 원칙에 따라 그 권리의 행사가 허용되지 않는다.[27)]

나) 권리불행사기간, 쌍방의 사정 및 객관적 사정 고려

□ 실효의 원칙이 적용되기 위하여 필요한 요건으로서의 실효기간의 길이와 의무자인 상대방이 권리가 행사되지 않으리라고 신뢰할 만한 정당한 사유가 있었는지의 여부는 일률적으로 판단할 수 있는 것이 아니라 구체적인 경우마다 권리를 행사하지 않은 기간의 장단과 함께 권리자측과 상대방측 쌍방의 사정 및 객관적으로 존재한 사

---

26) 대법원 2013. 2. 28. 선고 2011다49608,49615 판결, 2002. 1. 8. 선고 2001다60019 판결, 청주지법 2011. 5. 20. 선고 2010나3286,3293 판결, 서울중앙지법 2008. 5. 8. 선고 2007가합8513 판결

27) 대법원 2013. 2. 14. 선고 2010다59622 판결, 2011. 4. 28. 선고 2010다89654 판결, 2005. 10. 28. 선고 2005다45827 판결, 1994. 11. 25. 선고 94다12234 판결, 1992. 12. 11. 선고 92다23285 판결, 1992. 5. 26. 선고 92다3670 판결, 1992. 1. 21. 선고 91다30118 판결, 1990. 8. 28. 선고 90다카9619 판결, 서울고법 2019. 2. 14. 선고 2016나2009146 판결, 2019. 2. 14. 선고 2016나2009825 판결, 서울중앙지법 2021. 6. 25. 선고 2019가합586061 판결, 2016. 1. 13. 선고 2014가합567058 판결

정 등을 모두 고려하여 사회통념에 따라 합리적으로 판단해야 한다.[28)]

라. 신의칙 적용

1) 심판청구권의 행사

□ 심판청구권의 행사도 신의칙에 의하여 규제된다.[29)]

2) 소권남용의 경우

가) 거듭된 제소

□ 소송을 제기하였다가 법원에서 수회에 걸쳐 같은 이유 등으로 패소당하여 확정되었음에도 불구하고 이미 배척되어 법률상 받아들여질 수 없음이 명백한 이유를 들어 같은 내용의 청구를 거듭하는 것은 상대방을 괴롭히는 결과가 되고, 나아가 사법 인력을 불필요하게 소모시키는 결과가 되어 그러한 재소는 특별한 사정이 없는 한 신의칙에 위배되어 소권남용으로서 허용될 수 없다.[30)]

나) 신중하게 판단

□ 실체법상의 권리를 실현하기 위한 소송의 제기를 신의칙에 반하는 소권남용이라고 판단할 때에는 신중을 기해야 한다.[31)]

3) 장치의 특허권자가 물품생산자에게 경고장 발송

□ 제조장치의 특허권자가 특허발명의 권리범위를 넘어 제조장치를 이용한 물품을 생산하는 자에게 침해금지의 경고장을 발송하였다고 하더라도, 그러한 사유만으로 특허발명의 무효사유가 될 수는 없다.[32)]

---

28) 대법원 2013. 2. 14. 선고 2010다59622 판결, 2006. 10. 27. 선고 2004다63408 판결, 2005. 10. 28. 선고 2005다45827 판결, 1996. 7. 30. 선고 94다51840 판결, 1992. 12. 11. 선고 92다23285 판결, 1992. 1. 21. 선고 91다30118 판결, 서울고법 2016. 11. 30. 선고 2016누55058 판결, 특허법원 2013. 8. 16. 선고 2013허3289 판결, 서울중앙지법 2021. 6. 25. 선고 2019가합586061 판결, 2010. 9. 8. 선고 2009가합132731 판결, 서울서부지법 2011. 11. 11. 선고 2011나6612 판결

29) 대법원 2017. 2. 15. 선고 2016재다2039 판결, 1999. 5. 28. 선고 98재다275 판결, 1997. 12. 23. 선고 96재다226 판결

30) 대법원 2017. 2. 15. 선고 2016재다2039 판결, 2005. 11. 10. 선고 2005재다303 판결, 2002. 9. 24. 선고 2002재다487 판결, 1999. 5. 28. 선고 98재다275 판결, 1997. 12. 23. 선고 96재다226 판결

• 동일한 확인대상발명과 특허발명에 대하여 그 권리범위에 속하지 않는다는 특허심판원과 법원의 거듭된 심결 내지 판결이 있었음에도 불구하고 다시 동일한 내용의 확인대상발명이 특허발명의 권리범위에 속한다고 주장하며 제기한 적극적 권리범위확인심판청구는 신의성실의 원칙에 위배하여 소권을 남용하는 것으로서 허용될 수 없다(특허법원 2003. 10. 10. 선고 2002허7421 판결).

31) 대법원 2004. 6. 24. 선고 2004므405 판결

32) 특허법원 2004. 7. 23. 선고 2003허2645 판결

3 특허권이 공유인 경우

[§ 135](특허권의 이전 및 공유 등)

① 특허권은 이전할 수 있다.

② 특허권이 공유인 경우에는 각 공유자는 다른 공유자 모두의 동의를 받아야만 그 지분을 양도하거나 그 지분을 목적으로 하는 질권을 설정할 수 있다.

③ 특허권이 공유인 경우에는 각 공유자는 계약으로 특별히 약정한 경우를 제외하고는 다른 공유자의 동의를 받지 않고 그 특허발명을 자신이 실시할 수 있다.

④ 특허권이 공유인 경우에는 각 공유자는 다른 공유자 모두의 동의를 받아야만 그 특허권에 대하여 전용실시권을 설정하거나 통상실시권을 허락할 수 있다.

[§ 139](공동심판의 청구 등)

① 동일한 특허권에 관하여 무효심판이나 권리범위확인심판을 청구하는 자가 2인 이상이면 모두가 공동으로 심판을 청구할 수 있다.

② 공유인 특허권의 특허권자에 대하여 심판을 청구할 때에는 공유자 모두를 피청구인으로 하여야 한다.

③ 특허권 또는 특허를 받을 수 있는 권리의 공유자가 그 공유인 권리에 관하여 심판을 청구할 때에는 공유자 모두가 공동으로 청구해야 한다.

④ 청구인이나 피청구인 중 1인에게 심판절차의 중단 또는 중지의 원인이 있으면 모두에게 그 효력이 발생한다.

가. 원칙

1) 다른 공유자의 동의 없이 특허발명 실시

□ 특허권이 공유인 경우, 각 공유자는 원칙적으로 다른 공유자의 동의를 받지 않고도 그 특허발명을 실시할 수 있다.[33)]

2) 다른 공유자에게 실시료 지급의무 없음

□ 특허권이 공유인 경우, 각 공유자는 다른 공유자에 대하여 통상적으로 실시료 지급의무를 부담하지 않는다.[34)]

3) 다른 공유자에게 전용실시권 사용료 지급의무 없음

□ 특허권의 공유자가 생산한 특허제품을 매매의 형식으로 납품받은 사람은 다른 공유

---

33) 서울고법 2018. 5. 11. 선고 2016나2060356 판결, 2013. 8. 22. 선고 2013나3189,3196 판결, 1992. 7. 23. 선고 91나62704 판결, 부산지법 2019. 10. 2. 선고 2018가합45431 판결, 서울중앙지법 2019. 4. 1. 자 2018카합21302 결정, 2007. 8. 17. 선고 2005가합93005 판결, 수원지법 2010. 4. 15. 선고 2008가합26240 판결

34) 서울고법 2018. 5. 11. 선고 2016나2060356 판결

자에게 전용실시권 사용료를 지급할 의무가 없다.[35]

나. 공유권자 판단

□ 특허권에 대한 공유권자인지 여부는 본안의 심리를 통해 판단해야 할 사항이다.[36]

다. 공유에 따른 제한

1) 실시권 설정

가) 다른 공유자의 동의가 전제조건

(1) 전용실시권 설정이나 통상실시권 허락

□ 특허권이 공유인 경우, 그 특허권에 대하여 전용실시권을 설정하거나 통상실시권을 허락하려면 다른 공유자의 동의를 받아야만 한다.[37]

(2) 다른 공유자의 동의 없는 지분 양도는 효력 없음

□ 특허권이 공유인 경우, 다른 공유자의 동의를 얻지 않은 지분의 양도는 효력이 없어 양도인을 상대로 특허권의 이전등록절차의 이행을 구하는 것은 허용될 수 없고, 다른 공유자의 동의를 받을 것을 조건으로 이전등록절차의 이행을 구할 수도 없다.[38]

나) 특허권 지분을 사실상 양수한 자가 특허권을 실시한 경우

□ 특허권이 공유인 경우, 공유자가 다른 공유자의 동의 없이 그 특허권에 대하여 전용실시권이나 통상실시권을 허여할 수 없다 하더라도 특허권의 지분을 사실상 양수한 자가 등록을 하지 않은 채, 스스로 그 특허권을 실시하거나 특허권등록 명의자의 묵시적인 동의하에 제3자에게 그 전용실시권 또는 통상실시권을 허여함으로써 제3자가 그 특허권을 실시하는 경우라면 그 사법상의 효력 유무와는 관계없이 사실상의 공유자 또는 제3자에게 특허권 침해의 범의가 있다고 볼 수는 없다.[39]

다) 가처분권자가 본안소송에서 승소하여 이전등록이 이루진 경우

(1) 공유자 중 1인이 다른 공유자의 동의를 얻어 전용실시권 설정

□ 특허권이 공유인 경우, 공유자의 한 사람이 다른 공유자의 동의를 얻어 전용실시권을 설정하는 경우에도 그 전용실시권의 설정은 특허권의 일부 지분에 국한된 처분이

---

35) 서울고법 1992. 7. 23. 선고 91나62704 판결
36) 서울고법 2011. 6. 30. 선고 2010나62415,62422 판결
37) 서울고법 2013. 8. 22. 선고 2013나3189,3196 판결, 1997. 7. 1. 선고 97나791 판결, 서울중앙지법 2019. 4. 1.자 2018카합21302 결정, 서울동부지법 2017. 7. 19. 선고 2015가합103676 판결
38) 서울동부지법 2017. 7. 19. 선고 2015가합103676 판결, 수원지법 2010. 4. 15. 선고 2008가합26240 판결
39) 대법원 1984. 12. 26. 선고 82도1799 판결
• 특허권의 지분을 양도하는 경우에 이를 등록해야만 효력이 발생한다.

아니라 특허권 자체에 대한 처분행위에 해당하는 것이며 전용실시권의 성질상 특허권의 일부 지분에 대한 전용실시권의 설정은 상정할 수 없는 것이므로, 특허권의 일부 지분에 대하여만 처분행위를 금하는 가처분등록이 경료된 후 제3자 앞으로 당해 특허권에 대한 전용실시권이 설정된 경우에 가처분권자가 본안소송에서 승소하여 그 앞으로 위 일부 지분에 관한 이전등록이 이루어졌다면, 그 전용실시권의 설정은 그 전부가 무효가 된다.[40)]

(2) 가처분등록이 경료된 후 특허권이 전부 제3자에 이전

□ 특허권의 일부 공유지분의 이전청구권을 보전하기 위한 처분금지가처분결정에 기하여 가처분등록이 경료된 후 특허권이 전부 제3자에 이전된 상태에서, 가처분권자인 그 지분의 양수인이 본안소송에서 승소하여 그 지분에 대한 이전등록이 이루어졌다면, 위 가처분등록 이후의 특허권 이전은 양수인 앞으로 이전등록된 지분의 범위 내에서만 무효가 된다.[41)]

(3) 다른 지분의 처분을 저지할 수 있는 특약의 존재

□ 특허권의 일부 지분을 양수하기로 한 자는 그 지분의 이전등록이 있기까지는 특허권의 공유자로서 양수의 목적이 되지 않은 다른 지분의 양도에 대하여 동의권을 행사할 수 없는 것이므로, 다른 지분의 처분을 저지할 수 있는 특약이 존재하는 등의 특별한 사정이 있는 경우가 아니라면, 양수의 목적이된 지분의 이전등록 이전에 그러한 동의권의 보전을 위한 가처분이나 다른 지분에 대한 처분금지가처분을 구하는 것은 허용되지 않는다.[42)]

라) 동업계약이 해지되었더라도 등기가 말소되지 않은 경우

□ 동업계약이 해지되었더라도 등기가 말소되지 않은 이상 특허권자가 공유자를 상대로 특허권의 침해를 주장할 수는 없다.[43)]

2) 민법의 공유 규정 적용

가) 특허법의 다른 규정이나 특허의 본질에 반하지 않는 경우

□ 특허법의 다른 규정이나 특허의 본질에 반하지 않는 등의 특별한 사정이 없는 한 공유에 관한 민법의 공유 규정이 특허권의 공유에도 적용된다.[44)]

---

40) 대법원 1999. 3. 26. 선고 97다41295 판결
41) 대법원 1999. 3. 26. 선고 97다41295 판결
42) 대법원 1999. 3. 26. 선고 97다41295 판결
43) 대법원 2004. 11. 12. 선고 2004다43800 판결, 서울고법 2004. 7. 20. 선고 2003나53079 판결
44) 대법원 2014. 11. 13. 선고 2011다77313,77320 판결, 2014. 8. 20. 선고 2013다41578 판결, 2004. 12.

나) 공유자 지분에 대한 약정의 유무

□ 특허권이 공유인 경우, 공유자 사이에 지분에 대한 별도의 약정이 있으면 그에 따르되, 약정이 없는 경우에는 지분 비율은 균등한 것으로 추정된다.[45)]

다) 경업금지나 실시권 포기

□ 공유자 사이에 경업금지나 독자 실시권의 포기를 인정하기 위해서는 그들 사이에 명시적인 약정이 있어야 한다.[46)]

라) 특허권 공유 지분 포기

(1) 행위자의 의사표시가 상대방에게 도달해야 효력 발생

□ 특허권 공유 지분의 포기는 그 행위자의 의사표시가 상대방에게 도달해야 효력이 발생한다.[47)]

(2) 특허청장에게 신고한 때에 효력 발생

□ 특허권 공유 지분의 포기의 효력은 이를 특허청장에게 신고한 때에 발생한다.[48)]

3) 합유와 유사한 성질

가) 다른 공유자의 동의 없는 지분 양도 및 질권 설정 금지

□ 특허권이 공유인 경우, 각 공유자는 다른 공유자의 동의를 얻지 않으면 그 지분을 양도하거나 그 지분을 목적으로 하는 질권을 설정할 수 없고, 그 특허권에 대하여 전용실시권을 설정하거나 통상실시권을 허락할 수 없는 등 그 권리의 행사에 일정한 제약을 받아 그 범위에서는 합유와 유사한 성질을 가진다.[49)]

---

9. 선고 2002후567 판결, 특허법원 2020. 3. 27. 선고 2018나2186 판결, 2019. 5. 9. 선고 2018나1701 판결, 2017. 8. 18. 선고 2016나1158 판결, 2017. 6. 22. 선고 2016나1417 판결, 2017. 2. 17. 선고 2016나1554 판결, 서울중앙지법 2019. 11. 8. 선고 2016가합500899 판결, 2018. 9. 14. 선고 2017가합525444 판결, 2017. 11. 3. 선고 2016가합525478 판결

45) 대법원 2014. 11. 13. 선고 2011다77313,77320 판결, 1983. 2. 22. 선고 80다1280,1281 판결, 특허법원 2020. 3. 27. 선고 2018나2186 판결, 2019. 5. 9. 선고 2018나1701 판결, 2017. 8. 18. 선고 2016나1158 판결, 2017. 6. 22. 선고 2016나1417 판결, 2017. 2. 17. 선고 2016나1554 판결, 서울중앙지법 2019. 11. 8. 선고 2016가합500899 판결, 2018. 9. 14. 선고 2017가합525444 판결, 2017. 11. 3. 선고 2016가합525478 판결, 2016. 6. 23. 선고 2014가합512263 판결

46) 서울중앙지법 2007. 8. 17. 선고 2005가합93005 판결

47) 특허법원 2019. 9. 6. 선고 2018나1305 판결, 서울중앙지법 2018. 1. 19. 선고 2016가합559792 판결

48) 특허법원 2007. 7. 11. 선고 2007허852 판결

49) 대법원 2014. 8. 20. 선고 2013다41578 판결, 2012. 4. 16.자 2011마2412 결정, 2004. 12. 9. 선고 2002후567 판결, 1999. 3. 26. 선고 97다41295 판결, 1987. 12. 8. 선고 87후111 판결, 1982. 6. 22. 선고 81후43 판결, 특허법원 2016. 7. 15. 선고 2016허922 판결, 서울고법 2011. 6. 30. 선고 2010나62439 판결, 부산지법 2019. 10. 2. 선고 2018가합45431 판결, 서울동부지법 2017. 7. 19. 선고 2015

나) 다른 공유자의 동의 없는 실시권 설정 금지

□ 특허권 공유의 경우, 민법상의 공유와는 달리 특허법상 일정한 제약을 받게 되어 그 범위에서 민법상 합유와 유사한 성질을 가진다.[50] 따라서 공유자 외의 제3자가 특허권 지분을 양도받거나 그에 관한 실시권을 설정 받을 경우, 그 제3자가 투입하는 자본의 규모·기술 및 능력 등에 따라 그 경제적 효과가 현저하게 달라지게 되어 다른 공유자 지분의 경제적 가치에도 상당한 변동을 가져올 수 있는 특허권의 공유관계의 특수성을 고려하여 다른 공유자의 동의 없는 지분의 양도 및 실시권 설정 등을 금지한다.[51]

다) 압류대상 배제

□ 특허권이 공유인 경우, 각 공유자의 공유지분은 다른 공유자의 동의를 얻지 않는 한 압류의 대상이 될 수 없다.[52]

라) 특허권 공유지분의 처분에 관한 소송

□ 특허권 공유지분의 처분에 관한 소송은 합유관계와 마찬가지로, 공유지분을 이전하는 법률원인의 효력 및 다른 공유자의 동의 여부를 합일적으로 확정해야 하는 고유필수적 공동소송이다.[53]

4) 공유물분할청구

가) 공유자 상호간에 공유관계를 해소하기 위한 수단

□ 특허권이 공유인 경우, 공유자 상호간에 이해관계가 대립되는 경우에 그 공유관계를 해소하기 위한 수단으로서 각 공유자에게 민법상의 공유물분할청구권을 인정하더라도, 공유자 이외의 제3자에 의하여 다른 공유자 지분의 경제적 가치에 위와 같은 변동이 발생한다고 보기 어려워서 특허권의 공유관계에 민법상 공유물분할청구에 관한 규정이 적용될 수 있다.[54] 따라서 공유인 특허권의 분할이 법률상 또는 성질상 금지된다고 할 수 없다.[55]

나) 고유필수적 공동소송

□ 공유물분할청구 소송은 분할을 청구하는 공유자가 원고가 되어 다른 공유자 전부를

가합103676 판결, 2013. 4. 29. 선고 2012가단47631 판결

50) 서울중앙지법 2007. 8. 17. 선고 2006가합20165 판결

51) 대법원 2014. 8. 20. 선고 2013다41578 판결

52) 대법원 2012. 4. 16.자 2011마2412 결정

53) 서울고법 2011. 6. 30. 선고 2010나62439 판결

54) 대법원 2014. 8. 20. 선고 2013다41578 판결

55) 창원지법 2012. 5. 3. 선고 2011가합9181 판결

공동피고로 하여야 하는 고유필수적 공동소송이다.[56)]

다) 현물분할 불허

(1) 하나의 특허권이 복수의 특허권으로 증가하는 부당한 결과 초래

□ 특허권은 발명실시에 대한 독점권으로서 그 대상은 형체가 없을 뿐만 아니라 각 공유자에게 특허권을 부여하는 방식의 현물분할을 인정하면 하나의 특허권이 사실상 내용이 동일한 복수의 특허권으로 증가하는 부당한 결과를 초래하게 되므로, 특허권의 성질상 그러한 현물분할은 허용되지 않는다.[57)]

(2) 경매에 의한 대금분할

□ 특허권은 그 객체의 무체성으로 인하여 현물분할이 불가능하므로 공유인 특허권은 그 성질상 현물로 분할할 수 없는 경우에 해당하여 특허권의 분할방법은 경매에 의한 대금분할로 하여야 한다.[58)]

라. 공동소송의 성격

1) 고유필수적 공동소송

가) 청구인 · 피청구인 적격

(1) 공유자 전원

□ 특허권이 공유인 경우, 공유인 특허권에 관한 심판절차는 공유자 전원에게 합일적으로 확정되어야 할 필요가 있는 고유필수적 공동소송관계에 있다.[59)] 따라서 공유자 전원이 심판의 청구인 또는 피청구인이 되어야 한다.[60)]

---

56) 대법원 2022. 6. 30. 선고 2020다210686,210693 판결, 2022. 6. 30. 선고 2022다217506 판결, 2017. 9. 21. 선고 2017다233931 판결, 2014. 1. 29. 선고 2013다78556 판결, 2012. 6. 14. 선고 2010다105310 판결, 2003. 12. 12. 선고 2003다44615,44622 판결, 2001. 7. 10. 선고 99다31124 판결, 서울고법 2010. 9. 29. 선고 2010나30814,30821 판결, 2010. 7. 7. 선고 2009나26178 판결

57) 대법원 2014. 8. 20. 선고 2013다41578 판결

58) 창원지법 2012. 5. 3. 선고 2011가합9181 판결
(같은 취지) 대법원 2015. 7. 23. 선고 2014다88888 판결, 2015. 3. 26. 선고 2014다233428 판결, 2010. 2. 25. 선고 2009다79811 판결, 2010. 1. 14. 선고 2009다69708 판결, 2009. 9. 10. 선고 2009다40219,40226 판결, 2004. 7. 22. 선고 2004다10183,10190 판결
• 공유물분할청구소송은 형성의 소로서 법원은 공유물분할을 청구하는 원고가 구하는 방법에 구애받지 않고 재량에 따라 합리적 방법으로 분할을 명할 수 있다(대법원 2020. 8. 20. 선고 2018다241410,241427 판결, 2015. 7. 23. 선고 2014다88888 판결).

59) 대법원 2003. 4. 25. 선고 2002다5491 판결, 1987. 12. 8. 선고 87후111 판결, 1982. 6. 22. 선고 81후43 판결, 특허법원 2013. 12. 5. 선고 2013허6066 판결, 2013. 12. 5. 선고 2013허7939 판결, 2005. 9. 9. 선고 2004허7746 판결, 2002. 4. 12. 선고 2001허7103 판결, 2002. 3. 14. 선고 2001허5237 판결, 1999. 5. 28. 선고 98허7110 판결, 1998. 7. 10. 선고 98허2313 판결, 대전고법 2001. 12. 21. 선고 97나2366 판결

(2) 공유자의 일부만을 청구인이나 피청구인으로 한 경우

(가) 심판청구 부적법

□ 특허권이 공유인 경우, 공유자 중 일부만이 제기한 심판청구는 부적법하고,[61] 공유자 중의 1인만을 피청구인으로 한 심판청구도 부적법하다.[62]

(나) 특허법원에서 필수적 공동소송인의 추가보정 불허

□ 고유필수적 공동소송에서 공유자 중의 1인만을 피청구인으로 한 이 부분 심판청구는 부적법하고, 특허법원에서 필수적 공동소송인을 추가할 수도 없으므로 그 흠결을 보정할 수 없다.[63]

(3) 일부 당사자에 대한 분리심결 불허

(가) 심결취소소송의 피고적격

□ 공유자 중 일부 당사자에 대하여 분리하여 심결을 하는 것은 허용되지 않고, 나아가 공유인 특허권에 관한 심결에 관하여 특허권자를 상대로 심결취소소송을 제기할 때에도 공유자 전원을 피고로 하여야 한다.[64]

(나) 공동피청구인 전원에 대하여 하나의 심결

□ 공동피청구인 간 심결 분리는 허용되지 않고, 공동피청구인 전원에 대하여 하나의 심결을 하여야 한다.[65]

(다) 공동피청구인 일부에 대한 심결이나 추가심결 불허

□ 공동피청구인 일부에 대하여만 심결하거나 남은 공동피청구인에 대하여 추가심결을 하는 것은 모두 허용되지 않는다.[66]

---

60) 대법원 1987. 12. 8. 선고 87후111 판결, 특허법원 2002. 4. 12. 선고 2001허7103 판결, 2002. 3. 14. 선고 2001허5237 판결, 1999. 5. 28. 선고 98허7110 판결, 1998. 7. 10. 선고 98허2313 판결

61) 대법원 1982. 6. 22. 선고 81후43 판결, 특허법원 2005. 9. 9. 선고 2004허7746 판결, 2002. 4. 12. 선고 2001허7103 판결
- 고유필수적 공동소송은 공동소송인 중 1인에 소송요건의 흠이 있으면 전 소송이 부적법하게 된다(대법원 2012. 6. 14. 선고 2010다105310 판결).

62) 대법원 2003. 4. 25. 선고 2002다5491 판결, 대전고법 2001. 12. 21. 선고 97나2366 판결

63) 대법원 2003. 4. 25. 선고 2002다5491 판결, 대전고법 2001. 12. 21. 선고 97나2366 판결

64) 특허법원 2005. 4. 22. 선고 2004허4693 판결

65) 대법원 2021. 7. 22. 선고 2020다284977 전합 판결, 특허법원 2013. 12. 5. 선고 2013허6066 판결, 2013. 12. 5. 선고 2013허7939 판결

66) 대법원 2022. 6. 30. 선고 2022다217506 판, 2011. 6. 24. 선고 2011다1323 판결, 2011. 2. 10. 선고 2010다82639 판결, 2010. 4. 29. 선고 2008다50691 판결, 2001. 7. 10. 선고 99다31124 판결, 1995. 12. 8. 선고 95다44191 판결, 특허법원 2013. 12. 5. 선고 2013허7939 판결

▷ 특허권이 공유인 경우, 원고적격과 달리 피고적격은 고유필수적 공동소송으로 모든 당사자를 피고로 삼아야 한다. 만일 누락하였으면 피고를 추가해야 한다. 또한 특허권이 양도된 경우, 그 승계가 심결 후에 발생하였으면 양수인을 피고로 삼아야 하고, 만일 실수로 종전 권리자인 양도인을 피고로 하였으면 피고경정을 하여야 한다. 소제기 후에 비로소 승계가 발생한 경우에는 승계참가와 인수참가의 법리에 따라 양수인이 피고의 지위를 승계해야 한다.[67]

(4) 일부 당사자만의 자백, 재판상 화해 또는 청구의 포기 · 인낙 불허

□ 고유필수적 공동소송에서는 자백, 재판상 화해 또는 청구의 포기 · 인낙과 같은 소송상 불리한 행위는 공동소송인 전원이 하지 않으면 효력이 없다.[68] 따라서 당사자 중 일부만이 청구인낙을 할 수는 없다.[69]

(5) 공동심판인 일부에 대한 심판청구취하 불가

□ 고유필수적 공동심판에서는 청구인들 일부의 심판청구취하나 피청구인들 일부에 대한 심판청구취하는 특별한 사정이 없는 한 그 효력이 생기지 않는다.[70] 따라서 심판청구취하는 공동심판인 전원이 공동으로 하지 않으면 효력이 발생하지 않는다.[71]

(6) 일부 지분만의 무효심판청구 불허

□ 특허가 공유인 경우, 그 공유자 지분에 따라 특허를 분할하여 일부 지분만의 무효심판을 청구하는 것은 허용할 수 없다.[72] 따라서 특허권의 공유자 중 일부가 다른 공유자의 지분에 대해 무효심판을 청구하는 것은 허용할 수 없다.[73]

나) 공유자 중 일부만이 심판청구를 제기한 경우

(1) 공유자 추가보정 불허

□ 특허권의 공유자 중 일부만이 심판청구를 제기한 경우, ① 그 심판계속 중 나머지 공유자를 청구인으로 추가하는 보정은 요지변경으로서 허용할 수 없지만, ② 아직 심판청구기간이 도과되기 전이라면 나머지 공유자를 추가하는 보정은 허용된다.[74]

---

67) 이태종, 특허소송의 절차와 서류작성, 2008년도 변리사 민사소송실무연수, 34면, 대한변리사회
68) 대전고법 2010. 8. 17. 선고 2009나7289,7296 판결
69) 서울고법 2011. 6. 30. 선고 2010나62439 판결
• 권리범위확인심판의 심결취소소송에서도 청구인낙을 허용한다(특허법원 2016. 3. 30.자 2015허6459 인낙조서)
70) 대법원 2007. 8. 24. 선고 2006다40980 판결, 서울고법 2008. 8. 27. 선고 2007나84118 판결
71) 서울고법 2010. 7. 7. 선고 2009나26178 판결
72) 대법원 2015. 1. 15. 선고 2012후2432 판결, 특허법원 2012. 6. 22. 선고 2011허11750 판결
73) 대법원 2015. 1. 15. 선고 2012후2432 판결

(2) 특허심판원 심결시까지 누락된 당사자의 추가 신청

□ 고유필수적 공동심판에 있어서는, 공동심판인 중 일부가 누락됨으로써 당사자적격에 흠이 생기는 경우에는 특허심판원 심결시까지 누락된 당사자의 추가를 신청할 수 있다.[75)]

(3) 1인이라도 심판청구요건을 갖추지 못한 경우

□ 고유필수적 공동심판에 있어서는 그중 1인이라도 심판청구요건을 갖추지 못하고 있으면 전원의 심판청구를 각하해야 한다.[76)]

다) 손해배상청구소송

(1) 다른 공유자와 사이에 합일적 확정 불필요

□ 공유자 중 일부가 특허권 침해를 이유로 침해자를 상대로 하는 손해배상청구소송은 다른 공유자와 사이에 합일적으로 확정되어야 하는 경우에 해당하지 않는다.[77)]

(2) 자기의 지분비율에 따른 손해액만 청구

□ 손해배상청구소송에서 각 공유자는 자기의 지분비율에 따른 손해액만을 청구할 수 있다.[78)]

2) 유사필수적 공동소송

가) 동일한 특허권에 관한 공동심판

□ 동일한 특허권에 관하여 2인 이상의 자가 공동으로 심판을 청구하는 경우, 그 심판은 공동청구인 전원에 대하여 승패의 합일확정이 요청되는 유사필수적 공동심판에 해당한다.[79)]

---

74) 대법원 2007. 4. 26. 선고 2005후2861 판결, 2005. 5. 27. 선고 2003후182 판결, 특허법원 2014. 4. 11. 선고 2013허9676 판결, 2005. 9. 9. 선고 2004허7746 판결

75) 특허법원 2007. 3. 14. 선고 2006허5287 판결, 2007. 3. 14. 선고 2006허5294 판결, 부산지법 1993. 5. 21. 선고 93나200 판결

76) 서울고법 2010. 7. 7. 선고 2009나26178 판결

77) 서울고법 2010. 6. 23. 선고 2001나60578 판결
- 특허권이 공유인 경우, 손해배상청구소송은 고유필수적 공동소송이므로 반드시 공유자 전원이 함께 소제기를 하여야 한다(김동진, 특허침해소송 사례 연구, 2008년도 변리사 민사소송실무연수, 175면, 대한변리사회).

78) 특허법원 2019. 5. 9. 선고 2018나1701 판결, 서울중앙지법 2017. 12. 15. 선고 2016가합559877 판결
- 특허권이 공유인 경우에 각 공유자는 다른 공유자의 동의 없이도 자기의 지분에 관한 손해배상을 청구할 수 있다(서울동부지법 2013. 4. 29. 선고 2012가단47631 판결, 2012. 12. 26. 선고 2012가합6026 판결).

79) 대법원 2009. 5. 28. 선고 2007후1510 판결, 특허법원 2019. 11. 8. 선고 2019허3670 판결, 2019. 4. 19. 선고 2019허1889 판결, 2011. 9. 23. 선고 2011허4783,4790 판결, 2011. 9. 23. 선고 2011허4806,4813 판결, 2011. 8. 11. 선고 2010허8511 판결, 2010. 12. 30. 선고 2010허5550,5567 판결

나) 1인에 의한 청구

(1) 일부 공유자의 침해행위금지 및 조성물 폐기청구

□ 특허권이 공유인 경우, 공유자 중 1인이라도 그 보존행위로서 침해자를 상대로 침해행위의 금지 및 조성물의 폐기를 구할 수 있다.[80)]

(2) 전원에게 이익이 되는 것은 그 전원에 대하여 효력

□ 특허권이 공유인 경우, 공동당사자의 1인의 심판절차에 관한 행위라도 그 전원에게 이익이 되는 것은 그 전원에 대하여 효력이 있다.[81)]

다) 공유물의 보존행위

(1) 각 공유자가 단독으로 청구 가능

□ 공유물의 보존행위를 각 공유자가 단독으로 청구할 수 있도록 한 취지는 그 보존행위가 긴급을 요하는 경우가 많고 다른 공유자에게도 이익이 되는 것이 보통이기 때문이다.[82)]

▶ 침해금지소송은 유사필수적 공동소송으로 보기 때문에 공유자 중 1인의 소제기도 가능하다. 침해의 금지·예방청구는 보존행위의 일종이므로 공유자 중 1인이 단독으로 그 권리전체에 대하여 청구의 주체가 될 수 있다.

(2) 일부 공유자의 심결취소소송

(가) 승소할 경우에는 취소판결의 효력이 다른 공유자에게도 미침

□ 특허권의 공유자의 1인이 단독으로 심결취소소송을 제기한 경우라도 그 소송에서 승소할 경우에는 그 취소판결의 효력은 다른 공유자에게도 미쳐 특허심판원에서 공유자 전원과의 관계에서 심판절차가 재개됨으로써 충족되고, 그 소송에서 패소하더라도 이미 심판절차에서 패소한 다른 공유자의 권리에 영향을 미치지 않으므로, 어느 경우에도 합일확정의 요청에 반한다거나 다른 공유자의 권리를 해하지 않는다.[83)]

---

80) 대법원 1999. 5. 25. 선고 98다41216 판결, 1994. 11. 18. 선고 92다33701 판결, 특허법원 2019. 5. 9. 선고 2018나1701 판결, 서울중앙지법 2017. 12. 15. 선고 2016가합559877 판결, 2016. 7. 14. 선고 2015가합563787 판결

• 유사필수적 공동소송에서 공동피고 중 어느 일방의 유리한 소송행위는 어느 것이든 공동피고 모두의 이익을 위하여 효력이 있다(특허법원 2013. 2. 7. 선고 2012허5707,7871 판결, 2012. 4. 19. 선고 2011허10238,10245 판결).

81) 대법원 1987. 12. 8. 선고 87후111 판결, 1982. 6. 22. 선고 81후43 판결, 특허법원 1998. 7. 10. 선고 98허2313 판결

82) 대법원 2013. 11. 28. 선고 2011다80449 판결, 1995. 4. 7. 선고 93다54736 판결, 광주지법 2011. 7. 7. 선고 2011가합1691 판결

(나) 권리행사방해배제를 위한 심결취소소송

□ 특허권이 공유인 경우, 공유자가 그 특허권의 효력에 관한 심판에서 패소한 경우에 제기할 심결취소소송은 공유자 전원이 공동으로 제기해야만 하는 고유필수적 공동소송이라고 할 수 없고, 공유자의 1인이라도 권리행사를 제한·방해하는 심결이 있는 때에는 그 권리의 소멸을 방지하거나 그 권리행사방해배제를 위하여 단독으로 그 심결취소를 구할 수 있다.[84)]

(다) 나머지 청구인에 대하여도 심결확정 차단

□ 공동심판에서 심결의 개수는 합일확정의 필요에 따라 형식적 및 실질적으로 하나라고 보아야 하고, 공동청구인 중 1인이 심결취소소송을 제기하면 나머지 청구인에 대하여도 심결의 확정이 차단된다.[85)]

라) 일부 공유자의 소멸등록된 특허권의 회복신청

□ 특허권의 공유자 중 1인이라도 착오로 소멸등록된 특허권의 회복신청을 할 수 있다.[86)]

마) 일부 공유자에 대하여 명의신탁해지를 원인으로 하는 소송

□ 특허권의 공유자 중 1인에 대하여 명의신탁해지를 원인으로 지분이전등록 또는 지분말소등록을 구하는 소송은 공유자 전원을 상대로 제기해야 하는 고유필수적 공동소송이라고 할 수 없다.[87)]

바) 심판도중에 당사자추가신청 부적법

□ 유사필수적 공동심판이나 통상공동심판에서 심판도중에 당사자의 변경을 가져오는 당사자추가신청은 그 경위가 어떻든 간에 부적법하여 허용될 수 없다.[88)]

---

83) 대법원 2004. 12. 9. 선고 2002후567 판결

84) 대법원 2004. 12. 9. 선고 2002후567 판결, 특허법원 2020. 8. 21. 선고 2019허8033 판결, 2020. 3. 27. 선고 2019허5072 판결, 2019. 10. 25. 선고 2019허1759 판결, 2017. 1. 26. 선고 2016허4160 판결, 2012. 11. 15. 선고 2012허4100 판결, 2012. 6. 8. 선고 2012허108 판결, 2008. 11. 13. 선고 2008허7690,11866 판결, 2007. 11. 23. 선고 2007허4816 판결

• 공동출원하여 거절결정된 사건에서 거절결정불복심판청구를 하지 않은 공유자 중 1인은 원고적격이 인정되지 않으므로, 공유자 중 심판청구를 하지 않은 나머지 1인이 제기한 소는 원고적격이 없는 사람이 제기한 소로서 부적법하므로 각하되어야 한다(특허법원 1999. 7. 15. 선고 99허4705 판결).

85) 특허법원 2000. 10. 12. 선고 99허9571 판결

86) 대법원 2002. 11. 22. 선고 2000두9229 판결

87) 특허법원 2017. 2. 7. 선고 2016나1486 판결

88) 대법원 2016. 1. 28. 선고 2013다51933 판결, 2009. 5. 28. 선고 2007후1510 판결, 1998. 1. 23. 선고 96다41496 판결, 1993. 9. 28. 선고 93다32095 판결, 대전고법 2014. 11. 11. 선고 2013나20671,2014

▷ 특허권이 공유인 경우, 심판청구는 공유자 전원이 공동으로 하여야 하지만 그 심결에 대한 소송에 관하여 특허법원에서는 고유필수적 공동소송으로 보지 않고 유사필수적 공동소송으로 본다. 즉, 공유자 중 1인이 단독으로 소제기하는 것도 보존행위로서 허용된다. 따라서 제소기간이 경과한 후에는 소를 제기하지 않은 다른 공유자는 소를 제기할 수 없고 원고로 추가될 수도 없지만, 소를 제기한 공유자의 소송결과는 향유할 수 있어 나중에 심결이 취소되면 다시 청구인의 지위를 유지하게 된다.[89)]

사) 청구인들 중 일부가 심판청구를 취하하는 경우

□ 유사필수적 공동심판에서는 청구인들 중 일부가 심판청구를 취하하는 경우에 다른 공동심판인의 동의를 받을 필요가 없다.[90)]

4 특허제품에 특허발명의 명칭 표시

[§ 223](특허표시 및 특허출원표시)

① 특허권자, 전용실시권자 또는 통상실시권자는 다음 각 호의 구분에 따른 방법으로 특허표시를 할 수 있다.

1. 물건의 특허발명의 경우: 그 물건에 '특허'라는 문자와 그 특허번호를 표시
2. 물건을 생산하는 방법의 특허발명의 경우: 그 방법에 따라 생산된 물건에 '방법특허'라는 문자와 그 특허번호를 표시

② 특허출원인은 다음 각 호의 구분에 따른 방법으로 특허출원의 표시(이하 '특허출원표시'라 한다)를 할 수 있다.

1. 물건의 특허출원의 경우: 그 물건에 '특허출원(심사중)'이라는 문자와 그 출원번호를 표시
2. 물건을 생산하는 방법의 특허출원의 경우: 그 방법에 따라 생산된 물건에 '방법특허출원(심사중)'이라는 문자와 그 출원번호를 표시

③ 특허표시 또는 특허출원표시를 할 수 없는 물건의 경우에는 그 물건의 용기 또는 포장에 특허표시 또는 특허출원표시를 할 수 있다.

□ 특허제품에 특허발명의 명칭이나 내용을 표시할 수 없다면 그 제품은 특허에 관한 설명력과 광고·유인효과를 전혀 가질 수 없어 특허제품으로서의 기능과 효과를 제대로 발휘하지 못하게 되고 업으로서의 특허실시권을 사실상 유명무실하게 하는 것

나940 판결, 특허법원 2007. 3. 14. 선고 2006허5287 판결, 2007. 3. 14. 선고 2006허5294 판결, 2000. 10. 12. 선고 99허9571 판결, 대구지법 2019. 1. 10. 선고 2015가합205837,2016가합201504 판결

89) 이태종, 특허소송의 절차와 서류작성, 2008년도 변리사 민사소송실무연수, 33면, 대한변리사회

90) 대법원 2013. 3. 28. 선고 2011후3094 판결, 2013. 3. 28.자 2012아43 결정, 특허법원 2020. 1. 16. 선고 2018허193 판결

이므로, 특허권자가 그 특허발명의 방법에 의하여 생산한 물건에 발명의 명칭과 내용을 표시하는 것은 특허실시권에 내재된 요소이며, 그러한 표시를 제한하는 것은 특허권에 대한 제한이라고 보아야 한다.[91]

Ⅱ. 특허권 행사시 주의사항

1 경고장 발송시 주의사항

가. 경고장 발송에 따른 책임

1) 경고장 발송에 신중 요구

□ 자력구제의 방법에 의한 권리의 실현은 일반적으로 금지되므로,[92] 특허권자라고 하더라도 독자적인 판단에 따라 누구에게나 어떠한 행위든 임의로 요구할 권리가 있다고 볼 수는 없고, 제소 및 소송수행과 달리 경고장을 발송하는 행위는 자력구제의 성격을 가지는 것이므로 매우 신중할 것이 요구된다.[93]

2) 특허권 침해가 아닌 경우에는 과실책임

□ 특허권자가 상대방에 대하여 재판절차를 이용하지 않고 특허권을 침해한다는 내용의 경고장을 발송한 후에 특허권을 침해하지 않는 것으로 판단된 경우에는, 이는 위법한 행위로서 특별한 사정이 없는 한 특허권자는 침해가 되지 않는다고 인식하지 못한 데 과실이 있다고 인정될 여지가 많다.[94]

3) 현저하게 상당성을 잃었다고 인정되는 경우에는 위법

□ 특허권자가 재판절차 외에서 특허권을 침해한다는 내용을 고지한 후에 그 특허권을 침해하지 않는다는 판단을 받는다고 하더라도 이미 그 당시에 재판절차에서 특허권의 침해 여부가 쟁점이 되어 소송이 진행 중에 있었다면, 그 주장한 특허권 또는 법률관계가 사실적·법률적 근거가 없고, 특허권자가 그와 같은 사정을 알면서 특허권

91) 헌재 2000. 3. 30.자 99헌마143 결정
92) 대법원 1998. 6. 26. 선고 97다37890 판결, 서울중앙지법 2020. 10. 30. 선고 2019가합542412 판결
93) 특허법원 2021. 9. 14. 선고 2020나2004 판결, 2019. 8. 23. 선고 2018나2018 판결, 2018. 10. 26. 선고 2017나2417,2424 판결, 서울중앙지법 2020. 10. 21. 선고 2019가합553849,2020가합552002 판결
94) 서울중앙지법 2007. 5. 10. 선고 2006가합86288 판결

을 침해한다는 내용의 고지를 하는 등 현저하게 상당성을 잃었다고 인정되는 경우에 한하여서 위법하다.[95]

나. 경고시 주의의무와 손해배상책임

1) 거래처 경고시 고도의 주의의무

가) 거래처에 대해서까지 판매·광고에 대한 경고

□ 특허권 침해의심제품의 경우, 그 생산자 외에 그 생산자의 거래처에 대해서까지 침해의심제품의 판매·광고에 대한 경고를 할 때는 그로 인하여 생산자의 영업상 신용을 훼손할 우려가 크므로 생산자에 대하여 그러한 경고를 할 때보다 침해 여부 판단에 더욱 세심하고 고도한 주의가 요구된다.[96]

나) 거래처에 대하여 제조자 물품의 사용 금지에 관한 경고

□ 제조자 이외의 거래처에 대하여 자신의 특허권을 주장하면서 함부로 제조자 물품의 사용 금지에 관한 경고·고지를 하는 경우, 제조자에 대하여 직접 위와 같은 행위를 할 때보다 제조자의 법익을 침해할 가능성이 크므로, 제조자의 물품이 자신의 특허권을 침해하는지에 관하여 보다 세심한 주의의무가 요구된다.[97]

2) 민사상 불법행위

가) 주의의무를 위반하여 거래처에 경고장 발송

□ 특허권자라고 하더라도 독자적인 판단에 따라 누구에게나 어떠한 행위든 임의로 요구할 권리가 있다고 볼 수는 없으므로 특허권자가 제소 및 소송수행을 하지 않고 경쟁회사나 그 거래처에 경고장을 발송할 때에는 신중할 것이 요구되고, 그러한 주의의무에 위반하여 특허권자로서의 정당한 권리행사를 벗어나 사회통념상 허용될 수 없을 정도의 경고장을 발송함으로써 경쟁회사에 손해가 발생한 경우에는 민사상 불법행위를 구성한다.[98]

나) 제조자와 제조자의 거래처들에게 다수의 경고장 발송

□ 특허권자로서는 제조자의 특허발명에 기하여 실시된 제조자의 제품이 특허권자의 특허발명에 대한 침해가 성립하지 않을 수도 있다는 것이 예견 가능함에도 불구하고

---

95) 서울중앙지법 2007. 5. 10. 선고 2006가합86288 판결

96) 특허법원 2021. 9. 14. 선고 2020나2004 판결, 2019. 8. 23. 선고 2018나2018 판결, 2018. 10. 26. 선고 2017나2417,2424 판결

97) 서울고법 2018. 5. 11. 선고 2016나2060356 판결, 서울중앙지법 2015. 5. 1. 선고 2014가합551954 판결

98) 서울중앙지법 2020. 10. 16. 선고 2019가합536622 판결

특허권자의 정당한 권리행사 범위를 넘어서 경쟁사업자를 시장에서 배제하려는 의사로 제조자와 제조자의 거래처들에게 다수의 경고장을 보낸 것으로 보이는 경우, 고의·과실로 피고의 영업활동을 방해한 것으로 불법행위를 구성한다.[99)]

다) 거래처에 제조자와의 거래중단을 요구하는 경고장 발송

□ 소외 회사의 손해를 예방하기 위한 방법으로 제조자에 대하여 이 사건 제품의 수입·판매를 금지시키는 가처분신청과 같은 사법적 구제절차를 취하지는 않은 채, 각 거래처에 제조자와의 거래를 중단할 것을 요구하고 이를 거절할 경우 특허권자로서 필요한 모든 조치를 취하겠다는 취지의 경고장을 발송한 행위는, 정당한 권리행사의 범위를 벗어난 행위로서 위법한 행위에 해당한다.[100)]

라) 구매자에게 형사고소의 불이익을 암시하는 경고장 발송

□ 특허권자가 특허권 침해 여부가 불명확한 제품의 제조자를 상대로 손해예방을 위하여 제조·판매금지가처분신청 등의 법적 구제절차는 취하지 않은 채, 그 구매자에 대하여 법률적 책임을 묻겠다는 취지의 경고와 함께 형사고소 불이익을 암시하여, 구매자로 하여금 기존계약을 해제하도록 하는 등의 행위는 정당한 권리행사의 범위를 벗어난 것으로서 위법한 행위에 해당한다.[101)]

3) 특허권자의 고의·과실에 따른 손해배상책임

가) 사법적 구제절차 없이 거래처에 경고장 발송

□ 특허권자가 제조자에 대하여 제조자 제품의 생산·판매금지가처분 등 사법적 구제절차를 밟지 않은 채 곧바로 제조자 및 제조자의 거래처에게 경고장을 발송한 불법행위는 고의·과실로 위법하게 제조자의 영업활동을 방해한 것으로 민법 제750조의 불법행위에 해당하고, 이러한 특허권자의 불법행위로 인하여 제조자가 매출액 감소 및 업무상 신용 훼손의 손해를 입었음이 인정되므로, 특허권자는 제조자에게 이러한 손해를 배상할 책임이 있다.[102)]

---

99) 서울중앙지법 2017. 10. 12. 선고 2015가합537108,2016가합540590 판결
100) 서울중앙지법 2015. 5. 1. 선고 2014가합551954 판결
101) 대법원 2001. 10. 12. 선고 2000다53335 판결, 2001. 10. 12. 선고 2000다53342 판결, 부산고법 2000. 9. 1. 선고 99나2485 판결, 2000. 9. 1. 선고 99나2492 판결, 서울중앙지법 2020. 5. 21. 선고 2019가합563884 판결, 수원지법 안양지원 2020. 5. 15. 선고 2017가합103639 판결
• 또한 사회단체나 언론을 이용하여 불이익을 줄 수도 있음을 암시하면서 위 제품의 구매자로 하여금 구매계약을 해제하도록 강요한 경우에도 당연히 위법행위가 성립한다. 나아가 특허권자가 회사의 대표이사로서 위와 같은 행위를 하였다면 회사도 특허권자와 연대하여 손해를 배상할 책임이 있다(대법원 2001. 10. 12. 선고 2000다53335 판결, 2001. 10. 12. 선고 2000다53342 판결).

나) 가처분신청 없이 거래처에 판매금지 등의 강력한 경고장 발송

□ 특허권 침해를 주장하는 자가 권리범위확인심판을 청구하거나 특허권 침해를 원인으로 한 가처분신청도 하지 않은 채, 변리사의 판단에만 근거하여 마치 대상제품이 특허권을 침해한 것처럼 상대방의 거래처인 홈쇼핑회사에 판매금지, 제품폐기, 사과문 게재 등을 내용으로 하는 강력한 경고장을 발송하여 홈쇼핑회사로 하여금 예정된 홈쇼핑 방송을 취소하도록 한 행위는 고의·과실에 의하여 상대방의 영업활동을 방해한 것으로 위법성이 인정되므로 그로 인한 손해를 배상할 의무가 있다.[103)]

4) 침해경고장 작성시 주의사항

▶ ① 경쟁업체가 아닌 경쟁업체의 거래처에 침해경고장을 발송할 때에는 특히 신중을 기해야 한다.

② 침해경고장에서 특허침해의 불법행위를 단정 짓고 그 중단을 강력하게 경고하는 것은 자제해야 한다. 가급적 단정적인 표현을 피하면서도 침해경고의 목적을 달성할 수 있는 경고장이 바람직하다.

③ 변리사나 변호사의 조언을 받았다고 하더라도 침해경고자의 손해배상책임이 인정될 수도 있다. 상대방의 행위가 특허침해의 불법행위인지 여부가 모호해 법원의 판단을 받아야 비로소 객관적으로 확정될 수밖에 없는 사안에서는 침해경고장 발송전에 침해금지가처분신청의 사법적 구제절차를 시도하지 않은 것도 침해경고를 불법행위로 인정하는 근거가 될 수 있다.

다. 업무방해죄 성립

□ 특허발명에 대하여 무효심결이 확정되기 전에 특허권 침해사실을 인터넷을 통하여 적시하고 그 거래처들에 같은 내용의 내용증명을 발송한 경우, 특허발명에 대한 무효심결이 확정되지도 않은 상태에서 그 무효사유가 있음을 알고 있었다고 단정하기는 어렵고, 더욱이 침해자의 제품이 특허권을 침해하는 것이라고 판단할 여지가 없지 않은 사정들에 비추어 특허권자에게 위와 같이 적시된 사실이 허위라는 인식이 있었다고 볼 수 없으므로, 허위사실 유포에 의한 업무방해죄가 성립할 수 있다.[104)]

라. 경고장 발송의 불법행위 판단방법

□ 경고장 발송이 민사상 불법행위를 구성하는지 여부는, ① 경고의 대상이 된 행위의

102) 특허법원 2018. 10. 26. 선고 2017나2417,2424 판결
103) 대전지법 2009. 12. 4. 선고 2008가합7844 판결
104) 대법원 2010. 10. 28. 선고 2009도4949 판결

특허권 침해가능성, ② 경고장에서 주장한 특허권의 효력, ③ 경고장을 발송하게 된 구체적 경위, ④ 특허권자가 경고장을 발송하기 전에 취한 조치, ⑤ 경고장에 적힌 문언의 내용, ⑥ 경쟁회사와 그 거래처의 규모 및 경고장에 대한 대응능력, ⑦ 특허권자와 경쟁회사 제품의 종류 및 그것의 시장에서의 지위, ⑧ 경고장을 발송한 이후의 정황 등 제반 사정을 종합적으로 고려하여 판단해야 한다.[105]

마. 변호사가 거래처에 경고장을 발송한 경우

□ 변호사가 각 거래처에 경고장을 발송한 행위는 적어도 과실에 의한 것으로서 그 위법성이 인정되므로, 변호사는 경고장 발송으로 인한 제조자들의 손해를 배상할 의무가 있고 '부당한 특허침해 경고행위'에 따른 책임을 그 특허권자에게만 한정할 근거는 없으며 그러한 특허침해 경고행위를 실행한 사람이라면 그에 따른 손해배상책임을 부담하는 것이므로, 변호사가 특허권자의 의뢰에 따라 그 대리인 자격으로 경고장을 발송하였다는 사정은 경고장 발송이라는 사실행위로 인한 변호사의 불법행위책임의 인정에 아무런 방해가 되지 않는다.[106]

2 침해자를 안 날과 소멸시효

가. 침해자를 안 날

1) 손해발생과 침해자를 안 것의 의미

가) 손해와 침해자를 안 날

(1) 현실적이고도 구체적으로 인식하였을 때

□ '손해 및 침해자를 안 날'이란, ① 손해의 발생, ② 위법한 침해행위의 존재, ③ 침해행위와 손해의 발생 사이에 상당인과관계가 있다는 사실에 대하여 현실적이고도 구체적으로 인식하였을 때를 말한다.[107]

---

105) 서울중앙지법 2020. 10. 16. 선고 2019가합536622 판결

106) 서울중앙지법 2015. 5. 1. 선고 2014가합551954 판결

• 특허권자의 의뢰를 받아 변호사로서 경고장을 발송하였다는 점은 경고장 발송행위의 위법성을 조각할 아무런 근거가 되지 않는다(서울중앙지법 2015. 5. 1. 선고 2014가합551954 판결).

107) 대법원 2023. 4. 27. 선고 2021다229588 판결, 2022. 9. 7. 선고 2019다241455 판결, 2022. 6. 30. 선고 2022다206384 판결, 2021. 6. 30. 선고 2016다10827 판결, 2021. 4. 29. 선고 2020다206564 판결, 2020. 3. 26. 선고 2019다220526 판결, 2019. 12. 13. 선고 2019다259371 판결, 2018. 9. 13. 선고 2018다241403 판결, 2018. 7. 24. 선고 2018다215664 판결, 2017. 12. 5. 선고 2017다252987 판결

• 그러한 요건을 충족한다는 점이 확정판결에 의하여 공권적으로 확정되거나 이에 관하여 피해자가 확신을 가질 필요는 없다(서울동부지법 2006. 4. 28. 선고 2005가합4992 판결).

(2) 침해행위로 손해배상청구가 가능한 것까지 아는 것

□ 손해를 안다는 것은 단순히 손해발생의 사실을 아는 것만으로는 부족하고 그 침해행위가 불법행위로서 이를 원인으로 하여 손해배상을 청구할 수 있다는 것까지 아는 것을 의미한다.[108)]

(3) 손해배상청구가 사실상 가능하게 된 상황 고려

□ 손해배상청구권은 현실적으로 손해가 발생한 때에 성립하므로,[109)] 특허권자가 언제 침해행위의 요건사실을 현실적이고도 구체적으로 인식하였다고 볼 것인지는 개별사건에 있어서의 여러 객관적 사정을 참작하고 손해배상청구가 사실상 가능하게 된 상황을 고려하여 합리적으로 판단해야 한다.[110)]

나) 손해발생사실을 안 것

□ 손해의 발생사실을 알았다고 하기 위해서는, 손해의 액수나 정도를 구체적으로 알았다고 할 필요까지는 없다고 하더라도 손해를 현실적이고 구체적으로 인식해야 하고,[111)] 손해발생의 추정이나 의문만으로는 충분하지 않다.[112)]

다) 침해사실을 안다는 것

□ 침해사실을 안다는 것은 특허권자가 친고죄에 해당하는 범죄의 피해가 있었다는 사실관계에 관하여 확정적인 인식이 있음을 말한다.[113)]

---

108) 대법원 2022. 9. 7. 선고 2019다241455 판결, 2014. 2. 27. 선고 2012다67061 판결, 2010. 12. 9. 선고 2010다71592 판결, 2007. 12. 27. 선고 2006다16550 판결, 2007. 12. 13. 선고 2007다58339 판결, 1999. 11. 23. 선고 98다11529 판결

109) 대법원 2021. 11. 25. 선고 2020다294516 판결, 2021. 3. 11. 선고 2017다179,186 판결, 2020. 6. 11. 선고 2020다201156 판결, 2019. 7. 25. 선고 2016다1687 판결, 2018. 11. 9. 선고 2018다240462 판결, 2018. 9. 28. 선고 2015다69853 판결, 2018. 6. 15. 선고 2016다212272 판결, 2017. 6. 19. 선고 2017다215070 판결, 2017. 5. 31. 선고 2015다22496 판결

110) 대법원 2023. 4. 27. 선고 2021다229588 판결, 2022. 9. 7. 선고 2019다241455 판결, 2022. 6. 30. 선고 2022다206384 판결, 2021. 6. 30. 선고 2016다10827 판결, 2021. 4. 29. 선고 2020다206564 판결, 2020. 3. 26. 선고 2019다220526 판결, 2019. 12. 13. 선고 2019다259371 판결, 2018. 9. 13. 선고 2018다241403 판결, 2018. 7. 24. 선고 2018다215664 판결, 2017. 12. 5. 선고 2017다252987 판결

111) 대법원 1999. 11. 23. 선고 98다11529 판결, 1995. 2. 10. 선고 94다30263 판결, 1995. 11. 14. 선고 95다30352 판결, 1989. 9. 12. 선고 89다카2285 판결

112) 대법원 2021. 6. 30. 선고 2016다10827 판결, 2020. 3. 26. 선고 2019다220526 판결, 2014. 2. 13. 선고 2013다59081 판결, 2013. 7. 15. 선고 2006다17539 판결, 2013. 7. 12. 선고 2006다17553 판결, 2011. 3. 10. 선고 2010다13282 판결

113) 대법원 2011. 11. 24. 선고 2011도12751 판결, 2010. 7. 15. 선고 2010도4680 판결, 2001. 10. 9. 선고 2001도3106 판결

라) 사실에 대한 인식의 문제

□ 침해자를 안다는 것은 사실에 관한 인식의 문제이지, 사실에 대한 법률적 평가의 문제가 아니다.[114]

2) 침해자 또는 침해사실을 안 날의 유형

가) 적극적 권리범위확인심판을 청구한 경우

(1) 적극적 권리범위확인심판이 확정된 날

□ 특허권 침해 여부가 불분명한 상태에서 특허권자가 침해행위를 한 자에게 경고장을 발송하고 특허권 침해 여부를 판정하기 위한 적극적 권리범위확인심판을 청구하여 그 심판이 확정되었다면, 그 때가 침해자를 안 날이다.[115]

(2) 적극적 권리범위확인심판의 인용심결을 받은 날

□ 적극적 권리범위확인심판을 청구하여 권리범위에 속한다는 심결을 받은 경우에는 늦어도 특허심판원의 심결일에 특허권을 침해하였다는 사실관계를 확정적으로 인식하였다고 볼 것이고, 심결취소소송에서 청구기각 판결을 선고받아 대법원에 상고하였으나 상고기각 판결이 선고된 날에 비로소 침해자를 알게 되었다고 할 수는 없다.[116]

(3) 적극적 권리범위확인심판의 기각심결을 파기환송한 날

□ 대법원이 확인대상발명이 특허권의 권리범위에 속한다는 이유로 특허심판원의 심결을 파기하고 사건을 특허법원에 환송하는 판결을 선고하였을 때, 특허권자가 침해자가 자신의 특허권을 침해한 사실과 그로 인한 손해 및 침해자를 현실적·구체적으로 알았다고 본다.[117]

나) 침해자의 특허에 대하여 무효심판을 청구한 경우

(1) 특허권자가 청구한 침해자의 특허가 무효 확정된 날

□ 특허권자가 경고장을 발송하고 가처분신청을 하였더라도 위 가처분신청이 기각되고, 특허권자가 침해자의 특허권에 대한 무효심판을 청구하여 그 특허가 무효로 확정되었다면, 그 시점에 이르러서야 특허권자가 침해자의 침해행위가 불법행위로서 손해

---

114) 대법원 2012. 3. 29. 선고 2011다83189 판결, 1993. 8. 27. 선고 93다23879 판결, 1976. 4. 27. 선고 76다289 판결, 1965. 6. 22. 선고 65다775 판결, 특허법원 2018. 9. 21. 선고 2017나2738 판결, 서울고법 2018. 5. 10. 선고 2017나2037841 판결, 2018. 2. 9. 선고 2017나2023996 판결, 2018. 2. 9. 선고 2017나2045804 판결, 울산지법 2013. 6. 13. 선고 2012가합5212 판결

115) 서울중앙지법 2017. 11. 3. 선고 2016가합525478 판결

116) 대법원 2011. 11. 24. 선고 2011도12751 판결

117) 대법원 1994. 1. 25. 선고 93다55845 판결

배상을 청구할 수 있다는 것을 알았다고 본다.[118)]

(2) 침해자의 후출원 특허발명에 대한 무효심결이 확정된 날

□ 후출원 등록특허권자가 선출원 등록특허권자로부터 후출원 특허발명에 대한 무효심결이 있어 후출원 등록특허제품의 판매행위는 선출원 등록특허권을 침해하는 것이라는 취지의 내용증명을 받고 그 후 무효심결이 확정된 경우, 후출원 등록특허권자는 적어도 '위 내용증명을 받은 날'부터는 후출원 등록특허제품의 판매행위가 선출원 등록특허권을 침해할 수 있다는 사실을 알았거나 알 수 있었으므로 그 날 이후에 이루어진 판매행위는 선출원 등록특허권자에 대하여 불법행위에 해당한다.[119)]

다) 침해자가 청구한 소극적 권리범위확인심판과 무효심판이 확정된 날

□ 특허권자의 특허권 침해물품의 제조·판매 등의 중지요청에 대하여 침해행위를 한 자가 자신이 제조·판매하는 물품은 그 특허권을 침해한 것이 아니라고 주장하면서 특허심판원에 그러한 내용의 소극적 권리범위확인심판과 그 특허권의 무효심판을 청구한 경우, 특허권자는 그 심판이 확정된 때에 비로소 불법행위를 알았다고 보아야 한다.[120)]

라) 특허발명이 대법원에서 진보성이 있다고 판결된 날

□ 침해자제품의 생산중지를 구하는 가처분신청이 인용되었다가 가처분결정을 취소하는 판결이 확정되었다면 특허권자로서는 단순히 가처분결정에 의하여 침해자에 의한 특허발명에 대한 침해사실과 그로 인한 손해를 현실적·구체적으로 알았다고 보기는 어렵고, 특허발명에 대하여 대법원에서 진보성이 있다고 판시한 이후에야 그 침해사실을 현실적·구체적으로 알았다고 보아야 한다.[121)]

나. 소멸시효

1) 제도의 의의

□ 소멸시효는 권리자가 권리를 행사할 수 있는데도 일정한 기간 권리를 행사하지 않은 경우에 권리의 소멸이라는 법률효과가 발생하는 제도이다.[122)]

---

118) 대법원 2009. 1. 30. 선고 2007다65245 판결

119) 대법원 2009. 6. 11. 선고 2007다65139 판결

120) 대법원 1997. 2. 14. 선고 96다36159 판결, 서울동부지법 2016. 10. 26. 선고 2014가합108339 판결, 서울중앙지법 2016. 7. 15. 선고 2015가단5293581 판결, 2016. 7. 15. 선고 2015가단5341954 판결

121) 서울남부지법 2003. 2. 13. 선고 96가합6616 판결

122) 대법원 2020. 7. 9. 선고 2016다244224,244231 판결, 2012. 11. 15. 선고 2010두15469 판결, 1987. 3. 24. 선고 84누134 판결, 1985. 2. 13. 선고 84누649 판결, 헌재 2011. 9. 29.자 2010헌바116 결정,

2) 소멸시효의 완성요건

□ 소멸시효가 완성되기 위해서는 권리의 불행사라는 사실 상태가 일정한 기간 동안 계속되어야 한다.[123)]

3) 소멸시효기간(3년)

□ 특허권 침해로 인한 손해배상청구권은 그 손해 및 침해자를 안 날부터 3년간 이를 행사하지 않으면 시효로 소멸한다.[124)]

4) 소멸시효의 기산점

가) 관련 형사사건의 소추에 영향 받지 않음

□ 불법행위의 단기소멸시효의 기산점은 원칙적으로 관련 형사사건의 소추 여부 및 그 결과에 영향을 받지 않는다.[125)]

나) 주장 · 증명책임

□ 소멸시효의 기산점에 관한 주장 · 증명책임은 소멸시효의 이익을 주장하는 측에서 부담한다.[126)]

다) 변론주의 적용

□ 소멸시효의 기산일은 소멸시효 주장 내지 항변의 법률요건을 구성하는 구체적인 사실에 해당하여 변론주의가 적용되므로 법원으로서는 당사자가 주장하는 기산일과 다른 날짜를 소멸시효의 기산일로 삼을 수 없다.[127)]

서울고법 2016. 10. 18.자 2015라700 결정, 광주고법 2010. 12. 22. 선고 2010나3451 판결

123) 대법원 2020. 7. 9. 선고 2016다244224,244231 판결

124) 대법원 2022. 9. 7. 선고 2019다241455 판결, 2021. 7. 29. 선고 2016다11257 판결, 2019. 11. 14. 선고 2018다233686 판결, 2013. 7. 25. 선고 2013다203529 판결, 2013. 6. 27. 선고 2013다23211 판결, 2013. 5. 16. 선고 2012다202819 전합 판결, 2012. 4. 13. 선고 2009다33754 판결, 2008. 5. 29. 선고 2004다33469 판결, 서울중앙지법 2021. 12. 9. 선고 2020가합564654 판결

125) 대법원 2010. 5. 27. 선고 2010다7577 판결, 1998. 11. 10. 선고 98다34126 판결, 특허법원 2022. 11. 24. 선고 2021나1503 판결, 2018. 9. 21. 선고 2017나2738 판결, 대구고법 2017. 1. 18. 선고 2015나23407 판결, 서울중앙지법 2021. 5. 14. 선고 2018가단5231447 판결, 2017. 7. 20. 선고 2016가합517446 판결, 2011. 1. 28. 선고 2010가합63718 판결, 2003. 8. 22. 선고 2002가합64815 판결

126) 대법원 2021. 8. 19. 선고 2019다297137 판결, 2021. 6. 30. 선고 2016다10827 판결, 2020. 3. 26. 선고 2019다220526 판결, 2015. 11. 26. 선고 2013다62490 판결, 2013. 7. 25. 선고 2011두13309 판결, 2013. 7. 15. 선고 2006다17539 판결, 2013. 7. 12. 선고 2006다17553 판결, 2008. 8. 21. 선고 2006다2346 판결, 2008. 7. 10. 선고 2008다21518 판결, 2006. 10. 27. 선고 2005다32913 판결

127) 대법원 2017. 10. 26. 선고 2017다20111 판결, 2009. 12. 24. 선고 2009다60244 판결, 2006. 9. 22. 선고 2006다22852,22869 판결, 1999. 12. 28. 선고 99다58440,58457 판결, 1995. 8. 25. 선고 94다35886 판결, 1971. 4. 30. 선고 71다409 판결, 특허법원 2020. 3. 27. 선고 2018나2186 판결, 서울고

5) 소멸시효의 진행과 정지

□ 소멸시효는 객관적으로 권리가 발생하여 그 권리를 행사할 수 있는 때로부터 진행하고,[128] 그 권리를 행사할 수 없는 동안은 진행하지 않는다.[129]

6) 권리를 행사할 수 없는 경우

□ 소멸시효에서 '권리를 행사할 수 없는' 경우란, 그 권리행사에 법률상의 장애사유, 예컨대 기간의 미도래나 조건 불성취 등이 있는 경우를 말하는 것이고, 사실상 권리의 존재나 권리행사 가능성을 알지 못하였고 알지 못함에 과실이 없다고 하여도 이러한 사유는 법률상 장애사유에 해당하지 않는다.[130]

7) 신의칙의 적용

가) 소멸시효를 이유로 한 항변권의 행사

□ 소멸시효를 이유로 한 항변권의 행사도 민법의 대원칙인 신의칙과 권리남용금지의 원칙의 지배를 받는다.[131]

나) 침해자의 소멸시효완성 주장

(1) 침해자가 특허권 행사나 시효중단을 현저히 곤란하게 한 경우

□ 침해자가 시효완성 전에 특허권자의 권리행사나 시효중단을 불가능 또는 현저히 곤란하게 하였다면, 침해자가 소멸시효의 완성을 주장하는 것은 신의칙에 반하여 권리남용으로서 허용될 수 없다.[132]

법 2013. 11. 7. 선고 2012나86750 판결, 부산고법 2009. 4. 22. 선고 2008나15216 판결

128) 대법원 2021. 11. 25. 선고 2020다294516 판결, 2021. 1. 14. 선고 2018다209713 판결, 2020. 6. 11. 선고 2020다201156 판결, 2018. 11. 9. 선고 2018다240462 판결, 2015. 9. 10. 선고 2013다73957 판결, 2015. 9. 10. 선고 2015다212220 판결, 2015. 6. 23. 선고 2011두24798 판결, 2014. 4. 10. 선고 2013다215973 판결, 2014. 1. 16. 선고 2013다205341 판결

129) 대법원 2021. 1. 14. 선고 2018다209713 판결, 2015. 9. 10. 선고 2013다73957 판결, 2015. 9. 10. 선고 2015다212220 판결, 2015. 6. 23. 선고 2011두24798 판결, 2014. 4. 10. 선고 2013다215973 판결, 2014. 1. 16. 선고 2013다205341 판결, 2013. 12. 12. 선고 2013다201844 판결, 2012. 11. 15. 선고 2010두13012 판결, 2012. 5. 24. 선고 2009다22549 판결

130) 대법원 2021. 1. 14. 선고 2018다209713 판결, 2015. 9. 10. 선고 2013다73957 판결, 2015. 9. 10. 선고 2015다212220 판결, 2015. 6. 23. 선고 2011두24798 판결, 2014. 4. 10. 선고 2013다215973 판결, 2014. 1. 16. 선고 2013다205341 판결, 2013. 12. 12. 선고 2013다201844 판결, 2012. 11. 15. 선고 2010두13012 판결, 2012. 5. 24. 선고 2009다22549 판결

131) 대법원 2019. 9. 9. 선고 2018두66456,66463 판결, 2018. 5. 15. 선고 2016다269964 판결, 2017. 12. 5. 선고 2017다252987 판결, 2017. 2. 15. 선고 2014다230535 판결, 2016. 10. 27. 선고 2013다35290 판결, 2016. 10. 27. 선고 2016다224183,224190 판결, 2016. 9. 30. 선고 2016다218713,218720 판결, 2016. 3. 24. 선고 2014다235318,235325 판결

(2) 장애사유 이후 특허권자가 상당한 기간 내에 특허권 행사

□ 소멸시효완성 전에 객관적으로 특허권자가 권리를 행사할 수 없는 장애사유가 있었고, 특허권자가 그로부터 권리행사를 기대할 수 있는 상당한 기간 내에 자신의 권리를 행사하였다면, 침해자가 소멸시효완성을 주장하는 것은 신의칙에 반하는 권리남용으로 허용될 수 없다.[133)]

다) 소멸시효의 적용에 신중 필요

□ 신의칙을 들어 소멸시효의 적용을 배제하거나 제한하는 데에는 신중할 필요가 있다.[134)]

3 친고죄와 반의사불벌죄

가. 친고죄

1) 의의

가) 고소의 의미

□ 고소는 고소권 있는 자가 일정한 범죄사실을 수사기관에 신고하여 범인의 처벌을 구하는 의사표시를 말한다.[135)]

나) 고소사실은 자유로운 증명대상

□ 친고죄에서의 고소 유무에 대한 사실은 자유로운 증명의 대상이 된다.[136)]

다) 특허권 침해죄는 친고죄

(1) 직권조사사항

□ 고소는 적극적 소송조건으로서 직권조사사항이다.[137)]

---

132) 대법원 2021. 2. 18. 선고 2017두38959 전합 판결

133) 대법원 2015. 12. 23. 선고 2014다14627 판결, 2015. 6. 24. 선고 2013다215614 판결, 2015. 4. 9. 선고 2014다234155 판결, 2014. 5. 29. 선고 2013다217467,217474 판결, 2014. 1. 29. 선고 2013다209916 판결, 2014. 1. 23. 선고 2011다59810 판결, 2014. 1. 16. 선고 2011다108057 판결, 2013. 12. 26. 선고 2011다90194,90200 판결, 2013. 11. 14. 선고 2013다209510 판결

134) 대법원 2016. 10. 27. 선고 2016다224183,224190 판결, 2016. 9. 30. 선고 2016다218713,218720 판결, 2016. 3. 24. 선고 2014다235318,235325 판결, 2015. 7. 23. 선고 2015다19025 판결, 2015. 3. 26. 선고 2012다48824 판결, 2014. 7. 24. 선고 2012다74151 판결, 2014. 5. 29. 선고 2011다95847 판결, 2013. 5. 16. 선고 2012다202819 전합 판결, 2010. 9. 9. 선고 2008다15865 판결

135) 대법원 2022. 1. 13. 선고 2015도6329 판결, 2008. 11. 27. 선고 2007도4977 판결, 2003. 10. 23. 선고 2002도446 판결, 1999. 3. 26. 선고 97도1769 판결, 1988. 10. 25. 선고 87도1114 판결

136) 대법원 2011. 6. 24. 선고 2011도4451,2011전도76 판결, 1999. 2. 9. 선고 98도2074 판결

(2) 고소가 있어야 공소제기

□ 특허권 침해죄는 친고죄이므로, 특허권자의 고소가 있어야 죄를 논할 수 있고,[138] 공소를 제기할 수 있다.[139]

▶ 특허권·저작권 침해죄는 친고죄로 규정되어 있으나 상표권 침해죄는 비친고죄로 규정되어 있다. 특허권 침해는 원칙적으로 권리자 개인만을 해치는 것이나, 상표권 침해는 상품출처의 오인·혼동을 초래하고 상품유통질서를 문란하게 함으로써 권리자는 물론 일반 소비자에게도 손해를 끼치므로 상표권 침해죄의 보호법익에는 개인적 법익뿐만 아니라 공공의 이익도 함께 포함되어 있기 때문이다.

(3) 양벌규정에 의한 별도 고소 불필요

□ 침해자의 범죄에 대한 고소가 있으면 족하고 양벌규정에 의하여 처벌받는 자에 대하여 별도의 고소는 필요 없다.[140]

라) 부당고소로 상대방이 입은 손해의 배상책임

□ 상대방에게 특허권 침해혐의가 없음을 알았거나 과실로 이를 알지 못한 부당고소의 경우, 그 고소인은 그 고소로 인하여 상대방이 입은 손해를 배상할 책임이 있다.[141]

2) 공소시효

가) 공소시효기간(6개월)

□ 특허권 침해죄는 침해자를 알게 된 날로부터 6개월이 지나면 고소하지 못한다.[142]

나) 특허권 침해행위가 종료된 때부터 계산

□ 공소시효는 특허권 침해행위가 종료한 때부터 진행하므로,[143] 특허권 침해가 아직

---

137) 대법원 2014. 7. 10. 선고 2014도224 판결
138) 대법원 2008. 4. 10. 선고 2007도6325 판결, 2006. 12. 22. 선고 2005도4002 판결, 1987. 11. 10. 선고 87도2020 판결, 1976. 4. 27. 선고 76도578 판결, 1973. 7. 30. 선고 72도1562 판결, 수원지법 2013. 6. 28. 선고 2011고정2001 판결
139) 대법원 2011. 11. 24. 선고 2011도12751 판결, 의정부지법 2007. 7. 5. 선고 2004노2019 판결
140) 대법원 1996. 3. 12. 선고 94도2423 판결
141) 대법원 2009. 6. 23. 선고 2007다3650,3667 판결, 2007. 10. 11. 선고 2006다33241 판결, 1996. 5. 10. 선고 95다45897 판결
142) 대법원 2011. 11. 24. 선고 2011도12751 판결, 2001. 10. 9. 선고 2001도3106 판결
- 특허권 침해죄는 친고죄이고 고소기간은 범인을 안날로부터 6개월 이내인데, 특허발명의 존속기간 만료일은 2021. 5. 18.이며, 이 사건 고소일은 2022. 1. 10.인바, 고소기간이 경과하여 고소권이 없으므로 특허발명과 관련한 고소부분은 각하해야 한다(서울중앙지검 2012형제11622호, 지식재산권범죄 실무사례집, 서울중앙지검(2012. 7.), 32면).

143) 대법원 2017. 7. 11. 선고 2016도14820 판결, 2012. 2. 23. 선고 2011도7282 판결, 1999. 3. 26. 선고

진행 중인 경우에는 침해자를 알게 되었다고 하더라도 고소기간이 진행되지 않고, 특허권 침해행위가 종료된 때부터 6개월의 고소기간을 계산해야 한다.[144)]

3) 고소의 방법과 취소

가) 고소방법

(1) 서면 또는 구술

□ 친고죄에서 고소는 서면 또는 구술로 할 수 있는 것이므로, 피해자로부터 고소를 위임받은 대리인은 구술로 고소를 제기할 수도 있다.[145)]

(2) 대리인에 의한 고소

□ 대리인에 의한 고소의 경우, 대리권이 정당한 특허권자에 의하여 수여되었음이 실질적으로 증명되면 충분하고, 그 방식에 특별한 제한은 없으므로 반드시 위임장을 제출해야 하는 것은 아니다.[146)]

(3) 절차의 확실성 필요

□ 친고죄에 있어서의 고소는 고소요건의 충족, 고소기간의 경과, 고소효력의 범위 등과 관련하여 중요한 의미가 있어 절차의 확실성이 요구된다.[147)]

(4) 고소장을 제출하면 고소 유효

□ 비록 고소 전에 특허권자가 처벌을 원치 않았다 하더라도 일단 고소장을 제출한 후에는 고소가 유효하다.[148)]

97도1769 판결

144) 대법원 2004. 10. 28. 선고 2004도5014 판결, 광주지법 2015. 9. 24. 선고 2014노2877 판결
• 고소기간의 기산점은 침해행위의 종료시이므로 침해자를 알게 된 이후에도 계속 특허권을 침해하는 경우에는 침해행위를 종료한 날로부터 6월 이내에 하여야 하고, 1심판결 선고 전까지는 고소를 취하할 수 있으나, 고소를 취하하면 다시 고소할 수 없다. 고소기간은 침해자를 알게 된 날로부터 6월을 경과하면 고소하지 못하는 것이 원칙이며, 특허침해가 계속되고 있는 경우에는 침해종료 후로부터 고소기간의 진행을 산정해야 한다. 그런데 특허권자가 특허침해를 알고 침해자에게 민사적인 손해배상을 요구하다가 여의치 않게 되자 형사고소에 이르게 되는 경우가 많고, 이 경우 침해자가 침해행위를 계속하지 않는 한 고소기간 6월이 경과된 경우가 있을 수 있으므로 유의해야 한다(지식재산권범죄 실무사례집, 서울중앙지검(2012. 7.), 12면).

145) 대법원 2022. 1. 13. 선고 2015도6329 판결, 2011. 6. 24. 선고 2011도4451,2011전도76 판결, 2009. 7. 9. 선고 2009도3860 판결, 2003. 10. 24. 선고 2003도4668 판결, 2002. 6. 14. 선고 2000도4595 판결, 1996. 3. 12. 선고 94도2423 판결, 서울서부지법 2007. 10. 4. 선고 2007노167 판결

146) 대법원 2003. 10. 24. 선고 2003도4668 판결, 2002. 6. 14. 선고 2000도4595 판결, 2001. 9. 4. 선고 2001도3081 판결, 서울서부지법 2008. 9. 11. 선고 2008노641 판결, 2007. 10. 4. 선고 2007노167 판결

147) 서울중앙지법 2016. 6. 10. 선고 2015노4164 판결

148) 대법원 2008. 11. 27. 선고 2007도4977 판결, 1993. 10. 22. 선고 93도1620 판결

나) 적법한 고소가 아니어서 공소를 기각하는 경우

(1) 단순한 피해사실 신고

□ 단순한 피해사실의 신고는 소추·처벌을 구하는 의사표시가 아니므로 고소가 아니다.[149)]

(2) 경찰청 인터넷 홈페이지를 통해 신고민원 접수

□ 피해자가 경찰청 인터넷 홈페이지를 통해 신고민원을 접수한 것은 형사소송법에 따른 적법한 고소가 아니다.[150)]

다) 고소의 취소

(1) 고소취소의 방법

(가) 서면 또는 구술

□ 고소의 취소는 서면 또는 구술로 할 수 있다.[151)]

(나) 대리인에 의한 취소

□ 고소의 취소는 대리인으로 하여금 하게 할 수 있다.[152)]

(2) 고소취소의 시기

(가) 제1심판결 선고 전까지만 취소 가능

□ 특허권 침해죄에서 그 고소는 제1심판결 선고 전까지만 취소할 수 있고 고소를 취소한 자는 다시 고소할 수 없다.[153)]

(나) 고소취소 후에는 고소취소 철회 불가

□ 고소가 취소된 후에 고소취소를 철회하는 의사표시를 다시 하였다고 해도 그것은 효력이 없다.[154)]

(다) 고소 전에 고소권 포기 불가

□ 특허권자의 고소권은 공법상의 권리이므로 법이 명문으로 인정하는 경우를 제외하고는 자유처분을 할 수 없다. 따라서 고소는 취소할 수 있으나 고소 전에 고소권을 포

149) 대법원 2022. 1. 13. 선고 2015도6329 판결, 2008. 11. 27. 선고 2007도4977 판결
150) 대법원 2012. 2. 23. 선고 2010도9524 판결
151) 대법원 1983. 9. 27. 선고 83도516 판결
152) 서울서부지법 2008. 9. 11. 선고 2008노641 판결, 2007. 10. 4. 선고 2007노167 판결
153) 대법원 2009. 9. 24. 선고 2009도6779 판결, 2007. 4. 13. 선고 2007도425 판결, 1999. 4. 15. 선고 96도1922 전합 판결, 1973. 7. 30. 선고 72도1562 판결
154) 대법원 2009. 9. 24. 선고 2009도6779 판결, 2007. 4. 13. 선고 2007도425 판결, 1983. 7. 26. 선고 83도1431 판결, 서울서부지법 2006. 12. 26. 선고 2006노1155 판결

기할 수는 없다.[155]

(3) 직권으로 심리하여 공소기각 판결 선고

□ 친고죄에서 공소제기 전에 고소의 취소가 있었다면 법원은 직권으로 이를 심리하여 공소기각의 판결을 선고해야 한다.[156]

(4) 고소의 취소로 보는 경우

□ 고소 후 침해자와 합의한 다음, '이 사건 전체에 대하여 침해자와 원만히 합의하였으므로 특허권자는 침해자를 상대로 이 사건과 관련한 어떠한 민·형사상 책임도 묻지 않는다.'는 취지의 합의서를 제출한 경우에는 고소를 취소한 것으로 본다.[157]

(5) 고소의 취소로 볼 수 없는 경우

(가) 특허권자가 침해자에게 합의서 작성

□ 특허권자가 침해자에게 합의서를 작성하여 준 것만으로는 고소가 취소된 것으로 볼 수 없다.[158]

(나) 특허권자가 법정에서 고소취소의 의사가 없다고 진술

□ 법원에 고소사실 일체에 대하여 상호간에 원만히 해결되었으므로 앞으로 민·형사상 어떠한 이의도 제기하지 않을 것이라는 취지의 합의서를 제출하였더라도, 특허권자가 법정에서 고소취소의 의사가 없다고 진술한 경우에는 고소는 취소된 것이 아니다.[159]

4) 특허권이 양도된 경우

가) 조건이 성취되지 않은 때의 특허권 양도

□ 조건이 성취되지 않을 때에는 특허권의 양도를 무효로 한다는 약정을 하고 특허권지분을 양도한 경우, 그 조건이 성취되지 않은 때에는 당해 양도행위는 무효로 된다. 따라서 당해 특허권지분양도를 원인으로 한 특허권 이전등록은 원인무효의 등록으로서 등록양수인은 등록양도인에게 그 말소등록절차를 이행할 의무가 있다.[160]

---

155) 대법원 1967. 5. 23. 선고 67도471 판결
156) 대법원 2009. 1. 30. 선고 2008도7462 판결
157) 대법원 2002. 7. 12. 선고 2001도6777 판결
158) 대법원 1983. 9. 27. 선고 83도516 판결
159) 대법원 1980. 10. 27. 선고 80도1448 판결
160) 대구지법 1987. 12. 10. 선고 87가합127 판결
- 특허권 양도란 당해 특허발명을 통상적인 방법으로 실시할 수 있는 권리를 넘어서서 그 특허발명에 대한 독점적·배타적 효력을 향유하고 이에 대한 처분권까지 보유하게 되는 효과를 얻게 된다(서울고법 2007. 8. 21. 선고 2006나89086 판결).

나) 양도등록의 경우

(1) 양도등록을 하지 않은 자도 고소 가능

□ 특허권을 침해한 사람은 제3자가 아니므로, 특허권을 양도받은 사람은 양도에 관한 등록 여부에 관계없이 그 특허권을 침해한 사람을 고소할 수 있다.161)

(2) 양도등록은 제3자에 대한 대항요건에 불과

□ 특허권의 양도등록은 양도의 유효요건이 아니라 제3자에 대한 대항요건에 불과하고, 여기서 '제3자'란 특허권의 양도에 관하여 양수인의 지위와 양립할 수 없는 법률상 지위를 취득한 경우 등 특허권 양도에 관한 등록의 흠결을 주장함에 정당한 이익을 가지는 제3자에 한한다.162)

다) 양도 전부터 특허권 침해가 계속된 경우

□ 특허권을 이전등록 받은 승계인은 그 이전등록 이전에 발생한 침해에 대하여도 특허권의 성질상 그 권리의 주체로서 피해자의 지위를 승계한다.163)

5) 침해사실의 특정정도

□ 고소는 고소한 침해사실이 특정되어야 하지만, 그 특정의 정도는 특허권자의 의사가 구체적으로 어떤 침해사실을 지정하여 침해자의 처벌을 구하고 있는 것인가를 확정할 수만 있으면 된다.164) 따라서 고소인 자신이 직접 침해의 일시, 장소와 방법 등까지 구체적으로 상세히 지적하여 그 침해사실을 특정해야 하는 것은 아니다.165)

나. 반의사불벌죄

1) 의의

가) 실용신안권 · 디자인권 침해죄

▶ 2022. 6. 10.부터 실용신안권 · 디자인권 침해죄는 반의사불벌죄로 변경되었다.

나) 제도의 취지

□ 반의사불벌죄는 비교적 경미한 범죄에 대하여 그 손해가 충분히 보상되고 피해자가 그 처벌을 원하지 않을 경우에 국가가 굳이 나서서 형사적 제재를 가하지 않고 분쟁

---

161) 대법원 2002. 11. 26. 선고 2002도4849 판결
162) 대법원 2002. 11. 26. 선고 2002도4849 판결
163) 대법원 1995. 9. 26. 선고 94도2196 판결
164) 대법원 2003. 10. 23. 선고 2002도446 판결, 1999. 3. 26. 선고 97도1769 판결, 1988. 10. 25. 선고 87도1114 판결
165) 대법원 1999. 3. 26. 선고 97도1769 판결, 1988. 10. 25. 선고 87도1114 판결

해결이 당사자 사이의 개인적 차원에서 이루어지도록 촉진하고 존중하고자 인정되는 제도이다.[166)]

다) 직권조사사항

□ 반의사불벌죄에 있어서 처벌불원의 의사표시의 부존재는 소극적 소송조건으로서 직권조사사항이므로 당사자가 주장하지 않았다고 하더라도 법원은 이를 직권으로 조사·판단해야 한다.[167)]

2) 소추조건

□ 고소는 반의사불벌죄의 소추조건이 되지만,[168)] 반의사불벌죄는 피해자의 고소가 없었다거나 피해자로부터 처벌을 원하는 의사가 없었다고 하더라도 소추요건에 흠결이 있다고 할 수 없다.[169)]

▶ 반의사불벌죄는 피해자의 의사표시 없이도 공소를 제기할 수 있는 범죄로 고소기간 제한이 없다. 다만 피해자가 가해자 처벌을 원하지 않으면 처벌할 수 없다. 수사기관은 피해자 고소 없이 직권으로 인지한 사건에 대하여도 수사할 수 있다.

3) 처벌불원의사표시의 실제

가) 처벌불원의사표시의 시기

□ 반의사불벌죄에서 처벌을 희망하는 의사표시의 철회 또는 처벌을 희망하지 않는 의사표시는 제1심판결 선고 전까지 할 수 있다.[170)]

나) 처벌불원의사의 표현방법

(1) 명백하고 믿을 수 있는 방법

□ 반의사불벌죄에서 피해자가 처벌을 희망하지 않는 의사표시나 처벌을 희망하는 의사표시의 철회를 하였다고 인정하기 위해서는 피해자의 진실한 의사가 명백하고 믿을

---

166) 헌재 2016. 11. 24.자 2014헌바451 전원부 결정

167) 대법원 2021. 10. 28. 선고 2021도10010 판결, 2021. 2. 4. 선고 2020도16460 판결, 2020. 2. 27. 선고 2019도14000 판결, 2020. 2. 27. 선고 2019도19168 판결, 2019. 12. 13. 선고 2019도10678 판결, 2015. 4. 9. 선고 2015도1691 판결, 2014. 7. 10. 선고 2014도224 판결, 2009. 12. 10. 선고 2009도9939 판결, 2008. 2. 29. 선고 2007도11339 판결, 2005. 11. 10. 선고 2005도6080 판결

168) 대법원 2022. 1. 13. 선고 2015도6329 판결

169) 대법원 2007. 6. 29. 선고 2007도3436 판결

170) 대법원 2021. 10. 28. 선고 2021도10010 판결, 2021. 6. 10. 선고 2021도3992 판결, 2021. 2. 4. 선고 2020도16460 판결, 2020. 2. 27. 선고 2019도14000 판결, 2020. 2. 27. 선고 2019도19168 판결, 2019. 12. 13. 선고 2019도10678 판결, 2016. 11. 25. 선고 2016도9470 판결, 2014. 10. 15. 선고 2014도9423 판결, 헌재 2019. 11. 28.자 2018헌바207 전원부 결정

수 있는 방법으로 표현되어야 한다.[171)]

(2) 자유로운 증명의 대상

□ 반의사불벌죄에서 피고인 또는 피의자의 처벌을 희망하지 않는다는 의사표시 또는 처벌희망 의사표시 철회의 유무나 그 효력 여부에 관한 사실은 엄격한 증명의 대상이 아니라 자유로운 증명의 대상이다.[172)]

(3) 대리인을 통한 의사표시

□ 반의사불벌죄의 피해자는 피의자나 변호인에게 자신을 대리하여 수사기관이나 법원에 자신의 처벌불원의사를 표시할 수 있는 권한을 수여할 수 있다.[173)]

다) 공범자간에 불가분의 원칙 미적용

□ 처벌을 희망하지 않는 의사표시나 처벌을 희망하는 의사표시의 철회에 관하여는 그 공범자간에 불가분의 원칙을 적용하지 않는다.[174)]

라) 처음부터 처벌불원의사표시는 불가

□ 반의사불벌죄에서 수사가 개시되기도 전에 처음부터 처벌을 희망하지 않는다는 의사표시는 고소권의 포기와 동일한 성격을 가지므로 의사표시의 효력이 없다.[175)]

마) 처벌불원의사표시 후 철회 불가

□ 반의사불벌죄에서 처벌을 희망하지 않는 의사를 명시적으로 표시한 이후에는 다시 처벌을 희망하는 의사를 표시할 수 없다.[176)]

4 공범 중 일부에 대한 고소와 취하

가. 고소의 허부

□ 특허권 침해죄에서 공범 중 일부에 대하여만 처벌을 구하고 나머지에 대하여는 처벌

---

171) 대법원 2021. 10. 28. 선고 2021도10010 판결, 2020. 2. 27. 선고 2019도14000 판결, 2017. 9. 7. 선고 2017도8989 판결, 2016. 11. 25. 선고 2016도15018 판결, 2016. 1. 14. 선고 2015도14850 판결, 2012. 9. 13. 선고 2012도3166 판결, 2010. 11. 11. 선고 2010도11550,2010전도83 판결, 2010. 5. 13. 선고 2009도5658 판결, 2009. 12. 24. 선고 2009도11610 판결

172) 대법원 2010. 10. 14. 선고 2010도5610,2010전도31 판결

173) 대법원 2017. 9. 7. 선고 2017도8989 판결

174) 대법원 1994. 4. 26. 선고 93도1689 판결

175) 수원지법 2007. 11. 15. 선고 2007노2880 판결

176) 대법원 2016. 11. 25. 선고 2016도15018 판결, 2007. 9. 6. 선고 2007도3405 판결, 2005. 1. 13. 선고 2004도4300 판결

을 원하지 않는 내용의 고소는 적법한 고소라고 할 수 없다.[177)]

나. 고소취하의 효력

□ 특허권 침해죄에서 공범 중 1인에 대한 고소취하는 고소인의 의사와 상관없이 다른 공범에 대하여도 효력이 있다.[178)]

다. 제1심판결 선고 후 다른 공범에 대한 고소취소 불가

□ 공범 중 일부에 대하여 제1심판결이 선고된 후에는 제1심판결 선고 전의 다른 공범에 대하여는 그 고소를 취소할 수 없고, 그 고소의 취소가 있다고 하더라도 그 효력이 발생하지 않는다.[179)]

5 특허권 공동침해의 경우

가. 공동불법행위책임

1) 공동불법행위책임의 요건

가) 관련공동성 있는 행위에 의한 손해발생

□ 공동불법행위에 있어서, 행위자 상호간의 공모는 물론 공동의 인식을 필요로 하지 않고 객관적으로 그 공동행위가 관련 공동되어 있기만 하면 되며, 그 관련공동성 있는 행위에 의하여 손해가 발생함으로써 그에 대한 배상책임을 지는 공동불법행위가 성립한다.[180)]

나) 자신의 행위와 상당인과관계가 있는 손해

□ 공동불법행위자 1인이라고 하여 자신의 행위와 상당인과관계가 없는 손해에 대하여도 당연히 배상책임을 진다고 할 수는 없는 것이고, 타인의 불법행위가 계속되는 중 공동불법행위자의 과실에 의한 행위가 이루어졌다면, 특별한 사정이 없는 한 그 과실에 의한 행위와 그 이전에 타인의 불법행위로 발생한 손해 사이에 상당인과관계가 있다고 볼 수 없다.[181)]

---

177) 대법원 2009. 1. 30. 선고 2008도7462 판결
178) 대법원 2009. 1. 30. 선고 2008도7462 판결, 1976. 4. 27. 선고 76도578 판결
179) 대법원 1985. 11. 12. 선고 85도1940 판결
180) 대법원 2016. 4. 12. 선고 2013다31137 판결, 2013. 4. 11. 선고 2012다44969 판결, 2012. 7. 12. 선고 2012다20475 판결, 2012. 6. 14. 선고 2012다15060,15077 판결, 2010. 10. 14. 선고 2007다3162 판결, 2010. 2. 11. 선고 2009다80026 판결, 2009. 9. 10. 선고 2008다37414 판결, 2009. 4. 23. 선고 2009다1313 판결, 2007. 6. 28. 선고 2007다7768 판결
181) 대법원 2022. 9. 7. 선고 2022다237098 판결

다) 공동불법행위의 성립요건

□ 공동불법행위가 성립하려면 행위자 사이에 의사의 공통이나 행위공동의 인식이 필요한 것은 아니지만, 객관적으로 보아 행위자 각자의 고의·과실에 기한 행위가 공동으로 행하여져 피해자에 대한 권리침해 및 손해발생에 공통의 원인이 되었다고 인정되는 경우라야 한다.[182)]

라) 공동불법행위에 의한 손해배상책임의 요건

□ 공동불법행위를 이유로 손해배상책임을 인정하기 위해서는 먼저 행위자 각자의 고의·과실에 기한 행위가 공동으로 행하여졌다는 점이 밝혀져야 한다.[183)]

2) 부진정연대채무관계

가) 특허권 공동침해자들 사이

□ 수인이 특허권 침해제품의 생산·판매 등에 관여하여 특허권 공동침해가 성립한 경우에 공동침해자들 사이에는 부진정연대채무관계가 성립한다.[184)]

나) 침해제품 매수인으로 인한 손해액과 침해제품의 생산·판매자의 영업이익

□ 침해제품 매수인의 특허권 침해로 인한 특허권자의 손해액은 그 침해제품의 생산·판매자가 이를 침해제품 매수인에게 판매함으로써 얻은 영업이익에 상응하는 금액이라고 봄이 상당하고, 이러한 손해는 침해제품의 생산·판매자가 제조·판매함으로써 특허권자에게 손해를 가한 것과 동일한 침해제품의 사용으로 인한 것이므로, 양자는 그 중복된 범위에서 부진정연대채무관계에 있다.[185)]

---

182) 대법원 2011. 11. 24. 선고 2011다64065 판결, 2010. 12. 9. 선고 2009다101824 판결, 2008. 4. 24. 선고 2007다44774 판결, 1989. 5. 23. 선고 87다카2723 판결, 서울고법 2019. 5. 3. 선고 2017나2074963,2074970 판결, 2014. 8. 22. 선고 2011나91977 판결, 2014. 4. 15. 선고 2013나44579 판결, 2008. 9. 23. 선고 2007나127657 판결, 2007. 10. 10.자 2006라1245 결정

183) 대법원 2011. 11. 24. 선고 2011다64065 판결, 2010. 12. 9. 선고 2009다101824 판결, 2008. 4. 24. 선고 2007다44774 판결, 서울고법 2019. 5. 3. 선고 2017나2074963,2074970 판결, 2014. 4. 15. 선고 2013나44579 판결, 대구고법 2013. 9. 25. 선고 2013나431 판결, 서울중앙지법 2019. 10. 11. 선고 2018가합531415 판결

184) 대법원 2017. 12. 28. 선고 2017다37096 판결, 2016. 5. 27. 선고 2015다256589 판결, 2014. 3. 27. 선고 2012다87263 판결, 2008. 7. 10. 선고 2007다53365 판결, 2008. 2. 29. 선고 2007다89494 판결, 2007. 10. 11. 선고 2005다7085 판결, 2006. 2. 9. 선고 2005다28426 판결, 2006. 1. 27. 선고 2005다19378 판결, 2005. 7. 8. 선고 2005다8125 판결, 2002. 9. 27. 선고 2002다15917 판결

- 부진정연대채무는 여러 채무자가 같은 내용의 채무에 대하여 각자 독립하여 채권자에게 전부 이행할 의무를 부담하는 다수당사자의 법률관계를 말한다(대법원 2018. 4. 10. 선고 2016다252898 판결, 2018. 3. 22. 선고 2012다74236 전합 판결).

185) 특허법원 2017. 11. 24. 선고 2017나1346,1353 판결

3) 부담부분의 비율에 따른 구상권 행사

ㅁ 특허권 공동침해자 중 1인이 특허권자에게 손해배상금을 지급하여 공동의 면책을 얻은 때에는 다른 공동침해자들을 상대로 그 부담부분의 비율에 따라 구상권을 행사할 수 있다.[186)]

4) 공동불법행위책임의 성격

ㅁ 공동불법행위책임은 가해자 각 개인의 행위에 대하여 개별적으로 그로 인한 손해를 구하는 것이 아니라, 그 가해자들이 공동으로 가한 불법행위에 대하여 그 책임을 추궁하는 것이다.[187)]

5) 공동불법행위책임의 범위

가) 가해자들 전원의 행위를 전체적으로 평가

ㅁ 공동불법행위로 인한 손해배상책임의 범위는, 피해자에 대한 관계에서 가해자들 전원의 행위를 전체적으로 함께 평가하여 정해야 한다.[188)]

나) 손해배상액의 전부에 대한 책임

ㅁ 공동불법행위로 인한 손해배상액에 대하여는, 가해자 각자가 그 금액의 전부에 대한 책임을 부담하는 것이다.[189)]

다) 손해배상액의 일부제한 불인정

ㅁ 공동불법행위로 인한 손해배상액에 대하여는, 가해자의 1인이 다른 가해자에 비하여

---

186) 대법원 2021. 6. 10. 선고 2019다226005 판결, 2017. 12. 28. 선고 2017다37096 판결, 2016. 5. 27. 선고 2015다256589 판결, 2010. 12. 23. 선고 2010다52225 판결, 2010. 5. 27. 선고 2009다85861 판결, 2009. 12. 24. 선고 2009다53499 판결, 2008. 7. 24. 선고 2007다37530 판결, 2008. 7. 10. 선고 2007다53365 판결, 2008. 2. 29. 선고 2007다89494 판결

187) 대법원 2022. 7. 28. 선고 2017다16747,16754 판결, 2020. 2. 27. 선고 2019다223747 판결, 2013. 11. 14. 선고 2011다82063,82070 판결, 2012. 12. 27. 선고 2012다84356 판결, 2012. 8. 17. 선고 2012다30892 판결, 2011. 7. 28. 선고 2010다76368 판결, 2010. 2. 11. 선고 2009다68408 판결, 2008. 6. 26. 선고 2008다22481 판결, 2007. 12. 27. 선고 2006다16550 판결

188) 대법원 2022. 7. 28. 선고 2017다16747,16754 판결, 2020. 2. 27. 선고 2019다223747 판결, 2013. 11. 14. 선고 2011다82063,82070 판결, 2012. 12. 27. 선고 2012다84356 판결, 2012. 8. 17. 선고 2012다30892 판결, 2007. 12. 27. 선고 2006다16550 판결, 2007. 6. 28. 선고 2007다7768 판결, 2007. 6. 14. 선고 2005다32999 판결, 2005. 11. 10. 선고 2003다65066 판결

189) 대법원 2012. 8. 17. 선고 2012다30892 판결, 2007. 12. 27. 선고 2006다16550 판결, 2007. 6. 28. 선고 2007다7768 판결, 2007. 6. 14. 선고 2005다32999 판결, 2005. 11. 10. 선고 2003다66066 판결, 2005. 10. 13. 선고 2003다24147 판결, 2003. 9. 5. 선고 2003다20954 판결, 2001. 9. 7. 선고 99다70365 판결, 2000. 9. 29. 선고 2000다13900 판결, 2000. 4. 11. 선고 99다34055 판결

불법행위에 가공한 정도가 경미하다고 하더라도 피해자에 대한 관계에서 그 가해자의 책임 범위를 위와 같이 정하여진 손해배상액의 일부로 제한하여 인정할 수는 없다.[190)]

나. 복수주체의 경우

1) 단일주체의 실시 원칙

□ 원칙적으로 단일주체가 모든 구성요소가 유기적으로 결합한 전체로서의 특허발명을 실시해야 그 특허발명에 관한 특허권을 침해한 것으로 되는 것이므로,[191)] 단일주체가 필수적 구성요소들 중 일부만을 갖추고 나머지 구성요소를 갖추지 않은 경우에는 다른 주체가 결여된 나머지 구성요소를 갖춘 경우라고 하더라도 양 주체 모두의 행위가 당해 특허발명에 대한 침해로 인정되지 않는다.[192)]

2) 공동행위자 모두에 대하여 금지청구권 행사

□ 특허침해에 있어서, 각 공동행위자가 단일한 침해의 주관적 공모 하에 객관적으로 행위를 분담하여 유기적 일체로서 침해행위를 수행하는 경우에는 형법상 공모 공동정범과 유사하게 각 공동행위자 모두를 일체로서 침해 주체로 보고, 모두에 대하여 금지청구권을 행사할 수 있다.[193)]

3) 단일주체의 지배 · 관리

가) 어느 한 단일주체가 다른 주체의 실시를 지배 · 관리

(1) 영업상의 이익을 얻는 단일주체가 단독으로 특허침해

★□ 하나의 실시행위를 복수주체가 분담하여 실시하는 경우, 복수주체 중 어느 한 단일주체가 다른 주체의 실시를 지배·관리하고 그 다른 주체의 실시로 인하여 영업상의 이익을 얻는 경우에는, 다른 주체의 실시를 지배·관리하면서 영업상의 이익을 얻는 어느 한 단일주체가 단독으로 특허침해를 한 것으로 본다.[194)]

---

190) 대법원 2012. 8. 17. 선고 2012다30892 판결, 2007. 12. 27. 선고 2006다16550 판결, 2007. 6. 28. 선고 2007다7768 판결, 2007. 6. 14. 선고 2005다32999 판결, 2005. 11. 10. 선고 2003다66066 판결, 2005. 10. 13. 선고 2003다24147 판결, 2003. 9. 5. 선고 2003다20954 판결, 2001. 9. 7. 선고 99다70365 판결, 2000. 9. 29. 선고 2000다13900 판결, 2000. 4. 11. 선고 99다34055 판결

191) 특허법원 2019. 2. 19. 선고 2018나1220,1237 판결, 서울고법 2017. 8. 21.자 2015라20296 결정, 2017. 1. 24.자 2016라20312 결정, 서울중앙지법 2019. 11. 8. 선고 2016가합500899 판결, 2019. 7. 12. 선고 2017가합588322 판결, 2018. 1. 18. 선고 2014가합584121,2015가합558143 판결, 2017. 9. 22. 선고 2016가합543605 판결

192) 특허법원 2019. 2. 19. 선고 2018나1220,1237 판결, 서울중앙지법 2018. 1. 18. 선고 2014가합584121,2015가합558143 판결

193) 서울고법 2017. 8. 21.자 2015라20296 결정

194) 특허법원 2019. 2. 19. 선고 2018나1220,1237 판결, 서울고법 2017. 8. 21.자 2015라20296 결정,

(2) 특허발명의 구성요소 전부를 실시하는 주체가 특허침해

□ 하나의 실시행위를 복수주체가 분담하여 실시하는 경우, 복수주체 중 어느 한 단일 주체가 다른 주체의 실시를 지배·관리하고 그 다른 주체의 실시로 인하여 영업상의 이익을 얻는 경우에는, 특허발명의 구성요소 전부를 실시하는 주체가 특허침해를 한 것으로 본다.[195]

나) 복수주체가 단일한 특허발명의 일부 구성요소를 분담 실시

(1) 유기적인 관계에서 특허발명의 전체 구성요소 실시

★□ 복수주체가 단일한 특허발명의 일부 구성요소를 분담하여 실시하는 경우라고 하더라도, 복수주체가 각각 다른 주체의 실시행위를 인식하고 서로 다른 주체의 실시행위를 이용하여 공동으로 특허발명을 실시할 의사를 가지고 전체 구성요소의 전부 또는 일부를 함께 또는 서로 나누어서 유기적인 관계에서 특허발명의 전체 구성요소를 실시하는 경우에는, 이들 복수주체가 공동으로 특허침해를 한 것으로 본다.[196]

(2) 복수주체가 실시한 구성요소 전부를 기준으로 침해 판단

□ 복수주체가 단일한 특허발명의 일부 구성요소를 분담하여 실시하는 경우에는 복수주체를 전체적으로 하나의 주체로 보아 복수주체가 실시한 구성요소 전부를 기준으로 당해 특허발명을 침해하였는지 여부를 판단해야 한다.[197]

다) 분담된 행위를 전체적으로 보아 하나의 행위로 평가할 수 있는 경우

□ 복수주체가 청구범위의 구성요소를 분담하여 실시하는 경우라고 하더라도 분담된 행위를 전체적으로 보아 하나의 행위로 평가할 수 있는 경우에는, 단일주체에 의하여 이루어진 경우와 마찬가지로 침해행위가 성립하며 이러한 경우 침해의 책임은 침해행위의 분담을 알았거나 알 수 있었음에도 불구하고 이에 가담한 모든 주체에게 귀속된다.[198]

2017. 1. 24.자 2016라20312 결정, 2006. 7. 10.자 2005라726 결정, 서울중앙지법 2019. 7. 12. 선고 2017가합588322 판결, 2017. 9. 22. 선고 2016가합543605 판결

195) (같은 취지) 대법원 2014. 9. 4. 선고 2012다113414 판결, 2006. 4. 27. 선고 2003다15006 판결

196) 특허법원 2019. 2. 19. 선고 2018나1220,1237 판결, 서울고법 2017. 8. 21.자 2015라20296 결정, 2017. 1. 24.자 2016라20312 결정, 서울중앙지법 2017. 9. 22. 선고 2016가합543605 판결

197) 특허법원 2019. 2. 19. 선고 2018나1220,1237 판결, 서울고법 2017. 8. 21.자 2015라20296 결정, 2017. 1. 24.자 2016라20312 결정, 서울중앙지법 2017. 9. 22. 선고 2016가합543605 판결

198) 서울중앙지법 2019. 11. 8. 선고 2016가합500899 판결

라) 동업관계와 같은 사실적 · 법률적 하나의 주체 형성

□ 복수주체가 당해 특허발명을 침해하는 실시행위를 할 공동의 의사를 가지고 전체 구성요소의 전부 또는 일부를 함께 또는 나누어서 유기적으로 실시함으로써 전체적으로 보아 동업관계와 같은 사실적 또는 법률적으로 하나의 주체를 형성하였다고 인정할 수 있는 정도에 이르렀다면, 복수주체가 관여되었다고 하더라도 각 주체별로 개별적으로 실시한 것이 아니라 전체적으로 하나의 주체를 형성하여 실시한 것으로 보아 관련된 복수주체가 실시한 구성요소 전부를 기준으로 당해 특허발명을 침해하였는지 여부를 판단하는 것이 가능하다.[199)]

4) 도구로 이용

□ 형식적으로는 발명의 구성요소 일부 또는 전부를 스스로 실시하지 않았으나 소비자들을 도구처럼 이용함으로써 실질적으로는 발명의 구성요소 전부를 실시한 경우에도 특허권 침해를 한 것으로 본다.[200)]

○ 특허법원 2020. 7. 10. 선고 2019허8538 판결

'음극거치 고정대, 음극판, C형 클램프, 절연판'은 피청구인의 전해연마 공장에서 발견된 것으로서, 피청구인이 주장하는 것처럼 거리가 떨어진 다른 공장에서 행해지는 도금 작업에 이용되었다기보다는 전해연마 작업에 이용되었다고 봄이 타당하다. 아울러 이들 물건은 작업 진행 과정에 비추어 볼 때, 피청구인의 지배 · 관리하에서 일체로 처분될 수 있는 상태에 있었다고 판단된다. 따라서 사회적 · 경제적 측면에서 보았을 때, 피청구인에게는 다른 추가적인 생산과정 없이 이들 개별 물건을 생산한 것만으로도 확인대상발명의 각 구성요소가 유기적으로 결합한 일체로서 가지는 작용효과를 구현할 수 있는 상태에 이르렀다고 봄이 타당하다.

○ 특허법원 2010. 3. 26. 선고 2009허7178 판결

청구인은, 하드웨어 제작자에 의하여 컴퓨터 하드웨어가 제작되어 일반 사용자에게 판매되고, 소프트웨어 제작자인 피청구인에 의하여 확인대상발명의 기록매체에 기록된 이체 프로그램이 제작되어 배포된 후, 일반 사용자에 의하여 자신의 컴퓨터에 확인대상발명의 이체 프로그램이 설치되어 사용

---

199) 서울중앙지법 2018. 1. 18. 선고 2014가합584121,2015가합558143 판결
- 복수주체가 각각 별개의 실시행위로서 특허권 침해에 해당하는 경우, 그 각각의 실시행위가 모두 침해에 해당할 수 있다.

200) 서울고법 2015. 10. 8. 선고 2015나2014387 판결
- 복수로 이루어진 특허발명 중 일부 또는 전부를 의도적으로 생략한 채 침해자의 그와 같은 의도를 모르는 소비자들로 하여금 그 단계 중 일부 또는 전부를 실시하게 한 경우에는 특허권 침해로 본다(서울고법 2015. 10. 8. 선고 2015나2014387 판결).

됨으로써 종국적으로 특허발명의 침해에 이르게 되고, 이러한 침해행위 과정에서 확인대상발명의 실시자인 피청구인의 역할이 주도적이어서, 피청구인의 확인대상발명 실시행위는 공동불법행위에 의한 직접침해에 해당한다고 주장하나, 확인대상발명이 특허발명의 제어부와 동일한 것이 아니어서, 확인대상발명의 프로그램 기록매체가 특허발명의 휴대폰용 입력정보 이체 장치의 '생산'에 사용하는 물건에 해당하지 않는 이상, 피청구인의 확인대상발명 실시행위는 특허발명을 침해하는 일련의 행위 중 일부에 해당하지도 않게 된다. 따라서 확인대상발명이 특허발명을 공동불법행위에 의하여 직접침해하는 경우에 해당한다고 볼 수 없다.

○ 특허법원 2009. 12. 23. 선고 2009허2005 판결

원고는, 확인대상발명의 전체시스템 중에서 SP가 구비하는 시스템 및 수행하는 과정만을 원고가 실시하고 있으므로, 가상 ID를 부여하는 단계와 같이 원고가 실시하지 않고 이동통신사에 의하여 이루어지는 부분은 확인대상발명에서 제외하고 제1항 발명과 대비해야 한다고 주장하나, 원고 주장대로 가상 ID 부여나 데이터 변환과정에서 작업의 일부가 이동통신사에서 이루어지고 있다 하더라도, 원고가 이동통신사 등을 상대로 주도적으로 확인대상발명의 SMS MO 서비스를 제공하면서 그에 따른 경제적인 이익을 향유하고 있는 점, 이동통신사에 의하여 이루어지는 작업들은 확인대상발명과 같은 전체적인 SMS MO 서비스가 이루어지기 위해서는 반드시 수반되어야 하고, 이동통신사의 협력에 의하여 이루어질 수 있는 부분인 점, 이동통신사에 의하여 이루어지는 작업의 구체적인 내용은 SMS MO 서비스 이용자와 원고 사이의 데이터 전달 역할과 위 이용자에 대한 과금 대행과 같은 부수적인 기능에 불과한 점 등에 비추어 보면, 실질적으로 전체 확인대상발명을 실시하고 있는 주체는 원고라 할 것이다.

6 특허권과 실시권의 범위

가. 특허권

1) 전용실시권 설정에 따른 변화

가) 전용실시권자로부터 특허실시료를 받는 지위

□ 특허권자는 그 특허권에 대하여 타인에게 전용실시권을 설정할 수 있지만,[201)] 전용실시권이 설정되면 전용실시권자로부터 특허실시료를 받는 지위를 가질 뿐이다.[202)]

나) 특허권자의 실시권 제한

□ 전용실시권이 설정되면 그로 인하여 특허권자의 실시권은 제한되므로,[203)] 특허권자

201) 특허법원 2018. 2. 8. 선고 2017나2332 판결, 서울중앙지법 2017. 7. 7. 선고 2016가합559167 판결
202) 서울중앙지법 2009. 10. 7. 선고 2007가합33960 판결, 수원지법 2002. 9. 6. 선고 2001가합4579 판결
203) 대법원 2006. 9. 8. 선고 2006도1580 판결, 서울중앙지법 2019. 6. 7.자 2018카합21620 결정, 서울북

가 전용실시권자와 설정계약을 한 이후에는 특허권자 자신도 특허권을 실시·수익할 수 없다.[204] 만약 특허권을 실시한 경우에는 특허권자라도 전용실시권 침해가 된다.[205]

2) 실시권 재설정

가) 전용실시권 설정 후의 실시권 재설정

(1) 전용실시권 재설정 불가

□ 특허권자가 전용실시권자와 설정계약을 한 이후에, 특허권자는 같은 범위의 전용실시권을 다른 제3자에게 거듭 설정하여 줄 수 없다.[206]

(2) 통상실시권 재설정 불가

□ 특허권자가 전용실시권자와 설정계약을 한 이후에, 다른 제3자에게 다시 통상실시권을 부여하는 계약을 체결한 경우에는 특허권자는 전용실시권을 침해한 것이다.[207]

나) 독점적 통상실시권 체결 후에는 실시권 재설정 불가

□ 독점적 통상실시권 체결 후, 특허권자는 계약상 실시권자 외의 제3자에게 실시권을 부여하지 않을 의무를 부담하고 실시권자는 시장에서 해당 특허발명을 독점적으로 실시할 권리를 가진다.[208]

3) 전용실시권 설정 후의 침해금지청구 및 손해배상청구

가) 침해금지청구 가능

(1) 특허권의 보존행위

□ 특허권자는 그 특허권에 대하여 타인에게 전용실시권을 설정하여 주었더라도, 그 특허권의 침해행위의 금지는 특허권의 보존행위로서 구할 수 있다.[209]

(2) 특허권 침해죄와 전용실시권 침해죄 함께 성립

□ 특허권에 관하여 전용실시권이 설정되었더라도, 제3자가 그 특허를 정당한 법적 권한 없이 실시하는 경우에는 그 특허권자가 그 특허권에 기하여 제3자의 특허실시에

부지법 2003. 7. 3. 선고 2002가합3727 판결

204) 대법원 2001. 6. 15. 선고 2001다15903 판결, 서울중앙지법 2009. 10. 7. 선고 2007가합33960 판결, 수원지법 2002. 9. 6. 선고 2001가합4579 판결

205) 특허법원 2020. 5. 15. 선고 2018나203 판결

206) 수원지법 2002. 9. 6. 선고 2001가합4579 판결

207) 서울중앙지법 2010. 5. 26. 선고 2008노3381 판결

208) 특허법원 2018. 2. 8. 선고 2017나2332 판결, 서울중앙지법 2018. 12. 20. 선고 2018가합517372 판결

209) 서울중앙지법 2009. 10. 7. 선고 2007가합33960 판결, 수원지법 2002. 7. 26. 선고 2001가합6681 판결

대한 금지를 청구할 수 있는 권리까지 상실하는 것은 아니고, 이러한 경우에 그 특허에 대한 특허권 침해죄와 전용실시권 침해죄가 함께 성립한다.[210)]

나) 손해배상청구 불가

□ 특허권자는 전용실시권자에게 실시료를 받게 되므로 손해배상청구는 할 수 없다.[211)] 따라서 특허권 침해에 따른 손해배상의 청구권자는 전용실시권자에 한정된다.[212)]

다) 실시권자의 특허발명 실시에 대하여 손해배상이나 침해금지청구 불가

□ 특허발명 실시계약을 체결하면 특허권자는 실시권자의 특허발명 실시에 대하여 특허권 침해로 인한 손해배상이나 금지 등을 청구할 수 없고, 특허가 무효로 확정되기 전에는 특허권의 독점배타적 효력에 따라 제3자의 특허발명 실시가 금지된다.[213)]

4) 특허권이 소급하여 무효되거나 무효될 것이 명백한 경우

가) 소급하여 무효된 경우

□ 특허권이 소급하여 무효로 된 경우, 무효인 전용실시권설정계약에 기한 실시료지급청구권도 발생할 수 없고, 이미 지급한 실시료는 부당이득이 된다.[214)]

나) 소급하여 무효될 것이 명백한 경우

□ 특허가 소급하여 무효로 될 것이 명백한 경우, 전용실시권설정계약에 기한 실시료지급청구는 특별한 사정이 없는 한 권리남용에 해당하여 허용되지 않는다.[215)]

5) 특허권의 정정청구

□ 특허권자가 특허정정을 청구함에 있어 전용실시권자의 동의를 얻어야 한다.[216)]

▶ 현행법상 통상실시권자, 질권자의 경우에도, 특허정정을 청구할 때에는 동의를 얻어야 한다.[217)] 한편 일본에서는 허락에 의한 통상실시권자의 동의요건을 삭제하였는바, 우

---

210) 대법원 2006. 9. 8. 선고 2006도1580 판결, 서울중앙지법 2019. 6. 7.자 2018카합21620 결정
211) 서울중앙지법 2009. 10. 7. 선고 2007가합33960 판결
212) 서울중앙지법 2018. 7. 27. 선고 2017가합532329 판결
213) 대법원 2019. 4. 25. 선고 2018다287362 판결, 2014. 11. 13. 선고 2012다42666,42673 판결, 2014. 11. 13. 선고 2012다106577 판결
214) 서울중앙지법 2006. 7. 5. 선고 2005가합62919 판결
• 이와 관련하여, 특허권이 존속하고 있는 기간 동안에 독점적인 실시로 인한 이득에 대하여는 실시료 지급이 정당하다는 견해가 있다(조영선, 특허법 제3판, 박영사(2011), 470면).
215) 서울중앙지법 2006. 7. 5. 선고 2005가합62919 판결
216) 서울지법 2003. 4. 4. 선고 2002가합35220 판결
217) [§136⑧] 특허권자는 전용실시권자, 질권자와 통상실시권을 갖는 자의 동의를 받아야만 정정심판을 청구할 수 있다.

리나라도 정정청구시 통상실시권자의 허락요건은 삭제하는 것이 바람직하다.

나. 전용실시권

[§ 100](전용실시권)

① 특허권자는 그 특허권에 대하여 타인에게 전용실시권을 설정할 수 있다.

② 전용실시권을 설정받은 전용실시권자는 그 설정행위로 정한 범위에서 그 특허발명을 업으로서 실시할 권리를 독점한다.

③ 전용실시권자는 다음 각 호의 경우를 제외하고는 특허권자의 동의를 받아야만 전용실시권을 이전할 수 있다.

1. 전용실시권을 실시사업과 함께 이전하는 경우
2. 상속이나 그 밖의 일반승계의 경우

④ 전용실시권자는 특허권자의 동의를 받아야만 그 전용실시권을 목적으로 하는 질권을 설정하거나 통상실시권을 허락할 수 있다.

⑤ 전용실시권에 관하여는 특허권 공유규정을 준용한다.

[§ 101](특허권 및 전용실시권의 등록의 효력)

① 다음 각 호의 어느 하나에 해당하는 사항은 등록해야만 효력이 발생한다.

1. 특허권의 이전, 포기에 의한 소멸 또는 처분의 제한
2. 전용실시권의 설정·이전·변경·소멸 또는 처분의 제한
3. 특허권 또는 전용실시권을 목적으로 하는 질권의 설정·이전·변경·소멸 또는 처분의 제한

1) 전용실시권의 성립과 변동

가) 등록이 효력발생요건

(1) 특허등록원부상의 설정등록에 의하여 효력발생

□ 전용실시권은 특허발명을 독점적·배타적으로 실시하는 물권 유사의 권리로서 특허등록원부상의 설정등록에 의하여 비로소 발생한다.[218] 따라서 등록에 의해서만 성립하고,[219] 등록해야만 그 효력이 발생한다.[220]

(2) 전용실시권의 설정·이전·변경·소멸 등

□ 전용실시권의 설정·이전·변경·소멸 또는 처분의 제한은 등록하지 않으면 그 효력이 발생하지 않는다.[221]

---

218) 광주지법 순천지원 2010. 7. 7. 선고 2009가합2416 판결

219) 서울남부지법 2006. 1. 13. 선고 2004가합18614 판결

220) 특허법원 2018. 2. 8. 선고 2017나2332 판결, 서울중앙지법 2018. 12. 20. 선고 2018가합517372 판결, 2017. 9. 15. 선고 2014가합556560 판결, 전주지법 2021. 11. 25. 선고 2020구합1084 판결

221) 대법원 2006. 5. 12. 선고 2004후2529 판결, 2006. 5. 12. 선고 2004후2536 판결, 2006. 5. 12. 선고 2004후2543 판결, 특허법원 2017. 10. 20. 선고 2017허5535 판결, 2009. 6. 26. 선고 2008허12319 판

(3) 질권의 설정 · 변경 · 소멸 또는 처분의 제한

□ 특허권의 이전 · 포기에 의한 소멸 또는 처분의 제한, 특허권 또는 전용실시권을 목적으로 하는 질권의 설정 · 변경 · 소멸 또는 처분의 제한 등에 대하여는 등록이 효력발생요건이다.[222)]

나) 전용실시권 설정계약 해지

□ 전용실시권은 그 설정계약이 해지되면 등록 여부에 관계없이 그 효력을 상실한다.[223)] 따라서 종전과 동일한 내용으로 전용실시권 설정계약을 부활하는 묵시적 합의가 있었다고 하더라도 새로이 설정등록을 하지 않고서는 전용실시권을 취득할 수 없다.[224)]

다) 전용실시권의 이전

□ 전용실시권자는 실시사업과 같이 이전하는 경우 또는 상속 기타 일반승계의 경우를 제외하고는 특허권자의 동의를 얻지 않으면 그 전용실시권을 이전할 수 없다.[225)]

라) 전용실시권의 승계

□ 전용실시권을 승계하기로 하는 약정은 특허권자의 동의가 없다 하더라도 그 약정 당사자 사이에서는 채권계약으로서 유효한 것이다[226)].

2) 전용실시권의 범위와 그 제한

가) 전용실시권의 범위

(1) 설정범위 안에서 업으로서 실시할 권리 독점

□ 전용실시권자는 그 설정행위로 정한 범위 안에서 업으로서 그 특허발명을 실시할 권리를 독점하고 그 범위 안에서는 특허권자라도 특허발명을 실시할 수 없다.[227)]

결, 서울고법 2001. 11. 27. 선고 2000나30013,30020 판결, 서울중앙지법 2013. 11. 22. 선고 2013가합23049 판결, 2011. 4. 1. 선고 2010노3214 판결, 2002. 11. 14. 선고 2002허819 판결

222) 대법원 2002. 11. 22. 선고 2000두9229 판결

223) 대법원 2004. 9. 13. 선고 2002후703 판결, 특허법원 2002. 3. 29. 선고 2001허5589 판결

224) 대법원 2004. 9. 13. 선고 2002후703 판결

225) 특허법원 2017. 11. 10. 선고 2017나1919 판결, 서울중앙지법 2017. 7. 7. 선고 2016가합559167 판결, 2011. 4. 1. 선고 2010노3214 판결

226) 특허법원 2017. 11. 10. 선고 2017나1919 판결

227) 대법원 2002. 11. 8. 선고 2001다45577 판결, 2001. 6. 15. 선고 2001다15903 판결, 1999. 3. 26. 선고 97다41295 판결, 특허법원 2022. 7. 22. 선고 2021나2063 판결, 2018. 2. 8. 선고 2017나2332 판결, 서울고법 2003. 5. 27. 선고 2002나15346 판결, 서울중앙지법 2017. 6. 30. 선고 2016가합517156 판결, 2017. 6. 30. 선고 2016가합517163 판결, 2017. 6. 30. 선고 2016가합521919 판결

(2) 설정범위 안에서 특허권의 사용 · 수익 독점

□ 전용실시권 설정계약에서 정한 범위 안에서 특허권의 사용 · 수익은 전용실시권자가 독점한다.[228]

(3) 전용실시권자에게 특허권의 사용중지 경고장을 발송한 경우

□ 등록된 전용실시권자는 그 권리범위에 속하는 사항에 관하여는 배타적인 권리를 가지므로, 전용실시권 없이 특허권을 경락에 의하여 취득한 자가 등록된 전용실시권자에게 그 특허권에 속하는 물품의 제조 · 판매의 중지의 경고장을 발송한 경우에는 전용실시권자에 대하여 업무방해죄가 성립한다.[229]

(4) 특허권의 범위 내

□ 전용실시권자의 권리는 특허권자로부터 파생된 것이므로 특허권자의 권리보다 클 수는 없다.[230]

나) 전용실시권 범위의 제한

(1) 특별한 제한을 등록한 경우

□ 전용실시권의 범위에 대한 특별한 제한을 등록한 경우에는, 그 제한을 위반하여 특허발명을 실시하면 특허권 침해가 성립한다. 따라서 전용실시권자가 특허발명의 생산 전용실시권만을 가지고 있고 판매권은 없음에도 무단 판매한 경우에는 특허권 침해죄에 해당한다.[231]

(2) 특별한 제한을 등록하지 않은 경우

□ 전용실시권의 처분의 제한은 등록해야만 그 효력이 발생하고,[232] 전용실시권에 제한이 있는 경우에 이를 등록하지 않으면 특허법이 정한 효력이 발생하지 않는다. 따라

---

228) 대법원 2001. 6. 15. 선고 2001다15903 판결, 서울북부지법 2003. 7. 3. 선고 2002가합3727 판결, 수원지법 2002. 9. 6. 선고 2001가합4579 판결

229) 대법원 1977. 4. 26. 선고 76도2446 판결

- 특허권자가 특허권을 경락에 의하여 취득하기 전에 이미 그전 특허권자로부터 그 특허권에 기한 전용실시권을 설정 받아 이를 등록한 경우에는 등록된 전용실시권에 대하여는 그 설정기간 동안은 특허권으로써 대항할 수 없다(대법원 1977. 4. 26. 선고 76도2446 판결).

230) 서울지법 1996. 10. 8. 선고 95가합80468 판결

231) 대법원 1984. 4. 24. 선고 84도484 판결, 1983. 7. 26. 선고 83도1411 판결

232) 대법원 2006. 5. 12. 선고 2004후2529 판결, 2006. 5. 12. 선고 2004후2536 판결, 2006. 5. 12. 선고 2004후2543 판결, 특허법원 2017. 10. 20. 선고 2017허5535 판결, 2009. 6. 26. 선고 2008허12319 판결, 서울고법 2001. 11. 27. 선고 2000나30013,30020 판결, 서울중앙지법 2013. 11. 22. 선고 2013가합23049 판결, 2011. 4. 1. 선고 2010노3214 판결

서 전용실시권의 범위에 대한 특별한 제한을 등록하지 않은 경우에는, 그 제한을 위반하여 특허발명을 실시하더라도 특허권 침해가 성립하는 것은 아니고, 다만 특허권자에 대하여 채무불이행 책임을 지게 된다.233)

(3) 특별한 제한을 합의한 경우

□ 전용실시권자와 특허권자 사이에 전용실시권 설정계약을 체결하면서 전용실시권의 범위에 대한 특별한 제한을 합의한 경우에는, 그와 같은 제한을 등록하지 않았더라도 전용실시권자는 특허권자에 대하여 제한된 범위 내에서만 특허발명을 실시할 의무가 있다.234)

○ 대법원 2013. 1. 24. 선고 2011도4645 판결

피고인이 공소외 주식회사로부터 특허권에 대하여 전용실시권을 설정 받으면서 공소외 주식회사에 '귀하의 승낙 없이 특허를 임의대로 사용하지 않겠다'고 약속하였지만 이와 같은 제한을 등록하지 않은 이상 특허법상 효력이 발생하지 않으므로, 피고인이 전용실시권을 설정 받은 특허발명을 실시하였다고 하더라도 특허권을 침해하였다고 볼 수 없다.

3) 통상실시권 설정

□ 전용실시권자는 특허권자의 동의를 얻어 통상실시권을 설정하여 줄 수 있다.235)

4) 전용실시권 위반시 계약해지

가) 타인에게 특허의 실시 허락

□ 전용실시권자가 특허권자의 동의 없이 타인에게 특허의 실시를 허락하여 그것을 실시한 제품을 생산하게 한 것은 특허권 침해가 된다.236)

나) 특허를 실시하지 않는 경우

□ 전용실시권자가 특허권자와 사이에 향후의 실시 실적에 따라 전용실시료를 지급하기로 약정한 경우, 전용실시권자가 특허를 실시하지 않으면 특허권자의 이익을 침해할 우려가 있으므로 전용실시권자는 특허를 실시할 의무가 있다.237)

---

233) 대법원 2013. 1. 24. 선고 2011도4645 판결, 특허법원 2002. 11. 14. 선고 2002허819 판결, 2002. 3. 29. 선고 2001허5589 판결, 서울중앙지법 2011. 4. 1. 선고 2010노3214 판결

234) 서울고법 2006. 3. 29. 선고 2005나66260 판결

235) 대법원 2012. 4. 12. 선고 2012후177 판결, 2006. 5. 12. 선고 2004후2529 판결, 2006. 5. 12. 선고 2004후2536 판결, 2006. 5. 12. 선고 2004후2543 판결, 특허법원 2017. 10. 20. 선고 2017허5535 판결, 2009. 6. 26. 선고 2008허12319 판결

236) 수원지법 성남지원 2002. 3. 15. 선고 2001가합3821 판결

237) 수원지법 성남지원 2002. 3. 15. 선고 2001가합3821 판결

5) 침해금지청구권과 손해배상청구권 인정

□ 전용실시권을 설정등록한 후에는 침해금지청구권과 손해배상청구권이 인정된다.[238)]

6) 적극적 권리범위확인심판청구 가능

□ 전용실시권자는 피청구인을 상대로 확인대상발명이 특허발명의 권리범위에 속한다는 적극적 권리범위확인심판을 청구할 적격이 있다.[239)]

다. 통상실시권

[§ 102](통상실시권)

① 특허권자는 그 특허권에 대하여 타인에게 통상실시권을 허락할 수 있다.

② 통상실시권자는 이 법에 따라 또는 설정행위로 정한 범위에서 특허발명을 업으로서 실시할 수 있는 권리를 가진다.

③ 통상실시권의 재정에 따른 통상실시권은 실시사업과 함께 이전하는 경우에만 이전할 수 있다.

④ 통상실시권 허락 심판에 따른 통상실시권은 그 통상실시권자의 해당 특허권과 함께 이전되고, 해당 특허권이 소멸되면 함께 소멸된다.

⑤ 재정 또는 허락 심판에 따른 통상실시권 외의 통상실시권은 실시사업과 함께 이전하는 경우 또는 상속이나 그 밖의 일반승계의 경우를 제외하고는 특허권자(전용실시권에 관한 통상실시권의 경우에는 특허권자 및 전용실시권자)의 동의를 받아야만 이전할 수 있다.

⑥ 재정 또는 허락 심판에 따른 통상실시권 외의 통상실시권은 특허권자(전용실시권에 관한 통상실시권의 경우에는 특허권자 및 전용실시권자)의 동의를 받아야만 그 통상실시권을 목적으로 하는 질권을 설정할 수 있다.

⑦ 통상실시권에 관하여는 특허권 공유규정을 준용한다.

[§ 118](통상실시권의 등록의 효력)

① 통상실시권을 등록한 경우에는 그 등록 후에 특허권 또는 전용실시권을 취득한 자에 대하여도 그 효력이 발생한다.

③ 통상실시권의 이전·변경·소멸 또는 처분의 제한, 통상실시권을 목적으로 하는 질권의 설정·이전·변경·소멸 또는 처분의 제한은 이를 등록해야만 제3자에게 대항할 수 있다.

---

238) 서울서부지법 2017. 8. 31. 선고 2015가합31841 판결, 서울중앙지법 2017. 7. 7. 선고 2016가합529449,566196 판결, 인천지법 2006. 12. 15. 선고 2006가합615 판결, 부산지법 2001. 11. 16. 선고 2000가합19444 판결

239) 특허법원 2002. 11. 14. 선고 2002허819 판결, 2002. 8. 30. 선고 2001허5992 판결, 1999. 6. 25. 선고 98허6131 판결, 서울서부지법 2017. 8. 31. 선고 2015가합31841 판결, 서울중앙지법 2017. 7. 7. 선고 2016가합529449,566196 판결
(같은 취지) 대법원 1977. 4. 26. 선고 76도2446 판결

1) 통상실시권의 의미

□ 통상실시권이란 특허발명을 그대로 실시할 수 있는 권리를 말하는 것으로, 그 실시한 그 특허발명에 따른 물품을 제조하는 행위 자체를 의미한다.[240]

2) 통상실시권의 성립과 대항요건

가) 합의가 효력발생요건

□ 통상실시권은 특허권자와 실시자 간의 합의만으로도 발생하고, 위 합의는 명시적 또는 묵시적으로도 가능하며, 반드시 문서에 의하여 이루어져야 한다거나 어떠한 형식을 갖추어야 할 필요는 없다.[241]

나) 계약시 효력발생

□ 통상실시권은 당사자 간의 계약에 의해서 발생하는 채권이며, 그 등록의 유무와 관계없이 계약 성립시에 그 효력이 발생한다.[242]

다) 등록은 제3자 대항요건

(1) 통상실시권의 설정등록

□ 통상실시권의 설정등록은 특허권의 양수인이나 전용실시권자에 대하여 통상실시권의 존재를 주장할 수 있는 대항요건에 불과하다.[243]

(2) 통상실시권의 이전 · 변경 · 소멸이나 처분의 제한

□ 통상실시권의 이전·변경·소멸이나 처분의 제한 또는 통상실시권을 목적으로 하는 질권의 설정·이전·변경·소멸이나 처분의 제한 등에 대하여는 등록이 대항요건이다.[244]

3) 통상실시권의 이전과 질권 설정

가) 통상실시권의 이전 불가

□ 통상실시권은 상속 기타 일반승계의 경우를 제외하고는 특허권자의 동의를 얻지 않

---

240) 대법원 1996. 5. 10. 선고 95다26735 판결
241) 특허법원 2018. 8. 16. 선고 2017허5573 판결, 2018. 1. 26. 선고 2016허5156,6128 판결, 2017. 12. 22. 선고 2017허6255 판결, 2017. 7. 7. 선고 2017허486 판결, 2017. 3. 16. 선고 2016허21,45 판결, 2017. 3. 16. 선고 2016허4498,5620 판결, 2017. 1. 20. 선고 2016허5224 판결, 2016. 12. 23. 선고 2016허6289 판결, 서울중앙지법 2019. 10. 17. 선고 2018나53254 판결
242) 대법원 2004. 9. 23. 선고 2003후1468 판결
243) 대법원 2004. 9. 23. 선고 2003후1468 판결, 특허법원 2017. 7. 7. 선고 2017허486 판결, 2017. 1. 20. 선고 2016허5224 판결, 2016. 12. 23. 선고 2016허6289 판결, 2016. 6. 24. 선고 2016허1239,1246 판결, 2014. 6. 12. 선고 2013허9683 판결, 2014. 6. 12. 선고 2013허9706 판결, 2014. 5. 16. 선고 2013허9782 판결, 서울중앙지법 2019. 10. 17. 선고 2018나53254 판결
244) 대법원 2002. 11. 22. 선고 2000두9229 판결

으면 이를 이전할 수 없다.[245)]

나) 통상실시권을 목적으로 하는 질권 설정 불가

□ 통상실시권은 그 통상실시권을 목적으로 하는 질권을 설정할 수 없다.[246)]

4) 통상실시권의 범위와 그 제한

가) 통상실시권의 범위

(1) 설정범위 안에서 업으로서 실시

□ 통상실시권자는 설정계약에서 정한 범위 안에서 업으로서 그 특허를 실시할 권리를 갖는다.[247)]

(2) 설정기간 내 생산·판매

□ 통상실시권자가 그 설정기간 내에 생산·판매한 경우, 그 양수인에 의한 특허제품의 판매·사용은 별도의 특허침해를 구성하지 않는다.[248)]

나) 통상실시권의 범위 제한

□ 특허권자의 허락에 의한 통상실시권의 범위는 특허권자가 기간, 지역, 실시내용 등에 관하여 설정행위로 정한 범위 안으로 제한되고, 그 범위를 벗어난 행위는 위법한 행위로서 특허권 침해가 된다.[249)]

5) 통상실시권 재설정 불가

□ 통상실시권자가 다시 통상실시권을 설정하여 줄 수는 없다.[250)]

6) 침해금지청구권과 손해배상청구권 불인정

□ 통상실시권자는 특허권자와의 설정계약에서 정한 범위 내에서 자신의 특허발명의 실시를 용인할 것을 청구할 수 있는 채권적인 권리를 갖는데 불과하고 제3자에 대하여 독점적·배타적 기술사용의 권리를 주장할 수 없으므로, 제3자에 대하여 침해금지청구나 손해배상청구권이 인정되지 않는다.[251)]

---

245) 특허법원 2006. 8. 17. 선고 2005허3239 판결, 수원지법 2010. 11. 25. 선고 2010가단8516 판결
246) 특허법원 2006. 8. 17. 선고 2005허3239 판결
247) 서울고법 2001. 11. 27. 선고 2001나1135 판결
248) 서울고법 2001. 11. 27. 선고 2001나1135 판결
249) 특허법원 2006. 7. 14. 선고 2005허10695 판결
250) 대법원 2012. 4. 12. 선고 2012후177 판결, 2006. 5. 12. 선고 2004후2529 판결, 2006. 5. 12. 선고 2004후2536 판결, 2006. 5. 12. 선고 2004후2543 판결, 특허법원 2017. 10. 20. 선고 2017허5535 판결, 2009. 6. 26. 선고 2008허12319 판결
251) 서울중앙지법 2007. 6. 14. 선고 2006가합34553 판결, 2005. 5. 19. 선고 2004가합56061,78573 판결,

○ 통상실시권자는 직접 다른 통상실시권자나 침해자를 상대로 손해배상청구를 할 수 없고,[252] 특허권자의 권리를 대위함이 없이 자신의 권리만으로 직접 침해금지를 청구할 수도 없다.[253]

○ 서울고법 2006. 1. 10. 선고 2005나28091 판결
피고가 정당한 통상실시권자로부터 특허제품을 인도받아 사용하는 경우, 피고가 특허권자로부터 별도로 동의를 받거나 특허권을 이전받지 않더라도 특허권을 침해하는 새로운 실시에 해당한다고 할 수 없다.

○ 서울남부지법 2006. 1. 13. 선고 2004가합18614 판결
甲이 담당하는 직무내용과 책임범위로 보아 이 사건 발명을 꾀하고 이를 수행하는 것이 당연히 예정되거나 기대된다고 보기 어려워 이 사건 발명행위가 甲의 현재 또는 과거의 직무에 속한다고 보기는 어렵고, 설사 피고가 특허권에 대하여 통상실시권을 가진다 하더라도, 피고는 乙의 통상실시권을 양수받아 보유하게 되었으므로 이를 등록해야만 제3자에게 대항할 수 있다고 할 것인바, 피고가 특허권에 대한 통상실시권을 등록하지 않은 이상 원고에게 이를 대항할 수 없다.

라. 독점적 통상실시권

1) 의의

가) 독점적 통상실시권의 개념

(1) 타인에게 실시권을 부여하지 않겠다는 취지의 약정

□ 특허권자는 제3자에게 특허발명의 실시를 허락할 수 있는데, 특허권자가 상대방과 사이에 실시권허락계약을 체결하면서 상대방 외의 타인에게 실시할 권리를 부여하지 않겠다는 취지의 약정을 한 경우, 실시권자가 갖는 계약상의 권리를 그렇지 않은 경우와 구분하여 독점적 통상실시권이라 한다.[254]

(2) 실시허락을 받은 자만이 당해 특허발명 실시

□ 독점적 통상실시권은 실시허락을 받은 자만이 당해 특허발명을 실시할 수 있는 독점적 내용을 가지는 통상실시권을 의미한다.[255]

인천지법 2006. 12. 15. 선고 2006가합615 판결, 수원지법 2006. 11. 24. 선고 2005가합5573 판결, 부산지법 2001. 11. 16. 선고 2000가합19444 판결

252) 특허법원 2018. 2. 8. 선고 2017나2332 판결, 서울중앙지법 2017. 9. 15. 선고 2014가합556560 판결

253) 곽민섭, 지식재산권 침해소송 실무와 최근의 판례 동향, 특허심판원(2009. 5.), 29면
• 통상실시권자는 침해금지청구권을 가지지 않는다는 것이 통설이다(이균용, 특허소송의 주장·입증책임과 방법론, 2008년도 변리사 민사소송실무연수, 대한변리사회, 87면).

254) 특허법원 2018. 2. 8. 선고 2017나2332 판결

나) 독점적 통상실시권의 성립

□ 독점적 통상실시권의 허락은 당사자 간 의사의 합치만 있으면 성립되고 이러한 의사의 합치는 명시적으로는 물론 묵시적으로도 이루어질 수 있다.[256)]

2) 독점적 통상실시권 판단

가) 특허권자가 타인에게 실시권을 부여하지 않겠다는 약정 여부

□ 어느 통상실시권이 독점적 통상실시권인지 비독점적 통상실시권인지 여부는 특허권자가 통상실시권을 허락하면서 상대방과 사이에 특허권자가 상대방 외의 타인에게 실시권을 부여하지 않겠다는 취지의 약정을 하였는지 여부에 달려 있다.[257)]

나) 계약의 존재나 실시허락조건 특정

□ 특허권자와 실시권자 사이에 독점적 통상실시권 허락계약이 있었다고 인정하기 위해서는 독점적 통상실시권 허락계약이 존재하였다고 볼 수 있거나, 구체적인 실시허락조건을 특정할 수 있다는 등의 특별한 사정이 인정되어야 한다.[258)]

다) 특허권자가 제3자에게 통상실시권을 부여하지 않을 의무

□ 특허권자와 실시권자 사이에 체결된 계약이 독점적 통상실시권을 부여하는 계약에 해당하기 위해서는 계약의 내용상 특허권자가 실시권자 외의 제3자에게 통상실시권을 부여하지 않을 의무를 부담해야 하고, 단지 특허권자가 어느 한 실시권자에게만 실시권을 부여함에 따라 그 실시권자가 사실상 독점적인 지위를 향유하고 있다는 사정만으로 독점적 통상실시권을 부여하는 계약이라고 볼 수 없다.[259)]

라) 아무런 처분문서도 없는 경우

□ 특허의 독점적 실시와 같은 중요한 권리의 처분에 관하여 아무런 처분문서도 없는 상황이라면 특허의 독점적 통상실시권을 가지는 것으로 볼 수 없다.[260)]

---

255) 서울고법 2016. 10. 6. 선고 2015나2040348 판결, 서울중앙지법 2017. 9. 15. 선고 2014가합556560 판결

256) 특허법원 2018. 2. 8. 선고 2017나2332 판결, 서울중앙지법 2018. 12. 20. 선고 2018가합517372 판결, 2017. 9. 15. 선고 2014가합556560 판결

257) 서울중앙지법 2017. 9. 15. 선고 2014가합556560 판결

258) 서울중앙지법 2017. 9. 15. 선고 2014가합556560 판결

259) 특허법원 2018. 2. 8. 선고 2017나2332 판결, 서울고법 2016. 10. 6. 선고 2015나2040348 판결, 서울중앙지법 2018. 12. 20. 선고 2018가합517372 판결, 2017. 9. 15. 선고 2014가합556560 판결

260) 서울중앙지법 2015. 6. 19. 선고 2014가합526972 판결

3) 독점적 통상실시권과 전용실시권의 비교

□ 특허권자로부터 독점적으로 특허발명을 실시할 권리를 부여받은 독점적 통상실시권자는 계약에서 정한 바에 따라 특허발명을 독점적으로 실시할 권리를 가지고 그로 인한 경제적 이익을 향유하는 점에서는 전용실시권자와 다르지 않지만, 독점적 권리인 점을 등록할 수 없고 그로 인하여 특허권자로부터 실시허락을 받은 제3자에 대항할 수 없는 점에서는 전용실시권자와 차이가 있다.[261)]

4) 통상실시권 재설정 불가

□ 독점적 통상실시권자는 다른 사람에게 통상실시권을 설정하여 줄 수는 없다.[262)] 따라서 독점적 통상실시권자에게 허락을 받은 제3자의 실시는 특허권 침해를 구성한다.

5) 침해금지청구권과 손해배상청구권의 인정 여부

가) 원칙적 불인정

□ 독점적 통상실시권은 특허권자와 독점적 통상실시권자 사이의 채권 관계에 불과하므로,[263)] 그 자체로는 독자적으로 침해금지청구나 손해배상청구권은 인정되지 않는다.[264)]

▷ 특허권자의 특허권 양도행위나 질권 설정행위에는 아무런 제한이 없고, 오히려 전용실시권자의 전용실시권 이전행위, 통상실시권 설정행위 및 전용실시권을 목적으로 하는 질권 설정행위 등에 특허권자의 동의를 요구하고 있어, 특허권자의 동의를 얻지 않은 전용실시권의 이전은 무효이고, 실시사업과 같이 이전하는 경우 또는 상속 기타 일반승계의 경우에는 특허권자의 동의가 필요 없다. 특허권자가 전용실시권 설정 후 통상실시권을 허락하여 실시하게 하는 경우 특허권 침해가 되나, 독점적 통상실시권 허락 후에 동일내용의 통상실시권을 중복하여 허락하여 실시하게 하는 경우 특허권 침해가 되지 않고, 다만 독점적 통상실시권자는 특허권자에게 대한 채무불이행 책임만을 물을 수 있다.[265)]

---

261) 특허법원 2018. 2. 8. 선고 2017나2332 판결

262) 대법원 2006. 5. 12. 선고 2004후2529 판결, 2006. 5. 12. 선고 2004후2536 판결, 2006. 5. 12. 선고 2004후2543 판결, 특허법원 2017. 10. 20. 선고 2017허5535 판결, 2009. 6. 26. 선고 2008허12319 판결

263) 서울중앙지법 2013. 11. 22. 선고 2013가합23049 판결
- 독점적 통상실시권자의 경우에는 채권 침해로 인하여 불법행위가 성립한다(대법원 2011. 6. 9. 선고 2009다52304,52311 판결, 2007. 9. 21. 선고 2006다9446 판결).

264) (같은 취지) 대법원 2007. 1. 25. 선고 2005다11626 판결; 김대웅, 보전처분절차 실무, 2010년도 변리사 민사소송실무연수, 대한변리사회, 284면

265) 지식재산권범죄 실무사례집, 서울중앙지검(2012. 7.), 12면

나) 특허권자를 대위하여 침해금지청구권 행사 가능

□ 독점적 통상실시권자는 자신의 권리를 보전하기 위하여 필요한 범위 내에서 권리자를 대위하여 침해금지청구권을 행사할 수 있다.[266)]

다) 손해배상청구가 가능한 경우

(1) 경제적 이익을 침해하는 제3자에 대하여

□ 독점적 통상실시권자는 비독점적 통상실시권자와 달리 독점적 실시로 향유하는 경제적 이익을 침해하는 제3자에 대하여 그 침해로 인한 손해배상을 청구할 수 있다.[267)]

(2) 적극적 채권 침해가 이루어지고 있는 경우

□ 독점적 통상실시권자가 그 독점적 지위에 기하여 시장에서 이익을 얻고 있고 그 이익이 법적으로 보호받을 가치가 있거나 그 독점적 통상실시권자에 대한 적극적 채권침해가 이루어지고 있는 경우에는 독점적 통상실시권자가 침해자에 대하여 손해배상을 청구할 수 있다.[268)]

(3) 제3자의 불법행위

□ 독점적 통상실시권자가 특허권자로부터 부여받은 권리에 의하여 누리는 경제적 이익은 결국 특허법에 의하여 보호되는 특허권자의 독점적·배타적 실시권에 기인하는 것으로서 법적으로 보호할 가치가 있는 이익에 해당하고,[269)] 제3자가 독점적 통상실시권자를 해한다는 사정을 알면서 법규를 위반하거나 선량한 풍속 또는 사회질서를 위반하는 등 위법한 행위를 한 경우에는 불법행위가 성립하기 때문에 손해배상을 청구할 수 있다.[270)]

○ 특허법원 2018. 2. 8. 선고 2017나2332 판결

---

266) 대법원 2007. 3. 29. 선고 2005다44138 판결, 2007. 1. 25. 선고 2005다11626 판결, 서울고법 2018. 4. 26. 선고 2017나2064157 판결, 2010. 7. 1. 선고 2008나68090 판결, 서울중앙지법 2019. 5. 1. 선고 2017가합574019 판결, 2017. 9. 29. 선고 2016가합570805 판결, 2014. 5. 15. 선고 2013가합75118 판결, 2011. 9. 14.자 2011카합709 결정, 수원지법 2011. 1. 27.자 2010카합333 결정

267) 특허법원 2018. 2. 8. 선고 2017나2332 판결, 서울중앙지법 2018. 12. 20. 선고 2018가합517372 판결 (같은 취지) 서울고법 2009. 6. 17. 선고 2008나40436 판결

268) 서울중앙지법 2017. 9. 15. 선고 2014가합556560 판결

269) 특허법원 2018. 2. 8. 선고 2017나2332 판결

270) 대법원 2011. 6. 9. 선고 2009다52304,52311 판결, 2007. 9. 21. 선고 2006다9446 판결, 2007. 5. 11. 선고 2004다11162 판결, 2006. 9. 8. 선고 2004다55230 판결, 2003. 3. 14. 선고 2000다32437 판결, 특허법원 2022. 4. 28. 선고 2021나1657 판결, 2019. 7. 12. 선고 2018나1473 판결, 서울중앙지법 2018. 12. 20. 선고 2018가합517372 판결, 2017. 9. 15. 선고 2014가합556560 판결

요양급여 대상 의약품 시장의 특징, 독점적 통상실시권자로서 원고가 가지는 이익, 피고 제품의 판매와 약가등재 신청행위의 관련성, 제네릭 의약품에 대한 약가등재 신청시 오리지널 의약품의 약가를 인하하도록 하는 보건복지부 고시의 규정 취지 등을 종합하여 보건대, 피고는 원고 제품의 제네릭 의약품인 피고 제품에 대하여 약가등재 절차를 거쳐 이를 판매하게 될 경우, 원고 제품의 약가가 인하되어 원고가 손해를 입으리라는 사정을 잘 알면서, 먼저 제네릭 의약품 시장에 진입하여 이를 선점하는 이익을 얻기 위하여 특허발명의 존속기간 만료 전에 약가등재 절차를 거쳐 피고 제품을 판매하였고, 그로 인하여 원고 제품의 약가가 인하되어 특허발명에 대한 독점적 통상실시권에 기해 원고가 가지는 법률상 보호가치 있는 이익이 침해되었는바, 이는 위법한 행위에 해당한다.

7 공정거래법의 저촉문제

[공정거래법 제59조]
이 법의 규정은 저작권법, 특허법, 실용신안법, 디자인보호법 또는 상표법에 의한 권리의 정당한 행사라고 인정되는 행위에 대하여는 적용하지 않는다.

가. 공정거래법의 목적

□ 공정거래법은 불공정거래행위를 규제하여 공정하고 자유로운 경쟁을 촉진함으로써 창의적인 기업활동을 조장하고 소비자를 보호함과 아울러 국민경제의 균형 있는 발전을 도모함을 목적으로 한다.[271]

나. 공정거래법의 적용대상

1) 공정거래법의 적용대상인 경우

가) 특허권의 행사가 정당하지 않은 경우

□ 특허권의 행사가 정당하지 않은 경우에는 공정거래법의 적용대상이 되나,[272] 특허권의 행사가 정당한 경우에는 공정거래법의 적용대상이 아니다.

나) 특허권자가 실시권자에게 부과한 각종 제약조건 판단

□ 특허실시도 특허권의 행사에 포함되므로 특허발명의 실시허락시 특허권자가 실시권

271) 대법원 2015. 9. 10. 선고 2012두18325 판결, 2010. 6. 24. 선고 2008두18311 판결, 2009. 10. 29. 선고 2007두20812 판결, 서울중앙지법 2012. 8. 24. 선고 2011가합39552 판결

272) 대법원 2014. 2. 27. 선고 2012두24498 판결, 서울고법 2019. 2. 14. 선고 2016나2009146 판결, 2019. 2. 14. 선고 2016나2009825 판결, 2012. 10. 11. 선고 2012누3028 판결, 부산고법 2018. 8. 16. 선고 2015나55441,55465 판결, 서울중앙지법 2016. 1. 13. 선고 2014가합567058 판결, 2016. 1. 13. 선고 2014가합581702 판결, 2011. 9. 14.자 2011카합683 결정, 2011. 9. 14.자 2011카합709 결정

자에게 부과한 각종의 제약조건이 경쟁을 제한하게 되는 경우에는 그 조건의 부과가 특허권의 정당한 행사라고 볼 수 없다면 공정거래법의 적용을 받는다.[273)]

2) 공정거래법의 적용대상이 아닌 경우

가) 보상을 받기 위한 정상적이고 합리적인 행위

□ 산업발전을 촉진하는 수단으로 새로운 발명을 한 자에게 발명을 공개하게 하고 그에 대한 보상으로 특허권이라는 합법적인 독점권을 부여한다는 특허법의 본질에 비추어, 그러한 보상을 받기 위한 정상적이고 합리적인 행위는 특허권의 정당한 행사로 보아 공정거래법이 적용되지 않는다고 할 것이고, 이를 넘어 공개된 발명에 대한 정당한 대가 이상의 보상을 받으려 하는 행위에 대하여는 공정거래법이 적용된다.[274)]

나) 특허분쟁에 관한 합의의 내용이 상식적인 경우

□ 특허분쟁에 관한 합의의 내용이 특허권을 정당하게 행사할 경우 나타날 수 있는 결과를 넘어서지 않는 한 그러한 합의는 특허권의 정당한 행사에 속하고, 이를 넘어서는 경우에는 특허권의 부당한 행사로서 공정거래법의 적용을 받는다. 따라서 특허권자의 특허가 무효이거나 경쟁사업자가 특허를 침해한 것이 아님이 명백한 경우가 아닌 한 침해자가 특허를 침해하였음을 인정하고 특허기간 만료시까지 당해 제품을 생산하지 않거나 당해 제법을 사용하지 않는 등으로 특허를 침해하지 않기로 약정한 경우에는, 사후에 특허침해가 아닌 것으로 밝혀졌다고 하더라도 이는 특허권의 정당한 행사로서 공정거래법이 적용되지 않는다.[275)]

다. 정당한 권리행사 판단

1) 특허법의 원리에 따라 결정

□ 정당한 권리행사인지 여부는 공정거래법의 원리에 따라 판단할 것이 아니라, 특허법의 원리에 따라 결정해야 한다.[276)]

▷ 특허권 남용에 해당하는지 여부는 특허법 내에서 판단을 하게 되고, 특허권 남용이 인정되면 그로 인하여 관련 시장에서의 독점적 시장지배력 확보나 공정한 경쟁질서 훼손 등 경쟁법적 효과까지 발생하였는지를 고려하여 공정거래법 위반 여부를 판단하게 된다. ① 특허권의 행사가 특허권 남용으로 인정되면 권리행사의 효과가 부정되는 것에

273) 서울고법 2012. 10. 11. 선고 2012누3028 판결
274) 서울고법 2012. 10. 11. 선고 2012누3028 판결
275) 서울고법 2012. 10. 11. 선고 2012누3028 판결
276) 서울고법 2012. 10. 11. 선고 2012누3028 판결

그치는 반면, ② 공정거래법 위반에 해당하면 특허권자는 시정조치, 과징금 및 민·형사상 책임을 지게 된다.[277]

2) 정당하지 않은 특허권의 행사

가) 특허제도의 취지를 벗어난 행위

□ '특허권의 정당한 행사라고 인정되지 않는 행위'란, 행위의 외형상 특허권의 행사로 보이더라도 그 실질이 특허제도의 취지를 벗어나 제도의 본질적 목적에 반하는 경우를 의미하고, 여기에 해당하는지는 특허법의 목적과 취지, 당해 특허권의 내용과 아울러 당해 행위가 공정하고 자유로운 경쟁에 미치는 영향 등 제반 사정을 함께 고려하여 판단해야 한다.[278]

나) 공정한 경쟁질서를 어지럽히고 신의칙을 위반하는 경우

□ 상대방에 대한 특허권의 행사가 특허제도의 목적이나 기능을 일탈하여 공정한 경쟁질서와 거래 질서를 어지럽히고 수요자 또는 상대방에 대한 관계에서 신의칙에 위배되는 등 법적으로 보호받을 만한 가치가 없다고 인정되는 경우에는, 그 특허권의 행사는 설령 권리행사의 외형을 갖추었다 하더라도 특허발명에 관한 권리를 남용하는 것으로서 허용될 수 없다.[279]

다) 특허권자와 침해자 사이에 부당한 합의가 있는 경우

□ 특허권자와 침해자 사이의 부당한 합의는 무효인 특허의 독점력을 지속시키거나 특허를 침해하지 않은 경쟁사업자의 시장 진입을 방해하여 시장에서 경쟁을 제한하는 결과를 초래할 수 있다.[280]

라) 상당한 경제적 이익을 역지불한 경우

□ 특허분쟁에 관한 합의에 특허권자가 침해자에게 경제적 이익을 부여하는 내용이 포함되었다는 사정만으로는 그 합의가 특허권의 정당한 행사가 아니라고 단정할 수는 없다. 그러나 특허권자가 침해배제를 약정하면서 침해자에게 역으로 상당한 경제적 이익을 부여한 사정은 다른 사정들과의 종합적인 고려 하에 그 합의를 함에 있어 당

---

277) 강명수, 특허권 남용에 대한 고찰, (사)한국지식재산학회, 특허침해소송의 이론과 실무, 법문사(2016), 366~367면

278) 대법원 2014. 2. 27. 선고 2012두24498 판결, 서울고법 2019. 2. 14. 선고 2016나2009146 판결, 2019. 2. 14. 선고 2016나2009825 판결, 부산고법 2018. 8. 16. 선고 2015나55441,55465 판결, 서울중앙지법 2016. 1. 13. 선고 2014가합567058 판결, 2016. 1. 13. 선고 2014가합581702 판결

279) 대법원 2014. 8. 20. 선고 2012다6035 판결, 2014. 8. 20. 선고 2012다6059 판결, 특허법원 2016. 9. 23. 선고 2016허3013 판결, 서울중앙지법 2012. 8. 24. 선고 2011가합39552 판결

280) 서울고법 2012. 10. 11. 선고 2012누3028 판결

사자에게 반경쟁적인 의사 또는 목적이 있었다고 추단할 수 있는 근거가 된다.[281)]

마) 역지불합의의 위법성 판단

(1) 공정하고 자유로운 경쟁에 영향을 미치는지에 따라 개별적 판단

□ 의약품의 특허권자가 자신의 특허권을 침해할 가능성이 있는 의약품의 제조·판매를 시도하면서 그 특허의 효력이나 권리범위를 다투는 자에게 그 행위를 포기 또는 연기하는 대가로 일정한 경제적 이익을 제공하기로 하고 특허 관련 분쟁을 종결하는 합의를 한 경우, 그 합의가 '특허권의 정당한 행사라고 인정되지 않는 행위'에 해당하는지는 특허권자가 그 합의를 통하여 자신의 독점적 이익의 일부를 상대방에게 제공하는 대신 자신의 독점적 지위를 유지함으로써 공정하고 자유로운 경쟁에 영향을 미치는지에 따라 개별적으로 판단해야 한다.[282)]

(2) 구체적인 고려사항

□ 특허권의 정당한 행사라고 인정되지 않는 행위에 해당하는지는, ① 합의의 경위와 내용, ② 합의의 대상이 된 기간, ③ 합의에서 대가로 제공하기로 한 경제적 이익의 규모, ④ 특허분쟁에 관련된 비용이나 예상이익, ⑤ 그 밖에 합의에서 정한 대가를 정당화할 수 있는 사유의 유무 등을 종합적으로 고려해야 한다.[283)]

○ 대법원 2014. 2. 27. 선고 2012두24498 판결

특허권자와 동아제약은 2000. 4. 17. 동아제약이 5년간 '온다론'의 제조·판매를 중단하고 관련청구와 소를 모두 취하하기로 하는 내용의 화해계약 및 특허권자가 동아제약에게 '조프란'의 국·공립병원 판매권과 '발트렉스'의 독점판매권을 부여하는 내용의 공급계약을 포함하는 이 사건 합의는 특허권자가 자신의 특허권을 다투면서 경쟁제품을 출시한 동아제약에게 특허 관련 소송비용보다 훨씬 큰 규모의 경제적 이익을 제공하면서 그 대가로 경쟁제품을 시장에서 철수하고 특허기간보다 장기간 그 출시 등을 제한하기로 한 것으로서 특허권자가 이 사건 합의를 통하여 자신의 독점적 이익의 일부를 동아제약에게 제공하는 대신 자신들의 독점력을 유지함으로써 공정하고 자유로운 경쟁에 영향을 미친 것이라고 할 수 있으므로, 이는 '특허권의 정당한 행사라고 인정되지 않는 행위'에 해당하여 공정거래법의 적용대상이 된다.

라. 공정거래법 위반 항변[284)]

★□ ① 특허권자의 특허가 무효이거나 경쟁사업자가 특허를 침해한 것이 아님이 명백함에

281) 서울고법 2012. 10. 11. 선고 2012누3028 판결
282) 대법원 2014. 2. 27. 선고 2012두24498 판결
283) 대법원 2014. 2. 27. 선고 2012두24498 판결
284) 서울고법 2012. 10. 11. 선고 2012누3028 판결

도 특허권자와 경쟁사업자가 관련시장에서 경쟁을 제한하기 위한 목적으로 합의에 이른 경우

② 특허기간의 만료 후에도 경쟁사업자가 관련 제품을 시장에 출시하지 않도록 한 경우

③ 방법발명의 경우, 제조방법과 상관없이 특허를 이용하여 생산한 제품과 동일한 제품에 관한 연구 또는 제조·판매 등을 금지하는 경우

④ 특허기간 만료시까지 경쟁사업자가 특허권을 침해하지 않고도 할 수 있는 연구 또는 시험을 하지 않기로 함으로써 특허기간이 만료된 이후에도 경쟁사업자가 바로 제품을 출시하지 못하여 실질적으로 특허권자의 독점권이 연장되는 효과가 발생하는 경우

⑤ 당해 특허와 직접적으로 관련이 없는 다른 특허에 관련된 연구개발, 관련 제품의 출시 등을 금지하는 경우

마. 명확한 법규범 적용 및 신중한 일반조항 적용

□ 특허법은 타인의 투자나 노력으로 만들어진 성과를 이용하는 행위 중에서 타인의 발명활동이나 영업상 신용에 편승하는 것을 방지하기 위하여 특허권을 창설하고 타인의 성과를 보호함과 아울러 그 한계를 설정하고 있다. 그러므로 그와 같은 특허권에 의한 보호의 대상이 되지 않는 타인의 성과를 이용하는 것은 본래 자유롭게 허용된다고 할 것이고, 또한 자유경쟁사회는 기업을 비롯한 모든 자의 경쟁참가기회에 대한 평등성 확보와 자기 행위의 결과에 대한 예측가능성을 전제로 성립하는 것이므로 이와 같은 행위에 대한 법규범은 명확해야 하고, 해석에 의하여 광범위한 법규범 창설기능이 있는 일반조항을 적용함에는 원칙적으로 신중해야 한다.[285)]

바. 공정거래법에 근거한 금지청구권 불인정

□ 특허법에는 특허법위반으로 인하여 침해를 입은 자에게 명문의 규정을 두어 침해행위의 금지청구권을 인정하고 있는데, 공정거래법에 근거한 금지청구권은 인정되지 않는다.[286)]

285) 서울고법 2017. 2. 16. 선고 2016나2035091 판결, 2017. 1. 12. 선고 2015나2063761 판결
286) 서울중앙지법 2007. 11. 8. 선고 2007가합46256 판결

Ⅲ. 침해금지가처분

1 의의

가. 개념

□ 특허권자는 현저한 손해를 피하거나 급박한 위험을 막기 위하여 또는 그 밖의 필요한 이유가 있을 경우에는 임시의 지위를 정하는 가처분의 형태로 청구할 수 있다.[287] 가처분은 다툼 있는 권리관계에 관하여 그것이 본안소송에 의하여 확정되기까지 가처분권리자가 현재의 현저한 손해를 피하거나 급박한 위험을 막기 위하여, 또는 그 밖에 필요한 이유가 있는 경우에 허용되는 응급적·잠정적인 처분이다.[288]

나. 가처분의 목적

□ 가처분이란 장래의 집행불능 또는 곤란을 예방하기 위한 것이다.[289]

다. 가처분의 효력

□ 침해금지가처분의 효력은 특정된 침해행위에 대하여만 미치므로, 침해금지가처분에서 금지의 대상이 되는 침해행위는 구체적으로 특정되어야 한다.[290]

라. 가처분의 효력발생시기

□ 가처분이 판결로써 선고된 경우에는 그 가처분은 선고시에 효력이 발생한다.[291]

마. 가처분절차의 중지 여부

□ 특허무효심판에 대한 심결취소소송이 계속 중인 경우에도 침해금지가처분절차의 중지 여부는 법원의 재량에 속한다.[292]

---

287) 대법원 2007. 7. 2.자 2005마944 결정
288) 대법원 2022. 2. 8.자 2021마6668 결정, 2020. 4. 24.자 2019마6918 결정, 2014. 6. 27.자 2011마1915 결정, 2007. 1. 25. 선고 2005다11626 판결, 2006. 7. 4.자 2006마164,165 결정, 2005. 8. 19.자 2003마482 결정, 2003. 11. 28. 선고 2003다30265 판결, 1997. 10. 14.자 97마1473 결정, 1995. 3. 10.자 94마605 결정, 부산고법 2019. 7. 3.자 2019라5058 결정
289) 대법원 2002. 8. 23. 선고 2002다1567 판결
290) 대법원 2008. 12. 24. 선고 2006도1819 판결
291) 대법원 2001. 2. 27. 선고 2000다25798,25804 판결
292) 대법원 2007. 6. 4. 선고 2006마907 판결

바. 가처분결정의 주문에 사용하는 용어

□ 가처분결정의 주문은 그 자체만으로 집행력의 범위와 내용을 알 수 있도록 정확한 용어를 사용해야 한다.[293]

2 보전의 필요성

가. 가처분이 필요한지

1) 가처분신청 판단의 기준시점

□ 가처분신청을 받아들일 것인지 여부를 판단하기 위해서 그 전제가 되는 본안소송의 적법 여부는 가처분결정 당시를 기준으로 하여 판단해야 한다.[294]

2) 보전의 필요성 판단방법

가) 일반적인 사정

□ 가처분이 필요한지 여부는, ① 당해 가처분신청의 인용 여부에 따른 당사자 쌍방의 이해득실관계, ② 본안소송에 있어서의 장래의 승패 예상, ③ 그 밖의 제반 사정을 고려하여 법원의 재량에 따라 합목적적으로 결정해야 한다.[295]

나) 기타 사정

□ 특허권 관련 가처분에서의 보전필요성에 관한 그 밖의 제반 사정으로는, ① 국가의 수출전략 등과 같은 공공복리에 미칠 영향,[296] ② 채무자의 영업중단으로 인한 사회적 영향,[297] ③ 채무자가 침해를 중단하였다는 사정,[298] ④ 채무자가 침해를 주도하고 있는 사람인지 여부[299] 등을 고려한다.

3) 가처분의 조건

가) 가처분의 필요성이 고도로 소명된 경우

□ 가처분은 특히 계속하는 권리관계에 끼칠 현저한 손해를 피하거나 급박한 위험을 피하

---

293) 대법원 1997. 12. 26. 선고 97다42540 판결
294) 서울남부지법 2020. 3. 16.자 2020카합20088 결정
295) 대법원 2022. 2. 8.자 2021마6668 결정, 2014. 6. 27.자 2011마1915 결정, 2011. 7. 28.자 2009마1418 결정, 2010. 8. 25.자 2008마1541 결정, 2009. 1. 20.자 2006마515 결정, 2007. 7. 2.자 2005마944 결정, 2007. 6. 4. 선고 2006마907 판결, 2007. 1. 25. 선고 2005다11626 판결, 2006. 11. 23. 선고 2006다29983 판결, 2003. 11. 28. 선고 2003다30265 판결
296) 대법원 1994. 11. 10.자 93마2022 결정
297) 대법원 1994. 11. 10.자 93마2022 결정
298) 서울중앙지법 2007. 12. 10.자 2007카합1824 결정
299) 서울중앙지법 2007. 12. 10.자 2007카합1824 결정

기 막기 위하여 또는 그 밖의 필요한 경우가 고도로 소명된 경우에만 할 수 있다.300)

나) 가처분신청의 수용요건

□ 침해금지가처분신청이 받아들여지기 위해서는, ① 피신청인이 신청인의 특허권을 침해하고 있거나, ② 아직은 위와 같은 침해에 이르지 않았으나 침해행위가 이루어질 개연성이 크다는 사정이 구체적 사실로서 존재하여 그 피보전권리가 인정되어야 한다.301) 또한 ③ 그 가처분에 의하여 보전될 권리관계가 존재해야 하고, ④ 그 권리관계는 본안소송에 의하여 보호를 받을 자격이 있어야 한다.302)

4) 보전의 필요성 심리

가) 피보전권리의 존부

□ 침해금지가처분의 피보전권리는 채권자의 특허권에 기한 금지청구권이라 할 것이고, 이와 같은 피보전권리의 존부는 결국 채무자의 행위가 특허권 침해행위를 구성하는지 여부에 달려있다.303)

나) 보전처분의 인정요건

(1) 피보전권리와 보전의 필요성의 존재

□ 보전처분이 인정되기 위해서는, ① 보전해야 할 피보전권리와, ② 그 권리에 대한 보전의 필요성의 존재가 소명되어야 한다.304)

(2) 피보전권리와 보전의 필요성에 대한 독립적 심리

□ 피보전권리와 보전의 필요성의 존재는 서로 별개의 독립된 요건이기 때문에 그 심리에 있어서도 상호 관계없이 독립적으로 심리되어야 한다.305) 따라서 가처분에 있어서는 피보전권리가 소명된다고 하여 당연히 보전의 필요성도 소명된다고 볼 것은 아니고 보전의 필요성에 관하여 독립적으로 심리해야 한다.306)

---

300) 서울서부지법 2007. 7. 24.자 2007카합1159 결정
301) 대법원 2007. 7. 2.자 2005마944 결정
302) 부산고법 2006. 6. 30.자 2005라171 결정, 울산지법 2004. 4. 8.자 2003카합982 결정
303) 서울서부지법 2007. 6. 15. 선고 2006가합3646 판결
304) 대법원 2007. 7. 26.자 2005마972 결정, 2006. 7. 4.자 2006마164,165 결정, 2005. 8. 19.자 2003마482 결정, 대구지법 2021. 4. 21.자 2021카합17 결정, 서울중앙지법 2018. 8. 2.자 2018카합20292 결정, 2018. 6. 15.자 2018카합20055 결정
305) 대법원 2007. 7. 26.자 2005마972 결정, 2006. 7. 4.자 2006마164,165 결정, 2005. 8. 19.자 2003마482 결정, 대구지법 2021. 4. 21.자 2021카합17 결정, 서울중앙지법 2018. 8. 2.자 2018카합20292 결정, 2018. 6. 15.자 2018카합20055 결정
306) 대법원 2006. 7. 4.자 2006마164,165 결정, 2005. 8. 19.자 2003마482 결정, 서울고법 2006. 2. 1.자 2005라832 결정

▶ 피보전권리에 대한 심리를 마친 후 보전의 필요성에 관하여 심리하는 것이 보통이나, 사안에 따라 보전의 필요성이 없음이 명백하면 보전의 필요성을 먼저 심리하고 피보전권리에 관하여는 판단을 하지 않은 채 보전의 필요성만을 이유로 신청을 기각하기도 한다.

다) 가처분의 기각과 인용시의 불이익 비교 · 형량

□ 가처분을 인용한 뒤 종국결정에서 청구가 기각되었을 때 발생하게 될 불이익과 가처분을 기각한 뒤 청구가 인용되었을 때 발생하게 될 불이익을 비교 · 형량한 결과, 후자의 불이익이 전자의 불이익보다 클 때에는 가처분결정을 허용할 수 있다.[307)]

라) 현저한 손해

□ 통상의 본안소송절차를 기다리자면 당사자가 회복하기 어려운 현저한 손해를 입게 되는 경우에 한하여 가처분에 의한 권리구제가 인정되는데,[308)] 현저한 손해란 본안판결의 확정시까지 기다리게 하는 것이 가혹하다고 생각되는 정도의 불이익 또는 고통을 말하고 이는 직접 및 간접의 재산적 손해뿐만 아니라 명예, 신용, 그 밖의 정신적인 손해와 공익적인 손해를 포함한다.[309)]

마) 고의 · 과실

□ 특허에 기하여 그 등록된 권리 내용에 반하는 제품의 제조 · 판매 등을 금지하는 가처분이 있는 경우, 그 집행에 따른 손해에 관하여 채권자에게 고의 · 과실이 있는지 여부는 채권자가 본안소송에서 패소 확정되거나 또는 그 보전처분의 피보전권리인 특허 관련 등록의 유효성에 관한 심결이 확정된 때에야 비로소 알 수 있다.[310)]

바) 특허권 침해의 중단

□ 가처분신청을 인용하는 결정에 따라 특허권 침해가 중단되었다고 하더라도, 가처분채무자가 그 가처분의 적법 여부에 대하여 다투고 있는 이상, 특허권 침해의 중단이라는 사정만으로 종래의 가처분이 보전의 필요성을 잃게 되는 것이라고는 할 수 없다.[311)]

---

307) 헌재 1999. 3. 25.자 98헌사98 전합 결정, 울산지법 2012. 10. 11.자 2012카합644 결정
308) 서울고법 2017. 8. 21.자 2015라20296 결정
309) 서울서부지법 2007. 7. 24.자 2007카합1159 결정
310) 서울고법 2009. 4. 29. 선고 2008나33568 판결
311) 대법원 2007. 1. 25. 선고 2005다11626 판결, 1997. 10. 14.자 97마1473 결정, 서울고법 2011. 2. 8.자 2010라1306 결정, 서울중앙지법 2008. 8. 5.자 2008카합968 결정

나. 보전의 필요성이 인정되는 경우

1) 간접침해물건

□ 신청인의 특허권이 무효로 되거나 가까운 장래에 무효로 될 가능성이 있다고 볼 만한 자료를 기록상 찾아볼 수 없다면, 피신청인이 제조·판매하는 부품이 신청인의 특허권을 간접침해하는 물건에 해당하는 이상, 피신청인에 대하여 이를 제조·판매 또는 반포하는 행위의 금지를 명할 보전의 필요성이 있다.[312)]

▷ 채권자가 특허발명을 위하여 투자한 연구개발비의 규모가 크고 당해 특허발명이 속한 기술 분야의 경쟁이 치열하며 기술변화의 속도가 빠를수록 침해금지가처분의 보전의 필요성이 인정될 가능성이 크고, 채권자가 입을 손해가 시장점유율의 감소, 신용 저하 등과 같이 금전적 배상만으로는 충분치 못하거나 단시간 내에 회복하기 어려운 손해일 경우에도 보전의 필요성이 더 커진다.[313)]

2) 제3자 소유의 사용금지·이전금지신청

□ 침해설비에 대하여 사용금지 및 점유이전금지만을 신청할 경우에는 제3자의 소유인 경우에도 그러한 가처분이 발령될 수 있다.[314)]

다. 보전의 필요성이 인정되지 않는 경우

1) 특허권자가 권리를 행사하지 않는 경우

가) 특허권자가 본안소송에서 승소하고도 집행을 하지 않는 경우

□ 특허권자가 본안소송에서 승소하고 집행권원을 획득하여 '즉시 본집행을 할 수 있는 요건을 갖추었음에도 불구하고' 그 집행을 하지 않는 경우에는 보전의 필요성이 없다.[315)]

나) 특허권자가 이미 확정판결을 가지고 있는 경우

□ 특허권자가 이미 확정판결을 가지고 있는 경우에는 즉시 집행할 수 있는 상태에 있으므로 보전의 필요성이 없다.[316)]

다) 특허권자가 침해상태를 오랫동안 방임한 경우

□ 가처분에 의하여 제거되어야 할 상태가 특허권자에 의하여 오랫동안 방임되어 온 때

---

312) 대법원 2001. 2. 23. 선고 99다63237 판결, 1991. 4. 30.자 90마851 결정
313) 지적재산소송실무 제4판, 특허법원 지적재산소송 실무연구회, 박영사(2019), 513~514면
314) 대법원 2002. 3. 29. 선고 2000다33010 판결
315) 대법원 2000. 11. 14. 선고 2000다40773 판결, 1985. 4. 9. 선고 84다카2331 판결, 1984. 10. 23. 선고 84다카935 판결, 부산지법 2015. 8. 5. 선고 2014라453 판결
316) 대법원 2005. 5. 26. 선고 2005다7672 판결, 대구지법 2020. 9. 16.자 2020카합5081 결정

에는 보전의 필요성이 없다.317)

2) 특허권자의 패소가 예상되는 경우

가) 특허발명에 대한 무효심결이 있거나 무효의 개연성이 높은 경우

□ 가처분신청 당시 특허심판원에 별도로 청구된 무효심판절차에서 그 특허권이 무효라고 하는 취지의 심결이 있은 경우이거나, 무효심판이 청구되고 그 청구이유나 증거관계로부터 장래 그 특허가 무효로 될 개연성이 높다고 인정되는 등의 특별한 사정이 있는 경우에는 보전의 필요성이 없다.318)

나) 본안소송에서 패소판결을 받으리라고 충분히 예상되는 경우

□ 특허권이 가까운 장래에 소멸하여 본안소송에서 특허권자가 패소판결을 받으리라는 점이 현재에 있어 충분히 예상되는 경우에는 보전의 필요성이 없다.319)

3) 침해자가 특허권 등을 가진 경우

가) 침해자의 특허가 등록되어 무효로 되지 않은 경우

□ 가처분 당시 침해자의 특허가 등록되어 있고, 그 특허가 특허청에서 무효로 되지 않는 한 당사자 간의 형평을 고려하여 보전의 필요성이 없다.320)

나) 침해자가 자신의 특허권에 기해 생산한 것이라고 주장하는 경우

□ 침해자의 실시발명이 자신의 특허권에 기하여 제작·판매된 것이라고 주장하는 경우에는 보전의 필요성을 인정할 수 없다.321)

---

317) 대법원 2005. 8. 19.자 2003마482 결정, 2005. 8. 19.자 2003마482 결정, 서울고법 2011. 6. 2.자 2010라109 결정, 청주지법 2019. 2. 20.자 2018카합534 결정, 서울중앙지법 2009. 12. 31.자 2009카합3358 결정, 2019. 1. 3.자 2018카합21360 결정, 2018. 1. 3.자 2017카합81326 결정, 2017. 11. 27.자 2017카합80507 결정, 2009. 12. 31.자 2009카합3358 결정

318) 대법원 2009. 1. 20.자 2006마515 결정, 2007. 6. 4. 선고 2006마907 판결, 2006. 11. 23. 선고 2006다29983 판결, 2003. 11. 28. 선고 2003다30265 판결, 1993. 2. 12. 선고 92다40563 판결, 서울고법 2012. 7. 10.자 2012라188 결정, 서울중앙지법 2019. 6. 12.자 2019카합20237 결정, 2019. 5. 20.자 2018카합21884 결정, 2019. 4. 23.자 2019카합20049 결정, 2019. 4. 23.자 2019카합20050,20051 결정, 2019. 4. 23.자 2019카합20063 결정

319) 대법원 1993. 2. 12. 선고 92다40563 판결, 서울고법 2006. 11. 15. 선고 2005나77529 판결, 2006. 1. 10. 선고 2005나58337 판결, 2004. 1. 6.자 2003라426 결정, 2002. 11. 26. 선고 2002나19515 판결, 2000. 11. 15.자 2000라149 결정, 청주지법 2007. 10. 31. 선고 2007카합72 판결, 대구지법 2007. 2. 9.자 2006카합8 결정, 대전지법 2003. 7. 11. 선고 2002카합197 판결, 서울지법 2003. 4. 4. 선고 2003카합322 판결

320) 서울고법 2004. 1. 28. 선고 2003나52427 판결, 인천지법 2003. 6. 23. 선고 2003카합575 판결

321) 대법원 2009. 1. 30. 선고 2007다65245 판결, 부산고법 2007. 8. 1. 선고 2006나16710 판결

다) 침해자가 설계도 저작권에 따라 공사를 하는 경우

□ 침해자가 자신의 설계도 저작권에 기하여 공사를 하는 경우에는 보전의 필요성을 인정할 수 없다.[322)]

4) 특허권자가 특허를 실시하지 않거나 실시한 적이 없는 경우

□ 특허권자가 실제로 제품을 생산하고 있지 않거나,[323)] 특허발명을 실시한 적이 없고 침해제품의 대체제품을 생산하지도 않는 경우에는 보전의 필요성이 없다.[324)] 그러나, 특허권자가 특허발명을 실시한 적이 없더라도 특허발명의 미실시를 정당화할 만한 사정이 있는 경우에는 보전의 필요성이 인정될 수 있다.[325)]

5) 금전보상이 가능한 반면 손실이 훨씬 큰 경우

□ 목포대교 교각설치 공사와 같이 금전보상이 가능한 반면 손실이 훨씬 큰 경우에는 보전의 필요성을 인정할 수 없다.[326)]

○ 서울고법 2006. 8. 24.자 2005라974 결정

제1항 발명은 선행발명 1, 2와 그 목적 및 효과가 동일하고, 그 구성요소들 또한 선행발명 1, 2에 동일하게 포함되어 있거나 선행발명 1, 2로부터 통상의 기술자가 용이하게 도출할 수 있다 할 것이어서 그 진보성을 인정할 수 있으므로, 장차 무효로 될 개연성이 높다고 인정할 만한 특별한 사정이 있고, 따라서 보전의 필요성에 대한 소명이 부족하다.

○ 서울중앙지법 2018. 8. 2.자 2018카합20292 결정

이 사건 가처분결정으로 인하여 채무자는 당장 채무자 실시제품을 판매할 수 없게 되어 상당한 손실이 불가피해 보이는 점, 채권자는 이 사건 가처분신청을 제기한 이래 1년이 넘도록 아직까지 본안소송을 제기하지 않고 있는 상황에서 채무자의 실시행위가 당분간 용인되더라도 당장 채권자가 입게 되는 손해는 향후 금전으로 충분히 전보될 수 있는 실시료 상당의 손해에 불과하고, 달리 채권자에게는 급박한 위험이 있거나 회복되기 어려운 손해가 초래된다고 보기는 어려운 점, 실시료 산정이나 손해배상 문제는 결국 본안소송에서 충분한 심리를 거쳐 판단되는 것이 바람직한 점, 표준화 제정과정에서 채권자의 일련의 행위는 특허매복행위로 평가될 여지도 있어 이에 관하여 향후 본안소송을 통해서 보다 면밀히 심리될 필요도 있는 점, 이 사건 가처분으로 채무자에 대하여 당장

322) 서울중앙지법 2007. 8. 28.자 2007카합642 결정
323) 서울중앙지법 2010. 11. 1.자 2010카합581 결정
324) 대법원 1980. 12. 9. 선고 80다829 판결
325) 대법원 1980. 12. 9. 선고 80다829 판결
326) 서울중앙지법 2008. 4. 11.자 2007카합2777 결정

침해금지를 구하는 것보다는 특허발명의 귀속과 이들 사이의 상호 계약불이행책임 등의 문제가 먼저 분명히 밝혀질 필요가 있는 점 등을 감안하면, 이 사건 가처분신청은 보전의 필요성에 관한 소명이 부족하다.

○ 서울중앙지법 2010. 11. 30.자 2010카합1281 결정

피신청인은 별지목록 기재 방법과 다른 방법을 실시하고 있다고 하면서 그 다른 방법을 구체적으로 설명하고 있을 뿐만 아니라, 피신청인 ㈜창대핫멜시트가 2010. 1. 18. 신청인을 상대로 하여 특허심판원에 제1, 3, 5항 각 발명 등의 특허등록 무효를 구하는 심판을 청구하였고, 특허심판원이 2010. 9. 30. 제1, 3, 5항 각 발명 등의 특허등록을 무효로 하는 심결을 한 사실이 소명되므로, 이 사건 신청은 그 보전의 필요성에 대한 소명도 부족하다.

○ 서울중앙지법 2010. 11. 1.자 2010카합581 결정

신청인은 2010. 2. 18. 이 사건 실용신안에 관한 권리를 기존 권리자인 남한중으로부터 양수하여 실용신안권자가 되기는 하였으나 아직까지 이를 이용하여 실제로 물품을 생산하거나 판매한 적이 없을 뿐만 아니라 현재 물품을 생산할 수 있는 설비를 갖추고 있는 것도 아닌 사실을 인정할 수 있다. 그렇다면 가사 피신청인이 사용하는 매입등기구가 신청인의 실용신안권을 침해한다고 가정하더라도, 당분간 피신청인이 위 매입등기구를 계속 사용하는 것으로 인하여 신청인에게 매출감소 등의 직접적인 손실이 발생하는 것은 아니다. 다만 신청인이 피신청인으로부터 실용신안권 사용에 따른 정당한 대가를 수령하지 못함에 따른 손해는 있을 수 있으나, 위와 같은 손해는 그 성질상 본안소송을 통한 전보를 시도하는 것이 적절하다고 보이고, 기록상 달리 만족적 가처분이 필요할 만큼 신청인에게 현저한 손해나 급박한 위험이 있다고 볼 만한 자료가 부족하다. 위와 같은 사정에 의하면 가처분으로 실용신안권 침해행위의 중단을 명할 보전의 필요성도 인정되지 않는다.

○ 대전지법 2010. 3. 12.자 2009카합189 결정

신청인의 주장과 같이 피신청인이 이 사건 특허를 침해하고 있다고 하더라도 신청인이 입는 손해는 피신청인으로부터 이 사건 특허의 실시에 대한 대가인 실시료 등을 받지 못한 소극적 손해에 그치며, 신청인으로서는 본안소송을 통해 피신청인이 이 사건 특허를 침해하였다는 점을 증명한 후 피신청인으로부터 금전적인 배상을 받을 수 있으므로, 신청인에게 현존하는 권리관계의 분쟁에 있어서 현저한 손해를 피하거나 급박한 위험을 피하기 위한 보전의 필요성에 대한 소명이 있다고 볼 수 없다.

○ 서울중앙지법 2010. 7. 14.자 2009카합3316 결정

현재 국내에 신청인이 제조하는 'AK형 혈액투석기' 외에도 '브라운(Braun)' 등 업체가 제조한 여러 종류의 혈액투석기가 판매·설치되어 있는데, 이 사건 제품은 'AK형 혈액투석기' 외의 혈액투석기에도 사용될 수 있다. 그런데 이 사건에 제출된 자료만으로는 신청인의 주장과 같이 신청인 외의

업체에서 제조한 혈액투석기가 모두 필연적으로 이 사건 청구항 1과 동일한 구성을 취할 수밖에 없다고 단정하기는 어렵고, 신청인들은 다른 혈액투석기 제조업체를 상대로 특허권 침해를 주장한 적도 없는 것으로 보이는 사정에 비추어 보면, 이 사건에 제출된 자료만으로는 이 사건 제품이 청구항 1의 구성을 갖춘 혈액투석기에만 사용된다는 점이 소명되었다고 하기에 부족하므로, 이 사건 제품이 청구항 1의 간접침해에 해당한다고 할 수 없어서 신청인들의 이 부분 신청은 피보전권리가 소명되었다고 할 수 없다.

○ 서울중앙지법 2010. 7. 14.자 2009카합3316 결정

이 사건 청구항 40은 선행발명 1, 2의 결합에 의하여 진보성이 없다고 볼 여지가 있으나, 신청인들이 이 사건 청구항 40항에 기하여 피신청인을 상대로 침해금지를 구하는 것이 권리남용에까지 해당한다고 단정하기는 어려운 경우, 피신청인은 이 사건 신청이 제기되기 이전 상당기간 동안 이 사건 제품을 판매하여 왔고, 신청인들은 이를 용이하게 알 수 있었던 것으로 보임에도 이 사건 신청 이전에 이 사건 제품의 판매를 금지시키기 위한 조치를 취하지는 않았고, 사후 이 사건 제품의 판매량을 집계하여 피신청인에 대하여 손해배상청구를 하는 것에 큰 어려움이 없을 것으로 판단되는 등의 사정에 비추어 보면, 신청인 외의 업체에서 제조한 혈액투석기의 구성 및 특허발명의 무효 여부 등 신청인들이 피신청인에 대하여 특허발명에 기하여 침해금지를 구할 권리가 있는지에 관하여 나아가 심리가 이루어지기 전에 피신청인에 대하여 이 사건 제품의 판매 금지 등을 명할 급박한 보전의 필요성이 충분히 소명되었다고 할 수는 없다.

○ 서울중앙지법 2008. 6. 30.자 2008카합1329 결정

'다목적 후면투사형 사이버 컴퓨터 칠판' 발명의 특허권자인 채권자가 채무자를 상대로 침해제품의 판매 등 금지를 구산 사안에서, 기록에 의하면 필기판이 슬라이딩되고 그 후방에 수납공간부를 갖는 기술적 사상은 1996. 10. 8. 공개된 일본 공개특허공보 평8－256864호에 의하여 이미 공지되어 있었던 사실, 채권자 발명의 등록출원 전인 2003. 7. 29.과 2003. 8. 8. 제1발명의 위와 같은 특징적 구성을 모두 갖춘, 전면투사방식의 스크린 양측에 스크린의 전방으로 슬라이딩되는 게시판을 구비하고, 게시판의 후방에는 수납공간부를 갖는 것을 특징으로 하는 제품이 ㈜좋은학교만들기와 삼진토탈시스템에 의하여 상남중학교와 안의초등학교 도서관에 각 설치되어 공연히 실시된 사실, 후면투사형 컴퓨터 칠판은 이미 2001. 7.경 특허 10－232117호 공고에 의하여 당해 기술 분야에서 공지되어 있었던 사실이 각 소명되고, 비교대상제품의 구성요소 가운데 전면투사방식의 스크린을 후면투사방식의 컴퓨터 칠판으로 대체하는 것이나 게시판을 필기판으로 변경하는 것은 당해 기술 분야의 통상의 기술자라면 쉽게 채택할 수 있는 것으로 보이는 이상, 채권자의 발명은 그 특허출원 전에 당해 기술 분야의 통상의 기술자가 선행발명들을 결합하거나 또는 비교대상제품의 구성요소 중 전면투사방식의 스크린을 후면투사방식의 컴퓨터 칠판으로, 게시판을 필기판으로 각 변경하여 쉽게 발명할 수 있는 것이라 할 것이므로, 채권자의 발명은 특허발명의 요건을 결하였다고 할 것이

고, 채무자가 이를 이유로 특허심판원에 등록무효심판을 청구해 놓은 이상, 장차 무효로 될 개연성이 높아, 이 사건 신청은 그 보전의 필요성을 인정할 수 없다.

○ 서울중앙지법 2008. 4. 11.자 2007카합2777 결정

피신청인이 특허권자인 신청인과 기술사용협약을 체결하고서 해당 공법을 사용하여 목포대교 교각 설치를 위한 가물막이 공사를 진행하던 중 신청인이 기술사용료 미지급을 이유로 위 협약을 해지하고 특허권 침해에 따른 공사금지를 구한 사안에서, 신청인의 피보전권리는 인정되나 일반적인 특허 무단사용의 사안과 달리 피신청인이 신청인과의 사이에 체결한 계약에 기하여 합법적으로 특허발명의 기술을 사용하던 중 기술사용료 미지급 등의 후발사유로 인하여 계약이 해지된 사안으로, 그 분쟁 경위에 비추어 피신청인의 특허발명의 침해로 인하여 신청인이 입게 될 손해는 위 기술사용료 상당액으로 한정된 금전적 전보가 가능할 것으로 예상되는데다가 피신청인이 2007. 10. 4. 신청인 앞으로 미지급 기술사용료를 공탁한 사실이 소명되어 신청인이 애초 의도한 특허발명에 기한 수익 확보에 별다른 어려움이 없을 것으로 판단되는 반면, 이 공사규모에 비추어 특허발명의 실시금지로 인하여 피신청인은 신청인의 손해를 훨씬 뛰어 넘는 영업손실을 입게 됨은 물론, 기초공사에 해당하는 이 사건 공사의 지연에 따라 지역 숙원사업인 목표대교 건설공사 전 공정에 상당한 차질이 불가피할 것으로 예상되는 점을 감안하면 보전의 필요성이 인정되지 않는다.

○ 서울중앙지법 2008. 2. 11.자 2007카합2375 결정

채권자는 '레이저 포인트가 장착된 장난감 총'에 관한 특허권자인데, 채무자가 제조·판매하고 있는 장난감 총이 특허발명의 청구항 제2항을 침해하고 있다고 주장하며 그 생산 등의 금지를 구한 사안에서, 침해금지를 구하는 가처분이 만족적 가처분으로서 그 보전의 필요성을 신중하게 결정해야 하며, 장래 특허권이 무효로 될 개연성이 높다고 인정된다면 그 보전의 필요성을 결한 것으로 보아야 하는바, 청구항 제2항의 구성요소는, ① 가늠쇠와 가늠자 공지의 조준장치가 형성된 플라스틱 총알을 사용하는 장난감 총, ② 레이저 비임을 투사하는 레이저 포인터, ③ 레이저 포인터의 하단과 장난감 총의 상단에 결합요구를 서로 대응되게 형성하여 끼워 맞춤하여 결합되도록 한 것의 3가지로 나누어 볼 수 있는데, 그중 구성요소 ①②는 위 발명의 출원 이전에 국내에서 공지된 기술이고, 구성요소 ③은 미국에서 특허등록되어 공개된 '전기와 레이저가 조합된 모듈형태의 조준시스템'에 관한 발명 중 '제2광원과 프레임으로 구성된 레이저 조준부를 총기에 결합하기 위하여 위 프레임의 하단에 구비된 도브테일 채널링과 총기의 상부에 형성된 장착레일 또는 바를 서로 끼워 맞추어 결합하는 구성'과 그 기술적 구성이 동일하며(선행발명은 실제 무기로 사용되는 총에 관한 발명이다), 장난감 총은 실제 무기로 사용되는 총의 기술적 구성을 모방하거나 단순화하여 제조된다는 점을 고려해 보면, 청구항 제2항과 선행발명이 속한 기술 분야에서 통상의 기술자라면 그 출원 전에 공지된 선행발명으로부터 청구항 제2항을 쉽게 발명해낼 수 있어, 청구항 제2항은 진보성이 없어 장래 무효로 될 개연성이 높아, 이 사건 신청은 그 보전의 필요성을 인정할 수 없다.

○ 서울중앙지법 2007. 12. 10.자 2007카합1824 결정
채권자 회사와 신청외 회사가 대한민국이 실시하는 입찰에 참가하여 그중 신청외 회사가 낙찰자로 선정되어 대한민국에 '병 재배버섯 자동화기계장치'를 납품하자, 채권자 회사가 신청외 회사의 위 장치가 채권자 회사의 특허권 및 실용신안권을 침해하였다고 주장하며 대한민국을 상대로 그 사용금지 등을 구한 사안에서, 위 장치의 제조·판매자는 신청외 회사이고, 대한민국은 단순히 이를 납품받아 사용하고 있는 자에 불과하며, 채권자와 신청외 회사 사이에 특허권 및 실용신안권 침해 여부에 대한 별도의 본안소송이 계속 중이므로 보전의 필요성이 없다.

○ 서울지법 2003. 3. 24.자 2002카합3054 결정
특허발명의 구성요소의 상당부분은 이미 공지·공용의 기술에 속하는 것으로 인정될 여지가 있고, 특히 특허방법 중 그 침해 여부가 문제되는 '데이터통합분석시스템'에 관하여도 그에 대응하는 피신청인의 실시방법은 그 기술적 구성을 달리 하거나 이미 공지된 기술을 그대로 사용하는 것에 불과한 것으로 보인다는 점에서 피신청인의 실시기술이 특허발명의 권리범위에 속한다고 선뜻 단정할 수 없다. 또한 위와 같은 사정에다가 기록에 의하면 신청인은 현재 특허발명의 핵심이라고 보이는 '데이터통합분석시스템'을 실시하고 있다고 보이지 않고, 그밖에 이 사건 가처분으로 피신청인에게 미치는 영향 등을 고려하면 특허발명에 대한 무효확인 등의 심판 내지 특허권 침해에 관한 본안소송에 의하여 그 권리관계를 명확히 확정하기도 전에 현 단계에서 피신청인에 대하여 사업 중지 등을 명하는 가처분을 발령하기에는 그 보전의 필요성이 인정된다고 볼 수도 없다.

3 사정변경에 의한 가처분결정의 취소

가. 사정변경의 판단

1) 사정변경 판단의 기준시점

□ 사정변경이 있는지 여부는 보전명령 취소신청 사건의 사실심 종결시를 기준으로 그 때까지 제출된 당사자의 주장과 증거방법을 기초로 판단해야 한다.[327)]

2) 가처분취소의 사정변경 유무

□ 사정변경에 의한 가처분취소소송에 있어서는, 피보전권리나 보전의 필요성 유무에 관하여 판단할 필요가 없으며 오로지 가처분취소의 사정변경의 유무만 판단해야 한다.[328)]

3) 사정변경이 인정되기 위한 요건

□ 사정의 변경이 인정되기 위해서는, ① 보전이유가 소멸·변경되거나, ② 특허권자가

327) 대법원 2018. 2. 9.자 2017마5829 결정
328) 대법원 1982. 3. 23. 선고 81다1041 판결

보전의사를 포기·상실하였다고 인정되는 등의 사정이 있어야 한다.[329)]

4) 사정변경이 있는 경우

가) 특허권자가 가처분 본안소송에서 패소 확정된 경우

□ 가처분의 본안소송에서 특허권자가 실체법상의 이유로 패소판결을 받아 판결이 확정된 때에는 사정변경이 있다고 할 수 있고,[330)] 피보전권리에 관하여 본안소송에서 패소 확정이 되면 보전명령의 취소사유가 된다.[331)]

나) 특허권자가 본안소송에서 패소하고 상급심에서 변경될 염려가 없는 경우

□ 가처분결정 후 그 본안소송에서 특허권자가 패소하고 그 판결이 상급심에서 변경될 염려가 없다고 인정될 때에는 사정변경이 있다고 할 수 있다.[332)]

다) 권리범위확인심판에서 불속의 심결이 있는 경우

□ 어느 발명의 실시가 특허권을 침해하였다는 이유로 그 발명의 실시를 금지하는 가처분결정이 내려진 후에 특허심판원이 그 발명이 특허권의 권리범위에는 속하지 않는다고 심결한 경우, 그 심결은 고도의 전문적·기술적 지식과 경험을 가진 특허심판원 심판관에 의한 판단의 결과로서 그것이 일응 정당하여 취소소송으로서 취소될 염려가 없다고 인정되는 경우에는 가처분이유가 소멸된 것과 같은 사정변경이 있다고 하여야 한다.[333)]

라) 특허권이 소멸된 경우

□ 가압류의 피보전권리가 소멸되었거나 또는 존재하지 않음이 본안소송에서 확정된 경우에는 사정변경이 있다고 할 수 있다.[334)]

---

329) 대구지법 2017. 3. 21.자 2016카합3320 결정

330) 대법원 2018. 2. 9.자 2017마5829 결정, 2004. 12. 24. 선고 2004다53715 판결, 1999. 3. 9. 선고 98다12287 판결, 1995. 8. 25. 선고 94다42211 판결, 부산고법 2004. 8. 26. 선고 2004카합2 판결, 대전지법 2017. 7. 19.자 2017라10116 결정

331) 창원지법 2015. 5. 13. 선고 2015노236 판결

332) 대법원 2008. 11. 27.자 2007마1470 결정, 2005. 7. 15. 선고 2004다29262 판결, 1977. 5. 10. 선고 77다471 판결, 1962. 4. 12. 선고 62다103 판결, 서울중앙지법 2019. 4. 23.자 2019카합20049 결정, 2019. 4. 23.자 2019카합20050,20051 결정, 2019. 4. 23.자 2019카합20063 결정, 수원지법 2005. 8. 12. 선고 2005카합298 판결

333) 인천지법 2001. 6. 26. 선고 2000카합905 판결

334) 대법원 2004. 12. 24. 선고 2004다53715 판결, 1994. 8. 12. 선고 93므1259 판결, 1976. 4. 27. 선고 74다2151 판결, 1967. 1. 24. 선고 66다1856 판결, 1963. 9. 12. 선고 63다354 판결

마) 보전의 필요성이 소멸된 경우

□ 가처분결정 후에 보전의 필요성이 소멸된 때에는 사정변경이 있다고 할 수 있는데,[335] 가처분결정 후에 그 이유가 소멸되거나 가처분을 유지·존속할 이유가 없게 된 때에는 그 취소를 신청할 수 있다.[336]

바) 본안에서 소송요건의 흠결을 보완하는 것이 불가능한 경우

□ 특허권자가 제소기간 내에 피보전권리에 관한 본안의 소를 다시 제기하여 그 절차에서 소송요건의 흠결을 보완하는 것이 불가능한 경우에는 사정변경이 있다고 할 수 있다.[337]

사) 특허권자가 보전의사를 포기한 경우

□ 특허권자가 보전의사를 포기한 경우에는 사정변경이 있다고 할 수 있다.[338]

5) 사정변경이 있다고 볼 수 없는 경우

가) 본안소송에서 각하판결을 받은 경우

□ 가처분의 본안소송에서 소송법상의 이유로 각하판결을 받은 경우에는 원칙적으로 사정변경이 발생하였다고 볼 수 없다.[339]

나) 신청인의 실시방법이 특허발명의 권리범위에 속하는 경우

□ 신청인의 실시방법이 피신청인의 특허발명의 권리범위에 속하는 경우에는 가처분을 취소할 특별한 사정이 존재한다고 할 수 없다.[340]

---

335) 대법원 1984. 10. 23. 선고 84다카935 판결, 부산지법 2015. 8. 5. 선고 2014라453 판결
336) 대법원 2018. 2. 9.자 2017마5829 결정
337) 대법원 2018. 2. 9.자 2017마5829 결정
338) 대법원 2014. 3. 24.자 2013마1412 결정, 1998. 5. 21. 선고 97다47637 전합 판결
339) 대법원 2018. 2. 9.자 2017마5829 결정, 2004. 12. 24. 선고 2004다53715 판결, 1999. 3. 9. 선고 98다12287 판결, 1995. 8. 25. 선고 94다42211 판결, 부산고법 2004. 8. 26. 선고 2004카합2 판결, 대전지법 2017. 7. 19.자 2017라10116 결정
340) 대법원 2005. 1. 28. 선고 2002다49019 판결, 서울고법 2002. 7. 23. 선고 2001나63553 판결
• 가처분결정의 피보전권리인 특허권 침해행위 금지청구권은 무형의 사상으로서 무한정의 이익이 내포되어 있으므로 그 침해에 대한 손해의 사정이 어려울 뿐만 아니라 그 침해에 대한 손해가 영업 손실 금액에 국한된다고 볼 수 없고, 특허권자의 명예, 신용 등의 훼손에 의한 정신적 손해도 수반되는데, 위 정신적 손해는 금전적 보상으로만 만족될 수 없으며, 더욱이 가처분채권자인 피신청인이 스스로 특허발명의 특허권을 실시하는 경우에는 타인에게 실시하게 하는 경우에 비하여 금전적 보상에 의한 만족 가능성이 적다고 보아야 할 것이어서, 가처분결정의 피보전권리는 금전적 보상에 의하여 종국의 만족을 얻을 수 있는 권리에 해당하지 않고, 또한 가처분결정의 집행에 의하여 신청인이 제품을 제조·판매하지 못함으로 인하여 도산의 위기에 봉착하게 되었다거나 가처분결정이 계속 유지됨으로써 신청인이 입는 손실에 비하여 가처분결정이 취소됨으로써 입을 피신청인의 손해가 상대적으로 적다는

다) 본안소송의 취하 간주에도 보전의사를 포기했다고 볼 수 없는 경우

□ 소취하의 원인, 동기, 그 후의 사정 등에 비추어 특허권자가 보전의사를 포기했다고 볼 수 없는 이상, 보전명령에 대한 본안소송이 쌍방불출석으로 취하 간주되었다는 사실 자체만으로 사정변경이 발생하였다고 할 수 없다.[341)]

○ 대법원 2002. 5. 8.자 2002그31 결정

특별항고인이 신청인을 상대로 특허법에 따른 권리침해금지청구권을 피보전권리로 하여 그 권리침해행위의 금지를 구하는 가처분신청을 하였고, 원심법원이 이를 인용하여 침해금지가처분결정을 하였는데, 그 가처분의 내용은 특별항고인의 특허권 침해를 예방하기 위하여 채무자로 하여금 정화조 성형장치 등의 처분을 금지하고 집행관에게 보관시키는 것에 불과하고, 소송물인 권리 또는 법률관계의 내용이 이행된 것과 같은 종국적 만족을 얻게 하는 것이 아니므로, 가처분결정에 대하여는 그 집행의 정지가 허용되지 않는다.

나. 가처분집행의 정지와 취소

1) 가처분집행의 정지 여부

□ 가처분결정이 위법·부당하다는 이유로는 그 가처분집행의 정지를 구할 수 없다.[342)]

2) 가처분집행의 취소신청

□ 가처분신청인은 피신청인의 동의 없이 그 가처분집행의 취소를 신청할 수 있다.[343)]

다. 가처분결정에 대한 이의

1) 이의신청에 따른 집행의 정지·취소 여부

□ 가처분결정에 대하여 이의신청이 있었더라도 집행의 정지·취소를 구할 수 없다.[344)]

2) 가처분결정 이후에 발생한 사유

□ 가처분결정에 대한 이의사유는 그 변론종결시까지 발생한 피보전권리의 존부 및 보전의 필요성에 관한 일체의 사유를 포함하므로 그 이후에 발생한, 사정변경에 의한 가처분의 취소사유도 가처분이의의 사유로 삼을 수 있다.[345)]

점을 인정할 증거가 없다(대법원 2005. 1. 28. 선고 2002다49019 판결, 서울고법 2002. 7. 23. 선고 2001나63553 판결).

341) 대법원 1998. 5. 21. 선고 97다47637 전합 판결, 1992. 6. 26. 선고 92다9449 판결, 1967. 1. 24. 선고 66다2268 판결

342) 대법원 1986. 12. 19.자 86마908 결정

343) 대법원 1980. 2. 15.자 79마351 결정

344) 대법원 1990. 9. 21.자 90그33 결정, 1986. 12. 19.자 86마908 결정, 1971. 11. 12.자 71그14 결정, 1963. 9. 21. 선고 63카10 판결

3) 이의판결이 확정된 경우

□ 확인대상발명이 특허발명의 권리범위에 속한다는 내용의 가처분이의판결이 확정되었다고 하더라도, 가처분이의재판도 본안재판이 아닌 가처분에 관한 재판이므로 피보전권리 자체에 대하여는 기판력이 생기지 않지만, 적어도 동일한 가처분에 관련된 사건에 대하여는 법원은 이후 이에 어긋나는 판결을 할 수 없고, 당사자도 이후 이에 어긋나는 주장을 할 수 없는 소송법상의 구속은 따른다.[346)]

4 만족적 가처분의 경우

가. 만족적 가처분의 개념

□ 만족적 가처분은 가처분채무자에 대하여 본안판결에서 명하는 것과 같은 내용의 생산·사용·판매·양도금지 또는 침해금지라는 부작위의무를 부담시키는 가처분으로서,[347)] 일반 가처분과는 달리 단순한 집행보전에 그치는 것이 아니라 권리가 본안판결에 기한 강제집행에 의하여 이행된 것과 같이 종국적인 만족을 가져오는 것이다.[348)]

▶ 침해금지가처분의 경우, 그 만족적 성격, 심리기간의 장기화, 당사자들의 본안소송 부제기 경향 등으로 인하여 사실상 종국적 분쟁해결수단 역할을 하는 본안화 현상이 심화되고 있다.

나. 만족적 가처분의 필요성 판단

1) 높은 정도의 소명 필요

□ 본안판결을 통하여 얻고자 하는 내용과 실질적으로는 동일한 내용의 권리관계를 형성하는 만족적 가처분에 있어서는 통상의 보전처분보다 높은 정도의 소명이 요구된다.[349)]

---

345) 대법원 1981. 9. 22. 선고 81다638 판결, 서울중앙지법 2019. 4. 23.자 2019카합20049 결정, 2019. 4. 23.자 2019카합20050,20051 결정, 2019. 4. 23.자 2019카합20063 결정, 수원지법 2005. 8. 12. 선고 2005카합298 판결

346) 인천지법 2001. 6. 26. 선고 2000카합905 판결

347) 대법원 2011. 7. 28.자 2009마1418 결정, 2009. 1. 20.자 2006마515 결정, 2007. 6. 4. 선고 2006마907 판결, 2006. 11. 23. 선고 2006다29983 판결, 2003. 11. 28. 선고 2003다30265 판결, 1993. 2. 12. 선고 92다40563 판결, 대구지법 2021. 4. 21.자 2021카합17 결정, 서울중앙지법 2020. 12. 15.자 2020카합21291 결정, 2019. 6. 12.자 2019카합20237 결정

348) 서울고법 2016. 10. 28.자 2016라20684 결정, 울산지법 2013. 6. 5.자 2013카합343 결정

349) 서울고법 2017. 8. 21.자 2015라20296 결정, 서울북부지법 2021. 10. 22.자 2021카합20104 결정, 서울서부지법 2021. 8. 27.자 2021카합50507 결정, 서울중앙지법 2021. 8. 5.자 2021카합20502 결정,

2) 보다 신중한 결정 필요

가) 본안판결 전에 특허권자가 종국적으로 만족을 얻는 결과

□ 만족적 가처분이 내려지는 경우에는 본안판결 전에 특허권자의 권리가 종국적으로 만족을 얻는 것과 동일한 결과에 이르게 되는 반면, 상대방으로서는 본안소송을 통하여 다투어 볼 기회를 가져보기도 전에 그러한 결과에 이르게 되기 때문에,[350] 그 필요성의 인정에 신중을 기해야 한다.

나) 동종영업의 금지를 구하는 가처분

□ 동종영업의 금지를 구하는 가처분은 본안판결 전에 특허권자에게 만족을 주는 경우도 있어 상대방의 고통이 크다고 볼 수 있으므로 그 필요성의 인정에 신중을 기해야 한다.[351]

다) 생산 · 사용 · 판매 · 양도 · 침해금지가처분

□ 생산 · 사용 · 판매 · 양도 · 침해금지라는 부작위의무를 부담시키는 가처분은 본안판결 전에 특허권자에게 종국적으로 만족을 받는 것과 동일한 결과에 이르게 되는 반면 상대방으로서는 본안소송에서 다투어 볼 기회조차 없이 기존의 이용상태가 부정되어 그 영업을 위협받게 될 위험이 크므로 그 필요성의 인정에 제반 사정을 참작하여 보다 더욱 신중하게 결정해야 한다.[352]

▷ 침해금지가처분신청은 신청이 받아들여지면 만족적 가처분의 성격을 가질 수밖에 없어 상대방은 본안판결을 받기도 전에 물품의 생산 · 사용 · 양도 등 경제활동을 전면적으로 금지당하는 결과가 되어 치명적인 손해를 입게 되고, 가처분사건의 결론이 나면 그 분쟁이 그대로 종료되는 예가 적지 않다는 점에서 법원은 신속보다는 신중한 심리를 원칙으로 하고 있다.[353]

2020. 12. 15.자 2020카합1941 결정, 의정부지법 2020. 12. 23.자 2020카합5377 결정, 수원지법 2020. 10. 23.자 2020카합10318 결정, 부산지법 2020. 9. 21.자 2020카합10097 결정

350) 서울중앙지법 2020. 12. 15.자 2020카합21291 결정

351) 대법원 2006. 7. 4.자 2006마164,165 결정, 2005. 8. 19.자 2003마482 결정, 서울고법 2006. 2. 1.자 2005라832 결정, 청주지법 2019. 2. 20.자 2018카합534 결정, 서울남부지법 2016. 9. 28.자 2016카합20268 결정, 서울중앙지법 2012. 9. 13.자 2012카합1445 결정

352) 대법원 2011. 7. 28.자 2009마1418 결정, 2009. 1. 20.자 2006마515 결정, 2007. 6. 4. 선고 2006마907 판결, 2006. 11. 23. 선고 2006다29983 판결, 2003. 11. 28. 선고 2003다30265 판결, 1993. 2. 12. 선고 92다40563 판결, 수원지법 2021. 4. 30.자 2021카합10069 결정, 대구지법 2021. 4. 21.자 2021카합17 결정, 서울중앙지법 2019. 6. 12.자 2019카합20237 결정

353) 이효제, 지적재산권 관련 임시의 지위를 정하기 위한 가처분의 실무상 제문제, 사법연수원 지적재산권 실무법관연수자료(2006. 6.), 18면

3) 만족적 가처분의 필요성 판단시 고려사항

□ 만족적 가처분의 필요성을 판단함에 있어서는, 구체적으로 ① 피보전권리의 성질·내용, ② 가처분신청에 이르게 된 경위, ③ 본안소송의 승패의 예상, ④ 가처분을 발령하지 않음으로써 특허권자가 받는 손해의 내용·정도, ⑤ 채무자가 가처분의 집행에 의하여 입는 불이익 등을 종합적으로 고려해야 한다.[354]

다. 만족적 가처분의 발령조건

□ 만족적 가처분의 경우에는 보전의 필요성에 대한 고도의 소명이 필요하고,[355] 구체적으로는 ① 본안소송에 의하지 않더라도 그 피보전권리의 존재가 명백히 인정되고, ② 본안소송에 의할 경우 권리실현의 지연으로 회복하기 어려운 손해나 급박한 위험 등이 발생할 우려가 있다는 점에 관한 고도의 소명이 있는 예외적인 경우에 한하여 발령될 수 있다.[356]

○ 대법원 2010. 8. 25.자 2008마1541 결정

이 사건 프로그램은 그 기술 자체가 불공정한 것은 아니어서 인터넷 사이트 운영자가 이 사건 프로그램의 운영에 동의한 경우 등을 비롯하여 얼마든지 적법한 방식으로도 운영될 수 있다고 보이는 점, 현재까지 채무자의 이 사건 프로그램을 이용한 영업은 초기 단계인 것으로 보이는 점 등 기록에 나타난 제반 사정을 참작할 때, 이 사건 프로그램으로 인한 채권자의 영업상의 피해를 방지하기 위해서는 채무자로 하여금 '채권자의 인터넷 사이트에 접속한 컴퓨터 사용자의 모니터에 이 사건 프로그램을 이용한 광고행위를 하는 것을 금지'하는 것만으로도 충분히 그 목적을 달성할 수 있고, 더 나아가 이 사건 프로그램의 제조·사용 등의 금지까지는 필요하지 않다.

○ 대법원 1994. 11. 10.자 93마2022 결정

피신청인이 제조·판매하고 있는 자동차에 부착된 파워윈도우가 신청인의 특허권을 침해하였다고 하더라도 피신청인은 특허청에 특허발명에 관한 무효심판청구를 하여 현재 그 사건이 특허청에 계속 중이고 특허청의 무효심판절차에서 특허발명에 대하여 무효심결이 내려질 개연성이 없지 않으며, 피신청인이 신청인의 특허발명을 사용함으로써 신청인이 입게 되는 손해는 극히 경미하고, 신

---

354) 서울고법 2011. 2. 8.자 2010라1306 결정

355) 서울중앙지법 2018. 8. 2.자 2018카합20292 결정

356) 서울북부지법 2021. 10. 22.자 2021카합20104 결정, 춘천지법 2017. 6. 15.자 2017카합20004 결정, 대전지법 2016. 4. 22.자 2016카합10030 결정, 서울중앙지법 2018. 7. 18.자 2018카합20720 결정, 2017. 6. 8.자 2016카합81496 결정, 2014. 7. 10.자 2014카합724 결정
- 고도의 소명이란, 채무자에게 반증을 허용하더라도 심증이 번복될 가능성이 극히 적은 경우를 말한다(지적재산소송실무 제4판, 특허법원 지적재산소송 실무연구회, 박영사(2019), 513면).

청인은 현재 특허발명을 이용한 자동차 제품을 생산하고 있지 않고 있으나, 피신청인이 제조·판매하는 자동차는 현재 국내뿐만 아니라 해외로도 수출되고 있는 점 등 여러 사정을 참작하면, 신청인에게 피신청인이 위 제품을 제조하는 것 등을 금지하지 않으면 안 될 현존하는 급박한 위험 내지 현저한 손해가 발생할 개연성이 있다고 볼 수 없다.

5 과실추정과 번복

가. 과실추정에 따른 손해배상책임

1) 손해배상책임의 발생과 성립요건

가) 손해배상책임의 발생

□ 가처분결정만으로는 현실적으로 어떠한 손해가 발생하였다고 보기는 어렵고, 그 가처분결정이 집행된 때에 비로소 상대방에게 손해가 발생한다.[357)]

나) 손해배상책임의 성립요건

□ 부당한 가처분으로 인한 손해배상책임이 성립하기 위하여 일반적인 불법행위의 성립에 있어서 필요한 고의·과실 이외에, 오로지 상대방에게 고통을 주기 위하여 가처분을 하였다는 점까지 필요한 것은 아니다.[358)]

2) 과실이 추정되는 경우

가) 특허권자가 본안소송에서 패소 확정된 경우

□ 가처분은 법원의 재판에 의하여 집행되는 것이기는 하나, 그 실체상 청구권이 있는지 여부는 본안소송에 맡기고 단지 소명에 의하여 채권자의 책임아래 하는 것이므로, 가처분집행 후에 특허권자가 본안소송에서 패소 확정되었다면, 그 가처분의 집행으로 인하여 채무자가 입은 손해에 대하여는 특별한 반증이 없는 한 특허권자에게 고의·과실이 있다고 추정되고, 부당한 가처분집행으로 인한 손해배상책임이 있는데,[359)] 그 가처분이나 본안소송에서 법원이 심리에 관여하였고 또 그 심리결과 특허

357) 인천지법 2004. 4. 9. 선고 2003가합1096 판결
358) 대법원 1999. 4. 13. 선고 98다52513 판결, 인천지법 2012. 7. 26. 선고 2012가단203835 판결, 서울중앙지법 2009. 11. 5. 선고 2008가합105251 판결, 서울동부지법 2007. 6. 22. 선고 2005가합14272 판결
359) 대법원 2014. 7. 10. 선고 2012다29373 판결, 2012. 8. 23. 선고 2012다34764 판결, 2011. 7. 14. 선고 2011다13241 판결, 2010. 2. 11. 선고 2009다82046,82053 판결, 2009. 9. 24. 선고 2009다49681 판결, 2009. 5. 28. 선고 2008다90026 판결, 2008. 6. 26. 선고 2006다84874 판결, 2007. 11. 15. 선고 2005다34919 판결, 2007. 4. 26. 선고 2005다31033 판결
• 가처분집행 후에 집행채권자인 특허권자가 본안소송에서 패소 확정되었다면 그 보전처분의 집행으로 인하여 채무자가 입은 손해에 대하여 특허권자의 고의·과실이 있다고 추정되므로 그 부당한 집행으

권자가 한때 승소한 일이 있었다 하여 다를 바가 없다.[360)]

나) 특허권자에게 특허권이 부존재하는 경우

□ 특허권자가 본안소송에서 패소 확정 전이라도 특허권자에게 가처분의 전제요건인 특허권이 존재하지 않는 경우에도 특허권자에게 고의·과실이 추정된다.[361)]

다) 특허권자의 특허가 무효 확정된 경우

□ 특허권자가 특허침해를 이유로 가처분신청을 인용 받아 집행을 했으나 이후 그 특허가 특허심판원, 특허법원, 대법원 등에서 특허무효의 확정판결을 받은 경우, 그 특허무효는 민사법원의 침해소송, 손해배상소송에 대하여 선결문제로서 기능해 민사법원은 특허무효와 관련된 확정판결의 기판력을 받아 이와 모순·저촉되는 판결을 할 수 없다.[362)]

라) 적극적 권리범위확인심판에서 불속의 판결이 확정된 경우

▶ 가처분신청사건과 실질적으로 동일한 내용의 적극적 권리범위확인심판청구에 대하여 특허심판원, 특허법원, 대법원 등에서 '속하지 않는다.'는 취지의 판결이 확정된 경우에도 고의·과실이 추정된다.

로 인한 손해를 배상할 책임이 있다(대법원 2002. 9. 24. 선고 2000다46184 판결). 또한 부당한 가처분의 집행으로 그 가압류·가처분 목적물의 처분이 지연되어 손해를 입힌 경우에도 특허권자는 그 손해를 배상할 책임이 있다(대법원 2009. 7. 23. 선고 2008다79524 판결, 2001. 11. 13. 선고 2001다26774 판결).

360) 대법원 1980. 2. 26. 선고 79다2138,2139 판결

361) 서울고법 2007. 12. 18. 선고 2007나32582 판결, 서울중앙지법 2008. 6. 12. 선고 2007가합43028 판결

362) 서울고법 2009. 1. 13. 선고 2007나105732,105749 판결

• 특허권에 기초한 금지청구권을 피보전권리로 하는 가처분은 피보전권리인 특허권이 특허청 심사관에 의한 특허출원의 심사와 특허결정을 거쳐 설정등록되는 것이고, 일반적으로 진보성 유무에 관한 판단은 특허발명과 선행발명을 대비하여 일치점과 차이점을 인정하는 외에 이를 기초로 출원 전에 통상의 기술자가 선행발명들로부터 특허발명을 쉽게 발명할 수 있는지 여부를 평가하기 때문에 그 판단에 있어 전문적이고 기술적인 지식을 필요로 하고 그 판단이 곤란하고 미묘한 경우가 많은 사정에 비추어 보면, 특허권이 진보성을 갖추지 못하였다는 이유로 무효심결의 확정에 의하여 무효로 되었다고 하더라도 채권자에게 과실이 있다는 것을 추정하는 것은 지나치게 가혹하다고 볼 여지가 있다. 반면에 제조·판매금지의 가처분이 집행된 경우에 채무자는 영업상·신용상 매우 심각한 타격과 영향을 받게 되는 것이 드물지 않다는 점을 고려하면, 특허권이 특허청 심사관에 의한 특허출원의 심사와 특허결정을 거쳐 설정등록되는 것이라거나 특허발명의 진보성 유무에 관한 판단에 전문적이고 기술적인 지식을 필요로 하고 그 판단이 곤란하고 미묘한 경우가 많다는 일반적이거나 추상적인 사정만을 들어 채권자의 과실을 부정하는 것도 당사자 사이에 지나치게 균형을 잃은 것으로서 타당하지 않다(서울중앙지법 2008. 6. 12. 선고 2007가합43028 판결).

마) 상대방의 거래처를 협박하여 신용·명예를 훼손한 경우

□ 가처분결정 후 본안이 아직 확정되지 않은 상태에서 가처분결정 전후에 걸쳐 상대방의 거래처를 방문하여 법적 제재를 받아 영업이 중단될 것이라는 취지로 협박한 것은 상대방의 신용 내지 명예를 훼손한 것으로서 고의·과실이 추정된다.[363)]

3) 특허권자의 고의·과실이 추정되는 유형[364)]

□ ① 해당 가처분에 대하여 이의절차, 항고심, 재항고심 등을 거친 결과 가처분절차 내에서 법원의 판단에 의하여 피보전권리가 부존재한다는 점이 명백하게 밝혀지고, 집행채권자가 본안소송을 새롭게 제기하거나 이미 제기한 본안소송을 계속 진행하더라도 상반된 결과가 나올 가능성이 거의 없는 경우

② 피보전권리의 전제가 되는 특허의 유효성 여부에 관하여 특허심판원, 특허법원, 대법원 등의 특허무효판결이 확정된 경우

③ 피보전권리와 실질적으로 동일한 내용의 특허의 권리범위확인청구에 관하여 특허심판원, 특허법원, 대법원 등에 의한 소극적 권리범위확인 취지의 판결이 확정되고, 집행채권자가 본안소송을 새롭게 제기하거나 이미 제기한 본안소송을 계속 진행하더라도 상반된 결과가 나올 가능성이 거의 없는 경우

○ 대법원 2007. 6. 4. 선고 2006마907 판결

신청인의 제1, 3특허 및 제2특허의 청구범위 제1 내지 4항은 무효심판절차에 의하여 그 등록이 무효로 될 개연성이 크다고 할 수 있으므로, 가처분신청은 그 보전의 필요성에 대한 소명이 부족하고, 따라서 가처분신청을 기각한 제1심의 결정을 유지한 원심은 정당하고, 거기에 재항고이유에서 주장하는 바와 같은 위법이 없다. 비록 제1, 3특허 및 제2특허의 청구범위 제1 내지 4항이 무효라는 심결취소를 구하는 소송이 계속 중에 있다 하더라도 이 사건 절차를 중지하느냐의 여부는 원심의 재량에 속하는 사항이라 할 것인바, 이와 같은 사정만으로는 원심이 그 심결취소소송결과 등을 기다리지 않고 판단한 것에 잘못이 있다고 할 수 없을 뿐 아니라 그 심결이 확정될 때까지 이 사건이 추정되어야 한다고 할 수도 없다.

○ 대법원 2007. 4. 12. 선고 2006다46360 판결

원고와 피고 회사 사이의 그동안의 분쟁의 경과, 피고 회사가 가처분신청을 하게 된 경위 등 기록

363) 대법원 2005. 9. 29. 선고 2005다28204 판결

364) 서울고법 2009. 1. 13. 선고 2007나105732,105749 판결

- '집행채권자가 본안소송에서 패소 확정된 경우'와 실질적으로 다를 바 없으며, 해당 가처분의 부당성이 명백하게 판명된 경우에 해당하므로, 집행채권자에게 고의 또는 과실이 있다고 추정된다.

에 나타난 제반 사정에 비추어 보면, 가처분신청 당시 피고들은 원고의 후행발명에 관한 실시가 선행발명에 관한 피고 회사의 특허권을 침해한 것이거나 후행발명이 피고 회사에게 속하는 권리라고 믿었고, 그와 같이 믿을 만한 충분한 근거가 있었으며, 더욱이 가처분의 경우에는 법원이 그 결정 전에 쌍방의 주장과 입장을 듣고 충분히 심리한 후에 가처분결정 여부를 결정하였다고 보이는 점 등을 고려하여 보면, 피고들이 가처분신청을 하고 그 집행을 함에 있어서 어떠한 고의나 과실은 없었다.

○ 대법원 2002. 9. 24. 선고 2000다46184 판결

가처분재판을 담당한 법원에서 6개월 가량 본안소송과 같은 정도로 원고와 피고 쌍방의 주장과 증명을 통하여 실체상의 청구권이 있는지 여부를 신중하게 심리한 후에 가처분결정을 한 점, 피고가 자신의 전용실시권에 기하여 제품을 생산·판매한 기간이 약 7년으로 오래 되었다는 점, 피고가 수차례에 걸친 동종업체와의 특허분쟁에서 승소하였고, 원고도 전용실시권이 피고에게 있음을 전제로 합의를 한 점, 피고가 변리사로부터 원고의 행위가 피고의 전용실시권을 침해하였다는 감정을 얻은 점, 원고의 대리점 대표가 피고의 전용실시권을 침해하지 않겠다는 각서를 쓰고 일간지에 사과문까지 게재한 점, 검사 역시 원고를 실용신안법 위반으로 기소한 점만으로는 집행채권자인 피고의 과실추정을 번복하기에 부족하므로, 그 부당한 집행으로 인한 손해를 배상할 책임이 있다.

○ 서울고법 2006. 6. 21. 선고 2005나90010 판결

피고 회사가 후행발명이 선행발명의 특허권을 침해하였다고 주장하며 후행발명에 의한 장치 및 그 반제품, 부품의 생산·판매·배포 등을 금지하는 이 사건 가처분결정을 받은 뒤, 원고를 상대로 특허권 및 우선협상권 침해를 이유로 손해배상소송을 제기하였으나 청구기각 판결을 받아 확정되었고, 이 사건 가처분에 대한 이의소송과 원고가 제기한 소극적 권리범위확인의 특허쟁송에서도 모두 피고 회사의 패소가 확정된 이상, 이 사건 가처분의 채권자인 피고 회사 및 그 대표이사로서 실제 행위자인 피고 甲은 이 사건 가처분의 집행으로 인하여 채무자인 원고가 입은 손해에 대하여 특별한 반증이 없는 한 고의·과실이 있다고 추정되고, 따라서 특별한 사정이 없는 한 그 부당한 집행으로 인한 손해에 대하여 이를 배상해야 할 책임이 있다.

○ 광주지법 2012. 7. 3. 선고 2011가단6967 판결

피고가 원고를 상대로 제기한 민사본안소송이 소취하간주로 종결되었으나, 피고가 민사본안소송에 대하여 소취하서를 제출하고 이에 적극적으로 응하지 않은 이유가 원고 등에 대한 형사판결의 결과에 따른 것으로 보이는 점, 위 형사판결에서는 원고가 제작한 소형 선박 구난용 크레인이 실용신안권과 유사함을 인정하면서도, 다만 이 사건 실용신안권이 신규성·진보성이 없어 효력이 없다는 취지로 원고에게 무죄판결을 선고한 점, 원고가 피고를 상대로 특허심판원에 청구한 이 사건 실용신안권의 무효심판청구에서 특허심판원은 이 사건 실용신안권의 진보성을 인정하는 취지에서 원고의

심판청구를 기각하기도 한 사실, 피고는 원고 등에 대하여 약식기소가 된 이후에 비로소 이 사건 가압류신청을 한 사실 등이 인정되는바, 위 인정사실에 의하면, 원고에게 무죄판결이 선고된 것은 실용신안권에 대한 법적 평가에 따른 것이어서, 피고가 제기한 본안소송이 취하간주 되었다는 사정만으로는 피고가 아무런 사실적·법률적 근거 없음을 알면서, 혹은 통상인이라면 그 점을 용이하게 알 수 있었음에도 불구하고 경솔하게 이 사건 가압류신청을 하였다고 볼 수 없다. 따라서 피고가 고의·과실로 부당한 가압류를 하였다고 인정할 수 없다.

○ 인천지법 1999. 10. 5. 선고 98가합6899 판결, 서울지법 1998. 12. 4. 선고 97가합55954,89582 판결

침해금지가처분은 일반적인 가처분과는 달리 본안판결에서 명하는 것과 같은 내용의 침해금지라는 부작위의무를 부담시키는 만족적 가처분에 해당하고, 이 경우 으레 채무자의 경제활동(생산활동)을 금지하게 되어 채무자에게는 돌이킬 수 없는 손해를 입히게 되는 수가 많으므로, 통상 법원은 심문절차 또는 변론을 거쳐 신중한 심리 끝에 재판하는 것이 관례인바, 위 인정사실에 의하면 이 사건 가처분재판을 담당한 법원에서도 본안소송에서와 같은 정도로 원고와 위 피고 쌍방의 주장과 증명을 통하여 실체상의 청구권이 있는지 여부를 신중하게 심리한 후에 위 가처분결정을 하였다.

나. 과실추정이 번복되었다고 할 수 없는 경우

1) 특허권자가 본안소송에서 패소 확정된 경우

가) 특허권자의 고의·과실 추정

□ 특허권에 기초한 제조·판매금지가처분 집행 후 본안소송에서 특허권자가 패소 확정된 경우, 가처분의 부당한 집행을 청구원인으로 하여 제기된 손해배상소송청구에서 가처분의 집행으로 인한 손해에 대하여 특허권자의 고의·과실이 추정되고, 과실추정이 번복되었다고 할 수 없다.[365)]

나) 특허발명의 진보성이 부정된 경우

□ 침해금지가처분이 발령된 후 본안소송에서 특허발명이 공지기술을 단순히 조합한 정도에 불과하여 권리범위를 인정할 수 없다는 등의 이유로 패소판결이 확정되었다면, 가처분결정이 신중한 심리를 거쳐 발령되었다는 점, 채무자의 대표이사가 특허법 위반으로 기소된 점 등의 사정만으로는 과실추정이 번복되었다고 할 수 없다.[366)]

---

365) 대법원 1999. 4. 13. 선고 98다52513 판결
366) 서울고법 2020. 5. 28. 선고 2018나2068927 판결

2) 특허권 행사기간이 오래되었다는 사정

- □ 특허권에 기한 가처분이 인용되는 경우에는 채무자 영업의 존폐에 막대한 영향을 끼치게 되므로, 가처분 결정이 상당한 기간 쌍방의 주장과 증거에 대하여 신중하게 심리한 후에 발령되었다거나, 피고가 자신의 권리를 행사한 기간이 오래되었다는 등의 사정만으로는 과실추정이 번복되었다고 단정할 수 없다.[367)]

3) 소송의 승패 예측이 어려웠던 경우

- □ 재판과정에서 법원의 판결이 엇갈리는 등 우여곡절이 있었던 관계로 일반인의 입장에서 소송의 승패에 대하여 정확하게 예측하는데 어려움이 있었다고 하더라도, 그와 같은 사유만으로는 집행채권자에게 피보전권리나 보전의 필요성이 있다고 믿은 데에 상당한 이유가 존재하였다고 볼 수 없다.[368)]

4) 가압류 당시 특허권이 존재한 경우

- □ 가압류 당시 특허권자의 특허권이 존재하고 있었다는 사유만으로는 과실이 없다고 단정할 수 없다.[369)]

다. 과실추정의 번복

1) 특별한 반증이 있는 경우

- □ 가처분 집행 후에 집행채권자가 본안소송에서 패소 확정되었더라도 특별한 반증이 있는 경우에는 집행채권자의 고의·과실의 추정이 번복될 수 있다.[370)]

2) 특허권자의 무과실 증명

- □ 가처분 집행으로 인한 손해배상책임을 면하려면 피보전권리가 있다고 믿었음에 과실이 없었음을 증명해야 한다.[371)]

---

367) 대법원 2002. 9. 24. 선고 2000다46184 판결, 서울중앙지법 2020. 10. 21. 선고 2019가합553849,2020가합552002 판결

368) 서울고법 2009. 1. 13. 선고 2007나105732,105749 판결

369) 서울중앙지법 2004. 7. 9. 선고 2003가합85871 판결

370) 대법원 2014. 7. 10. 선고 2012다29373 판결, 2011. 7. 14. 선고 2011다13241 판결, 2010. 2. 11. 선고 2009다82046,82053 판결, 2007. 4. 26. 선고 2005다31033 판결, 1999. 9. 3. 선고 98다3757 판결, 서울고법 2020. 5. 28. 선고 2018나2068927 판결, 서울중앙지법 2021. 7. 16. 선고 2020가단5068338 판결, 2018. 11. 1. 선고 2018가합521364 판결, 수원지법 2020. 12. 10. 선고 2020가단518249 판결

371) 대법원 1980. 11. 25. 선고 80다730 판결, 서울고법 2020. 5. 28. 선고 2018나2068927 판결

3) 과실추정이 번복되는 경우

가) 가처분집행에 상당한 이유가 있었던 경우

(1) 특허무효심결이 확정된 경우

□ 특허권자가 특허권에 기초한 금지청구권을 피보전권리로 하여 가처분결정을 받아 이를 집행한 후에 그 특허를 무효로 하는 심결이 확정된 경우에, 그 채권자가 그러한 행동에 이르게 된 상당한 사유가 있었던 경우에는 위와 같은 가처분취소나 본안패소판결의 확정이라는 사유 하나만으로 채권자에게 당연히 과실이 있었다고 할 수는 없다.[372)]

(2) 가처분집행에 상당한 이유가 있었는지 판단

□ 피고가 가처분결정을 받아 그 집행을 함에 있어 상당한 이유가 있었는지 여부를 판단함에 있어서, ① 먼저 피고가 가처분집행 당시까지 선행기술을 이미 알고 있었거나 쉽게 알 수 있었는지 여부를 검토한 다음에, ② 이미 알고 있었거나 쉽게 알 수 있었던 선행기술에 기초해서 특허권자의 특허발명이 진보성이 있다고 믿을 만한 상당한 근거가 있었는지 여부를 검토해야 한다.[373)]

▶ 실무에서, 가처분채권자의 과실추정을 번복하는 경우는 거의 없다.

나) 보전처분법원과 본안소송에서 인용되었던 경우

□ 본안소송에서 패소 확정된 보전처분의 집행채권자가 신청이유로서 주장한 피보전권리의 존부가 사실관계의 차이에 의한 것이 아니라 법적 해석 내지는 평가상의 차이에 기인된 것이고, 집행채권자의 그에 대한 법적 견해가 보전처분법원과 본안소송에서 인용된 바 있었다면, 고의 또는 과실추정이 번복되어 채권자가 피보전권리가 있다고 믿었음에 과실이 있다고 할 수 없다.[374)]

4) 상소심에서 변경가능성 판단시점

□ 본안소송에서의 특허권자의 패소판결이 상소심에서 변경될 가능성이 있는지 여부는 사정변경을 이유로 한 가처분취소신청사건의 사실심 변론종결시를 기준으로 하여 그때까지 제출된 당사자의 주장과 증거방법을 기초로 판단해야 한다.[375)]

---

372) 서울중앙지법 2008. 6. 12. 선고 2007가합43028 판결
373) 서울중앙지법 2008. 6. 12. 선고 2007가합43028 판결
374) 대법원 1980. 11. 25. 선고 80다730 판결, 수원지법 2020. 12. 10. 선고 2020가단518249 판결, 대전지법 2020. 7. 23. 선고 2019가단116341 판결
375) 대법원 2008. 11. 27.자 2007마1470 결정

Ⅳ. 침해구제방법

1 민사적 구제방법

가. 침해금지청구

1) 침해금지 · 예방청구

[§ 126](권리침해에 대한 금지청구권 등)

① 특허권자 또는 전용실시권자는 자기의 권리를 침해한 자 또는 침해할 우려가 있는 자에 대하여 그 침해의 금지 또는 예방을 청구할 수 있다.

가) 요건

(1) 특허권의 유효한 존속

□ 침해행위의 금지 및 이에 수반한 폐기 등 청구권은 물권적 청구권에 준하는 청구로서 특허권이 유효하게 존속하는 것을 전제로 하여서 인정된다.[376)]

(2) 침해행위의 구체적 특정

□ 소송물이 특정되도록 침해행위를 구체적으로 특정하지 않으면 어떠한 침해행위가 법원의 심리·판결의 대상이 되는지 알 수가 없다.[377)]

(3) 침해금지 또는 예방청구권을 피보전권리로 청구

□ 특허권자는 특허권을 침해하는 자 또는 침해 우려가 있는 자에 대하여 침해의 금지 또는 예방을 청구할 수 있는데,[378)] 특허권에 대한 '현재의' 침해 또는 '침해의 우려'를 증명하여 위와 같은 금지 또는 예방청구권을 피보전권리로 하여 그 침해행위의 금지 또는 예방을 구할 수 있다.[379)]

(4) 현재 침해를 하고 있거나 침해의 우려가 있는 경우

□ 침해자가 현재 침해행위를 하고 있거나 현재 침해행위를 하지 않더라도 가까운 장래

---

376) 특허법원 2017. 12. 1. 선고 2017나1155 판결
377) 서울중앙지법 2007. 6. 28. 선고 2006가합76465 판결, 2007. 6. 14. 선고 2006가합64141 판결
378) 대법원 2007. 7. 2.자 2005마944 결정
(같은 취지) 대법원 2007. 12. 27. 선고 2005다60208 판결, 2007. 10. 26.자 2005마977 결정, 수원고법 2021. 5. 27. 선고 2020나17685 판결, 서울고법 1995. 8. 12.자 93라198 결정
379) 서울중앙지법 2020. 12. 15.자 2020카합21291 결정

에 침해행위를 할 우려가 있으면 예방청구로서 침해행위의 금지를 구할 수 있고,380) 침해예방청구는 특허권 침해가 아직 발생하고 있지 않지만 가까운 장래에 발생할 우려가 있는 경우에 그 예방조치 등을 구할 수 있음을 그 내용으로 한다.381)

(5) 고의 · 과실 불필요

□ 특허권자가 특허권을 침해한 자에 대하여 그 침해의 금지 또는 예방을 청구하는 경우에는 상대방의 고의·과실을 필요로 하지 않는다.382)

▶ 침해금지청구는 상대방의 고의·과실을 요건으로 하지 않지만, 손해배상청구는 상대방의 고의·과실을 요건으로 한다.

나) 침해금지청구권자

□ 특허권 침해행위에 대하여 금지청구권을 행사할 수 있는 자는 특허권자 또는 전용실시권자이다.383)

다) 판단시점

□ 침해금지청구를 인정할 것인지의 판단은 사실심 변론종결시를 기준으로 하여야 한다.384)

라) 특허권 존속기간 경과로 소멸한 경우

□ 사실심 변론종결일 전에 특허권의 존속기간이 경과하여 소멸한 후에는 특허권자가 소멸된 특허발명에 근거하여 특허침해금지 및 특허침해제품의 폐기를 주장할 수 없다.385)

---

380) 특허법원 2022. 2. 17. 선고 2020나2011 판결, 서울고법 2015. 4. 2. 선고 2013나2005341 판결, 1998. 12. 2. 선고 98나21382 판결, 수원지법 안양지원 2020. 8. 27. 선고 2016가합101070 판결, 서울중앙지법 2013. 6. 7. 선고 2012가합68823,2013가합6457 판결
• 특허권 침해를 주장하는 특허권자로서는 침해자 의약품에 대한 약사법에 따른 판매금지 신청과는 무관하게 법원에 침해금지 및 예방의 소를 제기할 수 있다(서울중앙지법 2016. 11. 4. 선고 2016가합503942 판결).

381) 서울고법 2017. 12. 5.자 2015라1508 결정, 서울남부지법 2013. 2. 19. 선고 2011가합10007 판결

382) 대법원 1996. 1. 26. 선고 95도1464 판결, 1995. 9. 29. 선고 94다31365,31372 판결, 인천지법 2011. 6. 3. 선고 2010가합1438 판결, 서울동부지법 2007. 5. 18. 선고 2006가합15289 판결

383) 대법원 2006. 9. 8. 선고 2006도1580 판결, 서울중앙지법 2019. 6. 7.자 2018카합21620 결정, 2017. 7. 7. 선고 2016가합529449,566196 판결, 서울서부지법 2017. 8. 31. 선고 2015가합31841 판결, 전주지법 2007. 12. 7.자 2007카합214 결정, 인천지법 2006. 12. 15. 선고 2006가합615 판결, 부산지법 2001. 11. 16. 선고 2000가합19444 판결

384) 대법원 2020. 1. 30. 선고 2015다49422 판결, 2018. 6. 28. 선고 2018다215893 판결, 2013. 6. 27. 선고 2011다97065 판결, 2012. 7. 23. 선고 2010다60622 판결, 2011. 12. 22. 선고 2011다9822 판결, 2009. 6. 25. 선고 2009다22037 판결, 2008. 11. 13. 선고 2006다22722 판결, 2008. 2. 29. 선고 2006다22043 판결, 2004. 3. 25. 선고 2002다9011 판결

마) 침해의 우려

(1) 본안사항

□ 침해금지 · 예방청구에서 침해의 우려 유무는 본안에서 판단될 사항이다.[386)]

(2) 엄격하게 해석

□ 가까운 장래에 발생할 우려가 있는지는 엄격하게 해석해야 한다.[387)]

(3) 침해할 우려가 있는 경우

(가) 침해의 가능성이 특별히 높은 경우

□ 침해우려는 침해행위가 이루어질 가능성이 특별히 높은 경우여야 한다.[388)]

(나) 침해의 준비행위가 완성된 때

□ '침해할 우려'는 현실의 침해에는 이르지 않았지만 침해발생의 가능성이 극히 큰 것으로, 침해의 준비행위가 완성된 때 등의 경우와 같이 이를 객관적으로 판단해야 한다.[389)]

(다) 객관적으로 근거가 있는 상당한 개연성

□ '침해의 우려'가 있다고 인정하기 위해서는 미리 보호받을 만한 가치가 있는 것으로서 객관적으로 근거가 있는 상당한 개연성을 가져야 한다.[390)]

(라) 객관적으로 침해가 발생할 개연성

□ 침해제품의 실시행위를 위한 준비행위가 완성되는 등 객관적으로 보아 침해가 발생할 개연성이 있다고 인정되는 사실이 존재하는 경우에는 침해할 우려가 있다고 본다.[391)]

(마) 침해의 개연성이 구체적으로 증명될 경우

□ 아직은 침해에 이르지 않았으나 침해행위가 이루어질 개연성이 크다는 사정이 구체적으로 증명될 경우 침해의 우려를 인정할 수 있다.[392)]

(바) 침해가 반복될 개연성이 상당히 높은 경우

□ 일시적으로 침해행위가 중지된 상태라고 하더라도 그 행위가 반복될 개연성이 상당

---

385) 대법원 2009. 10. 15. 선고 2007다45876 판결
386) 서울중앙지법 2016. 11. 4. 선고 2016가합503942 판결, 2016. 7. 14. 선고 2015가합563787 판결
387) 서울남부지법 2013. 2. 19. 선고 2011가합10007 판결
388) 서울고법 2017. 12. 5.자 2015라1508 결정
389) 서울중앙지법 2012. 1. 13. 선고 2011가합12465 판결
390) 서울고법 2001. 7. 4.자 2000라452 결정
391) 서울고법 2015. 4. 2. 선고 2013나2005341 판결
392) 서울중앙지법 2009. 5. 6. 선고 2008가합16474 판결

히 높은 경우에는 예방청구로서의 금지청구가 인정될 수 있으나, 그 행위가 반복될 개연성이 높지 않은 경우에는 금지청구가 인정될 수 없다.[393)]

(사) 침해의 우려가 인정되는 유형[394)]

▷ ① 침해제품의 제조를 준비 중인 경우

② 현재는 제조·판매를 하고 있지 않으나 제조·판매를 위한 시설 등을 모두 갖추고 있어 장래에 언제든지 제조·판매를 재개할 수 있는 경우[395)]

③ 판매 목적으로 침해제품을 소지·보관하고 있는 경우

(4) 침해의 우려가 인정되지 않는 유형[396)]

▷ ① 침해제품의 제조를 중지하고 침해가 되지 않도록 설계를 변경한 경우[397)]

② 단순히 침해제품을 소지하거나 특허권을 침해하는 기계의 설계도면을 작성한 경우

(5) 침해의 개연성 판단

ㅁ 침해가 발생할 개연성이 있는지는, ① 피고가 과거에 침해행위를 한 적이 있는지, ② 소송에서 침해 여부를 다투는지, ③ 분쟁에 이르게 된 경위, ④ 피고에게 침해행위를 재개할 의사가 있는지, ⑤ 침해제품의 제조·판매능력이 있는지 등을 종합하여 판단해야 한다.[398)]

바) 침해금지청구의 내용

ㅁ 침해금지청구에는 특허권에 대한 현재의 침해행위의 금지를 구하는 것뿐만 아니라 특허권에 대한 침해의 우려가 있음을 이유로 하는 침해의 예방청구가 포함되어 있다.[399)]

※ 침해우려가 있는 경우

○ 서울고법 2015. 4. 2. 선고 2013나2005341 판결

피고가 제1심판결 이후까지 침해제품의 수입·판매를 계속하였고, 국내에 영업소를 두고 있는 점 등을 들어 더 이상 국내에서 피고제품을 판매할 의사가 없다는 피고의 주장에도 불구하고 여전히

---

393) 특허법원 2018. 7. 12. 선고 2017나22 판결

394) 지적재산소송실무 제4판, 특허법원 지적재산소송 실무연구회, 박영사(2019), 491면

395) 서울중앙지법 2017. 4. 7. 선고 2016가합525072 판결

396) 지적재산소송실무 제4판, 특허법원 지적재산소송 실무연구회, 박영사(2019), 491면

397) 서울중앙지법 2012. 10. 26. 선고 2011가합89748 판결

398) 특허법원 2022. 2. 17. 선고 2020나2011 판결, 수원지법 안양지원 2020. 8. 27. 선고 2016가합101070 판결

399) 서울중앙지법 2016. 7. 14. 선고 2015가합563787 판결

침해의 우려가 있다.

○ 서울중앙지법 2017. 4. 7. 선고 2016가합525072 판결

피고가 특허권의 유효성을 다투고 있고, 소제기 이후에도 피고제품들을 생산·판매하였고, 현재도 화장품 제조·판매업을 영위하고 있으며, 변론과정에서 일관하여 침해금지청구를 다투고 있는 이상, 변론종결일 현재 피고제품의 생산·판매를 중지하였더라도 특허권 침해의 우려가 없다고 단정할 수 없다.

○ 서울중앙지법 2016. 7. 14. 선고 2015가합563787 판결

피고는 현재 실시제품을 판매하지 않고 있다고 주장하나, 변론 전체의 취지에 의하여 알 수 있는 분쟁의 경과, 손해배상책임을 부인하는 피고의 태도 등 제반 사정을 감안하여 보면, 향후 다시 피고의 행위로 원고의 특허권이 침해될 우려가 있음을 배제할 수 없다. 따라서 특허권자는 피고를 상대로 특허발명에 관한 특허권 침해행위의 금지·예방청구 및 조성물의 폐기를 구할 수 있다.

○ 서울중앙지법 2015. 2. 17. 선고 2013가합546931 판결

피고는 특허발명의 구성을 모두 포함하고 있는 주소록 재편성 방법이 사용된 바이버 앱을 국내에 배포함으로써 특허발명의 특허권을 침해하였다고 할 것이므로, 피고는 바이버 앱을 대한민국 내에 배포해서는 안 되고, 피고 서버에 대하여 위 바이버 앱을 대한민국 내에 배포 및 사용하는 것을 방지하는 조치를 할 의무가 있다.

○ 서울중앙지법 2013. 6. 7. 선고 2012가합68823,2013가합6457 판결

피고가 현재는 실시제품을 생산하고 있지 않더라도 변론종결일에서 가까운 어느 시점에 실시제품을 생산하고 있었고, 여전히 동종의 영업을 영위하고 있다면, 변론종결일에도 여전히 실시제품을 생산하고 있다고 추인되는 것이고, 피고로서는 반증을 들어 위 추인을 복멸해야 한다.

※ 침해우려가 없는 경우

○ 서울고법 1988. 7. 4. 선고 88나7745 판결

원고가 그 제조방법에 관하여 특허권을 보유한 농약원제 메타실에 대하여 피고명의로 농림수산부에 메타실수입원제등록 및 메타실수화제 제조 품목등록이 되어 있고 피고가 발행 배포한 농약안내서에 메타실수화제에 관한 소개가 되어 있다 하더라도 피고가 실제로 메타실원제를 수입한 일도 없고 또 수입절차를 취한 일도 없다면 위와 같은 사유만으로 피고가 원고들의 특허권을 침해하고 있다거나 침해할 우려가 있다고 단정할 수 없다.

○ 서울중앙지법 2012. 10. 26. 선고 2011가합89748 판결

피고가 침해를 중지하고, 자신이 별도로 특허출원한 제품을 사용하고 있는 경우에는 장래에 특허발명을 침해할 우려가 있다거나 특허발명을 사용한 제품을 실시할 가능성이 있다고 볼 수 없다.

2) 폐기 · 제거청구

[§ 126](권리침해에 대한 금지청구권 등)

② 특허권자 또는 전용실시권자가 제1항에 따른 청구를 할 때에는 침해행위를 조성한 물건(물건을 생산하는 방법의 발명인 경우에는 침해행위로 생긴 물건을 포함한다)의 폐기, 침해행위에 제공된 설비의 제거, 그 밖에 침해의 예방에 필요한 행위를 청구할 수 있다.

가) 폐기 · 제거청구권의 성질

□ 침해행위의 금지 및 이에 수반한 폐기 · 제거청구권은 물권적 청구권에 준하는 청구권이다.[400)]

나) 폐기 · 제거청구의 요건

(1) 청구대상물건의 구체적 특정

□ 특허권 침해물건의 폐기 등을 청구함에 있어 청구의 대상이 되는 물건은 구체적으로 특정되어야 한다.[401)]

(2) 특허권 침해자가 물건의 소유 또는 사실상의 처분권 소유

□ 특허법상 그 침해행위를 조성한 물건의 폐기나 그에 제공된 물건의 제거를 구하기 위해서는 특허권 침해자가 그 물건을 소유하거나 사실상의 처분권을 가지고 있다는 점이 인정되어야 한다.[402)]

(3) 상대방이 물건발명을 실시하거나 실시할 우려가 있는 경우

□ 물건발명에 관한 특허권 침해를 원인으로 금지 및 폐기를 구하는 경우, 그 상대방은 그 물건을 생산 · 사용 · 양도 · 대여 또는 수입하거나 그 물건의 양도 또는 대여의 청약을 하거나 그러할 우려가 있는 자이어야 한다.[403)]

---

400) 특허법원 2017. 12. 1. 선고 2017나1155 판결

401) 서울중앙지법 2015. 1. 16. 선고 2014가합509007 판결

402) 대법원 1996. 12. 23. 선고 96다16605 판결, 특허법원 2022. 11. 16. 선고 2022나1494 판결, 서울중앙지법 2017. 5. 26. 선고 2015가합556970 판결, 서울지법 1997. 10. 24. 선고 97가합19132 판결

- 침해행위를 조성한 물건이란 침해행위의 필연적 내용을 이루는 물건을 말한다(특허법원 2017. 4. 21. 선고 2016나1745 판결).

403) 서울중앙지법 2019. 6. 28. 선고 2017가합23214 판결

(4) 침해금지 · 예방청구의 부대청구

□ 특허권자의 폐기 · 제거 청구는 본청구인 침해금지 또는 예방청구의 부대청구로서 침해행위를 조성한 물건의 폐기, 침해행위에 제공된 설비의 제거 등 침해의 예방에 필요한 행위를 청구하는 것이다.[404)]

다) 폐기 · 제거의 범위

(1) 침해에 제공된 설비

□ 특허법 제126조 제2항의 폐기 · 제거청구를 받아들일 것인지를 결정함에 있어서는, 구체적인 사안의 내용에 따라 그러한 청구를 받아들이지 않는 경우의 특허권자의 불이익과 이를 받아들이는 경우의 침해자의 불이익을 비교 · 형량하여 결정해야 하고, 그 범위는 원칙적으로 침해에 제공된 설비만을 포함한다고 할 것이며, 침해의 예방에 필요한 최소한도로 한정해야 한다.[405)]

(2) 침해행위에만 제공되는 원자재나 기계설비

□ 특허권자는 침해행위의 금지를 구할 때 조성물의 폐기, 침해행위에 제공된 설비의 제거, 그 밖에 침해의 예방에 필요한 행위를 청구할 수 있으나, 원자재나 기계설비에 관한 폐기청구권이 침해의 예방이라는 목적달성에 필요한 범위를 넘어 행사될 경우, 침해자에게 부당한 불이익을 초래할 수 있다는 점을 감안하여 볼 때 침해행위에'만' 제공되는 원자재나 기계설비에 한정하여 이를 허용해야 한다.[406)]

(3) 침해물품과 전체물품이 불가분적으로 결합된 경우

□ 특허권 침해행위를 조성한 물건의 폐기는 원칙적으로 특허발명이 실시된 부분에 한정하여 명함으로써 피고로 하여금 특허권 침해부분이 제거된 물품을 실시할 수 있도록 하여야 하지만, 그 물품과 전체물품이 불가분하게 결합하여 있어 그 분리폐기가 쉽지 않은 경우에는 물품 전체의 폐기를 명할 수밖에 없다.[407)]

---

404) 서울고법 2014. 7. 24. 선고 2013나71687,71694 판결
  • 폐기 · 제거청구는 금지 · 예방청구에 부수해서만 청구할 수 있고, 독립적으로 조성물의 폐기만 청구할 수는 없다(지적재산소송실무 제4판, 특허법원 지적재산소송 실무연구회, 박영사(2019), 493면).

405) 특허법원 2017. 4. 21. 선고 2016나1745 판결, 서울고법 2014. 7. 24. 선고 2013나71687,71694 판결, 2014. 3. 13. 선고 2013나44531 판결, 서울중앙지법 2017. 11. 17. 선고 2016가합570621 판결, 2015. 9. 18. 선고 2014가합571828 판결
  • 침해 부분이 다른 부분과 분리 가능하고 별개로 거래될 수 있는 경우에는 침해 부분에 대하여만 제조 · 설비의 폐기를 명해야 한다.

406) 서울중앙지법 2016. 5. 26. 선고 2014가합591167 판결

407) 서울고법 2008. 7. 2. 선고 2007나98254 판결

○ 특허법원 2017. 4. 21. 선고 2016나1745 판결

피고가 감속기 본체, 모터, 모터 체결기구 등으로 구성된 감속기 인덱스 제품을 제조·판매하고 있고, 그중 모터 체결기구가 특허권을 침해한 것인데, 특허발명이 모터 체결기구에 대한 것이고, 모터 체결기구를 제외한 부분은 침해행위를 조성한 물건으로 볼 수 없으며, 각 구성이 불가분적으로 결합되어 있다고 볼 수 없으므로 모터 체결기구에 대하여만 생산금지 및 폐기를 구할 수 있다. 따라서 원고는 특허권을 침해하는 피고 실시제품에 한하여 생산금지 및 폐기를 구하거나 피고 실시제품만을 생산하는 데 제공된 설비의 제거를 구할 수 있을 뿐, 제품 전체에 대하여 생산금지 및 폐기를 구하거나 원고의 특허권을 침해하지 않는 설비의 제거를 구할 수는 없다.

○ 서울고법 2014. 3. 13. 선고 2013나44531 판결

피고는 처음부터 원고의 허락 없이 원고의 특허발명을 이용하여 제품을 생산한 것이 아니라 원고와 전용실시권 설정계약을 체결하여 원고의 허락을 얻고서 설비 등을 갖추고 제품을 생산하던 중 피고의 실시료 미지급을 이유로 전용실시권 설정계약이 해지된 것에 불과할 뿐만 아니라 현실적으로 피고가 원고의 특허발명을 이용하여 제품을 생산하는 등의 침해행위를 행하고 있는 것도 아니므로 피고가 원고와 전용실시권 설정계약에 따라 제품을 생산하기 위하여 제공한 설비 등에 대한 원고의 폐기청구는 받아들이지 않는다.

○ 서울중앙지법 2015. 9. 18. 선고 2014가합571828 판결

특허발명은 데크플레이트 중 스페이서에 한정된 발명이고, 스페이서는 데크플레이트에서 트러스거더, 강판과 각 분리 가능하고 별개로 거래될 수 있는 제품이므로, 침해금지 및 폐기 대상은 피고 제품 전체가 아니라 거기에 사용된 스페이서로 한정함이 타당하다.

나. 손해배상청구

1) 일반론

가) 판단시점

□ 특허권 침해로 인한 손해배상청구를 인정할 것인지의 판단은 침해 당시를 기준으로 하여야 한다.[408] 불법행위로 인한 손해배상채권은 불법행위시에 발생하고 그 이행기가 도래하므로, 지연손해금도 그때부터 발생한다.[409]

408) 대법원 2020. 1. 30. 선고 2015다49422 판결, 2010. 10. 14. 선고 2010다53440 판결, 2009. 6. 25. 선고 2009다22037 판결, 2008. 11. 13. 선고 2006다22722 판결, 2008. 2. 29. 선고 2006다22043 판결, 특허법원 2023. 3. 10. 선고 2021나2070 판결, 2021. 7. 16. 선고 2021나1060 판결, 춘천지법 2015. 8. 20. 선고 2014가합2091 판결, 서울중앙지법 2009. 6. 19. 선고 2008가합63326 판결

409) 대법원 2020. 1. 30. 선고 2018다204787 판결, 2018. 10. 4. 선고 2016다41869 판결, 2007. 9. 6. 선고 2007다30263 판결, 1999. 12. 28. 선고 99다50071 판결, 1997. 10. 28. 선고 97다26043 판결, 1994. 11. 25. 선고 94다30065 판결, 1994. 2. 25. 선고 93다38444 판결, 1993. 12. 21. 선고 93다

나) 소멸시효의 적용

□ 특허권 침해로 인한 손해배상책임은 민법상 불법행위책임의 일종이므로 불법행위로 인한 손해배상책임에 관한 민법의 소멸시효 규정이 적용된다.[410)]

다) 전용실시권자와 완전독점적 통상실시권자의 손해배상청구

(1) 전용실시권자의 권리

(가) 금지청구권, 손해배상청구권, 신용회복청구권 행사 가능

□ 전용실시권자는 금지청구권, 손해배상청구권, 신용회복청구권 등의 권리를 가지는데, 이는 특허권자를 대위하여 행사할 수 있는 것이 아니고 전용실시권자 자신의 권리로서 갖는 것이다.[411)]

(나) 손해배상청구권자는 전용실시권자에 한정

□ 전용실시권이 설정된 특허권에 관하여 제3자가 특허침해행위를 한 경우, 침해자의 특허발명 실시로 인하여 전용실시권자에게는 영업상의 손해가 발생하였다고 볼 수 있지만, 특허권자에게 손해가 발생하였다고는 볼 수는 없으므로,[412)] 특허권자와 전용실시권자는 모두 침해금지청구권을 행사할 수 있으나, 특허권 실시에 관한 손해배상청구권자는 전용실시권자에 한정된다.[413)]

(2) 완전독점적 통상실시권자는 손해액 계산에 특허법 제128조 유추적용

□ 완전독점적 통상실시권은 물권적 효력 아닌 채권적 효력만을 가진다는 점을 제외하고는 전용실시권과 그 효력의 내용이 동일하므로, 손해액 계산을 함에 있어서도 특허권자와 전용실시권자의 손해액의 추정 규정인 특허법 제128조가 유추적용될 수 있다.[414)]

라) 손해배상책임과 손해배상의 범위

(1) 불법행위의 성립

(가) 불법행위의 성립요건

□ 불법행위 성립요건으로서의 위법성은 관련 행위 전체를 일체로만 판단하여 결정해야

34091 판결, 1966. 10. 21. 선고 64다1102 판결
410) 서울고법 2011. 11. 30. 선고 2011나2984 판결
411) 특허법원 2022. 7. 22. 선고 2021나2063 판결
412) 대법원 2002. 10. 11. 선고 2002다33175 판결
(같은 취지) 서울민사지법 1991. 5. 8. 선고 90가합92251 판결
413) 서울중앙지법 2009. 10. 7. 선고 2007가합33960 판결
414) 서울중앙지법 2004. 2. 13. 선고 2002가합30683 판결

하는 것은 아니고, 문제가 되는 행위마다 개별적·상대적으로 판단해야 한다.[415]

(나) 불법행위로 인한 손해배상책임의 요건

(ㄱ) 위법한 행위와 피해자가 입은 손해 사이의 상당인과관계

□ 불법행위로 인한 손해배상책임을 지우려면 위법한 행위와 피해자가 입은 손해 사이에 상당인과관계가 있어야 하고, 상당인과관계의 유무는 일반적인 결과 발생의 개연성은 물론 주의의무를 부과하는 법령 기타 행동규범의 목적과 보호법익, 가해행위의 태양 및 피침해이익의 성질 및 피해의 정도 등을 종합적으로 고려하여 판단해야 한다.[416]

(ㄴ) 특허권 침해행위와 상당인과관계가 인정되는 범위 내

□ 특허권 침해행위는 민법상 불법행위에 해당하므로, 특허권 침해제품과 경합하는 특허권자 제품이 판매된 후 그 특허권자 제품의 사용과 관련하여 후속적으로 발생하는 비특허제품의 파생적 매출의 감소로 인한 손해도 특허권 침해행위와 상당인과관계가 인정되는 범위 내에서는 특허권 침해행위로 인한 손해에 포함될 수 있다. 다만 이러한 손해는 특별손해에 해당하는 것이 보통이므로, 침해자가 이러한 사정을 알았거나 알 수 있었어야 한다.[417]

(ㄷ) 특허권 침해행위와 상당인과관계가 인정되기 위한 요건

□ 비특허제품의 파생적 매출의 감소로 인한 손해가 특허권 침해행위와 상당인과관계가 있는 것으로 인정되려면, 단순히 그 비특허제품이 특허권자 제품과 관련되어 판매된다는 사정만으로는 부족하고, 그 비특허제품이 특허권자 제품과 기능적 관련성이 있고, 그 수요가 특허권자 제품의 특징에 기인하여 발생하는 등의 사정이 인정되어야 한다.[418]

(다) 불법행위에 기초한 손해배상청구

□ 특허권 침해로 인한 손해배상청구는 그 실질이 민법 제750조에 따른 불법행위에 기초한 손해배상청구로서, 불법행위로 인한 손해배상은 불법행위로 인한 통상의 손해

415) 대법원 2021. 6. 30. 선고 2019다268061 판결, 2020. 11. 26. 선고 2016다260707 판결, 2020. 11. 26. 선고 2018다221676 판결, 2010. 7. 15. 선고 2006다84126 판결, 2003. 6. 27. 선고 2001다734 판결, 2001. 2. 9. 선고 99다55434 판결

416) 대법원 2023. 4. 27. 선고 2021다262905 판결, 2022. 9. 16. 선고 2017다247589 판결, 2022. 5. 26. 선고 2021다300791 판결, 2022. 4. 28. 선고 2020다268265 판결, 2020. 11. 26. 선고 2016다260707 판결, 2020. 11. 26. 선고 2018다221676 판결, 2018. 10. 25. 선고 2016다16191 판결, 2018. 7. 12. 선고 2017다249516 판결, 2018. 7. 11. 선고 2017다263703 판결, 2014. 9. 4. 선고 2014다37675 판결

417) 특허법원 2019. 11. 8. 선고 2018나1992 판결

418) 특허법원 2019. 11. 8. 선고 2018나1992 판결

를 그 한도로 하며, 특별한 사정으로 인한 손해는 가해자가 그 사정을 알았거나 알 수 있었을 때에 한하여 배상의 책임이 있다.[419)]

(2) 손해배상책임의 성립

(가) 손해배상책임의 성립요건

□ 특허권 침해로 인한 손해배상책임 성립하기 위해서는, ① 침해자의 고의·과실, ② 침해자의 책임능력, ③ 침해자의 위법성, ④ 침해행위로 인한 손해의 발생이 인정되어야 한다.[420)]

◀ 침해금지청구권은 고의·과실을 요하지 않으나 손해배상청구권은 침해자의 고의·과실을 요하므로, 침해금지와 함께 손해배상을 구하기 위해서는 미리 침해 중단의 경고장을 발송하여 고의·과실의 요건을 명확히 해두는 것이 바람직하다.

(나) 무권리자가 제3자에게 특허권을 사용하도록 허락한 경우

□ 무권리자가 제3자에게 특허권자가 보유한 특허권을 사용하도록 허락한 행위는 특허권 침해행위에 해당하므로, 무권리자는 특허권자에게 특허권 침해로 발생한 손해를 배상해야 한다.[421)]

(다) 특허침해의 교사자나 방조자

▷ 민법상의 공동불법행위에 관한 규정에 의하여 특허침해의 교사자나 방조자는 직접침해자와 연대하여 특허권자에게 손해를 배상할 책임이 있다. 그러나 특허권자는 특허침해의 교사자 또는 방조자, 즉 일반법적 간접침해자에 대하여 그 행위의 금지를 구할 수는 없고, 특허권자의 신용회복청구권도 일반법적 간접침해자인 교사자 또는 방조자에 대하여는 인정될 수 없다.[422)]

(3) 손해배상의 범위

(가) 특허침해로 인한 재산상 불이익

□ 특허침해로 인한 손해는 특허침해로 인하여 발생한 재산상 불이익, 즉 특허침해행위가 없었더라면 특허권자가 현재 가지고 있었을 재산상태와 특허침해로 인하여 특허권자가 현재 가지고 있는 재산상태의 차이를 말한다.[423)]

---

419) 서울고법 2014. 12. 11. 선고 2014나1463 판결

420) 대법원 1997. 8. 22. 선고 97다13023 판결, 서울고법 2019. 5. 3. 선고 2017나2074963,2074970 판결, 2010. 10. 13. 선고 2010나10261 판결

421) 서울중앙지법 2012. 1. 20. 선고 2011나45179 판결

422) 곽민섭, 지식재산권 침해소송 실무와 최근의 판례 동향, 특허심판원(2009. 5.), 29면

423) 대법원 2023. 4. 27. 선고 2021다262905 판결, 2022. 5. 26. 선고 2017다229338 판결, 2021. 7. 21.

(나) 손해액 산정시 유의사항

□ 특허권 침해로 인한 손해액을 산정함에 있어서는, 먼저 특허권 침해행위가 없었더라면 존재하였을 재산상태를 상정해야 하는데, 특허권 침해행위가 없었을 경우의 재산상태를 상정함에 있어 고려할 사정들은 특허권 침해행위 전후의 여러 정황을 종합한 합리적인 추론에 의하여 인정될 수 있어야 하고, 당사자가 주장하는 사정이 그러한 추론에 의하여 인정되지 않는 경우라면 이를 특허권 침해행위가 없었을 경우의 재산상태를 상정하는 데 참작할 수 없다.[424)]

(다) 적극적 손해와 소극적 손해

□ 특허권 침해로 인한 재산상 손해는 기존의 이익이 상실되는 적극적 손해의 형태와 장차 얻을 수 있을 이익을 얻지 못하는 소극적 손해의 형태로 구분된다.[425)]

(라) 손해배상액에 대한 당사자의 합의가 있는 경우

□ 불법행위로 인한 손해배상액을 당사자의 합의로서 약정한 경우에는 법원은 이를 가감할 수 없다.[426)]

(마) 위자료 청구

□ 타인의 불법행위에 의하여 특허권이 침해된 경우에는 그 재산적 손해의 배상에 의하여 정신적 고통도 회복된다고 보아야 하므로, 재산적 손해의 배상에 의하여 회복할 수 없는 정신적 손해가 발생하였다면 이는 특별한 사정으로 인한 손해로서 침해자가 그러한 사정을 알았거나 알 수 있었을 경우에 한하여 그 손해에 대한 위자료를 청구할 수 있다.[427)]

선고 2020다282513 판결, 2018. 9. 28. 선고 2015다69853 판결, 2018. 6. 15. 선고 2016다212272 판결, 2016. 9. 30. 선고 2015다19117,19124 판결, 2016. 8. 29. 선고 2012다16537 판결, 2015. 11. 26. 선고 2013다18349,18356 판결, 2014. 9. 4. 선고 2012다37343 판결, 2014. 1. 23. 선고 2012다53048 판결

424) 대법원 2014. 9. 4. 선고 2012다37343 판결, 2013. 6. 13. 선고 2012다91262 판결, 2010. 7. 8. 선고 2010다21276 판결, 2009. 9. 10. 선고 2008다37414 판결, 대구고법 2014. 7. 9. 선고 2013나20503,20510 판결, 서울고법 2014. 6. 11. 선고 2013나23657,23664 판결, 2014. 1. 29. 선고 2013나23763 판결, 서울중앙지법 2012. 1. 12. 선고 2010가합95265 판결

425) 대법원 2015. 11. 26. 선고 2013다18349,18356 판결, 2014. 1. 23. 선고 2012다53048 판결, 2012. 6. 14. 선고 2010다26035 판결, 2011. 7. 28. 선고 2010다76368 판결, 2011. 7. 28. 선고 2010다101752 판결, 2002. 8. 23. 선고 2000다31298 판결, 1992. 6. 23. 선고 91다33070 전합 판결, 특허법원 2018. 10. 26. 선고 2017나2417,2424 판결, 서울중앙지법 2017. 12. 1. 선고 2017가합510534 판결

426) 대법원 1954. 4. 24. 선고 4282민상47 판결, 대전지법 2019. 9. 10. 선고 2018가단217438 판결

427) 대법원 2012. 6. 14. 선고 2010다26035 판결, 2008. 7. 24. 선고 2007다50663 판결, 2007. 12. 13. 선고 2007다18959 판결, 2007. 1. 11. 선고 2005다67971 판결, 2005. 11. 10. 선고 2005다37710 판

○ 의정부지법 고양지원 2014. 8. 14. 선고 2011가합12071 판결

원고는 피고의 특허발명 침해행위로 인하여 그동안 피고와의 사이에 특허소송, 가처분신청소송, 침해금지 및 손해배상소송, 형사소송 등 수많은 소송을 진행해 왔고, 그러던 중 특허발명의 존속기간이 만료되었는데, 그와 같은 과정에서 원고가 정신적 고통을 받았을 것이라고 보이고 이러한 정신적 고통은 재산적 손해배상만으로는 회복되지 않을 것으로 보이므로, 원고의 정신적 고통에 대하여 피고는 금전적으로 배상할 필요가 있다.

마) 증명책임과 증명의 정도

(1) 손해의 발생 및 액수에 대한 증명책임

□ 손해의 발생 및 액수에 대한 증명책임은 손해배상을 청구하는 특허권자에게 있으므로 특허권자는 특허권 침해가 없었더라면 존재하였을 재산상태와 특허권 침해가 발생한 이후의 재산상태가 무엇인지에 관하여 증명할 책임을 진다.428)

(2) 주장·증명의 정도

(가) 경업관계로 인한 손해발생의 염려 내지 개연성

□ 특허권자와 침해자가 경업관계에 있는 경우에는 사실상 손해의 발생을 추정하므로, 특허권 침해로 인하여 입은 손해의 발생에 관한 주장·증명의 정도에 있어서는 경업관계로 인하여 손해발생의 염려 내지 개연성이 있음을 주장·증명하면 충분하다.429)

결, 2005. 3. 24. 선고 2005다213 판결, 2005. 2. 17. 선고 2004다37034 판결, 2004. 12. 24. 선고 2003다5573,5580 판결, 2004. 11. 12. 선고 2002다53865 판결

- 불법행위로 인하여 재산권이 침해된 경우에 특별한 정신적 손해가 발생하였는지 여부는 침해의 동기, 방법, 태양, 그 외 건전한 사회상식, 일반국민의 법 감정 등에 비추어 일반적으로 누구라도 그러한 입장에 서면 그와 같은 정신적 고통을 받았을 것이라는 객관적인 사정을 기준으로 경험칙에 의하여 판단해야 한다(수원고법 2021. 1. 28. 선고 2019나21985 판결, 서울중앙지법 2021. 2. 5. 선고 2019나76766 판결).

428) 대법원 2012. 12. 13. 선고 2011다25695 판결, 서울고법 2013. 11. 7. 선고 2013나25981 판결, 수원지법 2019. 5. 16. 선고 2018가합9663 판결, 서울중앙지법 2016. 1. 13. 선고 2013가합16690 판결

- 손해의 액수에 대한 증명책임은 손해배상을 청구하는 특허권자에게 있다(대법원 2011. 7. 28. 선고 2010다18850 판결, 1994. 3. 11. 선고 93다57100 판결).

429) 대법원 2015. 10. 29. 선고 2013다45037 판결, 2013. 7. 25. 선고 2013다21666 판결, 2006. 10. 12. 선고 2004다36505 판결, 2006. 10. 12. 선고 2006다1831 판결, 1997. 9. 12. 선고 96다43119 판결, 특허법원 2020. 12. 11. 선고 2019나2091 판결, 2020. 5. 22. 선고 2019나1821 판결, 2019. 1. 17. 선고 2017나1834 판결, 2018. 12. 7. 선고 2018나1336 판결, 서울중앙지법 2020. 1. 31. 선고 2015가합556796 판결, 대구지법 2019. 11. 14. 선고 2017가합202061 판결

- 특허권자의 특허제품이 제3자를 통해 생산·판매되었으므로 경업관계에 있는 피고가 침해제품을 생산·판매함으로 인하여 특허권자가 손해를 입을 염려 내지 개연성이 있다고 추단된다(대법원 2009. 10. 15. 선고 2009다19925 판결, 서울고법 2009. 2. 3. 선고 2008나17757 판결).

(나) 동종영업을 증명한 경우

□ 특허권자가 침해자와 동종영업을 하고 있는 것을 증명한 경우라면 특별한 사정이 없는 한 특허권 침해에 의하여 영업상의 손해를 입었음이 사실상 추정되는데,[430] 침해자가 특허권자와 동종영업을 하고 있으면서 침해물품을 특허권자의 동의나 허락 없이 임의로 제작·판매한 경우에는 특허권자의 손해발생이 추정된다.[431]

(다) 영업상 손해의 주장·증명

□ 특허권 침해행위로 인하여 영업상의 이익이 침해되었음을 이유로 영업상 손해의 배상을 구하는 특허권자로서는 스스로 업으로 특허발명을 실시하고 있고, 또한 그 특허권에 대한 침해행위에 의하여 실제로 영업상의 손해를 입은 것을 주장·증명할 필요가 있다.[432]

(3) 침해행위와 손해발생 사이의 인과관계 증명책임

□ 특허권 침해로 인한 손해배상청구 사건에서 침해자의 침해행위, 특허권자의 손해발생, 침해행위와 특허권자의 손해발생 사이의 인과관계에 관한 증명책임은 특허권자가 부담한다.[433]

(4) 침해자의 손해배상책임 면책조건

(가) 특허권자에게 손해의 발생이 없는 경우

□ 특허권자에게 손해의 발생이 인정되지 않는 경우에는 민법 제750조에 기한 손해배상청구권도 인정될 수 없는데,[434] 특허권 침해행위에도 불구하고 특허권자에게 손해의 발생이 없다는 점이 밝혀지면 침해자는 그 손해배상책임을 면한다.[435]

---

430) 대법원 2015. 10. 29. 선고 2013다45037 판결, 2013. 7. 25. 선고 2013다21666 판결, 2006. 10. 12. 선고 2006다1831 판결, 1997. 9. 12. 선고 96다43119 판결, 특허법원 2020. 5. 22. 선고 2019나1821 판결, 2018. 12. 7. 선고 2018나1336 판결, 서울중앙지법 2022. 4. 15. 선고 2020가합571157 판결, 2022. 2. 10. 선고 2020가합527662 판결, 2020. 9. 28. 선고 2018가합567544 판결, 수원지법 2019. 7. 17. 선고 2016가합82382 판결

431) 부산지법 2017. 8. 8. 선고 2015가단238723 판결

432) 대법원 2015. 10. 29. 선고 2013다45037 판결, 2009. 10. 29. 선고 2007다22514,22521 판결, 1997. 9. 12. 선고 96다43119 판결, 특허법원 2019. 10. 31. 선고 2018나1640 판결, 2019. 10. 31. 선고 2018나1657 판결, 2018. 12. 7. 선고 2018나1336 판결, 서울중앙지법 2016. 5. 27. 선고 2015가합504429 판결, 서울동부지법 2013. 4. 29. 선고 2012가단47631 판결

433) 대법원 2019. 11. 28. 선고 2016다233538,233545 판결, 2016. 12. 29. 선고 2014다67720 판결, 2013. 10. 11. 선고 2012다111661 판결

434) 대법원 2004. 7. 22. 선고 2003다62910 판결

435) 대법원 2008. 11. 13. 선고 2006다22722 판결, 2008. 3. 27. 선고 2005다75002 판결, 2004. 7. 22. 선고 2003다62910 판결, 특허법원 2022. 11. 16. 선고 2022나1494 판결, 2020. 3. 27. 선고 2018나1855 판결, 2017. 7. 7. 선고 2016나1202 판결, 서울고법 2019. 5. 3. 선고 2017나2074963,2074970

(나) 특허권자에게 손해의 발생이 없다는 점을 주장 · 증명

□ 침해자는 특허권자에게 손해의 발생이 있을 수 없다는 점을 주장·증명하여 손해배상책임을 면할 수 있다.[436]

(다) 외국 기업이 국내에서 생산 · 판매를 하지 않은 경우

□ 외국 기업이 우리나라 안에서 생산·판매 등 영업활동을 하지 않은 경우에는 그에 따른 영업상 손해도 없게 되므로 손해배상청구권도 인정될 수 없다.[437]

바) 석명권 행사와 직권심리

□ 손해배상책임이 인정되는 경우에 법원은 그 손해액에 관한 당사자의 주장과 증명이 미흡하더라도 적극적으로 석명권을 행사하여 증명을 촉구해야 하고, 경우에 따라서는 직권으로라도 손해액을 심리·판단해야 한다.[438]

2) 특허법 제128조에 의한 손해배상

가) 특허법 제128조의 적용

(1) 고의 · 과실요건과 증명책임

(가) 고의 · 과실요건

□ 특허권자는 고의·과실로 자신의 특허권을 침해한 자에 대하여는 침해로 인하여 입은 손해의 배상을 청구할 수 있다.[439]

(나) 고의 · 과실의 증명책임

□ 특허권 침해를 원인으로 한 불법행위에 기초하여 손해배상을 청구하기 위해서는 침해자에게 고의·과실이 있어야 하고 그 증명책임은 특허권자에게 있다.[440]

판결, 서울중앙지법 2018. 7. 27. 선고 2017가합532329 판결, 2016. 12. 15. 선고 2015가합570990 판결, 서울남부지법 2012. 4. 3. 선고 2011가합17718 판결

436) 대법원 2016. 9. 30. 선고 2014다59712,59729 판결, 2008. 3. 27. 선고 2005다75002 판결, 2002. 10. 11. 선고 2002다33175 판결, 특허법원 2022. 12. 9. 선고 2021나1466 판결, 2019. 9. 6. 선고 2018나2001 판결, 2019. 2. 22. 선고 2016나1967 판결, 2019. 2. 22. 선고 2017나1063 판결, 2018. 10. 5. 선고 2017나1148 판결, 2018. 10. 5. 선고 2017나1810 판결, 2017. 9. 29. 선고 2017나1117 판결, 서울중앙지법 2021. 5. 7. 선고 2019가합524216 판결

437) 대법원 2004. 7. 22. 선고 2003다62910 판결

438) 대법원 2021. 10. 14. 선고 2020다277306 판결, 2021. 7. 21. 선고 2020다282513 판결, 2021. 5. 27. 선고 2017다230963 판결, 2020. 3. 26. 선고 2018다301336 판결, 2016. 11. 24. 선고 2014다81511 판결, 2016. 11. 24. 선고 2014다81528 판결, 2016. 11. 10. 선고 2013다71098 판결, 2013. 4. 25. 선고 2012다106508 판결, 2013. 3. 28. 선고 2010다13664 판결

439) 수원지법 안양지원 2020. 8. 27. 선고 2016가합101070 판결, 서울남부지법 2009. 2. 6. 선고 2008가합18612 판결, 서울동부지법 2008. 6. 26. 선고 2006가합10475 판결, 2007. 5. 18. 선고 2006가합15289 판결

(2) 변론종결시의 현행법 조항 적용

□ 특허법 제128조는 손해배상의 성립요건에 관한 것이 아니라 손해액의 산정방법에 관한 규정이므로, 변론종결 당시의 현행법 조항을 적용할 수 있다.[441)]

(3) 선택적 · 중첩적 청구 허용

□ 특허권자는 특허법 제128조 각 항에 규정된 각각의 손해액 산정방식에 의한 금액 중 더 많은 금액을 한도로 하여, 선택적 또는 중첩적으로 손해배상을 청구할 수 있다.[442)]

(4) 손해액 산정방법의 적용 순위

(가) 특허권자가 주장하는 손해배상액 산정방법 적용

□ 특허권자가 주장한 특허법 제128조의 각 조항을 적용해야 하고, 특허권자가 주장하지 않은 조항을 직권으로 적용할 수 없다.[443)] 따라서 특허권자가 특허법 제128조 제1항에 따라 침해자의 침해행위가 없었다면 판매할 수 있었던 물건의 가액에 영업이익률을 곱한 금액을 일실이익액으로 주장하는 경우, 특허권자의 의사에 반하여 특허권자가 주장하지 않은 조항에 따라 침해행위로 인하여 침해자가 얻은 이익의 액을 특허권자의 손해액으로 인정하는 판결이 내려질 수 없다.[444)]

(나) 특허법 제128조 제2항의 우선적용

★□ 침해소송의 법원은, ① 먼저 특허권자의 주장에 따라 특허법 제128조 제2항에 기하여 손해액을 인정하는 것이 가능한지부터 심리 · 판단하고, ② 다음으로 특허법 제128조 제2항 내지 제6항에 의해서도 그 손해액의 증명이 곤란하다는 점이 인정되는 경우에는, ③ 예외적으로 특허법 제128조 제7항에 기하여 손해액을 산정한다.[445)]

▶ 특허법 제128조 제2항에 의한 손해배상액이 특허법 제128조 제4항, 제5항 또는 제7항

---

440) 서울중앙지법 2008. 12. 4. 선고 2008가합66912 판결, 2008. 10. 16. 선고 2006가합65977 판결, 2008. 5. 8. 선고 2007가합8513 판결, 2007. 12. 27. 선고 2006가합5838 판결

441) 서울중앙지법 2017. 9. 15. 선고 2014가합556560 판결

442) 대법원 1996. 6. 11. 선고 95다49639 판결, 서울고법 2014. 12. 11. 선고 2014나1463 판결, 1998. 8. 12. 선고 97나53696 판결, 1996. 7. 12. 선고 95나41279 판결, 서울중앙지법 2016. 1. 13. 선고 2015가합6239 판결, 2004. 8. 19. 선고 2003가합40120 판결, 수원지법 1997. 9. 9. 선고 96가합21976 판결 (같은 취지) 서울고법 2005. 5. 25. 선고 2004나65345 판결

443) 특허법원 2020. 5. 22. 선고 2019나1821 판결

444) 서울고법 2014. 12. 11. 선고 2014나1463 판결

445) 대법원 2014. 5. 29. 선고 2013다208098 판결
(같은 취지) 대법원 2012. 6. 28. 선고 2011다6700,6717 판결, 2011. 5. 13. 선고 2010다58728 판결, 2010. 10. 14. 선고 2010다40505 판결, 2009. 9. 10. 선고 2006다64627 판결, 2007. 11. 29. 선고 2006다3561 판결, 2005. 5. 27. 선고 2004다60584 판결

에 의한 손해배상액 보다 많은 경우가 일반적이기 때문에, 특허권자는 특허법 제128조 제2항에 의한 손해배상청구를 먼저 주장하는 경우가 대부분이다.

(다) 직권으로 손해액을 심리 · 판단하는 경우

□ 법원은 손해배상책임이 인정되는 한 손해액에 관하여는 적극적으로 석명권을 행사하고 증명을 촉구해야 하며 경우에 따라서는 직권으로 손해액을 심리 · 판단할 필요가 있으므로, 당사자의 주장이 없더라도 직권으로 다른 유형의 계산방법에 따라 손해액을 산정할 수 있다.[446)]

(5) 손해액 산정방법에 대한 침해자의 항변

★□ 침해자는 특허권자가 주장한 특허법 제128조 각 조항에 의하여 산정된 손해액이 다른 조항에 의하여 산정된 손해액보다 과다하다는 점을 들어, 손해액을 다른 조항에 의하여 산정된 손해액으로 감액해야 한다는 주장을 할 수 없다.[447)]

나) 특허법 제128조 제1항

[§ 118](손해배상청구권 등)

① 특허권자 또는 전용실시권자는 고의 또는 과실로 자기의 특허권 또는 전용실시권을 침해한 자에 대하여 침해로 인하여 입은 손해의 배상을 청구할 수 있다.

(1) 취지

□ 특허법 제128조 제1항 및 제2항은, 침해품이 판매된 경우에 그 판매수량분 만큼 특허권자의 특허제품의 판매가 감소하였을 것이라는 개연성에 기초해서 그 감소분에 의하여 특허권자가 당연히 얻었을 이익액을 특허권자의 손해액으로 하거나 침해품의 판매에 의하여 침해자가 얻은 이익을 특허제품의 판매감소분에 의하여 특허권자가 얻었을 이익으로 추정할 수 있다는 전제에서 규정된 것이다.[448)]

(2) 특허발명 실시사실의 주장 · 증명책임

□ 특허법 제128조 제1항에서 특허권을 침해한 자가 그 침해행위로 인하여 이익을 받은 때에는 그 이익의 액을 특허권자가 입은 손해의 액으로 추정하는데, 특허권자가 이 규정의 적용을 받기 위해서는 스스로 침해된 특허발명을 실시하고 있다는 점을 주장 · 증명해야 한다.[449)]

---

446) 창원지법 2006. 12. 14. 선고 2006가합3790 판결
(같은 취지) 대법원 2013. 5. 24. 선고 2012다39769,39776 판결

447) 대법원 2009. 8. 20. 선고 2007다12975 판결, 특허법원 2020. 5. 22. 선고 2019나1821 판결

448) 서울중앙지법 2009. 1. 8. 선고 2008가합1588 판결

(3) 특허발명을 실시하지 않고 있는 경우

□ 특허권자가 특허발명을 실시하지 않고 있는 경우에는 특허권자는 침해자를 상대로 손해배상을 청구함에 있어 특허법 제128조 제1항에 의한 손해액의 산정을 주장할 수 없다.[450]

(4) 전제조건

(가) 특허제품의 판매수량이 감소된 사실 증명

□ 특허권자가 특허법 제128조 제1항에 따른 손해배상을 구하려면, 침해제품의 제조·판매가 없었더라면 권리자가 침해제품과 같은 수량의 제품을 판매할 수 있었다는 점, 즉 침해행위로 그만큼의 권리자 제품의 판매수량이 감소되었다는 사실을 증명해야 한다.[451]

(나) 침해자가 생산·판매한 물건의 양도수량과 그로부터 얻은 이익 증명

□ 특허권자가 손해배상으로 특허법 제128조 제1항, 제2항에 따른 손해액을 구하려면, 침해자가 각 실시제품을 생산·판매한 물건의 양도수량과 그로부터 얻은 이익을 증명해야 한다.[452]

다) 특허법 제128조 제2항

[§ 118](손해배상청구권 등)

② 손해배상을 청구하는 경우 그 권리를 침해한 자가 그 침해행위를 하게 한 물건을 양도하였을 때에는 다음 각 호에 해당하는 금액의 합계액을 특허권자 또는 전용실시권자가 입은 손해액으로 할 수 있다.

1. 그 물건의 양도수량(특허권자 또는 전용실시권자가 그 침해행위 외의 사유로 판매할 수 없었던 사정이 있는 경우에는 그 침해행위 외의 사유로 판매할 수 없었던 수량을 뺀 수량) 중 특허권자 또는 전용실시권자가 생산할 수 있었던 물건의 수량에서 실제 판매한 물건의 수량을 뺀 수량을 넘지 않는 수량에 특허권자 또는 전용실시권자가 그 침해행위가 없었다면 판매할 수 있었던 물건의 단위수량당 이익액을 곱한 금액
2. 그 물건의 양도수량 중 특허권자 또는 전용실시권자가 생산할 수 있었던 물건의 수량에서 실제 판매한 물건의 수량을 뺀 수량을 넘는 수량 또는 그 침해행위 외의 사유로 판매할 수 없었던 수량이 있는 경우 이들 수량(특허권자 또는 전용실시권자가 그 특허권자의 특허권에 대한 전용실시권의 설정, 통상실시권의 허락 또는 그 전용실시권자의 전용실시권에 대한 통상실시권의 허락을 할 수 있었다고 인정되지 않는 경우에는 해당 수량을 뺀 수량)에

449) 서울지법 1999. 1. 15. 선고 97가합59116 판결, 1998. 5. 1. 선고 96가합5952 판결
450) 서울중앙지법 2015. 8. 13. 선고 2014가합541599 판결
451) 서울지법 2003. 12. 12. 선고 2003가합71469 판결
452) 대구지법 2017. 1. 19. 선고 2014가합205595,206666 판결

대하여는 특허발명의 실시에 대하여 합리적으로 받을 수 있는 금액

(1) 취지

□ 특허법 제128조 제2항은 특허권자의 손해액에 대한 증명의 편의를 도모하기 위한 규정으로서 특허권을 침해받은 특허권자에게 최소한 제128조 제5항 규정에 의한 손해배상금액은 보장해 주려는 취지이다.[453)]

(2) 손해액 추정요건

(가) 침해자의 이익을 손해액으로 추정

□ 특허법 제128조 제2항에 의하여 침해자가 특허권자의 완전독점적 전용실시권을 침해하여 얻은 이익이 특허권자가 침해자의 침해행위로 입은 손해액으로 추정된다.[454)]

(나) 특허법 제128조 제2항에 따른 손해액 추정요건

□ 특허법 제128조 제2항에 따라 손해액을 추정하기 위해서는, ① 권리를 침해한 자가 그 침해행위에 의하여 이익을 받았다는 점, ② 그 이익의 액을 주장·증명해야 한다.[455)]

(3) 특허발명의 실시가 전제조건인지

□ '특허권자의 특허발명 실시'는 특허법 제128조 제2항을 적용하기 위한 적극적 요건은 아니다.[456)]

(4) 단위수량당 이익액의 산정

(가) 특허제품의 단위당 판매가액에서 제품단위당 비용을 공제한 금액

□ 단위수량당 이익액은 침해가 없었다면 특허권자가 판매할 수 있었을 것으로 보이는 특허권자 제품의 단위당 판매가액에서 그 증가되는 제품의 판매를 위하여 추가로 지출하였을 것으로 보이는 제품단위당 비용을 공제한 금액(한계이익)을 말한다.[457)]

---

453) 대법원 1996. 6. 11. 선고 95다49639 판결, 서울고법 1998. 8. 12. 선고 97나53696 판결, 1996. 7. 12. 선고 95나41279 판결, 서울중앙지법 2016. 1. 13. 선고 2014가합567058 판결, 2016. 1. 13. 선고 2014가합581702 판결, 2016. 1. 13. 선고 2015가합6239 판결, 울산지법 2015. 9. 3. 선고 2014가합17547 판결, 수원지법 1997. 9. 9. 선고 96가합21976 판결

454) 서울중앙지법 2004. 2. 13. 선고 2002가합30683 판결

455) 인천지법 부천지원 2017. 2. 8. 선고 2015가합104250 판결, 서울중앙지법 2014. 5. 23. 선고 2013가합59758 판결, 2014. 4. 25. 선고 2013가합81410 판결, 2013. 6. 7. 선고 2012가합68823,2013가합6457 판결

456) 서울고법 2009. 2. 3. 선고 2008나17757 판결

457) 대법원 2006. 10. 13. 선고 2005다36830 판결, 특허법원 2022. 2. 10. 선고 2019나2077 판결, 2021. 8. 19. 선고 2020나1537 판결, 2019. 1. 10. 선고 2018나1152 판결, 2018. 12. 7. 선고 2017나2523

(나) 특허제품 판매가격에서 재료비 및 노무비, 관리비를 공제한 금액

□ 단위수량당 이익액은 특허제품을 판매할 경우, 그 판매가격에서 재료비 및 노무비, 관리비 등 제 경비를 공제한 금액을 뜻하므로 노무이익은 노무의 제공으로 인한 이익일 뿐 특허제품의 판매이익이라고 볼 수 없다.[458)]

(다) 정상가격에 의하여 산출한 가액

□ 단위수량당 이익액은 정상가격에 의하여 산출한 가액을 말하고, 일부 할인판매한 정황이 있다고 해도 그 가액을 정상가격으로 볼 수 없다.[459)]

(라) 광고선전비 및 인건비는 고정비

□ 변동비와 고정비의 구분은 해당 기업, 업종, 제품에 따라 달라질 수 있어 해당기업의 과거 수년간의 광고선전비, 인건비 등의 지출형태를 파악한 뒤 판단해야 한다.[460)]

(5) 손해액의 산정

▶ 2020. 6. 9. 시행된 개정 특허법에 따라, <u>특허권자의 생산능력 초과분에 대하여도</u> 제3자가 특허권자에게 특허 사용 대가로 지급하는 실시료를 기준으로 손해액을 산정하도록 하고 있다.

(가) 침해에 의한 손해배상을 청구하는 경우

□ 구법 하에서, 특허권자는 고의 또는 과실로 인하여 자기의 특허권을 침해한 자에 대하여 그 침해에 의하여 자기가 입은 손해의 배상을 청구하는 경우, 손해액은 특허권자가 '생산할 수 있었던 물건의 수량에서 실제 판매한 물건의 수량을 뺀 수량에 단위수량당 이익액을 곱한 금액'을 특허권자의 손해배상액 한도로 한다.[461)]

판결, 2017. 4. 28. 선고 2016나1424 판결, 2017. 2. 17. 선고 2016나1271 판결, 서울고법 2016. 6. 2. 선고 2015나2009569 판결, 서울중앙지법 2020. 11. 20. 선고 2019가합502841 판결, 2017. 12. 15. 선고 2014가합568969 판결, 2017. 9. 1. 선고 2017가합510206 판결, 수원지법 2019. 7. 17. 선고 2016가합82382 판결, 부산지법 2017. 12. 13. 선고 2016가합50668 판결

458) 대법원 2006. 10. 13. 선고 2005다36830 판결

459) 서울중앙지법 2017. 10. 13. 선고 2017가합510213 판결

460) 서울중앙지법 2009. 10. 14. 선고 2007가합63206 판결

- 광고선전비 및 인건비는 고정비로 분류되므로 변동비로 볼 수 없다(서울중앙지법 2009. 10. 14. 선고 2007가합63206 판결).

461) 대구고법 2017. 5. 11. 선고 2016나1602,1619 판결, 서울고법 2014. 12. 11. 선고 2014나1463 판결, 서울중앙지법 2019. 11. 8. 선고 2016가합500899 판결, 2016. 7. 15. 선고 2015가단5293581 판결, 2016. 7. 15. 선고 2015가단5341954 판결, 2015. 12. 26. 선고 2014가합593842 판결, 서울동부지법 2011. 4. 20. 선고 2010가합14023 판결, 수원지법 2011. 1. 13. 선고 2010가합4252 판결, 2010. 8. 12. 선고 2009가합7324 판결, 대구지법 2010. 6. 10. 선고 2009가단4492 판결

(나) 침해행위 외의 사유로 판매할 수 없었던 사정이 있는 경우

□ 특허권자가 침해행위 외의 사유로 판매할 수 없었던 사정이 있는 때에는, 당해 침해행위 외의 사유로 판매할 수 없었던 수량에 따른 금액을 빼야 한다.462)

(다) 침해자가 그 침해행위를 하게 한 물건을 양도한 경우

□ 특허권 침해를 이유로 손해배상을 청구하는 경우, 그 특허권을 침해한 자가 그 침해행위를 하게 한 물건을 양도하였을 때에는 그 물건의 양도수량에 특허권자가 그 침해행위가 없었다면 판매할 수 있었던 물건의 단위수량당 이익액을 곱한 금액을 특허권자가 입은 손해액으로 할 수 있다.463)

(라) 침해품의 판매수량에 특허권자의 제품단위당 이익액을 곱한 금액

□ 특허권 침해의 경우, 특허권자가 생산할 수 있었던 물건의 수량을 한도로 한 침해품의 판매수량에 특허권자의 제품단위당 이익액을 곱한 금액을 특허권자의 일실수입으로 할 수 있다.464)

(6) 손해배상액의 감액

□ 침해행위 외의 사유로 판매할 수 없었던 사정

특허법 제128조 제2항 제1호에서 침해행위 외의 사유로 판매할 수 없었던 사정이란, 침해자의 시장개발 노력·판매망, 침해자의 상표, 광고·선전, 침해제품의 품질의 우수성 등으로 인하여 특허권 침해와 무관한 판매수량이 있는 경우를 말하는 것으로서, 특허권을 침해하지 않으면서 특허권자의 제품과 시장에서 경쟁하는 경합제품이 있다는 사정이나 침해제품에 디자인권이 실시되고 있다는 사정 등이 그러한 사유에 포함될 수 있으나, 제1호를 적용하여 손해배상액의 감액을 주장하는 침해자는 그러한 사정으로 인하여 특허권자가 판매할 수 없었던 수량에 의한 금액에 대하여까지 주장·증명을 하여야 한다.465)

---

462) 대법원 2009. 8. 20. 선고 2007다12975 판결, 대구고법 2017. 5. 11. 선고 2016나1602,1619 판결, 서울고법 2014. 12. 11. 선고 2014나1463 판결, 서울중앙지법 2017. 8. 18. 선고 2016가합547034 판결, 2016. 7. 15. 선고 2015가단5293581 판결, 2016. 7. 15. 선고 2015가단5341954 판결, 대구지법 2016. 7. 21. 선고 2012가합4573,2014가합1011 판결, 2010. 6. 10. 선고 2009가단44492 판결, 서울동부지법 2011. 4. 20. 선고 2010가합14023 판결, 수원지법 2011. 1. 13. 선고 2010가합4252 판결

463) 특허법원 2021. 8. 19. 선고 2020나1537 판결, 2020. 8. 28. 선고 2019나1869,1876 판결, 2019. 1. 10. 선고 2018나1152 판결, 2017. 10. 27. 선고 2016나2014 판결, 서울고법 2017. 6. 1. 선고 2014나4592 판결, 부산지법 2017. 12. 13. 선고 2016가합50668 판결, 대전지법 2017. 11. 16. 선고 2017가합101151 판결, 수원지법 2017. 10. 10. 선고 2016나65008 판결, 서울서부지법 2017. 8. 31. 선고 2015가합31841 판결, 서울중앙지법 2017. 8. 18. 선고 2016가합547034 판결, 의정부지법 고양지원 2017. 1. 26. 선고 2015가합74497 판결

464) 서울남부지법 2003. 2. 13. 선고 96가합6616 판결, 2003. 2. 7. 선고 2001가합8692,11162 판결

라) 특허법 제128조 제4항

[§ 118](손해배상청구권 등)

④ 손해배상을 청구하는 경우 특허권 또는 전용실시권을 침해한 자가 그 침해행위로 인하여 얻은 이익액을 특허권자 또는 전용실시권자가 입은 손해액으로 추정한다.

(1) 취지

(가) 특허권자의 주장 · 증명책임 경감

□ 특허법 제128조 제4항은 특허권자가 특허권 침해로 인하여 입은 손해의 배상을 청구하는 경우에 손해에 관한 특허권자의 주장·증명책임을 경감하는 취지의 규정이고, 특허권 침해가 있는 경우에 그로 인한 손해의 발생까지를 추정하는 취지라고 볼 수는 없다.[466] 따라서 특허권자는 특허권 침해로 인하여 손해가 발생한 사실 그 자체는 증명해야 한다.

(나) 구체적인 손해액 산정방법 규정

(ㄱ) 일실이익이라는 전제

□ 특허법 제128조 제4항은 특허권자가 입은 손해가 특허권자의 매상감소로 인한 일실이익이라는 전제에서 그 구체적인 손해액 산정방법을 정한 규정이다.[467]

(ㄴ) 침해자의 이익액을 특허권자의 손해액으로 추정

□ 특허법 제128조 제4항은 특허권자의 증명부담을 덜어주기 위하여 침해자의 이익의 액을 특허권자의 손해액으로 추정한다.[468]

(ㄷ) 침해자의 이익액을 손해액으로 삼아 손해배상청구

□ 특허권자로서는 침해자가 특허권 침해행위로 인하여 얻은 수익에서 특허권 침해로 인하여 추가로 들어간 비용을 공제한 금액, 즉 침해자의 이익액을 손해액으로 삼아 손해배상을 청구하거나 또는 특허권자가 다른 사람에게 침해기간, 침해수량 등에 상응하는 특허권의 실시를 허락하는 데 대한 통상적인 대가를 손해배상액으로 청구할

---

465) 대법원 2006. 10. 13. 선고 2005다36830 판결, 서울동부지법 2011. 4. 20. 선고 2010가합14023 판결

466) 대법원 2015. 10. 29. 선고 2013다45037 판결, 2013. 7. 25. 선고 2013다21666 판결, 2009. 10. 29. 선고 2007다22514,22521 판결, 2008. 3. 27. 선고 2005다75002 판결, 2006. 10. 12. 선고 2006다1831 판결, 2004. 7. 22. 선고 2003다62910 판결, 2002. 10. 11. 선고 2002다33175 판결, 1997. 9. 12. 선고 96다43119 판결, 특허법원 2020. 5. 22. 선고 2019나1821 판결, 2019. 10. 31. 선고 2018나1640 판결, 2019. 10. 31. 선고 2018나1657 판결, 2019. 1. 17. 선고 2017나1834 판결

467) 광주지법 2021. 2. 18. 선고 2019가합59276 판결, 2021. 2. 18. 선고 2019가합59283 판결

468) 서울고법 2005. 12. 7. 선고 2003나38858 판결, 수원지법 2016. 12. 9. 선고 2014가단17280 판결, 서울중앙지법 2015. 12. 11. 선고 2014가합587823 판결, 2004. 8. 19. 선고 2003가합40120 판결

수 있다.[469)]

(ㄹ) 침해자의 순이익액을 손해액으로 삼아 손해배상청구

□ 침해자의 판매액에 특허권자의 순이익률을 곱하는 방법으로 산출된 이익의 액은 침해자의 순이익액으로서, 그중 제품의 품질, 기술, 디자인, 상표 이외의 신용, 판매정책, 선전 등으로 인하여 특허와 무관하게 얻은 이익이 있다는 특별한 사정이 없는 이상, 그것이 특허권자가 특허권 침해로 인하여 입은 손해액으로 추정된다.[470)]

(다) 특허권자에게 손해발생시 손해액의 평가방법

□ 특허법 제128조 제4항 규정은 특허권자에게 손해가 발생한 경우에 그 손해액을 평가하는 방법을 정한 것에 불과하여 침해행위에도 불구하고 특허권자에게 손해가 없는 경우에는 적용될 여지가 없다.[471)]

(2) 증명책임

(가) 특허권자의 증명책임

□ 특허권자가 손해배상으로 특허법 제128조 제4항에 따른 손해액을 구하려면, 침해자가 침해자 실시제품을 제조·판매함으로써 얻은 이익 중 특허권자의 특허를 사용하여 얻은 부분을 증명해야 한다.[472)]

(나) 침해자의 이익액에 대한 주장·증명책임

□ 침해자의 제품 판매로 인하여 얻은 이익액을 특허권자의 손해액으로 추정하기 위해서는, 특허권자가 침해자의 판매량, 판매에 따른 매출액, 매입원가 등 침해자의 이익액을 알 수 있는 자료를 제시하여 그 이익액을 구체적으로 주장·증명해야 한다.[473)]

---

469) 대법원 2008. 3. 27. 선고 2005다75002 판결, 특허법원 2017. 7. 7. 선고 2016나1202 판결, 서울중앙지법 2018. 7. 13. 선고 2017가합558895 판결, 수원지법 2010. 4. 22. 선고 2008가합23845 판결

470) 대법원 1997. 9. 12. 선고 96다43119 판결, 특허법원 2020. 12. 11. 선고 2019나2091 판결
• 침해자가 제품의 품질, 기술, 디자인, 상표 이외의 신용, 판매정책, 선전 등으로 인하여 특허와 무관하게 얻은 이익이 있다는 특별한 사정이 있다면 그와 같은 사정이 인정되는 부분에 관하여는 특허권 침해로 인한 손해액 추정이 일부 복멸된다(서울중앙지법 2016. 5. 27. 선고 2015가합504429 판결).

471) 대법원 2006. 10. 12. 선고 2006다1831 판결, 특허법원 2020. 12. 11. 선고 2019나2091 판결, 2019. 1. 17. 선고 2017나1834 판결, 서울고법 2009. 2. 3. 선고 2008나17757 판결, 서울중앙지법 2020. 1. 31. 선고 2015가합556796 판결, 대구지법 2019. 11. 14. 선고 2017가합202061 판결, 창원지법 통영지원 2019. 11. 5. 선고 2018가단20728 판결, 부산지법 2019. 10. 2. 선고 2018가합45431 판결, 수원지법 2007. 9. 21. 선고 2006가합12773 판결

472) 특허법원 2019. 9. 6. 선고 2018나2087 판결, 서울고법 2013. 1. 10. 선고 2011나100994 판결, 인천지법 2013. 11. 1. 선고 2010가합3113 판결

473) 서울동부지법 2017. 6. 14. 선고 2014가합1834 판결

(다) 침해자의 증명책임

□ 침해행위에 의하여 침해자가 받은 이익의 액으로 특허권자가 받은 손해액을 추정하는 것으로서, 침해된 특허의 실시와 무관하게 얻은 이익이 있다는 특별한 사정이 있는 경우에는 위 추정과 달리 인정될 수가 있고, 이러한 특별한 사정에 침해자가 침해한 특허 이외의 다른 기술을 실시하여 이익을 얻었다는 점이 포함될 수 있으나, 그에 관한 증명책임은 침해자에게 있다.[474)]

(3) 손해액의 추정

(가) 침해행위에 의하여 받은 이익의 액

□ 특허권자가 고의·과실로 자기의 특허권을 침해한 자에 대하여 그 침해에 의한 손해배상을 청구하는 경우에, 특허권을 침해한 자가 침해행위에 의하여 이익을 받은 때에는 그 이익의 액을 특허권자의 손해액(일실이익)으로 추정한다.[475)]

(나) 침해자가 취득한 이익증명

□ 특허권자가 침해자에 대하여 손해배상을 청구하는 경우, 그 자가 침해행위에 의하여 이익을 받았을 때에는 그 이익의 액은 특허권자가 받은 손해액으로 추정되므로, 특허권자는 침해자가 취득한 이익을 증명하면 되고 그 밖에 침해행위와 손해의 발생 간의 인과관계에 대하여는 이를 증명할 필요가 없다.[476)]

(다) 손해액 추정요건

□ 특허권을 침해한 자가 그 침해행위로 인하여 얻은 이익액을 특허권자가 입은 손해액으로 추정하기 위해서는, ① 침해행위 자체로 인하여 이익액이 특정되어야 하고, ② 그 산정의 전제로서 침해행위로 인한 매출액이 특정되어야 한다.[477)]

(라) 증명책임의 전환

□ 침해자의 침해행위로 인하여 특허권자가 시장에서 판매할 수 있었던 수량의 감소에

---

474) 대법원 2008. 3. 27. 선고 2005다75002 판결, 특허법원 2017. 7. 7. 선고 2016나1202 판결, 2017. 5. 19. 선고 2016나1370 판결, 대전지법 2013. 8. 29. 선고 2012가합101811 판결

475) 대법원 2006. 10. 12. 선고 2004다36505 판결, 2006. 10. 12. 선고 2006다1831 판결, 특허법원 2019. 9. 6. 선고 2018나2087 판결, 2019. 8. 29. 선고 2018나1893 판결, 서울고법 2017. 7. 6. 선고 2015나9945 판결, 2016. 12. 1. 선고 2015나2016239 판결, 부산지법 2019. 10. 2. 선고 2018가합45431 판결, 서울중앙지법 2020. 11. 20. 선고 2019가합502841 판결, 2018. 5. 4. 선고 2017가합502502 판결, 2017. 11. 17. 선고 2016가합570621 판결, 대전지법 2017. 9. 29. 선고 2014가합102329 판결

476) 대법원 1992. 2. 25. 선고 91다23776 판결

477) 서울중앙지법 2021. 4. 30. 선고 2018가합552887 판결
- 침해자가 침해행위로 인하여 얻은 이익액이란, 침해행위로 얻은 이익에서 침해 과정에서 지출한 비용을 제한 금액을 의미한다(서울중앙지법 2020. 11. 20. 선고 2019가합502841 판결).

따른 일실이익 상당의 손해배상을 청구하는 경우, 그 일실이익 금액의 산정에 대한 특허권자의 증명부담을 덜어주기 위하여 증명책임의 전환이라는 효과를 부여하는 법률상의 사실에 관한 추정 조항이다.[478]

(마) 전용실시권자의 경우

□ 특허권자가 입은 손해의 총액은 침해자가 얻은 이익의 액에 한정되므로 전용실시권자의 손해는 특허권자에게 지불해야 할 실시료 상당액을 공제한 잔액이라 할 것이나, 전용실시권자가 특허권자로부터 전용실시권을 일정액에 매수하여 전용실시권자만이 특허권을 실시하고 있는 경우에는 침해자가 얻은 이익의 액이 모두 전용실시권자의 손해로 된다.[479]

(4) 침해제품을 생산 즉시 수출한 경우

□ 침해제품을 국내에서 생산한 이상 특허권 침해가 성립하므로, 침해제품을 생산 즉시 국외로 수출한 경우에도 여전히 특허권 침해가 성립한다. 이러한 특허권 침해는 간접침해제품의 경우에도 동일하게 적용된다.[480]

(5) 손해액의 산정방법

(가) 기여율 산정방법

(ㄱ) 제품의 일부에 특허권 침해가 성립하는 경우

(ⅰ) 특허권 침해에 관계된 부분의 기여율 산정

□ 물건의 일부가 특허권 침해에 관계된 경우에 있어서는 침해자가 그 물건을 제작·판매함으로써 얻은 이익 전체를 침해행위에 의한 이익이라고 할 수는 없고, 침해자가 그 물건을 제작·판매함으로써 얻은 전체 이익에 대한 당해 특허권 침해행위에 관계된 부분의 기여율을 산정하여 그에 따라 침해행위에 의한 이익액을 산출해야 한다.[481]

(ⅱ) 특허권 침해에 관계된 부분의 중요성 등을 종합 평가

□ 물건의 일부가 특허권 침해에 관계된 경우에 있어서 특허권 침해행위에 관계된 부분의 기여율은 침해자가 얻은 전체 이익에 대한 특허권 침해에 관계된 부분의 불가결

478) 서울고법 2005. 12. 7. 선고 2003나38858 판결
479) 서울민사지법 1991. 5. 8. 선고 90가합92251 판결
480) 서울고법 2005. 12. 7. 선고 2003나38858 판결
481) 대법원 2004. 6. 11. 선고 2002다18244 판결, 특허법원 2023. 4. 12. 선고 2021나1527 판결, 2018. 11. 8. 선고 2018나1275,1282 판결, 서울고법 2020. 5. 28. 선고 2018나2068927 판결, 2017. 7. 6. 선고 2015나9945 판결, 2017. 6. 1. 선고 2014나4592 판결, 수원지법 2020. 8. 27. 선고 2016가합101070 판결, 2017. 10. 10. 선고 2016나65008 판결, 서울중앙지법 2019. 9. 27. 선고 2016가합530982 판결, 2019. 8. 14. 선고 2017가합582904 판결, 2018. 6. 21. 선고 2015가합503488 판결

성, 중요성, 가격비율, 양적 비율 등을 참작하여 종합적으로 평가해야 한다.[482)]

(ⅲ) **특허권 침해에 관계된 부분의 기술적 · 경제적 가치 고려**

□ 물건의 일부가 특허권의 침해에 관계된 경우에 있어서 침해자가 그 물건을 제작 · 판매함으로써 얻은 전체 이익에 대한 특허권의 기여율은 전체 물건에서 특허권 침해에 관계된 부분이 필수적 구성인지 여부, 그 기술적 · 경제적 가치, 전체 구성 내지 가격에서 차지하는 비율 등을 종합적으로 고려하여 정해야 한다.[483)]

(ⅳ) **손해배상액을 침해된 특허기술의 기여도 한도 내로 제한**

□ 특허발명의 실시 부분이 제품의 전부가 아니라 일부에 그치는 경우이거나 침해자가 침해한 특허기술 외에도 침해자의 자본, 영업능력, 상표, 기업신용, 제품의 품질, 디자인 등의 요소가 침해자의 판매이익의 발생 및 증가에 기여한 것으로 인정되는 경우에는, 특허침해로 인한 손해배상액을 침해된 특허기술의 기여도의 한도 내로 제한할 수 있다.[484)]

(ㄴ) **제품 일부가 핵심적인 기능을 발휘하는 경우**

(ⅰ) **제품 전체에 관한 이익을 그대로 산정**

□ 제품의 일부가 침해자 제품의 고객 흡인력이나 구입 동기의 주된 원인이 되거나 제품의 개발 · 생산 · 판매 등에 있어 핵심적인 기능을 발휘하는 것이라면, 그 제품 전체에 관한 이익을 그대로 산정해야 하고, 제품을 구성하는 양적 비율, 가격 비율 등을 근거로 바로 기계적 수치를 도출하여 기여율을 고려해서는 안 된다.[485)]

(ⅱ) **제품 전체의 판매로 인한 이익 전액을 기초로 손해액 산정**

□ 제품의 일부가 핵심적인 기능을 발휘하는 경우에는, 제품 전체의 판매로 인한 이익 전액을 기초로 손해액을 산정해야 하고, 제품 일부의 가격이 제품 전체의 가격에서

482) 대법원 2004. 6. 11. 선고 2002다18244 판결, 특허법원 2023. 4. 12. 선고 2021나1527 판결, 2019. 8. 29. 선고 2018나1893 판결, 2018. 11. 8. 선고 2018나1275,1282 판결, 서울고법 2020. 5. 28. 선고 2018나2068927 판결, 2017. 7. 6. 선고 2015나9945 판결, 수원지법 2020. 8. 27. 선고 2016가합101070 판결, 2017. 10. 10. 선고 2016나65008 판결, 서울중앙지법 2019. 9. 27. 선고 2016가합530982 판결, 2019. 8. 14. 선고 2017가합582904 판결, 2018. 6. 21. 선고 2015가합503488 판결

483) 대법원 2019. 9. 10. 선고 2017다34981 판결, 서울고법 2020. 5. 28. 선고 2018나2068927 판결, 춘천지법 원주지원 2020. 9. 24. 선고 2017가합5156 판결

484) 서울고법 2005. 12. 7. 선고 2003나38858 판결, 서울중앙지법 2012. 8. 31. 선고 2011가합13369 판결, 2009. 10. 14. 선고 2007가합63206 판결, 수원지법 2012. 5. 24. 선고 2010가합17614 판결

485) 서울고법 2012. 8. 3. 선고 2011나78967 판결, 서울중앙지법 2015. 9. 18. 선고 2014가합571828 판결
- 침해자의 매출액에 국세청의 표준소득률을 곱한 금맥을 침해자가 얻은 이익으로 보고, 그 금액을 침해부분의 가격이 전체물품의 가격에서 차지하는 비율에 따라 제한하지 않고 그 전액을 기초로 손해배상액을 산정해야 한다(대법원 2014. 7. 24. 선고 2013다18806 판결).

차지하는 비율을 곱하여 손해액을 산정해서는 안 된다.[486)]

(ㄷ) 특허기술 외에도 침해자의 노력이 인정되는 경우

ㅁ 특허발명의 실시 부분이 침해자가 침해한 특허기술 외에도 침해자의 자본, 영업능력, 상표, 기업신용 제품의 품질, 디자인 등의 요소가 침해자의 판매이익의 발생 및 증가에 기여한 것으로 인정되는 경우에는, 침해자가 그 물건을 제작·판매함으로써 얻은 이익 전체를 침해행위에 의한 이익이라고 할 수는 없고, 침해자가 그 물건을 제작·판매함으로써 얻은 전체 이익에 대한 당해 특허권 침해행위에 관계된 부분의 기여율을 산정하여 그에 따라 침해행위에 의한 이익액을 산출해야 한다.[487)]

(ㄹ) 침해행위로 인한 침해자의 이익액 및 특허의 기여율 고려

ㅁ 특허의 핵심기술이 침해제품에도 구현되어 있고, 침해자의 판매제품은 특허부품이 부착되지 않은 상태로는 효용이 없으며, 침해자의 자본, 영업능력 등의 요소가 침해품의 판매이익에 기여하였음을 인정할 사정이 없으므로 침해행위로 인한 침해자의 이익액 및 특허의 기여율을 고려하여 제한된 범위로 특허권자의 손해액이 한정되어서는 안 된다.[488)]

(ㅁ) 물품 일부의 제작도 통상실시권 실시

ㅁ 특허권은 물품의 일부에 대하여도 인정되는 것이므로, 통상실시권자가 특허권자의 특허권의 존속기간 내에 특허 내용에 따라 물품의 일부에 대한 제작행위를 함으로써 통상실시권을 실시한 것이 되며, 따라서 통상실시권자가 그 존속기간 내에 제작이 끝난 특허 대상 부품을 사용하여 완성한 물품을 그 존속기간이 끝난 후에 출고한 경우에도 그 실시료를 지급할 의무가 있다.[489)]

(나) 기여도

(ㄱ) 고려사항

ㅁ 기여율이란 전체제품의 가격과 그중에서 특허발명을 실시하는 부품이 가지는 가격의 단순한 비율만이 아니라 특허발명과 관계된 부분의 불가결성, 중요성, 제품 전체에 있어서 다른 부분의 가치와 해당 특허권 부분의 가치와의 상대적 평가, 제품 전체에 있어서 침해자가 가지는 독자적 기술의 유무 등을 종합적으로 고려해야 한다.[490)]

486) 대법원 2014. 7. 24. 선고 2013다18806 판결
487) 특허법원 2019. 8. 29. 선고 2018나1893 판결
488) 서울고법 2005. 12. 7. 선고 2003나38858 판결
489) 대법원 1997. 3. 28. 선고 96다50599 판결
490) 인천지법 부천지원 2017. 2. 8. 선고 2015가합104250 판결

(ㄴ) 증명책임

□ 특허권 침해행위에 관계된 부분의 기여율을 산정함에 있어, 특허발명의 실시 외에 침해자의 판매이익의 발생 및 증가에 기여한 요소 및 그와 같은 요소가 기여한 정도에 관한 증명책임은 침해자에게 있다.[491)]

(ㄷ) 침해자의 기여율 고려

□ 침해자의 자본, 영업능력, 상표, 기업신용, 제품의 품질, 디자인 등의 요소가 원고의 영업능력, 디자인 등과 차별화된 요소로서 침해제품 판매이익의 발생 및 증가에 기여할 소지가 크지 않은 것은 사실이나, 침해자의 광고활동이나 우수한 디자인의 적용 등의 요소가 원고의 광고 및 디자인 등 요소와 차별화된 요소로서 침해제품 판매이익의 발생 및 증가에 기여한 부분이 없다고까지 볼 수는 없으므로, 손해액 산정에 있어서 침해자의 광고 활동 및 디자인 등의 요소를 기여율 판단에 고려해야 한다.[492)]

(ㄹ) 추정복멸사유의 주장 · 증명책임

□ 특허권자 제품, 침해제품 외에 제3자의 경합제품이 존재한다는 사정, 침해자의 침해제품 외에 제3자의 침해제품이 다수 존재한다는 사정, 영업활동지역 및 거래처가 다르다는 등의 이유로 특허권자 제품과 침해제품이 경합관계에 있지 않다는 등의 추정복멸사유에 관한 주장 · 증명책임도 침해자에게 있다.[493)]

(다) 일실이익

(ㄱ) 침해자의 판매가격으로 일실이익 산정

□ 특허침해의 경우, 특허발명을 위한 비용을 투자하지 않고 특허권자에게 실시료도 지불하지 않은 침해자로서는 일반적으로 특허권자에 비하여 저렴한 가격에 침해제품을 판매하는 경우가 있으므로, 특허권자의 일실이익을 산정함에 있어 침해자의 판매가격이 아닌 그보다 고가인 특허권자의 판매가격을 기준으로 하게 되면 특허권자의 일실이익이 침해자의 매출액을 초과할 수도 있다.[494)]

(ㄴ) 방법발명의 간접침해 손해액 산정

□ 특허가 방법발명인 경우, 침해자가 방법발명의 실시에만 사용하는 물건을 생산하여 양도하는 특허권의 간접침해행위를 한 경우에는 방법발명의 실시는 그 방법의 사용

---

491) 특허법원 2023. 4. 12. 선고 2021나1527 판결, 2019. 8. 29. 선고 2018나1893 판결, 인천지법 부천지원 2017. 2. 8. 선고 2015가합104250 판결

492) 특허법원 2019. 8. 29. 선고 2018나1893 판결

493) 대법원 2006. 10. 13. 선고 2005다36830 판결, 서울동부지법 2011. 4. 20. 선고 2010가합14023 판결

494) 서울고법 2014. 12. 11. 선고 2014나1463 판결

에 불과하고, 그 실시로 인하여 특허제품이 생산·판매되는 것이 아니어서 침해품의 판매로 인하여 특허제품의 판매가 감소된다는 개연성을 인정하기 어려우므로 특허권의 간접침해자가 얻은 이익인 침해품의 판매수익을 방법발명에 관한 특허권자의 일실이익이라고 볼 수는 없다.[495)]

(라) 한계이익

□ 침해자가 그 침해행위로 얻은 이익액은, 특별한 사정이 없는 한 침해제품의 총 판매수익에서 침해제품의 제조·판매를 위하여 추가로 투입된 비용(변동비용)을 공제한 한계이익으로 산정된다.[496)]

(마) 순이익률

□ **특허권자가 침해자에 대하여 손해배상을 청구하는 경우**

① 침해한 자가 받은 이익의 액은 침해제품의 총 판매액에 그 순이익률을 곱하거나 또는 그 제조·판매수량에 그 제품 1개당 순이익을 곱하는 방법으로 산출함이 원칙이다.[497)]

② 특별한 사정이 없는 한, 침해자가 특허권 침해로 인하여 특허권자에게 배상할 손해배상의 수액은 침해자의 제품의 판매액과 그 구입액의 차액이 된다.[498)]

③ 특별한 사정이 없는 한, 침해자의 순이익률은 권리자의 해당 제품 판매에 있어서의 순이익률보다 작지 않다고 추인할 수 있으므로 침해자의 판매액에 권리자의 순이익률을 곱하는 방법으로도 침해자가 받은 이익의 액을 산출할 수 있다.[499)]

마) 특허법 제128조 제5항 및 제6항

[§ 118](손해배상청구권 등)

⑤ 손해배상을 청구하는 경우 그 특허발명의 실시에 대하여 합리적으로 받을 수 있는 금액을 특허권자 또는 전용실시권자가 입은 손해액으로 하여 손해배상을 청구할 수 있다.

---

495) 서울중앙지법 2009. 1. 8. 선고 2008가합1588 판결

496) 특허법원 2023. 4. 12. 선고 2021나1510 판결, 2023. 4. 12. 선고 2021나1527 판결, 2019. 11. 1. 선고 2018나2063 판결, 2019. 8. 29. 선고 2018나1893 판결, 2018. 11. 8. 선고 2018나1275,1282 판결, 서울중앙지법 2019. 9. 27. 선고 2016가합530982 판결, 2019. 8. 14. 선고 2017가합582904 판결, 2013. 8. 23. 선고 2012가합76619 판결, 2012. 9. 11. 선고 2010가합131161 판결

497) 대법원 1997. 9. 12. 선고 96다43119 판결, 청주지법 2005. 6. 23. 선고 2002가합400 판결, 수원지법 2005. 6. 3. 선고 2004가합5842 판결, 서울중앙지법 2005. 2. 3. 선고 2003가합31256 판결, 2004. 1. 15. 선고 2003가합13647 판결

498) 서울서부지법 1998. 11. 6. 선고 97가단36630 판결

499) 대법원 1997. 9. 12. 선고 96다43119 판결, 청주지법 2005. 6. 23. 선고 2002가합400 판결, 서울중앙지법 2005. 2. 3. 선고 2003가합31256 판결, 2004. 1. 15. 선고 2003가합13647 판결

⑥ 제5항에도 불구하고 손해액이 같은 항에 따른 금액을 초과하는 경우에는 그 초과액에 대하여도 손해배상을 청구할 수 있다. 이 경우 특허권 또는 전용실시권을 침해한 자에게 고의 또는 중대한 과실이 없을 때에는 법원은 손해배상액을 산정할 때 그 사실을 고려할 수 있다.

(1) 실시료 상당액 청구

□ 특허권자가 특허권 침해자에 대하여 손해배상을 청구하는 경우, 그 특허발명의 실시에 대하여 합리적으로 받을 수 있는 금액에 상당하는 액을 손해의 액으로 하여 그 손해배상을 청구할 수 있다.[500)]

(2) 특허권자가 특허발명을 실시한 적이 없는 경우

□ 특허권은 그 자체가 재산권으로서 보호받아야 할 실질적 가치가 인정되므로 특허권자로서는 특허제품을 생산·판매하지 않더라도 특별한 사정이 없는 한 적어도 실시료 상당의 손해를 입었음이 인정된다.[501)] 따라서 특허권자가 현재 실제로 제품을 생산하지 않고 있다고 하더라도 반드시 그 손해액이 실시료 상당으로 제한되어야 한다고 볼 수는 없다.[502)]

▶ 특허권은 상표권과 달리 그 자체로 재산권으로서의 실질적 가치가 인정되므로, 설령 특허권자가 특허발명을 실시하지 않을 뿐만 아니라 침해자와 경업관계에 있지 않더라도 침해자의 특허권 침해가 있다면 특별한 사정이 없는 한 특허권자에게 적어도 실시료 상당의 손해가 발생하였다고 본다.

(3) 특허권자의 주장·증명 정도

□ 특허권자가 특허권을 침해한 자에 대하여 침해에 의하여 받은 손해의 배상을 청구하는

---

500) 특허법원 2019. 7. 26. 선고 2018나1923 판결, 2019. 2. 22. 선고 2016나1967 판결, 2019. 2. 22. 선고 2017나1063 판결, 서울고법 2014. 12. 11. 선고 2014나1463 판결, 서울동부지법 2016. 10. 26. 선고 2013가합16044 판결, 2016. 10. 26. 선고 2014가합108339 판결, 서울중앙지법 2016. 7. 15. 선고 2015가단5293581 판결, 2016. 7. 15. 선고 2015가단5341954 판결, 2016. 2. 5. 선고 2015가합534581 판결, 2015. 8. 13. 선고 2014가합541599 판결, 2009. 6. 4. 선고 2008가합9315 판결

501) 대법원 2016. 9. 30. 선고 2014다59712,59729 판결, 특허법원 2022. 12. 9. 선고 2021나1466 판결, 2019. 9. 6. 선고 2018나2001 판결, 2019. 2. 22. 선고 2016나1967 판결, 2019. 2. 22. 선고 2017나1063 판결, 2018. 10. 5. 선고 2017나1148 판결, 2018. 10. 5. 선고 2017나1582 판결, 2018. 10. 5. 선고 2017나1766 판결, 2018. 10. 5. 선고 2017나1810 판결, 2017. 9. 29. 선고 2017나1117 판결, 서울중앙지법 2021. 5. 7. 선고 2019가합524216 판결

• 반면, 상표권은 등록되어 있는 상표를 타인이 사용하였다는 것만으로 당연히 합리적으로 받을 수 있는 상표권 사용료 상당액이 손해로 인정되는 것은 아니고, 상표권자가 그 상표를 영업 등에 실제 사용하고 있었음에도 불구하고 상표권 침해행위가 있었다는 등 구체적 피해발생이 전제되어야 인정될 수 있다(대법원 2016. 9. 30. 선고 2014다59712,59729 판결, 특허법원 2022. 12. 9. 선고 2021나1466 판결).

502) 대법원 2014. 5. 29. 선고 2013다208098 판결

경우, 특허권자는 특허권 침해 사실 및 합리적으로 받을 수 있는 실시료 상당액을 주장·증명하면 충분하고, 손해의 발생사실을 구체적으로 주장·증명할 필요는 없다.503)

(4) 손해액의 산정방법

(가) 특허발명의 실시에 대하여 합리적으로 받을 수 있는 금액

(ㄱ) 통상실시권의 실시료 상당액

□ 손해액을 산정함에 있어 '특허발명의 실시에 의하여 합리적으로 받을 수 있는 금액'이란, 그 특허발명에 대하여 특허권자와 침해자가 실시계약을 체결하였을 경우에 합리적으로 받을 수 있는 실시료 상당액을 의미한다.504)

(ㄴ) 객관적으로 상당한 액

□ 특허발명의 실시에 대하여 합리적으로 받을 수 있는 금액이란 통상실시권의 실시료 상당액으로서 객관적으로 상당한 액을 의미한다.505)

(ㄷ) 합리적으로 받을 수 있는 금액 결정시 고려사항

□ 특허발명의 실시에 대하여 합리적으로 받을 수 있는 금액을 결정함에 있어서는, ① 특허발명의 객관적인 기술적 가치, ② 특허발명에 대한 제3자와의 실시계약 내용, ③ 침해자와의 과거의 실시계약 내용, ④ 동종 특허발명이 얻을 수 있는 실시료, ⑤ 특허발명의 잔여 보호기간, ⑥ 특허권자의 특허발명 이용 형태, ⑦ 특허발명과 유사한 대체기술의 존재 여부, ⑧ 침해자가 특허침해로 얻은 이익 등 변론종결시까지 변론과정에서 나타난 여러 가지 사정을 모두 고려하여 객관적·합리적인 금액으로 결정해야 한다.506)

---

503) 대법원 2016. 9. 30. 선고 2014다59712,59729 판결, 2002. 10. 11. 선고 2002다33175 판결, 특허법원 2019. 9. 6. 선고 2018나2001 판결, 2019. 2. 22. 선고 2016나1967 판결, 2019. 2. 22. 선고 2017나1063 판결, 2018. 10. 5. 선고 2017나1148 판결, 2018. 10. 5. 선고 2017나1582 판결, 2018. 10. 5. 선고 2017나1766 판결, 2018. 10. 5. 선고 2017나1810 판결, 2017. 9. 29. 선고 2017나1117 판결, 서울고법 2014. 7. 24. 선고 2013나71687,71694 판결

504) 대법원 2013. 6. 27. 선고 2012다104137 판결, 2012. 2. 23. 선고 2010다66637 판결, 2010. 3. 11. 선고 2007다76733 판결, 2010. 3. 11. 선고 2009다80637 판결, 2009. 5. 28. 선고 2007다354 판결, 2008. 4. 24. 선고 2006다55593 판결, 2003. 6. 13. 선고 2002다52077 판결, 2001. 11. 30. 선고 99다69631 판결, 2001. 6. 26. 선고 99다50552 판결, 서울고법 2019. 2. 14. 선고 2016나2009146 판결, 2019. 2. 14. 선고 2016나2009825 판결, 2016. 11. 24. 선고 2016나2003971 판결

505) 서울중앙지법 2013. 12. 20. 선고 2012가합68717 판결, 2009. 6. 4. 선고 2008가합9315 판결

506) 대법원 2006. 4. 27. 선고 2003다15006 판결, 특허법원 2018. 8. 16. 선고 2017나2745 판결, 광주고법 2017. 8. 10. 선고 2016나13128 판결, 수원지법 안양지원 2020. 8. 27. 선고 2016가합101070 판결, 서울중앙지법 2016. 12. 15. 선고 2015가합570990 판결, 2016. 9. 8. 선고 2015가합573203 판결, 2016. 6. 16. 선고 2015가합578109 판결, 2015. 8. 13. 선고 2014가합541599 판결, 2015. 6. 5. 선고 2013가합13240 판결, 2012. 9. 14. 선고 2008가합107370 판결

(나) 실시료의 참작

(ㄱ) 실시료를 받은 적이 있는 경우

(i) 그 계약 내용을 침해자에게도 유추적용

□ 특허발명에 대하여 특허권자가 제3자와 사이에 특허권 실시계약을 맺고 실시료를 받은 바 있다면, 그 계약 내용을 침해자에게도 유추적용하는 것이 현저하게 불합리하다는 특별한 사정이 없는 한 그 실시계약에서 정한 실시료를 참작하여 위 금액을 산정해야 한다.[507)]

(ii) 실시료 유추적용이 불합리하다는 사정에 대한 증명책임

□ 특허권자가 제3자와 사이에 받은 실시료를 침해자에게 유추적용하는 것이 현저하게 불합리하다는 사정에 대한 증명책임은 그러한 사정을 주장하는 자에게 있다.[508)]

(ㄴ) 실시료를 받은 적이 없는 경우

□ 특허권자가 당해 특허권에 관하여 실시계약을 체결하거나 실시료를 받은 적이 전혀 없는 경우라면, 일응 그 업계에서 일반화되어 있는 실시료를 특허권 침해로 인한 손해액 산정에 있어서 기준으로 삼을 수 있다.[509)]

바) 특허법 제128조 제7항

[§ 118](손해배상청구권 등)

⑦ 법원은 특허권 또는 전용실시권의 침해에 관한 소송에서 손해가 발생된 것은 인정되나 그 손해액을 증명하기 위하여 필요한 사실을 증명하는 것이 해당 사실의 성질상 극히 곤란한 경

507) 대법원 2013. 6. 27. 선고 2012다104137 판결, 2012. 2. 23. 선고 2010다66637 판결, 2010. 3. 11. 선고 2007다76733 판결, 2010. 3. 11. 선고 2009다80637 판결, 2009. 5. 28. 선고 2007다354 판결, 2008. 4. 24. 선고 2006다55593 판결, 2006. 4. 27. 선고 2003다15006 판결, 2001. 11. 30. 선고 99다69631 판결, 서울고법 2019. 2. 14. 선고 2016나2009146 판결, 2019. 2. 14. 선고 2016나2009825 판결, 수원지법 안양지원 2020. 8. 27. 선고 2016가합101070 판결

• 여기서 특별한 사정이란, 그 실시료가 특별히 예외적인 사정이 있어 이례적으로 높게 책정된 것이라거나 특허권 침해로 인한 손해배상청구소송에 영향을 미치기 위하여 상대방과 통모하여 비정상적으로 고액으로 정한 것 등의 사정을 말한다(대법원 2001. 11. 30. 선고 99다69631 판결).

508) 대법원 2006. 4. 27. 선고 2003다15006 판결, 서울중앙지법 2016. 12. 15. 선고 2015가합570990 판결, 2016. 9. 8. 선고 2015가합573203 판결, 2016. 6. 16. 선고 2015가합578109 판결, 2015. 8. 13. 선고 2014가합541599 판결, 2015. 6. 5. 선고 2013가합13240 판결, 대전지법 2009. 12. 8. 선고 2008재가합56 판결

509) 대법원 2013. 6. 27. 선고 2012다104137 판결, 2012. 2. 23. 선고 2010다66637 판결, 2010. 3. 11. 선고 2007다76733 판결, 2010. 3. 11. 선고 2009다80637 판결, 2001. 11. 30. 선고 99다69631 판결, 서울고법 2015. 1. 15. 선고 2014나2024301 판결, 서울중앙지법 2016. 1. 13. 선고 2014가합567058 판결, 2016. 1. 13. 선고 2014가합581702 판결, 2016. 1. 13. 선고 2015가합6239 판결, 2014. 2. 5. 선고 2012가단5144473 판결, 울산지법 2015. 9. 3. 선고 2014가합17547 판결

우에는 변론 전체의 취지와 증거조사의 결과에 기초하여 상당한 손해액을 인정할 수 있다.

(1) 취지

□ 특허법 제128조 제7항은 자유심증주의 하에서 손해가 발생된 것은 인정되나 손해액을 증명하기 위하여 필요한 사실을 증명하는 것이 해당 사실의 성질상 극히 곤란한 경우에는, 증명도·심증도를 경감함으로써 손해의 공평·타당한 분담을 지도원리로 하는 손해배상제도의 이상과 기능을 실현하고자 하는 데 취지가 있는 것이지 법관에게 손해액 산정에 관한 자유재량을 부여한 것은 아니다.[510)]

(2) 손해액의 산정방법

(가) 상당한 손해액 인정

(ㄱ) 손해액 증명에 필요한 사실의 증명이 어려운 경우

□ 특허침해로 손해가 발생된 것은 인정되나 특허권 침해의 규모를 알 수 있는 자료가 모두 폐기되어 그 손해액을 증명하기 위하여 필요한 사실을 증명하는 것이 어렵게 된 경우에는 특허법 제128조 제7항을 적용하여 상당한 손해액을 결정할 수 있다.[511)]

(ㄴ) 손해액에 대한 증명이 극히 곤란한 경우

□ 침해소송에서 손해발생 사실은 증명되었으나 사안의 성질상 손해액에 대한 증명이 극히 곤란한 경우에는 특허법 제128조 제2항 내지 제6항의 규정에도 불구하고 제128조 제7항에 의하여 변론 전체의 취지와 증거조사 결과에 기초하여 상당한 손해액을 인정할 수 있다.[512)] 이 경우 법원은 특허권을 침해한 자가 이를 침해하게 된 경위와 배경, 특허권자와 특허권을 침해한 자 사이의 관계나 영업의 동종성 및 시장상황, 특허권 침해행위가 지속된 기간, 분쟁과정에서 특허권을 침해한 자가 보인 태도나 권리침해의 고의성, 그 밖에 기록과 변론에 나타난 제반사정을 종합적으로 고려하여 이를 산정할 수 있다.[513)]

---

510) 대법원 2015. 1. 29. 선고 2013다64984 판결, 2012. 6. 28. 선고 2011다6700,6717 판결, 2011. 5. 13. 선고 2010다58728 판결, 2010. 10. 14. 선고 2010다40505 판결, 2009. 9. 10. 선고 2006다64627 판결, 2007. 11. 29. 선고 2006다3561 판결, 특허법원 2020. 11. 13. 선고 2020나1131.1148 판결, 2018. 2. 2. 선고 2017나2288 판결, 2017. 2. 24. 선고 2016나1608 판결, 서울중앙지법 2021. 12. 21. 선고 2020나73008 판결, 부산지법 2017. 12. 13. 선고 2016가합50668 판결

511) 대법원 2006. 4. 27. 선고 2003다15006 판결, 서울중앙지법 2012. 9. 11. 선고 2010가합131161 판결

512) 대법원 2012. 6. 28. 선고 2011다6700,6717 판결, 2011. 5. 13. 선고 2010다58728 판결, 2010. 10. 14. 선고 2010다40505 판결, 2009. 9. 10. 선고 2006다64627 판결, 2007. 11. 29. 선고 2006다3561 판결, 2005. 5. 27. 선고 2004다60584 판결, 특허법원 2022. 1. 20. 선고 2021나1268 판결, 2022. 1. 20. 선고 2021나1275 판결, 2022. 1. 20. 선고 2021나1282 판결, 2021. 7. 22. 선고 2018나2070 판결, 서울중앙지법 2021. 6. 9. 선고 2020가합527716 판결

(ㄷ) 자유로이 합리적인 방법 채택

□ 특허법 제128조 제7항을 적용하여 상당한 손해액을 결정하는 경우에는 그 기간 동안의 침해자의 자본, 설비 등을 고려하여 평균적인 제조수량이나 판매수량을 가늠하여 이를 기초로 삼을 수 있으며, 특허권 침해가 이루어진 기간의 일부에 대하여만 손해액을 증명하기 어려운 경우, 반드시 손해액을 증명할 수 있는 기간에 대하여 채택된 손해액 산정방법이나 그와 유사한 방법으로만 상당한 손해액을 산정해야만 하는 것은 아니고, 자유로이 합리적인 방법을 채택하여 변론 전체의 취지와 증거조사의 결과에 기초하여 상당한 손해액을 산정할 수 있다.514)

(ㄹ) 변론의 취지 및 증거조사의 결과 참작

□ 그 업계에서 일반화되어 있는 실시료를 기준으로 특허법 제128조 제5항의 규정에 의한 손해액을 산정하기도 어려운 때에는 법원은 특허법 제128조 제7항에 따라 변론의 취지 및 증거조사의 결과를 참작하여 상당한 손해액을 인정할 수 있다.515)

(나) 간접사실들을 합리적으로 평가

□ 특허법 제128조 제7항의 방법으로 구체적 손해액을 판단할 때에는 손해액 산정 근거가 되는 간접사실들의 탐색에 최선의 노력을 다해야 하고, 그와 같이 탐색해 낸 간접사실들을 합리적으로 평가하여 객관적으로 수긍할 수 있는 손해액을 산정해야 한다.516)

(3) 기타 고려사항

(가) 침해행위와 무관한 부분이 포함된 사정

□ 침해자가 침해행위로 얻은 이익액에 침해제품의 디자인과 품질의 우수성, 침해자의 광고·선전, 시장개발 및 비용절감 노력과 같이 침해행위와 무관한 부분이 포함되어 있다면 그와 같은 사정들 또한 특허법 제128조 제7항의 상당한 손해액을 인정함에

---

513) 대법원 2005. 5. 27. 선고 2004다60584 판결, 서울남부지법 2019. 7. 26. 선고 2014가합115200 판결, 서울행법 2019. 5. 13. 선고 2017구합74641 판결

514) 대법원 2006. 4. 27. 선고 2003다15006 판결, 수원지법 안양지원 2020. 8. 27. 선고 2016가합101070 판결, 대구지법 2006. 10. 18. 선고 2005가합1982,3018 판결

515) 대법원 2012. 2. 23. 선고 2010다66637 판결, 2010. 3. 11. 선고 2007다76733 판결, 2010. 3. 11. 선고 2009다80637 판결, 서울중앙지법 2014. 2. 5. 선고 2012가단5144473 판결, 2011. 9. 7. 선고 2010가합53476 판결

516) 대법원 2015. 1. 29. 선고 2013다64984 판결, 2012. 6. 28. 선고 2011다6700,6717 판결, 2011. 5. 13. 선고 2010다58728 판결, 2010. 10. 14. 선고 2010다40505 판결, 2009. 9. 10. 선고 2006다64627 판결, 2007. 11. 29. 선고 2006다3561 판결, 특허법원 2020. 11. 13. 선고 2020나1131.1148 판결, 2018. 2. 2. 선고 2017나2288 판결, 2017. 2. 24. 선고 2016나1608 판결

있어서 고려해야 한다.[517)]

(나) 기타 제반 사정

□ 특허권을 침해한 자가 이를 침해하게 된 경위와 배경, 특허권자와 특허권을 침해한 자 사이의 관계나 영업의 동종성 및 시장상황, 특허권 침해행위가 지속된 기간, 분쟁 과정에서 특허권을 침해한 자가 보인 태도나 권리침해의 고의성, 그밖에 기록과 변론에 나타난 제반 사정을 종합적으로 고려하여 이를 산정할 수 있다.[518)]

(4) 보충적 적용조항

▶ 특허법 제128조 제7항은 특허권자가 주장한 조항의 요건을 먼저 심리한 후, 그 요건사실이 증명되지 않는 경우에 보충적으로 적용할 수 있다.

사) 특허법 제128조 제8항

[§ 128](손해배상청구권 등)

⑧ 법원은 타인의 특허권 또는 전용실시권을 침해한 행위가 고의적인 것으로 인정되는 경우에는 손해로 인정된 금액의 3배를 넘지 않는 범위에서 배상액을 정할 수 있다.

⑨ 제8항에 따른 배상액을 판단할 때에는 다음 각 호의 사항을 고려해야 한다.

1. 침해행위를 한 자의 우월적 지위 여부
2. 고의 또는 손해 발생의 우려를 인식한 정도
3. 침해행위로 인하여 특허권자 및 전용실시권자가 입은 피해규모
4. 침해행위로 인하여 침해한 자가 얻은 경제적 이익
5. 침해행위의 기간·횟수 등
6. 침해행위에 따른 벌금
7. 침해행위를 한 자의 재산상태
8. 침해행위를 한 자의 피해구제 노력의 정도

(1) 침해자의 고의 인정시 최대 3배까지 손해액 증액

▶ 특허권의 침해에 침해자의 침해의 고의가 인정되면 손해액으로 산출된 금액에 특허법 제128조 제9항의 제반 사정을 고려하여 3배 이내의 범위에서 증액배수를 곱하여 최종 손해배상액을 결정한다.

---

517) 서울중앙지법 2019. 9. 27. 선고 2016가합530982 판결, 2019. 8. 14. 선고 2017가합582904 판결, 2018. 6. 21. 선고 2015가합503488 판결

518) 서울중앙지법 2019. 9. 27. 선고 2016가합530982 판결, 2019. 8. 14. 선고 2017가합582904 판결, 2018. 6. 21. 선고 2015가합503488 판결

(2) 고의의 증명책임

▶ 침해자가 특허권을 고의로 침해한 것에 대한 증명책임은 특허권자에게 있다.

3) 자료제출명령

[§ 132](자료의 제출)

① 법원은 특허권 또는 전용실시권 침해소송에서 당사자의 신청에 의하여 상대방 당사자에게 해당 침해의 증명 또는 침해로 인한 손해액의 산정에 필요한 자료의 제출을 명할 수 있다. 다만, 그 자료의 소지자가 그 자료의 제출을 거절할 정당한 이유가 있으면 그렇지 않다.

② 법원은 자료의 소지자가 제1항에 다른 제출을 거부할 정당한 이유가 있다고 주장하는 경우에는 그 주장의 당부를 판단하기 위하여 자료의 제시를 명할 수 있다. 이 경우 법원은 그 자료를 다른 사람이 보게 해서는 안 된다.

④ 당사자가 정당한 이유 없이 자료제출명령에 따르지 않은 때에는 법원은 자료의 기재에 대한 상대방의 주장을 진실한 것으로 인정할 수 있다.

가) 개념

□ 자료제출명령은, 자료제출신청의 상대방이 소지하고 있는 자료가 증거로 필요한 경우, 자료의 제출의무를 부담하는 자료제출신청의 상대방에 대하여 그 자료의 제출을 명하는 것이다.[519]

나) 제도의 취지

(1) 신의칙 구현

□ 자료제출명령은 민사소송의 이상과 신의칙을 구현하고자 도입된 것이다.[520]

(2) 자료제출명령 불응에 대한 제재 강화

□ 법원으로서는 자료제출명령 불응에 대한 제재를 강화하여 소송에서 특허권자의 정당한 이익이 전보될 수 있도록 함으로써 자료제출명령의 취지가 충실히 구현되도록 하여야 한다.[521]

(3) 영업비밀에 대한 법원의 심사

□ 당사자는 소송에서 유리한 자료를 얻기 위하여 상대방이 소지한 자료에 대한 제출명령을 신청할 수 있고, 상대방은 영업비밀에 해당하는 등의 예외사유가 없으면 그 제출을 거부하지 못하며, 이러한 예외사유가 존재하는지 여부는 법원이 심사한다.[522]

---

519) 대법원 2010. 7. 14.자 2009마2105 결정
520) 서울중앙지법 2019. 8. 14. 선고 2017가합582904 판결
521) 서울중앙지법 2019. 8. 14. 선고 2017가합582904 판결

다) 법원의 재량사항

(1) 자료제출명령신청의 채부

□ 법원은 그 제출명령신청의 대상이 된 자료가 필요한 지를 판단하여 그 제출신청의 채택 여부를 결정할 수 있으므로,[523] 그 제출명령신청의 대상이 된 자료가 필요하지 않다고 인정한 때에는 자료제출신청을 받아들이지 않을 수 있다.[524]

(2) 자료제출명령의 신중한 판단

□ 자료제출명령은 손해의 공평·타당한 분담을 지도원리로 하는 손해배상제도의 이상 및 기능과의 조화 측면에서 당사자가 소송에서 취한 모든 증명태도를 종합하여 신중히 판단해야 한다.[525]

라) 신청인의 증명책임

□ 자료제출명령을 하기 위해서는 먼저 그 자료의 존재와 소지가 증명되어야 하고, 그 증명책임은 원칙적으로 신청인에게 있다.[526]

마) 의견진술기회 부여

□ 법원은 자료제출신청에 대하여 상대방에게 의견진술기회를 부여하지 않고 자료제출명령의 요건에 관하여 별다른 심리도 없이 바로 자료제출명령을 해서는 안 된다.[527]

바) 자료제출신청에 대한 판단 없이 선고한 판결의 의미

□ 법원이 자료제출신청에 대하여 별다른 판단을 하지 않은 채 변론을 종결하고 판결을 선고한 경우, 이는 법원이 문서제출명령신청을 묵시적으로 기각한 취지라고 할 것이니 이를 가리켜 판단누락에 해당한다고 볼 수 없다.[528]

---

522) 서울중앙지법 2022. 4. 14. 선고 2018가합586903 판결

523) 대법원 2017. 12. 28.자 2015무423 결정, 2008. 4. 14.자 2007마725 결정

524) 대법원 2016. 7. 1.자 2014마2239 결정, 2008. 9. 26.자 2007마672 결정, 2008. 3. 14.자 2006마1301 판결, 1992. 4. 24. 선고 91다25444 판결, 서울고법 2014. 12. 5.자 2014라875 결정

525) 서울중앙지법 2019. 8. 14. 선고 2017가합582904 판결

526) 대법원 2008. 4. 14.자 2007마725 결정, 2005. 7. 11.자 2005마259 결정, 1995. 5. 3.자 95마415 결정, 서울고법 2015. 6. 4.자 2015라20062 결정, 2014. 12. 5.자 2014라875 결정

527) 대법원 2019. 11. 1.자 2019무798 결정, 2009. 4. 28.자 2009무12 결정
- 동영상 파일은 검증의 방법으로 증거조사를 하여야 하므로 자료제출명령의 대상이 될 수는 없고, 사진이나 도면의 경우에는 그 형태, 담겨진 내용 등을 종합하여 감정·서증·검증의 방법 중 가장 적절한 증거조사 방법을 택할 수 있다(대법원 2010. 7. 14.자 2009마2105 결정).

528) 대법원 2001. 5. 8. 선고 2000다35955 판결, 1992. 4. 24. 선고 91다25444 판결

사) 당사자가 자료제출명령에 불응한 경우

(1) 신청인의 주장사실 인정 여부는 법원의 재량사항

□ 당사자가 자료제출명령에 따르지 않은 경우에, 신청인의 주장사실의 인정 여부는 법원의 재량사항이다.529)

(2) 다른 간접사실 등과 종합 판단

□ 당사자가 자료제출명령에 따르지 않은 경우에, 당사자가 자료제출명령을 위반한 사정을 다른 간접사실 등과 종합하여 상대방의 주장사실을 판단해야 한다.530)

(3) 신청인의 자료에 관한 주장을 진실한 것으로 인정

□ 당사자가 자료제출명령에 따르지 않은 경우에, 법원은 신청인의 그 자료에 관한 주장, 즉 자료의 성질, 내용, 성립의 진정 등에 관한 주장을 진실한 것으로 인정할 수 있다.531)

(4) 신청인의 주장사실까지 증명되었다는 것은 아님

□ 당사자가 자료제출명령에 따르지 않은 경우에, 그 자료에 의하여 증명하고자 하는 신청인의 주장사실까지 반드시 증명되었다고 인정해야 하는 것은 아니다.532)

(5) 손해액 산정의 경우

□ 증거조사의 결과에 기초하여 합리적인 손해액을 인정할 때에는, 침해자가 합리적인 이유 없이 손해액 산정을 위하여 필요한 자료제출을 거부하는 등의 방법으로 손해액 산정을 위하여 필요한 심리를 의도적으로 회피한 사정이 있다면, 이러한 사정을 고려하여 특허권자가 손해액 산정을 위한 근거로 주장하는 사정들을 그대로 받아들인

---

529) 대법원 2015. 6. 11. 선고 2012다10386 판결, 2008. 7. 10. 선고 2006다62119 판결, 2007. 9. 21. 선고 2006다9446 판결, 1974. 10. 8. 선고 74다1153 판결, 특허법원 2020. 11. 13. 선고 2020나1131.1148 판결, 2020. 10. 29. 선고 2020나1049 판결, 서울고법 2016. 4. 7. 선고 2015나2044074 판결, 서울행법 2015. 7. 10. 선고 2014구합51371,66182 판결

530) 서울중앙지법 2014. 11. 5. 선고 2013가합72331 판결

531) 대법원 2015. 6. 11. 선고 2012다10386 판결, 2010. 7. 14.자 2009마2105 결정, 2008. 7. 10. 선고 2006다62119 판결, 2008. 2. 28. 선고 2005다60369 판결, 2007. 9. 21. 선고 2006다9446 판결, 1993. 11. 23. 선고 93다41938 판결, 1993. 6. 25. 선고 93다15991 판결, 1991. 8. 27. 선고 90다13369 판결, 1988. 2. 23. 선고 87다카2490 판결, 1987. 7. 7. 선고 87누13 판결, 1976. 10. 26. 선고 76다94 판결, 1969. 10. 28. 선고 69다1677 판결

532) 대법원 2015. 6. 11. 선고 2012다10386 판결, 2008. 7. 10. 선고 2006다62119 판결, 2008. 2. 28. 선고 2005다60369 판결, 2007. 9. 21. 선고 2006다9446 판결, 1993. 11. 23. 선고 93다41938 판결, 1993. 6. 25. 선고 93다15991 판결, 1991. 8. 27. 선고 90다13369 판결, 1988. 2. 23. 선고 87다카2490 판결, 1987. 7. 7. 선고 87누13 판결, 1976. 10. 26. 선고 76다94 판결, 1969. 10. 28. 선고 69다1677 판결, 1964. 9. 22. 선고 64다515 판결, 서울고법 2016. 4. 7. 선고 2015나2044074 판결

다음 이에 기초한 특허권자 주장의 손해액이 특별히 불합리하다는 등의 사정이 없는 한 이를 합리적인 손해액으로 산정할 수 있다.[533)]

4) 과실상계

가) 특허권 침해로 인한 손해액 산정시에도 적용

□ 특허권 침해로 인한 손해액을 산정함에 있어서도 과실상계를 할 수 있다.[534)]

나) 특허권자의 과실이나 침해자의 책임제한사유 참작

□ 불법행위로 인한 손해의 발생 또는 확대에 관하여 특허권자에게도 과실이 있거나 침해자의 책임을 제한할 사유가 있는 때에는 침해자의 손해배상의 범위를 정함에 있어 당연히 이를 참작해야 하고,[535)] 양자의 과실비율을 교량함에 있어서는 손해의 공평부담이라는 제도의 취지에 비추어 불법행위에 관련된 제반 상황을 충분히 고려해야 한다.[536)]

다) 과실상계는 형평의 원칙에 맞게

□ 특허권 침해로 인한 손해액을 산정하는 경우, 손해배상사건에서 과실상계사유에 관한 사실인정이나 그 비율을 정하는 것이 사실심의 전권사항이라고 하더라도 그것이 형평의 원칙에 비추어 현저히 불합리해서는 안 된다.[537)]

다. 신용회복청구

[§ 131](특허권자 등의 신용회복)

법원은 고의·과실로 특허권 또는 전용실시권을 침해함으로써 특허권자 또는 전용실시권자의 업무상 신용을 떨어뜨린 자에 대하여는 특허권자 또는 전용실시권자의 청구에 의하여 손해배상을 갈음하여 또는 손해배상과 함께 특허권자 또는 전용실시권자의 업무상 신용회복을 위하여 필요한 조치를 명할 수 있다.[538)]

---

533) 서울고법 2016. 1. 28. 선고 2015나2012671 판결

534) 대법원 2013. 7. 25. 선고 2013다21666 판결

535) 대법원 2022. 4. 28. 선고 2019다224726 판결, 2016. 6. 28. 선고 2012다44358,44365 판결, 2015. 12. 23. 선고 2015다210194 판결, 2014. 7. 10. 선고 2014다6312,6329 판결, 2014. 2. 27. 선고 2011다112407 판결, 2013. 11. 28. 선고 2013다23891 판결, 2013. 9. 26. 선고 2012다1146,1153 전합 판결, 2013. 9. 26. 선고 2012다13637 전합 판결, 2013. 7. 25. 선고 2013다21666 판결

536) 대법원 2013. 7. 25. 선고 2013다21666 판결

537) 대법원 2022. 12. 29. 선고 2019다210697 판결, 2022. 7. 28. 선고 2017다16747,16754 판결, 2022. 7. 28. 선고 2019다202146 판결, 2022. 7. 21. 선고 2018다248855,248862 전합 판결, 2022. 5. 12. 선고 2021다279347 판결, 2022. 4. 28. 선고 2019다224726 판결, 2021. 11. 25. 선고 2017다8876 판결, 2021. 7. 29. 선고 2018다267610 판결, 2021. 7. 8. 선고 2020다213401 판결

538) 수원지법 2003. 12. 24. 선고 2000가합8010 판결

1) 신용회복청구의 성립요건

가) 특허권자의 업무상 신용실추

□ 특허권 침해행위가 있었다고 하더라도 그것만으로 특허권자의 업무상의 신용이 당연히 실추되었다고 단정할 수 없고, 그와 같은 경우 신용회복을 위하여 필요한 조치를 명하기 위해서는 특허권 침해행위가 있었다는 것 외에 그와 같은 행위에 의하여 특허권자의 업무상의 신용이 실추되었음이 인정되어야 한다.539)

나) 특허권자가 제조·판매한 제품의 신용손상

□ 침해자가 비록 침해행위를 하였다 하여도 침해자가 판매한 제품의 품질이 조악하여 거래계에서 특허권자가 제조·판매한 제품의 신용이 손상되었다는 등의 특별한 사정이 있었음을 인정할 자료를 인정할 수 없다면, 특허권자의 영업상 신용이 실추되었음을 추인할 수는 없다.540)

다) 신용회복청구의 조건

□ 타인의 불법행위 등에 의하여 재산권이 침해된 경우에는 그 재산적 손해의 배상에 의하여 정신적 고통도 회복된다고 보아야 하므로, 특허권 침해행위로 인하여 영업매출액이 감소한 결과 입게 된 정신적 고통을 위자할 의무가 있다고 하기 위해서는 재산적 손해의 배상에 의하여 회복할 수 없는 정신적 손해가 발생하였다는 특별한 사정이 있고 침해자가 그러한 사정을 알았거나 알 수 있었어야 한다.541)

▶ 신용회복청구를 하기 위해서는 ① 고의·과실이 있을 것, ② 특허권 또는 전용실시권을 침해할 것, ③ 업무상 신용을 떨어뜨릴 것 등의 조건이 필요하다.

2) 판단시점

□ 신용회복청구를 인정할 것인지의 판단은 침해행위 당시를 기준으로 하여야 한다.542)

3) 사죄광고의 금지

□ 특허권 침해행위에 대한 '명예회복에 적당한 처분'으로 사죄광고를 명하는 것은, 양

---

539) 대법원 2008. 11. 13. 선고 2006다22722 판결, 대전지법 2018. 12. 6. 선고 2017가합106026,2018가합101127 판결, 서울중앙지법 2013. 11. 8. 선고 2012가합9312 판결, 2011. 6. 17. 선고 2010가합94002 판결, 2009. 12. 11. 선고 2009가합23196 판결, 2009. 9. 16. 선고 2008가합68901 판결, 서울서부지법 2010. 12. 23. 선고 2010가합6550 판결, 서울동부지법 2007. 5. 18. 선고 2006가합15289 판결

540) 대법원 2008. 11. 13. 선고 2006다22722 판결

541) 대법원 1996. 11. 26. 선고 96다31574 판결, 부산지법 2011. 9. 29. 선고 2010가합12640 판결, 대구지법 2002. 10. 15. 선고 2001가합11639 판결

542) 대법원 2008. 2. 29. 선고 2006다22043 판결

심의 자유를 침해하는 동시에 인격권을 침해하므로 헌법에 위반된다.[543]

▶ 신용회복청구에 대하여는 해명광고가 일반적이고, 사죄광고는 허용되지 않는다.

○ 서울고법 1987. 12 4. 선고 84나4257 판결

피고는 특허권자의 특허권을 침해하고 이로 인하여 특허권자의 업무상의 신용을 실추케 하였으므로, 실추된 특허권자의 신용회복을 위하여 침해자는 특허권자가 요구하는 조선일보·동아일보에 각 1회 제목2호, 내용4호 활자의 2단 10센티미터의 크기로 별지기재의 내용과 같은 해명광고를 게재함이 상당하다.

○ 수원지법 2000. 5. 26. 선고 99가합17091,20783 판결

피고 1, 2가 그 개인으로서, 또는 피고 회사의 대표이사로서 특허권 침해행위를 함으로써 특허권자의 업무상의 신용을 실추시켰을 것임은 경험칙상 충분히 인정되므로, 피고들은 위와 같이 실추된 특허권자의 업무상의 신용회복을 위하여 필요한 조치로서, 이 판결 확정일로부터 2개월 이내에 전국적으로 발행되는 일간신문 중 하나의 광고란에 [별지 3] 기재 광고문을 가로 15cm, 세로 20cm의 규격으로 하고, 제목을 25급 신명조체 활자, 광고자의 명칭을 17급 고딕체 활자, 본문을 12급 신명조체 활자로 하여 1회 게재할 의무가 있다.

○ 서울지법 1999. 9. 10. 선고 98가합109742 판결

피고는 이 사건 판결 확정일부터 3개월 내에 조선일보·동아일보·매일경제신문의 경제면 광고란에 별지기재 해명서를 가로 13㎝, 세로 18㎝ 규격으로, 제목을 32급 신명조체 활자, 특허권자 및 피고의 명칭을 20급 고딕체 활자, 본문을 14급 신명조체 활자로 하여 각 1회씩 게재하라.

라. 부당이득반환청구

[민법 741조](부당이득의 내용)

법률상 원인 없이 타인의 재산 또는 노무로 인하여 이익을 얻고 이로 인하여 타인에게 손해를 가한 자는 그 이익을 반환해야 한다.

1) 부당이득의 성립요건

- 부당이득이 성립하기 위해서는, ① 이익의 취득과, ② 그로 인한 타인의 손해의 발생 외에도, ③ 위와 같은 이익의 취득을 정당화시킬 수 있을 만한 법률상 원인이 결여되어 있을 것을 요한다.[544]

543) 헌재 1991. 4. 1.자 89헌마160 결정

544) 서울중앙지법 2018. 7. 6. 선고 2016가합578540 판결

2) 부당이득반환청구의 성립요건

가) 법률상 원인 없이 이익을 얻고 타인에게 손해를 가한 경우

□ 부당이득반환청구는 법률상 원인 없이 타인의 재산 또는 노무로 인하여 이익을 얻고 이로 인하여 타인에게 손해를 가한 경우에 인정되는 것이고, 단순히 어떠한 이득이 상대방에게 귀속되는 것이 형평의 관점에서 부당하다는 이유만으로 인정되는 것은 아니다.[545)]

나) 법률상 원인 없는 사유의 주장은 공격방법에 해당

□ 부당이득반환청구에서 법률상의 원인 없는 사유를 계약의 불성립, 취소, 무효, 해제 등으로 주장하는 것은 공격방법에 지나지 않으므로, 그중 어느 사유를 주장하여 패소한 경우에 다른 사유를 주장하여 청구하는 것은 기판력에 저촉되어 허용할 수 없다.[546)]

3) 손해배상청구권과 부당이득반환청구권의 관계

가) 실체법상 다른 청구권이자 법적으로도 다른 소송물

□ 특허권 침해를 원인으로 한 손해배상청구권과 특허발명 무단실시에 따른 실시료 상당의 부당이득반환청구권은 서로 실체법상 별개의 청구권으로 존재하고 그 각 청구권에 기초하여 이행을 구하는 소는 소송법적으로도 소송물을 달리한다.[547)]

나) 부당이득반환청구권의 실익

▷ 특허권 침해에 대하여 손해배상청구권 외에 부당이득반환청구권을 인정할 실익은, 부당이득반환청구는 불법행위로 인한 손해배상청구권과 달리 침해자의 고의·과실이 요구되지 않으며, 단기소멸시효가 적용되지 않는다는 데 있다.[548)]

▷ 일반적으로 부당이득의 경우, 침해자의 고의·과실이 요건이 아니고 불법행위의 경우에는 침해자의 과실이 요건이므로 상이하지만, 특허법 제130조가 침해자의 과실을 추정하므로, 불법행위에 있어서도 특허권자가 과실을 증명할 필요가 없게 되어 침해소송에 있어서는 불법행위나 부당이득의 차이가 거의 없고 양자가 모두 성립하는 경우가

---

545) 서울중앙지법 2021. 4. 2. 선고 2019가합565163 판결, 2013. 3. 29. 선고 2012가합30095 판결
• 부당이득반환의무가 성립하기 위해서는 ① 타인의 재산 또는 노무로 인하여 이익을 얻었을 것, ② 그 이득으로 말미암아 타인에게 손해를 주었을 것, ③ 이들 수익과 손실 사이에 인과관계가 있을 것, ④ 법률상 원인이 없을 것이 요구되고, 부당이득반환청구에서 이득이란 실질적인 이익을 의미한다(서울중앙지법 2021. 4. 2 선고 2019가합565163 판결).

546) 대법원 2022. 7. 28. 선고 2020다231928 판결

547) 서울중앙지법 2017. 9. 21. 선고 2017가합511032 판결

548) 지적재산소송실무 제4판, 특허법원 지적재산소송 실무연구회, 박영사(2019), 605~606면

대부분이다. 다만, 부당이득에는 불법행위에 관한 민법 제766조의 단기소멸시효가 없는 점에서 차이가 있다.[549)]

▶ 불법행위로 인한 손해배상청구권은 고의·과실을 요건으로 하고 3년의 단기소멸시효가 적용되는 반면, 부당이득반환청구권은 고의·과실을 요건으로 하지 않고 10년의 소멸시효가 적용된다.

4) 부당이득의 반환의무가 있는 경우

가) 통상실시권 계약 없이 통상실시료 상당의 이득을 얻은 경우

□ 특허권자와 통상실시권 계약을 하거나 통상실시료를 지급하지 않고 실질적으로 그와 같은 실시사업을 하여 통상실시료 상당의 이득을 얻은 경우에는 특허권자로 하여금 통상실시료액 상당의 손해를 입게 하였다 할 것이므로, 특허권자에게 통상실시료 상당액을 부당이득으로 반환할 의무가 있다.[550)]

나) 특허권 침해로 이득을 얻었으나 단기소멸시효기간이 지난 경우

□ 특허권 침해행위로 인하여 특허권자가 입은 손해에 대한 손해배상채권은 3년의 단기소멸시효기간의 경과로 이미 소멸했으나 특허권 침해자가 특허발명의 권리범위에 속하는 실시발명을 실시하여 법률상 원인 없이 얻은 이득은 그로 인하여 손해를 입은 특허권자에게 부당이득으로 반환되어야 한다.[551)]

5) 부당이득액의 산정

가) 특허법 제128조의 손해배상액의 산정 규정이 적용될 수 있는지

□ 침해자가 침해기간 동안 침해제품을 실시하여 얻은 영업이익에는 특허권자의 특허권 외에 침해자의 자본과 신용, 영업능력, 선전·광고, 브랜드, 지명도, 시장 상황 등 다른 요인들에 의하여 발생한 부분이 혼재되어 있으므로, 특허권 침해를 원인으로 한 부당이득반환청구에 특허법 제128조의 손해배상액의 산정 규정이 그대로 또는 유추적용될 수 있다고 보기 어렵다.[552)]

나) 실시대가로서 지급하였을 객관적으로 상당한 금액

□ 특허권자의 허락 없이 특허를 실시한 사람은 특별한 사정이 없는 한 법률상 원인 없이 그 실시료 상당액의 이익을 얻고 이로 인하여 특허권자에게 그 금액 상당의 손해

---

549) 곽민섭, 지식재산권 침해소송 실무와 최근의 판례 동향, 특허심판원(2009. 5.), 50면
550) 서울중앙지법 2004. 5. 21. 선고 2002가합71707 판결
551) 서울동부지법 2006. 4. 28. 선고 2005가합4992 판결
552) 특허법원 2019. 20. 2. 선고 2017나2585 판결

를 가하였다고 보아야 하므로, 특허권자에게 그 특허에 관하여 실시허락을 받았더라면 실시대가로서 지급하였을 객관적으로 상당한 금액을 부당이득으로 반환할 책임이 있다.[553)]

다) 실시료를 받은 사례가 있는 경우

(1) 실시계약에서 정해진 실시료 기준

□ 부당이득의 액수를 산정할 때는, 우선 특허권자가 문제된 실시행위와 유사한 형태의 실시와 관련하여 특허실시계약을 맺고 실시료를 받은 사례가 있는 경우라면 특별한 사정이 없는 한 그 실시계약에서 정해진 실시료를 기준으로 삼아야 한다.[554)]

(2) 실시료를 산정기준으로 삼는 것이 타당하지 않은 경우

□ 해당 특허에 관한 실시계약의 내용이 문제된 실시행위와 유사하지 않은 형태이거나 유사한 형태의 실시계약이더라도 그에 따른 실시료가 이례적으로 높게 책정된 것이라는 등 그 실시계약에 따른 실시료를 그대로 부당이득액 산정의 기준으로 삼는 것이 타당하지 않은 사정이 있는 경우에는, 그 실시계약의 내용, 특허권자와 실시자와의 관계, 특허의 실시목적과 실시기간, 특허의 종류와 희소성, 제작시기와 제작비용 등과 아울러 유사한 성격의 특허에 관한 실시계약이 있다면 그 계약에서 정한 실시료, 특허의 실시자가 실시행위로 얻은 이익 등 변론과정에서 나타난 여러 사정을 두루 참작하여 객관적이고 합리적인 금액으로 부당이득액을 산정해야 한다.[555)]

○ 서울중앙지법 2004. 5. 21. 선고 2002가합71707 판결

확인대상발명이 특허발명을 이용한 관계에 있었던 이상, 피고가 확인대상발명을 업으로 실시하기 위해서는 원고로부터 실시허락을 받아야만 하고, 원고가 특허발명을 이용하여 제조한 PSE를 대한민국에도 수출하고 있었던 사정 등에 비추어, 그 실시형태는 원고가 피고에게 통상실시권을 부여하는 것이었으리라고 봄이 상당하다. 결국 피고는 위 기간 동안 원고로부터 통상실시권을 설정 받아 통상실시료를 지급함이 없이 확인대상발명을 실시하여 통상실시료 상당의 이득을 취하고, 원고로 하여금 동액 상당의 손해를 입게 하였다 할 것이므로, 원고에게 통상실시료 상당액을 부당이득으로 반환할 의무가 있다.

---

553) 대법원 2023. 1. 12. 선고 2022다270002 판결, 2016. 7. 14. 선고 2014다82385 판결
554) 대법원 2016. 7. 14. 선고 2014다82385 판결
555) 대법원 2016. 7. 14. 선고 2014다82385 판결

6) 부당이득반환의 범위

가) 손실자가 입은 손해의 범위에 한정

□ 부당이득반환의 경우, 수익자가 반환해야 할 이득의 범위는 손실자가 입은 손해의 범위에 한정되고, 수익자의 이득이 손실자의 손해보다 적을 때에는 이득액만을 반환하면 된다.556)

나) 가집행선고에 기하여 이미 지급 받은 것

□ 가집행선고에 의하여 집행을 하였다고 하더라도, 후일 본안판결의 일부 또는 전부가 실효되면 이전의 가집행선고부 판결에 기하여는 집행을 할 수 없는 것으로 확정된다. 따라서 가집행선고에 기하여 이미 지급 받은 것이 있다면 이는 법률상 원인이 없는 것이 되므로 부당이득으로서 반환해야 한다.557)

○ 서울동부지법 2006. 4. 28. 선고 2005가합4992 판결
특허권 침해행위로 인하여 특허권자가 입은 손해에 대한 손해배상채권은 3년의 단기소멸시효기간의 경과로 이미 소멸했으나 위 특허권 침해자가 특허발명과 유사한 발명의 실시로 법률상 원인 없이 얻은 이득은 그로 인하여 손해를 입은 특허권자에게 부당이득으로 반환되어야 한다.

7) 증명책임

가) 수익자가 악의라는 사실은 이를 주장하는 자에게 증명책임

□ 수익자가 악의인 경우, 그 받은 이익에 이자를 붙여서 반환할 의무가 있지만, 여기에서 악의란 자신의 이익 보유가 법률상 원인 없는 것임을 인식하는 것을 말하고 단지 부당이득반환의무의 발생요건에 해당하는 사실이 있음을 인식하는 것만으로는 부족하고,558) 수익자가 악의라는 사실은 이를 주장하는 사람이 증명해야 한다.559)

나) 부당이득이 현존하고 있는 사실은 반환청구자에게 증명책임

□ 선의의 수익자에게 대한 부당이득반환청구서에 있어 그 이익이 현존하고 있는 사실에 관하여는 그 반환청구자에게 증명책임이 있다.560)

---

556) 특허법원 2019. 10. 2. 선고 2017나2585 판결
557) 대법원 2012. 4. 13. 선고 2011다104130 판결, 2011. 8. 25. 선고 2011다25145 판결, 2004. 2. 27. 선고 2003다52944 판결, 1979. 9. 11. 선고 79다1203 판결, 특허법원 2020. 9. 18. 선고 2018나2322 판결, 서울고법 2013. 5. 31. 선고 2012나101352,101369 판결
558) 대법원 2017. 6. 15. 선고 2013다8960 판결, 2017. 3. 16. 선고 2016나23565 판결, 2010. 1. 28. 선고 2009다24187,24194 판결
559) 대법원 2015. 10. 15. 선고 2013다6469,6506 판결, 2014. 6. 12. 선고 2013다86359 판결, 2014. 2. 13. 선고 2012다119481 판결, 부산지법 2018. 6. 1. 선고 2017나43319 판결

8) 특허발명의 실시계약체결 이후에 특허가 무효 확정된 경우

가) 실시계약의 무효는 특허권의 효력과는 별개로 판단

□ 특허발명 실시계약체결 이후에 특허가 무효로 확정되었더라도, 특허발명 실시계약이 계약체결시부터 무효로 되는지는 특허권의 효력과는 별개로 판단해야 한다.[561)]

나) 기존의 법률관계나 직·간접적 법률적 이익은 유효

□ 특허발명 실시계약체결 이후에 특허가 무효로 확정되었더라도, 특허권을 둘러싼 기존의 법률관계나 특허권의 존재로 인하여 발생한 직·간접적 법률적 이익은 유효한 것으로 취급된다.[562)]

다) 무효 전의 실시계약의 효력

(1) 실시계약이 유효하게 존재하는 기간 동안의 실시료

□ 특허발명 실시계약체결 이후에 특허가 무효로 확정되었더라도, 특허발명 실시계약이 원시적으로 이행불능상태에 있었다거나 그 밖에 특허발명 실시계약 자체에 별도의 무효사유가 없는 한, 특허권자는 원칙적으로 특허발명 실시계약이 유효하게 존재하는 기간 동안 실시료의 지급을 청구할 수 있다.[563)]

(2) 실시계약이 유효하게 존재하는 기간에 상응하는 부분의 실시료

□ 특허발명 실시계약체결 이후에 특허가 무효로 확정되었더라도, 특허발명 실시계약이 원시적으로 이행불능상태에 있었다거나 그 밖에 특허발명 실시계약 자체에 별도의 무효사유가 없는 한, 특허권자가 특허발명 실시계약에 따라 실시권자로부터 이미 지급 받은 특허실시료 중 특허발명 실시계약이 유효하게 존재하는 기간에 상응하는 부분을 실시권자에게 부당이득으로 반환할 의무가 없다.[564)]

(3) 무효되기 전에 이미 지급한 실시료

□ 특허발명 실시계약을 체결하면 특허가 무효로 확정된 이후에는 그때부터 해당 실시계약이 이행불능상태에 빠지는 것으로 보아, 실시권자가 더 이상 실시료를 지급할 의무

---

560) 대법원 1970. 2. 10. 선고 69다2171 판결
561) 대법원 2019. 4. 25. 선고 2018다287362 판결
562) 특허법원 2019. 4. 11. 선고 2018나1190 판결
563) 대법원 2019. 4. 25. 선고 2018다287362 판결
• 특허권이 소급하여 무효로 되는 경우에는 실시계약이 원시적 이행불능에 해당한다(서울중앙지법 2006. 7. 5. 선고 2005가합62919 판결).
564) 대법원 2014. 11. 13. 선고 2012다42666,42673 판결, 서울중앙지법 2016. 2. 3. 선고 2015가합518947 판결

는 없게 되지만 무효로 되기 전에 이미 지급한 실시료의 반환을 구할 수는 없다.[565]

(4) 무효로 되기 전 제3자의 개입 없이 실시할 수 있는 이익 유효

□ 특허발명 실시계약을 체결하면 무효로 되기 전 독점배타적 효력을 가지는 특허권의 존재로 인하여 정당한 실시권을 가지지 않은 제3자가 특허발명을 실시하는 것이 금지됨으로써 실시권자로서 향유할 수 있었던 침해소송의 위험이 없이 특허발명을 제3자의 개입 없이 실시할 수 있는 이익은 그대로 유효한 것으로 본다.[566]

(5) 원시적 이행불능과 후발적 이행불능

□ 특허발명 실시계약의 목적이 된 특허발명의 실시가 불가능한 경우가 아니라면 특허무효의 소급효에도 불구하고 그와 같은 특허를 대상으로 하여 체결된 특허발명 실시계약이 그 계약의 체결 당시부터 원시적으로 이행불능상태에 있었다고 볼 수는 없고, 다만 특허 무효가 확정되면 그때부터 특허발명 실시계약은 이행불능상태에 빠지게 된다.[567]

(6) 진보성 결여로 무효 확정된 경우는 실시계약의 효력 유지

□ 특허실시계약의 목적이 된 특허가 신규성이 없거나 산업상 이용가능성이 없어 처음부터 무효였던 것이 아니라, 특허청의 심사를 거쳐 유효하게 등록되었다가 이후 진보성이 인정되지 않는다는 무효심결에 의하여 무효로 확정된 경우는 특허실시계약이 효력을 상실하지 않는다.[568]

라) 착오를 이유로 실시계약의 취소 불가

□ 특허발명 실시계약체결 이후에 특허가 무효로 확정되었더라도, 그 특허의 유효성이 계약체결의 동기로서 표시되었고 그것이 법률행위의 내용의 중요부분에 해당하는 등의 사정이 없는 한, 착오를 이유로 특허발명 실시계약을 취소할 수는 없다.[569]

---

565) 특허법원 2019. 4. 11. 선고 2018나1190 판결
566) 특허법원 2019. 4. 11. 선고 2018나1190 판결
567) 대법원 2019. 4. 25. 선고 2018다287362 판결, 2014. 11. 13. 선고 2012다42666,42673 판결, 2014. 11. 13. 선고 2012다106577 판결
- 특허권이 유효하게 존재하지 않으면 실시권설정이 법률상 불가능하게 되므로 당사자 사이의 실시권설정 계약은 그 이행이 원시적으로 불가능하게 된다(서울중앙지법 2006. 7. 5. 선고 2005가합62919 판결).
- 무효로 된 특허에 관한 특허실시계약은 무효심결의 확정시로부터 후발적으로 이행불능에 빠진다고 보아야 한다(서울고법 2012. 11. 2. 선고 2011나37577 판결).

568) 서울고법 2012. 11. 2. 선고 2011나37577 판결
569) 대법원 2014. 11. 13. 선고 2012다42666,42673 판결

마) 계약에 따라 지분을 이행하기 전에 특허가 무효 확정된 경우

(1) 무효로 확정된 때까지의 실시료 상당액을 부당이득으로 반환 의무

□ 특허권의 지분을 이전하기로 하는 계약에 따라 지분을 이행하기 전에 특허가 무효 확정된 경우, 특허발명의 실시계약이 원고와 피고의 책임 없는 사유로 이행불능에 이르게 되었으므로, 원고는 피고에게 특허발명이 무효로 확정된 때까지 특허권을 실시함으로 인하여 얻은 실시료 상당의 이익을 부당이득으로 반환할 의무가 있다. 또한 실시계약관계의 소멸로 피고가 지급한 대금을 원고에게 반환하게 되면 원고는 대가의 지급 없이 위와 같은 이익을 얻은 것이 되므로, 피고에게 이를 부당이득으로 반환해야 한다.[570]

(2) 특허권의 지분 이전 계약에 따라 약정한 대가의 지급의무 없음

□ 특허권의 지분을 이전하기로 하는 계약에 따라 지분을 이행하기 전에 특허가 무효 확정된 경우, 양수인에게 그 특허권의 지분 이전 계약에 따라 약정한 대가를 지급할 의무는 더 이상 존재하지 않는다.[571]

바) 계약의 효력을 소급적으로 소멸시키는 해제 불가

□ 특허발명 실시계약체결 이후에 특허가 무효로 확정되었고 특허권자가 상대방과 계약의 효력을 다투며 상호 형사고소 및 민원제기를 거듭하고 있다고 하더라도, 상대방이 특허권자에 대하여 계약의 효력을 소급적으로 소멸시키는 해제를 할 수는 없다.[572]

▷ 특허실시계약이 성립되면 사후적으로 특허가 무효로 된다고 하더라도 특허실시계약은 무효로 되지 않고 아울러 이미 지급된 실시료는 반환할 필요가 없다. 그러나 특허가 미완성 발명과 같이 특허발명의 실시불가능이라는 무효사유가 있는 경우에는 특허무효가 확정되기 이전에도 특허발명의 실시라는 채무의 이행은 불가능하기 때문에 그러한 특허를 대상으로 한 실시계약은 계약체결 당시부터 원시적 이행불능으로 볼 수 있다.[573]

---

570) 특허법원 2017. 3. 23. 선고 2016나1295 판결, 대전고법 2008. 11. 26. 선고 2008나2379,5439 판결
571) 특허법원 2021. 1. 22. 선고 2020나1001 판결
572) 대법원 2014. 11. 13. 선고 2012다106577 판결
573) 박영규, 판례평석, 법조 64권 6호, 법조협회(2015. 6.)

2 형사적 구제방법

가. 특허권 침해죄

[§ 225](침해죄)

① 특허권 또는 전용실시권을 침해한 자는 7년 이하의 징역 또는 1억원 이하의 벌금에 처한다.

② 특허권 침해죄는 피해자의 명시적인 의사에 반하여 공소를 제기할 수 없다.

1) 특허권 침해죄의 성립

가) 특허권 침해죄의 성립요건

▷ 특허권 침해죄가 성립하기 위해서는, ① 범죄 구성요건에 해당할 것, ② 위법할 것, ③ 책임능력 있는 자일 것이라는 세 가지 요건이 필요하다.[574)]

나) 고의범

□ 특허권 침해죄는 고의범으로서 타인의 특허권을 침해하고 있다는 것을 인식하면서도 침해행위를 하였을 경우에 성립한다.[575)] 따라서 타인의 특허권을 침해한다는 인식이 전혀 없었던 경우에는 특허권 침해죄가 성립하지 않는다.[576)]

▷ 특허권 침해죄에는 과실범 규정이 없으므로 과실로 침해에 이른 경우에는 처벌할 수 없고 침해자에게 고의가 있는 경우에만 처벌된다.[577)]

○ 대법원 2010. 1. 14. 선고 2008도639 판결

침해자가 특허권자로부터 납품받은 특허발명의 실시품이 회전판과 꼬챙이의 결합이 견고하지 못하여 고기가 이탈되고 화재가 발생하는 등의 문제가 발생함에 따라 침해자가 특허발명을 개량하여 실용신안등록출원을 한 점, 침해자의 등록실용신안의 고안의 설명에서도 특허발명을 종래기술로 언급하면서 그 문제점을 지적하고 있는 점, 특허발명과 이 사건 장치는 그 구성에서 일부 차이가 있고, 균등관계에 있는지 여부의 판단은 통상의 기술자에게도 쉽지 않으며, 일반인의 경우는 매우 어려운 점, 이 사건 장치를 개발한 후 침해자가 변리사에게 문의하여 특허발명을 침해하지 않는다는 의견을 들은 점, 침해자의 등록실용신안의 고안의 설명에 특허발명이 종래기술로 적혀 있음에도 실용신안등록을 한 점, 이 사건 장치가 특허발명의 일부 청구항의 권리범위에 속한다는 특허심판원의 심

---

574) 곽민섭, 지식재산권 침해소송 실무와 최근의 판례 동향, 특허심판원(2009. 5.), 55면

575) 대구지법 1990. 7. 19. 선고 89고단4293 판결

• 형벌법규 위반에 의한 범죄구성에 있어서도 일반 형법의 원칙에 따라 고의를 필요로 한다(대법원 1965. 6. 29. 선고 65오1 판결).

576) 대법원 1984. 5. 29. 선고 82도2834 판결, 서울동부지법 2004. 7. 15. 선고 2003고단3650 판결

577) 곽민섭, 지식재산권 침해소송 실무와 최근의 판례 동향, 특허심판원(2009. 5.), 56면

결이 한참 뒤에야 이루어진 점 등에 비추어 보면, 특허심판원의 심결 이전인 이 사건 범죄일시에 침해자에게 이 사건 장치가 특허발명을 침해한다는 인식과 용인이 있었다고 볼 수는 없다.

○ 대법원 1984. 5. 29. 선고 82도2834 판결

침해자가 그가 제조·판매하는 쌍꺼풀 테이프가 공지·공용의 것이라는 명백한 증거를 가지고 있으면서 그의 행위가 특허권 침해가 되지 않는 것이라고 믿고 있었던 사실이 인정된다면, 침해자가 제조하는 쌍꺼풀 테이프가 특허발명의 권리범위에 속한다고 한, 제3자 사이의 권리관계를 확정한 대법원 판결의 내용을 알고 있었다는 사실만으로는 침해자에게 특허권침해에 대한 고의가 있었다고 단정할 수 없다.

다) 고의의 성립요건

(1) 침해의 인식과 침해가능성의 용인

□ 특허권을 침해한다는 인식과 침해가능성에 대한 용인이 없는 경우에는 특허권 침해죄가 성립하지 않는데,[578] 특허권 침해의 고의가 있었다고 하려면, ① 특허권 침해의 발생가능성에 대한 인식과, ② 특허권 침해가 발생할 위험을 용인하는 내심의 의사가 있어야 한다.[579]

(2) 침해가능성의 용인 여부

□ 침해자가 특허권 침해가 발생할 가능성을 용인하고 있었는지의 여부는 침해자의 진술에 의존하지 않고, 외부에 나타난 행위의 형태와 행위의 상황 등 구체적인 사정을 기초로 하여 일반인이라면 당해 특허권 침해가 발생할 가능성을 어떻게 평가할 것인가를 고려하면서 침해자의 입장에서 그 심리상태를 추인해야 한다.[580]

라) 고의가 인정된 경우

(1) 경고 후 침해

□ 특허권자가 그 특허등본을 제시하고 경고한 후에도 특허발명과 동일·유사한 물품을 제조·판매한 경우에는 특허권 침해의 고의가 인정된다.[581]

(2) 최고서 송달 이후 침해

□ 침해자가 제작하여 납품한 특허제품은 적어도 침해자가 최고서 송달을 받은 시점부터는 침해행위에 대한 고의가 있었다고 보아야 하므로, 최고서 송달 이후에 이루어

---

578) 대법원 2010. 1. 14. 선고 2008도639 판결
579) 광주지법 2009. 9. 11. 선고 2008노207 판결, 인천지법 2019. 11. 21. 선고 2019노704 판결
580) 광주지법 2009. 9. 11. 선고 2008노207 판결, 인천지법 2019. 11. 21. 선고 2019노704 판결
581) 대전지법 2006. 5. 12. 선고 2003노2903 판결

진 침해자의 특허제품 납품행위에 관하여는 특허권 침해에 대한 고의가 인정된다.[582)]

(3) 가처분 이후 침해

□ 특허권자로부터 '침해자의 침해제품 수입·판매행위가 특허권자의 특허권 침해행위가 된다.'는 점이 적시된 내용증명 우편물을 받았고, 침해자가 특허권 침해행위를 중지하라는 특허사용금지가처분까지 받은 경우에는, 침해자는 침해제품을 소지·판매함으로써 특허권자의 특허권 침해에 대한 인식이 미필적으로라도 있었던 것으로 판단되므로, 특허권 침해의 고의가 인정된다.[583)]

(4) 특허권 침해의 고의가 인정된 유형

▶ ① 특허권 침해로 고소를 당한 이후에도 계속해서 특허권 침해가 이루어진 경우

② 라이선스 계약 종료 후에도 해당 특허발명을 계속해서 실시하는 경우

③ 특허권자의 회사에 근무했거나, 특허권자와 라이선스 협상을 한 적이 있거나, 거래관계가 있어, 해당 특허발명을 잘 알고 있었다고 볼 만한 사정이 있었던 자가 특허권 침해를 한 경우

마) 고의의 조각

(1) 정당한 이유가 있으면 고의 조각

□ 단순한 법률의 부지의 경우를 말하는 것이 아니고, 일반적으로 범죄가 되는 경우이지만 자기의 특수한 경우에는 법령에 의하여 허용된 행위로서 죄가 되지 않는다고 그릇 인식하고 그와 같이 그릇 인식함에 정당한 이유가 있는 경우에는 벌하지 않는다.[584)]

(2) 정당한 이유의 판단

□ 정당한 이유가 있는지 여부는 행위자에게 자기 행위의 위법 가능성에 대하여 심사숙고하거나 조회할 수 있는 계기가 있어 자신의 지적능력을 다하여 이를 회피하기 위한 진지한 노력을 다하였더라면 스스로의 행위에 대하여 위법성을 인식할 수 있는 가능성이 있었는데도 이를 다하지 못한 결과 자기 행위의 위법성을 인식하지 못한

---

582) 서울형사지법 1991. 9. 12. 선고 91노3825 판결

583) 대법원 2008. 11. 27. 선고 2006도2650 판결

584) 대법원 2022. 12. 29. 선고 2017도10007 판결, 2021. 11. 25. 선고 2021도10903 판결, 2021. 2. 10. 선고 2019도18700 판결, 2020. 1. 9. 선고 2019도12765 판결, 2018. 9. 28. 선고 2018도9828 판결, 2018. 4. 19. 선고 2017도14322 전합 판결, 2017. 11. 29. 선고 2015도18253 판결, 2017. 7. 11. 선고 2017도2793 판결, 2017. 5. 31. 선고 2013도8389 판결, 2017. 3. 15. 선고 2014도 12773 판결

것인지 여부에 따라 판단해야 한다.[585]

(3) 자기 행위의 위법성 인식에 필요한 노력의 판단

□ 정당한 이유가 있는지 여부와 관련하여 자기 행위의 위법성 인식에 필요한 노력의 정도는 구체적인 행위정황과 행위자 개인의 인식능력, 그리고 행위자가 속한 사회집단에 따라 달리 평가해야 한다.[586]

2) 정당한 이유의 판단사례

가) 정당한 이유가 없다고 본 경우

(1) 전문가에게 자문을 받은 경우

□ 변리사에게 문의하여 자문을 받았다는 사정만으로는 자신의 행위가 죄가 되지 않는다고 믿는 데에 정당한 이유가 있다고 볼 수 없고,[587] 변리사의 조언이 있었다 하더라도 그것만으로 법률의 착오가 있은 경우에 해당한다고 할 수 없다.[588]

○ 그러나, 다른 사정에 보태어 변리사의 자문까지 감안하여 침해의 고의가 인정되지 않는다고 본 사례와,[589] 변리사의 자문을 구하는 조처 없이 임의로 침해가 아니라고 믿은 것에 정당한 이유가 있다고 보기는 어렵다고 본 사례가 있다.[590]

---

585) 대법원 2022. 12. 29. 선고 2017도10007 판결, 2021. 11. 25. 선고 2021도10903 판결, 2020. 1. 9. 선고 2019도12765 판결, 2018. 9. 28. 선고 2018도9828 판결, 2018. 4. 19. 선고 2017도14322 전합 판결, 2017. 11. 29. 선고 2015도18253 판결, 2017. 7. 11. 선고 2017도2793 판결, 2017. 5. 31. 선고 2013도8389 판결, 2017. 3. 15. 선고 2014도12773 판결, 2015. 10. 29. 선고 2015도9010 판결

586) 대법원 2022. 12. 29. 선고 2017도10007 판결, 2021. 11. 25. 선고 2021도10903 판결, 2020. 1. 9. 선고 2019도12765 판결, 2018. 9. 28. 선고 2018도9828 판결, 2018. 4. 19. 선고 2017도14322 전합 판결, 2017. 11. 29. 선고 2015도18253 판결, 2017. 7. 11. 선고 2017도2793 판결, 2017. 5. 31. 선고 2013도8389 판결, 2017. 3. 15. 선고 2014도12773 판결, 2015. 10. 29. 선고 2015도9010 판결

587) 대법원 2011. 10. 13. 선고 2010도7433 판결, 2009. 7. 23. 선고 2007도8804 판결, 2006. 9. 8. 선고 2004도6815 판결, 2005. 6. 9. 선고 2005도2598 판결, 2005. 1. 27. 선고 2004도8011 판결, 2002. 9. 24. 선고 2000다46184 판결, 1998. 10. 13. 선고 97도3337 판결, 1995. 7. 28. 선고 95도702 판결, 서울고법 2020. 5. 28. 선고 2018나2068927 판결, 서울서부지법 2013. 9. 10. 선고 2013노350 판결

588) 대법원 1990. 10. 16. 선고 90도1604 판결, 1983. 2. 8. 선고 80다300 판결, 서울고법 2009. 5. 13. 선고 2008노3261 판결

589) 대법원 2010. 1. 14. 선고 2008도639 판결, 1982. 1. 19. 선고 81도646 판결, 대구고법 1980. 4. 24. 선고 79나533 판결

- 변리사로부터 침해가 아니라는 답변과 전문적인 감정을 받았고, 자신의 실시기술에 대해 특허등록까지 받게 되었으며, 권리범위확인심판에서 불속의 심결이 있었다가 상고심에서 비로소 원심결을 파기환송하는 판결이 있었던 경우에는 정당한 이유가 있다고 본다(대법원 1982. 1. 19. 선고 81도646 판결).

590) 대법원 1997. 10. 10. 선고 96도2191 판결

(2) 검찰의 무혐의처분을 받은 경우

□ 권리범위확인심판청구가 기각된 일이 있고 그로 인하여 침해자가 검찰의 무혐의처분을 받은 적이 있다는 사정만으로는, 침해자의 행위가 특허법위반에 해당하지 않는다고 믿었고 또 그와 같이 믿었던 데 정당한 이유가 있다고 볼 수 없다.[591]

(3) 검사가 무혐의처리하였다가 재수사결과 기소에 이른 경우

□ 검사가 침해자의 행위에 대하여 범죄혐의 없다고 무혐의처리하였다가 고소인의 항고를 받아들여 재수사명령에 의한 재수사결과 기소에 이른 경우, 침해자의 특허법위반 행위가 불기소처분 이전부터 저질러졌다면 그 무혐의처분결정을 믿고 이에 근거하여 이루어진 것이 아님이 명백하고, 무혐의처분일 이후에 이루어진 행위에 대하여도 그 무혐의처분에 대하여는 곧바로 고소인의 항고가 받아들여져 재수사명령에 따라 재수사되어 기소에 이르게 된 이상, 침해자가 자신의 행위가 죄가 되지 않는다고 그릇 인식하는 데 정당한 이유가 있다고 볼 수 없다.[592]

(4) 자신의 행위가 법에 위반되는지 알지 못한 경우

□ 자신의 행위가 법에 위반되는지 몰랐다 하더라도, 법률의 부지에 불과하여 정당한 이유가 있다고 볼 수 없다.[593]

(5) 대법원 판례를 잘못 이해한 경우

□ 대법원 판례를 잘못 이해함으로써 자신의 행위가 죄가 되지 않는다고 확신하였더라도, 정당한 이유가 있다고 볼 수 없다.[594]

(6) 특허발명과 유사한 발명을 출원·등록받은 경우

□ 특허발명과 기술 분야가 같고 기술적 해결과제가 유사한 발명을 출원하여 등록받았다고 하더라도, 정당한 이유가 있다고 볼 수 없다.[595]

---

591) 대법원 2009. 7. 23. 선고 2007도8804 판결, 2006. 9. 8. 선고 2004도6815 판결, 1998. 10. 13. 선고 97도3337 판결, 1994. 2. 8. 선고 93도369 판결, 1992. 8. 18. 선고 92도1140 판결, 부산지법 2007. 10. 5. 선고 2007노122 판결

592) 대법원 1995. 6. 16. 선고 94도1793 판결

593) 대법원 1995. 12. 12. 선고 95도1891 판결, 1994. 9. 9. 선고 94도1134 판결, 1991. 10. 11. 선고 91도1566 판결, 1985. 4. 9. 선고 85도25 판결, 1982. 1. 19. 선고 81도646 판결, 서울고법 2012. 7. 5. 선고 2012노291 판결

594) 대법원 1998. 10. 13. 선고 97도3337 판결

595) (같은 취지) 대법원 2011. 10. 13. 선고 2010도7433 판결, 2009. 7. 23. 선고 2007도8804 판결, 1998. 10. 13. 선고 97도3337 판결, 서울북부지법 2006. 11. 16. 선고 2005고단1084,1947 판결

(7) 수입물품을 특허제품으로 오인한 경우

□ 수입물품을 특허제품으로 오인하였고, 더 나아가 병행수입이 허용된다고 믿어 자신의 행위가 죄가 되지 않는 것으로 오인하였다고 하더라도, 정당한 이유가 있다고 볼 수 없다.[596]

나) 정당한 이유가 있다고 본 경우

(1) 불속의 심결과 특허법원의 판결이 있었던 경우

□ 권리범위확인심판에서 특허발명의 권리범위에 속하지 않는다는 특허심판원의 심결과 특허법원의 판결이 있었던 경우에는, 대법원에서 권리범위에 속한다는 판결이 있었다고 하더라도 정당한 이유가 있다고 볼 수 있다.[597]

(2) 특허발명의 등록 훨씬 전부터 실시기술을 사용한 경우

□ 피고의 실시기술이 특허발명의 등록 훨씬 전부터 사용한 것이고, 더구나 특허발명의 권리범위에 속하지 않는다는 변리사의 감정까지 있었던 사정이 있었다면, 정당한 이유가 있다고 볼 수 있다.[598]

(3) 형사고소 후 무죄확정판결을 받은 경우

□ 피고소인이, 고소인이 고소한 피의사실로 기소되어 무죄의 확정판결을 받았다고 하더라도 그 고소가 권리남용이라고 인정될 수 있는 정도의 고의 또는 중대한 과실에 의한 것이 아닌 이상, 고소인의 행위가 불법행위를 구성한다고 볼 수는 없다.[599]

3) 민사사건과 형사사건의 차이

가) 민사책임과 형사책임

□ 불법행위에 따른 형사책임은 사회의 법질서를 위반한 행위에 대한 책임을 묻는 것으로서 행위자에 대한 공적인 제재를 그 내용으로 하는데 비하여, 민사책임은 타인의 법익을 침해한 데 대하여 행위자의 개인적 책임을 묻는 것으로서 피해자에게 발생한 손해의 전보를 그 내용으로 하는 것이고, 손해배상제도는 손해의 공평·타당한 부담

596) 대법원 1997. 10. 10. 선고 96도2191 판결
597) 대법원 1982. 1. 19. 선고 81도646 판결
598) 대구고법 1980. 4. 24. 선고 79나533 판결
599) 대법원 2012. 5. 10. 선고 2012다14494 판결, 2007. 4. 12. 선고 2006다46360 판결, 2006. 4. 28. 선고 2005다29481 판결, 1997. 9. 5. 선고 95다21211 판결, 1994. 1. 25. 선고 93다29556 판결, 인천지법 2020. 2. 12. 선고 2019가단211583 판결, 서울중앙지법 2019. 2. 13. 선고 2015나41564 판결, 2018. 6. 21. 선고 2017가합539658 판결, 2018. 5. 18. 선고 2018가단5044865 판결, 서울남부지법 2017. 4. 28. 선고 2015가단210822 판결, 대구지법 2014. 6. 19. 선고 2013나14208 판결

을 그 지도원리로 하는 것이므로, 형사상 범죄를 구성하지 않는 침해행위라고 하더라도, 그것이 민사상 불법행위를 구성하는지는 형사책임과 별개의 관점에서 검토해야 한다.[600]

나) 범죄증명의 정도

□ 민사사건은 소송결과에 따른 경제적 이익이 보수 산정의 주요한 기준이 되고, 형사사건은 소송결과에 따른 경제적 이익 산출이 여의치 않은 반면 인신 구속과 형의 선고로 인한 신체적 자유의 박탈 여부가 주요한 기준이 되므로,[601] 형사절차에서 범죄의 증명은 민사사건에서 위반 사실의 증명보다 그 정도가 더 엄격해야 한다.[602]

▷ 특허법 제129조의 생산방법추정, 특허법 제130조의 과실추정 등 특허권자의 증명의 부담을 덜어주기 위한 추정조항은 형사소송에서는 적용할 수 없다.[603]

다) 관련 민·형사판결에서 인정한 사실의 채부

□ 침해소송에 있어서는 다른 민·형사사건의 판결에서 인정된 사실에 구속받는 것은 아니라 할지라도 이미 확정된 관련 민·형사사건에서 인정된 사실은 특별한 사정이 없는 한 유력한 증거가 되므로 합리적인 이유설시 없이 이를 배척할 수 없고,[604] 동일한 사실관계에 관하여 이미 확정된 형사판결이 증거에 의하여 유죄로 인정한 사실은 침해소송에서 유력한 증거자료가 되므로,[605] 침해소송에서 제출된 다른 증거들에 비추어 관련 민·형사재판의 사실 판단을 채용할 수 없다고 인정되는 특별한 사정이 없는 한 이와 반대되는 사실은 인정할 수 없다.[606]

---

600) 대법원 2022. 6. 9. 선고 2020다208997 판결, 2021. 6. 3. 선고 2016다34007 판결, 2008. 2. 1. 선고 2006다6713 판결, 서울고법 2014. 3. 20. 선고 2012나104474 판결, 울산지법 2012. 11. 16. 선고 2012나3647 판결, 서울남부지법 2011. 8. 19. 선고 2009가합15740 판결
601) 대법원 2009. 7. 9. 선고 2009다21249 판결
602) 수원지법 2018. 5. 31. 선고 2017나13172 판결
603) 지식재산권범죄 실무사례집, 서울중앙지검(2012. 7.), 12면
604) 대법원 2020. 7. 9. 선고 2020다208195 판결, 2018. 8. 30. 선고 2016다46338,46345 판결, 2018. 2. 28. 선고 2013다63950 판결, 2016. 9. 28. 선고 2016다22523 판결, 2015. 6. 24. 선고 2015두39316 판결, 2014. 12. 11. 선고 2014도10036 판결, 2014. 8. 20. 선고 2014다206563 판결, 2014. 2. 27. 선고 2011다42430 판결, 2013. 12. 26. 선고 2011다96550 판결
605) 서울고법 2011. 9. 2. 선고 2010나31619 판결
606) 대법원 2021. 10. 14. 선고 2021다243430 판결, 2020. 2. 27. 선고 2019두39611 판결, 2019. 9. 9. 선고 2019두31730 판결, 2019. 7. 4. 선고 2018두66869 판결, 2016. 12. 29. 선고 2016두40016 판결, 2014. 3. 13. 선고 2013도8388 판결, 2012. 5. 24. 선고 2011두28240 판결, 2009. 12. 24. 선고 2009도11349 판결, 2009. 12. 10. 선고 2007다58285 판결

라) 형사재판에서 무죄판결의 의미

(1) 공소사실의 부존재가 증명되었다는 의미 아님

□ 형사재판에서 유죄판결은 공소사실에 대하여 증거능력 있는 엄격한 증거에 의하여 법관으로 하여금 합리적인 의심을 배제할 정도의 확신을 가지게 하는 증명이 있다는 의미가 있는 반면, 무죄판결은 그러한 증명이 없다는 의미일 뿐이지 공소사실의 부존재가 증명되었다는 의미는 아니다.[607)]

(2) 무혐의결정은 확정된 형사판결과 동일한 증거가치 부여 안 됨

□ 동일한 사실관계에 관한 검찰의 무혐의결정에 대하여 확정된 형사판결과 동일한 증거가치를 부여할 수는 없다.[608)]

(3) 검사의 구속 및 공소제기는 위법 아님

□ 형사재판 과정에서 범죄사실의 존재를 증명함에 충분한 증거가 없다는 이유로 무죄판결이 확정되었다고 하더라도 그러한 사정만으로 바로 검사의 구속 및 공소제기가 위법하다고 할 수 없다.[609)]

(4) 형사사건과 민사사건은 별개로 판단

□ 형사사건에서 무죄로 확정되었다고 하여 민사상 손해배상책임에 있어서도 반드시 이와 보조를 같이할 이유는 없고,[610)] 침해소송에서는 검사의 무혐의 불기소처분 사실에 기속되지 않고 법원이 증거에 의한 자유심증으로써 달리 인정할 수 있다.[611)]

---

607) 대법원 2022. 7. 28. 선고 2019다202146 판결, 2020. 1. 9. 선고 2018두61888 판결, 2017. 9. 26. 선고 2014다27425 판결, 2015. 10. 29. 선고 2011다81213 판결, 2015. 10. 29. 선고 2012다84479 판결, 2014. 3. 27. 선고 2012다99112 판결, 2013. 3. 28. 선고 2011다82469 판결, 2012. 11. 15. 선고 2011다74796 판결, 2008. 4. 24. 선고 2007다75648 판결, 2006. 9. 14. 선고 2006다27055 판결

608) 대법원 2000. 6. 9. 선고 99두2314 판결, 1988. 4. 27. 선고 87다카623 판결, 1995. 12. 26. 선고 95다21884 판결, 1987. 10. 26. 선고 87누493 판결, 1968. 4. 23. 선고 66다2499 판결, 대구고법 2017. 4. 7. 선고 2016누5700 판결, 서울고법 2014. 10. 29. 선고 2014누48209 판결, 광주지법 2021. 5. 21. 선고 2020구합13714 판결, 대구지법 2017. 1. 20. 선고 2016가합202 판결

609) 대법원 2022. 9. 16. 선고 2022다236781 판결, 2005. 12. 23. 선고 2004다46366 판결, 2002. 2. 22. 선고 2001다23447 판결, 1999. 1. 15. 선고 98다38302 판결, 1993. 8. 13. 선고 93다20924 판결, 서울중앙지법 2016. 6. 10. 선고 2015가합543172 판결, 2006. 4. 5. 선고 2005가합36347 판결, 창원지법 2015. 8. 21. 선고 2014가단83060 판결, 청주지법 2005. 11. 11. 선고 2005가단3502 판결

610) 대법원 1971. 11. 15. 선고 71다1985 판결

611) 대법원 2022. 4. 14. 선고 2019다299423 판결, 2001. 11. 9. 선고 2001다50104 판결, 서울행법 2020. 12. 18. 선고 2019구합76931 판결

4) 특허가 정정된 경우

가) 특허권 침해죄는 정정 전의 청구범위를 대상으로 판단

□ 청구범위에 기재불비가 있어 권리범위를 인정할 수 없었던 특허발명에 대하여 그 청구범위를 정정하는 심결이 확정된 경우, 정정 전의 청구범위를 침해대상 특허발명으로 삼아 침해자가 그 특허권 침해죄를 범하였는지 여부를 판단해야 한다.[612)]

나) 특허권 침해죄 판단시 정정의 소급효가 미치지 않음

□ 정정심결이 확정된 경우, 그 정정이 별도의 정정무효심판절차에 의하여 무효로 되지 않는 한, 그 특허발명은 처음부터 정정된 청구범위에 의하여 특허권 설정등록이 된 것으로 보아야 하지만, 피고인의 행위가 특허권 침해죄에 해당하는지 여부를 판단함에 있어 정정 후의 청구범위를 침해대상 특허발명으로 삼는 것이 피고인에게 불리한 결과를 가져오는 경우까지도 정정의 소급적 효력이 당연히 미친다고 할 수는 없다.[613)]

▶ 정정 전 청구범위에 기재불비가 있어 권리범위를 인정할 수 없었던 특허발명에 대하여 그 청구범위를 정정하는 심결이 확정된 경우, 정정 전의 피고인의 실시행위가 정정 후 청구범위에 속한다고 하더라도 특허권 침해와 관련한 형사처벌과 관련해서는 특허권 침해로 인정되지 않는다. 나아가 권리범위가 인정되지 않는 특허발명과 동일 또는 균등한 관계에 있는 발명을 실시하는 행위는 특허권 침해죄를 구성하지 않는다.

▶ 형사사건에서는 비록 피고인이 제조·판매한 제품이 정정 후의 청구범위와 동일 또는 균등관계에 있는 물건이라고 하더라도, 소급효금지의 원칙에 따라 정정 전의 청구범위를 침해대상 특허발명으로 삼아 피고인이 그 특허발명의 침해죄를 범하였는지 여부를 판단해야 한다.

○ 수원지검 2011형제41313호(지식재산권범죄 실무사례집, 서울중앙지검(2012. 7.), 28~29면)
청구범위를 정정하는 심결이 확정된 경우라도, 정정 전에 행하여진 피의자의 제품 제조·판매행위가 특허권 침해죄에 해당하는지 여부를 판단함에 있어 정정 전의 청구범위를 침해대상 특허발명으로 삼아야 하므로, 특허발명의 청구범위에 'X－Z 평면상'으로 적어야 할 것을 'X－Y 평면상'으로 적음으로써, 정정 전인 현재의 청구항은 전방위 투사방식을 잘못 지칭하여 그 발명이 실시불가능하게 되어 산업상 이용할 수 없는 발명이므로, 그 특허를 무효로 하는 심결이 확정되기 전이라도 그

---

612) 대법원 2005. 10. 14. 선고 2005도1262 판결, 서울중앙지법 2005. 1. 21. 선고 98노8499 판결, 지식재산권범죄 실무사례집, 서울중앙지검(2012. 7.), 12면
613) 대법원 2005. 10. 14. 선고 2005도1262 판결

권리범위를 인정할 수 없고 따라서 관련 정정심결의 확정 여부와는 무관하게 피의자는 특허권 침해죄를 구성하지 않는다.

나. 허위표시죄

[§ 228](허위표시의 죄)

제224조를 위반한 자는 3년 이하의 징역 또는 3천만원 이하의 벌금에 처한다.

[§ 224조](허위표시의 금지)

누구든지 다음 각 호의 어느 하나에 해당하는 행위를 해서는 안 된다.

1. 특허된 것이 아닌 물건, 특허출원 중이 아닌 물건, 특허된 것이 아닌 방법이나 특허출원 중이 아닌 방법에 의하여 생산한 물건 또는 그 물건의 용기나 포장에 특허표시 또는 특허출원표시를 하거나 이와 혼동하기 쉬운 표시를 하는 행위
2. 제1호의 표시를 한 것을 양도·대여 또는 전시하는 행위
3. 제1호의 물건을 생산·사용·양도 또는 대여하기 위하여 광고·간판 또는 표찰에 그 물건이 특허나 특허출원된 것 또는 특허된 방법이나 특허출원 중인 방법에 따라 생산한 것으로 표시하거나 이와 혼동하기 쉬운 표시를 하는 행위
4. 특허된 것이 아닌 방법이나 특허출원 중이 아닌 방법을 사용·양도 또는 대여하기 위하여 광고·간판 또는 표찰에 그 방법이 특허 또는 특허출원된 것으로 표시하거나 이와 혼동하기 쉬운 표시를 하는 행위

1) 허위표시금지의 취지

□ 특허된 것이 아닌 것을 특허된 것으로 표시하는 행위를 금지하는 취지는, 특허로 인한 거래상의 유리함과 특허에 관한 공중의 신뢰를 악용하여 공중을 오인시키는 행위를 처벌함으로써 거래의 안전을 보호하는 데에 있다.[614)]

2) 허위표시죄의 처벌대상

□ 허위표시죄는 특허 또는 특허출원된 것이 아닌 방법을 사용하기 위하여 광고·간판 또는 표찰류에 그 방법이 특허 또는 특허출원된 것으로 표시하는 행위를 처벌대상으로 한다.[615)]

3) 비친고죄

□ 비친고죄에 있어서는 고소의 유무 또는 그 고소의 취소 여부에 관계없이 그 죄를 논할 수 있다.[616)]

---

614) 대법원 2015. 8. 13. 선고 2013도10265 판결, 서울고법 2015. 11. 5. 선고 2013누9931 판결
615) 대법원 1983. 7. 26. 선고 83도1411 판결

▶ 허위표시죄는 보호법익이 개인의 이익 보호라기보다는 사회의 거래안전 보호에 있다고 볼 수 있기 때문에 처벌요건으로서 고소를 요구하는 특허권 침해죄와는 달리 고소를 요구하지 않는 비친고죄이며, 양벌규정이 적용된다.

4) 허위표시죄에 해당하는 경우

가) 특허물품이 아닌 물건에 특허표시

★□ 특허된 것이 아닌 물건의 포장에 특허된 물건의 특허표지를 붙여 마치 그 물건마저 특허품인 것처럼 혼동하기 쉬운 표시를 한 경우에는 허위표시죄에 해당한다.[617)]

▷ 특허와 관계없는 물건에 '특허'라는 문자만 표시한 경우, 특허번호는 제3자가 명세서 등을 조사할 때 편의를 주기 위한 것에 지나지 않으므로, 특허번호의 유무나 맞고 틀림은 특허표시에 있어서 중요한 사항이 아니어서 특허와 관계없는 물건에 '특허'의 문자만 표시한 경우에도 특허와 혼동하기 쉬운 표시로 보아야 하고, 특허권 소멸 후에 특허표시도 특허표시를 붙일 때 이미 특허에 관한 물건이 아니게 된 이상 허위표시라고 보아야 한다.[618)]

▷ 특허출원만 이루어졌을 뿐 특허등록되지 않은 물건에 대하여 '특허등록'으로 표기하여 광고한 피의자의 행위는, 특허등록되지 않은 물건을 양도 또는 대여하기 위하여 광고에 그 물건이 특허등록된 것으로 표시하거나 이와 혼동하기 쉬운 표시를 하는 행위에 해당된다.[619)]

나) 실용신안제품을 특허제품으로 표시

★□ 실용신안등록 되었음에도 특허등록이 된 것으로 표시·광고한 경우에는 허위표시죄에 해당한다.[620)]

▶ 상표등록이나 디자인등록 되었음에도 특허등록이 된 것으로 표시·광고한 경우에도 허위표시죄에 해당한다.

---

616) 대법원 2006. 12. 22. 선고 2005도4002 판결, 1987. 11. 10. 선고 87도2020 판결
- 고소가 있어야 죄를 논할 수 있는 친고죄의 경우와는 달리 비친고죄에 있어서 고소는 단순한 수사의 단서가 됨에 지나지 않으므로 고소의 유무 또는 그 고소의 취소 여부에 관계없이 그 죄를 논할 수 있다(대법원 1987. 11. 10. 선고 87도2020 판결).

617) 대법원 1980. 7. 22. 선고 80도887 판결, 광주지법 2011. 11. 18. 선고 2011노2270 판결
618) 지식재산권범죄 실무사례집, 서울중앙지검(2012. 7.), 99면
619) 대전지검 공주지청 2009형제3963호(지식재산권범죄 실무사례집, 서울중앙지검(2012. 7.), 101~102면)
620) 광주지법 2008. 1. 4. 선고 2007고정1770 판결

5) 허위표시죄에 해당하지 않는 경우

가) 특허표시물건의 기술적 구성이 특허청구항의 일부 구성 변경

★□ 특허된 것으로 표시한 물건의 기술적 구성이 청구범위에 적힌 발명의 구성을 일부 변경한 것이라고 하더라도, 그러한 변경이 통상의 기술자가 보통 채용하는 정도로 기술적 구성을 부가·삭제·변경한 것에 지나지 않고 그로 인하여 발명의 효과에 특별한 차이가 생기지도 않는 등 공중을 오인시킬 정도에 이르지 않은 경우에는, 위 물건에 특허된 것으로 표시를 하는 행위가 허위표시행위에 해당한다고 볼 수 없다.[621] 또한 위와 같은 경우 그에 따른 표시나 광고가 표시광고법 제3조 제1항 제1호에서 금지하는 거짓·과장의 표시·광고에 해당한다고 볼 수도 없다.[622]

나) 특허방법 대신 다른 특허방법을 사용한 것처럼 표시

★□ 이미 특허된 방법을 사용하여 물건을 제조하면서도 광고·간판 또는 표찰류에 그 특허가 아닌 다른 특허방법을 사용하여 제조한 것처럼 표시한 경우에는 특허권 침해행위로서 특허권 침해죄에 해당하고, 허위표시죄에는 해당하지 않는다.[623]

▶ 특허발명을 이용한 침해제품에 다른 특허표시를 한 경우에는, ① 특허권 침해죄에 해당한다는 견해와, ② 허위표시죄에 해당한다는 견해가 대립하나, 실무는 허위표시죄에 해당한다고 본다.

다) 고의가 없는 경우

□ 허위표시죄는 생산·사용·판매하기 위한다는 목적이 있어야 하는 고의범이라고 해석되므로, 피고인에게 생산·사용·판매하기 위한 목적의식이 전혀 없는 경우에는 허위표시죄에 해당하지 않는다.[624]

○ 대법원 2015. 8. 13. 선고 2013도10265 판결

피고인 2 회사의 특허발명은 납골함 보관공간에 가스를 주입하여 진공 또는 고압력 상태로 유지하여 유골의 부패와 변질을 최소화하는 납골함 안치대에 관한 것으로 그 가스주입구의 위치가 안치대의 후방에 형성되어 있는데, 피고인들이 실제 제조한 물건의 가스주입구는 안치대의 전방에 형성되

---

621) 대법원 2015. 8. 13. 선고 2013도10265 판결, 서울고법 2015. 11. 5. 선고 2013누9931 판결
 • 특허된 것으로 표시된 물건이 특허된 물건과 약간의 차이가 있는 경우에도 공중을 오인시킬 정도가 아니면 허위표시로 보지 않는다.

622) 서울고법 2015. 11. 5. 선고 2013누9931 판결

623) 대법원 1983. 7. 26. 선고 83도1411 판결

624) 대법원 1978. 7. 25. 선고 77도3513 판결

어 있음에도, 피고인 2 회사의 대표이사인 피고인 1이 피고인 2 회사의 홈페이지에 특허 받은 것이라고 광고한 사안에서, 가스주입구의 설치 위치 변경은 통상의 기술자가 보통 채용하는 정도의 기술적 구성의 변경에 불과하고, 그로 인하여 발명의 효과에 특별한 차이가 생기지도 않는 사정 등을 고려하여, 피고인들이 실제 제조한 물건에 이루어진 기술적 구성의 변경은 특허로 인한 거래상의 유리함과 특허에 대한 공중의 신뢰를 악용하여 공중을 오인시킬 정도에 이르지 않았다고 할 것이므로, 피고인들의 광고행위가 특허법 제224조에서 금지하는 허위표시에 해당한다고 볼 수 없다.

○ 대법원 1983. 7. 26. 선고 83도1411 판결

피고인은 특허된 것이 아닌 제조방법을 사용한 것이 아니라 피해자가 보유한 특허 제4221호의 제조방법을 사용하여 제조하였고 다만 포장지에 위 특허가 아닌 특허 제5814호의 제조방법에 의한 것처럼 표시한 것이므로, 피해자의 특허권을 침해하는 행위로써 특허권 침해죄에 해당함은 모르되 특허된 것이 아닌 방법을 사용하는 경우에 관한 허위표시죄에는 해당한다고 볼 수 없다.

○ 대법원 1978. 7. 25. 선고 77도3513 판결

실제로 기술자가 내한하여 기술지도를 하였으며 합작투자 계약 및 기술제공계약도 체결하였으나 실제 투자가 없었고 무상기술제공이기 때문에 당국의 인가를 받지 않은 채 상품에 기술제휴란 표지를 한 경우, 기술제휴에 관한 관의 인가 여부에 불구하고 기술제휴 없는 허위표시라 할 수 없다.

다. 몰수

[§ 231](몰수 등)

① 특허권 침해죄에 해당하는 침해행위를 조성한 물건 또는 그 침해행위로부터 생긴 물건은 몰수하거나 피해자의 청구에 따라 그 물건을 피해자에게 교부할 것을 선고해야 한다.

② 피해자는 제1항에 따른 물건을 받은 경우에는 그 물건의 가액을 초과하는 손해액에 대하여만 배상을 청구할 수 있다.

1) 침해행위를 조성한 물건의 몰수

□ 특허법 제231조 제1항에 따라 침해행위를 조성한 물건 또는 그 침해행위로부터 생긴 물건은 이를 몰수하도록 하고 있으므로, 침해행위를 조성한 압수물들은 몰수되어야 한다.[625)]

2) 침해행위로 인하여 물건을 취득하면서 대가를 지급한 경우

□ 침해행위로 인하여 물건을 취득하면서 그 대가를 지급하였다고 하더라도 범죄행위로 취득한 것은 물건 자체이고 이는 몰수되어야 한다.[626)]

---

625) 대전지법 2007. 8. 30. 선고 2007노2243 판결

3) 압수물에 대한 몰수판결이 선고되지 않은 경우

□ 압수물에 대한 몰수의 선고가 포함되지 않은 판결이 선고되어 확정되었다면 검사에게 압수물을 제출자나 소유자 기타 권리자에게 환부해야 할 의무가 당연히 발생하고, 권리자의 환부신청에 대한 검사의 환부결정 등 처분에 의하여 비로소 환부의무가 발생하는 것은 아니다.627)

4) 몰수에 갈음하는 추징

□ 몰수에 갈음하는 추징은 공소사실에 관하여 형사재판을 받는 피고인에 대한 유죄의 판결에서 선고되는 부수처분으로서 형벌적 성격을 가진다.628)

라. 양벌규정

[§ 230](양벌규정)

종업원이 법인 또는 개인의 업무에 관하여 특허권을 침해하거나, 허위표시죄 또는 거짓행위죄의 위반행위를 한 때에는 행위자를 벌하는 외에 그 법인에는, ① 침해죄의 경우 3억원 이하의 벌금형을, ② 허위표시죄, 거짓행위죄의 경우 6천만원 이하의 벌금형을 과하며, 그 개인에게는 해당조문의 벌금형을 과한다. 다만 법인 또는 개인이 그 위반행위를 방지하기 위하여 해당 업무에 관하여 상당한 주의와 감독을 게을리하지 않은 경우에는 그렇지 않다.

1) 의의

가) 양벌규정의 취지

□ 양벌규정의 취지는, 해당 법조의 위반행위를 사업자인 법인이 직접 하지 않은 경우에는 그 행위자와 사업자 쌍방을 모두 처벌하려는 데에 있다.629) 따라서 행위자인 종업원을 벌하는 외에 사업주인 법인도 처벌함으로써 양벌규정의 실효를 살리자는 데에 그 목적이 있다.630)

▶ 양벌규정이란 업무주체인 법인 또는 개인의 대표자·대리인 혹은 사용자 기타 종업원

---

626) 대법원 2005. 7. 15. 선고 2003도4293 판결
627) 대법원 2022. 1. 14. 선고 2019다282197 판결
628) 대법원 2022. 7. 28. 선고 2019도63447 판결, 2022. 7. 28. 선고 2021두52051 판결, 2006. 11. 9. 선고 2006도4888 판결
629) 대법원 2022. 10. 27. 선고 2020도15325 판결, 2021. 10. 28. 선고 2020도1942 판결, 2017. 12. 5. 선고 2017도11564 판결, 2011. 9. 29. 선고 2009도12515 판결, 2010. 11. 25. 선고 2009도11906 판결, 2010. 9. 30. 선고 2009도3876 판결, 2010. 9. 9. 선고 2008도7834 판결, 2007. 11. 15. 선고 2007도5976 판결, 2007. 7. 26. 선고 2006도379 판결, 2006. 2. 24. 선고 2003도4966 판결
630) 대법원 2010. 12. 9. 선고 2010도12069 판결, 2002. 1. 25. 선고 2001도5595 판결, 1992. 8. 18. 선고 92도1395 판결, 1980. 3. 11. 선고 80도138 판결

이 업무주체의 업무에 관하여 위법행위를 했을 때, 현실의 행위자를 벌하는 외에 업무 주체인 법인 또는 개인에 대하여도 소정의 벌금형을 과한다는 취지의 규정이다.

나) 양벌규정의 근거

□ **선임감독상의 과실책임**

양벌규정에 의한 사용자의 처벌은 사용자의 선임감독상의 과실책임을 근거로 하는 것으로서,[631] 행위자인 종업원의 처벌과는 독립하여 그 자신의 종업원에 대한 선임감독상의 과실로 인하여 처벌되는 것이다.[632]

다) 양벌규정의 기초

□ **법인 또는 개인의 직접책임 내지 자기책임**

양벌규정에서 법인 또는 개인의 처벌은 행위자의 처벌에 종속되는 것이 아니라 법인 또는 개인의 직접책임 내지 자기책임에 기초하는 것이다.[633] 이는 법인 대표자의 법규위반행위에 대한 법인의 책임은 법인 자신의 법규위반행위로 평가될 수 있는 행위에 대한 법인의 직접책임이기 때문이다.[634] 따라서 대표자의 고의에 의한 위반행위에 대하여는 법인 자신의 고의에 의한 책임을, 대표자의 과실에 의한 위반행위에 대하여는 법인 자신의 과실에 의한 책임을 지는 것이다.[635]

2) 양벌규정의 내용

가) 행위자가 법규위반행위를 저지른 경우 사업자도 같이 처벌

□ 양벌규정은 법인의 대표자나 법인 또는 개인의 대리인, 사용인, 그 밖의 종업원 등 행위자가 법규위반행위를 저지른 경우, 일정 요건 하에 이를 행위자가 아닌 법인 또는 개인이 직접 법규위반행위를 저지른 것으로 평가하여 행위자와 같이 처벌하도록 규정한 것이다.[636]

---

631) 대법원 2007. 7. 26. 선고 2006도4337 판결, 2006. 2. 24. 선고 2003도4966 판결, 2005. 7. 8. 선고 2005도3216 판결, 2004. 3. 12. 선고 2002도2298 판결, 2003. 6. 10. 선고 2001도2573 판결, 2002. 7. 12. 선고 2002도2430 판결, 1999. 12. 10. 선고 99도3593 판결, 1987. 11. 10. 선고 87도1213 판결

632) 대법원 2007. 11. 16. 선고 2005다3229 판결, 2002. 7. 12. 선고 2002도2430 판결, 1987. 11. 10. 선고 87도1213 판결

633) 대법원 2020. 6. 11. 선고 2016도9367 판결
- 양벌규정 중 법인의 대표자 관련 부분은 대표자의 책임을 요건으로 하여 법인을 처벌하는 것이지 그 대표자의 처벌까지 전제조건이 되는 것은 아니다(대법원 2022. 11. 17. 선고 2021도701 판결).

634) 대법원 2022. 11. 17. 선고 2021도701 판결, 2018. 4. 12. 선고 2013도6962 판결, 2011. 3. 24. 선고 2010도14817 판결, 2010. 9. 30. 선고 2009도3876 판결

635) 대법원 2022. 11. 17. 선고 2021도701 판결, 2011. 3. 24. 선고 2010도14817 판결, 2010. 9. 30. 선고 2009도3876 판결

나) 사업자와 행위자 모두 벌칙규정의 적용대상

□ 양벌규정에 의하여 사업자가 아닌 '행위자'도 사업자에 대한 벌칙규정의 적용대상이 된다.637)

다) 업무를 실제로 집행하는 사람에게까지 적용대상자 확장

□ 양벌규정은 위반행위의 이익귀속주체가 아니면서 업무를 실제로 집행하는 사람이 있는 때에 그 벌칙규정의 실효성을 확보하기 위하여 그 적용대상자를 업무를 실제로 집행하는 사람에게까지 확장함으로써, 그러한 사람이 업무집행과 관련하여 그 벌칙규정의 위반행위를 한 경우 양벌규정에 의하여 행위자를 처벌함과 동시에 그 위반행위의 이익귀속주체를 처벌한다.638)

라) 종업원의 처벌이 전제조건인지

□ 양벌규정에 의한 사용자의 처벌은 행위자인 종업원의 처벌에 종속하는 것이 아니라 독립하여 그 자신의 종업원에 대한 선임감독상의 과실로 인하여 처벌되는 것이므로 종업원의 범죄성립이나 처벌이 영업주 처벌의 전제조건이 될 필요는 없다.639) 따라서 영업주의 과실책임을 묻는 경우 행위자인 종업원에게 구성요건상의 자격이 없다고 하더라도 영업주의 범죄성립에는 아무런 지장이 없다.640)

마) 영업주의 귀책사유 특정 여부

□ 양벌규정을 적용하여 그 법인 또는 개인에 대하여 공소를 제기하는 경우에, 그 공소사실에 법인 또는 개인의 업무에 관하여 종업원의 법률위반행위를 방지하지 못한 귀책사유가 있는지를 판단할 수 있는 내용을 반드시 구체적으로 특정하여 적어야 하는 것은 아니다.641)

---

636) 대법원 2020. 6. 11. 선고 2016도9367 판결

637) 대법원 2022. 10. 27. 선고 2020도15325 판결, 2021. 10. 28. 선고 2020도1942 판결, 2017. 12. 5. 선고 2017도11564 판결, 2011. 9. 29. 선고 2009도12515 판결, 2010. 11. 25. 선고 2009도11906 판결, 2010. 9. 9. 선고 2008도7834 판결, 2007. 11. 15. 선고 2007도5976 판결, 2007. 7. 26. 선고 2006도379 판결, 2004. 5. 14. 선고 2004도74 판결, 2003. 6. 27. 선고 2002도4727 판결

638) 대법원 2017. 11. 14. 선고 2017도7492 판결, 2017. 4. 7. 선고 2016도21283 판결, 2013. 11. 28. 선고 2013도8239 판결, 2013. 3. 14. 선고 2012도12582 판결, 2010. 4. 29. 선고 2009도7017 판결, 2009. 7. 9. 선고 2009도3524 판결, 2009. 5. 28. 선고 2009도989 판결, 2009. 5. 28. 선고 2009도989 판결, 2009. 2. 12. 선고 2008도9476 판결, 2007. 12. 28. 선고 2007도8401 판결

639) 대법원 2006. 2. 24. 선고 2005도7673 판결, 서울고법 2018. 7. 24. 선고 2017노3605 판결

640) 대법원 1987. 11. 10. 선고 87도1213 판결

641) 대법원 2017. 4. 13. 선고 2016도12551 판결, 2012. 9. 13. 선고 2010도16001 판결, 수원지법 2020. 8. 26. 선고 2019고단3178 판결

3) 양벌규정에 의하여 처벌하는 경우

가) 상당한 주의 또는 감독을 게을리 한 경우

(1) 형벌의 자기책임원칙

□ 양벌규정에 의하여 사용자인 법인 또는 개인을 처벌하는 것은 형벌의 자기책임원칙에 비추어 위반행위가 발생한 그 업무와 관련하여 사용자인 법인 또는 개인이 상당한 주의 또는 관리감독 의무를 게을리 한 선임감독상의 과실이 있는 때에 한해야 한다.[642)]

(2) 상당한 주의 또는 감독을 게을리 하였는지 판단

□ 양벌규정에서 사용자인 법인이 상당한 주의 또는 감독을 게을리 하였는지 여부는, ① 당해 법률의 입법취지, 처벌조항 위반으로 예상되는 법익 침해의 정도, ② 위반행위에 관하여 양벌규정을 마련한 취지, ③ 위반행위의 구체적인 모습과 그로 인하여 실제 야기된 피해 또는 결과의 정도, ④ 법인의 영업 규모 및 행위자에 대한 감독가능성이나 구체적인 지휘·감독 관계, ⑤ 법인이 위반행위 방지를 위하여 실제 행한 조치 등 당해 위반행위와 관련된 모든 사정을 전체적으로 종합하여 판단해야 한다.[643)]

나) 법인에게 책임이 있는 경우

□ 종업원의 범죄행위에 대한 법인의 선임감독상의 과실 유무와 관계없이 법인을 처벌하는 것은 다른 사람의 범죄에 대하여 그 책임 유무를 묻지 않고 형벌을 부과함으로써 형사법의 기본원리인 책임 없는 자에게 형벌을 부과할 수 없다는 책임주의에 반한다.[644)]

마. 포괄1죄

1) 포괄1죄의 취지

□ 동일죄명에 해당하는 여러 개의 행위를 복수의 범죄로 처벌하지 않고 포괄1죄로 처

---

642) 대법원 2021. 9. 30. 선고 2019도3595 판결, 2018. 8. 1. 선고 2015도10388 판결, 2018. 7. 12. 선고 2015도464 판결, 2012. 5. 9. 선고 2011도11264 판결, 2011. 7. 14. 선고 2009도4975 판결, 2011. 7. 14. 선고 2009도5516 판결, 2011. 3. 24. 선고 2009도7230 판결, 2011. 3. 10. 선고 2009도13080 판결, 2011. 3. 10. 선고 2009도13080 판결, 2010. 12. 9. 선고 2010도12069 판결

643) 대법원 2021. 9. 30. 선고 2019도3595 판결, 2018. 7. 12. 선고 2015도464 판결, 2016. 11. 9. 선고 2015도18127 판결, 2016. 5. 12. 선고 2015도6781 판결, 2013. 10. 24. 선고 2012도7558 판결, 2012. 5. 9. 선고 2011도11264 판결, 2011. 7. 14. 선고 2009도4975 판결, 2011. 7. 14. 선고 2009도5516 판결, 2011. 3. 24. 선고 2009도7230 판결, 2011. 3. 10. 선고 2009도13080 판결

644) 헌재 2007. 11. 29.자 2005헌가10 결정

단하는 이유는, ① 행위 상호간에 인정되는 일시·장소의 근접, ② 방법의 유사성, ③ 기회의 동일, ④ 범의의 계속, ⑤ 기타 밀접관계로 그 전체를 1개의 행위로 평가함이 상당하기 때문이다.[645)]

2) 포괄1죄의 공소시효

□ 포괄1죄의 경우에는 최후의 범죄행위가 종료한 때에 전체 범죄행위가 종료된 것으로 보아야 하므로,[646)] 포괄1죄의 공소시효는 최종 범죄행위가 종료한 때로부터 진행한다.[647)]

3) 포괄1죄의 판단

가) 동일죄명에 해당하는 여러 개의 행위

□ 동일죄명에 해당하는 여러 개의 행위 또는 연속된 행위를 단일하고 계속된 범의아래 일정기간 계속하여 행하고 그 피해법익도 동일한 경우에는 이들 각 행위를 통틀어 포괄1죄로 처벌해야 한다.[648)]

▶ 특허권 침해가 여러 차례에 걸쳐 이루어지더라도 포괄1죄로 처벌한다.

나) 특허권 침해행위가 계속하여 이루어진 경우

□ 여러 특허발명에 대하여 특허권 침해행위가 계속하여 이루어진 경우에는 특허발명마다 포괄하여 1개의 범죄가 성립한다.[649)]

다) 포괄1죄의 일부만이 유죄로 인정된 경우

□ 포괄1죄의 일부만이 유죄로 인정된 경우, 그 유죄 부분에 대하여 피고인만이 항소하였을 뿐 공소기각으로 판단된 부분에 대하여 검사가 항소를 하지 않았다면, 유죄 이외의 부분도 항소심에 이심되기는 하나 그 부분은 이미 당사자 간의 공격·방어의

---

645) 대법원 1985. 10. 22. 선고 85도1457 판결

646) 대법원 2004. 10. 28. 선고 2004도5014 판결, 광주지법 2015. 9. 24. 선고 2014노2877 판결

647) 대법원 2021. 3. 11. 선고 2020도12583 판결, 2016. 4. 29. 선고 2013도7610 판결, 2015. 10. 29. 선고 2014도5939 판결, 2015. 9. 10. 선고 2015도3926 판결, 2012. 9. 13. 선고 2010도16001 판결, 2012. 9. 13. 선고 2010도17418 판결, 2006. 4. 28. 선고 2005도756 판결, 2004. 10. 28. 선고 2004도5014 판결, 2002. 10. 11. 선고 2002도2939 판결, 1996. 10. 25. 선고 96도1088 판결

648) 대법원 2021. 3. 11. 선고 2020도12583 판결, 2020. 5. 14. 선고 2020도1355 판결, 2020. 1. 30. 선고 2018도2236 전합 판결, 2019. 1. 31. 선고 2018도16474 판결, 2018. 11. 29. 선고 2018도10779 판결, 2018. 1. 24. 선고 2017도18746 판결, 2016. 10. 27. 선고 2016도11318 판결, 2013. 6. 13. 선고 2013도4737 판결, 2013. 5. 24. 선고 2011도9549 판결, 2013. 3. 14. 선고 2012도12582 판결

649) 대법원 2020. 11. 12. 선고 2019도11688 판결, 2013. 7. 25. 선고 2011도12482 판결, 2011. 7. 14. 선고 2009도10759 판결, 의정부지법 2021. 7. 22. 선고 2020노979 판결

대상으로부터 벗어나 사실상 심판대상에서부터도 이탈하게 되므로 항소심으로서도 그 부분에까지 나아가 판단할 수 없다.[650)]

라) 다른 종류 죄의 확정판결 전후에 걸쳐서 행해진 경우

□ 포괄1죄로 되는 개개의 범죄행위가 다른 종류의 죄의 확정판결의 전후에 걸쳐서 행해진 경우에는 그 죄는 2죄로 분리되지 않고 확정판결 후인 최종의 범죄행위시에 완성된다.[651)]

마) 법 개정 전후에 범죄행위가 이어진 경우

□ 포괄1죄로 되는 개개의 범죄행위가 법 개정의 전후에 걸쳐서 행하여진 경우에는 신·구법의 법정형에 대한 경중을 비교하여 볼 필요도 없이 범죄실행 종료시의 법이라고 할 수 있는 신법을 적용하여 포괄1죄로 처단해야 한다.[652)]

바) 애초에 죄가 되지 않던 행위를 구성요건 신설로 처벌하는 경우

□ 포괄1죄에 관한 기존 처벌법규에 대하여 애초에 죄가 되지 않던 행위를 구성요건의 신설로 포괄1죄의 처벌대상으로 삼는 경우에는 신설된 포괄1죄 처벌법규가 시행되기 이전의 행위에 대하여는 신설된 법규를 적용하여 처벌할 수 없고, 이는 신설된 처벌법규가 상습범을 처벌하는 구성요건인 경우에도 마찬가지이다.[653)]

사) 피해자가 여러 명인 경우

□ 피해자가 여러 명인 경우는 피해법익이 단일하다고 할 수 없으므로 포괄1죄의 성립을 인정할 수 없다.[654)]

아) 범행의 일부에 대하여 판결이 확정된 경우

□ 포괄1죄의 관계에 있는 범행의 일부에 대하여 판결이 확정된 경우에는 사실심 판결선고시를 기준으로 그 이전에 이루어진 범행에 대하여는 확정판결의 기판력이 미쳐 면소의 판결을 선고한다.[655)]

---

650) 대법원 2010. 1. 14. 선고 2009도12934 판결, 2004. 10. 28. 선고 2004도5014 판결, 1991. 3. 12. 선고 90도2820 판결, 서울고법 2020. 7. 24. 선고 2020노308 판결

651) 대법원 2003. 8. 22. 선고 2002도5341 판결

652) 대법원 2022. 9. 16. 선고 2019도19067 판결, 2009. 4. 9. 선고 2009도321 판결, 1998. 2. 24. 선고 97도183 판결, 서울고법 2021. 8. 10. 선고 2021노345 판결

653) 대법원 2022. 12. 29. 선고 2022도10660 판결, 2016. 1. 28. 선고 2015도15669 판결

654) 대법원 2011. 2. 24. 선고 2010도13801 판결, 서울고법 2020. 2. 19. 선고 2018노2844 판결, 서울남부지법 2019. 11. 22. 선고 2019고합54 판결

655) 대법원 2014. 1. 16. 선고 2013도11649 판결, 2006. 5. 11. 선고 2006도1252 판결, 2006. 3. 23. 선고 2005도9678 판결, 1984. 8. 9. 선고 94도1318 판결, 1981. 6. 23. 선고 81도1437 판결, 서울고법

자) 공소사실의 일부가 무죄로 판단되는 경우

□ 포괄1죄의 관계에 있는 공소사실에 대하여는 그 일부가 무죄로 판단되는 경우에도 이를 판결주문에 따로 표시할 필요가 없다.[656)]

4) 포괄1죄의 범죄사실 특정

□ 포괄1죄의 공소사실에는 ① 대표적인 특정 범죄사실 또는 당해 범죄의 구체적인 범행방법, ② 전체 범행의 시기와 종기, ③ 범행횟수 또는 피해액의 합계, ④ 피해자나 상대방 등을 명시함으로써 당해 구성요건을 충족하는 구체적인 사실이 적히도록 하여야 하고,[657)] 위 조건을 명시하면 그 1죄의 일부를 구성하는 개개의 행위에 관하여 구체적으로 특정하지 않더라도, 그 범죄사실이 특정되는 것이다.[658)]

5) 상상적 경합과의 관계

가) 하나의 특허권 침해행위로 여러 개의 특허권을 동시에 침해한 경우

□ 하나의 특허권 침해행위로 여러 개의 특허권을 동시에 침해하였다면 각각의 특허법 위반죄는 상상적 경합의 관계에 있다.[659)]

나) 가장 무거운 죄에 가벼운 죄의 형량을 모두 고려

□ 상상적 경합범은 그중 가장 무거운 죄에 정한 형의 범위에서 형이 가장 무거운 죄뿐만 아니라 상대적으로 형이 가벼운 죄의 불법과 책임 등의 양형조건까지 모두 고려하여 형량이 결정된다.[660)]

6) 포괄1죄와 실체적 경합범의 판단

가) 신중한 판단

□ 복수의 범행이 포괄1죄가 되느냐 경합범이 되느냐의 문제는, 이에 따라 양형 판단이

2017. 9. 13. 선고 2017노595,2017초기63 판결, 인천지법 2019. 1. 24. 선고 2017고합632,572 판결, 광주지법 2013. 7. 9. 선고 2013고단2297 판결

656) 대법원 1993. 10. 12. 선고 93도1512 판결

657) 대법원 2009. 7. 23. 선고 2008도5930 판결

658) 대법원 2017. 2. 21. 선고 2016도19186 판결, 2014. 12. 11. 선고 2014도10036 판결, 2013. 10. 11. 선고 2013도2198 판결, 2013. 9. 27. 선고 2013도8449 판결, 2012. 9. 13. 선고 2010도16001 판결, 2012. 9. 13 . 선고 2010도17418 판결, 2011. 11. 24. 선고 2009도11468 판결, 2010. 12. 23. 선고 2008도2182 판결, 2010. 9. 9. 선고 2008도11254 판결, 2009. 7. 23. 선고 2008도5930 판결

659) 대법원 2020. 11. 12. 선고 2019도11688 판결, 의정부지법 2021. 7. 22. 선고 2020노979 판결

• 상상적 경합은 1개의 행위가 실질적으로 수개의 구성요건을 충족하는 경우를 말한다(대법원 2022. 2. 10. 선고 2020두32364 판결, 2017. 9. 21. 선고 2017도11687 판결).

660) 대법원 2022. 2. 10. 선고 2020두32364 판결

나 공소시효와 기판력 등 여러 면에서 피고인에게 중대한 영향을 미치게 되므로 매우 신중하게 판단해야 한다.[661)]

나) 범의의 단일성과 계속성 판단방법

□ 범의의 단일성과 계속성은 개별 범행의 방법과 태양, 범행의 동기, 각 범행 사이의 시간적 간격, 그리고 동일한 기회 내지 관계를 이용하는 상황이 지속되는 가운데 후속 범행이 있었는지 여부, 즉 범의의 단절이나 갱신이 있었다고 볼 만한 사정이 있는지 여부 등을 세밀하게 살펴 논리와 경험칙에 근거하여 합리적으로 판단해야 한다.[662)]

다) 실체적 경합범에 해당하는 경우

□ 범의의 단일성과 계속성이 인정되지 않거나 범행방법이 동일하지 않은 경우에는 각 범행은 실체적 경합범에 해당한다.[663)]

라) 실체적 경합범으로 공소제기된 후 포괄1죄로 처단한 경우

□ 실체적 경합범으로 공소제기된 범죄사실에 대하여 법원이 그 범죄사실을 그대로 인정하면서 다만 죄수에 관한 법률적인 평가만을 달리하여 포괄1죄로 처단하더라도 이는 피고인의 방어에 불이익을 미치는 것이 아니므로 법원은 공소장변경 없이도 포괄1죄로 처벌할 수 있다.[664)]

○ 대법원 2008. 2. 14. 선고 2007도9659 판결

침해자는 2000. 12.경부터 2005. 2.경까지 특허권자의 특허권을 침해하여 출석부를 제작·판매하기는 하였으나 실제 출석부를 제작·판매한 기간은 매해 12.경부터 그 다음해 2.경까지 약 3개월간이었으며 나머지 기간 중에는 그러한 행위를 하지 않았음을 알 수 있는바, 위와 같이 출석부 제작·판매 행위가 매년 중단되었다가 재개되고 그 실제 제작·판매기간도 1년 중 3개월 정도에 불과한

---

661) 대법원 2016. 10. 27. 선고 2016도11318 판결, 서울고법 2019. 6. 4. 선고 2018노2943 판결, 2018. 6. 22. 선고 2017노3850 판결, 울산지법 2020. 6. 26. 선고 2019고합186 판결, 서울중앙지법 2023. 2. 10. 선고 2021고합982,1159 판결, 2020. 2. 14. 선고 2018고합1036 판결, 2018. 10. 5. 선고 2018고합340 판결

662) 대법원 2016. 10. 27. 선고 2016도11318 판결, 서울고법 2020. 11. 26. 선고 2020노50 판결, 2018. 1. 23. 선고 2017노2425,2424 판결, 서울중앙지법 2023. 2. 10. 선고 2021고합982,1159 판결, 2018. 10. 5. 선고 2018고합340 판결, 울산지법 2020. 6. 26. 선고 2019고합186 판결, 창원지법 2019. 10. 10. 선고 2018고합278,2019고합34 판결

663) 대법원 2020. 5. 14. 선고 2020도1355 판결, 2020. 1. 30. 선고 2018도2236 전합 판결, 2018. 11. 29. 선고 2018도10779 판결, 2018. 1. 24. 선고 2017도18746 판결, 2013. 5. 24. 선고 2011도9549 판결, 2013. 3. 14. 선고 2012도12582 판결, 2013. 1. 24. 선고 2012도10629 판결, 2010. 11. 11. 선고 2007도8645 판결, 2009. 1. 15. 선고 2008도9410 판결, 2008. 6. 12. 선고 2008도2300 판결

664) 대법원 1987. 7. 21. 선고 87도546 판결, 서울고법 2021. 8. 10. 선고 2021노345 판결

점 등에 비추어 보면 비록 침해자가 출석부 제작·판매라는 동종의 행위를 반복하였다 하더라도 1년 중 매 3개월간의 출석부 제작·판매행위마다 특허법위반의 범의는 갱신되었다고 봄이 상당하고, 따라서 매 3개월간의 출석부 제작·판매행위는 각각이 실체적 경합범에 해당한다.

3 기타 방법

가. 보상금청구

[§ 65](출원공개의 효과)

① 특허출원인은 출원공개가 있은 후 그 특허출원된 발명을 업으로서 실시한 자에게 특허출원된 발명임을 서면으로 경고할 수 있다.

② 특허출원인은 제1항에 따른 경고를 받거나 제64조에 따라 출원공개된 발명임을 알고 그 특허출원된 발명을 업으로 실시한 자에게 그 경고를 받거나 출원공개된 발명임을 알았을 때부터 특허권의 설정등록을 할 때까지의 기간 동안 그 특허발명의 실시에 대하여 합리적으로 받을 수 있는 금액에 상당하는 보상금의 지급을 청구할 수 있다.

③ 제2항에 따른 청구권은 그 특허출원된 발명에 대한 특허권이 설정등록된 후에만 행사할 수 있다.

④ 제2항에 따른 청구권의 행사는 특허권의 행사에 영향을 미치지 않는다.

⑤ 제2항에 따른 청구권을 행사하는 경우에는 제127조·제129조·제132조 및 「민법」 제760조·제766조를 준용한다. 이 경우 「민법」 제766조제1항 중 "피해자나 그 법정대리인이 그 손해 및 가해자를 안 날"은 "해당 특허권의 설정등록일"로 본다.

⑥ 제64조에 따른 출원공개 후 다음 각 호의 어느 하나에 해당하는 경우에는 제2항에 따른 청구권은 처음부터 발생하지 않은 것으로 본다.

1. 특허출원이 포기·무효 또는 취하된 경우
2. 특허출원에 대하여 제62조에 따른 특허거절결정이 확정된 경우
3. 제132조의13제1항에 따른 특허취소결정이 확정된 경우
4. 제133조에 따른 특허를 무효로 한다는 심결(같은 조 제1항제4호에 따른 경우는 제외한다)이 확정된 경우

1) 출원공개의 효과

□ 특허권은 설정등록에 의하여 발생하는 것이고, 출원공개의 효과로서 특허출원인은 출원공개일부터 특허권의 설정등록시까지의 기간 동안 출원발명을 업으로 실시한 자에 대하여 일정한 요건 하에서 통상실시료에 상당하는 보상금의 지급을 청구할 수 있다.[665)]

665) 서울중앙지법 2005. 9. 16. 선고 2004가합109941 판결

2) 특허권 행사에는 영향을 미치지 않음

▶ 특허권 설정등록 이전에 특허발명을 실시한 경우에는 보상금을 청구할 수 있고, 보상금청구권을 행사하더라도 특허권 행사에는 영향을 미치지 않는다.

나. 크로스라이센스

[§ 138](통상실시권 허락의 심판)

① 특허권자, 전용실시권자 또는 통상실시권자는 해당 특허발명이 제98조에 해당하여 실시의 허락을 받으려는 경우에 그 타인이 정당한 이유 없이 허락하지 않거나 그 타인의 허락을 받을 수 없을 때에는 자기의 특허발명의 실시에 필요한 범위에서 통상실시권 허락의 심판을 청구할 수 있다.

② 제1항에 따른 청구가 있는 경우에 그 특허발명이 그 특허출원일 전에 출원된 타인의 특허발명과 비교하여 상당한 경제적 가치가 있는 중요한 기술적 진보를 가져오는 것이 아니면 통상실시권을 허락해서는 안 된다.

③ 제1항에 따른 심판에 따라 통상실시권을 허락한 자가 그 통상실시권을 허락받은 자의 특허발명을 실시할 필요가 있는 경우 그 통상실시권을 허락받은 자가 실시를 허락하지 않거나 실시의 허락을 받을 수 없을 때에는 통상실시권을 허락받아 실시하려는 특허발명의 범위에서 통상실시권 허락의 심판을 청구할 수 있다.

④ 제1항 및 제3항에 따라 통상실시권을 허락받은 자는 특허권자 또는 그 전용실시권자에게 대가를 지급해야 한다. 다만, 자기가 책임질 수 없는 사유로 지급할 수 없는 경우에는 그 대가를 공탁해야 한다.

다. 비밀유지명령신청

[§ 224의3](비밀유지명령)

① 법원은 특허권 또는 전용실시권의 침해에 관한 소송에서 그 당사자가 보유한 영업비밀에 대하여 다음 각 호의 사유를 모두 소명한 경우에는 그 당사자의 신청에 따라 결정으로 다른 당사자(법인인 경우에는 그 대표자), 당사자를 위하여 소송을 대리하는 자, 그 밖에 그 소송으로 인하여 영업비밀을 알게 된 자에게 그 영업비밀을 그 소송의 계속적인 수행 외의 목적으로 사용하거나 그 영업비밀에 관계된 이 항에 따른 명령을 받은 자 외의 자에게 공개하지 않을 것을 명할 수 있다. 다만, 그 신청 시점까지 다른 당사자(법인인 경우에는 그 대표자), 당사자를 위하여 소송을 대리하는 자, 그 밖에 그 소송으로 인하여 영업비밀을 알게 된 자가 제1호에 규정된 준비서면의 열람이나 증거조사 외의 방법으로 그 영업비밀을 이미 취득하고 있는 경우에는 그렇지 않다.

1. 이미 제출하였거나 제출해야 할 준비서면, 이미 조사하였거나 조사해야 할 증거 또는 제132조제3항에 따라 제출하였거나 제출해야 할 자료에 영업비밀이 포함되어 있다는 것
2. 제1호의 영업비밀이 해당 소송 수행 외의 목적으로 사용되거나 공개되면 당사자의 영업

에 지장을 줄 우려가 있어 이를 방지하기 위하여 영업비밀의 사용 또는 공개를 제한할 필요가 있다는 것

② 제1항에 따른 비밀유지명령의 신청은 다음 각 호의 사항을 적은 서면으로 하여야 한다.

1. 비밀유지명령을 받을 자
2. 비밀유지명령의 대상이 될 영업비밀을 특정하기에 충분한 사실
3. 제1항 각 호의 사유에 해당하는 사실

③ 법원은 비밀유지명령이 결정된 경우에는 그 결정서를 비밀유지명령을 받은 자에게 송달해야 한다.

④ 비밀유지명령은 제3항의 결정서가 비밀유지명령을 받은 자에게 송달된 때부터 효력이 발생한다.

⑤ 비밀유지명령의 신청을 기각하거나 각하한 재판에 대하여는 즉시항고를 할 수 있다.

1) 다른 당사자가 이미 취득하고 있는 영업비밀의 경우

□ 비밀유지명령은 소송절차에서 공개된 영업비밀의 보호를 목적으로 하는 것으로서 소송절차와 관계없이 다른 당사자 등이 이미 취득하고 있는 영업비밀은 위와 같은 목적과는 아무런 관련이 없으므로, 영업비밀 침해소송에서 자기의 영업비밀을 다른 당사자 등이 부정하게 취득하여 사용하고 있다고 주장하면서 그 영업비밀에 대하여 한 비밀유지명령신청은 받아들일 수 없다.[666)]

2) 특허발명이 공개된 경우

□ 특허발명의 경우에는 특허출원이 공개되는 경우 그 비밀성을 상실하게 되므로, 특허출원된 발명에 대하여 영업비밀임을 주장하는 자로서는 그 특허출원된 내용 이외의 어떠한 정보가 영업비밀로 관리되고 있으며 어떤 면에서 경제성을 갖고 있는지를 구체적으로 특정하여 주장·증명해야 한다.[667)]

---

666) 대법원 2015. 1. 16.자 2014마1688 결정

667) 대법원 2011. 3. 10. 선고 2010도9442 판결, 2007. 11. 15. 선고 2007도7484 판결, 2004. 9. 23. 선고 2002다60610 판결, 특허법원 2021. 8. 20. 선고 2020나1391 판결, 2020. 10. 16. 선고 2019나1272 판결, 2018. 7. 12. 선고 2017나22 판결, 2018. 5. 18. 선고 2017나2219 판결, 서울고법 2017. 6. 1. 선고 2014나4592 판결, 서울중앙지법 2020. 6. 4. 선고 2019가합508344 판결, 2019. 12. 13. 선고 2019노2732 판결, 2016. 3. 9.자 2015카합80727 결정, 수원지법 2019. 7. 17. 선고 2016가합82382 판결, 광주지법 2017. 10. 26. 선고 2016가합55495,58043 판결

제5장

권리제한사유와 특허권의 효력제한

제5장

권리제한사유와 특허권의 효력제한

Ⅰ. 대인적인 특허권 행사의 제한사유

1 권리범위확인심판과 무관

가. 권리범위확인심판에서 심리 · 판단 불허

□ 권리범위확인심판은 대인적인 특허권 행사의 제한사유의 존재 여부와는 무관하므로, 이를 침해소송에서 다투는 것은 별론으로 하고, 권리범위확인심판에서 심리·판단하는 것은 허용되지 않는다.[1)]

나. 대인적인 특허권 행사의 제한사유만을 주장하는 경우

□ 소극적 권리범위확인심판의 청구인이 확인대상발명과 특허권자의 특허발명의 기술구성이 달라 침해가 아니라는 점은 다투지 않은 채, 다만 대인적인 특허권 행사의 제한사유만을 주장하면서 확인대상발명이 특허발명의 권리범위에 속하지 않는다는 확인을 구하는 것은 특허권의 효력이 미치는 범위에 관한 권리확정과는 무관하므로 확인의 이익이 없다.[2)]

---

1) 대법원 2012. 8. 30. 선고 2012후1958 판결, 특허법원 2012. 5. 10. 선고 2012허1804 판결
2) (같은 취지) 대법원 2013. 2. 14. 선고 2012후1101 판결, 2012. 3. 15. 선고 2011후3872 판결, 1974.

▷ 권리범위확인심판은 특허발명의 권리가 미치는지 여부를 확인대상발명과의 관계에서 확정하는 것이므로 대인적인 특허권 행사의 제한 사유를 주장하는 것은 권리범위확인심판에서는 허용되지 않고, 침해소송에서만 항변으로 허용되는 것인데, 이는 심결의 결과가 침해소송의 유력한 증거로 활용되는 권리범위확인심판과 판결의 결과가 직접 당사자를 구속하는 침해소송은 그 속성을 달리하기 때문이다.[3)]

2 권리소진

가. 의의

1) 권리소진의 개념

□ 권리소진이란, '물건발명' 또는 '제조방법발명'에 있어서 특허대상이 된 물건 또는 특허방법에 의하여 생산된 물건이 특허권자에 의하여 적법하게 판매·배포되었을 경우에는 그 권리가 소진되어 당해 물건에 특허권의 효력이 미치지 않는다는 것이다.[4)]

2) 특허권 소진 인정의 목적

□ 특허권의 소진 인정은 특허권과 소유권의 접촉을 해결하기 위한 것이다.[5)]

3) 특허권 소진 인정의 근거

가) 이중의 이득 불인정

□ 특허권 소진을 인정하는 근거는, 특허가 구현된 물건을 이전할 때마다 특허권자의 허락을 받아야 한다면 위 물건의 자유로운 유통 및 거래안전이 저해되고 특허권자는 위 물건을 이전할 때 이득을 확보하게 되므로, 이중의 이득을 인정할 필요가 없다는 점에 있다.[6)]

---

8. 30. 선고 73후8 판결, 특허법원 2016. 3. 25. 선고 2015허7599 판결, 2014. 1. 17. 선고 2013허7069 판결, 2013. 9. 26. 선고 2013허1986 판결, 2012. 5. 3. 선고 2012허2067 판결, 2012. 2. 23. 선고 2011허10382 판결, 2011. 8. 26. 선고 2011허4660 판결

3) 권오희, 권리범위확인심판과 민사재판의 차이점 비교, 대한변협신문(2014. 5. 19.), 13면

4) 특허법원 2009. 12. 18. 선고 2008허13299 판결, 서울고법 2000. 5. 2. 선고 99나59391 판결
- 특허권의 소진이란, 특허권자가 특허제품을 양도한 경우에 특허권의 효력은 그 특허제품의 사용·양도에는 미치지 않고, 특허권자가 그 특허제품에 대하여 특허권을 행사하는 것은 허용되지 않는다는 법리를 말한다(김동준, 특허권의 소진에 관한 미국판례 동향, 특허법원 지적재산소송 실무연구회(2008), 1면).

5) 특허법원 2017. 11. 10. 선고 2017나1001 판결, 2017. 11. 10. 선고 2017나1018 판결

6) 특허법원 2017. 11. 10. 선고 2017나1001 판결, 2017. 11. 10. 선고 2017나1018 판결, 서울중앙지법 2016. 11. 30. 선고 2015가합560702 판결, 2016. 11. 30. 선고 2015가합565189 판결, 2008. 1. 31. 선고 2006가합58313 판결

나) 수요자의 거래상 이익 보호

□ 특허권 소진 법리는 양도된 제품에 관하여는 특별한 사정이 없는 한, 특허권자가 제품 판매로 보상을 받았으므로 추가적인 유통을 금지할 이익이 없으며, 위 양도된 제품을 다시 구입한 수요자의 거래상 이익을 보호할 필요가 있다는 점에 근거한다.[7]

4) 권리범위확인심판과는 무관

□ 확인대상발명의 실시와 관련된 특정한 물건과의 관계에서 특허권이 소진되었다 하더라도, 그와 같은 사정은 확인대상발명이 특허권의 권리범위에 속한다는 확인을 구하는 권리범위확인심판과는 아무런 관련이 없고, 다만 침해소송에서 항변으로 주장할 수 있다.[8]

나. 소진의 발생

1) 특허권의 소진시점

□ 특허 실시제품이 판매 또는 양도된 경우에는 판매 또는 양도된 시점부터 당해 특허제품에 한하여 권리소진이 적용되어 특허권이 소진된다.[9]

2) 물건의 양도

가) 특허발명이 실질적으로 구현된 물건의 양도

□ 특허권의 소진은 특허권자가 특허발명이 실질적으로 구현된 물건을 양도함으로써 발생한다.[10]

나) 소진의 판단방법

□ 물건의 양도에 의한 특허권 소진의 인정 여부는, ① 그 물건이 특허발명을 실질적으로 구현한 것인지와, ② 양도가 특허권자에 의하여 적법하게 이루어졌는지에 따라 좌우되는 것이고, 특허가 물건발명인지 방법발명인지와는 관계없다.[11]

• 특허권자에게 이중이득을 인정해서는 안 된다는 전제는 특허제품의 최초 양도가 국내가 아닌 국외에서 이루어졌다고 하더라도 기본적으로 다르지 않고, 최초 양도가 이루어진 국가에 국내특허에 대응되는 특허가 등록되어 있지 않다고 하더라도 국내의 특허권자가 최초 양도를 통해 대가를 취득한 이상 마찬가지로 이중이득을 방지해야 할 필요성이 있다고 보는 것이 합리적이다(서울중앙지법 2020. 1. 31. 선고 2016가합515013,578397 판결).

7) 서울중앙지법 2022. 10. 25.자 2022카합20787 결정
8) 대법원 2010. 12. 9. 선고 2010후289 판결
9) 서울중앙지법 2012. 8. 24. 선고 2011가합39552 판결
10) 특허법원 2017. 11. 10. 선고 2017나1001 판결, 2017. 11. 10. 선고 2017나1018 판결
11) 특허법원 2017. 11. 10. 선고 2017나1001 판결, 2017. 11. 10. 선고 2017나1018 판결

다) 무상양도

□ 특허권의 소진은 특허권자가 구매자나 통상실시권자로부터 구매자가 특허발명이 실질적으로 구현된 물건을 사용함으로써 특허발명을 실시하는데 대하여 적절한 대가를 받았는지 여부와는 직접 관련이 없고, 특허발명이 실질적으로 구현된 물건을 적법하게 무상 양도한 경우에도 특허권의 소진은 발생한다.[12)]

3) 조건부 판매의 경우

가) 허락한 범위를 벗어나면 특허권 소진 안 됨

□ 특허권자가 그 특허발명을 실시한 제품을 유통에 놓으면서 허락한 범위 내의 실시라고 보기 어려운 경우에는 그 제품은 침해물품에 해당하여 특허권이 소진되지 않는다.[13)]

나) 실시에 관한 제약과 상관없이 특허권 소진

▷ 특허권자가 특허제품을 판매하면 해당 제품의 실시에 관하여 어떠한 제약을 가하였는지와 상관없이 특허권이 소진된다.[14)]

다. 물건발명인 경우

1) 물건발명의 소진 법리

가) 물건을 적법하게 양도한 경우

□ 특허권자가 국내에서 특허발명이 구현된 물건을 적법하게 양도한 경우에는 그 물건에 대하여는 특허권이 이미 목적을 달성하여 소진된다.[15)] 따라서 더 이상 특허권의 효력이 미치지 않으므로 특허권자가 그 물건에 관하여 특허권을 행사하는 것은 허용되지 않는다.

---

12) 특허법원 2017. 11. 10. 선고 2017나1001 판결, 2017. 11. 10. 선고 2017나1018 판결
13) 광주지법 순천지원 2010. 7. 7. 선고 2009가합2416 판결
14) Impression Products, Inc. v. Lexmark Int'l, Inc.
15) 대법원 2020. 1. 30. 선고 2018도14446 판결, 2019. 1. 31. 선고 2017다289903 판결, 2019. 1. 31. 선고 2017다289910 판결, 2009. 10. 15. 선고 2009도3929 판결, 2003. 4. 11. 선고 2002도3445 판결, 특허법원 2021. 7. 16. 선고 2020나1285 판결, 서울중앙지법 2022. 10. 25.자 2022카합20787 결정, 광주지법 2021. 2. 18. 선고 2019가합59276 판결, 2021. 2. 18. 선고 2019가합59283 판결
• 물건의 양도에 의한 특허권의 소진을 인정하는 주된 근거는, 특허권자에 의하여 제조·판매되는 물건발명 제품을 적법하게 양수한 양수인으로서는 그 물건발명 제품의 소유권을 적법하게 취득하였으므로 아무런 제한 없이 그 물건발명 제품을 사용할 수 있을 것으로 기대하는 것이 당연하고, 또한 그 물건발명 제품이 전전유통될 때 양도시마다 특허권자의 허락을 받아야 한다면 그 물건발명 제품의 자유로운 유통 및 거래안전을 저해하는 문제가 있으며, 특허권자로서는 그 물건발명 제품을 처음 양도할 때 특허발명의 대가를 확보할 수 있는 기회가 주어지면 족하고, 이들에게 이중의 이득 기회를 줄 필요가 없다는 데 있다(특허법원 2017. 11. 10. 선고 2017나1001 판결, 2017. 11. 10. 선고 2017나1018 판결).

나) 그 물건을 사용 · 수리하는 행위

□ 특허 실시물품을 적법하게 양수한 자로서는 그 물품에 대한 자유로운 처분권을 갖게 되므로 그 특허 실시물품을 사용 · 수리하는 행위에는 특허권의 효력이 미치지 않는다.16)

다) 그 물건을 사용 · 양도 · 대여 등의 행위

□ 특허권자가 우리나라에서 그 특허발명이 구현된 물건을 적법하게 양도한 경우에는 양수인이 그 물건을 사용 · 양도 또는 대여하는 등의 행위에 대하여 특허권의 효력이 미치지 않는다.17)

○ 특허권자가 우리나라에서 특허제품을 양도한 경우에는 더 이상 당해 특허제품의 사용 · 양도 · 대여 · 수입 또는 양도 · 대여의 청약에는 특허권의 효력이 미치지 않는다.18)

▷ 국내의 특허권자가 외국에서 특허제품을 양도하는 경우, 특허권자는 양수인에 대하여 그 제품의 판매처 또는 사용지역으로부터 국내를 제외한다는 뜻이 양수인과의 사이에 합의되었을 경우, 또는 양수인으로부터 그 제품을 양수한 제3자에 대하여는 양도인과 양수인 사이에 위와 같은 뜻의 합의가 있었다는 사실이 특허제품에 명기된 경우를 제외하고는 특허권을 행사할 수 없다.19)

2) 물건 양도의 형태

가) 자발적인 경우와 비자발적인 경우

□ 물건의 양도가, ① 계약에 의한 경우뿐만 아니라, ② 경매절차에 의한 경우도 특별한 사정이 없는 한 특허권이 소진된다.20)

나) 통상실시권 계약의 부수적인 조건을 위반한 경우

(1) 양도시점부터 그 특허제품에 한하여 소진 가능

□ 통상실시권 계약의 부수적인 조건을 위반하여 물건을 양도한 경우에도, 판매 또는

---

16) 서울고법 2007. 8. 1. 선고 2006나89079 판결, 서울남부지법 2007. 10. 12. 선고 2006고정407 판결, 서울중앙지법 2006. 8. 23. 선고 2005가합48548 판결
17) 대법원 2020. 1. 30. 선고 2018도14446 판결, 2019. 1. 31. 선고 2017다289903 판결, 2019. 1. 31. 선고 2017다289910 판결, 2009. 10. 15. 선고 2009도3929 판결, 2003. 4. 11. 선고 2002도3445 판결, 특허법원 2021. 7. 16. 선고 2020나1285 판결, 서울중앙지법 2022. 10. 25.자 2022카합20787 결정, 광주지법 2021. 2. 18. 선고 2019가합59276 판결, 2021. 2. 18. 선고 2019가합59283 판결
18) 서울중앙지법 2008. 1. 31. 선고 2006가합58313 판결, 知財高裁 2006. 1. 31.자 판결, 東京地裁 2004. 12. 8. 선고 2004년(ワ)8557 판결
19) 最高裁 1997. 7. 1. 선고 1995년(オ)1988 판결
20) 특허법원 2009. 12. 18. 선고 2008허13299 판결

양도된 시점부터 그 특허제품에 한하여 특허권이 소진될 수 있다.[21]

(2) 추가적인 유통금지 이익과 수요자 보호의 필요성을 종합 판단

□ 계약상 부수적인 조건을 위반하여 제품을 양도한 경우까지 일률적으로 특허권자의 동의를 받지 않은 양도행위로서 권리소진의 원칙이 배제된다고 볼 수는 없고, 계약의 구체적인 내용, 특허권자가 제품 판매로 보상을 받았음에도 추가적인 유통을 금지할 이익과 제품을 구입한 수요자 보호의 필요성 등을 종합하여 특허권의 소진 여부 및 특허권이 침해되었는지 여부를 판단해야 한다.[22]

다) 양도에 일정한 조건이나 제한을 부과한 경우

(1) 특허권의 소진 판단기준

□ 특허권자가 특허가 구현된 제품을 최초로 양도하면서 실시권자나 구매자에게 일정한 조건이나 제한을 부과한 경우에 특허권의 소진이 인정되는지 여부는 ① 실시권자나 구매자에게 부과된 조건이나 제한이 실시권설정계약서에 명시된 계약조건인지 아니면 실시권설정계약조건이 아닌 부수적인 내용에 포함되어 있는지 여부, ② 그 약정의 내용이나 성격 등을 구체적으로 검토하여, ③ 그와 같이 실시권 설정계약에 부과된 조건이나 제한이 특허권 남용에 해당하거나 공정거래법 등에 위반되는지 여부, ④ 구매자가 그 물건을 구입할 당시에 그와 같은 조건이나 제한이 있었는지를 알았거나 쉽게 알 수 있었는지 여부, ⑤ 실시권설정계약서에 명시된 제한이나 조건이 물건의 거래에 미치는 영향 등의 제반 사정을 종합적으로 고려하여 판단해야 한다.[23]

(2) 실시권자에게 물건의 판매를 제한한 경우

□ 특허권자가 실시권자에게 방법발명이 실질적으로 구현된 물건을 판매할 수 있는 권한을 제한하여 실시권을 허락하였는데 실시권자가 그 제한을 위반하여 물건을 양도하고 구매자가 그러한 사정을 알고 있었음에도 그것을 양수한 경우에는, 특허권자는 그 구매자에 대하여 허락받지 않은 양도라는 이유로 특허권을 행사할 수 있다.[24]

(3) 구매자에게 물건의 사용을 제한한 경우

□ 특허권자가 실시권자에게 물건을 양도할 수 있는 권한을 별다른 제한 없이 부여하면서 단지 실시권자로 하여금 물건의 구매자에 대하여 그 물건의 사용 등을 제한하는데 그치는 경우에는, 물건의 양도 자체는 별다른 제한 없이 특허권자에 의하여 승인

21) 대법원 2020. 1. 30. 선고 2018도14446 판결
22) 대법원 2020. 1. 30. 선고 2018도14446 판결
23) 서울중앙지법 2016. 11. 30. 선고 2015가합560702 판결, 2016. 11. 30. 선고 2015가합565189 판결
24) 서울중앙지법 2016. 11. 30. 선고 2015가합560702 판결, 2016. 11. 30. 선고 2015가합565189 판결

된 것이어서 특허권자는 그 구매자를 상대로 더 이상 특허권을 행사할 수 없다.[25)]

3) 양수인의 재양도

가) 제품을 적법하게 취득한 경우

□ 특허권자에 의하여 유통에 놓인 제품을 적법하게 취득한 자의 행위까지 특허권의 효력이 미친다고 할 수는 없다.[26)]

나) 적법하게 취득한 제품의 재양도

□ 적법한 특허실시계약에 따라 생산·판매된 제품을 취득한 사람에 대하여는 특허권의 효력이 소진되어 그 사람에 의한 제품의 양도 등은 특허권의 침해행위에 해당하지 않는다.[27)]

다) 양수인에 의한 특허제품의 판매·사용

□ 특허권자가 특허제품을 판매하는 등 특허권을 정당하게 행사함으로써 특허권은 이미 사용되어 버린 것이 되어 그 양수인에 의한 특허제품의 판매·사용은 별도의 특허권 침해를 구성할 여지가 없다.[28)]

4) 제3자에 의하여 특허제품과 동일한 제품이 생산·판매된 경우

□ 특허권자와 무관한 제3자에 의하여 특허제품과 동일한 제품이 생산·판매되었다면 그 제품은 침해물품에 해당하여 특허권이 소진되지 않는다.[29)]

○ 대법원 2019. 1. 31. 선고 2017다289903 판결

특허권자는 참가인과 사이에 실시계약을 체결하면서 특허발명을 실시하는 데 적합한 장비를 제조·판매할 권한을 참가인에게 명시적으로 부여하였으므로, 참가인이 피고 회사에 각 용접기를 판매한 것은 특허권자의 허락 하에 이루어진 적법한 양도에 해당한다. 따라서 각 용접기가 특허발명을 실질적으로 구현한 물건에 해당하고, 피고 회사가 적법하게 각 용접기의 소유권을 취득하였으므로, 각 용접기에 대하여는 특허권이 소진되었다.

○ 서울중앙지법 2012. 8. 24. 선고 2011가합39552 판결

2011. 5. 1.부터 국내로 수입·판매되는 피고 제품에 포함된 모뎀칩은 인텔의 자회사인 IMC가 제작

25) 서울중앙지법 2016. 11. 30. 선고 2015가합560702 판결, 2016. 11. 30. 선고 2015가합565189 판결
26) 광주지법 순천지원 2010. 7. 7. 선고 2009가합2416 판결
27) 서울고법 2009. 5. 13. 선고 2008나60317 판결
28) 서울고법 2001. 11. 27. 선고 2001나1135 판결, 서울중앙지법 2020. 1. 31. 선고 2016가합515013,578397 판결
29) 서울중앙지법 2012. 8. 24. 선고 2011가합39552 판결

한 것으로 보이는데, 인텔 라이센스가 IMC에 확장되었다고 인정할만한 증거가 없고, 인텔이 IMC로 하여금 모뎀칩을 제조하여 IA 또는 애플에게 납품하도록 한 행위는 라이센스 계약상 허용된 제조위탁 범위를 초과하는 것이므로 위 모뎀칩이 인텔 라이센스 제품에 해당한다고 볼 수 없다. 나아가 인텔 라이센스가 IA에 확장되었음을 인정할 증거가 없는 이상, IA가 위 모뎀칩을 애플에 집적적으로 판매한 행위를 적법한 권리자에 의한 판매에 해당한다고 볼 수도 없다. 따라서 피고는 인텔 라이선스 제품이 아닌 모뎀칩을 사용한 것이므로, 특허권 소진이론이 적용될 여지가 없다.

라. 방법발명인 경우

1) 단순방법발명의 경우

□ 단순방법발명인 경우에는 특허의 실시에 관한 묵시적 허락 유무가 문제될 뿐이므로,[30] 일반적으로 소진이 적용되지 않는다.[31]

2) 방법발명의 소진 법리

가) 방법발명의 물건을 적법하게 양도한 경우

□ 방법발명의 물건이 특허권자에 의하여 적법하게 양도되는 때에는 특허권이 소진된다.[32]

나) 방법발명을 실질적으로 구현한 물건을 양도한 경우

□ 특허권자가 국내에서 그 특허방법의 사용에 쓰이는 물건을 적법하게 양도한 경우로서 그 물건이 방법발명을 실질적으로 구현한 것이라면 방법발명의 특허권은 이미 목적을 달성하였으므로 특허권이 소진된다.[33] 따라서 특허권자는 그 물건의 양수인이 그 물건을 사용하는 것에 대하여는 특허권을 행사할 수 없다.

다) 방법발명을 소진 대상으로 하는 이유

□ 방법발명도 그러한 방법을 실시할 수 있는 장치를 통하여 물건에 특허발명을 실질적으로 구현하는 것이 가능한데, 물건발명과 방법발명은 실질적으로 동일한 발명일 경우가 적지 않고, 그러한 경우 특허권자는 필요에 따라 특허청구항을 물건발명 또는 방법발명으로 작성할 수 있으므로, 방법발명을 특허권 소진 대상에서 제외할 합리적

---

30) 서울고법 2000. 5. 2. 선고 99나59391 판결
31) 서울고법 2000. 5. 2. 선고 99나59391 판결, 서울중앙지법 2008. 1. 31. 선고 2006가합58313 판결
32) 특허법원 2017. 11. 10. 선고 2017나1001 판결, 2017. 11. 10. 선고 2017나1018 판결
33) 대법원 2019. 1. 31. 선고 2017다289903 판결, 2019. 1. 31. 선고 2017다289910 판결, 특허법원 2009. 12. 18. 선고 2008허13299 판결, 서울중앙지법 2016. 11. 30. 선고 2015가합560702 판결, 2016. 11. 30. 선고 2015가합565189 판결

인 이유가 없다. 오히려 방법발명을 일률적으로 특허권 소진 대상에서 제외한다면 특허권자는 특허청구항에 방법발명을 삽입함으로써 특허권 소진을 손쉽게 회피할 수 있게 된다.[34]

라) 실질적 구현의 판단기준

□ 어떤 물건이 방법발명을 실질적으로 구현한 것인지 여부는, ① 사회통념상 인정되는 그 물건의 본래 용도가 방법발명의 실시뿐이고 다른 용도는 없는지 여부, ② 그 물건에 방법발명의 기술사상의 핵심에 해당하는 구성요소가 모두 포함되었는지 여부, ③ 그 물건을 통해서 이루어지는 공정이 방법발명의 전체 공정에서 실질적으로 차지하는 비중 등을 고려하고,[35] 그 외에도 ④ 그와 같은 물건이 유통과정에 놓였을 때 거래안전에 미치는 영향, ⑤ 특허권자가 그 물건의 양도로 특허발명을 공개한 대가를 확보하였다고 평가할 수 있는지 여부 등을 종합적으로 고려하여 사안에 따라 구체적·개별적으로 판단해야 한다.[36]

3) 특허방법이 특허장치에 의해서도 사용할 수 있는 경우

□ 특허권자가 방법의 특허권과 그 방법을 실시하기 위한 장치의 특허권도 동시에 가지고 있고 그 방법이 다른 장치에 의해서도 사용할 수 있는 경우에, 특허권자가 그 특허장치를 양도한다면 그 방법의 특허권도 소진한다.[37]

4) 방법발명에 대한 특허권이 공유인 경우

□ 방법발명에 대한 특허권이 공유인 경우, 공유자의 동의 없이 국내에서 그 방법의 실시에만 사용되는 물건이 양도되었다고 하더라도 양수인이 그 물건을 이용하여 그 방법발명을 실시하는 것과 관련해서 특허권이 소진되지 않는다.[38] 이는 마치 특허권이 공유인 경우에 다른 공유자의 동의 없이 통상실시권을 허락하는 것과 같아서 허용될 수 없다.

마. 물건의 생산방법발명인 경우

□ 특허권자가 국내에서 그 방법에 의하여 생산한 물건을 적법하게 양도한 경우에는 특

34) 대법원 2019. 1. 31. 선고 2017다289903 판결, 2019. 1. 31. 선고 2017다289910 판결
35) 대법원 2019. 1. 31. 선고 2017다289903 판결, 2019. 1. 31. 선고 2017다289910 판결, 특허법원 2017. 11. 10. 선고 2017나1001 판결, 2017. 11. 10. 선고 2017나1018 판결, 서울중앙지법 2016. 11. 30. 선고 2015가합560702 판결, 2016. 11. 30. 선고 2015가합565189 판결
36) 서울중앙지법 2016. 11. 30. 선고 2015가합560702 판결, 2016. 11. 30. 선고 2015가합565189 판결
37) 서울중앙지법 2008. 1. 31. 선고 2006가합58313 판결
38) 특허법원 2009. 12. 18. 선고 2008허13299 판결

허권은 이미 목적을 달성하였으므로 소진된다.[39]

바. 병행수입

1) 병행수입의 개념

▶ 병행수입이란, 외국기업이 해외에서 판매한 제품을 현지에서 구입한 것을 대리점 등을 통하지 않고 직접 국내에 수입하는 것이다.

▶ 특허권의 국제적 소진을 바탕으로 병행수입을 허용하는데, 국제적 소진론이란 권리자가 정당하게 물품 또는 기술을 판매·양도·라이센스한 후에는 새로운 권리자가 원권리자의 독점적 배타권에도 불구하고 이를 재판매하거나 다른 방법으로 처분할 수 있고 이러한 최초의 판매나 처분으로 원권리자의 권리는 소진된다는 원칙이다.

□ 병행수입이란 외국상품이 독점수입권자에 의하여 수입되는 경우, 제3자가 다른 유통경로를 통하여 진정상품을 독점수입권자의 허락 없이 수입·판매하는 것을 말한다.[40]

2) 특허제품의 병행수입

가) 병행수입 자체는 정당행위

□ 병행수입 그 자체는 위법성이 없는 정당한 행위로서 특허침해를 구성하지 않지만, 정당한 권원 없는 자의 특허제품 병행수입은 특허침해를 구성한다.[41] 따라서 적법하지 않은 위조제품의 병행수입은 특허권 침해에 해당한다.

나) 국제적 소진

□ 특허권자가 특허제품을 적법하게 수출한 경우에는 특허권이 이미 소진되고 그 후에 그 제품이 어떻게 유통·소비되는가 하는 점은 특허권자가 관여할 사항이 아니며,

---

39) 대법원 2019. 1. 31. 선고 2017다289903 판결, 2019. 1. 31. 선고 2017다289910 판결, 특허법원 2021. 7. 16. 선고 2020나1285 판결, 2017. 11. 10. 선고 2017나1001 판결, 2017. 11. 10. 선고 2017나1018 판결, 2009. 12. 18. 선고 2008허13299 판결, 광주지법 2021. 2. 18. 선고 2019가합59276 판결, 2021. 2. 18. 선고 2019가합59283 판결, 서울중앙지법 2020. 12. 11. 선고 2018가합509449 판결, 2016. 11. 30. 선고 2015가합560702 판결, 2016. 11. 30. 선고 2015가합565189 판결

40) 서울고법 1999. 6. 22. 선고 98나35466 판결

41) 대법원 2002. 9. 24. 선고 99다42322 판결, 서울고법 2014. 5. 22. 선고 2013나2023196 판결, 2011. 12. 22. 선고 2011나7941 판결, 울산지법 2018. 2. 20. 선고 2016고정1326 판결, 인천지법 2011. 6. 3. 선고 2010가합1438 판결, 서울중앙지법 2011. 5. 25. 선고 2010가합99809,2011가합1144 판결, 2010. 12. 10. 선고 2009가합125399 판결, 2010. 9. 17. 선고 2010가합74695 판결

• 특허권자는 업으로서 특허발명을 실시할 권리를 독점하므로 국내 특허권자의 허락을 받지 않고 특허발명이 구현된 물건을 수입하거나 수입한 물건을 판매하는 행위는 원칙적으로 특허권의 침해에 해당한다(서울중앙지법 2020. 1. 31. 선고 2016가합515013,578397 판결).

병행수입업자가 그 제품을 적법하게 다시 수입하는 경우에는 특허권을 주장할 수 없으므로 병행수입업자가 특허권자의 승낙 없이 외국으로부터 그 제품을 수입하였다고 하더라도 특허권이 침해되었다고 볼 수는 없다.[42]

3) 진정상품의 병행수입

가) 진정상품의 개념

□ 진정상품이란 '외국에서 적법하게 사용할 권리가 있는 자에 의하여 부착되어 배포된 상품'을 의미한다.[43]

나) 상표권 비침해

□ 상표가 부착된 진정상품을 병행수입하는 경우에는 상표권자의 허락이 없더라도 상표권 침해가 되지 않으므로,[44] 외국상표권자가 유효한 상표를 부착하여 배포한 진정상품의 병행수입은 권리자가 상품을 제조한 뒤 이를 정상적으로 시장에 유통시킴으로써 그 상품에 대한 상표권의 가치가 소진되어 국내의 상표권자가 더 이상 권리 주장을 할 수 없게 된다.[45]

다) 병행수입요건의 증명책임

□ 진정상품의 병행수입요건에 해당하는 사실들은 그 상품을 수입하는 행위가 등록상표권의 침해에 해당하지 않는다고 주장하는 자가 증명해야 한다.[46]

라) 병행수입이 허용되는 경우

(1) 병행수입의 허용조건

□ 진정상품의 병행수입이 상표권 침해가 되지 않기 위해서는, ① 외국상표권자 또는 정당한 사용권자가 그 수입된 상품에 상표를 부착하였어야 하고, ② 그 외국상표권자와 우리나라의 등록상표권자가 법적 또는 경제적으로 밀접한 관계에 있거나, 그 밖의 사정에 의하여 위와 같은 수입상품에 부착된 상표가 우리나라의 등록상표와 동일한 출처를 표시하는 것으로 볼 수 있는 경우이어야 하며, ③ 그 수입된 상품과 우리나라의 상표권자가 등록상표를 부착한 상품 사이에 품질에 있어 실질적인 차이가 없어야 한다.[47] 여기에서 품질의 차이란 제품 자체의 성능, 내구성 등의 차이를 의

42) 서울지법 동부지원 1981. 7. 30. 선고 81가합466 판결
43) 특허법원 2022. 7. 7. 선고 2021나1602 판결
44) 서울지법 1997. 10. 1.자 97카합2513 결정
45) 서울고법 2000. 5. 23.자 98라373 결정
46) 서울중앙지법 2017. 12. 14.자 2017카합81118 결정, 2007. 12. 27. 선고 2006가합5838 판결
47) 대법원 2014. 8. 20. 선고 2012다6035 판결, 2014. 8. 20. 선고 2012다6059 판결, 2012. 5. 10. 선고

미한다.48)

(2) 수입품과 국내상표품의 품질이 같은 경우

□ 외국상표권자에 의하여 적법하게 유통되어진 수입품과 국내 전용사용권자에 의하여 제조·판매된 국내상표품의 품질이 같을 경우, 상표의 품질보증기능이 충족되므로 병행수입은 일반적으로 허용된다.49)

(3) 병행수입이 진정상픔인 경우

□ 병행수입이 허용되는 것은 국내에서 유통되는 상품이 진정상품인 경우에 한하고, 위조상품인 경우에는 당연히 허용되지 않는다.50)

마) 병행수입이 허용되지 않는 경우

(1) 국외상표권자와 국내상표권자가 아무런 관계가 없는 경우

□ 국외상표권자와 국내상표권자가 법적 또는 경제적으로 아무런 관계가 없어 그 제조·판매의 출처가 전혀 다르다면 이러한 경우에는 독점수입업자의 해당상품 수입행위가 진정상품의 병행수입에 해당한다고 하더라도 국내상표권을 침해하는 것으로서 허용되지 않는다.51)

(2) 국내전용사용권자와 국외상표권자가 특별한 관계가 없는 경우

□ 국내전용사용권자와 국외상표권자와의 사이에 국내전용사용권 설정에 따른 계약관계 이외에 달리 동일인이라거나 같은 계열사라는 등의 특별한 관계가 없는 경우, 국외에서 제조·판매되는 상품과 국내전용사용권자가 제조·판매하는 상품 사이에 품질상 아무런 차이가 없다거나 그 제조·판매의 출처가 동일한 것이라고 할 수 없고, 또한 국외상표권자와 국내전용사용권자가 공동의 지배통제 관계에서 상표권을 남용하여 부당하게 독점적인 이익을 꾀할 우려도 적다고 할 것이므로, 이러한 경우에는 진정상품의 병행수입이라고 하더라도 국내상표권을 침해하는 것으로서 허용되지 않는다.52)

2012다9508 판결, 2010. 5. 27. 선고 2010도790 판결, 2006. 10. 13. 선고 2006다40423 판결, 2005. 6. 9. 선고 2002다61965 판결, 특허법원 2021. 9. 30. 선고 2020나1988 판결, 서울중앙지법 2021. 7. 2. 선고 2020가합550365 판결, 2020. 9. 17. 선고 2019가합592899 판결

48) 대법원 2006. 10. 13. 선고 2006다40423 판결

49) 서울고법 2006. 6. 7. 선고 2005나79761 판결, 서울중앙지법 2005. 8. 24. 선고 2005가합4494 판결

50) 서울고법 2000. 5. 23.자 98라373 결정, 인천지법 2011. 6. 3. 선고 2010가합1438 판결

51) 대법원 2008. 11. 27. 선고 2006도2650 판결, 대구고법 2002. 10. 4. 선고 2002카합20 판결, 2002. 8. 2.자 2001라61 결정

52) 대법원 1997. 10. 10. 선고 96도2191 판결

(3) 국내전용사용권자가 독자적인 신용을 구축하고 있는 경우

□ 국내전용사용권자가 독자적인 신용을 구축하고 있는 경우에는 진정상품의 병행수입이 허용되지 않는다.[53)]

(4) 진정상품을 소분하여 새로운 용기를 제작 · 판매하는 경우

□ 진정상품을 구매하여 소분하여 새로운 용기를 제작하고 등록상표를 용기에 붙여 판매하는 경우에는 권리가 소진되지 않는다.[54)]

바) 병행수입업자의 권리와 한계

(1) 병행수입업자의 광고 · 선전행위

□ 병행수입업자가 상표권자의 상표를 사용하여 광고 · 선전행위를 하더라도 상표권 침해의 위법성이 없는 경우에는 상표권 침해가 되지 않는다.[55)]

(2) 상표권자의 상표가 부착된 상품판매행위

□ 병행수입업자가 상표권자의 상표가 부착된 상태에서 상품을 판매하는 행위도 당연히 허용된다.[56)]

(3) 영업표지의 사용범위

□ 상표의 사용태양에 비추어 영업표지로서의 기능을 갖는 경우에는 일반 수요자들로 하여금 병행수입업자가 제품 생산업체의 수입 · 판매 대리점 등으로 오인하게 할 우려가 있으므로, 영업주체 혼동행위에 해당되어 허용되지 않는다.[57)] 따라서 진정상품의 병행수입업자에게 인정될 수 있는 영업표지의 사용범위는 그 진정상품의 판매 · 전시행위 또는 이를 위한 필요 최소한의 광고 · 홍보행위에 그친다.[58)]

---

53) 대법원 2010. 5. 27. 선고 2010도790 판결, 1997. 10. 10. 선고 96도2191 판결
54) 대법원 2012. 4. 26. 선고 2011도17524 판결, 의정부지법 2011. 12. 2. 선고 2011노1909 판결
55) 대법원 2002. 9. 24. 선고 99다42322 판결, 서울고법 2014. 5. 22. 선고 2013나2023196 판결, 2000. 5. 23.자 98라373 결정, 울산지법 2018. 2. 20. 선고 2016고정1326 판결, 서울중앙지법 2010. 9. 17. 선고 2010가합74695 판결, 2008. 8. 5.자 2008카합1901 결정
56) 대법원 2002. 9. 24. 선고 99다42322 판결, 서울고법 2014. 5. 22. 선고 2013나2023196 판결, 2011. 12. 22. 선고 2011나7941 판결, 울산지법 2018. 2. 20. 선고 2016고정1326 판결, 서울중앙지법 2011. 5. 25. 선고 2010가합99809,2011가합1144 판결, 2010. 12. 10. 선고 2009가합125399 판결, 2010. 9. 17. 선고 2010가합74695 판결, 2009. 5. 14. 선고 2008가합87513 판결
57) 대법원 2009. 1. 30. 선고 2008도7462 판결, 2002. 9. 24. 선고 99다42322 판결, 서울중앙지법 2012. 1. 18. 선고 2011가합74241 판결, 2010. 9. 17. 선고 2010가합74695 판결, 2009. 5. 14. 선고 2008가합87513 판결, 2008. 8. 5.자 2008카합1901 결정, 수원지법 2011. 1. 27.자 2010카합333 결정
58) 서울지법 2000. 9. 22. 선고 2000가합5188,31156 판결

사) 권리범위확인심판과는 무관

□ 확인대상상표를 사용하는 행위가 진정상품의 병행수입으로서 상표권 침해행위가 아니라고 할 것인지의 여부는, 상표권 침해 여부가 직접적으로 다투어지는 민사소송에서 다루어질 문제이고, 권리범위확인심판의 결론에 영향을 미칠 사정은 아니다.[59]

3 실시권

[§ 103](선사용에 의한 통상실시권)

특허출원시에 그 특허출원된 발명의 내용을 알지 못하고 그 발명을 실시하거나 그 발명을 한 사람으로부터 알게 되어 국내에서 그 발명의 실시사업을 하거나 이를 준비하고 있는 자는 그 실시하거나 준비하고 있는 발명 및 사업목적의 범위에서 그 특허출원된 발명의 특허권에 대하여 통상실시권을 가진다.

가. 선사용권

1) 의의

가) 선사용권의 개념

□ 선사용에 의한 통상실시권은 선의로 특허권의 대상인 발명을 점유하는 자에게 무상의 법정실시권을 보장하여 선원주의 원칙에 따른 불합리한 점을 보충하려는 것이다.[60]

나) 선사용권 인정의 목적

□ 선사용에 의한 통상실시권은 같은 발명에 대하여 먼저 특허출원을 한 자만이 특허권을 받을 수 있는 선출원제도 아래에서 특허출원시에 그 대상인 발명의 실시사업을 하거나 그 사업을 준비하고 있는 선사용자와 특허권자 사이의 이해관계를 공평의 관점에서 조정하기 위한 것이다.[61]

다) 선사용자의 의미

□ 선사용에 의한 통상실시권을 취득할 수 있는 선사용자는 특허출원된 발명의 발명자와는 기원을 달리하는 별개의 발명자이거나 이러한 별개의 발명자로부터 발명을 알게 된 자를 의미한다.[62]

---

59) 특허법원 2002. 11. 7. 선고 2002허4545 판결
60) 서울동부지법 2010. 12. 23. 선고 2010노1256 판결, 2010. 8. 13. 선고 2009고정3278 판결
61) 특허법원 2014. 5. 1. 선고 2013허7878 판결, 2014. 5. 1. 선고 2013허7885 판결, 서울중앙지법 2018. 12. 13. 선고 2016가합502475,575398 판결, 2015. 10. 2. 선고 2015가합504832 판결
62) 대법원 2015. 6. 11. 선고 2014다79488 판결, 광주고법 2014. 10. 30. 선고 2014나449 판결, 서울중앙

라) 권리범위확인심판과는 무관

□ 확인대상발명에 관하여 선사용권을 가지고 있다는 것은 특허권의 효력이 미치는 범위에 관한 권리확정과는 무관하므로, 권리범위확인심판에서 선사용권의 존부에 대해서까지 심리·판단하는 것은 허용되지 않고,[63] 다만 침해소송에서 항변으로 주장하거나,[64] 별도의 확인소송에서 주장해야 한다.[65]

2) 선사용권의 요건

가) 선사용을 가지기 위한 요건

(1) 그 출원된 발명의 내용을 알지 못하고 실시

□ 선사용에 의한 통상실시권을 가지기 위해서는 특허출원시에 그 출원된 발명의 내용을 알지 못하고 실시하였어야 한다.[66]

(2) 그 발명의 실시사업을 하거나 실시준비

□ 선사용에 의한 통상실시권을 가지기 위해서는 특허출원시에 그 발명의 실시사업을 하거나 실시를 준비하고 있어야 한다.[67]

지법 2018. 12. 13. 선고 2016가합502475,575398 판결, 2017. 11. 9. 선고 2016가합542169 판결, 2015. 10. 2. 선고 2015가합504832 판결

63) 대법원 2013. 2. 14. 선고 2012후1101 판결, 2012. 8. 30. 선고 2012후1958 판결, 2012. 3. 15. 선고 2011후3872 판결, 1974. 8. 30. 선고 73후8 판결, 특허법원 2016. 3. 25. 선고 2015허7599 판결, 2014. 1. 17. 선고 2013허7069 판결, 2013. 9. 26. 선고 2013허1986 판결, 2012. 5. 3. 선고 2012허2067 판결, 2012. 2. 23. 선고 2011허10382 판결, 2011. 8. 26. 선고 2011허4660 판결, 2007. 9. 14. 선고 2007허3882 판결, 2006. 7. 14. 선고 2005허10695 판결, 2005. 6. 24. 선고 2004허3478 판결

64) 대법원 2012. 3. 15. 선고 2011후3872 판결, 2002. 11. 8. 선고 2002다42254 판결, 1974. 8. 30. 선고 73후8 판결, 특허법원 2016. 3. 25. 선고 2015허7599 판결, 2014. 1. 17. 선고 2013허7069 판결, 2013. 9. 26. 선고 2013허1986 판결, 2012. 5. 3. 선고 2012허2067 판결, 2012. 2. 23. 선고 2011허10382 판결, 2011. 8. 26. 선고 2011허4660 판결, 2007. 9. 14. 선고 2007허3882 판결, 2006. 7. 14. 선고 2005허10695 판결, 서울고법 2002. 6. 26. 선고 2001나63874 판결

65) 특허법원 2007. 9. 14. 선고 2007허3882 판결, 2006. 7. 14. 선고 2005허10695 판결, 2005. 6. 24. 선고 2004허3478 판결, 서울지법 1998. 11. 27. 선고 97가합18115 판결

66) 헌재 2004. 12. 16.자 2002헌마511 결정, 서울남부지법 2014. 6. 13. 선고 2013가합7678 판결, 서울중앙지법 2012. 11. 30. 선고 2011가합125002,2012가합24410 판결, 2010. 10. 8. 선고 2009가합109458 판결, 2007. 2. 2. 선고 2005가합74769 판결, 서울동부지법 2010. 12. 23. 선고 2010노1256 판결, 2010. 8. 13. 선고 2009고정3278 판결

67) 대법원 2003. 3. 11. 선고 2000다48272 판결, 특허법원 2005. 6. 24. 선고 2004허3478 판결, 서울남부지법 2014. 6. 13. 선고 2013가합7678 판결, 서울중앙지법 2012. 11. 30. 선고 2011가합125002,2012가합24410 판결, 2007. 2. 2. 선고 2005가합74769 판결, 서울동부지법 2010. 12. 23. 선고 2010노1256 판결, 2010. 8. 13. 선고 2009고정3278 판결

(3) '국내에서' 그 발명의 실시나 실시준비

□ 선사용에 의한 통상실시권을 가지기 위해서는 특허출원시에 '국내에서' 그 발명의 실시나 실시준비를 하고 있어야 한다.[68)]

나) 특허출원시에 실시된 발명과 특허발명의 동일성 증명

□ 선사용권을 인정하기 위해서는 특허발명의 출원시에 실시된 발명이 특허발명과 동일하다는 점에 대한 증명이 논리적으로 선행되어야 한다.[69)]

다) 선사용권의 요건을 갖추지 못한 경우

□ 선사용권의 요건을 갖추지 못한 자의 경우에는 특허권자의 승낙이 없이 특허발명을 계속 실시하는 행위는 특허권 침해에 해당하므로, 그 침해를 면하기 위해서는 특허권자로부터 특허실시에 관하여 승낙을 받아야 한다.[70)]

3) 선사용권의 범위

가) 특허발명의 출원시에 그 실시준비를 하고 있는 발명

□ 선사용권은 특허발명의 출원시에 그 실시준비를 하고 있는 발명 및 그 사업의 목적의 범위 안에서 인정된다.[71)]

나) 확인대상발명의 실시사업의 목적 범위 내

□ 특허발명의 출원 전부터 확인대상발명을 실시하여 온 자는, 특허출원시에 특허발명의 내용을 알지 못하고 확인대상발명의 실시사업을 한 것이므로 그 사업의 목적의 범위 내에서 특허발명에 대하여 통상실시권을 가진다.[72)]

---

68) 대법원 2004. 9. 24. 선고 2003도3081 판결, 특허법원 2005. 6. 24. 선고 2004허3478 판결, 서울남부지법 2014. 6. 13. 선고 2013가합7678 판결, 서울중앙지법 2012. 11. 30. 선고 2011가합125002,2012가합24410 판결, 서울동부지법 2010. 12. 23. 선고 2010노1256 판결, 2010. 8. 13. 선고 2009고정3278 판결, 대구지법 2005. 12. 15. 선고 2005노3170 판결

69) 서울중앙지법 2011. 10. 27. 선고 2011가합16412 판결

70) 특허법원 2016. 6. 24. 선고 2016허1239,1246 판결

71) 대법원 2002. 11. 8. 선고 2002다42254 판결, 특허법원 2005. 6. 24. 선고 2004허3478 판결, 서울고법 2002. 6. 26. 선고 2001나63874 판결, 서울남부지법 2014. 6. 13. 선고 2013가합7678 판결, 서울중앙지법 2012. 11. 30. 선고 2011가합125002,2012가합24410 판결, 서울동부지법 2010. 12. 23. 선고 2010노1256 판결, 2010. 8. 13. 선고 2009고정3278 판결

72) 대법원 2002. 11. 8. 선고 2002다42254 판결, 특허법원 2005. 6. 24. 선고 2004허3478 판결, 서울고법 2002. 6. 26. 선고 2001나63874 판결, 서울동부지법 2010. 8. 13. 선고 2009고정3278 판결, 서울중앙지법 2007. 2. 2. 선고 2005가합74769 판결, 서울지법 1998. 11. 27. 선고 97가합18115 판결, 서울민사지법 1984. 4. 26. 선고 83가합7487 판결

4) 선의의 조건과 사업 준비

가) 선의의 조건

(1) 특허출원된 발명의 내용을 알지 못하고 발명하여 실시사업을 하는 경우

□ 특허출원시에 이미 특허출원된 발명의 내용을 알지 못하고 발명을 하거나 그 발명을 한 사람으로부터 알게 되어 국내에서 그 발명의 실시사업을 하거나 이를 준비하고 있는 제3자가 있는 경우에는 선사용에 의한 통상실시권이 인정된다.[73)]

(2) 특허출원 전부터 사용하던 특허발명으로부터 유래하지 않은 기술

□ 특허발명의 출원 전부터 자신이 개발하여 사용하던 기술은 특허발명으로부터 유래하는 것이라고 할 수 없으므로, 특허발명의 출원 전부터 특허발명과 동일한 발명을 실시한 자는 특허발명에 관하여 선사용에 의한 통상실시권을 갖는다.[74)]

(3) 특허출원한 발명자로부터 발명의 내용을 알게 된 경우가 아닐 것

□ 특허출원한 발명자로부터 발명의 내용을 알게 된 경우에는 선사용에 의한 통상실시권이 인정되지 않는다.[75)]

나) 사업 준비의 의미

▷ 선사용권에 의한 통상실시권에서 말하는 발명의 실시인 사업의 준비란, 특허출원에 관계된 발명의 내용을 알지 못하고 이것과 같은 내용의 발명을 한 자 또는 그에게서 지득한 자가 그 발명에 대하여 아직 사업의 실시단계에는 미흡하지만 즉시 실시의 의도를 가지고 있고 동시에 그 즉시 실시의 의도가 객관적으로 인식되는 태양 정도로 표명되어 있는 것을 의미한다.[76)]

5) 선사용권의 효과

가) 선사용자가 실시하고 있던 실시형태와 동일성 범위

□ 선사용에 의한 통상실시권의 효력은 특허발명 출원 당시 선사용자가 실시하고 있던 실시형태뿐만 아니라, 이것에 구현된 발명과 동일성의 범위 내에서 변형 가능한 실시형태에도 미친다.[77)]

---

73) 특허법원 2019. 7. 12. 선고 2018허1325 판결, 2019. 7. 12. 선고 2018허1349 판결, 서울민사지법 1984. 4. 26. 선고 83가합7487 판결
74) 부산고법 1993. 12. 27.자 93라38 결정
75) 대법원 2015. 6. 11. 선고 2014다79488 판결, 광주고법 2014. 10. 30. 선고 2014나449 판결
76) 最高裁 1986. 10. 3.자 판결
77) 서울중앙지법 2009. 2. 18. 선고 2007가합77557 판결, 最高裁 1986. 10. 3.자 판결

▶ 선사용권의 효력은 실시형태와 동일성의 범위 내는 물론, 그 이용발명에 대하여도 미친다고 본다.

나) 특허발명과 동일 · 유사한 발명

□ 선사용권자는 그 당연한 효과로서 타인의 특허발명과 동일·유사한 발명을 실시하더라도 특허권 침해에 해당하지 않는다.[78)]

6) 선사용권의 승계

□ 선사용에 의한 통상실시권의 요건을 모두 갖춘 자로부터 그 지위를 승계한 자도 해당 발명을 계속하여 실시할 수 있다.[79)]

※ 선사용권을 가진다고 본 사례

○ 서울고법 2008. 11. 19. 선고 2008나37478 판결

피고는 특허발명이 출원되기 전에 이미 특허발명과 같은 방법으로 이 사건 제품을 생산하고 있었다 할 것이므로, 특허법 제103조에 따라 피고는 특허발명에 관하여 선사용에 의한 통상실시권을 가진다.

○ 부산고법 1993. 12. 27.자 93라38 결정

피신청인이 사용하는 은수저제작방법은 신청인의 특허 은수저제작방법과 동일한 것이기는 하나, 피신청인 명의의 특허는 소외인이 자본을 대고, 피신청인이 기술을 댄 동업관계에서 피신청인에 의하여 발명된 것을 소외인이 일방적으로 특허출원을 한 데 따른 것이므로, 신청인 특허 은수저제작방법에서 유래하는 것이라 할 수 없고, 또한 피신청인은 소외인 명의로 특허출원되기 이전부터 은수저제작방법과 동일한 방법에 의한 은수저제작판매업을 준비하여 개업한 것이므로, 피신청인은 은수저제작방법에 관하여 선사용에 의한 통상실시권을 갖는다.

○ 서울동부지법 2010. 12. 23. 선고 2010노1256 판결

피고인은 피해자의 특허 출원 이전부터 이미 피해자의 특허발명과 유사한 뻥튀기 제조용 틀을 이용한 뻥튀기 제조용 장치를 연구개발하여 뻥튀기 제품을 생산하였음을 알 수 있으므로 피고인은 선사용권자로서 통상실시권을 가진다.

○ 서울민사지법 1984. 4. 26. 선고 83가합7487 판결

피고가 특허출원 전에 타회사로부터 납품의뢰를 받고 그 회사로부터 교부받은 제작도면에 의거하여 특허제품을 제조·납품하였고 위 회사가 교부한 제작도면은 그 소속직원이 유사한 외국제품을

---

78) 서울동부지법 2010. 12. 23. 선고 2010노1256 판결, 2010. 8. 13. 선고 2009고정3278 판결
79) 서울중앙지법 2017. 5. 12. 선고 2016가합537273,578380 판결

모방하여 만든 것이라면 피고는 특허출원 당시에 선의로 국내에서 그 발명의 실시사업을 한 자라고 할 것이므로 그 사업의 목적범위 내에서는 통상실시권을 가진다.

※ 선사용권을 가지지 않는다고 본 사례

○ 대구고법 1992. 6. 26.자 92라7 결정
乙은 甲의 특허출원 후 甲의 종업원으로부터 특허발명을 알게 되어 같은 제조방법으로 호스를 생산하여 전국에 걸쳐 판매하고 있는 경우, 甲의 특허발명에 대한 특허출원 전부터 특허발명의 실시사업을 하였음을 전제로 하여 乙이 특허발명에 대하여 선사용에 의한 통상실시권을 가지고 있다고 할 수 없다.

나. 중용권

[§ 104](무효심판청구 등록 전의 실시에 의한 통상실시권)

① 다음 각 호의 어느 하나에 해당하는 자가 특허에 대한 무효심판청구의 등록 전에 자기의 특허발명이 무효사유에 해당하는 것을 알지 못하고 국내에서 그 발명의 실시사업을 하거나 이를 준비하고 있는 경우에는 그 실시하거나 준비하고 있는 발명 및 사업목적의 범위에서 그 특허권에 대하여 통상실시권을 가지거나 특허가 무효로 된 당시에 존재하는 특허권의 전용실시권에 대하여 통상실시권을 가진다.

1. 동일한 발명에 대한 둘 이상의 특허 중 그 하나의 특허를 무효로 한 경우 그 무효로 된 특허의 원특허권자
2. 특허발명과 등록실용신안이 동일하여 그 실용신안등록을 무효로 한 경우 그 무효로 된 실용신안등록의 원(原)실용신안권자
3. 특허를 무효로 하고 동일한 발명에 관하여 정당한 권리자에게 특허를 한 경우 그 무효로 된 특허의 원특허권자
4. 실용신안등록을 무효로 하고 그 고안과 동일한 발명에 관하여 정당한 권리자에게 특허를 한 경우 그 무효로 된 실용신안의 원실용신안권자
5. 제1호부터 제4호까지의 경우에 있어서 그 무효로 된 특허권 또는 실용신안권에 대하여 무효심판청구 등록 당시에 이미 전용실시권이나 통상실시권 또는 그 전용실시권에 대한 통상실시권을 취득하고 등록을 받은 자

1) 의의

가) 개념

▶ 중용권이란, 특허에 대한 무효심판청구등록 전에 자기의 특허발명이 무효사유에 해당하는 것을 알지 못하고 국내에서 그 발명의 실시사업을 하거나 이를 준비하고 있는 경

우에, 그 실시 또는 준비하고 있는 발명 및 사업목적의 범위에서 업으로서 실시할 수 있는 통상실시권을 말한다.

나) 취지

(1) 무효심판청구 전에 사업준비를 갖춘 선의의 사용자 보호

□ 특허권과 저촉되는 실용신안권에 관하여 무효심판청구 전에 자기의 등록실용신안이 무효사유에 해당하는 것을 알지 못하고 국내에서 그 고안의 실시사업을 하거나 그 사업의 준비를 하고 있는 경우에는, 그 실용신안권에 관하여 무효심판청구가 제기되기 전에 실용신안등록결정을 신뢰하여 사업을 벌려놓거나 사업준비를 갖춘 선의의 사용자를 보호하기 위한 것으로서 자신의 권리가 적법하다는 점을 신뢰하여 사업을 하거나 준비를 한 선의의 자를 보호하기 위한 것이다.[80]

(2) 무효사유에 해당하는 것을 알지 못하고 실시사업을 한 자 보호

□ 자기의 특허발명이 무효사유에 해당하는 것을 알지 못하고 국가로부터 부여받은 특허권을 신뢰하여 실시사업을 하거나 실시 준비 중인 자를 보호하기 위한 것이다.[81]

다) 권리범위확인심판과는 무관

▶ 중용권에 해당하는지 여부는 대인적인 특허권 행사의 제한사유로서, 권리범위에 속하는지 여부와는 아무런 관련이 없으므로 권리범위확인심판에서는 허용되지 않고, 침해소송에서 항변으로 주장할 수 있다.

2) 중용권의 요건

가) 동일한 발명에 대하여 둘 이상의 특허가 등록된 경우

□ 동일한 발명에 대하여 둘 이상의 특허가 등록된 경우, 특허권자가 ① 특허에 대한 무효심판청구의 등록 전에, ② 자신의 특허발명이 무효사유에 해당하는 것을 알지 못하고, ③ 국내에서 그 발명의 실시사업을 하거나 이를 준비하고 있었다면, 특허권에 대하여 통상실시권을 가지거나 특허가 무효로 된 당시에 존재하는 특허권의 전용실시권에 대하여 통상실시권을 가진다.[82]

나) 특허권 침해의 성립을 전제로 한 항변

□ 중용권 성립의 주장은 청구원인인 특허권 침해의 성립을 전제로 한 항변에 해당한

---

80) 의정부지법 2008. 1. 8. 선고 2007노1485 판결
81) 대법원 2021. 3. 18. 선고 2018다253444 전합 판결
82) 대법원 2021. 3. 18. 선고 2018다253444 전합 판결, 2004. 9. 24. 선고 2003도3081 판결, 대구지법 2005. 12. 15. 선고 2005노3170 판결

다. 그 항변의 성립 요건인 '① 특허에 관한 무효 심결의 확정, ② 무효심판청구의 등록 전 그 발명의 실시사업 또는 준비, ③ 선의'라는 점이 주장·증명된 경우에 한하여 유상의 통상실시권이 인정되는 것이고, 청구원인인 특허권 침해 성립은 일관되게 유지된다는 점에서, 후출원 특허권의 실시가 선출원 특허권과 저촉될 경우 침해가 성립하는 것과 논리 모순되지 않는다.[83)]

○ 대전지법 2009. 12. 8. 선고 2008재가합56 판결

피고는, 피고 특허발명에 관하여 특허등록을 하고 있었고, 원고의 무효심판청구 전에 특허청의 기술평가에 의한 유지결정까지 받아 피고 특허발명이 무효인 줄 알지 못하고 실시하였으며, 이 부분에 대하여는 원고로부터 경고장을 받은 사실도 없으므로, 중용권이 있다고 항변하나, 피고 실시발명은 특허발명과 동일발명이 아니어서 중용권의 요건에 해당하지 않는다.

3) 중용권의 범위

가) 특허발명과 동일·유사한 범위 내 실시

□ 중용권자의 실시 대상이 되는 발명이 다른 사람이 등록 받은 발명과 동일·유사하다고 하더라도 그 발명을 실시하는 행위가 위법성이 있다고 할 수는 없다.[84)]

나) 그 실시 또는 준비를 하고 있는 발명 및 사업의 목적 범위 내

□ 중용권자는 그 실시 또는 준비를 하고 있는 발명 및 사업의 목적의 범위 내에서 그 특허권 또는 특허발명을 무효로 한 당시에 존재하는 전용실시권에 대하여 통상실시권을 가진다.[85)]

다. 통상실시권 설정

1) 권리범위확인심판과는 무관

□ 이해관계인이 특허발명에 대한 통상실시권을 가지고 있는지 여부는 권리범위확인심판과는 아무런 관련이 없다.[86)]

2) 침해소송에서 항변으로 주장

□ 통상사용권을 가지는지의 여부는 침해소송에서 항변사항으로 주장하거나 그 침해소송과 별도의 확인소송에서 주장되어야 할 성질의 것이다.[87)]

---

83) 대법원 2021. 3. 18. 선고 2018다253444 전합 판결

84) 대법원 2004. 9. 24. 선고 2003도3081 판결, 대구지법 2005. 12. 15. 선고 2005노3170 판결

85) 대법원 2004. 9. 24. 선고 2003도3081 판결, 대구지법 2005. 12. 15. 선고 2005노3170 판결

86) 대법원 2001. 12. 27. 선고 2001후577 판결, 특허법원 2007. 9. 14. 선고 2007허3882 판결, 2006. 7. 14. 선고 2005허10695 판결

4 특허권자의 묵시적 승낙

가. 특허권 불행사의 의사 표현

□ 특허권자가 상대방에게 자신의 특허발명에 대한 권리불행사의 의사를 표시하였다는 것만으로는, 침해자의 특허권 침해행위가 적법하게 되는 것은 아니다.[88)]

나. 외국 원출원 특허의 사용승낙을 받은 경우

□ 침해자가 특허권을 사용하는 이상, 가사 침해자가 국내의 특허권자가 아닌 외국의 원출원자와 사이에 별도로 계약을 체결하여 외국의 원출원 특허를 사용하는 것을 승낙 받았다 하더라도 그것만으로는 침해자의 특허권 침해행위가 적법하게 되는 것은 아니다.[89)]

다. 권리범위확인심판과는 무관

▶ 특허권자로부터의 묵시적 승낙도 대인적인 특허권 행사의 제한사유로서, 권리범위확인심판에서는 허용되지 않고, 침해소송에서 항변으로 주장할 사항이다.

5 권리남용의 항변

가. 의의

1) 권리남용의 개념

□ 확정판결에 의한 권리라 하더라도 신의에 좇아 성실히 행사되어야 하고 판결에 기한 집행이 권리남용이 되는 경우에는 허용되지 않는다.[90)]

2) 직권조사사항

□ 권리남용은 강행규정에 위배되는 것으로서 당사자의 주장이 없더라도 법원은 직권으로 판단할 수 있다.[91)]

---

87) 특허법원 2007. 9. 14. 선고 2007허3882 판결, 2006. 7. 14. 선고 2005허10695 판결
88) 특허법원 2008. 12. 17. 선고 2007허13865 판결
89) 대법원 1992. 2. 25. 선고 91다23776 판결
90) 대법원 2017. 9. 21. 선고 2017다232105 판결, 2014. 5. 29. 선고 2013다82043 판결, 2014. 2. 21. 선고 2013다75717 판결, 2006. 7. 6. 선고 2004다17436 판결, 2002. 10. 25. 선고 2002다48559 판결, 2001. 11. 13. 선고 99다32899 판결, 1997. 9. 12. 선고 96다4862 판결, 1984. 7. 24. 선고 84다카572 판결, 대구고법 2019. 4. 4. 선고 2018나21594 판결, 대구지법 2023. 1. 12. 선고 2022가합203365 판결, 서울중앙지법 2021. 6. 7. 선고 2015가합13718 판결
91) 대법원 2023. 5. 11. 선고 2017다35588,35595 판결, 2019. 10. 31. 선고 2017다48003 판결, 2015. 3. 20. 선고 2013다88829 판결, 2007. 7. 26. 선고 2006다43651 판결, 2003. 10. 10. 선고 2001다74322

3) 권리범위확인심판과는 무관

□ 특허권의 행사가 권리남용에 해당하는지 여부는 권리범위확인과는 아무런 관련이 없으므로, 권리범위확인심판에서 다툴 수 있는 내용이 아니고, 침해소송에서 항변사항으로 주장해야 할 대인적인 제한사유에 해당한다.[92)]

나. 석명권 행사와 증명책임

1) 석명권 행사

□ 권리남용의 항변이 있는 경우, 이에 대한 증명의 기회를 부여하고 석명권을 행사하여 개개의 권리남용 요건의 구비 여부를 심리한 후 판단해야 한다.[93)]

2) 증명책임

□ 권리행사가 권리남용에 해당한다는 점은 이를 주장하는 자가 증명해야 한다.[94)]

다. 권리행사가 권리남용에 해당하는지

1) 일반적인 경우

가) 주관적 · 객관적 요건

□ 권리행사가 권리남용에 해당한다고 할 수 있으려면, ① 주관적으로 그 권리행사의 목적이 오직 상대방에게 고통을 주고 손해를 입히려는 데 있을 뿐 그 권리를 행사하는 사람에게 아무런 이익이 없는 경우이어야 하고, ② 객관적으로는 그 권리행사가 사회질서에 위반된다고 볼 수 있어야 한다.[95)]

나) 개별적 · 구체적 상황을 종합하여 판단

□ 권리행사가 권리남용이 되는가의 여부는 개별적 · 구체적 상황을 종합하여 판단해야 한다.[96)]

판결, 1998. 8. 21. 선고 97다37821 판결, 1996. 9. 10. 선고 95누7239 판결, 1995. 12. 22. 선고 94다42129 판결, 1989. 9. 29. 선고 88다카17181 판결, 1998. 6. 26. 선고 97다42823 판결

92) 특허법원 2019. 3. 28. 선고 2018허9114 판결, 2016. 10. 7. 선고 2016허4795 판결, 2016. 3. 25. 선고 2015허7599 판결, 2010. 2. 4. 선고 2009허8133 판결, 2005. 12. 22. 선고 2005허278 판결

93) 대법원 1973. 10. 23. 선고 73다995,996 판결

94) 대법원 2017. 9. 21. 선고 2017다232105 판결, 2014. 5. 29. 선고 2013다82043 판결, 대구고법 2019. 4. 4. 선고 2018나21594 판결

95) 대법원 2023. 3. 13. 선고 2022다293999 판결, 2021. 11. 11. 선고 2020다254280 판결, 2021. 10. 14. 선고 2021다242154 판결, 2015. 4. 10.자 2015마19 결정, 2015. 3. 20. 선고 2012다17479 판결, 2014. 10. 30. 선고 2014다42967 판결, 2014. 9. 4. 선고 2011다73038,73045 판결, 2013. 4. 26. 선고 2012다61292 판결, 2013. 4. 25. 선고 2012다115243,115250 판결

96) 대법원 2023. 3. 13. 선고 2022다293999 판결, 2021. 10. 14. 선고 2021다242154 판결, 2014. 10. 30.

다) 공서양속에 위반하고 도의상 허용될 수 없는 경우

□ 권리의 행사가 사회생활상 도저히 용인할 수 없는 부당한 결과를 야기하거나 타인에게 손해를 줄 목적만으로 하여지는 것과 같이 공서양속에 위반하고 도의상 허용될 수 없는 경우에는 권리남용으로서 허용될 수 없다.[97)]

라) 오직 상대방에게 고통이나 손해를 입힐 목적

□ 권리의 행사가 정당한 이익이 없어 오직 상대방에게 고통이나 손해를 입힐 것을 목적으로 하는 것이거나 권리의 사회적·경제적 목적에 위반한 것일 때에는 권리남용으로서 허용되지 않는다.[98)]

마) 부당한 이익을 얻거나 사회질서에 어긋나는 결과 초래

□ 권리남용이 되기 위해서는 그 권리의 행사가 형식만 가질 뿐이지 실질에는 부당한 이익을 얻기 위한 방편에 지나지 않거나 권리의 행사로 사회질서에 어긋나는 결과를 초래해야 한다.[99)]

2) 특허권 행사의 경우

가) 주관적 요건 불필요

□ 특허권 행사의 목적이 오직 상대방에게 고통을 주고 손해를 입히려는 데 있을 뿐 이를 행사하는 사람에게는 아무런 이익이 없어야 한다는 주관적 요건을 반드시 필요로 하는 것은 아니다.[100)]

나) 특허권자의 이익과 상대방의 손해 고려 여부

□ 권리행사가 권리남용의 요건에 해당하지 않는 한, 비록 그 권리의 행사에 의하여 특

선고 2014다42967 판결, 2012. 6. 14. 선고 2012다20819 판결, 2010. 12. 9. 선고 2010다59783 판결, 2010. 2. 25. 선고 2009다79378 판결, 2005. 4. 15. 선고 2005다7610 판결, 2003. 11. 27. 선고 2003다40422 판결, 2003. 2. 14. 선고 2002다62319,62326 판결

97) 대법원 1993. 8. 24. 선고 92므907 판결, 1969. 1. 21. 선고 68다1526 판결, 1962. 3. 22. 선고 61다1392 판결

98) 대법원 1983. 10. 11. 선고 83다카335 판결, 수원지법 2020. 1. 31. 선고 2019나67203 판결

99) 특허법원 2000. 12. 19. 선고 2000허5230 판결, 2000. 12. 19. 선고 2000허5247 판결, 2000. 12. 19. 선고 2000허5254 판결, 2000. 12. 19. 선고 2000허5261 판결, 2000. 12. 19. 선고 2000허5278 판결, 2000. 12. 19. 선고 2000허5285 판결, 2000. 12. 19. 선고 2000허5292 판결, 2000. 12. 19. 선고 2000허5308 판결, 2000. 12. 19. 선고 2000허6059 판결, 2000. 12. 19. 선고 2000허6462 판결

100) 대법원 2008. 7. 24. 선고 2006다40461,40478 판결, 2007. 2. 22. 선고 2005다39099 판결, 2007. 1. 25. 선고 2005다67223 판결, 특허법원 2018. 8. 23. 선고 2017나1599,1605 판결, 2017. 10. 20. 선고 2017나1520 판결, 서울중앙지법 2021. 7. 9. 선고 2019가합564085 판결, 부산지법 2017. 5. 10. 선고 2017가합41029 판결

허권자가 얻는 이익보다 상대방이 잃을 손해가 현저히 크다 하여도 그러한 사정만으로는 이를 권리남용이라 할 수 없다.101)

다) 적극적 권리범위확인심판청구는 권리남용 아님

□ 특허권의 행사가 권리남용에 해당한다는 주장 자체가 권리범위확인심판에서 허용되지 않는 이상, 특허권자로서 특허권 행사의 일환으로 청구한 적극적 권리범위확인심판이 심판청구권의 남용이라고 볼 수는 없다.102)

라) 특허발명에 무효사유가 있는 경우

(1) 적극적 권리범위확인심판청구

□ 가사 특허발명에 무효의 사유가 있다고 하더라도, 무효심결이 확정되기까지는 그 등록은 유효한 것이고, 특허발명이 유효한 이상 그 특허발명에 기초한 적극적 권리범위확인심판을 청구하는 것을 두고 권리남용에 해당한다고 할 수는 없다.103)

(2) 소극적 권리범위확인심판의 대응

□ 가사 특허발명에 무효의 사유가 있다고 하더라도, 특허권자를 상대로 확인대상발명이 특허발명의 권리범위에 속하지 않는다는 소극적 권리범위확인을 구하는 사건에서 특허권자가 확인대상발명이 특허발명의 권리범위에 속한다고 주장하는 것을 두고 권리남용에 해당한다고 할 수는 없다.104)

(3) 특허권에 기초한 침해금지 또는 손해배상청구

□ 침해소송에서는, 특허발명에 대한 무효심결이 확정되기 전이라고 하더라도 특허발명이 무효심판에 의하여 무효로 될 것임이 명백한 경우에는 특별한 사정이 없는 한 그 특허권에 기초한 침해금지 또는 손해배상청구가 권리남용에 해당한다는 주장이 받아들여질 수 있다.105)

---

101) 대법원 2015. 4. 10.자 2015마19 결정, 2015. 3. 20. 선고 2012다17479 판결, 2014. 9. 4. 선고 2011다73038,73045 판결, 2013. 4. 26. 선고 2012다61292 판결, 2013. 4. 25. 선고 2012다115243,115250 판결, 2013. 1. 16. 선고 2011다38592,38608 판결, 2012. 12. 27. 선고 2010다103086 판결, 2011. 4. 28. 선고 2011다12163 판결, 2010. 8. 19. 선고 2009다90160,90177 판결

102) 특허법원 2016. 3. 25. 선고 2015허7599 판결

103) 특허법원 2015. 12. 11. 선고 2015허5166 판결, 2015. 12. 11. 선고 2015허5173 판결, 2011. 11. 17. 선고 2011허6963 판결, 2010. 3. 5. 선고 2009허8300 판결

104) 특허법원 2005. 12. 22. 선고 2005허278 판결

105) 특허법원 2016. 4. 1. 선고 2015허5708 판결

3) 법적 안정성을 해하지 않도록 권리남용의 신중한 적용

- 권리남용의 일반적 원칙을 적용하여 개별법이 두고 있는 구체적인 제도의 운용을 배제하는 것은 법해석에 있어 또 하나의 대원칙인 법적 안정성을 해할 위험이 있으므로 그 적용에는 신중을 기해야 한다.106)

라. 권리남용에의 대응

1) 권리남용 주장에 대응한 특허권자의 정정청구

- 침해소송에서 설령 특허발명에 기재불비 등 무효사유가 있어 그 특허권에 기초한 권리행사가 권리남용에 해당한다 하더라도, 장래 특허권자의 정정청구가 최종적으로 받아들여지고 이로 인하여 기존 특허발명에 존재하던 기재불비 등 무효사유가 해소될 수 있다면, 정정의 소급효로 인하여 현재 침해소송에서 특허권자의 권리행사도 권리남용이 아닌 정당한 권리행사라고 소급적으로 평가될 여지가 있다.107)

2) 권리남용인 경우에는 청구기각

- 당사자의 권리행사가 권리를 남용한 것으로 인정된다면 그 청구를 기각할 수밖에 없다.108)

Ⅱ. 특허권의 효력제한

1 연구 · 시험을 하기 위한 특허발명의 실시

[§ 96](특허권의 효력이 미치지 않는 범위)

① 특허권의 효력은 다음 각 호의 어느 하나에 해당하는 사항에는 미치지 않는다.

1. 연구 또는 시험(약사법에 따른 의약품의 품목허가 · 품목신고 및 농약관리법에 따른 농약의

106) 대법원 2019. 9. 9. 선고 2018두66456,66463 판결, 2015. 4. 10.자 2015마19 결정, 2011. 5. 26. 선고 2011두242 판결, 서울행법 2016. 4. 7. 선고 2015구합76490 판결, 서울남부지법 2012. 6. 15. 선고 2011가합12461 판결, 서울중앙지법 2010. 11. 11. 선고 2009가합92895 판결, 2010. 10. 15. 선고 2009가합130919 판결

107) 서울중앙지법 2022. 1. 28. 선고 2019가합548250 판결, 2019. 5. 17. 선고 2018가합504208 판결, 2019. 5. 14.자 2018카합21690 결정

108) 서울고법 2014. 12. 16. 선고 2014누48032 판결, 서울행법 2014. 7. 24. 선고 2013구합27395 판결, 2014. 7. 24. 선고 2013구합31523 판결

등록을 위한 연구 또는 시험을 포함한다)을 하기 위한 특허발명의 실시

가. 예외규정의 의미와 도입 취지

1) 예외규정의 의미

□ 특허발명을 대상으로 하는 시험적 사용은 그 발명의 실효성 여부를 검증하거나 개량발명을 가능하게 함으로써 기술의 발전을 촉진하여 산업발전에 이바지하는 면이 있으므로, 시험적 사용에 대하여는 특허권의 효력이 미치지 않는 것으로 규정하여 특허발명을 이용하려고 하는 제3자의 이익과 특허권자의 이익이 조화를 이루도록 하고 있다.[109] 따라서 특허권 침해행위를 한 실시자에 대하여 그가 그 실시행위를 시험적 사용 목적으로 한 경우에 일부 예외를 인정한 것이므로, 시험적 사용의 예외 규정에 해당하는 경우에는 특허권 침해에 해당하지 않는다.[110]

2) 예외규정의 도입 취지

□ 시험적 사용의 예외는 특허권자가 특허발명을 실시하는 것을 금지할 수 있는 강력한 권한을 가지게 되므로, 시험적 사용을 하기 위한 특허발명의 실시마저 특허권자의 허락이 없이는 할 수 없게 한다면, 이는 발명을 장려하고 그 이용을 도모함으로써 기술의 발전을 촉진하여 산업발전에 이바지함을 목적으로 하는 특허법의 근본 목적에 반하는 결과가 초래될 수 있기 때문에 도입되었다.[111]

나. 시험적 사용의 제한 여부

1) 시험적 사용의 목적

□ 특허법 제96조 제1항 제1호 규정은 시험적 사용의 목적이 상업적 목적인 경우라는 이유로 그 적용이 바로 배제되는 것이 아니며, 또한 그 시험적 사용이 특허의 법적, 실질적 유효성을 검증하기 위한 것이거나, 이를 기반으로 개량발명을 하기 위한 것인 경우로 한정되는 것으로 볼 수 없다. 시험적 사용이 특허성의 실증이나 기술의 개량 등 목적으로 한 경우로서 비상업적 목적인 경우로만 한정되어야 한다고 볼 수는 없다.[112]

2) 시험적 사용의 장소

□ '실시행위' 자체가 시험적 사용을 하기 위한 경우에는 시험의 장소에 관계없이 적용

109) 특허법원 2017. 11. 16. 선고 2016나1455 판결
110) 서울중앙지법 2020. 12. 15.자 2020카합21291 결정
111) 서울중앙지법 2020. 12. 15.자 2020카합21291 결정
112) 서울중앙지법 2020. 12. 15.자 2020카합21291 결정

될 수 있다. 특허법은 특허발명의 실시의 목적이 시험적 사용인 것만을 요건으로 하였을 뿐, 그 시험적 사용의 장소가 국내일 것을 요건으로 하지 않고 있으므로, 특허법 제96조 제1항에 의한 시험적 사용의 적용에 있어 그 시험이 해외에서 이뤄졌다는 이유만으로 위 규정의 적용이 배제되는 것은 아니다. 따라서 그 실시가 '국외'에서의 시험을 위한 것인 경우에도 시험적 사용의 예외에 해당한다.[113)]

3) 시험적 사용의 주체

□ '실시행위' 자체가 시험적 사용을 하기 위한 경우에는 시험의 주체에 관계없이 적용될 수 있다. 특허법은 특허발명의 실시의 목적이 시험적 사용인 것만을 요건으로 하였을 뿐, 그 시험적 사용의 주체가 반드시 특허발명의 실시자와 동일할 것을 요건으로 하지 않고 있으므로, 특허법 제96조 제1항에 의한 시험적 사용의 적용에 있어 그 시험이 실시자 이외의 자에 의하여 이뤄졌다는 이유만으로 위 규정의 적용이 배제되는 것은 아니다. 따라서 그 실시가 '제3자에 의한 시험'을 목적으로 한 경우에도 시험적 사용의 예외에 해당한다.[114)]

4) 시험적 사용의 범위

□ 구체적으로 시험적 사용의 예외가 적용되는 시험적 사용의 범위에 관하여는 특허법 제96조 제1항 제1호의 입법 경위, 목적 및 취지에 따라 내재적 한계가 적용될 수 있다.[115)]

다. 시험적 사용의 판단기준

1) 시험적 사용의 예외 판단

□ 특허발명의 실시 행위가 특허법 제96조 제1항 제1호의 시험적 사용의 예외에 해당할 것인지는, ① 그 실시행위의 진정한 목적이 시험적 사용의 객관적 의미, 즉 발명의 내용을 이해하거나, 이를 검증하거나, 혹은 발명과 관련된 특정한 결과를 창출하는 과정에서 필요한 지식을 획득하기 위하여 수행하는 계획적 활동의 범위에 있는 행위를 위한 것으로서, ② 그 시험적 사용을 통한 발명의 실시가 특허법이 추구하는 '발명을 장려하고 그 이용을 도모함으로써 기술의 발전을 촉진'할 수 있는 행위로 평가할 수 있는지, ③ 반면 시험적 사용을 위한 실시의 범위가 그 시험적 사용에 필요한 범위를 넘어서서 특허권자의 이익을 과도하게 제한하여 '발명의 보호'라는 특허법의

---

113) 서울중앙지법 2020. 12. 15.자 2020카합21291 결정
114) 서울중앙지법 2020. 12. 15.자 2020카합21291 결정
115) 서울중앙지법 2020. 12. 15.자 2020카합21291 결정

또 다른 이상에 배치되는 결과에 이르게 되는지, 즉 그 실시행위가 더 이상 실질적으로 시험적 사용을 위한 것으로 볼 수 없는 것인지를 종합하여 판단해야 한다.116)

2) 시험적 사용을 하기 위한 실시

- 특허발명의 실시가 특허법 제96조 제1항 제1호의 시험적 사용을 하기 위한 실시에 해당하는지는, ① 특허발명의 실시가 특허발명에 대한 신규성·진보성 유무를 조사하기 위한 것인지, ② 특허발명이 실시 가능한지를 연구·시험하기 위한 것인지, ③ 특허발명이 명세서에 적힌 효과를 갖고 있는지를 확인하기 위한 것인지, ④ 특허발명의 실시가 시장성이나 경제성을 조사하기 위한 것인지, ⑤ 그 실시가 다른 발명을 위한 도구·수단으로 사용된 것인지, ⑥ 시험적 사용의 결과물이 시제품 또는 제품의 형태로 시장에 출시되는 등 위 시험적 사용이 특허권자의 이익을 해쳤거나 특허권자에게 손해를 입혔는지 또는 이익을 해치거나 손해를 입힐 위험이 있었는지를 종합적으로 고려하여 판단해야 한다.117)

라. 시험적 사용의 사례

1) 시험성적서를 얻기 위해 필요한 시험의뢰

- 제3자가 특허권의 존속기간 만료 후에 특허농약과 유효성분을 동일하게 만든 농약을 제조·판매할 목적으로 농약관리법 제8조의 제조품목등록을 위하여 특허권의 존속기간 중에 특허발명의 기술적 범위에 속하는 화학물질 또는 의약품을 생산하고 그것을 사용하여 위 등록신청서에 첨부할 시험성적서를 얻기 위해 필요한 시험을 의뢰하는 것은 '시험적 사용을 하기 위한 특허발명'에 해당하여 특허권 침해가 되지 않는다.118)

2) 제네릭 의약품의 생동성 시험을 하면서 시험약 제조

- 제네릭 의약품에 대하여 식약처로부터 조건부 허가를 받고 생동성 시험을 하면서 특허발명의 권리범위에 속하는 시험약을 제조한 행위에는 특허권의 효력이 미치지 않고, 생동성 시험 후 남은 시험약을 보관하는 행위도 그 연장으로서 생동성 시험을 위하여 시험약을 생산한 행위와 마찬가지로 특허권의 효력이 미치지 않는다.119)

---

116) 서울중앙지법 2020. 12. 15.자 2020카합21291 결정

117) 특허법원 2017. 11. 16. 선고 2016나1455 판결, 서울중앙지법 2020. 12. 15.자 2020카합21291 결정

118) 서울남부지법 2001. 6. 15.자 2001카합1074 결정

119) 특허법원 2008. 12. 30. 선고 2008허4936 판결, 2008. 12. 30. 선고 2008허4943 판결, 2008. 12. 30. 선고 2008허5168 판결, 2008. 12. 30. 선고 2008허5175 판결, 2008. 12. 30. 선고 2008허4950 판결

3) 비교용출시험을 하면서 시험약의 제조

□ 제네릭 의약품에 대하여 식약처에 품목신고 신청을 하고 비교용출시험을 하면서 특허발명의 권리범위에 속하는 시험약을 제조한 행위에는 특허권의 효력이 미치지 않는다.[120)]

4) 의뢰에 의하여 제작한 제품의 약정 성능의 검수·시연

□ '마찰이동 용접방법 및 마찰이동 용접용 프로브'에 관한 특허발명의 실시허락을 받은 자로부터 위 발명을 실시하는데 사용되는 장비인 마찰교반용접기 제작을 의뢰받은 제조업자가 위와 같은 의뢰에 의하여 제작한 제품(마찰교반용접기)이 약정한 성능을 발휘하는지 확인하는 과정에서 해당 특허발명을 사용하여 검수·시연한 행위에는 특허권의 효력이 미치지 않는다.[121)]

5) 외국에서의 의약품 품목허가를 위한 완제의약품 제공

□ 완제의약품을 외국에서의 의약품 품목허가를 위하여 제공하는 경우로서, 완제의약품을 외국에서 나노렉의 비임상 시험을 위하여 제공하거나, 외국에서 나노렉의 성인을 대상으로 하는 임상시험을 위하여 제공하거나, 나노렉에게 이전한 채무자 기술이 제대로 이전되었는지 확인하기 위한 분석 시험을 위하여 제공한 행위에는 특허권의 효력이 미치지 않는다.[122)]

6) 등록신청서에 첨부할 시험성적서를 얻기 위한 시험의뢰

□ 제3자가 특허권의 존속기간 만료 후에 특허발명농약품과 유효성분 등을 동일하게 만든 농약품을 제조·판매할 목적으로 농약관리법 제8조 소정의 제조품목등록을 위하여 특허권의 존속기간 중에 특허발명의 기술적 범위에 속하는 화학물질 또는 의약품을 생산하고 그것을 사용하여 위 등록신청서에 첨부할 시험성적서를 얻기에 필요한 시험을 의뢰하는 행위에는 특허권의 효력이 미치지 않는다.[123)]

○ 특허법원 2017. 11. 16. 선고 2016나1455 판결

① 피고가 행한 연구·시험은 특허발명을 드라이브 샤프트 생산에 적용하는 경우 드라이브 샤프트가 필요로 하는 강도, 피로 내구성 등을 갖출 수 있는지를 확인하기 위한 것으로 보이는바, 이는 특허발명의 효과나 유용성을 확인하거나, 특정 분야에 적용될 수 있는지를 시험하고 특허발명을 개량

---

120) 특허법원 2008. 12. 30. 선고 2008허4936 판결
121) 특허법원 2017. 11. 16. 선고 2016나1455 판결
122) 서울중앙지법 2020. 12. 15.자 2020카합21291 결정
123) 서울지법 남부지원 2001. 6. 15.자 2001카합1074 결정

하기 위한 것으로 보일 뿐, 특허발명을 다른 발명을 위한 도구·수단으로만 이용했다고 볼 수 없다. ② 위와 같은 연구·시험의 결과물이 시장에 시제품 또는 제품의 형태로 출시되는 등 위 연구·시험이 특허권자의 이익을 해쳤거나 특허권자에게 손해를 입혔다고 볼만한 사정을 발견할 수 없다. ③ 오히려 위 연구·시험을 통하여 특허발명이 드라이브 샤프트 생산에 적용 가능하다는 결론을 얻는다면, 기술의 발전에 기여할 수 있다. 또한 위와 같은 연구·시험의 결과를 상업적으로 이용하기 위해서는 특허권자와 실시계약을 맺는 등 특허권자의 허락을 받아야 하므로 연구·시험의 허용이 특허권자의 이익에 부합하는 측면도 있다. 따라서 피고가 행한 연구·시험은 연구 또는 시험을 하기 위한 특허발명의 실시에 해당하여 특허법 제96조에 따라 특허권의 효력이 미치지 않는다.

○ 서울중앙지법 2017. 6. 16. 선고 2016가합554810 판결

피고가 지하철 승강장 안전문 제어장치를 제작하여 서울교통공사에 납품하기 위하여 시운전하는 과정에서 특허발명의 방법을 사용한 행위는 피고의 사업상 이익을 위하여 체결한 계약상 의무를 이행하는 행위이지 개인적·가정적 범주의 행위이거나 개량발명을 위한 연구·시험 행위가 아니므로, 피고가 '업으로서' 한 실시행위에 해당한다.

2 약사법에 의한 조제행위와 그 조제에 의한 의약

[§ 96](특허권의 효력이 미치지 않는 범위)

② 둘 이상의 의약(사람의 질병의 진단·경감·치료·처치 또는 예방을 위하여 사용되는 물건을 말한다. 이하 같다)이 혼합되어 제조되는 의약의 발명 또는 둘 이상의 의약을 혼합하여 의약을 제조하는 방법에 관한 특허권의 효력은 약사법에 따른 조제행위와 그 조제에 의한 의약에는 미치지 않는다.

가. 불특허대상의 규정 취지

1) 의사의 처방에 의한 약사의 조제행위의 자유를 해치지 않기 위함

□ 2 이상의 의약을 혼합하여 1개의 의약을 제조하는 방법발명을 불특허대상으로 규정한 취지는 2 이상의 의약을 혼합하여 1의 의약을 조제하는 것은 의료인의 진료행위에 속하는 것이므로, 국민 복지를 위하여 위와 같은 의료인의 조제행위에 대하여는 누구도 그 권리를 독점하지 않게 함으로써 결과적으로 의사가 환자의 상태에 따라 행하는 치료행위 또는 의사나 치과의사의 처방에 의한 약사의 조제행위의 자유를 해치지 않기 위한 것이다.[124]

---

124) 특허법원 2004. 5. 21. 선고 2002허3962 판결

• 제조방법이라도 2 이상의 의약을 혼합하여 1개의 의약을 제조하는 방법발명을 불특허대상으로 명시하고 있는 것은, 의사나 치과의사의 처방전에 의한 조제행위를 해치지 않기 위하여 이를 명시한 것이다(특허법원 2000. 12. 22. 선고 99허840 판결).

2) 의약의 생산·판매행위를 자유롭게 허용하려는 것은 아님

□ 제조방법이라도 2 이상의 의약을 혼합하여 1개의 의약을 제조하는 방법발명을 불특허대상으로 명시하고 있는 것은, 대상물질이 의약이기만 하면 그 생산·판매 등의 행위를 자유롭게 허용하도록 보장하려는 것은 아니다.[125]

나. 의약품의 조제

1) 의약품의 조제의 의미

가) 일정한 처방에 따라서 2 이상의 의약품을 배합하거나 소분

□ 약사법상 조제는 일정한 처방에 따라서 2 이상의 의약품을 배합하거나 한 가지의 의약품을 그대로 일정한 분량으로 나눔으로써 특정한 용법에 따라 특정인의 특정된 질병을 치료하거나 예방하는 등의 목적으로 사용되도록 약제를 만드는 것을 말한다.[126]

나) 의약품 원료를 변형·정제하거나 의약품 조합

□ 의약품의 조제란 일반의 수요에 응하기 위하여 일정한 작업에 따라 의약품을 산출하는 행위를 말하며 의약품 등의 원료를 화학적 방법에 의하여 변형 또는 정제하는 것은 물론 의약품들을 조합하는 경우도 포함된다.[127]

다) 의약품과 다른 의약품의 약간 량 조합

□ 의약품의 조제란 화학적 변화를 가져오지 않는 가공, 예컨대 의약품의 약간 량과 다른 의약품의 약간 량을 조합하는 경우도 여기에 포함된다.[128]

라) 한약을 혼합하여 특정 질병에 대한 약제 조제

□ 의약품의 조제란 일정한 처방에 따라서 두 가지 이상의 의약품을 배합하거나 한 가지의 의약품을 그대로 일정한 분량으로 나누어 특정한 용법에 따라 특정인의 특정 질병을 치료하거나 예방하는 것 등을 목적으로 사용되도록 약제를 만드는 것을 말하는 것으로서, 한약을 혼합하여 특정인의 특정 질병에 대한 약제를 만드는 것도 일반적으로는 위와 같은 조제의 개념에 포함된다.[129]

---

125) 특허법원 2004. 5. 21. 선고 2002허3962 판결
126) 특허법원 2004. 5. 21. 선고 2002허3962 판결
127) 대법원 2003. 7. 22. 선고 2003도2432 판결, 2000. 11. 24. 선고 2000도4232 판결, 1995. 7. 28. 선고 95도1081 판결, 1992. 9. 8. 선고 92도1683 판결, 1986. 5. 27. 선고 83도1715 판결, 1975. 7. 8. 선고 75도233 판결
128) 대법원 2003. 7. 22. 선고 2003도2432 판결, 1995. 7. 28. 선고 95도1081 판결, 1992. 9. 8. 선고 92도1683 판결, 1986. 5. 27. 선고 83도1715 판결, 1975. 7. 8. 선고 75도233 판결
129) 대법원 1991. 12. 10. 선고 91도2348 판결

2) 의약품의 조제에 해당하지 않는 경우

□ **각종 의약품을 모아 상자에 담아 재포장한 것**

기존의 각종 의약품을 혼합하지 않고 별개로 구분하여 포장한 후 이것들을 모아 상자에 담아 다시 포장한 것은 의약품의 조제에 해당하지 않는다.130)

다. 의약품의 조제방법

□ **산업에 이용할 수 있는 발명이 아님**

사람의 질병을 진단·치료·경감하고 예방하거나 건강을 증진시키는 의약이나 의약의 조제방법은 산업에 이용할 수 있는 발명이라 할 수 없으므로 특허를 받을 수 없다.131)

○ 특허법원 2004. 5. 21. 선고 2002허3962 판결

특허발명의 출발물질인 '방사성 금속' 및 '이소니트릴 리간드의 용성 비－방사성 금속 부가물'이 모두 의약에 해당하지 않는 이상, 특허발명은 단순한 의약제조행위에 불과할 뿐 의사 등의 치료행위 또는 의사나 치과의사의 처방에 따라 2 이상의 의약을 혼합하여 1의 의약을 제조하는 약사의 의약조제행위라고 볼 수는 없고, 단지 방사성 금속의 짧은 반감기 등으로 인하여 의사 또는 약사가 의약제조업자로부터 원료물질을 미리 공급받아 가지고 있다가 환자에게 투여하기 직전에 직접 원료물질을 혼합하여 제조하는 형식으로 특허발명을 실시한다고 하더라도 이를 의사의 치료행위 또는 약사의 조제행위라고 볼 수는 없으므로, 특허발명은 '2 이상의 의약을 혼합하여 1의 의약을 제조하는 방법발명'에 해당하지 않는다.

라. 특허법상의 의약

1) 사람의 질병을 진단·치료·처치 또는 예방에 사용되는 물질

□ 특허법 소정의 의약이란, 사람의 질병을 진단·치료·처치 또는 예방하는 데 사용되는 물질을 지칭하고, 이에는 단독으로 사용할 때 의약적 효과가 있는 것은 물론 단독으로는 의학적 효과를 나타내지 않지만 다른 약제와 병용하면 그 약제의 효과를 지속·증강 또는 유효성분의 흡수를 좋게 하는 물질도 포함하며, 그와 같은 지속효과 등의 효과가 인체 내에서의 그 물질의 작용에 의한 효과이건 인체 내에 주입되기 전에 병용하는 약제와 혼합되었을 때에 일어난 어떤 변화에 의한 효과이건 이를 구

130) 대법원 2003. 7. 22. 선고 2003도2432 판결, 1992. 9. 8. 선고 92도1683 판결

131) 대법원 1991. 3. 12. 선고 90후250 판결, 특허법원 2022. 7. 8. 선고 2021허3772 판결, 2020. 5. 7. 선고 2019허8149 판결, 2017. 11. 17. 선고 2017허4501 판결, 2016. 4. 8. 선고 2015허5142 판결, 2013. 9. 27. 선고 2013허686 판결, 2013. 3. 21. 선고 2012허9587 판결, 2011. 9. 29. 선고 2011허57 판결

별할 것은 아니다.[132]

2) **특허법의 입법취지에 따라 독자적으로 판단**

□ 특허법 소정의 의약은 약사법 소정의 의약품과는 반드시 일치되는 관념이라고는 할 수 없고 따라서 약사법 소정의 의약품에 해당하는지 여부를 가지고 특허법 소정의 의약에 해당하는 여부를 판별할 것은 아니고 특허법의 입법취지에 따라 독자적으로 정해야 한다.[133]

3 FRAND 선언

가. 의의

1) FRAND 선언의 의미

□ FRAND 선언은 표준특허에 관하여 'FRAND 조건에 의한 실시권 허여'에 대한 약속 내지 일반적인 원칙을 선언한 것으로, 특허가 기술표준으로 정해질 경우 해당 특허권자로 하여금 실시자에게 '공정하고 합리적이며 비차별적인(Fair Reasonable And Non－Discriminatory)' 조건으로 실시허락할 것을 확약받는 것을 의미한다.[134]

2) FRAND 선언의 목적

가) 표준기술 특허보유자의 권리남용행위의 위험 방지

□ FRAND 선언은 표준기술이 설정될 경우 그에 포함된 기술의 특허보유자가 관련 시장에서 시장지배력을 획득하여 라이선스를 차별적으로 적용하는 등 남용행위를 할 위험이 있기 때문에 이를 방지하기 위한 것이다.[135]

나) 표준특허실시자에 대하여 특허권자의 권리를 합리적인 범위로 제한

□ FRAND 선언은 표준화에 따른 필수특허의 실시권 허여 필요성, 표준화를 통한 산업

---

132) 대법원 1984. 6. 12. 선고 82후11 판결
133) 대법원 1984. 6. 12. 선고 82후11 판결
• 의약은 사람의 질병의 진단·경감·치료·처치 또는 예방을 위하여 사용되는 물건을 말한다(특허법원 2017. 2. 3. 선고 2015허7889 판결, 2017. 2. 3. 선고 2015허7896 판결).
134) 서울중앙지법 2012. 8. 24. 선고 2011가합39552 판결
• 특허권자가 FRAND 선언에 의하여 곧바로 불특정의 제3자에게 해당 특허에 대하여 자동적으로 실시권을 부여하기로 하는 것 또는 구속력 있는 취소불가능한 실시권 허여의 확약에 해당한다거나, 해당 특허를 사용한 자 또는 사용하려는 자가 FRAND 선언에 의하여 당연히 실시권을 취득하는 것으로 볼 수는 없고, 특허권자에게 라이센스 계약의 체결과 관련하여 FRAND 조건으로 성실하게 협상할 의무 등을 부담시키는 일반 원칙을 선언하는 것이다(서울중앙지법 2012. 8. 24. 선고 2011가합39552 판결).
135) 서울고법 2013. 6. 19. 선고 2010누3932 판결

발전 등을 고려하여 그 표준특허를 진정하게 실시하거나 실시하려는 자에 대하여 독점적·배타적인 권한을 가진 특허권자의 권리를 합리적인 범위로 제한하기 위한 것이다.[136)]

3) 표준특허의 개념

가) 제품 등을 생산하기 위해서 필수적으로 실시허락을 받아야 하는 특허

□ 표준특허란 표준기술을 구현하는 제품을 생산하거나 서비스를 공급하기 위해서는 필수적으로 실시허락을 받아야 하는 특허로서, FRAND 조건으로 실시허락할 것이라는 자발적인 확약이 요청되는 특허를 말한다.[137)]

나) 당해 특허기술을 침해하지 않고는 제품 등의 생산이 불가능한 특허

□ 표준특허는 개념적·본질적으로 표준화 당시의 정상적인 기술관행이나 일반적으로 이용될 수 있는 기술적인 상태를 고려할 때, 당해 특허기술을 침해하지 않고는 제품이나 방법을 제작, 판매, 리스 기타처분, 수리, 사용 또는 운영하는 것이 기술적 이유에 의하여 불가능한 특허이므로, 특허 침해자가 되지 않기 위해서는 반드시 특허권자의 실시허락을 받아야 한다.[138)]

나. 표준특허권자의 의무와 권리제한

1) 표준특허권자의 의무

가) FRAND 조건에 따른 실시권 허여 및 성실 협상 의무

□ FRAND 선언이란 FRAND 조건에 의한 실시권 허여라는 제한을 수용하는 의사표시를 한 것이라고 보아야 하며, 따라서 표준특허권자가 표준특허에 대하여 표준화기구에서 FRAND 선언을 하게 되면, 표준특허권자는 표준특허를 실시하려는 자에게 FRAND 조건에 따른 실시권을 허여하고 성실하게 협상할 의무가 생긴다.[139)]

나) 실시권 허여 취지의 확약서를 제출한 경우에는 사용에 협조 의무

□ 표준특허권자는 실시권 허여 계약체결을 원하는 누구에게나 FRAND 조건으로 실시권을 허여한다는 취지의 확약서를 제출하였음에도 불구하고 BP3 승인을 지연하여 그 사용을 방해한 것은 표준화기구에 대한 FRAND 확약을 실질적으로 위반한 것으로 볼 수 있다.[140)]

---

136) 서울중앙지법 2012. 8. 24. 선고 2011가합39552 판결
137) 공정위 2017. 1. 20.자 2015시감2118 의결
138) 공정위 2017. 1. 20.자 2015시감2118 의결
139) 공정위 2017. 1. 20.자 2015시감2118 의결

2) 표준특허권자 권리제한의 필요성

가) 특허법의 목적 범위로 제한

□ 표준특허와 같이 특정 기술 분야에서 해당 기술 발명을 실시하지 않고서는 표준기술이나 규격에 맞는 장치나 방법을 구현할 수 없게 되거나 매우 곤란한 경우 또는 표준화기구에서 표준으로 채택한 규격을 기술적으로 구현하는 과정에서 필수적으로 이용·실시해야 하는 표준선언특허에 대하여 FRAND 선언을 한 경우에는 그 표준특허에 대하여는 산업발전이라는 특허법의 목적과 이념 등에 비추어 표준특허권자의 권리행사를 제한할 필요성이 있다.[141)]

나) 공정거래법상의 불공정거래행위 규율

□ 특허발명이나 기술이 표준으로 채택되면 특허권의 독점적·배타적인 권리의 특성으로 표준특허를 실시하려고 하는 자는 특허권자에 의하여 특허 위협이나 고착효과 등이 발생할 수 있고 이로 인한 진입장벽의 형성 등으로 오히려 산업발전을 저해하고 경쟁을 제한하는 결과나 그러한 우려가 발생할 수 있는데, 특히 표준화기구에서 표준으로 채택된 특허발명에 대하여 특허권자의 FRAND 선언 이후 그 표준특허에 기하여 특허권을 행사하는 것에 대하여 공정거래법상의 경쟁제한행위 내지 불공정거래행위에 해당하는지 여부 등 규율의 필요성이 있다.[142)]

3) 표준특허권자 권리제한의 올바른 해석

가) 악의적 실시권자의 과보호 금지

□ FRAND 선언을 표준선언 특허의 효력과 침해 여부 등을 부정하면서 일방적으로 그 표준특허를 실시하고 있거나 실시하려는 잠재적 실시권자에 대하여도 실시권 허여를 확약하는 의사로 해석한다면 오히려 특허권자의 적절하고 공정한 보상이라는 정책 목적을 달성할 수 없게 될 뿐 아니라 악의적인 실시권자 등을 지나치게 보호하는 결과가 되어 특허제도의 본질에도 반하게 된다.[143)]

나) 실시료 조건에 대하여 정하지 않은 특허권자의 FRAND 선언

□ 표준특허에 대한 실시료 조건에 대한 구체적인 정함이 없는 특허권자의 FRAND 선언만으로 라이센스 계약에 관한 청약의 의사표시를 한 것이라고 볼 수 없다.[144)]

---

140) 공정위 2021. 8. 19.자 2018제감2964 의결
141) 서울중앙지법 2012. 8. 24. 선고 2011가합39552 판결
142) 서울중앙지법 2012. 8. 24. 선고 2011가합39552 판결
143) 서울중앙지법 2012. 8. 24. 선고 2011가합39552 판결

4) 침해금지청구권의 허부

가) 침해금지청구권의 원칙적 불허

□ FRAND 선언을 한 표준특허권자는 그 표준특허를 실시하고자 하는 자에게 공정하고 합리적이고 비차별적인 FRAND 조건으로 라이센스를 허여하겠다는 명시적인 의사표시로서, FRAND 선언을 한 이후에는 표준특허 실시를 요구하는 자와 성실하게 협상해야 할 의무를 부담한다고 할 것이고, 이러한 의무는 상대방이 명시적·묵시적으로 협상거절 내지 포기의 의사표시를 하기 전까지는 라이센스 계약 대상인 당해 표준특허에 기하여 침해금지청구권을 행사하지 않을 의무도 포함한다. 그러나 이러한 FRAND 선언을 한 표준특허권자의 의무는 정상적으로 표준특허에 대한 실시 요구를 하는 잠재적 실시권자 또는 표준특허의 유효성을 전제로 FRAND 조건에 의한 표준특허에 대한 실시료 부담의사를 표시한 실시권자와 같은 이와 동일시 할 수 있는 제3자에게 부담하는 것이다.[145)]

나) 악의적 실시권자에게는 침해금지청구권 허용

□ 특허권자는 FRAND 선언을 한 후 향후 표준특허에 대하여 실시권 허여를 요청하는 제3자에 대하여 성실하게 실시료 등을 FRAND 조건에 따라 협상할 의무가 있는 반면에, 표준특허를 실시하고자 하는 잠재적 실시권자 내지 제3자로서 필수적인 표준특허를 이용하려면 정당하게 실시권 허여를 요청하고, 특허권자와 실시료에 대한 협상을 하여야 할 의무를 함께 부담한다고 할 것인데, 특허권자에게 실시권의 허여 요청 등도 없이 일방적으로 표준특허를 실시하는 경우까지 침해금지 등을 청구할 수 없도록 하는 것은 악의적인 실시권자 내지 잠재적 실시권자를 더 보호하는 결과가 되어 특허제도의 본질에도 반한다.[146)]

다. 특허권자가 FRAND 선언을 위반한 경우

1) 금반언의 원칙 위반

□ 특허권자가 의도적으로 표준화기구를 기만하여 자신의 특허를 표준으로 채택되도록 하였거나 준수할 의사 없이 표준으로 채택된 특허에 대한 FRAND 선언을 한 후에 과도한 실시료의 요구 등으로 표준특허의 실시를 거절하는 등의 행위를 한 경우에는 금반언의 원칙에 위반된다.[147)]

---

144) 서울중앙지법 2012. 8. 24. 선고 2011가합39552 판결
145) 서울중앙지법 2012. 8. 24. 선고 2011가합39552 판결
146) 서울중앙지법 2012. 8. 24. 선고 2011가합39552 판결

2) 공정거래법상 지위남용행위 또는 불공정거래행위

□ 특허권자가 표준화 과정에서 특허의 존재를 은폐하거나 적시공개의무 위반 등으로 표준화기구를 기만하여 표준으로 채택되게 하고, FRAND 선언에 반하는 실시료의 요구나 표준특허의 실시 거절 등을 하는 행위에 대해, ① 특허권자가 의도적으로 자신의 기술이나 특허를 표준으로 채택함으로써 경쟁을 배제할 목적으로 자신의 기술이나 특허를 은폐 내지 미공개하거나 FRAND 선언을 준수·이행할 의사가 없음에도 FRAND 선언을 하였고, ② 표준화기구에서는 이를 신뢰하여 해당 기술이나 규격을 표준으로 채택하였는데, 만일 특허권자의 그러한 행위가 없었더라면 다른 기술이나 규격을 표준으로 채택하였을 것이며, ③ 특허권자가 표준 채택 이후에 FRAND 선언에 위반하는 행위를 하는 경우에는 공정거래법상 경쟁을 제한하는 행위로서 사업활동을 방해하는 지위남용행위 또는 불공정거래행위에 해당할 수 있다.148)

라. 제3자가 표준특허를 침해한 경우

□ 특허권자가 FRAND 선언으로 불특정 제3자에게 표준특허에 대한 실시권을 부여한다는 구속력 있는 확약의 의사표시를 한 것으로 볼 수 없으므로, 위와 같은 특허권자의 FRAND 선언이 있었다는 사정만으로 일방의 표준특허 실시로 특허권자와 실시자 사이에 라이센스 계약이 체결된 것은 아니며, 실시권을 허여 받지 않은 채 임의로 표준특허를 실시하여 침해하는 제3자에게 침해금지청구권을 행사하는 것까지 포기한 것이라고 해석할 수도 없으므로, 특허권자가 FRAND 선언 표준특허에 대한 실시권 허여 요청 없이 무단으로 실시하고 있거나, 표준특허의 유효 여부나 침해 여부를 부인하면서 표준특허를 실시하고 있는 제3자에게 특허권에 기하여 침해금지 등을 구한다고 하더라도 이를 두고 금반언의 원칙에 반한다고 할 수 없다.149)

4 특허출원시부터 국내에 있던 물건

□ 특허권의 효력이 미치지 않는 '특허출원시부터 국내에 있던 물건'은 특허출원시부터 현존하던 물건에 대하여 특허권의 효력이 미치지 않는다는 것일 뿐, 만약 출원 이후 그 물건이 멸실되어 동일한 물건을 새로이 만든 경우에는 여전히 특허권의 효력이

147) 서울중앙지법 2012. 8. 24. 선고 2011가합39552 판결
148) 서울중앙지법 2012. 8. 24. 선고 2011가합39552 판결
- 표준특허권자가 타당성 없는 조건을 제시하거나 불이익을 강제하여 사업활동을 방해하는 경우에는 시장지배적 지위남용에 해당한다(대법원 2023. 4. 13. 선고 2020두31897 판결).

149) 서울중앙지법 2012. 8. 24. 선고 2011가합39552 판결

미친다.[150)]

150) 서울중앙지법 2017. 5. 25.자 2017카합80190 결정

제6장

기타 실무상 문제

제6장

기타 실무상 문제

Ⅰ. 당사자보정과 표시정정

1 당사자보정과 피고경정

가. 당사자보정은 심판청구의 요지변경

1) 최초청구서에 적힌 당사자 기준

□ 당사자에 관한 보정은 심판청구의 요지를 변경하는 것이어서 허용되지 않으며, 이 경우 최초청구서에 적힌 당사자를 기준으로 심판청구의 적법성 여부를 판단해야 한다.[1)]

2) 피청구인을 망인에서 그 상속인으로 하는 보정 불허

□ 청구인의 최초심판청구서가 확인대상발명을 실제로 실시한 망인을 피청구인으로 하였고, 그 상속인을 피청구인으로 하였다고 볼 수 없는 경우에는, 청구인이 심판청구 보정서를 통하여 최초심판청구서상 피청구인을 망인에서 상속인으로 정정하여 달라는 심판청구서의 보정은 단순한 당사자표시정정이 아니라 심판청구서상 당사자의 동일성의 범위를 넘는 것으로서 최초심판청구서의 요지를 변경하는 것이므로 허용될 수 없다.[2)]

1) 특허법원 2004. 7. 9. 선고 2004허875 판결

나. 피고경정

1) 피고경정의 의의

▶ 피고경정은 원고의 신청에 대하여 법원의 결정을 통해 이루어진다. 피고경정이 되면 새로운 피고에 대하여 소가 제기되고, 종전 피고에 대한 소는 취하간주 된다. 이때 신소 제기일은 구소 제기일로 의제된다.

2) 피고경정시기

□ 피고경정은 사실심 변론종결시까지만 가능하고, 대법원에서는 허용되지 않는다.[3)]

3) 피고경정허가결정의 성격

가) 중간적 재판의 성질

□ 피고경정허가결정은 새로운 피고에 대한 관계에서는 중간적 재판의 성질을 갖는 것으로서, 특별항고의 대상이 되는 불복을 신청할 수 없는 결정에는 해당하지 않는다.[4)]

나) 허가결정의 당부에 대한 불복

(1) 즉시항고 외에는 불복할 수 없음

□ 피고경정신청을 허가하는 제1심법원의 결정에 대하여는 종전의 피고가 이에 대한 동의가 없었음을 사유로 하는 경우에 한하여 즉시항고를 할 수 있는 이외에는 달리 불복할 수 없다고 보아야 하고, 더욱이 피고경정신청을 한 원고가 그 허가결정의 부당함을 내세워 불복하는 것은 허용될 수 없으므로, 이러한 허가결정의 당부는 즉시항고 외에는 불복할 수 없는 종국판결 전의 재판에 관한 것이어서 항소심법원의 판단대상이 되지 않는다.[5)]

(2) 종전의 피고는 불복신청 불가

□ 피고경정허가결정에 대하여는 종전의 피고는 불복을 신청할 수 없으므로 위 결정에 대한 종전의 피고의 항고는 특별항고로 본다.[6)]

---

2) 특허법원 2004. 7. 9. 선고 2004허875 판결

3) 대법원 2006. 2. 23. 선고 2005부4 판결, 1996. 1. 23. 선고 95누1378 판결

4) 대법원 1994. 6. 29.자 93프3 결정

• 중간판결은 그 심급에 있어서 사건의 전부 또는 일부를 완결하는 재판인 종국판결을 하기에 앞서 그 종국판결의 전제가 되는 개개의 쟁점을 미리 정리·판단하여 종국판결을 준비하는 재판으로서, 중간판결이 선고되면 판결을 한 법원은 이에 구속되므로 종국판결을 할 때에도 그 주문의 판단을 전제로 하여야 하며, 설령 중간판결의 판단이 그릇된 것이라 하더라도 이에 저촉되는 판단을 할 수 없다(대법원 2011. 9. 29. 선고 2010다65818 판결).

5) 대법원 1992. 10. 9. 선고 92다25533 판결

(3) 기각결정에 대해서는 통상항고 제기

□ 피고경정신청을 기각하는 결정에 불복이 있는 원고는 통상항고를 제기할 수 있으므로 그 결정에 대하여 특별항고를 제기할 수는 없다.[7)]

4) 피고경정의 요건

▶ ① 심결취소소송이 계속 중이어야 한다. 다만, 계속 중 소가 제소기간을 도과한 것이면 피고경정의 이익이 없다.
② 피고를 잘못 지정한 것이 명백한 경우이어야 한다.
③ 사실심 변론종결시까지만 허용된다.

5) 피고경정이 불필요한 경우

□ 당사자소소송으로서의 소송요건을 결하고 있음이 명백하여 적법한 피고로 경정하더라도 어차피 부적법하게 되는 경우라면 피고경정은 필요하지 않다.[8)]

6) 피고경정의 효과

□ 피고경정이 허가된 경우에는 처음에 소를 제기한 때에 제기된 것으로 본다.[9)]

7) 피고를 잘못 지정한 경우

가) 피고를 잘못 지정한 것이 명백한 때

□ 피고를 잘못 지정한 것이 명백한 때란, 청구취지나 청구원인의 기재내용 자체로 보아 원고가 법률적 평가를 그르치는 이유로 피고의 지정이 잘못된 것이 명백하거나 법인격의 유무에 관하여 착오를 일으킨 것이 명백한 경우를 말하고, 피고로 되어야 할 자가 누구인지를 증거조사를 거쳐 사실을 인정하고 그 인정 사실에 근거하여 법률 판단을 하여야 인정할 수 있는 경우는 이에 해당하지 않는다.[10)]

나) 피고를 잘못 지정한 경우의 조치

(1) 원고의 신청에 의하여 결정으로써 피고경정 허가

□ 원고가 피고를 잘못 지정한 때에는 법원은 원고의 신청에 의하여 결정으로써 피고경

---

6) 대법원 1994. 6. 29.자 93두48 결정
7) 대법원 1997. 3. 3.자 97으1 결정
8) 서울행법 2016. 8. 19. 선고 2015구합76933 판결
9) 대법원 2013. 7. 12. 선고 2011두20321 판결
(같은 취지) 대법원 2022. 11. 17. 선고 2021두44425 판결, 2019. 7. 4. 선고 2018두58431 판결, 2018. 11. 15. 선고 2016두48737 판결, 2013. 7. 12. 선고 2011두20321 판결, 2013. 7. 11. 선고 2011두27544 판결, 2004. 11. 25. 선고 2004두7023 판결, 1984. 2. 28. 선고 83다카1981 전합 판결
10) 대법원 1997. 10. 17.자 97마1632 결정

정을 허가할 수 있다.[11)]

(2) 석명권을 행사하여 원고로 하여금 정당한 피고로 경정

□ 원고가 피고를 잘못 지정한 때에는 법원은 석명권을 행사하여 원고로 하여금 정당한 피고로 경정하게 하여 소송을 진행하도록 하여야 한다.[12)]

(3) 피고경정조치 없는 소각하는 위법

□ 원고가 피고를 잘못 지정한 때에는 법원이 원고로 하여금 피고를 경정하게 하는 조치를 취하지 않은 채 피고의 지정이 잘못되었다는 이유로 소를 각하한 것은 위법하다.[13)]

2 당사자표시정정

가. 당사자의 확정

1) 당사자 확정의 필요성

□ 심판에서 당사자가 누구인가는 기판력의 주관적 범위, 당사자능력, 당사자적격 등에 관한 문제와 직결되는 중요한 사항이므로, 사건을 심리·판단하는 특허심판원으로서는 직권으로 심판당사자가 누구인가를 확정하여 심리를 진행해야 하고, 심결의 표시에도 이를 분명히 하여야 한다.[14)]

2) 당사자의 확정방법

□ 심판 및 소송절차에 있어서 당사자의 확정은 청구인의 심판청구의 목적이라는 견지에서 심판청구 내용을 합리적으로 해석함으로써 이루어질 수 있다.[15)] 이때 특허심판원은 심판청구서의 당사자 표시 만에 의할 것이 아니고 심판청구의 내용을 종합하여 당사자를 확정해야 하는데,[16)] 당사자가 누구인가는 심판청구서에 적힌 표시 및 청구의

---

11) 대법원 2011. 1. 13. 선고 2009두20755 판결
12) 대법원 2016. 10. 13. 선고 2016다221658 판결, 2016. 8. 18. 선고 2015두41562 판결, 2014. 10. 30. 선고 2012두27312 판결, 2014. 9. 26. 선고 2013두2518 판결, 2011. 1. 13. 선고 2009두20755 판결, 2006. 11. 9. 선고 2006다23503 판결, 2004. 7. 8. 선고 2002두7852 판결, 1997. 2. 28. 선고 96누1757 판결, 1990. 1. 12. 선고 89누1032 판결, 1985. 11. 12. 선고 85누621 판결
 • 피고를 잘못 지정하였을 뿐 아니라 이를 바로 잡으려고 피고경정신청까지 하였다면, 마땅히 피고경정허가를 한 다음 경정된 피고를 상대로 소송을 진행해야 한다(대법원 1997. 11. 11. 선고 97누1990 판결).
13) 대법원 2011. 1. 13. 선고 2009두20755 판결, 2006. 11. 9. 선고 2006다23503 판결, 2004. 7. 8. 선고 2002두7852 판결, 1997. 2. 28. 선고 96누1757 판결, 1985. 11. 12. 선고 85누621 판결
14) 대법원 2016. 12. 27. 선고 2016두50440 판결, 2011. 3. 10. 선고 2010다99040 판결, 2001. 11. 13. 선고 99두2017 판결, 1999. 11. 26. 선고 98다19950 판결, 1999. 4. 9. 선고 97누19731 판결, 1996. 12. 20. 선고 95다26773 판결, 1987. 4. 14. 선고 84다카1969 판결
15) 특허법원 2002. 4. 26. 선고 2001허6582 판결
16) 대법원 2016. 12. 29. 선고 2014후713 판결

내용과 원인사실 등 심판청구서의 전 취지를 합리적으로 해석하여 확정해야 한다.[17]

나. 당사자표시정정의 의미

1) 당사자표시를 정확히 정정하는 것

□ 심판청구 당시에 확정된 당사자표시에 의문이 있거나 당사자가 정확히 표시되지 않은 경우에 그 표시를 정확히 정정하는 것을 당사자표시정정이라 한다.[18]

2) 확정된 당사자와 동일성이 인정되는 범위 내의 정정

□ 당사자표시정정은 심판청구서상의 당사자표시 만에 의하는 것이 아니라 청구취지와 그 이유 등 심판청구서의 전 취지를 합리적으로 해석하여 당사자를 확정한 다음, 그 확정된 당사자와 동일성이 인정되는 범위 내에서 심판청구서상의 당사자표시를 정정하는 것을 의미한다.[19]

다. 제소기간 준수의 판단시점

□ 당사자표시정정신청에도 불구하고 여전히 제소기간의 준수 여부는 소를 제기한 때를 기준으로 판단해야 한다.[20]

라. 당사자가 잘못 표시된 경우

1) 잘못 표시된 유형

가) 확정당사자가 심판청구서의 표시와 다를 경우

□ 확정당사자가 심판청구서의 표시와 다를 때에는 당사자표시정정의 조치를 취해야 한다.[21]

나) 당사자능력이나 당사자적격이 없는 자를 당사자로 표시한 경우

□ 청구인이 당사자를 정확히 표시하지 못하고 당사자능력이나 당사자적격이 없는 자를

---

17) 대법원 2021. 6. 24. 선고 2019다278433 판결, 2019. 11. 15. 선고 2019다247712 판결, 2018. 3. 16.자 2015마825 결정, 2015. 8. 19. 선고 2014후409 판결, 2011. 7. 28. 선고 2010다97044 판결, 2011. 3. 10. 선고 2010다99040 판결, 2011. 1. 27. 선고 2008다27615 판결, 2008. 11. 13. 선고 2008다24081 판결, 2003. 3. 11. 선고 2002두8459 판결, 2001. 11. 13. 선고 99두2017 판결

18) 서울고법 2005. 4. 20.자 2004라693 결정

19) 대법원 1999. 1. 26. 선고 97후3371 판결, 1999. 1. 26. 선고 97후3388 판결, 1995. 4. 11. 선고 94후296 판결, 1995. 1. 12. 선고 93후1414 판결, 특허법원 2014. 4. 10. 선고 2013허7779 판결, 2014. 4. 4. 선고 2013허7915 판결, 2014. 4. 4. 선고 2013허7922 판결, 2007. 1. 26. 선고 2006허5416 판결, 2004. 7. 9. 선고 2004허875 판결

20) 특허법원 2014. 1. 29. 선고 2013허8192 판결

21) 대법원 2019. 11. 15. 선고 2019다247712 판결, 2018. 3. 16.자 2015마825 결정, 1965. 12. 21. 선고 65누104 판결

당사자로 잘못 표시하였다면, 당사자표시정정신청을 받은 특허심판원으로서는 당사자를 확정한 연후에 청구인이 정정신청한 당사자표시가 확정된 당사자의 올바른 표시이며 동일성이 인정되는지의 여부를 살피고 그 확정된 당사자로 표시를 정정하도록 하는 조치를 취해야 한다.[22]

2) 올바른 당사자로의 정정 조치

가) 석명권 행사로 당사자 확정 후 보정조치

□ 당사자표시가 불명확한 경우에 특허심판원으로서는 마땅히 석명권을 행사하여 청구인에게 피청구인이 누구인지를 분명히 하도록 석명하여 피청구인을 명확히 한 다음, 올바른 당사자로 보정케 하는 조치를 취한 이후에 본안에 관하여 심리 · 판단해야 한다.[23]

나) 당사자표시정정신청에 의한 당사자 확정

□ 당사자표시를 잘못한 것이 분명한 때에는, 특허심판원으로서는 이를 바로잡기 위한 당사자표시정정신청을 받아들인 후 본안에 관하여 심리 · 판단해야 한다.[24]

다) 보정조치 없는 각하는 위법

□ 심판청구서에 표시된 당사자가 잘못된 경우에 당사자표시를 정정케 하는 조치를 취함이 없이 바로 청구를 각하할 수는 없다.[25]

라) 보정명령 후에도 부적법하면 각하

□ 심판청구서에 표시된 당사자에게 당사자능력이나 당사자적격이 인정되지 않는 경우에는 보정을 명하여 당사자표시를 바로잡도록 하여야 하고, 만일 보정을 거부한다면 심판청구가 부적법하므로 각하해야 한다.[26]

마. 당사자표시정정신청이 이유 있는 경우

□ 당사자표시정정신청이 이유 있는 경우에는 별도의 결정을 하지 않고 당사자표시를 정정하여 절차를 진행한다.[27]

---

22) 대법원 2021. 6. 24. 선고 2019다278433 판결, 2013. 8. 22. 선고 2012다68279 판결, 1996. 10. 11. 선고 96다3852 판결

23) 대법원 1999. 1. 16. 선고 97후3371 판결

24) 대법원 2016. 12. 27. 선고 2016두50440 판결, 1994. 12. 2. 선고 93누12206 판결

25) 대법원 2013. 8. 22. 선고 2012다68279 판결, 2001. 11. 13. 선고 99두2017 판결, 1999. 12. 24. 선고 97누3569 판결, 1997. 6. 27. 선고 97누5725 판결, 1977. 6. 28. 선고 75누250 판결, 1965. 12. 21. 선고 65누104 판결

26) 특허법원 2013. 3. 29. 선고 2012허8973 판결

바. 당사자표시정정신청으로 보는 경우

□ 대표이사의 변경이 있다 하여도 소송대리인이 있는 경우에는 제1심판결의 송달이 있을 때까지는 소송절차가 중단된다고 볼 수 없으므로 대표이사의 변경이 있음을 이유로 제출한 소송절차수계신청은 당사자표시정정신청으로 보아야 한다.[28)]

사. 당사자표시정정이 이루어지지 않은 경우의 효력

□ 소장의 당사자표시가 착오로 잘못 기재되었음에도 소송계속 중 당사자표시정정이 이루어지지 않아 잘못 적힌 당사자를 표시한 본안판결이 선고·확정된 경우라 하더라도 그 확정판결의 효력은 잘못 적힌 당사자와 동일성이 인정되는 범위 내에서 적법하게 확정된 당사자에 대하여 미친다.[29)]

아. 당사자표시정정이 허용되는 경우

1) 확정된 당사자와 동일성 범위 내의 정정

□ 확정된 당사자와 동일성이 인정되는 범위 내에서 올바른 당사자로 표시를 정정하는 것은 허용된다.[30)]

2) 당사자능력이 인정되지 않는 주체로 명백히 잘못 표시된 경우

□ 당사자표시정정이 허용되는 경우는, 정정 전 표시와 정정된 표시에서의 주체들 사이에 동일성이 인정되는 상황에서 당사자능력이 인정되지 않는 주체로 당사자가 명백히 잘못 표시되었다고 해석되는 경우이다.[31)]

3) 당사자표시에 부정확 또는 오기가 있는 경우

□ 당사자의 동일성을 벗어나지 않으면서 표시에 부정확 또는 오기가 있는 것을 정정하는 것은 허용된다.[32)]

---

27) 특허법원 2009. 5. 15. 선고 2009허2166 판결, 2009. 5. 15. 선고 2009허2173 판결, 2008. 11. 5. 선고 2008허7331 판결, 2008. 11. 5. 선고 2008허7348 판결
28) 대법원 1969. 3. 10.자 68마1100 결정
29) 대법원 2011. 1. 27. 선고 2008다27615 판결
30) 대법원 2021. 6. 24. 선고 2019다278433 판결, 2012. 7. 26. 선고 2010다37813 판결, 2011. 7. 28. 선고 2010다97044 판결, 2008. 6. 12. 선고 2008다11276 판결, 1996. 10. 11. 선고 96다3852 판결, 1996. 3. 22. 선고 94다61243 판결, 1991. 6. 14. 선고 91다8333 판결, 1967. 10. 4. 선고 67다1780 판결, 서울고법 2021. 8. 31.자 2021라20610 결정
31) 서울고법 2021. 8. 31.자 2021라20610 결정
32) 대법원 1995. 8. 22. 선고 94후1268,1275 판결, 1992. 8. 18. 선고 92다18825 판결

4) 당사자능력이나 당사자적격이 인정되지 않는 경우

□ 심판청구서에 표시된 청구인에게 당사자능력이나 당사자적격이 인정되지 않는 경우에는, 심판청구서의 전 취지를 합리적으로 해석한 결과 인정되는 올바른 당사자능력자나 당사자적격자로 그 표시를 정정하는 것은 허용된다.[33)]

5) 권리의 승계가 이루어진 경우

□ 동일성이 없는 심판당사자의 변경도 요지변경에 해당하지만, 심판청구 후에 권리의 승계가 이루어진 경우에는 이를 심판당사자의 변경이라 할 수 없다.[34)]

6) 올바른 출원인코드로 정정

□ 청구인이 심판청구서에 타인의 출원인코드를 잘못 적었다고 하더라도, 심판청구서의 당사자표시와 심판청구서 전체의 취지를 합리적으로 해석하면 청구인이라고 확정하는데 어려움이 없으므로, 청구인이 심판청구 당시 잘못 적은 출원인코드를 청구인의 것으로 정정하는 것은 단순한 당사자표시정정으로 보아야 하는 것이어서 심판청구서의 요지변경에 해당한다고 할 수 없다.[35)]

7) 당사자표시정정이 허용된 유형

가) 개인상호에서 당사자개인으로 정정

□ 개인상호는 당사자능력이 없으므로 개인상호를 당사자로 한 심판청구는 부적법하므로, 당사자를 개인상호에서 당사자개인으로 하는 당사자표시정정은 그 동일성을 유지하는 범위 내에서 잘못된 표시만을 바로 잡은 것으로서 적법하다.[36)]

나) 청구인을 A시청에서 A시로 정정

□ 심판청구 당시 청구인을 A시청으로 표시하였다가 소송절차에서 A시로 하는 당사자표시정정은 심판청구서상 자신의 표시를 당사자능력이 없는 A시청으로 잘못 표시하였음에 지나지 않고, 심판절차에서도 청구인을 지방자치단체인 A시로 확정하고도 A시청으로 표시한데 불과하므로 그 실질적인 청구인은 A시이어서 그 동일성이 인정되는 범위 내에서 이루어진 것이어서 적법하다.[37)]

---

33) 대법원 2015. 8. 19. 선고 2014후409 판결, 2011. 3. 10. 선고 2010다99040 판결, 2003. 3. 11. 선고 2002두8459 판결, 2001. 11. 13. 선고 99두2017 판결, 1999. 11. 26. 선고 98다19950 판결, 1999. 4. 9. 선고 97누19731 판결, 1997. 6. 27. 선고 97누5725 판결, 1996. 10. 11. 선고 96다3852 판결, 서울고법 2021. 1. 19.자 2020라21500 결정, 서울중앙지법 2015. 7. 16. 선고 2014가합592443 판결

34) 대법원 1995. 8. 22. 선고 94후1268,1275 판결

35) 특허법원 2014. 4. 4. 선고 2013허7915 판결, 2014. 4. 4. 선고 2013허7922 판결

36) 특허법원 2014. 1. 29. 선고 2013허8192 판결, 2013. 3. 29. 선고 2012허8973 판결

다) 청구인을 별명에서 본명으로 정정

□ 청구인으로 표시한 甲이 乙의 별명에 불과한 경우라면, 청구인을 甲에서 乙로 하는 표시정정은 허용된다.[38]

라) 원고를 개인에서 개인이 대표자로 있는 농장으로 정정

□ 원고를 개인으로 표시하였으나 개인이 대표자로 있는 농장이 진정한 원고임을 알 수 있는 경우에는 농장의 법적 성격을 판단한 후 그 결과에 따라 원고의 표시를 정정케 하여야 하며 이러한 조치를 취함이 없이 소를 각하하는 것은 위법하다.[39]

마) 법인의 대표자를 변경 후의 대표자로 정정

□ 법인의 대표자를 甲으로 잘못 표시하였다가 정당한 대표자인 乙로 하는 표시정정은 허용된다.[40]

▶ 소제기 전에 법인의 대표자가 바뀌었음에도 이를 간과하고 종전의 대표자를 적은 경우에는 동일성이 인정되는 한도에서 변경 후 대표자로 당사자표시정정신청을 하면 된다.

바) 법인을 동일성 범위 내로 정정

□ 법인 '성균관'을 '재단법인 성균관'으로 하는 당사자표시정정은 동일성의 범위 내로서 허용된다.[41]

▶ 소제기 전에 법인의 명칭이 변경되었음에도 이를 간과하고 종전의 법인 명칭을 적은 경우에는 동일성이 인정되는 한도에서 변경 후 법인의 명칭으로 당사자표시정정신청을 하면 된다.

사) 주식회사가 유한회사로, 유한회사가 주식회사로의 조직변경

□ 주식회사의 유한회사로의 조직변경은 주식회사가 법인격의 동일성을 유지하면서 조직을 변경하여 유한회사로 되는 것이고, 이는 유한회사가 주식회사로 조직변경을 하는 경우에도 동일하다.[42]

---

37) 특허법원 2002. 4. 26. 선고 2001허6582 판결
38) 대법원 1967. 8. 29. 선고 67후9 판결
39) 대법원 1965. 12. 21. 선고 65누104 판결
40) 대법원 1996. 10. 11. 선고 96다3852 판결
41) 대법원 1996. 10. 11. 선고 96다3852 판결
42) 대법원 2021. 12. 10. 선고 2021후10855 판결, 2012. 2. 9. 선고 2010두6731 판결
(같은 취지) 특허법원 2009. 5. 15. 선고 2009허2166 판결

자. 당사자표시정정이 허용되지 않는 경우

1) 당사자 변경

□ 당사자표시정정은 당사자의 동일성을 해하지 않는 범위에서 인정되는 것이므로, 실질적으로 당사자가 별개의 실체를 갖는 당사자로 변경되는 경우에는 허용될 수 없다.[43)]

2) 당사자추가신청

가) 부적법

□ 실질적으로 당사자의 변경을 가져오는 당사자추가신청은 아예 부적법한 것이다.[44)]

나) 원고 중 일부를 누락하였다가 추가 불허

□ 원고 중 1인을 제외한 나머지 원고를 상고인으로 표시한 상고장을 제출하였다가 원고 중 1인을 상고인으로 추가하는 내용으로 한 당사자표시정정은 종래의 당사자에 새로운 당사자를 추가하는 것으로서 허용될 수 없다.[45)]

다) 제1심 변론기일에 당사자추가신청서가 진술된 경우

□ 당사자추가신청이 당초 부적법한 것이었다고 하더라도, 제1심 제1차 변론기일에 원래의 소장과 함께 당사자추가신청서가 진술된 이상, 새로운 원고의 피고에 대한 청구취지도 진술된 것으로 본다.[46)]

3) 당사자표시정정이 허용되지 않은 유형

가) 개인을 주식회사로 정정

★□ 주식회사의 대표이사였던 사람이 개인 명의로 제기한 소송에서 그 개인을 주식회사로 하는 당사자표시정정을 하는 것은 부적법하다.[47)]

---

43) 대법원 2009. 10. 29. 선고 2009다54744,54751 판결, 1999. 4. 27. 선고 99다3150 판결, 1998. 12. 22. 선고 97후2934 판결, 1995. 12. 5. 선고 95누1484 판결, 1986. 9. 23. 선고 85누953 판결, 1980. 7. 8. 선고 80다885 판결, 서울고법 2005. 4. 20.자 2004라693 결정, 특허법원 1998. 5. 22. 선고 98허485 판결, 1998. 5. 22. 선고 98허508 판결
44) 대법원 1998. 1. 23. 선고 96다41496 판결
45) 대법원 1991. 6. 14. 선고 91다8333 판결
46) 대법원 1998. 1. 23. 선고 96다41496 판결
47) 대법원 2008. 6. 12. 선고 2008다11276 판결, 2003. 3. 11. 선고 2002두8459 판결, 1998. 12. 22. 선고 97후2934 판결, 1996. 3. 22. 선고 94다61243 판결, 1994. 5. 24. 선고 92다50232 판결, 서울고법 2014. 6. 12. 선고 2013나76415 판결, 특허법원 1998. 8. 21. 선고 98허4555 판결

나) 주식회사를 개인으로 정정

□ 주식회사를 개인으로 하는 당사자표시정정은 당사자를 변경하는 것으로 허용될 수 없다.[48)]

다) 주식회사의 대표이사를 개인으로 정정

□ 주식회사의 대표이사를 개인으로 하는 당사자표시정정은 당사자를 변경하는 것으로 허용될 수 없다.[49)]

라) 같은 계열사인 ㈜신세계를 같은 계열사인 ㈜이마트로 정정

□ 같은 계열사라 하더라도, ㈜신세계와 ㈜이마트는 법인격의 동일성이 있다고 볼 수 없으므로 당사자표시변경의 대상이 된다고 볼 수 없다.[50)]

마) A광역시장을 A광역시로 정정

□ 대표자로서 소를 제기한 자가 권리의무의 귀속주체인 A광역시로 당사자표시변경을 하는 것은 대표자 개인과 A광역시와 사이에 동일성이 인정된다 할 수 없으므로 그와 같은 당사자표시정정신청은 허용될 수 없다.[51)]

바) 원고를 원고 처로 정정

□ 원고가 제소한 후 원고 명의를 그 처의 명의로 하는 당사자표시정정신청은 허용될 수 없다.[52)]

차. 심결취소소송에서의 정정으로 심판절차의 흠결이 치유되는지

□ 심결취소소송절차는 심판절차와 전혀 별개의 절차이므로 심판절차에서 적법한 당사자로 정정되지 않으면 심결취소소송절차에서 적법한 당사자로 정정하더라도, 심판절차에서의 당사자능력의 흠결은 치유되지 않는다.[53)]

48) 특허법원 1998. 5. 22. 선고 98허485 판결, 1998. 5. 22. 선고 98허508 판결
49) 대법원 1986. 9. 23. 선고 85누953 판결
50) 대법원 2012. 7. 26. 선고 2010다37813 판결
51) 서울고법 1998. 12. 30. 선고 98누7949 판결
52) 대법원 1970. 3. 10. 선고 69다2161 판결
53) 특허법원 2013. 3. 29. 선고 2012허8973 판결

3 등록명의인표시변경등록

가. 개념

□ 등록명의인표시변경이란 등기부에 적혀 있는 등록명의인의 성명, 주소나 상호, 사무소 등에 착오나 빠진 부분이 있는 경우에 그 명의인으로 적혀 있는 자의 동일성을 변함이 없이 이를 정정하는 것을 말한다.[54)]

나. 특허권의 포기는 등록명의인의 단독행위

□ 특허권의 포기는 특허등록원부상 등록명의인인 특허권자의 단독행위라 할 것이므로, 포기로 인한 특허권등록말소신청은 등록명의인만이 할 수 있고 포기로 인한 특허권등록말소의 회복등록신청도 기존의 특허권자이던 등록명의인만이 할 수 있다.[55)]

다. 등록명의인표시변경등록의 효과

1) 권리변동과 무관

□ 특허등록원부상 등록명의인표시변경등록은 등록명의인의 동일성이 유지되는 범위 내에서 등록원부상의 표시를 실제와 합치시키기 위하여 행하여지는 것에 불과할 뿐 어떠한 권리변동을 가져오는 것은 아니다.[56)]

2) 기존 등기에 착오나 빠진 부분이 있는 경우

□ 기존 등기에 관하여 등록명의인의 성명이나 주소 등 표시에 착오 또는 빠진 부분이 있는 경우에는 원칙적으로 등록명의인 표시변경등기를 하여 등기부의 표시를 변경한 다음 새로운 등기를 하여야 한다.[57)]

라. 등록명의인표시변경등록의 실제

1) 등록명의인표시변경등록이 잘못되어 말소를 구하는 경우

□ 등록명의인표시변경등록이 등록명의인의 동일성이 유지되는 범위 내에서 행하여진 것에 불과한 경우에는 그것이 잘못되었더라도 다시 소정의 서면을 갖추어 변경등기

---

54) 대법원 2017. 8. 18. 선고 2016다6309 판결, 2017. 1. 25.자 2016마5579 결정, 2013. 6. 27. 선고 2012다118549 판결, 2011. 9. 14.자 2011마1248 결정, 2009. 2. 6.자 2007마1405 결정, 1996. 4. 12. 선고 95다33214 판결, 1981. 11. 6.자 80마592 결정

55) 서울행법 2007. 2. 7. 선고 2006구합22170 판결

56) 대법원 2019. 5. 30. 선고 2015다47105 판결, 2002. 4. 12. 선고 2001후1211 판결, 2002. 4. 12. 선고 2001후1228 판결, 2002. 4. 12. 선고 2001후1235 판결, 2002. 4. 12. 선고 2001후1242 판결, 2002. 4. 12. 선고 2001후1273 판결, 2002. 4. 12. 선고 2001후1297 판결, 2002. 2. 26. 선고 2001후1259 판결, 2002. 2. 26. 선고 2001후1334 판결

57) 대법원 2008. 8. 28.자 2008마943 결정

를 하면 되므로 소로써 그 표시변경등기의 말소를 구하는 것은 소의 이익이 없어 허용되지 않는다.[58)]

2) 등록명의인의 동일성을 해치는 방법으로 행해진 경우

□ 등록명의인표시변경등록이 등록명의인의 동일성을 해치는 방법으로 행하여져 등기가 타인을 표상하는 결과에 이르렀다면 그 경우, 원래의 등록명의인은 새로운 등록명의인을 상대로 그 변경등록의 말소를 구할 수 있다.[59)]

3) 특허권을 이전하기로 하는 내용의 약정을 체결한 경우

□ 특허권을 이전하기로 하는 내용의 약정을 체결하였으나 그 약정에 따른 특허권이전등록을 하는 대신 등록명의인표시변경등록을 하였다고 하더라도 원칙적으로 특허권 이전의 효력이 발생한다거나 실체관계에 부합된다고 할 수는 없다.[60)]

4) 등록명의인이 무권리자인 경우

□ 등록명의인표시변경등기는 그 등록명의인의 동일성이 인정되는 범위를 벗어나는 것이면 허용될 수 없는 것으로서 가사 그 등록명의인이 무권리자라고 하더라도 그 명의인을 다른 사람으로 바꾸는 것을 경정등기의 방법으로 할 수는 없다.[61)]

5) 등록명의인이 아닌 자를 상대로 한 등록말소청구

□ 등기부상의 형식상 그 등기에 의하여 권리를 상실하거나 기타 불이익을 받을 자인 등록명의인이거나 그 포괄승계인이 아닌 자를 상대로 한 등기말소청구의 소는 당사자적격이 없는 자를 상대로 한 부적법한 소로서 각하해야 한다.[62)]

---

58) 대법원 2019. 5. 30. 선고 2015다47105 판결, 2000. 5. 12. 선고 99다69983 판결, 1999. 6. 11. 선고 98다60903 판결, 1992. 11. 13. 선고 92다39167 판결, 서울고법 1999. 11. 18. 선고 99나5400 판결

59) 대법원 2021. 5. 7. 선고 2020다299214 판결, 2019. 5. 30. 선고 2015다47105 판결, 2008. 12. 11. 선고 2008다1859 판결, 2008. 7. 11.자 2008마615 결정, 2000. 5. 12. 선고 99다69983 판결, 1993. 10. 8. 선고 93다28867 판결, 1992. 11. 13. 선고 92다39167 판결, 1990. 5. 8. 선고 90다684,90다카3307 판결, 1985. 11. 12. 선고 85다81,85다카325 판결

60) 대법원 2002. 4. 12. 선고 2001후1211 판결, 2002. 4. 12. 선고 2001후1228 판결, 2002. 4. 12. 선고 2001후1235 판결, 2002. 4. 12. 선고 2001후1242 판결, 2002. 4. 12. 선고 2001후1273 판결, 2002. 4. 12. 선고 2001후1297 판결, 2002. 2. 26. 선고 2001후1259 판결, 2002. 2. 26. 선고 2001후1266 판결, 2002. 2. 26. 선고 2001후1280 판결, 2002. 2. 26. 선고 2001후1334 판결

61) 대법원 1996. 4. 12. 선고 95다2135 판결, 1993. 7. 27. 선고 93다7045 판결, 1989. 9. 26. 선고 88다카11930,11947 판결, 대구고법 2015. 12. 23. 선고 2015나787 판결

62) 대전지법 2008. 3. 31.자 2007라357 결정, 춘천지법 2007. 6. 13. 선고 2005가단338,3528 판결

Ⅱ. 청구 · 심리의 병합

1 청구의 병합

가. 병합형태의 결정

1) 병합청구의 성질 기준

□ 병합의 형태가 예비적 병합인지, 선택적 병합인지 여부는 당사자의 의사가 아닌 병합청구의 성질을 기준으로 판단해야 하고,[63] 특허법원에서의 심판범위도 병합청구의 성질을 기준으로 결정해야 한다.[64]

2) 예비적 병합과 선택적 병합

가) 예비적 병합

★□ 예비적 병합은, 2개 이상의 청구 상호간에 순위를 붙여 선순위의 청구가 이유 없는 경우에는 후순위의 청구에 관하여 심판을 구하는 형태로서, 논리적으로 양립할 수 없는 경우이며, 배척 · 모순관계에 있다.[65]

나) 선택적 병합

★□ 선택적 병합은, 2개 이상의 청구 상호간에 순위 없이 그 청구 중 어느 청구가 이유 있는 경우에는 다른 청구는 소멸한다는 취지의 형태로서, 논리적으로 양립할 수 있는 경우이다.[66]

---

63) 대법원 2022. 5. 12. 선고 2020다278873 판결, 2018. 2. 28. 선고 2013다26425 판결, 2017. 6. 15. 선고 2015다30244,30251 판결, 2016. 12. 15. 선고 2015두38313 판결, 2016. 8. 17. 선고 2015두48570 판결, 2016. 7. 27. 선고 2015두46994 판결, 2014. 5. 29. 선고 2013다96868 판결, 2012. 9. 27. 선고 2011다76747 판결, 서울고법 2020. 9. 8. 선고 2019나2025323,2025330 판결
- 민사사건과 가처분에 대한 이의사건은 다른 종류의 소송절차에 따르는 것이므로 변론을 병합할 수 없다(대법원 2021. 7. 22. 선고 2020다248124 전합 판결).

64) 대법원 2014. 5. 29. 선고 2013다96868 판결, 서울고법 2020. 9. 8. 선고 2019나2025323,2025330 판결, 2020. 7. 9. 선고 2019나2038473 판결, 대구고법 2018. 9. 7. 선고 2017나21405 판결, 2018. 4. 27, 선고 2017나24237 판결, 광주고법 2015. 2. 4. 선고 2013나1152 판결

65) 대법원 1962. 6. 21. 선고 62다212 판결
- 이에 반해, 단순병합은 논리적으로 양립할 수 있는 경우로서, 논리적으로 관계가 없어 배척 · 모순관계에 있지 않다.

66) 대법원 1962. 6. 21. 선고 62다212 판결

다) 예비적 병합인지 선택적 병합인지가 불명확한 경우

□ 2개 이상의 청구가 예비적 병합인지, 선택적 병합인지가 명백하지 않은 때에는 석명권을 행사하여 밝혀야 한다.67)

라) 채무불이행에 기한 손해배상청구와 불법행위에 기한 손해배상청구

□ ① 채무불이행에 기한 손해배상청구는 부당이득반환청구와 양립할 수 없는 관계에 있으므로 이를 예비적 병합관계에 있는 것으로 보고, ② 불법행위에 기한 손해배상청구는 선택적 병합관계에 있는 것으로 본다.68)

3) 단순병합과 선택적 병합

□ 침해제품이 복수 개이고 침해되었다고 주장하는 특허발명의 청구항도 복수 개인 경우의 손해배상청구소송은 일반적으로, ① 복수 개의 제품 각각에 대한 손해배상청구는 단순병합된 것이고, ② 각 제품별로는 각 청구항의 특허권에 기초한 손해배상청구가 선택적으로 병합된 것으로 본다.69)

나. 병합형태에 따른 판단

1) 단순병합

가) 단순병합 청구를 예비적·선택적 병합으로 청구한 경우

(1) 부적법

□ 논리적으로 전혀 관계가 없어 순수하게 단순병합으로 구해야 할 여러 개의 청구를 예비적·선택적 청구로 병합하여 청구하는 것은 부적법하여 허용되지 않는다.70)

(2) 단순병합 청구로 보정 조치

□ 논리적으로 전혀 관계가 없어 순수하게 단순병합으로 구해야 할 여러 개의 청구를 예비적·선택적 청구로 병합하여 청구한 경우, 특허심판원이 본안에 관하여 심리·판단하기 위해서는 심판지휘권을 적절히 행사하여 이를 단순병합 청구로 보정하게 하는 등의 조치를 취해야 한다.71)

---

67) 대법원 1962. 6. 21. 선고 62다212 판결

68) 서울고법 2015. 11. 12. 선고 2014나2044213 판결

69) 대법원 2015. 7. 23. 선고 2014다42110 판결

70) 대법원 2015. 12. 10. 선고 2015다207679,207693 판결, 2009. 12. 24. 선고 2009다10898 판결, 2009. 5. 28. 선고 2007다354 판결, 2008. 12. 11. 선고 2005다51471 판결, 2008. 12. 11. 선고 2005다51495 판결, 2008. 12. 11. 선고 2006다5550 판결, 서울고법 2005. 7. 15. 선고 2004나15814 판결, 인천지법 2009. 8. 14. 선고 2008나7550 판결

71) 대법원 2009. 12. 24. 선고 2009다10898 판결, 2009. 5. 28. 선고 2007다354 판결, 2008. 12. 11. 선고

(3) 하나의 청구에 대하여만 심리 · 판단한 경우

□ 논리적으로 전혀 관계가 없어 순수하게 단순병합으로 구해야 할 여러 개의 청구를 예비적·선택적 청구로 병합하여 청구한 경우, 특허심판원이 보정조치를 취함이 없이 본안판결을 하면서 그중 하나의 청구에 대하여만 심리·판단하여 이를 인용하고 나머지 청구에 대한 심리·판단을 모두 생략하는 내용의 심결을 하였다하더라도 그로 인하여 청구의 병합형태가 적법한 예비적·선택적 병합 관계로 바뀔 수는 없다.[72)]

(4) 모든 청구의 본안에 대하여 심리 · 판단한 경우

□ 논리적으로 전혀 관계가 없어 순수하게 단순병합으로 구해야 할 여러 개의 청구를 예비적·선택적 청구로 병합하여 청구한 경우, 특허심판원이 그 모든 청구의 본안에 대하여 심리·판단을 한 다음 그중 하나의 청구만을 인용하고 나머지 청구를 기각하는 내용의 심결을 하였다면, 이는 특허심판원이 위 청구의 병합관계를 본래의 성질에 맞게 단순병합으로서 판단한 것이라고 보아야 한다.[73)]

▶ 단순병합은 청구인이 여러 개의 청구에 대하여 차례로 심판을 구하는 형태의 병합으로, 병합된 다른 청구가 이유가 있는지 여부에 관계없이 차례로 심판을 구하는 것이기 때문에 병합된 모든 청구에 대하여 심판해야 한다.

나) 침해제품이 특허권자의 여러 개의 특허권을 침해하는 경우

□ 침해자의 침해제품이 특허권자의 여러 개의 특허권을 침해하는 경우에도, 그 기술내용과 적용영역이 다른 때에는 각 특허권 침해로 인한 손해도 별개로 발생하고, 그 각 손해배상청구는 상호 논리적 관련성이 없는 단순병합관계에 해당하므로 그에 관한 손해배상책임의 존부와 범위는 별도로 판단해야 한다.[74)]

다) 단순병합 청구에 대한 판단

(1) 서로 양립할 수 없는 관계에 있지 않은 경우

□ 각 청구가 서로 양립할 수 없는 관계에 있지 않은 경우에는 예비적 청구라 할 수 없고, 주위적 청구에 단순병합된 것으로 본다.[75)]

2005다51495 판결, 2008. 12. 11. 선고 2006다5550 판결

72) 대법원 2009. 12. 24. 선고 2009다10898 판결, 2009. 5. 28. 선고 2007다354 판결, 2008. 12. 11. 선고 2005다51495 판결, 2008. 12. 11. 선고 2006다5550 판결

73) 대법원 2015. 12. 10. 선고 2015다207679,207693 판결, 2008. 12. 11. 선고 2005다51471 판결

74) 대법원 2013. 7. 26. 선고 2012다13392 판결

75) 대법원 2017. 6. 15. 선고 2015다30244,30251 판결, 대구고법 2018. 4. 27. 선고 2017나24237 판결

(2) 서로 배척되거나 모순되는 관계에 있지 않은 경우

□ 서로 배척되거나 모순되는 관계에 있지 않아 예비적 청구라고 할 수 없는 경우에는 단순 병합된 형태로 보고 판단해야 하므로,[76] 특허심판원은 예비적 청구에 대하여는 따로 판단해서는 안 된다.[77]

2) 예비적 병합

가) 예비적 병합을 선택적 병합으로 청구한 경우

□ 청구인이 논리적으로 양립할 수 없는 여러 개의 청구를 하면서 이를 선택적 청구로 표현하였다 하더라도 특허심판원으로서는 청구인이 구하는 대로 이를 선택적 병합으로 처리해서는 안 되고, 청구인의 청구취지에 대한 법적 표현과는 관계없이 이를 주위적·예비적 병합으로 보아 심판해야 한다.[78]

나) 예비적 병합 청구에 대한 판단

(1) 논리적으로 양립할 수 없는 여러 개의 청구 병합

□ 예비적 병합은 논리적으로 양립할 수 없는 여러 개의 청구 중 주위적 청구가 인용되지 않을 것에 대비하여 그 인용을 해제조건으로 예비적 청구에 관하여 심판을 구하는 병합형태이므로,[79] 논리적으로 양립할 수 없는 여러 개의 청구의 병합은 선택적 병합이 아니라 예비적 병합이다.[80]

(2) 서로 양립할 수 없는 청구

□ 서로 양립할 수 없는 청구는 주위적·예비적 청구로서만 병합이 가능하고, 선택적 청구로서의 병합이나 단순병합은 허용되지 않는다.[81]

(3) 하나의 심판절차에 불가분적으로 결합

□ 예비적 병합은 그 각 청구가 하나의 심판절차에 불가분적으로 결합되어 있기 때문

---

76) 대구고법 2018. 8. 22. 선고 2017나23302 판결
77) 대법원 2021. 2. 4. 선고 2020두48772 판결, 2008. 3. 27. 선고 2007다88507 판결
78) 서울지법 1997. 10. 15. 선고 96가단207959 판결
79) 대법원 2021. 5. 7. 선고 2020다292411 판결, 2018. 6. 15. 선고 2016다229478 판결, 2017. 10. 26. 선고 2015다42599 판결, 2017. 6. 29. 선고 2017다218307 판결, 2016. 5. 19. 선고 2009다66549 전합 판결, 2014. 4. 24. 선고 2012두6773 판결, 2013. 5. 9. 선고 2011다93032 판결, 2008. 10. 9. 선고 2008다44979 판결, 2007. 6. 29. 선고 2005다48888 판결, 헌재 2017. 5. 25.자 2016헌바373 결정
80) 대법원 2014. 4. 24. 선고 2012두6773 판결, 1997. 4. 22. 선고 95다10204 판결, 1982. 7. 13. 선고 81다카1120 판결, 서울고법 1995. 2. 3. 선고 91구16619 판결, 1991. 1. 17. 선고 89구10885 판결, 서울서부지법 2012. 9. 28. 선고 2011가합3572 판결
81) 대법원 1999. 8. 20. 선고 97누6889 판결

에, 병합된 각 청구 중 주위적 청구를 배척하면서 예비적 청구에 대하여 판단하지 않은 심결은 예비적 병합의 제도취지에 반하여 위법하고, 사실심에서 원고가 주위적 청구와 예비적 청구를 병합 제소하였음에도 법원이 주위적 청구를 일부만 인용하고서도 예비적 청구에 관하여 전혀 판단하지 않은 경우, 그 판단은 그 예비적 병합 청구의 성격에 반하여 위법하다.[82)]

(4) 주위적 청구와 예비적 청구의 관계

(가) 주위적 청구 판단 후 예비적 청구 판단

□ 예비적 청구는 주위적 청구가 받아들여지지 않을 때를 대비한 것인 만큼, 그 심결이유의 설시에 있어서도 주위적 청구를 먼저 판단한 다음에 예비적 청구를 판단해야 한다.[83)]

(나) 주위적 청구 인용시 예비적 청구 판단 불필요

□ 예비적 병합의 경우, 주위적 청구를 인용할 때에는 다음 순위인 예비적 청구에 대하여 판단할 필요가 없고,[84)] 주위적 판단이 정당한 이상, 그 가정적 판단에 대한 당부는 심결결과에 영향이 없다.[85)]

(다) 주위적 청구 배척시 예비적 청구 인용요청 취지

□ 주위적 피청구인에 대한 주위적·예비적 청구 중 주위적 청구부분이 받아들여지지 않을 경우, 그와 법률상 양립할 수 없는 관계에 있는 예비적 피청구인에 대한 청구를 받아들여 달라는 취지로 주위적 피청구인에 대한 주위적·예비적 청구와 예비적 피청구인에 대한 청구를 결합하여 심판을 제기하는 것도 가능하다.[86)]

(라) 주위적 청구 배척시 예비적 청구 심판

□ 당사자가 붙인 순위에 따라 심판해야 하며 주위적 청구를 배척할 때에는 예비적 청구에 대하여 심판해야 한다.[87)]

---

82) 대법원 2002. 9. 4. 선고 98다17145 판결
83) 대법원 2016. 12. 15. 선고 2015두38313 판결, 2016. 8. 17. 선고 2015두48570 판결, 2016. 7. 27. 선고 2015두46994 판결, 대구지법 2021. 12. 1. 선고 2021구합22687 판결
84) 대법원 2000. 11. 16. 선고 98다22253 판결, 서울고법 2020. 7. 9. 선고 2019나2038473 판결, 2015. 7. 9. 선고 2013나27475 판결, 2011. 2. 24. 선고 2010나21308 판결, 2010. 11. 26. 선고 2009나118718 판결, 제주지법 2009. 12. 2. 선고 2009나1207 판결
85) 대법원 2013. 1. 10. 선고 2011두7885 판결
86) 대법원 2015. 6. 11. 선고 2014다232913 판결, 2014. 3. 27. 선고 2009다104960,104977 판결, 2009. 3. 26. 선고 2006다47677 판결
87) 대법원 2021. 5. 7. 선고 2020다292411 판결, 2008. 10. 9. 선고 2008다44979 판결, 2002. 2. 8. 선고 2001다17633 판결, 2000. 11. 16. 선고 98다22253 전합 판결, 1993. 3. 23. 선고 92다51204 판결,

(마) 주위적 청구를 판단하지 않는 일부심결 불허

□ 예비적 병합의 경우에는 여러 개의 청구가 하나의 심판절차에 불가분적으로 결합되어 있기 때문에, 주위적 청구를 먼저 판단하지 않고 예비적 청구만을 인용하거나 주위적 청구만을 배척하고 예비적 청구에 대하여 판단하지 않는 등의 일부심결은 예비적 병합의 성질에 반하는 것으로서 법률상 허용되지 않는다.[88)]

(5) 심결불복제기시 판단이 누락된 예비적 청구부분도 이심

□ 예비적 병합의 경우, 주위적 청구를 배척하면서 예비적 청구에 대하여 판단하지 않은 심결을 한 경우에는, 그 심결에 대하여 불복이 제기되면 판단이 누락된 예비적 청구부분도 특허법원으로 이심이 되고 그 부분이 심판의 누락에 해당하여 특허심판원에 계속 중이라고 볼 것은 아니다.[89)]

다) 예비적 청구라고 할 수 없는 경우

□ 예비적 청구는 주위적 청구와 서로 양립할 수 없는 관계에 있어야 하므로, 주위적 청구와 동일한 목적물에 관하여 동일한 청구원인을 내용으로 하면서 주위적 청구를 양적이나 질적으로 일부 감축하여 하는 청구는 주위적 청구에 흡수되는 것일 뿐 예비적 청구라고 할 수 없다.[90)]

3) 선택적 병합

가) 선택적 병합을 예비적 병합으로 청구한 경우

(1) 심판의 순위를 붙여 청구 가능

□ 논리적으로 양립할 수 있는 여러 개의 청구라 하더라도 당사자가 심판의 순위를 붙여 청구를 할 합리적인 필요성이 있는 경우에는 심판의 순위를 붙여 청구할 수 있

1966. 7. 26. 선고 66다933 판결, 서울고법 2012. 7. 17. 선고 2011나38259 판결, 2011. 2. 24. 선고 2010나21308 판결

88) 대법원 2021. 5. 7. 선고 2020다292411 판결, 2017. 6. 29. 선고 2017다218307 판결, 2017. 3. 30. 선고 2016다253297 판결, 2007. 10. 11. 선고 2007다37790,37806 판결, 2000. 11. 16. 선고 98다22253 전합 판결, 서울중앙지법 2020. 6. 12. 선고 2019나52852 판결, 광주지법 2014. 6. 25. 선고 2014나1870 판결, 청주지법 2014. 5. 16. 선고 2013나4167 판결

89) 대법원 2021. 5. 7. 선고 2020다292411 판결, 2017. 6. 29. 선고 2017다218307 판결, 2017. 3. 30. 선고 2016다253297 판결, 2008. 10. 9. 선고 2008다44979 판결, 2007. 10. 11. 선고 2007다37790,37806 판결, 2002. 10. 25. 선고 2002다23598 판결, 2000. 11. 16. 선고 98다22253 전합 판결, 특허법원 2019. 11. 15. 선고 2017나2615 판결, 서울중앙지법 2020. 6. 12. 선고 2019나52852 판결

90) 대법원 2021. 2. 4. 선고 2020두48772 판결, 2017. 10. 31. 선고 2015다65042 판결, 2017. 2. 21. 선고 2016다225353 판결, 2008. 3. 27. 선고 2007다88507 판결, 1999. 4. 23. 선고 98다61463 판결, 1991. 5. 28. 선고 90누1120 판결, 1972. 2. 29. 선고 71다1313 판결, 헌재 2004. 4. 29.자 2003헌마484 결정

고,[91] 두 청구 중 어느 하나만 인용되면 청구인이 그 목적을 달성할 수 있어 양립이 가능한 경우에는 본래적 의미의 예비적 병합이 아니라 선택적 병합관계에 있는 각 청구를 심판의 순위를 붙여 청구하는 부진정예비적 병합에 해당한다.[92]

(2) 청구인이 청구한 심판의 순서에 구속

□ 예비적 청구와 주위적 청구가 논리적으로 양립 가능한 경우에는 선택적 병합에 해당하므로 특허심판원의 심판순서는 청구인이 청구한 심판의 순서에 구속을 받게 된다.[93]

(3) 선택적 청구의 하나라도 불복에 이유 있으면 전부 파기

□ 선택적 관계에 있는 청구를 당사자가 심판의 순위를 붙여 청구한다는 취지에서 예비적으로 병합한 경우에도, 병합된 청구를 모두 기각한 특허심판원 심결에 대하여 특허법원이 선택적 청구 중 어느 하나의 청구에 관한 불복이 이유 있다고 인정할 때에는 이를 전부 파기해야 한다.[94]

나) 선택적 병합 청구에 대한 판단

(1) 어느 한 청구가 인용되는 것이 해제조건

□ 선택적 병합은 논리적으로 양립할 수 있는 여러 개의 경합적 청구권에 기하여, 그 어느 한 청구가 인용될 것을 해제조건으로 하여 여러 개의 청구에 관한 심판을 구하는 병합형태이다.[95]

(2) 원래 양립할 수 없는 관계가 아닌 경우

□ 선택적 병합은 법률상 양립하지만 실체법상 1개의 청구만 인정되어야 할 경우에 가능하므로,[96] 각 청구가 원래 양립할 수 없는 관계가 아닌 경우에는 예비적 병합이

---

91) 대법원 2021. 5. 7. 선고 2020다292411 판결, 2007. 6. 29. 선고 2005다48888 판결, 2002. 10. 25. 선고 2002다23598 판결, 2002. 2. 8. 선고 2001다17633 판결, 대전고법 2018. 9. 13. 선고 2016나15981 판결, 서울고법 2015. 9. 11. 선고 2014나2040433 판결, 청주지법 2020. 12. 9. 선고 2020가합10654 판결, 수원지법 2017. 10. 10. 선고 2016나65008 판결

92) 대법원 2022. 1. 27. 선고 2019다277751 판결, 2014. 12. 24. 선고 2012다35675 판결, 2002. 9. 4. 선고 98다17145 판결, 특허법원 2023. 2. 16. 선고 2022나1012,1029 판결, 2021. 9. 9. 선고 2020나2103 판결, 2021. 2. 3. 선고 2019나1838 판결, 2020. 11. 13. 선고 2020나1131.1148 판결, 서울중앙지법 2020. 6. 12. 선고 2019나52852 판결, 2019. 10. 31. 선고 2019가합42260 판결

93) 서울고법 2012. 10. 18. 선고 2011나64944 판결

94) 대법원 2022. 3. 31. 선고 2017다247145 판결, 2021. 6. 30. 선고 2019다268061 판결

95) 대법원 1998. 7. 24. 선고 96다99 판결, 1982. 7. 13. 선고 81다카1120 판결, 특허법원 2020. 11. 13. 선고 2020나1131.1148 판결, 서울고법 2005. 7. 15. 선고 2004나15814 판결

96) 서울중앙지법 2010. 1. 20. 선고 2009가합27631 판결

아닌 선택적 병합의 관계에 있다.[97)]

(3) 청구를 기각하는 경우

(가) 청구 전부에 대하여 판단

□ 선택적 병합의 경우, 청구인의 청구를 모두 기각할 경우에는 청구인의 선택적 청구 전부에 대하여 판단해야 한다.[98)]

(나) 청구의 일부 판단은 위법

□ 선택적 병합의 경우, 여러 개의 청구가 하나의 심판절차에서 불가분적으로 결합되어 있기 때문에 선택적 청구 중 하나만을 기각하고 다른 선택적 청구에 대하여 아무런 판단을 하지 않는 것은 위법하다.[99)]

(4) 청구를 인용하는 경우

(가) 어느 하나를 임의로 선택하여 심판 가능

□ 선택적 병합의 경우, 청구인의 청구를 인용할 경우에는 그중 어느 하나를 임의로 선택하여 심판할 수 있다.[100)]

(나) 다른 청구에 대하여는 판단하지 않더라도 적법

□ 특허심판원이 청구인의 청구를 인용할 경우에는 선택적으로 병합된 여러 개의 청구 중 어느 하나를 임의로 선택하여 심판할 수 있고, 특허심판원이 그중 하나의 청구가 이유 있다고 판단한 이상, 다른 청구에 대하여는 판단하지 않더라도 선택적 병합의 성질에 반하지 않는 것으로서 적법하다.[101)]

(5) 부진정예비적 청구에 대하여는 명시적 판단

□ 주위적 청구와 논리적으로 양립 가능한 부진정예비적 청구에 해당하는 경우에는 이에 대하여 명시적으로 판단해야 한다.[102)]

---

97) 서울고법 1994. 4. 15. 선고 93나22618 판결, 전주지법 2016. 12. 16. 선고 2015가합1702 판결, 울산지법 2015. 12. 9. 선고 2015나1055 판결

98) 대법원 2013. 6. 14. 선고 2011다23040 판결, 2010. 5. 27. 선고 2009다12580 판결

99) 대법원 2018. 6. 15. 선고 2016다229478 판결, 2017. 10. 26. 선고 2015다42599 판결, 2016. 5. 19. 선고 2009다66549 전합 판결, 2010. 5. 13. 선고 2010다8365 판결, 1998. 7. 24. 선고 96다99 판결, 서울고법 1998. 11. 12. 선고 98나26561 판결, 서울남부지법 2021. 4. 1. 선고 2017가합107477 판결

• 마찬가지로, 선택적 청구 중 하나에 대하여 일부만 인용하고 다른 선택적 청구에 대하여 아무런 판단을 하지 않는 것도 위법하다(서울남부지법 2021. 4. 1. 선고 2017가합107477 판결).

100) 대법원 2015. 12. 23. 선고 2013다40681 판결, 2013. 6. 14. 선고 2011다23040 판결, 2010. 5. 27. 선고 2009다12580 판결, 1962. 6. 21. 선고 62다102 판결

101) 특허법원 2020. 11. 13. 선고 2020나1131.1148 판결

102) 서울고법 2008. 5. 29. 선고 2007나98803 판결

(6) 심결불복에 의한 이심의 효력

(가) 선택적 청구 전부가 특허법원으로 이심

□ 특허심판원이 청구인의 선택적 청구 중 하나만을 판단하여 기각하고 나머지 청구에 대하여는 아무런 판단을 하지 않은 조치는 위법한 것이고, 청구인이 위법한 특허심판원 심결에 대하여 불복한 이상, 청구인의 선택적 청구 전부가 특허법원으로 이심된다.[103]

(나) 예비적 청구에 관한 부분도 특허법원으로 이심

□ 주위적 청구와 예비적 청구는 다른 청구의 인용 가능 여부와 관계없이 인용될 수 있는 객관적으로 양립 가능한 청구로서 선택적 병합 관계에 있으나, 다만 청구인의 의사에 의하여 예비적 병합의 관계에 놓여 있는 부진정예비적 병합 청구로서 허용되고, 이 경우 피청구인의 불복에 의한 이심의 효력은 사건 전체에 미쳐 예비적 청구에 관한 부분도 특허법원에 이심된다.[104]

(7) 특허법원에서 청구를 선택적으로 병합한 경우

□ 특허심판원에서 청구인의 청구가 기각되어 청구인이 불복한 다음 특허법원에서 청구를 선택적으로 병합한 경우에는 특허심판원에서 여러 개의 청구가 선택적으로 병합되었다가 그 청구가 모두 이유 없다고 인정되어 청구기각 심결이 선고되고 이에 청구인이 불복한 경우와 마찬가지로, 특허심판원은 병합된 여러 개의 청구 중 어느 하나의 청구를 선택하여 심리할 수 있다.[105]

다) 선택적 병합 청구에 대한 처리

(1) 한 개의 청구가 이유 있다고 인정된 경우

□ 선택적으로 병합된 어느 한 개의 청구를 심리한 결과 그 청구가 이유 있다고 인정될 경우에는, 청구인의 청구를 기각한 심결을 취소하고 이유 있다고 인정되는 청구를 인용하는 주문을 선고해야 한다.[106]

---

103) 대법원 1998. 7. 24. 선고 96다99 판결, 청주지법 2014. 5. 16. 선고 2013나4167 판결

104) 특허법원 2021. 9. 9. 선고 2020나2103 판결

105) 대법원 2021. 7. 15. 선고 2018다298744 판결, 2019. 12. 27. 선고 2016다208600 판결, 2017. 4. 28. 선고 2017다200368,200375 판결, 2006. 4. 27. 선고 2006다7587,7594 판결, 1993. 10. 26. 선고 93다6669 판결, 1992. 9. 14. 선고 92다7023 판결, 대구고법 2018. 6. 21. 선고 2017나23555 판결, 2018. 2. 22. 선고 2016나22401 판결, 2002. 5. 8. 선고 2000나9001 판결

106) 대법원 2021. 7. 15. 선고 2018다298744 판결, 2020. 10. 15. 선고 2018다229625 판결, 2019. 12. 27. 선고 2016다208600 판결, 2017. 4. 28. 선고 2017다200368,200375 판결, 2006. 4. 27. 선고 2006다7587,7594 판결, 1993. 10. 26. 선고 93다6669 판결, 1992. 9. 14. 선고 92다7023 판결, 대구고법

(2) 모두 이유 없다고 판단한 경우

□ 선택적 병합관계에 있는 양 청구를 하나의 청구로 본 나머지, 그 심결이유에서는 양 청구에 관한 청구인의 주장이 모두 이유 없다고 하면서도 주문에서는 '청구인의 청구를 기각한다.'라고만 하는 것은 부적법하다.[107)]

(3) 모두 기각한 판결에 대한 불복

□ 선택적으로 병합된 여러 개의 청구를 모두 기각한 항소심판결에 대하여 상고법원이 선택적 청구 중 일부라도 그에 관한 상고가 이유 있다고 인정할 때에는 원심판결을 전부 파기해야 한다.[108)]

다. 일방이 불복한 경우의 심판대상

1) 단순병합의 경우

가) 특허심판원이 심리·판단하여 인용한 청구만이 이심

□ 논리적으로 전혀 관계가 없어 순수하게 단순병합으로 구해야 할 여러 개의 청구를 예비적 청구로 병합하여 청구하는 형태로 소를 제기한 경우, 이러한 심결에 대하여 피청구인만이 불복한 경우, 특허심판원이 심리·판단하여 인용한 청구만이 특허법원으로 이심될 뿐 나머지 심리·판단하지 않은 청구는 여전히 특허심판원에 남아 있게 된다.[109)]

나) 특허법원의 심판범위는 피청구인이 불복한 청구에 한정

□ 논리적으로 전혀 관계가 없어 순수하게 단순병합으로 구해야 할 여러 개의 청구를 예비적 청구로 병합하여 청구하는 형태로 소를 제기한 경우, 특허심판원이 그중 하나의 청구만을 인용하고 나머지 청구를 기각하는 내용의 심결을 하고 피청구인만이 인용된 청구에 대하여 불복한 때에는, 일단 단순병합관계에 있는 모든 청구가 전체적으로 특허법원으로 이심되기는 하나 특허법원의 심판범위는 이심된 청구 중 피청구인이 불복한 청구에 한정된다.[110)]

2018. 6. 21. 선고 2017나23555 판결, 2018. 2. 22. 선고 2016나22401 판결

107) 서울고법 1998. 11. 12. 선고 98나26561 판결

108) 대법원 2023. 4. 13. 선고 2022다296776 판결, 2023. 1. 12. 선고 2022다270002 판결, 2022. 3. 31. 선고 2017다247145 판결, 2021. 11. 25. 선고 2020다294516 판결, 2021. 6. 30. 선고 2019다268061 판결, 2021. 6. 10. 선고 2019다226005 판결, 2020. 1. 30. 선고 2017다227516 판결, 2017. 12. 28. 선고 2017다37096 판결, 2017. 10. 26. 선고 2015다42599 판결

109) 대법원 2009. 12. 24. 선고 2009다10898 판결, 2008. 12. 11. 선고 2005다51495 판결, 2008. 12. 11. 선고 2006다5550 판결

110) 대법원 2015. 12. 10. 선고 2015다207679,207693 판결, 2008. 12. 11. 선고 2005다51471 판결

다) 일부 기각심결에 대하여 일방 당사자만이 불복한 경우

□ 1개의 청구 일부를 기각하는 특허심판원 심결에 대하여 일방 당사자만이 불복한 경우, 특허심판원 심결의 심판대상이었던 청구 전부가 불가분적으로 특허법원에 이심되나, 특허법원의 심판범위는 이심된 부분 가운데 불복한 당사자가 불복한 한도로 제한되고 특허법원의 심판대상이 되지 않은 부분은 특허법원 판결 선고와 동시에 확정되어 소송이 종료된다.111)

라) 일부 인용심결에 대하여 불복한 경우

□ 여러 개의 청구 중 각 일부를 인용한 특허심판원 심결에 대하여 적법한 불복이 있으면 그 청구 전부의 확정이 차단되어 특허법원에 이심되고, 다만 불복하지 않은 부분은 특허법원의 심리·판단의 대상이 될 수 없을 뿐이다.112)

마) 전부 기각심결에 대하여 일부의 청구에 대하여만 불복한 경우

□ 여러 개의 청구를 모두 기각한 특허심판원 심결에 대하여 청구인이 그중 일부의 청구에 대하여만 불복한 경우, 불복하지 않았던 나머지 부분도 불복으로 인하여 확정이 차단되고 특허법원에 이심은 되나 특허법원으로서는 청구인의 여러 개의 청구 중 불복하지 않은 부분을 다시 인용할 수는 없다.113)

바) 전부 인용심결에 대하여 피청구인이 전부 불복한 경우

□ 여러 개의 청구를 전부 인용한 특허심판원 심결에 대하여 피청구인이 전부 불복한다는 취지로 불복하였다가 그중 1개의 청구에 관한 불복을 취하하더라도, 그 취하된 부분 역시 불복으로 인하여 확정이 차단되고 특허법원에 이심되는 것이나 불복을 취하한 부분은 특허법원의 심판대상이 되지 않고 특허법원 판결의 선고와 동시에 확정된다.114)

사) 피고가 상고를 제기하지 않은 경우

□ 단순병합된 2개의 청구를 모두 인용한 가집행선고부 제1심판결에 대하여 피고만이

---

111) 대법원 2021. 9. 15. 선고 2020다297843 판결, 2020. 3. 26. 선고 2018다221867 판결, 2016. 10. 27. 선고 2013다35290 판결, 2013. 7. 11. 선고 2011다18864 판결, 2006. 4. 27. 선고 2006두2091 판결, 2004. 6. 10. 선고 2004다2151,2168 판결, 2003. 4. 11. 선고 2002다67321 판결, 1998. 4. 10. 선고 97다58200 판결, 대구고법 2017. 7. 13. 선고 2016나25042 판결

112) 대법원 2002. 4. 23. 선고 2000다9048 판결

113) 대법원 1994. 12. 23. 선고 94다44644 판결

114) 대법원 2010. 12. 23. 선고 2010다56654 판결

항소한 상태에서, 원심이 그중 1개의 청구부분에 대하여만 제1심판결을 그대로 유지하고 나머지 1개의 청구부분에 대하여는 원고의 청구를 기각한 사건에서 원고만이 원고패소 부분에 대하여 상고를 제기한 경우에, 원고승소 부분에 대한 상고를 제기하지 않은 피고가 그 부분을 더 이상 다툴 수 없는 상태가 된 경우에는 위 원고승소 부분이 분리되어 확정된 것으로 볼 수 있다.[115)]

2) 예비적 병합의 경우

가) 주위적 청구를 인용한 심결에 대하여 피청구인이 불복한 경우

(1) 특허심판원에서 심판을 받지 않은 예비적 청구도 모두 이심

□ 주위적 청구를 인용한 심결에 대하여 피청구인이 불복하면 특허심판원에서 심판을 받지 않은 다음 순위의 예비적 청구도 모두 이심된다.[116)]

(2) 주위적 청구가 기각되면 예비적 청구도 판단

□ 여러 개의 청구가 특허심판원에서 예비적으로 병합되고 그중 주위적 청구에 대한 인용심결 후 패소한 당사자가 불복한 경우에, 특허법원이 주위적 청구를 인용한 특허심판원 심결이 부당하다고 판단할 때에는 특허심판원 심결을 취소하고 주위적 청구를 기각한 다음 예비적 청구에 대하여 판단해야 한다.[117)]

나) 예비적 청구만을 인용한 심결에 대하여 피청구인만이 불복한 경우

(1) 주위적 청구에 관한 부분도 특허법원에 이심

□ 특허심판원이 주위적 청구와 예비적 청구를 병합심리한 끝에 주위적 청구는 기각하고 예비적 청구만을 인용한 심결에 대하여 피청구인만이 불복한 경우, 불복에 의한 이심의 효력은 당연히 사건 전체에 미쳐 주위적 청구에 관한 부분도 특허법원에 이심된다.[118)]

(2) 심판범위는 예비적 청구를 인용한 특허심판원 심결의 당부

□ 특허심판원이 주위적 청구와 예비적 청구를 병합심리한 끝에 주위적 청구는 기각하고 예비적 청구만을 인용한 심결에 대하여 피청구인만이 불복한 경우, 특허법원의 심판범위는 예비적 청구를 인용한 특허심판원 심결의 당부에 한정되는 것이므로, 청구인의 부대항소가 없는 한 주위적 청구는 심판대상이 될 수 없고 그 심결에 대한

---

115) 대법원 2006. 4. 14.자 2006카기62 결정, 서울고법 2018. 7. 13. 선고 2018나2005827,2005834 판결
116) 대법원 2000. 11. 16. 선고 98다22253 전합 판결
117) 대법원 2014. 11. 27. 선고 2008다58534,58541 판결
118) 대법원 1992. 6. 9. 선고 92다12032 판결, 1991. 11. 26. 선고 91다30163 판결

대법원의 심판대상도 예비적 청구부분에 한정된다.[119)]

다) 주위적 청구의 일부에 대하여 인용심결한 경우

□ 청구인이 특허심판원에서 주위적 청구의 일부에 대하여 인용심결을 하였다면 적어도 그 인용 부분과 관련한 예비적 청구부분은 특별한 사정이 없는 한 특허심판원의 심판대상이 될 수 없는 것이고, 이와 같이 심판대상이 될 수 없는 청구에 대하여 특허심판원이 판단하였다 하더라도 그 효력이 없으므로, 청구인이 특허심판원에서 기각된 예비적 청구에 대하여 불복을 하지 않았다는 사유만으로 예비적 청구가 특허법원의 심판대상으로 될 수 없는 것은 아니다.[120)]

라) 주위적 청구를 배척하고 예비적 청구에 대한 판단을 누락한 경우

□ 특허법원이 주위적 청구를 배척하였음에도 예비적 청구에 대한 판단을 누락하였다면 누락된 예비적 청구부분은 아직 특허법원에 소송이 계속 중이라 할 것이므로, 특허법원으로서는 주위적 청구 중 청구인이 일부승소한 부분에 대하여 피청구인이 불복을 하여 특허법원이 이 부분에 관한 특허심판원 심결을 취소하고 취소 부분에 해당하는 청구인의 주위적 청구를 기각하는 경우에는 나아가 이 부분과 관련된 예비적 청구를 심판대상으로 삼아 이를 판단해야 한다.[121)]

마) 예비적 청구의 일부 인용판결에 대하여 피청구인만이 상고한 경우

□ 청구인의 주위적 청구를 기각하면서 예비적 청구를 일부 인용한 환송 전 특허법원 판결에 대하여 피청구인만이 상고하고 청구인은 불복하지 않은 경우, 주위적 청구에 대한 특허법원 판단의 적부는 대법원의 조사대상으로 되지 않고 환송 전 특허법원 판결의 예비적 청구 중 피청구인패소 부분만이 대법원의 심판대상이 되는 것이므로, 피청구인의 상고에 이유가 있는 때에는 대법원은 환송 전 특허법원 판결 중 예비적 청구에 관한 피청구인패소 부분만 파기해야 하고, 파기환송의 대상이 되지 않은 주위적 청구부분은 예비적 청구에 관한 파기환송판결의 선고와 동시에 확정되며 그 결과 환송 후 특허법원에서의 심판범위는 예비적 청구 중 피청구인패소 부분에 한정된다.[122)]

---

119) 대법원 2002. 12. 26. 선고 2002므852 판결, 2002. 4. 26. 선고 2001다83333 판결, 1995. 2. 10. 선고 94다31624 판결, 서울고법 2021. 4. 21. 선고 2020누45348 판결, 2016. 6. 2. 선고 2014나36636 판결, 2013. 11. 8. 선고 2012나89995 판결
120) 대법원 2000. 11. 16. 선고 98다22253 전합 판결
121) 대법원 2000. 11. 16. 선고 98다22253 전합 판결
122) 대법원 2007. 1. 11. 선고 2005다67971 판결, 2001. 12. 24. 선고 2001다62213 판결

3) 선택적 병합의 경우

가) 주위적 청구를 기각하고 예비적 청구만을 인용한 심결의 경우

□ 실질적으로 선택적 병합 관계에 있는 두 청구에 관하여, 당사자가 주위적·예비적으로 순위를 붙여 청구하였고 그에 대하여 특허심판원이 주위적 청구를 기각하고 예비적 청구만을 인용한 심결에 피청구인만이 불복한 경우에도, 특허법원으로서는 두 청구 모두를 심판대상으로 삼아 판단해야 한다.[123]

나) 일부 인용심결에 대하여 피청구인이 불복한 경우

□ 여러 개의 청구가 특허심판원에서 선택적으로 병합되고 그중 어느 하나의 청구에 대한 인용심결 후 피청구인이 불복한 때에는, 특허심판원이 판단하지 않은 나머지 청구까지도 특허법원으로 이심되어 특허법원의 심판범위가 된다.[124]

라. 환송 후 특허법원의 심판대상

1) 대법원이 피청구인패소 부분을 파기·환송한 경우

□ 청구인의 청구가 일부 인용된 환송 전 특허법원 판결에 대하여 피청구인만이 상고하고 상고심이 상고를 받아들여 특허법원 판결 중 피청구인패소 부분을 파기·환송하였다면, 피청구인패소 부분만이 상고되었으므로 위의 상고심에서의 심리대상은 이 부분에 국한되었으며 환송 후 특허법원의 심판범위도 환송 전 특허법원에서 피청구인패소 부분에 한정되는 것이 원칙이고, 환송 전 특허법원 판결 중 청구인패소 부분은 확정되었다 할 것이므로 환송 후 특허법원으로서는 이에 대하여 심리할 수 없다.[125]

2) 대법원이 청구인패소 부분 중 일부만을 파기·환송한 경우

□ 청구인의 청구가 일부 인용된 환송 전 특허법원 판결에 대하여 청구인과 피청구인 모두 상고하였으나 상고심이 청구인의 상고만 일부 받아들여 환송 전 특허법원 판결의 청구인패소 부분 중 일부만을 파기·환송하고 청구인의 나머지 상고 및 피청구인의 상고를 모두 기각한 경우, 환송 후 특허법원의 심판범위는 환송 전 특허법원 판결에서 청구인이 패소한 부분 중 파기된 부분과 환송 후 특허법원에서 확장된 부분

---

123) 대법원 2014. 5. 29. 선고 2013다96868 판결, 특허법원 2022. 1. 13. 선고 2021나1121 판결, 서울고법 2020. 7. 9. 선고 2019나2038473 판결, 대구고법 2018. 4. 27, 선고 2017나24237 판결

124) 대법원 2013. 6. 14. 선고 2011다23040 판결, 2010. 5. 27. 선고 2009다12580 판결

125) 대법원 2020. 3. 26. 선고 2018다221867 판결, 2014. 6. 12. 선고 2014다11376,11383 판결, 2013. 2. 28. 선고 2011다31706 판결, 1998. 4. 14. 선고 96다2187 판결, 1995. 7. 25. 선고 95다14817 판결, 1995. 3. 10. 선고 94다51543 판결, 1994. 10. 11. 선고 94다32979 판결, 1992. 11. 27. 선고 92다14892 판결, 1991. 5. 24. 선고 90다18036 판결

에 한정되고, 환송 전 특허법원 판결의 청구인패소 부분 중 상고기각된 부분과 청구인승소 부분은 위 환송판결의 선고로써 확정되었으므로 환송 후 특허법원으로서는 이에 관하여 심리할 수 없다.[126)]

3) 특허법원이 환송 받지 않은 부분까지 심리 · 판단한 경우

□ 환송 후의 특허법원으로서는 파기환송되지 않은 청구부분에 관하여 심판할 수 없음에도 불구하고 환송 받지 않은 부분 사건까지 심리 판단한 특허법원 판결은 파기를 면할 수 없다.[127)]

2 심리의 병합

[§ 160](심리 · 심결의 병합 또는 분리)
심판관은 당사자 양쪽 또는 어느 한쪽이 동일한 둘 이상의 심판에 대하여 심리 또는 심결을 병합하거나 분리할 수 있다.

가. 병합 판단

1) 특허심판원의 재량사항

□ 심리의 병합 여부는 특허심판원의 재량에 속한다.[128)]

2) 관련 사건을 병합심리하지 않아도 됨

□ 특허법 제120조는 관련 사건에 대하여 심판관의 임의적 병합심리를 규정하고 있을 뿐이므로, 관련 사건을 병합심리하지 않았다고 하여 어떤 잘못이 있다고 할 수 없다.[129)]

3) 권리범위확인심판사건과 무효심판사건

□ 권리범위확인심판사건과 무효심판사건이 때를 같이하여 심판대상이 된 경우에 반드시 이를 병합심리해야 하는 것은 아니다.[130)]

---

126) 대법원 2021. 1. 28. 선고 2020다42210,42227 판결
127) 대법원 1991. 9. 10. 선고 90누5153 판결, 1982. 6. 22. 선고 82누89 판결
128) 대법원 2013. 7. 12. 선고 2013도5165 판결, 1987. 6. 23. 선고 87도706 판결, 서울고법 2018. 8. 24. 선고 2018노723-1 판결
• 동일한 당사자 사이에 어느 특허발명에 대한 무효심판청구사건과 그 사건에서 무효주장의 근거가 된 선행발명에 대한 무효심판청구사건이 때를 같이 하여 심판대상이 되어 있더라도 이들의 심리나 심결을 병합할 것인지 여부는 심판관의 재량에 맡겨진 것이고 반드시 병합심리해야 하는 것은 아니다(대법원 1989. 11. 28. 선고 89후469 판결, 1989. 11. 28. 선고 89후476 판결).
129) 대법원 1997. 6. 13. 선고 96후1835 판결

나. 병합심결에 대한 불복방법

1) 병합심결이 송달되면서 제소기간 진행

□ 특허심판원이 여러 개의 심판청구사건을 하나의 병합심결로 종결한 경우, 하나의 심결이 되어 일체로 취급되므로, 심판등본송달서의 심판번호란에 각각의 심판번호를 적었다고 하더라도 각 사건마다 송달된 것으로 볼 수 없고, 병합한 각 사건의 대리권이 있는 변리사에게 송달됨으로써 제소기간이 진행된다.[131]

2) 병합심결에 불복하면 각 사건 모두에 불복 효력

□ 특허심판원이 여러 개의 심판청구사건을 하나의 병합심결로 종결한 경우, 불복이 있는 당사자가 그 심결에 대하여 불복하면 위 심결에 병합된 각 사건에 대하여 불복의 효력이 모두 생기는 것이고 병합된 사건을 풀어서 사건마다 따로따로 불복할 수 없다.[132]

3) 병합심결에 여러 개의 불복이 있는 경우

□ 병합된 하나의 심결에 대하여 여러 개의 불복이 있으면 그중 후에 접수된 취소소송은 중복된 불복으로써 부적법하다 할 것이나, 여러 개의 취소소송이 동시에 접수된 경우에는 그 여러 취소소송을 하나의 불복으로 보아 그 이유에 적힌 각 불복사유가 특허법원의 심판대상이 된다.[133]

▶ 병합심결을 한 이상 1개의 심결로 보아야 하므로 심결에 대한 불복제소시 제소효력이 전체에 미친다.

4) 병합심결에 대한 취소소송

가) 유사필수적 공동소송

□ 병합심결에 대한 취소소송은 유사필수적 공동소송으로 본다.[134]

---

130) 대법원 1963. 5. 15. 선고 63후6 판결
131) 특허법원 2001. 5. 18. 선고 2001허683 판결, 2001. 5. 18. 선고 2001허1068 판결
132) 대법원 1987. 4. 28. 선고 84후21 판결, 1985. 7. 23. 선고 85후2,7 판결
133) 대법원 1985. 7. 23. 선고 85후2,7 판결
134) 대법원 2009. 5. 28. 선고 2007후1510 판결, 특허법원 2012. 4. 19. 선고 2011허10238,10245 판결, 2011. 9. 23. 선고 2011허4783,4790 판결. 2011. 9. 23. 선고 2011허4806,4813 판결, 2010. 12. 30. 선고 2010허5550,5567 판결, 東京高裁 1979. 2. 28.자 판결; 이태종, 2008년도 변리사 민사소송실무 연수, 33면, 대한변리사회
• 유사필수적 공동소송은 소송공동이 강제되지 않으나 합일확정의 필요가 있는 공동소송으로서 판결의 효력이 직접 제3자에게도 미치는 관계일 때 성립한다(서울고법 2001. 1. 26. 선고 2000나41235 판결).

나) 공동청구인 중 1인을 상대로 제기한 심결취소소송

ㅁ 병합심결에서 인용청구에 대하여 피청구인이 공동청구인 중 1인을 상대로 심결취소소송을 제기한 경우, 그 심결은 아직 확정되지 않은 것으로 된다.[135)]

▶ 병합심결에서 특허권자가 취소소송을 제기할 때는 다수의 피고 모두를 대상으로 하여야 한다. 따라서 일부 피고를 누락해서는 안 된다.

Ⅲ. 직권심리의 유형

1 직권심리

[§ 159](직권심리)

① 심판에서는 당사자 또는 참가인이 신청하지 않은 이유에 대하여도 심리할 수 있다. 이 경우 당사자 및 참가인에게 기간을 정하여 그 이유에 대하여 의견을 진술할 수 있는 기회를 주어야 한다.

가. 의의

ㅁ 직권심리주의는 청구인의 청구취지를 유지하면서 그 범위 내에서 필요에 따라 주장외의 사실에 관하여도 판단할 수 있다는 뜻이다.[136)]

나. 직권심리가 적용되는 경우

1) 권리범위확인심판

ㅁ 직권심리는 권리범위확인심판과 같은 당사자계 사건의 경우에도 적용된다.[137)]

2) 당사자소송

ㅁ ① 공법상의 법률관계인 당사자소송에서는 직권심리주의가 적용될 수 있는 반면, ② 사법상의 법률관계인 민사소송에서는 변론주의가 적용된다.[138)]

---

135) 특허법원 2000. 10. 12. 선고 99허9571 판결
136) 대법원 1992. 3. 10. 선고 91누6030 판결, 1987. 11. 10. 선고 86누491 판결, 1981. 4. 14. 선고 80누408 판결
137) 특허법원 2002. 12. 6. 선고 2001허4203 판결
138) 서울고법 2012. 9. 21. 선고 2011나107124 판결

다. 특허심판원의 재량사항

1) 심판관이 적극적으로 탐지할 의무 없음

□ 특허법 제159조에서 직권주의를 채택하였다고 해도, 그것은 공익적인 견지에서 필요한 경우에 당사자가 주장하지 않은 사실에 관하여도 직권으로 심리하여 판단할 수 있다는 것이지, 심판관이 이를 적극적으로 탐지할 의무가 있다는 취지는 아니다.[139)]

2) 현출된 자료가 있는 경우

가) 현출된 자료를 기초로 직권판단

□ 특허심판원이 필요하다고 인정할 때에는 당사자가 명백히 주장하지 않은 사실도 기록상 나타나 있는 자료를 기초로 하여 직권으로 판단할 수 있다.[140)]

나) 당사자가 명확히 주장하지 않더라도 석명한 후 판단

□ 당사자가 명확히 주장하지 않더라도 기록상 자료가 나타나 있는 경우에는 석명을 구하여 명확히 한 후 판단할 필요가 있다.[141)]

라. 심판에서 당사자가 신청하지 않은 이유

□ '심판에서 당사자가 신청하지 않은 이유'에 해당하는지 여부는 청구인의 청구이유 및 제시 증거 및 이에 대한 피청구인의 답변내용, 심판에서의 당사자의 주장 내용, 특허심판원의 심결이유 등을 종합하여 판단해야 하고, 당사자의 주장 내용과 심결이유에 차이가 있더라도 이러한 사정만으로 곧바로 당사자가 신청하지 않은 이유에 해당한다고 볼 수는 없다.[142)]

(같은 취지) 서울고법 2014. 1. 10. 선고 2013나2009398 판결, 2014. 1. 10. 선고 2013누8174,8181 판결

139) 대법원 1993. 1. 19. 선고 92후599 판결, 1972. 4. 28. 선고 71후33 판결, 특허법원 2006. 6. 29. 선고 2005허8555 판결, 2006. 4. 14. 선고 2006허633 판결, 1999. 1. 29. 선고 98허6841 판결

140) 대법원 2016. 5. 12. 선고 2014두922 판결, 2015. 1. 29. 선고 2012두28247 판결, 2013. 8. 22. 선고 2011두26589 판결, 2012. 8. 23. 선고 2010두20690 판결, 2011. 2. 10. 선고 2010두20980 판결, 2011. 1. 13. 선고 2010두21310 판결, 2010. 2. 11. 선고 2009두18035 판결, 2010. 1. 28. 선고 2007후3752 판결, 2009. 5. 28. 선고 2008두6394 판결, 2008. 5. 15. 선고 2007후2759 판결

141) 대법원 2000. 9. 26. 선고 99두646 판결, 1998. 4. 24. 선고 97누17131 판결, 1994. 2. 22. 선고 93누21156 판결, 1983. 11. 8. 선고 82누196 판결

142) 대법원 2006. 2. 9. 선고 2003후1994 판결, 특허법원 2021. 5. 27. 선고 2020허5696 판결, 2014. 11. 7. 선고 2014허768 판결

마. 의견진술기회 부여

1) 강행규정

□ 직권으로 심리한 이유에 대하여 의견진술기회를 주도록 한 특허법 제159조 제1항의 규정은 심판의 적정을 기하여 심판제도의 신용을 유지하기 위하여 준수하지 않으면 안 된다는 공익상의 요구에 기인하는 강행규정이다.[143)]

2) 의견진술기회 부여의 목적

□ 직권으로 심리한 이유에 대하여 당사자에게 기간을 정하여 의견진술기회를 주도록 한 것은 당사자에게 의견진술기회를 줌으로써 당사자가 전혀 예상하지 못한 이유로 그 이익을 침해당하는 일이 없도록 함과 동시에 심판의 적정과 공정성을 유지하고자 함에 그 목적이 있다.[144)]

3) 의견진술기회 부여 필요

□ 심판절차에서 직권심리를 하는 경우에도 의견진술기회를 주지 않으면 절차위반의 위법이 있다.[145)]

4) 직권심리주의의 원칙과 한계

□ 특허법 제159조 제1항의 직권심리규정은 특허제도의 공익성을 고려하여 직권심리주의의 원칙을 채택함과 아울러 청구취지를 달성시킬 수 있는 새로운 이유에 대하여 직권으로 심리할 경우, 당사자에게 의견진술기회를 부여토록 강제함으로써 직권심리주의의 한계를 규정하고 있는 것이다.[146)]

5) 실질적 의견진술기회 부여로 판단

□ 특허심판원이 직권으로 심리한 이유에 대하여 당사자 또는 참가인에게 의견진술기회를 주지 않은 채 이루어진 심결은 원칙적으로 위법하지만, 형식적으로는 이러한 의

---

143) 대법원 2006. 6. 27. 선고 2004후387 판결, 1999. 6. 8. 선고 98후1143 판결, 1999. 6. 8. 선고 98후1150 판결, 1997. 8. 29. 선고 96후2104 판결, 1997. 8. 29. 선고 96후2111 판결, 1996. 2. 9. 선고 94후241 판결, 1990. 11. 27. 선고 90후496 판결, 1989. 6. 27. 선고 88후11 판결, 1989. 5. 23. 선고 86후90 판결, 1987. 3. 24. 선고 86후20 판결, 1985. 11. 12. 선고 84후44 판결

144) 대법원 2006. 2. 9. 선고 2003후1994 판결, 특허법원 2013. 6. 14. 선고 2013허877 판결, 2012. 11. 9. 선고 2012허4674 판결, 2011. 9. 8. 선고 2011허1951 판결

145) 대법원 1995. 4. 25. 선고 93후1834 전합 판결, 1983. 10. 11. 선고 83후47 판결, 특허법원 2020. 9. 25. 선고 2019허8392 판결, 2018. 9. 20. 선고 2017허7340 판결, 2015. 6. 11. 선고 2014허7738 판결, 2002. 12. 6. 선고 2001허4203 판결

146) 대법원 1995. 2. 24. 선고 93후1841 판결, 특허법원 2006. 7. 13. 선고 2005허8302 판결, 2005. 10. 6. 선고 2004허5238 판결, 1999. 8. 27. 선고 98허11133 판결

견진술기회가 주어지지 않았어도 실질적으로는 이러한 기회가 주어졌다고 볼 수 있을 만한 특별한 사정이 있는 경우에는 심판절차에서의 직권심리에 관한 절차위반의 위법이 없다.147)

바. 직권심리의 한계

1) 당사자가 신청하지 않은 청구취지

가) 심리 불가

□ 당사자가 신청하지 않은 청구취지에 대하여는 심리할 수 없다.148)

나) 처분권주의 위배

□ 당사자가 청구하지 않은 사항에 대하여 심리한 것은 처분권주의에 위배한 것이어서 위법하다.149)

2) 당사자가 주장하지도 않고, 현출된 자료도 없는 경우

□ 당사자가 주장하지도 않고, 기록상 나타난 자료도 없는 경우에는 판단할 필요가 없다.150)

2 증거조사

[§ 157](증거조사 및 증거보전)

① 심판에서는 당사자, 참가인 또는 이해관계인의 신청에 의하여 또는 직권으로 증거조사나 증거보전을 할 수 있다.

⑤ 심판장은 직권으로 증거조사나 증거보전을 하였을 때에는 그 결과를 당사자, 참가인 또는 이해관계인에게 통지하고 기간을 정하여 의견서를 제출할 기회를 주어야 한다.

---

147) 대법원 2006. 6. 27. 선고 2004후387 판결, 1996. 2. 9. 선고 94후241 판결, 1971. 3. 23. 선고 71후1 판결, 특허법원 2022. 11. 17. 선고 2022허2882 판결, 2022. 6. 16. 선고 2021허3895 판결, 2021. 9. 9. 선고 2020허6965 판결, 2021. 7. 8. 선고 2020허5917 판결, 2021. 5. 27. 선고 2020허5696 판결, 2020. 9. 25. 선고 2019허8392 판결, 2019. 5. 9. 선고 2018허8487 판결

• 특허심판원이 직권으로 심리한 이유에 대하여 당사자 또는 참가인에게 의견진술의 기회를 주지 않은 채 이루어진 심결은 원칙적으로 위법하여 유지될 수 없고, 이러한 의견서 제출의 기회가 주어지지 아니한 채 직권으로 이루어진 증거조사나 증거보전은 형식상으로는 이러한 의견서 제출의 기회가 주어지지 아니하였어도 실질적으로는 이러한 기회가 주어졌다고 볼 수 있을 만한 특별한 사정이 없는 한 위법한 것으로서 허용되지 않는다(특허법원 2022. 11. 17. 선고 2022허2875 판결).

148) 대법원 1993. 1. 19. 선고 92후599 판결, 1972. 4. 28. 선고 71후33 판결, 특허법원 2006. 4. 14. 선고 2006허633 판결

149) 대법원 1989. 12. 26. 선고 88누9510 판결

150) 대법원 2011. 3. 24. 선고 2010후3509 판결

가. 의의

1) 증거공통의 원칙

□ 증거는 어느 당사자에 의하여 제출되거나, 상대방이 이를 원용하는지 여부에 불구하고 이를 당사자 어느 쪽의 유리한 사실을 인정하는 증거로 삼을 수 있다.151)

2) 증거조사의 필요성

가) 신청인의 증명사항으로 청구원인사실을 추단할 수 있는 경우

□ 증거조사의 필요성이란, 자료제출신청의 대상이 된 자료들이 신청인이 제시한 증명사항과 관련성이 있고, 그 자료들에 대한 증거조사를 통하여 증명사항이 사실로 인정되면 그러한 사실에 근거하여 신청인의 청구원인사실을 추단할 수 있는 경우를 의미한다.152)

나) 심판의 귀추에 중대한 영향을 주는 증거

□ 심판의 귀추에 중대한 영향을 주는 증거는 당사자의 신청이나 직권에 의하여 증거조사를 하고 심리·판단해야 한다.153)

3) 민사소송법 규정 적용

□ 증거조사에 대하여는 민사소송법의 규정이 적용된다.154)

나. 특허심판원의 재량사항

1) 직권증거조사

□ 증거조사는 사건의 심리에 필요한지 여부에 따라 특허심판원이 자유로이 결정할 수 있다.155)

2) 증거의 채부

가) 반드시 결정을 할 필요 없음

□ 당사자가 신청한 증거로서 특허심판원이 필요하지 않다고 인정한 것은 조사하지 않을 수 있고, 이에 대하여 반드시 증거채부의 결정을 하여야 하는 것은 아니다.156)

---

151) 대법원 2014. 3. 13. 선고 2013다213823,213830 판결, 2004. 5. 14. 선고 2003다57697 판결, 1987. 11. 10. 선고 87누620 판결, 1978. 5. 23. 선고 78다358 판결, 1974. 10. 8. 선고 73다1879 판결

152) 서울고법 2015. 6. 4.자 2015라20062 결정

153) 대법원 1998. 10. 23. 선고 97후655 판결, 1970. 7. 28. 선고 70후26 판결

154) 특허법원 2009. 7. 1. 선고 2008허11132 판결

155) 대법원 2014. 2. 21. 선고 2011도8870 판결

156) 대법원 2008. 2. 28. 선고 2005다77350,77367 판결, 2002. 4. 12. 선고 2002다7411 판결, 1989. 9. 7.자 89마694 결정, 1965. 5. 31. 선고 65다159 판결

나) 유일한 증거가 아니면 특허심판원의 자유재량

□ 당사자가 신청한 증거가 당사자의 주장사실에 대한 유일한 증거가 아닌 한 증거의 채부는 특허심판원이 자유로이 결정할 수 있다.[157)]

다. 증거신청 및 동의의 철회

1) 증거신청의 철회

□ 증거조사의 개시가 있기 전에는 상대방의 동의 없이 자유롭게 그 신청을 철회할 수 있다.[158)]

2) 증거동의의 철회

□ 증거동의의 의사표시는 증거조사가 완료되기 전까지 취소 또는 철회할 수 있다.[159)]

3) 증거신청에 대한 판단이 없는 경우

□ 특허심판원이 증거신청에 대하여 반드시 판단을 하여야 하는 것은 아니며, 판단을 하지 않은 경우에는 묵시적 기각으로 본다.[160)]

라. 증거조사의 한계

1) 직권증거조사와 그 한계

가) 직권증거조사

□ 심판에서는 직권으로 증거조사를 할 수 있고 또 당사자가 주장하지 않는 사실에 관하여도 판단할 수 있다.[161)]

나) 직권증거조사의 한계

(1) 직권증거조사는 의무 아님

□ 심판에서는 신청에 의하거나 직권으로써 증거조사를 할 수 있지만, 이는 심판의 필

---

157) 대법원 2017. 6. 29. 선고 2016다276641 판결, 2015. 7. 23. 선고 2015다19025 판결, 2015. 6. 24. 선고 2013다13849 판결, 2014. 9. 4. 선고 2014두36402 판결, 2013. 10. 31. 선고 2012두19007 판결, 2011. 11. 10. 선고 2011다67743 판결, 2011. 7. 14. 선고 2009다101916 판결, 2010. 1. 28. 선고 2007후3752 판결, 2009. 7. 23. 선고 2008다59674 판결, 2008. 10. 9. 선고 2007다69810 판결

158) 대법원 1971. 3. 23. 선고 70다3013 판결

159) 대법원 2019. 3. 28. 선고 2018도13685 판결, 2015. 8. 27. 선고 2015도3467 판결, 2011. 3. 10. 선고 2010도15977 판결, 2010. 7. 8. 선고 2008도7546 판결, 2010. 5. 27. 선고 2007도5776 판결, 2009. 9. 10. 선고 2009도6074 판결, 2007. 7. 26. 선고 2007도3906 판결, 2006. 4. 13. 선고 2006도609 판결, 2005. 4. 28. 선고 2004도4428 판결, 2004. 10. 15. 선고 2003도3472 판결

160) 대법원 1992. 9. 25. 선고 92누5096 판결

161) 대법원 1962. 4. 26. 선고 62다168 판결

요에 따라서 당사자의 신청이 없는 경우라도 직권으로 증거조사를 할 수 있음을 규정한 것일 뿐이고, 모든 경우에 반드시 직권에 의하여 증거조사를 하여야 한다는 취지는 아니다.[162)]

(2) 증명책임의 전가 여부

□ 심판제도가 직권심리주의를 채택하고 있다는 이유로 그 증명책임을 전가할 수는 없다.[163)]

(3) 현출된 사항

(가) 현출된 사항을 기초로 판단

□ 직권에 의한 증거조사는 기록상 나타난 사항에 관하여만 할 수 있고, 이를 기초로 하여 판단할 수 있다.[164)]

(나) 현출되지 않은 사실은 직권조사할 의무 없음

□ 당사자가 주장하지 않아서 심판에 나타나지 않은 사실을 직권으로 증거조사할 의무는 없다.[165)]

▶ 특허심판원은 필요하다고 인정되는 경우에 한하여 당사자가 청구한 범위 내에서 기록에 나타난 사항에 관하여만 직권으로 증거조사를 하고 이를 기초로 하여 판단할 수 있다.

2) 자유심증주의와 그 한계

가) 자유심증주의

□ 동일한 증거의 일부를 채택하고 다른 일부를 배척하는 것은 사실심 법관의 전권에 속하는 것이므로, 동일한 증인의 증언내용 중 그 일부만을 증거로 채택하고 다른 일부를 배척하여 사실을 인정하였다고 하여도 채증법칙에 위배되는 것이라 할 수 없다.[166)]

---

162) 대법원 1995. 11. 24. 선고 93후107 판결, 1995. 11. 24. 선고 93후114 판결, 1993. 5. 11. 선고 92후2090 판결, 1992. 3. 31. 선고 91후1595 판결, 1989. 1. 17. 선고 86후6,12 판결, 1974. 5. 28. 선고 73후30 판결

163) 대법원 1995. 11. 24. 선고 93후107 판결, 1995. 11. 24. 선고 93후114 판결, 1993. 5. 11. 선고 92후2090 판결, 1992. 3. 31. 선고 91후1595 판결, 1989. 1. 17. 선고 86후6,12 판결, 1974. 5. 28. 선고 73후30 판결

164) 대법원 2010. 2. 11. 선고 2009두18035 판결, 1994. 4. 26. 선고 92누17402 판결, 1991. 11. 8. 선고 91누2854 판결, 1988. 4. 27. 선고 87누1182 판결, 1987. 2. 10. 선고 85누42 판결, 1986. 6. 24. 선고 85누321 판결, 1985. 2. 26. 선고 84누500 판결, 1985. 2. 13. 선고 84누467 판결, 1982. 9. 14. 선고 82누77 판결, 1982. 7. 27. 선고 81누394 판결, 1981. 3. 24. 선고 80누493 판결

165) 대법원 1984. 5. 15. 선고 83누627 판결

166) 대법원 1968. 9. 30. 선고 68다1504 판결

나) 자유심증주의의 한계

(1) 자의적 판단을 허용하는 것은 아님

□ 자유심증주의는 형식적·법률적 증거규칙에 얽매일 필요가 없다는 것을 뜻할 뿐 법관의 자의적 판단을 허용하는 것은 아니다.167)

(2) 논리와 경험칙의 제한

□ 자유심증주의는 법관의 자의에 의한 판단을 허용하는 것이 아니고, 논리와 경험칙의 제한을 받는다.168)

3) 유일한 증거인지

가) 유일한 증거인 경우

(1) 반드시 조사

□ 당사자의 주장사실에 대한 유일한 증거는 반드시 조사해야 하는데, 그 유일한 증거라고 함은 당사자에게 증명책임이 있는 사항에 관한 유일한 증거를 말한다.169)

(2) 채용하지 않을 합리적인 이유가 있는 경우

□ 유일한 증거방법이라 하더라도 이를 채용하지 않을 합리적인 이유가 있는 때에는 이를 조사하지 않을 수 있다.170)

▶ 유일한 증거는 반드시 증거조사를 하여야 하지만 그 내용을 채택할 의무가 있는 것은 아니고, 합리적인 이유가 있는 경우에는 조사하지 않아도 된다.

(3) 유일한 증거라도 증거조사를 하지 않는 경우

▶ ① 증거신청이 부적법한 경우
② 증거신청서를 제출하지 않거나 비용을 납부하지 않은 경우
③ 신청자의 증거신청이 고의·중과실에 의하여 재정기간이 경과하여 실기한 경우
④ 쟁점판단에 적절하지 않거나 불필요한 증거신청인 경우

---

167) 대법원 2018. 12. 27. 선고 2015다58440 판결, 2017. 8. 24. 선고 2017다206328 판결, 2017. 6. 15. 선고 2017다216134 판결, 2016. 9. 28. 선고 2016다22523 판결, 2015. 6. 23. 선고 2012두7769 판결, 2012. 4. 13. 선고 2009다77198,77204 판결, 2007. 10. 11. 선고 2006다42610 판결, 1982. 8. 24. 선고82다카317 판결

168) 대법원 1987. 2. 24. 선고 86다266 판결

169) 대법원 2007. 10. 11. 선고 2006다14455 판결, 2002. 2. 26. 선고 2001다74063 판결, 1998. 6. 12. 선고 97다38510 판결, 1980. 1. 13. 선고 80다2631 판결, 1973. 1. 30. 선고 72후16 판결, 1962. 7. 19. 선고 62다260 판결

170) 대법원 1971. 7. 27. 선고 71다1195 판결

⑤ 구술심리기일 또는 최종 변론기일에 당사자가 증거방법이 없다고 진술한 경우
⑥ 증인에 대한 송달불능으로 증거조사에 장애가 있는 경우
⑦ 직권탐지로 알아볼 수 있는 다른 수단이 있는 경우

나) 유일한 증거가 아닌 경우

(1) 증거로 불필요하다고 인정한 때에는 조사하지 않아도 됨

□ 당사자가 주장하는 사실에 대한 유일한 증거가 아닌 한, 특허심판원은 당사자가 신청한 증거를 필요하지 않다고 인정한 때에는 조사하지 않을 수 있다.[171)]

(2) 자유로이 증거의 채부 결정

□ 당사자의 주장사실에 대한 유일한 증거가 아닌 한, 특허심판원은 자유로이 증거의 채부를 결정할 수 있다.[172)]

4) 사실인정의 자료로 삼을 수 없는 경우

가) 적법한 증거조사를 거치지 않은 경우

□ 적법한 증거조사를 거치지 않은 서류는 증거능력이 없는 것이어서 이를 사실인정의 자료로 삼을 수 없다.[173)]

나) 증거조사절차에 위법이 있는 경우

□ 증거조사절차에 위법이 있으면 그 증거는 사실인정의 자료로 할 수 없다.[174)]

마. 의견서제출기회 부여

1) 직권증거조사의 경우

□ 직권으로 증거조사를 한 경우에는 그 결과를 당사자에게 통지하고 기간을 정하여 의견서를 제출할 기회를 주어야 한다.[175)]

---

171) 대법원 2015. 1. 15. 선고 2014다216072 판결, 2003. 10. 10. 선고 2001다70368 판결, 1983. 7. 12. 선고 83도1419 판결
172) 대법원 2000. 10. 6. 선고 2000다36088 판결
(같은 취지) 대법원 2017. 6. 29. 선고 2016다276641 판결, 2015. 7. 23. 선고 2015다19025 판결, 2015. 6. 24. 선고 2013다13849 판결, 2014. 9. 4. 선고 2014두36402 판결, 2013. 10. 31. 선고 2012두19007 판결, 2011. 11. 10. 선고 2011다67743 판결, 2011. 7. 14. 선고 2009다101916 판결, 2010. 1. 28. 선고 2007후3752 판결, 2009. 7. 23. 선고 2008다59674 판결
173) 대법원 2005. 4. 29. 선고 2005도70 판결, 1996. 1. 26. 선고 95도2526 판결, 1995. 12. 12. 선고 94도3271 판결, 1983. 7. 26. 선고 83도1448,83감도266 판결
174) 대법원 1955. 7. 15. 선고 55도128 판결
175) 대법원 1997. 8. 29. 선고 96후2104 판결, 1989. 3. 14. 선고 88누1844 판결, 1985. 7. 23. 선고 84후101 판결, 특허법원 2006. 4. 14. 선고 2006허701 판결

2) 실질적인 의견진술기회 부여로 판단

□ 심판에서 직권으로 증거조사를 하고 조사결과를 당사자에게 송달하는 절차를 밟지 않았다고 하더라도, 당사자가 그 증거조사 결과를 알고 이에 대한 의견진술기회를 가졌으면 그 심판에서 증거조사 결과를 증거로 원용할 수 있다.[176]

3) 심판청구시에 제출한 증거자료의 경우

□ 특허심판원의 직권증거조사에 의한 것이 아니라 당사자가 심판청구시에 제출한 증거자료에 대해서는 별도의 의견제출기회를 부여하지 않더라도 위법하다고 볼 수 없다.[177]

4) 관련 사건을 통해 증거의 존재 및 내용을 알게 된 경우

□ 당사자가 동시에 진행된 관련 사건으로 인하여 증거의 존재 및 내용을 사실상 알고 있었던 사정이 있었다고 하더라도 실질적으로 당사자에게 의견제출기회가 주어졌다고 보기는 어렵다.[178]

3 사실조회

가. 특허심판원의 재량사항

□ 심판관이 직권으로 사실조회를 하지 않았다고 하여 채증법칙 위배라고 할 수 없다.[179]

나. 사실조회회보가 공문서인 경우

□ 사실조회회보가 공문서인 경우, 별도의 신빙성 있는 반대 자료가 없는 한, 그 기재와 어긋나는 사실인정을 할 수 없다.[180]

다. 사실조회결과의 활용

□ 사실조회결과에 대하여 그 원용 여부를 확인하거나 심리·판단함이 없이 아무런 증명이 없다고 해서는 안 된다.[181]

---

176) 대법원 1976. 3. 9. 선고 74후8 판결, 1976. 3. 9. 선고 74후9 판결, 특허법원 2014. 9. 18. 선고 2014허3538 판결, 2013. 6. 14. 선고 2013허877 판결
177) 특허법원 2012. 4. 19. 선고 2011허10566 판결
178) 대법원 1996. 2. 9. 선고 94후241 판결
179) 대법원 1993. 5. 11. 선고 92후2090 판결
180) 대법원 1990. 11. 23. 선고 90다카21022 판결
181) 대법원 1981. 1. 27. 선고 80다51 판결

▶ 사실조회신청을 한 측에서 그 결과에 대하여 원용한다는 진술을 하는 것이 관행이지만, 이러한 원용이 없어도 증거자료로 삼을 수 있다.

라. 의견진술기회 부여

□ 사실조회결과를 증거자료로 하기 위해서는, 법원이 이를 변론에 나타내어 당사자에게 의견진술기회를 주어야 한다.182)

4 감정

가. 의의

1) 감정의 개념

가) 판단의 보조수단

□ 감정은 특허심판원이 어떤 사항을 판단하면서 특별한 지식과 경험칙을 필요로 하는 경우에 그 판단의 보조수단으로서 그러한 지식과 경험을 이용하는 것이다.183)

나) 특별한 지식과 경험 이용

□ 감정은 사실인정·판단에 관하여 특별한 지식과 경험을 요하는 경우에 특허심판원이 그 경험과 지식을 이용하는데 불과한 것으로서 궁극적으로는 심판관이 모든 사정을 참작하여 규범적으로 판단하게 된다.184)

2) 감정결과의 이용

□ 감정결과는 사실인정에 관하여 특별한 지식과 경험을 요하는 경우에 심판관이 그 특별한 지식과 경험을 이용하는 데 불과한 것이다.185)

나. 특허심판원의 재량사항

1) 감정결과의 채부

가) 감정결과에 기속 안됨

□ 감정결과의 채부 여부는 특허심판원의 자유심증에 따르는 것이므로, 감정결과에 기

182) 대법원 1982. 8. 24. 선고 81누270 판결
183) 대법원 2020. 4. 9. 선고 2016다32582 판결, 2019. 5. 30. 선고 2015다8902 판결, 2018. 12. 17.자 2016마272 결정, 2017. 6. 8. 선고 2016다249557 판결, 2016. 6. 10. 선고 2013다13832 판결, 2014. 12. 11. 선고 2012두1570 판결, 2008. 11. 13. 선고 2008다45491,45507 판결, 2008. 2. 28. 선고 2005다11954 판결, 2006. 11. 23. 선고 2004다60447 판결, 2001. 6. 15. 선고 99두1731 판결
184) 대법원 2001. 4. 24. 선고 2000다70385,70392 판결
185) 대법원 1998. 4. 24. 선고 97다58491 판결, 서울고법 2018. 7. 12. 선고 2017나2032266 판결, 2017. 9. 15. 선고 2016나2073468 판결

속되는 것은 아니다.[186]

나) 반드시 그대로 채택할 필요 없음

□ 감정인의 감정결과를 반드시 그대로 채택해야 하는 것은 아니다.[187]

2) 당사자가 감정결과를 증거로 원용하지 않는 경우

□ 감정결과는 당사자가 이를 증거로 원용하지 않는 경우에도 특허심판원이 증거자료로 할 수 있다.[188]

다. 감정결과에 대한 판단

1) 여러 개의 감정결과가 있는 경우

가) 동일조건 하에 감정한 여러 개의 감정결과에 대한 채부 결정

□ 특허심판원이 동일조건 하에 감정한 여러 개의 감정결과에 대한 채부를 결정함에는 공지의 사실이 가장 적절히 반영된 것을 채택해야 한다.[189]

나) 동일 사항에 관하여 상이한 여러 개의 감정결과가 있는 경우

□ 동일 사항에 관하여 상이한 여러 개의 감정결과가 있을 때 그 감정방법 등이 논리와 경험칙에 반하거나 합리성이 없다는 등의 잘못이 없는 한, 그중 어느 것을 채택할 것인지는 원칙적으로 특허심판원의 전권에 속한다.[190]

다) 동일 사실에 관하여 상반되는 여러 개의 감정결과가 있는 경우

(1) 여러 개의 감정결과를 종합한 사실 인정

□ 동일한 사실에 관하여 상반되는 여러 개의 감정결과가 있을 때 자유심증주의에 따라 특허심판원이 여러 개의 감정결과를 종합하여 사실을 인정하는 것은 경험칙 또는 논리법칙에 위배되지 않는 한 적법하다.[191]

---

186) 대법원 2007. 2. 22. 선고 2005다17082,17099 판결, 1998. 7. 24. 선고 98다12270 판결, 1976. 3. 23. 선고 75도2068 판결, 서울고법 2021. 10. 27. 선고 2021나2012665 판결, 인천지법 2016. 6. 24. 선고 2015가합3767 판결

187) 대법원 1998. 4. 24. 선고 97다58491 판결, 서울고법 2018. 7. 12. 선고 2017나2032266 판결, 2017. 9. 15. 선고 2016나2073468 판결

188) 대법원 1994. 8. 26. 선고 94누2718 판결, 1976. 6. 22. 선고 75다2227 판결

189) 대법원 1973. 3. 20. 선고 73다233 판결

190) 대법원 2020. 4. 9. 선고 2016다32582 판결, 2018. 10. 12. 선고 2016다243115 판결, 2017. 1. 12. 선고 2015두2352 판결, 2016. 8. 29. 선고 2012다16537 판결, 2015. 2. 12. 선고 2012다6851 판결, 2014. 12. 11. 선고 2012두1570 판결, 2014. 5. 29. 선고 2011다46128,2013다69057 판결, 2014. 1. 23. 선고 2012다53048 판결, 2013. 1. 24. 선고 2011다103199,103205 판결

191) 대법원 2008. 3. 27. 선고 2007다16519 판결, 1991. 8. 13. 선고 91다16075 판결, 1989. 3. 14. 선고

(2) 하나의 감정결과에 의거한 사실 인정

□ 동일한 사실에 관하여 상반되는 여러 개의 감정결과가 있을 때 심판관이 그 하나의 감정결과에 의거하여 사실을 인정하였으면 그것이 경험칙이나 논리법칙에 위배되지 않는 한 위법이라고 할 수 없다.[192)]

(3) 감정방법이 적법한지 여부 심리 · 조사

□ 어떤 특정한 사항에 관하여 상반되는 여러 개의 감정결과가 있는 경우 각 감정결과의 감정방법이 적법한지 여부를 심리 · 조사하지 않은 채 어느 하나의 감정결과가 다른 감정결과와 상이하다는 이유만으로 그 감정결과를 배척할 수는 없다.[193)]

2) 감정결과 중 일부 만에 의한 사실 인정

□ 심판관이 감정결과 중 일부 만에 의하여 사실을 인정하였다 하더라도 그것이 경험칙이나 논리법칙에 위배되지 않는 한 위법이라고 할 수 없다.[194)]

3) 감정결과에 오류나 잘못이 있는 경우

가) 감정결과 중 일부에 오류가 있는 경우

□ 감정결과 중 일부에 오류가 있는 경우에도 그로 인하여 감정사항에 대한 감정결과가 전체적으로 서로 모순되거나 매우 불명료한 것이 아닌 이상, 감정결과 전부를 배척할 것이 아니라 그 해당되는 일부 부분만을 배척하고 나머지 부분에 관한 감정결과는 증거로 채택하여 사용할 수 있다.[195)]

나) 감정결과에 현저한 잘못이 있는 경우

□ 감정과정에 중대한 오류가 있는 등 감정방법이 경험칙에 반하거나 합리성이 없는 등

86다카2731 판결, 1976. 3. 23. 선고 75도2068 판결, 대구고법 2014. 4. 18. 선고 2012누1861 판결

192) 대법원 2008. 3. 27. 선고 2007다16519 판결, 2006. 11. 23. 선고 2004다60447 판결, 2000. 5. 26. 선고 98두6531 판결, 1995. 8. 25. 선고 94다34562 판결, 1993. 11. 12. 선고 93누8344 판결, 1989. 3. 14. 선고 86다카2731 판결, 1989. 6. 27. 선고 88다카14076 판결, 1988. 3. 8. 선고 87다카1354 판결, 1987. 12. 22. 선고 86다카2968 판결, 1987. 6. 9. 선고 86다카2920 판결

193) 대법원 2023. 4. 27. 선고 2022다303216 판결, 1992. 3. 27. 선고 91다34561 판결

194) 대법원 2016. 6. 10. 선고 2013다13832 판결, 2014. 12. 11. 선고 2012두1570 판결, 2010. 12. 9. 선고 2008다67859 판결, 2008. 11. 13. 선고 2008다45491,45507 판결, 2008. 2. 28. 선고 2005다11954 판결, 2006. 6. 9. 선고 2006두4035 판결, 2003. 12. 26. 선고 2002두2208 판결, 2002. 1. 8. 선고 2001두7596 판결, 2001. 6. 15. 선고 99두1731 판결, 2000. 1. 28. 선고 97누11720 판결

195) 대법원 2014. 10. 15. 선고 2012다18762 판결, 2012. 1. 12. 선고 2009다84608,84639 판결, 서울고법 2015. 5. 28. 선고 2014나7300,7317 판결, 서울중앙지법 2021. 11. 25. 선고 2018가단5272165 판결, 2020. 10. 7. 선고 2018가합543401 판결, 부산지법 2021. 4. 14. 선고 2018가합50648 판결, 서울서부지법 2020. 12. 10. 선고 2018가합41412 판결

현저한 잘못이 있는 경우에는 이를 배척할 수 있다.[196]

4) 감정결과에 현저한 잘못이 없는 경우

□ 감정결과는 그 감정방법 등이 경험칙에 반하거나 합리성이 없는 등의 현저한 잘못이 없는 한 존중해야 한다.[197]

5) 감정결과에 따른 사실인정과 배척

가) 감정결과에 따른 사실인정

□ 심판관이 감정결과에 따라 사실을 인정한 경우에 그것이 경험칙이나 논리법칙에 위배되지 않는 한 위법이라고 할 수 없다.[198]

나) 별다른 이유 없이 감정결과 배척

□ 전문지식 있는 감정인의 감정결과를 별다른 이유 없이 배척하고 비전문가의 증언을 취신함은 경험칙에 반한다.[199]

6) 당사자 일방이 제출한 감정서

□ 당사자가 서증으로 제출한 감정서는 공정하고 신뢰성 있는 전문가에 의하여 행해진 것이 아니라고 의심할 사정이 있거나 특허심판원의 합리적 의심을 제거할 수 있는 정도가 아니라면 쉽게 채용해서는 안 된다.[200]

라. 감정결과에 대한 특허심판원의 조치

1) 감정사항이 모순·불명료한 경우

□ 동일한 감정사항에 대하여 2개 이상의 감정기관이 모순·불명료한 감정의견을 내놓고 있는 경우, 이를 증거로 채용하기 위해서는 특별히 다른 증거자료가 뒷받침되지 않는 한, 감정서의 보완을 명하는 등의 적극적인 조치를 강구해야 한다.[201] 이는 동일한 감정인이 동일한 감정사항에 대하여 모순·불명료한 감정의견을 내놓고 있는

196) 대법원 2016. 12. 29. 선고 2014다67720 판결, 2010. 11. 25. 선고 2007다74560 판결, 울산지법 2019. 5. 9. 선고 2016가합20479 판결, 인천지법 2016. 6. 24. 선고 2015가합3767 판결
197) 대법원 2021. 7. 8. 선고 2020다290590 판결, 2020. 6. 25. 선고 2019다292026,292040 판결, 2020. 4. 9. 선고 2016다32582 판결, 2019. 11. 28. 선고 2018두227 판결, 2019. 3. 14. 선고 2018다255648 판결, 2018. 12. 17.자 2016마272 결정, 2017. 9. 7. 선고 2017다234217 판결, 2017. 6. 29. 선고 2016다276641 판결, 2016. 8. 29. 선고 2012다16537 판결
198) 대법원 2018. 12. 17.자 2016마272 결정, 2017. 6. 8. 선고 2016다249557 판결
199) 대법원 1975. 3. 25. 선고 75다238 판결
200) 대법원 2010. 5. 13. 선고 2010다6222 판결
201) 대법원 2023. 4. 27. 선고 2022다303216 판결, 2022. 11. 10. 선고 2022다241493 판결

경우에도 마찬가지이다.[202)]

2) 2개의 감정결과가 판이한 경우

□ 2개의 감정결과가 판이하더라도 제3의 감정을 명해야 하는 것은 아니다.[203)]

Ⅳ. 절차의 중지와 재개

1 절차의 중지

[§ 164](소송과의 관계)

① 심판장은 심판에서 필요하면 직권 또는 당사자의 신청에 따라 그 심판사건과 관련되는 특허취소신청에 대한 결정 또는 다른 심판의 심결이 확정되거나 소송절차가 완결될 때까지 그 절차를 중지할 수 있다.

가. 심판장의 재량사항

□ 심판절차의 중지 여부는 심판장의 자유재량에 속하는 사항이다.[204)]

나. 임의규정

□ 특허법 제164조의 심판절차의 중지 규정은 임의규정으로서 반드시 절차를 중지해야 하는 것은 아니므로, 관련 심판청구가 계속 중에 있다고 하여 반드시 심판절차를 중지해야 하는 것은 아니다.[205)]

다. 절차중지결정에 대한 불복

□ 심판절차를 중지한다는 결정에 대하여는 불복할 수 없다.[206)]

---

202) 대법원 2008. 3. 27. 선고 2007다16519 판결, 2004. 11. 26. 선고 2003다33998 판결, 1999. 5. 11. 선고 99다2171 판결, 1994. 6. 10. 선고 94다10955 판결

203) 대법원 1989. 1. 29. 선고 79다2029 판결

204) 대법원 2007. 6. 4.자 2006마907 결정, 1995. 8. 25. 선고 95후125 판결, 1992. 1. 15.자 91마612 결정, 특허법원 2008. 11. 19. 선고 2008허7423 판결, 1998. 9. 17. 선고 98허5381 판결

205) 대법원 2006. 9. 8. 선고 2004후1700 판결, 1998. 2. 13. 선고 97후1832 판결, 1995. 4. 25. 선고 94후2094 판결, 1990. 3. 23. 선고 89후2168 판결, 특허법원 2000. 6. 9. 선고 99허8639 판결

206) 대법원 1992. 1. 15.자 91마612 결정

2 심리종결통지

가. 훈시규정

□ 심리종결통지규정은 당사자에게 자료의 추가제출이나 심리재개신청의 기회를 주려는 취지가 아니고, 심결을 할 수도 있는 정도로 사건이 성숙하였다고 인정되는 경우에는 그 심리종결을 당사자에게 통지하고 지체 없이 심결을 하도록 하기 위한 훈시규정에 불과하다.[207)]

나. 심리종결통지의 이유

□ 심결 전에 심리종결통지를 하는 이유는, 특허심판은 서면심리의 경우는 물론이고 구술심리의 경우에도 당사자의 출석 여부에 관계없이 직권으로 진행할 수 있도록 되어 있어 당사자로서는 심판의 진행상태를 명확히 파악하기 어려운 실정이므로, 심결 전에 미리 사건이 심결을 함에 성숙하였음을 알림으로써 심리의 진행상황을 주지시켜 심결절차의 공정과 촉진을 기하고자 함에 있다.[208)]

다. 심결의 위법이 아닌 경우

□ ① 심결 전에 미리 심리종결통지를 하지 않은 경우[209)]
② 심결 후에 심리종결통지서를 발송한 경우[210)]
③ 심리종결통지를 발송한 날 심결을 하거나 심리종결통지와 심결을 동시에 발송한 경우[211)]
④ 심리종결통지 후 20일이 경과하여 심결한 경우[212)]

---

207) 대법원 2002. 6. 14. 선고 2000후3272 판결, 1995. 2. 24. 선고 93후1841 판결, 1984. 8. 14. 선고 84후20 판결, 1984. 1. 31. 선고 83후71 판결, 1979. 10. 10. 선고 79후35 판결, 1967. 5. 16. 선고 67후6 판결, 특허법원 2013. 2. 7. 선고 2012허7611 판결, 2006. 4. 21. 선고 2006허442 판결, 2006. 4. 13. 선고 2006허978 판결, 2005. 7. 8. 선고 2004허5894 판결
208) 대법원 1984. 1. 31. 선고 83후71 판결, 특허법원 2005. 7. 8. 선고 2004허5894 판결, 2000. 11. 10. 선고 99허9779 판결, 2000. 10. 19. 선고 2000허4473 판결, 2000. 7. 6. 선고 2000허693 판결
209) 대법원 2002. 6. 14. 선고 2000후3272 판결, 1984. 1. 31. 선고 83후71 판결, 특허법원 2005. 7. 8. 선고 2004허5894 판결, 2000. 11. 10. 선고 99허9779 판결, 2000. 10. 19. 선고 2000허4473 판결, 2000. 7. 6. 선고 2000허693 판결
210) 대법원 1976. 9. 14. 선고 76후6 판결
211) 대법원 1995. 2. 24. 선고 93후1841 판결, 1984. 8. 14. 선고 84후20 판결, 1984. 1. 31. 선고 83후71 판결, 1979. 10. 10. 선고 79후35 판결, 1964. 6. 23. 선고 63후25 판결, 특허법원 2013. 2. 7. 선고 2012허7611 판결, 2011. 11. 17. 선고 2011허7096 판결, 2006. 4. 21. 선고 2006허442 판결, 2006. 4. 13. 선고 2006허978 판결, 2000. 6. 30. 선고 99허1430 판결
212) 대법원 1967. 5. 16. 선고 67후6 판결, 특허법원 2000. 10. 19. 선고 2000허4473 판결

⑤ 당사자에게 답변서를 반박할 시간적 여유를 주지 않고 심리종결통지를 한 경우[213)]

⑥ 심리종결예정시기통지에서 지정한 날 이전에 심리종결을 한 경우[214)]

3 심리의 재개

가. 심리재개신청의 의미

□ 심리의 재개신청은 특허심판원의 직권발동을 촉구하는 의미밖에 없다.[215)]

나. 특허심판원의 재량사항

□ 심리의 속행 여부 및 종결한 심리의 재개 여부는 특허심판원의 재량에 속하는 사항이다.[216)]

다. 심리재개신청기회 부여 여부

□ 심리종결 후 당사자에게 반드시 심리재개신청의 기회를 주어야 하는 것은 아니다.[217)]

라. 심리재개신청에 대한 허부 결정

1) 특허심판원의 재량사항

□ 심리재개신청이 있더라도 심리재개신청을 받아들일지 여부는 특허심판원의 재량에 속한다.[218)]

---

213) 특허법원 2014. 6. 27. 선고 2013허10065 판결, 2000. 11. 17. 선고 2000허1085 판결

214) 특허법원 2015. 5. 29. 선고 2014허7769 판결, 2006. 1. 19. 선고 2004허6507 판결

215) 대법원 2008. 7. 10. 선고 2008다15377 판결, 2008. 3. 13. 선고 2006후2196 판결, 2005. 3. 11. 선고 2004다26997 판결, 2005. 3. 11. 선고 2004다54909 판결, 2004. 10. 28. 선고 2004다5556 판결, 2004. 7. 9. 선고 2004다13083 판결, 2003. 3. 28. 선고 2002다57140 판결, 2002. 9. 24. 선고 2002다36709,36716 판결, 2001. 11. 30. 선고 2001다49388 판결, 1998. 9. 18. 선고 97다52141 판결

216) 대법원 2019. 2. 21. 선고 2017후2819 전합 판결, 2017. 6. 22. 선고 2014다225809 전합 판결, 2013. 9. 26. 선고 2013도8585 판결, 2014. 4. 24. 선고 2014도1414 판결, 2013. 4. 11. 선고 2012후436 판결, 2013. 3. 28. 선고 2012다114783 판결, 2012. 8. 17. 선고 2011도10706 판결, 2012. 5. 24. 선고 2011다8539 판결, 2011. 11. 10. 선고 2011다67743 판결, 2010. 12. 9. 선고 2007도10121 판결

217) 특허법원 2011. 11. 17. 선고 2011허7096 판결

218) 대법원 2022. 12. 29. 선고 2022다263462 판결, 2022. 4. 14. 선고 2021다305796 판결, 2021. 3. 25. 선고 2020다277641 판결, 2019. 11. 28. 선고 2017다244115 판결, 2019. 9. 10. 선고 2017다258237 판결, 2018. 7. 26. 선고 2016두45783 판결, 2018. 1. 25. 선고 2015다24904,24935 판결, 2016. 12. 15. 선고 2015두2611 판결, 2015. 6. 11. 선고 2015두35215 판결

2) 허부 결정 불필요

□ 당사자에게 변론재개신청권이 없으므로 이에 대하여 허부의 결정을 할 필요가 없다.219)

> ○ 특허법원 2022. 12. 24. 선고 2021나1534 판결
>
> 청구인은 구술심리 후에 새로운 증거가 발견되었다는 이유로 심리재개신청을 하였으나, 새로 신청하고자 하는 증거는 그 작성시기나 청구인과의 관련성 등에 비추어 심판청구 전에 입수하였을 것으로 보이는데다가, 그 내용을 살펴보아도 이미 조사를 마친 증거들과 다른 가치를 가지거나 심결의 결과를 좌우할 수 있는 정도로 관건이 되는 것으로 보이지 않으므로, 청구인의 심리재개신청을 받아들이지 않는다.

마. 심리종결 후에도 심리재개 가능

□ 특허심판원은 심리를 종결한 후라도 심리에 미진함이 발견되거나 기타 필요하다고 인정할 때에는 종결된 심리를 재개할 수 있다.220)

바. 심리재개의무가 있는 경우

1) 주장·증명의 대상이 관건적 요증사실에 해당하는 경우

□ 특허심판원이 심리를 재개할 의무가 있는 경우는, 심리재개신청을 한 당사자가 심리종결 전에 그에게 책임을 지우기 어려운 사정으로 주장·증명을 제출할 기회를 제대로 갖지 못하였고, 그 주장·증명의 대상이 심결의 결과를 좌우할 수 있는 관건적 요증사실에 해당하는 경우 등과 같이, 당사자에게 심리를 재개하여 그 주장·증명을 제출할 기회를 주지 않은 채 기각심결을 하는 것이 절차적 정의에 반하는 경우로 한정된다.221)

---

219) 대법원 2008. 7. 10. 선고 2008다15377 판결, 2008. 4. 11. 선고 2007다82431 판결, 2008. 3. 13. 선고 2006후2196 판결, 2005. 3. 11. 선고 2004다26997 판결, 2004. 7. 9. 선고 2004다13083 판결, 1998. 9. 18. 선고 97다52141 판결, 1994. 10. 28. 선고 94다39253 판결, 1992. 9. 25. 선고 92누5096 판결, 1970. 12. 22. 선고 70누123 판결, 1970. 5. 12. 선고 69누149 판결

220) 대법원 2004. 5. 14. 선고 2002다13782 판결

221) 대법원 2022. 12. 29. 선고 2022다263462 판결, 2022. 4. 14. 선고 2021다305796 판결, 2021. 3. 25. 선고 2020다277641 판결, 2019. 11. 28. 선고 2017다244115 판결, 2019. 9. 10. 선고 2017다258237 판결, 2019. 2. 21. 선고 2017후2819 전합 판결, 2018. 7. 26. 선고 2016두45783 판결, 2018. 1. 25. 선고 2015다24904,24935 판결, 2016. 12. 15. 선고 2015두2611 판결, 2015. 6. 11. 선고 2015두35215 판결, 2014. 10. 27. 선고 2013다27343 판결, 2013. 4. 11. 선고 2012후436 판결

2) 추가로 주장·증명을 제출한다는 취지를 기재한 서면과 자료 제출

□ 심리를 재개할 의무가 있는 경우에는 당사자가 변론종결 후 추가로 주장·증명을 제출한다는 취지를 기재한 서면과 자료를 제출하고 있다면 이를 위 주장·증명을 제출할 수 있도록 변론을 재개하여 달라는 취지의 신청으로 선해할 수도 있으므로, 당사자가 참고서면과 참고자료만을 제출하였을 뿐 별도로 변론재개신청서를 제출하지 않았다는 사정만으로 이와 달리 볼 것은 아니다.[222]

Ⅴ. 대리권

1 대리권의 증명

[§ 7](대리권의 증명)
특허에 관한 절차를 밟는 자의 대리인의 대리권은 서면으로써 증명해야 한다.

가. 직권조사사항

□ 대리인의 대리권 존부는 심판요건으로서 특허심판원의 직권조사사항이다.[223]

나. 특허심판원의 재량사항

□ 대리권의 위임장이 사문서인 경우에 특허심판원이 대리권 증명에 관하여 인증명령을 할 것인지의 여부는 특허심판원의 재량에 속한다.[224]

다. 대리권의 증명책임

□ 대리권이 있다는 점에 대한 증명책임은 그 효과를 주장하는 자에게 있다.[225]

---

222) 대법원 2013. 4. 11. 선고 2012후436 판결, 2011. 6. 10. 선고 2011다5592 판결
223) 대법원 2015. 12. 10. 선고 2012다16063 판결, 2015. 2. 26. 선고 2014다229061 판결, 2009. 10. 29. 선고 2008다37247 판결, 2008. 12. 11. 선고 2006다83932 판결, 2008. 1. 18. 선고 2007다23975 판결, 2005. 5. 12. 선고 2005다5850 판결, 1999. 2. 24. 선고 97다38930 판결, 1997. 9. 22.자 97마1574 결정, 1997. 7. 25. 선고 96다39301 판결, 1984. 11. 8. 선고 94다31549 판결
224) 대법원 2015. 12. 10. 선고 2012다16063 판결, 2015. 2. 26. 선고 2014다229061 판결, 2009. 10. 29. 선고 2008다37247 판결, 2008. 1. 18. 선고 2007다23975 판결, 2005. 5. 12. 선고 2005다5850 판결, 1997. 9. 22.자 97마1574 결정, 서울중앙지법 2020. 1. 17. 선고 2015가합579799,2016가합526204 판결, 2017. 9. 11. 선고 2014가합508066,538302 판결

라. 대리권의 증명방법

□ 대리인의 권한은 서면으로 증명해야 한다.[226)]

마. 대리권 흠결의 의미

□ 대리권의 흠결이란 대리권이 전혀 없는 경우를 의미하는 것이다.[227)]

바. 사임사실을 상대방에게 통지하지 않은 경우

□ 대리인이 사임서를 특허심판원에 제출하였다 하더라도 상대방에게 그 사실을 통지하지 않은 이상, 심판 및 소송절차의 안정과 명확을 기하기 위하여 그 대리인의 대리권은 여전히 존속한다.[228)]

2 무권대리

가. 무권대리인에 의하여 제기된 소의 경우

1) 부적법한 소로서 각하

□ 대리권이 흠결된 소송대리인에 의하여 소가 제기된 경우에는 부적법한 소로서 각하되어야 한다.[229)]

2) 흠을 보정할 수 없는 경우에 해당

□ 무권대리인에 의하여 제기된 소는 소송대리권의 흠결이 보정되지 않은 이상, 부적법할 뿐만 아니라 그 흠을 보정할 수 없는 경우에 해당하므로 변론 없이 소를 각하한다.[230)]

---

225) 대법원 2008. 9. 25. 선고 2008다42195 판결, 1997. 7. 25. 선고 96다39301 판결, 1994. 2. 22. 선고 93다42047 판결, 서울중앙지법 2022. 9. 22. 선고 2021가합561102 판결

226) 대법원 2005. 12. 8. 선고 2005다36298 판결, 1997. 9. 22.자 97마1574 결정

227) 대법원 1999. 10. 22. 선고 98다46600 판결, 1994. 6. 24. 선고 94다4967 판결, 1993. 10. 12. 선고 93다32354 판결, 1980. 12. 9. 선고 80다584 판결, 1968. 12. 3. 선고 68다1981 판결, 서울고법 1986. 6. 17. 선고 85나3561 판결

228) 대법원 2008. 4. 18.자 2008마392 결정, 1995. 2. 28. 선고 94다49311 판결, 1970. 9. 29. 선고 70다1593 판결, 대전지법 2014. 10. 23. 선고 2012가합36955 판결

229) 대법원 1997. 9. 22.자 97마1574 결정, 1997. 7. 25. 선고 96다39301 판결, 특허법원 2021. 10. 1. 선고 2021허124 판결, 2019. 6. 21. 선고 2019허1117 판결, 2017. 3. 17. 선고 2016허7909 판결, 2011. 12. 16. 선고 2011허5502 판결, 서울서부지법 2014. 7. 24. 선고 2013가합32048 판결, 서울중앙지법 2010. 10. 14. 선고 2010가합31537 판결

230) 특허법원 2005. 7. 29. 선고 2005허1202 판결, 1998. 9. 10. 선고 98허1839 판결

나. 무권대리에 대한 주장 · 증명책임

□ 상대방이 대리인에게 대리권이 없음을 알았다는 점에 대한 주장 · 증명책임은 철회의 효과를 다투는 자에게 있다.[231)]

다. 대리권의 흠결이 보정되지 않은 경우

1) 권한 없는 자에 의하여 제기된 것으로서 부적법

□ 청구인의 대리인이 적법한 대리권 없이 청구인을 대리하여 상고를 제기하고 대리권 흠결의 보정명령에도 불구하고 소정기간 안에 보정이 이루어지지 않았다면 이 상고는 권한 없는 자에 의하여 제기된 것으로서 부적법한 것이므로 이러한 상고는 각하해야 하고, 상고비용은 청구인의 대리인의 부담으로 한다.[232)]

2) 무권대리인에 의하여 제기된 것으로서 부적법

□ 소송대리인이 당사자의 의사를 확인하지 않은 상태에서 상고기간이 도과될 것을 우려하여 상고를 미리 제기하였으나, 그 후 당사자가 상고를 제기하지 않겠다는 의사를 밝힌 경우, 상고는 무권대리인에 의하여 제기된 것으로서 부적법하다.[233)]

라. 국가를 당사자로 하는 소송의 경우

□ 국가를 당사자로 하는 소송에 관한 법률에 따라 소송수행자로 지정받지 않은 자는 무권대리인에 속한다.[234)]

마. 무권대리행위의 추인

1) 추인의 의미

□ 무권대리행위의 추인은 무권대리인에 의하여 행해진 불확정한 행위에 관하여 그 행위의 효과를 자기에게 직접 발생케 하는 것을 목적으로 하는 의사표시이다.[235)]

2) 추인의 시기

□ 무권대리행위의 추인은 상고심에서도 할 수 있다.[236)]

---

231) 대법원 2017. 6. 29. 선고 2017다213838 판결
232) 대법원 1980. 5. 13. 선고 80후26 판결, 1980. 3. 11. 선고 79후40 판결, 1979. 11. 27. 선고 79후3 판결
233) 대법원 2006. 11. 9. 선고 2006후1841 판결
234) 대법원 1967. 1. 31. 선고 66다2395 판결
235) 대법원 1982. 1. 26. 선고 81다카549 판결
236) 대법원 2005. 4. 15. 선고 2004다66469 판결, 1996. 11. 29. 선고 94누13343 판결, 1985. 1. 22. 선고 81다397 판결, 1970. 6. 30. 선고 70다809 판결, 1969. 6. 24. 선고 69다511 판결, 1953. 3. 3. 선고 53다1 판결, 대구고법 2018. 8. 22. 선고 2017나23302 판결, 서울고법 1981. 4. 1. 선고 80나3746 판결

3) 추인의 방법

가) 추인의 상대방

□ 무권대리행위의 추인의 그 의사표시는 무권대리인이나 그 상대방 어느 쪽에 하여도 무방하다.[237)]

나) 추인의 대상

□ 무권대리인이 행한 소송행위의 추인은 특별한 사정이 없는 한 소송행위의 전체를 대상으로 하여야 하고, 그중 일부의 소송행위만을 추인하는 것은 허용되지 않는다.[238)]

다) 상대방의 동의나 승낙을 요하지 않는 단독행위

□ 무권대리행위의 추인은 무권대리행위가 있음을 알고 그 행위의 효과를 자기에게 귀속시키도록 하는 단독행위로서,[239)] 무권대리인 또는 상대방의 동의나 승낙을 요하지 않는다.[240)]

라) 추인의 의사표시방법

□ 무권대리행위의 추인이 있었다고 하려면 그러한 의사가 표시되었다고 볼 만한 사유가 있어야 하는데,[241)] 추인의 의사표시방법은 일정한 방식이 요구되는 것은 아니고 명시적이든 묵시적이든 묻지 않는다.[242)]

4) 추인의 효과

가) 대리권 흠결의 하자 치유

□ 무권대리인이 당사자로부터 적법하게 소송위임을 받아 종전의 소송행위에 대하여 추

---

237) 대법원 2017. 6. 8. 선고 2017다3499 판결, 2009. 11. 12. 선고 2009다46828 판결, 2001. 11. 9. 선고 2001다44291 판결, 1991. 3. 8. 선고 90다17088 판결, 1981. 4. 14. 선고 80다2314 판결, 1981. 4. 14. 선고 81다151 판결, 1967. 12. 26. 선고 67다2448,2449 판결, 특허법원 2017. 5. 25. 선고 2016나32 판결, 서울남부지법 2016. 1. 21. 선고 2013가합10261 판결
238) 대법원 2008. 8. 21. 선고 2007다79480 판결, 1973. 7. 24. 선고 69다60 판결
239) 대법원 2021. 4. 8. 선고 2020다284496,284502 판결, 2017. 10. 26. 선고 2016다247223 판결, 2015. 4. 23. 선고 2013다61398 판결, 2014. 11. 13. 선고 2009다71312,71343 판결, 2014. 2. 13. 선고 2012다112299,112305 판결, 2013. 4. 26. 선고 2012다99617 판결, 2011. 2. 10. 선고 2010다83199,83205 판결, 2010. 12. 23. 선고 2009다37718 판결
240) 대법원 1982. 1. 26. 선고 81다카549 판결
241) 대법원 2015. 4. 23. 선고 2013다61398 판결
242) 대법원 2021. 4. 8. 선고 2020다284496,284502 판결, 2017. 10. 26. 선고 2016다247223 판결, 2014. 11. 13. 선고 2009다71312,71343 판결, 2014. 2. 13. 선고 2012다112299,112305 판결, 2013. 4. 26. 선고 2012다99617 판결, 2011. 2. 10. 선고 2010다83199,83205 판결, 2010. 12. 23. 선고 2009다37718 판결, 2010. 6. 10. 선고 2007다61113,61120 판결

인한 경우에는 소송대리권 흠결의 하자는 치유되고,[243] 행위시에 소급하여 그 효력을 갖게 된다.[244] 따라서 적법한 대표자 자격이 없는 비법인사단의 대표자가 한 소송행위는 후에 대표자격을 적법하게 취득한 대표자가 그 소송행위를 추인하면 그 행위시에 소급하여 효력을 갖게 된다.[245]

나) 당사자 추완항소는 적법

□ 무권대리인이 소송을 수행하고 판결정본을 송달받은 경우, 당사자는 과실 없이 소송계속 사실 및 그 판결정본의 송달 사실을 몰랐던 것이므로, 그 당사자의 추완항소는 적법하다.[246]

바. 변리사 자격이 없는 자가 업으로 하지 않는 경우

□ 변리사 자격이 없는 자라도 업으로 하지 않는 이상, 심판장의 허가를 받아 특허심판원의 심판단계에서 적법하게 대리할 수 있다.[247]

3 쌍방대리

가. 쌍방대리금지

1) 쌍방대리금지 원칙

□ 변리사법 제7조의 '변리사는 상대방의 대리인으로서 취급한 사건에 대하여는 그 업무를 행하지 못한다.'라는 규정에 따라, 변리사가 동일한 사건에 대하여 일방을 대리하여 업무를 취급하였다가 또 다시 다른 당사자를 대리하여 종전 당사자의 이익과 반대되는 입장에서 업무를 취급해서는 안 된다.[248]

2) 쌍방대리금지 원칙에 위배되는 경우

가) 동일한 변리사가 청구인과 피청구인을 동시에 대리

□ 동일한 변리사가 동일한 사건에서 시기를 달리하여 청구인과 피청구인을 대리하는

243) 대법원 2000. 1. 21. 선고 99후2532 판결
244) 대법원 2005. 4. 15. 선고 2004다66469 판결, 1996. 11. 29. 선고 94누13343 판결, 1985. 1. 22. 선고 81다397 판결, 1970. 6. 30. 선고 70다809 판결, 1969. 6. 24. 선고 69다511 판결, 1953. 3. 3. 선고 53다1 판결, 대구고법 2018. 8. 22. 선고 2017나23302 판결, 서울고법 1981. 4. 1. 선고 80나3746 판결
245) 대법원 2010. 6. 10. 선고 2010다5373 판결
246) 대법원 1996. 5. 31. 선고 94다55774 판결, 1982. 1. 26. 선고 81다카549 판결
247) 특허법원 2014. 4. 11. 선고 2013허7434 판결
248) 대법원 2007. 7. 26. 선고 2005후2571 판결, 1982. 4. 27. 선고 81후51 판결, 특허법원 2019. 1. 31. 선고 2017허3492 판결

경우뿐만 아니라, 같은 시기에 청구인과 피청구인을 동시에 대리하는 행위도 쌍방대리금지 원칙에 위배된다.[249)]

나) 심판당사자 쌍방을 대신하여 심판서류를 동시에 수령

□ 동일한 수령대행인이 이해가 대립하는 심판당사자 쌍방을 대신하여 심판서류를 동시에 수령하는 것은 쌍방대리금지 원칙에 위배된다.[250)]

다) 동일 특허법인의 소속변리사가 상대방을 각각 대리

□ 일방 당사자의 대리인으로 특허법인이 선임된 경우에, 상대방의 대리인인 변리사가 그 특허법인의 구성원 내지 소속변리사라면 쌍방대리금지 원칙에 위배되고, 상대방의 대리인인 변리사가 형식적으로 특허청장에게 그 특허법인의 소속변리사로 신고되어 있는 경우뿐만 아니라 실질적으로 그 특허법인의 소속변리사에 해당하는 경우에도 그 특허법인의 소속변리사라고 보아야 한다.[251)]

3) 쌍방대리에 해당하지 않는 경우

가) 절차의 종결 후 별개의 절차에서 상대방 대리

□ 어떤 특허에 관한 출원·심판 및 소송절차에서 당사자 일방의 대리인으로 사건을 취급한 적이 있었고 동일한 특허에 관한 절차라 하더라도, 그 절차의 종결 후 별개의 절차에서 상대방을 대리하는 것은 쌍방대리에 해당하지 않는다.[252)]

나) 청구인의 청구대리인이 청구인 승계참가인의 심판행위 대리

□ 청구인의 청구대리인이 청구인 승계참가인의 심판행위를 대리한 경우에는 쌍방대리에 해당하지 않는다.[253)]

4) 상대방의 이의를 제기 여부

가) 상대방이 이의를 제기한 경우

□ 쌍방대리금지규정을 위반한 변리사의 심판행위에 대하여는 상대방 당사자가 특허심판원에 대하여 이의를 제기하는 경우, 그 심판행위는 무효이다.[254)]

---

249) 대법원 2007. 7. 26. 선고 2005후2571 판결, 특허법원 2019. 1. 31. 선고 2017허3492 판결
250) 대법원 2021. 3. 11. 선고 2020므11658 판결, 2016. 11. 10. 선고 2014다54366 판결, 의정부지법 2014. 7. 18. 선고 2013나12113 판결
251) 대법원 2007. 7. 26. 선고 2005후2571 판결
252) 특허법원 2007. 11. 23. 선고 2007허4816 판결
253) 대법원 1991. 1. 29. 선고 90다9520,9537 판결
254) 대법원 2003. 5. 30. 선고 2003다15556 판결, 2000. 12. 22. 선고 2000재다490 판결, 서울고법 2016. 9. 29. 선고 2015나2062041 판결, 2015. 10. 29. 선고 2012가합80182 판결

나) 상대방이 이의를 제기하지 않는 경우

□ 변리사가 쌍방대리금지규정을 위반한 심판행위를 하였더라도 상대방 당사자가 그에 대하여 아무런 이의를 제기하지 않았다면 그 심판행위는 완전한 효력을 갖는다.[255)]

나. 표현대리의 경우

(1) 표현대리의 개념

□ 표현대리란 대리권이 흠결된 자가 본인을 위하여 한 법률행위의 효력을 일정한 요건하에 본인에게 귀속시키는 법리를 말한다.[256)] 따라서 표현대리행위가 성립하는 경우에 그 본인은 표현대리행위에 의하여 전적인 책임을 져야 한다.[257)]

(2) 표현대리의 성립요건

□ 표현대리가 성립하기 위해서는, ① 대리인에게 일정한 기본대리권이 있고, ② 대리인이 기본대리권의 범위를 넘는 대리행위를 하였으며, ③ 상대방이 대리인에게 대리행위를 할 대리권이 있다고 믿고 또 그렇게 믿을 만한 정당한 이유가 있어야 한다.[258)]

(3) 쌍방대리인이 대리권을 넘은 경우

□ 쌍방대리인이 일방 당사자로부터 수여받은 대리권의 범위를 넘어서 법률행위를 한 경우에는 표현대리가 성립한다고 볼 수 없다.[259)]

4 대리권의 범위

[§ 6](대리권의 범위)

국내에 주소 또는 영업소가 있는 자로부터 특허에 관한 절차를 밟을 것을 위임받은 대리인은 특별히 권한을 위임받아야만 다음 각 호의 어느 하나에 해당하는 행위를 할 수 있다. 특허관리인의 경우에도 또한 같다.

---

255) 대법원 2012. 6. 28. 선고 2011다98457 판결, 2003. 5. 30. 선고 2003다15556 판결, 2000. 12. 22. 선고 2000재다490 판결, 1995. 7. 28. 선고 94다44903 판결, 1990. 11. 23. 선고 90다4037,4044 판결, 1969. 12. 30. 선고 69다1899 판결, 1975. 5. 13. 선고 72다1183 전합 판결, 1964. 4. 28. 선고 63다635 판결

256) 대전고법 2001. 10. 11. 선고 98나5034 판결

257) 대법원 1996. 7. 12. 선고 95다49554 판결, 1994. 12. 22. 선고 94다24985 판결

258) 대법원 2016. 3. 24. 선고 2015다244883 판결, 2013. 4. 26. 선고 2012다99617 판결, 2012. 7. 26. 선고 2012다27001 판결, 2012. 1. 27. 선고 2011다76570 판결, 2007. 8. 23. 선고 2007다23425 판결

259) 인천지법 1984. 7. 27. 선고 83가합1201 판결

1. 특허출원의 변경 · 포기 · 취하
2. 특허권의 포기
3. 특허권 존속기간의 연장등록출원의 취하
4. 신청의 취하
5. 청구의 취하
6. 우선권 주장 또는 그 취하
7. 거절결정불복심판청구
8. 복대리인의 선임

가. 변리사의 선임

□ 변리사의 선임은 심급마다 변리사와 연명날인한 서면으로 제출해야 하는데,[260] 특허에 관한 절차를 대리인에 의하여 밟는 경우에 있어서 현재 및 장래의 사건에 대하여 미리 사건을 특정하지 않고 포괄위임하고자 하는 경우에는 포괄위임등록신청서에 대리권을 증명하는 포괄위임장을 첨부하여 제출해야 하며, 특허청장은 이에 대하여 포괄위임등록번호를 부여한다.[261]

나. 대리권의 범위와 한계

1) 복대리인의 선임

□ 대리권의 범위 내에는 제3자에게 복대리권을 부여하는 복임권까지 포함되어 있다.[262]

2) 청구취하의 동의

□ 대리인이 한 청구취하의 동의는 대리권의 범위 내의 사항으로서 본인에게 그 효력이 미친다.[263]

3) 당해 심급에 한정

□ 소송대리권의 범위는 원칙적으로 당해 심급에 한정되므로,[264] 수임한 소송사무가 종

---

260) 대법원 2014. 2. 13. 선고 2013도9605 판결, 1965. 7. 13. 선고 65다1013 판결
261) 특허법시행규칙 제5조의2
262) 대법원 2012. 7. 12. 선고 2012다31895 판결, 1996. 1. 26. 선고 94다30690 판결, 서울고법 2013. 7. 25. 선고 2013나265 판결
263) 대법원 1984. 3. 13. 선고 82므40 판결, 특허법원 2002. 4. 26. 선고 2001허5527 판결
• 청구취하에 대하여 피청구인이 동의를 거절하면 청구취하의 효력이 발생할 수 없고, 후에 다시 동의하더라도 그 동의의 대상이 소멸한 후이므로 청구취하의 효력이 생기지 않는다(대법원 1969. 5. 27. 선고 69다130 판결, 서울고법 1972. 6. 2. 선고 70나1716 판결).
264) 대법원 2020. 6. 25. 선고 2019다292026,292040 판결, 2013. 7. 31.자 2013마670 결정, 2000. 1. 31.

료하는 시기인 당해 심급의 판결을 송달받은 때까지이다.[265] 마찬가지로 국가를 당사자로 하는 소송의 경우에도 소송수행자의 소송대리권의 범위는 특별한 사정이 없는 한 당해 심급에 한정된다.[266]

4) 대리권 범위 내의 행위인지

□ 어느 행위가 대리권 범위 내의 행위인지 여부는 개별적인 수권행위의 내용이나 그 해석에 의하여 판단해야 한다.[267]

다. 취소판결에 따른 종전 대리인의 대리권 부활

1) 심결취소판결에 따라 심판사건을 다시 심리하게 되는 경우

□ 심결취소소송에서 심결을 취소하는 판결이 확정됨에 따라 특허심판원이 심판사건을 다시 심리하게 되는 경우, 아직 심결이 없는 상태이므로 종전 심판절차에서의 대리인의 대리권은 다시 부활하고, 당사자가 심결취소소송에서 다른 소송대리인을 선임하였다고 하여 달라지는 것은 아니다.[268]

2) 상급심에서 파기환송된 경우

□ 특허법원 판결이 대법원 판결에서 파기되고 사건이 환송된 경우에는 사건을 환송 받은 특허법원이 환송 전의 절차를 속행해야 하고 환송 전 특허법원에서의 소송대리인의 소송대리권이 부활한다.[269]

3) 대법원에서 파기환송된 사건이 다시 상고된 경우

□ 새로운 상고심은 환송 전의 상고심과는 별개의 심급으로 보아야 하므로, 상고심에서 특허법원으로 파기환송된 사건이 다시 상고된 경우에는 특허법원에서의 소송대리인은 그 소송대리권을 상실하게 되고, 이때 환송 전의 상고심에서의 소송대리인의 대

자 99마6205 결정, 1996. 4. 4.자 96마148 결정, 1994. 3. 8. 선고 93다52105 판결, 1963. 1. 31. 선고 62다792 판결, 서울고법 2015. 3. 26. 선고 2014나46800 판결, 서울중앙지법 2016. 7. 22. 선고 2014가합590935 판결

• 심판절차에서의 대리인의 대리권은 다른 사정이 없는 한 특허심판원이 심결을 하고 그 심결에 대하여 취소소송을 제기할 때까지 존속한다(특허법원 2006. 4. 13. 선고 2006허978 판결).

265) 대법원 2005. 10. 13. 선고 2005재다174 판결, 2000. 1. 31.자 99마6205 결정, 서울고법 2015. 3. 26. 선고 2014나46800 판결

266) 대법원 2005. 10. 13. 선고 2005재다174 판결

267) 대법원 2016. 5. 27. 선고 2015다227499 판결, 1997. 9. 30. 선고 97다23372 판결, 1994. 2. 8. 선고 93다39379 판결

268) 특허법원 2006. 4. 13. 선고 2006허978 판결

269) 대법원 2016. 7. 7. 선고 2014다1447 판결, 1985. 5. 28. 선고 84후102 판결, 1984. 6. 14. 선고 84다카744 판결, 1963. 1. 31. 선고 62다792 판결, 서울중앙지법 2013. 7. 12. 선고 2012가단269254 판결

리권이 그 사건이 다시 상고심에 계속되면서 부활하게 되는 것은 아니다.[270)]

라. 송달 서류의 효력

1) 당사자 본인에게 한 송달

□ 소송대리인이 있는 경우에도 당사자 본인에게 한 서류의 송달은 유효하다.[271)]

2) 대리인 중 1인에게 한 송달

□ 당사자에게 여러 소송대리인이 있는 때에 당사자에 대한 판결정본 송달의 효력은 소송대리인 중 1인에게 최초로 판결정본이 송달되었을 때 발생한다.[272)]

3) 종전 심판절차에서의 대리인에게 한 송달

□ 심결취소에 따라 다시 진행된 심판절차에서 종전 심판절차에서의 대리인에게 한 송달은 당사자에게 한 송달과 마찬가지의 효력이 있다.[273)]

4) 대리권이 상실된 이전 대리인에게 한 송달

□ 심판청구의 대리인이 적법하게 변경된 이상, 대리권이 상실된 이전 대리인에게 송달된 보정명령은 청구인에게 아무런 효력을 가질 수 없다.[274)]

마. 변리사 소송대리의 범위

1) 심결취소소송

□ 변리사법 제8조에 의하여 변리사에게 허용되는 소송대리의 범위는 특허심판원의 심결에 대한 심결취소소송으로 한정되고, 현행법상 특허 등의 침해를 청구원인으로 하는 침해금지청구 또는 손해배상청구 등과 같은 민사사건에서 변리사의 소송대리는 허용되지 않는다.[275)]

2) 품종보호법의 거절결정불복심판

□ 변리사는 품종보호관리인의 위임을 받아 품종보호법의 거절결정불복심판을 청구할

---

270) 대법원 1996. 4. 4.자 96마148 결정
271) 대법원 1970. 6. 5.자 70마325 결정, 1964. 5. 12. 선고 63아37 판결
(같은 취지) 대법원 2013. 7. 12. 선고 2013도5165 판결
272) 대법원 2011. 9. 29.자 2011마1335 결정
273) 대법원 1984. 6. 14. 선고 84다카744 판결, 1963. 1. 31. 선고 62다792 판결, 특허법원 2006. 4. 13. 선고 2006허978 판결
274) 특허법원 1999. 9. 30. 선고 99허4675 판결
275) 대법원 2012. 10. 25. 선고 2010다108104 판결, 헌재 2012. 8. 23.자 2010헌마740 결정, 의정부지법 2018. 9. 13. 선고 2018노693 판결, 2018. 2. 22. 선고 2015고단2865 판결

수 있으나, 무효심판이나 심결취소소송의 소송대리인이 될 수는 없다.276)

VI. 심결취소소송의 소송물과 특허법원의 심리범위

1 심결취소소송의 소송물의 특정

□ 특허심판원의 심결에 대한 심결취소소송을 제기하는 자로서는, 소장에 그 심결취소를 구하는 청구취지와 더불어 그 취소를 구하는 심결의 구체적인 판단내용, 그 심결의 내용 가운데 위법하다고 주장하는 부분 및 그 위법한 이유를 청구원인으로서 구체적으로 적어야만 비로소 심결취소소송의 소송물이 적법하게 특정된다.277)

2 특허법원의 심리범위

가. 특허법원의 심리범위 판단

1) 직권조사사유

□ 특허법원은 심결취소의 제기가 적법한 경우에, 직권조사사유에 관하여는 심결취소이유서가 제출되었는지 여부나 그 사유가 심결취소이유서에 포함되었는지 여부를 가릴 필요 없이 반드시 심판해야 한다.278)

2) 직권조사사유가 아닌 것

□ 특허법원은 심결취소의 제기가 적법한 경우에, 직권조사사유가 아닌 것에 관하여는 그것이 심결취소이유서에 적힌 경우에 한하여 심판대상으로 할 수 있다.279)

---

276) 특허법원 2017. 1. 13. 선고 2016허1956 판결

277) 특허법원 2013. 4. 10. 선고 2012허10495 판결, 2010. 4. 28. 선고 2009허6229 판결

278) 대법원 2017. 5. 17. 선고 2017도3373 판결, 2016. 8. 29. 선고 2016도6297 판결, 2014. 5. 29. 선고 2011도11233 판결, 2014. 4. 24. 선고 2012도2602 판결, 2013. 6. 13. 선고 2013도2390 판결, 2008. 7. 24. 선고 2007도4310 판결, 2007. 5. 31. 선고 2006도8488 판결, 2007. 3. 29. 선고 2006도5547 판결, 2007. 3. 15. 선고 2006도8690 판결, 2007. 2. 8. 선고 2006도4784 판결

279) 대법원 2017. 5. 17. 선고 2017도3373 판결, 2016. 8. 29. 선고 2016도6297 판결, 2014. 5. 29. 선고 2011도11233 판결, 2014. 4. 24. 선고 2012도2602 판결, 2013. 6. 13. 선고 2013도2390 판결, 2008. 7. 24. 선고 2007도4310 판결, 2007. 5. 31. 선고 2006도8488 판결, 2007. 3. 29. 선고 2006도5547 판결, 2007. 3. 15. 선고 2006도8690 판결, 2007. 2. 8. 선고 2006도4784 판결

3) 심결에 영향을 미친 사유

□ 특허법원은 심결취소의 제기가 적법한 경우에, 심결에 영향을 미친 사유에 한하여서 예외적으로 심결취소이유서에 포함되지 않았다 하더라도 직권으로 심판할 수 있다.[280)]

나. 심결의 위법성 판단

□ 권리범위확인심판청구를 각하한 심결취소소송에서 특허법원은 심판청구를 각하한 심결의 위법성 여부를 판단해야 할 뿐, 특허심판원이 하지도 않은 확인대상발명이 자유실시기술에 해당하거나 특허발명의 권리범위에 속하는지 여부에 대하여 판단해야 하는 것은 아니다.[281)]

다. 심결취소 여부

□ 권리범위확인심판청구에 대한 특허심판원의 심결에 불복하여 특허법원에 심결취소의 소를 제기하는 자는 심결취소만을 청구할 수 있을 뿐, 행정청인 특허심판원을 대신하여 특허법원이 직접 권리범위의 확인을 하여 줄 것을 청구할 수는 없다.[282)]

Ⅶ. 기타 문제

1 특허권의 이전

가. 청구권자가 특허를 실제로 실시하고 있는 경우

□ 특허권자에 대하여 특허권에 관한 이전약정에 기하여 이전등록을 청구할 권리를 가지는 사람이 이미 그 특허를 실제로 실시하고 있다는 것만으로 특허권이전등록청구권의 소멸시효가 진행되지 않는다고 할 수는 없다.[283)]

---

280) 대법원 2017. 5. 17. 선고 2017도3373 판결, 2016. 8. 29. 선고 2016도6297 판결, 2014. 5. 29. 선고 2011도11233 판결, 2014. 4. 24. 선고 2012도2602 판결, 2013. 6. 13. 선고 2013도2390 판결, 2008. 7. 24. 선고 2007도4310 판결, 2007. 5. 31. 선고 2006도8488 판결, 2007. 3. 29. 선고 2006도5547 판결, 2007. 3. 15. 선고 2006도8690 판결, 2007. 2. 8. 선고 2006도4784 판결

281) 특허법원 2014. 11. 6. 선고 2014허2030 판결

282) 특허법원 2012. 2. 2. 선고 2011허10610 판결

283) 대법원 2013. 5. 9. 선고 2011다71964 판결

나. 정당한 권리자로의 특허권 이전

1) 무권리자 명의로 출원인 명의가 변경된 경우

□ 정당한 권리자가 출원한 이후 무권리자 명의로 출원인 명의가 변경된 경우에는, 정당한 권리자가 무권리자의 특허출원과 정당한 권리자의 보호에 관한 특허법 제34조, 제35조의 절차를 밟지 않더라도 정당한 권리자에게 특허권의 이전등록을 통하여 정당한 권리자를 보호해야 한다.[284]

2) 양도계약이 효력을 상실한 경우

□ 양도인이 특허를 출원한 후 출원 중인 특허를 받을 수 있는 권리를 양수인에게 양도하고, 그에 따라 양수인이 특허권의 설정등록을 받았으나 그 양도계약이 무효나 취소의 사유로 효력을 상실하게 된 경우에, 그 특허를 받을 수 있는 권리와 설정등록이 이루어진 특허권이 동일한 발명에 관한 것이라면 그 양도계약에 의하여 양도인은 재산적 이익인 특허를 받을 수 있는 권리를 잃게 되고 양수인은 법률상 원인 없이 특허권을 얻게 되는 이익을 얻었다고 할 수 있으므로, 양도인은 양수인에 대하여 특허권에 관하여 이전등록을 청구할 수 있다.[285]

3) 무권리자에 의한 출원인 경우

□ 정당한 권리자의 보호를 위하여 특허가 무권리자에 의한 출원에 해당하는 경우에, 특허를 받을 수 있는 권리를 가진 자는 법원에 해당 특허권의 이전을 청구할 수 있다.[286]

▶ 2017. 3. 1. 시행 특허법 개정(2016. 2. 29. 개정)에 의하여, 무권리자의 특허를 막고 정당한 권리자의 보호를 위하여 정당한 권리자가 특허출원을 특허의 등록공고가 있는 날부터 2년 이내에 하여야 하는 제한 사유를 삭제하고, 직접 특허권의 이전청구가 가능하며, 특허권의 이전청구에 따른 이전등록 전의 실시에 의한 통상실시권을 인정한

---

284) 대법원 2014. 11. 13. 선고 2011다77313,77320 판결, 2004. 1. 16. 선고 2003다47218 판결, 특허법원 2019. 6. 14. 선고 2018나1206 판결, 2017. 6. 22. 선고 2016나1417 판결, 서울고법 2010. 12. 16. 선고 2010나87230 판결, 서울중앙지법 2011. 11. 4. 선고 2010가합69624 판결, 서울동부지법 2010. 1. 27. 선고 2009가합3676 판결

285) 대법원 2014. 11. 13. 선고 2011다77313,77320 판결, 2004. 1. 16. 선고 2003다47218 판결, 특허법원 2019. 6. 14. 선고 2018나1206 판결, 2017. 6. 22. 선고 2016나1417 판결, 서울고법 2010. 12. 16. 선고 2010나87230 판결, 서울중앙지법 2011. 11. 4. 선고 2010가합69624 판결, 서울동부지법 2010. 1. 27. 선고 2009가합3676 판결

286) 특허법원 2019. 12. 20. 선고 2019허2141 판결

다.[287]

2 공문서와 사문서

가. 서증의 증거력 판단순서

1) 형식적 증거력이 인정된 다음 실질적 증명력 판단

□ 성립의 진정이라 함은 간인·서명·날인 등 서증의 형식적인 진정성립과 그 서증의 내용에 관한 실질적인 진정성립을 모두 의미하는데,[288] 서증은 그 형식적 증거력이 인정된 다음, 비로소 작성자의 의사가 요증사실의 증거로서 얼마나 유용하느냐에 관한 실질적 증명력을 판단해야 한다.[289]

2) 실질적 증거력은 심판관의 재량사항

□ 서증은 형식적 증거력이 있어야만 비로소 실질적 증거력이 문제가 되고, 실질적 증거력은 심판관의 재량사항이다.[290]

나. 증거의 전제조건

1) 공문서의 경우

□ 공문서일지라도 그 진정성립이 인정되어야만 그 기재내용에 따른 증명력을 가질 수 있다.[291]

2) 사문서의 경우

□ 사문서는 진정성립이 증명되어야만 증거로 할 수 있는데,[292] 진정성립이 인정되면

---

287) 정당한 권리자로부터 특허를 받을 수 있는 권리를 승계 받은 바 없는 무권리자의 특허출원에 따라 특허권의 설정등록이 이루어졌더라도, 특허법이 정한 절차에 의하여 구제받을 수 있는 정당한 권리자로서는 특허법상의 구제절차에 따르지 않고 무권리자에 대하여 직접 특허권의 이전등록을 구할 수는 없다(대법원 2014. 5. 16. 선고 2012다11310 판결). 상기 대법원 판결의 취지와 달리 정당한 권리자를 보호하기 위하여 특허법을 개정한 것이다.

288) 대법원 2007. 11. 15. 선고 2007도3061 전합 판결, 2007. 1. 25. 선고 2006도7342 판결, 2005. 8. 19. 선고 2005도3640 판결, 2005. 1. 14. 선고 2004도6646 판결, 2004. 12. 16. 선고 2002도537 전합 판결, 2002. 8. 23. 선고 2002도2112 판결

289) 대법원 2015. 11. 26. 선고 2014다45317 판결, 2011. 5. 26. 선고 2011다9655 판결, 2015. 1. 26. 선고 2014다45317 판결, 2002. 8. 23. 선고 2000다66133 판결, 1997. 4. 11. 선고 96다50520 판결

290) 대법원 1988. 4. 27. 선고 87다카623 판결, 특허법원 2004. 12. 23. 선고 2004허3621 판결, 2004. 12. 23. 선고 2004허3638 판결

291) 대법원 2007. 7. 13. 선고 2007다30362 판결

292) 대법원 2012. 1. 27. 선고 2011후1371 판결, 2012. 1. 27. 선고 2011후1388 판결, 2010. 2. 25. 선고 2007다85980 판결, 1996. 10. 25. 선고 96다30229 판결, 1993. 4. 13. 선고 92다12070 판결, 1992.

서증의 내용에 관하여 증거력이 인정된다.[293)]

다. 진정성립의 증명책임

1) 진정성립을 주장하는 자

□ 문서가 진정하게 성립하였음을 주장하는 자가 진정성립을 증명해야 한다.[294)]

2) 진정성립을 증명하지 못한 경우

가) 당사자에게 석명을 구하여 증명기회 부여

□ 당사자가 착오나 무지로 인하여 증거의 진정성립과 발행일자에 대하여 증명을 하지 않고 있더라도 특허심판원은 마땅히 위 증거의 진정성립과 발행일자 등에 관하여 당사자에게 석명을 구하여 이를 증명할 기회를 주어야 한다.[295)]

나) 특허심판원이 자유심증으로 진정성립 인정

□ 문서의 제출자가 진정성립을 증명하지 못한 경우에도 특허심판원은 다른 증거에 의하지 않고 심판의 전 취지를 참작하여 자유심증으로 그 성립을 인정할 수 있다.[296)]

라. 진정성립 판단

1) 공문서의 경우

가) 진정성립의 추정

□ 공문서는 진정성립이 추정된다.[297)] 따라서 공문서의 기재가 비정상적으로 이루어졌거나 내용의 신빙성을 의심할 만한 특별한 사정이 없는 한, 기재내용대로 증명력을 가진다.[298)] 그러나 그 기재 내용을 부인할 만한 분명하고도 수긍할 수 있는 특별한 사정이 있다면 그 기재 내용을 배척할 수 있다.[299)]

---

11. 24. 선고 92다21135 판결, 1986. 12. 9. 선고 86누482 판결, 특허법원 2022. 10. 27. 선고 2022허1162 판결, 2021. 2. 5. 선고 2020허3256 판결

293) 대법원 1965. 4. 20. 선고 64다1698 판결, 1958. 10. 30. 선고 57다703 판결

294) 서울고법 2015. 11. 5. 선고 2013누9931 판결

295) 대법원 1997. 9. 30. 선고 96후1576 판결

296) 대법원 2021. 9. 30. 선고 2019다245457 판결, 2016. 10. 27. 선고 2014다72210 판결, 2015. 11. 26. 선고 2014다45317 판결, 2012. 1. 27. 선고 2011후1371 판결, 2012. 1. 27. 선고 2011후1388 판결, 2010. 2. 25. 선고 2007다85980 판결, 2009. 9. 10. 선고 2009다37138,37145 판결, 1993. 4. 13. 선고 92다12070 판결, 1990. 9. 25. 선고 90누3904 판결, 1988. 6. 14. 선고 88누3567 판결

297) 대법원 2015. 7. 9. 선고 2013두3658,3665 판결, 2006. 6. 15. 선고 2006다16055 판결, 2003. 11. 28. 선고 2003다14652 판결, 2002. 2. 22. 선고 2001다78768 판결, 1996. 7. 26. 선고 95다19072 판결, 1994. 6. 28. 선고 94누2046 판결, 1980. 12. 23. 선고 80후99 판결, 서울고법 2012. 7. 6. 선고 2011누12896 판결, 서울행법 2015. 4. 17. 선고 2014구합61194 판결

298) 대법원 2015. 7. 9. 선고 2013두3658,3665 판결

나) 서증이 공문서의 사본인 경우

(1) 특허심판원의 재량사항

□ 서증이 공문서의 사본인 경우, 특허심판원이 그 원본제출의 기회를 주는 조처를 취하거나 바로 심결하는 것은 특허심판원의 재량사항에 속한다.[300)]

(2) 당연히 증거능력이 없는 것은 아님

□ 서증이 사본에 불과하다 하더라도 사본이라 하여 당연히 증거능력이 없는 것은 아니다.[301)]

(3) 증거능력이 있는 경우

□ 문서의 사본이라도 ① 상대방이 증거로 함에 동의하였고 진정으로 작성되었음이 인정되는 경우이거나, ② 동의하지 않았더라도 특히 신용할 만한 정황에 의하여 작성된 문서인 경우에는 그 증거능력이 있다.[302)]

2) 사문서의 경우

가) 상대방이 서증의 진정성립을 다투는 경우

(1) 진정성립 조사

□ 상대방이 사문서의 진정성립을 다툴 경우에는 특허심판원이 그 진정성립 여부를 조사해야 한다.[303)]

(2) 진정성립을 석명한 다음 상대편에게 반론기회부여

□ 상대방이 사문서의 진정성립을 다툴 경우에 특허심판원은 서증의 진정성립 여부를 석명한 다음, 그 결과에 따라 상대편으로 하여금 반론의 기회를 주어야 한다.[304)]

(3) 제출자의 증명책임

□ 상대방이 사문서의 진정성립을 다툴 경우에는 제출자가 이를 증명해야 한다.[305)]

---

299) 대법원 2008. 7. 10. 선고 2005다74733 판결, 2002. 9. 6. 선고 2002다34666 판결, 2000. 2. 22. 선고 99다47860 판결, 서울고법 2008. 11. 12. 선고 2008노2194 판결

300) 대법원 1970. 8. 18. 선고 70다1240 판결

301) 대법원 1967. 5. 2. 선고 67다267 판결, 1966. 9. 20. 선고 66다636 판결

302) 대법원 2011. 1. 27. 선고 2010도11030 판결, 2007. 7. 13. 선고 2007도2853 판결, 1996. 1. 26. 선고 95도2526 판결, 1991. 5. 10. 선고 90도2601 판결, 1986. 7. 8. 선고 86도893 판결, 1986. 5. 27. 선고 86도593 판결

303) 대법원 1994. 12. 22. 선고 94후463 판결, 1984. 5. 22. 선고 80후52 판결

304) 대법원 1991. 11. 12. 선고 91다30712 판결

305) 대법원 1995. 11. 24. 선고 93후107 판결, 1995. 11. 24. 선고 93후114 판결, 1994. 11. 8. 선고 94다31549 판결, 1992. 3. 31. 선고 91후1595 판결, 1989. 1. 17. 선고 86후6,12 판결, 1971. 4. 20. 선고 70후43 판결

(4) 제출자가 아무런 증명을 하지 않는 경우

(가) 증거로 채택하지 않아도 됨

□ 제출자가 증거로 제출한 사문서에 대해 상대방이 다투었음에도 제출자가 진정성립을 인정할 만한 증거를 제출하지 않은 경우, 제출자가 명백히 간과한 법률상의 사항이라거나 제출자의 주장에 모순이나 불명료한 점이 있는 경우에 해당한다고 할 수 없으므로 이를 증거로 삼지 않았다고 하여 석명권을 불행사하여 채증법칙위반의 잘못을 범하였다고 할 수 없다.306)

(나) 진정성립 확인 없이 증거 채택 불가

□ 제출자가 증거로 제출한 사문서에 대해 상대방이 다투었음에도 제출자가이 진정성립을 인정할 만한 증거를 제출하지 않은 경우, 증거의 진정성립을 확인하지 않고 증거로 채택하는 것은 채증법칙을 위반하여 증거없이 사실을 인정한 위법이 있다.307)

(5) 특허심판원이 자유심증으로 문서의 진정성립 인정

□ 상대방이 사문서의 형식적 증거력을 다툴 경우에 특허심판원은 다른 증거에 의하지 않고 심판의 전 취지를 참작하여 자유심증으로 그 문서가 진정한 것임을 인정할 수 있다.308)

(6) 사문서의 진정성립이 인정되지 않는 경우

□ 청구인 자신이 작성한 사문서와 같은 증거에 대하여는 특허심판원이 진정성립을 판단하여 진정성립이 인정되지 않는 증거에 관하여 이를 취사한다는 뜻을 설시하면 충분하고 증거가치 판단의 이유까지 설시할 필요는 없다.309)

나) 상대방이 서증의 진정성립을 다투지 않는 경우

□ 상대방이 사문서의 진정성립을 다투지 않는 경우에는 서증의 진정성립이 인정되어 증거능력을 갖는다.310) 따라서 문서의 진정성립에 관하여 자백·자백간주의 법리가

---

306) 대법원 2012. 4. 26. 선고 2011후4011 판결

307) 특허법원 1998. 9. 24. 선고 98허3286 판결

308) 대법원 2000. 2. 25. 선고 98후2283,2290 판결, 1998. 5. 29. 선고 98두625 판결, 1993. 4. 27. 선고 92누16560 판결, 1992. 6. 9. 선고 92누3489 판결, 특허법원 2004. 12. 23. 선고 2004허3621 판결, 2004. 12. 23. 선고 2004허3638 판결

309) 대법원 2001. 8. 24. 선고 2001다33048 판결, 1998. 12. 8. 선고 97므513,520,97스12 판결, 1996. 6. 28. 선고 96다16247 판결, 1996. 2. 9. 선고 95다28267 판결, 1994. 10. 25. 선고 94다24459 판결, 1994. 10. 14. 선고 93후2035 판결, 1994. 10. 14. 선고 93후2042 판결, 1994. 5. 13. 선고 93후1131 판결, 1992. 9. 14. 선고 92다21104,21111 판결, 1989. 4. 11. 선고 88므1088 판결

310) 대법원 1994. 12. 22. 선고 94후463 판결, 1994. 1. 25. 선고 93다9422 판결, 1993. 2. 9. 선고 92후

적용되어 그 형식적 증거력을 인정해야 한다.[311]

다) 서증에 서명 · 날인이 있는 경우

(1) 진정한 것으로 추정

□ 사문서는 본인 또는 대리인의 서명 · 날인이 있는 때에는 진정한 것으로 추정된다.[312]

(2) 사문서 전체의 진정성립 추정

□ 사문서에 날인된 인영이 진정한 것으로 추정되면 사문서 전체의 진정성립이 추정된다.[313]

3) 심판청구 후 작성된 사문서의 경우

□ 심판청구 이후에 작성된 사문서라는 점만으로 당연히 증거능력이 부정되는 것은 아니다.[314]

4) 공문서와 사문서의 병존문서

가) 공문서부분과 사문서부분의 진정성립은 별개

□ 공문서와 사문서가 병존해 있는 문서는 공문서부분의 진정성립이 인정된다고 해서 사문서부분까지 진정성립을 추정할 수 없다.[315]

---

674 판결, 1992. 3. 31. 선고 91후1595 판결, 1990. 3. 13. 선고 89후1905 판결, 1981. 10. 27. 선고 81후3 판결

311) 대법원 1967. 4. 4. 선고 67다225 판결, 1952. 1. 31. 선고 52다111 판결

312) 대법원 2021. 9. 30. 선고 2019다245457 판결, 2015. 7. 9. 선고 2013다87819 판결, 2015. 6. 11. 선고 2015다7565 판결, 2012. 12. 13. 선고 2011두21218 판결, 2011. 11. 10. 선고 2011다62977 판결, 2009. 5. 14. 선고 2009다7762 판결, 2008. 1. 10. 선고 2006다41204 판결, 2003. 4. 11. 선고 2001다11406 판결, 1984. 2. 28. 선고 83다카1843 판결

313) 대법원 2014. 9. 26. 선고 2014다29667 판결, 2014. 6. 12. 선고 2013다97670,97687 판결, 2013. 8. 22. 선고 2012다94728 판결, 2013. 4. 25. 선고 2011다76679 판결, 2011. 1. 27. 선고 2010다81957 판결, 2010. 7. 15. 선고 2009다67276 판결, 2010. 4. 29. 선고 2009다38049 판결, 2009. 9. 24. 선고 2009다37831 판결, 2008. 11. 13. 선고 2007다82158 판결

- 사문서에 날인된 작성명의인의 인영이 그의 인장에 의하여 현출된 것이라면 특단의 사정이 없는 한, 그 인영의 진정성립이 추정된다(대법원 2014. 9. 26. 선고 2014다29667 판결, 2014. 6. 12. 선고 2013다97670,97687 판결).

314) 대법원 1992. 4. 14. 선고 91다24755 판결, 1989. 11. 10. 선고 89다카1596 판결, 1981. 9. 8. 선고 80다2810 판결, 1972. 6. 27. 선고 72다530 판결, 1970. 12. 29. 선고 70다2421 판결, 1968. 12. 24. 선고 67다1503 판결, 1966. 11. 22. 선고 66다1429 판결, 1966. 9. 27. 선고 66다1133 판결, 1963. 10. 10. 선고 63다360 판결

315) 대법원 1995. 6. 16. 선고 95다2654 판결, 1989. 9. 12. 선고 88다카5836 판결, 1976. 5. 11. 선고 73다616 판결, 1976. 3. 9. 선고 75다1843 판결, 1974. 9. 24. 선고 74다234 판결, 1968. 1. 23. 선고

나) 공증부분에 의하여 사문서부분의 진정성립 인정 가능

□ 공증진술서는 달리 특별한 사정이 없는 한, 공증부분에 의하여 사문서부분의 진정성립을 인정할 수 있다.316)

마. 서증의 채택과 이유설시

1) 서증 채택의 의미

□ 특허심판원이 어떤 서증을 채택하였다는 것은 당연히 그 서증이 형식적 증거력을 구비하였다는 것을 전제로 하는 것이라고 보아야 한다.317)

2) 사문서를 증거로 채택한 경우

가) 서증의 진정성립 근거 설시

□ 서증을 증거로 채택한 경우에는 서증의 진정성립 근거를 밝혀 설시해야 한다.318)

나) 증거능력의 구비 이유에 관하여 설시

□ ① 상대방이 사문서의 진정성립을 적극적으로 다투거나, ② 서증의 진정성립에 석연치 않은 점이 있을 때, ③ 서증의 진정성립 여부가 쟁점이 된 때, ④ 서증이 당해 사건의 쟁점이 되는 주요사실을 인정하는 자료로 쓰여질 때에는 사문서가 어떠한 이유로 증거능력이 있는 것인지에 관하여 설시해야 한다.319)

▶ 어떠한 증거에 의하여 진정성립이 인정된 것인지 잘 알아보기 어려운 사문서의 경우에는 그 근거를 분명히 밝혀 설시해야 한다.

3) 진정성립의 근거를 설시하지 않은 경우

가) 서증을 채택한 경우

(1) 상대방이 진정성립을 다투지 않는 경우

□ ① 상대방이 서증의 진정성립을 다투지 않거나, ② 서증의 진정성립이 추정되는 경우, ③ 당해 사건의 쟁점이 되지 않는 사실을 인정하는 경우에는 형식적 증거력에

67다1065 판결, 특허법원 2001. 11. 30. 선고 2001허607 판결

316) 특허법원 2005. 4. 1. 선고 2004허8374 판결

317) 대법원 2008. 4. 11. 선고 2007다82431 판결, 1996. 10. 25. 선고 96다30229 판결, 1993. 12. 7. 선고 93다41914 판결, 1993. 4. 13. 선고 92다12070 판결

318) 대법원 2008. 4. 11. 선고 2007다82431 판결, 1993. 5. 11. 선고 92다50973 판결

319) 대법원 2001. 6. 15. 선고 99다72453 판결, 1997. 12. 12. 선고 95다38240 판결, 1997. 4. 11. 선고 96다50520 판결, 1995. 12. 22. 선고 95다35197 판결, 1994. 6. 14. 선고 93다46681 판결, 1993. 12. 7. 선고 93다41914 판결, 1993. 5. 11. 선고 92다50973 판결, 서울중앙지법 2017. 11. 24. 선고 2016가합551187 판결

관한 설시를 하지 않았다고 하여 위법하다고 할 수 없다.[320)]

(2) 상대방이 진정성립을 다투는 경우

□ 상대방이 서증의 진정성립을 다투는 경우에도, 서증의 진정성립이 석연치 않다는 등의 특별한 사정이 없는 한 진정성립의 근거를 설시하지 않고 그 서증을 사실인정의 자료로 삼았다 하여 그 자체로서 위법이라고 할 것은 아니다.[321)]

나) 서증을 채택하지 않은 경우

□ 서증의 진정성립이 추정됨에도 합리적인 이유의 설시도 없이 그 서증을 채택하지 않는다고 한 것은 위법하다.[322)]

3 제소기간

[§ 14](기간의 계산)

이 법 또는 이 법에 따른 명령에서 정한 기간의 계산은 다음 각 호에 따른다.

1. 기간의 첫날은 계산에 넣지 않는다. 다만, 그 기간이 오전 0시부터 시작하는 경우에는 계산에 넣는다.
2. 기간을 월 또는 연(年)으로 정한 경우에는 역(曆)에 따라 계산한다.
3. 월 또는 연의 처음부터 기간을 기산하지 않는 경우에는 마지막의 월 또는 연에서 그 기산일에 해당하는 날의 전날로 기간이 만료한다. 다만, 월 또는 연으로 정한 경우에 마지막 월에 해당하는 날이 없으면 그 월의 마지막 날로 기간이 만료한다.
4. 특허에 관한 절차에서 기간의 마지막 날이 공휴일(근로자의 날 및 토요일을 포함한다)에 해당하면 기간은 그 다음 날로 만료한다.

가. 직권조사사항

1) 소송요건

□ 제소기간의 준수 여부는 소송요건으로서 법원의 직권조사사항이다.[323)]

---

320) 대법원 2008. 4. 11. 선고 2007다82431 판결, 1993. 5. 11. 선고 92다50973 판결

321) 대법원 2008. 4. 11. 선고 2007다82431 판결, 1999. 2. 23. 선고 98다41599 판결, 1996. 10. 25. 선고 96다30229 판결, 1993. 12. 7. 선고 93다41914 판결, 1993. 4. 13. 선고 92다12070 판결

322) 대법원 1990. 11. 23. 선고 90다카21022 판결

323) 대법원 2021. 6. 10. 선고 2020다265808 판결, 2013. 3. 14. 선고 2010두2623 판결, 2012. 4. 12. 선고 2011다110579 판결, 2012. 2. 23. 선고 2011다76426 판결, 2007. 6. 28. 선고 2007다16113 판결, 2005. 4. 28. 선고 2004다18514 판결, 2005. 4. 28. 선고 2004다71201 판결, 2002. 7. 26. 선고 2001다73138,73145 판결, 2001. 2. 27. 선고 2000다44348 판결

2) 심결취소소송

□ 특허심판원의 심결을 받은 자가 불복이 있을 때에는, 그 심결의 송달을 받은 날로부터 30일 이내에 특허법원에 심결취소소송을 제기해야 하고, 이는 불변기간이다.[324)]

3) 거절결정불복심판

▶ 2022. 4. 20. 시행된 특허법은 특허거절결정에 대한 불복심판청구기간을 거절결정등본 송달일로부터 3개월 내로 개정하였다.

나. 기간의 계산

1) 법령에 특별한 정함이 없는 경우

□ 기간 계산에 있어서는 당해 법령 등에 특별한 정함이 없는 한 민법의 규정에 따라야 한다.[325)]

2) 기간의 초일

□ 기간의 초일은 산입하지 않는다.[326)]

3) 기간의 말일이 토요일 또는 공휴일

□ 심결취소소송의 제소기간 및 상고기간은 기간의 말일이 토요일 또는 공휴일에 해당한 때에는 기간은 그 다음날로 만료한다.[327)]

4) 특허에 관한 절차

□ 특허법 제3조 제1항의 '특허에 관한 절차'란 '특허에 관한 출원·청구 기타의 절차'를

---

324) 헌재 2018. 8. 30. 선고 2017헌바258 결정, 대법원 2007. 11. 16. 선고 2007후2049 판결, 1970. 6. 30. 선고 64후33 판결, 1968. 11. 19. 선고 68후23 판결, 특허법원 2013. 12. 12. 선고 2013허7830 판결, 2012. 5. 30. 선고 2012허1194 판결, 2007. 10. 11. 선고 2007허5512 판결, 2007. 10. 11. 선고 2007허5536 판결, 2007. 10. 11. 선고 2007허7020 판결, 2007. 4. 25. 선고 2006허11572 판결

325) 대법원 2016. 8. 18. 선고 2016다212395,212401 판결, 2012. 12. 26. 선고 2012도13215 판결, 2009. 11. 26. 선고 2009두12907 판결, 2008. 11. 13. 선고 2008후3155 명령, 2007. 8. 23. 선고 2006다62942 판결, 1987. 10. 13. 선고 87누53 판결

326) 대법원 2014. 2. 13. 선고 2013후1573 판결, 2012. 12. 26. 선고 2012도13215 판결, 2008. 11. 13. 선고 2008후3155 명령, 2007. 11. 16. 선고 2007후2049 판결, 1991. 2. 8. 선고 90후1680 판결, 1987. 10. 13. 선고 87누53 판결, 1985. 4. 23. 선고 84누597 판결

327) 대법원 2014. 2. 13. 선고 2013후1573 판결, 2012. 12. 26. 선고 2012도13215 판결, 2008. 11. 13. 선고 2008후3155 명령, 2007. 11. 16. 선고 2007후2049 판결, 1991. 2. 8. 선고 90후1680 판결, 특허법원 2017. 7. 20. 선고 2017허3058 판결

- 2008. 3. 22. 이후 '법원에 계속 중인 사건'에 관하여는 기간의 말일과 관련하여 토요일은 공휴일에 해당하지 않는다(대법원 2008. 11. 13. 선고 2008후3155 명령).

말하는데, 여기에는 '심결에 대한 소'에 관한 절차는 포함되지 않는다.[328] 따라서 특허법 제186조 제1항의 심결에 대한 소 및 심판청구서나 재심청구서의 각하결정에 대한 소는 특허에 관한 절차에서 제외하는 것으로 해석해야 한다.[329]

5) 근로자의 날

□ 민법 제161조는 '근로자의 날'은 공휴일로 보지 않으므로 제소기간 계산에 유의해야 한다.[330]

다. 부가기간의 지정

1) 심판장의 재량사항

□ 제소기간의 연장을 위한 부가기간의 지정은 심판장이 구체적인 사정을 고려하여 재량으로 정하는 직권사항이므로, 당사자의 부가기간 지정신청이 있어도 이는 직권발동을 촉구하는 데 그친다.[331]

2) 부가기간은 제소기간 내에 지정되어야 효력

□ 부가기간의 지정은 제소기간 내에 이루어져야만 효력이 있고, 단순히 부가기간지정 신청이 제소기간 내에 있었다는 점만으로는 불변기간인 제소기간이 당연히 연장되는 것이라고 할 수 없는데,[332] 심판장의 부가기간의 지정 자체가 제소기간 이전에 이루어져야 하므로, 당사자가 제소기간 이전에 부가지정기간의 신청이 있었다고 하더라도 제소기간 만료 이전에 부가기간 지정이 이루어지지 않으면 그 이후에 부가기간이 지정되었어도 그 부가기간지정의 효력이 없어, 제소기간을 넘긴 후에 제기된 심결취소의 소는 부적법하다.[333]

3) 심판장의 부가기간지정 결정에 대한 불복 여부

□ 심판장이 제소기간이 경과하기 전에 부가기간지정의 요건을 충족하였다고 보고 부가

---

328) 대법원 2014. 2. 13. 선고 2013후1573 판결, 특허법원 2017. 7. 20. 선고 2017허3058 판결
 • 심결에 대한 소의 제소기간 계산은 민법의 일반규정이 적용된다.
329) 특허법원 2013. 6. 7. 선고 2013허3685 판결
330) 대법원 2014. 2. 13. 선고 2013후1573 판결, 특허법원 2017. 7. 20. 선고 2017허3058 판결
331) 특허법원 2016. 10. 28. 선고 2016허3075 판결, 2010. 5. 27. 선고 2009허6779 판결
332) 대법원 2008. 9. 11. 선고 2007후4649 판결, 특허법원 2007. 10. 11. 선고 2007허5512 판결
 • 부가기간은 내국인의 경우 20일 이내, 재외자의 경우 30일 이내의 범위에서 심판장이 직권으로 정한다(특허법원 소제기 부가기간지정에 관한 지침 제2조 제3항).
333) 대법원 2008. 9. 11. 선고 2007후4649 판결, 특허법원 2007. 10. 11. 선고 2007허5512 판결, 2007. 10. 11. 선고 2007허5536 판결, 2007. 10. 11. 선고 2007허7020 판결, 2007. 4. 25. 선고 2006허11572 판결

기간지정 결정을 한 이상, 그 결정은 유효하다.[334] 따라서 부가기간에 관한 심판장의 결정에 대하여 불복을 신청할 수 없다.[335]

라. 당사자가 책임질 수 없는 사유와 추완

1) 추완요건에 의하여 적법한 소제기로 간주

□ 당사자가 책임질 수 없는 사유로 인하여 제소기간을 준수하지 못한 경우에는, 추완요건에 의하여 적법한 소제기로 간주한다.[336]

2) 당사자가 책임질 수 없는 사유

□ 당사자가 책임질 수 없는 사유란 당사자가 일반적으로 하여야 할 주의를 다하였는데도 그 기간을 지킬 수 없었던 경우를 의미한다.[337] 이와 같은 사유의 주체로서 당사자에는 당사자 본인뿐만 아니라 그 소송대리인도 포함된다.[338]

3) 당사자가 책임질 수 없는 사유로 볼 수 없는 경우

□ 소송대리인이 판결 정본의 송달을 받고도 당사자에게 그 사실을 알려 주지 아니하여 당사자가 그 판결 정본의 송달사실을 모르고 있다가 상소제기기간이 경과된 후에 비로소 그 사실을 알게 되었다 하더라도 이를 가리켜 당사자가 책임질 수 없는 사유로 인하여 불변기간을 준수할 수 없었던 경우에 해당한다고는 볼 수 없다.[339]

마. 상고제기기간 준수

□ 상고제기기간의 준수 여부는 상고장이 특허법원에 접수된 때를 기준으로 판단해야 한다.[340] 따라서 상고장이 대법원에 바로 제출되었다가 다시 특허법원에 송부된 경우에는 상고장이 특허법원에 제출된 때를 기준으로 상고제기기간의 준수 여부를 따져야 한다.[341]

---

334) 특허법원 2016. 10. 28. 선고 2016허3075 판결, 2010. 5. 27. 선고 2009허6779 판결
335) 특허법원 2010. 5. 27. 선고 2009허6779 판결
336) 특허법원 2007. 12. 13. 선고 2007허3257 판결
337) 대법원 2021. 4. 15. 선고 2021두30051 판결, 2018. 10. 25. 선고 2015두38856 판결, 2018. 4. 12. 선고 2017다53623 판결, 2017. 11. 14. 선고 2015다214011 판결, 2016. 1. 28. 선고 2013다51933 판결, 2015. 8. 13. 선고 2015다213322 판결, 2011. 12. 27. 선고 2011후2688 판결, 2009. 9. 24. 선고 2009다44679 판결, 2009. 7. 23. 선고 2009다34726 판결, 2008. 6. 12. 선고 2007두16875 판결
338) 대법원 2022. 9. 7. 선고 2022다231038 판결, 2016. 1. 28. 선고 2013다51933 판결, 1999. 6. 11. 선고 99다9622 판결, 특허법원 2017. 9. 15. 선고 2017허4853 판결
339) 대법원 1984. 6. 14. 선고 84다카744 판결, 특허법원 2006. 4. 13. 선고 2006허978 판결
340) 대법원 2010. 12. 9. 선고 2007다42907 판결
341) 대법원 2003. 5. 13. 선고 2003도1081 판결, 1985. 5. 24.자 85마178 결정, 1981. 10. 13. 선고 81누230 판결

4 공시송달

가. 의의

1) 송달의 원칙

□ 송달은 원칙으로 송달받을 자의 주소·거소·영업소 또는 사무실 등의 송달장소에서 하여야 한다.342)

2) 송달의 효력발생요건

□ 심결의 송달이 부적법한 경우에는 송달의 효력이 발생할 수 없다. 따라서 당사자가 다른 경로로 심결 사실을 알았다고 하더라도 불복기간은 진행될 수 없는 것이므로 당사자는 언제라도 불복할 수 있다.343) 또한 그 심결에 대한 불복은 특허심판원 심결 정본 송달 전에 제기된 것으로서 적법하다.344)

3) 공시송달의 개념

□ 공시송달은 본래 송달장소가 불명한 자에 대하여 송달 받을 자가 송달서류의 내용을 현실적으로 알 수 없더라도 법률상 안 것으로 인정하여 송달의 효력을 부여하는 제도이다.345)

나. 공시송달의 요건

1) 공시송달을 할 수 있는 경우

가) 송달할 장소를 알 수 없는 경우

□ 심판서류를 공시송달방법으로 송달하기 위해서는, ① 당사자 주소 등 송달할 장소를 알 수 없는 경우이어야 하고, ② 특허심판원이 송달장소는 알고 있으나 단순히 폐문부재로 송달되지 않은 경우에는 공시송달을 할 수 없으므로, 특허심판원이 심결 후 두 차례에 걸쳐 피청구인에게 심결정본을 송달하려 하였으나 모두 폐문부재를 이유로 송달되지 아니하자 공시송달방법으로 한 심결정본의 송달은 적법하다고 볼 수 없다.346)

---

342) 대법원 1985. 5. 28. 선고 83다카1864 판결, 부산지법 2009. 6. 25. 선고 2007가합7136 판결
343) 대법원 1997. 5. 30. 선고 97다10345 판결, 1980. 12. 9. 선고 80다1479 판결, 1971. 6. 22. 선고 71다771 판결, 서울고법 2016. 9. 7. 선고 2016나2017185 판결
344) 대법원 1997. 5. 30. 선고 97다10345 판결, 서울고법 2016. 9. 7. 선고 2016나2017185 판결
345) 대법원 1999. 4. 27. 선고 99다3150 판결
346) 대법원 2011. 10. 27.자 2011마1154 결정

나) 주소 또는 영업소가 분명하지 않은 때

(1) 선량한 관리자의 주의를 다하여 조사하였으나 알 수 없는 경우

□ 공시송달을 할 수 있는 경우로서 '주소나 영업소가 불분명하여 송달할 수 없는 때'란 송달을 할 자가 선량한 관리자의 주의를 다하여 송달을 받아야 할 자의 주소나 영업소를 조사하였으나 그 주소나 영업소를 알 수 없는 경우를 말한다.[347)]

(2) 주민등록표, 법인등기부 등에 의하여도 확인할 수 없는 경우

□ 공시송달을 할 수 있는 경우로서 주소 또는 영업소가 분명하지 않은 때란 주민등록표, 법인등기부 등에 의하여도 이를 확인할 수 없는 경우를 뜻한다.[348)]

2) 법인에 대한 공시송달

가) 법인에 대한 공시송달요건

□ 법인에 대하여 공시송달을 하기 위해서는, ① 그 대표자가 대표자의 주소 또는 영업소나 법인의 영업소나 사무소에서 서류의 수령을 거부한 때, ② 그 대표자의 주소 또는 영업소와 법인의 영업소 및 사무소 등이 국외에 있고 그 송달이 곤란한 때, ③ 대표자의 주소 또는 영업소가 주민등록표나 법인등기부 등에 의하여도 분명하지 아니하고 법인의 영업소 및 사무소 등도 분명하지 않은 때이어야 한다.[349)]

나) 법인에 대한 공시송달절차

□ 법인에 대한 송달은 본점소재지에서 그 대표이사가 이를 수령할 수 있도록 행함이 원칙이지만 그와 같은 송달이 불능인 경우에는 법인등기부 등을 조사하여 본점소재지의 이전 여부 및 대표이사의 변경 여부나 대표이사의 법인등기부상의 주소지 등을 확인하여 그에게 송달을 하여 본 후에 그 송달이 불능한 때에 비로소 공시송달을 할 수 있다.[350)]

3) 공동출원인의 경우

□ 공동출원인에 대하여 공시송달을 실시하기 위해서는 '공동출원인 전원의 주소 또는

---

347) 대법원 2007. 1. 25. 선고 2004후3508 판결, 2005. 5. 27. 선고 2003후182 판결

348) 대법원 1993. 1. 26. 선고 92누6136 판결, 1992. 12. 11. 선고 92다35431 판결, 1992. 2. 25. 선고 91누12813 판결, 1991. 1. 15. 선고 90누1960 판결, 1989. 9. 12. 선고 89누3250 판결, 1988. 6. 14. 선고 87누375 판결

349) 대법원 1993. 2. 9. 선고 92다47502 판결

350) 대법원 2007. 1. 25. 선고 2004후3508 판결, 1993. 1. 26. 선고 92누6136 판결, 1992. 12. 11. 선고 92다35431 판결, 1992. 2. 25. 선고 91누12813 판결, 1991. 1. 15. 선고 90누1960 판결, 1988. 6. 14. 선고 87누375 판결, 특허법원 2014. 11. 20. 선고 2014허1297 판결

영업소가 불분명하여 송달받을 수 없는 때'에 해당해야 하고, 이러한 공시송달 요건이 구비되지 않은 상태에서 공동출원인 중 1인에 대하여 이루어진 공시송달은 부적법하고 그 효력이 발생하지 않는다.351)

4) 공시송달요건에 해당함에도 심판청구서각하명령을 한 경우

□ 공시송달요건에 해당한다고 볼 여지가 충분한 데도 불구하고 공시송달신청에 대한 허부재판을 도외시한 채 주소보정 흠결을 이유로 심판청구서각하명령을 한 것은 위법하다.352)

다. 적법한 공시송달인지

1) 적법한 공시송달이 있었던 경우

가) 적법한 공시송달 후 주소보정이 있었던 경우

□ 적법한 공시송달이 있었으면 그 후 주소보정이 있었다 하여도 이미 실시한 공시송달의 효력이 없어지는 것이 아니다.353)

나) 적법한 송달 후 공시송달로 진행되어 심결이 송달된 경우

□ 일단 통상의 방식에 따라 적법한 송달이 이루어져 당사자가 심판계속 여부를 알고 있는 경우에는 심판의 진행상태를 조사하여 그 결과까지도 알아보아야 할 의무가 있으므로, 그 후 공시송달로 진행되어 심결이 송달되었더라도 불복기간을 지킬 수 없었던 것에 당사자의 책임을 인정한다.354)

2) 적법한 공시송달이 아닌 경우

가) 피청구인의 실제 주소를 직권조사하지 않고 공시송달한 경우

□ 피청구인에 대하여 청구서부본을 등록원부상의 주소에 1회 송달하여 본 후 반송되자, 관련 행정기관에 등록원부상 피청구인의 주민등록번호에 의한 조회를 하는 등의 방법으로 피청구인의 실제 주소를 직권조사하는 등의 노력도 함이 없이 바로 공시송달결정을 한 것은 적정한 절차의 진행이라고 볼 수 없다.355)

나) 특허심판원의 부주의로 주소를 잘못 적어 송달한 경우

□ 당사자가 심판계속 여부를 안 경우라 하더라도 특허심판원의 잘못이 게재되어 공시

---

351) 대법원 2005. 5. 27. 선고 2003후182 판결, 특허법원 2005. 9. 16. 선고 2005허5679 판결
352) 대법원 2003. 12. 12.자 2003마1694 결정
353) 대법원 1973. 10. 23. 선고 73마591 결정
354) 대법원 2001. 7. 27. 선고 2001다30339 판결
355) 대법원 1991. 10. 8. 선고 91후59 판결

송달이 이루어지게 된 경우, 예컨대 특허심판원의 부주의로 주소를 잘못 적어 송달한 탓으로 송달불능이 되자 공시송달을 한 경우에는 추후보완을 인정한다.356)

다) 공시송달요건이 구비되지 않은 상태에서의 공시송달

□ 공시송달요건이 구비되지 않은 상태에서 이루어진 공시송달은 부적법하여 그 효력이 발생하지 않는다.357)

라) 공시송달 후 심결등본을 교부받아 심결이 있었다는 사실을 안 경우

□ 요건미비의 공시송달에 의한 심결의 송달에 있어서 불변기간인 불복기간을 준수하지 못하였다고 하여도 그 후 심결등본을 교부받아 심결이 있었다는 사실을 알았다면 그 때부터 추완항소 기간은 진행되는 것이고 불변기간을 준수 못한 것은 당사자에게 책임이 있다.358)

마) 청구인이 피청구인의 주소를 허위로 적어 심판을 청구한 경우

□ 청구인이 피청구인의 주소 내지 거소를 알고 있음에도 불구하고 소재불명 또는 허위의 주소나 거소로 하여 심판을 청구한 탓으로 공시송달방법에 의하여 심결정본이 송달되어 불복기간이 도과된 경우에는 피청구인이 책임질 수 없는 때에 해당된다.359)

라. 기간미준수가 책임질 수 없는 사유로 인한 것인지

1) 책임질 수 없는 사유인 경우

가) 당사자가 책임질 수 없는 사유가 있는 경우

□ 공시송달에 의한 송달을 받았다고 하더라도 당사자가 책임질 수 없는 사유가 있는 때에 심판행위의 추완을 허용한다고 하여 공시송달제도의 취지와 효력을 무의미하게 만든다고 할 것은 아니다.360)

나) 심판청구서부본과 심결정본이 공시송달에 의하여 송달된 경우

□ 심판청구서부본과 심결정본이 공시송달의 방법에 의하여 송달되었다면 특별한 사정이 없는 한 피청구인은 과실 없이 그 심결의 송달을 알지 못한 것이고, 이러한 경우 피청구인은 그 책임을 질 수 없는 사유로 인한 것이다.361)

---

356) 대법원 2000. 10. 13. 선고 2000다31410 판결

357) 대법원 2007. 1. 25. 선고 2004후3508 판결, 특허법원 2014. 11. 20. 선고 2014허1297 판결

358) 대법원 1983. 6. 14. 선고 82다카1912 판결

359) 대법원 2001. 1. 30. 선고 2000다21222 판결, 1986. 9. 23. 선고 86므24 판결, 1985. 10. 8. 선고 85므40 판결, 1985. 8. 20. 선고 85므21 판결

360) 대법원 1999. 4. 27. 선고 99다3150 판결

다) 피청구인이 전출신고를 하지 않은 경우

□ 주민등록상 주소에서의 송달불능을 이유로 공시송달이 행하여졌다고 하여 전출신고를 하지 않은 피청구인에게 판결의 공시송달 후의 불복기간도과에 대한 과실이 있다 할 수 없다.[362]

라) 당사자가 공시송달사실을 알지 못한 데에 잘못이 없는 경우

□ 공시송달이 적법히 되어졌다하여도 어떤 사정이 있어, 당사자가 공시송달한 사실을 알지 못한 데에 잘못이 있다고 인정되지 않는 경우는 그 사실을 알지 못한 탓으로 심판행위를 못한 당사자에게 그 추완의 길을 열어주는 것이 상당하다.[363]

2) 책임질 수 없는 사유가 아닌 경우

가) 심판청구사실을 알고 있으면서도 이를 방치한 경우

□ 피청구인이 심판청구사실을 알고 있으면서도 이를 방치하였다거나 스스로 신고한 주소로 송달이 되지 않아 공시송달이 되었다면 공시송달에 의하여 심결이 송달된 사실을 몰랐다고 하더라도 그 모른데 대하여 피청구인에게 과실이 있다 할 것이다.[364]

나) 당사자가 책임질 수 없는 사유의 소명

(1) 심결의 경위에 대하여 알아볼 만한 특별한 사정이 인정되는 경우

□ 피청구인이 당해 심결이 있었던 사실을 알았고 사회통념상 그 경위에 대하여 당연히 알아볼 만한 특별한 사정이 있었다고 인정되는 경우에는, 그 경위에 대하여 알아보는 데 통상 소요되는 시간이 경과한 때에 그 심결이 공시송달방법으로 송달된 사실을 알게 된 것으로 추인하여 그 책임질 수 없는 사유가 소멸했다.[365]

(2) 심결등본의 공시송달사실을 알게 된 경우

□ 피청구인이 실제로 심결사실을 몰랐기 때문에 불복기간을 준수할 수 없었다고 하더

---

361) 대법원 2022. 10. 14. 선고 2022다247538 판결, 2022. 9. 7. 선고 2022다231038 판결, 2022. 4. 14. 선고 2021다305796 판결, 2021. 8. 19. 선고 2021다228745 판결, 2021. 3. 25. 선고 2020다46601 판결, 2020. 2. 13. 선고 2018다222228 판결, 2020. 2. 6. 선고 2018다26048,26055 판결, 2009. 5. 14. 선고 2009다1665 판결, 1997. 5. 30. 선고 95다21365 판결

362) 대법원 1993. 9. 28. 선고 93므324 판결

363) 대법원 1978. 1. 31. 선고 77므33 판결

364) 대법원 2010. 10. 28. 선고 2010므2082 판결, 1994. 3. 22. 선고 92다42934 판결, 1994. 2. 25.자 93마1851 결정, 1970. 5. 29.자 70마312 결정

365) 대법원 2022. 10. 14. 선고 2022다247538 판결, 2021. 3. 25. 선고 2020다46601 판결, 2019. 12. 12. 선고 2019다17836 판결, 2018. 9. 13. 선고 2018다25670 판결, 2001. 1. 30. 선고 2000다21222 판결, 1999. 2. 9. 선고 98다43533 판결

라도, 심결등본의 공시송달사실을 알게 된 이상, 그 때 이미 불변기간인 불복기간을 준수할 수 없었던 점에 대한 책임질 수 없는 사유가 소멸했다.[366)]

다) 피청구인이 심판이 계속된 사실을 이미 알고 있었던 경우

- 심결정본이 공시송달방법으로 피청구인에게 송달된 경우, 피청구인이 심판이 계속된 사실을 이미 알고 있었다면 피청구인에게는 심판의 진행 상황을 조사할 의무가 있으므로 피청구인이 특허심판원에 심판의 진행상황을 알아보지 않았다면 과실이 없다고 할 수 없다.[367)]

라) 심판의 진행도중 심판서류의 송달이 불능하게 된 경우

- 심판의 진행도중 심판서류의 송달이 불능하게 된 결과 부득이 공시송달방법에 의하게 된 경우에는 처음부터 공시송달방법에 의한 경우와 달리 당사자에게 심판의 진행상황을 조사할 의무가 있고, 당사자가 특허심판원에 심판의 진행상황을 알아보지 아니하였다면 과실이 없다고 할 수 없다.[368)]

마) 주소변경신고를 하지 않은 경우

- 주소변경신고를 하지 않아 결과적으로 심결정본이 공시송달방법으로 송달되었다고 하더라도 당사자가 책임질 수 없는 사유로 불복기간을 준수할 수 없었던 경우라고 볼 수 없다.[369)]

마. 공시송달 판단의 실제

1) 공시송달방법으로 송달된 사실을 알게 된 때

- 다른 특별한 사정이 없는 한 통상의 경우에는 당사자나 대리인이 그 사건기록의 열람을 하거나 새로이 심결정본을 영수한 때에 비로소 그 심결이 공시송달방법으로 송달된 사실을 알게 되었다고 보아야 한다.[370)]

---

366) 대법원 2001. 5. 8. 선고 98후1471 판결
367) 대법원 2005. 11. 10. 선고 2005다27195 판결, 특허법원 2019. 6. 21. 선고 2017나2653 판결, 2018. 11. 22. 선고 2017나39 판결, 서울고법 2012. 4. 26. 선고 2011나97616 판결
368) 대법원 2018. 8. 30. 선고 2018다229984 판결, 2017. 11. 14. 선고 2015다214011 판결, 2014. 10. 30. 선고 2014다211886 판결, 2013. 4. 25. 선고 2012다98423 판결, 2012. 10. 11. 선고 2012다44730 판, 2009. 7. 23. 선고 2009다34726 판결, 2007. 11. 29. 선고 2006다8832 판결
369) 대법원 2004. 3. 12. 선고 2004다2083 판결
370) 대법원 2022. 10. 14. 선고 2022다247538 판결, 2022. 9. 7. 선고 2022다231038 판결, 2022. 4. 14. 선고 2021다305796 판결, 2022. 1. 13. 선고 2019다220618 판결, 2021. 3. 25. 선고 2020다46601 판결, 2020. 2. 13. 선고 2018다222228 판결, 2020. 2. 6. 선고 2018다26048,26055 판결

2) 추완에서 사유가 없어진 후의 의미

□ 심판행위의 추완에서 '사유가 없어진 후'란 당사자나 당해 사건에서의 대리인이 단순히 심결이 있었던 사실을 안 때가 아니고 나아가 그 심결이 공시송달방법으로 송달된 사실을 안 때를 가리키는 것이다.[371)]

3) 공시송달이 있었음을 알았는지

□ 법인에 대한 특허심판원 심결이 공시송달방법에 의하여 송달되었음을 알지 못한 여부는 법인의 대표자가 그런 송달이 있었음을 알고 있었는가 여부에 따라 가려진다.[372)]

4) 당사자의 책임으로 돌릴 수 없는 사유가 있었는지

□ 공시송달의 방법으로 이루어진 청구인용심결에 대하여 추완항소가 있는 경우에는 그 공시송달이 효력을 발생한 것을 전제로 하여 피청구인이 그 심결에 대하여 항소기간을 지키지 못한 것이 그의 책임으로 돌릴 수 없는 사유가 있었는지 여부를 따져 그 당부를 판단할 것이고, 청구인이 공시송달을 신청하였을 때에 그에게 과실이 있었는지 여부를 가려 그 당부를 결정할 것은 아니다.[373)]

○ 심결정본이 공시송달방법에 의하여 피청구인에게 송달된 경우에 위 심결에 대한 추완항소의 당부는 불복기간을 지키지 못한 것이 피청구인의 책임으로 돌릴 수 없는 사유로 인한 것인가를 별도로 따져 판단해야 한다.[374)]

5) 증명책임이 피청구인에게 있는 경우

□ 증명책임분배의 원칙은 피청구인에 대한 송달이 처음부터 공시송달로 절차가 진행됨으로써 사실상 같은 사람에게 증명의 기회가 박탈되고 있는 경우에도 달라질 바는 없는 것이나, 증명책임이 종국적으로 피청구인에게 부담되는 사건의 경우에는 피청구인에 대한 공시송달의 결정은 보다 신중히 함이 요구된다.[375)]

---

371) 대법원 2022. 4. 14. 선고 2021다305796 판결, 2022. 1. 13. 선고 2019다220618 판결, 2021. 3. 25. 선고 2020다46601 판결, 2020. 2. 13. 선고 2018다222228 판결, 2020. 2. 6. 선고 2018다26048,26055 판결, 2019. 12. 12. 선고 2019다17836 판결, 2019. 10. 31. 선고 2019다14479 판결

372) 대법원 1976. 4. 27. 선고 76다170 판결

373) 대법원 2010. 10. 28. 선고 2010므2082 판결, 1987. 9. 22. 선고 87므8 판결

374) 대법원 2001. 7. 27. 선고 2001다30339 판결, 1994. 10. 21. 선고 94다27922 판결, 특허법원 2004. 11. 4. 선고 2004허3980 판결

375) 대법원 1991. 10. 8. 선고 91후59 판결

6) 공시송달요건에 해당하지 않거나 미비가 있는 경우

가) 공시송달을 명하여 공시송달절차가 취하여진 경우

□ 공시송달의 요건에 해당하지 않는 경우라도 심판장이 직권 또는 당사자의 신청에 의하여 공시송달을 명하여 공시송달의 절차가 취하여진 이상, 그 공시송달은 법률상 송달로서의 효력이 발생한다.[376)]

나) 심결정본이 공시송달방법에 의하여 피청구인에게 송달된 경우

□ 심결정본이 공시송달방법에 의하여 피청구인에게 송달되었다면 비록 피청구인의 주소가 허위이거나 그 요건에 미비가 있다 할지라도 그 송달은 유효한 것이므로 불복기간의 도과로 심결은 형식적으로 확정된다.[377)]

---

376) 대법원 2007. 11. 29. 선고 2006다8832 판결, 2005. 5. 27. 선고 2004다67141 판결, 1991. 10. 22. 선고 91다9985 판결, 1991. 2. 27.자 91마18 결정, 1986. 4. 8. 선고 85다카456 판결, 1984. 3. 15.자 84마20 전합 결정

377) 대법원 2013. 4. 26. 선고 2012다61292 판결, 2008. 2. 28. 선고 2007다41560 판결, 2006. 7. 27. 선고 2005다65371 판결, 2001. 7. 27. 선고 2001다30339 판결, 1994. 10. 21. 선고 94다27922 판결, 1987. 3. 24. 선고 86다카1958 판결

- 공시송달방법에 의하여 심결정본이 송달된 경우, 피청구인의 주소지를 허위로 하여 심판이 청구된 경우라 하더라도 그 송달은 유효하다(대법원 1980. 7. 8. 선고 79다1528 판결).

참고문헌

강경태, 청구범위해석론의 재검토, 특허법원 지적재산소송 실무연구회(2008)

_____, 특허법상 주요쟁점에 관한 고찰, 특허청 열린특허교실(2008)

강명수, 특허권 남용에 대한 고찰, (사)한국지식재산학회, 특허침해소송의 이론과 실무, 법문사(2016)

고영수, 특허제품의 재생행위와 특허침해 성립 여부, 특허청 개청 30주년 기념 논문집 Ⅰ, 특허청(2007. 3.)

곽민섭, 지식재산권 침해소송 실무와 최근의 판례 동향, 특허심판원(2009. 5.)

_____, 특허법상 간접침해 규정의 해석과 간접침해자의 책임 및 관련 판례의 검토, 특허법원 지적재산소송 실무연구회(2007)

구민승, 특허 균등침해의 제1,2 요건, 사법 48호, 사법발전재단(2019)

권오희, 권리범위확인심판에서의 심판대상물에 관한 고찰, 특허법원 개원 10주년 기념논문집, 특허법원(2008. 2.)

_____, 권리범위확인심판과 민사재판의 차이점 비교, 대한변협신문(2014. 5. 19.)

_____, 권리범위확인심판의 판단순서에 관한 고찰, 지식재산 21, 특허청(2005. 5.)

김동진, 특허침해소송 사례 연구, 2008년도 변리사 민사소송실무연수, 대한변리사회

김대웅, 보전처분절차 실무, 2010년도 변리사 민사소송실무연수, 대한변리사회

김병필, 청구범위해석에 있어서 '상세한 설명의 참작'에 관한 최근 대법원 판결 분석 및 외국사례와의 비교 검토, 지식재산연구 9권 2호(2014. 6.)

김정아, 소극적 권리범위확인심판에서의 심판청구의 이익, Law & technology 12권 5호, (2016. 9.)

김철환, 생략발명과 불완전이용론에 관한 소고, 특허소송연구 3집, 특허법원(2005)

_____, 심결취소소송에서의 소의 이익, 사법논집 39집(2004)

_____, 지적재산소송실무, 특허법원 지적재산소송실무연구회, 박영사(2006)

박길채, 확인대상발명의 특정, 2020 TOP10 특허판례 세미나(2021. 4), 한국특허법학회

박성수, 특허 명세서에 종래기술로 적힌 기술은 특별한 사정이 없는 한 출원 전 공지기술로 보아야 하는지, 대법원판례해설 56호

_____, 청구범위의 해석에 관한 소고, 법원도서관(2004)
_____, 확인대상발명의 설명서와 도면에 다소간의 불일치가 있는 경우에 어느 것이 우선하는지, 대법원판례해설 59호(2006)
성기문, 공지부분이 포함된 특허 및 의장을 둘러싼 실무상의 제문제, 특허소송연구 2집, 특허법원(2001)
_____, 특허발명의 보호범위와 제 침해에 관한 실무적 고찰, 사법논집(41집), 법원행정처(2005)
손천우, 특허권의 존속기간 연장등록의 요건과 연장된 특허권의 효력범위, 사법 47호, 2019 봄호, 사법발전재단
신동환, 특허요건들 간 상호 연관성에 관한 통합적 고찰, 지식재산과 혁신(2020. 9월 제2호), 특허청
염호준, 확인대상발명의 특정, 특허소송연구 6집(2013)
오충진, 권리범위확인심판에서 확인대상발명의 특정, 특허소송연구 4집(2008)
유영선, 권리범위확인심판에 있어서 심결취소소송의 소의 이익, 법과 기술 4권 5호, 통권 20호(2008)
_____, 기능적 표현으로 적혀 있는 확인대상발명의 특정 여부 판단 기준, 대법원판례해설 94호(2012)
유영일, 특허소송에서의 균등론의 체계적 발전방향, 특허소송연구 2집, 특허법원(2001)
이균용, 특허소송의 주장 · 입증책임과 방법론, 2008년도 변리사 민사소송실무연수, 대한변리사회
이미정, 선택발명 및 의약용도발명, 세미나 발표자료(2007)
이재웅, 수치한정발명에 대한 확인대상발명의 특정, 특허청(2004)
이태종, 2008년도 하반기 변리사 민사소송실무연수, 대한변리사회
이회기, 지적재산소송실무, 특허법원 지적재산소송실무연구회, 박영사(2006)
원유석, 심결취소소송 사례 연구, 2008년도 변리사 민사소송실무연수, 대한변리사회
전지원, 확인대상발명의 특정, 대법원판례해설 90호, 법원도서관(2011)
조영선, 특허법 제3판, 박영사(2011),
조현래, 생략발명과 특허침해, 창작과 권리 69호(2012년 겨울호), 세창출판사(2012)
최성준, 청구범위의 해석에 있어서 몇 가지 문제에 관하여, 특허청 개청 30주년 기념 논문집 Ⅰ, 특허청(2007. 3,)
최정열, 권리범위확인심판에 관한 소고, 특허소송연구 3집(2005)
한규현, 과제해결원리의 동일 여부의 판단방법, 사법 54호, 사법발전재단(2020년 겨울호)
_____, 발명의 요지와 특허발명의 보호범위, 특허소송실무연구회(2007)

_____, 2016년도 법관연수 지식재산소송실무, 사법연수원(2016)

한동수, 균등침해에서 과제해결원리의 동일성 요건, 특허법 연구 11권, 대법원 특별소송실무연구회(2014)

_____, 균등침해의 요건 중 '양 발명에서 과제의 해결원리가 동일한 것'의 의미와 판단방법, 대법원판례해설 80호(2009)

_____, 판례평석: 균등침해에서 과제해결원리의 의미, 법률신문(2014. 10. 31.)

_____, 확인대상고안의 기술구성을 파악하는 방법, 지식재산 21, 통권 105호(2008. 10.)

_____, 확인대상고안의 보정시 요지변경의 의미, 특허판례연구, 박영사(2012)

홍광식, 특허침해의 제유형, 지적소유권에 관한 제문제(上), 법원행정처(1992)

권리범위확인심판 심결과 침해소송 판결의 연계성 제고방안, 용역과제

吉藤幸朔, 특허법개설 13판, 대광서림(2000)

金井重彦, 지적재산법 중요판례, 학양서방(2005)

이시윤, 신민사소송법, 박영사(2010)

심판편람 13판, 특허심판원(2021)

竹田和彦, 특허의 지식, 도서출판 명현(2001)

지식재산권범죄 실무사례집, 서울중앙지검(2012. 7.)

지적재산권법 제8판, 육법사(2003)

지적재산소송실무 제4판, 특허법원 지적재산소송 실무연구회, 박영사(2019)

특허재판실무편람, 특허법원(2002)

대법원판례해설 124호(2020년 상, 2020년 12월)

대법원판례해설 제43호(2002), 강기중

사항색인

(ㅇ)

저자 약력

권오희

현) 특허심판원 수석심판장

변리사 · 기술거래사 · 행정사

<주요 이력>

경북대학교 및 동 대학원, 충북대학교 대학원

제28회 기술고등고시 합격

대통령 직속 국가과학기술자문회의

특허청 유전공학심사과, 농림수산심사과 심사관

특허청 심사품질담당관, 응용소재심사과장, 식품생물자원심사과장

특허법원 기술심리관

특허심판원 수석심판관, 심판관, 심판연구관

특허심판원 심판장(4부, 6부, 7부, 10부)

특허청 화학생명기술심사국장, 특허심사3국장

<주요 경력>

변리사 시험문제 출제위원

한국산업재산권법학회 산업재산권 게재논문 심사위원

지식재산연구원 연구논문 감수위원

기술신용보증기금 외부기술자문위원

한국발명진흥회 특허기술평가 전문위원

한국발명진흥회 산업재산권진단사업 심의위원

농업과학기술원 연구결과물 평가위원

대한민국 특허기술대전 심사위원

특허청 심사기준 편찬위원

특허심판원 심판편람 편찬위원

<논문>

권리범위확인심판과 민사재판의 차이점 비교(2014. 5.)

권리범위확인심판에서의 심판대상물에 관한 고찰(2008. 2.)

권리범위확인심판의 판단순서에 관한 고찰(2005. 5.) 외 다수

<저서>

식물지적재산권(식물특허와 품종보호)

식품특허길라잡이

<강의>

국제지식재산연수원 변리사실무수습과정, 심판관과정 강의

서울대학교 최고경영자과정 특허사업화 전략 강의

권리범위확인심판과 특허침해 실무

초판발행 2023년 6월 20일

지은이 권오희
펴낸이 안종만·안상준

편 집 장유나
기획/마케팅 조성호
표지디자인 BEN STORY
제 작 고철민·조영환

펴낸곳 (주) 박영사
서울특별시 금천구 가산디지털2로 53, 210호(가산동, 한라시그마밸리)
등록 1959. 3. 11. 제300-1959-1호(倫)
전 화 02)733-6771
f a x 02)736-4818
e-mail pys@pybook.co.kr
homepage www.pybook.co.kr
ISBN 979-11-303-4463-8 93360

정 가 50,000원